농민 권순덕의 삶과 기록

『아포일기』 1

개인기록
연구총서
5

농민 권순덕의 삶과 기록

『아포일기』 1

이정덕 · 소순열 · 남춘호 · 문만용 · 안승택 · 송기동 · 진양명숙 · 이성호 **편**

전북대학교 출판문화원

이 책은 2011년도 정부재원(교육과학기술부 사회과학연구지원사업비)으로 한국연구재단의 지원을 받아 연구되었음(NRF-2011-330-B00157)

서 문

전북대학교 「SSK 개인기록의 사회과학」 연구팀이 경북 김천의 권순덕 옹을 만나게 된 것은 2013년 6월 경상북도의 한 신문에 실린 기사 덕이었다. 인터넷 신문기사를 검색하다가 우연히 읽게 된 기사에는 "시골농부가 기록한 농촌 근대사"라는 제목으로 '김천시 아포읍의 권순덕 씨가 40년 넘게 일기를 써왔으며, 그 일기에는 우리 농업・농촌사에서부터 세세한 가족사까지 생생히 기록되어 있어서, 우리 농업과 농촌의 근대사를 담은'(「김천일보」, 2013. 6. 20. 10면) 기록이라고 쓰여 있었다.

그때 우리 연구팀은 약 2년여의 작업을 통해 전라북도 임실군의 『창평일기』를 입력・해제, 출판하는 작업을 막 마무리한 참이었다. 그리고 앞서 출판된 경기도 평택의 『평택 대곡일기』와 비교하는 작업을 준비하면서, 충청남도 서산, 경상북도 고령 등지에 산재한 일기를 제공받고 있었다.

1960~1980년대의 근대화시기를 개인기록을 통해 지역적으로 비교하기 위한 작업을 연구의 주제로 삼고 있는 우리 연구팀의 눈에 띈 한 신문기사는 우리로 하여금 곧장 김천 아포읍 권순덕 씨의 소재를 찾는 일에 착수하게 만들었다. 우리는 그가 2009년 김천 시승격 60주년 기념행사 프로그램이었던 '김천 기네스'에서 일기를 가장 오래 쓴 사람으로 인증을 받았다는 사실을 확인하고, 그 행사를 기획하고 주관한 김천시립도서관에 연락을 하여 우리 연구의 취지를 설명한 뒤 그의 주소와 전화번호를 알아낼 수 있었다.

우리 연구팀의 전화를 받은 권순덕 옹은 우리의 자택 방문을 기꺼이 허락하였다. 김천시 아포읍 대신리, 그가 살고 있는 마을 입구의 과수원에서 자두가 한참 익어가던 초여름에 우리 연구팀은 그의 집을 방문하였다. 첫 만남에서 그는 40년 이상 일기를 계속해서 쓰는 이유와 그 일기가 자신에게 어떠한 의미를 지니고 있는지에 대해서 상세히 설명해 주었다. 그리고 우리는 개인기록에 대한 우리의 관심과 일기 연구의 계획에 대해서 설명하였다.

그로부터 약 2주일 후의 두 번째 방문에서 그는 자신이 20대 시절부터 40년 이상 기록해온, 그리고 지금도 매일매일 기록하고 있는 『일기』 자료 전체를 건네주었다. 우리는 그의 자택 작은방 한쪽에 가지런히 정리되어 있던 그의 일생을 온전히 넘겨받은 셈이다.

우리는 일기가 한 개인과 그가 속한 사회 사이의 다양한 관계 맺기를 가장 생생하게 보여주는 기록이라는 생각을 가지고 있는 연구 집단이다. 우리 연구팀은 일기가 매일매일 자신의 생활과 생각을 기록한 것이라는 특성으로 인해서, 그것을 쓰는 개인의 삶을 통해 한 시대의 역사를 복원해준다는 믿음을 지니고 있다.

이러한 관점에서 볼 때, 그의 일기는 군에서 막 제대한 한 젊은이가 1960년대 이후 지금까지 묵묵히 그리고 때로는 격정적으로 살아온 삶의 내력이 고스란히 담겨있는 자료의 창고였다. 그의 일기는 한 개인의 삶이 밟아온 생애의 궤적을 보여주는 다큐멘터리인 동시에 격변하는 한국의 근대화가 농촌사회에 그리고 농민의 삶에 새겨놓은 무늬와 흔적을 담고 있는 화석이었다.

그래서 우리는 그의 일기를 『농민 권순덕의 삶과 기록: 아포일기』라고 이름 붙여 출판하기로 하였다. 이것은 압축적으로 전개되는 근대화 과정에서 스스로의 노력에 의존하지 않고는 결코 미래를 보장받을 수 없다는 사실을 잘 알고 있었던, 그래서 언제나 자신과 가족이 가진 힘과 능력보다 더 많은 노동과 의지를 발휘해야만 했던 우리사회의 농민과, 그중 한 사람인 권순덕, 그리고 그가 그렇게 힘들여 살았던 삶의 현장을 하나의 제목에 모두 담고 싶었기 때문이다.

그의 일기를 읽고 입력하면서, 그 속에 담긴 내용과 의미들을 해독하는 작업에 우리 연구팀은 꼬박 1년의 기간을 매달려 있었다. 그리고 그 결과로 우선 제1부(1969~1985)의 작업을 출판하기로 하였다. 인류학, 경제학, 사회학, 과학사 등을 전공하는 여섯 명의 연구자들이 일 년 동안 한 편의 일기에 매달려 작업을 하면서 얻은 성과는 적지 않다고 자위할 수 있다. 그러나 작업과정에서 우리가 직면해야 했던 어려움도 만만치 않았다. 우선 익숙하지 않은 경상도 방언들을 소리 나는 대로 적어 놓은 일기 원문을 제대로 독해하는 것부터 우리에게는 벽이었다. 그는 20대부터 소작 농민이었을 뿐 아니라 인근의 경부고속도로 건설공사장과 구미시 건설현장에 나가는 노동자였다. 그리고 자전거 수리점을 하고, 동네를 돌아다니면서 수도공사를 맡아하던 자영업자이기도 했다. 그의 부인도 농민이면서 온갖 부업을 마다하지 않고 해온 일꾼이었다. 권순덕 부부가 일생동안 해왔던 일들은 직업의 종류로 따져도 수십 개를 훨씬 넘는다. 그 하나하나의 작업에 대한 기록에 등장하는 현장용어들은 우리 연구팀을 종종 곤경에 빠트렸다. 더욱이 그가 일을 위해서, 또는 어머니의 병 치료 등 가족 문제를 해결하기 위해서 돌아다닌 (지도에도 표기되어 있지 않은) 무수한 지명들은 그 지역에 대해서 무지한 우리들로서는 감조차 잡을 수 없는 것이었다. 몇 차례 연구팀이 김천을 방문하여 아포읍 일대를 돌아보았지만, 그것으로 그 지역의 내력이 담긴 지명과 그 지역의 특성들을 알아낸다는 것은 불가능한 일이었다.

이러한 문제를 해결하는데 결정적인 도움을 준 사람은 김천문화원의 송기동 사무국장이었다. 우리 연구팀은 김천을 첫 번째 방문했을 때, 김천문화원을 찾아가서 송 국장께 도움을 청하였다. 송 국장께서는 그 자리에서 흔쾌하게 우리의 요청을 받아들였다. 실제로 그는 일기를 입력하면서 우리가 도저히 풀 수 없는 경상도 방언들의 뜻을 매번 해석해 주었다. 그리고 일기의 해제작업에 직접 참여하여, 일기에 나오는 인근의 장소들을 직접 찾아가서 사진을 찍고, 지명의 뜻을 풀이해 주었다. 이 자리를 빌어서 송기동 국장께 우리 연구팀 모두의 뜻을 모아 감사 인사를 드린다.

권순덕 옹이 우리에게 자신의 삶이 고스란히 담긴 일기를 넘겨주는 이유는 단 한가지였다. 그것은 자신의 후세들에게, 자라나는 학생들에게 일기를 쓰는 일의 의미를 가르쳐주고 싶다는 것이었다. 자신의 삶을 계획하고, 그것을 매일매일 되새기고 점검하는 생활을 통해 스스로 삶의 소중함을 깨우치게 된다는 것이 얼마나 중요한 일인지를 꼭 알리고 싶다고 했다. 그의 이러한 뜻이 실제로 후세들에게 얼마나 전달될 수 있을지는 사실 잘 모르겠다. 그러나 우리 연구팀은 그의 그러한 생각이 자신의 삶의 경험에서 우러난 것이란 점은 잘 알고 있다. 그래서 우리는 책으로 만들어진 『농민 권순덕의 삶과 기록: 아포일기』를 김천시의 모든 중・고등학교와 시립도서관에 보내기로 약속했다. 우리는 앞으로 더 많은 분들이 자신의 삶과 기록을 공개하고, 그 경험을 사회와 공유하게 되기를 희망한다. 이를 통해 한국사회에 대한 학술적 이해뿐 아니라 개인의 삶에 대한 이해의 폭도 크게 향상될 수 있을 것이라고 믿는다.

삶이 언제나 밝고 즐거울 수만은 없는 것이다. 이것은 누구나 알고 있는 일이다. 더구나 가난과 싸우고, 때로는 개인의 삶을 흔들어 놓기도 하는 근대화의 위력에 맞서서 가족을 지키고 농촌을 지켜온 농민의 고단한 삶에 있어서는 두말할 나위도 없다. 생활의 구석구석에 박혀있을 삶의 어둡고, 힘든 측면들조차 우리 연구팀에 고스란히 내준 권순덕 옹께 우리는 무한한 감사의 마음을 가지고 있다. 우리 연구팀은 그의 일기가 이러저러한 이유와 목적으로 오용되거나 오독되지 않도록 끝까지 조심하겠다는 약속을 드린다.

우리는 한 연구 집단이 불과 일 년 만에 17년 치 분량의 일기를 독해・입력・해제・출판하는 것은 사실상 무리라고 생각하고 있다. 이것은 우리가 지난 일 년 동안 많은 일을 했다고 생색내는 것이 아니라, 오히려 우리가 작업을 너무 서둘렀다는 반성에서 하는 이야기이다. 한편으로 일기의 저자에게 책으로 묶은 그의 일기를 빨리 보여드릴 수 있게 되었다는 즐거움도 있지만, 이 작업을 차근차근 근본부터 다져갈 수 있는 시간을 허락하지 않는 우리의 연구 환경이 이 작업을 채근하였다는 점도 부인할 수 없다. 그래서 우리 「개인기록의 사회과학」 연구팀은 『농민 권순덕의 삶과 기록: 아포일기』를 통해서 우리사회의 근대화 과정을 꼼꼼하게 살펴보고, 재구성하는 작업을 이제부터 시작할 계획이다. 모쪼록 개인기록이 사회의 구조와 역사를 연구하는데 매우 중요한 자료라는 점에 뜻을 같이하는 분들의 관심과 참여를 부탁드린다.

이번 해제작업에는 우리 연구팀 외부에서 두 분이 같이 참여해주셨다. 앞에서 언급했듯이 김천문화원 송기동 사무국장께서 아포읍 일대의 지역 특성과 지명에 대해서 사진을 곁들여 자세한 해제를 작성해주셨다. 그리고 전북대학교 고고문화인류학과 BK21+의 진명숙 박사께서는 일기에 나타나는 농촌여성의 삶을 주제로 원고를 써주셨다. 두 분은 『농민 권순덕의 삶과 기록: 아포일기』의 첫 번째 독자가 된 셈이다. 두 분께 진심으로 감사드린다. 아울러 어려운 상황에서도 선뜻 일기의 출판을 맡아주신 전북대학교 출판문화원에도 감사 인사를 드린다.

2014년 6월 30일

연구팀을 대표하여 **이성호** 씀

농민 권순덕의 **삶과 기록**

아포일기

畵 報

농민 권순덕의 **삶과 기록**

아포일기

개령
감천
이성보
갯들
쌍구름봇밭
서양바실
쌍구름
아랫들
역들
웃들
가진개재방
굵논
득계
대신들
가진개
봉신리
바실보
보아구지
작동
당산
당산밭
만리들
주마
봉탑
봉화산
앞밭
바시내이
골내
큰골
말바우
대신리
신지
대신역

〈김천 아포 일대 항공사진〉

▲ 저자와 그동안 써온 일기장들

▲ 저자의 군 복무 시절, 부산공병기지창.
뒷줄 오른쪽이 저자.

저자와 부인 이윤심의 결혼식 사진 ▲
1972년 5월 27일

▲ 친구 결혼식에 참가한 저자, 오른쪽에서 세 번째, 정면을 바라보는 이가 저자.

▲ 친구 결혼식에 참가한 저자, 한 가운데가 저자.

▲ 속리산 법주사에서, 1976년 4월, 앞줄 맨 왼쪽 모자 쓴 이가 저자.

▲ 집 앞 배수로를 정비 중인 저자, 1989년 8월.

▲ 저자의 세 자녀들의 어린 시절, 1983년 5월.

▲ 저자의 옛 집, 1995년.

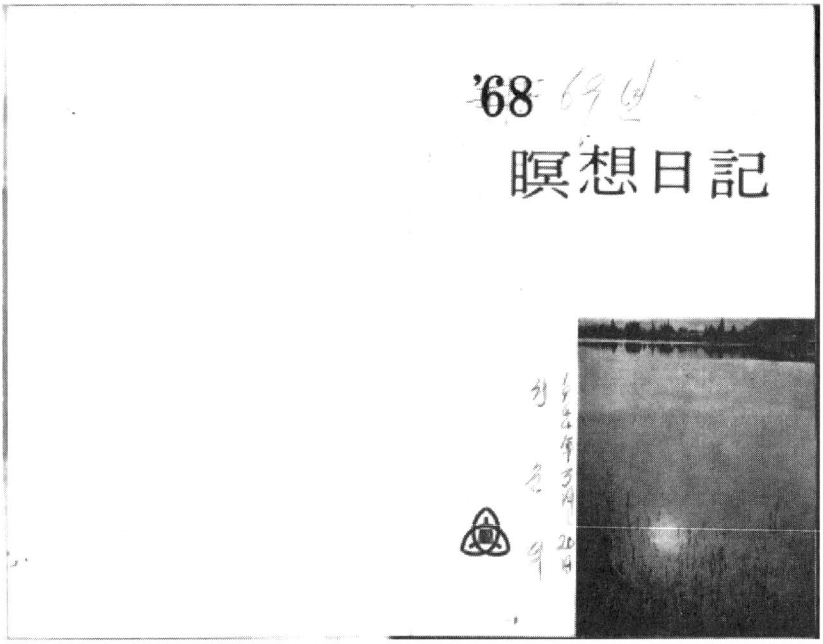

▲ 1969년 일기 표지.

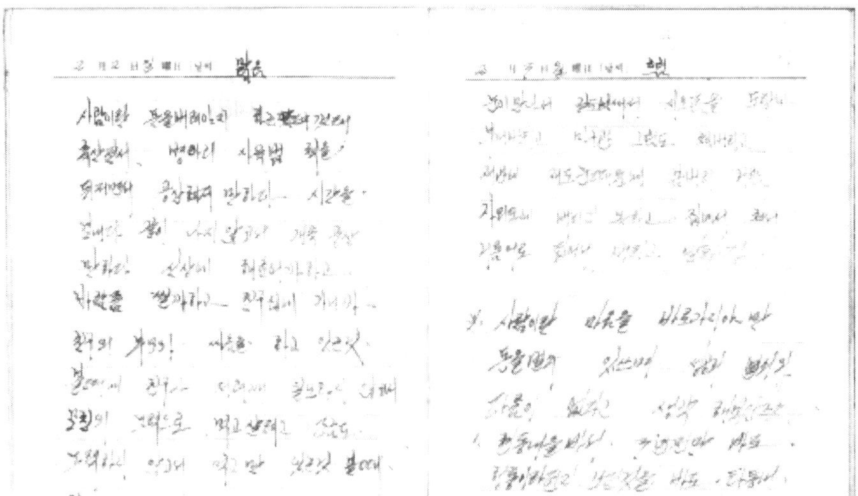

▲ 1969년 2월 2일, 2월 3일 일기, 성공하겠다는 결의가 나타나있다.

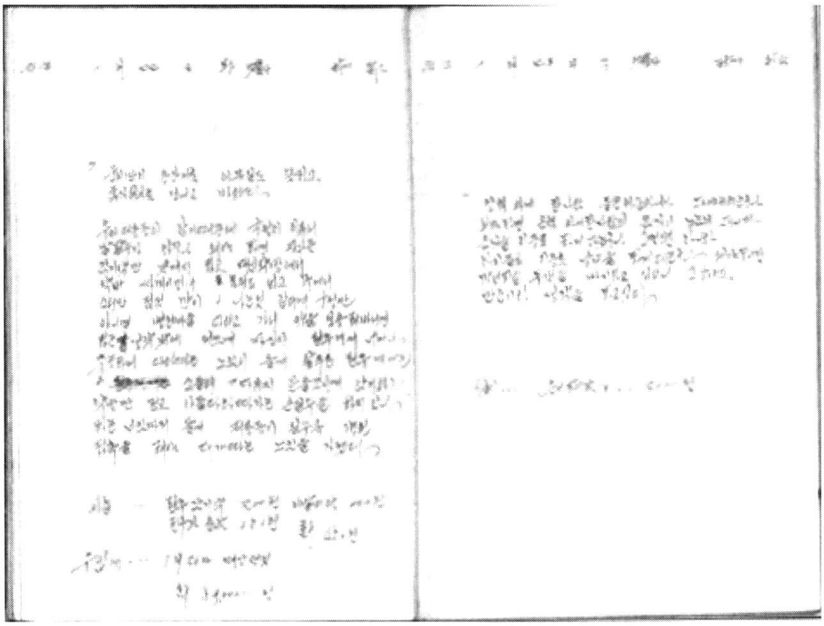

▲ 1974년 1월 22일, 1월 23일 일기, 첫 딸에 대한 애정 어린 모습이 보인다.

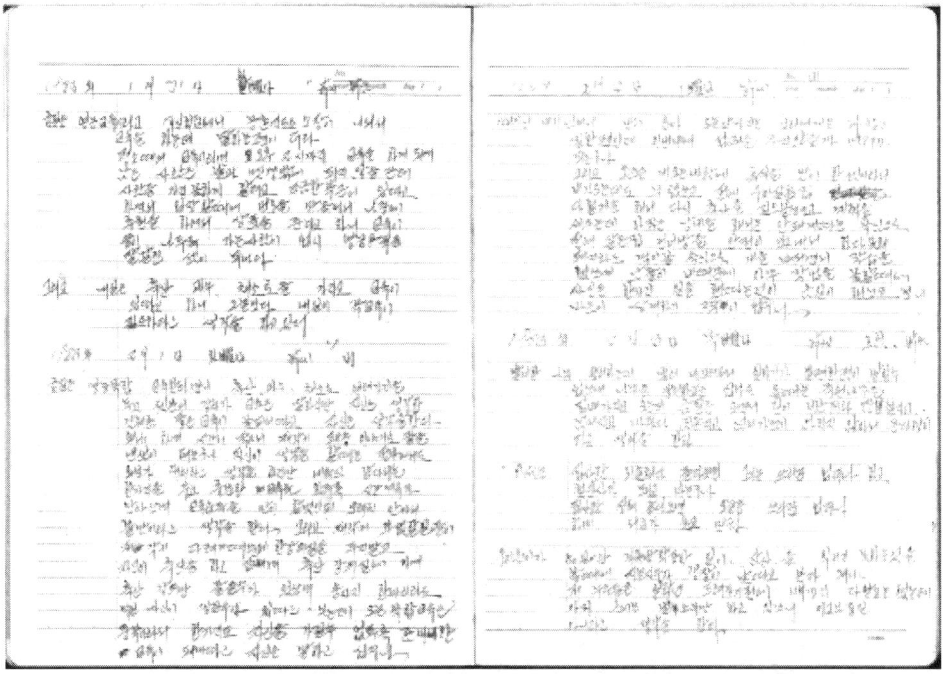

▲ 1983년 1월 31일~2월 3일 일기, 영농을 위해 노력하는 모습을 엿볼 수 있다.

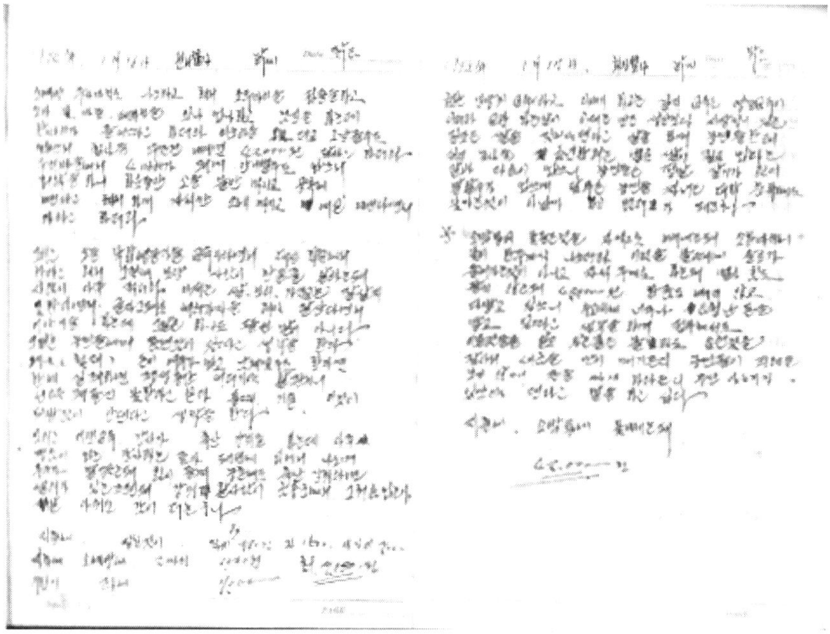

▲ 1984년 1월 16일, 1월 17일 일기, 농민들의 고난한 삶에 대해 토로하고 있다.

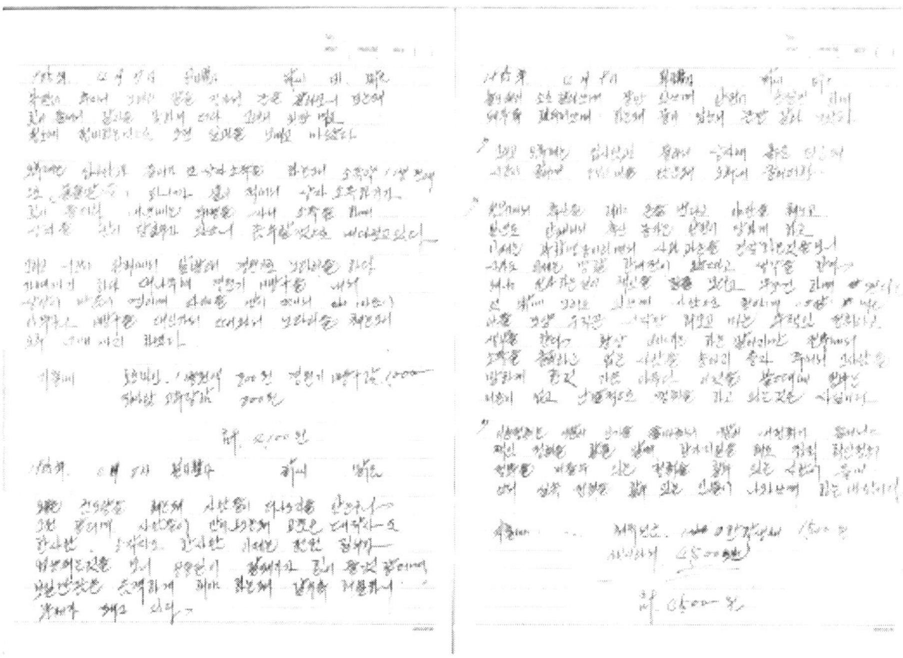

▲ 1985년 4월 7일, 4월 8일 일기, 농번기의 풍경 속에서 당시 농사일의 방식이 나타나 있다.

아포일기 1 **목차**

제1부 해제

제2부 아포일기❶ (1969년~1974년)

농민 권순덕의 **삶과 기록**

아포일기

아포일기 2 **목차**

〈일러두기〉

1) 원문의 한글 표기는 교정하지 않는 것을 원칙으로 하였다.
2) 뜻풀이가 필요한 경우에는 [ ], 빠진 글자는 { } 표시를 하여 뜻풀이를 하거나 글자를 채워 넣되, 첫 출현지점에서 1회만 교정하였다.
3) 설명이 필요한 용어나 문장에는 각주를 달아 설명하였다.
4) 해독이 불가능한 글자는 □ 표시를 하였다.
5) 일기를 쓴 날짜와 날씨는 모두 〈 〉 안에 입력하되, 원문에 음력 날짜가 기입되어 있는 경우에는 〈 〉 밖에 입력하였다.
6) 날짜 표기에 쓰이지 않은 문장 안의 〈 〉 표시가 나타나는 경우는 저자가 기입한 것으로, 이는 따로 바꾸지 않은 채 그대로 두었다.
7) 원문 안의 ( )는 저자가 기입한 것이다.
8) 일부 일기 안의 인명은 인권 보호를 위하여 가명으로 처리하였다.
9) 자료에 거명된 사람에 관련된 정보는 학술적 목적 이외의 용도로 사용할 수 없다.

제1부 해제

농민 권순덕의 **삶과 기록**

아포일기

제1장 농민 권순덕, 그리고 그의 『일기』

1. 권순덕의 삶과 일기쓰기

『농민 권순덕의 삶과 기록: 아포일기』(이하에서는 『일기』라고 씀)는 경상북도 김천시 아포읍 대신리에 거주하는 권순덕(權純德)이 1969년부터 현재까지 약 40여 년 동안 줄곧 써오고 있는 일상생활의 기록이다. 권순덕은 1944년 3월 20일 아포읍 대신리에서 안동 권씨(安東 權氏) 영조 씨의 1녀 5남 중 셋째(둘째 아들)로 태어나서 지금까지 같은 마을에 살고 있다(아포읍은 원래 행정구역 상 경북 금릉군 아포면이었으나 1995년 1월 김천시로 통합되고 같은 해 3월 아포읍으로 승격되었다). 위로 누이와 형이 각각 1명씩이고 아래로는 남동생이 셋 있다. 그는 1972년 5월 27일 부인 이윤심과 결혼하여, 슬하에 2녀 1남의 세 자녀를 두었다. 자녀들은 모두 결혼하여 분가하였으며, 현재 고향 마을에서는 부부가 단출하게 생활하고 있다.

그는 일평생을 농촌에서 농사를 지으며 살아온 농민이며 동시에 남의 땅을 지으면서, 돈을 벌기 위해서 농사일을 마무리하면 인근 도시 공사장으로 일거리를 찾아다니던 노동자였다. 죽어라고 일을 해서 결국 새집도 짓고 농지를 마련하고, 과수 농사도 지으면서 생활의 기반을 마련하고, 세 자녀를 모두 대학교육까지 시킬 수 있었던 1970~1980년대 한국 근대화 과정에서 성장한 농촌 주민이다.

그는 아내가 하루도 쉬지 않고 일을 해야 하는 현실을 미안해하고 안타까워하면서도 아내가 아침에 남의 일을 하러 가는 것을 막지 못한다. 또 자녀들이 학교에서 뒤처지지나 않을까 걱정스러워 하고, 아이들의 선생님을 찾아가서 선물이라도 건네야 하지 않을까 생각하면서도 도저히 엄두를 내지 못하고 마는 전형적인 소시민이다.

그의 『일기』는 한국사회의 근대화가 본격화된 1960~1990년대의 시기를 살아온 가난한 농민이자 가장이며 소시민인 한 농촌주민의 일상생활의 궤적을 하나하나 구체적으로 짚어가며 보여주고 있다. 『일기』 속에 담긴 그의 삶은 그 시대를 살아온 우리사회의 소시민의 삶이다. 그러나 그의 삶은 정부가 제시하는 근대화의 지표에서 볼 수 있는 것이 아니며, 단편적인 미담이나 붕괴된 농촌사회의 실태와도 다르다.

전북대학교 「SSK 개인기록의 사회과학」 연구팀이 그의 『일기』에 기록된 글자 하나하나를 되살림으로써 그의 일생을 그의 언어로 복원하기로 한 것은 그의 삶을 통해서 우리사회의 근대화 과정을 당시의 시간과 현장으로부터 재구성할 수 있다고 판단했기 때문이다.

권순덕은 만 25세 되던 1969년 1월 1일부터 일기장에 자신의 하루하루의 생활을 기록하기 시작하여 만 70세가 된 현재까지 약 45년 동안 일기쓰기를 계속하고 있다. 그의 40여년 동안의 『일기』는 70여 권의 공책에 기록되어 있다. 그는 시중에서 판매되고 있던 규격화된 일기장을 거의 사용하지 않았다. 일기를 쓰기 시작한 1969년의 일기는 「瞑想日記」라고 표지에 인쇄된 판매용 일기장에 썼지만, 그마저도 68년도의 것이다. 그리고 그 이후에는 일정한 규격 없이 그때그때 빈 공책을 이용하여 일기쓰기를 하였다. 그 중에는 초등학생용 공책도 있고, 고등학교에 재학 중이던 동생이 사용하려고 이름까지 적어놓았던 학생용 노트도 있다. 말하자면 그는 상당 기간 동안 일기장을 별도로 구입하지 않았던 것으로 보인다. 그리고 해가 바뀌는 것과 관계없이 공책의 면이 다 찰 때까지 한권에 일기쓰기를 계속하였다. 그래서 어떤 일기장에는 두 해의 일기가 계속 기록되어 있기도 하고, 어느 해에는 초등학생용 공책 서너 권에 이어서 한해의 일기를 쓰기도 했다.

그러나 그의 일기쓰기는 규격화된 일기장의 형식을 그대로 따르고 있다. 일기의 맨 윗줄에 날짜(년, 월, 일)와 요일, 날씨를 적고, 줄을 바꿔서 그날의 일들을 써가는 형식이 엄격하게 지켜지고 있다. 그리고 하루 일기의 아래쪽에는 다시 줄을 바꿔 본문의 내용과 구분해서 저자의 결의나 각오, 또는 계획들을 한두 줄로 간단하게 적고 있다. 이러한 형식은 판매용 일기장이 매 장마다 하단에 격언이나 명구들을 인쇄해 놓는 것과 매우 유사하다. 그리고 매일은 아니지만, 해당이 되는 날에는 그날의 수입과 지출액을 항목별로 적어놓았다. 예를 들면 아래와 같은 방식이다. 그리고 월말에는 그 달의 수입과 지출액을 합산해서 정리해 놓았다.

수입에 …… 물건값 … 1,200원
지출에 …… 비누값 … 100원 혜지 과자 20원
計 120원 (1974. 12. 21.)

1970년대에는 이미 규격화된 일기장이 판매되고 있었다. 우리 연구팀이 이미 입력・해제, 출판한 바 있는 『창평일기』(2012)의 저자는 매년 연말이면 인근 도시인 전주에 나가서 다음해의 일기장을 구입하여 사용하였다. 지리적으로 보면 권순덕의 거주지인 아포읍 대신리에서 김천까지의 거리가 『창평일기』의 저자가 살고 있던 마을에서 가장 가까운 도시인 전주와의 거리보다 더 가깝다. 마침 권순덕의 『일기』와 『창평일기』가 모두 1969년부터 시작하고 있어서, 두 일기 사이의 이러한 차이는 관심이 가는 일이다.

이러한 차이에도 불구하고 두 일기의 형식은 상당한 유사성을 지니고 있다. 앞에서 언급한 일기장의 구성 형식도 두 일기는 같으며, 일기장의 첫 장에서 지난해를 결산하고, 새해의 목표와 계획, 소망 등을 적은 후에 첫 날의 일기를 쓰기 시작하는 형식도 거의 같다. 이러한 점에서 "일기쓰기"는 학습된 것으로 일정하게 규격화된 또는 표준화된 형식을 갖추고 있는 작업이었을 것으로 생각된다.

그의 『일기』는 주로 볼펜을 사용하여 가로쓰기로 쓰여 있다. 그는 주로 가로줄이 그어진 노트를 일기장으로 사용하였지만, 줄이 그어져 있지 않은 경우에도 반듯하게 줄을 맞춰 일기를 써내려갔다. 글씨체는 읽는데 거의 어려움을 느끼지 않을 정도로 정갈하며, 글자의 크기나 굵기도 차이를 느끼지 못할 정도로 균일하다. 글씨체는 모음의 줄 긋기나 자음의 비읍(ㅂ)과 이응(ㅇ) 등을 보면 인쇄용 한글체의 모양을 닮아 있다.

같은 시기에 쓰여 진 전라북도의 『창평일기』에 비해, 권순덕의 『일기』에서는 따옴표와 몇 가지 특수기호(※, … 등)가 빈번하게 사용되고 있는 것도 눈에 띈다. 『창평일기』의 저자가 1923년생이고 권순덕이 1944년생이므로 두 저자 사이에는 약 21년의 연령차가 있는데, 일기에서 사용하는 용어나 단어, 부호 등은 여기에서 비롯되는 것이 아닐까 추정된다.

2. 20대 시절의 일기

권순덕은 만 25세 되던 1969년 1월 1일부터 일기장에 자신의 하루하루의 생활을 기록하기 시작하여 만 70세가 된 현재까지 약 45년 동안 일기쓰기를 계속하고 있다. 그가 일기를 쓰기 시작한 1969년은 부산에서의 군 생활을 마치고 돌아와 고향에서 정착하기로 결심하고 농사일을 본격적으로 시작한지 얼마 되지 않은 때이다. 그래서 그의 일기에는 그다지 넉넉하지 못한 가정에서 자란 20대 농촌 청년의 일상과 삶에 대한 태도가 그대로 드러나 있다.

1) 성공

20대 농촌 청년에게 경제적 성공은 가장 중요하고 절박한 관심사였다. 권순덕은 일기를 쓰기 시작한 첫날, "사람이란 조그만 일이라도 취미를 붙여 하여야만 성공할 수 있다"(1969. 1. 1.)고 쓴 그는 둘째 날의 일기에는 날씨가 추워 일을 하지 못하고 쉬면서, "인간이란 아무 일 없이 휴식하면 육체적으로는 피로하지 않지만 정신적으로는 육체의 노동 몇 곱절 고통"(1969. 1. 2.)이라고 적었다. 그리고 사흘째에는 "나는 35세에는 기반을 잡으리라고 결심"(1969. 1. 3.)하고 각오를 다졌다.

스스로의 힘과 노력으로 열심히 일해서 경제적 기반을 마련하고 성공을 거두겠다고 하는 희망은 근대화의 물결이 온 나라를 휩쓸고 있던 당시의 분위기에서 도시 근교 농촌의 20대 청년이 당연히 가질법한 꿈이다. 그는 이를 증명해 보이기라고 하겠다는 듯이 쉬지 않고 혹독하게 일을 하면서 젊은 시절을 보냈다. 젊은 시절에 생활의 기반을 닦기 위해서 그는 농업 경영에서 유망한 사업이라면 어느 것이든 전문가나 앞서 시작한 사람들을 찾아다니면서 배우고 실행하였다. 벼 수확이 끝나면 곧 보리를 파종하고, 양계, 과수, 축산, 그리고 채소, 양파 등의 밭농사에 이들 부부의 노동은 쉼이 없었다.

청년 권순덕에게 성공이란 돈을 벌어 부근에 농지를 많이 매입해서 고향 마을에서 성공한 농민으로 자리 잡는 것이었다. 형편이 좋지 못해 남의 논을 지어야 했던 권순덕에게 고향 마을에서 넉넉하게 농지를 가진 여유있는 농민이 되는 것은 매우 중요한 삶의 목표였다.

그래서 그는 언제까지 무슨 일을 해서 얼마만큼의 돈을 모으고, 어디의 농지를 매입하고, 언제쯤 집터를 넓혀 새집을 지을 것인지를 구체적으로 계획하였다. 그 목표가 언제나 달성될 수 있는 것은 아니어서, 연말이면 "금년 한해를 알차게 해보지 못하고 넘기게 되는"(1974. 12. 31.) 것이 아쉽지만, 그는 어김없이 다음 해의 계획을 세우곤 하였다.

농사를 지으면서 그는 농사일만으로 자신의 목표를 달성하기는 어렵다는 것을 실감한다. 그래서 도시로 나갈 생각에 마음이 흔들리기도 하고, 실제로 가족과 눈물로 이별하고 인천으로 상경해서 생활하기도 하였다(1971. 2. 27.). 일자리를 찾아 나섰으나 도시는 그렇게 호락호락하지 않았다. 우연한 인연으로 다리미 월부장사를 며칠간 해 보았으나, "밥값도 적자를 보고"(1971. 3. 6.) 결국 3월 8일 고향으로 돌아오고 말았다.

짧은 이농 경험에서 실패를 맛본 후, 그는 농촌에서 성공하겠다는 계획을 다시 세우게 되었다. 그러나 그가 넉넉한 생활을 할 수 있는 자영농이 되고자 하는 꿈을 실현시키기 위해서, 그는 역설적이게도 임금노동에 뛰어들어야 했다. 농사를 지어 벌어들인 소득으로 돈을 모아 땅을 사고 재산을 모은다는 것은 그의 판단으로는 불가능한 일이었다. 그래서 그는 경부고속도로 건설 현장에 나가 한 달만 일하면 가을에 병아리를 200마리는 살 수 있다는 생각(1969. 7. 3.)으로 막노동을 다니기도 하였다. 또 1970년대 후반에는 "구미 주택 바람이 없는 사람들이 기반을 잡을 수 있는 때라고 생각"(1978. 9. 14.)을 하고 주택건설 현장에 나가 하루 4,000원의 일당을 받고 일을 하였다.

2) 가족

『일기』에서 권순덕은 가족에 대한 깊은 관심과 애정을 드러내고 있다. 이미 결혼한 손위 누이의 시집살이와 건강에 대한 걱정과 손아래 세 명의 동생들에 대한 걱정과 애정이 『일기』의 곳곳에서 묻어난다. 이는 『일기』 저자의 성격이기도 하지만, 집안의 사정과도 연관되어 있는 것으로 보인다. 그의 어머니는 1969년 7월 발병한 위암으로 약 1년 반가량 투병하다가 별세하였다. 어머니의 투병 기간 동안 그는 어머니를 모시고 인근의 약국과 한약방은 물론 김천과 선산, 대구의 병원을 찾아다닌다. 투병 말기에는 마을의 노인에게서 아편을 구해 복용하게 하기도 하였다. 이 기간 동안 그는 자신보다 고등학교를 졸업한 두 동생과 중학교에 다니는 어린 동생에 대한 걱정을 늘 앞세웠다. 학교를 마친 동생의 취직 문제에 대해 늘 고심하고, 아직 학교에 다니고 있는 동생의 공부와 성적에 대해서도 늘 관심을 기울였다.(1969. 8. 7.) 취직 걱정을 하던 동생이 선생님의 추천으로 취직을 하게 되었다는 소식을 들은 날, 권순덕은 『일기』에 "이제 동생 걱정은 안해도 될 것 같다"며 안도한다.(1971. 2. 11.)

어머니의 별세 이후 약 3년 만에 아버지도 병으로 세상을 떠났다. 20대에 부모를 모두 잃은 그는 세 동생에 대해 부모를 대신하는 책임감을 강하게 지니게 되었다. 또한 이미 출가한 손위 누이의 건강과 시집살이에 대해서도 늘 걱정을 하면서 종종 집을 방문하였다.

하루는 누이의 병문안을 가서 "돈이 아까와서 쓰지 못하고, 죽만 먹으면서 약도 쓰지 않고 있는 것을 보고", 사돈에 대한 원망을 『일기』에 쏟아내고 있다.(1969. 1. 14.) 그리고 그 다음날 계란 한 줄을 사서 다시 누이의 집을 찾아간다.(1969. 1. 15.)

어쩌면 그의 돈을 벌겠다는 강한 욕망은 가족애를 배경으로 형성된 것인지도 모른다. 일찍부터 "형제간끼리 우정을 안 버리고 살겠다는 결심"(1972. 7. 27.)을 굳히고, "돈을 못 벌면 형제간에 우정이 없어질지도 모른다"는 우려에서 "돈을 벌어서 형제들끼리 이 좋은 세상에 보람 있게 살고 싶은 마음"(1972. 3. 7.)을 『일기』에서 드러내고 있다. 권순덕에게서 가족주의와 경제적 성공 욕구는 따로 분리될 수 없는 것이었다. 이러한 특성은 어쩌면 우리사회의 근대화 과정에서 형성된 독특한 양상이라고 할 수 있을지도 모른다. 특히 생업 자체가 가족노동에 대부분 의존하는 농촌사회에서는 가족으로부터 분리된 개인적 욕구가 형성되기는 쉽지 않았을 것이다.

> "사람이란 식구도 많고 살림도 많이 가져야 복이 많은 사람이지 이 중에 한 가지라도 적은 것이 있다면 그 사람은 불행한 사람이다."(1972. 10. 13.)

3) 결혼, 출산, 분가

20대 후반이 되면서 결혼하는 친구들이 점점 늘어가고, 결혼해서 독립한 친구들의 생활을 보면서 권순덕은 구체적으로 자신의 결혼문제에 대해 생각하기 시작하였다. 만 27세가 되던 1971년부터 "어떠한 일이 있더라도 부친 회갑 전에는 결혼 상대자를"(1971. 2. 9.) 구하겠다고 결심하고, 여기저기 선을 보러 다녔다. 가족들이 적극 나서서 선을 주선하기도 하고, 친구들이 소개를 하기도 하였다. 처음 선 본 상대자는 "몸이 너무나 약해서"(1971. 12. 1.) 마음에 들지 않고, 또 어떤 상대자는 나이가 많아서 아예 맘에 두지 않는다.(1972. 4. 25.) 그리고 대구에 가서 선을 본 여자에게 맘이 있었으나, 도시생활을 오래 하였고, 외롭게 자란 처지가 맘에 걸린다.(1972. 4. 20.)

선을 봐서 결혼을 하겠다고 결심을 하였지만, 자신의 처지에서 "여자를 데리고 와서 행복하게 살 수 있느냐" 하는 걱정은 벗어날 수 없었다. 그러다가 우래실 처녀 이윤심과 선을 보게 되고, "한 몸이 되어서 삶의 길을 개척해야 될" 상대자인지를 한 동안 고민하면서(1972. 5. 5.), 같이 살아갈 걱정으로 "머리가 뒤범벅이 되고 등짐을 한짐 지고 있는 느낌인 복잡한 심정을 일소하고 삶의 보람을 가지고 살아보리라"고 결혼을 결심하였다. 그리고 1972년 5월 27일 이윤심과 용전교회에서 결혼식을 올렸다. 그리고 그의 결혼에 대한 첫 느낌은 "어딘가 모르게 가슴이 든든한 감이 들며 마음의 안정을 가질 수 있게"(1972. 6. 5.) 되었다는 것이었다.

결혼을 한 이후에도 한동안 권순덕은 가족으로부터 독립하지 않고, 부모님을 모시고 살면서 형의 가족, 동생과 함께 농사를 지으면서, 합쳐진 살림을 하였다. 결혼한 지 약 11개월이 지난 1973년 4월 2일 분가를 했지만, 농사일은 나누어지지 않고 형제가 같이 하였다. 그래서 권순덕은 결혼한지 약 1년 반이 지난 1973년 11월 22일에야 『일기』에 "결혼한 이후 처음 집사람이 손수 지어주는 밥을 단둘이 앉아서 먹으니까 따뜻한 느낌이 들더라"고 기록하였다. 그러나 그는 오히려 결혼으로 인해서 가족에 대한 자신의 책임감이 흔들릴까 경계하였다.

> "결혼 전에는 나는 못 살아도 형제들을 살려야 된다고 결심한 놈이 나 자신도 모르게 내가 살아야 된다는 욕심이 움트고 있으니, 결혼이란 글자가 내 마음을 흔들게 하는 것을 보니 보이지 않는 밧줄로 내 몸을 조이고 있는 것은 아닐까"(1972. 6. 9.)

결혼 이후 권순덕 부부의 생활은 고된 노동의 연속이었다. 보리, 벼, 감자, 메밀, 파, 콩, 무, 배추, 시금치, 자두, 복숭아, 참외 등 논과 밭 어디에도 빈틈이 없이 작물을 재배하였기 때문에 부부의 하루하루는 풀매기, 거름주기 등으로 쉴 틈이 없었다. 집에서는 소를 키우고, 거기에 '국수틀'을 들여놓고 주문받은 국수를 빼서 널어 말리는 일을 하였다. 그래서 아내의 과로가 늘 걱정이었지만(1972. 8. 27.) 일을 줄일 수도, 아내를 쉬게 할 수도 없었다.

결혼을 하고 아내가 임신을 한 이후에도 "집을 벗어나" 외지에 나가 돈을 벌 생각을 한 적도 있었다. 그러나 아내와 태어날 아이, 그리고 취직시험 공부 중인 동생이 걸려서 결행하지 못하면서 "정말 죽을 지경"이라고 『일기』에 토로하였다.(1972. 10. 6.) 결국 외지로 나가는 것을 포기하는 대신에 "어떠한 노력을 하더라도 자신의 이세에게는 삶의 걱정을 시키지 않겠다"고 결심하고 그 아래 서명을 남김으로써 각오를 다졌다.(1972. 10. 12.)

1973년 4월 20일 첫딸이 태어났다. 아들을 바라지 않은 것은 아니지만 "딸자식이라도 크면 예쁘겠다"는 주변의 덕담에 위로를 받았다.(1973. 4. 21.). 첫 아이가 태어난 이후 가족에 대한 그의 마음가짐이 한층 단단해졌다. 길에서 허름한 차림의 아이만 보아도 예사롭지 않아서 자식을 남보다 맑고 따뜻하게 길러야 마음이 놓일 것 같고(1973. 4. 23.), 아내가 남들에 뒤처지지 않게 살게해 줄 수 있을까가 걱정이고, 지금 고생시키는 게 미안하게 느껴졌다.(1973. 5. 9.)

결혼과 출산 이후에 그는 쉬지 않고 농사일을 하면서도, 새로운 돈벌이가 없을까 궁리하는 것을 멈추지 않았다. 집에서 국수 빼는 일을 시작하였고, 결혼 직후부터 아내는 섬유를 짜는 가내부업을 시작하였다. 특수작물 재배 계획을 수립하기도 하고(1973. 6. 26.). 자전차점과 탁구장을 겸업하는 일이 학생들을 대상으로 잘 될 것이라고 사업을 구상하기도 하였다.(1973. 6. 9.) 고물상을 해보려고 허가 신청을 하고(1973. 8. 6.) 허가를 받기 위해 한동안 돈을 들이고 여기저기 찾아다니기도 했다. 고물상 허가를 받기 위해 수십 차례 관계기관을 방문하고, 공식, 비공식적으로 적지 않은 돈을 들이고 나서, 6개월 여가 지난 1974년 5월 4일 드디어 김천경찰서에서 허가증을 받을 수 있었다. 그러나 개업을 하기 위해 여기저기 변통한 끝에 6월 3일 고물상 간판을 내걸고 자전거포를 겸하는 일을 시작하였다. 가게를 열고 있으면서도 그 동안 해오던 농사일은 하나도 줄이지 않았다. 보리를 수확하고, 모내기를 하고, 밭 작물을 모두 심었으며, 과수 작물에 거름주고, 열매 솎고, 집에서 국수 빼는 일과 아내의 섬유 짜는 일은 빠짐없이 계속되었다. 가게에서 수입은 좀 생겼지만, 일은 그만큼 늘어난 셈이다.

아이가 커가면서 권순덕은 아이 사랑에 빠져들었다. "아기를 출산 할 때는 영 기분이 나지 않더니, 요즘은 밥만 먹고 나면 아기를 한 번 보고 가야 일에 지루한 감이 없다"고 토로할 정도로 그는 아이에게 깊이 빠졌다(1973. 5. 3.). 아이가 울어도 싫지가 않고, 돌아서면 보고 싶은 딸자식(1973. 7. 21.)을 그는 내내 '재롱동이'라고 불렀다. 그리고 1974년부터 『일기』 지출난에는 딸의 과자값이 빠지지 않았다.

그런데 1974년 8월 24일 그의 아내는 둘째를 낳았는데, 또 딸이었다. 그날 그는 "울고 싶은 심정이고, 쳐와도 말도 하기 싫은 하루"였다고 『일기』에서 고백하였다. 그러나 한 달도 채 지나지 않아 그는 "이제는 재롱동이가 하나 더" 늘었다고 『일기』에 적었다.

3. 30대 시절의 일기

이렇듯 권순덕은 군에서 제대를 하고, 농촌에 정착하기로 결심하기까지 여러 차례 마음이 흔들리기도 하면서 20대 중반을 보냈다. 결혼 전에 어머니를 병으로 여의고, 그로부터 약 3년 후 아버지도 세상을 떴다. 1972년 결혼을 하고 이듬해에 첫딸을 낳았으며, 한 해 뒤에는 둘째 딸도 태어났다. 아이들이 늘어나면서 가족에 대한 책임감과 부담이 점점 커져갔다. 그래서 농사일 외에 다른 일거리를 늘 찾아다녔고, 때로는 도시로 나가는 게 생활에 더 도움이 되는 게 아닐까 하는 생각에 마음이 흔들리기도 했다. 이렇게 그는 농사일과 장사, 그리고 농한기에는 막노동자가 되어서 돈벌이를 하면서, 어떻게든 생활의 기반을 다져야 한다는 생각으로 20대를 보냈다.

1) 노동

30대가 되어서도 그와 부인의 노동량은 줄어들지 않았다. 아이가 커가면서 가계 부담은 조금씩 늘기 시작했고, 그의 노동량은 오히려 더 늘어났다. 기존의 가게를 유지하면서 연장을 구입하여 수도공사와 수리일을 시작하였고, 1978년부터는 추수가 끝난 이후 구미의 건설현장에 나가 막일을 시작했다. 아내 이윤심도 논농사, 밭농사를 가리지 않고 늘 남편과 함께 일을 하면서도, 남의 집 일을 하러 다녔다. 그러면서 커가는 두 아이의 치다꺼리에 힘들어 했다. 권순덕은 "농사를 많이 짓는 사람은 안 죽을 만치 일을 한다고 하면서, (죽을 만치 일을 해야 하는) 우리는 언제 농사를 지어보겠나. 나 자신은 저렇게 농사도 못 지어보겠지" 하고 자신의 신세를 한탄하였다(1975. 11. 4.) 그러나 "사람은 독하다는 소리를 들어야 돈을 벌지, 사람 좋다는 소리를 들으면 돈 벌기 어렵다"(1975. 1. 16.)는 각오로 30대의 기간을 살았다.

세 동생들은 모두 학교를 마치고 직장을 잡았고, 일부는 이미 결혼을 해서 가정을 꾸렸다. 그래서 가족에 대한 부담과 책임감은 오직 아내와 자녀들로 집중될 수 있었다. 그러나 그 부담이 작아진 것은 아니었다. 커 가는 아이들을 보면서 자신뿐 아니라 자녀들의 미래에 대한 불안감은 점점 커져갔다.

그의 일기는 1976년부터 빠지는 날이 많아지다가, 그해 10월부터 일기쓰기가 중단되어 1979년에는 5월에 하루 그리고 12월에 닷새를 기록한 것이 전부이다. 일기쓰기가 이렇게 쓰다가 중단하기를 반복하는 것이 1979년까지 약 3년간 계속되었다. 그런데 그의 30대 시절 전 기간의 일기를 모두 읽어보면, 그 이유를 어느 정도는 알 수 있다. 30대 초반에 그는 벼, 보리농사와 밭농사, 과수재배에 축산까지 크지 않은 규모지만 모든 농사일을 다하면서 틈틈이 가게 일을 하고 주문이 있으면 수도공사와 수리를 맡아서 하였다. 그리고 겨울에는 도시에 나가서 건설노동을 하여 돈을 벌었다. 고된 노동 이후 그날의 일기를 쓰기 위해 자리에 앉는다는 것이 쉽지 않았을 것이다. 어쩌면 그날의 일을 되돌아볼 여유조차도 생기지 않았을 것이다.

30대 초반 그와 아내의 생활은 거의 한 순간도 쉴 틈이 없는 노동의 연속이었다. 겨울이 지나고 날씨가 풀리는 듯싶으면 과실나무를 돌보는 일부터 그의 봄이 시작되었다. 보리 작황을 살피고 밭 작물을 심기 위해 밭일이 시작되면 보리 수확이 겹쳤다. 그리고 과실나무 꽃을 솎고, 풀을 매고 거름을 주는 것도 그 시기에 반드시 해야하는 일이었다. 보리 수확은 언제나 모판을 조성하고, 모내기를 준비하는 시기와 겹쳤다. 모내기가 끝나고 나면 밭에서 풀과의 전쟁이 시작되었다. 논일과 밭일을 번갈아 하면서 아침마다 자두, 복숭아를 따서 김천 시장에 내야 했다. 7월부터는 논과 밭에 지천으로 돋아나는 잡초 속에서 부부는 하루 종일을 보내야 했다. 그 사이사이 그는 여전히 가게를 하고 수도공사를 찾아 다녔다. 가을 추수가 끝나면 바로 보리 파종을 시작해야 했다. 가을 배추와 무 재배는 그 사이에 이미 시작되었다. 그는 소 사육이 유망하다는 정보를 듣고 송아지를 사고, 집 한쪽에 축사를 지었다. 사료 값이 아까워서 권순덕 부부는 일을 마치고 들에서 돌아오면 해질 때까지 소 먹일 풀을 베었다. 추수가 모두 끝나면 이미 11월, 겨울이 시작되었다. 그러면 그는 구미, 김천의 공사장을 찾아 막노동을 시작하였다. 도시 노동자 생활은 대략 이듬해 2월까지 계속되었다. 그러다 1978년이 되어서 자전차점 일을 접고, 구미의 주택공사장에만 다니기 시작하였다. 도시의 노동일을 제외하면 모든 농사일은 "집사람과 둘이서" 또는 "집사람과 아이들과 함께" 하였다.

그의 30대 시절이던 1970년대 후반을 그는 어떻게 기억하고 있을지, 기억 속에 남아 있기는 할지 몹시 궁금했다. 그래서 우리 연구팀은 권순덕 부부를 전북대학교로 초청하여, 점심식사와 저녁식사를 같이 하면서, 그의 일생에 관해 질문하였다. 그는 담담하게 "그래도 그 때 구미에서 일해서 돈을 번 것이 기반을 잡는데 큰 도움이 되었다"고 회고하였다.

그는 1983년 경운기를 농협 융자를 받아 구입하고, 1984년에 처음으로 형제들의 가족경영에서 분리되어 농사를 따로 짓기 시작했다. 40세가 되어서야 그는 비로소 독립한 농사꾼이 되었다. 그러나 여전히 형제들과 일손을 나누는 일은 계속하였다. 그리고 농사를 따로 지으면서 그와 아내의 일은 더 많아졌다.

2) 자녀교육

'재롱동이'들이 커가면서 『일기』에서 자녀 교육과 관련된 내용의 분량이 늘어가기 시작했다. 매일 아이들의 과자 값 지출은 끊이지 않았지만 "매일 과자를 주는 것은 아주 나쁜 버릇인데 하고 생각을 하면서도 실천이 안된다"고 하면서도 "담배 값 들이는 셈 치고 아이들에게 들어가는 것이 아깝지 않다"고 생각하였다.(1976. 3. 13.) 그러나 아이들이 부모의 일거일동을 하나도 빼놓지 않고 따라하는 것이 "겁이 날 정도"라면서, 아이들 보는 데서는 "하나에서 열까지 조심하고 행동 하나하나를 생각을 해야겠다"고 결심하기도 했다.(1975. 12. 15.)

그러다가 1975년 말 아내가 임신한 것을 알고, 낳지 않기로 결심하였다. 아내의 건강이 신통치 않아서이기도 했지만, "논 이백 평 마련하는 것이 이처럼 힘이 드는"(1975. 12. 27.) 생활에서 하나 더 낳는 것이 너무 부담스럽기 때문이기도 했다. 아이를 내려버리려고 약방에도 가보고 김천도립병원에도 가보았지만, 의사로부터 불가능하다는 말을 듣고 "할 수 없이" 낳기로 하였다.(1976. 1. 12.) 그리고 그해 셋째로 아들이 태어났다.

세 아이를 키우면서 자녀 교육에 대한 걱정이 커졌다. "살림도 없는 가정에서 이세를 만이 두면 부모가 자식 기르는데 힘이 들 뿐 아니라 자식도 배움을 많이 하지 않으면" 안 되기 때문에 자식의 "배움을 많이 하기 위해서는 자식을 적게 가지는 것이 상책"이라고 생각하였다.(1977. 5. 24.) 그래서 아이 셋을 키우는 자신은 미리 자녀 교육을 위해 준비를 시작해야 했다. 그래서 아이 돌 때 들어온 반지를 팔아서 장래 아이의 학자금으로 아이 이름으로 저금을 하였다.(1977. 12. 12.) 세 아이를 키우는 30대 시절, 그에게 열심히 일해서 돈을 벌어야 하는 가장 중요한 이유는 자녀 교육이었다.

> "어려운 살림살이에 이세의 교육문제를 생각하면 숨이 가쁠 정도라고 해도 과언이 아닌데, 어디 구경이라고 생각이나 해 볼 수가 있겠나. 자신은 암흑세계에 사는 한이 있더라도 이세들만은 밝게 살면 더 바랄 길이 없다고 생각을 한다"(1979. 4. 28.)

1980년 2월에 큰 딸이 학교에 입학하였다. 첫 아이의 입학식을 보면서 기쁘기도 하고, 마음이 무겁기도 했다.(1980. 3. 5.) 입학 준비를 하면서부터 그는 딸아이가 학교에서 남들보다 뒤 처지면 어쩌나 걱정이 컸다. 그래서 기초시험지를 가져다 매일 공부하게 하였지만, 걱정이 사라지지는 않았다. 입학 후에는 담임선생이 가정방문을 온다는 소식을 듣고 뭔가 인사를 닦을 형편이 되지 않는 것이 못내 불편하여 보답도 변변히 못하는 부모로서 "선생님을 피하고 싶고 자식에게도 부끄럽다."(1980. 3. 18.)

이듬해인 1981년에는 둘째 아이가 학교에 입학하였다. 둘째가 입학한 날, 권순덕은 『일기』에 "학생이 둘이고 보니 나 자신도 돈을 더 벌어야 이세들을 학교라도 시키지 않겠나 하는 느낌이 든다"고 적었다.(1981. 3. 5.) 그리고 1982년에는 셋째인 아들을 학교에 신설되는 유치원에 입학시켰다. 남의 아이보다 일찍 깨우치게 해서 학교에 넣기 위해서였다.(1982. 2. 17.) 권순덕은 아이들이 학교 공부를 따라 갈 수 있을지가 매일 걱정되고, 뒤처지는 과목이 있으면 집에서 좀 가르쳐보려고 하지만 도저히 시간을 낼 수가 없어서 걱정이었다. 아이들 공부가 너무 신경이 쓰여서 아이를 좀 잘 봐달라고 "집사람이 선생님에게 조그만 선물까지" 하였다.(1983. 3. 16.)

아이들이 모두 학교에 입학한 1983년 이후 그의 『일기』에서 아이들의 이야기는 거의 매일 기록되어 있다. 공부를 잘하면 그 보람과 뿌듯함이, 다른 아이들에 비해 뒤처지면 부모로서의 근심과 아이들에 대한 미안함이 표현되어 있다. 부모의 형편을 이해하고 어른스러운 행동을 하면 뿌듯하기보다는 오히려 아이들에 대한 미안함이 더 앞선다. 그러면서도 부모의 일을 돕겠다고 나서는 아이들을 보면서 대견스러운 마음이 드는 건 어쩔 수 없다. 『일기』에 기록된 분량만 가지고 보면, 권순덕의 30대 시절은 가족에 대한 책임감과 아이들의 교육에 대한 걱정으로 채워져 있다. 그가 좀 더 일하고, 좀 더 돈을 벌어야 하는 이유는 온통 아이들의 장래 때문이었다. 그래서 그는 아내가 고된 일이 안쓰러우면서도 남의 집 일에 가겠다는 아내를 말리지 못하고, 농사일 때문에 날짜를 제대로 맞추지 못해 구미의 공사장에서 일자리를 구하지 못하면 김천으로 가서 일자리를 찾고, 그도 안 되면 공장의 부속건물 공사장에 가서 며칠짜리 일자리라도 반드시 찾아야했다.

3) 권순덕의 세상을 보는 눈

권순덕은 가난한 농민이며 공사장에서 일을 하는 노동자였다. 그리고 한 동안은 영세자영업자이기도 했다. 그렇지만 언젠가 자신과 가족을 위해서 잘 살아보겠다는 희망을 잃지 않았다. 그는 자신의 희망을 이룰 수 있는 길은 누구의 도움이 아니라 오직 자신의 노력 뿐이라는 점을 잘 알고 있었다. 그래서 그의 세상을 보는 눈은 가난한 사람들이 이 사회에서 잘 살 수 있는 길을 향해 열려 있었다. 있는 힘을 다해 살기 위해 노력하는 사람들의 희망을 꺾어놓는 것이 있으면 그것이 자연이든 사회이든 또는 정부든 원망을 감추지 않았다.

예비군훈련에 참석해서 "별로 교육 같지도 않은 (것을) 한참 바쁜 사람을 데리고 와서" 시간을 빼앗는 것에 화가 나기도 하고(1975. 5. 30.), 중앙부처에서 새마을 시찰 나온다고 동네사람들을 동원해서 호들갑을 떠는 공무원들이 보기 꼴사납다.(1975. 8. 6.) 민방위교육이라고 일해야 하는 사람들을 불러놓고 비디오나 틀어주는 교육도 한심스럽다. "이것들도 시정이 되어야 한다고 생각한다".(1983. 9. 15.) 그가 보기에 사람들은 이제 쓸데없는 낭비를 하지도 않고 한가하게 놀지도 않는다. 이제 마을에 술에 취해서 다니는 사람들도 없다.(1975. 2. 13.) 그런데도 없는 사람을 무시하는 세상이 불편하고, 그것은 이 세상에서 "돈 심보다 더 힘쓰는 것이 없"기 때문이라고 생각된다.(1975. 1. 19.)

정부에서 통일벼를 심으라고 해서 심긴 했지만, 모판은 어떻게 관리해야 하는지, 거름은 얼마나 해야 하는지 알 수가 없다. 결국 냉해를 입고(1975. 5. 23.), 벌겋게 주저 앉아버려 딴 모로 떼워 넣어야 했다.(1975. 6. 9.) 결국 그 해에 겨우 농사일을 마치고는, 정부가 권장하는 신품종 벼에 대해서는 남들 농사하는 거 본 뒤에 선택할 것인가를 결정하기로 하였다. 그러면서 정부가 "신품종을 농민들에게 권장을 해서 꼭 실패를 보이는 것이 정말 이상하다". 그의 생각에는 먼저 "정부에서 정밀하게 검정해서 농민들에게 권장을 시키면 이런 실패는 없었을 것" 같다.(1981. 9. 29.)

정부의 농산물 정책도 정말 이상하다. 비료 값을 올릴 때는 미리 알려서, 있는 사람들은 일 년 쓸 비료를 미리 구입하게 하고, 없는 사람들은 비료 값이 인상될 줄 알면서도 준비를 못해서 손해를 보게 만든다.(1981. 12. 30.) 그러면서 추곡 매상가격을 인상하는 데는 참 인색하다. 1983년에 정부에서 "추곡 매상가격을 작년 가격으로 동결 지우는 것은 농민의 한 사람으로 생각을 할 때 너무들 하는 것 같다." "비료 값, 약 값, 다들 올려놓고 매상가격만 올리지 않고 작년 가격으로 동결 지운다고 하는 것은 말도 안된다"고 생각한다. 이것은 힘없는 농민을 너무 무시하는 처사이기 때문이다.(1983. 10. 26.)

심지어 88올림픽을 홍보하면서 예산을 물쓰듯 하는 정부의 정책에 대해서도 그는 불만이다. 정부에서 "운동에 너무 신경을 쓰고 있는 것"(1985. 10. 25.)이 없는 사람들을 소홀히 할 수 있기 때문이다. 그는 "불필요한 국제경기 하는 것을 억제하고"(1985. 11. 26.) 인제를 살려야 한다는 의견도 『일기』에서 피력하고 있다. 그 이유는 정부가 운동에 열을 올리면 "불과 몇 사람은 수입이 되겠지만 그 나머지는 큰 낭비라고" 생각하기 때문이다.

그의 『일기』에는 분명한 삶의 목표를 가지고 열심히 노력해 가는 한 가난한 젊은이가 세상에서 부딪치게 되는 성공과 실패, 좌절과 극복, 감사와 원망 등의 응축된 감정이 담겨 있다. 설을 맞아 공사장에서 일하고 체불된 임금을 어찌어찌 일부라도 받아들고 아내의 새옷을 사려고 시장을 몇 바퀴나 돌다가 끝내 빈손으로 돌아오는 30대 가장의 감정, 추곡 수매대금을 받아 농협 빚을 제하고 나니 겨우 50여만 원 남아, 그것을 아내에게 "이게 한철 농사지어 번 돈의 전부"라며 건네주면서 느끼는 상실감, 할 일 잔뜩 쌓아두고 있는 동네사람들에게 몇 날 몇 시에 국무총리가 경부고속도로를 지나가니까, 고속도로 주변부터 정리하라고 독촉하는 면 직원을 바라보며 가지는 원망 등이 그의 세상을 보는 눈빛에 영향을 미쳤다고 여겨진다.

그의 생활에 애를 먹이는 것으로는 기후를 빠트릴 수 없다. 모내기철이 되었는데 비가 내리지 않는 하늘이 무심한 것은 한두 번 겪는 일이 아니다. 밤새 하천마저 말라붙어 하천 바닥을 파서 물이 고이기를 기다린 적도 여러 번이다. 봄부터 여름 내내 내리지 않던 비가 이삭이 여물어야 하는 초가을에 한꺼번에 쏟아져서 논을 아예 물바다로 만들어버린 적도 있다. 그때마다 동네사람들이 한꺼번에 모여 수로를 만들고 물을 퍼내고, 둑을 새로 쌓았지만, 자연은 언제나 농민들의 가슴을 조리게 했다. 하늘을 원망하기도 했지만, 끝내는 사람의 힘으로 극복하기도 하고, 그래도 하늘은 농민들을 버리지 않을 것이라는 믿음으로 견뎌내기도 했다. 적어도 자연은 부유한 농민이나 가난한 농민에게 불공평하지는 않았다.

제2장 지역특성과 생활환경, 지명

1. 동신마을의 지역적 특성

1) 마을의 역사

동신마을은 행정구역상 김천시 아포읍 대신3리에 속하는 자연부락으로 삼한시대에는 변한계 12국의 하나인 감문국(甘文國)의 영역이었고 신라의 전신인 사로국(斯盧國)에 의해 서기 231년(조분왕 2년) 멸망한 후 신라의 감문주와 감문군, 개령군으로 속하게 되었다. 이후 고려시대를 거쳐 조선시대와 한말에 이르기까지 상주목 관할의 개령현(개령군) 동면 동신리로 불리었다. 1914년 일제강점기 행정구역이 개편되면서 개령군이 인근의 지례, 김산군과 통합되고 이웃한 대동(한골)마을과 합하여 김천군 아포면 대신동으로 개칭했고 1949년 금릉군 아포면 대신동으로 속했다가 1971년 동신마을을 대신 3동으로 분동했다. 1995년 김천시와 금릉군이 통합될 때 김천시 아포읍 대신3리로 개칭한 후 오늘에 이르고 있다.

▲ 1960년대 동신마을 전경

▲ 현재의 동신마을 전경

2) 마을의 입지여건과 교통

동신마을은 김천 시내로부터 동쪽으로 구미시 방향 6km 지점에 위치했는데 마을로부터 500m 떨어진 대신1리 역전마을에 1916년 개설된 경부선 철도 대신역이 들어서고 마을 앞으로 904호선 지방도가 개설되어 김천에서도 가장 교통이 발달한 마을 중 하나이다. 주민들은 1980년대 시내버스가 보편화되기 이전까지 외지로의 이동을 위해 대부분 대신역의 완행열차를 이용했다. 권순덕은 일기에서 시장을 보거나 가축과 약품구매, 병원출입, 노동일 등의 사유로 자주 김천과 구미,왜관 등지를 내왕한 것으로 나타나는데 이때마다 어김없이 대신역을 이용했다.

“어머님이 대묵장[(설)대목장]이라 장보기 급난다기에 따라 갔써다. 대묵장이라 장사꾼은 제각기 마이 팔려고 제각기 상업 상술을 쎠는대는 아는 사람 보기는 사람이 먹고 살기란 여관 교통이 안니라고 생각까지 하여 보았써며 장을 다 보고서 안행열차로 올려고 하면서 김천역 대합실에 더려서니 서피카 하는 소리가 안행열차는 정시부터 40분관 연착이란 소리를 더고서 부모님이 허전해 보이기을 닭곰탕에 대리고 가서 정심식사 싸더리고 나는 열차표을 살려고 나와서 대합실에서 40분간 기다리면서 너머나 교통이 불편이라고 생각해 보았다.” 〈1969. 2. 14.〉

“이재 이모님이 오시서 좀 시다 가라 하니까 집이 답답하다면서 갈려고 해서 감자와 복숭을 좀 지개로 저서 대신역까지 같따 주고 술 한 병과 열차표을 껀너 주고 집우로 돌랐다.” 〈1970. 7. 16.〉

▲ 대신역

▲ 마을 앞 버스승강장

마을의 남쪽으로 봉화산과 비봉산이 솟아있고 북쪽으로 낙동강의 지류인 감천이 동서로 흐르고 있어 배산임수의 명당터로 불렸다. 김천과 구미, 선산 등 도시규모를 일찍 갖춘 지역과 인접하고 마을로부터 이들 지역을 연결하는 도로가 일찍이 발달하여 주민들의 도시로의 이주와 유입이 비교적 활발한 편이다. 또한 마을의 편리한 교통은 인근 도시로부터의 선진화된 농법의 접근을 촉진시켜 복숭아, 배, 자두, 포도 등의 과수재배와 양계, 한우, 돼지 등의 축산업, 신형 농기구 도입 등 전반적으로 농업의 발달이 타 마을에 비해 월등히 빨랐다.

> "부업을 하기 위해서 김천목장에 가니 안갑동 목장에는 양이라고 없고 대지 돼[대여섯] 마리 정도 있써며 그 외에는 완꾸다[아무것도] 없더더라." 〈1969. 3. 2.〉

> "닭들이 식욕 업쓰서 어쩬 일인가 하고 양개 전문우로 하는 집에을 차저가서 식욕이 업시 도라다는 있는 것은 무선 병인가 무러보니 그것은 사료가 변동을 했쓸 때 생기는 병이라면서 태라마이신을 복용하면 안전하계 고칠 수 있따면서" 〈1969. 11. 21.〉

> "봉숭나무가 수입이 적어서 배나무로 간식을 할려고 사료 갈더니 모목이 장년 비에[작년에 비해] (배) 이상으로 비싸계 팔고 있써서 도라올라고 할려다 새상 물과가 정신업시 오려고 있는대 모목원 아지 않 올을 수 있깨나 하고 생각이 더러서 (배나무) 만상길 한 포기에 45원 주고 사와서" 〈1969. 11. 23.〉

> "콤바위 벼 베기을 하며 탈곡이 안전이 대어서 나오는 것을 볼 때 신기하기 짝이 업쓰며 이제는 농촌에도 돈만 있쓰며 공기 맑고 살기 좋은 곳이 농촌이 아니겟는가 하고 생각까지 들며 도시 있는 사람과 농촌에 있는 사람과 비교을 한다면 농촌 부자을 더 불버[부러워] 할 때가 왔따고 자신은 말하고 십다." 〈1980. 9. 30.〉

이러한 교통의 편리성은 마을주민들로 하여금 김천과 구미, 왜관 등 인근도시로의 내왕을 빈번하게 하는 촉진제가 되었고 권순덕과 같이 농한기에 부업으로 도시 건설현장에 일용직으로 임시 취업하는 주민이 많아 동신 마을은 다른 농촌마을에 비해 소득 수준이 높았다.

> "왜관 시장 짖는 데서 추석까지는 잘 버러 먹으리라고 생각을 하였는데 그러치 않코 금일로서 큰일은 전부 한 샘이 댄다. 추석 시고 일 나오라고 하지만 왜관 일은 금일로 끝이 남쌤이 대는구나." 〈1980. 9. 16.〉

아포읍 지도

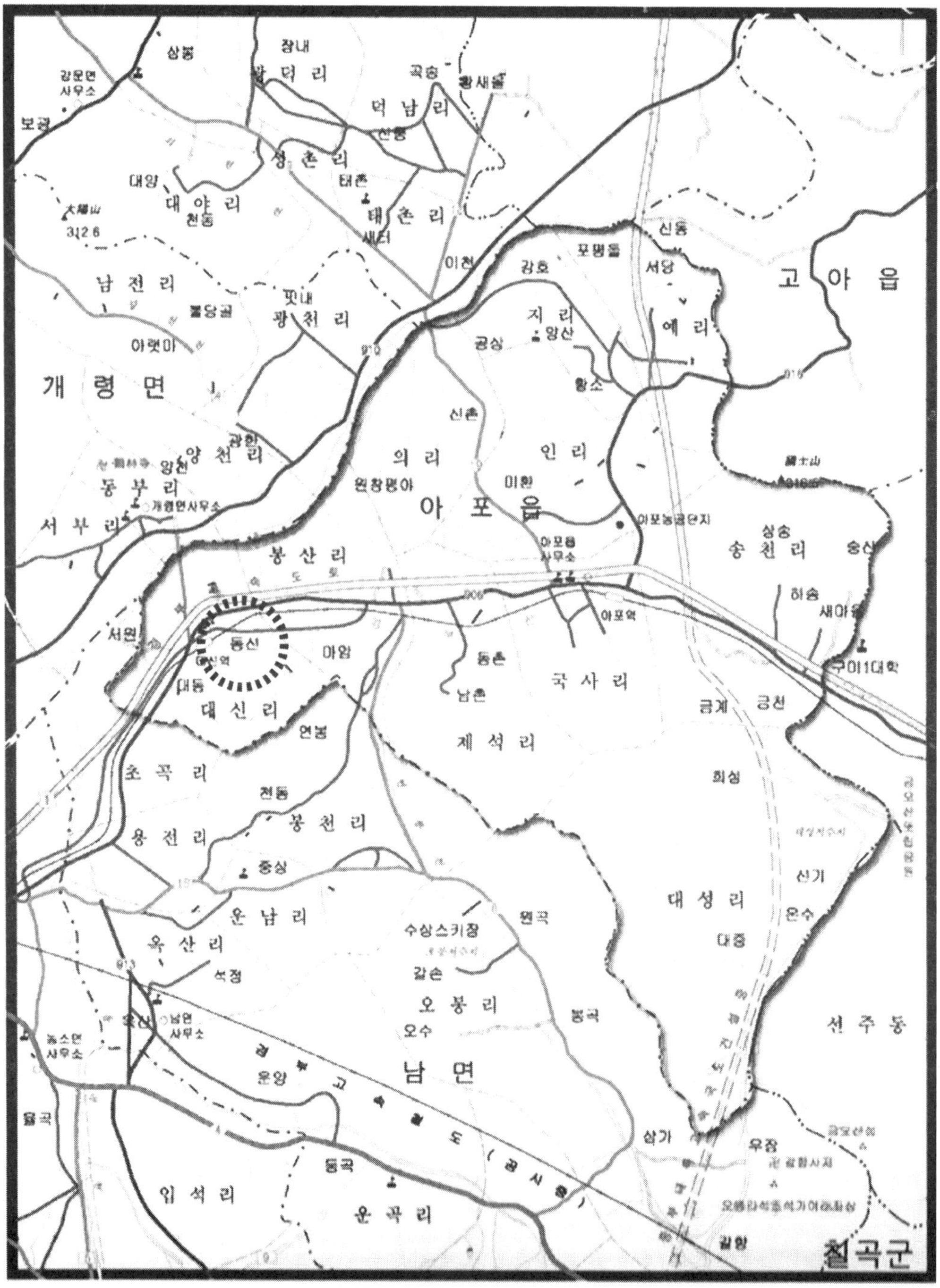
삼봉
장내
곡송
황새울
덕남리
성촌리
대야리
태촌리
남전리
광천리
개령면
양천리
동부리
개령면사무소
서부리
강호
포평들
서당
지리
양산
예리
신촌
의리
인리
원창평야
아포읍
아포농공단지
봉산리
아포역
고아읍
송천리
구미1대학
서원
동신
마암
대신리
동촌
남촌
국사리
금계
금천
연봉
제석리
초곡리
희성
봉천리
용전리
신기
대성리
운남리
수상스키장
옥산리
석정
오봉리
봉곡
선주동
남면
삼가
동곡
입석리
운곡리
칠곡군

개령현 지도

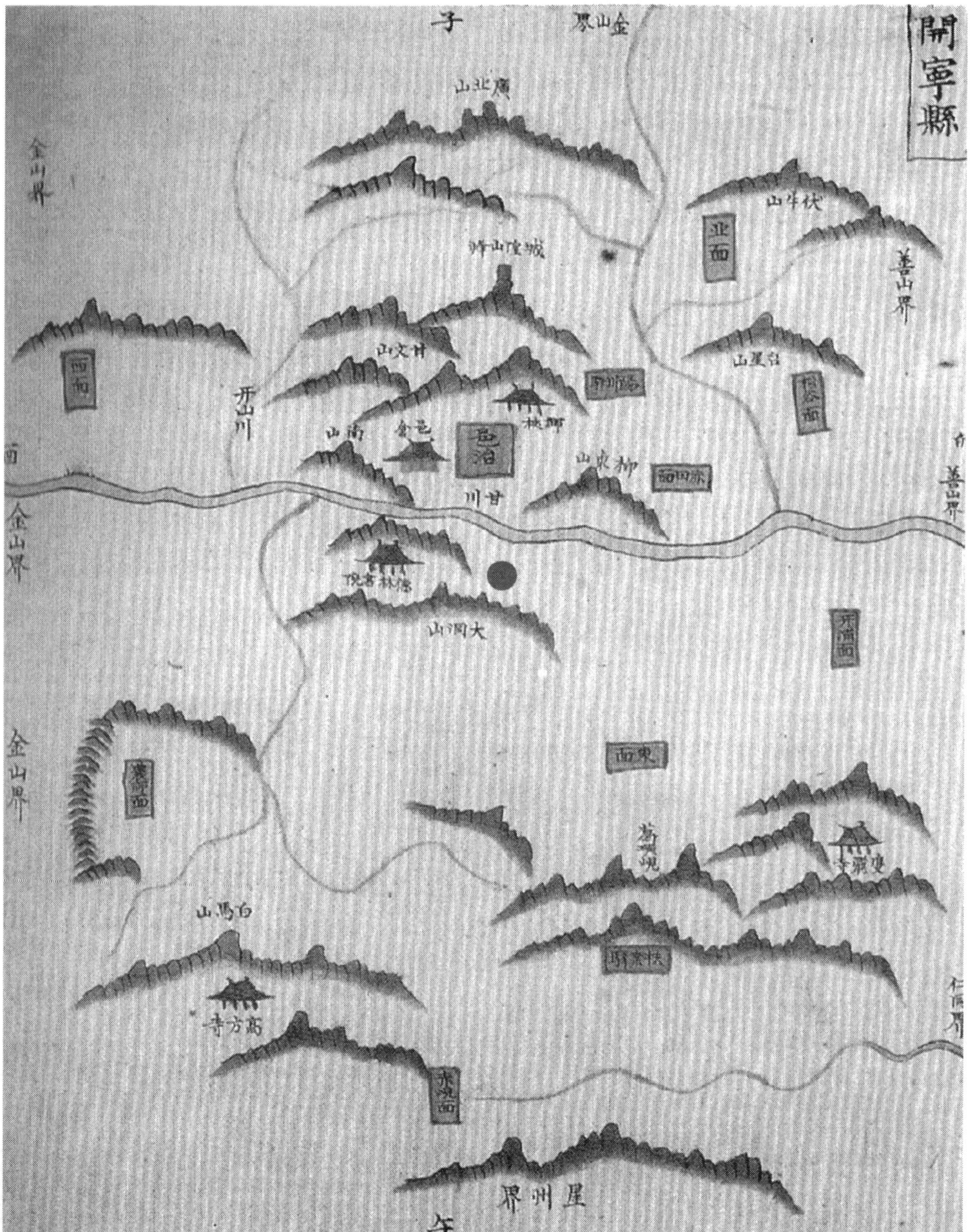

〈광여도〉 개령헌 〈廣與圖〉 開寧縣
조선 1750년대 초, 36.8×28.6cm, (참고사진, 규장각)

2. 생활환경

1) 성씨분포

동신마을은 조선 중엽 안동권씨와 파평윤씨가 정착해 형성한 마을로 대대로 두 성씨가 집성을 이루어오다가 조성후기 김해김씨와 안동김씨가 입향해 현재는 파평윤씨 20가구, 안동권씨 6가구, 안동김씨와 김해김씨가 28가구를 형성하고 있다. 안동권씨는 권순덕을 중심으로 큰집, 세집으로 불리는 근친간으로서 농사일과 경조사가 있을 때마다 상부상조하는 전형적인 집성의 형태를 이루고 있다.

2) 자연환경

동신마을을 중심으로 동쪽은 아포읍 봉산1리 마암(말바우)마을, 서쪽은 대신리 역전마을, 남쪽은 비봉산(봉우재)을 경계로 남면 봉천리와 경계를 이루고 북쪽은 아포읍 봉산2리 작동마을과 접하고 있다. 또한 북쪽으로 마을입구에 지방도 904호선, 100미터 지점에 경부선철도, 150미터 지점에 경부고속도로가 지난다. 이 마을은 비봉산의 동남쪽 구릉지가 봉우재를 따라 봉산리 작동마을로 이어지고 서쪽은 지맥이 마을 뒤로 흘러내려 구릉지를 형성해 마을의 남서쪽을 둘러싸고 있는 전형적인 분지형마을로 동북쪽이 열려 감천유역으로 평야를 형성하고 있다.

권순덕은 일기에서 농한기에 땔감용이나 양계축사 신축 등의 용도로 벌목을 했는데 주로 마을 앞산인 비봉산이나 봉우재에서 하였다.

> "병아리통 할려고 나무을 빌려고 산에 올라가서 서너 표기 배어니까 산 우에서 사람이 나무하는 소리가 나며 나을 내리다 보는 것 같아 한참 기다리다 안될 상 십펴서 그만 내리오고 마라다."〈1969. 3. 6.〉

▲ 봉화산

▲ 감천

3) 농업환경

비봉산과 봉우재 등 마을의 배후에 병풍같이 둘러쳐진 산이 바람을 막고 비봉산에서 완만하게 흘러내린 구릉지에 경작지가 넓게 발달해 일찍이 자두와 배, 포도, 자두 등 과수농업이 발달했다. 또한 마을 앞으로 흐르는 김천 최대의 하천인 감천이 동북쪽으로 관류하면서 비옥한 사질토형 평야지를 형성해 역들, 외송보들, 대신들 등 김천 최대의 곡창지를 이루었다. 권순덕은 봄에 과수나무 가지치기와 보리밭 배수로를 정비하고 4월 씨나락을 담가 5월 못자리를 설치했으며 6월초 보리수확을 마친 후 6월 중순까지 모내기를 했다. 또 6월과 8월 사이 가뭄이 들면 감천 일대의 물을 끌어 들이기 위한 보(洑)작업에 매진하고 10월 벼 베기와 탈곡, 11월 가을보리 파종 등의 매년 동일한 형태의 영농활동을 반복했다. 일기에 나타난 영농활동을 통해서 당시 김천지역 농민들의 농업경영 과정의 단면을 확인할 수 있다.

"가을보리논에 재을 헌치는데 너무나 질어서 헌치기가 매우 힘이 들더라." 〈1973. 1. 16.〉

"과수전지하는 것으로 하루 일과를 보내고 마랐다." 〈1973. 1. 23.〉

"보온 절충 모자리을 복판 논에 씨값씨을 푸리서 비누루까지 덥펴서 해노아 보니 아주 잘 대어쓰며" 〈1973. 4. 19.〉

"과수에 약 살표하는데 동생들과 열여덜 말 살표하니 조금 적어며 금년에는 봉숭이 자신이 알기론 처음 만이 달려쓰며 과실을 쏙지 안으며 열매 노릇을 하지 못할 껏 같더며"

〈1973. 5. 5.〉

"중복숭을 칮수학을 하는데 담아가 아주 적으서 품질이 좋지 안으며" 〈1973. 6. 22.〉

"봉답 논에 큰골 못물로 모내기 할려고 논 장만하는 데 금 일과을 보내고 마랐따." 〈1973. 6. 28.〉

4) 관혼상제

권순덕은 자신의 일기에서 자신을 포함한 동신마을 주민들의 혼례와 상례, 제례에 대해 여러 차례 언급을 하고 있는데 이를 통해 당시 동신마을의 의례풍습을 읽을 수 있다. 특히 권순덕은 동신마을과 인근 마을의 연고가 있는 경조사에 빠짐없이 참가하여 축의금이나 부의금을 전달하고 산역(山役)을 마다하지 않았는데 이러한 상부상조의 미풍이 오랫동안 이 마을에 존속되었음을 일기를 통해 확인할 수 있다.

"마을 어른이 세상을 떠나서 자신이 운상꾼으로 처음 갈더니 운상으로 행상을 매고 가는 대 남들은 소리을 잘하는대 나 자신은 처음이라서 거런지 말이 잘 안 나오며 어머님이 저러깨 누어개시니 자꾸만 쓸펴저기만 하더라. 그리고 화강할 때에는 땅이 어러서 읽[일]을 만대로 못해서 운상꾼이 산에 도달할 때까지 읽이라고는 터밖에 만들지 못해키 때문에 자신이 나가서 내일가 다름이 없시 읽 잚 바주어다." 〈1970. 1. 22.〉

"어저 저녁에서 할머니 재사을 지내고 오늘 아침에 동내 할머니들 초청해서 잘 나누어 먹어다." 〈1970. 10. 11.〉

"오늘 친구 집에 해갑잔치 하는 대서 배상 한 접씨을 주길에 어머님이 병에 시달리서 해갑잔치의 음식이 어떠게 하며 을마나 잘 하나 하고 쓸쓸한 방에서 을마나 생각이 대갯나 하는 생각에 어머님에깨 안주접씨을 구경을 씨킬라고 어머님에깨 갈다 더리떠니 에 먹지 안코 가지고 왔는냐고 하더라." 〈1970. 10. 12.〉

"직사사에 친구 결혼식 하는데 우인어로 따라가서 대집은 그른 대로 잘 바다쓰며 나 자신은 직지사 마을보다 산골의 물이 제일 불더라[부럽더라]." 〈1972. 4. 9.〉

"우래실에 쳐 큰집 조카 시냉날이라고 쳐과집을 들리서 잔치에 참석하고 쳐과집배서 노는데 이번 쳐제과 五日날 결혼식이라고 해서 댕기풀이 달라고 예을 먹이쓰며 쳐제 있때 못 때리며 못 때리개 대니 마음껏 때리고 댕기풀이로 통닭 한 마리 정도는 먹어야 댄다면서 마구 때리니까 잡아준다고 하며 닭 잡을라고 집을 해매니 닭이 업더라." 〈1972. 12. 2.〉

"대신 동서 집배서 부구[부고] 와서 금일 9시에 바랑식[발인식]이라고 해서 집배서 아홉시을 마차서 출발을 했든이 이미 새이군[상여꾼]이 출발을 해서 산에까지 올라같더라. 그레서 사람도 보지 않코 집배 올 수도 업고 해서 산에까지 올라가 보았든이 처남하고 삼촌하고 선둘 동서하고 산에 이미 와 있더라. 그레서 다들 만나보았쓰며 이 삼복드위에 운상꾼들이 여관 예가 아니더라. 사람의 죽음은 만돼로 못하지만 그 일예 움직이는 사람들은 죽을 고생을 한다고 해도 무리는 아니다. 〈대신 동서 할머니 상문함〉 (부이금을 五천 원하며 적지 않을까 하고 망설리고 있쓴는데 동서들도 五천 원 하더라." 〈1983. 8. 2.〉

5) 민속놀이와 마을신앙

권순덕은 일기에서 정월 대보름과 한식, 단오 등의 절기와 관련된 동신마을의 민속놀이에 대해 언급하고 있는데 세월이 변함에 따라 세시풍속이 점차 사라져가는 세태에 대해 일기 곳곳에서 안타까움을 표시하고 있다. 어머니 병환과 가뭄 때 이 마을 주민들이 행했던 독특한 신앙적 행태도 구체적으로 서술하고 있다.

"오늘원 보름이구나. 닭 발원 밤에 아들은 불노리 하는 것을 볼 수 있꾸나. 불노리 하는 것도 3년 전만 해도 만이 했는대 지금은 얼마하지 안는구나." 〈1969. 3. 2.〉

"우리 어릴 때는 아낙내들이 보름달을 보며 아들 둔다고 절먼 사람 늙언 사람 할 껏 업시 죽 나선 때가 어쨰 같든데 그 풍속이 업쓰저고 이재는 한 사람도 업쓰니 인간의 변하가 크다는 것을 보름으로서 입증하는 너킴이 더는구나." 〈1975. 2. 25.〉

"오늘이 4月 초파일이라 구경꾼들이 어대 없시 줄을 지어서 다니{니}까 구경꾼들 뒤에는 … 앞푸론 초파일 하면 사람을 발코 절관어로[절간으로] 구경을 갈 끄시다. 우리들 자랄 때는 초파일 하면 무이미하계 초파일 지내 와는대 요사이는 추석 명절보다 더 크개 지내오며 앞푸론 설 명절원 죽어가고 단오, 초파일, 삼월삼심날[삼월삼짇날]이는 행사을 더 병창하계 육성대리라고 밑고 있다." 〈1969. 5. 23.〉

"올해는 단오절이 이러개 징아고 여우 있는 나날을 보내고 있는 해는 없따고 본다. 우리들이 자리올 때는 단오절 하며 모 신기 때문에 한 번도 놀지 못하고 모내기에 땀을 흙이고 있쓰는데 올해는 모내기도 안 아고 단오에 만족하계 놀 수 있쓰며 동내에는 정월가 별다름 없씨 떡 냄새가 골목에 풍기고 있따." 〈1970. 6. 8.〉

"금일은 한식일이라고 어머님 산소에 띠가 재대로 살지을 안에서 형과 둘리서 냇까 방천에까지 가서 우마차로 한 구루마 실고 왔서 안전하게 하여 두어쓰며" 〈1975. 4. 6.〉

"어머님이 저러깨 새약한대 점도할마씨가 낮깨 한다고 징을 울리는 것을 보고 과손막에 올라오고 마랐다." 〈1970. 10. 24.〉

"비을 바라다 비가 오지 않으니까 동내 할머니들이 무지[무제] 지낸다고 깽가리을 쳐면서 봉오지산까지 다니오는 것을 보며 얼마나 애가 타며 하늘이 사람이라면 비을 내려주어쓸 껏이 아닌가 정말 너머도 하는구나." 〈1973. 7. 26.〉

▲ 기우제를 지내던 봉화산 정상

3. 일기에 등장하는 지명

권순덕 일기에 등장하는 지명은 총 111개로 이중 동신마을 내 지명이 52개, 마을 인근 28개, 기타 31개 등이다. 마을 내 지명은 농업에 종사하는 권순덕의 경작지를 중심으로 하는 지명(34)이 가장 많고 자연물(8), 기타(10)순으로 영농활동에 관련된 지명이 주를 이루고 있다.

특히 권순덕이 분가한 이후 농경지를 매입해 나가면서 매입지 일대와 관련된 지명들이 점진적으로 등장한다. 인근 마을 지명의 경우에는 친인척 거주지(봉산, 초곡, 우래실, 말바우, 선둘 등)와 부모 병구완 관련 의원거주지(대신, 연봉, 개령), 친구, 계원 등의 인간관계에 의한 거주지 등이다. 기타지명의 경우에는 육아와 교육, 사회, 경제생활을 영위하면서 접촉했던 주요 도시와 관공서, 기관단체, 업소명이 주를 이룬다.

동신 마을 내 지명	인근 마을 지명	기타
동신, 시내이, 봉답, 만리들, 큰골, 감천, 과손집, 개뜰, 항시마고갯길, 서산, 보들, 골내, 경부고속도로, 넉둘(역들), 봉화산, 원둑길, 굼도랑, 보도랑, 큰골못뚝, 주막, 큰집, 바시내이, 서양바실, 이성보(외송보), 웃마을, 파락골, 생구룸, 보아주기, 숫뜰, 세집, 복판논, 굼도랑, 동사무소, 바실보, 가진개재방, 대곡지, 닭집, 큰골자두밭, 보아구지, 쌍구룸봇밭, 쌍굼, 쌍구룸, 상원, 만리논, 앞밭, 웃들, 아랫들, 굼논, 당산밭, 당산, 당산논, 넉들보(역들보)	아포, 작동, 얼래미, 봉산, 연봉, 대신, 대신들, 용신촌(신촌), 배시내(배시내장), 신촌, 천동, 초곡, 덕개(덕계), 천동못, 초곡산, 노곡, 우래실, 선둘(입석), 원골, 동촌, 말바우, 송무이(속문), 개령, 무실, 대신떡집, 대신역 대신초등학교, 용전교회	아포중학교, 김천장, 고바우약방, 김천백사장, 아포지서, 김외과, 아포초등학교, 농협공판장, 추풍령, 직지사, 김천극장, 구미, 김천, 문경, 대구, 서울, 도립병원, 남산공원, 이재춘소아과, 김천문화센터, 배시내장, 성의고등학교, 금오산, 춘양당서점, 김천초등학교, 김천중앙초등학교, 구미목화예식장, 대전사, 아포면사무소, 김천흥농사, 김천경찰서

[별첨] 마을 항공지도

1) 마을내 지명

○ 동신(東新)/시내이-김천시 아포읍 대신리로 속하는 자연부락으로 조선 중기 파평윤씨와 안동권씨 일가들이 '시내이'라고 불리는 곳에 살다가 동쪽으로 이주해 새로 마을을 개척했다 하여 동녘 동(東)자에 새 신(新)자를 따서 '동신'이라고 이름했다. 그럼에도 불구하고 마을 주민들은 예전 조상들이 처음부터 살았던 옛 지명인 '시내이'를 마을이름으로 여전히 사용하기도 한다.

○ 웃마-동신마을 중에서도 비봉산 자락에 인접한 위쪽을 지칭하는 지명으로 1974년 권순덕이 분가해 매입한 이래 현재까지 살고 있는 자택이 위치한 일대이다.

▲ 웃마

○ 아랫마-동신마을 아래쪽 일대를 지칭하는 지명으로 권순덕이 태어난 큰집과 세집이 위치하며 마을 진입로에 인접해 마을회관과 교회 등이 속해 있는 곳이다.

▲ 아래마

○ 주막-지방도를 기준으로 웃마와 아랫마 건너편에 있는 일대로 권순덕의 자전거수리점이 던 곳이다.

▲ 주막

○ 만리들-동신마을 앞 들판으로 권순덕의 봉답이 속해있으며 면적이 매우 넓어 만리(萬里)까지 뻗어있다 하여 붙은 지명이다.

○ 봉답-만리들과 인접한 봉답은 일기에서 가장 많이 등장하는 지명으로 권순덕이 결혼 후 처음으로 구입한 농지이다. 570평의 농지로 오랫동안 논으로 이용해오다 근년에 포도를 식재해 지금은 포도밭으로 경작되고 있다. 물이 귀한 천수답으로 '천봉답'으로도 불린다.

▲ 봉답

○ 늑들(역들)-감천에 인접한 동신마을 앞 평야지로 조선시대 말까지 개령현 양천역에서 관리하는 국유지인 역둔전(驛屯田)이었다 하여 역들이라는 이름을 얻었다. 역참제도가 폐지된 후 일제 강점기초까지 방치되어 갈대밭으로 변했던 것을 일제강점기 신상룡(申相龍)이 조선총독부로부터 불하받아 대대적인 개간사업을 통해 평야지로 변모시켰다.

"오늘로서 들까지 논은 안전이 비쓰며 이재 물 픈 논에만 비계 대며 넉둘[넉들]은 안전이 빈 샘이 대며 금년에는 통일벼을 만이 해서 가을 수학이 좀 일적 아리라고 생각을 하고 있다."〈1974.10.15.〉

▲ 역들

○ 큰골-동신마을 뒷산인 비봉산 남쪽 비치산 아래의 골짜기로 권순덕의 자두밭(큰골자두밭)과 닭집(양계장), 부모님의 묘소가 있는 장소이며 일기에 자주 등장한다.

▲ 큰골

○ 감천-동신마을 앞을 흐르는 김천지역 최대의 하천으로 역들(눅들), 대신들 등 동신마을 주민들이 경작하는 논의 대부분이 감천 유역에 밀집해있다.

▲ 1970년대 감천 하천 정비

○ 큰골자두밭-큰골 대곡저수지와 이웃하고 있는 권순덕의 자두밭이다.

▲ 큰골자두밭

○ 과손집(과수원집)-큰골 비치산자락에 위치한 자두밭에 지은 임시 주거지로 권순덕이 자두밭에 닭집을 지어 양계업을 하면서 도둑을 방지하고 원활한 관리를 위해 건립했다.
○ 갯들(개뜰)-역들 평야 내의 이성보와 서양바실래 사이에 위치한 논이다.

▲ 갯들

○ 항시마-풍수지리로 볼 때 황새의 목에 해당한다 하여 '황새목'이라 한 것이 음이 변해 '항시마'라 불리는데 동신마을에서 큰골로 넘어가는 고개가 있어 '항시마고갯길'로도 불린다. 권순덕이 큰골 자두밭과 산소를 내왕할 때 주로 이용하던 통로이다.
○ 서산-동신마을 서쪽에 위치한 산으로 마을주민들은 서산 일대에 구름이 덮이면 비가 내릴 징조라고 믿었다.
○ 골래(골내)-동신마을과 큰골저수지 중간에 있는 밭으로 권순덕은 이 밭에 지게로 두엄을 실어 날라 고추 등 채소를 주로 재배했다.

▲ 골내

○ 경부고속도로-마을 앞 150M 지점을 지나는 도로로 권순덕은 1969년부터부터 1970년까지 마을 앞 경부고속도로공사 현장에서 일용직 잡부로 일한 적이 있다.

▲ 경부고속도로

○ 봉화산-아포읍 대신리 한골마을과 역전마을, 남면 봉천리와 경계를 이루는 해발 320M의 동신마을 뒷산이며 '봉우재', '비봉산', '구현산'이라고도 한다. 전경이 수려해 예부터 시집간 인근마을 부녀자들이 삼월삼짇날이 되면 봉화산 정상에 모여 만남의 날 행사를 가져왔는데 1960년대 이후 남자들까지 행사에 참가하게 되면서 풍기가 문란해졌다는 지적이 일어 폐지됐다.

▲ 봉화산

○ 큰골못뚝(큰골저수지)-'대곡지'라고도 불리며 동신마을 큰골 봉화산 아래에 있다. 1945년 길이 100M, 높이 5M, 저수량 9,100톤의 규모로 건설되어 큰골과 골애, 만리들 일대에 용수를 공급하고 있다.

○ 세집-권숙덕의 작은아버지 집이며 동신길 54-2번지로 큰 부자가 배출된 명당터로 알려진다.

▲ 세집

○ 큰집-권순덕이 태어나고 자란 집으로 동신길 30-3번지이다.

▲ 큰집

○ 바시내이-큰골 입구 일대를 지칭하는 들 명칭으로 권순덕의 논이 있었으나 지금은 포도밭으로 변했다.

"바시냇이 나락논에 노루 있따면서 잡부로 같든니 벌서 노루 잡을라고 사람들이 만이 나와있더라." 〈1974. 8. 6.〉

▲ 바시내이

○ 서양바실(바실보들)-역들 평야 갯들에서 득계마을 방면을 지칭하는 들 이름으로 달리 '바실보들'이라고도 한다. 권순덕은 이곳에 위치한 이웃주민의 논을 경작해주고 수확물을 분배하는 반갈림을 했다.

"경희내 서양바실에 나락도 별료 잘 대지도 않에는데 우리 형제 사명이 점두록 비는 것을 보며 우리 형제들이 낯질을 못하는가바." 〈1974.10.12.〉

▲ 서양바실

○ 이성보(외송보)-감천냇가로부터 역들 평야를 막는 하천 둑을 말하며 '외송보'가 원래 이름이다.

"이성보 하는데 상점일 때문에 아주 너깨 가서 여러 사람 보기에 말할 수 업씨 미안하더라." 〈1975. 4. 3.〉

▲ 이성보

○ 바실보-감천으로부터 대신들로 물을 끌어들이는 입구(보아구지)로부터 가장 가까운 거리에 있는 수로 일대의 들판을 통칭하는 말이다.

▲ 바실보

○ 보아구지-감천 냇물을 대신들과 역들로 유입시키는 지하배수구를 일컫는 말로서 보(洑)의 입구(아가리)라는 뜻의 사투리이다. 권순덕의 논 대부분이 이 배수로를 통해 들어온 감천물로 농사를 짓기 때문에 벼 재배기간인 5월과 8월 사이 일기 곳곳에서 보아구지와 관련된 이야기들이 등장한다. 주로 가뭄이 들어 보아구지 일대를 청소했다거나 보와 관련된 주민들이 이곳에 모여 결산을 했다는 등의 내용이다.

▲ 보아구지

○ 가진개-대실들에 속한 논으로 경부고속도로와 접해 있다.

▲ 가진재

○ 가진개제방-동신마을 일대의 지표수를 감천으로 흘려보내는 역할을 하는 중요한 수로로서 대신들과 역들을 나누는 기준이 되기도 한다. 홍수기에 감천물이 불어나면 이 제방을 통해 냇물이 역류하는 관계로 예부터 여러 차례 둑이 붕괴되기도 했다.

▲ 가진개제방

○ 쌍구룸-대신들과 역들을 나누는 가진개제방 지하로 배수로를 만들어 대신들의 물이 역들로 흘러들 수 있도록 한 수로이다. 보다 많은 물이 들어올 수 있도록 두 개의 관을 묻었기 때문에 쌍이라 했고 땅 밑으로 관을 묻은 것을 사투리로 구룸이라 하기 때문에 쌍구룸이라는 명칭으로 불린다.

"이우지에 지붕 개랑하는 데 일해주로 갈려고 하다 그만 개돌 보 한다기에 이우지에 지붕개량 하는 데는 가지 못하고 보 하는 데 가서 일을 해쓰며 오후에는 쌍구름에 도랑 쳐는 데 읽을 무리로 시키서 일하는 사람들이 불만이 만았다." 〈1970. 4. 28.〉

▲ 쌍구룸

○ 쌍구룸봇밭-감천제방과 쌍구룸 사이에 놓인 밭으로 원래 감천으로 속한 하천부지였는데 권순덕을 비롯한 마을주민 일부가 갈대를 뽑아내고 밭으로 개간해 야채밭으로 이용했다. 오랫동안 점유해온 정황이 인정되어 1970년에 33평을 평당 33,000원에 불하받아 소유권을 인정받았다. 배수가 용이하며 땅이 기름져 무, 배추농사가 잘되기로 유명하다. 하천제방공사를 하던 인부가 무단으로 무를 뽑아먹은 것을 안 권순덕이 인부를 구타하고 사과를 받아낸 일화가 일기에 나온다.

▲ 쌍구룸봇밭

○ 앞밭-웃마을 앞에 있는 권순덕 삼촌(권영술) 소유의 밭으로 자택으로부터 가장 가까운 거리에 있는 밭이다.

▲ 앞밭

○ 굼논-역들 평야에 속한 들의 지명으로 서양바실과 경부고속도로 사이에 있다. 권순덕이 부모로부터 상속받은 농지로 면적은 600평이다.

▲ 굼논

○ 웃들-대신들에서 쌍구룸 방향의 들판으로 가진개제방의 위쪽 일대의 들 이름이다.

▲ 웃들

○ 아랫들-역들에서 쌍구룸 방향의 들판으로 쌍구룸봇밭 일대의 들 이름이다.

▲ 아랫들

○ 당산-동신마을 앞 지방도와 경부선철도 중간에 놓인 야산으로 옛날 마을과 주민들의 안녕을 기원하는 당집이 있었던 산이라 하여 당산(堂山)이라 불린다.

○ 당산밭-당산과 인접해있는 권순덕 소유의 밭을 일컫는 지명이다.

▲ 당산밭

○ 당산논-당산과 인접해있는 권순덕 소유의 논 이름

2) 인근마을 지명

○ 아포-동신마을이 속해있는 읍소재지로 아포면이었다가 1995년 읍으로 승격했다. 읍사무소와 지서, 중, 고등학교 등이 소재한 지역의 중심지이다.

"새마을교육이라면서 아포면에 가자고 해서 동장과 4명이 새마을교육에 좋은 의견이 이쓰리라고 갈든니 사람도 참석을 하지 않코 불과 20명 정도" 〈1973. 1. 8.〉

○ 대신-동신마을과 인접한 마을로 경부선 철도역인 대신역과 시장이 열렸던 큰 마을이다. 1914년 행정구역 개편 시 대동과 동신마을의 앞뒤 글자를 따서 대신이라 했다. 권순덕은 친구들을 만나거나 계모임 등의 사유로 약속을 할 때는 주로 대신의 술집에서 만났다.

"금일 대신에서 파보한다고 부친이 가보라고 이야기을 해서 가보았든니 이미 희이는 끝이 나고 술밖에 업더라. 술을 먹을라고 더니 우리 마을 사람들이 술안주 하라고 고기 두

점을 주더라" 〈1972. 12. 30.〉

○ 대신역-아포읍 대신리 역전마을에 있는 경부선 간이역으로 1916년 역이 세워졌다. 김천역과 아포역 사이에 있으며 권순덕은 김천이나 구미 등 인근 지역으로 출타 시 대부분 대신역을 이용했다.

"향군소집일이라서 비가 만이 내리서 안 갈려고 마음은 먹고 있는데 친구들은 동차 편으로 갈려고 멕어로 간다고 하길에 자신도 그만 안 가며 나중에는 오라갈라이 하며 기찬어까바 차시간이 업는 것을 비을 마저며 대신역까지 구보로 달려서 가니까 개우 타개더라" 〈1970.7.18.〉

○ 대신들-대심마을 앞들로 가진개제방을 경계로 역들과 나뉜다.

○ 대신초등학교-아포읍 대신리 역전마을에 있는 초등학교로 1943년 개교했다. 권순덕의 2녀 1남이 모두 이 학교를 졸업했다.

○ 얼래미-동신마을에서 봉산리 말바우마을로 넘어가는 고갯길로 옛날 이곳에 성황당이 있었다.

○ 봉산-동신과 이웃한 마을로 말바우, 덕계 ,작동 등 3개 마을이 봉산리에 속한다.

○ 연봉-남면 봉천리에 속하는 자연부락으로 동신마을과는 봉화산을 통해 연결된다. 연봉이라는 지명은 마을 뒷산인 비봉산(飛鳳山)이 풍수지리로 볼 때 봉황새가 나는 형상이어서 날아오른 봉황새를 마을로 맞아들여 복을 받겠다는 뜻으로 연봉(延鳳)이라 했다. 권순덕은 모친 병환이 깊어지자 연봉마을의 의사를 불러 진료하기도 했다.

"어머님이 몸보림을 치고 있쓰서 염봉 의사을 만날라고 풀을 터더면서 연봉 의사가 오는 것을 볼라고 도로변에 기다리고 있쓰다" 〈1770.6.5.〉

○ 덕개(덕계)-아포읍 봉산리로 속한 자연부락의 하나로 마을이 부자가 된 것이 모두 감천 냇가의 음덕을 입은 것이라 하여 덕계(德溪)라 했다.

○ 말바우-아포읍 봉산리로 속한 자연부락의 하나로 마을 뒷산에 말의 머리를 닮은 바위 즉 마암(馬岩)이 있어 마을 이름을 말바우라 했다. 권순덕의 유일한 누나가 시집가서 살던 마을로 일기 속에 힘들게 살아가는 누나를 위해 봉산마을을 찾아 일을 거들어 주었다는 이야기가 많은데 봉산은 곧 말바우마을을 가리킨다.

"봉산 눈님 마을에서 어더 와서 5명과 우리 모꾼이 3명과 8명 모냇기을 잘 하였다." 〈1970.7.2.〉

▲ 말바우

○ 개령-동신마을로부터 감천 너머에 있는 면 소재지로 개령면 동부리 교동마을 가리킨다. 권순덕은 모친의 병환을 고치기 위해 여러 차례 다리도 없는 감천문을 건너 개령의사를 모셔오거나 약을 구해오기도 했다.

○ 배시내-감문면 태촌리에 속하는 자연부락으로 예부터 낙동강을 거슬러 올라온 배가 이곳에 정박하고 시장을 열었다 하여 '배시내'라는 지명을 얻었다. 어물전과 우시장이 5일마다 열리면서 마을로 발전했다. 권순덕은 모친 병환을 치료하기 위해 이곳 의사로부터 약을 구해가고 송아지를 거래하기도 했다.

> "결국 금일은 배신에장[배시내장]에 가서 아주 헐깝으로 팔기는 했찌만 자신은 속상하고 왜을 먹이는 것을 바서는 아주 잘 했따고 생각을 한다."〈1978. 3. 23.〉

○ 용신촌(신촌)-농소면 신촌리에 속하는 자연부락으로 동신마을에서 김천으로 가기 위해서는 반드시 거쳐야 하는 마을이다.

○ 천동-남면 봉천리에 속하는 자연부락으로 봉화산을 경계로 동신마을과 경계를 이룬다. 마을의 지대가 높아 물이 귀해 마을 곳곳에 샘이 많아 천동(泉洞)이란 지명을 얻었다.

○ 초곡-남면 초곡리로 봉화산 봉우재를 통해 동신마을과 연결되며 마을 뒷산에 풀이 많아 초곡(草谷)이라 불렸다. 권순덕의 결혼을 주선한 중매쟁이가 사는 마을이자 처 외갓집 마

을이다.

○ 우래실-남면 용전리로 속한 자연부락으로 최근 혁신도시가 건설되면서 폐동된 마을이다. 이웃한 용밭마을에서 용이 승천할 때 이 마을에서 천둥(우래)소리가 울렸다는 전설에 따라 '우래실'이라는 지명을 얻었다. 권순덕의 처가가 있는 마을로 장인의 제사와 장모의 생일, 처가 친척의 경조사와 관련한 다양한 일화들이 일기에 등장한다.

"초곡 중매 할마씨가 우래실 쳐녀가 있따고 해서 둘리 가보니 사람은 좋은데 교인이라서 우리에깨는 힘이 들지 않나 이른 감이 드는구나."〈1972. 5. 5.〉

○ 선둘(선돌)-농소면 임석리에 속하는 자연부락으로 조선시대에 금산군과 개령현을 구분하는 돌(경계석)이 서 있었다 하여 입석(立石) 또는 선돌이라 불렀다.

○ 동촌-아포읍 제석리에 속한 자연부락으로 동남촌이라고도 했다.

○ 송무이(속문)-감문면 송북리에 속하는 자연부락으로 권순덕의 이모가 살았던 마을이다.

○ 무실-동신마을에서 김천을 가기 위해서 거쳐야 하는 지좌동에 속한 마을로 무실삼거리로 널리 알려져 있다.

○ 용전교회-지금은 폐동된 남면 용전리에 있던 교회로 권순덕이 처와 결혼식을 올렸던 장소이다.

4. 맺음말

이상에서 살펴본 바와 같이 권순덕의 주요 생활무대인 동신마을은 사통팔달의 교통도시로 대표되는 김천에서도 가장 외부로의 접근성이 뛰어나고 교통이 편리한 마을이다. 또한 마을 뒤로 산을 품고 앞으로 하천을 거느린 전형적인 배산임수의 지세에 마을이 위치한 까닭으로 일찍이 벼농사가 발달했으며 특히 감천 유역의 비옥한 토질과 풍부한 수량은 김천지역 최대의 곡창지를 형성하는 필요조건을 모두 갖추고 있었다. 다만 관계 수리시설이 구비되기 이전인 1970년대 말까지 권순덕을 비롯한 마을주민들은 매년 감천으로 연결되는 보(洑)를 관리하고 하천의 가뭄과 홍수에 대한 치열한 생존 투쟁을 벌여야 했기에 마을에는 이와 관련된 독특한 조직과 위계, 회합, 놀이가 존재한다는 사실을 확인할 수 있었다.

아울러 일기에 등장하는 많은 지명에서도 지리적 특징과 함께 감천과 봉화산 그리고 그 중앙에 자리한 평야지 등 동신마을을 둘러싸고 있는 환경적인 특징이 상당수 반영되어 있음을 확인할 수 있다.

제3장 압축근대화 과정의 농민층 분해와 계층상승 모색

1. 압축적 산업화와 한국농업의 구조적 위치

한국 자본주의의 축적과정에서 농업은 국가정책을 매개로 자본의 필요에 따른 기능적 부분으로 역할하도록 재편되었다. 압축적 산업화 과정에서 농업이 자본주의 재생산을 원활히 하기 위해 기대되던 역할은 산업노동력의 공급과 이들 노동력에 제공될 값싼 식량의 공급이었다. 특히 자본, 원자재, 시장을 모두 해외에 의존하던 수출주도 공업화 과정에서 수출품의 단가를 낮추기 위해서는 값싼 노동력의 공급과 이의 기초가 되는 값싼 농산물의 공급이 필수적이었다. 생산원가에도 못미치는 낮은 농산물가격의 압력은 농업생산성 발전을 저해하였으며, 이는 농업생산 원가의 상대적 상승으로 이어졌다. 이런 가운데 생산원가에 대비한 저농산물가격으로 인한 농업해체가 체제자체의 위기에로 연결될 위험이 있으면, 농산물 가격의 격심한 저하를 막으려고 하는 소위 농산물가격 지지정책, 농업보호정책이 실시되기도 하였다. 80년대 이후에도 이러한 기조는 이어져 국제경쟁력 강화를 위해 노동에 대한 통제와 임금억제, 노동력 재생산비를 낮추기 위한 주요 농산물 수매가 인상억제와 가격통제 정책 등이 지속되었으며, 이러한 정책이 한계에 도달하자, 농산물 수입개방을 통한 농산물가격억제로 이어졌던 것이다.

고전적 의미에서의 농민층 분해는 서로 동질적이던 소생산자인 농민층이 농업자본가와 농업노동자계급으로 분화되어 농업내에서 자본-임노동의 자본주의적 생산관계가 성립됨을 의미한다. 그러나 양극분해의 전형적인 과정이 실제로 진행된 국가는 산업자본주의 단계의 영국을 제외하면 역사적으로 찾아보기 어렵고 농민층 분해의 구체적인 양태는 각국 자본주의의 역사적 발전단계와 성격에 따라 큰 편차를 가지면서 진행되었다. 한국경제의 재생산구조의 기본특징인 대외의존성 내지 대외종속성은 농업경영의 발전을 전반적으로 압박하면서 농업경영의 영세성을 온존시키고, 소작농의 부활을 초래하기도 하였다. 이러한 여건 속에서 1960년대 이후 한국의 농민층 분해는 전반적으로 농민층의 농외로의 탈농이 광범위하게 진행되는 속에서 상향분화가 제약되고 하향분화가 격화되는 가운데 '전계층하강운동하의 중농표준화경향'으로 요약할 수 있다.

이 장에서는 권순덕의 일기에 나타난 직업사/생애사를 통해서 산업화 과정에서 한국의 농민들이 구조적으로 주어진 기회와 제약 속에서 어떻게 주체적으로 대응하면서 계층상승을 위한 다양한 시도를 전개해왔는지를 살펴보고 이를 통해 압축적 근대화의 길을 걸어온 한국농촌에서 농민층 분해가 전개되어온 양상을 살펴보기로 하겠다.

2. 소농의 아들로 태어나

권순덕의 집안은 조부대와 부친대에서는 대신에서 부유한 집안에 속했던 것으로 보인다. 권순덕의 백부 권영호는 대구사범을 졸업하였고 일제하에서 경찰(순사)로 근무하였으며 상속재산도 많았다고 한다. 다만 아들이 차돌광산에 투자했다가 탕진하였지만 교사였던 아들 부부는 단기간에 잃은 재산을 만회하였다고 한다. 삼촌 권영술도 '대신'부잣집 딸을 부인으로 맞이하였으며, 슬하에 박사아들도 있고, 땅이 많아서 권순덕은 주로 이집 토지를 소작했다고 한다. 그러나 권순덕의 부친 권영조는 3,000여평의 임야와 경작지 6단지(3,600평)를 상속받았으나 적산으로 분쟁에 휘말려 실제로는 농지를 별로 상속받지 못했던 것으로 보인다. 이런 연유로 형제간 중 살림이 어려웠던 소농 권영조의 슬하에는 모두 1녀5남의 자녀가 있었는데 권순덕은 이중 3번째였다. 권순덕의 형제들의 학력을 보면 장녀 권순희는 무학이었고 장남 권순일은 마을내 서당을 조금 다니다 말았다고 하며, 권순덕은 초등학교까지 다녔다. 그렇지만 동생들은 모두 고등학교를 나왔으며 그중 권순석은 고교졸업후 야간대까지 마치기도 하였다. 권순덕은 자신은 초등학교만 마치고 형과 함께 아버지를 도와서 농사일을 하지만, 동생들에게는 가급적 농사일을 시키지 않고 고등학교까지 다니게 하였다. 공부를 소홀히 하는 동생에게 폭력까지 휘두르며 혼낸 것을 보면 자신은 초등학교밖에 못다니고 농사일을 하지만 동생들은 고등학교까지 시킨다고 스스로 자위했던 것으로 여겨지며, 그런 기대에 부응하지 못하는 동생에게 분노가 폭발했던 것으로 보인다. 이와 같은 학력을 기초로 쉽지는 않았지만 동생들은 태평양 화학 구미공장에 창립당시에 입사하여 사무 및 관리직으로 근무하거나, 농협에 입사하여 정년퇴직까지 근무하고 농협조합장을 맡기도 하고, 구미공단의 금성사에 입사하였다가 중도 퇴직후 하청업체를 창업하기도 하였다.

3. 도시로 나가서 사람답게 살고파

권순덕 자신도 처음부터 농업을 평생의 업으로 삼으려한 것은 아니다. 초등학교만 마치고 농사일을 돕던 권순덕은 농사지을 토지도 별로 없는 처지에서 당시 농촌을 떠나 이농해갔던 수많은 청년들처럼 돈벌 기회를 찾아 도시로 가려고 끊임없이 계획을 세우고 또 더러는 실행에 옮기기도 하였다. 권순덕은 "남의 집에 대갈림[소작]을 하며 남의 일을 하고 밥을 먹어야 하나 할 때 나 자신이 신경질이 나며 나 자신이 인간의 삶에 대해서 보람이 없고 무의미(69.6.11.)"하게 느껴지며, 소작을 준 지주와의 갈등 끝에 "나 자신원[은] 나무[남의] 농사는 마지막이 대며 앞푸로 나무 농사는 공 지어 먹어라고 한다 해도 안을 작정"(70.11.6.)을 한다. 또한 "현 한국 실적[실정]을 보면 누가 정책을 하여도 농민원[은] 뜻뜻하게 살라가지 못할 끄시며 앞푸로 50십년[50년] 후에야 농민이 살기가 유리할지 몰라도 그 전에는 농민의 발부등을 쳐도 별 수 없다고 생각"(69.1.28.)하고 자나깨나 도시로 나갈 계획을 세우지만 "계핵자번 일이 눈앞에 다가오니 한편어론 돈도 극정 대고 한편으로 내 뜻대로 이류어질 수 있나 하고 극정"이 된다. 그런데 "자신이 나가서 장사을 할려고 하니까 부친 말씀이 언재라도 장사을 할려고 돈을 달라고 하며 주개따고 말씀을 하면서[도] 이번 개울은 집에서 쉬고 날이 해동하거든 시작을 하라면서 당부하며 남들은 겨울이 대며 차저들어 오는데 너는 이 엄등슬라예[엄동설한에] 어떠 할려고 나갈라고 더너냐"(70.11.10.) 하면서 만류한다. 그렇지만 모내기 마치거든, 보리매상이라도 하거든, 복숭아라도 팔거든 돈을 마련해줄테니 그때 나가라고 하면서 만류하는 부친을 뿌리치고 "아무도 업는 대전을 가는 것보다 인천에 가서 친구에깨 의지을 해서 생할하는 것이 낮지 않나 하고 생각이 대어서 대전원[은] 포기을[를] 하고 인천 친구에깨 편지을 하고"(71.2.13.) 비장한 심정으로 "마지막으로 어머니 산소을 다녀오"기도 한다. 그렇지만 "막상 열차을 타고 상경해 본들 아무 할 짓이 업쓰며(71.2.27.)", "하인천에 친구와 ... 둘리서 시내을 일재을[일자리를] 찼깨따고 도보로 돌라다니고 보니 다리만 버근버근하개 발거름만 무급고 ... 시내의 거리에 재각이[제각기] 빠른 거름으로 해매고 있는 것을 보니 여사로 안 보이며 친구 따라 부두에 구경을 하니 ... 부두에서 먹고 살개따고 지개로 모래짐을 젓고[지고] 있는 것을 볼 때에 ... 자신원[은] 저 모래 저는 사람 모양 일을 해야 댄다는 것을 생각하니 한숨 수울 때가 한두 번 아니다".(71.3.1.) 골방에서 일없이 시간을 보내고 있으니 친구 모친에게도 미안하여 "실지로 몸으로 노동해서 돈을 버려야 하계따"(71.3.2)는 것을 절감한다. 고향에서 상경하여 일거리를 못 찾아 숨 막히는 생활을 하다가, 우연히 월부장사를 만나서 자신도 모든 잡념을 버리고 장사에만 열중할 꼇을 한 번 더 결심한다. 하지만 "난생처음 월부장사을 할려고 대리미[다리미]을 걸머지고 남을 따라다니는대 남 보기가 부끄러어서 머리가 수거러지며"(71.3.5.), "남에 집에 들리면서 다림이[다리미] 사라고 소리가 잘 나지을 않으며... 월부장사을 사년씩을 한 사람도 밥값이 적자을 보고 있는 것을 생각하니" 눈물 날 때가 한 두 번이 아니다. 결국 "자신이 생각을 해보기에 일 년 두고 [다리미 월부장사]일을 해바야 밥값밖에 못하계더라" 생각하고 "대리점 주인에깨 자신은 개산이[계산이] 않 마저스서[안 맞아서] 그만둘라고 이야기을 하고"(71.3.7) 친구들이 인천서 모래감시일을 하면서 도시의 물정을 알게되면 더 나은 일자리도 구할 수 있지 않겠느냐고 제안하기도 하지만, 그만두고 집에 내려가서 고생하는 아버지 농사일이나 돕기로 한다. 그렇지만 막상 "집에 내려와서 생각을 해보니 에[왜] 집에 내려왔던가 후에[후회]가 대며 이재는 한 번 더 나가면 안 들어올 끄시며 밥값만 대개 대며[되게 되면]"(71.3.9.) 참고 객지생활을 해보기로 마음 먹는다. 이처럼 인천가서 월부장사를 하려던 시도가 좌절된 후에도 권순덕은 고향으로 내려오자 마자 바로 후회하고 다시 이런 저런 계획을 세워서 도시로 가서 장사를 해보려고 시도한다. 돈도 부족하고 일자리를 소개해줄 별다른 연고도 없고, 당장 집에 농사일은 닥치고 해서 미루게 되지만 결혼 직후까지도 도시로 떠나려는 꿈을 완전히 접지는 못한다. 60~70년대 이농을 단신이농과 가족이농으로 구분한다면 단신이농은 주로 10대에 이루어졌으며 이들 10대의 단신이농자들은 저임금 제조업 노동자로 취업하였다. 그러나 권순덕이 이농을 시도했을 당시의 연령은 이미 이십대 중반으로 공장에 취업하기는 쉽지 않았던 것으로 보이고, 결국 월부장사, 모래감시 등 비공식 부문 일자리가 그에게 허용된 기회였던 것으로 보인다.

4. 자영업자의 길

상경했다가 일자리를 잡는데 실패하고 낙향한 권순덕은 이후로도 농사일에 재미를 붙이지 못하며 "자신이 이 시간에도 상업을 해서 돈과 싸와야 해도 멋 할 참인데 산에 올라가서 죽원[은] 나무와 싸우고 있쓰니 의이[어이] 가슴이 답답하지 않깨나."(71.5.31.)고 한탄한다. 친구가 "객지에서 돈 벌로 나간다고 자전차까지 싸서[사서] 장사한다고 영주로 같는데 돈 2000원을 열원[열흘]만에 까먹"(71.6.11.)었다는 말을 듣고 자신은 그보다는 잘 할 수 있다고 각오를 다진다. 그러나 장사 밑천을 할 돈을 마련하기 어렵자 "집에서 돈이 잘 안 대고 하며[면] 상희[상회] 돈을 내서도 상업을 한 번 하고 말 참이다…계론[결혼]했는 사람들의 말을 들어 보니 계론 전에 무선 일을 하기가 수라지[수월하지] 계론을 하고 보며 무선 일이든지 뜻대로 안 댄다는 말이 90% 대는대 자신도 시급이[히] 결정을 지어야 할[텐데]"(71.6.21.), "자신이 언잰가는 객지로 도라쓸[돌았을] 때는 눈물을 흙리야 할 참인데 이왕 눈물을 흙[흘]리더래도 하로 빨리 흙리고 말[아야겠다]"(771.7.20.)고 다짐한다. 군복장사를 하려고 알아보기도 하지만, "군복 재생한다는 공장을 잘 안다는 사람과 군복장사 할려고 마음 먹고 있쓴는데 이번에 물어보니 현금이 반이 들어가야 물건을 가지고 올 수 있따는 말을"(71.7.19.) 듣고 자신은 돈이 없어 포기한다. 그리고는 연말이 되자, "가울[겨울] 전에 나가서 행상을 했더라면 71년이란 세월을 초라하게 보내지는 안[았]을 끈대[것인데] 이재와서 생각을 하니 나 자신이 이쳐름 못난 인간이여뜬가 생각이 들며 금년을 자신이 생각한 것대로 달성을 못하계 대며 영혼희[영원히] 버림바들 몸이 댈 줄도 모른다"(71.12.20.)고 탄식한다.

자영업자로 성공하려는 권순덕의 시도는 결혼 후에도 지속된다. 결혼 직후(72.6.29.) 부인의 절값과 친구들 선물비 받은 돈을 합쳐서 2만오백원을 주고 국수틀을 구입하여 국수를 빼서 파는 일을 시작한다. 처음에는 국수빼는 일이 힘이 들었고 국수도 고르게 뺄 수 없었지만, 어느정도 지나면서 제법 익숙해지고 국수를 내걸어도 높아도 부끄럽지 않을 만큼 익숙해졌다. 매일 수입도 200원부터 시작하여 점차 늘어나자 국수빼는 일로 하루를 보내기도 한다. 73년이 되어 분가를 해 나온 후로 송판을 사서 국수 건조대를 새로 만들고, "부인의 목걸이"를 팔아서 전기모터를 구입한다. 무엇보다도 해산한지 일주일도 안되어서 부인이 국수를 뺀다고 반죽을 하고, 온 몸에 땀띠가 나도록 노력한 덕에 "국수 빼는데 돈은 얼마 대지는 안지만 지출 내는 사람이 업고 한 푼이라도 벌개 대며 모이니까 재미" (73.7.25.)를 보기도 한다. 그렇지만 수시로 기계가 고장이 나서 뒷돈이 들어가고 해마다 기계를 갈아야 한다. “새 빛을 갈라서 시범으로 우리 국수을 빼보니 깨껏이 나오지을 안어며 남의 국수는 빼줄 수가 업따고 생각을 하고 있따. 처음 국수털을 살 때에 이러깨 뒤돈이 들어가는 줄 알라따면 국수털을 살라고 마음도 안 먹어슬 껏이며 처음 국수털을 할 때는 밑천이 들어가지을 안코 오래두록 사용하는 줄 알라더니 그러치 않코 국수을 잘 빨라고 들며 일 년에 한 개식을 갈라야 잘 나올 태니 국수털 산 것이 큰 오산이 대고 마라꾸나.”(74.3.27.)

권순덕은 국수집 외에도 고물상 허가를 내어서 고물상 겸 자전거포를 경영할 계획을 세우고 73년 8월 고물상 허가를 신청하지만 예상과 달리 허가에 어려움을 겪으면서 “고물상 허가문제는 성질대로 했쓰마 때리치았쓰며 하는 생각이 절로 나며 오늘날까지 댄다 댄다 하면서 안 대고 있쓰니까 육체적으로도 고통이 말할 수 업다”(74.2.12.)고 낙담한다. 우여곡절 끝에 고물상 허가를 손에 쥐고는 “이 허가증을 손에 들고 보니 이제 사업을 해도 대니까 마음이 던던한 감이 더는구나”(74.5.4.)하고, “금일은 장사을 처음으로 물건을 팔랐다. 금일 그치만[같이만] 장사가 댄다면 극정 업시 장사을 하게꾸나”(74.6.9.)하며 흡족해한다. 그리고 수리를 완전하게 못해주어 자전거를 끌고 간 데 대해 미안해 하기도 하고, 부인의 고생에 미안해 하기도 한다. “참말로 나무 돈 벌라고 들며 등골짝이에 땀방울이 흙이야[흘러야] 돈을 버는가. 자신은 별료 육체적인 노동은 별료 안 대지만 집사람은 정말 중노동이다. 집사람을 바서는 자전차 일만 하여야 대는데 아직 돈을 벌라고 들며 아직 교통[고통]이 대더래도 참고 해야 대갰다.”(75.8.19.) 때로는 “요줌 같더면 장사가 잘 대면 계속 요러캐만 나간다면 장사도 할 마나며 월마 안 가서 기반을 잡을 수가 있쓸”(74.7.1.) 것으로 내다본다. 그렇지만 상점문을 손님이 없더라도 계속 열어두어야 하는데 농사일 때문에 그렇게 하지 못해 아쉬워 하며, 많은 돈을 들여서 상점을 차려놓고 장사가 안되어서 집세만 물고 있어 걱정한다. 겨울 비수기로 자전차포가 한산해 지기도 하고 산소용접기를 새로 구입하는데 큰 돈이 필요해 돈을 끌어와야하는 등 어려움을 겪으며, “자본 업씨는 돈벌기가 힘이 만이 더는구나. 기본금이 업키 때문 물건을 재대로 못 갈다 놋키 때문에 업는 물건이 만아서 못 파는 물건이 만으니 어찌 업는 사람이 돈을 벌 수가 있캐는가”(74.12.13.)하고 탄식을 한다. 그나마 싸게라도 팔아서 장사를 해보려 하지만, “아포면 고물상회에서 자신이 너무나 흙깨[헐하게] 밭는다고 말을 만이”(75.4.3.)하니 그것도 애로가 많다. 상점에서 적게나마 번다면 가용 돈은 충분히 매워 나갈 수 있으리라 기대했는데 그것마저 여의치 않자 열의가 떨어져서 상점문을 열지 않는 날이 많아진다. 이를 타개하기 위해서 방앗간을 열려고 새롭게 시도해보지만 기존 방앗간의 훼방으로 이마저 불발로 끝나면서 권순덕은 주막마을에 열었던 국수집과 자전거포 사업을 접고 이후로는 농사에 전념하면서 농한기에는 건축일을 나가는 패턴을 보인다.

5. 빈농에서 중농으로

이처럼 초등학교만 마치고 농사일을 돕던 권순덕은 농사지을 토지도 별로 없는 처지에서 당시 농촌을 떠나 이농해갔던 수많은 청년들처럼 상경하여 도시로 돈벌러도 가보았지만 일주일만에 접고 내려왔으며, 이후로도 농사에는 미래를 발견할 수 없어 군복 염색 장사도 모색해보고, 실제로 결혼후에는 부인이 결혼하며 가져온 목걸이와 절값, 친구들의 선물값등을 활용하여 국수틀집을 차리고, 빚을 내어 고물상 허가를 얻어서 자전거포를 운영하기도 하였으나, 자본의 부족 등으로 자영업은 접고 농사일에 전념하게 된다. 그렇지만 농사일만으로는 가계를 꾸려갈 수 없어, 농한기가 되면 건설공사장에 나가서 노동을 한다. 경부고속도로 공사때부터 시작한 건축일은 경력이 쌓이면서 이후 구미공단의 아파트나 주택공사를 할 때는 일반 노가다와는 달리 자신은 '목수'로서 남들보다 나은 임금을 받았다고 기억하고 있다.

권순덕은 소유토지가 1단지 600평 뿐이어서 처음에는 형과 함께 공동으로 주로 삼촌 땅을 임차하여 경작하였으며 결혼 후까지도 상당기간 이런 경영형태는 지속되었다. 이는 결혼 전에 형과 함께 아버지를 도와 농사를 짓던 것이 결혼 후에도 지속된 것으로 보인다. "자신의 생각을 할 때는 식구도 만춰[만치] 일할 껏은 업찌 하니까 자신원[은] 더 탈태을[분가를] 시키주어쓰며[주었으면] 하는 생각"(73.1.3.)을 가지지만 막상 막상 분가를 해 나오니 가슴이 답답하여(74.4.2.) 형과 함께 농사를 지으면서 동시에 나름대로 자영업의 길도 모색했던 것이다. 분가후에도 상당기간 형과 함께 소작을 얻어 농사를 짓다가 비료 과다시비 문제로 형에게 책망을 듣고는 억울해 하며 독립하기로 마음을 먹는다. 경작할 토지를 구하는 일과 필요한 농기계를 구입하는 것이 어려우리라 걱정했지만, 친구의 어머니가 '독립해서 따로 농사지으라'고 한 조언에 따라 독립을 결심하며 지금도 친구의 어머니를 은인으로 고맙게 기억하고 있다. 주위의 도움으로 농협에 가서 융자를 받아 경운기를 구입하고, 또 이리저리 알아보니 토지를 임차하기가 그다지 어렵지는 않아서 이후 자립하여 자신의 토지 1단지와 소작지를 경영하는 자소작농으로 농업경영을 지속한다. 그러나 비록 도시로 가려는 꿈은 접었지만 자영업자로 성공해보리라는 꿈은 접지 않은 채 농사일과 상점(자전거포와 국수집)일을 겸하게 된다. 권순덕이 농사일을 하면서도 끊임없이 장사길을 모색한 것은 농사에 미래가 없다고 보았기 때문이기도 하지만, 또 다른 한편으로는 자신과 가족의 노동력을 소진할 정도의 토지도 소유하지 못하였기 때문으로 보인다.

그렇다면 권순덕은 어떻게 자신의 토지라고는 600평(0,2ha)밖에 없으면서 농촌을 완전히 떠나거나, 아니면 토지를 잃고 농업노동자로 전락하지 않은 채 경지규모를 늘려 중농으로 성장할 수 있었는가? 이는 80년대초까지는 한국농민층이 자본주의적 농업생산체제하에서도 부농과 농업노동자로 양극화되지 않고 오히려 중농층이 증가한 점과도 일맥상통한다. 권순덕은 분가후에도 삼촌의 땅을 대갈림[소작]으로 경영할 수 있었으며 이후 다른 토지들도 임차할 수가 있었다. 돈이 많다고 위세를 부려서 한때 자신과 인사도 않고 지내던 삼촌의 땅을 자존심을 죽여가면서 빌리기도 해야하고, 또 대갈림하는 집에 가서 다른 일도 수없이 봐주어야하는 등 불만스런 상황이 수없이 많기도 하였지만, 기본적으로는 친족간의 네트워크를 활용하거나 기타 방법으로 소작지를 얻을 수 있었고 이를 통해 경영규모를 확대할 수 있었다. 토지가 없는 권순덕으로서는 소작을 통해 경지규모를 늘리지만, "일 년이라는 시간이 흙으두록[흐르도록] 농사을 짓어준다 해도 돈 액수로 천다면 불과 오만 원밖에 안대는 것을 벌개따고 밭까지 열너 마지기란 농사을 지어 주야 댄다는 것을 생각할 때에 긴한숨이 나는구나. 왜냐. 적으나 자본이 돌라가서 특수농장물을 한 마지기만 잘 한다면 오만원 벌 수가 있쓸 것수로"(73.6.5.) 생각하며, "농사 짓기가 수란[수월한] 대을[데를] 주어쓰며 별료 마음이 상화지을 안캐는돼 논들은 한 군대도 오른 대[데]가 업는 논을 주고 이러깨 마음을 상화게 만들고 있는 것을 볼 때에 마음은 상화지만 업는 사람이 당화야 돼는가 하고 생각을 해보았쓰며 엔만하며 남왜 농사을 안 지어야 돼겟따고 생각을 할 뿐이다".(85.10.21.) "자신도 논 한 마지기만 더 있쓰며 머지안아 부자가 댈 껏 같든데 논이 백평이 이처름 힘이 더는가."(75.12.27.) "농민들은 농산물이 모든 것이 흘려서[헐해서] 농촌에는 살기가 힘이 더는 판인데 땅마저 도시에서 사고 있쓰니 농촌에는 점점 살기가 어러저며 머지 안아 도시에서 땅을 다 사고 농민들은 일만 해서 노임만 바다먹지 않나 하고 염려까지 대는구나"(80.4.27.)라고 한탄한다.

권순덕의 생존전략을 보면 소규모 토지를 가지고 살아남기 위해서 노동투입량을 극대화하는 것이며, 이는 경운기를 구입한 후로는 부인에게도 마을에서 처음으로 경운기를 가르쳐서 짐을 실어 들일 때 둘이서 하거나(83.12.13), 새벽 3시반에 일어나 모종들이 비에 유실되지 않도록 부인을 깨워서 밭에 나가 비를 맞으며 비닐을 씌우고는 부인에게 미안해하며 아침에 좀 늦게까지 자도록 "그만 집사람을 꼭 끄러안고 쉬개"(85.10.16.) 하는 데서 잘 드러난다. 부인 이윤심은 해산한 지 일주일만에 국수틀 일을 시작하기도 하고, 돈 되는 일이라면 과실나무 적화, 비단일, 홀치기 부업, 남의 집 일 봐주기 등 닥치는 대로 한다. 권순덕은 구미에 아파트 일을 나가서 도시의 주부들이 지내는 모습을 보고는 "아빠트 여인들 [일은] 농촌여자들의 노동을[의] 백분 일이라 생각을" 하며 고생하는 부인에 대해 안타까와 하기도 하지만, 이는 생각에 그칠뿐이고 부인의 노동은 줄어들지 않으며, 여기서 더 나아가 어린 자녀들의 노동력까지 최대한 활용할 수밖에 없다. 때로는 성이나서 울기도 하고 짜증도 내는 아이들을 달래가며 "가을 들어쓰고 밥 하지 빨리[빨래] 하지 벼 말라 노어며[놓으면] 다담찌 저 또래 쳐고는 우리 딸들보다 만이 하는 아들도 업다고 보"고 측은해 하면서도, "이번에 우리 딸더리 가정칠섭[가정실습]을 하지 안 아따며[않았다면] 집사람과 둘리는 생각지도 못할 뿐 했쓰며 제일 힘 더는 일을 우리 딸들 대리고(85.10.21.)"할 수밖에 없었다.

또 하나의 전략은 극도의 내핍생활을 통해서 생계비를 줄이는 것이다. 부인이 "딸따리[슬리퍼]를 철사로 꾸메어서 발리 불키도록 신고"(83.6.19.) 다니다가 내가 일꾼으로 살아도 이보다는 나았겠다고 한탄하는 대목에는 극도의 내핍생활이 절절히 드러나며, 아내의 생일 날 고기라도 사와야하는데 하고 미안해하면서도 다음 생일에도 번번히 고기를 사지 않는다. "자신이 생각을 해보았도 담배 않 피우고 술 안 먹고 야물개해서 돈좀 모다노어며 아이들이 아파서 병원에 가며 돈 다 쓰고" 용돈마저 아쉬워지는 상태에 화가 나기도 한다.

그리고 농촌에서 웬만한 부자라도 아들 하나 대학을 시킨다면 살림이 거덜날 지경인데 "정부에서 비료 가격을 50푸로 홀리게[올리게] 해서 농민들의 타격은 말"(80.12.1)로 다할 수 없는데, "정부에서 매상 가격을 금년에는 10푸로 올린다 발표을 하니 이것을 모든 몰까[물가]라든지 농산물 생산(비료 값) 기계에 기름 값 모든 것을 생각을 해서 올린 것인지 그렸찌 않으며 농촌 사람들은 못배운 사람이니까 아무리 눌리재키도 아무 소리가 업쓰니까 마구재비로 눌리는지 도무지 알 수가"(81.10.25.) 없다고 비판한다. 벼 수매량도 전량 수매를 해주지 않기도 하고, 때로는 매상의 시기도 한꺼번에 하지 않고 두 번에 나누어 하기도 하면서 그나마 미리 추가 수매가 있을 것을 예고해주지 않아서 장리돈을 끌어다쓴 농민들이 추수를 하고도 돈을 갚지 못하고 다시 빚을 내게 만들었다고 지적한다.

한편으로 권순덕은 토지가 적어도 할 수 있는 양계나 축산 특수작물 등을 시도한다. 결혼 전에 산지를 개간해서 양계를 시도하지만 부화도 어렵고 닭의 병이 돌기도 하는 등 기술과 자본의 부족으로 영세규모에 그치고 만다. 이후에는 소사육을 시도하는데, 어떤 해에는 어미소를 사육해서 송아지를 팔아 재미를 보기도 하지만, 송아지값 폭락으로 손해를 보기도 한다. 정부시책으로 없는 사람 살아보라고 "복합 영농 축산 자금을 주어서 일 년도 못 대어 외국에 소, 쇠고기을 무진장 수입을 해서 고개도 못 들두록 망하게 했놓고 이제 와서 미안하니까 1,500평 미만자만 가구당 쌀 80kg을 주는 것이 가슴을 한 번 더 아푸게"(85.12.3.) 한다고 기록하고 있다.

이런 상태에서 정부가 농촌소득이 도시근로자 소득과 같아졌다고 발표를 하지만 실감을 할 수 없으며, "도시나 농촌이나 수입은 균일하다고 말들을 만이 하지만 농촌 사람들이 정말 불쌍하다. 왜냐하며 우리 집사람이 여자들 쳐노코 채격도 좋은 편인데 아침 잠자리에서 일으날 때는 허리하며 온 대가 아푸다고 몸살을 부리며 자신이 부축을 할 때가 한두 번이 아니며 이려깨 해서 소득을 올린 수입을 도시 사람과 겨주해서 말'을 하는 것은 부당하다고 이의를 제기하고 있다.

권순덕의 일기는 자본주의적 농업체제하에서 농업자본가-농업노동자로 농민층 분해가 진행되지 않고 영세소농들이 잔존할 수 있었던 메커니즘을 잘 보여준다. 자본주의적 농업체제하에서 농민층의 양극분해가 발생하는 조건은 첫째로 시장경쟁에서 유리한 농민에게 생산이 집중되고 경쟁에서 불리한 농민이 더 이상 농업을 지속하기 보다는 노동자로서 생활하는 것이 더 유리한 조건이 형성되어야 한다. 농업의 상업화가 진전되고 농민층 내부의 생산력 격차가 형성되고 그것을 기반으로 경쟁에서 불리한 농민이 농업생산에서 구축될 때 양극분해가 나타난다. 그렇지만 적어도 80년대초까지는 일반적으로는 경영규모별 규모의 격차가 실현되지 않았으며, 권순덕처럼 소규모 토지를 소유한 빈농들은 가족노동력을 집약적으로 투입하여 '1인당' 노동생산성에서는 대규모농가에 뒤쳐졌지만 농지의 '단위면적당' 생산성은 오히려 더 높일 수 있었다. 또한 끊임없이 도시로 나가기를 희망하고 모색하지만 뚜렷한 현실적 대안이 없는 상태에서 권순덕이 선택한 것처럼 비록 자신과 가족들이 극도로 내핍생활을 하고 자기노동력 착취에 이를 정도로 고생을 하지만, 노동력의 재생산만 가능하면 생산을 계속하므로 상층농과 하층농의 생산력격차가 어느정도 발생하여도 그것이 반드시 하층농의 농업으로부터의 축출로 이어지지는 않았다.

또한 농민층의 상향 분해를 위해서는 타산업에 필적할 이윤을 농업경영을 통해 획득하여 부농경영으로 상향발전해갈 가능성이 있어야 하는데, 정부의 농산물 가격통제 정책 등으로 2.0ha이상을 보유한 상층농민들도 사회적 평균이윤을 확보하기도 어려웠다. 더욱이 70년대 후반이 되면 농업노동력이 감소하고 농업생산성에 비하여 농업노동자(머슴)들의 임금이 상대적으로 상승하여 대규모 토지 소유자들은 자신의 가족노동으로 소화할 수 있는 규모를 넘어서는 농지는 소작을 주는 편을 택하는 경우가 늘어났다. 이처럼 이농자들의 토지나 상층농민들이 내놓은 토지들이 있었기 때문에 상대적으로 권순덕 같은 빈농들은 직접 소유한 토지가 작더라도 소작을 통해 경영규모를 늘려갈 수 있었다.

이런 연유로 1960년대부터 80년대초까지 총농가호수는 급감하고 있는 가운데 농가계층별 구성에서 0.5ha이하 영세소농층과 2ha이상 상층의 비율 이 감소하고 0.5~1.5ha의 중간층 비율이 증가하였다. 권순덕의 예처럼 0.5ha이하 영세소농들들은 이농을 하거나 아니면 이농자들의 농지를 매입 혹은 임차하였기에 0.5ha미만의 농가는 감소하고 0.5~1.5ha 규모의 중농층이 증가한 것이다. 권순덕의 경우에도 본인이 최초에 소유한 토지는 0.2ha밖에 없었지만 이후 토지 구입과 임차를 통해 1985년경에는 약 1.2ha정도까지 경지규모를 확장하는데 성공한다.

1960년대 이후 한국의 농민층 분해는 농민층의 농외로의 탈농이 격화되는 속에서 상향분화가 제약되고 하향분화가 격화되는 가운데 경영규모별로는 소위 '중농표준화'현상이 나타난 것을 권순덕의 일기를 통해서도 다시 한 번 확인할 수 있다. 그러나 중농이라고 하면 자신과 가족의 노동력을 충분히 이용할 수 있을 정도의 경영규모를 가지고 농업생산을 영위하며 그 생산물에 기반하여 가족의 생계를 유지할 수 있어야하는데, 권순덕의 경우를 보면 돈이 되는 일이라면 무엇이든지 악착같이 다하지만 농업소득만으로는 가족의 생계를 유지할 수 없어서 끊임없이 돈을 벌러 구미로, 김천으로 건축일을 나가고 있는 것을 보면 중농이라고는 하지만 상당기간 반프롤레타리아트 상태에 있었던 것이 아닌가 여겨진다. 80년대 전반까지의 한국 농촌사회에서는 상향분해가 제약된 가운데 전계층이 하강이동하면서 경영규모상 중농으로 표준화되었지만 중농과 빈농의 경계는 분명치 않으며 이들 중 상당수는 임금노동자적 성격도 지니고 있었던 것으로 판단된다.

권순덕 역시 농한기만 되면 끊임없이 일거리를 찾아서 도시로 간다. 권순덕이 처음 농외소득을 위해 건설노동을 하기 시작한 것은 1969년 경부고속도로 건설에 노가다를 나가면서부터이다. 하지만 처음에는 "고속도 돈 벌로 간다고 변표을 털고서 동내을 나오는대 정말 말할 수 없씨 남부끄러어서 고개을 잘 못들 지경이더라. 남이 머라 해도 본인의 계햭도을 새우서 살라간다면 아무 거리킴이 없찌 않나 해도 나 자신이 부끄러면 나의 자신이 얼마나 못낯기에 남원 돈이 많아서 중노동 하지 안코 사라 가는 것을 볼 때 함심한 마음도 들 때가 한두 번이 아니다"(69.7.3.)라고 심정을 적고 있다. 그렇지만 "고속도로 읽하는 대 한 달만 다니서 돈을 착개 대면 가을까지 보관하여 둣따 부화 병아리을 200수을 길여볼 예정"(69.7.3)으로 일을 나가기 시작하여 처음으로 질통도 지고, 자갈도 나르고, 콩크리트도 쳐보고, 철근일도 해보면서 어렵지만 돈버는 데 수월한 게 있겠느냐고 각오를 다진다. 때로는 늦어서 일감을 받지 못하기도 하고, 급한 마음에 도급제(돈내기)로 일해보기도 하는데, 이때까지만 하더라도 결혼전이어서 번돈이 가사로 모두 들어가버리고 말자 따로 모아두었다가 요긴한 개인 용처로 써야겠다고 맘먹기도 한다. 결혼 후로도 농한기가 되면 여기저기 돈이 생기는 일을 하러 다니지만 본격적으로는 건설노동을 나가는 것은 자전차점을 폐업한 후부터이다. "옛날에는 노가다벌이 하면 사람 버리고 돈 못 번다고 하지만 요즘은 나무 집에 가서는 돈 못 번다고 자신은 생각을 한다. 노가다 가면 하로에 3,800원 벌 수가 있쓰니 농촌일 해서는 [상일꾼이라도 일년에 30만원밖에 못벌고] 그려치 안으며 20만원박에 벌 수가 업쓰니"(78.9.14.) 구미 주택공사 덕분에 없는 사람들이 기반을 잡을 수 있는 때라고 생각한다. 추워서 아무도 일하려 하지 않는 날씨에도 기를 쓰고 건축일에 열중한 결과 "자신은 아직 안전[완전한] 기술자도 안인데[아닌데] 어뒤을 가나 남들은 안 쓰도 자신은 일하로 나오라는 것을 볼 때에 자신은 일을 착실히 한다고 인정"(79.3.14.)받은 것 같다고 자부하기도 한다. 하지만 경기 위축으로 일감이 떨어지자 근심을 하고 건설업계에 만연한 중층적 하도급구조로 인해 건설노동자들이 살기 힘들어진다는 점을 정확하게 파악하고 정부의 대책 수립을 희망하기도 한다.

"정부에서 품팔리로 벌어먹는 사람들의 동태을 한번 파악 해보았쓰며 하는 생각 간절하구나. 왜냐하며 회사에서 공사을 정부로부터 (뛰며) 그 밑태서 업주가 그 공사을 뛴다. 그러며 그 밑터서 노동일 하면서 머리가 잘 도라가는 사람이 또 하청을 받는데 배우지 못하고 몸으로 벌어 먹는 사람은 아무 말도 못하고 일만 하고 만다. 그저 일만 하면 별문제지만 (사오명)을 대리고 일을 하는데 하청주가 일 적개한다고 법석을 부리니 하로 일과가 정말 고대다. 고댄 일과을 4日 5日하면 몸살정도가 나서... 한 달에 18日 체고[최고] 다니는 사람이 20日 하게 대니 그 돈으로 생할비을 쓰야 대며 그중 학교을 시킬야고 생각을 한다면 정말 숨 갑풀 정도며... 지휘청에 있는 사람이 이 점을 생각해서 하청 하청 하청 내려오는 것을 막아서 몸으로 벌어먹는 사람일망정 좀 수라게 벌어먹게 하여 주어쓰며 하는 생각 간절하구나."(80.8.31.)

한편 80년대 중반 이후가 되면 권순덕은 마을사람들과 함께 6명이 팀을 꾸려 건답직파기를 융자를 받아서 구매한 후 마을내의 벼파종을 도맡아하기도 하는 등 농업기계화에 앞장서게 된다. 그리고 80년대에는 작목반장을 맡아서 포도를 생산하여 포장한 후 상인에게 넘기는 포도작목반 사업에 노력을 경주하는데, 작목반 단지를 구성하면 트랙터 등 농기계를 지원해 주었기 때문에 경작지를 지속적으로 구입하여 90년대에는 6단지(3600평)까지 토지를 늘리는데 성공한다. 이처럼 토지소유를 늘릴 수 있었던 것은 건축일을 하면서 목수로서 어느정도 숙련공으로 대우를 받게되어 농한기에는 상당한 정도의 소득을 올리게 되었던 것에 기반한 것으로 여겨진다. 전국적으로는 1980년대 중반 이후 특히 수도작을 중심으로 농업기계화가 진행되면서 농업노동과정에 획기적인 변화가 시작되고 농민층 분해에도 새로운 양상이 나타났다. 농업기계화는 농업노동력의 노령화와 여성화를 배경으로 빠른 속도로 진행되어 1995년에는 벼농사의 경우 주요 농작업의 기계화비율이 96%에 이르게 되면서, 수위탁작업이 증가한 결과 마을 안의 작업을 몇 사람의 기계작업자나 기계작업팀이 도맡아서 하게된다. 또한 식량작물의 재배면적이 급속히 줄어드는 추세속에서 밭농사는 채소, 과수, 시설작물 재배가 늘어나고 축산의 비중도 급증하였다. 90년대 이후로는 농촌에는 기계를 이용하여 대규모로 수탁작업을 하는 농가나 대규모 차지형 임차농, 시설원예나 축산농 등을 중심으로 한 새로운 상층농가층이 생겨나며, 그 반대편에는 노령침전층이나 제2종겸업농층이 형성된다. 90년대 이후 권순덕의 농업경영형태를 보면 새로운 상층농가의 초기 형태를 보인다고 할 수 있다. 예컨대 수탁작업형 기계화농가의 초기적 특성도 보이고, 대규모 상업작물재배의 원형을 보이기도 한다.

권순덕은 이처럼 건강의 위협과 노령으로 은퇴할 때까지도 앞장서서 모색하고 실천하는 농민의 길을 걸었던 것으로 보인다. 권순덕은 소농의 아들로 태어나서 농업의 미래를 확신할 수 없어 이농을 꿈꾸고, 자영업의 길을 시도하지만 여의치 않자, 주어진 제약과 기회 구조 속에서 농지임차, 가족노동착취, 극도의 내핍생활로 빈농으로 생존해 가면서 주변도시에서 건설노동으로 작으나마 돈을 모아 중농으로 계층상승을 시도해온 농민의 한 전형을 보여준다. 권순덕의 일기는 한국농촌에서 한 농민이 때로는 의식적으로 꿈꾸고 선택하며, 때로는 현실적으로 타협하고 실천하면서 생존을 위해 발버둥치고 계층상승을 위해 분투하는 모습을 통해 압축적 근대화의 생생한 속살들을 다양하게 펼쳐보이고 있다.

제4장 농가경제와 농촌사회의 변화

농가경제란 좁은 의미로는 농업을 자영하고 소득을 얻는 경제를 말한다. 농업은 기업체 같은 경영체에서도 이루어질 수 있지만 우리나라는 주로 가족노동으로 이루어진다. 그러므로 우리나라는 생산과 소비, 소유와 경영이 딱 분리되어 있지 않다. 노동력의 소비과정인 생산 활동과 노동력의 재생산과정인 소비활동이 농가 내에서 결합・영위된다. 따라서 농가는 노동자이며 자본가이며 지주이다. 공업에서의 임금노동자 가계와 달리 생산면의 변동과 생활의 변화가 직접적으로 연결된다.

농가경제는 농업경영・겸업・가계부문 등으로 구성되어 있다. 농업경영부문에는 자산으로 토지, 농기구, 건물, 가축, 기타 시설 등이 있으며, 이러한 자산을 기초로 해마다 생산을 반복한다. 그 생산과정에 사료비・비료비・약제비・광열비・농구비・노임 및 건물의 감가삼각비 등이 농업경영비로 지출된다. 이 경우 농업생산물에서 얻어진 농업총수익에서 농업경영비를 빼면 농업소득이 된다.

농업의 경영면적이 작아 농업소득만으로 가계를 꾸려나갈 수 없을 때 농가는 그 부족분을 농업 이외에서 소득을 얻어야 한다. 물론 이 경우는 비농업분야의 취업할 수 있는 기회가 있어야 하는 것은 당연하다. 농업소득, 농외소득 그리고 여기에 정부지원 또는 출가한 가족의 경제활동에서 오는 송금, 정부보조 등의 이전수입을 합쳐 농가소득이라고 부른다. 이 농가소득에서 수입을 얻기 위해 사용된 비용인 경영비를 빼고 나머지를 가지고 가계를 위해 돈을 쓴다. 농가소득만으로 가계를 꾸려나갈 수 없을 때는 부채를 질 수밖에 없다. 이와 같이 농가가 소득, 수입, 경영비 및 가계지출을 하는 과정을 찬찬히 보면 농촌사회의 변화에 따른 농가경제의 동향과 농업경영실태를 어느 정도 파악할 수 있다.

권순덕은 평생 동안 부지런하게 가족의 생계를 책임졌다. 일기를 쓰면서 돈을 벌기 위해 마음을 다스리기도 하고 다지기도 하였다. "사람이란 돈을 버려야지"(1969.2.2.),"사람이란 마음을 바로 가지야만 돈을 벌 수 있쓰며 성공의 열쇠와 다름이 없다"(1969.2.3.), "인간이란 돈 벌라고 개핵을 세우서 해 볼라고 하면 어딘지 모러개 허술한 대가 한 두가지가 아니며 실천하기 연간 어렵지 않다"(1969.5.3.). "나의 마음에는 돈이 재일이라는 것을 황상 터나지 안는구나"(1969.9.27.).

그리고 이러한 마음을 가지고 소작부터 시작하여 벼, 보리농사를 비롯하여 복숭아・자두・사과 등 과수와 양계 등의 축산에도 손을 대었다. 자전거포, 국수집을 경영했으며 방앗간을 경영할 계획을 세우기도 하였다. 농한기 때에는 건축목수로 주로 구미시에 나가 일하기도 하였다.

김천 아포일기에서 나오는 수입과 지출내용을 시계열적으로 정리하기란 거의 불가능에 가깝다. 1969~1985년 가운데 4개년도(1976~79)는 일기 자체가 없다. 1976년 이후에는 월말 수지내용이 정리되어 있지도 않다. 아예 수입 지출기록 자체가 빠져 있거나 특히 수입 항목을 기입하지 않는 경우도 허다하다.

그러나 여기에서 굳이 이렇게 불충분한 수입지출 기록 자료를 가지고 해제를 쓸려고 하는 이유는 대략적이라도 그것을 통해 농촌사회의 변화를 볼 수 있기 때문이다. 기록된 수입과 지출 자체가 어떤 이유든 간에 일기 쓰는 사람의 관심사를 반영하고 있고, 당시 농가의 경제상황, 농촌의 생활수준 등을 나타내 주기 때문이다.

1. 농가경제의 수입

1) 영농수입

권순덕은 16년간 다양한 작물의 농사를 지었다. 벼, 보리, 밀, 콩 등 식량작물을 비롯하여 참깨 등 특용작물과 자두, 복숭아, 고추, 참외, 사과, 양파, 파, 고추 등 과수 및 채소작물로부터 다양한 수입을 얻었다.

권순덕의 수입은 벼농사와 보리농사에 크게 의존하였다. 그러나 일기에서 벼농사 수입으로는 "통일벼 139근 1근에 67원 일반벼 29근 1근에 77원 수입 계 11,440원"(1974.11.13.), "쌀 112,000원(1974.12.18.), 통일벼 3가마 85,530원"(1984.1.25.) 등만 기록되어 있다. 보리농사수입 또한 7,500원(1975.10.2.), 187,400원(1983.7.20.), 127,520원(1985.7.10.) 밖에 기록되지 않고 있다. 여기에 콩, 밀 등 식량작물 수입을 합하면 기록상 나와 있는 식량작물 수입은 1,274,300원이다.

벼농사는 권순덕에 있어서 "살기 위에서 남에 논 대갈림을 하여야지"(1969.11.6.) 라고 할 정도로 주된 농사일거리였다. "오늘원 어전 읽인지 몰라도 생각보다 만이 나와써며 평소배 정도 나와다 금일 개알 … 28개"(1969.11.29.), "쌀방아을 찌어 보니 두 가마니에 현미량 5말 六돼가 대면 먼저보다 적기 담아서 그른지는 몰라도 조금 적드라"(1974.2.6.)하며 항상 노심초사하였다. 또한 한 해의 성공을 벼농사 풍흉과 연결하기도 하였다. "봉답논은 금년에 자신 생각 같다서는 아주 잘 되따고 생각한 것이 금일 탈곡을 하여 보니 생각보다 아주 적깨 생산이 돼메 금년 농사에 자신이 생각한 것보다 넷 가마나 적개 생산돼어서 매우 섭섭한 한 해가 뎃어따고 본다"(1981.10.25.).

영농현금수입은 판매량 및 가격에 의해 결정된다. 공판할 때마다 "작년 공판 때와 말찬가지로 47개밖에 못 돼어서 만족한 감은 없쓰도 첮 공판에 47개라는 수짜를 다해서 정말 마음이 캐운"(1982.11.14.)하기도 했으며 정부 수매가 인상치를 가지고 "죽뚝록 해바야 매상가격이 7.3푸로 인상 가격이니 점점 농민은 살기가 힘이 들 뿐이다"(1982.10.28.)라고 심한 불만을 표시하기도 하였다. 1980년 대흉작 때에는 행정당국이 수매량 보고를 엉터리로 하여 수매하지 못한 사람은 상인에게 팔 수밖에 없어 한 가마당 1등급 가격으로 따져 2,500~2,600원 정도 손해를 보았다. 이에 대해 권순덕은 "면 직원들이 생각도 업는 사람이라고 말하고 십프며 면 직은들을 전부 모가지 잘라야 댄다"(1980.12.22.)라고 분을 삼키며 "정부에서 너무 농민 실정을 모러고 있는 것이 가슴 아푸다. 왜냐하면 매상 활당량을 조금식 주니까 빚도 갑도 못하고 매상 조금 돼어 바야 조합 이자 뛰고 하며 가용에 맏치 마절 정도로 주고 있쓰니 주위의 어른을 빚 못 갑파서 일부 사람은 빚을 오희려 내와서 조합 빚을 갑고 있는 것을 볼 때에 정부에서 신경을 조금 더 쓰준다면 안전이 해결이 돼리라고 생각을 하는돼 그러지 못해서 답답다"(1985.12.17.)라며 자신의 생각을 털어놓고 있다.

보리농사는 권순덕에 있어서 "사람들의 일부는 보리농사에 노임도 않나온다고 야단쳐지만 농사가 적은 사람에깨 보리농사가 큰 농사로 바야 한다"(1970.1.11.)고 생각하는 중요한 현금수입작목이었다. 그리고 역시 보리수매에 대해서도 "정부에서 일 년 개핵도 올캐 새우지 못하고 정치을 하는 것을 볼 때 아주 불만이다. 보리 파종할 때는 매상 안 받는다고 야단 법석을 부리든이 이재 와서 전액을 다 바다준다고 매상량을 실입하라고 야단을 쳐고 있쓰니 한심하기 짝이 업다"고 불만을 토로하였다.

과수 및 채소작물 수입으로 기록된 작목은 복숭아, 자두, 양파, 파, 고추 등이다. 이 작목들로부터 얻은 현금수입은 기록상 50만 원이 채 안 된다. 이 중 자두수입이 약 37만 원으로 가장 많고 그 다음은 복숭아수입 약 12만 원, 고추·양파 및 파가 3,000원 내외이다.

김천은 전국 제일의 자두 주산지이다. 산이 높고 골이 깊은 분지에 추풍령이 찬바람을 막아 주어 타 지역보다 여름철 기온이 높다. 이 더운 날씨가 자두의 맛을 올려준다. 권순덕은 매년 여름철마다 자두로부터 수입을 얻었다. 기록된 것으로는 자두와 복숭아로 매년 54,000원 정도의 수입을 거두었다.

권순덕의 자두와 복숭아, 특히 자두 사랑은 극진하였다. 해마다 4월 중순 꽃 피는 모습을 꼬박꼬박 일기로 남겼다. "복숭꽂이 한두 개씩 보이고 있쓰며 수일 내로 자두꽂과 복숭꽂은 만발할 끄수로 본다"(1971.4.14.), "자두꽂이 만발해서 사람의 시선을 이끌고 있쓰며 저 꽂들이 시들지 안코 언재나 향기을 푼이 준다면 사람은 늙지 안으리라"(1974.4.14.).

그리고 수확이 끝난 뒤에는 "금일로서 홍자두 수학을 안전이 한 샘이 대며 금년에는 과일이 끝낮쓰며 금년 과일을 마지막 보내는 심정 시원섭섭하계 보내고 마는구나"(1972.7.29.), "과손에 물자두와 중복숭을 다 수학을 하고 나니 허전하기로 위루어 말할 수가 업꾸나"(1972.7.4.)며 자주 섭섭함과 허전함을 표현하였다.

자두나 복숭아는 처가나 자녀의 학교선생님에게 선물로 보내기도 했고(1973.7.14, 1983.6.29.), "자두 가지에 수도 업시 열매가 달리서 나무 쳐로 끅끄서 어머님 빈소에 글러노니 마음이 한결 가벼어지는 것 갔꾸나"할 정도로 귀하게 여겼다.

자두의 판매 수입에는 대석, 서모사, 수박, 홍자두 등 품종명이 기입되어 있다. 판매 시기도 다르다. 권순덕은 한 자두밭에 여러 품종을 심었다. 본래 자두가 익어 수확해야 할 시기가 일주일 정도로 아주 짧기 때문에 여러 품종의 자두를 심어서 생산시기를 좀 길게 가져가기 위한 것이다.

자두나무의 키는 높지 않다. 머리를 숙이고 자두 밭에 들어가야 하고 수확은 가위를 대지 않고 손으로 따 망태기에 담아야 하기 때문에 자두재배는 매우 힘든 노동이다. 이 때문에 "자두을 하로라도 빨리 따내야 수입이라는 것을 생각을 하고 자신도 집사람과 둘리서 자두을 따쓰며 오늘 딴 것이 10개밖에 따지 못했다"(1985.2.26.), "과실을 부친과 동생의 셋시 과실을 따는데 힘이 들어쓰며 과실을 따는 힘 바서는 홍자두 한 개짝에 1000원 정도는 하여야지 노임문제도 해결이 댈 땐대 자두가격이 허무하다"(1970.8.1.)고 하였다.

그러나 이러한 고된 노동에도 불구하고 자두나 복숭아 같은 과수재배는 "오늘이 대석으로서는 마지막이다. 과일농사을 짓어 보니 정말 재미가 있다. 왜냐. 과일을 보내며 돈이 오고 하니 사람이 고댄 줄도 모러고 농촌 재미가 농촌 재미가 이것이로구나 하고 생각도 든다"(1984.7.25.)고 하며 집에 들어오는 현금수입을 큰 재미로 삼았다.

권순덕은 식량작물이나 과수 및 채소작물 외에 다양한 수입원을 찾았다. "내가 부업을 할려고 계핵까지 잡고서 책과지 사서 보았지만 꼭 실천할 일이 대니 마음원 들떠이고 무었을 어떠계 할 꺼을 분관을 할 수 없써며"(1969.2.12.), "특수장물에 눈을 떠볼 결심"(1973.6.26.)을 하기도 하였지만 1969년 3월 초부터 양계를 시작하였다. 양계를 시작하기 전에 "양계업자의 유세을 더려면 요사위는 양계업이 수지가 안 맞는다기에 한편으로 극정도 대지만 농촌에서는 농업보다 설마 낮계지 하고서 더욱더 끝계 결심"(1969.1.7.)하였다. 병아리를 구입하여 부화를 시도하다가 실패하기도 하기도 하고(1969.3.17.), 식욕이 없는 병아리를 보고 안쓰럽게 느끼기도 하였으며(1969.6.26.), 정성스럽게 부화일기를 쓰기도 하였다(1970.3.28.).

(부화일기)

① 부화 만기가 대개 대며 둥건 것이 비스떠미 선다.
② 병아리 우름소리을 만 22일 만{에} 들어 나올 수 있쓰다.
③ 병아리 우름소리 난 시각이 만 22일 3시 45분에 첫 우름소리을 들어다.
④ 병아리 우름소리도 1회 2회 울기 대면 소리가 맑고 육추병아리 소리와 다름이 업다.
⑤ 병아리 금주 기한 시각이 우름소리로부터 약 12시 만에 금주기 초기 개시함.
⑥ 금주기한 시각차별을 보며 약 40분 간경으로 금주기 시작함.
⑦ 금주기한 후와 병아리 나오기까지 약 8시간 걸린다.
⑧ 병아리가 안전하계 생겨서 나올 단개에서 습도 부족으로 실패을 보았쓰며 남어지 생기나온 병아리는 18마리 박에 생산 박에 못했다.

삼화사료 사장으로부터 "사료을 예상어로 가지고 가고 알로 수입 보는 것은 용돈 가용에 다 쓰버리고 사료값은 호줌의 돈의로 내가지고 갑을라고 하니 매달 적자라는 것이 난다"라는 말을 귀담아듣고", 이것을 방지할려며 알값에 뛰어서 사료을 지날 싸셔 하며 양계는 지미있는 사업이다"(1969.3.17.)라고 나름대로 평하기도 하였다. 그러나 양계사업 역시 그가 말한 높은 달걀가격과 낮은 사료비에 의한 수익을 얻지 못한 채 1970년 11월 그만두고 말았다.

"구미 장꾼에깨 닭 18마리 5000원 박고 팔고 마랐다. 자신이 빽빽하계 흥정한다며 좀 바들 수가 있깨는대 그만 자기들도 좀 남아야지 하는 생각에 주고 말랐다. 그름닭 패개 점부가 9000원이 대고 있꾸나"(1970.11.13.).

1969년 10월 24일 달걀 2개에 20원을 판매수입을 얻는 것을 시작으로 하여 1970년 8월까지 거의 매일 달걀판매 수입을 기입하였다. 달걀 판매 총수입은 47,325원, 하루 달걀로 100~700원 정도의 수입을 얻었다.

돼지 판매수입은 97근 57,000원(1984.3.2.), 340,000원(1984.4.5.)의 두 건만 기입되어 있다. 돼지 판매 역시 판매시기와 증체량에 관심이 많았다. "수입의 최대화를 위한 판매 시증체량 체중에 관심이 증체량 돼지을 자신의 계산대로 마저더려 갈는데 자신이 돼지 못 팔까바 이십일 전부터 몸부림을 쳐서 육촌 형수에깨 우리 돼지 잡부라고 이야기을 해서 할 수 업쓰서 돼지 금이 벌써 100원이나 올랐는돼 을마 안 가서 800원 할 끈돼 자신이 넘우나 무게가 업쓰서 돼지는 잘 먹인는데 큰 손예을 보고 마는 것이 서운하기 짝이 업꾸나"(1984.3.30.).

한우수입은 3건이 기록되어 있다. 송아지 550,000원(1984.7.25.), 송아지 410,000원(1984. 6.25.), 수송아지 505,000원 암송아지 280,000원(1985.8.15.)이다. 1980년대 초 경운기 보급되기 전에 송아지는 주로 일소로 사육되었다. 김천시장에 송아지를 사거나 파는데 "이재야 일년 이자 계산이 맡던지 안 맡지 일년을 먹일 계산이다"(1978.2.27.), "자신이 생각을 해볼 때에 송아지보다 300,000원 정도 대는 소을 사먹이며 손왜는 업시 계산이 마저갈 꺼 갈든데 남왜 돈이 급이 나서 200,000만원 정도짜리 정도을 한 번 더 믹이 볼 결심이다"(1980.4.5.)라며 수지를 계산하고 있다. 그러나 송아지를 싸게 구입했어도 가격변동 때문에 수지를 걱정하지 않을 수 없었다. "송아지 금이 넘어나 좋아서 적은나 송아지 좋다고 하며 (오십만 원) 이상 가니 송아지을 싸서 먹이바야 별로 소득이 업쓸 꺼 갈다서 어미소 조금 못 대는 것을 남왜 빚으로 금일 싸와서 먹이고 있는데 저의 생각으로는 이번 가을만 들어쓰며 어미 소는 뭉청 올라갈 꺼으로 내다보고 있는데 이것이 개산에 마절란지는 몰라도 만약에 적자가 생길까바 극정이다"(1976.3.10.).

특히 정부의 복합영농대책, 수입소에 따른 가격하락에 대해서 심한 불만을 표시하였다. "정부 밑고 일을 할 수가 업따고 생각을 한다. 왜냐하면 복합영농교육을 하면서 축산을 하여야 한다고 건장을 했노코 1년도 못 가서 시새을 하락을 시키며 왜국 소을 무진장 수입을 해서 축산업자을 골탕을 먹이며 이른 추세로 간다면 국민들이 아무것도 할 꺼이 업쓰진다"(1984.5.6.), "정부시책이 불만이 말할 수 업다. 왜냐하며 정부시책으로 업는 사람들 개리서 한 번 살라보라고 복합영농 축산자금을 주어서 일 년도 못 대어 외국에 소, 쇠고기을 무진장 수입을 해서 안전이 고개도 못 들두록 망하게 했놓고 이제 와서 미안하니까 1500평 미만자만 가구당 쌀 80kg을 주는 것이 가슴을 한 번 더 아푸게"(1985.12.3.) 하였다.

2) 겸업수입

권순덕의 겸업 수입의 동향에서 가장 특징적인 것은 고속도로 등의 건설현장 노임수입과 국수집 및 자전거점 운영수입이다. 이 세 가지 수입은 일기에 구체적으로 기입되어 있지는 않다. 다만 수입으로 확실히 기입된 기간을 계산하면 자전거점 운영수입이 141,980원으로 가장 많고, 다음이 국수집 수입 74,155원, 고속도로 현장 노임 총수입은 4,990원으로 가장 적다.

권순덕이 거주하고 있는 김천시 아포읍 대신 3리 동신마을은 구미시 방향으로 6km 떨어진 곳에 위치해 있다. 마을 부근에는 경부고속도로가 인접해 있다. 이런 까닭에 권순덕은 1968년에 착공된 고속도로 공사, 1970년에 조성된 구미국가산업단지 조성 공사 현장을 다니면서 임금을 받았다. 이 일은 1980년대 초반까지 계속되었다.

고속도로 공사 임금수입은 430원(1969.8.25.), 2,970원(1969.9.24.), 1,000원(1969.10.12.), 590원(1969.11.2.)으로만 기록되어 노임수입의 대부분이 누락되었을 것으로 보인다. 1971년 서울-부산 간 고속버스 요금이 1,600원 정도였다는 것을 생각해보면 일당은 높은 수준은 아니었다. 권순덕은 "고속도로 돈 벌로 일적"(1969.9.19.)가고, "금일은 내일 공사판에 돈 벌로 갈 욕심으로"(1982.11.20.) 농사일을 빨리 하는 등 공사현장에서 임금을 얻는 데 매우 적극적이었다. 주로 공사장에서 하는 일은 "자갈 천 것"(1969.7.12.), "큰 돌을 바닥에 던지"(1969.9.2.)는 일, "공구리 작업"(1969.9.21.) 등 주로 잡업이었다.

겸업에서 얻은 현금수입은 "내일부터 고속도로 읽하는 대 한 달만 다니서 돈을 착개 대면 가을까지 보관하여 둣따 부화 병아리을 200수을 길여볼 예정"(1969.7.3.), "내일부터 고속도로에 나가서 돈 좀 벌어서 금성 라디오을 살 예정"(1969.8.31.), "고속도로에 돈을 버리서 재래종 닭을 10마리 정도 사눌 계획"(1969.11.27.)을 세웠다.

그리고 고속도로를 보며 "광광객이라든지 물동량이라든 무진장 만아저쓰며 이 고속도로가 업따면 국도로 이 차량들이 다닐 꺼을 생각을 하니 껌찍한 일이다. 정말 고속도로는 박정희 대통령이 잘 만들어 노아쓰며 재일 큰일을 한 분"(1984.7.23.)이라고 생각하기도 하였다.

경부고속도로가 완공된 후에도 권순덕은 김천이나 구미시에 건축 노동을 자주 나가다가 "구미시에 너무 만앙서 앞푸로는 돈 벌기도 힘이 들 껏으로 내다본다"(1980.11.26.)고 하며 "구미 일터에 돈벌리를 졸업했따니 마음 한구석에 서운한 마음이 차지을 하며 한편으로는 정신적이나 육채적이나 좀 편하게 돼어쓰니 마음의 여유가 있는 하로 돼어따고 보고 있다"(1983.1.15.).

1972년 6월 29일 권순덕은 부인 돈과 친구들 기념품 값을 합한 20,500원으로 국수를 빼는 국수틀을 구입하였다(1972.6.29., 7.4.). 국수 빼는 일로 수입을 얻고자 하는 일은 "이것 해서 돈을 벌 수 있깨나 하고 갈팡질팡하며 한편으로는 포기해버리까" 하기도 했으나 "사람이 삶매 길을 발불 때에는 주위을 생각지 말고 주위을 보지 말라"(1972.7.4.)고 마음을 다지며 일을 시작하였다.

농사를 지으면서 밀가루를 반죽하여 늘여서 국수 발을 빼는 작업은 매우 힘든 일이었다. "정말 돈 벌기 힘더는구나. 자신은 국수 빼는 데는 여사로 여기떠니 이재 와서 일을 해보니 돈 냄새가 날 정도로 힘이 들며 자신보다 주위 사람들이 구슬땀을 흙리는 것을 보니 더 미안하기 짝이 업꾸나"(1972.7.30.). 모터를 사서 국수를 빼기도 했으나 여의치 못해 "국수 다위에 그대로 밤을 새우개"(1973.5.24.)할 정도 힘들었다. 그러나 "국수 빼는데 돈은 얼마 대지는 안지만 지출 내는 사람이 업고 한 푼이라도 벌개 대며 모이니까 재미"(1973.7.25.)가 있어 "국수 패는 일과로 하로 해을 보내고 마라쓰며 국수 돈을 작년보다 kg로당 3원을 더 바더니까 돈이 아주 잘 부려나는 너킴이 더는구나"(1975.4.15.)라고 생각하였다.

권순덕이 국수점을 운영하는 시기는 1972년 9월부터 1975년 11월까지 약 3년 2개월간이다. 국수판매는 1973년 7월부터 2개월, 1975년 4월부터 5개월여 동안 거의 매일 수입으로 잡혀져 있다. 평균 일일 700원 내외 현금수입은 힘든 일에 비하여 가계에 크나큰 도움은 되지 못했다.

자전차점 운영 역시 큰돈이 되지 못했다. 권순덕은 "가만이 생각을 해보니 자전차점과 탁구장을 겸에서 사업을 한다면 아주 잘 댈 껏수로 생각을 한다. 왜냐하면 두 가지 사업 다 학생들이 사용을 하는 것이라 유효하리라고 생각을 하며 가을만 맡친다면 자신이 할 예정이다"(1972.6.9.)며 자전차점을 열었다. 주로 자전차를 수리하고 자전차 물품을 팔며, 수리한 자전거가 다시 고장난 것을 보고 "앞푸론 이른 실수가 업쓰야 대며 더욱 더 새밀한 감심을 가지고 일래 임아야 대것다"(1974.11.24.)고 결심도 하였다. 그러나 자전차점을 내어 "상점을 보게 대며 부업 정도는 대리라고 생각을 하는데 부업 정도도 안 대고 있쓰니 생각을 해 볼 점이 만꾸나"(1975.12.10.)라고 할 정도로 수입은 적었다. 일기에 수입으로 집중적으로 기록한 1974년 6월~1975년 4월까지 하루 수입은 평균 1,400원 내외로 그다지 높은 수입을 올리지 못했다.

뿐만 아니라 자전차점 운영은 "남들은 벼을 비고 있는 데 자신은 자전차점에서 일을 해도 들에 가 있쓰며 마음 속으로는 손님에깨 냉대하여저고 있다"(1976.10.1.)라고 할 정도로 주 수입원인 농업생산활동에 큰 지장을 초래하게 되었다. 결국 자전차점은 1978년 2월경 문을 닫았다.

2. 농가경제의 지출

1) 영농 지출

농업생산활동에는 많은 현금이 지출된다. 생산의 가장 기본적인 것은 사람의 노동력이고 노동력이 작용하는 대상은 토지이다. 그런데 사람이 토지에 작용할 때 능률을 높이기 위해 비료나 농약, 농기계 등을 이용하는데 이를 노동수단이라고 한다. 그래서 농업경영학에서는 사람의 노동력, 노동대상으로서 토지, 노동수단으로서 자본재를 생산의 3요소라 부른다.

권순덕의 일기에는 유감스럽게도 토지나 노동력에 대한 지출이 보이지 않는다. 다만 자본재 가운데 1회 생산에서 다 쓰이는 종자, 사료, 농약과 같은 유동자본재, 농기계 수리 및 연료비 등에 대한 지출이 기록되어 있다.

1980년 일기에는 연말 영농지출 내역이 비교적 소상하게 기록되어 있다. 당초 1980년 일기는 이전 일기를 쓰던 노트에 얇은 초등학교용 공책을 이어 써 전부 네 권으로 이루어져 있다. 영농지출은 첫 번째 권의 맨 뒤에 1980년 5월 11일 자 일기의 뒤에 적혀 있는 내용이다.

1980년 4월 6일 봉답에 있는 570평 논의 벼재배를 위해 볍씨를 물에 담갔다. 벼를 잘 자라게 하기 위해 밑거름 22 다시 2표 5㎏, 가지거름 요소 1포, 알거름 요소 5돼, 가지거름 요소 반포를 시비하였다. 그리고 병충해 및 잡초를 막기 위해 제초제 2봉, 살충제 사락약 2봉, 도열병약 200cc, 살충제약 200cc, 7월 말에는 문고병약 4봉과 스미치온 500cc를 주었다.

마을 동장으로부터 외상 10포를 포함해서 요소비료 20포, 마을 동장집에서 가져온 농약 키타진 2병 300cc와 노바치온 500cc 1병을 논에 뿌렸다. 농협으로부터는 두 번에 걸쳐 6만 원과 4만 원 계 10만 원을 영농자금으로 꾸어 농사를 짓는 데 사용하였다.

(1980年 비료량)

3月 13日 마리 요소비료 1포에서 3돼 부족 〉 計 1포 반
〃 〃 알 밭태 요소비료 (반포)

1980年

1月 20日	(보리쌀)	… 1가마	
	부역 무는데	5,000원	
	(주민세) (적십자비)	…880원 …300원 計 1,180원	
4月 2日	비누류 (부산 30십 소득약)	한 미키 …9,200원	… 2병 240원
4月 23日 24日	취득쇄	3,568원	
4月 25日	보문대	14,000원	

"차용 금액"

1980年 1月 13日 박oo … 100,000만 원 차용증 줌.

1980年 1月 14日 김00 … 100,000만 원 차용증 줌.

1980年 1月 20日 이00 … 150,000만 원 (윤재옥)

1980年 3月 27日 권00 20,000만 원
八〇年 四月 三日 윤00 金拾五萬 원 차용증 줌.
〃 四月 二五日 이oo (만 원)
〃 五月 10日 임oo 貳萬원 차용증 줌.

1980年 (복판에
4月 5日 침종함)

(복판에 농사 비용)	(봉답에 농사 비용)
밑거름 22다시 2표 5㎏	밑거름 22다시 2포
재초제 … 2봉	제초제 2봉
살충제사락약 2봉	가지거름 요소 1포
도렬병 약 200cc	알거름 요소 5돼
살충제 약 200cc	
가지거름 요소 1포 반	
알거름 요소 반 포	

80年 7月 31日 문고병약 4봉
스미치온 500씨 1병
(1980年)
(동장)
(보리쌀) 1가마
(조합돈 영농자금 1차 60,000원만원[60,000원] 2차 40,000만
(비료) 외상 요소 10포 17-21-17. 10포
계 20포

(1980年)
7月 7日 동장 집배서 농약 키타진 2병 300씨씨
노바치온 500씨씨 1병
(송아지 돈)
1980年
9月 15日 정oo 300,000만원
9월 15日 윤oo 50,000만원
11月 11日 (000) 100,000만원 (1980.12.31.)

2) 가사 지출

농가수입의 변화는 농가의 가사지출에 그대로 반영된다. 1974년 1월 가사지출내용을 비교적 잘 알 수 있다(1974.1.31.).

"월말 총지출금액"
친정 가는 데 600원 현주 접종 소아마비 300원 디피티 200원
비누 100원 고물상 경비 500원 청년회 돌부리값 200원
현주 감기약 210원 새키값 150원 전기세값 415원
펜촉 10원 현주 과자 30원 미원 50원 쥐약 새 잡을라고 30원
쌀티밥값 100원 현주 감기약 200원 이발비값 100원
친구와 술값 150원 순서 작미값 200원 고물상 문제 경비 500원
합승비 30원 빨래줄 160원 조카 저금통장값 100원
쳐과 고기값 700원 쳐과에 과자 100원 현주 감기약 2100원
술값 50원 조카 저금통장값 15원 합승비값 30원 큰집배 과자 150
현주 감기약 800원 차비 90원 멸치값 200원 적십자해비 100
살림조합비값 270원 현주 약 1000원 고물상 경비 500원
計 10,440원

이 가운데 보건의료비가 4,840원으로 가장 많고 다음은 교제증여비(1,585원), 기타 잡비(1,350원), 교통통신비(750원), 식료품비(600원) 등의 순이다.

10년 뒤인 1984년 1월 18일 권순덕 부부와 그 자녀들(딸2, 아들1)은 김천시장에 쇼핑하러 갔다. 하루 지출액은 총 59,860원이다. 10년 전 짜장면은 200원이었지만 당시는 600원 할 때였다. 김천에서 피복비 33,000원, 보건의료비 16,000원, 식품비 8,000원 등을 지출하였다.

옷	30,000만원	설탕, 엿	5,200원
집사람 약	16,000원	국수, 라면	2,000원
바가지	4,000원	물명태	1,000원
열차비	300원	버스비	360원
아들 신발	3,000원	공책이	1,600원
지출금액	59,860원		

피복비는 "금일은 집사람이 엿 사로 갈라고 해서 집사람 왜출복 하구로 반코드[반코트]을 언재부터 사입버라고 해도 집사람은 옷 사 입벌 줄 모른다. 그래서 자신이 일부로 집사람

옷 사줄라고 따랐같쓰다. 김천을 가보니 막상 사줄라고 총판장에 백화점으로 다녀바도 적갑한 것이 업더라. 상점에 오니 색깔리 마저서 집사람 반코드 18,000원 현주 수봉 7,000원 훈이, 수봉 5,000원"이며 보건의료비는 "집사람이 임신이 돼어서 극정이 말할 수 업쓰며 집사람이 한독약국에서 약을 먹어면 98%는 내리간다면 하로 반, 동안 먹는 약을 준다면서 16,000원"(1984.1.16.)이었다.

3. 농가경제와 농촌사회의 변화

2006년 권순덕은 벼농사 24마지기에 포도와 자두 과수원을 합해 2,400평을 가지고 농사를 지었다. 현재는 그만두고 포도농사 한 단지만을 짓는다. 일기를 쓰기 시작할 무렵인 1970년대 초에는 대부분 소작농사를 하고 개인소유는 한 단지에 불과하였다.

권순덕은 항상 자신의 빈곤문제에 대한 자기 성찰을 하였다. "보리타작 하는대 남보기 부끄럽코 예 우리들원 남보다 못 사라서 나무 집에 대갈림을 하며 나무 읽을 하고 밥을 먹어야 하나 할 때 나 자신이 신경질이 나며 나 자신이 인간의 삶매 대회서 보람이 없코 무이미하계 지나며 공상으로 세월을 보내고 있는 때가 한두 번이"(1969.6.1.) 아니었다. 친구들을 만나도, 놀러가도 남의 눈을 의식하며 살아갈수록 "돈이 재일이라는 것을 황상 터나지"(1969.9.27.) 않았다.

1971년 새해 벽두 "앞푸로 살라갈은 세 가지로 삶매 보람을 차절 작정이다. 첳재 길은 보따리장사로 갈 끄시며 만약에 이 길로 가는데 있쓰서 밥값이 적자 날 때까지 할 끄시며 개속 적자로 운영이 댄다면 곡상으로 발을 온기서 삶매 보람을 차저 볼 끄시며 만약애 이 두 가지가 실패로 간다면 산중으로 들어가서 부모에깨 물어 바던 재물이라도 팔라서 그 소로 삶매 보람을 꼭 처갈 끄시며 위 이상 세 가지 더는 죽는 한이 있더라도 안을 결심이다"(1971.1.2.)라고 마음을 다지기도 하였다.

권순덕은 돈을 벌기 위해 두 가지 방법을 선택하었나. 하나는 부업, 다른 하나는 겸업에 의하여 수입을 올리는 것이었다. 부업은 죽 해왔던 벼, 보리농사 이외 소규모 과수 및 채소, 중소 가축을 가축하는 것이었다. 자두, 복숭아, 배, 사과, 딸기, 배추, 고추, 수박, 양파, 파 등 재배작목은 다양하였다. 닭, 돼지, 소도 사육하였다. 특히 양계는 "이번에 부화작읍만 성공한다면 양개에도 성공하여따고 보는대 이변 부화작읍이 나의 삶매을 자우하는 사읍이라고 말하고 십다"(1970.2.28.)라고 할 정도로 각별한 것이었다. 그러나 이들 작물 재배나 가축사육은 그다지 돈이 되지 못했다. 사과농사도 양계도 실패했다.

다른 하나는 농사 이외 겸업으로서 자전거점과 국수점을 운영한 것이었다. 그러나 이것도 여의치 못하였다. 겸업으로 가장 많은 돈을 벌어들인 것은 임금수입이었다. 1970년대 전후반부터 1980년대 전반에 걸쳐 구미시는 권순덕의 수입의 원천이었다. 단순히 가계 보충적인 것이 아니고 농업수입에 견주어 보았을 때 제법 짭짭한 수입이었다. "자신이 자전차점을 치우고 구미에 주택 짓는데 다니지만 옛날에는 노가다벌리 하며 사람 바리고 돈 못 번다고 하지만 요줌은 나무 집에 가서는 돈 못 번다고 자신은 생각을 한다. 노가다 가면 하로에 3,800원 벌 수가 있쓰니 농촌일 해서는 일 년을 살라야 300,000만 원 벌 수가 있찌만 300,000만 원 벌 수가 있는 사람은 상일꾼이 대어야 버는데 그려치 안으며 200,000만 원 박에 벌 수가 업쓰니"(1978.9.14.).

구미시는 권순덕뿐만 아니라 가족이나 마을 사람들에게도 수입의 터전이 되었다. "구미가 육성대어서 순철이가 제대을 하며 구미공단에 들어가며 대겟따"(1980.2.19.)고 생각하기도 하고, "우리 마을에서 일 하로 같이 다니는 사람이 돼옃섯명 대는데 다들 구미역까지는 열차을 타지만 구미역에서는 현장까지는 도보로"(1981.3.10.) 걸어 가서 돈을 벌었다.

구미시와 동신마을은 연결되었다. 구미시의 "일터가 터전다 하면서 아직 일이 않터져고 이쓰니 이타는 심정이다. 왜냐하며 구미가 발전을 해야 업는 서민들이 살기가 수라지 구미가 만약 모든 일이 중단댄다며 업는 사람의 벌이가 업쓰니 살라가기가 힘이 든다고 해도 가연이 아니다"(1981.3.19.)라는 관계로 변화하게 되었다. 요컨대, 1960~80년대 지역불균형 발전에 의한 고도의 경제성장과정에서 구미시의 도시화·공업화는 권순덕이 살고 있는 동신마을에서의 임노동의 겸업기회를 확대시킨 것이다.

제5장 농가사업과 생활환경

아포일기는 1969년부터 1985년까지 김천시 아포읍 동신마을에서 작성된 일기이다. 1976년부터 1979년까지는 많은 부분이 빠져있지만 도시화·산업화 중심의 급속한 사회변화 속에서 농촌을 지켜온 권순덕의 지난했지만 성실했던 삶이 담겨 있는 기록이다. 군대를 제대하고 자신의 앞날을 개척하겠다는 의지로 충만한 20대의 가난한 농촌 청년이 가정을 꾸리고 1년 내내 논과 들에서, 도시의 공사현장에서, 비좁은 자전거포에서 온갖 일을 하면서 세자녀를 둔 가장으로 고군분투하여 살아가는 기록이다. 젊은 시절 그는 농촌생활보다 도시생활이 나을 것이라 생각하면서 도시로의 이주를 꿈꾸었으나 며칠간의 짧은 도시생활에서 실패를 맛본 후 고향을 지켰다. 여전히 도시생활을 희망했지만 특별한 기술이나 자본, 또는 필요한 인맥조차 갖추지 못한 그에게 도시생활은 쉽지 않은 길이었다. 결국 그는 농업을 천직으로 알고 농업과 함께 축산업에 일생을 걸어보기로 결심했지만 농촌생활 역시 녹록지 않았다.

권순덕은 변변히 물려받은 재산이 없는 상황에서 가까운 친척들의 농사를 대신 지어주면서 조금씩 자신의 농지를 구입하여 생활 기반을 닦아나갔다. 농업이 그의 생업이었으며, 그도 농민으로서 굳은 정체성을 지니고 있었다. 하지만 "대갈림"으로 표현된 소작(수확물을 지주와 소작인이 절반씩 나누는 소작 방식)만으로는 충분한 수입을 확보할 수 없었기 때문에 그는 틈틈이 인근의 고속도로 공사현장이나 도시의 건축현장을 찾아 노동일을 해서 생계에 보탰다. 또한 수입을 늘리기 위해 축산에 꿈을 두고 양계에서부터 시작하여 돼지, 소까지 키우게 되었으나 기대한 만큼의 성공을 거두지 못했다. 기계를 잘 다루었던 그는 밀농사를 짓는 마을 여건에 맞게 국수를 뽑는 기계를 도입하여 부업을 했으며, 자전거 수리점을 차려 농사와 병행하는 바쁜 하루하루를 살았다. 그가 농사 외에 여러 부업을 할 수 있었던 데에는 별다른 불평 없이 힘든 농사일을 하면서 가사를 책임졌던 부인이 있었기 때문에 가능했다. 권순덕은 부인이 아침에 일어날 때마다 쌓인 피로로 힘들어하는 모습을 보면서 "잘 해먹이지도 못하는" 안타까움과 미안함을 표현하곤 했다. 그 역시 힘든 노동 속에서도 자식들은 충분한 교육을 받고 농촌이 아닌 곳에서 더 여유 있는 생활을 할 수 있도록 하겠다고 다짐했다.

아포일기가 다루고 있는 시기는 새마을운동을 통한 농촌사회의 변화가 한참 이루어지던 시기였고, 일기를 통해서도 그러한 양상을 확인할 수 있다. 의욕에 찬 젊은 농민 권순덕은 청년회 회장이 되어 마을 발전에 기여하고자 했으며, 새마을운동의 일환으로 추진된 마을의 각종 개발사업에 적극 참여했다. 많은 경우 부역의 형태로 진행된 사업에 마을 주민들이 동원되는 방식이었으며, 그는 동원에 의해 자신의 생업에 지장을 받는 것에 대해 불만을 표시했지만 한편으로 주민들의 노력에 의해 마을의 환경이 달라져가는 것에 대해 보람을 느꼈다. 전기, 수도, 전화 등의 도입과 주택 개량 등의 사업으로 주거 환경이 변해갔으며, 공사현장에서 일한 경험이 많은 그는 자신의 일뿐 아니라 친척이나 동네 주민의 크고 작은 공사에도 참여하여 적극 도와주었다.

아포일기에는 권순덕과 그의 가족들이 경험한 보건의료와 관련된 여러 기록들이 담겨있다. 1969년부터 쓰기 시작한 일기에는 투병 중이었던 모친에서부터 자신과 가족들이 앓았던 질병이나 사고로 인한 병원 및 약국 방문에 대한 정보가 기록되어 있다. 이는 의료보험 문제, 개인병원과 종합병원의 차이, 만성질환에 대한 농촌의 대응, 가족계획 등 당시 농촌사회가 겪었던 의료와 관련된 여러 이슈들을 잘 보여준다.

이 글에서는 농업에서 축산, 상업, 일용직 노동에 이르기까지 권순덕이 이끌어 온 여러 가지 농가사업과 그가 경험한 생활환경의 변화와 보건의료의 경험에 대해 소개하고자 한다.

1. 농업

20대의 권순덕은 농촌보다 도시생활이 나을 것이라 믿고 도시로 이주를 노리고 있었다. 농촌에서 인건비나 농약값은 하루가 다루게 올라가지만 곡가는 별다른 변화가 없어 농촌생활이 어렵기 때문이었다.(1970.5.27.) 그는 농사를 지어봐야 남는 것은 골병밖에 없기에, 농촌생활이 제일 허무하다고 생각했으며,(1970.6.16.) 장사하는 사람들을 보면서 자신도 상업을 할까 계속 고민했다.(1970.8.22.) 하지만 건강한 몸과 정신밖에 가진 게 없는 그에게 도시는 쉽게 문을 열어주지 않았고, 그는 쉽게 결정을 내리지 못하는 스스로를 한심하다고 생각했다.(1970.4.12.) 아픈 어머니 때문에 망설이던 그는 어머니가 돌아가신 후 도시로 떠나기로 결단을 내렸다. 하지만 열흘간의 짧은 도시생활을 마감하고 고향으로 돌아왔으며, 이후에도 마음은 있었지만 결혼으로 가정을 꾸리면서 꿈을 접어야 했다. 대신 그는 농촌에서, 특히 축산업에서 희망을 찾고자 했으며, 자전거포를 운영하면서 상업을 병행하는 방식을 택했다.

권순덕은 고속도로변에서 농촌사람들은 구슬 같은 땀방울을 흘리면서 일을 하고 있는데 고속도로를 다니는 버스들이 여행객을 가득 싣고 줄지어 가는 모습을 보고 일할 마음이 없어졌다면서 농촌과 도시의 생활수준의 차이를 기록했다.(1971.4.22.) 그럼에도 불구하고 "농부들이 제일 기분이 상쾌할 때는 일을 고되게 하고 집에 들어와서 씻고 저녁식사 하기 전의 그 기분"이라고 할 정도로 그는 천상 농민이었다.(1971.10.23.) 물론 몇 년 뒤 그도 그 고속도로를 통해 여행을 다니게 되었다.

젊은 시절의 권순덕은 특용작물에 대한 사람들의 관심을 못마땅해 했다. 농업의 핵심인 주곡을 제쳐놓고 상업작물에 몰리는 현상에 대해 사람들이 너무 약아졌다고 비판했다.(1969.3.15.) 하지만 현실은 벼・보리농사만으로는 충분한 수입을 올리기 어려웠고, 특히 자신의 농지를 소유하지 못한 그로서는 더욱 힘들었다. 그도 경험을 통해 "특수작물 한 마지기만 잘하면 벼농사 열 몇 마지기 하는 것만큼" 수익을 올릴 수 있다고 깨닫고 특수작물을 할 필요성을 느꼈지만 여기에는 적지 않은 자금이 필요했기 때문에 쉽게 추진하기 어려웠다.(1973.6.5.)

벼·보리농사 외에 과수원은 권순덕이 많은 시간과 노력을 들인 공간이었다. 그가 키운 과일은 복숭아, 자두, 딸기, 포도, 참외, 사과, 매실, 배 등 다양했다. 동신마을은 일찍부터 자두, 배, 포도 등 과수농업이 발달한 지역이었으며, 당시 전국적으로 과수원의 수가 늘어나면서 과일농사도 큰 수익을 얻기가 쉽지 않았다.(1971.11.23.) 그는 자신도 과수 농사에 많은 노력을 기울이고 있지만 많은 농가들이 식량 생산을 하는 논농사를 그만두고 과일이나 포도밭으로 변하는 상황에 대해 걱정을 했다.(1985.7.9.) 그는 형과 함께 마을에서 처음으로 참외 온상을 시도했지만 충분한 경험과 기술이 없어 적지 않은 어려움을 겪어야 했다.(1978.2.13.) 겨울에는 주로 과일나무전지하는 일로 하루를 보내는 경우가 많았다.(1972.12.21.) 가지치기도 전문적인 일이라 기술자를 불러서 했지만 경험이 쌓이면서 조심스럽게 자신이 직접 전지를 하기도 했다.(1985.2.26.) 혹시나 전지가 잘못되어 과일이 열리지 않을까 걱정했지만 무사히 마치고 자신감을 얻게 되었다. 과일 외에도 많은 농민들이 그러하듯 그는 각종 채소 등 다양한 작물을 재배했다. 고구마, 참깨, 감자, 무, 밀 등 종류가 다양했다. 특히 그의 마을에서는 1970년대까지 밀을 재배했다.(1973.6.24.)

권순덕은 정부에서 권장하는 신품종 벼를 재배하면서 불안, 희망, 만족, 후회가 교차된 복잡한 감정을 기록했다. 통일벼를 심으면서 처음이라 불안감도 있었지만 "들판에 벼를 보니 통일벼씨 말고는 벼도 아닌 것 같"다며 통일벼는 병충해가 없고 깨끗하고 좋아서 앞으로는 전부 통일벼를 심어야겠다고 생각했다.(1972.7.13.) 통일벼는 기존 품종과 달리 보온이 중요했기에 보온절충못자리가 필요했고, 정부도 이에 대해 영농교육으로 강조했지만 처음이라 시행착오와 함께 불안감이 들었다.(1973.4.30.; 1973.9.29.) 특히 정부의 권유와 강요fh 어쩔 수 없이 전부 '공동모판'을 설치했으나 통일벼 모가 연한 상태에서 수송을 하기 때문에 자신의 판단으로는 장점보다 단점이 많다고 생각했다.(1974.4.9.) 이는 농촌지도소가 외부에서 보기 좋게 하려고 고속도로 주위에 공동모판을 만들라 했기 때문인데, 그보다는 구석구석 보온모판을 잘하는가에 신경을 쓰는 게 중요하다고 생각했다. 신품종을 제대로 재배하기 위해서는 영농교육이 필요했고, 권순덕은 적극적으로 교육을 받았으며 잘 가르친다면서 빠짐없이 듣겠다고 의욕을 보였다.(1974.1.7.) 그는 교육 내용에는 만족했지만 고작 몇 시간 교육하고 새마을교육을 받았다는 이수증을 주는 행태에 대해서는 불필요한 낭비라고 비판했다.(1974.1.8.)

다행히 기대만큼 통일벼는 좋은 결과를 가져왔다. 마을 전체로 통일벼는 풍년이고 일반벼는 풍작이 아니어서 앞으로는 일반벼는 못할 것 같다거나(1973.8.12.) 없는 사람은 통일벼를 지어야 되겠다고 할 정도로 많은 수확량을 기록했다.(1974.11.2.) 문제는 통일벼가 수확량은 높지만 맛이 떨어져서 시장에서 그리 선호되는 품종이 아니었다는 점이다. 따라서 정부가 수매를 얼마나 어떻게 하느냐가 중요했다. 그는 정부에서 장려한 통일벼를 정부가 수매를 안 할 경우 상인들이 좋아하지 않기 때문에 손해를 볼 수밖에 없다고 걱정을 했다.(1973.11.4.)

1976년부터 유신 품종을 재배했으며, 농사는 잘되었지만 유신벼의 성질을 잘 몰라 수확할 때 애를 먹었다.(1976.10.4.) 유신벼는 제 때 수확을 하지 않으면 이삭 마디가 물러져 벼베기가 아주 힘들어지기 때문에 주민들은 유신은 할 것이 못 된다고 불평했다. 하지만 권순덕은 앞으로는 일찍 심어서 일찍 수확을 하겠다면서 유신에 대한 지지를 유지했다. 그렇지만 통일계 품종도 냉해나 병충해 피해를 피하지는 못했다. 1978년과 1979년의 일기 기록이 비어 있는 부분이 많아 직접 확인은 안 되지만 1979년도는 그리 실적이 좋지 못했던 것으로 보인다. 권순덕은 1980년 신품종42호(밀양42호)를 재배했는데, 결과는 실패였다. 1979년의 실적이 그리 좋지 못했음에도 불구하고 정부는 밀양42호를 권장했고, 1980년에도 많은 모들이 말라 죽어 갔다.(1980.6.3.) 그는 농촌지도소는 신품종이라고 무조건 권장할 것이 아니라 얼마나 생산이 되었고 병충에는 얼마나 강한지는 충분히 참작해서 권장을 해야 된다는 지극히 당연한 의견을 밝혔다. 특히 면 직원들이 신품종을 하지 않을 경우 융자금도 없고 농약도 농협에서 주지 않는다고 법석을 부리는 바람에 어쩔 수 없이 신품종을 재배해야 했는데 허무하게 흉년이 되었다고 억울해했다.(1980.9.17.) 이렇게 불만스러운 가운데 수확을 했지만 우려한 것보다는 결과가 좋아서 다행이었다.(1980.9.29.) 이에 따라 이듬해에도 불안감 속에서 신품종을 선택하면서 스스로의 선택에 대해 모순된다고 평가했다. 신품종은 남이 한번 농사를 짓는 것을 보고 그 이후에 해야 실패가 없다고 생각하면서도 매년 신품종을 우선적으로 선택하는 자신이 모순적이라는 것이다.(1981.4.2.) 그는 1981년에는 신품종 서광벼(이리342호)를 재배하면서, "올해도 신품종을 해서 피해가 많이 난다면 신품종을 해서 팔자를 고친다고 해도 다시는 안하겠다"고 다짐했다. 다행히 3년간의 흉년 이후 1981년에는 전체적인 대풍작을 거두게 되었다. 그는 1982년에는 밀양30호, 1983년에는 백양벼(1983.10.31.), 1984년에는 상강벼(1984.9.25.), 1985년에는 원풍벼 등 통일계 품종을 꾸준히 재배했다. 신품종이 번번이 실패했다고 밝혔지만 그럼에도 불구하고 1985년에는 요즘은 통일계통에서 밥맛이 좋은 것이 있기 때문에 통일벼를 재배하는 것도 고려해봐야 한다고 밝힐 정도로 통일계통에 우호적이었다.(1985.10.27.)

1984년에는 권순덕이 농사지으면서 경험한 가장 큰 풍년이었다. 전년도에 비해 30% 이상 늘어난 수확량에 힘든 벼베기도 기쁘게 할 수 있었다.(1984.10.26) 하지만 수확량은 늘었지만 정부의 수매가가 기대에 미치지 못해 결국 농민이 제일 불쌍한 사람이라고 한탄을 했다.(1984.11.8.) 수십 년 동안 농사일을 해왔지만 농사는 기상조건의 변화나 작은 실수, 또는 정확한 때를 놓치면 적지 않은 타격을 받게 된다. 권순덕은 1985년 거름이 많아서 벼가 웃자라 쓰러지게 되었다면서 여태껏 농사를 지어 왔으면서도 그런 것도 옳게 조정을 못 하는 자신을 한심하다고 생각했다.(1985.9.21.)

권순덕은 기본적으로 기계에 대해 우호적인 편이었고, 농사에서도 형편이 닿는 대로 여러 기계를 사용하고자 했다. 모터로 보리타작을 시작했는데, 안성맞춤이라며 만족스러워했다.(1973.6.10.) 1980년 콤바인으로 벼베기를 하는 것을 보고 농촌에 큰 변화가 올 것이라 예측했다.(1980.9.30.) 그는 모심기 역시 이앙기를 이용하면서 노동력을 현저하게 줄여주기 때문에 없는 사람도 결국은 이앙기로 모내기를 할 것이라 믿었다.(1981.4.12.) 1984년 가을에는 자신만 빼고 대부분의 동네 사람들이 기계로 벼를 베는 것을 보며 세상이 많이 변했음을 느꼈다.(1984.10.4) 하지만 비록 기계를 쓰는 것이 편하기는 하겠지만 콤바인으로 탈곡한 뒤 논바닥에 적지 않은 양의 알곡이 떨어져 있는 것을 보고 전국적으로 따지면 어마어마한 양이 될 것이라며 걱정했다.(1985.10.25.)

농사짓는 데 꼭 필요한 요소 중 하나가 비료인데 1970년대 초중반까지 비료생산량이 충분하지 못해 정부가 비료 배급제를 실시했고, 이에 대해 권순덕은 수확량이 떨어지지 않을까 우려했다.(1974.2.8.; 1974.4.8.) 정부는 새마을운동의 일환으로 퇴비 증산을 강조하면서 퇴비생산량과 비료 할당량을 연계하겠다고 밝혀 비료를 충분히 쓰지 못해 수확량이 줄어들 것 같다고 걱정했다.(1973.8.31.) 또한 1971년에는 '양비교환'에 대한 기록이 나타나는데, 이는 현금 사정이 좋지 못한 농가의 경제형편을 감안해 비료를 외상으로 공급한 다음 농가에서 추수기에 일정한 비율의 양곡으로 상환하는 제도였다.(1971.12.24.) 1970년대 들어와 정부의 계속적인 고미가정책으로 양비교환판매제도는 농민들로부터 큰 환영을 받았지만 1977년 양비교환법이 폐지되고 양곡관리법이 개정되면서 폐지되었다. 1980년 정부는 비료가격을 50% 인상하여 농민에게 큰 타격을 주었는데,(1980.12.1.) 권순덕은 정부가 비료 값 올리는 방식에 대해 불만을 표출했다. 차라리 갑자기 올리면 문제가 없는데, 미리 얼마를 올린다고 공표를 하니 돈 있는 사람들은 전부 일 년 쓸 비료를 미리 충분히 준비하지만 없는 사람들은 알면서도 준비를 못 하니 오히려 손해를 본다는 것이었다.(1981.12.30.) 현금이 충분하지 않은 농가들은 비료를 외상으로 구매하고자 했지만 원예비료만 외상이 가능하고 논보리 비료는 외상이 되지 않아 영농자금이 나올 때까지 기다려야 했다.(1984.3.15.)

미리미리 공지한 비료인상과 달리 추가 수매에 대해서는 미리 공지를 하지 않고 농민들이 손해를 감수하고 상인들에게 넘긴 다음에야 뒤늦게 추가 매상을 하겠다고 발표해 농민들로부터 욕을 먹었다.(1984.1.24.) 보리파종을 적극 권장하다가 2년 만에 보리를 못 갈게 했으며, 같은 해 가을에 다시 보리는 전액 매상한다고 하여 보리농사에 신경을 덜 썼던 많은 농가들을 씁쓸하게 했다.(1984.10.29)

농촌을 삶의 터전으로 삼고 모든 것을 걸기로 했지만 농촌에 대한 정부 정책이나 농촌생활은 마음에 들지 않았다. 1970년대를 거치면서 비록 자신의 생활은 조금씩 나아졌지만 그는 다른 물가에 비해 농산물 가격의 오름세가 더디고, 농정의 난맥상으로 머지않아 농민들은 농촌을 떠나 일용직 노동자가 될지 모른다고 우려했다.(1980.4.27.) 정부에서 도시와 농촌의 소득이 균일하다고 홍보를 하지만 그가 현실에서 느끼는 괴리는 컸으며, 또한 피로가 쌓여 아침마다 부축을 받고 일어나야 할 정도의 노동으로 번 농가소득과 도시의 그것을 비교하는 것에 대해 불만이 많았다.(1982.10.28.) 그는 정부의 농정이 일관성이 없이 변하는 것에 대해 항상 불만이었다.

정부에서 농민을 위하는 정책들이 경제력이 낮은 농민들에게 맞는 정책이 아니라 주택개량이나 복합영농을 위한 지원책처럼 이미 어느 정도 가진 농가들을 위한 정책 중심으로 진행된다고 보았다.(1980.1.16.) 농민들은 정부가 생각하는 것처럼 부자가 아닌데 정부는 농민을 부자처럼 여기고 있으니 대다수 농민들은 점점 살아가기 힘들어진다는 것이었다.(1979.3.30.) 그가 볼 때 부지런히 일하는 농가들의 경우에도 겨울에 적당한 소득원이 없다는 것이 문제였다. 그는 많은 경우 한겨울에는 과수원 나무의 전지작업을 하거나 땔감을 하는 정도의 일로 시간을 보냈으며, 날씨가 너무 추워 공사현장에서도 일을 찾기가 힘들었다. 그래서 농촌지역에 공장이 들어서 농민들이 겨울 한 철을 벌 수 있도록 한다면 농촌 사람들도 살 길이 열린다고 생각했다.(1984.2.11.) 농업만으로는 안정된 수입이 확보되기 어려웠던 것이다.

1985년 늦가을에는 유난히 비가 많이 와서 농민들은 큰 애를 먹었다. 새벽 3시에도 비가 오자 논에 나와서 작업을 해야 했던 권순덕은 일기에 "비예 질린 우리(부부)"라는 제목의 자작시를 기록했다.(1985.11.16.) 소박한 언어로 표현된 절박한 농심이었다.

〈비예 질린 우리 (부부)〉
"비야 비야 오지 마라 우리 부부 예 먹는다
비에 질린 우리 님 자리에 누일까 아빠 간장 다 탄다
비야 비야 오지 마라 내 심정 메이두록 부탁하노라"

2. 축산업

농촌생활에 미래를 걸기로 한 권순덕은 축산에 희망을 걸었다. 그는 1969년부터 소규모로 양계업을 시작했다. 병아리를 사와 기르면서 유정란을 가려내는 장비를 구입하고 온돌방에서 병아리 부화도 시도했지만 쉽지 않았다.(1969.3.19.) 병아리는 높은 치사율을 보였고, 뉴캐슬병을 비롯한 여러 질병을 예방하기 위해 백신을 접종하고 항생제와 소화제 등 각종 약품도 구입해서 먹였다. 건강한 병아리를 키우기 위해 사료에 싸래기를 넣거나 배합사료비를 아끼기 위해 자신이 키운 딸기나 복숭아를 주고 동네 아이들에게 개구리를 잡아오게 해 병아리 모이로 주기도 했다. 병아리를 키운 지 7개월 만에 처음으로 산란을 했으며(1969.10.19.) 비록 마릿수는 많지 않았지만 농사만 짓는 것에 비해 신경 쓸 일이 무척 많아졌다.(1969.12.4.) 양계업을 오래 한 사람도 알 수 없는 병으로 닭을 죽이는 경우가 많았는데, 경험이 없는 자신도 그러한 일을 피할 수 없었다며 스스로를 위로했다.(1970.2.17.)

병아리 사오는 값을 아끼기 위해 직접 부화를 시도했고, 실패를 줄이기 위해 부화일기를 꼼꼼하게 기록하여 하루하루의 상태를 기록해나갔다.(1970.3.28.) 노력만큼 성과가 나오지 않았지만 당장의 기대에 미치지 못해도 한번 시작한 것은 꾸준히 밀고 가는 인내력이 필요하다고 스스로를 타이르면서 양계업을 계속했다. 하지만 닭 사료비를 뽑는 것도 쉽지 않았고, 다 자란 닭의 판로도 여의치 않아 고민하다 결국 손을 떼고 말았다.

축산업에 관심을 놓지 않았던 그는 돼지도 길렀다. 정확히 언제부터 돼지를 기르기 시작했는지는 확인되지 않았지만 1978년부터 돼지사료를 구입했다는 기록이 나온다.(1978.2.27.) 돼지 사육은 1985년까지 계속된 것으로 보이지만 대규모가 아니고 일반 농가에서 한두 마리를 키우는 수준이었다.

권순덕은 꾸준히 축산에 대한 꿈을 키워나갔다. 물가는 하루하루 올라가지만 곡가는 그에 미치지 못하는 상황에서 농민들은 조그만 부업이라도 해야 살아갈 수 있기에 자신도 자금 여유만 있다면 양돈이나 축우 등 축산업에 매진할 계획을 갖고 있었다.(1980.1.29.) 그 꿈은 송아지 키우기에서부터 시작되었다. 하지만 작은 송아지라도 다루는 것이 적지 않게 힘이 들었다. 아직 코뚜레를 하지 않은 어린 "목을 맨 송아지"가 날뛰자 어떻게 다루어야 할지 난감해하면서 송아지를 사온 것을 후회하기도 했다.(1980.4.11.) 1982년 농협에서 축산자금 135만 원을 받아 암소를 사와 3일을 길렀으나 건강에 문제가 있는 것으로 의심이 되어 5일 만에 몇만 원 손해를 보고 다시 팔아야했다.(1982.3.27.) 이 시기는 정부의 정책에 의해 "축산으로 돈 벌라고 모두들 몸부림"(1982.12.25)을 쳤으나 변동하는 정부정책과 널뛰는 솟값에 의해 뒤늦게 뛰어든 축산농가들이 기대만큼 수익을 올리기가 힘들었다. 경험이 많지 않았기에 송아지를 샀다가 손해를 보고 파는 일도 종종 있었다.(1983.11.28.) 그는 부족한 경험을 복합영농 교육에 참석해서 축산이나 과수 농사에 필요한 교육을 열심히 받아 메우고자 했다.(1983.2.24.)

소를 키우면서 소에게 먹이는 목초를 확보하기 위해 날마다 마을 뒷동산을 다녀야 하는 일은 많은 부담이 되었다. 소가 없이 농사만 짓는다면 걱정이 덜하겠지만 힘든 농사일을 마치고 소꼴을 뜯기 위해 부인과 다시 꼴망태를 메고 집을 나서야 해서 부인에게 항상 미안함을 느꼈다.(1984.6.25.) 세 마리 소들이 풀을 뜯고 건강하게 자라는 모습을 보고 남의 농사를 짓지 말고 소만 키우면 어떨까 하는 생각도 해보았지만(1984.9.8.) 요동치는 솟값 때문에 축산은 결코 수지맞는 사업이 아니었다. 한번은 소를 데리고 풀을 먹이러 나갔다가 소가 철로로 도망갔고 때마침 지나던 기차에 사고가 날 뻔했다. 망했다고 생각한 순간 겨우 사고를 모면하고 운수대통했다고 되새기며 아찔한 마음을 달래기도 했다.(1983.7.24.) 또한 소나 송아지가 건강에 문제가 생겨 죽게 될 경우 그 타격이 무척 크기 때문에 소가 조금만 아파도 여간 조심스러운 것이 아니었고 새벽까지 간호하는 일도 드물지 않았다.(1984.4.4.) 제때 오지 않은 수의사를 기다리다 자신이 직접 아픈 소에게 주사를 놓을 수 있는 정도까지 되었다.(1985.5.8.) 송아지를 잘 키우기 위해서는 약값에 인공우유값까지 적지 않은 돈이 들어갔지만 죽게 되면 수십만 원의 손해를 봤다.(1984.4.6.) 이럴 때마다 자신이 괜한 욕심을 부려 사서 고생을 했다는 후회를 떨치기 어려웠다.(1985.7.18.)

정부가 복합영농을 강조하면서 축산을 강력 권장해서 자신도 본격적으로 소를 키우게 되었지만 1년도 안 되어 솟값은 현저하게 떨어지고 수입 소고기가 도입됨에 따라 큰 타격을 받았다.(1984.5.6.) 그는 축우도 안 되고, 양돈도 안 되고, 이제 남은 것은 채소류밖에 없다고 생각했다. 이런 상황에서 정부는 또다시 복합영농단지를 지원하기 위해 송아지 두 마리 구입비용과 묘목대금 150만 원을 지원하겠다는 정책을 발표했고, 이에 대해 있는 사람에게만 혜택이 돌아가는 불필요한 낭비 정책이라고 비판했다.(1985.2.25.) 게다가 일부 영농단지에서는 실제 송아지를 구입하지 않고 증서만으로 입식자금을 지원받는 경우도 있어 정부가 도대체 무엇하는 사람들인지 알 수가 없다고 푸념했다. 그는 정부가 축산을 하라고 권장해서 일 년도 채 안되어 축산농가를 망하게 해놓고 다시 사과 재배를 권장하는 것을 보니 사과도 이제는 망할 시점이 왔다고 생각하면서 세 살 난 아들도 이처럼 한심하게는 일을 하지 않을 것이라 한탄했다.(1985.7.4.) 이러한 비판을 들었던지 정부는 그해 말 소를 키워 손해를 본 축산농가 중 1,500평 미만을 소유한 농가에게 가구당 쌀 80kg씩을 나누어주었다.(1985.12.3.)

형의 경운기를 이용해 농사를 짓던 권순덕은 1983년 융자를 받아 경운기를 구입했다.(1983.5.25.) 자신의 농지도 얼마 되지 않는데 경운기를 샀다고 비난하는 사람이 있을지 모른다고 걱정하면서도 무척 만족스러워했다. 부인에게도 즐거운 마음으로 경운기 운전을 가르쳤는데,(1983.11.23.) 그 덕분에 그의 부인은 마을에서 처음으로 경운기를 운전하는 신여성이 되었다.(1983.12.13.) 간간이 경운기로 짐을 날라 주고 적은 수입을 얻기도 했지만(1984.5.15) 그보다는 농사일에 여러 가지로 활용도가 많았다.

3. 상업 및 기타 농가사업

권순덕이 거주했던 동신마을은 김천, 구미 등 인근 도시와 연결 도로가 일찍 개통되어 주민들이 도시로의 왕래가 활발했으며, 여러 사람들이 농한기에 부업으로 도시의 건설현장에서 일용직으로 일을 했다. 권순덕도 1969년부터 고속도로 건설 현장과 도심 공사현장에서 막노동을 했다. 가진 농지도 없고 특별한 기술도 없는 그에게 공사현장의 일용노동은 힘은 들지만 당장 소득을 가져다주는 중요한 부업이었다.

권순덕은 전통적인 농업만으로는 안정적인 생계를 꾸리기가 힘들다고 생각하고 상업과 축산업에서 삶의 보람을 찾겠다고 구상했다.(1970.11.23.) 상업에 뜻을 두고 장사의 노하우를 담은 책을 보고 정보를 얻기도 했고(1971.2.21.) 만나는 상인들에게 여러 가지를 궁금한 사항을 질문하기도 했다. 나중에 농사로 다시 돌아오더라도 나이가 더 많아지기 전에 상업에 종사해보고 싶다는 마음이 굴뚝같았다.(1972.1.25) 그러나 도시로 나갔다가 다시 고향으로 돌아오는 사람을 보고 도시생활이 쉽지 않은 곳임을 깨닫고 고민을 했으며(1972.2.11.) 실제 모친 별세 후 큰마음을 먹고 인천으로 가 지인의 집에 기거하면서 다리미 월부 장사를 시작했다.(1971.2.27.) 그러나 그의 도시 생활은 10여 일 만에 끝이 났고, 밑천만 까먹고 다시 고향으로 돌아와야 했다.(1971.3.8.)

1972년 권순덕은 20,500원을 들여 국수틀을 구입했다. 동네에서 재배하는 밀을 이용해 주로 주민들에게 국수를 뽑아주기 위한 것이었다. 스스로 잘 산 것 같다고 만족해했지만 힘이 많이 들었고, 익숙해지기까지 상당한 시간이 걸렸다.(1972.7.28.) 그해 여름은 국수 빼는 일로 하루 일과를 다 보냈다고 할 정도로 반응이 좋았고, 많지는 않았지만 약간의 수입을 올릴 수 있었다.(1972.8.8.) 국수틀을 좀 더 쉽게 돌리기 위해 이듬해 부인의 목걸이를 팔아 전기모터를 샀다.(1972.4.14.) 부인과 사전에 합의가 된 것이었지만 미안함을 떨치지 못했다. 구입한 모터와 국수틀을 어렵게 연결했지만 기대만큼 잘되지 않아 애를 먹었다.(1973.4.29.) 기계를 잘 다루었던 그는 모터의 회전수를 조절하고 일부 부품을 교체해서 겨우 국수틀에 적합하게 만들었다. 국수틀은 고장이 나지 않으면 얼마 되지 않더라도 조금씩 부수입을 가져다주었지만(1973.7.25.) 잔고장이 나서 예상하지 못한 돈이 들어가곤 했다. 그는 이렇게 뒷돈이 들어가는 줄 알았으면 애초부터 사지도 않았을 것이라 푸념했다.(1974.3.27.) 또 국수 뽑는 일을 주로 부인이 하다 보니 출산 직후에 국수를 뽑아달라고 찾아오는 손님이 부담스럽기도 했다.(1974.9.9.) 국수를 뽑는 일을 시작한 다음 무진장 바빠졌지만 국수 빼는 일로 하루를 보내기도 했고 조금씩 돈을 버는 재미가 좋았다.(1975.4.15.)

상업을 오래 고민하던 그는 "학생들을 대상으로 한 자전차점과 탁구장을 겸해서 사업"을 한다면 학생들이 있는 한 안정적으로 운영을 할 수 있을 것으로 생각했다.(1973.6.9.) 자본 문제로 탁구장은 미루고 자전거포를 열기로 결심해서 1973년 8월 돈 3만 원을 들고 "고물상 허가" 신청을 냈다.(1973.8.6.) 그러나 자전거를 수리하고 중고로 사고파는 작은 가게도 허가를 받기까지 무려 10개월이 걸렸다. 추가 서류를 제출하고 지문검정에 추가 비용에 신원조회까지 복잡한 과정을 거쳐 드디어 기다리던 허가를 받게 되었다.(1974.5.3.) 막상 기다리던 허가를 받고 나니 연장을 살 돈이 없어서 쩔쩔매다가 어렵게 가게 문을 열었다.(1974.6.3.) 가게 문을 열고 일주일 만에 처음으로 물건을 팔 정도로 장사는 쉽지 않았다.(1974.6.9.) 대부분 장사가 그렇듯이 잘 될 때는 이 정도면 앞으로도 할 만하겠다는 자신감이 생기다가도(1974.7.1.;1974.9.29.) 며칠 손님이 들지 않으면 괜히 시작했나 하며 전전긍긍하기도 했다.(1975.7.12.;1975.11.20.) 작은 자전거포이지만 자금을 들여 물건을 구비해야 장사를 할 수 있기 때문에 동서에게 돈을 빌려야 했다.(1974.9.16.) 다소 무리를 해 산소용접기를 도입했고 익숙지 않아 한동안 애를 먹었으나(1974.12.19.) 상점이 어느 정도 구색을 갖추게 되어 스스로 만족스러워했다.(1974.12.20.) 어렵게 시작한 자전거포의 손님을 유치하기 위해 그는 저렴한 가격을 책정했는데, 인근의 다른 가게에서 항의가 들어왔다.(1975.4.4.) 그는 값을 싸게 해도 몇 푼 벌지 못하는데 남과 같이 받으면 그마저도 벌지 못하게 될까 봐 고민이라고 밝혔다. 부업 정도가 될 줄 알고 시작한 가게가 기대에 미치지 못해 실망스러웠으며(1975.12.10.) 가게 일 때문에 농사일에 신경을 덜 쓰게 되어 논에 농약 살포하는 일도 덜 하게 되면서 적은 돈을 벌기 위해서 큰돈을 놓치는 것이 아닌가 염려했다.(1975.7.22.) 또한 농사일이 바쁠 때에는 자전거포에서 일을 하면서도 마음이 들에 가 있어 손님에게 잘 대하지 못하게 되는 자신을 발견하게 되었고,(1976.10.1.) 결국 1978년 가게 문을 닫아야 했다.(1978.9.14.)

특별한 기술이 없는 그는 고속도로 공사현장이나 아파트 건설 현장 등에 나가 막노동을 했다. 그러면서도 중노동으로 번 돈은 건강을 해칠 수 있기 때문에 알찬 돈이 아니라고 할 정도로 힘들었다.(1972.7.30.) 막노동은 안정된 일자리가 아니었으며, 경기나 날씨에 따라 변동이 심했다. 1980년의 경우 날씨 등의 이유로 한 달에 10일 정도밖에 일을 못 해서 자신처럼 부업이 아닌 전업으로 하는 사람은 정상적인 생활을 하기 힘들 것이라 걱정했다.(1980.8.7.) 또한 공사현상은 하청에 재하청으로 여러 단계 이루어지는 구조여서 아래 단계로 갈수록 고생에 비해 버는 돈이 적은 구조적 문제를 토로하면서 정부에서 이런 문제에 대해 실태파악이라도 했으면 좋겠다는 생각을 밝혔다.(1980.8.31.) 그도 공사장에서 노임을 제때 받지 못한 경우가 종종 있었다.(1981.2.23.) 공사장에 일하면서 공무원들이 일하는 모습을 지켜본 그는 정말 할 일 없는 사람들이라며, 처녀들이 농촌에 왜 시집을 오지 않으려 하는지 충분히 알겠다고 기록했다. 동시에 지도층 사람들이 농민들의 반만큼만 열심히 일을 했다면, 아파트에 사는 도시의 주부들이 농촌여인들의 백분의 일만큼만 일을 열심히 했다면, 우리나라가 훨씬 잘살았을 것이라며 불만을 내비쳤다.(1979.12.6.) 1984년에는 공장에 가서 며칠 일을 하기도 했는데, 노임도 싸고, 기술을 지니고 있는 사람도 생각보다 낮은 임금을 받고 있는 상황을 보고 무슨 일이 있어도 자식들은 공부를 많이 시켜야겠다고 다짐을 했다.(1984.11.14.)

4. 생활환경

1969년 고속도로 공사장에서 돈을 모은 권순덕은 이 돈으로 라디오를 사기로 했다. 하지만 월부로 구입하려 했더니 보증인이 필요하다고 해서 뜻을 이루지 못했고,(1969.9.25.) 노임을 한꺼번에 받지 못해 당시만 해도 목돈이 들어가는 라디오를 사는 게 쉽지 않았다. 결국 이듬해 무려 세 리어카 분의 짚을 팔아 라디오를 구입하는 데 성공했다.(1970.1.19.) 비록 라디오가 휴대용이 아니라 불편했지만 그는 일을 하러 나갈 때마다 라디오를 챙겨갔다. 또한 1972년 공동우물에서 식수를 끌어오는 공사를 했으며,(1972.9.5.) 이후에도 우물에서 수도를 연결하는 공사를 하고 동생 집의 수도 공사도 도와주었다.(1975.5.8.) 특히 기계를 다룬 경험이 있어서 동생 집의 고장 난 수도시설을 살펴 직접 고치기도 했다.(1985.3.27.)

동신마을에 전기공사가 시작된 것은 1970년 9월이었다.(1970.9.30.) 권순덕은 1972년 동생이 보내온 전축을 설치했는데, 신기하기 그지없다며 만족스러워했다.(1972.4.11.) 농촌에도 전깃불이 번쩍이고 서울에서 일어나는 일들을 농촌에서도 재깍재깍 알 수 있는 현 사회는 정말 살기 좋은 세상이라고 썼다.(1972.10.2.) 농촌에 전기가 들어오기 때문에 보리, 벼 탈곡을 전기모터로 하게 되어 앞으로는 농촌에 일손이 많이 필요 없을 것이라는 낙관적 전망도 기록했다.(1971.11.3.) 실제로 1973년부터 모터로 보리를 타작하기 시작한 그는 매우 만족스러워했다.(1973.6.10.) 모터탈곡은 큰 힘이 들지 않아 주부들도 부담 없이 할 수 있기 때문에 일손이 모자라는 가정에는 모터가 꼭 필요하다고 생각했다.(1973.10.26.) 1974년에는 "전기 보러방"을 구입했다는 대목이 나오는데, 이는 전기장판으로 여겨진다.(1974.6.19.) 그는 1979년 하반기에 TV를 구입했는데,(1981.2.11.) TV 시청료가 올라 전기요금과 함께 매달 상당한 돈이 고정적으로 지출되는 것에 대해 부담스러워했다.(1979.12.11.) 1980년대 초반까지 동신마을에는 전화기가 5대에 불과했지만 1985년 자동전화로 바뀌면서 54대로 크게 늘어났다. 또한 2대밖에 되지 않던 가스레인지도 크게 늘어났다.(1985.11.23.) 생활수준이 높아진 것은 좋은 일이지만 국가적으로 외채가 계속 늘어나고 있는 상황에서 소비만 높아지는 것이 아니냐는 걱정을 했다.

1972년부터 동신마을에도 새마을운동에 의한 여러 사업들이 진행되었는데, 그는 당장 먹고살 것도 없는 상황에서 주택개량 같은 곳에 자금을 쏟기보다 공장에 투자해 실업자를 구제하는 것이 더 급한 일이라고 보았다.(1972.3.19.) 새마을교육을 받으러 다니면서 영농기술에 대한 강의 자체는 좋았지만 오가는 교통비가 부담이 되었다.(1973.1.9.) 보이기 위한 전시행정에 불만이 많았던 권순덕도 고속도로 주변의 객토사업에 대해서는 적절한 사업이라 칭찬했다.(1973.2.8.) 하지만 추운 날 청년회원들을 동원해 우마차를 끌고 나와 새마을사업을 추진하는 것은 쉽지 않았다.(1973.2.9.) 그는 청년회 회장으로 새마을사업에 적극 참여했지만 농로확장 등 여러 사업에 모든 마을 주민들이 공평하게 참여하는 편이 아니어서 어려움이 있었다.(1973.3.11.) 새마을사업으로 마을에 새마을 창고를 지었으며,(1974.2.10.) 공동빨래터 미화작업도 실시했다.(1974.3.19.) 또한 새마을사업으로 동사무소를 짓기 위해 호당 5,000원씩을 부역으로 일률적으로 할당했는데, 생활이 좋은 사람과 그렇지 않은 사람을 구별하지 않고 똑같이 배당하는 것은 부당하다고 보았다.(1975.2.23.) 그는 새마을사업을 통해 노임을 벌기도 했는데, 당장에 현금을 받지만 이 때문에 자전거포 문을 닫아야 해 혹시라도 찾아온 손님을 놓치는 게 아닌가 걱정을 했다.(1975.3.16.)

권순덕은 마을 앞산인 비봉산 등에서 1985년까지 땔감용 벌목을 했으며, 대문이나 닭장을 만드는 등의 간단한 공사를 위해 필요한 나무도 캐오곤 했다.(1971.1.16.) 1973년부터 치산녹화10개년계획이 추진되면서 벌목을 금지하자 없는 사람들은 연탄을 땔 수가 없고, 땔나무도 구하지 못하면 어떻게 살라는 말이냐고 걱정했다.(1973.11.13.) 산에서는 나무를 캘 수 없었기 때문에 밭둑을 다니면서 연료용 잔가지를 채취했다. 그러면서 낙엽을 채취하는 것이 금지된 상태에서 혹시 관에서 알면 풀나무 좀 긁어오고 벌금을 물어야 하는 게 아닌가 고민했다. 그러나 이후에도 매년 일정한 지정 기간 동안은 땔감을 채취할 수 있었기 때문에 큰 문제는 없었다. 그렇지만 농한기인 겨울에는 땔감을 못하게 하기 때문에 마을에서 노는 사람이 크게 늘어나는 문제가 있었다.(1974.1.20.)

치산녹화10개년계획 이후 동신마을에서도 사방사업이나 조림사업이 진행되었다. 그러나 권순덕이 보기에 뒷산 사방사업은 정부가 너무 계획성 없이 일을 추진하다 보니 책임자도, 관리자도 없이 부실하게 진행되어 비료만 낭비하는 사업이 되었다.(1974.5.11.) 또 산주가 있는 산에 정부가 은수원사시나무를 조림하도록 한 시책에 대해서도 정부가 투자한 만큼의 대가가 나올지 회의적이었다. 나무를 심는 데만 신경을 썼지 심은 후에는 관리가 되지 않아 죽어가는 경우가 많았기 때문이다.(1981.5.3.) 그리고 조림사업과 잡초 제거에 마을 주민들이 동원되는 부역에도 불만이 있었다. 산주들이 주민들의 힘을 이용하면서도 그 산에서 나는 재목에 대해서 주민들은 아무런 권리를 갖지 못하기 때문이었다.(1983.8.13.)

새마을사업이나 녹화사업에서도 탁상행정, 전시행정은 자주 나타났다. 국무총리가 방문한다고 온 마을이 들썩였고, 사전에 도지사가 방문해 점검을 하기도 했다.(1975.8.8.) 특히 마을 근처에 고속도로가 지나다 보니 고속도로 주변 농지에 대해서는 여러 가지 귀찮은 요구가 많았다. 이에 권순덕은 앞으로 고속도로 주변에는 농사짓기가 아주 힘들겠다고 혀를 찼다.(1983.12.9.) 물론 그는 고속도로 건설 자체에 대해서는 아주 잘 만들었다고 생각했다.(1984.7.23.) 탈곡한 짚을 집안으로 옮기지 않으면 모두 불을 태우겠다는 지시를 받고 치우지 말라고 해도 짚단이 다 마르면 어련히 옮길 텐데 단지 관료들이 탁상행정, 전시행정으로 농민들에게 부당한 요구를 하는 것에 대해 분노했다.(1980.11.27.) 대통령이 방문한다고 해서 면직원, 군직원이 이틀이나 야단법석을 부리며 학생까지 동원해 뙤약볕 아래 일을 하게 했지만 비행기를 타고 방문한 대통령 수석 비서관은 브리핑만 잠깐 받고 농민들에게 인사 한마디 하지 않고 떠나버린 상황에 욕이 나온다고 기록했다.(1981.6.4.)

5. 보건의료

1969년부터 시작되는 일기에서 권순덕은 모친의 병환에 대해 많은 걱정을 기록했다. 김천 외과에서 위암이라고 판정을 받았으나 이를 믿지 못하고 인근 연봉마을의 의사를 불러 진찰한 결과 위궤양이 극도로 심해서 위암이라 본 것이라는 설명을 듣고 한숨을 돌렸다.(1969.12.7.) 어머니의 병을 치료하기 위해 약사를 집으로 불러 진찰을 받거나(1970.1.17.) 그 약사로부터 용한 스승을 소개받아 대구까지 찾아가 한약을 받아오기도 했다.(1970.2.19.) 그는 방송에서 어머니 건강과 관련된 의학 지식을 듣고 꼼꼼히 기록하기도 했다. 어머니의 상태에 대해 약국에서는 별거 아니라고 했지만 환자 본인은 큰 불편을 호소했다.(1970.4.10.) 그럼에도 도시의 큰 병원에 가서 진찰을 받거나 치료를 받지는 않았는데, 어머니가 의사를 부르는 것을 극구 만류했기 때문이었다.(1970.6.4.) 그의 모친은 어차피 고치지 못할 병이라 생각해서 병원을 가기를 꺼려했는데, 위암일 경우 수술 등의 치료에 대한 두려움과 막대한 치료비 등으로 병원 대신 한약에 의존한 것으로 보인다. 진찰한 한약방에서도 위암일 가능성이 70%라고 했지만 수술 대신 약을 선택했다.(1970.8.9.) 위궤양이라고 했던 인근 마을의 의사도 회복이 불가능하다고 했고(1970.10.13.) 결국 어머니는 1970년 12월에 별세했다.

모친의 경우처럼 가족 중에서 아픈 사람이 생겼을 경우 가장 먼저 인근 마을의 한의원을 찾았으며(1971.8.26.) 맹장염 같은 응급환자가 발생하면 택시를 타고 김천의 개인병원이나 도립병원을 갔다.(1972.2.15.) 모친이 별세한 다음 1972년부터 부친도 병환으로 고생을 했다. 그러나 특별히 병원에서 진단을 받았다는 기록은 없으며 주로 한약을 복용했다.(1972.12.26.) 대체로 노년층의 경우 병원보다는 한약에 대한 의존도가 훨씬 높았다.

권순덕은 29세인 1972년 5월 결혼을 했으며 이듬해 4월 첫 딸을 얻었다.(1973.4.20.) 아들을 희망했던 그는 딸이 태어나자 실망감을 감추지 못했다. 흥미롭게 일기에 "출산일수 268"일이라 기록했다. 첫 딸이 태어나고 넉달이 지나 작명을 하고, 그로부터 두달 후 출생신고를 했다.(1974.10.10.) 이는 딸이었기 때문이라기보다 당시 출생신고를 늦게 하는 일반적인 관행 때문으로 보인다. 그는 자신의 혼인신고도 9개월 만에 했다. 그는 첫딸을 "우리 재롱둥이"라 칭하며 귀여워했는데, 딸이 감기에 걸렸을 때 약방에서 약만 먹였더니 별로 효과가 없자 결국 소아과를 찾으면서 애들일수록 약국보다는 병원을 와야겠다고 다짐했다.(1974.1.22.) 그러나 막상 찾은 병원은 돈도 많이 들고 약효도 의심스러웠다.(1974.1.28.) 귀한 자식이었지만 아직 병원은 경제적 부담으로 쉽게 이용할 수 있는 상황이 아니었다. 또한 어린 딸이 밤에 보챌 때 분유를 먹였더니 편하게 잘 수 있었지만 분유값이 너무 비싸 계속 먹일 수 없음을 안타까워했다.(1974.3.25.)

1974년 8월 두 번째 딸을 얻었는데, 역시 극도의 실망감을 표현했다.(1974.8.24.) 둘째 딸의 출생신고도 넉달 후에 했다. 둘째가 태어난 뒤 부부는 보건소에서 피임약을 샀으나 모유 수유 중에는 지장을 받을 수 있다는 얘기를 듣고 사용을 주저하게 되었다.(1975.2.21.) 이 때문인지 그해 겨울에 부인은 세 번째 아이를 임신하게 되었고, 아기를 원하지 않았던 부부는 임신중절을 위해 약을 복용하지만 뜻을 이루지 못했다.(1975.12.5.) 결국 김천의 도립병원을 찾아 상담을 받고 난 뒤 약으로는 중절을 할 수 없고 3개월 미만만 중절수술이 가능하다는 말을 듣고 후회를 하게 되었다.(1976.1.12.) 이러한 우여곡절을 겪고 얻은 셋째는 그토록 원하던 아들이었다. 마을 사람들이 부인이 임신한 모습을 보고 딸이라고 추측했으나 그는 아들을 간절히 바랐고, 결국 아들을 얻었다. 귀한 아들이었지만 또래에 비해 말이 늦되자 그는 혹시 임신 중 중절을 위해 복용한 약 때문이 아닌가 크게 걱정을 했다.(1980.3.20.) 주변에서는 아들 하나 더 키우라고 권유했으나 자녀를 더 갖는 것은 현실적으로 무리라고 생각했고, 세 자녀로 만족했다. 1984년 또다시 원하지 않은 임신을 하게 되었고, 다시 한 번 약으로 중절을 시도했으나 실패하여 수술을 해야 했다.(1984.1.18.;1984.2.7.)

권순덕은 자녀 셋을 키우며 쩔쩔매는 자신을 보면서 어머니가 오 형제를 키우느라 얼마나 고생하셨는지를 새삼 느끼게 되었다.(1979.12.13.)

흥미로운 의료기록으로 1973년 조카가 개에 물려 김천의 "개침 놓는 곳"에서 데려가 침을 맞았다는 기록이 나온다.(1973.1.10.) 침놓는 것을 보고 별것 아닌 것 같다고 생각했으며, 개에 물렸을 때는 즉시 피만 빼면 되지 않을까 생각했다. 자전거 수리점을 하면서 용접을 하던 그는 눈병을 자주 앓게 되었고, 이 때문에 자전거포 운영에 지장이 있지 않을까 걱정을 했다.(1976.3.12.) 난생처음 안과를 찾은 그는 비싼 치료비가 그만큼 값어치를 하는지 모르겠다고 밝히면서, 비싼 치료비 때문에 없는 사람들이 주저하며 제 때 치료를 받지 못할 수도 있다고 걱정했다. 아이들이 아파 자주 병원을 찾게 된 그는 소아과에 가득 찬 환자를 보면서 의사가 되기까지 밑천도 많이 들었지만 돈 벌기 쉬운 직업이라 생각하기도 했다.(1979.12.13.)

건강을 자신하던 권순덕은 1982년 머리가 아파서 내과를 찾아 진찰을 받고 고혈압이라는 판정을 받았다.(1982.1.14.) 자신이 느끼는 증상과 달리 혈압약을 처방하는 의사를 믿지 못했던 그는 며칠이 지나도 완쾌가 되지 않자 약을 끊었으나 바로 증상이 나타나 고혈압이 맞음을 확인했다.(1982.1.20.) 그는 혈압에 양약보다 한약이 낫지 않을까 해서 한의원에서 진맥을 받았으나 한의사의 태도에 실망하고 다시 병원약을 받아왔다.(1982.1.21.) 침으로 고혈압을 치료할 수 있지 않을까 하는 마음도 있었으나 침이 겁이나 병원으로 발길을 돌렸던 그는 자신의 마음이 오락가락하고 있다고 고백했다.(1982.1.29.) '순기한'이라는 한약환을 구입한 그는 증상이 호전되지 않아 한약방을 찾았지만 약만 사 먹으라는 한의사에게 실망해서 병원, 약국, 한의원 모두 돈만 버는 데 관심이 있는 것 같다며 불쾌해했다.(1982.2.2.)

권순덕은 며칠 뒤 자신이 병원을 믿지 못하고 여러 가지 약을 찾아 복용해서 고생을 했다면서 병원 의사의 말씀을 들어야겠다는 것을 느꼈다.(1982.3.1.) 당시 농촌지역에서는 병원보다 한의원이나 한약방이 더 익숙했고, 특히 만성질환에는 한약을 찾는 경우가 많았다. 그는 외과 의사가 직접 약을 판매하지 않고 진단서를 내주며 약방에서 약을 사라고 하자 약만 팔려 하는 다른 의사나 약국과 다르다면서 신뢰를 보였다. 더 나아가 전국의 병원들이 이와 같은 시스템(의약분업)을 택하면 환자의 약값 부담을 덜 수 있으리라 생각했다. 고혈압이라는 질환이 단기간에 낫지 않는 병이기 때문에 그는 계속 고생을 했으며, 결국 구미의 대형 종합병원을 찾아 진찰을 받았다.(1982.3.31.) 심장이 조금 나쁘고 혈압이 높다라고 해서 2일분 약을 받아오면서 서민들이 큰 종합병원을 찾기가 힘들지만 작은 병원을 찾다가 헛돈을 쓰느니 처음부터 큰 병원을 찾는 것이 더 낫겠다고 생각했다.(1982.3.31.) 하지만 첫인상이 좋았던 종합병원도 자주 방문해야 하고 두 번째는 특별한 진찰도 없이 환자의 말만 듣고 같은 약을 처방하면서 매번 진찰료를 받는 것을 보고 생각이 달라졌다.(1982.4.1.) 결국 어떤 병원이든지 국민들이 마음 놓고 치료를 맡길 수 있기보다는 돈밖에 모르는 곳 같다는 것이 그의 솔직한 심정이었다.(1982.4.24.) 그렇다고 아픈 몸을 참고 병원을 안 갈 수도 없기 때문에 농촌에 하루빨리 의료보험제도가 도입되어 종합병원 문턱을 낮춰야 한다는 결론에 도달했다.(1982.4.2.) 1984년 아들이 소변을 자주 보는 것 같아 종합병원에 데리고 가 진찰을 받을 때는 직장 생활을 하는 동생 가족의 의료보험카드를 받아 조카 이름으로 진찰을 받았다.(1984.1.4.) 병원 내에서 의료보험증을 보여 달라고 할 때마다 불안해했는데, 다행히 검사 결과 별다른 이상이 없었다. 병원비가 부담스러웠지만 귀한 아들을 위해서는 아끼지 않았던 것이다. 그는 1985년 김천 도립병원에서 10,000원을 지불하고 의료보험지정카드를 발행받았는데, 얼마나 보험의 혜택을 받을 수 있을지 스스로도 반신반의했다.(1985.2.6.)

없는 사람에게는 병원비, 약값도 큰 부담이 되는데, 지역마다 약값이 다른 것에 대해 정부가 서민을 위해서는 꼭 뭔가 조처를 취해야 한다고 생각했다.(1983.1.9.) 1984년 장딴지에 난 종기를 가볍게 생각했다가 며칠간 고생을 하고 결국 병원에 가서 째는 치료를 받아야 했다.(1984.8.31.) 병원에서는 계속 통원 치료를 하며 주사를 맞아야 한다고 했으나 의료보험도 없는 상황에서 병원비가 부담이 되어 약방에서 주사약을 사와 마을 주민 중 의무과[의무병]를 나온 사람에게 주사를 맡기도 했다.(1984.9.3.)

제6장 권순덕의 결혼과 가족

권순덕이 결혼과 동시에 새로운 가족을 형성하게 된 시점은 1972년부터다. 그 후로 분가를 하고, 아이 셋을 낳으면서 전형적인 핵가족을 형성하여 살아간다. 이 장에서는 권순덕이 아내 이윤심과의 결혼에 이르는 과정부터 아버지 및 형으로부터의 분가, 그리고 자녀에 관한 내용을 살펴보고자 한다.

1. 아내 이윤심과의 만남과 결혼

권순덕은 아내 이윤심과 1972년 5월 27일 백년가약을 맺는다. 결혼은 중매결혼을 통해 이뤄졌다. 권순덕이 결혼할 당시 나이는 29세였고 아내는 25세였다. 1970년대 초반임을 생각할 때 권순덕과 이윤심은 상당히 늦은 나이에 결혼했다.

권순덕의 결혼이 늦어진 이유는 어머니의 병환 때문일 것이다. 권순덕이 일기에서 어머니의 건강이 염려된다는 내용을 쓰기 시작한 시기는 1969년 가을경부터다. "어머님이 어재 밤잠을 한짐도 주머시지 못하고 뗜 눈우로 밤을 새와따니 이재는 부모님을 어떠계 하나 생각해 볼 때에 앞피 가리어서 바라볼 수가 없투군"(1969.9.22.), "어머님이 식사을 안 아고 개시서 건강한 사람도 한 때 굴머며 배가 곱뿐대 저러깨 매말란 어머님이 두 때나 굴머서"(1969.10.1.) 등 권순덕은 어머니의 잠과 식사가 편치 않다는 것을 일기 곳곳에 적고 있다. 그리고 그해 겨울 급기야 "김천 김애까에서 진찰해본 결과 위암이라고 한다"는 말을 듣고, "눈물이 가리어서 앞 못 보개더라"(1969.12.7.)라며 비통한 심정을 토로하고 있다. 결국 1970년 12월 13일 어머니는 세상을 떠나고 만다.

당시 권순덕의 나이는 26, 27세였으나 어머니의 병세가 짙어지면서 결혼할 경황이 아니었을 것으로 추측된다. 그러나 "부친 희갑 전에는 어떠한 수법을 쓰더래도 계론 대상자을 주얼[구할] 예정이다"(1971.2.9.)라는 내용에서 알 수 있듯이 어머니가 돌아가신 이후 권순덕은 부친 회갑 전까지는 결혼을 해야겠다고 마음을 먹는다. 하지만 그 해 9월 16일 아버지 회갑까지 결혼을 하지 못했다. 그 후 몇 개월이 지나고 1971년 12월 1일 첫 선을 보게 된다. 그러나 "선을 만이 안 보고 앤만하면 할려고 들렸는데 여자의 몸이 너무나 약해서 자신의 마음에 사오십 푸로박에 들지 안아"(1971.12.1.), 첫 선 대상자와의 결혼은 이뤄지지 않았다.

첫 선에 실패한 권순덕은 결혼 걱정을 크게 하게 된다(1971.12.3.; 1972.1.19.; 1972.2.26.; 1972.3.30.). 그리고 4월 한 달 동안 무려 세 번의 선을 본다. 하지만 모두 이런저런 이유로 성사되지 못했다. 다시 5월 초 중매 할머니의 소개로 '우래실' 처녀 이윤심을 만나게 된다. 권순덕은 이윤심과 선을 본 후 이윤심이 교회에 다니는 교인이라는 것을 알고 다소 실망을 하였다. 둘이 한 몸 되어 삶의 길을 개척해야 하는데, 일주일 중 3일은 교회에 간다면 그 길이 늦어지지 않을까 하며 걱정이 들었으나(1972.5.5.), 결국 이윤심과의 결혼을 결심하게 된다. 약혼식과 결혼식은 모두 교회에서 치러졌고, 패물은 약혼식에서 교환하였다. 혼인신고는 이듬해인 1973년 2월 15일에 한다. 이윤심과의 결혼이 성사되면서 권순덕이 중매쟁이에 지급한 비용은 100원이며(1972.5.10.), 총 결혼 비용은 83,280원으로 기록되어 있다(1972.5.31.).

권순덕의 일기를 통해 당시 결혼이 성사되는 전반적인 절차와 풍속을 엿볼 수 있다. 중매쟁이나 지인을 통해 선을 본 후, 서로 결혼에 대한 의사가 있다고 판단되면 약혼 및 결혼식을 올리는데, 이 과정이 짧은 시간 안에 이뤄지고 있다. 권순덕의 경우 5월 5일 선을 통해 이윤심을 처음 만난 후 5월 27일 결혼에 이르기까지 한 달이 채 걸리지 않은 것을 알 수 있다.

2. 분가

권순덕이 일기를 쓰기 시작한 시기는 1969년이다. 이 당시 권순덕 가족은 아버지, 어머니, 형, 형수, 조카 셋, 권순덕, 권순덕의 동생 셋 등으로 총 11명 대식구였다. 권순덕의 형제 중 결혼하여 분가한 이는 누나 한 사람뿐이었다. 권순덕은 결혼 후에도 약 1년여간 형과 함께 살았다. 권순덕은 결혼 후인 1973년 11월 3일 친구가 분가를 하기 위해 이사하는 것을 도와주면서, 달랑 솥과 숟가락뿐인 친구의 살림집을 보면서 분가가 만만치 않다는 것을 알게 된다(1972.11.3.). 물론 권순덕은 "결혼만 하게 대면 시관을 나올 줄 알랐는데"(1973. 3.1.)라면서 분가가 쉽사리 이뤄지지 않는 것을 안타까워하기도 하였다. 가정 형편상 새집으로 분가하는 것이 어려웠으므로, 권순덕의 아버지는 5만 원에 초가집을 구해 아들의 살림집을 마련해준다. 당시 권순덕은 "헌 집을 개약할려고 형이 갇는데 잘하는 일인지 그릇치 아너며 못하는 일인가"(1973.3.7.) 라며 심란함을 토로하기도 한다.

헌 집 계약을 마친 권순덕은 3월부터 본격적으로 분가할 집의 공사를 시작한다. "형과 둘리서 구둘을 놋는데 구둘 비가 적고 적으서 짜정까지 나며"(1973.3.18.), "시관집배 청문을 안전하계 갈라 넛는데 왜 이래 힘이 더는지을 알 수가 업쓰며"(1973.3.21.), "시관집에 새복 흙이 적으서 다시 실련대 바빠다"(1973.3.26.)라면서 집수리하느라 정신없는 나날을 보낸다. 그러면서도 권순덕의 "신살림은 아무라도 초라하게 나야 하는가 하고 생각을 할 때에 그저 막막"하고(1973.3.18.), "동내 할마씨들이 안전이 새 집을 만들어서 시관을 나오라고 이야기들을 하지만 자신은 크개 수리하고 십지도 않너며 오히려 돈 들까바 극정이 댄다"(1973.3.24.)면서 직접 돈을 벌어 새집을 장만해야겠다는 생각을 한다. 시멘트를 완전히 바르고 나니 제법 어울리는 집이 되었으나, 이곳에서 자신이 살아야 한다고 생각하니 마음이 착잡하기는 매한가지이다(1973.3.27.). 도배를 마친 이후(1973.3.29.), 4월 2일 이사하면서 권순덕은 분가를 마치게 된다. 이삿날 권순덕은 "금일로서 분과을 해서 나오니 가슴이 담담하구나. 어재만 에도 별료 크개 너켜보지 못했는데 금일은 그저 벙벙한 하로 해을 보내고 마라쓰며 그리고 금일 아침에는 시관 난다는 것을 생각을 할 때에 서운하기 짝이 업쓰며 그만 분과 하지 말고 계속 살라쓰며 하는 생각이 들더라"라면서 서운한 심정을 감추지 못하고 있다.

이렇게 하여 권순덕은 아내 이윤심과 결혼 이후, 분가하면서 장만해 준 집 한 채와 물려받은 논 한 단지(600평)로 새로운 살림을 시작하게 된다.

3. 임신과 출산, 그리고 아들 선호

권순덕은 총 세 명의 자녀를 두었다. 큰딸은 1973년 4월 20일에, 작은딸은 1974년 8월 24일에, 셋째인 아들은 1976년 6월에 태어났다. 1~2년을 터울로 바로바로 임신을 하였음을 알 수 있다. 권순덕은 첫 아이가 아들이기를 아주 간절하게 바랐다. "밤마다 어루어만지면서 속에 들어있는 것이 남자까, 지저발까 하고 알송달송한 문제을 가지고 웃쓸 때가 만꾸나"(1973.3.9.), "집사람이 옥동자을 나얼 탠대"(1973.4.19.)라면서, 배 속의 아이가 아들이기를 간절히 원했다. 그러나 "생각지도 않아든 딸을 나노니 정말 희마리가 업쓰며"(1973.4.20.), 그 다음날에도 "저녁 야식을 줄라고 들 때에 별료 기분을 못 너킨다. 왜냐하면 아들이라면 밤새두록이라도 야식을 하여서 준다 해도 고달프다고는 하지 않캐는데 딸자식이라 그만 그릇따"(1973.4.22.)라며 실망감을 감추지 못한다. 권순덕은 둘째를 바로 갖지 않기 위해 아내에게 피임약을 복용케 하려고 했다. 그러나 보건소에서 피임약을 구입한 후 복용법을 물었는데 젖이 줄어든다는 말에 "멧지[괜히] 쌰따는 결과 대는구나"(1975.2.21.)라면서 괜히 피임약 산 걸 후회하기도 한다.

권순덕은 점차 큰 딸을 귀여워하게 되었으나(1973.6.17.), 둘째 아이는 반드시 아들이기를 원했다. 하지만 결국 "아들 노치 하는 생각 간절하든이 역 또 딸을 낫쓰니 희마리가 업쓸 뿐 아니라 살기가 실을 정도며 울고 십픈 심정이며 다 업쌔버리고 십픈 마음이 들며 재수가 업는 놈이라고 해도 가연이 아니며 처와도 말도 하기가 실은 하로가 지나가고 마랐다. 나 자신이 인지 딸 하나라도 더 생기개 대며 못 살지 하는 서운한 마음빡에" 없다면서(1974.8.24.) 둘째도 딸이라는 것을 무척 분통하게 여겼다. 그런데 둘째를 낳은 후 이듬해 가을 아내는 다시 임신을 하게 된다.

권순덕은 "집사람 임신한 것이 신통치 안아서 내라보내고 마라쓰며 하는 생각밖에"

(1975.12.5.) 없어 아기를 지우는 알약을 복용케 한다. 그러나 약으로 지워지지 않아 걱정만 하며 시간을 보낸 권순덕 부부는 1976년 1월 12일 김천도립병원 산부인과 의사를 찾아간다. 의사로부터 '약으로는 아이를 지울 수 없다'는 사실을 알게 되고, 아이를 지우려면 수술을 해야 하는데 수술도 이미 늦었다는 것을 알게 된다. 권순덕은 "이변에 꼭 업쌜라고 마음먹은 것이 주주하다 시간을 다 보내고 이재는 이러지도 못하고 할 수 업시 나와야 대니 딸 노깝바"라며 걱정한다(1976.1.12.). 둘째를 낳고 세 번째로 임신한 아이를 지우기 위한 노력이 수포로 돌아간 것을 알고 권순덕은 체념하면서도 셋째가 딸일까 봐 전전긍긍한다(1976.4.10.; 1976.6.2.; 1976.6.7.). 그리고 마침내 6월 12일 아들을 낳게 된다.[1] 권순덕은 "아들이란 말 너의 엄마에께 떳고는 아들이라 좋다고 신발을 한 쪽은 신고 한 쪽은 맨발로 큰집배까지 뛰어가서 형수에깨" 알렸다고 한다(1990.6.1.). 당시 아내는 미처 출산 준비도 안 된 상태에서 갑자기 진통이 와 아이를 낳았는데, 그 아이가 아들이라는 얘기를 듣고 너무 기쁜 나머지 신발도 제대로 신지 않고 아내 출산 구완을 부탁하러 형수에게 달려간 것이다.

이처럼 권순덕은 세 명의 아이를 출산하기까지 아들을 간절하게 바랐던 것을 알 수 있다. 그리고 일기 곳곳에서 권순덕의 아들에 대한 지나친 걱정, 지나친 사랑을 읽을 수 있다. 권순덕은 아들 하나만이라도 건강하게 길러 보자는 생각밖에 없는데, 건강하지 못한 게 말할 수 없이 걱정스럽고(1977.5.24.), 아들이 머리가 특이해서 공부만 잘한다면 더 바랄 게 없겠으며(1978.2.10.), 몸이 부서지는 한이 있더라도 아들 공부를 시킬 것을 다짐한다(1978.10.31.). 하루 일과를 마치고 아들을 안는 기분이 말할 수 없이 좋고(1979.3.19.), 아들에게 장난감 말을 사주면서도 돈이 하나도 아깝지를 않으며(1979.4.24.), 자라를 달여 만든 보약을 1,000원을 주고 사와 아들에게 먹이려는데 도저히 먹으려 하지 않아 못 먹였다는 내용도 있다(1981.5.9.). 딸은 둘이어서 그런지 신경이 안 쓰이는데, 아들은 하나라 그런지 신경이 자꾸 쓰이고(1982.12.6.). 아들 돌 때 들어온 반지를 팔아 학자금 예금으로 예치해놓는가 하면(1977.12.12.), 넉넉하지 못한 형편이라 아들에게만 우유급식을 시킨다(1985.10.16.). 권순덕도 자신이 딸보다 아들을 더 극진하게 대한다는 사실을 인식하고 있었다. "부모는 아들 딸 구별을 하지 말라고 하지만 아들과 딸은 하늘과 땅 차이라고 생각을 해본나. 왜냐하며 자신은 딸은 뒤전쳐고 운이만 공부를 잘 했쓰며 하는 욕심밖에 업따고 해도 가연이 아니다. 한편 똑같이 길여야 댄다고 생각을 해보지만 거것은 잠쉬밖{에} 돼지을 안으며 전 신경이 운이한태 밖에 업다고 생각을 하고 있는 것이 사실이다"(1985.12.9.)라는 구절을 통해 아들에게 더 애정이 가는 것을 자신도 어찌할 수 없다고 고백한다.

권순덕은 아들을 낳은 후에는 "아들을 하는 더 노오며 공부 시킬라면 왜로가 만늘까바 극정이 대며 더 몾 노캐다고 생각"(1979.12.11.)한다며, 더 이상 아이를 낳지 않기로 결심

---

1) 1976년 6월 일기는 7일까지밖에 쓰여있지 않아, 아들 출산일과, 당시 상황, 권순덕의 심정을 확인할 수는 없었다. 아들 출생일은 1983년 6월 25일이 아들 생일이라는 일기를 보고 음력으로 추산하여 파악하게 된 것이다.

을 한 듯하다. 그럼에도 불구하고 권순덕은 아들이 하나 더 있었으면 하는 데에 쉽게 미련을 버리지 못한다. 특히 아들이 다른 아이에 비해 말을 하고, 소변을 가리는 게 늦되면서 권순덕은 아들 걱정을 많이 했다(1980.3.20.; 1981.4.7.; 1982.2.12.). 하지만 시간이 지나면서 아들을 더 낳지 않기로 입장을 확고하게 정리한다(1982.12.26.). 권순덕은 아내가 1984년 1월 임신한 것을 알자, 16,000원치 약을 사서 먹게 한다(1984.1.18.). 그러나 결국 약으로 효과를 보지 못한 권순덕은 아내를 데리고 산부인과에 가서 수술을 하도록 한다(1984.2.8.). 더 이상 아이가 생기지 않도록 불임수술을 한 것이다.

이렇게 하여 1973년 6월 첫 아이를 낳은 이후 1984년 2월 불임수술에 이르기까지 약 10여 년간의 임신과 출산에 대한 기록은 끝이 난다. 첫 아이를 임신하고부터 마지막 유산에 이르기까지 권순덕이 보여준 아들 선호는 아들을 통해 대를 잇고, 제사를 지내오는 유교 풍속과 가부장제 이데올로기 속에서 자연스러운 현상으로 이해된다. 하지만 다른 한편으로는 아들에 대한 '집착'이 큰 나머지 아내가 받았을 상처도 상당히 컸을 것으로 예상된다.

4. 자녀 보육

권순덕의 아이들은 1973년, 1974년, 1976년 모두 연년생으로 태어났다. 임신과 출산을 반복하고, 갓난아이들을 키우면서도 아내 이윤심은 산후 조리를 푹 하지는 못한 듯하다. 첫 아이 출산 후 아내 이윤심은 7일 만에 국수 빼러 손님이 찾아오면서 어쩔 수 없이 일을 하게 된다. 권순덕은 그런 아내에게 미안함을 가진다(1973.4.27.).

권순덕이 보기에 아내는 아이를 잘 다루는 듯했다(1973.5.4.). 첫 아이는 낳은 직후 처음부터 아내가 돌보았다. 그런데 첫 아이인 큰딸은 무척 부모 애를 태웠던 모양이다. 큰딸이 '생애'를 먹이므로 권순덕은 아내가 힘들까 봐 잠시 틈이 나면 돌봐주려 노력하기는 하나, 농사일 때문에 어쩔 수 없이 아내가 긴 시간 아이를 돌볼 수밖에 없는 것을 안타깝게 여기기도 한다(1973.8.5.; 1973.8.7.). 큰딸이 울면 달래는 게 보통 일이 아니었다(1973.10.17.; 1973.11.11.). 하지만 한편으로 권순덕은 큰딸을 '재롱이', '재롱둥이'라고 부르면서 무척 귀여워했다(1974.11.11.; 1975.1.13.). 큰딸이 태어나고 첫 겨울을 맞는 11월부터 이듬해 3월까지 권순덕 부부는 딸의 감기로 심하게 애를 먹었다. 심지어 "감기 때문에 제 어미를 애먹이는 것을 볼 때 자기 자식이어도 때려죽이고 싶은 마음이 들을 정도였다"(1974.2.25.). 그러면서 자신들은 딸 하나 보채는 것에도 전전긍긍하는데, 옛날 사람들은 그 많은 아이들을 어떻게 키웠을까 하며, 옛날 어머니와 오늘날의 어머니가 다르다는 생각을 한다(1974.3.24.).

아내 이윤심은 1973년 4월 20일 첫 딸을 낳고, 이듬해인 1974년 8월 24일 둘째 딸을 출산한다. 즉 첫 딸을 낳은 6개월여 만에 또다시 아이가 들어선 것이다. 둘째를 임신한 후

생긴 문제는 첫 딸의 젖 부족이었다. 그래서 터울을 두고 아이를 낳는 게 중요하다고 깨닫기도 한다(1974.5.22.).

둘째를 낳은 후에는 장모가 와서 산후 조리를 도와주었다. 두 돌도 안 된 첫 아이를 돌보는 것만도 힘든데 또 아이를 출산하는 바람에 장모의 손길이 필요하지 않을 수 없었던 것이다. 그러나 한참 농사일에 매달려야 할 장모도 딸 집에 보름 이상은 머무를 수 없었던 듯하다. 장모는 9월 9일 자기 집으로 되돌아갔다. 권순덕은 당시 국수틀로 국수를 빼 주는 사업을 하고 있었다. 그런데 그 시기 국수를 빼러 오는 손님들이 많은데, 아내의 몸은 아직 회복되지도 않았고, 장모는 안 계시니 권순덕은 당시 상황을 '겁이 난다'고 표현하고 있다(1974.9.9.).

일기에는 첫 딸을 출산하고, "새벽 5시 30분, 출산일수 268일"로 기록되어 있어 병원에서 낳지 않았나 생각했으나 인터뷰 결과 아이 셋을 모두 집에서 낳은 것으로 확인되었다. 권순덕은 아이들을 병원에 데리고 가서 디피티, 소아마비, 홍역 등 각종 예방접종을 시켰다. 그리고 첫 아이가 만 10개월 되던 때부터 엿, 과자 등을 사주기 시작한다. 지출 항목으로 첫째 과자값이 10원부터 100원까지 자주 기재되어 있다. 둘째가 좀 크고 나서는 둘의 과자값을 챙겨줬다. 둘째는 첫 애보다도 더 애를 먹은 것으로 보인다. "혜지 키울 때는 순화고 별료 힘더는 줄 모려고 키우왔는데 혜영이는 정말 못 키우겟더라. 왜냐하면 잠쉬도 가만이 있찌을 않코 손으로 헌뜰라고 드니 그거뿐 아니라 꼭 남자들 모양 만대로 할려고 더 쌩왜을 먹깨더라"(1975.10.30.)라면서 애를 먹고 있다. 셋째가 서 너 살이 되면서 누나들에게 셋째를 맡기고 부부가 일하러 나가는 일이 잦았다. 처음에는 딸들에게 아들을 맡겨 불안하였으나(1979.5.25.), 아무 일 없이 딸들이 제 동생을 잘 보는 것에 신기해한다(1979.5.26.).

권순덕은 아이를 돌보는 것이 아내, 여자의 몫이고, 그 몫이 보통 일이 아니라는 것을 여러 차례 실감한다. 여자들은 아이를 키우는 데 평생을 산다고 해도 과언이 아니라고 생각한다(1976.1.14.; 1980.1.9.). 약은 여자들은 아이를 낳지 않고 한평생 처녀로 살겠다는 이들도 머지않아 생기겠다는 둥(1976.1.14.), 남자들은 밥만 먹고 밤에는 세상 모르고 잠만 잔다는 둥(1980.1.9.) 하면서 여자들의 고충을 이해한다. 이를 통해 당시 영유아의 보육은 전적으로 여성인 아내에 의해 이뤄졌음을 알 수 있다. 가사 노동과 농업 노동을 동시에 수행해야 하는 농촌 여성에게는 이중, 삼중의 고생일 수밖에 없다.

5. 자녀 학교 교육 및 훈육

권순덕은 자신이 배우지 못한 한(恨)을 자녀 대에서는 이루게 하려는 욕망이 다른 이들보다 컸던 것으로 보인다. 권순덕은 "자신은 하먹세계(암흑세계) 살든 한이 있들에도 이세들만이 밝게 살며 다 바랄길이 업따고 생각을 한다"(1979.4.28.), "이세들은 정말 어떠한 일이 있쓰도 공부을 만이 시키야 돼겟따는 것을 공장에 일하면서 절시리 너켜다"(1984.11.14.)

라면서 자식들이 '밝은 세상'에서, 혹은 자신처럼 '힘든 일을 하면서 살지 않기' 위해서는 교육밖에는 답이 없다고 여긴다.

권순덕의 아들 선호는 유별났지만, 그렇다 하더라도 딸의 공부를 전혀 신경 쓰지 않은 것은 아니었다. 큰딸의 입학을 앞두고는 "남들은 공부를 잘하는데 혜지만 공부을 못하게 대며 이것 보통일이 아니며 생각도 못할 현평이다"(1980.1.11.)라면서, 큰딸의 공부를 염려한다. 시간표를 만들어 가르쳐보려고 해도 뜻대로 되지 않고(1980.1.17.), 학교 가기 전부터 기초 시험지를 준비해 가르쳐줘도 모르겠다고 하니 "때리죽이고 십픈 마음이 들든데 선생님들은 어떠깨 갈치가 염려"스럽기만 하다(1980.2.4.). 3월 5일 입학식 때는 딸의 입학이 한편으로는 기쁘고, 한편으로는 마음이 무겁다고 하면서, 선생님 말씀 잘 듣고 공부를 잘하기를 바란다(1980.3.5.). 시험을 잘 보고 오는 날에는 계속 이 정도만 하면 더 바랄 게 없겠다며 즐거워하기도 한다(1980.4.9.). 산수 시험을 잘 못 본 둘째 딸에게는 체벌을 하면서 앞으로는 더 잘 보겠다는 반성문을 쓰도록 하기도 했다(1984.12.7.).

권순덕 부부에게도 자신의 아이를 잘 봐달라고 선생에게 부탁을 하는 소위 '치맛바람'이 있었던 듯하다. 딸이 입학 후 학교에 가지 않으려 하자, 학교에 취미를 붙일 수 있도록 아내 이윤심은 떡을 들고 선생님을 찾아갔다(1980.5.24.). 특히 아들에 있어서는 더 했다. 아들 입학한 지 얼마 안 되어 선생님에게 조그만 선물을 했고(1983.3.16.), 아들을 체벌하지 않도록 자주 선생님을 찾아뵈었고(1983.5.1.), 소풍 때는 아들의 담임선생님에게만 선물을 준비했고(1983.10.21.), 또 아들이 공부를 못하여 수업이 끝난 후에도 귀가시키지 않자 점심도 굶고 학교에 남아 있는 아들이 불쌍하여 자두 한 궤짝을 들고 선생님에게 찾아가 집에서 잘 가르칠 테니 일찍 귀가시켜달라고 부탁을 하기도 한다(1983.6.2.).

아이가 학교에 입학하면서 가정방문한 선생님을 대접하는 것이 또 하나의 일거리가 된다(1980.3.19.; 1983.3.24.; 1983.3.25.). 1984년 3월 23일 있었던 가정방문에는 7,000원을, 1985년 3월 23일에는 4,000원을 사용했던 것을 알 수 있다.

아들이 입학하면서부터 권순덕은 아들 공부를 더 많이 신경 쓴다. 1983년 입학을 한 후로 일기의 상당 부분은 아들 공부에 관한 걱정, 기대 등으로 가득 차 있다(1983.3.3.; 1983.3.14.; 1984.1.14.; 1984.4.22.; 1984.11.17.; 1985.1.13.; 1985.3.7.; 1985.3. 28.; 1985.4.18.; 1985.7.6.; 1985.9.6.; 1985.10.30.). 권순덕은 아내가 일손을 놓고 아들을 공부시키기로 마음을 먹는데도 당장의 농촌 일을 그만두지 못해 안타까워하기도 한다(1983.7.13.; 1983.8.21.; 1983.8.28.). 그래도 아내로 하여금 농사일을 뒷전으로 하고, 아들 공부를 시키기도 한다(1983.10.26.; 1983.12.24.; 1984.1.8.; 1984.1.10.). 학교방문은 주로 아내가 했다. 선생님께 찾아가 선물을 주는 것도 아내가 했고, 둘 중에 하나가 운동회를 가야 한다면 아내가 갔다. 자녀 교육에 대한 아내의 열정도 남편 못지 않게 컸던 것 같다.

권순덕은 자녀들에게 자주 '체벌'을 가한 것으로 보인다. 특히 권순덕은 급하고 불같은 기질 때문에 화를 삭이지 못하고 매를 댄 경우도 많았다. 화단의 고추를 엉망으로 만들어놓은 아들 녀석에게 '매을 댔고'(1980.10.4.), 둘째가 언니 도시락을 안 가지고 가겠다고 울며 성화를 내자 '볼을 힘껏 때리고 말았으며'(1983.4.11.), 공부는 안 하고 매일 TV만 보는 아이들을 그만 손바닥으로 때리기도 했다(1983.12.19.). 큰딸, 작은딸이 자주 싸우는 것을 고치기 위해 일부러 매를 댔으며(1984.7.30.), 엄마에게 버릇없이 말하는 것을 듣고 "아주 다구지게 매을 돼어쓰며"(1984.9.2.), 둘째 딸의 산수 성적이 너무 안 좋아 "자식을 사랑할수록 매을 돼야 사람이 댄다는 옛날 말과 같이 더 잘돼라고 매을 일부로" 댔다(1984.12.7.).

점차 아이들이 커가면서 권순덕은 아이들이 주는 행복감, 아이들을 키우는 보람도 쏠쏠하다는 것을 깨닫는다. 병치레, 잠투정으로 보챌 때는 애를 먹다가도 낮에 노는 모습을 볼 때, 또는 잠들어 있는 모습을 볼 때는 하염없이 귀엽다. 특히 아이들이 커가면서 부모를 챙기는 모습은 대견하기 그지없다. 아버지 혈압 낮게 해달라고 매일 기도한다는 큰딸의 모습에서(1982.3.17.), 자신들을 위해 고생하는 부모님을 생각해서라도 공부를 잘하겠다고 엄마에게 편지를 쓴 작은딸의 모습에서(1983.1.4.), 엄마 생일에 돼지저금통을 털어 과자와 사이다를 준비한 두 딸들의 모습에서(1983.10.2.), 누나처럼 자기도 공부를 잘해서 시계를 받겠다고 얘기하는 아들의 모습에서(1984.3.3.) 말이다. 특히 아이들은 모두 초등학교에 입학한 후로는 집안일, 농사일 등을 거들어주었다.

제7장 농촌여성의 일과 삶

농촌 남성의 일기를 통해 농촌여성의 '일과 삶'을 제대로 들여다보기란 쉽지 않다. 아포일기에 나타난 당대 농촌여성의 일상과 삶을 찾아 분석한다고 하더라도, 이는 어디까지나 권순덕 남성 타자에 비친 것이기 때문이다. 그러나 한편으로는 농촌 여성의 모습이 '남성 눈'에 어떻게 비춰지는가를 담아내는 작업도 의미가 있을 것으로 생각된다. 당시 농촌으로 시집온 여성들의 일상과 삶에 대한 일반 남성들의 인식을 들여다볼 수 있기 때문이다. 이 글에서는 아포일기의 내용을 중심으로 아내 이윤심의 일과 삶에 대해 살펴보고자 한다.

1. 아내 이윤심의 농사 노동, 그리고 농촌 여성

권순덕이 결혼할 당시 부모로부터 물려받은 논은 한 단지가 전부였다. 하지만 권순덕은 작은 아버지네 소작을 하면서 꽤 많은 농사를 지었다. 농사 때문에 아내 이윤심은 권순덕과 결혼하고부터는 교회를 제대로 다니지 못한 것으로 보인다. 권순덕이 교회를 다닌다는 조건으로 약혼식도 올리고 목사 앞에 서약을 하였지만 바쁜 농사철 앞에서 아내마저도 교회를 제대로 다닐 수 없게 되었다. 결혼 후 권순덕은 아내 교회 문제로 신경을 쓰게 된다(1972. 6.14.; 1972.6.18.; 1972.6.21.; 1972.7.17.; 1972.8.6.; 1972.9.10.; 1972.9.17.; 1972. 9.18.). 그리고 9월 중순 이후부터 일기에 교회 언급이 없는 것으로 보아, 아마도 이때부터 아내는 교회를 다니지 않았던 듯하다. 아마도 남편 권순덕의 요구도 있었겠지만, 바쁜 농사일로 인해 아내 이윤심도 점차 교회를 포기한 듯 보인다.

권순덕이 일기에 아내 이윤심과 함께 농사일을 하였다는 내용이 본격적으로 등장한 시기는 1980년 이후부터다. 아마도 임신과 출산을 반복하고, 젖 먹이는 시기가 한참이던 1970년대 중후반에는 농사일을 하러 나가는 것이 무리였을 것으로 생각된다. 이때는 주로 국수 빼는 일을 하였던 듯하다. 농사는 주로 부부노동에 의해 이루어졌다.

"금년 보리 파종은 금일로 집사람과 둘리서 끝을 냇쓰며"(1981.10.23.), "집사람과 두리서 앞밭태 밀씨 파종을 함"(1982.10.26.), "금일은 집사람과 목판 논에 집을 실련돼"(1983. 1.23.), "집사람과 둘리서 나무하는 것으로 하로 일가를 보내쓰며"(1983.2.27.), "집사람과 둘리서 콩 씨 가는돼 하로 점두록 하여쓰며"(1983.6.23.), "집사람과 둘리서 세집배 돼갈림하는 논에 도사리 줏는 것 줏는데 오전이 다가두록 주어도"(1983.6.24.), "금일은 집사람가 둘리서 무우씨을 갈라쓰며"(1983.8.9.), "오후에는 놉을 해서 집사람과 셋시가 비누류 씨우는 작업을"(1984.4.14.), "금일은 집사람과 둘리서 길도 들지 안는 소을 부리는데"(1984.

4.27.), "집사람을 돼리고 손모는 비누류을 안전이 버키고"(1984.5.10.), "집사람과 오전에 자두을 따고"(1984.7.5.), "봉답 벼을 집사람과 둘리서 삼 일만에 안전이 빈 셈이며"(1984. 10.8.), "집사람과 둘리서 봉답에 벼 탈곡을 할려고 할 때에 두리가 탈곡을 할 수가 있쓸까 하고 극정을 했쓰며 막상 해보니 을마든지 할 수가 있떠라"(1984.10.26.), "집사람과 두리서 고압 품무기로 물을 주고 했쓰며"(1984.11.5.), "오늘은 집사람과 두리서 배추 수학을 하는돼"(1984.11.28.), "몸이 상캐하지을 안는돼 집사람과 두리서 매상 준비하낟고 분주한 일과가 돼어쓰며"(1984.12.13.), "금일은 집사람과 둘리서 작과 나무 기계류 약 살포을 했쓰며"(1985.3.4.), "그리고 오후에는 육모상장 흙을 집사람과 쳐는돼"(1985.3.12.), "집사람과 보밭에 가서 집사람은 파, 양파, 시금치, 삼동추 밭을 매고"(1985.3.18.), "집사람과 둘리서 감자 씨을 파종을 하는돼"(1985.3.24.), "오전에는 집사람과 둘리서 보리을 다 비고"(1985.6.11.), "집사람과 감자 수학을 다 하고 들판을 한 밖이 돌라보니"(1985.7.8.), "오전에는 집사람과 둘리서 웃들 채소 밭을 매는돼"(1985.8.28.), "수뜰 논에 벼 쓰려진 것을 집사람과 두리서 안전내 새아쓰며"(1985.9.4.), "집사람과 둘리서 봉답 벼을 비는되"(1985.10.7.), "집사람과 둘리서 콤바워로 탈곡한 벼단은 안전이 손질을 다 한 셈이며(1985.11.14.)", "오후에는 집사람과 세집배 채소밭 갈림으로 배추 가란 것을 두 집배 나눈는돼"(1985.11.29.) 등 일기에는 수도 없이 집사람과 노동을 같이 한 내용이 기록되어 있다. 보리파종, 짚 신기, 나무하기, 콩씨 심기, 무씨 심기, 비닐 씌우기, 자두 따기, 베 베기, 탈곡, 고압분무기 물주기, 배추수확, 추곡수매, 약 살포, 김매기, 감자수확, 넘어진 벼 세우기, 꼴 베기, 축사 짓기 등 그 종류는 수없이 많다. 가끔 일이 많을 때는 어쩔 수 없이 놉을 쓰긴 했지만 그런 경우는 그렇게 많지 않은 것 같다.

특히 권순덕은 아파트, 다리 건설 등 각종 공사 현장에 막일을 다닌 횟수가 많았기 때문에 남편이 공사장에 일하러 간 날은 대부분 부인 혼자서 농사일을 하였을 것으로 생각된다. 권순덕은 "돈도 좋지만 집사람 혼자 하게 두고 돈 벌로 간다는 것이 어뒨가 모려게 뒤가 보이스 상캐한 기분이 아니구나"(1983.1.2.), "집사람이 매울 바푸다는 말을 들을 때에 오희러 자신이 돈 벌로 가는 것이 미안알 정도다"(1984.11.23.)라면서, 아내 혼자서 농사일하는 것을 측은해했다. 그리고 일 년 일 양을 따지면 아내가 자기보다 더 많을 것이라고 했다(1985.6.29.).

아내가 부업을 하러 가거나, 시장, 학교, 친정 등에 가는 날 권순덕 혼자 일을 하는 날도 적지 않았다. 권순덕은 혼자서 일한 날 가운데 힘들었다거나, 지루했다거나, 짜증났다거나, 능률이 오르지 않았다거나 하는 등의 내용을 일기에 자주 기록했다(1973.1.28.; 1973.1. 31.; 1973.10.15.; 1974.7.20.; 1976.2.22.; 1983.4.9.; 1983.4.26.; 1984.2.3.; 1984.6.27.; 1984.8.3.; 1984.8.9.; 1984.10.27.; 1984.4.29.; 1985.6.26.; 1985.9.30.; 1985. 12.7.; 1985.12.12.). 권순덕은 "금일은 집사람과 둘리서 나무을 하니까 자신의 혼자 할 때보다 일 능률이 있쓸 뿐 아니라 일에 재미을 가질 수가 있쓰며 집사람과 둘리서 일을 하는 일이라며 실패가 업쓸 껏 같더며 안예 일이 남편이 힘을 몇 배로 키어준다고 해도 가연이 아니라는 것을 절시리 너꼈다"(1982.12.30.), "집사람은 김장 준비 한다고 자신 혼자만 집을 거더서 경운기에 실련는돼 얼마 실찌을 몾해서 일이 제돼로 돼지을 않코 있다. 혼자 일을 해야 일이 줄어들지을 안아서 무선 일을 해도 둘리 해야 돼겟따는 생각도 했보았다"(1985.12.12.)라면서 아내 노동의 절실함을 자주 깨달았다.

대부분 가족노동으로 농업경영이 이뤄지는 농촌의 일반적인 상황을 고려해보면 아내의 노동은 매우 중요했다. 이와 더불어 아내 이윤심은 매우 일을 잘하는 여성이었을 것으로 추정된다. "놉을 해서 김매기 작업을 하자고 집 사람에깨 이야기 하니 몸이 고돼더래도 아빠(남편)와 둘리서 매자고 하여서 이라지 몾하고"(1984.6.30.)라는 기록을 통해 웬만하면 아내는 다른 사람 품을 빌리지 않고 농사를 지으려 했던 것 같다.

특히 소를 키우면서 권순덕은 더 많은 시간과 노동이 필요하다는 것을 절감하였다. 소먹이를 위한 꼴 베기가 매우 힘들다고 여러 차례 기록하고 있으며(1984.8.2.; 1984.8.5.; 1984.8.7.), 소만 없다면 농사를 아무리 많이 지어도 걱정 없겠다고 한다(1984.6.25.). 다행히 아내 이윤심은 꼴 베기를 아주 잘했다. "집사람이 골을 잘 떠더서 다행이자 몾 떠는다면 자신은 요줌 같더면 그만 주저안절 지경이며"(1984.6.25.), "자신도 낮질이 남 뒤에 가라면 슬번 정도댄 집사람 낮질이 나보다 잘하니 정말 여자로서 잘한다"(1984.8.26.) 등의 구절을 통해 아내가 낫질에 매우 능숙하다는 것을 알 수 있다.

심지어 아내 이윤심은 경운기 운전도 하였다. 당시 경운기는 농촌에서 매우 중요한 농기구이자, 운송 수단이었으므로 경운기를 사용하는 농가가 많았다. 1983년 4월 4일 경운기를 구입한(1983.4.4.) 권순덕은 아내가 경운기를 운전할 경우 여러 가지 면에서 효용과 능률을 기대할 수 있을 것으로 생각하고, 아내에게 경운기를 가르쳐준다. 권순덕은 "어떠한 일이 있쓰도 경운기와 자전차는 다 갈치고 말겟다"고 하면서(1983.11.23.) 몇 차례 아내에게 경운기를 가르쳐준다. 그리고 드디어 "집사람이 이재 경운기을 재법 잘 몰로 있쓰며 앞푸로 얼마 더 안 갈치서 경운기을 마음돼로 몰고 다닐 수"(1983.12.9.) 있게 되었다.

비록 아내 이윤심이 농사일을 잘하더라도 쉴 새 없이 일을 해야 하는 농번기뿐만 아니라 사계절 할 일이 많은 농촌에서 노동에 대한 피로가 누적되기 마련이다. "그간 두리서 뼈가 부셔저두록 했따고 생각을"(1983.9.16.) 한 권순덕의 말처럼 권순덕 부부는 힘들고 고된 노동으로 나날을 보냈다. "우리 식구는 고대다고는 하지만 집사람이 재일 고대지 안나"(1973.7.2.), "집사람은 정말 중노동이다"(1975. 8. 19.)처럼 아내의 노동 강도는 매우 높았다. 권순덕은 농사로 인해 아내의 건강이 나빠지지 않을까 자주 염려했다(1984.4.25.; 1984.6.1.; 1984.6.14.; 1984.8.19.; 1984.8.22.; 1984.8.27.; 1985.2.9.; 1985.7.2.; 1985.7.3.; 1985.7.5.; 1985.7.17.; 1985.7.23.; 1985.8.24.; 1985.9.16.; 1985.10.3.; 1985.10.16.).

농촌 여성에게 농사일뿐만 아니라 상호부조는 중요한 일상의 하나였다. 친척의 제사, 장례, 결혼 등 대소사에 가서 일을 거들어주는 것은 당연한 것이었을 뿐만 아니라, 동네 이웃의 대소사에도 일을 거들어주러 간 경우도 자주 등장한다(1984.12.30.; 85.1.22.; 85.3.

17.). 5남 1녀 중 셋째 배우자인 이윤심은 지척에 사는 남편 가족들의 애경사와 이웃의 행사들을 챙겨가면서 생활해나갔던 것이다.

농촌 여성에게 농사일은 일상의 삶이었다. 논에서, 밭에서, 과수원에서 일의 구분 없이 대부분 남편과 하루를 보내는 농촌 여성의 삶은 도시의 전업주부와는 전혀 다른 것이었다. 구미시청 아파트 막노동을 하러 다니면서 공무원 아내들의 일상을 알게 된 권순덕은 "정말 편한 사람들이다. 하로 일과을 본다면 아침에 아이들의 팔래밖에 업쓰니 약 10시 이후부터는 휴식을 취하며 아이들이나 대리고 나와서 미끄름이 태고 거내을 뛰며 그 간경만 지켜보고 그저 난관에 나와서 잡부들이 일하는 것이나 보고 정말 할 일 업는 사람들이며 하로 24시간에 약 3시간 정도 일만 하개 대며 종일 휴식시간이니 의이 처녀들이 농촌에 시집을 안 올라고 하는 것을 충분히 알갯다"(1980.6.7.)라면서 도시 전업주부와 농촌 여성의 차이를 길게 서술하고 있다. 또한 권순덕은 자주 여자의 '교양'을 강조했다(1972.5.20.; 1972.8.13.). 그리고 집안 살림은 여성 역할의 원칙이라고 생각했고(1980.5.5.), 여자들이 서로 약속까지 하면서 놀자고 하는 것을 꼴사납게 보고 있다(1983.2.23.). 이 대목에서 우리는 권순덕의 젠더(gender) 의식의 단면을 읽을 수 있다. 여성이 어떠해야 한다는 성 역할 관념이 자리하고 있었고, 특히 농촌과 도시의 사회문화적 조건에 기인한 여성의 삶의 양상과 그 차이를 의식하고 있다. 농촌 남성에게 여성은 절대적으로 필요한 '농사 노동력'이자, '집안 살림꾼'이라는 사고가 뿌리 깊게 자리하고 있었다.

2. 농사 외 부업

아내 이윤심이 농사 외에도 부업으로 한 일은 국수 빼기, 적화(摘花. 꽃잎 솎아내기), 홀치기 등이다. 권순덕은 결혼하고 얼마 되지 않아 국수틀 기계를 20,500원에 구입한다(1972.6.29.). 이 돈은 결혼하면서 아내가 받은 절값과 친구들의 기념품비 걷은 돈을 합해 마련한 것이다(1972.7.4.). 국수기계를 구입할 때만 해도 국수 빼는 작업은 동생이 할 것으로 생각되었다. 동생이 군대 가기 전까지 책임지고 하겠다고 한 것이다. 그런데 만일 동생이 군대에 가 버리고, 아내 혼자서 이 일을 하게 된다면 보통 일이 아닐 것으로 생각한다. 그 때까지도 권순덕은 객지 노동을 계획하고 있었다(1972.6.29.).

여하튼 국수 기계를 사고 이 작업은 아내 몫이었던 것으로 보인다. 이윤심은 첫 아이를 출산하고 일주일 만에 국수 빼는 일을 하는 등 제대로 쉬지도 못하고 일을 하였다. 이때 이윤심은 땀띠가 많이 난 모양이다. 권순덕은 한낮에 국수 빼느라 고생하는 아내에게 미안한 마음을 가진다(1973.7.16.). 권순덕은 자동으로 국수를 뽑기 위해 아내 목걸이를 팔아 전기모터를 구입한다. "얼마 대지는 안지만 지출 내는 사람이 업고 한 푼이라도 벌개 대며 모이니까 재미가 있꾸나"라면서(1973.7.25.), 일기 말미에 기입했던 가계부에는 국수 빼주는 비용이 수입 항목으로 제법 많이 기록되어 있다. 국수 빼는 일은 1975년 중순까지 한 것으로 보인다. 전기모터까지 구입하여 본격적으로 해보고자 했으나, 이 작업이 계획대로 되지 않았던 것이다.

적화는 열매가 한참 피는 5월, 개화수(開花數)가 너무 많을 때에 꽃망울이나 꽃을 솎아서 따주는 것을 말한다. 아내 이윤심은 5월이 되면 적화 부업에 다녔던 듯하다. 권순덕은 "집사람이 요줌 과일 적화로 돈 번다고 무척 고단해 보"인다며(1980.5.17.) 적화 작업에 고단해하는 아내의 일상을 적고 있다. 지난 이 년 간 흉년 때문에 돈이 부족하던 터에 아내가 가용할 돈을 벌어온 셈이 되어 긴요하게 잘 쓰였다(1981.5.27.). 물론 아내가 적화하러 다닐 때마다 권순덕은 혼자서 논일을 하느라 눈코 뜰 새 없이 바빠 힘들어 죽을 지경이지만 말이다(1983.5.12.).

홀치기는 비단 끝단이 풀리지 않도록 하는 바느질을 말하는 것으로 권순덕은 일기에 '농촌에서 홀치기 부업은 주부들에게 안성맞춤'이라고 하면서, '남자들에게도 적당한 벌이가 있으면 농촌 환경이 좋아질 것'이라고 적고 있다.

이처럼 아내 이윤심은 농사일뿐만 아니라 집에서는 국수빼기와 홀치기를, 봄철에는 과실수 적화따기 등으로 돈벌이에 보탬이 되는 생활을 해 나갔다.

3. 이윤심의 친정 나들이

이윤심은 '우래실' 처녀였다(1972.5.5.). 우래실은 김천시 남면 봉천리에 위치해 있는 마을이다. 권순덕이 사는 아포읍과는 승용차로 10여 분 거리에 불과했지만, 당시에는 버스를 이용해 처가(친정)를 드나들었다. 버스를 타고 내려서 1km 정도 한참 걸어 들어가야 한다고 했다. 현재 우래실마을은 혁신도시로 모두 사라졌다.

결혼 후 이윤심이 친정에 가서 며칠 머무르고 온 때는 1972년 7월 6일이 처음이었던 듯하다. 7월 8일 권순덕은 아내가 있다 없으니 허전한 감이 들고(1972.7.8.), 7월 12일에는 아내가 올 줄 알았는데 오지 않자, '형수' 보기에 미안한 마음이 들고(1972.7.12.), 다음날에도 오지 않자 자기가 너무 잘 대해줘서 겁 없이 노는 것이라며 화가 난 듯했다(1972.7.13.). 권순덕은 결혼한 해인 1972년에는 아내와 함께 처가에 몇 차례 방문했다. 추석을 쇠러(1972.9.25.), 추수일을 도우러(1972.11.14.), 처제 결혼 때문에(1972.12.2.) 처가를 방문했다. 그러나 일기에는 거의 대부분 아내 혼자서, 또는 아내가 아이들만 데리고 처가에 다녀온 것을 알 수 있다. 권순덕은 "이재는 쳐과 가기가 상당이 힘이 더는구나"(1975.2.12.)라면서 처가 방문이 뜻대로 쉽지 않다고 고백한다.

이윤심이 결혼 후 1973년부터 1985년까지 명절인 설에 남편과 친정에 다녀왔다는 기록은 딱 한 차례 나온다. 이 중 일기를 쓰지 않은 설은 1회, 일기를 썼더라도 아내 처가 방문

기록이 나와 있지 않은 4회를 제외하고 나머지는 권순덕이 설 연휴에 처가를 방문하지 않은 것으로 확인되었다. 설 연휴는 대부분 아내 혼자서, 혹은 아내가 아이들을 데리고 다녀온 것으로 보인다. 추석 연휴의 경우에는 결혼한 해인 1972년을 제외하고 1985년까지 권순덕뿐만 아니라 아내 이윤심이 친정에 방문했다는 기록은 전혀 찾아볼 수 없다. 이처럼 친정이 가까웠으나 이윤심은 어머니 생신과 애경사를 제외하고는 친정 나들이를 자주 할 수 없었던 것 같다.

아내 이윤심은 친정에 갈 때 주로 고기를 사 갖고 갔다. 일기에는 장모의 방문이 다섯 차례 기록되어 있다. 그 가운데 딸의 산후조리를 도우러 보름 머무른 게 가장 길고 나머지는 하루, 또는 2~3일 후에 돌아갔다.

이처럼 이윤심이 대신3리로 시집온 후 친정에 가거나, 어머니 및 형제들을 만나는 횟수는 평균 1년에 3회를 넘지 않았던 것으로 보인다. 비록 친정이 가까웠으나 젖먹이 아이들을 키우고, 바쁜 농사일 때문에 친정을 자주 드나드는 것은 쉽지 않았을 것으로 생각된다.

4. 여행

농사일로 바쁜 농민들에게 비용 면에서, 그리고 시간 면에서 여행을 하기는 쉽지 않았다. 농촌 주민들에게 있어 여행은 농한기 때 마을에서 조직한 단체 관광이 전부라 해도 과언이 아닐 것이다. 청년회, 부인회, 노인회, 마을총회 등에서 개최한 단체 관광은 며칠간 농사로부터 벗어나 오락과 재미를 만끽할 수 없는 기회이기도 했다.

결혼 이후 시점부터 일기에 기록된 단체관광은 9회 확인되었다. 이 가운데 아내가 다녀온 관광은 4회이다. 아내 이윤심은 친구들과 놀러 갈 기회가 있었으나 아이들을 키워놓고 간다며 안 갔는데, 권순덕은 "마음이 찐 하더라"라고 쓰고 있다(1976.5.1.). 그로부터 몇 년 후인 1980년에 이윤심은 친구들과의 여행에 동참한다. 처음에는 "돈도 업고 차멀미 한다"며 가지 않으려 했으나, 권순덕은 20,000원 빚을 내어 다녀올 것을 권유했다. 아내는 차멀미도 별로 하지 않고 무사하게 다녀온 듯하다(1980.5.11.). 그리고 마찬가지로 남편에 떠밀려 3월 20일에는 2박 3일로 남해 여행을, 1985년 4월 2일에는 충무 한산도 여행을 다녀온다.

이렇듯 약 10여 년간 이윤심의 여행나들이는 몇 차례 되지 않는다. 이윤심은 유독 차멀미가 심했던 듯하다. 차멀미 때문에 여행에 가지 않으려는 것을 그나마 남편의 강요로 다녀오게 되었다.

5. 권순덕의 눈에 비친 아내 이윤심

1972년 5월 27일 식을 올린 이후 권순덕의 일기에는 아내에 대한 이야기가 곳곳에 실려 있다. 전반적으로 아내에 대한 미안함과 고마움이 주를 이룬다. 물론 권순덕은 불같고 성급한 성격 탓에 종종 아내를 힘들게 하기도 했지만, 결국 이를 후회했다(1972.9.17.; 1983.10.11.).

일기에 나타난 아내 이윤심은 절약이 생활에 밴 듯하다. 가끔은 미용실에 가지 않고 직접 자기 머리를 자르며(1979.4.19.), 떨어진 슬리퍼를 철사로 꿰매 신고 다니는가 하면(1983.6.19.) 내의를 구멍이 날 때까지 입는다(1985.2.21.).

아내는 남편에게 매우 헌신적이었던 것으로 보인다. "조금한 음식이라도 두어따 나누어 먹"(1973.2.16.)고, "열시가 대어도 자신이(남편이) 들어오지 안으며 저녁밥을 먹지 않코 있"고(1975.3.24.), "자기 몸은 지치서 깨로울 정도면서 아빠 일을 하나라도 더 할려고 하"(1984.10.12.)는 모습에서 권순덕은 고마움을 느낀다. 권순덕은 아내를 "좋은 사람"(1972.11.8.), "너무나 훌령한 사람"(1982.3.19.), "야물고 섬새한"(1984.4.5.), "따뜻한 사람"(1983.5.2.) 등으로 평가했고, 자신이 아내를 아끼고 사랑하고 있음을 일기에 표현했다(1979.3.2.; 1983.12.27.; 1984.10.26.).

"자신예깨 시집을 안아쓰며 이처름 고생을 안을껀돼 하고 재송함 이저 본 적은 없다"(1984.6.25.), "집사람이 남편의 외교로 본다면 금년 한 해도 집사람에깨 100푸로 하여따고 생각을 하고 십다"(1983.12.31.), "집사람과 결혼생활을 한지가 햇수로 보며 12년인 돼어꾸나. … 결혼 생활을 할수록 집사람예깨 애착심이 더하며 열에 열까지가 마음을 더 쓰이며 사라가는구나"(1984.5.1.)라면서 권순덕은 아내와의 결혼 생활을 전반적으로 만족해했다.

그러나 아내에 대한 사랑이 실천으로 잘 옮겨지지는 않은 듯하다. 너무 바빠 아내 생일을 지나쳐버린다거나(1982.10.12.), 시장에 가서 맛있는 음식이나 옷을 사주고 싶었으나 결국은 사주지 못했다거나(1980.9.22.; 1983.11.20.; 1984.7.8.; 1984.8.15.; 1984.12.28.) 하는 기록을 볼 때 권순덕은 아내에 대한 사랑을 실천하지 못한 자책을 상쇄시키기 위해 일기에 미안한 마음을 자주 담지 않았나 하는 생각이 든다.

제2부 아포일기❶

(1969~1974년)

농민 권순덕의 **삶과 기록**

아포일기

1969년

〈내지 1〉[2]
1944년年 3月 20日
권 순 덕

〈1969년 1월 1일 수요일 날씨 맑음〉
날씨가 추어서 오전에는 휴엽함. 울타리 할려고 오래목 옜가지 갈리서 한 짐 함.
사람이란 조금한 일이라도 취미을 부쳐서 하여야만 성공할 수 있따고 생각함.
※ 밥은 육체의 양식이다.

〈1969년 1월 2일 목요일 날씨 맑음〉
1. 날씨 간계로 휴업함

정국[천국]에서 살고 있나
지악[지옥]에서 잠더려나
나을 두고 홀로 갈 길 그 사정
무었신가 백년을 살지 못할
운명인줄 아라따면 예당초 매전
정이 원수였더라.
※ 인간이란 아무 일 업시 휴식을 치하면 육체적으론 피로하지 않지만 정신적으론 육체의 노동 멧 곱절 교통이란 것을 너켜[느껴] 봄.

〈1969년 1월 3일 금요일 날씨 맑음〉
일기 고루지 못한 때문에 휴식함.

전 세계의 갑부의
유세을 더려보면
30세 미만에 기반을 잡아서 사라간다는데
나는 35세에는 기반을 잡으리라고 결심함.
※ 글언 머리의 양식이다.

〈1969년 1월 4일 토요일 날씨 흐림〉
1. 보리밭에 인분 줌.
2. 병아리 방목장에 울타리 할려고 오래목[오리목] 한 짐 함.
※ 절멀[젊을] 때 동내 갑부가 늙거서 동내 가난뱅이로 변하는 것 볼 때 돈 있따고 우시대는 것이 아니라 이웃에 간난으로 허덕이고 이는 것 볼 때 좀 생각을 해볼 점 있따고 생각해 봄.

〈1969년 1월 5일 일요일 날씨 흐림, 눈〉
방목장 할려고 오래목 가지를 한 짐 함. 친우 일동이 술 5대 꽁치 9마리 먹어씀. 한 사람 54원.
※ 살림 짐 날라 주고서 술 한 잔 마시면서 어른들의 말씀을 더려볼 태 사람이란 머엇보다 인간이라는 동물원 가정의 교육이 필요하다는 것을 너켜 봄

오늘의 지출에 54원.

〈1969년 1월 6일 월요일 날씨 흐림, 눈〉
시오좀물 과수나무에 줌.
눈님의 병환 문안 갈려고 명태 사서 갈려고

2) 일기장 앞표지 안쪽에 적혀 있는 내용이다.

했던 것이 명태장사가 오지 않나서 가지 못하고 내일요 미리고 말라다.

1月의 메모
희망의 새해가 밝았다.
기유 새해의 햇살이 온눈리에 희사하게 펴진다. 새해는 닭띠 - 닭과 같이 부지런한 삶을 찾아 알차고 복된 새날의 꿈이 이뤄지기를 작년 12月에 있었던 꽃피는 계울의 기상이변으로 보리농사와 김 조계[조개] 등의 수학 차질이 있을까 걱정도 된다지만 새해와 더불려 보다 알찬 결실을 다짐해야 할 달이다.

〈1969년 1월 7일 화요일 날씨 맑음(바람)〉
날씨 관계상 휴업함.
양계업자의 유세을 더려면 요사위는 양계업이 수지가 안 맞는다기에 한편으로 극정도 대지만 농촌에서는 농업보다 설마 낮계지 하고서 더욱더 꾿계 결심함.
※ 알찬 생활을 하여야만 인간이 사라간다고 할 수 있다.

〈1969년 1월 8일 수요일 날씨 맑음〉
보리밭에 인분 줌. 향군교육에 정훈교육 바덤. 교관, 아포지서 주임.
향군 보초 서는 방에 시새[3]한 것이 억망이라서 나와 친구 일명이 솔선수범하여서 보초병들이 잘 잘 수 있계 만들려 노와다.
※ 눈님 병한 문안 같는대 나의 생각보다 몸이 조금 나원 편이라서 기분 좋계 집으로 았다.

〈1969년 1월 9일 목요일 날씨 맑음〉
인분 보리밭에 인분 줌.
날씨 따뜻하고 해서 나무하려 가니까 토기가 나무 밑에 잠을 자고 있는대 낮으로 뜬지고 따라 가면서 돌로 뜬지는대도 얼굴하계[억울하게] 노치서 나무 한 짐 할 때까지 어굴하게 노쳐따는 것을 생각해볼 때 아시운 마음 금할 길 없떠라.
※ 인간이란 사람이 보지 안는 대서도 행실바로 하여만 참댄 인간이 댈 수 있다.

〈1969년 1월 10일 금요일 날씨 흐림, 눈〉
보리밭에 인분을 주고 병아리 울따리 하였다. 그리고 아버지의 감기에 참새가 좋타기에 동생과 둘리서 과손집[과수원집]에서 3마리 잡고 2마리 노치고 말아다.
친구 계론식 하는대 기념품 살려고 100원식 그던다기에 보모님에계 이야기해서 주어쓰며 댕기풀리[댕기풀이] 하는대 술과 안주는 술국을 끄리서 잘 먹어다.
오늘의 지출에 100원

〈1969년 1월 11일 토요일 날씨 흐림〉
봄보리 갈 준비하너라고 거름을 구루마라로 실려내고 풀나무 한 짐 하였씀.
현대생활 부업이 무엇이 마절까 하고 가축전서을 디저 보아던이 산양이 현 부업이 마저리라고 생각해 보아씀.

〈1969년 1월 12일 일요일 날씨 맑음〉
과수에 시오좀 주어씀.
청년회에서 쥐약을 가지고 와서 감마돌과 파라솔을 두 병을 싸서 고구마을 쓰려서 감

3) 방을 고쳐 정비하는 일을 의미한다. 일기에서는 '시세'라는 말이 더 많이 사용되고 있다.

마돌 약을 고구마 쓰련 대 빵울로 내 방룰 석[네 방울씩] 뛰키서 20여 군대 노아던니 아침에 새여 보니 16마리나 죽어서 있는 것 볼 때 나 알기는 처음 쥐약으로 마니 잡았다고 소리하였다.

〈1969년 1월 13일 월요일 날씨 맑음〉
보리밭에 인분 줌.
풀나무 한 짐 함.
12日날 지약 남언 것을 고구마 쓰려서 10여 군대 노앗터니 아침에 보니 6마리가 죽어 있더라. 쥐약 감마돌은 가격이 20원 주고 싸가지고 노원 것이 총수가 양일관 22마리나 잡아서 약값은 매곱절 오록 빼다고 생각함.

〈1969년 1월 14일 화요일 날씨 맑음〉
친구의 형 마누라 오는대 신부름 갈려고 해떤 것이 옷도 별료 좋원 옷도 없고 해서 표계하고 말라다.
눈님의 병환에는 아주 중대한 병한은 아닌대 돈이 아까와서 쓰지 못하고 잘 먹지 않는 죽만 뛰비로[많이] 먹는대도 불구하고 약이란 써지 않코 있는 것 볼 때 성질대로 했쓰며 할망구부터 모조리 패 지기도[죽여도] 설치가[시원치가] 대지 않깨다.

〈1969년 1월 15일 수요일 날씨 맑음〉
눈님 병한에 갈려고 계알 100원에 12두 계[12개][4] 사가지고 눈님 병문에 가서 눈님의 말씀을 더려볼 때 자형의 준간 입장에서 어쩔 수 없따고 하지만 현재로 재과[제가] 눈으로 목격하여 볼 때 부모보다 간심이 없다고 볼까. 그려치 않느며 마음이 물려서 그런지 마음이 무간심하다는 것을 너켜 봄.
오늘의 지출 100원

〈1969년 1월 16일 목요일 날씨 맑음〉
동내 나무가 없서서 동민 일동이 한 짐식 하는대 나도 숯갑[솔가지]을 한 짐 하고서 오래목 둥치을 대문 가로나무가 바람에 푸려저서 가려 널라고 두 개를 배어와서 대문 가로나무을 동문이 해서 안전하계 곤치고 토기 잡을라고 목맹이[올가미] 5개을 노코서 오면서 오래목을 한 포기 배어 와다.

〈1969년 1월 17일 금요일 날씨 흐림, 눈〉
오좀 시금추에 헌치고 토기 목매 놓원 곳에 가보니 걸리지 아너서 또 나무 하로 가서 보니 역시 허탕. 오후에 가보니 역시 여전희 놓원 곳 그대로 있쓰서 내일도 오늘과 갈원 현상으로 있다면 다 그다 버리고 말깨다고 하면서 왔다.
※ 설때없는 욕심은 부리지 않는 것이 육체적으로나 정신적으로나 유리하리라.

〈1969년 1월 18일 토요일 날씨 흐림〉
보리밭에 인분 줌. 풀나무 하려 가서 토기 목매 놓은 곳에 가보니 현이치 그대로 이써서 풀나무 한 짐 하고서 목매는 일체 그두

---

4) 일기에는 이와 같이, 말로 표현하는 방식을 글로 옮기다 보니 생긴 오류가 종종 발견된다. 가령 이 부분을 보면, '열두 개'를 쓴다는 것이 숫자를 혼용하여 쓰다 보니 '12두 계'로 쓰고 있는 것이다. '다섯'을 쓰는 경우에도 '5섯'으로 쓰는 등 비슷한 예가 종종 나오고 있다. 금액을 적는 경우에 이와 같은 오류는 더욱 많이 발견된다. '10,000만 원', '50,000십만 원' 등과 같은 표기가 그러한 예인데, 일기를 기록한 시기의 화폐가치상 이와 같은 표기는 '10,000원'(1만 원), '500,000원'(5십만 원) 등으로 보는 것이 타당할 것이다.

어서 와다.

※ 양개없자의 말을 더려보면 현 양계에서 는 사료을 시장에서 사와서 양계없을 한다면 수입이 없다고 하지만 자립사료로 부없을 한다면 수입이 이따고 한다.

〈1969년 1월 19일 일요일 날씨 맑음〉

닭장 문 할려고 오래목 둥치 가지고 와서 출입문 엽촉만 만들고 시간이 없어 그만두고 오후에는 풀나무 하로 가서 함 짐 하였씀. 내일부터는 오전 중우로 닭 문 봉창 일절 하로 한 계식 만들 개핵을 세우고 있씀.

※ 사람이 무선 일 해도 이긋보다 낮원 방도 없나 하고 생각해 볼 점이 있따고 생각함.

〈1969년 1월 20일 월요일 날씨 흐림〉

시오좀 과손에 푸리고서 닭장 할려고 나무 두 개 가지고 아서 닭구 문을 두 개 만들고 향군 소집에서 교육을 하는대 총검술 조교오로 30분간 하고서 청훈교육을 배우는대 교간이 없쓰서 대신 소대장이 교육을 1시 30분관 총검술 기본과 동작을 배우고서 자전그로 일적 아서 닭 봉창 할려고 나무 2개와 원목을 가지고 았다.

※ 인간이라는 황상 마음을 바로 가져야 한다.

〈1969년 1월 21일 화요일 날씨 맑음〉

보리밭에 인분 주고서 오미 닭{장} 봉창 할려고 오래목 둥치을 가지고 와서 닭 봉창을 2개 만들고 오후에는 풀나무을 한 짐 하였다.

※ 오늘은 대한인대도 불구하고 기온이 따뜻한 봄날과 다름없시 어린이들이 옻을 벛서 던지고 다니며 노는 것 볼 때 나 알기는 대한 쳐고 날씨가 제일 따뜻한 것이라고 생각했다.

〈1969년 1월 22일 수요일 날씨 맑음〉

닭 창문 할려고 오래목을 두 개 잘라서 창문을 두 개 만들고 풀나무 하려 가서 미련하계 만니 하여서 가지고 오너라고 고생이 많아다. 이재는 무선 일을 해도 너무 미련하계 하지 안키로 하였다.

※ 인간이라는 무선 일이던지 내일마리 삼아도[내일 중단하게 되더라도] 왜관상으 보더라도 착실이 하여만 인간의 인사을 바덜 수가 있다.

〈1969년 1월 23일 목요일 날씨 흐림〉

보리밭에 인분주고서 오미 어제 오래목 둥치을 4개을 풀나무 속에 너어서 오다 무그어서 오래목 둥치는 삐노코서 와서 오래목 둥치을 가지 올려고 보니 밭에 일하는 사람이 있쓰서 가지 못하고 아침 먹기 전 동생을 보내서 가지고 와서 닭 창문 두 개 만들고서 오후에는 풀나무 한 짐 함.

※ 황상 사람이라는 말할 때는 조심해서 이야기 하여야 한다는 것을 너켜 본다.

〈1969년 1월 24일 금요일 날씨 맑음〉

시오좀 과수에 주고서 오미 오래목 둥치을 가지고 와서 닭 봉창을 만더는대 나무가 적어서 한 쪽만 만들고 만들려 놓은 곳에 컵질만 벛켜서 과손 막에 갇다 노았서면 오후에 풀나무 한 짐 하는대 갈개을 오래목 둥치로 갈라서 나무짐이 중심을 잡지 못하고 해서 오미 쳐박아서 나무가 분산대어서 나중에는 한 짐이 부족 대어서 그 자리에서 다시 나무을 하여서 조금 너저쎠다.

〈1969년 1월 25일 토요일 날씨 눈〉
닭 창문 할려고 오래목을 4개 가지고 와서 3개 맘덜고 말라따.
오늘 눈 온 그선 3㎝ 정도 대며 마지막에는 비과 와서 다 녹이고 맑라다.
※ 자식은 부모님에깨 불류자들[불효자들] 보니 대다수 뒤끝이 풀리지 않코서 허무하계 도라가고 말더라. 자식은 부모을 중한 중 알라야만 행복할 수 있다.

〈1969년 1월 26일 일요일 날씨 비〉
읽기[일기][5] 관계상 휴업함.
책이란 볼수록 모려는 점을 배울 수 있다는 것을 병아리 사육법 책에서 절실이 너켜쓰며 인관이라는 생명이 부터 있쓸 때는 책과 싸우야 한다는 것을 너켜봄.
※ 사람이란 인사는 할 줄 알지만 황경이 허락지 아너며 인사을 다 할 수 없는 수가 허다하다.

〈1969년 1월 27일 월요일 날씨 비〉
비오는 바람에 휴업하고 친구와 놀라고 도라다니도 심심하고 해서 눈님 병환에 문안 갈라고 사과 좀 사갈려고 과손에 가니 과손 수인 없쓰서 사지 못히고 과자을 사꽈다.
눈님의 병환에는 예관상으로는 밸 것 아닌 것 괕치 보이는대 낮지 않는 것을 볼 때 사람은 고생을 할라고 그련지 분관을 할 수 없더라.
※ 사람이란 마을을 고로고로 써야만 인사를 더렬 수 있다고 생각함.

(병문안에) 오늘의 지출 금액 50원

〈1969년 1월 28일 화요일 날씨 비〉
비과 많이 와서 보리논에 도구[6] 쳐료 가서 어런 두구[언 도구]가 파저지 않나서 파느라고 옷가지 다 바리고 사람이란 뒷일을 충실리 해 나쓰며 이련 고생을 하지 않나도 대는 것을 개니 옻과지 다 바리고 허수고 한다고 생각해 보았쓰며 앞푸론 무선 일을 하여도 뒤손이 가지 않께 하계따고 결심하여씀.
※ 현 한국 실적을 보면 누가 정책을 하여도 농민원 뜻뜻하계 살라가지 못할 끄시며 앞푸로 50십년[50년] 후에야 농민이 살기가 유리할지 몰라도 그 전에는 농민의 발부등을 쳐도 별 수 없다고 생각해 보았씀.

〈1969년 1월 29일 수요일 날씨 눈〉
눈이 많이 와서 150미리나 내리서 동생과 두리서 아침도 먹지 않코서 토기 잡부로 산우로서 가서 토기 발자국만 보고서 솔 쌔에[솔 사이에] 다니면서 옻만 바리고 잡지 못한 체 집부로 올려고 하다 이왕 옻까지 바리고 마음까지 먹어쓰니 어예도 부모님의 약을 할려고 하니 환 마리 잡아서 가지고 가자 하면서 동생을 대리고 산으로 가서 해매여 보니 마침 토기 환 마리가 굴 안에서 뛰여 나와서 따라서 가니 바위굴에 들려가서 작때기 우로 쑤시서 잡았서 와다.
※ 인관이란 참을성이 있쓰야만 성공할 수

---

5) 저자의 글쓰기 특징으로, 'ㄹ'을 써야 할 곳에 'ㄺ'을 쓰는 경우가 많다. '일'을 '읽'로, '늘'을 '늙'로, '날씨'를 '낡씨'로 쓰는 것 등이 그러한 예이다. 이해하는 데 특별히 어려움이 없는 한 이러한 경우는 원문 그대로 두었다.

6) '물꼬'을 가리키는 경상도 방언이다.

있다고 생각하여 보았씀.

〈1969년 1월 30일 목요일 날씨 눈〉
눈이 많이 와서 휴업상태로 하여씀.
사람이란 계월에도 조금한 돈벌리 없시 매일 도라다니면서 술빵쳐기 세월로 보내는 사람이 대다수로 보고 있는대 허정세월로 보내는 계울철을 조금한 부업어로 매꿀 수 있는 부업을 하여야 사람이 현 생활에 마추어서 살라갈 수 있찌만 허정세월을 보내고 사라간다면 후손에깨 허정세울만 물려줄 수밖에 없따고 생각도 해 보았다.
오늘의 지출금액 (과자값) 50원

〈1969년 1월 31일 금요일 날씨 눈, 강설풍 33㎝〉
광설품에 눈이 영남이 18㎝ 폭설이 양일관 25㎝. 50년 만에 첨음 만이 와다고 함.
눈이 많이 와서 토기 잡을라고 사양[사냥]을 갈다 옻만 바리고 오면서 다시는 토기 사양을 아지 않게다고 결심까지 하여씀.
※ 사람이란 결단성이 있써야만 언재가 성공할 수 있다고 생각하여 보았씀.

양계업을 너저도 3月 초순에는 시작할 예정에 있씀.

月末 메모[7] 철도사상 2번재 큰 참사
우리나라 철도 60년에 강장 컸던 철도사고는 49년에 있었던 중앙선 중령사고의 51명 사망이었다. 이제까지 일려난 큰 철도사고는 49년 8月 19日 중앙선 중령대포(터널) 안에서 열차 탈선 51명 질식사 3백6명 부상. 51년 6月 24日 호남선 사거리~신흥 사이에서 공비 섭격으로 열차 탈선 46명 사망. 60년 1月 26日 서울역 제3품에서 여격들에 한꺼번에 미어닥쳐 31명 사망 부상 30백여 명[3백여 명]. 50년 10月 6日 중앙선 무릉역에서 열차 충돌로 군인 30명 사망. 68년 12月 19日 경춘선 금곡~퇴계원 사이에서 열차 충돌로 10명 사망 7명 부상. 69년 1月 8日 서울 휘경동 건늘목에서 19명 사망 60명 부상. 69년 1月 31日 천안에서 열차 충돌로 50명 죽고 1백 20명 부상. 특급열차 청룡호와 안행열차 충돌로 참사변.

1月 총 금액 지출 354원.

〈1969년 2월 1일 토요일 날씨 흐림〉
눈님 병한에 낮지 않아서 김천병원에 진찰화려 가서 의사의 말을 더려면 별 것 아니라서 내리오다 배가 절리서 내려가지 못한다기에 미아까[리어카]을 가지고 갈서 눈님을 실려서 집에 갈다.
눈이 많은 뒤라서 집도 후지고 해서 눈을 해치고 풀나무 동을 동생과 둘리서 집으로 날라쓰며 동생의 공부 안하고 때리고 난 뒤에 동생은 아파서 눈물을 흘리는 것 볼 때에 내가 너무 하지 안난나 생각해 보았씀.

〈1969년 2월 2일 일요일 날씨 맑음〉
사람이란 돈을 버려야지 하는 껏태 축산전서, 병아리 사육법 책을 뒤저면서 공상만 하다 시간을 보내다 끝이 나지 않코서 개속

7) 『瞑想日記』라고 제호가 붙은 일기장은 매월 말에 「月末메모」라고 인쇄된 쪽이 붙어 있으며, 저자는 여기에 별기할 사항들을 적어 놓았다.

공상만 하다 신상에 해료어까 하고 바람 좀 씰까 하고 친구 집에 가니까 친구의 부모와 싸움을 하고 있는 것 볼 때에 친구과 저려깨 일도 하지 않코서 노력하지 않고서 먹고만 있는 것 볼 때 참 예돌바서[애달파서] 볼 수가 없쓰서 너도 돈 벌서 계론도 하야지 어쩔라고 부모 번 돈만 바라고 있써면 대나 하고 부탁해 보았다.

〈1969년 2월 3일 월요일 날씨 흐림〉

눈이 만나서 길도 없써서 시오좀을 도랑에 부어버리고 마구관 그럼[거름]도 쳐버리고 재관에 재도 눈 때문에 봄버리[봄보리] 거름 자리에 버리지 못하고 집에서 쳐서 거름어로 덥어서 버리고 말라다.

※ 사람이란 마음을 바로 가지야만 돈을 벌 수 있쓰며 성공의 열쇠와 다름이 없다고 생각해 보았씀.

1. 현 동내를 바서 3년 전만 바도 행동이라던지 모던 것을 바도 타 동내 모범이 댈 정도로 유지하여 와는데 현재 와서는 (선)후배도 없이 마구 노라나는 것을 볼 때 현 유치로 간다면 머지와나 패동이 될 껏을 생각해 보았씀.

〈1969년 2월 4일 화요일 날씨 눈〉

(음력) 12月 18日

보리밭에 인분 주고서 오미 시오좀도 보리밭에 버릴라고 생각하다 눈도 오고 길도 학실히 나지 않나서 시오좀은 골목에 버리고 마라따.

오늘은 입춘인대 눈 오며 눈바람에 사람이 힘을 써지 못할 정도로 추어 메 입춘하면 봄이라고 하는대 너추위가 대어서 보리밭에 보리도 조금 지장댈 정도 추어니 봄이라고 할 수 있깨나.

"봄"

이재 봄 오며 말물이 약동하는 계절이며
아지랑이 따라 아낙내 바구니
들고 해매는 계절이 완나바.

〈1969년 2월 5일 수요일 날씨 맑음〉

눈길이라서 시오좀을 보리밭에 헌치지 못하고 골목길에 버리고 마라써며 부모님 약을 할려고 장닭을 사료 김천까지 가서 대지고기 급질하고 곱창을 포함해서 한 건하고 장닭 한 마리에 500원 돌라 하는 것을 450원 살려고 한참 동안 시간을 끄려서 일곤 450원에 싸와써며 열차시간 기다리다 열차과 2시간이나 연착햇다기에 극장 구경을 가서 보니 일본인라는 재목을 구경하고 집부료 도라와다.

※ 남을 존경할 줄 알라야만 남에게 존경을 바덜 수 있써며 황상 남을 존경하여야만 남이 언재나 존경을 바더면서 살라갈 수 있다.

오늘의 지출이 닭값 450원 대지 곱창 120원 열차비값 30원 극장 갈람 30원 총금액 630원

〈1969년 2월 6일 목요일 날씨 맑음〉

아침 일곱 시 정도 대어서 부모님 옷갈개[8] 할려고 눈길에 발길도 가누지 못하는 길을 해

---

8) 옻나무를 넣고 삶는 닭백숙을 일컫는 말인 듯하다.

매서 옻나무을 조금 해 와서 한 자 정대 해서 [한 자 정도 해서] 닭과 포함해서 솥때 살마서 먹두록 하여서 먹개끔 만들어 노와다.

오후에는 바 찟는[방아 찧은] 것이 없써서 명절까지 먹을라고 7가마 정미소에서 바 찟는 것이 19말 잡아는 것이 18들 말박에 대지 아니하더라.

※ 사람이란 계핵대로 순조렵계 대지 아니하고 황경이 쬬달릴 때는 내일로 미류지 말고 막차고 훌 떨고 이려써야만 차후예라도 밝은 빛이 차저덜지 내일로만 미류다 보면 언재나 구름이 가려서 버서더지 아니할 것이다.

〈1969년 2월 7일 금요일 날씨 맑음〉

눈이 녹지 아니하여서 아무 일도 하지 못하고 병아리 사육법을 뒤저 보니 내가 아푸로 양계업을 할 날이 가까이 오니 한편으로 마음이 좁급하고 마음이 후련하계 여겨지면서도 내가 공부하였던 것이 성공의 길이 와는냐 불결하느냐 할 때에 두 길의 지점에 노여서 갈피을 잡지 못할 정도 무안하계 하료 일과을 지나고 말라다.

인간은 꾸준히 노력하여야만 성공의 길을 차저서 살라 갈 수 있다.

〈1969년 2월 8일 토요일 날씨 맑음〉

눈 때문에 시오좀 골목에 버리고 남피까리[볏가리]에 눈이 녹아서 옆푸로 서며들려 가서 눈을 덜려서 남피까리에 서며들지 안캐 만들려 노와다.

그리고 요사이 일과는 아무 것도 뜻이시[뜻있게] 일도 하지 못하고 하로 공상 반 독서 반으로 일과 대푸리 대니 사람은 어뛰지 모려계 맥만 풀리고 개핵 없시 나날을 보내는 바이다.

※ 인간은 배울수록 모려는 것이 마나저며 남이 나을 천재라 하지만 나는 천재가 아니라 노력푼이다.

〈1969년 2월 9일 일요일 날씨 맑음〉

눈은 녹지 안코 설 명절은 다가오고 해서 보리논에 눈도 채 녹지도 않나는대 인분을 푸릴 띠가 없써스 눈도 녹지 안언 보리논 눈 위에다 푸리고 마라써며 집에서 공상도 하다 친구집에 가서 소설책을 보고 있는 참이라 나도 그 자리에서 여학생이란 잡지책이 이킬래 책을 보다 금일 저녁에 향군 보초라기에 조금 일찍이서 집일을 모두 마치고 보초 서로 가는 도중에 눈님을 만나서 눈님이 조금 절린다기에 자전차로 실려서 얼래미까지 실려다 주고 와서 향군 초소카지 막 도착하니 저녁 8시경 대어서 나는 지서 주임에깨 말을 더지 않나 하고 극정도 해 보았써나 마침 주임은 출장가고 없써서 다행이 하로 일과는 무사이 마치고 마라다.

〈1969년 2월 10일 월요일 날씨 맑음〉

눈도 채 녹지 안넌대 인분을 눈 위에 푸리개 댈 때 어딘지 모려계 어색하계 부크려저 더라. 눈도 녹지 아나서 아무 일도 하지 못하고 늙 대풀리대는[늘 되풀이되는] 방에서 공상을 하다 공상의 끝에는 돈 버는 개산까지 하다 시간이 흐려는 줄도 모려계 때가 댈 때가 한두 번이 아니라 이것도 여려 분 대풀이대면 머리가 피료하여 설머시 들로 산으로 바람을 쉴 정도 다녀 보았다. 오늘의 날씨는 봄바람을 아나주는 날씨라 지금이 시간에도 지붕 위에서 방을 매쳐서 하나, 둘 터려저는 소리는 내 귀을 써쳐서 고요한 밤을 덜고 조용히 살라진다.

〈1969년 2월 11일 화요일 날씨 맑음〉

오늘은 형의 노름한다고 부모과 한두 번 훈시을 하여도 말도 더지 않코서 개속하기에 형한때 욕설가지 하였다. 내가 욕설은 잘못을 알지만 부모과 부탁을 한두 번 안닌대도 말을 알아더지 못하고 하는 대에서는 울분이 터져서 가마니 볼 수과 없쓰서 하로 동안 욕설을 하였지만 내가 형의 잘못을 알고 있설 때까지 계속 말리고 욕설을 할 작정이다.
그리고 형의 올치 안는 일이란 것을 알고 하지 아널 때에는 내가 형에계 잘못을 용서해 달라고 빌개다.
그려치 안코서 모던 것을 분관하지 못하고 있을 때는 이 몸이 사라있는 한 말유할 꺼이다.

〈1969년 2월 12일 수요일 날씨 맑음〉

오늘원 공상을 하다 시원치 아나서 들로 나가 보니 아직까지는 10일 정도어야만 일을 시작할 껏이며 보리밭도 매기댈 껏 과다.
내가 부업을 할려고 계핵까지 잡고서 책과지 사서 보았지만 꼭 실천할 일이 대니 마음원 들떠이고 무었을 어떠계 할 껏을 분관을 할 수 없써며 젗양을 길려 볼까 하고 무었을 어떠깨 하여야 성공을 할 수 있는가 하고 머리을 동여매고서 생각을 해도 못할 정도로 마음이 들떠 있는 실적이다.
그리고 밑천이 풍부하면 극정 읍시 잘 조종해서 해바 가지고 안 대며 다시 한 번 해보지만 밑천이 없는 실적이라 마음원 더 들뜬 기분이다.

〈1969년 2월 13일 목요일 날씨 비, (안개)〉

봄비가 와서 남비까리에 섬어들러 가서 동생과 둘리서 바로 세우고 비가 더러가지 않개 만들고 있쓸 때 매가 꽁[꿩]을 뒤쵸고 있는 강경을 목격해다. 한참동안 꽁과 매키리 서로 싸우고 있는 것 하더니 매는 멀리 날라버리고 꽁원 날으지도 안코 해서 이상한 마음이 들고 해서 가 보았다. 현장에 가니 꽁 틀은 뽑피서 눈이에 헛터저 있는대 꽁원 보이지 안나서 차저보니 굴 안에서 머리만 박고 가만이 있써서 동생을 부를라고 하다 성급이 손의로 꽁만 보고 잡을라고 하다 꽁원 노치고 마라다.

※ 사람이란 급할수록 참착상 있깨 시작하여야 모던 일을 이루울 수 있다. 이변 꽁도 침착이 없키 태문에 노치고 마라다.

〈1969년 2월 14일 금요일 날씨 눈, (비)〉

어머님이 대묵장[(설)대목장]이라 장보기 급난다기에 따라 갔써다. 대묵장이라 장사꾼은 제각기 마이 팔려고 제각기 상업 상술을 쎠는대는 아는 사람 보기는 사람이 먹고 살기란 여관 교통이 안니라고 생각까지 하여 보았써며 장을 다 보고서 안행열차로 올려고 하면서 김천역 대합실에 더려서니 서피카 하는 소리가 안행열차는 정시부터 40분관 연착이란 소리를 더고서 부모님이 허전해 보이기을 닭곰탕에 대리고 가서 정심식사 싸더리고 나는 열차표을 살려고 나와서 대합실에서 40분간 기다리면서 너머나 교통이 불편이라고 생각해 보았다.

오늘의 지출 닭곰탕 100원
열차비값 30원.

〈1969년 2월 15일 토요일 날씨 눈〉

때 아닌 비과 와서 보리밭에는 물이 언긍하

계 교요서 시오좀도 보리밭에 주지 못하고 골목 도랑에 부어버리고 말라쎠며 두부 하는대 마딘 나무과 필요해서 뽕나무와 콩대을 서너 짐 과지와서 두부 하는대 잘 때어서 두부는 허실 업시 잘 대어서 온 가족이 잘 먹어다.

그리고 요사이는 나 자신도 모려계 계어런뱅이가 대어 가는 계 이상하며 전에는 누구보다 일적 이러나서 모던 일을 먼저 서둘려서 하는대 요사이는 나 자신이 너깨 이려나는지 일직 이려나는지을 분관 못할 정도 마음이 들떠서 있쎠니 무선 일을 해도 보람이 없쎠며 앞푸론 보람 있깨 하며 부지련히 할 계핵을 이 시간부터 실천하계다.

금일의 지출액 - 이발갑 60원 열차비 30원
총금액 90원

〈1969년 2월 16일 일요일 날씨 눈〉

막년을 보내는 금일 저녁에는 나 자신부터 68년 무건해[묵은해]을 보내는 것이 이상할 정도로 무선 관심이 없써며 나 자신이 나이가 더려가며 따라 노는 대는 관심이 없써저는 것 괏더며 앞푸론 사람들이 구뭄이니 정월이니 하는 풍섭이 없쓰저알 꺼이며 앞푸론 재사도 지내는 사람이 없써저알 것쳐름 무간심하계 구정을 마지하는 것 갈더며 인간이 문명이 발달해서 거련지 그려치 아녀며 인간이 약아서 그련지는 몰라도 옛어런의 풍섭을 조금도 따라하지 안을 정도로 모던 것이 무간심하계 지나고 있따는 것을 금일 저녁에 노는 것을 보고서 너켜 보았다.

〈1969년 2월 17일 월요일 날씨 흐림〉

(음력) 1月 1日

정월에는 질어야지 풍년이 댄다는 웃어런의 풍설을 들려며 금년에는 풍년작이 대개 따는대 땅이 넘어 질어서 사람이 다니지 못할 정도 질며 재사 지내로 가는대도 바지갈래에는 흙투성 대어서 재사 지내는대 걸구칠 정도 흙투성이 대개 땅이 질어서 어런들에 새배도 다니지 못할 것 갈더며 내가 이때까지 잘 아지만 설 명절 쳐고는 땅이 이려개 콩죽 만들어 노원 {것} 갈치 흙투성이로 대어 있는 것이 나 알기는 첨이라고 생각해 보았다.

그리고 저의 형재 중에 재일 종말리가 어머님에깨 막년해 보낸다고 돈을 타서 환 푼 써지 않코서 부모님에깨 고급단배을 사들이는대 내가 생각할 때 겨우 14살 대는 놈이 저려깨 부모님에깨 사랑을 표시하는대 저위들원 허[헛] 크는 것 갈더며 저의 잘못을 크게 너켜 보았다.

〈1969년 2월 18일 화요일 날씨 흐림(비)〉

눈이 녹원 뒤라서 보리밭에 둘려 보니 도랑에 물과 보리밭 도구에 물이 수평대어서 앞푸로 눈이 녹어며 보리밭에 피해가 마너까바 도구을 다 막고 았다. 그리고 친구 일동이 모여서 놀 때가 없써서 모 상점에 가니 형 또래과 있쎠서 더려가지 못하고 한대[한데, 밖에] 섯다 다 나간 뒤 더려가니 친구 메 명원[몇 명은] 노롬을 하고 있쎠서 가마니 보았다. 쳐매는[처음에는] 오락 정도 하더니 돈이 와다 갔다 하더니 나중에 크계 500원식 와다 가는 것을 보니 노롬이라는 급나는구나. 오기에 도쳐서 돈을 돈이라 알지 않코 하나의 종이 치급하니 살림이 가는지 오는지을 분관하지 못하고 나중에야 후예을 한들 무선 소용이 있나.

그래서 노롬이란 정말 사람을 추집계 만들 뿐 아니라 인간의 행동 중에 제일 나뿐 일이라고 생각해 보다.

〈1969년 2월 19일 수요일 날씨 흐림〉

기축 하는대 가니까 두부을 좀 주고 술 만이 주고 말더라. 그것도 살림이 없쎠서 그래 주며 달갑개 잘 먹개는대 살림이 이따는 놈이 허무하계 대집을 할 때 잇는 놈이 저려깨 추집계 노는 것을 볼 때 있는 놈이 저려깨 하면서 돈이 많은가 하고 생각도 해 보았지만 정말 너무 허무하계 하는 것을 보고 나올라고 하다 다련 친우을 바서 참아 나오지는 하지 못하고 다 먹고 난 뒤야 해여지고 말라찌만 곰곰희 생각해보니 정말 너무했다고 생각해보았다. 그리고 놀 집이 없쎠서 해매다 월남 갇다 온 친우 집에서 전축에서 음악 감상하고 하로 일과을 잘 지고 뜻있계 보내고 말라다.

〈1969년 2월 20일 목요일 날씨 눈〉

요주음 일기는 매일 비 와니며[아니면] 눈이 오니 인간의 싹말로 새상원 종말이라니 정말 돼어서 비, 눈 계속 끗치지 않코서 오니 에제는 종말을 매저버려고 그련지 항상 말원 날씨 오지 않코서 계속 흐리고 부억에 일하는 사람원 아무 누구 없시 때때마다 눈물을 맏보겨 만들고 있써니 사람의 마음을 어떻개 바로 가질 수 있쎠며 어떻개 새상을 욕하지 한깨씀이까[않겠습니까].

그리고 저녁식사 하고서 방에 들어 박혀서 잠을 잘려고 하다 바람 좀 솔려고 산으로 해서 과손으로 한 바키 도라보니 정말 놀랄 일이더라. 명절이라고 큰골에 올라가지 안았더니 눈이 녹아서 못에 물이 넘칠 정도대서 있쎠니 정말 놀랄 일이라서 한참동안 섯서 바라보다가 와버리다.

〈1969년 2월 21일 금요일 날씨 흐림〉

시오좀 보리밭에 헌치고 김천극장에 내시 영화 구경하고 나와서 어드래 고기집에서 대지고기와 곱창을 380원을 주고서 친우 4명이 입에 물리두록 만이 먹어다.

그리고 구포 하숙집에서 술 한 돼을 먹고서 친구 일명이 열차시간은 다 대어는대 내리가지 완코 여인숙에 화숙할려고 하는 것을 계우 말리서 오는대 힘이 들어서 예를 먹고 친구도 순진하고 마음이 결합대지 안코 어갈리는 친우는 예출할 때는 조금 가리야지 하고 생각을 하여야깨꾸나 하고서 생각도 만이 해 보았다.

오늘의 지출 … 영화 갈람(내시) 60원
대지 급창 95원
열차비 30원
총금액 185원

〈1969년 2월 22일 토요일 날씨 맑음〉

이재 겨우 날씨도 맑고 해서 들래 한 바기 돌고 와서 집[짚]을 열 때과 와꾸나 하고 마당으로 널려서 말려서 군불 때는대 잘 때어다.

그리고 어머님은 자식 기러너라고 고생만 하시고 말깨꾸나 하고서 생각도 해 보았다. 어머님 계속 아푼 것이 조금도 풀리지 않코서 하로라도 편하다는 말씀이 없시 매일 그려타는 부모님의 말씀을 더고서 자식 대는 도리서 부모님 병환을 안켜하계 나수어 주지 못한 불호자식은 이 새상에 살라서 뭇어 하는냐 탄식해 보았다.

약원 매일 큰 약값원 물지 안치만 그래도 소와재 비서한 약원[소화제 비슷한 약은]

보용해도 나지 안코서 매일 쎠리다니 마음만 공중에 떤 구름 갈지 갈피을 잡지 못하겠다.

〈1969년 2월 23일 일요일 날씨 맑음〉

21일 날 김천 영화 갈람 가서 돼지고기 먹고 체서 아침 일직이 큰골에 정구지 푸리을 캐 와서 절구에 꽁꽁 찌어서 국물을 먹고 해도 상캐하지 완코 어뒨지 모려계 퍼버그나며 몽둥이로 맞전 것 꽝치 지것지것하며 사람이 계두[거동]을 하지 못하계다.
그리고 사람이 설때없는 욕심을 부리지 안는 것이 건강에 좋을 꺼시다. 나 역시 욕심 부리지 말고 차건희 음식을 잘 씨버 먹어쎠며 이련 고통이 없시 잘 지내며 극정 없시 지낼 꺼시며 건강에도 조금도 해래움이 없시 지낼 꼇을 쓸때없는 욕심을 부리서 이려계 욕을 보계 대는 것을 생각하니 휴에가 막심하다. 앞푸론 음식 가지고 욕심을 부리지 안켜다고 결심한다.
※ 음식 가지고 욕심 부리는 자는 멍칭이보다 못하다고 볼 수 있다.

〈1969년 2월 24일 월요일 날씨 맑음〉

쌀쌀 날씨에 교육이라서 아포에 사격을 한다고 아포지서까지 다리[다른 이]는 거러가는대 나는 고기 먹고 언친 뒤라 급이 나서 자전차로 조금 넉개 가니까 막 정열을 하고 있쎠서 아무 집이나 엽집에 막키 노코 보니 다리는 지서에 자전차을 막켜서 있는대 나만이 가정에 막키서 교육 다 바들 때까지 마음이 어뒨지 모려계 찐하계 생각하며 총을 반납하고서 자전차 막킨 집에 오니 현 그대로 있쎠서 집주인깨 달갑계 인사을 하고서 오며 친구 일명을 실려서 오는대 바람이 부려서 고생이 만아다.
그리고 어머님의 병원 나치 안코서 상을 찌푸리고 이쓸 때는 내 몸이 아픈 것쳐름 너켜지며 부모님이 웃섬[웃음]으로 하로을 보내며 내 마음은 부모보다 더 낮다.

〈1969년 2월 25일 화요일 날씨 맑음〉

금일 날씨는 추은대 했필 들래 갈려고 나선 친구들을 말려 보았지만 허탕이라서 집에서 신년을 마지하는 기분이라 토정비결을 보는대 집안 식구가 다 좋아서 기분이 상쾌한 것을 너켜다. 그리고 친구집에서 명동부인이란 책을 보는대 너머나 색에 대해서 만이 나와서 사춘기에 보기에는 너무하지 완나 하고 생각도 해 보았다.
그리고 요사위는 일도 재대로 하지 못하고 몸원 원재나 지긋지긋하며 사람이 사라가는대 여관 교통을 주지 않는다. 사람이란 운동을 하여야 한는대 요사위는 매일 먹고 노는 것이 요주음 일과가 대니 사람이 어디 사라가는 대 만족을 너킬 수 있는가.

〈1969년 2월 26일 수요일 날씨 맑음〉

시오좀 과수나무에 부어버리고 마라쎠며 눈님 집에 잔치라고 친구들이 놀로 가자고 하길에 어머님과 형, 둘이 갈다면서 그만 뛰여 버리고 마라셔며 요주음 계속대는 일에 집에서 공상으로 일과을 보내며 허망한 꿈만 일삼으며 시간을 보내니 사람이 갈리기만 하고 주름살만 너려날 정도 대니 사람이 어디 사라간다 할 수 있나. 그리고 계핵자번 일이 눈앞에 다가오니 한편어론 돈도 극정 대고 한편으로 내 뜻대로 이류어질 수 있나 하고 극정 더는구나.
올 봄에 내 생각대로 대어야만 살라가는 대

보땜이 대지 정말 허사로 도라간다면 내 앞길은 절망이 대어버리고 말 꼇이 안인가— 나에는 재일 귀중한 시간이다.

〈1969년 2월 27일 목요일 날씨 맑음〉

이재 봄 날씨인대 쌀쌀한 날씨만 계속대는 이때에 독서공방 홀로 안저 공상만어로 세월을 보내니 지류해서 친구들 차저서 보름에 먹얼라고 말[9] 떠더로 가자하니 날씨도 차울 뿐만 아니라 남이 욕할까바 가지 못하고 말라다.

그리고 어머님의 여려 친우들과 일 년 신수 본다면서 아침 열차로 같는대 통건차 편어로도 오지 안코 해서 동생을 자전차료 마집[마중] 가보라고 하였서 동생이 같다 와서 오지 안는다면서 8시경 대어서 와서 내가 곰곰이 생각하여 본 결과 4명이나 같는대 자고오지는 안는다는 생각에 자전차을 9시경 몰고 마집을 아니 다영이도[다행이도] 대신 뽀이대까지 가니 와서 자전차에 실고서 와따.

※ 인간이란 나부터 빠저나갈 구멍을 보았야 한다.

〈1969년 2월 28일 금요일 날씨 눈〉

1969년 2月도 마지막이 대는구나. 오좀을 과수나무에 푸리고 시오좀을 표암해서 과수에 주었다. 그리고 심심해서 친구 집에 놀려가니 단배체기 하며서 내가 가니 술빵쳐기 하자면서 화로을 빌리 와서 하여는대 내가 30원 친구들보다 적개 걸머저서 먹기을 원에는대 마침 정오가 대는 바람에 먹지 못하고 오후에 만나자고 약속을 하고 내리와따. 막 식사을 하고서 갈려고 하다 가 바야 술만 먹을 끗이다 하고서 가지 완코 마라다. 그리고 순석이을 아포중학에 염소을 팔란가 가보아라 했찌만 원낙 추어서 가지 못하고 내일로 미루어 버리고 말랐다.

※ 인간의 힘어로 안 대는 것이 없다고 하여찌만 인간원 뜻대로 대지 안는 것이 인간이 안닌가 하고 생각도 해보았다.

〈1969년 2월 29일 토요일 날씨[10]〉

"때는 기다리는 것이 아니라 자기의 서수료[스스로] 만더려야 한다."

"오늘보다 내일을 행복하계 살려가자."

"가난하면서 걱정 없시 지내는 사람은 이미 가난한 사람이 아니다."[11]

"인간은 멋있계 살라가야지 산다고 할 수 있다."

"인간은 인내가 재일이다."

"인간은 사교성이 재일이다."

"어떠한 일이던지 열심이 그것만을 생각하면 반더시 운이 트일 날이 있으리."

月末 메모 이북통신 부사장어로 있던 이수근 (씨)과 1967년도에 판문점 해담에서 미군장교 쇄단차로 이남어로 탈출해서 자유의 품 안어로 들려와서 국민에 따뜻한 환영을 받고 주택까지 마련해 주며 우석대학교 강사 근무하는 이강을 여사와 계론까지 하고 각

---

9) 맑은 하천에 자라는 여러해살이 수초이다.

10) 이 해의 일기를 기록한 일기장은 월, 일, 요일과 날씨를 쓰는 난이 인쇄되어 있는데, 이 날의 일기에 저자는 날씨를 기재하지 않았다.

11) 2월 29일 이후 두 쪽의 여백에 아래의 표어들이 적혀있다.

도시마다 방공 광연해을 하여쎠며 전국적으로 방공에 대해서 노력도 만이 했지만, 69년 2월 16일 김포공항 무사이 출발해서 사이공까지 탈출했는대 이북으로 막 탈출할려고 수송기에 오려는대 한국 정보부에서 잡아서 긴급 압송해 았다. 이수근 씨는 법어로 처벌주지 말고 서울 거리에 내노와서 시민에계 쳐벌을 밭계금 하여야 한다.

※ 2月 총금액 지출 1,235

〈1969년 3월 1일 토요일 날씨 맑음〉
(음력) 1月 13日
삼일절 50돌 마지하는 때에 날씨는 따뜻하계 삼일절을 보내고 말라쎠며 내가 부업할려고 동생을 아포중학교에 자낸종[12]을 사려 보내지만 중학교 소사의 말을 더려며 김천 목장에 순종을 기려라면서 부탁한다면서 기왕 와 버리고 말라다.
그리고 동생을 공부하지 안는다고 꾸중을 주고 말을 더지 아나서 때리고 말라다.
※ 인간이란 선우가 주의주면 반다시 자기의 잘못이 있따는 것을 알고 곰곰이 생각하여서 잘못을 알라서 실천하여야 한다는 것을 생각해 보았다.

〈1969년 3월 2일 일요일 날씨 맑음〉
부업을 하기 위해서 김천목장에 가니 안갑동 목장에는 양이라고 없고 대지 돼[대여섯] 마리 정도 있쎠며 그 외에는 완꾸다[아무것도] 없더더라.
김천농고에 가니 양은 두 마리 있는대 팔지 안코 쌔키을 노어며 판다고 하는대 쌔끼을 언재까지나 기다리고 있나 하고 오면서 목장 이름 없는 목장에 가니 양만 15마리 키우는대 주인을 차저서 가보니 주인 야기하는 것이 화를 불꾼 내는 것 같다서 내가 하는 말이 쌔키라고 팔지 아널란가 무려 보았다. 그려니 하는 말이 팔지 안는다면서 냉정하계 대하는 것을 보니 인간도 똑 머끄떤기 생긴 대로 논다고 욕을 하면서 욕을 하고 집부로 바로 내리오고 말라다.
오늘원 보름이구나. 닭 발원 밤에 아들은 불노리 하는 것을 볼 수 있꾸나. 불노리 하는 것도 3년 전만 해도 만이 했는대 지금은 얼마하지 안는구나.

〈1969년 3월 3일 월요일 날씨 흐림〉
(음력) 1月 15日
오늘원 보름이라서 맞있는 음식만 온 가족이 잘 먹어쎠며 하로 일과 잘 보내고 말랐다. 그리고 년중 보름에 대며 동장 선출하는대 할 사람이 어따니 한심하기 짝이 없구나. 일 년간 동내일 제대로 보지 못하는 사람을 계속해서 보계 댄다니 정말 한심할 노렸이다.
동내 동장이 풍기물란이라는 것도 잡지 못하고 풍기만 물란해저는 동내을 바로 잡지 못하는 사람을 또 일 년 보라고 선출하니 정말 동내는 머지아나 선우배도 가리지 못하는 동내로 대어가는구나. 동내을 바로 세울 수 없는 인간이들이 동장만 할려고 하니 정말 함심하기 짝이 없다.
※ 인간은 너리며 못썬다.

〈1969년 3월 4일 화요일 날씨 눈(5㎝)〉

12) 스위스 자넨(Saanen) 지방이 원산지인 염소 품종 '자넨종(Saanen goat)'을 가리키는 것으로 보인다.

눈 때문에 시오좀도 밭에 버리지 못하고 도랑에 부어 버리고 마라쎠며 이우지[이웃]에서 노는 것도 좋치만 엽집도 생각 못하고 노라나는 것 볼 때 사람이라면 채면이 있지만 어째서 사람이 채면도 없시 매일 저녁 11시까지 창구쳐고 노라대니 이재 새상원 말연이다.

연들리 급 업시 장구채로 매일 저녁마다 노라나니 정말 함심하기 짝이 없꾸나. 세상원 머지아나서 망해고 말 끄시다. (예) 어대 없시 여자들이 마구 노라나는대 어찌 새상이 망하지 완깨는가.

〈1969년 3월 5일 수요일 날씨 맑음 (음력) 1月 17日)〉

과손에 집 변두리 배수로 팔라고 하다 예비군 소집일이라서 일을 실천하지 못하고 내일로 미류고 마라쎠며 예비군 소집에 가니까 아포지서서 아무도 오지 안나서 을마간 있따 1시 반 동차 편의로 와서 지시하는대 대신 일 이 삼동 표암해서 한 교실에서 교관도 향군의 대표로 나와서 정훈교육과 각계전투을 두 시간 정도 하다 점호만 치하고 해산해 버리고 말아다.

※ 인간은 한 가지 일료 성공할려고 하야지 여려 가지로 성공할려고 하는 자는 남의 집에 문전할려고[문전걸식하려고] 작정한 사람이나 다름이 없다고 볼 수 있다.

〈1969년 3월 6일 목요일 날씨 맑음〉

방 시세할려고 감천 냇몰래[냇모래]을 구루마로 실려와다. 그리고 친우 댕기푸리 한다고 돈 100원 내고 댕기푸리 하는대 잘 먹어다. 앞루론 나의 계핵에 어김없시 실천하며 7日에는 부화하는 병아리통을 만들 계핵이다.

그리고 남들의 아들원 냉수마찰 하면서 공부한다는 것을 더려니 나의 동생들원 남보다 반 정도 못한다는 것 생각할 때 부모님이 자식의 공부하는 대 관심이 없쎠서 그런지 그려치 아너며 자신들이 열성이 없쎠서 그런지 다시 한 번 잘 살펴 볼 끝과 동생의 공부 대해서는 노력을 아키지 아너려라.

오늘의 지출금액 100원.

〈1969년 3월 7일 금요일 날씨 맑음〉

금일부터 본격적인 따뜻한 햇살이 비치며 개구리들이 여기저기에서 봄을 마지하는 벌래들이 여기저기 날라다니는 것을 볼 때 만물이 봄을 기다는 것을 우리들의 마음어로도 간찰할 수 있쎠서다. 그리고 과손집에 지대가 허물려적일래[허물어졌기에] 집부로 수기[습기]가 셔며들지 않케 하기 위해서 배수로을 40쌘치 정도 집 둘려을 파고 돌을 넘을라고[넣으려고] 전부 파고 병아리을 키우개 하기 위해서 병아리통 할려고 나무을 빌려고 산에 올라가서 서너 표기 배어니까 산 우에서 사람이 나무하는 소리가 나며 나을 내리다 보는 것 같아 한참 기다리다 안될 상 십펴서 그만 내리오고 마라다.

〈1969년 3월 8일 토요일 날씨 맑음〉

해장에 오좀 과손에 부어 버리고 톱을 가지고 산에 올라가서 나무 몃 개을 배어 와서 급질을 비키서 말열라고 세우나서며 친구 시낭[신행] 해오는대 오라 하길에 보초도 무렸셔고 한 잔을 먹을라고 이따 시간원 다 대어는대도 불구하고 상원 더려오지 안코 해서 그만 내리오니 벌쎠 나을 안 온다고 대리고 오길예 미안한 맘에 집에서 저녁을 먹고 파련[빠른] 거름어로 대신을 넘어가서 하로 일과을 무사의 마치쎠며 그리고 봉산 친우들이 와서 대집한다고 했는대 불캐한 기분으로 지나기에 정말 기분이 나빠다.

〈1969년 3월 9일 날씨 맑음〉

날도 이재 봄날이 대어서 따뜻한 빛을 바다 살결이 검을 정도로 빛이 내리 채이니 보리 들원 파릇파릇하계 도다나며 양지 바련 곳에는 개구리 하품하고 산에는 골작마다 개울물이 쫄쫄 내리면서 봄 인사 하는 것 같이 소리을 내며 강물로 헐려버리는 것 볼 때 정말 만물에 봄이 없시 지내지 못하는구나 하고 너켜 보았다. 그리고 범버리[봄보리] 가는 대 너찌 않깨 일직 낸다고 구루마로 실려서 봄버리 갈 논에 질려서 가지 못하고 마방천에 거름 무듸기에 부려고 마라셔며 머지완나서 부아 병아리 기려기 위해서 병아리통을 기둥만 만들고 엽에는 방 시세 한 뒤에 할려고 그만두고 말았다.

〈1969년 3월 10일 월요일 날씨 맑음〉

방에 시세하는 모래 4대 찰흙 1대 버리가루 1대로 방에 텀을 파서 잘 바려니 연기하나 나지 안코 정말 생각보다 잘 대어쎠며 병아리통을 만더는대 자도나무을 시[세] 다발로 만들라고 했는대 조금 모자라서 내일로 미류고 마라쎠며 이재는 놀지 못하고 가을 추수할 때까지 꾸준하계 노력하여야만 하고 농촌에는 흙가 싸우야 하며 흙손어로 이마을 따과가면서[닦아가면서] 실 사위 없시 일을 하여야만 수학할 때에 마니 그더드리서 겨울 한철 덧뜻하깨 지낼 수 이따는 것을 생각해 볼 때에 무었보다도 부업을 하여야 한다는 것을 알지만 뜻대로 대지 안는구나.

〈1969년 3월 11일 화요일 날씨 눈〉

때도 눈 오는 날도 지난는대 날씨는 살살하고 눈은 희날리니 계절이 이려깨도 변동이 심하니 봄채소 과수에는 피해과 만을리라고 생각한다. 날씨는 내가 생각해도 이려깨 너깨까지 눈이 희날리는 개절원 올해가 대는 날원 처음일 끄시다. 그리고 부화 병{아}리 기려기가 시급에서 병{아}리통을 다 만들라고 했던 것이 다 만들지 못하고 말라셔며.

※ 제과 이변에 부화 병아리을 60푸로 살리지 못한다면 때리치우고 서울로 친우들 주선의로 생할을 하여야지 사려가지 농촌에서 살라 바야 특별한 변동 없쓸 끄시라고 생각해 보았다.

〈1969년 3월 12일 수요일 날씨 눈〉

올해는 50년 만에 처음 눈이 만이 와꼬 너깨까지 끈덕지계 눈이 희날희니 정말 세상원 큰 변동이 있찌 않냐 하고 국민들의 여론이 돌고 있쓰니 무선 수과 날 예감이 던다. 그리고 부화 병아리 사기 위해서 어머님을 김천까지 가서 장내[장리(長利)]을 낼라고 가서 장내는 내지 못하고 차비만 소비시키고 그양 도라와서 정말 때는 자꾸 너저만 가는{데} 돈원 뜻대로 대지 완코 계핵대로 대어가지 완코 빈터[핀트]과 어갈리는 것을 생각하니 정말 짜증만 나며 어쩔 줄 모려깨다.

※ 인간원 안 대는 것을 밀고 나가는 힘 쌔야만 성공할 수 있다.

〈1969년 3월 13일 목요일 날씨 눈〉

때 아닌 눈바람이 희날희니 보리에 피해과

적지 아너며 보리밭에 인분 줄라고 가니 보리밭에 발이 바저고 버리도 윤키 없시 시들려 있쓰며 그리고 부화 병아리을 사기 위해서 장내을 낼라고 행[형]이 김천까지 가 바도 다지 안코 멧칠 기다{리}라는데 어저구니 없더라.

시간원 너저 가는대 돈원 대지 안코 친구는 병아리 사나다고 풍문을 하고 도라다니고 있쓰니 정말 한심하기 짝이 없더라.

※ 눈님의 병환어로 있는대도 불구하고 병환어로 돈이 만이 쓰다고 매누리을 시간 내노어다니[분가시켰다니] 정말 부모라고 하지만 부모과 자식을 천대하는대 자식원 부모을 손경[존경]할 수 있깨나 의심스럽다.

〈1969년 3월 14일 금요일 날씨 맑음〉

보리밭에 인분 주고서 방 시세 하는대 하로나 하여도 깔끔하계 하지 못하고 마라다.

※ 나의 성질이 지라리라서 성질을 곤칠라고 무지하계 노력해도 잘 곤치저지는 안코 보통일이 아니라 부모과 나의 잘못을 머라카면 나는 절이 나서 부모과 앞빼 있쎠도 여전하계 신경질을 내부리니 정말 부로자식이라고 생각도 만이 해보았지만 신경질 부릴 때는 생각도 못하고 그 순간만 지내며 또 내가 신경질을 부리꾸나 하고 반성도 하지만 버렷을 곤칠라고 무지하계 노력을 하지만 뜻대로 대지 아느니 정말 부모님에계 볼 면목도 없쓰니 빼과 부셔지는 것보다 마음원 더 하구나.

〈1969년 3월 15일 토요일 날씨 맑음〉

보리밭에 인분 주고 방 시세 안전하계 마치고 부화 병아리 키울라고 통원 알로[완료] 대어지만 온도계로 온도을 측정하계 머리는 비여 두고 안전하계 만들러다. 그리고 소먹이가 없써서 아까시아 잎을 떨려서 한 달 정도 먹일라고 담았 노았다.

※ 그리고 요세는 인간들이 약아서 3, 4년 후면 논원 사지 안코 밭만 살라고 할 껏이다. 논보다 밭을 싸서 특수장물 할 껏이며 그려치 안너며 과수을 심을 꺼시며 사람이 약개 놀지 아너며 살라갈 수 없쓸 뿐 머리 쓰서 생할을 하여야만 인간이 밥을 먹고 살라갈 수 있찌 안나 하고 생각도 해 보았다.

〈1969년 3월 16일 일요일 날씨 눈〉

과수밭에 시오좀 주고 병아리 기약할려고 김천을 가서 병아리 사료에 380원 주고 활량계[13]에 100원 병아리 개약금에 1,500원 주어쎠며 병아리 온도 맡출라고 불을 만이 때고 남포불을 켜서 하여도 불과 온도는 24도박에 유지하지 못하니 온돌방에서는 부화병아리는 사육하기가 불가능하다고 생각도 해 보았다.

※ 인간원 자기의 주장어로만 할 껏 아니라 남의 이야기도 많이 들려야만 발전성이 이따는 것을 너켜 보았다.

오늘의 지출 … 380원 100원 1,500원
총금액 1,980원

〈1969년 3월 17일 월요일 날씨 맑음〉

병아리 개약금 해 논 것을 9시 차로 가는대

13) 유정란을 가려내는 장비이다.

열차비값이 그슬림 없써서 15원인대 20원을 주서 5원 소내갔다. 그리고 부화장에 가니 삼화사료 사장이라면서 양계사업에 대해서 중요한 말을 하더라. 그 말에 잘 더려다. 양계업자들이 망하는 이유는 어디 있는냐 하며 사료을 예상[외상]어로 가지고 가고 알로 수입 보는 것은 용돈 가용에 다 쓰버리고 사료값은 호줌[호주머니]의 돈의로 내가지고 갑을라고 하니 매달 적자라는 것이 난다고 말하더라. 이것을 방지할려며 알값에 뛰어서 사료을 지날 싸셔 하며 양계는 지미있는 사업이다.
오늘의 지출비 … 열차비 35원 병아리값 2,700원
총금액 2,735원

병아리 8시경 1마리 실패. 10시 40분경 1마리 실패. 금일 2 두 마라 실패.

〈1969년 3월 18일 화요일 날씨 흐림〉
부화병아리 기러는대 책과 실지 기러는대 영딴판이라 분관을 하지 못화고 소리만 질려서 사람이 어절 줄 모려고 멍하계 병아리만 바라보 뿐 무선 대책 없시 지내고 말라다.
그리고 병아리 모이통 할려고 못을 20원치 사와서 모이통을 만들라고 할려다 2월이라서 만들지 못하고 내일로 미루고 마라쓰며 병아리가 충실하지 못환 것은 별또로 가리어서 내노와는대 충실하지 못환 병아리는 죽지 안코 활키을 뛰고 노는 놈이 자고나면 죽어 있쓰니 사람이 어떠계 죽어는지 분간을 못할 형편이다.
오늘의 지출 … 못값 20-원

〈1969년 3월 19일 수요일 날씨 비〉
아침에 읽려나서 또 죽어나 하고 병아리통을 가만이 들씨 보니 죽어 보이는 놈이 보이길래 이려다관 90푸로 살리지 못하계꾸나 하고 가만희 마쳐 보니 살라서 있는대 발을 빼지 못하고 있길래 조용희 발을 빼니 도망가는 것을 보고 황상 병아리통에 부터 안저 있써야 하계꾸나 하고 생각도 해 보았다.
그리고 이변에는 죽어나는 놈이 없써서 기뿐이 상케하계 지내와써며 온도도 어제보다 3도나 내리서 갈리하는 결과 울지을 들하며 병아리가 예관상어로 충실해 보인다.

〈1969년 3월 20일 목요일 날씨 흐림〉
병아리가 할발하고 먹이도 잘 먹어며 불람감[불안감] 없시 냉실에 노는 것을 볼 때 기분이 상켜하계 지내쓰며 병아리가 어너 정도 할발하고 하니 처음보다 무간심하계 갈리하고 있는 것을 나의 자신이 생각해도 알정도로 무간심하니 푸로 수을 올릴 수 없따는 것을 알고 마음 단단히 갈리하여야개따는 것을 결심했다. 그리고 코크시듐, 예방약에 (엠바진) 약이 매우 잘 던는다기에 220원 주고 사와다.
오늘의 지출에 220원

〈1969년 3월 21일 금요일 날씨 흐림〉
아침에 죽찌나 완나 하고 병아리통을 가만히 드려다 보았다. 그러보니 병아리가 죽찌는 안코 물래 모욕한 것처름 2두 마리가 움치뢰고 있는 것 볼 때 두 마리을 실패구나 하고 서운한 마음어로 희망 없는 한 마리을 버리고 보니 또 죽어서 있는 것을 보니 양계도 복장이 크야만 하계꾸나 하고 생각도 해 보았다. 에제 엠바진 약을 싸온 것을 물 5홉에다 엠바진 약을 10씨시로 타서 주었다.

병아리 두 마리 실패 보았다.

〈1969년 3월 22일 토요일 날씨 흐림〉

병아리는 광선을 찌울 때는 너저가는 계속 흐림 날씨만 계속대나 극정만 대는구나. 그리고 병아리 밥통을 만쳐보니 밥통이 방금 모이 주어는 것 같이 삭지도 안코 그대로 이쓰서 함때 굴미고 온도을 35도 정도 올리고 아침 1회을 10시 20분에 급이을 시커쓰니 병아리는 시장하계 날띠지만 밥통 멍울은 조금 죽어 있써서 마음은 안전한 편이지만 언재나 불란한 감원 떠나지 않는구나.

〈1969년 3월 23일 일요일 날씨 맑음〉

이때까지 병아리 일광을 씨키지 못하고 오늘의 날씨과 맑아서 병아리 일광을 1시간 시켜 주어다. 그리고 병아리가 시들어가서 희망이 없쓸 껏 같아 병아리을 집어 던질라고 하는대 형이 말리는 바람에 가만희 방구석에 두어떠니 조금식 꼐여나더니 이재는 마음대로 운동을 하고 먹이도 재도로 먹어니 살라나계꾸나 하고 생각도 해 보았다.

※ 사람은 언재나 누거리계 마음을 가지고 황상 생각을 하여야 한다.

〈1969년 3월 24일 월요일 말씨 맑음〉

보리밭 골 쓰고 매기[14]로 보리에 북을 주고 병아리에 일광을 2시간을 찌고 마라쓰며 밀논에 비료을 주고 병아리 사료 줄라고 조금 일적 와다.

※ 아지랑이 눈앞에 아룽거리고 보리밭에 농부들이 김매는대 야단들이구나. 이제 머지아나 풋보리 풍기는 계절도 머지 안나꾸나 할 때에 새월도 빠려지.

〈1969년 3월 25일 화요일 날씨 맑음〉

장독 놀라고 세맨을 3대 1 비율로 배압해서 장독 다이을 약 1자을 파서 새맨어로 비비 너서 만들려 노고 보리논에 비료 할려고 갈더니 아버지가 보리논에 버리집 까라 노원 것을 시발시시랑어[세발쇠스랑으로] 집을 끄러내기에 주막집에서 갈꾸리을 빌리아서[와서] 다 끄러내고서는 병아리에 염려가 대어서 4시 반경 집어로 아 바더니 동생이 병아리에 대해서 안전하계 만들여 노았서 들래 갈라구 하니 어머님이 소죽이나 끄리지 어대 갈라고 하는냐. 가만이 생각하니 비료 헌칠 때는 자꾸만 너저가는{데} 있쓸 수 없쎠서 5시 반경 들로 가서 아버지와 비료을 다 헌치고 와다.

〈1969년 3월 26일 수요일 날씨 맑음〉

박정희 대통령 지시에 의거 멸공작전운동을 벌리기 위해서 위장간첩을 만들어서 향군 방공정신 보기 위해서 3月 26부터 3月 30日까지 오일관 방공정신을 기러기 위해서 곽 동내서 2명식 나와서 보초을 쓰는대 나와 둘리서 근문을 하는대 몸도 고대고 목이 말라서 사과을 20원치 사서 보초병들이 노와 먹어다.

그리고 친구 교론[결혼]하는 대 100원 주었다고 어머님이 이야기하더라.

오늘의 지출액 120원

〈1969년 3월 27일 목요일 날씨 흐림〉

봄버리 갈려고 그름을 골라 너고 흙덩어리

---

14) 쟁기의 일종으로, 주로 밭을 갈 때 이용하는 농기구이다.

까지 부서버리고 버리골까지 만덜러 너코 조금 일적에 가을버리 밭을 매가 해 저물러서 그만 들어와다.

※ 이제 봄버리 갈 때과 대니 둘래는 농부들의 아우성 소리에 발마추어 일을 하는 것과 같이 문지투성이 얼키어 일을 하며 저녁 노월 절 무름에 농부의 우마차 몰고 갈 때과 만낭 절급다.

〈1969년 3월 28일 금요일 날씨 맑음〉

봄바람이 쌀쌀하계 부는대 봄버리 갈려고 재을 뿌리는대 재과 눈에 들려가서 눈물을 흙이면서 봄버리을 다 갈고서 가을버리에 집을 덥어떤 것을 버리에 지장이 마나 다 그두어서 거름재리에 일부 너꼬 남어지는 봄버리판에 칼라고 부어다.

※ 농촌에서 흙문지을 마시며 살라갈려니 육체적어론 여관 고통이 아니지만 나의 자신에 도시 생할할려고 생각해 바도 마음대로 대지 아니하는구나.

〈1969년 3월 29일 토요일 날씨 맑음〉

봄버리 갈려고 대갈림[15] 하는 성용이내 집에 가서 무려 보니 (재)와 비료로 간다고 해서 재와 비료을 가지고 갈더니 다 쓰리고 골마다 다 지어서 우리 일 할려고 하다 이왕 대갈림 하는 집 일 하면서 마자 일로 하로을 채우라고 해서 집우로 도로 와서 재을 3가마 가지고 갈더니 해는 서산에 넘어가고 해서 이리저리 헌치고 집우로 도라와다.

※ 사람이란 무선 일을 하더라도 여유 있씨 가지고 가야만 뒤에 일이 적어진다.

〈1969년 3월 30일 일요일 날씨 맑음〉

(봄버리 씨앗 부림)

대갈림 하는 집에는 오전에 마치고 오후에는 우리 밭 매는대 허리가 아푸고 해서 매시간 휴식을 취해도 허리는 매일반이고 허리는 뿌라저는 것 같아서 형에깨 일 그만 하자고 하면서 집에 들려가자고 해쓰며 집에 들러오니 아직까지 집에 들어가지 않코 밭을 매고 있는대 일직 집에 들러오니 남보기에 미안감이 들어서 내일부터는 좀 너깨까지 일을 하고 더어오야계꾸나 하고서 생각도 해 보았다.

〈1969년 3월 31일 월요일 날씨 맑음〉

동내 부역 나오지 않난는 사람이 약 15명 정도.

도로 부역하는대 약 2시간 정도 하고서 집우로 도라와서 강냉이을 병아리 사료 할려고 약 5홉 정도 빠어서 밀찌울 3대에 강냉이 5홉어로 배합해서 병아리 줄에 정어로 두어쓰며 병아리 일광을 씨키는대 온도가 너머 내리가서 어머님과 형수 있는대 대지 않는 말을 해쓰며 나 자신이 나의 성미가 남보다 다러다는 것을 알면서 조금이라도 걸리는 점이 있쓰며 성질을 내부리는대 이 잘못을 알면서 시정을 못하니 안따까운 일이 아닌가.

月末 메모

설악산 등산대 이는[인원]이 알펴서산 정복할 사람들이 눈사태로 3월 3일 날로 9명의 시채로 발굴작업병에계 발굴대어다.

15) 수확물을 지주와 소작인이 절반씩 나누는 경작방식을 이르는 말이다.

3月 지출 총금액 5,175원

〈1969년 4월 1일 화요일 날씨 흐림〉

복숭나무 전지한 것을 다 저니라[져 날라] 가지고 남비까리로 다 재놓고 과수밭에 밀 북주기[북돋기] 위해서 깔꾸리로 껄라고 하다과 날씨과 값자기 비 올 것 같아서 집부로 와서 집 말라논 것을 허관에다 넉고 휴식을 치해쓰며.

※ 올해는 작년보다 절우[절후]과 너치 십푸구나. 작년에 4月 16日에 복숭꽃이 만발했는대 올해는 4月 20日에 가야만 복숭꽃 만발하계꾸나.

〈1969년 4월 2일 수요일 날씨 흐림〉

고구마 온상할려고 그친 거름을 두 짐 저고 병아리 풀 좀 줄라고 시금추와 봄채소을 병아리에 처음 주니 병아리는 아주 잘 먹어며 싸래기도 오늘 처음 3작 정도 배합해서 주어써며 과손에 비료거름 하는대 큰 밭태에는 요소와 가리을 배합해서 한 포기에 이홉 정도 주고 남어지는 약 3홉 정도 주어써며 250주에에 요소비료를 두 표 잡고 가리비료 2표로 올래 과손 거름을 에정을 하고 있따.

〈1969년 4월 3일 목요일 날씨 비〉

과손에 총 비료양 요소 2푸대 가리 3푸대을 배합해서 과수나무에 헌치고 남아서 고치 거름 할려고 하다 그만 홍자두나무에 주고 마라버리다. 그리고 과수밭에 밀밭을 매다 비방울리 떠려저서 오전 과수 거름 했떤 것을 덥펴버리고 말라버리다.

※ 인간원 언제나 인간 차별이 없써야만 인간이 사라가는 대 언제나 호평을 바들 수 있따고 생각하고 있다.

병아리 사료대 싸리기- 3작 밀찌울 … 6홉.

〈1969년 4월 4일 금요일 날씨 눈. 비〉

오전에 비가 와서 가손에 밀밭을 맬라다 매지 못하고 오후에는 눈바람이 불고 해서 아무 일도 하지 못하고 마라써며 병아리에는 정채을 사료양 주고 있써며 모래도 사료 준 다음에 바로 주고 있따.

※ 병아리 1마리 실패. 사료에는 밀찌울 5홉 싸래기 3홉 모래 1홉 정채 2홉.

정양[정량]을 배합해 주어도 병아리들원 아주 적원 양이 돼는 것 같이 날띠고 있따.

〈1969년 4월 5일 토요일 날씨 맑음〉

병아리 정체과 없써서 들래 가서 터더 와서 병아리 모이에 배합해서 5회 다 주고 있써며 향군 교육이라서 대신학교에 가니 아포지서 주임이 정훈교육 하는대 향군원 무었보다 동작이 팔라야지 동작 너리며 향군이라 말하지만 아무 필요가 없다고 역설해다. 그리고 접 부치는 적기라 동생과 형과 3명이 과수 8년 무건 나무을 배고 올봉숭으로 접을 3나무 부쳐다.

※ 보리에 비가 모자라서 버리가 자라지 못하고 땅에 부너 있써니 비가 오니 오전, 오후가 달라지는 것 같이 자라고 있따.

오늘의 지출에 병아리 해충약제 150원
병아리 사료대 … (싸라기) 1홉 5작 (밀찌울) 16홉 (정채) 3홉.

〈1969년 4월 6일 일요일 날씨 흐림〉

고추 거름 내고 밭때까지 짐어로 저올리다. 그리고 과손에 밀밭 쪼그 매기로 끄려써며 병아리 운동장 할려고 산에 가서 오래목을 9개 배어 오며서 무그어서 억찌로 오면서 너끼 본 점은 내가 이려다가는 골땅이나 먹지 않나하고 생각까지 털개 무거어다.

※ 병아리 사료에 밀찌울 16홉 싸래기 3홉 모래 6작 정체 3홉.

그리고 병아리들이 저녁에는 조금이라도 발원 기색이 이써며 날띠개 대는 것 갈더라. 내일부터는 자리로 개루어서 어덥계 할 계핵 있다.

〈1969년 4월 7일 월요일 날씨 맑음〉

방목[16] 할려고 고속도로 대는 것에 동생과 둘이서 구루마로 한 구루마 하여쓰며 고추 갈고 밀밭을 깔꾸리로 밀 쌔을 더 널라고 해가 저두록 하였다.

※ 인간원 개인 일보다 공동 일을 더 하여야 남에깨 좋은 인상을 바들 수 있쓰며 공동 일이라고 일을 하지 안는 사람은 80% 정도가 댄다고 생각하고 있쓰며 나 자신의 속을 내비는 것과 다름이 없따.

병아리 사료 … 밀찌울 6홉 싸래기 4홉 정채 1홉 6작 모래 1홉 2작 물 1돼 5홉.

〈1969년 4월 8일 화요일 날씨 흐림〉

과손에 배수로을 일절 쳐고 호박 구둥이에 거름을 재개 저다 부고 남어지는 거름이 없쓰서 그만두고 집에 거름 있는 것으로 할려고 내두어 주고 소과 물똥을 누고 해서 풀터더 가지고 5시경에 와서 병아리 사료 장만하는데 강냉이 1돼 5홉 사래기 1말 밀찌울 2말로 배합하였다.

병아리 사료비는 싸래기 5홉 밀찌울 15홉 정채 3홉 모래 2홉.

※ 앞푸론 사료 절약하기 위해서 정채로 배을 치울[채울] 작정이다.

〈1969년 4월 9일 수요일 날씨 맑음〉

과수나무에 태비 거름 안 낸는 대는 과수나무 밑에 낙업 말라서 지저분하계 너러저 있는 것을 전부 모았서 과수 거름 대신에 나무 둘래을 파서 너어버리쎠며 병아리 사료 주는대 부친이 뒤집 형님 집에 나락을 실련대 사람이 없는 모{양}인대 실어주라고 해서 좀 실려 주어쎠며 요사이는 해가 질어서 아침 8시경에 들에 가면 오후 6경 돼야 집에 들어오니 해 질우해서[해가 길어서] 사람의 빌요[피로]가 심해서 일에 자미없고 짜징만 난 일이 한두 번이 아니다.

※ 인간원 남의 인격을 존경하는 사람원 자기 자신을 존중하는 것가 다름이 없다.

병아리 사료 싸래기 4홉 밀찌울 6홉 정최 3홉 모래 1.5작.

〈1969년 4월 10일 목요일 날씨 맑음〉

호박 거름 내고 고구마 온상 할려고 온상 태둘이[테두리] 하는 것을 몰라서 노인에깨 무려보니 이젓다기에 집부로 내가 생각해가며 만들어보니 보기 좋계 대지는 안아도 형식원 따려더라. 다 할려고 하다 병아리 사료 줄라고 와보니 병아리통이 너무 적어서 밀집하는

---

16) 건축물을 세울 때, 들보와 직각으로 기둥과 기둥을 건너서 위에 얹는 나무의 끝 부문을 의미하는 용어이다(枋木).

것 같다서 병아리 운동장 할려고 오래목어로 운동장을 하나 만들어 노와다.

※ 흐리던 날씨도 이재 봄 날씨로 변해서 양지바런 곳에는 16日에는 매화꽃도 피어나리라고 예정하고 있따.

병아리 사료 싸래기 6홉 밀찌울 4홉 모래 1홉 3작 정체 1홉.

〈1969년 4월 11일 금요일 날씨 맑음〉

병아리통이 허수해서 병아리가 술술 나오고 해서 병{아}리통을 수리하고서 나니까 부모님이 고기가 만이 있따면서 고기 자부로 가자기에 사료을 정수에깨 막키고 고기 잡어로 같써다. 고기을 잡고 동생을 주 보내고 보리밭을 매고서 보리논마다 도라보았다. (아까시아 잎) (소아불량 1마리 실패)

※ 병아리 사료에 대해서 정체도 없고 해서 아까시아 잎을 갈라서 주어더니 소아도 시키지 못하고 밥통이 볼락하개 가지고 움직이 못하고 있써서 온도을 올리고 급을 너깨 주어다.

사료 · 밀찌울 5홉 싸래기 5홉 아까시아 2.

〈1969년 4월 12일 토요일 날씨 맑음〉

호박 구등이에 거름 넘고 풀거름 좀 하고 소 풀이 없써서 풀을 함참 떠고 있써니까 나무에서 새들이 지저기고 야단이라서 돌맹이로 저 새을 꼭 잡불라고 떤진 것이 아니라 무심이 떤진 것이 새예 마저서 새가 떠러지는 것을 보고서 함참 기쁘기도 하고 한편어론 안땐 감이 들더라. 그 새을 가지와서 부모님의 약이 좋다하면서 꾸어 주라고 해서 소죽 끄리면서 꾸어서 부모님 더린 것이다.

※ 병아리들이 좁번 {곳}에서 사육하다 넒번 것에 운동을 지킬라고 갑작이 큰 곳에서 사육해던니 병아리들 소아시키지 못하고 오삭하계 있는 것을 보니 운동만 촉진시키지 그 이는 좁번 대서 사육하는 것이 더 잘 대는 것이라고 생각.

병아리 사육에는 (전과 동).

〈1969년 4월 13일 일요일 날씨 맑음〉

복숭아꽃 만발

호박 구둥이에 인분을 주고서 들거름하고 집에 와서 병아리 사료 주고서 들거름 하로 갈라고 하는대 아버지가 땅이 깊펴니 하지 마라고 해서 밀밭 매는 어머님을 보내고 내가 밭을 매고 일찍 집어로 도라와다.

※ 들거름 하는대 이재부터 들거름 하는대 바로 해동해서 땅이 조금 어러쓸 때에 구루마로 하여야게다는 것을 너켜 보았다. 그 이유는 넞봄에는 사람이 더우서 땀을 흙리고 옺이 감기서 기분이 아주 낮뿐 인상을 주개 댄다. 그리고 (복숭아) (자두)에는 꽃이 나올라고 꽃망우리로 있는대 마음애는 꽃이 할짝 피고 있따.

병아리 사료에는 … (전과 동).

〈1969년 4월 14일 월요일 날씨 비〉

봄비는 포곤희 대지을 한박 적씨고 복숭화 꽃도 어재는 꽃망을리로 이떤 것이 봄비 온 까달로 할작 핀 것이 한두 나무가 아니구나. 복숭아꽃도 1967년 4月 16日에 꽃망우리로 있떤 것이 69년에는 4月 14日에 꽃이 할짝 핀 곳이 한두 나무가 아니니 67년보다 약 5일원 빠련 쌤이 대는구나.

※ 인간의 때가 언재나 있는 것이 아니기 때문에 인간원 새심하계 생각하며 노력을 아키지 아녀냐 한다.

병아리 사료 (싸래기) 6홉 (밀찌울) 4홉 모래 1.5작.

〈1969년 4월 15일 화요일 날씨 비〉

마늘 모종 할려고 모친하고 마늘밭태 가니까 동생이 꼭갱이 놓원 곳에 토키가 걸려가지고 버둥거리고 있는 것을 때리 죽여서 집의로 가지고 와서 동생과 두리서 잡아서 간원 아버지 더리고 고기는 온 가족이 잘 먹어다. 고리고 모재리 새키[새끼]는 짖때[제때] 코며 대지만 요사위 코며 좀 수라지[수월하지] 하고 동생과 둘리서 꼬는대 자래기단 6단을 꼬니까 160발경 대더라.

※ 병아리 사료는 싸리기 4홉 밀찌울 6홉 정체 2홉 모래 1.5작.

〈1969년 4월 16일 수요일 날씨 눈 음력 2月 30日〉

모재리 새끼 할려고 짚 8단을 축아서[축여서] 꼬고 눈이 만이 와서 자두에 피해가 만윌까바 싸인 눈을 작때기로 헌들려서 눈을 떨어터리고 복숭아나무에도 대수간 눈을 떨어 노았다.

※ 따뜻하여야 할 계절에 영화로 내리서 눈이 오계 대니 보리뿐 아니라 감자 마늘에는 피{해}가 만어니라고 생각하며 때 아닌 눈이 나 알기에 금년이 처음 아닌가 하고 생각도 해 보았다.

병아리 사료에 싸리기 3.5작 밀찌울 6.5작 모래 1.5작.

〈1969년 4월 17일 목요일 날씨 흐림 음력 3月 1日〉

닭 키울 때에 배수료에 형과 둘리서 돌을 집어노코 솣갑어로 놓코 흙로 덥펴버리고 마라쎠며 병아리 한 마리가 신찬에서 집에 병아리을 돌보고 있쎠니까 아버지가 써리 멍동[17]을 배어 오라는 것을 산에 가서 땅버들을 배어 오니 부모님 말씀이 쓰리멍을 하는대 무런 나무가 대는냐고 머라캐서 꾸중을 다 뒹고 있쎠다.

※ 병아리 유켔슬라병[뉴캐슬병]을 예방하기 위해서 동생을 시키서 유켔슬라 백신을 140원 주고 싸와다.

병아리 사료에 밀찌울 3홉 싸래기 7홉 모래 1.5작.
오늘의 지출에 140원.

〈1969년 4월 18일 금요일 날씨 맑음〉

과손에 집안 벽을 바를라고 흑까지 다 견는대에[개었는데] 보 한다고 아버지에께서 가라고 해서 안벽도 바려지 못하고 보 가서 방천에 도자가 끄러 모원대 삽어로 골라서며 하천부지로 가손[과수원] 하는 사람들이 술 2말 5돼하고 간빵을 5돼값으로 빵을 싸오아서 술 안 먹는 사람 준다고 하면서 한차로[혼자] 오라고 해서 간빵을 먹을라고 갈라 하다 동생이 술 모 먹는다고 빵 먹을라고 한차 있쎠서 나는 술을 못 먹지만 동생 있쎠서 할 수 없시 술을 먹고 마라다.

---

17) 써레몽둥이. 쟁기질 후 흙을 부수어 고르는 데 사용하는 써레의 자루를 말한다.

병아리 사료에 · 전보다 약 5작 더 줌.

〈1969년 4월 19일 토요일 날씨 맑음〉

방천 보 한다고 해서 동생과 둘리서 보을 하는대 하로에 1마라져기 끄준다고 하였쎠며 보는 앞푸로 물리 마나서 아직까지 하지 못한다는 보 관간[18]의 말이 있쎠서 오후에는 동생과 둘이서 과손집에 안벽을 바루는대 동생과 두리 바려는대 방 한 칸박에 바려지 못하고 말라따.

※ 병아리 호흡기능에 수파마이신을 100원을 주고 싸 와서 시간이 없쎠서 내일로 미루고 마라서며 병아리 사료에 금일부터 싸래기을 생 걸로 줄 개핵이다.

지출엑 (220원).

주사기 정가 120원인대 돈이 모자라서 100원만 주고 다음에 20원 더린다고 하면서 가저와서 주지 안아다.

〈1969년 4월 20일 일요일 날씨 흐림〉

과손에 집에 안백을 점부 다 발라 버리고 병아리들이 점부 조는 것 같따서 수파마이신을 먹이도 별 효과 없는 것 같고 병아리들원 두 마리 실패 보고 그래도 피똥을 싸고 있쎠니 병아리에 대환 감심[관심]이 저겨지고 병아리에 이때까지 공이 덜리는 것은 점부가 헌닐이 아닌가 생각하니 아무 생각 없고 계핵 없는 일을 하는 것처름 힘이 없쎠저며.

※ 병아리 대한 감심이 없고 감찰영[관찰력]이 없는 땃서로[탓으로] 소내을 마니 보게 댄다는 {것}을 생각하니 배가 아푸구나.

병아리 2마리 실패

{병아리 사료} (전과 동).

〈1969년 4월 21일 월요일 날씨 (비)〉

과손집에 안벽을 바려니라고 동백을 묵끄논 것을 전부 끌려서 안벽을 바려고서 묵찌을 안코서 그냥 두고 집우로 가키 때문에 저녁에 태풍이 불려서 지붕 연계가 전부 날라서 언키서 아주 힘들게 만들{어} 노았쎠며 형과 둘리서 사다리 가지고 언키 연계을 일일이 풀려서 지붕을 잘 씌어서 두어다. 그리고 집 대문골 널라고 마치, 연장을 가지고 가서 일을 할려고 시잣하는대 아버지 와서 문골을 7개만 만들어 너어다.

※ 병아리을 사육을 할려며 공기 맑고 넒은 방이 있쎠서 사육 개핵을 새우야지 성공할 수 있다.

〈1969년 4월 22일 화요일 날씨 맑음〉

닭장에 일부 남원 봉창문을 달고서 모재리터을 전부 갈고서 병아리들원 모이를 3분의 2 정도만 먹어서 병아리 사료을 쌀딩기을 조금해서 정체와 배합해서 주니까 전부 먹드라.

※ 병아리 기울 때에 예방을 하며 일주일 동안 병아리들 시드대는대[시들대는데] 초보자들원 병이인가 하고 약을 사용하계 대는대 이점에 주의하여야 하며 병아리 감찰을 하여서 약도 사용하여야

18) 보 감관(監官). 보 감관은 경작자들 중에서 선발되어 보의 보수를 위한 부역 동원, 금전 추렴 등 보와 관련한 전권을 위임받아 보를 관리하는 직책을 일컫던 말이다. 이보다 일반적으로는 보 소임이라고 불린다. 일기에서는 '간간'이라는 말로도 언급되어 있다.

할 껏을 너켜 볼 점이라는 것을 생각하여다.

〈1969년 4월 23일 수요일 날씨 맑음〉

대갈림하는 집에서 거름 시러 달라고 해서 구루마로 시러다고 가니까 논에서 물래 장기서 이키 때문에 구루마로 시러 수과 없써서 다음에 실짜고 하고서 말라써며 봄버리 비료만 헌치주고 마라써며 담 일라고 차흙[찰흙]을 구루마로 두 구루마나 집에 실려 나와다.

※ 병아리 사료에는 병아리들이 신욕[식욕] 없써 보이길래 과손에 핀뒤기 벌래을 잡아서 잘개 써려서 주지니까 매우 잘 먹더라.

〈1969년 4월 24일 목요일 날씨 비〉

병아리가 식욕이 없써 보여서 정채와 소금을 조금식 주어쓰며.

※ 병아리 유쓰크라병 약을 140원 주고 사와서 이우지 닭 주사 주고 20원 수입을 보고 했다.

봄 날씨과 보리에 바서는 지금 한참 가물라도 몇할 땐대 피료 없는 비가 매일 오니 보리에 피해가 여관 만치 않게다.

병아리 환 마리 실패 보와셔며 식욕 없시 조는 기 환 마리 있는대 조금 신찬한 편이다.

〈1969년 4월 25일 금요일 날씨 비〉

과손집에 비가 새지 안나 하고 올라가 보니 비는 새지 안코 이구등이 물이 가득 가득 더러 있써서 배수로을 만들러서 물을 전부 다 패고 버리논에 가 보았떠니 도구에 물이 가득 실려 있써서 바개수로 전부 펴서 도구에는 물이 업두록 만들어 놓코 오니 형이 토기 쌔기을 잡아 아서 어머님과 둘리서 장만해서 아버지 약어로 잡수개 했써며 병아리들이 식욕이 있는 것 갈타서 기분 좋계 보내다.

병아리 한 마리 8시경에 실패.

〈1969년 4월 26일 토요일 날씨 맑음〉

담 이는대 찰흙을 두 구루마로 한다기에 시작했떠니 찰흙이 한 구루마나 모자라서 다시 파와서 흙을 개가지고 할려 하니 신경질만 나고 해서 흑 일라는 것원 여우 있씨 시작하면 이개따는 것 절씰이 너켜 보와다.

그리고 대갈림 하는 집에 봄버리에 물이 가득희 들이 있써서 오전에 물을 펄라 하다 담 이는이라고 물을 푸지 못했떠니 대갈람 하는 사람이 바계수을 가지고 와서 물을 펄라 하는대 네가 네깨 가서 물을 펄라 하니 미안안 감이 덜어서 어쩔 수 없더라.

(병아리 한 마리 실패).

〈1969년 4월 27일 일요일 날씨 맑음〉

마당이 비과 오고 눈에 패이고 해서 고루지 못해서 마당을 한 벌 도두고 자두나무에 한문 죽까[한번 줄까 (하고)] 벌래을 잡아서 병아리 줄라고 자두나무을 해매어 보았도 벌래는 작년보다 없써서 잡지 못하고 마라써며 필요 없는 비가 만이 온 간개로 보리에 자래[19] 덜기 시작하는대 앞프로 날씨가 개속 맑은 상태로 유지하아면 버리에 지장 없쓸련지 모려지만 또 다시 비가 온다면 버

---

19) 습기가 많을 때 보리에 발생하는 병이다.

리는 먹지 못하게 만들고 말 꺼이다.

※ 병아리들원 조금식 해복하는 것 같아서 감심을 더 가지재 하고 요사이는 기분이 좀 나원 편이다.

병아리 사료 정채 2홉 사래기 3홉 밀찌울 4홉 현미딩기 3홉 모래 2.

〈1969년 4월 28일 월요일 날씨 맑음〉

벽돌을 구들 받침대 할려고 50개 빼고 동사무소 수리할 꺼을 벽돌을 매 호당 열 장식 내야 한다기에 열 장 동생과 두리서 60십장을 만들어 놓아다. 그리고 대갈림하는 집에 두룸[두렁]을 동생과 둘리 하니까 일적에서[일찍 해서] 우리 모자리을 둑을 다 매고 드러와다.

※ 버리논에 물 친 것은 흑버리 색갈이 도라오는 것도 있찌만 버리는 대다수 버리는 황색어로 변해가는 것이 60%센터[60퍼센트]과 대니 버리는 숭년이 아닌가 하고 생각도 해 보았다.

〈1969년 4월 29일 화요일 날씨 비〉

보 갈려다 부친이 남비까리 재는 터에 비과 와서 떠내려가서 남 보기도 실코 해서 안댄다면서 해 주야지 주인 보기에 남비기 실치도 안치 그양 둔다면 주인이 도지을 받는다 해도 터을 주기을 시려할 꺼이다.

비가 오는대 벽돌을 덥펴로 갈더니 비가 오지 않코 해서 벽돌을 각까면서 과손집에 들다 노면서 차건이 하는대 큰 비방울이 떠러저서 거만 연계로 덥고 마라았다.

병아리 사료에 싸래기 3홉 살딩기 4홉 밀찌울 4홉 정채 2홉 모래 1.5작.

※ 날씨가 악막에[흉폭하게] 하는 헤는 60십 노인도 이변이 처음이라는대 아마 내 생각도 큰 풍파가 일지 아너까 하고 생각도 해 보았다.

〈1969년 4월 30일 수요일 날씨 흐림〉

로광 택에 실려 가서 록강을 실려 보니 소구루마에는 한발이가 잔덕 대는 것 같더라. 그래서 소가 잡치값아[넘어져 다칠까봐] 하로 띠아서 가자고 하니까 새암이 시급해서 안댄다면서 호후에도 가자고 해서 할 수 없시 구루마을 몰고서 아포 살골작까지 가서 록강을 두 개 시런 것이 중량이 1,200근이라서 길원은 고루지 못하고 간신이 집에까지 무사이 도착했쎠며 앞푸론 록강 택에는 가지 않쾌따고 결심하여쎠며 우마차로 택에는 실찌 안쾌다고 이 시간부터 결심하였다.

※ 병아리 6시경에 1마리 실패.

"인간은 읍설수록 마음가짐이 크야 살 수 있다."[20]

月末 메모

어느덧 4月이라는 계절도 오늘부로 끝을 매고 마는구나.

4月이라는 강우랑이 너무 많나 버리에 지장을 만이 주어쎠며 가을버리에 황달병어로 버리밭을 갈라 업펴 버린 곳이 한두 곳이 아니다.

4月 지출 총금액 510원.

---

20) 이 문장은 4월 30일 일기 다음 쪽에 날짜 없이 적혀 있다.

〈1969년 5월 1일 목요일 날씨 맑음〉

보 도랑 보 하면서 물고기 잡을라고 한 번 도라 보니까 물이 없쎠서 친구들에깨 고기 잡어로 가자고 해서 친구 4명이 고기을 잡아서 마지막에는 쓔에줄[쇠줄] 밑태 잉어가 두 마리 잡아는대 큰 거선 2근 5반[2.5근 또는 2근 반] 나가며 좀 저은 것은 1근는 나가더라. 고기가 어낙 크서 팔려고 주막에서 고기을 가지고 기다리도 살 사람이 없쎠서 적녁에 살마 먹을라고 친구들과 약속을 하고 있는대 저녁에 와서 약 한다면{서 사 갔는데} 큰 고기는 300원 적은 것은 130원 토달 430원 수입된 셈이다.

〈1969년 5월 2일 금요일 날씨 맑음〉

녹두 갈려고 밭대 재거름만 저다 부고 보환다기에 대갈림 하는 집에 서 주고 호후에는 동생과 두리서 대갈림 하는 집 서 주고 바닥보는 오늘노서 끝마친다면서 술 6말 안주 (콩) 쌀문 것과 미나리 간친 것을 가지고 와서 (술) 반잔만 먹고 남어지는 엽패 술 잘 먹는 사람 주고 아 버리다.

※ 개뜰 보 하는대 대신 사람보다 신내이 사람이 밑때 가는 것 같이 언재던지 속어며 읽을 하는 것이 보이더라.

〈1969년 5월 3일 토요일 날씨 맑음〉

들거름 할 때 없서서 극정했더니 봉리 밭 만더는대 좀 높고 밑태즘에 도구 만더러 둘라고 조금 파계해서 구루마로 약 10구루마 실려 들거름을 만더러 두다.

그리고 과손에 가보니 작년보다 오갈병이 너무 심해서 부모님에깨 약을 조금이라도 일직 살려고 조라댄 적이 한두 번이 아니다.

※ 인간이란 돈 벌라고 개핵을 새우서 해볼라고 하면 어딘지 모러개 허술한 대가 한두 가지가 아니며 실천하기가 연간 어렵지 않다.

〈1969년 5월 4일 일요일 날씨 비〉

과손집에 문골 만더는 대 거들어 주고서 조금 일직 해서 풀망태을 매고서 풀을 한 망태 떠고서 오후에는 과수에 오갈병이 너무 심해서 바개수 들고 동생과 둘리서 4바계수을 따서 못에 부어버리고 오갈병을 예방할려면 이런 봄에 석회 유황제을 쳐고 살충재을 꽃망울이 적을 때에 푸리서 오갈병을 방지하야지 과수없자들이 오갈병에 극정을 주개 하니 정말 정부로부터 한심하계 생각도 해 보았다.

※ 병아리들이 활기을 뛰고 노는 것 같더니 앞푸론 일기만 조으면 실패 없시 기을 수 있개는대 읽기 고루지 못하니 극정이 대는구나.

〈1969년 5월 5일 월요일 날씨 비〉

밤새두록 비가 너무 만이 와서 해장에 보리논을 가보니 버리 도구에 물이 엉겅하계 실리 가지고 도랑물이 너무 만아서 우리 논물이 빠지 와나서 우리 논 위에 물논어로 도랑물을 돌리고 도랑물 곡 막아서 우리 논물을 빼고 있쎠니까 위에 봄버리논에 물 다 더가며[들어가면] 당신 혼차만 농사질래 하고 머라 깨서 가만이 더고 있쎠니까 갱장이 덕이 안댄 말을 해서 현실 내가 잘못을 알찌만 너무나 뚝망하계[퉁명하게] 말을 해서 나도 큰소리 말다뜸을 하여다.

5月 1日날 잉어 파란 남어지 돈어로 300원어로 4명이 찐빵 100원과 과자 50원 술 150원 잘 먹고 잘 지내다.

※ 인간이란 하고 냇뿔[내버릴] 말이라도 벌로 해서는 남에깨 밑가고 마는 것이 인간이다.

〈1969년 5월 6일 화요일 날씨 맑음〉

음력 3月 20日

오늘이 나의 생일인대 별다련 음식은 꿀밤을 갈아서 묵을 하여 맞이 정말로 좋떠라. 그리고 모자리 갈라 하다 형이 대신 새암 파는 대 가라해서 새암 파는 대 갈더니 육체적어로 피로는 몰개는대 이험성[위험성]이 좀 이셔며 나이 만원 사람들원 샘암 안에는 더려가지 않코 위에서만 알망알망 하고 있쎠서 나하고 절먼 분하고 새암 안에서 두 차래나 파면서 한소리 할려고 하다 나이가 넘무 적은 간개로 참아버리다.

동생과 두리서 요소비료 2돼 복합 3돼을 가지고 모재리을 하여셔며 모재리 거름이 조금 적지 안나 하고 극정도 해 보았다.

〈1969년 5월 7일 수요일 날씨 맑음〉

새암에 록광을 시려로 가지 않을라고 맹세도 해 보았지만 사람이란 욕심에 맹세을 하여도 돈을 버는 것이라면 또 과계 대며 요번에는 아포 절반박에 대지 안는 봉산 내까[냇가]라고 히여서 구루미로 록광을 실넌대 오전에 2회 하는대 1회에 록광 2개을 실려며 오전에 실원 것이 4개 실고 향군 교육종을 울리서 오후에 실을라고 하다 그만두고 향군교육을 바더로 나가서 소대장 인솔 화에 재식훌련을 좀 하고 그늘나무 밑태서 놀다 집우로 와버리다.

※ 인간이란 화기 실원 읽일수록 꾸준하계 하여야지 끝장을 볼 수 있다.

〈1969년 5월 8일 목요일 날씨 맑음〉

과손에 약 쳐는대 비에이씨 75.푸로 12말용과 떠물약[뜨물약] 12말용에 740원 주고 싸와서 픈무기로 처본 결과 살충재와 떠물약이 6말이나 부족해서 동생학교 아는 편어로 살충재와 떠물약을 표암해서 6말용을 싸오라고 하여쎠며 내년에 25말용이 대어야 과손에 약을 쌀표[살포]하지 완나 하고 예정을 가지고 있따.

과손에 약 쌀표하는대 동생 두리서 살표해도 12말용을 살표하고 나니 일 적은 편도 아니며 내년에는 약을 살표해도 픈무기을 두리 사용하여야지 하로 동안 살표하지 안나 하고 생각도 해 보았다.

〈1969년 5월 9일 금요일 날씨 맑음〉

대갈림 하는 성용이 밀논 모재리 갈고 모재리 둑까지 다 하고서 우리 봉답[21] 모재리 갈라셔며 고추밭을 매고서 속아서 매니 고추밭에 풀매는 것보다 더디더라. 앞푸론 고추을 갈개 대면 고추씨을 알맡게 푸리 껏을 다짐하며.

※ 병아리들이 요즘원 식욕이 있시반 병아리들이 충실찌 아너며 학실희 내용을 알 수 없쎠서 사료을 변경해서 중추용 사료을 530원 주고 싸와서 내일부터 복용하여 조금이라도 효과과 있쎠며 앞푸로도 2표 복용할 예정이다.

---

21) 奉畓. '봉천답(奉天畓)'의 준말로, 비가 내리지 않으면 농사를 지을 수 없는 논을 가리킨다. '천수답'이라고도 한다.

오늘의 지출 530원.

〈1969년 5월 10일 토요일 날씨 비〉

보리논 모재리 뚝을 매고 형과 둘리서 두룸을 하는대 내 생곽에는 물을 만이 펴서 두름이 잘람하계 물을 펴서 두룸에 물이 푹 배서 두룸을 하면 사람이 수라개[수월하게] 읽을 할 수 있쎠리라고 생각하는대 물도 펴지 안코 적은 물을 가지고 시서랑어로 물을 따라서 쫘사 가면서 두룸을 하여라고 해서 신경질을 내부리니까 형이 구질구질하계 말을 하더니 집에 더려가라고 해서 뎌려오지 않코 읽을 하니까 자꾸만 가라고 해서 집에 더려와쎠며 집에 더려오며 생각해도 내 잘못 만치만 형도 읽머리가 부족하다고 생각도 해 보았다.

※ 병아리 사료에 · 약 한 대[되].

〈1969년 5월 11일 일요일 날씨 흐림〉

동생과 둘리서 내리 논에 모재리에 물 펴고 모재리 둑을 매고 오후에는 성용이내 들거름을 아직 하지 못해서 구루마로 거친 거름을 실려다 들거름 할려 하다 구루마을 비 온다고 구루마에 가덕하계 실려 노와서 구루마을 꺼내지 못해서 들거름을 하지 못하고 내일로 미류고 마라쎠며 고추밭에 풀도 만코 해서 풀원 매지 안코 고추만 속아버리다.

※ 어머님이 매일 아펴다는대 자식 도리로서 약도 복용하계 만덜려 주지도 못하고 읽원 우리보다 매 값절 더 하며 어머님을 편하계 만들어 볼라 해도 어머님이 저의들의 말을 더지 않코 고댄 일을 하는대 보통읽이 아니다. 앞푸론 어머님 읽에 대해서 깊원 감심[관심]을 가고 노력을 하여야겠꾸나.

〈1969년 5월 12일 월요일 날씨 흐림〉

병아리 1마리 실패

보리논에 모재리 쎠리는대 한나잘 하는대 12마지기박에 못하계쎠며 오후에는 동생과 둘리서 새키줄 치면서 부진련희 하여도 12마지 할려면 휴식시간 없시 하여야만 씬나락을 철 수 있씨 만더려 노을 수 있다. 그리고 모던 읽을 마치고 도라오면 구류마로 과손집에 새복을 할려고 한 구라마 같다 노았노아다.

※ 어머님이 읽이 너무 뒤서 사람이 마려며 읽을 못하계 하여도 짜꾸만 하계 대고 어린 아들도 못 보계 하여도 자꾸만 보계 대는대 아직까지 내가 미혼이고 해서 어린 아들을 못 보계 하면 형수과 아직까지 미혼인깨 부모을 돌보지 하며 비우쎠까바 적극적으로 부모님을 편하계 하여 더러지 못하계다. 만약에 장가을 간다면 부모님을 적극적으로 육채노동하는 것을 말리며 돈어로 호강을 못해더릴 망정 육체적으로 호강을 시킬 작정이다.

〈1969년 5월 13일 화요일 날씨 흐림〉

과손집에 방을 수리하기 위해서 아버지와 둘리서 부억을 콘치고 구둘도 고루면며 방도 깃독[귓돌]을 다 놓고 이후에는 동생과 3명이 새면으로 만던 것을 전부 구루마로 실려서 과손집어로 위동해 가지고 구들을 전부 놓고 차읇까지 다 쳐노고 내일원 열물 적은 것을 방에 바려며 다 대는 것으로 알고 있쎠며 너저도 6일 이내는 병아리을 가지고 나갈 수 있다고 본다.

병아리는 90푸로 살릴라고 예정했던 것이 일기불순어로 실패가 대단이 많다. (병아리 1마리 실패).

〈1969년 5월 14일 수요일 날씨 맑음〉
아버지와 둘리서 과손집에 문골 박고 방 말율라고 방목을 쬬개 가면서 방을 말유고 앞푸로도 하로 더 잡아야지 방을 말율 수 있지 완나 하고 생각도 해 보았써며 오후에 성용이내 흙거름을 못해서 집에 썩은 집을 구루마 실려니까 5섯 구루마나 대며 들거름을 조금 하고 내일 오전에 하면 성용이내 들 거름을 다 매저지며 앞푸론 논을 갈 예정 있다. 밀 패쎠면[밀 이삭이 패면] 어런들의 말을 더려면 봉답 모재리 한다는대 아직까지 하지 완코 버리논에 씬나락을 단구는대 한참이다.

※ 돈 만원 사람일수록 돈을 아깞개 쎠고 있다는 것을 절씨리 너켜 보았다.

〈1969년 5월 15일 목요일 날씨 흐림〉
성용있내 들거름 하는대 오전에 다 못할 껏 같아서 조금 쉬어서 들거름을 해보있니까 생각보다 읽이 쉬어서 오후 할려고 예정했던 것을 오전에 하니라고 땀을 흙리며 아이사스[와이셔츠] 다 찌저며서 오전 너깨까자 다 마치고 말라쎠며 과손집에 방 말류는대 소나무 풀리[뿌리]을 쬬갤라고 토키을 더려보니 어낙 큰 나무풀리라서 도키가 먹찌 않코 씬벅하게 더려가지 않코서 그냥 두고 우리 산에 소나무 둥치을 캐어서 방목을 조금 하여쎠며 방에 연기가 너무 만이 더려와서 굴떡을 북쪽어로 돌리서 만들어 노어니 매우 잘 던 것 같더라.

〈1969년 5월 16일 금요일 날씨 흐림〉
과손집에 방 말류는대 나무을 배어 와서 방 말류는대 추지서 보통 심이 아니더라. 그리고 닭장 안내 세면을 할려고 예정했따과 뜻대로 대지 아나서 흙손어로 물을 추어가면서 닭장 안을 전부 발라써며 동생이 방목을 배어로 갈려고 저녁 먹고 산어로 올라오기에 저녁 먹어로 내리오면서 생각해도 도저희 대지 않아서 도로 올라가서 동생과 둘리서 오래목 2 두 개 소나무 2개을 배어 와다.

※ 부모님을 어떠개 하여야 편하계 모시며 부모님의 읽이 몸에 비에서 고대 있쎠니 이것을 어떠개 방지을 하여야지 말류할 수 있설까 하고 생각도 해 보았다.

〈1969년 5월 17일 토요일 날씨 맑음〉
감자에 인분 줄라고 구루마로 실려서 감자밭에 주고서 성용인내 논 갈고 오후에는 봉답 모재{리}을 하고서 방목이 적어서 방목을 우리 산에서 소나무 한 포기을 배어 와서 방목을 하고 적어서 동생에깨 나무 좀 비어다 노라고 하고서 병아리 모이 줄라고 와다.

※ 사람이란 평범하계 살라가지 않코 잘 사는 사람 못 사는 사람 사람마다 개성이 재각기 다려며 이것이 사람이 살라가는 대 기천[귀천]이라 하지만 정말 생각할 수록 뿌리는 깊어만 가고 인간의 생각어론 끝을 보지 못하고 인간의 종말을 바야 하는지 아뒤 없키만 하구나.

〈1969년 5월 18일 일요일 날씨 비〉
병아리 운동장 할려고 가는 새키을 동생과 둘리서 잘래기단 3단을 꼬고서 과손집에 시새할려고 구루마로 한 바리 실고서 시새하는대 두리서 발라도 벽 박에 바려지 바려지 못해다.

※ 인간이란 자기 재산이 조금 있설 때는 무이미하계 지내버리고 재산이 다 대버

리고 난 뒤야 참도 모려고 읽을 하는대 인간어로서는 자기 재산이 있쓸수록 부저런하계 노력을 하여야지 남에깨 아쉬운 소리을 하지 아나도 살 수 있다.

인간의 때가 넒 이는[늘 있는] 것이 아니라 때라는 것이 가물에 콩씨을 보기보다 어리운 것이 인간의 때가 아닌가.

〈1969년 5월 19일 월요일 날씨 맑음〉

과손집에 방 시새하고 오후에는 동생과 둘리서 새북을 하는대 새북도 잘 할려면 7짐 원 있써야지 3칸 집을 안전하계 새북을 할 수 있계다.

※ 보리들이 바람에 물결을 치며 5月의 하늘을 부려더시 소리을 내며 읽영그리고[일렁거리고] 보리 향기을 품기더서 사람의 손을 컬계 하는구나.

※ 사람어로서 이 새상에 사라간다면 무었을 어떠계 살라가며 어떠계 행동을 하여 가면서 사려가야지 현명하고 참댄 인간이 댈 수 있는지 생각을 한참 생각해 보았지만 알 수 없는 새상이 대어가는구나.

〈1969년 5월 20일 화요일 날씨 맑음〉

김천장에서 닭장 할려고 아미[22]을 30자 사는대 1자에 25원 달라고 하는대 개우 어너리[에누리]해서 1자에 19원에 30자을 사와다. 과손에 달장[닭장]을 한 바키 도라보는대 어머님과 동생들이 과실 속아서[솎아서] 나도 과실을 속았써며 오후에는 달장에 아미 좀 댈라고 나무을 배어서 기둥을 다 새우고 바닥까지 다 고라다.

오월이란 농촌에서 봄노리에 한참이고 목장에 목동이 들의 산울림에 양때들리 보금자리 해메며 차저더는 시절.

오늘의 지출 (아미 30자에 570원(못 30원){)} 철사 15원 합개 615원.

〈1969년 5월 21일 수요일 날씨 맑음〉

닭 운동장에 아미을 동생과 둘리서 12시까지 대어써며 아미 상점에서 밑부터 못을 쳐고 하면 높이 한 자 너러난다기에 6자 아미을 높이을 평균 6자 5을 하여서 아미을 대어터니 기리가 약 한 자나 부족. 아미라는 {것이} 높이 올라가면 기리가 짤바지고 기리가 기러저면 높이 짧바지는 것을 좀 넓개 생각을 못해서 아미가 한 자나 모자라서 아까시와을 쬬개서 아미 한 자 모자라는 것을 보충하여다. 오후에는 병아리을 과손 개사[계사]로 위동하여서 넓번 개사에 오니 병아리들이 아주 조원 것 같이 할기[활개] 피고 날라다니며 병아리가 좀 신찬다고[시원찮다고] 대는 것을 마당에 마구 사육한 것이 분실하고 뒤우리을 다 해어바도 찾지 못하고 영 분실하고 마라다.

(병아리 1 분실)

〈1969년 5월 22일 목요일 날씨 흐림〉

닭 개사 만더니라고 고구마에 거름 주지 못하고 가물어서 자라지 못한 고구마에 거름을 좀 하고 물을 물통어로 두 짐 주고 과수 밑에 잡초과 무성해서 갱이로 풀 캐고 오후에는 병아리는 동생을 마키고 모재리에 물리 적어서 물을 초불[초벌] 펴높고 모재리마다 피을 6마지기 모판에 전부 주었다.

※ 한국에도 앞푸로 약 20년에 인간 사태

---

22) 닭을 가두어 기르는 망을 일컫는 말이다.

가 나지 않나 하고 생각도 해 보았다. 그리고 병아리 줄라고 개구리 잡는대 남이 볼까봐 한낮지[한 마리당] 6마리 택 잡아 았서 병아리을 주었다.

〈1969년 5월 23일 금요일 날씨 흐림〉

과수 밑때 풀이 무성해서 하로 동안 약 30주박에 풀을 캐지 못했다. 오늘이 4月 초파일이라 구경꾼들이 어대 없시 줄을 지어서 다니{니}까 구경꾼들 뒤에는 길거리을 다니지 못할 지경어로 구경꾼이 쏘다니니 앞푸론 초파일 하면 사람을 발코 절관어로[절간으로] 구경을 갈 끄시다.

우리들 자랄 때는 초파일 하면 무이미하계 초파일 지내 와는대 요사이는 추석 명절보다 더 크개 지내오며 앞푸론 설 명절원 죽어가고 단오, 초파일, 삼월삼심날[삼월삼짇날]이는 행사을 더 벙창하계 육성대리라고 믿고 있다.

※ 병아리들이 추진 흙을 잘 먹키에 병아리 운동장에 물을 부어서 흙 추지개 하여서 병아리들이 잘 먹계 말더러 주었다.
그리고 장미꽃이 밤 사위에 할짝 피어 아침 햇살을 웃는 낱어로 마지하여다.

〈1969년 5월 24일 토요일 날씨 비〉

과수풀을 캐내다 비가 내리서 그만 휴식을 하여 버리셔며 병아리 사료을 주는대 3분 1원 헌터버리고 해서 저걸 어떠하여만 헌지 못하계 하계 만더나 하고 생각 끝때 책을 보니 닭들이 모이 헌지 못하계 만더는 법이 있킬에 비도 오지 다른 읽은 하지 못하고 해서 삼푼있다[23]을 톱어로 설려서 병아리 모이통을 건사하계 만들려 노았다.

※ 인간은 돈에 허욕이 만너며[많으면] 머선 사업을 하여도 성공하기가 어러울꺼이다.

〈1969년 5월 25일 일요일 날씨 개임〉

과수 밑때 잡초을 오늘로서 끝을 맺고 고추에 인분 줄라고 고랑을 만들고 병아리 사료과 좆치 안아서 병아리들이 모이을 잘 먹찌않코 해서 아이들을 불려서 개구리을 잡아 오면 딸기을 준다 하니 4명이 바가지로 한거석[한 개씩] 잡아서 개구리을 난비에 살마서 주니까 잘 먹고 해 조금 남구고 다 주어떠니 소아을 재시간에 못 씨키서 모이을 공벽[공복]을 한 번 하고 남어지 사료 줄 때는 정식 배정양을 주지 않코 조금 적개 주었다.

※ 인간이라고 태여났셔며 금전이 만아서 가족키리 야외 바람 쉬어서 오고하여야 인간에 삶매 바람있찌 무이미하계 한 새상을 보낸다면 차리리 죽어 없셔져야지 사라도 별 수 없다.

〈1969년 5월 26일 월요일 날씨 비〉

팥밭을 매고 오후에는 비 개속 내리서 다른 일도 못하고 과손집에 병을 걸고 머시던지 좀 걸라고 못원 없고 해서 철사을 끄너서 못을 만더려서 너대 개 만들어서 벽에 처서 기름병 거러셔며 옷거리 일절 만더려 노았다.

※ 어너뜻[어느덧] 풋버리 내쌔[냄새] 품기며 보리들이 고개을 숙이고 누럿개 물들고

---

23) '있다'는 판자를 뜻하는 일본어의 '이타(いた, 板)'에서 나온 말로 보인다. 그렇게 본다면 여기서의 '삼푼있다'란 세 푼 규격의 판자를 의미할 것이다.

이는 이때 아낙내들 모신고[모심고] 더러 오면서 밀사리 할 때도 눈앞에 있꾸나. 그리고 산천원 언재던지 비을 기다리다 시피 비과 내리고 난 뒤에는 인간이 새멘하고 방어로 더러가는 것과 같이 산천들원 지난 푸련 빛어로 얼굴을 속 내밀고서 나에 얼굴을 자랑하고 있떠시 말키도[맑기도] 하다.

〈1969년 5월 27일 화요일 날씨 흐림(비)〉

오전에 비가 계속 내리서 아무 일도 못하고 오후에는 비가 머추어서 땂기밭을 매고 이 수박에 거름을 푸고 남원 것은 비료표대에 너을라 해도 조금 녹고 해서 남원 것은 고구마 온상 뿌리고 마라다. 그리고 병아리가 발에 피 허러니까[흐르니까] 병아리들이 닭라더러서 쬬코 해서 병아리 한 마리가 상처을 만이 나서 우마차 기름을 발라 볼 예정이다.

※ 나 자신이 만이 배어따고 시덜한 것은 지급[직업]도 보지 안는 석관[습관]이 한국의 인종의 본능인가분대 만이 배울수록 재일 하발치서 발바 올라가야지 오런[옳은] 지급이지 만이 배어따고 처음부터 조원 지급을 선택할려고 하면 오런 지급을 가질 수과 없다고 본다.

〈1969년 5월 28일 수요일 날씨 흐림〉

병아리통 청소하고 속독[소독]을 하고서 집 배수로을 더 파서 찰흙로 섭키[습기]가 서며덜지 않깨 만들어 노았써며 당파을 전부 캐어서 너러 노았써며 병아리애 사료을 사지 못해서 밀찌울만 계속 사육하니까 먹찌을 않는 것 같아서 아이들이 모욕을 하서 농담 삼아 개구리 잡아는 자는 딸기을 준다 하니 서료 잡아 올라고 하더라.

※ 만약에 병아리 요거만 성공한다면 71년도에는 300마리 사육할 예정이다. 그리고 인간어로서 사업을 할려고 하면 계산을 속속 깊이 개산한다면 그 사업이 이루어지기 어렵다.

〈1969년 5월 29일 목요일 날씨 흐림〉

과실이 만이 열리기는 해가지고 거름이 적어서 거런지 과실이 크지 않코 자꾸만 줄어더러서 동생과 둘리서 적은 것은 전부 속아버리다. 봄배추 가란 대 전부 쬬사서 골을 지어서 질경콩을 가라서며 질경이을 병아리 사료 할려고 22표기을 들래서 캐 와서 과수 밑때 심어바다. 만약에 있때 심어도 잘 살고 번식율 조어며 앞푸로도 만이 심어 볼 예정이다.

※ 내 성격을 오늘부터 계정하고 말씨도 좋은 말을 쎠며 앞푸론 성질을 내부리지 않너며 머선 읽이던지 차건히 읽을 하기로 이 시간부터 맹세하기로 함.

〈1969년 5월 30일 금요일 날씨 맑음〉

모신기 할 때 소먹이 할려고 오늘부터 2망태식 떠더 와서 말률라고 계핵을 싸씀. 그리고 병아리 햇대 할려고 아까시와을 8들개을 배어 와서 햇대을 만더는대 나무 적어서 다하지 못하고 2개 대을 끄만 낭가 놓고 매조지어 버리다.

※ 인간이란 모던 물건에 조금 금이 같다던지 험이 났따던지 하며 곤칠라고 하지 않코 안전하게 금이 가던지 하며 그때사 곤친다고 야단들이지. 무선 물건이라도 예초 곤치버리는 것이 잡온[자본]도 적계 들고 가장 현명한 읽이라고 생각한다.

〈1969년 5월 31일 토요일 날씨 개임〉

{모}신기 할 때 소먹이 할려고 2망때 떠더와서 말륭라고 산소에 너러노와쎠며 병아리 햇대을 만더 노았는대 했대에 올라가지 않코 햇대 밑대 닭똥이 수복이 싸여 있는대 그것을 헌터서 먹고 하면서 모[못] 먹개 만들라고 나무로 토막을 내에서 병아리가 더러가지 못하계 만더 노았다.

※ 사람이란 자본이 짤버며 머리가 혼동이 대어서 머선 사업을 할려고 개핵을 잡아 나와도 사업할 직전에 오며 허리저고[흐려지고] 사람이 덜편 기분이라 안전한 시기는 노치 버리개 대는대 자본이 짤벌수록 개핵 의거해서 꾸준하계 밀고 나가며 성공하지 않나 하고 생각도 만이 해 보았다.

月末 메모

"표준말 사용"
나에 성격을 계성[개선]하고
표준말을 이용하며
무선 말을 해도 침착 이깨
말을 하며 남에깨 축잡피지[책잡히지]
안깨 노력하며 6月 말까지는
나에 성격을 180도로 병경을
할 개핵을 새우고 있씀.

5月에 총지출	1,145원
(병아리 예방약에) (수입금)	70원

〈1969년 6월 1일 일요일 날씨 맑음〉

이달로서 반 일 년이 대는 달이구나. 내가 재대하고 반 일 년이 동안 아무 일도 포[표] 없시 반년을 마지한다는 것이 숙서럽꾸나. 이재 남언 반년을 머리에 남는 읽을 하여야 한다는 것을 너켜 보았다. 그리고 과수 울태리을 아버지와 둘리서 오전 네깨까지 하여쓰며 오후에 신기 때 먹일라고 풀 두망때 떠저와서 말라다.

※ 사람이란 부지련희 할수록 무선 읽이던지 만아진다. 인간어로서 자기 몸이 건강하며 노력을 아끼지 맑라. 노력을 아끼지 않는 자 광명의 빛을 어덜 수 있써라.

〈1969년 6월 2일 월요일 날씨 비〉

우리 집 골목에 동사무소 곤치는대 벽 흙을 골목에 그대루 두어서 비과 오며 찔벅찔벅 하여서 구루마로 실려서 골논에 부어버리고 조금 읽적에 쎠건세[24]을 과손에 갈따 놀라고 구루마로 실코서 못 밑때까지 오니까 산길이가 서각장군을 시련 구루마과 길 북판에 있쎠서 가지 못하고 주인 오두록 기다리다 갑작이 내리는 소낙이로 옷을 전부 바리고 마랐다.

※ 사람어로서 여관 시런 읽이 있떠래도 성을 내지마라. 성도 자주 내며 버릇이 대기 시운이라.

〈1969년 6월 3일 화요일 날씨[25]〉

창길내 개와[기와] 이는대 일 좀 하고서 친구 개와 일라고 지붕 비키는대 읽 좀 해달라고 하는대 닭 핑계대고 못 간다고 하다 친구는 우리 개와 이는대 와서 읽도 만이 하고 했는대 나는 닭에 일손이 모자라지만

---

24) 썩어서 벗겨낸 초가지붕의 볏짚을 가리키는 말이다. 벗겨낸 지붕 볏짚은 퇴비로 사용되기도 하였다. 일기에서는 '쓰건세', '써건세' 등으로도 언급되고 있다.

25) 날씨는 기재되어 있지 않다.

친구는 그러개 인식 아날 끄시며 양심에 가책이 대어서 안 갈 수가 없써서 닭은 동생에 매키고 친구 집 지붕 비키는 대 읽을 거더러 주엇다.

※ 사람이란 너무나 이해타산을 만이 하며 친구가 줄러던다.

〈1969년 6월 4일 수요일 날씨 흐림〉

친구 집에 개와 이는대 일 좀 거더러 주고서 소 먹이고 플 뜨들라고 풀망태을 산어로 가지가서 소 먹이고 풀 뜨들라고 하니까 산에 숲이 우거저서 소 혼차 두고 풀 뜨라고 하니까 소가 겁이 나서 그만 소만 먹이고 일찍 내려와서 소는 나무에 매노코 풀만 한 망태 떠뜨았써며 앞푸론 소을 먹이개 대면 낮참에 풀원 떠뜨다 높코 소만 먹일 에정이다.

※ 나의 난생 처음 가죽나무 꽃피는 것을 보았다. 60십 노인들도 가죽나무가 꽃피는 것은 못 바다고 하는대 이재 나무들도 세월따라 변화는지 알 수 없꾸나.

〈1969년 6월 5일 목요일 날씨 비〉

과손 거름 할려고 쓰건세을 구루마로 실려서 못 밑때 실려 노와써며 오후에 구루마로 실려며 한 구루마만 실려며 다 실윩 끈대 그만 비과 와서 실지 못하고 휴식을 취하면서 병아리 동태을 유심희 보니 병아리 햇대 밑때서 똥을 헌터서 주{워} 먹코 해 저녁에 산에 가서 오래목을 8들개 배어 와서 햇대 밑투로 병아리들이 더려가지 못하게 만들 예정이다.

※ 금일 조카 탄생한 날

앞푸로 4日만 있써며 보리을 비기 시작 할 끄시며 오신기[26] 모도 한참 심을 꺼다.

〈1969년 6월 6일 금요일 날씨 비〉 망종

금일이 망종이라 보리들원 이재 수명이 마지막이 대는구나. 보리들원 죽원 나무가지 모양 말라버리고 마는 시절이 완나바. 그리고 병아리들이 이상하계 자기 똥을 누놓코 자기가 먹을라고 예을 써고 있다. 그전에는 자기 똥을 먹얼라고 예도 쎠지 완나코 서로가 먹을라고 하지 않나는대 현미 사래기 딩기하고 배합한 것을 사육해서 거런지 분관을 못할 정도로 서로과 똥만 누면 좠와 먹기 읽수[일쑤]. 머선 영문인지 알 수 없꾸나.

※ 병아리을 사육할려니까 부란한 감이 언재나 나의 곁을 터나지 않는구나.

〈1969년 6월 7일 토요일 날씨 흐림〉

우리 집에 자나부지[작은 아버지]가 아버지에깨 대떠리[댓거리]를 천다 자너무이[작은 어머니]는 청을 뚜더린다 야단을 치지 않나 모던 행동을 바도 (권씨) 가문 어러런[어른]우로서 절을 수가 인나 하고 곰곰이 생각하다 울분이 터저서 자나부지에깨 원성을 노피어서 사음[싸움]을 하여다. 내가 생각해 볼 때에 내 잘못 없따고 보면 큰어무이 보기에는 잘못했찌 않나 하고 생각도 해 보았다.

〈1969년 6월 8일 일요일 날씨 맑음〉

병아리 사료과 없써서 보리을 5단 배어서 뚜더리서 말라 노았써며 성용인내 봉답 모재리에 피가 많아서 피을 주고 와써 큰어무

26) 올심기. 여기서는 일찍 심는 벼를 의미한다. 즉 올심기의 '올'은 벼에 관해서 뿐 아니라 '올복숭', '늦복숭'과 같이 출하시기가 다른 과수의 품종을 구별하는 데도 사용되고 있다. 이런 점으로 볼 때 '올'이라는 접두어는 이 지역에서 '이른'이라는 뜻으로 사용되고 있는 것으로 보인다.

이에계 어재 잘못을 용서해 달라고 비려쎠며 이재는 이런 일이 없두록 하계따고 결심하였다.

※ 어런[어른] 하기가 쉬운 일이 아니라 인간의 속이 맑고 올발라야지 어런도 할 수 있다.

〈1969년 6월 9일 월요일 날씨 맑음〉

성용인내 밭보리 1.5 돼는 것을 동생과 둘리서 호후 1시 반 동안 배여서 끝을 보았쎠며 우리 밭보리 셋시 3.1일 정도박에 배지 못했다.

※ 사람어로서 상업을 하던지 무었을 하던지 자기 손어로 버는 자는 언재나 1원하나 다툰다는 것을 너켜쎠며 자기 손어로 돈을 만친 자는 90푸로가 금전에 예착심이 더 있다는 것을 절실이 너켜 보았다. 그리고 보리는 언재나 조금 푸릴 때 비는 것이 조금 낮찌 안나 하고 생각도 해 보았다. 그 위[이유]는 푸릴 때 비면 낟냇키 이삭이 떠러저지 안키 때문에 소출이 마너리라고 생각한다.

〈1969년 6월 10일 화요일 날씨 흐림〉

성용인내 보리 타작할려고 예정했따과 보리 비는 돌씨도 안 대고 보리도 체 골지도 안내따고 부모님 말씀이라 그 말씀도 과이 털린 말은 아니기에 우리 논보리 비고 마랐다.

※ 인간이란 플라이더[프라이드]가 너무나 없쎠도 안 대지만 인간이 너무나 자기 이신[위신]을 생각하고 있는 사람원 자기 돈이 없쎠며 물고기에 물이 없떠시 그 사람도 물고기와 다름이 없썰 끄라고 생각하고 있따.

〈1969년 6월 11일 수요일 날씨 비〉

금일 날짜로서 보리타작을 시작하여쎠며 성용인내 보리 타작하는대 남 보기 부끄렵코 예[왜] 우리들원 남보다 못 사라서 나무 집에 대갈림을 하며 나무 읽을 하고 밥을 먹어야 하나 할 때 나 자신이 신경질이 나며 나 자신이 인간의 삶매 대회서 보람이 없코 무이미하계 지나며 공상으로 세월을 보내고 있는 때가 한두 번이 아니다.

〈1969년 6월 12일 목요일 날씨 흐림〉

올해는 논보리가 황무 더는[27] 바람에 논보리는 평작이 못 대는 것 같다. 우리 보리만 해도 작년보다 반 정도박에 대지 못하고 있다.

※ 사람어로서는 할 말원 할 수 있따지만 약속을 지킬 크는 지켜야 한다. 사람이 실없시 잘 지키는[지껄이는] 자는 언재 어디서나 욕을 보계 마련이다. 인간어로서는 입이 천근만근 대어야 남에 실수가 없다고 본다.

〈1969년 6월 13일 금요일 날씨 맑음〉

우리 논에는 오신기 모 오늘로서 칯섬을 보개 대어쎠며 보리도 처음 타작을 하고 보리 집원 훌기지는[훑지는] 아니하고 재어 나와쎠며[쟁여 놓았으며] 사람이 마음에 거러킴이 이쎠서서 그려치 실치 보리집을 훌기 바도 하로의 일당이 나오지 아니하며 밥값도 않 나올 실정이다.

※ 사람어로서는 있다고 희뻐개[헤프게] 쓰지마라. 도리어 미래에는 후애가 댈 끄

27) 荒蕪하다. 관리가 되지 않아 거칠다는 뜻이다.

시다. 그리고 없다고 남에깨 바런 소리을 하지 못하는 수과 허다한대 없썰수록 바른 소리을 하여야만 미래에는 떳떳한 생할을 할 수 있쎠리.

〈1969년 6월 14일 토요일 날씨 맑음〉

금일로서 보리타작을 개상질[28] 끝을 내고 마라다. 그리고 올해는 비과 자주 오는 바람 가을 보리는 숭년작이다. 작년에는 보리가 만아서 들까지[29]는 따로 하고 물 뻔[뺀] 논에도 별또로 한대 올해는 보리들이 황무더는 바람에 보리는 수확을 내지 못해서 씨값씨[씨앗]을 씨값시을 남디기 않코 허리멍덩하계 지내서는 아니땐다.

〈1969년 6월 15일 일요일 날씨 흐림〉

음력 5月 1日

성용인내 굼[30]에 모신기 할려 하는대 물이 없쎠서 동생과 둘리서 펴고 모재리도 물이 말라쎠며 펄라고 도라보니 들까지는 초벌이 있쎠서 조금 펴고 물 펀 논에 와 보니 물이 한 모금도 없쎠서 물을 펄라고 해도 물도 없찌 해서 춘호과 물을 대는대 오후에 신기할 끄라고 물도 한 모금도 주지 않을라고 발부등을 쳐는 것을 생각할 때 내가 생각할 때 오후에 심을 끄라도 모판에 물이 없쎠서 하는대 물 조금 주지 않깨나 하고 생각도 해 바다. 그리고 오후에 심을 끄라도 50평 모판에 물 준다고 못 심{을} 끄도 아니고 언성을 높피서 말을 하니 그 전에야 안 대는대 하길래 물을 내리보내다.

〈1969년 6월 16일 월요일 날씨 비〉

햇살이 따가울 정도로 내리 쪼이는 6月도 오늘로서 반절이 지나는구나. 세월도 이러깨 흙러가는 물과 {같이} 빠런대 인간의 인생원 을마나 파려며 인간의 삶매는 이려깨도 변동 없시 사려가야 하는냐.

그리고 내일 일월도을 시장에 섬을 보일 예정이다.

※ 인간원 사라가는 대는 탈력성이 있쎠야 사라가는 대 조금 편하지 않나 하고 생각도 해 보았다.

〈1969년 6월 17일 화요일 날씨 흐림〉

우리 과손에서 일월도을 시장에 첯선을 보계 대어셔며 복숭아 한 개짝에 500원 바닷다. 오늘로서 가을보리 집까지 전부 맡치다.

※ 북숭아 팔고 오니까 너무나 너저서 갇치 같따 온 일보와 둘리서 오며 일보 하는 하는 말이 빵 한 개식 먹고 가자고 해서 않 먹을 수 없코 해서 같치 2봉을 먹고 난 뒤에 빵 금액을 전부 더러 비니까 일보 하는 말이 그래서는 안 댄다면서 나를 돈을 주길래 할 수 없시 받고 마라다.

오늘 지출 금액 … 빵 10원 그래솔약 50원
총금액 60원

(수입) ① {접} 500원

---

28) 개상은 볏단이나 보릿단 따위를 메어쳐서 쓰는 재래식 농구이다. 개상질이란 여기에 곡식을 메어쳐서 이삭을 떨어내는 일을 말한다.

29) 마을 앞 들판의 이름으로, 일기에는 '들까지', '들까지논' 등의 이름으로 언급되고 있다.

30) 굼논. 굼논이란 항상 물이 차 있는 논을 가리키는 '무논'의 경상도 방언이다. 일기에서는 종종 '굼'이라는 말로 언급되고 있다.

(2접) 100/ 600[31)]

〈1969년 6월 18일 수요일 날씨 비〉

과실 팔로 갇다 오면서 배도 허지건하고 해서 건빵을 사 먹을라고 상점에 알망거리다 복숭아 개짝에 어재보다 약 150원이나 적원대 건빵을 싸 먹어서 대나 하고 양심이 허락지 아나서 허지건한 배을 참고 집에까지 무사위 와쎠며 사람이란 때에 따라 주전버리도 하야지만 주전버리는 한 번 두 번 참지 못하며 사람이란 참기가 없어려어찔 끄시며 인간의 제2 나고자[낙오자]가 될 끄시다.

(오늘의 지출에) 사과 개짝 (1)개 80원
(수입) 복숭아 개짝 (1)개 75원

〈1969년 6월 19일 목요일 날씨 맑음〉

병아리들이 사료을 주어도 잘 먹지 않코 해서 배합사료을 살라 해도 너무나 비싸고 해서 사 먹이지 못하고 해서 조금한 아들이 모욕을 하길래 개구리 잡아면 복숭아 준다 하면서 아이들한때 잡아오라 하니 개구리을 약 50마리나 잡아와서 쌀마서 저녁 한 키는 좀 주고 남어지는 내일 먹일라고 좀 남가 낳다.

그리고 비과 오면 콩씨을 너을 때 잡초과 무성해서 캉이[괭이]로 골고리 껄그서 400평 밭을 종일 매고 마랐다. 닭 개사에 대청소하고 크래솔수 300씨시 병에 150씨시 닭 개사에 살표하고 남어지 150씨시는 다음에 살포할려고 남가 두어다.

〈1969년 6월 20일 금요일 날씨 맑음〉

봄보리을 오늘로서 낮을 대고 가을보리보다 잘 대어서 만이 먹지 안나 하고 생각도 해 보았쎠며 올해갈치 봄보리가 잘 댄다면 가을보리보다 못할 바가 없다고 생각해 보았다. 그리고 가물어서 참외나무가 타죽원 나무도 일부 있코 남어지는 가물이 더려서 배배 도라가는 것을 사람 눈어로 보지 못해서 동생과 둘리서 물지개로 12짐이나 주어서 일부 가물원 면하지만 물로서□□.

〈1969년 6월 21일 토요일 날씨 비〉 하지

복숭을 개짝어로 하나 따과지고 김천장에을 가니 우리 복숭원 재일 적어며 색도 미색이라 남들원 좋은 복숭을 내는데 우리는 남부끄러울 정도과 대니 어찌 사람어로서 좋원 것을 바라지 않깨나. 그리고 상희[상회]서 하는 말이 자도니 하길에 상희 주인에깨 무러보니 잘 아러켜주지 않나서 우리 집에도 물자두과 갱장이 만다고 하니까 그 전[가게(廛)]에서 알려주며 내일 따과지고 오라길에 비과 오는 것도 불구하고 푸런 자두 8개짝 복숭아 ①개짝을 따 나셔다.

오늘에 지출에 → 영한이 감기약 100원
부친 모자 50
총지출 150원.

〈1969년 6월 22일 일요일 날씨 비〉

어재 비과 오는대도 불구하고 금일 (택예[32)]) 실을라고 친구 대현예개 댁예는 (600원) 죽개 수고 좀 대 달라고 하니까 수고해 준다고 해서 저녁 12시까지 다마 수

31) 수입의 합계를 적은 것으로 보인다.
32) 태가(駄價). 짐을 싣거나 날라다 준 삯을 의미한다.

리해서 아침 4시 30분에 집에 출발해서 김천상회까지 7시 20분에 상예 도착혀셔며 나 자신이 이래서는 안 댄다는 것을 알찌만 아죽 푸가일[풋과일]이 아니고 사람에께 큰 희생을 주지도 안을 껏 같따서 푸가일을 8상자을 금릉상희에 갖다 노았다.
친구과 바푼대도 불구하고 해서 술 1대 빵 10원치 총지출이 60원.

〈1969년 6월 23일 월요일 날씨 맑음〉

성용인내 봄보리 비고서 우리 논에 내일 모내기 할 때에 물이 모자라서 동생과 둘리서 물을 함참 펴고서 봄보리 타작할려고 집어로 더려와서 타작할려고 개상에다 해보니 생{각}과 달라서 집원 훌기지 못하고 개상질만 전부 하고서 마라다.

※ 어머님이 허리를 끄거리서 일을 하는 것을 볼 때 어머님이 저러깨 읽을 만이하다 아푸만 어떠하나 하고 극정이 거긴대 어머님은 이 마음을 아직까지 모러고 모내기 하는대 남과 따라 할려도 지치칠끈대 연속 모내는 하는 것으 볼 때 나의 마음이 신경질이 나서 부모에깨 함부로 말을 하여다.

물자두(집에서) 250원, 100원 〉 수입 350원

〈1969년 6월 24일 화요일 날씨 흐림〉

우리 물 뻔 논 모내기 하고서 일찍 집부로 와서 김천 금릉상희예다 풋가일 8개짝과 복숭아 1개짝을 갔다 주고서 돈을 차지 않아서 돈 차저로 갈라고 안행열차을 탈라고 보니 안행 시간이 너저서 합성어로[합승으로] 가는대 열차보다 앙복[왕복]이 10원이나 더한 것을 사용하고 마랐다. 그리고 보리 타작원 점부 오늘로서 우리 꺼는 안전무결하개 마치다.

(금일 지출) → 병아리 폐분 30㎏ 130원
지출금액 합성값 앙복에 40원 목이 말라서 냉차 마신 거 12원동생 끄와 둘리 넌닝구 값이 (2개) 210원 친구 택에값 600원

(금일 수입) → 2,964원 집에서 자두값 130원.
총수입 3,094원

〈1969년 6월 25일 수요일 날씨 비〉

고래 밀논에 밀을 반 정도 비다 비과 만이 와서 비지 못하고 밀단을 전부 집에다 실려도 나았쎠며 비도 이삼 일간 오지 않고 맑은 날씨을 보인다며 밀 타작을 전부 맡칠껀대 비과 와서 휴식으로 더려갔다.

※ 자식과 부모라도 자식의 계핵에 어건날 때에는 나의 계핵대로 실천에 온기야지 부모의 거절한다고 표기해 버리며 성공하기 어러우리라. 예야하며[왜냐하면] 부모는 옛식이고 자식원은 현대식에 떳이 마지 아나서 순조럽계 대지 아너며 부모님 말씀도 너무 더지 아너며 안대지만 부모의 맑씀 3.1일[3분의 1] 정도 더려도 무방하다고 보고 있다.

〈1969년 6월 26일 목요일 날씨 흐림〉

모내기도 이재 봉답 말고 오늘로서 모내기을 끝을 맺고 봉답도 비 만이 온다면 오일정{도}에 모내기을 다 할 껏 같다. 그리고 병아리들이 어된지 모러계 식욕 없고 보리쌀을 주어도 잘 먹지 안아서 아침에 김천 사료 사료[사러] 갓서 배합사료 한 표 사는대 440원 주고 싸 와서 병아리을 주어도

역시 잘 먹지 않더라. 아직까지 병아리들 저러깨 먹지 안는 것은 이번이 첨이다.

※ 인간어로서 참고 밀고 나가는 힘이 크야만 성공길을 차기가 과장 형명한 일이다.

오늘 지출 … 병아리 사료 (배합사료) 1표 440원

〈1969년 6월 27일 금요일 날씨 맑음〉

대갈림하는 사람 집에도 이재 밀보리는 전부 비고 밀 타작만 양 집에 남아 있쎠며 낡씨만 맑은 날씨로 유지한다면 3일 후에는 전부 끝을 보계 댈 끄시다. 그리고 닭더리 전날 먹은 것을 조금도 소아시키지 안코 있쓰서 동생을 시키서 부아장에 가바서 무러보라고 하여떠니 일기가 고루지 못한 탓이라고 하면서 수파마이신이 잘 더을 끄라고 해서 슈파마이신[설파마이신]을 100원 주고 싸와서 시간이 없쎠서 주지 못하고 있쎠며 내일원 약을 복용하여 바야갯다.

※ 부모라도 자식에 마음과 100푸로과 틀리이는 것을 생각할 때 나 자신도 부모라고 하지만 머러만 가는구나.

오늘에 지출에 병아리약(슈파마이신 100원)

〈1969년 6월 28일 토요일 날씨 흐림〉

성용인내 봄보리 타작하고서 우리 밀 타작할려고 낮참도 모루고 밀을 구루마로 실려다 노오면서 이때까지도 낮참을 휴식해 본지는 없찌만 오늘원 어쩐지 손 하나 운적끄리기가 실고 모던 일손이 마음에 잡피지을 않코 어뒨지 모려계 사람이 이 새상에 한번 태여나서 이레깨 고생을 하며 사라야 하는지 어문 갈 정로 육체적인 교통이 심하니 사람이 깨알하계[쾌활하게] 사라가면 명량하계 살 수가 있쓸수냐.

※ 병아라리 소아불량에는 (슈파마이신)이 재일이라고 생각하며 경음담한 결과 (슈파마이신)이 특효약이라고 생각한다.

〈1969년 6월 29일 일요일 날씨 비〉

이때까지 비과 오지 않아서 밭곡석도 너치못하고 있는 찰라에 어제 저녁 7시경 소낙이비과 와가지고 밭곡석을 넣개 대어쎠며 성용인내도 밭곡석 다 넣고 이재 밀 타작만 해주면 다 끗난다.

※ 향군 경비라고 열락병이 열락을 하여 주어서 일개 경비병이 4명인대 2명식 일개 조로 서는대 일개 조가 약 2시간 서고 남어지는 서지 않나서면 먼선[무슨] 위유로서 향군 경비을 세운다는 것인지 알 수 없꾸나. 향군들이 자발적어로 선다면 모려지만 요사이 농번기인대 향군들 불려서 경비하라고 하니까 향군들 자신원 솔선수범하여서 선다는 것을 알지만 너무나 농번기에 시달린 몸이라 한 사람도 자기 위치에 건무하는 사람 없쓰며 경비병이 총까지 남에깨 빼킬 지경이니 머선 영문어로 경비병을 만들려 노았는지 알 수가 없더라.

〈1969년 6월 30일 월요일 날씨 흐림〉

우리는 밀 타작을 안전하계 맡치놓고 비가 와서 봉답을 심기 하두록 비가 와야지 금년 시절이 좇찌 비도 오지 않코 이러깨 봉답 논에 문지가 부여깨 말라버리는 것을 볼 때에 금연도 시절이 아주 좋원 편원 아니댈 끄라고 생각하고 있따.

※ 농부들의 눈코 털 사이 없떤 6월도 저물

어가면 오늘로서 마지막 해을 장식하게 대는구나.

“인간의 푸라이더는 새상이 삶매 대해서는 인간예 재이 좀[33]이라고 해도 가연[과언]이 아니라고 생각한다.”[34]

月末 메모

월말 지출금액
총금액 1,882원

월말 수입금
총수입 4,415원

월말 잔액금
잔액금 2,533원

〈1969년 7월 1일 화요일 날씨 비〉

복숭을 11개짝을 가지고 역전까지 가는대 소가 가지을 못하고 허적거리기만 하고 가지 못해서 생각한 끝대 아래장터 상희[상회]는 역전보다 가실금[과실가격]이 어떤가 몰라도 아래장터 대는 것이 낮찌 안나 하고 생각도 해 보았쓰며 내일원 가실을 가지고 가개 대면 아래장터 상희에 한번 대 볼 예정이다.

※ 지출에 … 아스크림을 10원 / 간빵……… 10원 20원

오늘의 수입에 … 복숭아 11개짝에 2,916
총수입 2,916원.

〈1969년 7월 2일 수요일 날씨 맑음〉

어재는 역전에 갔다 대는대 소가 매일 역전에 갔다 대기 때문에 소가 보통 고통이 아닐 끄시다. 그래서 오늘원 아래장터 상회을 갔다 대 보니까 금액원 1개착에 10원 적을 끝 같더라. 그래도 소가 수라면[수월하면] 조금 적개 받는다 해도 적개 받는 것이 아니라고 생각한다.

수입에 복숭아 11상자에 2,590원 수입
오늘에 지출에 병아리약
(슈파마이신 약에) 100원

〈1969년 7월 3일 목요일 날씨 흐림〉

봉답에 비과 만이 오면 신기할 에정어로[모심기 할 예정으로] 봉답 논을 좀 갈고 고구마 심을 때에 인분을 4통어로 고구마 심을 때을 전부 골고리 푸리고 어머님이 장에 가신다기에 복숭을 가만이로 닷섰 가마니을 볼속 담어니까 개짝 수로는 12개짝 대더라.

※ 내일부터 고속도로 읽하는 대 한 달만 다니서 돈을 착개 대면 가을까지 보관하여 둣따 부화 병아리을 200수을 길여 볼 예정이다.

수입에 복숭 … 2개짝에 750원

〈1969년 7월 4일 금요일 날씨 비〉

고속도{로} 돈 벌로 간다고 변표을 덜고서 동내을 나오는대 정말 말할 수 없씨 남부끄러어서 고개을 잘 못들 지경이더라. 남이 머라 해도 본인의 계핵도을 새우서 살라간다면 아무 거리킴이 없찌 않나 해도 나 자신이 부끄러면 나의 자신이 얼마나 못낮기

33) ‘인간에게 제일 좀이 되는 것’, 즉 해가 되는 것이라는 뜻이다.
34) 이 문장은 6월 30일 자 일기를 쓰고 난 다음의 빈 지면에 따로 적혀 있다.

에 남원 돈이 많아서 중노동 하지 안코 사라 가는 것을 볼 때 함심한 마음도 들 때가 한두 번이 아니다.

※ 내가 차휴에 고생을 하지 않을라면 이재부터 고개을 수거리서 절멀 때 기반을 잡을라고 결심한 것이다.

(오늘 수입) 복숭 … 12개짝 4,850원

〈1969년 7월 5일 토요일 날씨 비〉

고속도로 공사에 돈 벌라고 예정했던 기 비가 오는 간개로 하지 못하고 오후에는 복숭을 12두개짝을 동생과 형 3시 밤 통학차과 올라갈 때까지 복숭을 맟치쎠며 사람이 노력할수록 힘이 생기는 것 같더라.

※ 인간원 언칙을 지키는 사람원 어디을 가나 언칙에 버서나는 일원 아나며[안 하며] 남을 속이서 이익을 볼라고 하는 자는 아니다.

금일 수입에 … 850원 (2개짝)

그리고 병아리가 없키에 위우지[이웃] 다 해며여바도 차지을 못해서 부친이 변소에 보자 하여 변소 아궁을 들러보니 병아리가 그기에 죽어 있더라.
병아리 1마리 실패.
금일 지출에 병아리 사료 430원.

〈1969년 7월 6일 일요일 날씨 맑음〉

오늘원 콩꾸리터 하는대 질통을 절머지는 대 한 짐식 대며 첨에는 질통을 질라고 히망 원했노코 해서 안질 수도 없코 해서 아주머니도 하로 점두록 하는대 소이 보알을 달고서 하로 동안이야 참지 못하계나 하고서 마음 단단이 가지고 자급[작업]을 하니까 그리 크기 뒴[된, 힘든] 것도 아니더라. 하로 당과[단가]는 500원 준다 하는대 학실한 전표도 없써서 500원을 받는지는 할실이 모러고 간조[35]날만 바라고 있는 것이다.

※ 인간이 돈벌이가 수란 것이 없더라.

금일 수입. 복숭(11) 2,950원

〈1969년 7월 7일 월요일 날씨 비〉

봉산 내까에 다리발 박는대 홈 파는대 돈내기을 뛰어서 자급을 하는대 도저히 자칼이 많아서 않대니까 돈을 일당 대구로 달라 하고 자급을 중단하고 하니까 십장 하는 말이 루타로 개산하며 돈이 얼마라는 것이 나온다면서 자급을 하라고 했도 우리들원 루타식원 하로 날일 밖에 나오지 않는다 돈을 일당 대꾸로 달라고 악신악신 하다 본동에서 십장 대리 역할 하는 사람이 내 입장도 바달라고 해서 아무 말없시 자급을 끝까지 안수하고 마랐다.
복숭 12개짝에 3,500원
오늘 총수입에 3,500원

〈1969년 7월 8일 화요일 날씨 비〉

아침에 읽어나니 부설비가 살살 내리서 오늘원 좀 시계다 하고 조금 실 준비을 하니까 비과 갑작이 만이 내리서 봉답 논에 가보니 물원 초불식 더려쎠며 조금만 내린다

35) 보통 건설공사현장에서 받는 품삯을 일컫는 말로, 대개 여러 날 동안 일한 품삯을 한꺼번에 모아서 받는다. 셈, 계산을 뜻하는 일본어 'かんじょう'에서 나온 말로 보인다.

해도 천봉답도 모내기을 할 수 있깨꾸나 하고서 성용인내는 비과 모자라서 어갈이 물을 댕기서 물을 잡개 만더러다. 그리고 앞푸로 천봉답도 6日 정도 대며 모내기는 100% 끝날 껏 같다.

※ 7月 7日 작동 내까[냇가]에 돈내기[36] 한 사람

(이태옥) (윤앙기) (원골리) 약 370원
7月 6日 초곡 콩크리터 일하는 대 같치 한 사람
(이태옥) (원골이) (윤앙기)
당과는 500원 준다 하더라.
7月 4日 작동 내까 날일 당과는(←오전) 180원
이태옥 원골이 윤앙기.

〈1969년 7월 9일 수요일 날씨 맑음〉

성용인내 오전에는 우리 식구까지 모을 심어니 여관 고통이 안니라서 논에는 봉산 사람이 모내기을 하면서 봉산원 봉답이 없셔서 놉이 많어리라 하며 어머님이 무려 볼라고 신기[심기] 하는대 일삼아서 무려 보니까 놉이 3명원 이따기에 삼 명이라도 꼭 좀 대리오라고 하서 봉산 사람 3명과 우리 4명과 모두 7명이 두말 닷대을 점부 심어쎠며 성용인내는 전부 신기는 끝마치고 우리 봉답 두 마지기예 모을 쩌는대 힘이 들어서 조금 일직이 휴식을 취에쎠며 내일원 남어지을 할 예정이다.

※ 금일 순석이 생일{이}었다.

〈1969년 7월 10일 목요일 날씨 비〉

우리 봉답에는 모내기을 마치고 이재는 모재리 박에 없쎠서 푹 시어서 모판에 심을라고 하여는대 성분내가 놉이 없따고 사정사정해서 안 심어 줄 수도 없고 심어 주로 갔더니 놉도 반 정도도 없시 모을 심을라고 논에 더러 있는 것을 볼 때 수고 좀 하계다 싶푸더니 정말 남원 전부 가고 없는대 우리 모꾼만 니림 통학차과 내리갈 때까지 심어쓰며 그래도 다 못 심어서 조금한 논원 남아 있따. 그래도 조금이라도 했과[해가] 있따며 마자 심어주며 좋계는대 했과 없는 관계로 심어주지 않코 전부 더러와따.

금일 수입 … 복숭(2개짝에) 3,070원
　　　　　자두 3 〃 〃
　　　　　총 수입에 … 3,070원

〈1969년 7월 11일 금요일 날씨 맑음〉

사람이란 돈이라면 육체적인 교통을 무렵쎠고 돈 벌라고 허덕이계 된다. 나도 모내기도 모두 맡치고 집에서 좀 실라고 예정했던 기 남원 돈 벌로 가는대 집에서 쉬면 대계나 하는 생각에 허리도 아푼 것을 참고서 고속도로 자갈 쳐는 대 읽하로 가서 3명이 약 닷차 조금 부족이 댈 껏 갈더며 자갈 작원 것은 300백 원 주고 큰 자갈원 200원 준다고 하는대 노임을 천다면 하로 일당이 안 댄다고 보는대 육촌 형님이라서 냉냉실 말을 못해서 하로 당과가 맡치을 않코 있다는 것을 의식하고 있다.

복숭아 11개짝에 5,500원
(수입에) 5,500원
고속도로 … 연봉 내까에 자갈 천 것이 4차반 정도 대며 (인보근) (임해성) (운노)

---

36) 공사를 할 때 일정한 분량의 일을 단위에 따라 품삯을 미리 정하고 하는 작업형태를 뜻하는 말이다.

하로 당과[단가] … 약 300원.

〈1969년 7월 12일 토요일 날씨 비〉

고속도로 돈 벌라고 예정했던 것이 집에 일이 바푸다고 집에 일 좀 해놓고 가라고 해서 콩밭에 콩이 나지 않아서 콩씨 머더릴라고[심으려고] 풀을 일부 깨고 나서 콩씨보다 모신기 논에 거름이 바푸다면서 피 좀 주서내고 거름 할려고 전부 피을 주서 내니까 시간이 일직에서 성용인 논에 피 좀 줄라고 갈려고 하는대 비과 와서 가지 못하고 집우로 도라와다.

※ 인간이란 돈이 많을수록 구두세과 대는 법인지 돈 많은 집에 읽하로 가면 무었던지 만족하계 먹지 못하고 도라오는 것이 보통이 대는구나.

복숭아 (16개짝) 5,800원
금일 수입 5,800원

〈1969년 7월 13일 일요일 날씨 맑음〉

콩밭에 콩씨과 나지 않아서 동생과 어머님 셋이 콩씨을 머더리는 대 한나잘이나 걸리쎠며 콩씨란 머더리계 대는대 이재는 콩밭에는 콩씨을 푸리지 말고 콩을 난냇키로[하나하나] 심어야지 콩씨을 머더리지 않치 올해는 설마 콩씨 않 날라고 하는 마음어로 하여따과는 콩 농사는 매년 흉작이 맨치 못하리라.

※ 인간어로서 한 번 실패하계 올해는 안아갰지 하고 시작하고 또 시작하고 하면는 남는 것원 몸밖에 남찌 않을 끄시다. 인간어로 한 번 실패하면 실패는 성공의 어머님이라 하지만 백만장자 아들로서는 실패과 어머님이란 뜻이 마절란지 모려지만 그려치 아니한 자는 한 번 실패과 10년을 두고 점검하며 검토을 해서 안전하다고 인식이 갈 때는 사업에 발을 뒤디 바야 한다.

금일 수입 … 329원

〈1969년 7월 14일 월요일 날씨 비〉

깨밭을 온차서[혼자서] 김을 매니까 줄지도 않코 심심하기만 하고 읽에 의옥도 없시 무이미하계 깨밭을 매고 가실[과실] 딸라고 일직 마치고 과실을 16개짝 따는대 동생과 둘리서 저물두록 가실을 울터쓰며 가실이라는 것은 더물계 달라서 일도 적계 할 푼만 아니라 구루마 실련대로 짐이 단추하고 모던 것이 수라며 돈 거맥[금액]도 오히려 만너리라고 생각하고 있따.

※ 병아리들이 읽기분순[일기불순]어로 거런지 소아을 시키지 못하고 볼록하계 남어서 사람을 개럽계 만들고 있쓰서 소아재 건이산[37]을 싸와서 보용해 볼라고 50원 주고 싸와다.

홍자두 1개짝에 600원, 복숭아 15상자에 2,800원 〉 수입 3,600원

지출이 (병아리 소아제[소화제]) 건이산약 50원.

〈1969년 7월 15일 화요일 날씨 비〉

고구마 골래 북주고 복숭 따는대 시간이 너무나 만이 걸리서 오후 3시부터 시작하니

37) 건위산(健胃散). 위를 튼튼하게 한다는 의미의 가루로 된 약이다.

까 조금 일적 따계더라. 이재부터 조금 일적 시작해서 좀 일적 마치는 것이 마음 편하고 소예깨도 안전성이 있써며 사람이 바푸지을 않깨 댈 껏이다.

※ 작년에 초복에 신기을 못해 허덕이고 있쓰는대 금년에 어재과 초복인대 들판에는 새파라계 황울지고 농부들원 논에 김매기에 한창들이구나. 농부들의 함성에 잡풀더리 힘을 쎠지 못하고 논바닥에 쬬거리고 있는 것 같치 아무 말없시 명만 유지할 정도로 농부들의 함성이 들판이 헌들이개 만들고 있따.

복숭아 … 5개짝 2,400원 (수입)
복숭아 낮개로 … 285원 (수입)

〈1969년 7월 16일 수요일 날씨 비〉

복숭을 실고서 용신촌에 어기에 갈려 하는대 내리오는 추력이 속력을 수십 마일 정도 달리서 갑작이 내 압에 오는대 마침 물이 있쎠서 내 옷을 버리지 않늘라고 구루마에 바짝 다가 부터서 피엘라다 구루마 발통에 내 발까락우로 지내가서 발원 아푸고 해서 내 속어로만 욕을 하고 저는 차는 속력을 저려깨 내다 뒤집피야 맡땅하다고 생각하고 있쎠며 나 푼만 아니라 학생들 아침 맑은 공기로 호흡하며 공부하로 간다는 학생도 이 명이나 뒤집쎠쓰니 학생원 종일 동불깨한 기분어로 하로을 지나설 끄시다.
병아리 사료 배합사료 430원 (지출)
복숭아 10상자 1,500원 (수입)

〈1969년 7월 17일 목요일 날씨 맑음〉

오늘부터 기개로 논을 매개 했쎠며 논 매개 댈 때는 물을 안전하계 패내어서 논바닥이 안전하계 더려날 때 논을 매야지 사람도 수라고 기개도 들 상하지 물이 만을 때는 사람이 뒤서[되서] 매지을 못하계더라.
우리는 동생과 둘리서 매는대 물대기 힘던다고 물을 전부 패지 않코 논을 매떠니 두리서 넷 마지기도 지발[간신히] 맬 정도 대니 사람이 얼마나 욕이 많깨너냐. 앞푸론 논 맬 때는 물대기 힘이 더려도 물을 전부 패고 논을 매야 대개따는 것을 절시리 너켜다.

※ 절멀 때는 친구가 너무 많아도 돈 벌기가 힘이 덜 끄씨다. 나의 생각어론 절멀 때는 돈 벌기 바푸니까 친구도 없쎠야 하며 고개을 수기서 돈만 벌개 대면 자연적 친구는 딸개 대는 것이다.

금일수입	홍자두 3상자	1,500원	2,150원
	복숭아 1 〃	200〃	
	자두 2접에	200〃	
	집에서 낮개로	250〃	

〈1969년 7월 18일 금요일 날씨 비〉

논을 동생과 두리서 매고서 복숭과 자두을 딸라고 낮참도 쉬지 완코 홍자두을 두 기짝 따고 복숭원 9상자을 땃쓰며 대구에서는 고치금이 좋다기에 고추을 10관 땃과지고 대구장을 어머님이 가지고 가서 관에 160원 한다더라 하면서 운님[운임]원 전부 패고 전 수입만 1,400원 가지고 았더라.

※ 사람이란 남에 말을 덥고 행동을 취하며 언재나 실패과 뒤따라 다니는 것이다. 남에 말원 3분에 1은 덫지만 100% 덫는다면 성공하기가 어러우리라.

금일 수입 고추 10관 1,400원
총수입 1,400원

〈1969년 7월 19일 토요일 날씨 비〉

과실을 실고서 장을 한참 가는대 추력이 마구 달리서 길을 혼잡을 만더러서 저는[저런] 차는 개울까에 쳐박혀서 운영도 하지 못하고 있셔야지 다시는 저는 행동을 안아지 하고서 욕도 했다. 그리고 한참 가니까 추력이 논에 빠저서 나오지 못하고 있쓰서 말덕아다 하고서 욕을 하고 막 갈려 하는대 운전수와 조수과 차과 빠져서 아침도 먹지 못하고 해서 배과 과파서 가실을 좀 팔라 하는대 요사위 운전수 행동을 바서는 팔고 어짜고 거낭 가면 맡당하지만 추리하계 가지고 복숭을 팔라 하는대 팔 끄는 없써니 거낭 먹어보라고 하면서 약 20원치 정도 주고 았다.

금일수입 복숭아 9상자 1,780원 〉 3,580원
홍자두 2상자 1,800원

〈1969년 7월 20일 일요일 날씨 비〉

콩밭을 매는대 이우지 아주머니가 들예 다리 놓는 사람들이 우리 감자을 개킬예 감자을 캐지 마라 하니까 이것은 캐기 대어 있따면서 캐 가더라고 이야기을 하여서 말이 개심해서 공사하는 대 가서 무려보니까 아무도 대답 없고 해서 뫃공 뒤바주는 사람이 라서 당장 잡고서 어제 감자 캐지요 하니까 말이 없써서 다시 큰소리로 무려니까 그 전에는 벌벌 떨기만 했서 요놈이 분명이 거래꾸나 인식이 대어서 손을 댈라 하다 참아 손원 대지 않코 목아지을 볼끈 조라서 어버치기로 땅바닥에 칯니까 잘못했따고 용서을 햇달라고 하는대 분에 넘쳐서 목아지만 숨도 못시계 마구 조려니까 역전 동장과 여러 사람이 말리서 맹맹실이 끝까지 카지는 못하고 참고 마랐다.

〈1969년 7월 21일 월요일 날씨〉

오줌은[요즘은] 비과 매일 오다십피 하니까 밭치 매일 매도 끝이 나지 않코 해서 동생과 어머님 샛시 매어도 끝을 뫃보고 마라쓰며 오후에는 어머님과 자두와 복숭을 따는 둘리서 하로 정때 따도 일직 뫃 따서 저녁 아홉시경 집우로 실고 갇다.

※ 인관이 달나라에 발을 뒤디서 다니계 댄 날이며 앞푸론 인간도 달나라에 살 끄시며 우리 후대는 돈 만원 사람에깨는 광강지 댈 끄시며 달나라에 인간에 살매대에서 불편 없따며 육지 사람 없고 달나라에 살지 않어늘란지도 모려계다.

〈1969년 7월 22일 화요일 날씨 비〉

이제 불필요한 비만 계속 내리니까 집 주변에는 지지분한 물채과 없쓰절 날이 없고 집 주변서 썩는 물건도 한두 가지가 아니며 이대로 한 달만 간다면 인간도 병어로 육지의 인간들을 좀 속을란지도[솎을는지도] 모러고 있다.

그리고 과실을 실고 가는대 비과 내리서 극정이 대던이[되더니] 조금 내리고 오지 않아서 김천상회에까지 무사이 도착하여쓰며 구루마 가는 편에 인모 집에 감자을 요소비료 풋대에 한 거석 주고 오는대 눈님이 부러길력[부르길래] 보니까 떡을 사가지고 아서 먹어라 주길에 요면서[오면서] 잘 먹어다.

(수입) 복숭아 5상자 1,100
대신서(반 상자) 350
홍자두 3상자 2,900
구루마 택에 실원 것이
소주병 6상자에(160원 수입)
합계 4,510원

금일 지출에 … (송판) 170원

〈1969년 7월 23일 수요일 날씨 맑음〉

고속도로 돈 벌라고 아침을 일적 먼는다고 했는대 장 다니는 사람은 나보다 일적 가서 따라 가계따고 좀 뛰어서 대신까지 같는대 그래도 사람을 보지 못하고 찾는다고 해매어 보니까 벌서 연장을 지급 바다서 나오고 있떠라. 그래서 나도 팔리 가보니까 연장원 하나도 없고 해서 조금 기다리니까 공구장 하는 말이 공구 없는 분은 도라가 달라고 하더라. 그래서 도라오기도 숙서럽코 해서 대신 명수 집에 가서 삽을 빌리서 작업을 하고서 날일이라서 잠은 오고 노곤에서 돈내기을 뛰어서 좀 일적 맡칠라고 십장에게 돈내기을 어더서 오후에는 돈내기을 죽두록 하여는대도 날일에 비에 약 1시간 덕 본 샘박에 대지 않떠라. 앞푸론 날일 돈내기는 안키로 결심하고 있따.

(대신 공구에) 배수로 날일 하는대 이태옥 박원섭 삼 명이 하였다.

〈1969년 7월 24일 목요일 날씨 맑음〉

고속도로 돈 벌라고 아침을 먹고 대신 현장까지 가니까 도구을 들고서 작읍을 할려고 준비을 하고 있써서 나도 작읍을 할려고 오삽을 지고 있써니가 오삽은 작읍을 모한다면서 집우로 도라가라 해서 할 수 없시 집우로 도라오면 생각하길예 다리는 도라가는 사람이 없는대 나만는 아침이 너저서 집우로 도라오니 사람이 을마나 신찬어서 이끄지 와서 도라가계 만들까 생각해 볼 때 부모아로[부모라면] 집에 와서 언푸리[원풀이]을 하지만 그러치도 못할 형수가 거래나쓰이 언푸리도 못하고 속만 썩고 마랐다.

〈1969년 7월 25일 금요일 날씨 흐림〉

밭골을 쓰고서 식구들리 매쓰며 눈님이 오셔서 매줄라고 해서 낮두라고 하여도 매 줄라고 더러서면서 매기을 할 수 없시 그냥 두어다.

※ 사람이란 일을 할 사람이 하여야지 안심감이 들지만 읽도 아니할 사람이 읽을 하계 대며 언재나 불안감이 떠나지들 안는다.

※ 사람이란 개핵안을 새우서 큰덕지계 했간다며 끝을 보개대지만 개핵을 세우지만 사람이 힘없고 꾸준한 힘이 없써며 준관에 도중하고 만다.

〈1969년 7월 26일 토요일 날씨 맑음〉

밭을 매는대 하도 더우서 ~~웃옷~~을 버고서 밭을 매니까 땀에 모욕한 것처름 물리 줄줄 흙려내리서 빤서을 다 바리서 모욕하고 5분 정도 밭을 매며 역시 맞찬가지라서 좀 휴식을 취예서 서늘할 때 밭을 맬라고 거늘에 휴식을 하고 마라다.

※ 병아리들이 이재야 삵[살]이 부터며 택쬬바리가 도다나며 어미 행동을 서서이 행동하고 있따.

무선 물채던지 변함이 있써야 지류한 감이 없쓰전다.

〈1969년 7월 27일 일요일 날씨 맑음〉

향군 예비병 교육이라서 집에 일도 못하고 오전에는 정훈교육을 소대장 아래 교육을 하여다. 오후에 아포지서에 올라온다면서 1시까지 집팝하여 달라 하더니 지저분하계 지내고 말라다.

※ 내가 수상한 때 막상 잘못하여더라도 순석이 형제관들리 나을 바도 무이미하계 지내는대 자기들원 우선 돈 이고[있고]

글도 만이 배우따고 우시대는지 몿라도 나도 저들만끔원 푸라이더가 있쎠며 아직까지는 돈에 시달리지만 돈 있는 저들 부러지는 아너며 저넘보다 피가 강화계 뛰고 있따는 것을 알리고 십다.

〈1969년 7월 28일 월요일 날씨 맑음〉

과실을 두 상자을 가지고 자전거로 갈려고 예정했던 것이 이발사 집에 구루마로 복숭을 실고 간다 하길에 한 상자는 구루마로 실고 가고 남어지 한 상자는 자전차로 실고 갇쎠며 막상희 더러가니까 구루마에 짐을 부루는대 소과 허덕이길에 이발사 보기 미안에서 술 한 잔 하로 가자고 손을 잡고 끄러도 가지 않을라고 해서 그만두고 마랐다.

※ 복숭을 값치 있시 파라 먹을라고 하며 장을 잘 타고 더려가야 가야지 오런 시세을 바지 장을 잘못 타고 더러가면 반절 정도 박에 값을 못 바고 만다.

※ 예비군 보초가 도라와서 실행에 온기다.

홍자두 한 상자 부족 510원

복숭아	1상자	360원	1,030원 수입
풋고추	2관	160원	

〈1969년 7월 29일 화요일 날씨 비〉

과수 밑때 풀을 캐고 미물[메밀] 갈라고 동생과 둘리서 풀 캐는대 개단 하나 정도 박에 캐지 못하고 마라쎠며 앞푸로도 약 삼일 정도 캐야지 미물씨을 푸릴 정도로 댈 꺼 같다

※ 인간이 무선 사업을 하다과도 건태정[권태증]이 생기개 대는대 사람어로서 이 고비을 너기[넘게] 대면 성공했따고 해도 과연이 아닌대 헌니[흔히] 보면 고비을 넌기지 못하고 허덕이다 때는 넘기께 대고 만다. 무선 읽이던지 이을 물고 해야만 인간에 삶매 보태미 댈 껏이다.

※ 말이란 황상 생각해서 할 끄시며 말원 표준말을 사용할려고 노력하여야 좋은 말이 생긴다.

〈1969년 7월 30일 수요일 날씨 비〉

부친과 동생과 셋시 과수 밑때 풀을 오늘로서 풀을 전부 제거하고 내일이며 풀을 전부 주서 내서 오후에는 매물 씨을 너을 예정이다.

※ 사람이란 무선 일이던지 배루기만[벼르기만] 하면 노치고 마는 것이다. 사람이란 노치고 나며 아시운 것이라.

"사람이란 재바러고 남보다 열심이 읽을 하고 남들이 열심이 한다고 하며 언잰과 부자가 댈 꺼이다."
"인간이란 노력을 아키지 안너야지 성공할 수 있다"

〈1969년 7월 31일 목요일 날씨 맑음〉

과수 밑대 풀을 저거하고 매물씨을 너을라고 동생과 둘리서 골을 갱이{로} 일부 만드러 노았다. 내일은 재을 가마니로 가지고 가서 너을 예정이다.

※ 어머님이 아푸다기에 읽할 의옥도 없시 하로 읽과을 보내고 마라쎠며 만약에 내가 어머님의 위치에 있따며 아무 읽도 하지 않코 건강에 주의해서 자식과 살라간다며 아무 걱정 없시 지날 껀대 몸은 약한 대다가 읽은 몸에 비에서 고대니까 병원 낮찌 않코 매년 여름만 오며 병이 악화계 발생하니 자식들은 을마나 극정이 대는지도 어머님은 모러고 있쓸 끄다.

月末 메모

"산봉어리서 들 복판을 내리다 보니까 농부들이 모내기 노래 불려는 지도 어재 같던대 들판에 벼들이 푸러개 물들고 있쓰며 바람에 금물결 읽있는 것 볼 때 사람 인생도 저 벌판 모양 바러계 변할까 의심스러없다."

총수입 ····· 51,668원
지출 ······· 1,080원
잔액 ····· 50,588원

〈1969년 8월 1일 금요일 날씨 비〉

매물 씨을 전부 너어쎠며.

"사람이란 씨값씨을 너을 때는 조금도 실싸이 없시 노력을 하여야 하며 씨값씨 너을 때나 평소 때나 노동을 갈치 한다면 농사는 언재나 풍년작을 만들지 못할 끄시며 언재나 예관상 보기에 희미하계 보일 끄시다."

"언재나 남은 항시마[38] 고개길원 내 길이라 하며 고개길 넘어 다니다 절먼 청춘 다 보내며 자식예깨도 이 길을 물러 줄라지 하고서 말덜을 하지만 자식까지는 물러줄 의욕은 어쓰며 나의 한 평생원 닭과 생활을 같치 할 줄 몰러개따."

(금일 수입) 복숭아 120원

〈1969년 8월 2일 토요일 날씨 비〉

나의 생전에는 금년보다 비가 만이 내리는 해는 없쓰며 올해는 비료 낢리을 낼 껏 같이[비로 난리를 낼 것 같이] 하로도 말은 날씨을 보이주지 아너니 사람이 궁금중을 항상 떠나지을 않는구나.

"비도 내리고 해서 딴 읽은 하지 못하고 병아리 문을 송판어로 만더러 노앗쎠며 병아리들도 소아불랑 극정은 아널 때도 대어는 대도 불구하고 매일 극정이며 오늘도 한 마리가 소아불랑을 이러키서 닭장에서 도태해버리고 하로 동안 공복을 씨키버리고 마라쎠며 이상하계도 사료 광개[관계]가 도모지 알 수가 없쎠며 불란감을 떠날 수 없시 나날을 보내기 대니 양개 하기가 이러깨 힘이 더러서 어뒤 해먹개나."

〈1969년 8월 3일 일요일 날씨 비〉

비. 비오는 간개로 아무 일도 못하고 휴없을 하여씀며 사람어로서는 일기분순어로 읽을 못하계 대며 육채적어로는 고통이 없찌만 정신적어로는 육체 멧 곱절 더 고욕이라는 것을 맹심 하였다.

"낡시도 맑고 맑은 공기만 날라다닐 때도 대어는대 매일 날씨는 무었을 못당하기에[못마땅하기에] 매일 찌부리서 나날을 보내야만 하나 의심서러울 정도로 한심서러웁다."

"인간은 알찬 인간이 대어야 남예깨 호평을 바고 사라갈 수 있다."

〈1969년 8월 4일 월요일 날씨 비〉

두불 콩밭을 매고 있쓰니까 비가 만이 와서 매지 못하고 마라서며 오후에는 봉답 논에 이사띠[39]을 철라 해도 모 패기[포기]가 부더러서 이사띠도 쳐지 못하계따면서 동생과 셋이 매자고 하여서 논을 한참 매고 있쓰니까 임선이 할머니가 도리 밑에 참외을 셋 계 같다 노았다면서 먹고 하라고 하여서

38) 마을 앞에 있는 고개 이름으로, 풍수지리상 황새목에 해당한다고 하여 붙여진 이름이다. 저자가 큰골 자두밭과 부모님의 산소를 오갈 때 주로 이용하던 길이기도 하다.

39) '이사다'는 '잇다'의 경남지역 방언으로, '이사띠'는 무엇인가를 이을 때 사용하는 줄을 의미한다.

한참 매고 쉴참에 참외을 잘 먹어다.
"할머니한때 참외을 여러 분[번] 어더 먹어서 그 성이을 표시하여야 하는대도 불구하고 아직까지 성이을 표시을 하지 못해쎠며 마음적어로는 성이을 있찌 않코 있쎠며."
"남안이[나이 많은 이]의 성이을 언제까지나 가슴 속에 간직하고 있다."

〈1969년 8월 5일 화요일 날씨 비〉

소로 깨 골[깨밭 고랑]을 쓸라고 예정했던 것이 비가 많이 오는 간개로 쓰지 못하고 호미로 거낭 다 매고 마랐쓰며 앞푸론 깨밭이 만이 짖개 대며 사람이 훗치[후치(보습)]을 꺼러서 깨 골을 북을 만이 주어서 지섬[40]이 나지 않캐 할 예정이다.
"병아리들이 갑작이 밀찌울을 대니까 병아리들이 잘 먹지 아너서 배합사료을 살려고 예정했던 것이 양개업을 하고 있는 사람들의 유세을 더러 보며 맬치 대가리 부셔전 것이 더 효과라고 말을 하여서 나도 배합사료는 거낭 두고 맬치 대가리을 약 5대에 200원 주고 사와다."
금일 지출 … 맬치 대가리 200원.

〈1969년 8월 6일 수요일 날씨 비〉

날씨도 고루지 못하며 비가 계속 내리는 바람에 아무 일도 못하고 방에서 공상어로 하로 읽과 보내쎠며 사람어로서 공상이 한계점 업시 끝이 나고 마라쓰며 인간어로서는 공상원 공상으로 꼈이 나는 것이며 공상원 인간의 좀이라고 할 줄도 모런다.
"요주음 일기 기상원 아들 하로 일기 보더시 벌소리만 하는구나. 관상대에서 금일부터 계인다더니 오늘도 개이지 안코 계속 전날과 갈치 비가 내리니까 광상대 하는 말이 내일부터는 개인다고 예보하니 누구의 말을 더을찌 머리가 벙벙할 지경이다."
"정국적어로 바도 금년갈치 장마가 오래 개속댄 해는 금년보다 더한 해는 업쓰리라고 미고 있다."
복숭아 240원 (수입).

〈1969년 8월 7일 목요일 날씨 비〉

고등학교 나온 순기도 취직 취직 했도 실력이 모자라서 시험을 치루어도 대지 않코 매일 빈들대는 순기를 보니 동민 보기 부끄러서 순석이나 공무원나 만더러 볼 꿈심어로 살도로[자주] 꾸중을 주고 따이려고 해서 조금이나 성적이 나저는 것 갈더니 내가 과손 집에 매일 잠을 자니 아무도 간섭할 사람도 없쓰니 저 나양대로 노라나서 실력이 아주 덜러저는 것을 보니 나는 순기가 저러개 빈둥대는 것을 보고 순석이도 학교 재학중에는 설마 나야 출세하계지 하고서 자부심은 하고 크개 가지지만 막상 학교을 나오면 세상이 이러꾸나 하고 후예를 할 줄 알고 무지한 노력어로 순석이을 출세시켜 보자는 욕망어로 별별 수단을 닷 쓰찌만 아무 효과도 없고 내가 동생에깨 무리하계 말을 하고 욕을 하고 하는 것이 동생에 출세의 도움이 댈까 하고 욕을 해 보았지만 막상 내가 생각했본 결과 자기들이 출세하며 자기들이 잘난 것어로 알 끄시며 결국은 부모가 안개시며 나에깨는 우정마자 없쓸 끄시

---

40) '김매다'의 충청, 전라지역 방언으로 '지심매다'가 있는데, 여기서의 '지섬매다'는 경상도 지역 방언으로 보인다. 그렇게 본다면 '지심', '지섬'은 잡초를 의미하는 말일 것이다.

며 그러니 자기들의 출세을 하던 말던 그냥 두고 볼 끄시다.

〈1969년 8월 8일 금요일 날씨 맑음〉

어머님이 몸씨 보기가 아주 야위어 보이길래 김천 고바우 약방에 문이해서 어머님의 이장약을 770원 주고 싸 와쓰며 그리고 내가 김천 가기 때문에 달모이을 주라고 하고 갈더니 싯킨 대로로 주지 않코 내가 주라는 것보다 1희나 더 주어서 내가 동생 밥 먹는대 잘못 주어따고 욕쓸 하니 동생의 말이 자기의 생전에는 달 밥을 안준다고 하길예 신문지로 고금 때리니까 부친 하는 말씀이 밥 먹는 것을 때린다고 날을 꾸중을 주어서 달개 바다쓰며 나 자신의 생각에도 큰 잘못이라고 니우치다.

지출 어머님 위장약 770원 병아리 소득약
약 크래솔수(400씨시) 60원
합개 830원.

〈1969년 8월 9일 토요일 날씨 맑음〉

고구마 밭대 풀 캐면서 고구마 북을 월래 이랑에서 삼샌치좀 북을 주어쓰며 날씨가 개속 비만 안는대다 맑은 날씨을 보니 사람들이 읽을 못할 정도로 더의서 일손을 약 10시 경에 머추고 마랐다.

"오후에는 너무나 더어서 낮참을 약 새 시간 정도로 휴식을 취예도 조금도 선선한 기분 없쓰서 할 수 업시 소을 몰고 채소밭 갈로 나가쎠며 아직 초보자라서 그런지 조금 일적 간다고 서들어는대도 다 갈고 나니까 너무나 절물어서 어덥계 집우로 드러왔다."

복숭이 250원 수입
지출에 … 10개 (개알) 100원.

〈1969년 8월 10일 일요일 날씨 비〉

포도밭에 풀이 무성해서 전부 캐고 나서 미물밭도 지섬이 가끔 있쓰서 매고 해가 저물어서 일손을 머추고 마랐다.

"사람이란 언재나 점잔따는 평을 바다야지 살라가는 대도 도움이 댈 뿐 아니라 부모의 자랑이다. 인간이 좋원 평을 밭찌 못하고 사라간다며 자신의 욕도 대지만 가만이 있는 부모가 욕을 먹개 대니 어찌해서 자식 도리로 부모 욕을 먹개 만들 수가 있나 생각을 해 볼 수가 있쓰며 생각을 할 필요가 있다.

복숭아 50원 (수입).

〈1969년 8월 11일 월요일 날씨 맑음〉

봉답 논두름에 풀이 무성해서 물을 전부 막고 시간이 많이 남아서 미물밭을 매고서 오며 길이 너무나 질어서 길을 삽어로 사람이 다닐 수 있깨 만더러 놓아다.

"사람이라는 심리가 밑천을 더리서 수학을 내는 것을 실려하는 것이 보통사람의 심리라고 본다. 사람이 사업에 밑천이란는 우선 씨갑씨을 보더래도 무선 품종이던 양이 만고 돈이 허런 것을 선택해서 씨갑시을 심는다. 이것을 모종이 잘라며[자라며] 정성끝길려 보며 품종이 낮파서 수학량도 적을 뿐만 아니라 큰 실패가 대는 것이다. 이것을 다 너겨 보고도 시정을 못하는 것이 사람의 심리의 하나라고 본다."

〈1969년 8월 12일 화요일 날씨 맑음〉

깨 거름이 적어서 노랐개 해서 자라지 않코 해서 요소거름을 약 3대을 헌치고 조금 일적에서 고구마 순이 이랑에 푸리을 박고 있는 것을 전부 재키서 풋리을 공중어 보개 만더러 노앗쓰며 고구마라는 것은 던불이 나가기 전에 순을 재키고 골을 두서너 번 쓰서 북을 주어야지 고구마 풍년작을 만들 수 있따는 것을 너켜 보았다. 고리고 복숭이 만이 떨러저서 김천 갈러고 5섯 개짝을 고라 따쓰며 과수라는 좋원 나무을 선뗏해서 심어야지 수입을 보는 것이라고 절시리 너켜쓰며 앞푸로도 (서모사[41]나) (배) 종류에는 심어 노며 성공하리라고 생각한다.
복숭아 60원 (수입)

〈1969년 8월 13일 수요일 날씨 맑음〉
미물밭을 매고서 오후에는 형과 동생의 둘리서 약 철라고 해서 요즘 형이 매말라서 약 쳐기가 급이 날 쌍 십펴서 약 쳐로는 내가 갈 터니 탄 읽[다른 일] 하라고 하고 나와 동생과 둘리서 호로돌 약을 30씨시 너어서 7마지기 논에 쳐쎠며 약을 철 때는 한 사람이 셋 통 이상 쳐며 육체적어로 손에가 갈 끄라고 생각하여쓰며 약을 사용할 때는 마스크을 이용해서 살표하여야 하는대 요세 사람들원 마스크도 사용하지 안코 함부로 사용하고 있는 것을 볼 때에 급이 나더라.
복숭아 500 수입.

〈1969년 8월 14일 목요일 날씨 비〉
배추밭을 형이 갈고 있쓰니까 무꾸고[묵히고] 있는 밭을 종수가 보고 이것은 누구 밭치냐고 물더니 경리정리하고 남원 밭친대 주인 없따고 하니까 갈라서 농사을 짐 먹라고 하여서 내가 풀을 전부 캐서 채소 갈려고 장만해 노았다.
"내가 생각해 본 결과 현명한 사람이 꼭 있다는 것을 너켜다. 깅철이는 자기 의사에 안 만는다고 땅을 무꾸더래도 곡식을 갈지 마라고 이야기하지만 배우지 못하고 인간의 마음이 늙지[넓지] 못한 인간들이 돈이 있쓰며 돈에 쬬과 나는가 하고 나의 속어로도 비우서 보았다."
"인간이라는 속이 늙버야지 좋은 평을 바개 대는 것이다."

〈1969년 8월 15일 금요일 날씨〉
보리 신기 이화명충 약을 살포하는대 개산 착오로 4말 5돼에 90씨시을 쳐고서 나와서 가만이 생각을 하니까 물 5말에 19씨시 정도박에 더러가지 안나서 다시 한 말을 더해서 약 30씨을 배합해서 살포했쓰며 앞푸론 약을 살포할 때에 병에다 표시을 하여서 살표하여야지 실수가 없계따는 것을 너켜 보았다.
"그리고 과손 집에 자로 갈려고 나오니까 형이 하는 말이 속도 좋찌 못하니까 니가 청년회에서 고기을 잡는다면서 가서 먹고 오라고 해서 가니까 고기을 한 사람에깨 1근 반 정도로 돌리서 먹고 왔다."
금일 지출 (고기 1근 반 220원).

〈1969년 8월 16일 토요일 날씨 맑음〉
성용인내 채소밭을 갈라 돌라 해서 갈고서 무우씨를 언재 갈러고 무러보니까 오늘 씨 값씨을 싸로 같쓰니까 내일 좀 갈라 봅시다 하길에 일적 더러오고 마라쓰며 형이 봉답 논에 물을 대다 남원 것을 오후에 니가 가서 대라길에 대 본 결과 하로 종일 대도 물이 만치는 않을 끄시다.

41) 자두 품종의 하나이다.

"끈덕지게 장마가 계속대더니 이재는 멀리 가고 이재야 본격적인 더위에 농부들의 이마에는 구슬 같던 땀방울리 흙으러고 덩어리예는[등허리에는] 살깥치 찌저지는 것같이 아픈 것을 참고 읽을 하여야 인간이 살러가는가 하고 생각도 해 보았다."
"국민들 중에 농민이 재일 불상하다고 너켜 보았쓰며 농민들의 자신이 불상하다는 것을 알면서도 후손에깨 재물을 물리주고 자손까지도 흙을 파야 하는 농민의 자채과 언잰가는 파동이 없쓸까 하고 공상해 봄."

〈1969년 8월 17일 일요일 날씨 맑음〉

봉답 논에 물을 오전까지 다 대어쓰며 앞푸로 읽주일만 비가 오지 않는다면 천봉답에는 수학을 하기가 어렵지 안나 하고 극정도 해 보았쎠며 봉답이란 수리개[수리계] 밑때 있는 봉답을 부치야지 농민들의 이마에 줄엄이 들 저지 하늘만 바라보고 농사을 짓개 대는 봉답은 사람이 밥 먹개 대거던 업쎠버리는 것이 인간의 삶매 대해서 둥걸개 사라갈 수 있는 비결이 아닌{가} 하고 생각도 해 본다.
"병아리들이 살란을 할 떳하며 살란은 하지 안코 먹이만 억수로 먹어버리니까 병아리예 짐미가 들하구나."

〈1969년 8월 18일 월요일 날씨 맑음〉

딸기밭때 바랭이을 전부 뽑고 시간이 있쎠서 바신내이[바시내이][42] 밭을 도라 볼라고 가니까 어머님이 발간 고추을 따길에 같치 따고서 저물개 집우로 더러왔다.
"이 새상에 인간들이 부모가 있쓸 때는 형재가 대지만 부모가 안 개실 때는 남이 대고 원수가 대는 알맹이 없는 비골한 인간이 대는대 우리 형제간에는 그러치 안키로 결심함. 그리고 내가 돈 벌 때는 엽도 보지 않늘 끄시며 누가 머라캐도 응하지 안을 끄시며 밥 먹키가 댄다면 그때는 형제간예 우정을 나눌 끄시며 내가 안전희 희생해서 우리 형재들이 남보다 명랑하고 남보다 인정 있씨 지낼 껏을 결심한다." (순덕).

〈1969년 8월 19일 수요일 날씨 맑음〉[43]

우물을 파는대 처음 시작할 때는 위우지 우물이 식수가 좋원 편이 아니라서 우리 우물원 그러치 안깨지 하고서 우리 형제간에 파는대 위우지 사람들이 와서 우리 우물과 틀림없시 지층이 우리 같다면서 이야기 하는대 현재 우리가 바서 지층이 좋지 못하고 있쓰니까 우물을 파는대 힘업시 파계쓰며 사람이 기분이 없씨 무이미하계 하로 읽가을 보내고 마랐다.

※ 사람이란 작업을 시작하며 서서이 시작하는 사람이 읽을 잘 하는 사람이며 육체의 고통이 없시 끝낼 수 있따.

〈1969년 8월 20일 화요일 날씨 비〉

우물에 흙이 좋원 편이 아니라서 돌을 전부 준비해서 우물 파고 흙이 물러안키 전에 돌을 너어 쌀라고 동생과 둘리서 봉산 내까에서 두 구루마 실고 았쓰며 오후에는 동생들

42) 마을 근처 큰골 입구 일대의 들판 이름으로, 과거 이곳에 저자의 논이 있었다.

43) 어떤 이유에서인지 저자는 원래 19일이라고 적었던 날짜는 20일로, 20일로 적었던 날짜는 19일로 고쳐 적었다. 이 때문에 일기 원본에서는 19일과 20일의 일기 순서가 바뀌어 있는데, 수정된 날짜와 내용이 전개된 순서가 일치하므로 여기에서는 수정된 날짜순으로 일기를 배열하였다.

이 돌을 주서로 가고 우리들원 우물 파는대 흙이 개속 껌은 흙이라면 식수가 불가능하지 않캐나 하고 극정 껏에 하로 읽가을 보내고 마랐다.

※ 남자라면 인생간[인생관]에 굴개 살고 만는 것이 인간에 삶매 대예서 좋은 편이 아닐까 생각하고 있따.

〈1969년 8월 21일 목요일 날씨 맑음〉

우물을 파는대 우리들은 우물 복판부터 파고서 갔[가장자리]을 파는대 맡춤 힝용이가 와서 파는 것을 보고서 가연 우물 파 본 남어치기가 다루구나 하고 생각도 했 보았다. 우리도 힝용이 우물 파는 식어로 파니까 물 장군도 들 쳐개꼬 파기도 수라며 읽거리가 적어지는 것을 절시리 너켜쓰며 무선 읽을 해도 선배에깨 자세한 내용을 물고 어떠깨 하며 읽을 수라계 할 수 있나 하고 물어보았서 읽을 차근차근희 시작하여야지 사람이 지치지 않꼬 끝장을 볼 수 있다는 것을 절시리 너켜 보았다.

금일 지출에 (돼지 돌부리 개인당) 220원.

〈1969년 8월 22일 금요일 날씨 비〉

우물 파는대 깨스가 만이 생기서 우물 파는 사람에꼐 무러보니 우물 안에 돌이 많어며 깨스가 생긴다고 하며 약을 먹어도 효과을 못보고 파이프로 자사 올리며 조금 낮따고 하는대 파이프 대고 자급을 할라 해도 아직까찌 지층이 박킨다 해도 엿섯 질이나 파야 대며 또 위중[이중] 파이프을 사용하계 대면 우리 집원 집이 솔기[좁기] 때문에 불가능해서 그만 울물 매조지고 마라쎠며 내일은 파이프을 싸 와서 너어 볼 예정이다.

※ 사람이란 경음자예[경험자에] 문의을 해서 무선 일이던지 실행할 껏.

〈1969년 8월 23일 토요일 날씨 맑음〉

우물에 독 찬다니까 위우지 사람이들이 좀 거들어 준다 해서 내가 김천우로 파이프 살라고 해장예 가서 파이프을 사는대 파이프값만 2,050원인대 우물 작키까지 장키을 2,050원이라 해서 너무나 비싸다면서 50 주지 안코 2,000원만 주고 그냥 았찌만 가만이 생각하니까 우물 작키는 그냥 따라았따.

금일 지출에 2,000원

우물 작키(1,000원) 파이프 값이(2,050원) 토탈이(3,050원 인대) (1,000원 수입 받는 샘)

〈1969년 8월 24일 일요일 날씨 맑음〉

부친이 우물 수채 놓차고 하는대 오후에 합씨다 하면서 미루고 과손 집에 와서 좀 실라 하다 닭장 안이 지저분에서 시도 못하고 청소을 하고 크래솔수로 속독하고 점심도 안 먹고 실라 하다 수채을 오후에 할라고 했는대 내가 점심도 먹찌 안코 신다면 부친이 꾸지름을 할 껏 같따서 그만 휴식이고 머고 때리치우고 집우로 가서 수채을 부친과 나와 동생 샛이 도[다] 노았다.

※ 그리고 우물이란 한 토질이라도 염키가 없는대 우리 우물원 연키가 많아서 먹키 골란하다.

〈1969년 8월 25일 월요일 날씨 비〉

향군 소집일이라서 대산 학교에 모집해서 나무거늘 밑때서 한참 노는대 아포지서 주임이 와서 집팝해서 김천 백사장에서 향군 씨름대회 있따면서 과그에 씨름 좀 해본 사람 있쓰며 나와 달라는 부탁을 하더니 향군에서 5명이 나가니까 대따면서 안행열차로 올라간다면서 역전어로 가는 것을 보고서 향군들이 집에 가자 하면서 집우로 아버리따. 그리고 오후에는 고속도로에 읾 했는 것을 돈 차기 위해서 신촌에 가서 돈을 차저서 김천 씨름대회 구경 가자고 친구 일명과 두리서 구경할려고 막 드려서니까 소나기가 오는 바람에 구경도 하지 못하고 도랐아다.

금일지출 (찐빵 40원)
병아리 사료 멸치 대가리 200원

금일 수입 … 고속도로 노임 (430원)

〈1969년 8월 26일 화요일 날씨 맑음〉

큰 집에서 우물을 판다기에 그들러 주로 갔서 한참 읾을 하고 있는대 자너매[작은어머니]가 와서 인사을 하여도 뫃 더러는지 이야기만 하고 있길에 다시 인사 할러고 하다 저가 잘난 값 하는대 하고 인사도 하지 않코 말랐써며 그리고 맡침 형이 우물 파는대 구경하로 갔는대 다리는 인사을 하는대 순석이만 인사을 안하고 있길에 나의 속어론 너들이 을마나 잘낮키에 저래 대하는가 하고 생각했을 때 속이 쳐바치더라. 너희들이 돈 있따고 우시대는 대 언잰가는 짖발필 껏이다. 두고 바라.

〈1969년 8월 27일 수요일 날씨 비〉

당파 심을라고 지섬을 전부 뽑고 이랑을 지어서 인분을 줄 준비을 다 해 나와쓰며 오후에는 과손에 풀을 조금 벼다 마라쓰며 앞푸로 이일 정도 배어야지 끝장을 볼 끄시라고 예정하고 있따. 그리고 학생들이 복숭을 사로 앗길에 없따고 보낼라다 마침 높은 나무가지에 보니까 내[네] 개 있길에 맡이나 보고 가라면서 내 개 다 따주고 마랐다.

"금년에는 복숭도 마지막이며 복숭이 없쓰니까 서운한 감이 들며 머신가 이저버리고 온 것처름 아쉬진다."

〈1969년 8월 28일 목요일 날씨 비〉

동생과 둘리서 과수 개단에 풀을 벼다 동생은 일적 마랐쓰며 풀을 전부 벼어서 개단에 말륨라고 너려노았다.

"내일부터 고속도로 돈 벌로 나갈라고 장다니는 사람에깨 어디로 가는지 무러 보고 갈라고 저녁을 먹고 올라가 보니 없쓰서 조금 기다리다 집이 땁땁에 그만 내일로 미루고 아버리따. 내일 어뒤로 가는지 꼭 알라서 그 익일 날은 돈 벌로 갈 에정이며 고속도로에 돈을 10,000원 꼭 치우고 말갰다."

"인간이 결심을 하며 실천해서 끝장을 바야지 멎있는 인간이지."

〈1969년 8월 29일 금요일 날씨 맑음〉

방 따면 사용할려고 동생과 둘리서 벽돌을 54장 빼노았다. 그리고 당파씨을 전부 놓고 닭장 안이 지저분에서 대청소을 해 노았다.

"이재 가을 맡이 절로 나는구나. 바람은 삵살하고 아까시와 높번 가지 위에는 잎싸기들이 금빛어로 물더러가고 바람이 불며 한 잎 두 잎 희날이서 어디론지 멀리 날아가는 것을 때 내 마음 한 구석에 어울한 기분을 가지고 멀리 멀리 사라지는 것 같이 기분이 상캐하구나. 저 잎씨기들이 4철에 빠짐없시 잎사기들이 하늘에 히날리서 나의 계료움을 없쌔준다면 언재나 내 마음은 절머저리."

※ 인간어로서는 꽃을 실려하는 자는 없찌.

〈1969년 8월 30일 토요일 날씨 비〉

당파씨가 만이 남어서 복숭아 밑때 풀을 캐서 이랑을 지어 닭똥을 너어서 씨을 너어쓰며 앞푸론 당파 갈 때는 낭기 두어야지 을마나 갈린는 분간할 수 있깨따.

맑업시 사건사건 내리는 비는
누굴 위에서 내리줄까 사랑하는
사람을 위에 내리줄까 복 만은
사람을 위에서 내리 주는지
말업시 대답 없시 나무잎 사이로
비만 내리는 구나.

〈1969년 8월 31일 일요일 날씨 비〉

닭 사료 갤 때가 불편해서 송판어로 약 두대 갤 정도로 만더러 노와셔며 닭 모이통에 들어가서 마구 뻐더는 것을 못 벗들개 만더러 노았다.

"올해는 벼들이 오신기[올심기] 넛신기[늦심기] 할 껏 없시 같치 패서는 것을 보니 이상할 정로 읽기가 도라가는구나. 내 알기는 오신기 넛신기 월동아개[월등하게] 포가 나는대 올해는 좀 이상한 해로 바야개꾸나."

"내일부터 고속도로에 나가서 돈 좀 벌어서 금성 라디오을 살 예정이다. 이것은 꼭 실천에 온기고 말 껏이다."

月末 메모

"월말 수입"

복숭아	1,620원
고속도로 노임	430원
(합계)	2,050원

"월말 지출"

닭 사료 멸치	(2관)	400원
어머님 위장약		770원
닭 소득약 크래솔수	(400씨시)	60원
개 알	(10개)	100원
돼지고기값	(1근 반)	220원
우물 파이프값		2,000원

월말 지출이 3,450원

월말 마이나스 (합개 1,400원)

〈1969년 9월 1일 월요일 날씨 비〉

오늘 고속도로 돈 벌로 갈려고 예정했던 기비가 오는 간개로 나가지 못하고 마라쎠며 내일도 비가 올련지는 몰라도 날씨가 개인다면 돈 벌로 갈 끄시다.

"너저막한 저녁을 먹고 좁다란 오설길 언덕을 올라서면 나 자신도 모러개 숨소리가 그칠어지면서도 어딘가 모려개 사방이 학 터이서 찬 공기을 마시며 나의 가슴의 한 구석에 몰려 있는 어굴함을 멀리 던진 터시 마음이 캣알하며 거름을 머추어서 서성대기 일수인 그 고개는 누굴 위위해 생길쓸까."

〈1969년 9월 2일 화요일 날씨 비〉

금일은 고속도로 돈 벌라고 현장에을 가니 아무도 안 나{와}서 조금 기다리니 임보들이 나오고 십장이 나오길에 오늘원 일 하는가 하고 마음을 노코 있는대 십장 하는 말이 물 펴는 사람 위에는[외에는] 집우로 도라가는 말래 앞피 캄감하더라. 십장 말이 개심하지만 어절 수 업서 도라올라고 하다 통학차 올 머리 대어서 통학생을 다 보내고 도라올라고 한 쪽에 안저 있쎠니까 본동에 고정인보[고정인부]가 십장한때 무선 말을 했던지 일을 하자고 하길에 그 말이 말로 표현할 수 업시 방갑들라. 그래서 하로 일

가을 무사이 마치고 피곤한 몸어로 집에 도라와다.

"대신 공구에 기초공사 할려고 큰 돌을 바닥에 던지 너어다(하로 노임은 430원 나온다더라)."

금일 지출 … 병아리 사료 밀찌울 (33대) 330원.

〈1969년 9월 3일 수요일 날씨 비〉

향군 소집일이라서 대신학교에 모집해서 한참 있쓰니까 중대장이 와서 향군 카드 준다면{서} 집팝하라고 해서 각 소대별로 정렬하니까 간딴한 훈련 카드 내용을 이야기하더니 훈련카더을 주고서 가라 해서 집우로 와서 방구둘을 형과 두리서 세멘 1표로 구둘 11개을 만들어 노았다.

"고속도로 일기분 간조할 때까지 개속 나갈라 했더니 내일은 읽끄리가 없따 하면서 고정인보도 안가고 우물 파는 대 간다고 해서 어쩔 수 업시 내일원 휴식을 할 예정이다."

〈1969년 9월 4일 목요일 날씨 비〉

고속도로 돈 벌로 갈려 하다 오늘은 임부을 만이 사용 안난다기에 그만 포기하고 말랐다. 딴 일은 별로 할 일도 없고 해서 먼저 벽돌 만더러 노은 것이 비가 오는 바람에 깨저고 검이 가고 해서 거만 훌 문개서 벽돌을 뒤딜라고 벽돌 틀을 차저니 등골이 형님이 가지고 갔다기에 혹시나 다 빼는가 하고 가보니까 아직까지 뺀다고 해서 그만 올라서 흑만 개 놓코 말랐다.

"비 오지 날은 어덥지 해서 상점에 전기약을 80원 주고 가라 너어 한참 오는대 전기불이 꺼지서 엇전 일가 하고 만쳐 보니 고장도 나지 안는 것 같던대 불이 가는 것을 보니 담아가 같는 것을 알고 전기 단아에 10원 주어서 갈아 너어다."

금일 지출에 건전지약 한 쌍에 80원
〃 (담아[다마]) 10원 〉 90원

〈1969년 9월 5일 금요일 날씨 비〉

고속도로에 농로 만더는대 콩크리터 날개비 만더는대 나와서 온 아들 셋이 날개비 돈내기을 뛰어서 한참 일을 하는대 비가 오고 읽꺼리가 좋치 못해 예을 먹어 지루한 감이 들기에 우리 일도 좋치만 (빵) 한 개씩 먹고 하자니까 좋다면서 4명이 제일빵 80원씩치 먹고서 소낙이가 오는대도 빤스 바람어로 책임 안수을 오후 2시 반경 왈료하고 집우로 올라 해도 머엇해서 같치 올려고 기다리다 안만 생각해도 닭 주사을 동생에깨 막키고 와서 어떠깨 주사을 주어는가 극정 대어서 집우로 오면서 뒤에 오라고 인사하고 집우로 4시 40분경 도라왔다.

고속도로 날개비 만더는대 … 서온 아들 3명 같치 한 것이 450원 나오지 완나 하고 생각하고 있따.

금일 지출에 (빵) 20원
뉴캣슬라병 약 270원 〉 290원

〈1969년 9월 6일 토요일 날씨 비〉

시금치 갈려고 참외밭을 모두 봅아 버리고 갱이로 전부 파 일가서 이랑을 부친과 두리서 다지어 노았다.

"동생에깨 유캣슬병 예방하라 한 것이 예방약에 10분에 1도 주지 않코 주사을 다 노았따기에 어이가 업쓰 좀 때일라고 하니까 부모님이 하는 말씀이 때리 바야 잘못한 것이 뒤도라오는냐 때리 바야 내 살덩그리 떠러지지 누구의 살덩어리가 떠려저녀냐 하면서 음하기[엄하게] 꾸중을 해서 그만 진정하고 말라찌만 학교을 12년간이나 공부을 한 놈이 미리그람을 모러고 주사을 주어따니 하도 예돌바서 저녁에 잠도 올키 자지 못했따."

금일 수입 … 병아리리 예방주사 8마리에 20원

〈1969년 9월 7일 일요일 날씨 흐림〉

과수 밑때 풀 깍아 나온 것을 비가 매일 오는 바람에 밑치 썩어서 낮수로 나무을 재키는대 배암이 나아서 놀래서 직일라다 삵생을 안 나야갰다 하고 그냥 참고서 나무을 뒤지는대 배암이 끔직한 놈이 쑥 나와서 또 놀라고 말라쓰며 앞푸론 배암이라고 낯따나기만 하며 모두 죽여버릴 끄시다 하고 나무을 뒤지는대 배암이 나따나길을 낮우로 던지떠니 여굴이[옆구리] 창자가 나오더라. 그래서 멀리 떤지고 한참 뒤지는대 또 굴근 놈이 쑥 나와서 죽이면서도 급이 나더라. 그 전에는 배암 없더니 올해는 과손에 배암이 만하서 나무을 뒤질라 해도 급이 나더라.

〈1969년 9월 8일 월요일 날씨 맑음〉

고속도로 돈 벌라고 일직 대신공구에 가니 아직까지 철근을 다 못 너키 때문에 작업을 못할 끄라는 경비병의 말을 덥고 이왕 밴또 밥을 싸와쓰니까 아포공구 신촌 냇까에 콩그리터 하는 대 가자고 해서 둘리가 현장까지 가니 미리 공구는 맞타 가지고 지지감이 작업할려고 단두리하며 한산 인보들원 자기들이 만더러따면서 서로가 싸우는 것을 보고 우리들은 안 대개따면서 도라면서 보니 대신공구에 사람이 몇 명 작업을 하더라. 우리들이 껀덕지계 기다리다 도라가리 삼아도[돌아갈 셈 쳐도] 오래 동안 기다리서 십장 말을 더려따면 도라오지 안코 작업을 했쓸 줄 모런다.

금일 지출 … 닭 희충 구재할려고 (풍년초) (1봉) 6원
지출에 … (6원)

〈1969년 9월 9일 화요일 날씨 맑음〉

음력 7月 28日

금일 부친 생신이라 김천 이모아버지와 이모 여러 가족들이 맡있는 음식을 차리서 화목하계 잘 먹어다.

"아까시아 금일 다 할려고 예정해던 것이 형이 오전에 휴식을 하는 바람에 나의 예정대로 하지 못하고 마라쓰며 내일 오전에 다 할려면 힘이 덜 끄다."

"선배들의 말을 더려며 사람이 형제관이라도 우정 있씨 지낼라면 돈이 동일하계 가지야지 형제관에 진실한 예정을 가질 수 있따는대 진실한 예정을 가지기 위에는 돈을 만이 벌어 노야지 우정을 가지고 사라가개따는 것을 절시 너겨다."

〈1969년 9월 10일 수요일 날씨 흐림〉

금일 고속도로 일하로 가니까 경비 서는 영감님이 철건작업 할 때 물이 만다면서 물 좀 퍼자 하길에 노임 을마 줄랑가 무러니까 노가다 일이 공키 어대 있씀이까 하면 일을 하자 하여서 다런 임보 현장에 도착하지도 안나서 약 40분간 투리[44]로 물을 펴고 있쓰니까 십장이 맡침 나와서 인보을 한 사람

44) 두레박의 방언형으로, 보통 '투리박'이라고 한다.

주면서 이 물을 책임지고 다 펴고 날개비 작업하다 남원 것을 하라 하면서 단[딴] 작업장으로 가길에 우리 임무는 불과 2시간 정도 대어서 임무을 안전이 마치고 하로 당과을 놀고 번 샌이 댄다.

(박십장 술 1말로 철근부 5대[되] / 우리 인보 5대[되]) 1말

"나의 성질 불순하지만 내가 돈을 번다면 비골한 우리 형제가 대지 않는 것을 결심하고 있다."

〈1969년 9월 11일 목요일 날씨 맑음〉

고속도로 읽하로 매일 다니니 술화계[수월하게] 지나는 읽이 더 많더라. 금일 철근부 일 하는대 대모더 바주는대 오전 일과 다 보내고 오후에는 농로 날개비 에야래키(돈내기)을 두리서 일적 끝내고 집우로 도랐다. "사람이라는 자기의 몸을 보호할 정도는 운동을 하여 노와야지 어굴한 변을 보지 안치 평소 채력을 단련 안 내나따가는[안 해놨다가는] 언잰가 얼굴한 변을 볼 끄시며 외 내가 운동을 안 내뗜가 하고 후예할 꺼이다."
지방 인보 10명이 … 술 5돼 건빵 3봉
금일 지출에 … 개인당 20원
고속도로 술도가 뒤에 … 농로 날개비 작업

〈1969년 9월 12일 금요일 날씨 맑음〉

박 십장이 콩크리터 한다고 웃물 농로에 가라고 해서 아침 일적 가니까 철근이 잘못 더러가서 작업을 못하니 도라가 달라고 철근부 십장 하는 말리 기달릴 수도 업고 집우로 도라올라 하다 박 십장이나 만나보고 집우로 도라가자 하면서 대신이로 가니까 박 십장이 현장에 있떠군. 그래서 십장에깨 사실 이야기을 하니까 그롬 큰 못 배수로 작읍이 있따면서 가자고 해서 집우로 도라오지 않코 하로 일과을 무사이 보내쓰며 그리고 작업하다 목마러다면서 술 한 말 갇다 먹고 하자고 일동 찬성하는대 나 혼차 불찬성 할 수 업고 해서 못 먹는 술이나마 조금 마시고 개인당 20원씩 하였다.
고속도로 큰 못가에 … 배수로 작업함.[45]

〈1969년 9월 13일 토요일 날씨 맑음〉

선배들의 말이 콩크리터 작업하는대 모래 질통이 재일 수라다 해서 아침 일적 먹고 현장에 도착하니 한 사람박에 나와 있찌 다런 사람은 업더군. 그래서 모래질통을 수리해서 모래 다이에 가다 놓코서 휴식을 을마동안 하고 있쓰니까 일부 나오고 십장이 나오던군. 그래서 십장에깨 모래질통을 하계 따고 명단을 적어돌라고 해서 작업을 하계 대어다. 그리고 자형이 자갈질통을 지는대 뻑 힘이 더어 보이서 내가 자갈질통을 지계 따 하면서 질라고 하는대 부틀해서 저지 못하고 하로 일가을 보내고 마라다.
금일 수입 … 닭 예방주사 220원
(웃들 농로 콩크리터 작업)

〈1969년 9월 14일 일요일 날씨 비〉

고속도로 일하로 나갈러 하니 날씨가 좋치 못한대 나가더니 오전에는 부설비로 오는대 작업을 하여더니 오후에는 비가 조금식 만이 오는대 화로 당과[하루 단가]을 먹얼

---

45) 원문에서는 이 내용이 일기장 상단 여백에 기록되어 있다. 아마도 지면이 부족하여 이렇게 적어 넣은 것으로 보인다. 여기에서는 이전까지의 기록 관행에 맞추어 일기 본문 아래 배치하였다.

라고 작업을 하여떠니 비가 나중에는 소낙이로 와서 거만 화로 당과을 벌지 못하고 오후 2시에 작업을 중단하고 집우로 도랐다. 와서 낮잠을 잘라 해도 낮잠이 오질을 안아서 명절 대묵에 하며 돈을 바키 때문에 이발하기가 일적지만 염치을 불구하고 이발을 하고 마랐다.
"고속도로 큰 못까에 … 배수로 작업 2시까지"
금일 지출 … 달[닭] 사료 밀지울 (34대) 340원

〈1969년 9월 15일 월요일 날씨 비〉

불필요한 비가 너무나 만이 와서 벼에 지장이 마늘 끄시며 거름키가 많은 논은 오늘 저녁 자고 나며 다 쓰러질 끄시다. 그리고 고속도로 읽할 끄도 비가 만이 와서 큰 못에 물이 갈덕[가득] 고요 있쓰서 배수로 작업도 못하고 추석 안에 라뒤오 살려고 예정했던 것이 비가 만이 온 간계로 숲푸로 도라가는 것이 아닐까 하고 극정이 대는구나.
"닭드리 맷 마리는 살란을 할 정도가 대어는도 살란을 안하고 사료만 요구하니 어찌댄 샘이 대는지 나의 계핵대로 도라가지 않코 나의 계핵에 버서나고 있꾸나. 이것을 나의 나 예정에 맡두록 할려며 금전이 필요하구나."

〈1969년 9월 16일 화요일 날씨 비〉

캐구리을 과손에 도라다니면서 잡은 것이 약 15마리 정도 내는 것을 남비다 삶마서 달에깨 주니까 아주 잘 먹더라. 캐구리을 잡아준 욕심은 살란을 좀 일적하라고 잡아준 것이다.
"조용이 나 혼차 안저 일기을 쓸 때 들창까에는 비방울 서리고 비 소리는 껏침업시 나의 기을 때린 덧이 쟁쟁하계 들려오며 비소리을 더러며 나 혼차 방에 있쎠러니까 나의 자신도 모러개 아득한 옛 축억만 주마등 같치 터오러는구나. 비는 축억을 반성하계 만더러 노았는지 비만 오면 인간의 마음가짐이 누구러지며 축억을 생각하는 사람들이 하나 둘 아닐 끄시다."

〈1969년 9월 17일 수요일 날씨 개임〉

고속도로 일 하는가 학실이 몰라서 가 바서 일을 하계 대며 일을 하고 만약에 일을 안나계 대며 세멘을 좀 어더 올라고 정심을 조금 일적 먹고서 대신작업장에 가보니 십장 업고 경비서는 영감님하고 인보 물 펴는 사람 사 명 박에 업쓰며 일은 언재 할련지 날자도 몰개따는 경비 영감님의 말래 한숨이 나오더라.
추석 안에 돈 벌어서 라디오을 살려고 예정한 것이 허사가 대지 안나 하고 힘이 업더라. 일은 안 난다고 그낭 있쓸 수 업고 경비 영감님 세멘 좀 어더 갑시다 하니까 영감님 말씀이 보관한 것이라고 하면서 주기을 끄리 하는대 맞침 십장이 식사하고 현장을 나오더라.
대뎜 오면서 잘 았다고 하면서 전표 나와따면서 차저가라고 하길에 생각지도 않아던 것을 주니까 반갑더라. 오면서 허뿌 삼아서 [헛일 삼아서] 십장님 세멘 좀 주십요 하니까 가지 가라고 해서 달갑개 가저온 것이 약 3대 정도 대더라.

〈1969년 9월 18일 목요일 날씨 맑음〉

닭 물통이 적어서 물이 지저분해저며 달더리 더러운 물을 먹개 대어 대신서 세멘 어더온 것으로 물똥을 달 모이통식어로 하나

만더러 놓코 시간이 만이 남아서 산소에 벌추을 일적하고 대신공구 일 하나 궁금해서 자전차로 대신 현장을 가 볼러고 하다 본동 고정인보한때 무러 보고 가보자 하고 왔더니 일은 하지만 쬬켜가는 사람이 만타기에 극정도 대지만 도라오는 한이 있더래도 가 볼 예정이다.

"인간이 꾸준해야 하며 부침성이 있쓰야 한다."

"남을 두러어 하지 마라."

〈1969년 9월 19일 금요일 날씨 맑음〉

고속도로 돈 벌로 일적 가더니 십장 하는 말이 어재 했던 사람과 밥을 사먹는 사람 위에는 써저 안는다면서 집에 도라가라고 해서 껀덕지계 쓰다랐고[써 달라고] 사정하며 일을 할 줄도 모러지만 내 자신이 그러개 사정까지 하여서 작업을 할려고 마음이 허락지 안아서 남 보기에는 챙피한 감은 있찌만 인간이 이런 고통을 겨켜바야 인간에 썬 맟을 일적 볼 수 있다는 것을 절시리 너켜쎠며 앞푸론 대신공구에 공굴리 작업을 하며 갈련지 몰라도 공굴이 작읍 아나며 대신공구에 일하로 안 가계따고 결심하였다.

"내일은 본동 사람이 시바[46] 하는 대 십장으로 건무하는 대 갈 예정이다."

〈1969년 9월 20일 토요일 날씨 맑음〉

본동 사람이 시바일 하는 대 나갈러고 보통 아직을 먹고 십장 인부을 보는 사람에깨 무러 보니 내일부터 작업한다기에 달 모이 주로 오니까 동생 하는 말이 갑찌가 찬는다면서 시바하는 대 말목을 따덤어[다듬어] 오라고 한다기에 돈도 좋치만 육거리에서 돈 얼마 댄다고 일을 하계나 하고서 안 갈러 하니까 동생 하는 말이 내 가까 하더니 어머님 주사을 마치야 하는대 어째 대는고 극정이 대어서 집에 내리오니까 동생은 일하로 갔더라.

어머님은 연봉 의사에깨 주사을 맡고 주머시서 깨울 수도 업고 해서 시간도 일적하고 해서 봉답들 거름을 뒤비 놓아다.

"달더리 금일은 유덕 날깨 속에 주둥이을 너고 모 전지계[못 견디게] 행동을 취하는 것 같다서 달을 잡아서 날개 속을 보니 달구 이들이 만이 있쓰서 내일은 동생 시키서 약을 사와서 살표할 예정이다."

〈1969년 9월 21일 일요일 날씨 흐림〉

대신들에 배수로 바닥 콩쿠리 하는대 첨에 힘이 들더니 좀 하니까 별료 힘덜지 안코 절먼 넘이 이 정도야 못 견뒤며 무선 일을 할 수가 있나 하고 생각해 볼 때에는 힘이 절로 나는 것더라.

그리고 처음 공구리 시작할 때는 야관작업을 하여만 다 할 수 있계따고 이야기하던 것이 사람을 을마나 예을 먹있는지 오후 4시에 작업을 알로[완료]했쓰니 사람 일도 무리로 한다면 장비로도 할 수 업는 일을 하계 대개따는 것을 오늘 일하는 것을 보고 너켜다. 오면서 해도 아직 만이 남꼬 통운차에 (세멘 한 차) 상하자 하는대 (센멘 한 포에) 2원 준다면서 일하로 가자 하는대 불과 개인당 100원도 못 대는 것을 옻만 바린다면서 못하계따 하고 집우로 도라았다.

금일 대신들에 … 배수로 공구리 작업 (자

46) '시바(しば, 芝)'는 잔디를 뜻하는 일본어로, 여기에서는 고속도로 옆 둑에 잔디를 심는 작업을 가리킨다.

갈질통)

〈1969년 9월 22일 월요일 날씨 비〉

어머님이 어재 밤잠을 한짐도 주머시지 못하고 떤 눈우로 밤을 새와따니 이재는 부모님을 어떠계 하나 생각해 볼 때에 앞피 가리어서 바라볼 수가 없투군. 그리고 동생은 연봉의사의 말씀이 주사 노키도 그북하다기에 병정세가 악카대어서 골란한가 그러치 않너며 사람이 지름키가 업쓰서 골란한가 궁금해서 의사에깨 같는대 어머님은 말씀하기에 병 정세을 큰 병어로 생각하고 개시는대 동생 오며 알 수 있찌 하고서 기다리도 오지 않코 고속도로 나갈 시간은 다 대서 오는 것도 보지 못하고 할 수 업시 현장어로 나같따. 현장에서 일을 하면서 만약 어머님이 큰 병이라서 구하지 못한다면 나는 이만침 자라고 무선 일을 해도 먹고 살지만 동생을 생각하니 눈물만 나오고 일을 해서 무었을 하나 지버치우고 집우로 올라 하고 생각하고 있는대 마침 황 십장이 동신 가서 일할 사람 좀 대리오라 해서 단참에 집우로 와서 동생에깨 무선 병이라더노 하고 무러니 위경련이 심해서 그러타고 하길에 마음이 노이며 어머님이 이러나시서 이야기을 하시는 것을 볼 때 마음이 캐알하더라.

대신 농로 공구리 작업 … 오후 5시까지 모래질통[47]

〈1969년 9월 23일 화요일 날씨 비〉

작업장에 나가서 모래질통 질라고 모래 다이에 같다 노았는대 십장 하는 말이 모래질통은 두 개박에 안 썬다기에 나에 생각에 현재 사람이 모자라서 자갈질통이 적키 때문에 모래질통 인원이 자갈질통어로 가라고 모래질통은 두 개박에 안썬다고 선수을 써지 않나 하고 생각이 들어서 우선 십장 눈을 피에서 있따 자갈질통 인원이 다 더러서개 대며 모래질통을 절라고 한 것이 결국 사람을 대리로 가면서 모래질통은 두 사람이 계속 저서 너머 약 빠러개 놀다 일도 못하계꾸나 해서 오삽어로 닉키사[48]에 나오는 세멘을 미아카에 실어 줄라고 있쓰니까 십장 하는 말이 니아카 끄라고 해서 니아카을 끄러 볼 때 힘던다고 하지만 자갈질통보다 십캐꾸나 하고 인식이 들더라.

작업을 1시 30분에 알로하고 집에 도라오면서 어머님이 더 아푸지나 않나 하고 급희아보니 어머님의 이야기 소리가 나고 하니까 작업을 하고 온 몸이라서 묵찐한 몸이 어머님의 이야기을 더러니 마음이 한결 가벼어지는구나.

대신 농로 공구리 작업(미아카 1시 30분간)

〈1969년 9월 24일 수요일 날씨 비〉

비가 오지 아너며 고속도로 일하러 갈려다 비가 만이 와서 가지 못하고 있는대 고속도로 노임을 8月 하방기와 9月 상반기는 금일 간조해 준다 해서 자전차을 몰고 신촌 사모실에 가니까 이미 알고 수십 사람이 몰려서 돈 안준다고 욕석을 하면서 아우성을 쳐니 날리는 내일 아침이라 한참 아우성을 쳐고 있는대 시발택시로 돈보탈을 가지고 오니 이재야 돈 왔따면서 욕석을 하는 사람

47) 원문에서는 지면 상단 여백에 적혀 있는 내용이나, 문맥을 고려하여 일기 본문 아래 배치하였다.

48) 시멘트와 모레, 물을 혼합하는 통을 뜻하는 것으로 추정된다.

도 좋아서 웃섬이 돌리고 그 만은 사람들이 찝펴린 얼굴더리 갑작이 개이니 가연 돈이 재일이구나 하고 속어로 웃서 보았다. 그리고 돈 차절 사람들은 일렬료 서라니까 사람이 숨도 못 실 정도로 몰려더러서 나는 한쪽에서 돈을 일부 차저가며 돈을 차절려고 한쪽에서 몟 시간을 기다리도 사람이 줄지을 않아서 이려다가는 돈을 해가 저야지 차절 꺼 같다서 그만 대신동에 있는 사람이 앞패 썻길래 전표을 부탁해서 조금 일적 차저 왔다.

금일 수입 고속도로 노임 (2,970원)

〈1969년 9월 25일 목요일 날씨 흐림〉

라디오을 살려고 김천을 갈더니 라디오을 월부로 살려면 보증인을 세어 달라고 해서 아는 사람도 업고 해서 우리가 가실을 매일 같따 대는 집에 가서 라디오을 월부로 살려 하는대 보증인을 세어 달라고 해서 좀 서 줄 수 업는지요 하니까 서 주계따고 하여서 당장 가자고 할 수도 업코 대목장이라서 장이 거의이 다 대갈 무름에 좀 수고 좀 해 주십요 하니까 이재 와서는 바쁘다는 핑계로 못 간다고 하여서 한참 바라보았다. 사람이 예초부터 서줄 수 업따고 하면 아예 기다리지도 않코 내 볼일을 보고 일적 내려왔쓸 낀대 일도 재대로 못하고 오후 5시경에 집우로 왔쓰니 생각할수록 개심하더라.

금일 지출 … 동생 옷과 내 옷이(1,600원)
고무신 4크리에(400원)
자전차 수수료가(250원)
양발 3짝이(210원)
쬬구[조기] 4마리(240원)
오징어 16마리 280원
정심값 찐방 (20원)

금일 총 금액 지출 … 3,000원
금일 수입에 … 고추 4근에 1,000원

〈1969년 9월 26일 금요일 날씨 흐림〉

8月 15日 추석 명절

요사이는 추석 명절이라도 어린이들도 고운 옻을 입는 아이들도 일부 있찌만 보통 평복을 입는 아이들이 만어며 앞푸론 추석 명절도 이러깨 나가다가는 명절 기분마저 업쓰저지 않나 하고 마음 더는구나.

그리고 어린 아들뿐 아니라 제사을 지내는 사람도 보면 그전 때는 제사 어물을 만이 하고 좋은 것을 선택해서 지내는 대 요사이 사람들의 심리을 보면 어물을 안 하는 사람이 태반이며 형식적인 것에 불과하다.

그리고 저는 제사을 지내지는 안치만 장차 지내계 대며 돈에 시달이더래도 조상을 일년에 한 번 성기개 대는 추석 명절에 어물 업시는 지내는 않캐다. 그리고 추석 명절에 보면 풋가일을 쓸 수가 있는대 올해는 (밤)도 푸리며 (대추) (감) 할 껏 업시 그이 다 푸리고 있꾸나.

〈1969년 9월 27일 토요일 날씨 맑음〉

병아리들이 영향 부족인가 병아리들이 마런 편이며 병아리 두 마리는 날개을 축 디리저서 멋선 병인가 급이 나서 집에 같따 두고 개사 완내[계사 안에] 농약을 처고 집우로 불을 나아서 소독을 하였다.

"인재는 마음이 만이 늙은 것을 나 자신이 알 수 있꾸나. 2년 전만 해도 친구들과 때을 지어 해매고 했찌만 이제 와서는 친구들이 놀려 가저 해도 남의 눈이 무서어며 나의 마음이 허락지을 안어며 마음의 한 구석에는 돈을 버려야지 놀려도 가며 유캐하계 놀 수 있찌 하고 생각도 해 보았쓰며 사라갈수록 돈이 월마나 중한 것인지 알 수 있꾸나."

"나의 마음에는 돈이 재일이라는 것을 황상 터나지 안는구나."

〈1969년 9월 28일 일요일 날씨 흐림〉

콩이 고루지 않깨 익어까바 콩잎을 전부 따버리다. 콩잎을 타지 안어며 콩이 익는 대는 콩이 빛태 터저서 밭에서 콩타작을 하며 콩이 재대로 익지 않어서 일하기가 골란하고 가을일이 남보다 너저가기 태문에 사람들이 약아서 가을일을 좀 빨이 할려고 콩잎이 재대로 익지도 아너서 잎을 전부 타버리고 만다. 그리고 부친디 굴떡을 온길라 해서 이앙 차흙을 만친 짐에 개사 완내 수기가 만아서 건조 좀 할려고 북쪽어로 공기통을 할려고 집에 내려가서 급이 만던다고 해도 금일 다 만들지 못하고 내일 다 만들 예정이다.

금일 지출에 … 닭 이 잡을라고 (디디티) 1봉 20원

〈1969년 9월 29일 월요일 날씨 비〉

달 개사 안에 공기통을 두 개 만더러 노았기 때문에 개사 완이 들 수건아며 닭 개사 완이 발키도 할 끄시며 예 진장 안에 낮는가[왜 진작 안 해 놓았는가] 후예도 댄다.

"구월도 이재 하로박에 남찌 않아꾸나. 사람이 한 것 업시 세월은 흙러서 10月이라는 달을 마지게 대어쪄니 앞푸론 오곡이 무러익어서 수학기에 접어더려서 농부들의 이마에 구슬진 땀을 흙이개 만더려야지 쌀밥을 먹계 대니 농부의 이마에는 땀이 그칠날이 업쓰야 잘 먹고 지낼 끄시며 덧덧하계 사라간다니 한숨수럽다. 농부의 땀이 없쓰며 시내 사람 배에는 허기가 나서 웅성그럴 끄시다. 웅성그리이며 나라가 어지러질 끄시며 마음이 편하지 안을 끄시다."

〈1969년 9월 30일 화요일 날씨 비〉

금일 고속도로 돈 벌로 갈려고 예정했던 기비가 오는 간개로 가지 못하고 마라쓰며 부친이 들까지 논이 잘 댄 논에 비하여 6마지기에 8섬은 적기 날 끄라는 말씀에 나락이 을마나 죽어키에 저런 말씀을 하나 하고서 비가 오는대도 무렵쓰고 들카지 논에 가보니 참 만이 죽키는 죽어찌만 옃 마지기에 8섬원 줄지는 않치만 피참하하계 손에는 볼꺼시다.

그리고 나 알기에는 곡석이 저러깨 허무하계 죽어 있는 것은 보지 못해쓰며 나 알기에 이번 처음이라고 생각하며 머선 작물이라도 만이 먹얼라 하다 저러깨 피참한 콜을 보니 작물에는 욕심을 부리지 않너며 조금 적개 먹을라고 노력하여야지 알마전 곡석을 먹어리라고 생각하고 있다.

"인간이 인간 차별 한다면 성공이 업쓸 끄시다."49)

月末 메모

(월말 지출과 수입금)

닭 사료 밀지울(33대) 330원(지출금)

건전지약과 담아 90원(지출금)

식사 빵값 20원(지출금)

뉴캣슬라 예방약 값(100씨시) 270원(지출금)

49) 9월 일기가 끝나고 난 다음의 빈 지면에 적어 놓은 글로, 지면 중앙에 세로쓰기로 기록되어 있다.

닭 희충 구제할려고(풍년초 1봉) 6원(지출금)
고속도로 하다 먹은 술값 20원(지출금)
닭 사료 밀지울 (34대) 340원(지출금)
추석 시는 대[쇠는 데] 3,000원(지출금)
월말 지출 4,706원

(수입금)
닭 예방주사값 (8마리) 20원
〃 220원
고속도로 노임 2,970원
고추 1,000원

월말 잔액금 124원

〈1969년 10월 1일 수요일 날씨 흐림〉
지하수 개발하는 대 일 하로 가서 사람이 업쓰서 한참 기다리고 있쓰니까 감시 영감님이 나오고 임보들이 나와서 작업을 할려고 양수기을 돌리서 물을 퍼고 사람이 더러가서 한참 퍼는대 양수기가 도라가지 않코 해서 양수기 고장이 낮나 하고 나와 보니 돈 안준다고 양수기 푸라꾸을 빼어서 가지고 가더라. 우리도 읽을 하면서 생각을 하여도 저는 사람모양 돈 받기가 힘이 들지 않나 하고 읽을 하면서 의심이 가며 읽을 해도 자미가 업더라. 고속도로 작업할 때까지 일 좀 하여 볼려고 예정했던 기 그만 포기하고 마랐다. 그리고 어머님이 식사을 안 아고 개시서 건강한 사람도 한 때 굴머며 배가 곱뿐대 저러깨 매말란 어머님이 두 때나 굴머서 얼마나 배가 곱푸갯나 하고 돈을 친구에깨 100원 비려서 개알 100원치가 8개 주어서 가지고 와 살머니까 밤 9시 대더라.
금일 지출에 … (개알 8) 100원

〈1969년 10월 2일 목요일 날씨 맑음〉
방 따는 대 깃독 할려고 구루마로 벽돌을 50개을 시러 나와쎠며 구들 놋는대도 사람이 약아서 독우로 안 아고 벽돌로 하니까 손십고 읽 수라고 영상 완성맡춤이더라. 옛날에는 벽돌로 할 줄 모러고 독우로 깃독을 노오며 구들 놀 푼 아니라 떰[틈]이 만아서 연기도 만이 나오고 사람 이생상 아주 불결할 껀대 요주음 현대식인가 구둘삐[50]도 콩크리터로 만더러서 구둘 노와서 텀마다 새멘 종이로 발라서 흙을 쳐니까 연기 한 줌도 안 올로면 오래 동안 수리 완예도 수명이 길 끄라고 생각하고 있따.
"이런 식우로 나가다가는 구둘삐도 철판우로 해서 평생 방을 안 따도 안전무결하계 만들지 안나 하고 생각도 해 보았다."

〈1969년 10월 3일 금요일 날씨 맑음〉
깨을 쳐고 나서 대신공구에 작업을 하나 안하나 하고 알라 볼라고 현장에 가보니 십장이 새로 부임해서 임보 몇 명만 작읍을 하고 있길래 작읍을 할 수 업는가 하고 무러보니 사람을 만이 필요 업다는 말이 사람을 아직까지 필요 업따는 말이라서 그만 집우로 도라오니 고속도로 시바 하청 바더서 작업을 하는 사람들이 읽하로 가자고 해서 읽은 할 끄도 만치만 돈을 조금이라도 벌 욕심어로 나가개따고 말하고서 자전차만 집에 갔따 놓코 현장에 갈쓰다. 읽은 해 본 결과 수란대 노임이 대신공구보다 적어서 읽에 의욕이 업찌만 고정적으로 작업을 할 수

50) '구들'의 방언형이다.

있쓰니까 노임은 적어나 날짜을 만이 채울 수 있따고 생각하며 월말 개산하개 대며 돈 액수는 만으리라고 예정하며 내일부터 계속 나갈 예정이다.
당산에 … (시바 작읍) 오후부터 함. 4명

〈1969년 10월 4일 토요일 날씨 맑음〉
고속도로 시바 하는 대 읽하로 가서 읽을 한참 하는대 감독관이 와서 책임자 누구야 고 물더니 책임자가 나와서 말을 하니까 사람이 적어서 일을 어떠 하너냐 물더니 이 사람이 읽을 할려며 아에 작읍을 할려고 이애기도 하지 말라고 하며 적어도 고정인보가 십 명 정도 대어서 작읍을 하며 능률도 올라가지 사람이 삼사 명을 가지고 어떠깨 읽을 하너냐 물더니 거만 핑 가버리더라. 그려서 십장 하는 말이 너 사정이야 볼 껏이 있나. 하로 걸적거리서 하로당과을 어더 먹어며 그만이다 하고 비웃고 말랐다.
"사람이란 생물원 자기 사욕을 먼저 채어 놓고 남을 알지 남부터는 먼저 아는 사람은 천에 일명도 업쓸 끄라고 생각한다."
(당산 정씨 산소 앞에 노리작업)

〈1969년 10월 5일 일요일 날씨 맑음〉
고속도로 일하로 갈려 하다 해사일 간개로 작읍을 안난다기에 용희내 이사짐 날려다 주었다. 그리고 고속도로 철근을 화나 어들라고 경계서는 영감님에 이야기 하니까 요주음 감독들이 철근에 감심을 만이 쓴다면서 급을 만이 내서 그만 부탁이고 머시고 그만 집우로 도라오고 마라찌만 경비서는 영감님이 줄 의욕만 있따면 철근을 수백 개 대는 것을 일이리 인수받는 것도 아니고 일삼아 감독들이 철건을 해일 수도 업는 일. 영감님이 배장이 업쓰서 급을 먹고 멀리할려고 마음을 멋고 있따는 것을 알고서 부탁도 않아고 집우로 도라왔다.
"인간으로서 경우에 버서나는 일은 안했야 하지만 경우예 따라서 일을 하여야지 인간이 살라가는 대 도움이 댄다고 볼 수 있찌만 사람이 너무나 고짜지개[고지식하게] 나가도 살라가는 대는 큰 영광을 볼 수 업다고 본다."

〈1969년 10월 6일 월요일 날씨 맑음〉
고속도로 시바 하는 대 일을 안난다기에 아침이 조금 너전 편이지만 대신공구 현장에을 가니 임보들은 작읍을 할려고 일장을 가더라. 그래서 나도 거름을 빠런 편으로 작읍장에을 가서 일하면서 생각에 십장도 초면이지 초면에 농띠라고 명이 나며 불리한 점이 만아서 일을 열심이 일을 하여 주니 십장도 조하하더라. 십장은 좋다고 하지만 나 자신은 육체적으로 상당히 고대지만 정신적으로는 상캐하더라.
그리고 나의 혼차 밥을 싸가지고 다니기는 몇하지만 시바 하는 대보다는 마음이 편하며 당과도 시바일보다 50원 더 바고 있쓰니 본동 십장보다 마음이 편하니까 조금 나은 편이다.
"사람어로서 남에개 인심이 좋아야 사랑을 바들 수 있다."
대신공구 … 큰 못까에 배수로 작읍

〈1969년 10월 7일 화요일 날씨 흐림〉
고속도로 대신공구에 전입온 후 민 십장에깨 돈내기 처음 뛰어서 작읍하는대 한참 이따가 민 십장 하는 말이 오늘은 이 분이 십장이다면서 농띠 쳐지 말라 하면서 이야기하고서 민 십장이 핑 날라버리니 우리는 돈내기가 헌닐이 아닐가 하고 생각 꺼에 임시로 검부하는 십장한대 우리들은 날일이 아니고 돈내기로 하니까 알개따더니 우리가 오전에 마칠라고 부지련히 하니까 대리 검무하는 사람이 하는 말이 당신내들이 만이 하고 집우로 도라가는 것은 좋은대 만약에도 십장이 오개 대면 민 십장이 골란하다 이거라고 이야기해서 우리 생각에도 민 십장 이신을 세우주기 위해서 날읽꾼과 오후 4시까지 작읍하여주고 십장에 이야기하고 집우로 도라왔다.

(대신공구 대신못에 배수로 작읍)

〈1969년 10월 8일 수요일 날씨 흐림〉

대신공구에 큰 못까에 배수로 작읍을 하는대 오후에는 야래키리 돈내기을 뛰어서 작읍을 다해 가는대 도 십장 하는 말이 258에 콩구리 작읍을 하여야갯따면서 전부 대리 오라고 열락을 하여서 할 수 업시 가지만 나의 생각에 이때까지 노가다 일을 하면서 속아서 일해와쓰며 또 사람을 위용하는 것이 개씸해서 나의 자신도 모려개 울화가 터저나오더라. 앞푸론 안 속을라고 다짐하지만 나의 생각에 돈을 안 벌라고 마음먹고 경우 바러개 말을 한다면 몰론 십장은 들졸[덜 좋을] 껀 사실이고 모던 것을 생각하니 돈 업시는 바런 소리을 못하계 대는 것을 오늘로서 절시리 너켜다.

"큰 못까에 작읍하다. … 오후 4시경에 초곡 들에 콩구리 작읍을 밤 8시 30분에 작읍을 맡치다."

〈1969년 10월 9일 목요일 날씨 비〉

어재 밤에 작읍을 만이 해서 아침 일러나기 안 대따고 우리 인보들의 마음을 합심해서 오늘은 아침 8시경에 나와서 작읍을 하자고 약속을 하여서 해여젓는대 금일 아침에 보통 때보다 조금 너캐 가니 인보들은 일부 나와있꼬 어재 오삽꾼 2명이 나오지 완코 그 남어지는 재시간 나와떠라. 사람들이 약속을 하여 놓코도 약속을 지키지 완꼬 지정 시간에 나오는 것을 볼 때에 사람이란 꾹심이 말할 수 업따는 꾹심을 가지고 있따는 결론이다.

그리고 이발핸 지가 약 한 달리 대어도 이발을 못해서 이발할 욕심으로 일공 야래키리 돈내기을 뛰여달라고 하니 십장이 검을 끄어서 지정을 해 주길에 인보 6명이 부지런희 하니까 오전에 작읍 알료할 수 있는대 너무나 앞패 가면 높뻔 사람 보기에 채면 업쓰카바 최면 새어주기 위해서 오후 3시 40분에 작읍 알료했따.

대신 큰 못까에 … 일공 야래키리[51](작읍)

〈1969년 10월 10일 금요일 날씨 흐림〉

대신 농로 가다학구[52] 넌는대 목수 대모더 바주고 화로 전두록[하루 종일] 수라하게 작읍을 하고 있는대 십장 하는 말이 날개비가 부족하다면서 콩쿠리 하자고 해서 하로 일도 수라계 하여고 이런 날 돈 좀 더 버러볼 욕심으로 십장에깨 하계다고 말을 하여서 작읍을 해 본 결과 을마 대지 않는 것더니 나중에는 일이 줄지을 안고 갈수록 더 만아지는 것이 시간이 지루하고 작읍할 키

51) 야리끼리(やりきり,遣り切り). 일정량의 일을 할당받아 끝내는 작업형태를 뜻하는 말로, 이 일기에서 가끔 나오는 '돈내기'와 유사한 작업방식이다.

52) 일본어의 가다와꾸(がたわく(型枠), 거푸집을 의미한다.

만아서 십장에깨 좀 더 다라 돌라 하니 도 십장에깨 이 사람들원 날닐 당과에 100만 더 다라 주계따고 이야기을 하여 할 수 업는 입장이 노여 있쓰니 수고 좀 해 달라 사정하니 어쩔 수 업시 우리도 말을 못하계코 해서 우리들이 희생홰서 십장에 마음 만족하두록 작읍을 알로하고 집우로 너캐야 도라왔다.

금일 지출에 … 닭 사료 (1포) 430원
제옥 집에 …… 밀지울 5대 … 50원

〈1969년 10월 11일 토요일 날씨 맑음〉

어재 모양 목수 대모더 바 줄 욕심으로 정돈 좀 할려 하니까 도 십장이 좀 오라고 하더니 우리 인보 3명을 줄 때니 채임지고 가다학구을 갈다 달라고 하니 어쩔 수 업시 미아카로 갈다 주니까 도 십장 밑때 임시 건무하는 놈들까지 작읍을 시킬라고 말을 하길에 아이코바서[아니꼬워서] 말을 더런치 만치 하여서 나 의무에 대해서만 일을 하니까 자기도 알라차린 것인지 더 시킬라고 말을 하지 않더라. 그리고 어머님이 위장약을 보용하여도 사람이 해복하지 않코 여전희 사람원 칼리고[헷갈리고] 이쓰니 여관한 일이 아니라 어머님이 하매나 해복할련가 하고 한 시간을 멀다하고 기다리도 사람은 여전희 이러나지 않코 누어개시니 나도 하로, 하로 지나는 것이 상캐한 날이 업고 모던 일을 하여도 하고 십번 것이 업쓰며 모던 것이 다 멀러지는구나.

대신 공구 현에 … (목재와 새멘포 정돈함)

〈1969년 10월 12일 일요일 날씨 맑음〉

고속도로 돈 벌라고 할려다 돈도 좋치만 아러체[아래채] 개와 인다고 하는대 나 혼차 갈러고 발부둥 칠 수도 업고 해서 아러체 좀 수리해서 개와을 원절라고 몿[몫]을 갈라서 일을 할려 하니 일이 더디며 사람도 메 곱절 디고 있쓰며 가을이라서 거들어 줄 사람도 업고 우리 식꾸키리 지붕을 안전이 비키서 산자까지 칼라 노와서 내일 기술차가 오면 작읍을 할 수 있두록 만더러 노았다.

그리고 어머님이 병이 안전하계 낮찌 않코 사람만 칼라저서 집에 돈우로 할려 하면 어머님이 거절할까바 고속도로 전표을 모러개 팔라서 1,130원짜리을 1,000원 바더와서 동생 학교 가는 편에 어머님이 저러깨 조석도 만대로 먹지 못하니 영향제을 천 원 주고 사오라 하니 (비타엠) (계루삼) 두 가지을 700원 주고 싸와더라.

금일 수입에 … 고속도로 노임 1,000원
금일 지출에 … 어머님 영향제 700원

〈1969년 10월 13일 월요일 날씨 맑음〉[53]

어래채 개와 이는대 일끄리가 나빠서 힘이 들어쓰며 그런대로 농촌에 재일 바뿐 때라 사람도 업쓸 끄라고 생각했더니 생각보다 사람들이 만이 와서 조금 일적 한 샘이 대는구나. 그리고 고구마을 캐라 하다 부친이 나락을 치런[치련][54] 좀 하라고 해서 고구마는 내일로 미루고 나락을 형과 동생 셋시약 닷대지기 빼쓸 끄다. 나락을 빵천에 말률라고 너러 놀라 하는대 너무나 어두어서 다 늘지 못하고 집우로 와버리다.

---

53) 원문에서는 13일과 14일의 일기 순서가 바뀌어 있으나, 여기에서는 날짜 순서대로 배치하였다.
54) 정리, 처리 등의 뜻으로 쓴 것으로 보인다.

그리고 닭 사료가 부족해서 알밀료 약 한 대 준 것이 내일 아침까지 다 소았시키지 못할 만침 모이주머니가 볼락하계 방글아개 부운 것처름 있는 것이 극정이 댄다.
"알밀로 닭에깨는 4홉 정도 위에는 줄 필요 업쓰며 특희 알곡석은 주의을 만이 하여야 개따는 것을 느켜다."

〈1969년 10월 14일 화요일 날씨 흐림〉
올해는 고구마가 통 달리지을 안아서며 고구마 농사는 올해 갈던 해는 업쓸 끄다. 우리 고구마 농사을 바도 작년해 비하여 고구마을 9가마 캐도 수랄 끈대 올해 바서는 큰 숙년이며 개우 3가마박에 캐지 못해쓰니 을마나 숙년이며 고구마뿐 아니라 벼을 바도 정국적으로 을마나 감수대어쓰며 우리 마을 바도 보리답에는 3분 1원 다 죽어 있쓰며 올해는 인간이 먹고 살려고 발부등 천 것은 다 숙년[흉년]을 만나서 어찌 사람이 고생 안아고 살며 특희 농민들이 죽을 노렀시다.
"사람이 몰라서 다 못 살지 알면 잘 살 수 있따."
"내일원 길을 따덤어서 가을 씨 너을 때에 거름을 실려 너을 끄시다."

〈1969년 10월 15일 수요일 날씨 맑음〉
가을 보리 갈려고 밭골 이랑지어 나쓰며 질경콩을 지때 봅지 안고 너차더니 콩이 밭착 말라쓰며 일부 콩이 띤[튄] 것이 있쓰며 앞푸론 가을일은 남 먼저 서들어야지 해년 가을일을 미루다 넛캐야 서들어서 일을 해 바야 황상 마음 언재 바쁘고 사람이 마음가짐이 편할 때가 업고 하니 사람이 어찌 가을일이 어떠한 것인지 알 수 있찌.
"돈이 어떠한 것이지 눈 떠며 돈 벌라고 죽을 찌 살 찌 모러개 노력을 하니 일부 버는 사람도 있찌만 대다수가 노력은 하는대 돈 원 벌리지도 않코 재만 엉뚱하계 생기니 어디 사람이 실망 아니 할 수 있쓰며 타락을 아니 할 수 있깨나."
현재 공상해 볼 때에 사람이란 독물이 급나는 동물이며 악한 독물의 하나로 볼 수 있따.
금일 지출 … (정미소에 딩기 … 62근)

〈1969년 10월 16일 목요일 날씨 비〉
가을 씨 너을라고 이랑을 고루고 있쓰니까 부친이 나락을 거더로 가자길에 비가 조금식 내리는대 나락 너러놓은 대 가니까 나락은 축축한대 거더서 집에 가라고 하는 부친의 말래 축축한 것을 어떠깨 할려고 거자고 하느냐고 무러니 할머니 재사가 을마 남지 아나는대 나락을 거더서 말라야지 어떠개 하나 하고 말씀하는대 어쩔 수 업시 나락을 거더서 집우로 가지고 왔찌만 남더른 치런을 안나고 살라가는대 우리는 해년 치런을 하여야만 할머니 재사을 지내기 대니 사람이 이래 살 바에냐 죽어버리는 것이 나찌 않나 하고 생각도 들더라.
이 새상에 태여나서 다 갈던 밥을 먹고 에 못사나 하고 생각해 볼 때에 뼈 아푼 적이 한두 번이 아니다.

〈1969년 10월 17일 금요일 날씨 맑음〉
개원안을 국민에깨 무러보는 국민투표에 마음만 분산하계 만들어서 밭곡석도 다 너치 못하고 왔따 갈따 하다 하로 일과을 보내고 말랐다.
박 대통령이 자기 정근을 잘 하느냐 못 하너냐 하고 국민투표을 부쳐본다 하지만 저의들의 생각으로는 깨끗이 인기을 마치는 것이 좋찌 이변에 국민들이 찬성을 한다지만 다음에는 또 국민에깨 신임을 무러 본다면서 개헌을 떠더 곤치서 4선 하며 나오지 못할 끄가 안닌 위상[이상] 위변에 3선을 거부하고 깨끗이 물러 안저면 국민들에깨 대대로 호평을 바들 건대 만약에 이번에 3선을 그부 당한다면 이때까지 잘한 것이 숲부로 도라가며 국카의 역적으로 몰리지 안나 하고 극정이 대는구나.

〈1969년 10월 18일 토요일 날씨 맑음〉

닭더리 분간을 못할 정도 불안감을 가지고 있쓰며 닭이 식체증은 업쓸 때도 대어는 대도 불구하고 조금 만이 먹이며 소아불량이 이러나며 달에깨 이야기하는 사람도 맡차서 못 미개[먹이게] 댈 끄시다.

나도 닭에깨 무지하게 예를 쓰며 기러며 한날한시라도 닭에깨 간찰하여서 급식을 하두록 하며 너무나 충심으로 닭에 대해주니 개러움을 줄라고 더는대 앞푸론 아무개나 먹어며 먹고 하는 식으로 길러볼까 하고 생각도 던다. 이변에는 햇빌[하필] 바쁜 때라 소아장에 이러킨 닭들을 안치[완치]할 수 있쓰까 의문이다.

"그리고 우리 동내서 추수을 금일부터 시작에 들어가고 있쓰며 벼을 바서는 조금 일적한 편이 대는구나."

〈1969년 10월 19일 일요일 날씨 맑음〉

닭 개알도 바라고 바라던 개알이 7개월 1일 만에 처음 살란 개시한 오늘원 나에깨도 절거운 시간을 지내고 처음 개왈을 만저 볼 때 기쁜 마음 금치 못하계쓰며 이재 닭에깨 조금 더 양분 있는 사료을 주어서 살란을 만이 하더록 할 예정이다.

"우리도 금일부터 추수을 개시하여쓰며 내 일원 동민이 거의 다 추수을 할 정 같더라."

"밀지울 50돼에 90근 돈원 550원"

현미 딩기 말가옷[말가웃][55](15돼에) 150원

금일 지출에 … 달 사료 (밀지울) (딩기)

700원

〈1969년 10월 20일 월요일 날씨 맑음〉

닭이 한 번 살란하며 계속 살란할 줄 알라더니 오늘은 살란을 안아고 티우는 것을 볼 때에 닭 품종이 좋지 안아서 거런지 그러치 아너며 사료 간개가 알 수 없는 일이다.

그리고 본격적으로 벼을 비기 시작하니 한나잘 비는 대 허리가 묵찌건 하더라. 매일 비개 대면 몸이 고달퍼계더라.

"사람이란 넑어가면 죽책업시 노는 것을 볼 때 사람이 에 널거며[왜 늙으면] 다 저런가. 아에 죽책업시 놀 정도 대개 대면 죽어버리는 것이 낮찌 않나 하고 생각도 해 보았다."

〈1969년 10월 21일 화요일 날씨 흐림〉[56]

들까지 벼을 비는대 벼가 너무나 만이 죽어서 있키 때문에 어쩔 수 없찌만 개니 하가나더라. 사람 일력으로 못하지만 화로점두록 마음이 상화더라. 그리고 내일 오십사단에 동원훌련 있키 때문에 돈이 필요해서 이야기을 하니까 어머님 하는 말씀이 400원 박에 업따는 말씀에 가지고 갈려 하다 안만

---

55) '가옷'이란 되나 말 등으로 잴 때 그 분량의 절반 정도 되는 양을 가리키는 말이다. 따라서 여기서의 '말가옷'은 한 말 반, 즉 괄호에 적힌 대로 15되를 의미한다.

56) 원문에서는 10월 28일 자 일기와 위치가 바뀌어 있으나 문맥을 고려해서 날짜순으로 배치하였다.

생각해도 만약에 일주일 있키 대면 400원 졸력하게[절약하게] 쓰계 대도 부족이 대지 않나 하는 생각에 그만 고속도로 노임 전표(2,890원 짜리을) 2,650원 바고 팔라버리쓰며 내가 내일 650원 가지고 갈 예정이고 2,000원 어머님 주고 마랐다.
금일 수에 2,650원
금일 지출 … 향군복 650원

〈1969년 10월 22일 수요일 날씨 흐림〉
향군 소집영장을 바고 아포지서 0.7시에 도착하라고 해서 아침도 제대로 먹지 못하{고} 통학차로 아포지서을 가니까 지서장 하는 말리 10시 동차로 간다는 말래 힘이 업더라. 개니 새벽에 이러나서 밥을 조금 먹코 이재 와서 딴소리 한다고 향군들이 숙떡궁론을 하더라. 그래서 집에 올라와서 열시 동차로 내리올라 하다 이재 가 바야 일도 재대로 하지 못하고 마음만 바푸다면서 이야기하는 향군들이 만아서 그만 아포에 오전을 보내고 마랐다.

〈1969년 10월 23일 목요일 날씨 흐림〉
집에서 사단어로 가면서 따울[타올, 수건]을 가지고 가지 못해서 세면을 해도 닥을 수가 업고 해서 피액쓰을 두 군대나 차저다니도 따울 파는 대가 업쎠서 사지 못하고 세멘할 때마다 향군 모자에 탁고 마랐쓰며 사람이 언재나 집을 떠나개 대면 세멘도구는 꼭 가지가야지 아쉬울 때가 한두 번이 아니다.
그리고 닭 또 한 마리가 살란을 했따는 어머님의 말씀이 반갑더라.
금일 개알 … 2개

〈1969년 10월 24일 금요일 날씨 비〉
향군 교육 받는대 하도 심심하고 해서 오후 학가출장 집팝소리을 더고 치구 2명을 대리고 더러가서 10원짜리 땅콩가자을 싸서 한 봉 돌리서 우리 훌련바들 때 먹자고 하면서 한 봉석 호주머니에 너코서 일가 집팝을을 했쓰며 행군 중에 한 개식 먹을라다 내 엽 친구 향군을 엽페 두고 나 혼차 먹을 수가 업쓰서 그만 먹지 못하고 호주머니에 너언 채 가만이 두어따가 저녁에 먹어버리고 말랐다.
금일 지출 … 땅콩가자 (30원)
금일 수입 닭갈 … 2개 (20원)

〈1969년 10월 25일 토요일 날씨 맑음〉
향군 연섭소집일 삼박 사일을 맡치고 집에 도라오는대 향군 너무나 만아서 사단 정문에서는 탈 수가 없쎠서 정문보다 위로 1키로 정도 올라같서 자석뻐서을 타는대 자석이 너머 만이 남아서 동신 향군들원 전부 자석을 잡아서 편키 대구 역전까지 와서 향군 전원이 대구에서 놀다 저녁 통학차로 가자고 해서 시간도 만이 남코 해서 극장에 가니까 (지금은 죽을 때가 아니다)라는 푸로가 부터 있쓰서 사진도 거대로 나와서 친구 2명 돈을 전부 대어서 입장근을 사는대 180원이 대며 영화을 본 결과 잘 댄 편이며 내가 본 것 중에서 아주 잘 댄 것이 때문에 지루함을 모러고 끝카지 자미 있씨 보내고 나와다.
금일 지출에 … 영화 갈람 180
금일 개알 …… (1개)

〈1969년 10월 26일 일요일 날씨 개임〉
향군 연섭 소집일 때 친구들가 술집우로 도

라다니며 어쳐며 훌련을 안 바들라고 노력했쓰며 교관 눈만 피해며 솔 쌔로 숨어서 한 차래을 빠절러고 숨어서 보내고 해쓰며 오늘원 향군 소집일을 진부 일소하고 아침 식사을 일직하고 들로 나락을 벼로 가서 형가 동생 세시가 성용인내 보리논을 비는대 나락이 형편 없쓰서 400평 대는 논을 오전에 마치고 마라다.

"금일 너켜 본 것은 보리논에는 꼭 목도렬병 이삭 폐기 전 3일에 한 번 살포할 꺳은 농민들이 이저서는 언재던지 보리답에는 풍년을 위루지 못할 끄시다."

금일 지출에 … 배합사료 (1포) 460원

〈1969년 10월 27일 월요일 날씨〉

이재 봉답도 다 벼을 다 벼어쓰며 발가리[57]을 새우야 하는대 시간이 을마 남지 않아서 복판 논과 들까지 성용인내 논만 발가리을 다 새우고 난니 집에 더러오는대 길도 제대로 보이지도 않너며 집에 더러오는 여관 고통이 아니더라.

"현 사희에서 배우야 산다 하지만 우리 마을에도 학교는 채고 학별을 가지고 있찌만 사희에 발을 온기 놓치을 못하고 집에 더러 완저서 허정세월을 보내며 아까운 시간만 보내고 있는 것을 보니 내가 보기도 어색하며 안따까운 일이다."

닭갈 … (1개)

〈1969년 10월 28일 화요일 날씨 맑음〉

이재 벼도 오늘로서 금년 벼는 더 비 볼라고 해도 더 못 빌 끄시며 금년에는 벼을 전부 벼어쓰며 한편으로는 서운하고 한편으로는 마음이 상캐하니 어느 것이 마음이 올키 더는 것인지 알 수 업다. 그리고 대갈림하는 사람이 업쓰서 대갈림 하지만 가만이 생각해 볼 때에 한심한 적이 한두 번이 아니라 우리는 예 돈이 적어며 예 남의 농사을 지어야만 생활을 유지하여 가나 생각할 때에 뼈가 부셔저는 것다.

그리고 우리 동내도 내일이면 벼도 다 꺳날 꺳다.

금일 … 닭갈 (1개) 초기

개알 살란 시부터 … 사료값 … 약값 … 비누류값 표암 12月 15日 현재까지

총 금액 4,400원

〈1969년 10월 29일 수요일 날씨 맑음〉

물 뻔 논에 도구흙 쳐고 우마차로 밭흙을 15차 하니까 보기에 충분하계 보이며 갱이로 두리서 오후 1시경에는 고랑을 다 쳐계 더라. 다 쳐고 들까지 발가리 다 새우고 도구흙을 전부 쳘라고 예정했던 것이 예정대로 대지 안아서 6마지기 발갈리 새우는대 어덥두록 세우고 집우로 도라왔다.

"그리고 금일 새를 먹어며 우연희 신문지상을 보니까 민크비누(행운추첨껀이 눈에 보이더라)."

그 추첨껀 내용을 보니 1등 2등 3등 이런 순이가 나와 있더군. 그래서 맷 명이나 대나 하고 수자을 해여 보니 3,411명의 수자 중 한 사람어로 행운의 운명의 영광을 차지할 끄시다. 노파심에 한 번 띠아 볼 예정이다.

금일 닭갈 … 1개

〈1969년 10월 30일 목요일 날씨 맑음〉

57) '낟가리'의 경상도 방언이다.

오신기 버리논에는 보리씨을 푸릴라고 전부 이랑을 만드러 노았쓰며 보리논에 이랑 만더는대 사람 손수 갱이로 이랑을 만더는 사람이 있는대 자신들원 보리농사을 잘 지어볼 욕심어로 갱이로 이랑을 만더는대 내가 생각해 볼 때 물론 보리 씨가 잘 떠러져서 씨가 잘 나지만 보리는 충실하계 잘라서 잘 먹는다 해도 1단보에 100근 더 먹는다 해도 소로 이랑을 지어서 하계 대면 사람 손수 작업보다 3곱은 더 하계 댄다. 3곱 더 하는 노력을 단 곳에 노력을 하계 대면 보리 백근원 더 수입을 볼 끄시며 사람어로서 수학이 조금 적계 난다 해도 속성으로 나가야만 장래 희망이 있찌 임시 조금 더 먹는다고 밑 십 년이고 장[그냥] 동일한 행동을 취해서는 아니댄다.
금일 개알 … (3개)
※ 어머님 … 생신이다. 9月 20日 음력.

〈1969년 10월 31일 금요일 날씨 〉
방이 너무나 더우서 잠을 재대로 자지 않코 있는대 도득이 침입. 막상 도득을 만난 그 시간에는 급도 나지 않더니 도득이 어뒤로 사라지고 업쓸 때예는 급이 나며 나 혼자 가만이 생각해 볼 때에 그 도독도 무식한 인간이라고 생각하였다. 예냐하며 하다못해 들애 발가리 벼을 훌떠도 맸 만 원치는 수입을 볼 수 있는대 나에깨 양계한다고 하지만 닭 50십 마리도 못 대는 집에 와서 도득을 할려고 하니 도덕쳐고는 무식한 놈이라고 욕하였다.
"도득이 나에깨 침입해찌만 아무 것도 가지고 가지는 못했찌만 만약에 또 침입한다면 손애가 가더래도 병신을 만들 예정이다."
달갈 … (1개)

月末 메모

월말 … 지출금

향군		650원
배합사료	(2표)	890원
영화 갈람 (대구에서) 180원		
땅콩가자		30원
밀지울	90	550원
딩기	15대	105원
개알	(8개)	100원
밀지울	(5대)	50원
어머님	영양재	700원
정미소	쌀 딩기 62근	430원
지출 총금액		3,685원

(월말 수입금)

고속도로 노임		1,000원
닭갈	(2개)	20원
고속도로 노임		2,650원
수입 총금액		3,670원

월말 (—)[58] 15원
69년 10月 31日 현재 총지출 … 23,222원

〈1969년 11월 1일 토요일 날씨 맑음〉
사람이란 모던 작업을 팔리 하는 것도 한정이 없다. 봉답 밀논에 오후에 소로 이랑을 지어서 씨갑씨을 너는대 에초 시작할 때는 반 정도박에 못하계다고 생각하였는대 셋시 합심하여서 작읍을 해 보니 그의 다 하다시피 하여는대 그만 내일로 미루고 마라지만

58) 적자를 의미한다.

마음만 합심해서 호응을 갈치 한다면 평소 작읍 배는 할 수 있쓰며 모던 작읍이 편하계 작읍을 할 수 있따는 것을 너겨 보았다.
그리고 셋시 작읍을 시간 측정해 본 결과 거름만 까는대 삼명이 3시간 한 것이 (논) 400평짜리 논 거름 박에 깔지 못하계더라.
그리고 우리도 가을 씨갑씨는 내일이며 너고 타작으로 더러갈 끄시며 앞푸로 날씨만 계속 좋은 낡씨을 보인다면 맷칠 안에서 작읍을 알로할 수 있따고 본다.
금일 … 계알 2개

〈1969년 11월 2일 일요일 날씨 흐림〉
오늘로서 가을 씨갑씨는 모두 작읍을 알로하고 내일로서 타작으로 더러가며 낡씨 변동이 없기을 바란다.
"사람으로서 그래 성적이 좋아야 하며 사람이 누구나 책임감을 가지고 살라간다면 실수가 업고 남에깨 미움을 바지 안고 살 수가 있쓰며 남이 언재나 동정을 해 줄라고 노력을 하며 남에깨 언재나 기쁜을 줄 수 있다."
그리고 고속도로 시바 작읍한 것은 쇄 씨가 안 아서 돈을 영 바지 못한다고 예정한 것이 우연희 들에 갈다 오는대 대리 십장으로 검무하는 본동 사람이 돈 줄 끄 있는대 하며서 길그리에서 돈을 590원 주길예 생각지도 않는 것을 주니 반갑더라.
금일 수입 … 고속도로 노임 590원
계알 … (6개)

〈1969년 11월 3일 월요일 날씨 맑음〉
벼 타작을 처음 개시한 것이 벼도 마러고 해서 우마차에 실려 오기만 하면 하로에 닷섯 마지기 할 수 있쓰리라고 생각하며 처음 시작해서 거런지 일하기가 변하며 지루한 감이 없시 벼 타작을 하로 읽가을 마치고 마라쓰며 내 생각해도 그 전에 우마차도 없고 사람 등짐으로 한 것을 생각하니 시방 벼 타작한 것은 누어서 떡먹기보다 수란 편이라고 생각해 보았쓰며 그전만 해도 새벽 밥을 먹고 아침까지 벼을 저계 대며 재일 빠런 사람이 석 짐 보통 두 짐 저며 아침밥을 먹계 댄다. 그리 교통을 당하며 일한 것을 생각하며 일도 아니지만 시방 아서는 가을이 뒤서 사람 살개나 하고 다니는 사람이 태반이다.
금일 개알 … 4개

〈1969년 11월 4일 화요일 날씨 맑음〉
머지안아 벼 타작도 탈곡기을 손수 발바서 할 사람도 업지 하고 생각도 해 보았다. 예냐하며 탈곡기을 돌리서 일을 한다면 노임을 대서 일을 하기 때문 품싹이 원동기을 돌리서 하는 품삭보다 더 비싸니 비싼 노임을 주고 할 사람도 업쓸 뿐 사람이란 머리로 수라고 일 만이 하며 품이 허런 것을 할러고 예쓰는 것이 품 문잰대 비싼 노임을 주고 할 사람 없따고 본다.
그리고 농사가 만으나 적으나 손수 할 사람도 업지 씨푸면 원동기 품싹이 우리 생각보다 흙키[헐기] 때문에 적으나 사는 사람원 땀 흙리지 않코 수라개 팔리 할려고 하기 때문 밥술이나 두고 먹는 사람원 원동기을 사용해서 벼 타작을 할려고 던다.
금일 계알 … (2개)

〈1969년 11월 5일 수요일 날씨 맑음〉
땅을 파는 것도 재 자미로 하는 것이며 사람이 자미 업시는 일을 못하는 것이 인간의 본능이 아닌가 하고 생각도 해 보았다.
계알 … (3개)

〈1969년 11월 6일 목요일 날씨 맑음〉

살기 위에서 남에 논 대갈림을 하여야지 살라가는냐 생각해 볼 때 나의 마음이 부끄러운을 더 타고 있쓰며 대갈림하는 집에 벼 타작을 하로 갈는대 도로변이라서 행인들이 만으며 동민들이 우마차을 몰고 다니는 길이라서 나의 마음이 쓸퍼지더라. 내가 여기 와서 노력을 하고 읽을 하여야지 밥을 먹고 사는냐 생각을 하니 동민들도 내 마음 갈치 인정하는 것 같이 보기가 어색하더라. 그리고 나의 이새예깨는 비골한 마음을 가지지 않투록 하며 위세에깨 물러주지 못할 때에는 사람이 안사는 대 가서 생할하두룩 만더러 줄 끄시다.
금일 수입 … 계알 갑 (3개) 40원
계알 … 5개

〈1969년 11월 7일 금요일 날씨 흐림〉

사람이 개성이 재각기 틀리기 때문에 의견 충돌이 이러나는 것은 사실이고 형재간에도 의사가 틀릴 때가 한두 번이 아니라서 가만이 두고 생각해 볼 때에 의사가 틀린다고 재각기 노라나면 아무 것도 성공 못하며 나의 계성이 올타 해도 수상이 이러깨 하자 하면 상희서 틀린 점을 모러고 기의이 올다 하면 그길이 좋던 나뿌던 그길을 가야지 마음이 편하고 무선 일을 해도 자미가 있찌 자기의 계성을 너무나 내새우개 대면 올런 것도 나중에는 올타고 보지 않는 수가 있따.
"사람이 의견 충돌이 생길 때는 가만이 두고 생각을 해야지 성격을 일적 판단할 수 있찌 충돌만 대가면 어너 누가 좋은 의견이라 판단을 못하계 대는 것이다."
금일 지출 … 배합사료(1표) (450원)
계알 … 7개

〈1969년 11월 8일 토요일 날씨 흐림〉

부모라도 분산하계 일을 할 때에 심한 일은 못해도 잔손은 움직어서 호응을 마차 주야지 읽하는 대도 자미가 있찌 너무나 자식이 다 한다고 해서 태무선[태무심]하며 징알[한가할] 때는 몰라도 한참 바플 때에는 너무나 태무선하계 대면 부모라서 무선 이야기도 할 수 업고 자기 속으로만 속을 태우계 대는대 속을 너무 지나치계 썩계 대면 무선 읽이고 의욕이 업계 대며 싱경질만 나계 대며 싱경질도 자주 내계 대면 싱경만 예민해서 나중에는 사람의 성격을 바리는 수가 업자내 있쓸 끄라고 생각한다.
계알 … (3개)

〈1969년 11월 9일 일요일 날씨 비〉

오늘로서 벼 타작을 안전희 마치고 마랐다. 벼 타작을 처음 개시할 때에는 언잰가 다 할까 시퍼더니 거름도 한 발작욱이 이쓰야 간다더니 벼 타작도 개시하니 장깐이며 벼 타작을 다한 시방도 벼 타작은 어재 한 것 같던대 23서네 마지기 한 섬[셈]이 대는구나.
"사람 욕심이 한정도 업꾸나. 벼 타작을 할 때에는 팔이 다 했쓰며 하더니 벼 타작을 다 하고 난 뒤에 생각에 벼 타작을 좀 더 해 바쓰며 하는 생각 간절하구나. 사람이 마음이 한정도 업꾸나. 오십 댄 어른원 마음이 벼 타작으로 지루한 감은 업쓸 끄라고 생각한다. 예야하며 절먼 나이에도 벼 타작을 더 해 바쓰며 하는 생각이 더는대 어른이야 오죽이나 생각나개나."

금일 수입 … (개알 3개) 40원
금일 계알 (쵀고) … 8개

〈1969년 11월 10일 월요일 날씨 눈〉

올해 더러서 사래기눈이 처음 내리고 날씨가 갑작이 추어서 무우 배추는 들래서 울구고 말개쓰며 올더런[오늘 들어] 눈이 오니 사람 보기에 흙신 더 추버 보이며 거리에 오고가는 사람 얼굴더런 본색을 가지고 다니는 사람 없시 추어니 사람들이 어쩔 줄 모러개 만던 날도 하로가 지나가는구나. 만약 내일도 오늘같이 바람이 모질께 불고 추어며 무우, 배추는 밭대서 읆구고 말 끄시며 김장 맡은 보개 힘이 들 정도니 날씨 너무한 샘이 대는구나.
그리고 가을 읽을 다하고 나니 사람이 더 피곤해저며 사람이 개두[거동]을 못할 지경이 대고 마는구나.
금일 지출 (20원) … 개사 정지문이 흐수란[허술한] 기분이 더러서 평구대로 가로 대고 못을 20원치 사와서 안건하계 만더 노았다.
금일 개알 … 4개

〈1969년 1월 11일 화요일 날씨 맑음〉

고속도로 노임으로 라디오을 살려고 예정한 것이 다 숲으로 도라가고 마는구나. 노임도 한끄 번에 바다쎠며 집에서 무선 소리하던지 라디오을 살 낀대 목돈이 안대고 낮돈이 대어서 집부로 주어떠니 곡석을 장만해서 준다 하지만 그거도 어러운 일이다. 예냐하며 집에서 살림이 부에서 곡석이 남아 도라가며 십계 대지만 그러치도 않코 죠달리기 때문에 준다준다 하면서 주지 않코 물고 도라가는 것을 볼 때에 다 허사로 도라가는구나.
앞푸론 고속도로 읽하로 가면 돈이 품돈이 대어도 내 손에 보관해서 나에깨 필요하며 설 수 있도록 할 예정이다.
금일 수입 … 개알 16개 · 200원
개알 수 … (11개)

〈1969년 11월 12일 수요일 날씨 비〉

금일 고속도로 시바 작읍 하로 오라 하는대 비가 부설부설 내리서 시바 작읍도 못하고 집에서 무이미하계 오전 일과을 보내고 오후부터 개사에 연계 일라고 새키 좀 꼬아쎠며 그리고 닭더리 사료을 전보다 만이 먹을 땐대 적기 먹고 있쎠서 가만이 생각해 보니 알 수가 업쎠서 사료에 냄새가 나기 때문에 적기 먹나 하고 사료을 관찰해 바도 알 수 업쓰서 현미 딩기을 오래 사용해서 사료 변질 간개로 그런가 하고 조금 남원 것을 집우로 가지고 가서 소 먹이일라고 같다 노았다.
"그리고 오늘원 어재 만이 나와키 때문에 적키 노을 끄라고 예정한 것이 오바해서 10개 나와더라."
금일 개알 … (10개)

〈1969년 11월 13일 목요일 날씨 맑음〉

무우씨을 속아서 갈라키 때문에 작년 비하며 반절도 안 대며 그기에다 적은 것은 그만두더래도 조선무우 씨라고 갈란 것이 일본무우 씨라 저장도 못하고 있쓰니 예사일이 아니며 생각할수록 조선 무우씨라고 사람을 속여사 파라먹는 장사놈을 당장 주먹으로 갈기도 시운치 않깨다. 사람이 어뒤 남을 속여서 장사을 할려더는 복장을 알고 십퍼며 막상 자기에깨 속아다 하자. 한 번 속안 사람이 또 다음에 속찌는 안늘 끄시

아예 남을 속이는 심리는 안 써두록 하는 것이 위생상희픈 아니라 인간으로서 안 쓰는 것이 상책이라고 생각한다.
"앞푸론 씨값시는 미들 수 있는 사람에깨 구입화여야갰따는 것을 오늘로서 절시리 너켜다."
금일 개알 … 10개
11月 13日 현 총 계알 수 (87개)

〈1969년 11월 14일 금요일 날씨 비〉
월동에 헌일[헛일]이지만 예무우시[왜무]을 구디을 파서 너어 노았쎠며 예무시는 지때 먹어도 바람이 더러서 잘 먹지 못할 지경인대 무우씨을 봄에 먹을라고 무더노원 것이 어리석은 짓이 아니냐 하고 의래심이 더는구나. 그리고 마늘을 장 봉답 논에 갈라더니 해년 씨도 못 차절 지경으로 마늘이 대니 올해 과손때기에 가라 볼라고 도랑에 찰맹기로 한 벌 도다서 갈라 볼라고 흙 셋 시간 정도 파 올리쎠며 내일원 지계로 작읍을 할 예정이다.
금일 계알 … 14개

〈1969년 11월 15일 토요일 날씨 비〉
뿍티미[59] 타작을 기갯이로 하는대 에초 날씨가 좋지 못한대 시작해더니 도중에 비가 와서 중단이 대어서 내 생각에 개니 타작도 다 못할 끌 뿍티미만 적시서 나중에는 시간만 낭비댈 껏을 생각하니 속이 꾸리더라. 그러자 오후에는 날씨가 개이고 있길래 다시 시작을 하여서 3시 30분에 작읍을 알로 대어다. 그래서 작읍 시간을 을마 처는고 이야기을 하니까 월래 시간 4시간인대 3시간 반으로 처달라고 이야기하더라.
내가 생각해 볼 때에 기개로 하계 대며 메서라개[깨끗하고 수월하게] 댈 줄 알라더니 그러깨 매서랍지 않코 사람 손수 작읍한 것보다 조금 나은 편이라고 생각한다.
금일 개알 … (11)개
금일 수입에 … 575원 … (48개) 개알

〈1969년 11월 16일 일요일 날씨 흐림〉
이우지에서 추수을 오래 하여서 보기 미안하다면 좀 가서 거들어러 주라 해 한나절박에 할 키 업써니 가서 한참 하니까 다 하계 더라. 아직까지 남의 돈, 나의 재물원 불버하지을[부러워하지를] 안나는대 금일 위수지에 타작해 주로 가서 나락을 보니 나의 마음속으로 언재 저만치 모아보나 하고 마음의 타령을 하계 대더라.
사람이란 욕심 업는 사람원 업다 하지만 나 자신원 돈 보고 욕심 부려본 지 업쎠며 나 자신이 배운 것도 업지만 남이 만이 배운 사람보고 두려어 해 본 일도 업쎠며 나의 자신원 내 손으로 어너 한계까지 성공하나 하고 결심하며 나에깨 돈이 있쎠며 돈모가 다 피어야지 돈을 써지 그 전에는 돈을 설 줄 모러고 있따.
금일 개알 13개
금일 지출 사료(1) 450원

〈1969년 11월 17일 월요일 날씨 흐림〉
금일 마늘 노을라고 예정한 것이 날씨가 갑작이 변동이 대어서 쌀쌀한 추이에 사람이 견딜 수가 업쎠서 다음으로 미루고 마라써며 그리고 개사여 집 월라고[집 일려고] 연

59) 북띠기 또는 북세미. '검불'의 방언으로, 여기서는 수확하고 남은 값어치가 떨어지는 농작물을 뜻한다.

개[60]를 좀 역끄다.
"사람이 자기 계핵대로 대지 않는 것을 실천에 온기 볼라 해도 부모의 호응이 부족한 편이 대고 말며 나 위에 사람이 업고 나의 마음대로 하며 할 수 있따고 절시리 너켜 보았다. 그래도 부모의 호응이 부족하더래도 부유하계 살라간다면 또 나의 계핵에 어건남이 업시 실천할 수 있는대 그러치도 않코 개핵만 어건나개 대니 사람만 마을 지경이다."
"나의 생각에 닭더리 재일 만이 살란할 줄 아라는대 살란을 평소와 동일하계 살란하는 것을 볼 때에 금년에 나의 생각가 더러 마치[들어맞지] 안늙 끄시며 내년 봄부터 나의 개핵대로 살란을 할 수 없나 하고 생각한다."
금일 개알 … 13개
금일 수입에 … (13개) … 160원

〈1969년 11월 18일 화요일 날씨 흐림〉
고추밭 골 쌔에 마늘 갈라고 이랑을 전부 만더러 노고 인분을 동생가 두리서 하로 정때[하루 종일] 실러 노았다.
"닭더리 한참 식욕이 있쓰서 한참 땡길 땐대 사료을 살란 직전보다 삼분에 일은 들 먹고 있써며 닭더리 멀정한 놈이 사료을 주어도 잘 먹지는 않코 도라다니면서 소리만 하고 도라다니니 나의 생각으로는 분간하기가 어러우며 이때까지 사육해바도 멀정한 놈이 사료을 먹지 안코 도라다니기만 하고 있써니 사람이 한장할 지경이다."
"나의 생각에는 한참 살란 시기라서 살란하기 전에 배는 사료을 먹어야 하는대 자꾸 갈수록 사료을 적개 먹고 있써니 나료서는 알 도리가 업꾸나."
금일 개알 … 15개

〈1969년 11월 19일 수요일 날씨 흐림〉
지붕을 연개로 집을 이니 금년 일할 껀 다 했써며 마음이 캐알하다.
"내일부터는 개사에 미비하계 설치던 것을 오래목을 배어 와서 안전무결하계 만들 예정이며 아푸론 내년에 병아리 길을[기를] 통도 만들 예정이다."
금일 개알 … 16개
닭더리 사료는 먹지 않는대 불구하고 개알은 줄지 않코 만이 노어니 신기하도다.

〈1969년 11월 20일 목요일 날씨 비〉
오늘원 비도 오고 사람이 산에 오러내리는 사람도 업고 해서 산에 올라가서 오래목을 좀 배어 와서 닭똥바지을 만들면서 닭 동태을 바도 예관상 보기에는 아무 지장도 업는 것 같던대 모이는 개속 난구고 해서 똥바지을 다 만들고 대신역전에 양개하는 사람을 만나서 내막 좀 알라 볼라고 같던 것이 그만 헛거름거리가 대고 마라쓰며. "예[왜]" 양개하는 사람이 잔치집에 가고 아들만 남아서 무러바도 내막을 모러고 있길래 집우로 도라오고 말랐다.
〃 개알 … 12개[61]
수입에 … (4개) … 52원

---

60) 초가지붕의 지붕이나 담을 이기 위해 짚이나 새 따위로 엮는 이엉의 방언이다. 연개를 세는 단위는 '마름'이며, 일기에서는 이의 방언형인 '마람'이라는 말이 사용되고 있다. 또한 연개를 길게 엮은 것을 가리켜 '용마름'이라고 하는데, 일기에서는 이 역시 '용마람' 또는 '용바람'(용마람의 오기로 보임)이라는 방언형으로 적고 있다.

닭 사료 쌀딩기(우) … 1말

〈1969년 11월 21일 금요일 날씨 맑음〉

닭들이 식욕 업쓰서 어쩐 일인가 하고 양개 전문우로 하는 집에을 차저가서 식욕이 업시 도라다는 있는 것은 무선 병인가 무러보니 그것은 사료가 변동을 했쓸 때 생기는 병이라면서 태라마이신을 복용하면 안전하계 고칠 수 있따면서 팔리 해서 고치 보라고 해서 그만 이야기 할 쌔 업시 그만 집우로 와서 자전거로 김천 가축병원 가서 태라마이신 한 병에 240원 주고 사와서 야간에 복용할려고 예정한 것이 사전에 준비가 안대키 때문에 못하하고 지래 짐작으로 아주 심한 것만 투약하고 남어지는 내일 음료수 대신에 줄라고 미루고 말랐다.

금일 지출 … (태라마이신 1병) 240원

개일 수 … 19개

금일 수입 … (58개) 671원

〈1969년 11월 22일 토요일 날씨 맑음〉

금일원 닭더리 어제와 동일화계 사료을 먹지 않나 하고 극정이 대어서 집에 일도 재대로 하지 않코 닭 동태만 간찰해 보왔쎠며 내가 간찰해 본 결과 어재보다 눈 익어 포가 나지 않코 약을 멱어서 좀 나지 않개나 하는 생각에 좀 나완 편이 대는 것 같고 약 미기기 전에 계사 완내서 골방그리는 닭을 잡아보니 모이주머니는 안나도 업고 무개는 종이 더는 식으로 무개가 업쓰서 극정에 태라마이신과 원기소을 홉압해서[혼합해서] 좀 며계보았떠니 아침에 문을 열러주니 거러다니는 것이 생기가 있쓰 보이더니 이상 업는 닭가 다름업시 모이을 해매길래 약욕효과[역효과] 나서 거런지 날라고 거른지 알 수 업쓸 정도로 해복해서 다니니 나의 생각에 상계하더라.

금일 개알 수 … 12개

지출 … 배합사료 (1표) 450원

〈1969년 11월 23 일요일 날씨 맑음〉

봉숭나무가 수입이 적어서 배나무로 간식을 할려고 사료 같더니 모목이 장년 비에[작년에 비해] (배) 이상으로 비싸계 팔고 있쎠서 도라올라고 할려다 새상 물과가 정신업시 오려고 있는대 모목원 아지 않 올을 수 있깨나 하고 생각이 더러서 (배나무) 만 상길 한 포기에 45원 주고 사와서 간식을 하는대 닭더리 두렀하계 표가 업시 사료을 요구하지 않아서 나무 간식하면서도 어리벙벙하계 동생과 둘리서 했치우고 말랐다.

"농민들 가만이 생각해 보{니} 한심하기 짝이 업꾸나. 예 곡물 한 가마 생산하자면 약 1년이 걸리는대 한 가마 곡물 돈어로 모목 일년생 20주박에 살 수 업쓰니 한심한 일이 아니고 머개너냐."

금일 개알 … 12개

내일원 수파신마이신을 싸다 복용할 예정.

금일 수입에 … (17개) … 204원

〈1969년 11월 24일 월요일 날씨 맑음〉

개사에 바람 더어오지 안개 만들라고 연개을 조금 역끄다. 그리고 이재 닭더리 조금식 식욕이 땐긴 떳이 닭더리 할바라계 보이

61) 원문에서는 이 내용이 수입 내역을 적은 후에 위에 적은 것으로 보인다. 따라서 여기서의 '〃' 표시는 '수입에'라는 의미로 볼 수 있다.

며 똥더리 물똥 누는 닭이 보이지을 완너며 태라마이신을 효과 바다고 인정한다.
"사람이 몸을 악키지 않너며 언재가는 명을 널리 알릴 수가 있다고 생각한다."[62)]
금일 개알 … (18개)

〈1969년 11월 25일 화요일 날씨 맑음〉
개사에 월동준비가 안전무결하계 해 노았쎠며 닭에깨도 월동준비 하는 대 돈이 400원(비누루 11마). 이런 동물에깨도 개월사리[겨우살이] 하는 대 돈이 필요하니 사람이나 을동준비에 말할 수도 업시 돈이 필요하니 돈을 안 벌라고 할 수 있깨나. 사람은 언재나 돈이 재일이구나.
"금년 十一月도 五日박에 남지 않아꾸나. 세월이 이러개도 파런대 인간의 인생도 세월가 갈치 파러개지."[63)]
금일 개알 … 15개
금일 지출에 … 슈파마이신 1병 100 (개사 비누루 400) 계 500원
금일 수입 (개알 3개) 36원

〈1969년 11월 26일 수요일 날씨 흐림(비)〉
"개사 안내 정돈 좀 하고 오후에 먼저 마늘 놋따 씨 적으어서 그냥 둔 것을 오늘로서 씨갑씨을 너어는대 한 골 반이 부족대서 그냥 두고 와버리다."
"요사이 농촌 사람도 개명을 해서 거런지 남이 과수을 심어니 따라서 심는지 분간을 못할 지경으로 과수가 번식대고 있쎠며 앞푸론 과수업도 현 농업 모양 노임도 안 날 지경의로 대어가개따고 본다."
"닭더리 개사에 비누루을 씨어 노어니까 훈기가 나는지 닭더리 운동장에서 하로 점두록 놀고 있쎠며 우리가 보기에도 할발라개 보이고 있다."
금일 수입 … (5개) 55원 (5개) 60원
개 115원
금일 개알 수 … 13개
총 개알 수 … 270개

〈1969년 11월 27일 목요일 날씨 비〉
12月에는 고속도로에 돈을 버러서 재래종 닭을 10마리 정도 사놀 개핵을 세우고 있씀. 아푸론 이런 기희가 다시 올런지는 몰라도 이때가 가장 활동하기가 재일 편하며 나의 개핵대로 할 수 있코 사람만 부지런하개 날띠며 자본도 수라개 융통할 수도 있쓰며 나에깨 생할에 제일 적땅하다고 생각하고 있따.
"나예 꿈대로 대어가길을 바라며 나예 꿈이 허망하계 대지 말고 나의 계핵에 어건나지 않을라고 발두등치고 있는 이놈을 성공 길이 넓이두록 빌고 십다."
금일 개알 … 16개

〈1969년 11월 28일 금요일 날씨 맑음〉
"수덕새 가마니[소득세 가마니][64)]을 동생과 둘리서 쳐면서 생각한 것이 양개로 돈을 벌라면 살란개보다 육식용을 길여서 자주 팔라서 돈이 해전이 팔리 대는 것이 출세율이 날 끄수로 본다. 만약에 육식용을 기런

62) 이 문장은 일기 본문을 쓰고 남은 지면 하단 중앙에 오른쪽에서부터 세로쓰기로 기록되어 있다.
63) 일기 본문 하단 중앙에 오른쪽에서부터 세로쓰기로 기록되어 있다.
64) 세금으로 낼 곡물을 담는 가마니를 의미한다.

다면 개사가 조금 적은 편이지만 육식용으로 전안할 끄수로 본다."
"인간이 삶라가는 대 남에 눈도 만이 생각하여야 한다. 현재 우리 마을에도 절먼 아낙내들이 누구의 집이 어떠고 누구 집원 성격들이 어떠니 하며 남에 인격을 물꾸뒤 집어늙 앙심들이 많아서 남에 눈도 바가면서 삶라가야갰다는 것을 느켜다."
금일 개알 … 18개
수입이 … (54개) 590원
지출에 … 배합사료 (1포) 450원

〈1969년 11월 29일 토요일 날씨 눈〉

"이재 본격적인 계을 날씨을 보여주고 있따. 아침에 일려나서 먼 산을 바라볼 때 힌가루 헌터난 것 모양 멀리서 바라니 아름다운 풍경을 만들어 주고 있쓰니 그 풍경 아름다기로 말할 수 업더라."
"매상 댈라고 가마니을 하로 셋 개 정도박에 쳐지 못하계더라."
"오늘원 어전 읽인지 몰라도 생각보다 만이 나와써며 평소 배 정도 나와다."
금일 개알 … 28개

〈1969년 11월 30일 일요일 날씨 흐림〉

"모친이 몸이 불편해서 옷갈개을 해미자고[해 먹이자고] 하면서 부친 하는 말씀이 장비아리을 사가지고 올라 했서 장에 읽을[일을] 그진 다 보고서 약병아리을 살려고 비아리장에 더러가는대 엽 농업창고에서 사람 살리는 비명이 낯서 자전차로 막 더러가는대 말이 사람을 물고 있는 강경을 볼 때에 소보다 무서운 짐승라고 넑켜다. 사람이 그러깨 모여서 때리고 해도 사람을 놋지 않고 사람을 해치는 것을 볼 때에 말이 저러개 사나운 짐승이라고 몰랐다. 말 주인은 생명에는 지장이 업지만 상쳐로만 그치고 말라찌만 나중에는 주인에깨 말원 반 죽이다십피 할 끄라고 외상한다[예상한다]."
금일 지출 … (닭 300) 모친약 개루삼(270원)
(정짐식사 30원) 병아리 양[약]
태라마이신 240원 (고무신
130원) 굴떡[굴뚝] 3개 300원
굴떡 못 (30원)
합계 1,300원)
금일 개알 … 16개

"인간이 생에 수래박기에 돌지 돌지 않고 살라갈 수는 업는가. 예 수래박키에 도라야만 하나. 기의 알고십꾸나."[65]

月末 메모

(월말 지출 금액)

닭	(1마리)	300
점심식사	(국수)	30
닭 태라마이신	(1병)	240
고무신	(1결래)	130
굴떡	(3개)	300
굴떡 못		30
배합사료	(4표)	1,300
태라마이신	(1병)	230
수파마이신	(1 〃)	100
개사 비누루	(11마)	400
	지출 금액	3,550

(월말 수입금)

65) 11월 30일 자 일기가 끝난 다음 장 중앙에 오른쪽에서부터 세로쓰기로 기록되어 있다.

고속도로 노임 590원
개알값 236개 2,683원
총 금액 3,273

11月 30日까지 지출 금액 26,202원
수입금 69,872원

11月 말 현재 340개

〈1969년 12월 1일 월요일 날씨 맑음〉
"집에 굴떡을 전에 박혀 있는 굴떡은 전부 뽑아버리고 굴떡을 새로 사온 것어로 안전하계 수래했놓고 부석에 불을 때보니 불은 솟바닥에 닷지 안고 고래구멍어로 더러가는 것을 볼 때에 예 진장 못핸는 것이 원이대더라."
금일 개알 수 … 24개
금일 수입에 … 개알 69개 … 750원
"금일로서 살란개 닭을 실패을 보았쓰니 서운한 마음 검치 못하계더라."
현재 12月 1日 현재 개알 수 372개

〈1969년 12월 2일 화요일 날씨 눈〉
어머님이 아빠 누어서 개시는대 큰집에 일좀 해달라는 부탁이 있쓰서 마음으로는 일을 해 주야갯다는 생각은 있쓰나 어머님이 아빠 개시서 동생은 의사 불러로 같는대 큰집에 일허그니 해도 아무 생각도 없더라. 사람이 한쪽예는 아뼈다고 하는대 한쪽에는 읽한다고 분산하계 날뛰는 것을 허락지 않코 해서 큰집에 일해 주로 가지 못했다. 어머님의 병원 위개양이라고 하면서 의사 선생님이 말씀하시는대 너무나 심해서 위가 흐러다고 말씀하시더라. 이변에 어머님이 안전하계 안치댄다면 또 일어날 우래성[우려성]이 업두록 새심한 주의을 할 예정이다.
"현 시대에는 형재고 부모고 모두가 불류해서 살라가야만 인간에 살기가 숩다고 생각한다."
개알 … 25개

〈1969년 12월 3일 수요일 날씨 눈〉
이재 본격적인 겨울이란 날을 안겨준 더시 눈보라가 희날리고 있쎠니 사람이 한결 마음이 생쾌어지는 것 같이 마음으로서는 눈이란 만이 올수록 기쁘 날뛰고 있쎠며 사람이란 동물원 예 계울 날씨는 실려하지만 계울에 백설이 희날리면 사람어로서 실러하지 않는 본성을 할고 십꾸나. 사람 예 겨울은 실려하는대 백설은 좋아하는 심리는 이상하계 여기지 아니할 수 업따.
"사람이란 마음이 무거어야 인생의 수래박기을 박차고 일으날 수 있따고 본다."
개알 … 22개
지출 … 배합사료 (1) 450

〈1969년 12월 4일 목요일 날씨 맑음〉
양개읍을 하자면 언재나 사료 변동이 없쎠야 하며 언재나 새 살 먹은 어린아들 달개더시 소아을 잘 시킬 수 있는 사료을 언재나 먹이개 하여야 살란을 계속 나을 수 있찌 잘 먹는다고 거친 사료을 주계 대며 소아불량이 이러나개 대니 언재나 새심한 주의가 빌요하다고 인정하며 성계라는 약화다고 인정하고 있따.
"금일로서 매상 댈 가마니을 전부 쳐고 집을 안전하계 대청소하고 말랐다."
"양계읍을 시작하고 매일 바푸계 대는 위우[이유]을 알 수가 업다. 실지로 노동을 만이 하는 것도 아니고 마음을 푹 노고 놀 수도 없써며 새멘도 안전무결하게 한 번 해본 적이 업다고 본다."
개알수 … 25개

〈1969년 12월 5일 금요일 날씨 맑음〉

오늘로서 공판이 마지막이라고 해서 새키 타래을 작동 가서 사와서 급희 오후에 단아 가서 공판을 하게 대어다.
"공판도 마지막이란 것을 모러고 있써따는 것도 우리 부찰이라 하지만 동장도 마지막 공판이 금일박에 업써며 동민에깨 공판이 오늘박에 엇써니 대라고 사전예 이야기도 하여야 하는대 동장 임무로서 너무나 태무선 하는 사람원 요번 동장박에 업따고 본다."
"인간원 언재나 캐알하여야 남에깨 따뜻한 온정을 가질 수 있따고 본다."
금일 수입 … 69개 759원
금일 개알 수 … 24개

〈1969년 12월 6일 토요일 날씨 흐림〉

21개[66]
어머님이 약을 보용하여도 매일 조금 난 편이 아니고 개속 아푸다 해서 형이 어머님을 대리고 김천 김예과에 진찰하로 가니까 원장 하는 말씀이 이재는 때가 늦저씀이다 한다면서 형이 이야기하길래 가슴이 뚤리서 우름도 나지 않떠라. 나에깨 이런 벅찬 비극을 줄 수가 있나 하고 해볼 때에 나에깨 비극을 맡보는 것보다 죽어 업쓰저는 것이 낮지 않나 하고 매번 마음도 가지 보았다. 어머님이 남가 편하개 살지 못하고 고생만 하 죽다니 생각할수록 뼈가 부서저는 것 같며 머리가 벙벙하계 어절 줄 모러개쓰며 눈물이 앞을 가리어 길을 고나서[가눠서] 가지을 못하계더라.
만약 어머님이 돌라가신다면 우리들이 다 큰 놈이라 사라가기에 별 다름이 업찌만 이재 중학 다닌 종말이 순철이을 생각하며 순철이가 어떠깨 살라갈 끄신가 할 때에 눈물이 비온 덧 소다지며 어쩔 줄을 몰갰다.

〈1969년 12월 7일 일요일 날씨 비〉 25[67]

김천 김애까에서 진찰해본 결과 위암이라고 한다 해서 황시마[황새목, 또는 항시마]에 오러내리는대 눈물이 개리어서 다니질을 못했쓰며 나에 생각에 어머님이 설마 위암을 줄라고 해서 부친과 이야기해서 선산 김의사에깨 가자고 해서 동생이 대리고 11시 동차로 떠나서며 떠나고 난 뒤에는 집에서 생각에 위암이라 하며 어떠깨 살라야 하계나 하고 생각해볼 때에 눈물도 나지 안으며 가슴 떨리서 점심식사도 하나도 못하계더라. 한참 떨고 있쓸 때에 시개을 보니 2시 40분 동차편으로 올라올라고 해서 대신역에 마집을 가서 홈에서 열차을 함참 기다리고 있는대 열차가 홈에 더러올 때에 사람이 중품 글린 사람 모양 떨리서 균형을 잡지 못하계더라. 그러자 동생이 어머님을 부축해서 열차 계단을 내리오는대 동생 얼굴이 안색이 안 대쓰서 나의 눈에는 눈물이 가리어서 앞 못 보개더라.
그래도 나에깨는 눈물을 어머님을 안 보일라고 눈물을 도라서 땃고 눌문 안 흙일라고

66) 이 날 생산된 계란 수를 의미하는 것으로 보인다.
67) 전날과 마찬가지로 생산된 계란 수를 적어 놓은 것으로 보인다.

입술을 깨물라서며 집에 와서 어머님 의식을 안 일캐 할라고 연봉 작은 의사을 불려서 진찰해본 결과 위암이 아니고 위경향이 극도로 돌진해서 일부 병원에는 위암이라고 생각할 끄라고 이야기 하길래 함숨이 나도 몰래 나오며 이재는 어머님을 살릴 수 있꾸나 하고 생각해볼 때에 나의 마음이 말할 수 업시 할량하구나.

〈1969년 12월 8일 월요일 날씨 개임〉

오늘원 어머님이 편하다면서 이러나서 이야기도 하고 얼굴의 안색이 좋은대다 연봉 약방 의사 말씀이 위암원 아니니까 안심하라는 말래 어전지 기쁘며 과손에 올라서는 화도 기쁘서 노래도 내 마음것 불러보았써며 어머님이 위암이란 말을 더고 난 뒤에는 살라가자는 마음도 손텁만큼도 어떤 것이 이재 곤칠 수 있따는 연봉 의사 말씀에 내 마음도 이런 봄에 풀입 도다나더시 새 새개예서[새 세계에서] 살라보자는 욕망이 용솟섬쳐고 있따.

"인간이 살라가는대 동정이란 눈 땃고 차저바도 차저볼 수 업는 인간이 새개에서 꼭 성공해보고 말개다."

개알 … 23개

개알 총 수 … 12月 8日 현 534개

〈1969년 12월 9일 화요일 날씨 흐림〉

"점심식사 하로 내리가니까 난대업는 선님이 한 분이 와서 이야기을 하여서 어머님원 저러깨 고생을 하여도 쉽사리 절명을 안 아며 오래 산다기에 기분이 더 업시 상캐하더라. 그리고 어머님도 캐알해저며 우리들의 보기에 성한 사람 모양 수면도 만대로 치하며 식사도 그전 모양 만이는 안에도 식용이 있써 보이계 식사을 하고 계신다."

"어머님에 대에서 먼저 모양 크나큰 중격을 주지 않키로 산실령님에깨 빌개노라."

금일 수입에 개알 … 74개 800원

개알 … 21

〈1969년 12월 10 수요일 날씨 눈〉

"금일은 양개읍을 할려면 내가 집적 부화을 하여서 사읍을 하여야갰다는 것을 절시리 너켜다. 예냐하며 부화장에서 80 주고 사와서 기러니까 병아리에 돈이 너무나 만이 먹으서 적개 먹이개 만들 수가 업나하고 생각 끝이 한 번 실패해도 두 번째 성공하며 병아리 구입보다 낮지 않나 생각 끝에 집적 해볼 예정이다."

금일 지출에 … 배합사료(1) 450원

개알 수 … 22개

〈1969년 12월 11일 목요일 날씨 흐림〉

정부 매상 안 댄다고 면장과 면직은들이 매호당 정부 양곡이 모자란다면서 매상 좀 대달라고 해서 매상을 대개 대면 반더시 상인보다 적은 것은 사실이지만 동내 반장이라면서 아무 것도 대지 않코 그냥 두면 또 다음에 와서 대 달라고 부정대개 대면 채면이 서지 않는다면서 우선 2가마 대고 다음에 건덕지계 졸원다면 그때 가서 조금 댈라고 예정하고 있따.

"현 매상을 본다면 정부에 읽하는 것도 화나의 모순이다. 예냐하며 정부에서 농민들을 덕을 보이계 대면 정부에서 매상을 안 반는다 해도 농민들원 볼을 지고[불을 켜고] 매상할려고 덜 낀대 상인들보다 가마당에 이삼백 원 손에 보고 더는대 농민들인들 매상을 할려고 틀개나. 농천에서는 한심한 읽만 만들어주는 정부의 실정이 의심수럽다."
개알 … 25개

〈1969년 12월 12일 금요일 날씨 흐림〉

보리밭에 노루들이 내리와서 보리을 골고리 터더 먹어서 동생과 둘리서 울타리식어로 새키줄을 쳐서 일부 질래나무[찔레나무]로 총총 키와서 일부 밭에 통행을 막고 좁다라개 만더려서 노루 목맹이을 세계 만더려쓰며 남 보기에는 멀정한 밭에 말목을 쳐서 새키줄 쳐기가 어색하더라. 우리들의 생각으로는 노루가 목맹이 걸리면 좋고 안 걸리개 대면 우리 밭에 피해가 적지 않나 하나 생각에 동생과 둘리서 하로 점두록 수고한 것이다.

"닭더리 삵란을 계속 25개 정도 나오면 20,000원차리 개[계]나 좀 더러보가 시퍼더니 오늘원 날씨도 차거운 편도 안닌대 개알 수을 반 정도박에 살란하지 않너니 가만이 생각하니까 지금원 개울[겨울] 충분히 돈을 휘댈 수 있찌만 내년 봄에 가서 병아리을 기러개 대면 사료값도 대기가 힘덜 끄시다. 그래서 표기하고 말라야갯다."

금일 수입 … 64개 640원
금일 개알 수 16개

〈1969년 12월 13일 토요일 날씨 맑음〉

시금치밭에 토기들이 내리와서 시금치을 씨값씨도 남찌 않깨 전부 터더 먹어서 못떠더 먹게 할려고 나무 썩은 것으로 한 벌 갈라고 지개로 댓 짐 같다 노와쎠며 앞푸로도 매칠 같다 놀 예정이며 토기을 잡을 작정이다.

"그리고 노루 목맹이을 낡씨가 추어서 내리오지 안는다고 안 놀라고 예정한 것이 헌일삼아 노와쎠며 노루을 잡을라고 덜개 대면 눈이 오나 비가 오나 꺽덕지계 노력하여야 개따는 생각에 오늘도 추운 것도 무렸쓰고 코물을 줄줄 흙리면서 갈따 노와다."

금일 개알 … 23개
밀찌울 … 눈님 1말 정도

〈1969년 12월 14일 일요일 날씨 맑음〉

내가 부화을 할려고 더니까 만약을 위에서 급이 조금 나더라. 실패는 성공의 어머님이라고 말씀하신 것과 같치 나도 실페을 할려고는 들지 않치만 내 정성 끝해서 실페가 도라오면 모러지만 내 자신이 노력을 하계 대면 실페가 없따고 명세한다. (예냐고.) 내가 무선 일을 시작하계 대면 서풀리 시작 안아기 때문에 실패라고 업따고 본다.

"만약 부화 작읍을 해서 성공을 본다면 어느 누구보다 양개읍을 멋있개 할 예정이라고 본다."

※ 인간으로서 맑의 씨[말의 씨, 즉 말씨]을 지성인다계 할용하여야 한다.

금일 수 … 개알 40개 440원
개알 수 … 18개
12月 14日 현재까지 … 총 개알 수 659개

〈1969년 12월 15일 월요일 날씨 맑음〉

"사람이 기분 낮풀 때에는 화로 점두록 조심하여야 한다는 것을 오늘 장 가면서 절시리 너켜다."

금일 김천장에 가서 한 것도 없는대 지출만 만이 만들고 말랐다.

금일 지출 … 솜 피우는 대 50원 사료 450원 물수류매[물오징어] 200원 양개법 150원

깔꾸리(1개) 100원 {()양발 2개) 210원 옃 20원
금일 수입 … 고추 2근 680원
총 지출 금액 1,180원
총 수입 … 680원
개알 수 … 18개

〈1969년 12월 16일 화요일 날씨 맑음〉

"농천에서 저거나마 수입이 있다면 농촌에서도 얼굴 찌펴리지 안개 살라갈 껀대 가만이 생각해 보면 도대쳐 할 일이 없따고 본다." 금년 1969年 12月도 문턱에 너머씼꾸나. 69년도을 마지할 때에는 어제 갈던대 벌서 머지완나 70년도을 마지하계 대어쓰니 나 자신으로서 69년도에 바람 이씨[보람 있게] 보내도 못하고 떳있개 한 일도 업시 보내기 대어 아쉬울 정도라 아니할 수 없다. 남윈 반 달 동안 보람 있계 보내며 한 가지 떳을 새우고 70년을 마지하여야 하는대 사람이 이재는 올망절망 해서 69년도을 보내개 대개따. 아푸로 70년도을 마지하계 대면 꼭 한 가지 큰 덧을 새우고 71년을 마지하계다.
개알 수 … 21개

〈1969년 12월 17일 수요일 날씨 눈〉

"사람이란 무선 일을 하더래도 남을 손에 안 비고 자기도 손예 안 보며 어너 한 쪽이라도 손에가 업두록 일을 바야 사람이 효평을 바들 수 있쎠며 남이 뒤라도 손가락질을 안 하계 댄다."
"집 태개 실련대 나와 아저시 대는 분가[아저씨 되는 분과] 실련대 우리 소가 만이 실린는대 자기 소는 적개 시러랄고 뒤로만 기고 있는대 빨리 시러가고 이야기도 못하계고 채민만 보고 있쎠니까 자기 소에 실련대 약 400단 정도박에 안 대며 우리 소는 550십단 실리키로 추정하고 있따."
(1) 사람이라는 양심이 쳣째다.
(2) 사람이란 위에타산도 너무 해서는 안 대지만 조금이란 것 있쎠야 한다.
(3) 남이 나을 어떠개 생각하는지 재인식하여야 한다.
금일 개알 … 16개
금일 수입 … 구루마 택에 600

〈1969년 12월 18일 목요일 날씨 맑음〉

어재 김천장에 가니까 엿장수가 니아까에 엿을 한 니까 실고 내리오는대 지나가다 벅꾸68)에 글자 새겨진 것을 보니 희망도 꿈이여내 라고 쎠여진 벅꾸을 울리미고 다니는 것을 볼 때에 여사료 안 보이더라. 부모가 살라개시는지는 몰라도 자기 자신의 신새타랑을 하여 가면서 엿장수을 하여 가면서 방방곡곡을 해메면서 신새타량을 하고 다니는 것을 볼 때 여사료 보{이}지 않떠라. "처음 엿장수 사읍을 하계 댈 때에 자기 자신워 세상을 읅마나 욕을 했쓰며 인간이 어러깨 모질개 사라가야만 하나 하고 마음의 속을 태어깨나."
금일 개알 수 … 24개

〈1969년 12월 19일 금요일 날씨 맑음〉

요사이는 낡씨 따덧하고 해서 나무을 좀 할려고 산 올라 나무을 좀 하여던이 몸이 아주 편함 색은은[편한 셈은] 아니더라. 만약

68) 버꾸. 법고(法鼓)에서 나온 말로, 주로 농악에 쓰이는 자루가 달린 작은 북이다.

개속하계 대면 육채적으로 조금식 나와질 란지는 몰라도 나무하기가 고댄 일라고 생각하고 있따.
금일 개알 수 … 17개

〈1969년 12월 20일 토요일 날씨 맑음〉

입발이 신찬에서[시원찮아서] 김외과에 가면서 사료도 한 표 사들고 외과을 가보와더니 입발을 검사하던이 입발을 싱경을 주기야 댄다기에 급이 나서 다음에 한 번 배옵게 하지요 하며 그만 외과을 나오고 말랐다.
"어머님은 나어저지 않는다면서 반찬그리가 업따면서 형수가 쬬구을 말하기에 쬬구 5마리에 120원 주고 사와다."
금일 지출에 … 사추[셔츠] 상의(14) 320원
쬬구(5마리) 120원
사료 1포 440원
빨래비누(3개) 30원
총 지출금 … 910원
총 수입금 … 개알 90개 1,000원
개알 수 … 20개

〈1969년 12월 21일 일요일 날씨 흐림〉

요사이는 어머님이 병환에 개시니까 나 자신도 힘이 업쎠며 모던 일에 의욕이 업고 사람이 언재나 누구한때 마전 것치 으리둥 줄하계쎠며 만약 이런 상태로 오래 간다면 나 자신도 희미해저지 않깨나 하는 생각까지 들고 있꾸나.
"금일 동생과 둘리서 방아을 찟는대 방아도 여자들이 찟야만 쌀 한 줌이라도 덕을 보지 남자들이 찌니까 방아관에 여관 쌀이 흙러도 씰려 담지 못하계따는 것을 오늘 정미소에서 절시 너켜다."
금일 개알 … 14개

〈1969년 12월 22일 월요일 날씨 맑음〉

금일은 소우리을 대청소하고 낡씨 따덧해서 나무 좀 할려고 산에 올라가니까 생전에 나무 하로 올라오지 않던 친구 한 명이 가치 가자고 해서 오늘은 이거 한 짐 하는대 수고가 만캐따는 것을 나의 속으로 너켜다. 외야하면 나무을 할 줄 모러고 나무을 징굴 수 업는 실정이라 사람 어디 엽예서 가만히 두고만 볼 수 있깨나 해서 나무을 한 짐 하고서 친구 나무짐을 안전하계 진가 주니까 조금 저문 편이 대더라.
개알 … 18개

〈1969년 12월 23일 화요일 날씨 맑음〉

"산에 올라가서 나무을 하개 대며 언재나 재 시간에 못 내리오개 댄다. 예냐하며 지계가 부찰이 있는지 그러치 아나며 내가 손재주가 업는지 분간을 못하계 대며 언재나 나무짐을 쳐박아서 나무는 분산이 대서 반정도박에 안 대니 마음만 석어며 천벌이 나서 나무 하료 가기 실려며 집에서 나무을 조금 대는대도 못 적고[지고] 와서 재 시간에 못 더러온다고 하면서 손재주 업는 놈은 매일 그러따면서 꾸중을 주고 있쎠니 나무하로 가기가 급이 나더라."
"앞푸론 나무 잘하는 사람 엽에 가서 나무는 아나더래도 나무짐을 어떠깨 해서 나무동이 동글개 대며 적오 가는[지고 가는] 대 펼리하계 대는고 좀 배올 점이 있다고 생각한다."
개알 … 15개

금일 수입 { 개알값 300원
39개 남어지 … 129원 남음 }
총금액 39개 429원

〈1969년 12월 24일 수요일 날씨 맑음〉

오늘은 나무을 해본 결과 욕심이 만아서 만이 할려고 실 참 업시 해 바야 집에 나무가 저더러 오는 것은 을마 않 댄다. 에냐하며 만이 저고 오다 너머지며 나무도 적어지며 나무동도 올키 못하기 때문 언재나 손에가 만따. 오늘원 형한때 나무을 어떠개 진구며 엇떤 식으로 나무을 하는가 무러 보니 나무는 지계 반 정도 대면 동매을 볼낀 매서 다음에 해가지고 그 위에 나무을 하계 대면 나무짐이 너머가도 나무가 흐려지 않코 을마던지 올 수 있다고 이야기하길에 오늘은 지계을 바까서 가지고 가보니 흙신 내가 가지고 가는 것보다 흙신 낮따고 생각해쓰며 내가 예때까지 지계도 좋은 편이 아니고 나무동도 올키 못 묵끄키 때문에 예머다[애먹었다]고 생각하고 있따.

금일 계알 … 20개

〈1969년 12월 25일 목요일 날씨 비〉

금일이 예수에 명절의 하로라 할 수 있찌만 우리들 어릴 때에는 12月 25日 X마스라고 그러깨까지 떠들지 않아쓰며 그리에서 노라나지도 않예는대 요줌 았쎠는 X스마스을 전 세계 쳐고 제일 큰 날이 대지 안을까 하고 전망이 내다보인다.

"오늘원 지계을 안전하계 곤치고는 처음 나무을 해본 결과 지계 너무 앞푸로 수거려지는 것 같따. 그래도 뒤로 수거려지는 것보다는 힘쓰기 나며 육체적으로 고통이 들 대며 나무을 하로 두 짐식 하여도 별료 딘지도 몰갯다."

금일 개알 … 17개

현재 수 … 859개

〈1969년 12월 26일 금요일 날씨 흐림〉

"사람이란 언재나 바빠서 엽 도라 볼 새도 업쓰야 살라갈 수 있다."

"무미하계 하로 일과을 보내고 말랐다. 사람이란 자미로 일을 하는대 오늘은 방에 더러 안저서 공상만 하다 하로 일과을 보내쎠며 공상도 오래 계속 대니까 자미도 업쓰저더라."

"닭이 외부로 보기에는 이상이 업는대 매마루기만 하고 식욕은 점점 감소대어 가니 어찌 할 도리 업고 속만 따고 있꾸나."

금일 지출 … 배합사료(1표) 440원

개알 … 21개

〈1969년 12월 27일 토요일 날씨 맑음〉

어머님이 약을 먹다 살리가 더려서 그런지 역추가 난다기에 저는 생각에 위암이 오래 대며 역추가 난다더니 이재 사람을 버리지 안나하고 생각에 식사을 하는대 비상 먹는 것보다 더 씹고 해서 밥을 먹지 않코 연봉의사 대리로 갈려고 시작하니까 식꾸대로 점심이나 먹고 가라고 해서 할 수 업시 안 넘어가는 점심을 억찌로 먹고 연봉 약방애 가니까 약방 주인원 읍고 아주머니만 있쓰서 다음에 오개따고 하고 집에 오는대 동생이 김천서 약 사가 온다고 해서 그만 연봉의사 기다리다 집우로 와버리따. 동생이 약 사가 온 것으로 복용하니까 속이 쉬운하다기에 마음이 편하며 만약 어머님이 해복 못하계 대면 나 자신도 양개고 머고 집어치우고 먼 곳으로 가서 도라다니며 행상을 하더래도 어디론지 훍훍 날라버릴 예정이다.

금일 수입 … 50개 500원

개알 수 … 15개

〈1969년 12월 28일 일요일 날씨 눈〉

곡석 내로 김천장에 갈더니 보통 뛴 일이 아니더라. 이곳저곳 도라다니개 대니 마음뿐 아니라 육체적으로도 고대고 있떠라. 장에 갈다 와서 인분을 밭대 줄라고 마음먹고 있따가 일을 할려고 더니 몸이 말을 안 득고 노건에저기만 해서 표기하고 내일로 미루랄고 하다 날씨가 갌짝이 눈이 쏘다지서 만약에 눈이 만이 와서 인분을 밭대 주지 못하계 대면 인분은 변소에 깍 차지 해서 할 수 업쓰서 그만 노곤한 몸을 이려키서 인분을 밭태 헌치고 내일부터는 해장으로 인분을 밭때에 헌칠 예정이다.

"금일 수입에 (깨 5돼) 1,980원 질경콩 (2돼) 240원 찹쌀 (2돼) 280원"

수입 금액 … 2,600원

지출에 … 동생 반창고 (14) 80 솜 10원
어머님 줄라고 (소고기) 100원
(슈파마이신 닭 약) 100원
(사과) 20개 50원

지출 금액 … 340원

개알 수 … 18

〈1969년 12월 29일 월요일 날씨 눈〉

매일 밥만 먹으면 산에 올라오고 하니까 심심하고 나 자신이 사람 만은 곳에 가거집더라. 그래서 오늘은 눈도 오고해서 동생을 산에 보내고 좀 놀라고 친구 집에 가도 뗏있게 놀지도 못하고 친구들도 만이 모다서 놀지 안으며 그전에와 영 틀리더라. 장년만해도 사랑방에 모이서 노는대 요줌원 모다서 놀지 안는 것을 보니 재각기 먹고 살려고 발부둥을 쳐고 있는 것은 사실이며 앞푸론 사랑채도 업쓸 끄라고 예정한다.

예냐하면 작년에 보다 올해는 영 노는 사람이 업는 것을 볼 때에 앞푸론 필요 업따고 본다.

개알 수 … 19개

수입에 … 64 704원

〈1969년 12월 30일 화요일 날씨 눈〉

소 암소 내서 축산조합에 가니까 수이의사가 소장애 갈다고 해서 소장에 가서 징서[증서] 떠는 사람한때 무러 보니 방금 어대 갔따면서 어째 찬는냐고 무러서 소 교배할려고 한다니까 장에서 어째 해보지요 해서 그름마 교배을 안 시키 준다 말이요 하니까 축산소가 여기 업키 때문에 그러다면서 이야기을 하서 그만 났았다.

나의 생각에 골란하구나 생각 끝대 우리 마을에 시장사 하는 사람한때 가보자 하고 시장에서 해매서 다행이 일적 차저서 소 교배을 말하니 모런다고 해서 그만 방천으로 올라와서 웃질꾼에깨 교배 좀 부치주며 돈 주개따고 하니까 돈을 600원 말하기에 400원 죽개 부차도가 하니까 그럼 부쳐 주계따고 한 마리로 안 대어서 4마리가 한 번석 교배을 한 것이다.

금일 지출 소 교배 400원 / 빵 30원 } 430원

개알 수 16개

〈1969년 12월 31일 수요일 날씨 맑음〉

사람이 매일 혼자서 닭에 대한 일만 할려고 하니 사람이 맨 업시 지루한 날을 개속 보내기 때문에 이 지루한 날을 지루하지 않깨 보낼 수 업나 하고 생각 끝에 색달원 그새 취미을 부치계 대면 지루한 감이 들할 꺼 같다서 청춘잡지에 펜팔의 벗을 언하고자 하는 사람은 청춘사교실을 보고 벗을 구하십시요

하는 것을 보고 나 자신도 펜팔이라 하면 독서공방에 공상하는 것보다 낮지 안나 하는 생각에 펜팔의 주소을 알라서 서신을 해 볼라고 편지을 한 장 쓰 보았다. 막상 편지을 쓰 놓고 부칠라고 더니까 상대방이 바다주면 별거 아니지만 상대방이 (노) 하면 남자로서 창피가 보통이 아니라는 것을 생각하니 부쳐보고 십픈 것이 조금도 나질 안는구나. 그래도 이재는 할 수 업꾸나. 남자가 편지을 쓰놓고 안 부친다고 해도 말리 안 대고 어쩔 수 업시 저녁에는 부칠 예정이다.
금일 개알 … 19개
지출 … (440원 사료)

月末 메모

1969년 12月 31日 현재 총 개알 수 966개
"월말 지출금"

배합사료	(5표)	2,220원
내이상	(14)	320원
쬬구	(5마리)	120원
빨래비누	(3장)	30원
솜 피우는 대		50원
물수류매		200원
양개법 책	(1권)	50원
칼꾸리	(1나[하나])	100원
양발	(2개)	210원
엿		20원
반창코 (솜)	80원 10원	90원
소고기	어머님	100원
슈파마이신	1병	100원
사과		50원
소 교배		400원
빵값		30원
배합사료		440원

(월말)
지출 총 금액 5,030원
1969년도 총 지지출 31,172원

(월말 수입금에)

개알 수	505개	4,309원
고추	(2근)	680원
구루마 택에		600원
깨	5돼	1,980원
질경콩	2돼	240원
찹쌀	2돼	280원
계알	114개	1,204원
월말 수입금액		9,221원

〈내지 2〉[69]

1969년 총 지출	31,172원
〃 수입	79,073원

69) 이 내용은 일기장의 일일기록장 뒤에 인쇄되어 붙어있는 '附錄' 면에 적혀 있다.

▌1970년▐

〈내지〉
金泉 聖義商業高等學校 權 純 錫 用70)

〈1970년 1월 1일 목요일 날씨 맑음〉
69년도을 넌기버리고 70년도을 마지하계 댄 기분이 색다런 기미가 업시 새해을 마지하계 대어따. 69년도에는 덧[뜻] 있씨 보내지도 못해고 올래는 떳을 난기며 바람 있씨 보낼 예정이다.
"70년도에는 안전하계[완전하게] 기반을 잡고 71년도에는 남들이 이재는(거기에) 안전한 기반을 잡았다는 친찬을 바다볼 예정이다."
금일 지출에 … 편지 우표값 … 10원
개알 수 … 18개 69년 총 개알 수 … 966개

〈1970년 1월 2일 금요일 날씨 맑음〉
향군소집일라서 아포지서에 도착이 9시까진대 우리들은 10시경에 도착하였다. 저는 자전그로 가는대도 10시경에 도착하여는대 도보로 오는 사람들은 약 11경에 도착하여다. 향군들은 재시간 지킬 필요가 업따고 인정이 갈 정도다. 예냐하며 여때까지 빠짐업시 향군 모집이라면 모던 일 재쳐놓고 참석을 하였는대 다 보람 업시 지나가고 말라버린다. 예냐하면 향균하면 우선 질서보다 재시간을 지키야 하는대 시간도 지키지 않코 10시 온 놈이 8시 온 놈이나 11시 온 놈이나 다 같치 할동을 하니 향군에 전심을 다한 놈도 이런 상태로 운영한다면 나중에는 보리죽이 대고 말끄시다.
금일지출 … 술 1돼 값 … 50원
수　입 … 15개 … 165원
개　알 … 22개

〈1970년 1월 3일 토요일 날씨 맑음〉
어머님이 병환에서 해복 못하고 누어 개시니 자신이 아빠서 누어있는 것보다 안타까우며 어머님어로서 자식세대에 고생만 하시고 조금 편깨 살라보지 못하고 병으로 신음하는 것 볼 때 나 자신들의 몸둥치기는 살라 있찌만 속원 죽원 사람 모양 머리에 무선[무슨] 자극도 없시 하로일과을 햇 떠면 아침인갑다 하고 해가 저면 저녁이구나 하는 식으로 나날을 보내고 있쓰니 한씸하기 그지 업꾸나.
어머님으로서 안만 못 살라도 홰갑이라도 살라야지 어머님이 해갑동안도 못 살면 이 세상에서 재일 불상한 분이라고 말하고 십다.
"이 세상에서 제일 불상한 사람이 안 대기을 간곡희 빌고 십다."
금일 개알 … 17개

〈1970년 1월 4일 일요일 날씨 흐림〉
어머님이 어재 (모라민 500㏄) 내리고 있쓸 때에 약 300㏄ 내루고 있쓸 때에 사람이 생기가 나고 얼굴색이 좋아저서 자신도 만족한 기분으로 모라민을 내루는 강경 지켜

70) 1970년 일기는 학생용 공책 네 권에 기록되어 있는데, 그 첫 번째 책은 동생(권순석)의 공책이었던 것으로 보인다. 표지와 표지 안쪽 내지에 동생의 학교와 이름이 적혀 있다.

보고 있쓰따. 모라민을 다 내루고 있쓰니까 어머님 말씀이 줄어들어서 자신도 묵묵희 내리다보고 있쓰따. 그리고 한참 이떠니 사람이 몸부림을 치기 시작하는대 나 자신도 어떠개 할 주망을 몰라서 마음만 불란한 감을 가지고 시간을 보내개 대어따. 약이 값짝이 만이 들어가서 속에서 부작용이 이러낳는가 하고 조금 지나면 희복대개찌 하고 있쓰다. 만 24시간이 대어도 조금 홰복이 안 대고 있쓰니 사람을 바리지 안나 하고 불란한 감만 가지고 시간을 보내개 댄다. 현 시대에서 의학이 발달대어서 속병 정도야 수라개[수월하게] 곤칠 줄 알라도 묘하게 약이 맡지 않너니 사람 한장하고 죽을 지경이다.
개알 … 22개
금일 수입 … 72개 … 792원

〈1970년 1월 5일 월요일 날씨 맑음〉
어머님의 말씀이 이재는 못 살갯다 하고 대뿔리 말씀하실 때 나의 눈에는 눈물이 가리어 어머님의 얼굴은 둘로 변화고 자꾸만 눈문이 볼을 흘리서 자꾸만 떠려저서 얼굴을 자꾸만 예민하고 있쓰찌만 어머님이 불쌍하계 인간세상에서 종말을 지내야만 하너냐 할 때 나의 가슴에 독등어리[돌덩어리]가 치바다 숨이 막힐 정도가 대니 우리 형제가 이러깨 남보다 쓸라린 가슴을 지고 남몰래 눈물을 흙리야 하나 하고 생각해 볼 때에 아무도 들리지 않는 산봉오리에서 한읍시 울면 한업시 울면 나의 가슴에 셔라린 마음이 풀릴련지. 아 한서렵꾸나.
금일 개알 … 24개

〈1970년 1월 6일 화요일 날씨 흐림〉
요즘은 방에서 책이라도 볼라고 하면 가슴이 답답하계 대어서 방에 안저 있쓸 수가 업계 대어서 바같공기을 마실라고 추원 것을 무렸쓰고 들로 산으로 다니보았찌만 크개 신통한 기분을 보지 못했따.
"그리고 어머님이 오늘은 좋금 나은 편이 대어서 자신도 기분이 좋아서 어머님이깨 무선 말이고 자꾸만 하고 싶개 기분이 상계하더라. 이재는 살모살모 병이 나와야 할탠대 먼저 모양 사람이 개두을 못하계 대면 우리 형제들이 벅찬 타격을 바개 대니 재발 우리 형제들에깨 벅찬 타격을 안 바계 살모시 낮키을 고대할 뿐이다."
"앞펄[앞을] 보고 사라가는 우리 오 형제깨 벅찬 타격을 주지 않깨 음숙[엄숙]하노라."
금일 개알 … 21개
금일 지출 … 배합사료 1표 … 440원

〈1970년 1월 7일 수요일 날씨 맑음〉
어머님은 아무리 좋은 약을 복용하여도 해복이 안 대고 자꾸만 병 정세 더 심하고 있쓰니 나 자신도 어머님을 구하지 못할 끄시지 안닌가 생각하니 나 자신도 한심하기 그지업쓰며 앞푸로 내가 타관에서 고생을 하더래도 타관에 나가서 밥버리을 하여야지 우리 형제들이 남에깨 더러운 소리 안 득고 살라갈 수 있찌 안나 하고 생각도 던다.
"어머님이 살라 개시며 양개읍에 성공을 꼭 할 수 있는대 어머님을 버리개 대면 양개읍도 하나의 숲우로 도라가지 완나— 하고 금심이 대는구나."
금일 개알 … 23개
금일 수입 … 43 … 453원

〈1970년 1월 8일 목요일 날씨 흐림〉

갑작이 흐리저더니 눈등어리가 재법 크개 떨러저며 태풍이 일기 쉬작. 한참 바람이 불고 할 때에는 무척 급[겁]이 날 정도 쉬작하더니 오후에는 맑은 날씨을 보여찌만 바람은 모질계 하로 동안 불고 마라다.
어머님이 이재 생기가 돌기 시작한 덧이 하루 동안 안저서 이야기을 주고받고 할 때에 이내 마음 말할 수 업시 마음이 캐얏하더라. 어머님 밖같출입을 못하더래도 한갑동안 살라계시야 한다는 것을 나 자신 이야기하고 십하다.
"삶매 보람을 알자면 돈을 버려야 한다."
금일 수입 … 10개 … 110원 〉209원
9개 … 99원
금일 개알 수 …21개

〈1970년 1월 9일 금요일 날씨 맑음〉

금일은 하로 점두록 공산만 했쓰며 공상도 돈 버는 공상으로 하로 읽과을 보내고 말랐다. 공상도 처음 시작할 때에는 실감이 있고 속속이 생각을 하계 대는대 그것도 시간이 기니까 그것도 실정이 나고 마는구나.
사람이 사읍을 할려면 한 가지을 끝까지 화는 인내을 가지야만 성공의 길이 넒릴 끄시다. 아무리 돈이 많코 백만장자 아들이라도 사읍을 하는 대 있쓰서 요 사업 조 사업 하면 백만장자 아들이라도 사업으로 성공의 길을 차지 못할 끄시라고 말하고 십다.
개알 수 … 22개

〈1970년 1월 10일 토요일 날씨 눈〉

외양관에 거름 발핀 것이 너무나 만아서 동생과 둘리서 다 쳐고 재관에재로 전부 포암해서 봄보리 거름 할려고 전부 실려냇따.
"나 자신이 성급희 해서 무선 일을 시작할 때에는 천천희 할려고 해도 작읍 도중에는 급파기 해서 숨도 올키 실 수도 업시 작읍을 하니 육체적으로 을마나 손애가 가는지을 분관 못할 정도다."
"사람이 무선 작읍을 해도 찬찬이 작읍을 안수하는 사람만이 현명하다고 볼 수 있따."
금일 개알 수 … 28개
9日 현재 개알 수 … 206개[71)]

〈1970년 1월 11일 일요일 날씨 눈〉

제법 싸래기눈이 내리서 좀 올찌 아라더니 오지 않코 개이고 말랐찌만 눈도 만이 올 때도 대어찌만 보리에 눈이 시급할 정도다. 예야한면 가을 할 때부터 이때까지 비 한번 올키 안 나쓰며 눈도 재대로 안 앖쓰니 보리에는 물이나 눈이나 시겁[시급]하고 있따. 사람들의 일부는 보리농사에 노임도 않나온다고 야단쳐지만 농사가 적은 사람에깨 보리농사가 큰 농사로 바야 한다. 없는 사람은 벼보다 보리쌀을 더 아키는 사람이 더 만으리라고 인정하고 있따.
"이재 앞푸론 부화에 서서이 노력을 할 예정이다."
"사료과 부족이 대는지 개알이 품종이 상품가치가 안 대고 있따."
개알 수 … 24개
금일 수입 … 5개 … 55원

(기다리고 있개쓰요) (노래 최희준[72)]) 1.

71) 이 내용은 1월 9일부터 10일까지의 일기가 기록되어 있는 지면의 오른쪽 하단에 적혀 있다.
72) 〈기다리고 있겠어요〉는 한우철이 작곡하여 1969년에 발매된 노래로, 당시 노래를 불렀던 가수는 최우석이다. 3월 28일 자 일기가 끝나고 난 후에도 같은 제목의 노랫말이 적혀 있는데, 거기에는 '최희석'이

11日[73]

① 기다리고 있깨쓰요 도라와 준다면 있찌 안코 있찌 안코 기다리고 있깨쓰요
아무리 오랜 세월 흙러만 간다 해도 당신만을 그리면서 생각하며 아 … 기다리고 있캐쓰요

(사랑은 눈물의 씨앗)

① 사랑이 무어야고 물어신다면 눈물에 씨앖시라고 말하계쎠요
어느날 당신이 나를 버리지 않겠지요
서로가 해여지면 모두가 괴로아서 울 태니까요

사랑은 눈물의 씨앖
사랑이 무어어고 물어신다면 눈물의 씨앖시라고 말하게써요 어느날 당신이 나를 버리지

(강남재비)
강남달이 발아[74]

〈1970년 1월 12일 월요일 날씨 비〉

소 먹일 끄 쌀딩기 업쓰서 집[짚]을 팔로 가서 집 한 구루마에 500단에 2,100원 바다서 쌀딩기 60근에 600원 해서 2가마에 1,200원 주고 사와따.
집도 한 단 도착에 4원 하여도 우리 집 단은 단이 크서 소내[손해]라고 본다. 예냐하며 남들 집단은 구루마 실고 가는대 우리 집단은 한 구{르}마에 500단 실개 대면 감감하계 대어서 잘 실지을 못할 지경이다. 앞푸로 집단을 팔라고 마음먹으며 아주 적개 해서 타작하기에도 편하고 팔라먹을 때도 적은 집우로 만원[많은] 액수을 만들 수 있는 장점을 가지고 있쓰며 머로 바도 펼리하고 돈 만이 버는 것이 아니냐. 내년에는 아주 적개 묶어서 팔 예정이다.

금일 수입 { 집 500단 2,100원 / 18 200원 } 2,300원
개알 수 21개
금일 지출 (빵) 200
(사료) 400
(소먹이 쌀딩기) 1,200 } 1,860원(개)

〈1970년 1월 13일 화요일 날씨 맑음〉

본격적인 겨울추위가 더러썻는지는[들어섰는지는] 몰라도 금일은 갑작이 추워서 사람이 할발하계 날뛸 수가 업쓰며 오늘은 박같태서 일하는 사람이 없쓰며 앞푸로 추얼련지 몰갯다.
"올해는 눈 한번 재대로 오지 않코 겨울을 넌길련지는 몰라도 눈 만이 올 때도 꼭 대다고[됐다고] 보는대 아직까지 재대로 눈 한번 희날리{지} 안았쓰며 겨울에 눈이 와[안] 노며 여름에 강우랑이 적어진다는 풍설도 있는대 내년에는 숭년을 만들라고 눈이 완 노는지 분간을 못하계꾸나."
금일 {개알} 수 … 24개
수입 … 10 … 110원

라는 이름으로 적혀 있다. 라디오로 노래를 듣던 시절이라 정확한 이름을 몰랐거나 어떤 착오가 있었던 듯하다.

73) 본래 이 노랫말들은 5월 일기까지 기록되어 있는 일기장의 맨 마지막 쪽에 적혀 있는 것으로, 내용 첫머리에 적혀 있는 날짜에 맞추어 11일 자 일기에 배치하였다.

74) 이 노래의 노랫말은 이 부분까지만 적혀 있다.

〈1970년 1월 14일 수요일 날씨 맑음〉

요줌 방에서 공상만 하다 하로 읽과을 보내개 대어서 지루한 감이 더러서[들어서] 오늘은 나무 전지을 하는대 오늘이사 날씨 추어서 손이 실어어서 전지도 맺 주 못하고 하로 읽가을 보내개 대어다.

어머님 때문에 보통 읽이 아니다. 예냐하며 무선 약을 대어도 멧칠만 효력을 보고 그 남어지는 효력도 없쓰며 사람은 자버라지고 약발은 안 덕고[듣고] 하니 참 예돌따. 또 신약은 효력이 없셔서 선산 강약국이라고 잘 안다면서 부친이 태약을 셋 춤을 사가와서 복용을 할려고 따리고 있는대 약이 마절란지 조바심만 더는구나. 앞푸로 머선 약을 대더래도 안전하계 나을 탠대 여간한 일이 아니다.

"사람이란 초기에 병이 발생했쓸 때는 큰 병원에 가서 풀리까지[뿌리까지] 안전하계 낮두록 취로[치료]해야 댄다는 것을 절시리 너켜다[느꼈다]."

개알 수 … 23개

〈1970년 1월 15일 목요일 날씨 맑음〉

날씨가 추원대 어머님에깨 돼지 간을 살라고 대신고기집에 가니까 간원 없따면서 18日날 오라고 하길래 사람은 시급한대 삼일이나 기달일 시간이 없쓰서 개령고기집으로 간다고 가니까 노파가 계령내 다리에 어지랍따고 냇물에 발을 벗고 건늘라고 더는대 하도 딱해서 노파을 불렀다. 이 추은대 물을 건녀며 도중에서 얼어부씀이다 하니까 노파 하는 말씀이 가기는 가야 하고 다리로는 못 가고 하니 물로라도 가야 한다기에 그름 자전차로 실려더릴 터니 자전차에 타라고 했떠니 노파가 개니 에먹인다고 인사을 하더라.

"금일 바서는 어머님이 낮재는 나원[나은] 표도 없더니 저녁에는 밥 자시는 것을 보니 조금 편한 편이다."

금일 수입 … 80 … 830원

지출 … (돼{지} 간 반근) … 90원

개알 수 … 23개

〈1970년 1월 16일 금요일 날씨 맑음〉

만약에 어머님이 해복댄다면 인간세상에서 살라개실 동안은 손에 흙 안 문치고 살두록 할 끄시며 자신이 나무 집에 문천을 하더래도 편하계 살두록 결심하며 만약에 또 어머님을 손에 흙을 만치계 만들며 나에깨 사람자식이 아니고 계색키라고 해도 달개 바깼다.

금일 수입 … 10개 … 110원

개알 수 … 26개

사료집에 것이 … (밀) … 15대

〈1970년 1월 17일 토요일 날씨 맑음〉

어머님에 대한 병에 이러깨도 질바런 약이 업나 하고 생각 끝에 개령 한약방 의사애깨 달려가 보아더니 의사는 김천 갈다기에 집우로 돌라 하다 아주머니깨 언재쯤 오는지 무려니 1시 반 뻐스로 온다기에 기다리 보았더니 오지 않코 2시 차편으로 올란지 하고 기다리고 있쓰도 오지 않아서 김천 가서 사료 한 표 사와서 또 들리야갯다 하고 김천 사료상희까지 자전차로 달리서 사료만 사가지고 집우로 오면서 개령을 덜리따[들렀다]. 그래도 약사는 업쓰서 무려니 외부 갈따기애 조금 기다리서 약사하고 집우로 와배어떠니 약사 하는 말씀이 병에 대한 것에 대서럽찌 않깨 생각해서 자신도 희망을 가지개 대더라. 만약에 개령 약사의 약이 안 더려면[들으면] 무선 약을 복용할 끄시 없따.
금일 지출 … 사료 1표 - 440원 대지 간 100원 고무줄 - 40원 못(한 치 못 10원) 엿 10원
합계 600원
(개알 수) … 22개

〈1970년 1월 18일 일요일 날씨 맑음〉
집[짚] 팔라서 라듸오을 살라는 부친 말씀에 자신에깨 라듸오도 필요하지만 집안형편 바서는 라디오가 좀 일적한대 그래도 한 번 마음 먹원 것은 하여야 한다면서 하라고 해서 집 한 구루마 실고 가서 공장주인에깨 다음에 두 구류마 같다 줄 떠니 두 구류마 값만 가지고 았다. 표함해서 3구류마에 (금액{}) 6900원 대더라.
"내일원 날씨만 맑으며 라디오을 사로 갈 예정이다."
"어머님이 개령 한약을 자시고 편하다기에 자신도 기분이 좋더라. 만약 어머님을 개령 약사가 곤친다면 그 원내[은혜]는 언재 보답해도 할 끄시다."
금일 수입 … (집 3구{르}마값) 6,900원
개알 수 … 22개

〈1970년 1월 19일 월요일 날씨 맑음〉
1月 19日 라듸오 구입함75)
라디오을 살려고 동생과 둘리서 소리사을 다니보았찌만 돈 가게에서 라디오을 살려해도 마음에 적갑한 물건이 업쓰서 여러 소라사을 다녀바도 만음에 더는 것이 업쓰서 마지막 한 집에 가서 살려고 떠려써니 맡침 마음에 더는 것이 있쓰서 살려고 금액까지 이야기하고 있는대 라디오 사이클이 돌라 가서 좀 고차달라고 하니 주인이 곤친다고 도라이{버}로 곤친다고 하더니 그만 부수고 말라다. 단 한 대 있는 것을 바리고[버리고] 만이까 라디{오}을 가질 끝이 업더라. 그래서 집에 올라고 하다 이왕 안는[온] 짐에 사가자 하는 힘에 한 번 더 소리사을 사방 다니다 먼저보다 못한 것을 6,500원 달라고 하는대 5,900원 주고 사와찌만 마음에 들지 않코 있따.
금일 지출 … 라듸오 5,900원
(개알 수) … 19개

〈1970년 1월 20일 화요일 날씨 맑음〉
어머님이 어재는 오련 약이 더려갔는지 개령 약사의 약을 셋 첫을 지어 먹은 것이 안전하계 소암[효험]을 본 셈이 대는구나.
계령 약사의 말씀대로 병 정새을 안전하개 검정하고 있따니 병을 안전하계 잡두록 복용하여야 하겠다.
개알 … 2개
금일 수입 … 29개 … 319원

〈1970년 1월 21일 수요일 날씨 맑음〉
부화할 시기는 곡 대어는대 어머님이 안건하계 해복 몿하고 있쓰니 부화을 할려 해도 어머님이 저러깨 누어쓰니 부화할 때는 마음이 희미해저고 있따.
"요줌원 오후에는 매일 나무 한 짐식으로 날을 보내고 있따."
"무장공비 침투한 1月 21日 사태과 만 일

75) 원문에서는 날짜 위 상단의 여백에 적혀 있다.

년이 대는 오늘이구나."
개알 수 … 22개

〈1970년 1월 22일 목요일 날씨 흐림〉

마을 어른이 세상을 떠나서 자신이 운상꾼으로 처음 갈더니 운상으로 행상을 매고 가는대 남들은 소리을 잘하는대 나 자신은 처음이라서 거런지 말이 잘 안 나오며 어머님이 저러깨 누어개시니 자꾸만 쓸펴저기만 하더라.
그리고 화강할 때에는 땅이 어러서 읽[일]을 만대로 못해서 운상꾼이 산에 도달할 때까지 읽이라고는 터밖에 만들지 못해키 때문에 자신이 나가서 내일가 다름이 없시 읽잚 바주어다.
금일 수입 … (50개) … 500개
개알 수 … 19개

〈1970년 1월 23일 금요일 날씨 맑음〉

금일은 사료가 없쓰서 김천을 가서 부화할려고 달갈을 양계쎈타에 가서 씨달갈을 언재나 살 수 있나 하고 무러 볼려고 갈려 하다 어머님이 안켸하여야지 부화을 시작하지 하는 생각에 그만 포기하기 시작했따. 어머님이 너저도[늦어도] 이달 말에는 안켸대어야지 나의 계핵대로 진행을 하지 어머님이 만약 이달 말까지 해복 못한다면 나의 계핵은 무너지고 말지 안나 하는 생각에 자신의 미래는 어떠깨 머리을 돌리야 오런 일인지 알 수 없시 하로 일과을 보내고 만다.
(개알 수) … 21개
금일 수입 … (31개) … 345원
지출 … (낮 2가락 비리근대) … 60원
부친 약(에퍼터린) 100원
사료 20㎏ 600원
지출합계 … 760원

〈1970년 1월 24일 토요일 날씨 맑음〉

요줌은 나 자신이 무었을 할까 머리만 벙벙하계 갈피을 못 잡으며 나 자신 할려고 더는 것도 집안항경상 만대로 못하고 있쓰니 자신의 심정을 흐러는 강물 모양 끝업시 내리가면 원한 풀련지 분관을 못할 지경이다.
"양계읍도 자본이 만은 사람들은 자미 있따고 보는대 나 자신은 양계읍을 해도 수입을 바도 남는 것은 없고 멋을 할려 해도 돈은 없고 하니 양계읍도 멀러지기 일수다."
금일 수입 … 9개 … 100원
개알 수 … 26개

〈1970년 1월 25일 일요일 날씨 흐림〉

"향군소집읽이라서 아포지서까지 8시경에 도착하여야 한다는 맒이 하나의 농담이 댈 정도로 시간을 지키는 사람이 한 사람 없쓰며 향군의 기분정신을 가지고 출석한 사람이 50분의 1 정도박에 안 대며 앞푸론 향군의 정신 무장을 강화하여야지 자신의 창피을 안 당아지 여사로 출석했따가는 처벌이 면아지 않끄라고 생각한다."
"금일 개알 수 … 24개"
금일 수입 … 30개 … 330원

〈1970년 1월 26일 월요일 날씨 맑음〉

어머님이 이재는 질바런 약이 더려갇는지 속이 편화고 기뿐이 상캐하다면서 미래에 대한 이야기도 하며 이재는 삶의 보람을 차절 수 있따는 맑씀도 하더라.
"오늘은 봄날씨와 다름이 없시 땃덧하며 들에는 재법 보리논 매는 사람이 하나 둘 너려나며 나 자신도 더어서 상이 벗고 과수 전지을 하여쓰며 머지와나[머지않아] 바구니 들고 들로 산으로 해매는 아낙네가 이쓸 끄라고 예상한다."
금일 수입 … 10개 … 110원
개알 수 … 19개
26日 현재 개알 수 … 559개

〈1970년 1월 27일 화요일 날씨 맑음〉

닭더리 감긴지 알 수는 없지만 궁뒤가 추집해서 (슈파마이신) 먹이 볼려고 김천 가축약방에서 (마이신) 10g짜리 두 병에 200원 주고 올라 하다 이왕 김천을 와쓰니까 양계쌘타에 가서 종란 할 끄는 언재라도 살 수 있는지 알려고 양개쌘타에 덜려쓰니 종란 받는 사람 외에는 양계읍을 한다지만 별료 부러운 감도 없떠니 종란 받는 집에는 개사을 한 박기 도라보와는대 내부 설치한 것이 정말 어마어마하더라. 자신에 생각에도 양계읍을 할려면 이려깨 하여야지 수입이 댈 끄라고 너켜 보았다.
종란 할 개지만 (개알) 삼배나 대더라. 부화할려면 삼배을 한다 해도 할 수 업시 사야 한다고 생각했쓰며 만약에 내가 부화을 성공한다면 양계쌘타 모찌않개 양개을 할 예정이다.
(개알 수 … 26개)
금일 지출 … (수봉[바지] 1벌에) 400원
빵 50원 슈파마이신 200원
사과 100원
합계 750원

〈1970년 1월 28일 수요일 날씨 맑음〉

요줌은 날씨가 봄 날씨와 다름이 업쓰서 나무 전지하는 대도 큰 도음이 대며 닭털도 날씨 따뜻하니 살란 수 많이 나오며 부화을 하여도 날씨변동이 없쓰서 부화률도 높필 끄리고 예정하고 있따.
"요사이는 어머님이 성한 사람 모양 방에서 할 수 있는 읽은 전부 하고 있쓰며 얼굴색도 만이 좋아젓따. 자신도 어머님이 아뻐다 소리을 안 아니 자신도 모러개 힘이 나며 무선 일이라도 하고 십더라."
"앞푸론 닭에 대해서 미류지 않캐다. 닭더리 한두 마리 궁뒤 지저분 할 때에 약을 먹이야 하는대 하면서 하로 이뚤 미류다 닭더리 그듸이[궁둥이] 지{저}분한 이때에 마이신을 복용하니 하로 이들 만에 효력이 업키로 생각하고 있따. (무선 읽이던지 미루지 안키로 결심한다.)"
금일 개알 수 … 26개
수입 … 10개 … 110원

〈1970년 1월 29일 목요일 날씨 맑음〉

자전차료 사료 사로 갈라 하다 김천 가마공장에 집을 언재라도 같다 주야 하니까 날도 따떳하고 하니까 같다 주라는 말씀에 남들 원 아무도 안 가는대 저 혼차 갈려고 하니 처음에는 급이 나더니 혼차라도 살살 몰고 가니 안전하계 갈 수 잇껬더라.
금일 수입 … 70개 … 710원
지출 … (사료 20㎏) … 600원
개알 수 … 22개

〈1970년 1월 30일 금요일 날씨 눈〉

"부화을 해서 만약 실패하계 대면 대전 변두리에서 장사을 할 예정이다."
"닭더리 불결하면서 살란 수는 평소와 다갈치 나오며 만약에 질병이 있쓰서 달더리 불결하다면 살란 수가 줄어들 갠대 자신이 생각해도 무선 영문인지 알 수 없이 시간을 보내고 있따."
금일 개알 수 … 22개
금일 수입 … 25개 … 270원

〈1970년 1월 31일 토요일 날씨 맑음〉

남들원 아무도 살지 않는 거곳에 심심해서 어떠개 지내는가 보는 사람마다 무러보지만 자신의 마음으로서는 언잰가 이 사업으로 성공의 길을 차고 말 끝이라는 심념 아래 (예룹고) (개룹찌만) 앞펄 보고 사라가는 자신으로서 개로움을 참고 인내을 기러는 중이다.

"한 것 업시 또 1曜[月]이라는 달을 살모시 한 장이 넘어가는구나."

금일 수입 … 35 … 385원
개알 수 … 21개
월말 총 개알 수 … 810개

(월말 지출과 수입가 잔액금)			
우표값	10원	벼집값	"월말잔액금"
술 1돼	50원	2,000단	
돼지 간 반 근	90원	9,000원	
돼지 간 못 고무줄 엿	600원	개알값 546개 금액 5,993원	
라디오	5,900원		
(낮 비리는 대)(부친약)	160원		
(수봉값)(빵)	450원	월말 총수입	
(슈파마이신)(사과)	250원	금액	금액 5,403원
배합사료 70kg	2,080원	14,993원	
"월말 총 지출금액" (값 9590)원			

〈1970년 2월 1일 일요일 날씨 흐림〉

금일은 부화작읍에 설계 잡다 화로 일가을 보내고 마라쓰며.

"사람이란 무선 읽을 시작할 때부터 설계을 잘 잡바야지 성패을 자우하는대 큰 도움이 대지 설계 없시 시작을 한다면 유망 있는 물건이 않댈 껀 사실이다."

내일부터는 부화 대한 도구을 구입할 예정이다.

금일 수입 … 44개 … 488원
금일 개알 수 … 25개

〈1970년 2월 2일 월요일 날씨 맑음〉

김천장에 간다고 자전차로 용신촌 못에 가니까 아가시가 혼차서 가는대 혼차서 지나갈려고 하다 우연희 말을 던진 것이 인연 대어서 김천까지 가는대 이야기을 주고바꼬 하는대 초면인대 말을 수라개[수월하게] 바다더리고 해서 한번 사겨 볼까 하는 마음도 일부 있찌만 자신의 속으로 초면인대 구면가 다름 업시 말도 만대로 하며 자신의 속으로 초면에 저러깨 부끄려움이 없시 날뛰고 있는 저는 사람을 사겨서 무었을 하계나 하고 표기하고 말라치만 김천까지 가는대 신소리로 웃서며 김천까지 지루한 감 업시 도착하였다.

금일 지출 … 영한, 영숙 잠바 1,050원 태라마이신 1병 240원 판자, 난대, 못 560원 쪼기, 마재기, 쇠고기, 돼지고기 520원 자전차 배다루[페달] 신부 170원 타울 60원 양발 100원
총금액 2,599원
금일 수입 … 20 … 220원
개알 수 … 24개

〈1970년 2월 3일 화요일 날씨 맑음〉

요즘은 집에 있쓰도 크개 읽[일]도 못하고 해서 집 택에 실려쓰며 택에 실련대도 소가 크야지 하로 일당이 댄다고 이야기하지만 나 자신으로 생각해 볼 때 소가 적은 소들은 하로 일당이라고 말들 하지만 소로 바서는 700원 손에 본다고 생각이 대더라.

그리고 동생 군에 입대하는대 통학열차로 보내고 보니 자신의 마음이 씁씁하더라. 저것이 객지밥 한 번 안 먹고 부모 및태서 자라 온몸이 녹설원[녹슬은] 철조망 군 태둘리 안에서 국방의무을 3년간 고생을 하여야 하는구나 생각해 볼 때 자신이 무엇을 잇전 것 같이 허전하기만 하는구나.

금일 수입 … 벼택에 500단 … 700원

개알 수 … 24개

금일 지출에 … 모친 약 600원 닭약 240

〈1970년 2월 4일 수요일 날씨 맑음〉

금일은 부화작읍 할려고 부화기을 일부 만들고 있쓰따만 부화 계시날도 구비족건 때문에 이뜰 정도 연기을 하여야지 부화기가 안전하계 구비족껀이 안전하계 설치댈 껏 같다.

요줌은 어머님이 안전하계 병 정세가 쓰서이 살라저고 유캐한 나날을 보내고 있쎠니 자신의 기분이 머었신가 자꾸만 읽을 하거 십떠라.

금일 수입 … 20개 … 220원

개알 수 … 23개

〈1970년 2월 5일 목요일 날씨 맑음〉

바로 구정이 내일이라고 친구들은 오늘이야 노는 날이 아니야고 오늘 저녁만큼은 놀자고 하는대 자신은 놀고 집편 마음은 만으나 형이 놀지 않코 형이 혼차 있는대 내가 놀라고 안 간다면 형이 마음이 어떳개나 하는 생각에 그만 친구들이 놀자고 부들기을 그만 푸리치고 올라오고 마라찌만 절머서 못 놀았찌만 늙어서 할랑하계 놀 수 있따면 절머서 놀지 못한 것을 후예는 안켸다.

금일 지출

쬬구[조기] 150원 사료 20kg

양말 70원 부화도구 함석 200원 면도기 10원 쇠고기 360

총금액 1380원

개알 수 … 23개 수입 … 15 … 165원

〈1970년 2월 6일 금요일 날씨 맑음〉

금일은 구정이라 맑은 날씨로 승배[숭배]의 밥을 떠나스며 어제라도 구정이 대면 눈길이 싸여서 잘 다니지도 못하는대 올해는 맑은 날씨을 보여쓰며 크개 구정이라는 기계을 크개 떨치지는 못한 것 같더라.

“구정이라고 친구들은 논다고 골목을 누비고 다니는대 자신은 양개읍[양계업]을 한다고 놀지는 못하고 마음은 놀고 십편 마음 간절하나 저녁식사을 하고 놀고 십편 짐념을 버리고 막사에 올라와다.”

수입 … 20개 220원

개알 수 … 21개

“친구의 대집[대접]을 바키만 하고 한 번 대집을 해더리지 못한 마음 아쉬우나 언잰가 대집할 때가 언잰간 이따고 결심한다.”

〈1970년 2월 7일 토요일 날씨 흐림〉

남들은 명절이라고 노라나지만 자신은 놀고 십뻔 마음 간절하나 미래에 허땐 꿈이 안 대기을 바라면 순간적으로 놀자는 마음이 폭발하나 참아야 댄다는 것을 메번이고 결심했키 때문에 아무도 업는 이곳에서 미래에의 영광의 꿈을 꿋고 있따.
"내일은 종란을 삶 예정이며 나에깨 큰 책임감이 없시 나날을 보내니 닭에깨 접촉을 멀리하고 놀고 십펀 마음이 나의 가슴에 자리을 잡을라고 터을 딱을라고 해서 나에깨 책임감을 같개 부화을 시작할 예정이다."
(금일 지출) … 친우 정 … 100원
개알 수 … 19개

〈1970년 2월 8일 일요일 일 날씨 비〉
부화작읍을 할려고 양계센타에 가보니 종란 받는 주인 하는 말이 일꾼들이 업키 때문에 종란을 못 받는다는 말래 한숨이 나더라. 부화시기는 꼭 대어는대 보름 있쓰야지 종란을 받는다는 말래 부화을 시작하지 말고 병아리로 할까 하는 마음까지 들더라.
"친구들이 한자리에서 노름을 하는대 엽에서 구경만 할려고 하니 하도 심심해서 자신도 돈 100원을 가지고 심심풀리하다 180원이 불러는대 꼭 집에 올 읽이 있는대 돈을 가지고 나올 수 없쓰서 친구들에깨 술 바다먹으라고 하고 집에 와버릿다."
금일 지출 … 태라마이신 240원 호야 2개 600원 옥라 40원 합계 880원
수입에 … 15개 … 165원
개알 수 … 20개

〈1970년 2월 9일 월요일 날씨 맑음(바람)〉
요줌원 닭더리 불결해서 극정이 대는대 아침에 개사 문을 열고서 개사 완내서 졸고 있는 닭이 없나 하고 개사 문을 여니 햇에서 내리오지 안코 있킬에 병 정세가 심에서 내리오지 않나 하고 더려가서 만저 보니까 뻐들뻐들하계 죽어 있쓰서 이재는 좇지꾸나 하는 생각이 머리 쓰져서 지나가더라. 이재 지팡이을 짚고 이러쓸 단갠대 닭을 저러깨 실패을 보니 자신은 안절부절 하는구나. 재발 올해는 풍파 업시 성공하여야 하는대 저러깨 닭이 한 마리가 죽어니 딴 닭이 급이 나는구나.
개알 수 … 20개

〈1970년 2월 10일 화요일 날씨 맑음〉
어머님어로 바서 약도 질바런 약이라고 자신은 생각하고 있찌만 어머님으로 바서는 병 정세는 안전하계 잡지는 못해찌만 약병으로 바서는 80%센터 잡았다고 보면 남어지 20%센터을 잡지 못해서 사람이 개두을 못하고 있쓰니 자신이 생각해 볼 때 얼굴에 삶은 본 얼굴과 다름이 없시 불구수름하개 대어서 보기가 존대 남어지 20%샌터을 잡지 못해서 부모님을 고생을 시키고 있쓰니 자신으로서는 갈방질방할 뿐이다.
"어저녁에 참바람이 모질개 부려쓰며 날씨가 추원대 못에 어름은 얼지 않코 물살만 처고 있쓰니 자신이 생각할 때에 닭 개사에 개울사리 준비할 때도 어제 같던대 벌서 봄이라는 생각을 해 볼 때에 세월이란 흐러는 강물보다 파러다는 것을 너켜 보았다."
금일 수입 … 34개 … 376원
개알 수 … 21개
지출에 … (태라마이신) 25g … 240원

〈1970년 2월 11일 수요일 날씨 맑음〉
이재는 바람이 모질개 부려도 차거운 김원 없시 불고 있코 버더나무 위에는 새파라개 움이 돗을 뜻하고 있쓰며 만물이 약동하는 계절이 채직질하고 있떠시 식물이 새파란

기분을 주고 있는 있때에 육체적인 갈리도 소울희 해서는 안 댄다고 보면 육체의 장희[장애]가 없쓰야 봄과 같치 할기찬 노력을 할 수 있따고 본다.
금일 수입 … 29개 … 319원
(개알 수) → 20개
"① 사람은 어느 한계에서 꼭 고비가 있따고 본다."
"② 인간의 고비에서 중단하고 만는 수가 허다하다고 본다."
"③ 사람이 고비을 잘 절시하계 대면 남에깨 버림을 안 바고도 살 수 있다."

〈1970년 2월 12일 목요일 날씨 맑음〉
우리 마을에도 이재 만이 개명했따고 자신이 너켜다.
자신이 개사에서 매일 심심하계 나날을 보내고 있쓰서 하도 심하계 대어서 마을친구들과 놀라고 동내을 해며어 바도 노는 사람이 없쓰며 마을에서 술로 노라나는 사람이 한 사람도 업는 것을 볼 때에 농촌에도 이재 도시 못찌안케 개명했따고 자신히 늙히 너켜다.
"이재 어머님이 병이 안케[완쾌]대어서 위우지에 놀로 다니며 때로는 점심시간도 모러고 놀 때에 이재는 어머님 극정을 안 에도 댈 뜻이 마음이 늙버지며 어머님을 구화신 계령약국에 약사의 원홰을 자신이 삵라있는 동안에는 은홰을 있찌 않캐따."
금일 수입 … 26개 … 286원
개알 수 … 26개

〈1970년 2월 13일 금요일 날씨 흐림(비)〉
요사이에 방에서 시간을 보내개 대니 육체적으로도 해가 댈 꼇 같다서 등산 겸 산으로 다니도 별로 시움함감이 없쓰서 라듸오을 들어보니 가뭄에 보리에 시급한 날이 계속 댄다고 전파가 흙으나와서[흘러나와서] 우선 시급한 읽을 방지할려면 보리 발바주는 것박에 없따고 해서 방안에서 터터*한 공기을 마지고 있는 것보다 보리 발바주로 가는 것이 육체적으로 바도 유리하리 하고 역도을 가지고 가서 보리이량마다 꼘고 다니면서 골고리 안전하계 발번 샘이 대여 발부면서 생각해도 남들은 한 사람도 밝는 사람이 없는대 저 혼차 역도로 이량을 꼘고 다닐 때에 남들이 볼까바 남이 다니지 안을 때만 이량마다 꼘고 다니따.
금일 수입 … 18개 … 198원[76]
개알 수 … 21개

〈1970년 2월 14일 토요일 날씨 흐림〉
나무 전지하는대 사다리가 불안전에서 산에 올라가서 나무을 2개 배 와서 사다리을 만더는데 개사 대청소만 안 아면 안전하계 사다리가 될 낀대 개사 대청소하기 때문에 사다리을 일부 만들고 말랐다.
"이재 농촌에도 흙문지와 싸와야 할 개절이 온가봐 갈가리 천 것이 어름등으리가 녹아서 발로 밞바도 문개저니 어디 농촌사람이 방에만 안저서 시간을 보낼 수가 있나."
정월보름만 시계 대면 봄보리 간다고 흙문지로 호흡을 하여야 하는구나 생각해 볼 때에 자신으로서 생각해도 (농촌) (도시) 두

76) 원문에서는 이 내용이 지면 상단의 여백에 기록되어 있다. 일기가 기록된 지면 상태로 보아 쓸 자리가 부족하여 위에 적은 것으로 보고, 다른 날의 일기와 마찬가지로 하루 일과 기록 아래 배치하였다.

글자을 놓고 생각해 볼 때에 한심한 마음 금할 길 없꾸나.
후대에는 농촌이란 두 글자을 안 물리주야 할 껀대 조급한 마음 떠나지을 안는구나.
금일 개알 수 … 24개
금일 수입 … 15개 … 165원
금일 지출 … 208 배합 … 600원

〈1970년 2월 15일 일요일 날씨 맑음〉
언치서 방에서 해매고 있쓰찌만 사람이 음식에 언치는대 그러깨도 몸부림을 쳐개 대는지을 알 수 없더라.
사람이 음식에 언친 지 오래댄 것은 사간을 티우고 활명수와 진정제을 먹으면 효과을 볼 수 있따.
금일 지출 … 활명수와 진정제 70원
수입 … 16개 … 176원
개알 수 … 24개

〈1970년 2월 16일 월요일 날씨 맑음〉
금일은 향군소집일이라서 아푼 몸이라도 아침에 읽으나서 출석을 할려고 거려보니 자신 생각해도 아포지서까지 못갈 끝 같았서 그만 표기하고 말랐찌만 향군이란 한 달에 한 번이라서 엔만하면 결석을 안 나야 하는대 이변에는 어쩔 수 없시 결석하였다.
"사람이 아뿐 것이 재일 탁하다고 말하고 십따. 예야하며 자신이 아빠서 하로을 방에서 해매어 보니 아푼 마음 머라고 말할 수 없더라."
금일 수입 … 20개 … 220원
지출 … (어분) 230원
개알 수 … 22개
2月 16日 현재 개알 수 … 443개

〈1970년 2월 17일 화요일 날씨 맑음〉
닭이 이러서지 못한 닭이 있쓰서 대신 양개읍을 하고 있는 사람에깨 닭이 이려서지 못한 닭은 머선 병이길에 서지 한는가 무러보니 백혈병이라고 말씀하더라. 백혈병 초기 정세가 어떠한가 무러보니 잘 모런다고 이야기하더라. 말씀하시는 것을 보니 양개 경령[경력]은 마나도 병에 대한 것은 별로 알지을 못하는는구나. 그리고 영감님 말씀이 양개읍을 하는 사람이라면 수시로 알지 못한 병으로 잘 죽인다고 말씀하며 자신은 양개읍을 하는대 예 이러깨 힘이 더는지을 몰갯다고 이야기하니까 자신도 만이 죽인다고 말을 하며 아무나 죽인다고 하며 크개 마음을 쓰지 마라고 이야기하더라. 그 영감님의 말씀을 더려니 안심대지만 자신이 사육하는대 여간 힘이 덜지 않는구나.
금일 수입 … 25개 … 295원
개알 수 … 22개

〈1970년 2월 18일 수요일 날씨 맑음〉
부화통을 일부 만들다 놓아둔 곳을 금일로 안전하계 만들어서 실험을 하다 그만 개사에 올 시간 때문에 안전실험을 못하고 동생에깨 막키고 그만 올라왔다.
"보름에 말을 먹으며 좋다기에 위우지 아들하고 말 더더로 나가 보니 생각보다 영 다려더라[다르더라]. 예냐하며 말 떠더로 가바찌만 오늘 모양 허무하계 빈 다리키로 다니본 적은 없는대 오늘은 한나절 도라다니며 떠던 것이 약 한줌박에 안 대서 내버릴라 하다 한줌이라다 버리지 말고 먹으며 날끄라고 해서 가지고 왔다."
"그리고 동생과 {함께} 군에 입때한 아들은 전부가 왔는대 동생만 욎[옷]이 안 노니[오니] 보통 극정이 아니구나. 혹시 지질 때문에 군번을 밭지 못하고 대기 중이라서 욋시 안 노는지 궁금하기 짝이 없꾸나."
금일 수입 … 15 … 165원
개알 수 … 26개

〈1970년 2월 19일 목요일 날씨 흐림〉

개령 약사의 말씀이 어머님으로 바서 자신이 요런 병에는 불적합하다고 말씀하시며 자신이 대구에 스승님에깨 볼 일 있따면서 같치 가며 좋깨따고 해서 어머님을 보내시고 저는 집에서 김천 김외과 모양 갈던 병이라고 하며 어떠게 하나 하고 집에서 조조한 날을 보내며 2시 동차 편으로 오실련지 하고 공동우물 쳐다 그만 대신역으로 달려가 보니 동차 편으로 오시지 않더군.
그래서 통학차로 올라오시겠지 하고서 집우로 도랐았쓰며 무이미한 하로 해을 쳬우고 저녁식사을 하고서 혹시 급행으로 와서 내림 통학차로 올찌 모려니 동생에깨 대신 가바라 하고 있쓰떠니 동생이 통학차 왔따면서 자전차에 실고 오더라. 그래서 어머님을 부측하여서 방에 모시서 성급하계 무라고 진맥하더냐고 무러니 병원 안전하계 잡고 허약해서 보신약을 보용하여야 댄다는 말씀이라고 해서 이재 마음을 푹 놀 지경이다고 한숨이 나오더라.
개알 수 … 23개

〈1970년 2월 20일 금요일 날씨 비〉

(음력 1月 15日) 정월보름
금일 정월대보롬인대 불결하계도 하늘이 구름이 키어이키 때문에 밝고 둥걸고 큰 닭을 못 보개 대니 사람들이 재각키 보름이란 기분을 너켜보지도 못하고 보름이란 시간을 보내기 대어쓰며 선조들의 내리온 풍섭을 보면 정월대보름날 달을 먼저 보개 대면 아들 날 수 있따는 말이 그만 구름 때문에 달을 볼 수 업쓰니 올해는 아들을 둘 수 업개 댄 것이 아니고 보며 아낙내들은 실망한 샘이 대지 않으런가.
"정부에서 한발에 보리농사에 큰 타격을 밭개따고 열을 올리더니 정부에서 열을 올리개 한 것을 하늘에서 보았는지 관상대에서 비올 날이 불가능하다고 말하더니 때맞침 단비을 기다린 보리들이 목을 축우개 대어쓰니 정부에서 열을 올린 것도 이번 단비로 열도 줄어쓸 줄 안다."
금일 지출 … 20g … 600원
수입 … 15개 … 165원
개알 수 … 23개

〈1970년 2월 21일 토요일 날씨 흐림〉

닭을 사육하는대 불결하계도 닭더리 균형을 잡지 못하고 빗틀거리며 육안으로 바도 밧 일부에 닭이 걸려서 있따는 의문이 더는 닭더리 멧 마리 보여서 자신이 극정이 말할 수 없시 크며 자신에는 양계에 힘이 더는지을 알 수 업더라. 자신의 희망에는 양계로 돈을 벌라고 개핵을 잡고 있는대 이변 닭{으}로 바서 자극을 크개 주는구나. 그리고 이변에 동내에서 풍물로 요청하는 집에는 지신을 발바주고 있쓰며 친구 집에 한참 노는대 우리 집에 지신을 발는 소리가 나서 집우로 달려와서 보니 지신 발는 사람과 모친 또래와 어머님도 한 때 어울려서 춤을 추는 강경을 볼 때에 나의 마음 말할 수 업시 할량하며 어머님이 저러깨 병이 안캐대어서 춤을 추시다니 자신이 기쁜 마음 하늘로 날을 떳하구나.

개알 수 … 23개
수입에 … 6개 … 66원

〈1970년 2월 22일 일요일 날씨 흐림〉

종란 살려고 김천 양계샌타에 가면서 생각한 것과 좀 다려더라. 예야하며 명절 전에 종란 살려고 같쓸 때에는 개알 한 개에 30원 달라고 하던대 이변에는 한 개 20원 달라고 할 때에는 한편으로 예정보다 좀 그러러니 기분이 좋더니 속으로는 자신이 만이 속는 기분도 일부 더더라. 그리고 대한동이 온도가 올라가지 않만서 큰 것을 팔려고 한니까 주인이 한 번 선[쓴] 것은 팔라먹기가 불편하다면서 안 박아 줄라고 하는대 주인에개 사정을 해서 바까지만 온도가 올라기지을 안는구나.

금일 지출에 … 종란 100개 2,000원 크레솔 1병 180원 대한동 300원 성랑 2각 36원
총금액 2,514원

금일 수입 … 30개 … 320원
개알 수 … 21개

〈1970년 2월 23일 월요일 날씨 흐림〉

부화작읍을 금일로서 시작해 보니 생각도 좀 만족한 기미가 더는구나.

처음 시작할 때에는 온도가 수라개 올라가지 않을 것으로 생각해키 때문에 무척 염려했다. 부화작읍 하는대 있쓰서 큰 착오가 없따면 성공의 열쇠을 가질 수 있따고 본다.

"인간의 노력이라면 못 대는 읽이 없따."

금일 수입에 … 12개 … 130원
개알 수 … 26개
부화작[부화장]에 … 석유 3대 … 84원
(온도 37도) (습도 25도)
(개알 회전 1번 함. 180도로.)

〈1970년 2월 24일 화요일 날씨 눈, 비〉

보리에 해갈림을 면할 정도로 눈이 왔쓰며 눈이 매칠이라도 싸여 있쓰며 보리에 도움이 댈 땐대 그만 비가 내리서 다 녹이고 말라쓰며 눈도 올겨울에 처고는 눈 한번 멋있개 오지 않아는대 이재 와서 큰 눈이 내리고 있쓸 때에 한도 기분이 상캐하여서 밭같에서 눈을 바라보며 시간을 보내쓰며 눈원비보다 더 좋은 이유을 명학희 각단을 지을 수 없쓰면서도 눈이 내리개 대면 눈 내리는 하늘을 바라보는 것이 일수다.

"금일은 친구 집에 놀려 같더니 친구을 잘 못 만난 땃스로 올해는 그 친구와 놀지 않캐따는 친구의 말래 친구라도 한번 속을 감정해 보았서 손을 잡을 것을 이변 친구의 말래 자신도 크개 너켜다."

개알 수 … 19개
수　입 … 33개 … 363원
온도 37도) (습도 25도)
총 개알 수 … 660개

〈1970년 2월 25일 수요일 날씨 비〉

개령 약사에깨 모친 약을 질라고 개령을 간다고 가니 냇물이 만아서 자전차 가지고는 못 간다 말에 물이 얼마나 불러서 못 가개나 하고 냇까지 도달하니 절먼 사람이 발벗고 물을 건너고 있쓰서 저는 사람이 물을 건너는대 자전차 있따고 물을 못 건너갰나 하고 자전차을 몰고 다리까지 도달하하니 절먼 사람이 물 건늘라고 더니 어쩌구니가 없쓰서 그런지 있더라. 그때 자신은 신발을 벗고 물 건{너}라고 막 들고 있쓰찌만 처음 발을 물래 더러쓸 때 그 감각 말할 수 없쓰

며 물이 그러깨나 차거운지는 나 생전 처음 너켜 보았다.
그리고 이미 자신은 신발 벗어키 때문에 저 사람을 건너주야갰따는 생각에 그 사람 건너주고 막 약국에 들리니까 약사의 아주머니가 맷 발자욱만 일적 았따면 만날 수 있쓸 껀대 하고 말을 하길에 아 그만 속이 상아더라. 냇물 건늘 때 그 두 사람만 없쓰따면 어머님 약을 지을 댄대 그 두 사람 때문에 약을 못 찟따니 그만 개씸한 마음이 더더라.
개알 수 … 22개 수입 … 15개 - 165

〈1970년 2월 26일 목요일 날씨 흐름〉
보슬비가 내리다 오전 10경에야 멋추니 어뒤서 새들이 모여들어서 친구에깨 새 잡으로 가자고 가자니까 갈러고 하다 나중에는 안 간다면서 나을 새 잡으로 갈라고 해서 삼탄총을 가지고 산으로 가서 새을 잡는대 우연희 새을 잡아서 기분이 좋아서 또 잡개따고 압축을 시키고 있쓰니 무었이 소리가 나더니 압축이 안 대어서 앞까깨도 총노리을 하지 못하고 그만 내리와서 친구에깨 총이 예 러런지[왜 그런지] 무러니 압축기가 고장이라 하면서 자기는 총은 안 곤친다고 말을 하면서 이야기하더라.
자신은 곤치 줄라고 예정하고 있쓰떤기 자기가 물건을 사와서 갈개 대면 100원 정도 하기에 그만 두는 것이 좋을 끄라고 생각이 들어서 그만 표기하고 마랐다. 이 총을 곤치준다 해도 큰 돈원 아닌다. 내가 곤치준다고 하여도 친구간에 좋은 인상을 안 줄 끄라고 들러서 그만 안전하계 표기하고 말라다.
수입 … 15개 … 165원
개알 수 … 22개

〈1970년 2월 27일 금요일 날씨 흐림〉
과수전에 때가 너저가는 줄을 알지만 그것도 만대로 댄다. 예냐하며 마음에는 하야갰따는 생각이 들지만 실찌로 몸이 말을 안 더려서 하로 이뜰 미루다 이때까지 미라 와찌만 나 자신이 생각에 보았도 짓 때 짓 때 읽을 하야갰다고 하고 재 시간이 실천하는 사람들이 멧 명이 안 댄다고 본다.
과수 전지에는 수일 내로 안전하계 전지을 할 예정이며 수일 내로 못하계 대며 나무에 손에가 만을 줄 안다.
개알 수 … 22개
수입 … 32 … 352원
지출 … 20g 사료 … 600원 부화작읍 석유 5돼 140원 총금액 740원

〈1970년 2월 28일 토요일 날씨 맑음〉
우선 부화작읍을 하면서 생각하여도 자신이 생각에도 병아리 키우는 때보다 좀 수라다고 보는대 부화성적율이 졸련지는 몰라도 우선 편아다고 본다. 이변에 부화작읍만 성공한다면 양개에도 성공하여따고 보는대 이변 부화작읍이 나의 삶매을 자우하는 사읍이라고 말하고 십다.
개알 수 … 21개

"땀만 만이 흙리면 돈원 번다."
"인간이 밀고 나가면 안 대는 읽이 없다더라."
"힘 안 들고 돈 버는 읽은 없다."
"인간이 항상 맑을 할 때는 언잰가 생각을 하는 인간이 대라."
"수상의 말을 잘 더라. 언잰가는 해택이 반더시 올 꺼라 생각하라."

"사람이 정을 가지고 삶라라."
"나의 위치을 지키라. 자신이 언재나 어색한 읽을 하지 안나 생각하라."
"인간이 삶라가면 한 핏줄도 모러고 살라가는 빌골한 인간들이 대지 말라."
"사람이 언재나 자신이 잚못한 거라고 생각한다면 마음이 불결한 일이 없다고 본다."
"인간이 삶라가는대 비골한 인간이 안 대면 이미 그 사람은 지성인이라고 볼 수 있다."

지출		수입	잔액금
태라마이신 4명[병] … 960		벼집 택에 … 700원	
배합사료 20g 3표 … 1,800		408개 … 4,409원	
모친 약. 양발. 쇠고기. 우정으로. 면도기. 할명수 진정제 어분	1,580	115개 1,285원	
부화도구와 개알 대한등 2개 〃 유리 크래솔 석유	3,680	수입 총 6,394원 월말 개알 수…727개	
성낭 … 34원			
석유 … 5대 140원			
사료 20g … 600원			
월말 지출금액 … 8,794원		수입금 … 6,394원	잔액금 -2,400원

〈1970년 3월 1일 일요일 날씨 흐림〉

오늘로서 삼일절이 오십일 돌을 마지하는 삼일절이구나.
우리 학교 다닐 때는 삼일절로서 국키를 개양하는 사람이 한두 사람 정도박에 안 대더니 요줌원 삼일절로 국기을 개양하는 사람이 한 사람도 빠짐없시 개양을 하고 있는 것을 볼 때에 우리나라도 문화인으로 발전하는 것을 우리들의 자신이 너켜볼 수 있따.
"금일로서 봉숭아나무 전지는 금일로서 안전하게 다 할려고 예정한 것이 대구방송국에서 푸로복싱을 한다고 전파가 흙러나와서 나무 전지도 못하고 그만 중개방송을 덧고 말라다."
수입 … 10개 … 110원
개알 수 … 23개

〈1970년 3월 2일 월요일 날씨 흐림〉

한 번도 자신이 생각한 적이 없는대 금일은 점심식사 할려고 내려가니 전부 안푼[아픈] 사람이라서 속으로 죽을 놈은 다 죽어바라고 속으로 자신도 모러개 성이 찌밭치더라.
나무 전지는 자두나무 큰 것은 못하고 남아있는대 사다리 간개상 언재 할련지 몰갰쓰며 부화하는대 무정란을 골라낼라 하니 건전지가 약해서 거런지 학실한 중거도 없고 발육하는 것도 알 수 없쓰니까 자신의 속으로 종란을 속아서 거런 것시 있는지 알 수 없쓰며 궁금한 시간을 보내고 있따.
"바구니 들고 들로 해메는 아이들이 하나 둘 섬을 보며 주는 것을 볼 때에 머지완나 아지랑이 아롱아롱 할 때가 와쓰며 노고주리 우름 더러며[들으며] 보리 김을 매는 시절이 안나 보구나."
수입 … 30 … 330원
개알 수 … 20개

〈1970년 3월 3일 화요일 날씨 흐림〉

어재만도 부화작읍에 종란에서 발육을 몰

개떠니 금일은 발육을 볼 수 있는 이 마음을 무어라고 맑할 수 없쓰며 처음 발육하는 볼 때에 이재 성공의 발을 한 발 내띠딘 셈이 대는구나. 자신이 불화실에 종란을 너을 때는 마음만 들떤 기분이 대더니 오늘로 바서는 기분 상켜하며 부화작읍에 더 갑깨 대는구나. 인간이 한 가지 뜻을 이륜 마음을 뜻을 위루지 못한 사람은 그 만족감을 모럴 끄시다.
수입 … 21 … 231원
개알 수 … 21개

〈1970년 3월 4일 수요일 날씨 맑음〉

인간이 일평생 같치 살 여자을 잘 만냐 한다는 것을 어머님으로부터 절시리 너켜다. 우리 어머님으로 바서 성질 패독해서 참을성이 없고 짓때 짓때 벌이 쏘더시 팍팍하니 아버지로서는 그것을 실타고 하거던 우리 집으로 바서는 큰 소리가 맷달 만에 한 번식 소리 나는 것을 검토해 볼 때에 무선 일이라도 대서럽지 안는 것에 큰 소리가 나계 하는 것을 볼 때 어머님 속이 넒버신 어머님이라면 큰 소리가 전원 안 날 낀대 어머님이 넒버신 아량을 배풀지 못한 것에 이러난다고 금일로서 절시리 너켜다.
"자신도 성격이 넒지 못한 것을 자신이 잘 알고 있쓰면서 성격을 계정 못하고 당시의 일이 생기계 대며 물불을 가리지 안코 성격을 내부리계 대니 자신이 생각해 예돌 뿐이다."
수입 … 19개 … 209원
개알 수 … 17개

〈1970년 3월 5일 목요일 날씨 맑음〉

날씨가 갑작이 추어서 재대로 읽을 만대로 못해서 그만 집에서 일손을 미루고 마라쓰며 날씨가 너무 추어서 움직을 수가 없더라.
이재 봄이라고 생각하였는대 봄 생각이 입안에서 숙 더러가 말 지경이 대니 날씨도 변득하계 날씨가 대니 인간이 건강에도 핬가 적지 않깨 만들고 있따.
"올해는 인간이 독감으로 고생을 하고 있는 것을 볼 때에 자신이 생각도 올해같치 인간이 독감으로 대다수 알카 있쓰니 이 독감이 해년 이러깨 힙쓸고 있따면 인간은 살 수가 없쓸 끄로 본다."
수입 … 19개 … 209원
개알 수 … 23개 지출에 … 20g … 640원 (40원 오름새고)

〈1970년 3월 6일 경첩 금요일 날씨 맑음〉

요사이는 마음이 겁잡을 수 업시 객찌에 나가서 행상을 해서라도 돈을 버러볼까 하고 생각이 부적 넒어나며 일손이이 잡피질 안을 정도로 생각이 떠오런니 나 자신이 어떠개 하여야 좋을질을 물개쓰며 자신의 생각에도 끝까지 양개을 하여야 하나 그러치 안너며 집에서는 우안으로 있쓰니까 내가 나가서 돈을 버나 안 버나 돈을 벌기 위에서는 나가서 읽을 하여야 하나 나 자신이 머리을 동여매고 머리을 짜고 해도 해결을 못 보고 하로 해을 너기고 마랐다.
"금일이 우수 경첩이라 개구리도 긴 하품을 하며 나오는 경첩이라고 하지만 쌀쌀한 기분을 주어쓰며 경첩하며 난물이 소생하는 경첩이라고 하며 어러떤 대동강 물도 녹는 경첩이라고 하지만 겨울날씨 모찌안개 추은 날씨로 경첩을 마지하계 대어다."
개알 수 … 21개 (수입) … 22개 …242원

〈1970년 3월 7일 토요일 날씨 맑음〉

어머님이 병을 안전하계 잡지는 못해찌만 팔십푸로는 잡아다고 자신은 생각하였는대 모친 하는 말씀이 현제 바서는 하나도 나원 편이 없고 더한 한 샘이라고 말씀하여서 자신원 어떠개 할 주망도 몰개쓰며 어머님 말씀이 이러깨 개속 아푸개 대면 못 살개따면서 이야기하길래 자신원 머리을 바로 잡을 수 없쓰며 그만 집을 나가버리고 말라는 마음만 용소섬쳐며 인간이 을마나 복이 없쓰서 말 못할 쓰라림을 격개야 하는냐 생각해 볼 때에 자신도 하나의 벽지로 돌리고 십펀 마음 검할 길 업꾸나. 그리고 어머님에 대한 약을 쓰도 효과을 못 보고 해서 자신이 방송국에서 모 박사의 말씀이 간병진병은 나 마는[나이 많은] 사람이 만이 걸리며 병 정세도 말씀하시는대 대충 머저서 혹시나 하고 노파심에 간병진병에 대한 약을 360원 주고 싸와서 복용하고 있는대 맡절련지 극정이 대며 하로을 두고 볼 수박에 없꾸나.

금일 지출 … 쇠고기, 김, 미역, 쪼구, 잠기름 싹, 차비 570원

수입 … 참깨 2돼 … 760원

(개알 수 … 20개)

〈1970년 3월 8일 일요일 날씨 맑음〉

동내 나무 한다는 말에 내가 동내 나무을 하려 갈따 좀 넛깨 왔따.

동민의 읽이지만 좀 일적 가서 좀 일적 하며 좀 수라면 육체적으로 나을 끄시며 마음의 여유도 만을 끄시며 여려 모러 바다 유리한 점이 만을 끄시다.

이번에 동내 나무 하려 좀 넛깨 같떠니 다리는 읽부 한 짐식 해서 내리오고 있는대 자신원 이제 할려고 더니 마음이 말할 수 없시 분주하며 앞푸론 넛서들지[늦게서야 서두르지] 알을러고 결심했다.

"이번에 유캐슬라병 약 예방을 하여서며 작년에는 예방하는대 닭 멧 마리 놓치서 예방을 못해서 일 년간 극정이 대더니 올해는 한 마리도 노치지 않코 한 마리도 파짐없이 예방을 하여서 마음이 캐알하더라."

수입 … 예방

동국이 8, 천희 5, 선희 5, 방희 5, 두진이 5, 운낙이 4, 재화 3 … 175원

지출 … 유캐슬라병 약 100cc … 200원

개알 수 … 21개

3月 8日 유갰쓸라병 약 예방함[77)]

〈1970년 3월 9일 월요일 날씨 맑음〉

일기불순으로 아무 일도 못하고 부화하는대서 하로 일과을 보내고 말라찌만 어재 검정하는대 일부는 굴건 핏줄을 볼 수 있찌만 일부는 발육중지란인가 분관을 못해서 부화실에 도로 주어 너찌만 발육종란이 만이 생기개 대며 육추[78)] 병아리을 싸와서 길러는 것이 날 끄라고 생각도 들며 부화{하}는대 처음이라서 그런지 분간을 할 수 업쓰며 궁금한 시간을 보내고 있따.

---

77) 저자는 이 해의 일기를 적은 일기장을 한 면에 이틀분의 일기를 적을 수 있도록 면을 분할하여 사용하고 있다. 이 내용은 3월 7일과 8일의 일기를 적은 일기장 지면의 상단, 7일 자 일기를 쓴 날짜 위의 빈곳에 적어 놓았다. 눈에 쉽게 띄도록 해 놓았으나 여기에서는 그 효과를 살리기가 어려우므로 내용이 적힌 당일인 8일 자 일기의 마지막에 배치하였다.

78) 육추(育雛), 알에서 깐 새끼를 의미한다.

그리고 어머님이 약이 질바러개 더러 같따고 예정한 것이 이변에 어머님이 몸부림치고 있는 것을 볼 때에 질바런 약이 아니라고 생각했쓰며 이변에는 어머님을 건지지 못한 감이 들며 어낙 심하계 몸부림을 하실 때에 자신의 마음 머라 말할 수 업쓰며 자식에깨 부모가 얼마나 큰 것이라고 뼈아푸개 너켜쓰며 부모 업는 자식을 볼 때 얼마나 뼈아푼 고통을 너켜깨나 하고 여서로 안보이들라.

(수입) … 경철 9 정웅 4 창길이 3 을쑬 5
예방값 75원

개알 수 … 25개

〈1970년 3월 10일 화요일 날씨 흐림〉

부화잡읍에 무정란이 업개 대어서 매우 기뻐며 부화작읍을 하여도 지루한 감 업시 나날을 보내고 있쓰며 병아리을 90%센터을 올린다면 양개읍을 개속할 수 있쓰며 아푸로 나의 개핵대로 양개읍을 버덧하계 할 예정이다.

어머님으로 바서 나 자신이 생각할 때에 어머님이 이암[위암]이 아니라고 보는대 어머님은 약을 복용하여도 별 효과을 못 보니 자신이 생각할 때에 보통 읽이 아니며 올해마 무사하계 지내신다면 어머님을 손에 흙 문치지 않깨 살라개시두록 할 끄시며 자식들이 출세을 해서 사회의 보람을 안고 살라가는 것을 보고 도라가시야지 자식들이 출세을 못하고 있는대 어머님이 못 읽어나신다면 꼭 자식들이 성공을 해서 어머님을 삶매 보람을 너켜두록 결심하고 십다. 부디 자식들의 성공하는 것을 보시기을 두 손 모아 빌개다.

수입 … (예방) 종태 5 재욱 2 상게기 7
70원

개알 수 … 20개

〈1970년 3월 11일 수요일 날씨 흐림〉

부화을 하고 있는데 동내 마을 어른들이 와서 부화을 하고 있는 것을 보더니 잘 한다면서 친찬을 하며 돈을 벌라고 들개 대면 노력 업시 돈을 못 번다면서 끝까지 잘 해보라면서 이야기을 하시며 끝까지 하계 대면 성공한다고 말씀하시며 가더라. 자신원 어른들이 말씀을 더려니 한결 마음이 가벼어지며 부화하는 데도 힘이 생기며 이변에 큼 힘을 어더따고 본다.

"인간이 인내을 가지고 노력한다면 성공의 열쇠을 가질 수 있따."

수입 … 25개 … 275원

개알 수 … 22개

〈1970년 3월 12일 목요일 날씨 흐림〉

금일 육추병아리 수용할려고 산에서 나무을 배 와서 형틀은 말더러[만들어] 노와쓰며 외부에 비누로 한 벌 바러며 육추상자는 안전하계 끝나며 부화 병아리가 구십푸로 생산한다면 육식용을 한 번 더 할 예정이며 부화하는 것도 대환등만 성능이 좋으며 사람이 크개 간심을 안 에도[해도] 댈 끄라고 생각하며 자신이 이변부터가 살매 자우을 하는 큰 역할하고 있따.

"이변에 부화만 성공하계 대며 돈원 먼 곳에는 있찌 않다."

지출 … 20g … 640원

수입 … 25개 … 275원

개알 … 23

개알 수 256개. 30,349.

〈1970년 3월 13일 금요일 날씨 흐림〉

금일원 향군소집일이라서 출석을 할려고 아포지서까지 도착하니 평소보다 좀 넛더라. 향군 하며 외부에서 생각할 때에는 질서 제 시간을 지키는 줄 알지만 실지 향군의 행동을 보며 향군이 아니라 국민학교 1학년생의 행동보다 한나라도 나윈 편이 아니고 자신이 생각할 때에 너머나 등한심 하다고 본다.

그리고 지서 주임 하는 말씀이 언재부터 향군복 통일화을 차용하라고 말씀한 지 오래지만 나 자신도 향군에 안전하계 차용을 못했찌만 소대원도 안전하계 갇춘 분이 을마 안 대며 이변에 향군복 통일화을 차용 못한 사람들원 주임에깨 지적을 바더니 얼굴이 말할 수 업시 뿔거저더라.

다음에는 출석을 할 때에는 꼭 안전하계 갇출 예정이다.

수입 … 5 … 56원

지출 … 못 10원 아미 4자 100

총금액 110원

개알 … 25개

〈1970년 3월 14일 토요일 날씨 흐림〉

육추병아리을 수용할려고 통을 안전하계 만들어 노았쓰며 육추을 사용할려고 손수 집에서 만들어 놋는대 집에서 만들어 놋는 수가 만 원대 목재실에서 목제을 싸와서 육추병아리통을 만더는 것이 절락대는 것이 아닐까 하고 생각도 해보았다. 예냐하며 손수 조락으로 만들기 대며 잘 쓰야 일 년을 쓰지만 대다수가 일 년을 슬라며 예로가 만으며 목조실에서 싸와서 만들개 대며 평생 쓸 수 있따고 본다. 그리고 부화에 있쓰서 온도가 자꾸만 내리어가고 있는데 자신 생각할 때에 여때까지 온도가 올라가서 극정이더니 금일 바서 온도가 자꾸만 내려가서 발육중지을 해서 온도가 내려가는지 매우 궁금하며 극정이 면하지을 안는구나.

수입 … 62개 682원

예방 1마리 10원

개알 … 22개

〈1970년 3월 15일 일요일 날씨 비〉

병아리 검주기을 오늘로서 금주기을 하여야 하는대 금주기을 안 아고 있쓰니 불란감을 가지고 부란기에서 터나지을 못하계쓰며 남들도 부화하는 대 저와 갇치 힘이 던다면 부화해서 돈 벌라고 힘을 쓰지 안을 끄라고 말한다.

부화작읍에 살패 보면 자신에 기회가 없는데 기희을 노치계 대며 나에깨는 살매 보람을 차절라며 예료가 만을 끄라고 예정하고 있따.

“인간의 세계에서 힘 안 들고 돈 만이 버는 직읍은 없따고 보며 수입이 적은 직업부터 시작하여야지 돈에 짐미[진미]을 알 수 있따.”

수입 … 10개 110원 예방 40마리 … 200원

개알 수 … 25개 수입 … 310원

〈1970년 3월 16일 월요일 날씨 눈〉

때 아닌 힌눈개비가 만이 희날리찌만 수식간에 녹아버리고 오후에는 때 아니 참 바람이 불러서 몸이 언잰가 하는 식으로 바람이 몹씨 찹았다.

부화작읍에 금주기을 할 때가 꼭 대어는대 금주기을 하지 않코 무간각을 이루고 있쓰니 예돌키 짝이 없꾸나.

수입 … 15개 … 165원

지출 … (향군 소대장 송별식) 일인당 30원
석유 4대
개알 수 … 28개
"사람이 공상할 수 없개 시간이 바빠야 한다. 예냐하면 사람이 공상시간이 만을수록 그만침 비골해진다는 것을 절시리 너켜 보았다."

〈1970년 3월 17일 화요일 날씨 흐림〉

금주기 하는가 눈이 따값두록 부화실을 뒤더라 보았찌만 금주기 하는 것을 못 보았보고 더디어 병아리 우름소리 들러 보니 자신이 바라고 바라던 병아리 우름소리 울더려니 그 기쁜이야말로 머서로 표현할 줄을 모러개꾸나. 부화실에 기술 한 시간이고 두 시간이던 대고 댔던 읽가[일과]도 끝나쓰며 이제 남원 것은 병아리 동태을 볼 수 있는 작읍만 남아꾸나.
"이 기쁨이야말로 부화하는 사람 위에는 이 기쁨을 알 수 었쓰리."
수입 … 30개 … 330원
개알 수 … 20개

〈1970년 3월 18일 수요일 날씨 눈〉

부화작읍에 뜻대로 안 대고 있쓰며 자신의 생각과 틀리니 어째 마음을 바라잡을 수 있깨너냐. 앞푸로 부화작읍에 실패 보개 대며 한 번 더 해보던지 그러치 않너며 장사길로 드러쓸 끄며 앞푸로는 내가 마음을 크개 먹을 깃 박에 없따고 본다. 이변 부화작읍에 미서[미스]가 크개 없따고 보는대 부화률이 불결하니 예간 간심으로서 부화작읍을 할 수 없따고 본다.
수입 … 10개 … 110원
개알 수 … 24개

"때 아닌 눈발이 희날리고 있쓰니 봄이 오던 길을 미루고 도라쓸 만침 날씨가 변득수루니 요줌 날씨는 알다가도 모를 떳하니 자신이 생각해도 이상할 정도라 아니할 수 없따."

〈1970년 3월 19일 목요일 날씨 맑음〉

안전하계 부화는 실패을 본 샘이 대는구나. 이재 와서 생각하니 성급하계 시작한 샘이 대며 한 번 더 할려고 해도 급이 나며 의무 머저도 읽캐 대는구나. 자신이 이변에 실패하니 인간이 실패는 성공의 어머님이라 하지만 한 번 실패하고 나니 허전하기만 할 뿐이구나.
자신은 이변에 생각을 잘 할려지 살매 보람을 차을 수 있는대 심중이 생각하여야 하는구나.
수입 … 22에 … 242원
지출 … 형수 약 200 사료 640원 고기
100 약 100원 밀찌울 103대
개알 수 … 25개 지출 금액 1,440원

〈1970년 3월 20일 금요일 날씨 맑음〉

양개을 하여야지 잘 하는지을 판단을 못하계꾸나. 사람이 한 번 실패하니 영향을 크개 바들 줄 미차 몰라꾸나. 이번 부화을 한 번 더 해볼 능력 있찌만 농업일래 영향이 마을 끄다. 생각하니 더 하기에 힘이 더는 구나.
"금일 공산만 하다 과수 전지한 것을 주어 모을라고 과수 밑대 아니 손이 말을 안 덧는구나. 부화작읍을 한 번 더 하느냐 그러치 안느며 병아리을 사와서 이러너냐 그러치 아너며 장사길로 더러가는 것이 잘 하느냐 뒤숭숭이 머리을 헌돌리개 하니 손이 어찌 말을 들어줄 수 있깨나 뒤숭숭한 마음을 바로 잡지 못하고 하로 날을 보내고 있꾸나."
수입 … 54개 594원
개알 수 … 26개

〈1970년 3월 21일 토요일 날씨 맑음 낯과 밤 길이 같던 날〉

(음력 2월 14일 춘분)
과수나무에 닭똥을 일부 한 짐식 저다 노으면서 곰곰이 생각해본 결과 양개읍을 밀고나가대 삵란개[산란계]을 포기하고 육식용으로 전안하며 육식용을 두 달식 키우서 집적 자신이 팔로까지 안전하계 해볼 예정이다. 꼭 육식을 한번 실천에 온기고 말 끄시며 이재는 자신이 발을 뒤더노았쓰니까 밑이 가던지 덕이 대던지 끝까지 밀고나갈 예정이다.
"인간이 너무나 만아서 아무 사읍을 한다해도 얼통하계[월등하게] 수입 대는 사읍은 업따고 생각하며 한번 시작한 것을 밀고 가는 인내력을 필요하다고 본다."
수입 … 29 … 319원
개알 수 … 31개

〈1970년 3월 22일 일요일 날씨 맑음〉

부화 잡읍[작업]에 초기는 성적이 좋아는대 말기 삼일을 잘못해서 모질개 실패을 보니 부화읽이 눈에 선아며 안따까운 생각만 늚머리에 맨돌고 있쓰니 읽이 손에 걸리지을 안코 허공만 보개 대고 공상만 하계 대니 사람이 어찌 매마려지을 안캐나.
"사람이 이재 일할 때가 꼭 대어는대 날씨 불순어로 일을 재대로 못하고 있쓰니 절맨 아들원 어떼깨 대던지 하로 하로 날라나는 것이 좋따지만 어른들원 예관장을 뛰을 정도다."
"내일부터 모던 일은 백지로 돌리고 흙과 싸울 끄시며 남보다 만이 핡 예정이며 자신의 앞에 좋찌 못한 일더리 앞을 가로막고 있는데 가로막는 악습을 덜고 나갈 예정이다."
개알 수 … 24개
수입 … 79)

〈1970년 3월 23일 월요일 날씨 맑음〉 (음력 2月 16日)

과수나무에 황 소득할려고 황 사료[사러] 김천흥농사 가니까 약사의 말이 황하고 피씨피을 혼합을 하여서 살표을 하여야지 오갈병을 방제할 수 있따는 말래 황하고 피씨피을 사는데 1200원 주고 싸와찌만 반 정도 박에 살표 못 하계꾸나. 자신원 과수에 전부 살표하고 십핀 마음 간절하나 항경이 허락지 안너니까 손에을 본다는 것을 알면서도 실행을 못하는 것이 아따깠기 말할 수도 업꾸나.
"과수에 닭똥을 한 짐식을 꾸등이을 파서 주고 있는대 나무에 해가 안 댈란지 몰개다."
수입 … 50개 … 55개
지출 … 황, 피씨피 약 1,200원
쇠고기 100원
계 1,300원
개알 … 26개
과수 오갈병 방제약 구입. (과수 황 소독과 피씨피을 10통을 살표함)80)

---

79) 수입 내역은 기록되어 있지 않다.
80) 원문에서는 이 내용이 23일 자 일기를 쓴 지면 상단에 기록되어 있다.

〈1970년 3월 24일 화요일 날씨 흐림〉

집을 팔라서 소먹이 댕기을 살려고 집 한 구루마 가지고서 우선 1,500원만 바다서 보리딩기 2가마에 1,100원 주고 싸와다. 그리고 사료을 살려고 하{니} 돈이 모자라서 사료상희서 사료 한 표에 240원 달라고 가지고 왔다.

“그리고 과수에 약 살표하는데 입싸기 있쓸 때에 와 약이 삼분에 일 중도 밖에 안 들고 있쓰니 자신의 생각과 차도가 만이 나는구나.”

수입 … 81)

지출 … 보리딩기 2가마 110원

사료 20g 640원

계 1740원

개알 수 … 26개

〈1970년 3월 25일 수요일 날씨 맑음〉

과수 태비가 없쓰니 과수 밑때 풀 말라죽원 풀을 거름어로 주고 있쓰며 작년만 해도 태비을 만이 주어는대 올로해는 태비을 주지 못하고 있쓰니 풀거름을 줄라니 마음이 시들어지며 자신이 의욕이 없시 읽을 하고 있따. 돈 벌기가 힘이 이러깨 더는지는 꿈에도 몰랐다. 돈이 어떠한 것인지 인간이 눈만 떠개 데며 돈눈을 떠개 해도 돈이 잘 벌리지 안을라 하니 돈이 어떠한 물건인지 사람어로서 알 도리가 없꾸나.

“도시만 돈이 있는 것이 아니다. 농촌에도 머리만 쓰계 대며 농촌에도 돈이 있따.”

개알 수 … 21개

〈1970년 3월 26일 목요일 날씨 맑음〉

과수 태비 하면서 자나부지을 보고서 너껴본 것이 우리 형제들도 돈 있쓰며 비골해지며 제 잘{난} 치 할련지 암만 생각해도 인간 이상 그러깨까지 비골한 인간이 안 댄다는 것을 누구 앞패서도 자부하계따. 자식이 인사할려고 들면 피하고 인사을 해도 안게다 주고 있쓰니 자신원 거를 때마다 도라서면는 비웃고 말지만 자신이 생각해 볼 때에 돈 있쓰며 저려깨 대담해저는지을 알 수 없꾸나. 이재는 자신원 저들에깨 머리 수기기 실려며 자신도 아직까지는 돈에 시달리고 있찌만 누구보다 희망과 표부가 있는 놈이니 어재던지 볼 꺼시며 언잰가는 큰 소리 할 때가 있따는 것을 말하고 십다.

수입 … 67개 … 737원

개알 수 … 30개

개알 수 609개

〈1970년 3월 27일 금요일 날씨 맑음〉

봄보리 거름 내고 있는데 남들원 봄보리을 갈고 있쓰서 거름을 내면서 생각한 것이 좁급한 마음을 금하지을 못하계더라.

우리도 읽에 대해서 서들어 읽을 하는 편인데 우리보다 더 서더는 사람이 만따고 본다. 자신도 앞푸론 남에깨 뒤떨러어지지 안키로 노력하계다.

“읽을 남과 다 갈지 읽을 하여야지 마음에 편하고 마음이 너거러지는 것이 사실이다.”

수입 … 20개 220원

개알 수 … 26개

〈1970년 3월 28일 토요일 날씨 맑음〉

봄버리 갈려고 거름을 내고 있찌만 남들원

81) 수입 내역은 기록되어 있지 않다.

봄버리을 갈지 않는데 우리만 봄보리을 갈려고 거름을 내고 있쓰니까 좀 어색한 감이 들더라.
그리고 사람이 만이 발전해따고 본다. 예냐하며 작년에 봄버리 간 사람이 벼을 다 죽이고 올해는 일절 봄버리을 갈지 않코 있는 것을 볼 때 농촌이라도 갈세 못할 정도 발전하고 있다.
수입 … 39개 629원
개알 수 … 22개

(부화일기)
① 부화 만기가 대개 대며 둥건 것이 비스떠미 선다.
② 병아리 우름소리을 만 22일 만{에} 들어을 수 있쓰다.
③ 병아리 우름소리 난 시각이 만 22일 3시 45분에 첫 우름소리을 들어다.
④ 병아리 우름소리도 1회 2회 울기 대면 소리가 맑고 육추병아리 소리와 다름이 업다.
⑤ 병아리 금주 기한 시각이 우름소리로부터 약 12시 만에 금주기 초기 개시함.
⑥ 금주기한 시각차별을 보며 약 40분 간경으로 금주기 시작함.
⑦ 금주기한 후와 병아리 나오기까지 약 8시간 걸린다.
⑧ 병아리가 안전하계 생겨서 나올 단개에서 습도 부족으로 실패을 보았쓰며 남어지 생기 나온 병아리는 18마리 박에 생산박에 못했다.

(서기 1969년 씨앗 부림 일람표)
서기 1969년 3月 30日날 … 봄보리을 씨았을 부림
서기 1968년 4月 16日날 … 복숭아꽃 만발
서기 1969년 4月 13日날 … 복숭아꽃 만발함
서기 1969년 5月 10日날 … 보리논 모재리 둑을 매고 씨나락을 철 수 있두록 해 노와다.
서기 1969년 5月 8日날 … 비에이씨 75푸로 12말용과 떠물약 12용 살표해도 부족대어서 동생에개 살충재와 떠말약을 각각 6말용 더 씀
서기 1970년에는 … 25말을 살표할 끄라고 생각한다.
5月 8日날 살충제와 떠물약을 살표해지만 너전 감이 이씀. 작년 바서는 입파랭이 나올 댕기에 약을 살표할 수 있쓰야 한다고 본다.

(기러기아빠) (이미자 노래) 〈70년 1月 5日〉
① 산에는 진달래 들엔 개나리 산새도 슬피우는 노을진 산골에 어마구름 애기구름 정답개 가는대 아빠는 어디 갔나 어디서 살고 있나. 아 – 아 외로운 형제 길 잃은 기러기.
(2) 하늘엔 조각달 강앤 찬 바람. 제 넘어 기적소리 한가로운 밤중 중에 마을마다 창문마다 들불은 밝은대 엄마는 어디 갔나 어디서 살고 있나. 아 – 아 우리는 외로운 형제 길 잃은 기러기.

(임 그리워) (라훈아 (노래))
① 물이 불어 차저왔소. 그 님이 계시든 곳 차그운 밤바람만 몰라치는데 그 님은 보이지 완내.
저 달 보고 물어본다. 님 계신 곳 울며불며 찾아봐도 그 님은 간 곳이 없내.

(2) 물이 불어 차저왔오. 그 님이 계시든 곳 차그운 비바람도 멀어지는데 그 님은 오시지 않내.
저 별 보고 물어본다. 님 계신 곳 울며 불며 찾아바도 그 님은 간 곳이 없내.

2月 10日 현제 대구방송국에 의학박사의 말씀이다.
"모친" 개령 약사의 약으로 효력 못 보계 대면 캄병명진 약을 사용할 예정이다.
"감병명진"
감병진원 … 초기에 병 정세을 잘 모런다.
병명진이 … 심하기 대면 목 식대 핏줄이 터저 피울 만이 통하계 댄다.
구토가 … 50% 난다.
식욕 … 부진이 대며 체력이 50% 감소댄다.
병면진이 … 심하계 대면 복통이 부고 있따.

(기다리고 있캐서요) 최희석[최우석]
기다리고 있개서요 도라와 준다면. 있찌 안코 있찌 안코 기다리고
있캐서요. 아무리 오랜 세월 흙러만 간다 해도 당신만을 그리면서
생각하며 아 기다리고 있캐쓰요.
기다리고 있캐서요. 도라올 그날까지. 기다리고 이캐 다시는 나에개로
아니 올 줄 알라도 한 업시 허느겨 보고 싶따며 기다리고 있캐세요.

〈1970년 3월 29일 일요일 날씨 개임〉

봄보리 갈려고 거름을 13구루마 실려다 놓아둔 것을 지계로 오전에 다 골라 나왔쓰며 봄보리 갈 때는 별료 딘지는 몰러고 보리 가는 데 열중해서 노력을 했던니 보리씨을 안전무결하계 하여 놓코 집에 갈러고 읽어써니 허리가 부러저는 것 같더라. 이때까지 일을 해 왔찌만 오늘가 같치 딘 적은 없쓰며 오늘 허리 아픈 것은 말로 표현할 수도 없쓸 정도 고통이 심해다.
"어른들의 말씀을 더려보면 봄보리 파종일이 넻따고 하지 않치만 자신이 생각해 볼 때는 봄보리 파종일은 좀 너전 편이 아닌냐 하고 생각하고 있따."
개알 수 … 34개

〈1970년 3월 30일 월요일 날씨 개임〉

오전에 형과 둘리서 아침 일적 나가서 12시까지 꼭박 하니까 논 섬 마지기에 흙등어리을 지발치계더라. 그리고 과손[과수원]에 개단마다 봄에 발생하는 벌래을 죽이기 위에서 개단마다 불을 질려서 다 태어버리다 과수 밑대 풀을 재거하기 위에서 나무 주위을 파서 거름 대신 줄려니 퍽 힘이 더는구나. 앞푸로 이일 간을 더 하여야 안전하계 줄 수 있따고 예정하고 있따.
"순철이 생일날이다."
개알 수 … 23개
수입 … 40개 … 440원
지출 … 20kg … 640원

7140

〈1970년 3월 31일 화요일 날씨 맑음〉

음력 2月 24日
(보리밭태 비료거름 주기 한참이다.)[82]

82) 이 내용은 3월 31일 자 일기가 적혀 있는 지면 상단에 음력 날짜와 함께 적혀 있다. 음력 날짜 표기의 경우 날짜와 함께 병기하기로 한 입력지침에 따라 날짜 옆으로 자리를 옮겼다.

과수 거름을 줄 때가 너저가는데 보리거름 때문에 주지 못하고 하로 하로가 너저만 가는구나. 보리거름원 부친이 한다 해도 자신원 나무 밑때 풀을 캐서 태비 대신 줄 읽이 바푸며[바쁘며] 잡초거름을 내일 오전에 일적 갯날 끄시다. 잡초 일만 끝나개 대면 직시 과수에 비료거름을 줄 예정이며 과수에 거름을 하고 나며 비가 와야 나무에 솜암[효험]이 팔을 땐대 비도 한 방울 오지 않코 개속 가물개 대면 과수 거름도 꽃망울에는 크개 했땍을 바지 못하지 안나 하고 금심도 대는구나.
"자신이 말을 벌료 하는 것을 알면서 곤치지 못하고 있쓰니 어떠개 하여야 침착한 말을 할련지 자신이 생각해도 알송달송할 지경이다."
개알 수 … 26개
수입 … 13개 … 143원

<table>
<tr><th colspan="2">수입</th><th colspan="2">지출</th><th>잔액금</th></tr>
<tr><td>예방약값</td><td>745</td><td>사료 20g 5표</td><td>3,200</td><td></td></tr>
<tr><td>참깨값 … 2대</td><td>760</td><td>황, 피씨피약</td><td>1,200</td><td></td></tr>
<tr><td rowspan="2">개알 … 626값</td><td rowspan="2">626</td><td>쇠고기</td><td>200</td><td></td></tr>
<tr><td>소 딩기 2가마</td><td>1,100</td><td></td></tr>
<tr><td rowspan="2">개알 … 13개값</td><td rowspan="2">143</td><td>형수 약</td><td>300</td><td rowspan="2"></td></tr>
<tr><td>송별식</td><td>30</td></tr>
<tr><td colspan="2" rowspan="5">총금액 … 7,029원</td><td>석유 4대</td><td>100</td><td rowspan="5">잔액금
개 229원</td></tr>
<tr><td>못, 아미</td><td>100</td></tr>
<tr><td>김 미역 차비</td><td>470</td></tr>
<tr><td>유캣슬라병약(백수용)</td><td>200</td></tr>
<tr><td>계 6,800원</td><td></td></tr>
</table>

(월말 개알 수 … 740개)

〈1970년 4월 1일 수요일 날씨 맑음〉
밀밭에 비료거름 주고 논에 비료거름이 날이 갈물어서 거름이 녹지 안을 껏 같다서 홋치료 보리고랑을 써서 깔끼[갈퀴]로 보리 싸이며 흙을 넛는데 혼차서 흙을 넛근 대만처도 한나잘 꼭 하여야 다 할 수 갰떠라.
"친구 사냥하는 날을 거낭 가지 못해서 친구 일동이 200원식 내어서 기념품을 싸서 갈 예정이다."
수입 … 8개 88원
지출 … 200
개알 수 … 26개

〈1970년 4월 2일 목요일 날씨 흐림〉
보리 골을 타서 깔꾸리로 한 번식 끄는데 좀 수란 편이더라.
그러면 봉답 보리 말고는 전부 한 번식 뗌셈이 대는구나.
어머님어로 바서는 안전하계 해복대어따고 보는데 어머님이 황상 크개 아푸지는 안치만 배 속의 상태는 매우 상캐한 감원 없쓰니 자신의 생각으로 수라계 안케는 바라지 안치만 약을 복용한 것을 본다면 안전하계 해복을 기달릴 때도 대어따고 본다.
"금일 친구 신낭 해온 날인데 자신이 자택을 참석해는데 자신이 생각한 것이 웃어른들의 대집원[대접은] 좀 수라다고 보며 친구들의 대집을 할려며 여간 힘이 아니다."
수입 … 74개 … 814원
개알 수 … 26개

〈1970년 4월 3일 금요일 날씨 비〉
고추거름을 소구루마 실려내고 남어지는 밀논에 전부 폇 헌터 버리고 마랐다.
병아리을 살려 해도 독림 댄 사람이 아니기 때문에 만대로 안 대고 있쓰며 막상 할려고 해도 집안 형편이 여유과 없코 보니 뜻대로 안 대는구나.
"올해는 보리논에 지섬이 없쓰서 사람들이 여우 있는 일을 하고 있구나."
수입 … 30개 … 330원
개알 수 … 30개

〈1970년 4월 4일 토요일 날씨 흐림〉

향군 창설 기념식을 올리개 위에서 아포국민학교에서 식을 오리쓰며 향군 기년식을 위에서 각 술도가에서 한 섬식 기부하여쓰며 동내 각 동장이 술 한 말식 기부한 것이 전부가 두 섬 담[닷(다섯)] 말이 대더라. 그리고 대통령이 주는 고급 가자 한 봉식 주는데 사회 금액의로 천다면 (백 원) 정도{인}대 술 먹는 친구들원 술을 더 먹을라고 기다리고 있는 것을 보고 친구 이 명과 가자 한 봉식만 가지고 와버리따. 집에 와서 점심식사을 하고 나니까 몸이 고단하기 짝이 없더라. 그래서 잠을 잘라고 자리에 더는대 형원 인분을 펴고 있는데 내 놈이 고단하고 누어 있쓰며 대갰나 하는 생각에 일려나서 그만 인분을 고추 갈 때에 내가 가지고 가서 인분을 주고서 오는데 형이 마구에 거름을 쳐야 꼈더라 해서 혼자 마구을 쳐는데 얼마나 만턴지 지루해서 억찌로 마구깐을 안전하개 청소하여다.
개알 수 … 21개
수입 … 18개 … 198원

〈1970년 4월 5일 일요일 날씨 맑음〉

음력 2月 30日
(과손에 비료거름을 함)
(감자 종자) 구입(간[관]당 130원)[83]
이왕 김천 사료 사료려 가며 싸 올라고 가마니공장에 들려서 먼저 번에 집 실코 간 값 부쳐[부채]가 남아서 달라고 공장주인에깨 먼저 돈 달라고 하니까 주인 하는 말이 집단이 모지란다면서 돈 백 원을 패고 주길에 얼굴을 쳐다보니 미안하다면서 공장일에 대에서 이야기을 하길에 바푸다면서 나와버리니까 주인이 미안하다면서 인사을 하더라.
그리고 감자 종자을 몰라서 감자 사는 데 힘이 들어따. 감자 종자을 몰라서 장에서 채고값을 주고 싸 와다(간에 130원).
그리고 과수에 비료 줄라고 구등이을 파는데 둘리니 하로 정때 꼭박 파니 다 파개더라.
개알 수 … 28개
수입 … 8개 … 88원
지출 … 사료 20g … 640원

〈1970년 4월 6일 월요일 날씨 비〉

과수에 거름을 안전하계 다 할려고 흙식도 업시 작업을 하여는대 거름을 줄 수는 있쓰는데 거름을 안전하계 흙로 다무 둘 수는 업계 대더라.
거름을 줄 때는 늦전 감이 있더니 맞침 거름을 주고 나니 비가 와서 거름은 제일 알맡개 했따고 본다. (과손 거름 총 표 수) 요소 3표 5대, 가리 2표, 용인 3표, 복합 1표 (계 표 수 9표 함)
"요줌원 돈이 돈 번다고 하지만 농촌에서도 논보리을 갈지 안코 특수작물을 한다면 크개 돈 안 더리고 돈 벌 수 있따고 생각한다."

---

83) 위 두 문장은 4월 5일 자 일기의 상단 여백에 적혀 있는 내용이다. 내용이나 함께 적혀 있는 음력 날짜로 보아 5일 자 일기 내용에 해당하므로 해당 일자의 일기 첫머리에 배치하였다.

"벼 여덜 가마니 정미소에서 현미을 하는데 자신에 생각보다 서말이 부족 데더라. 부족댄 위우[이유]을 발킨다면 정미하는데 쌀이 만이 파이서 생각보다 적으젓따는 것을 낒켜다."
수입 …10개 … 110원
개알 수 … 32개

〈1970년 4월 7일 화요일 날씨 비〉
향군소집일이라서 보슬비가 오는대도 아포지서까지 비을 마저며 갔쓰며 지서에서 오래 기다리도 타 소대원 아 나서[안 와서] 기다리는데 지루한 감이 덜며 비가 더 만이 내리서 교육을 못하게 비나 만이 내리서 집에라도 가둑록 해주며 더 좋깨따는 감이 들더라.
그리고 향군소집일원 고정적으로 돈 백 원이 지출대며 돈 백 원 가치을 자신이 먹어서 백 원 지출을 내개 대며 아깝지을 안치만 불가 50원 가치 먹고 백 원 지출 내니 속이 아푸더라.
속을 안 아푸개 하기 위에서 가치대로 돈을 거두며 지출이 갈치 나지만 친구 간에 내라할 수 업고 채면만 보개 대며 찔개하다 남너캐[남보다 늦게] 내며 돈원 먼저 지불하며 나중에 지불하는 사람원 도로 자기 보개터[포켓]에 도로 너니 남어지 친구들원 지출이 꼭 백 원씩원 지출을 내개 대니 쏙이 꾸리더라.
개알 수 … 31개
지출 … 빵값 … 100원

〈1970년 4월 8일 수요일 날씨 흐림〉
울콘 씨 파종함.[84] 음력 3月 3日.
고추거름 내면서 호박거름도 일부 내고 일적에서 바시내이 들거름을 내면서 있쓰니까 차흙을 파서 실고 있쓰니까 동내 어런이 하는 말씀이 무엇에 설 껀그신지 물길에 들거름을 할려 판다 하니 에[왜] 차흙을 파지 말고 논땅을 파서 하지 에 차흙을 파는냐고 물길에 논 주인이 만약에 나와서 독바로 안되고 거름 먹원 땅만 판다고 말할까바 몰틴다고 이러깨 한다고 하니까 그래 안 되도 모 심을 때까지 흙이 다 나간다면서 좋원흙부터 파라고 해서 그만 좋은 흙만 닷섯바리 정도 실려 나와다.
"작년만 에도 봉화산에 올라가더니 올해는 한 사람도 업더라. 우리 잘알 때만 해도 봉화산이 인간산태 날 정도 올라같는데 금년와서는 아이들이고 아낙내고 한 사람도 업쓰니 사람들이 개명을 하니까 옛 풍섭이 줄어더는구나."
개알 수 … 23개
수입 … 87개 … 870원

〈1970년 4월 9일 목요일 날씨 개임〉
호박거름을 구루마로 닷섯 구루마 실려 논것을 지계로 화로 점두록[하루 종일] 짐을 졌는데 허리가 아푸며 허리보다 고개가 아파서 무엇을 할 욕심도 업쓰지며 공상만 터오러며 급잡을 수 업시 머리에 쓰쳐가니 마음을 바로잡기가 힘이 더는구나.
"미래에 희망을 가지고 살려 하니 정신적인 교통이 이러깨 힘이 댈 줄은 미차 몰라쓰며 이 새상에 자신보다 정신적인 교통의 타격을 바고 사라가는 사람은 업따고 본다."

84) 해당 일자 일기의 지면 상단에 적혀 있는 내용이다.

수입 … 24개 … 264원
개알 수 … 24개

〈1970년 4월 10일 금요일 날씨 흐림〉
양살구꽃 한창 피어남. {음력} 3月 5日 (제비 첯섬[첫선] 보인 날)85)
모친 병에 대에서 안전하계 곤칠라고 배신에 강약국에 가서 병을 안전하계 곤칠라고 가니까 벌서 양살구꽃이 한창 피여나더라. 양살구꽃이 우리 마을보다 매칠원 더 일적 피어나더라. 그리고 모친 병에 대에서는 별거 아니며 화담과 피덩이와 한 태 뭉쳐서 그러깨 댄 거라고 말씀하더라.
"이변에 병아리 살려고 돈 만 원 냇 것을 병아리을 사계 대면 자신에깨 유리한 점이 만치만 그만두고 모친 병을 안전하계 곤치고 칠월에는 부화을 할 예정이다."
"강남 갇던 제비을 보리밭 매면서 보았다. 처음 본 제비을 보니 말 못한 저 동물도 때가 대니까 남쪽을 해매면서 살라가는구나."
수입 … 18개 … 198원
개알 수 … 24개
지출에 … 모친 약 … 850원

〈1970년 4월 10일 토요일 날씨 흐림〉
오전에 바리밭을 혼자서 매나라니까 보리골이 줄지을 안더라.
오후에는 두리서 맬라고 들래을 나가니까 보도랑에 물이 적으서 고기가 노는 것이 보이며 고기을 좀 잡을 것 같다서 잡을라고 마음을 먹고 있는데 동내 어른 한 분이 잡을라고 해서 그만 보리골을 들매지 하고서 서들어 바갯수을 빌려서 고기을 잡는데 자신의 생각보다 만이 있더라. 한참 잡고 있는데 동내 어른들이 발을 벗고 들어와서 잡길에 못 잡개 할 수도 없쓰서 가만이 두고 보니까 어른들이 삼 명이나 잡아 가길에 속원 아푸지만 어쩔 수 업시 보고만 있쓰따.
수입 … 38개 … 418원
지출 … 사료 20g … 640원
개알 수 … 23개

〈1970년 4월 12일 일요일 날씨 흐림(바람)〉
자주꽃 첯 보임86) (3月 7日 음력)
보리밭 매는데 모질개 바람이 부려서 김을 매는데 눈에 문지가 더러가서 눈을 재대로 떠지 못해서 독제을 볼 수가 업쓰다.
"박정희 대통령이 71년도 당선댄다면 우리 나라에 큰 변화가 있쓸 끄라 본다."
"자신이 생각한 바에 보면 흙 털고 나서면 잘 먹지는 못하지만 노촌생활보다 화려하기도 할 끄시며 정신고통이 들 댈 끄시며 모던 일이 농촌생활보{다} 낳타는 것을 자신이 판단하면서 그 일을 선택 못하고 실천을 못하고 흙문지을 마시면서 살라가니 한심수록개 짝이 업꾸나."
개알 수 … 21개
지출 … (손님 대집 포도주) 140원
수입87)

---

85) 9일과 10일 자 일기가 기록된 지면의 상단 빈 곳에 적혀 있는 내용이나, 실제 기록한 날짜는 기록된 내용과 음력 날짜로 보아 10일인 것으로 보고 이 날짜 일기에 배치하였다.

86) 원문에서는 음력 날짜와 내용이 11일과 12일의 일기가 함께 기록되어 있는 지면 상단에 적혀 있는 내용으로, 해당 음력 날짜에 맞추어 12일 자 일기에 배치하였다.

87) 수입 내역은 기록되어 있지 않다.

〈1970년 4월 13일 월요일 날씨 흐림〉
보리밭을 메면서 너켜 본 것이 아무 직업을 선택한다 해도 농촌에서 수입보다는 수입이 만을 꺼라 생각하고 막상 실천할려 해도 떳때로 안 대는구나.
"우리 마을에서 일하기가 실려서 사람의 손가락질을 밧던 사람이 이재는 돈을 벌개 대고 있는 것을 보니 사람이란 굴머죽어라는 것원 없꾸나 하고 너켜 보았다."
그리 인간된 팔자는 길더리개 있따고 하더니 살라고 발부등을 안 쳐도 시간이 흐러고 때가 오면 자연적 밥 먹개 대는 일이라고 생각한다.
수입 … 11개 … 121원
개알 … 23
지출에 닭 회충 … 130원

〈1970년 4월 14일 화요일 날씨 맑음〉
(닭 홰충약 구입) (올모재리을 금일 하여찌만 좀 너전 감이 있다.) 음력 3月 9日[88]
보리밭은 초벌은 안전하계 다 매고 오후에는 모자리을 하는데 모판에 쌔끼가 모자란다고 형이 말목을 안 가지고 나와서 산에 올라가서 갱이로 말목을 만더니라고 수고가 만아쓰며 사람이란 언재나 화로[하루]슬 껀 쓰던지 안 쓰던지 가지고 나간다면 오늘 같원 현상원 나지을 안아쓸 갠대 금일 바서는 사람이 생각을 하여따면 오늘 같던 허수고을 안 해따고 본다.
"우리는 올모자리을 오늘로서 하여찌만 남더런 벌서 올모재리을 오일 전에 하였는데 우리는 좀 너전 감이 있는데 큰 지장이 업는지는 몰라도 자신으로 생각해도 너무 너전 감이 있쓰서 마음이 캐알하지는 안더라."
개알 수 … 25개
수입 … 25 … 275원
지출에 … 친구 계론식 하는 데 기념품값
100원
탉 2마리 실패함
↓
해부한 결과 간이 부어 있쓰며 간이 부어서 있쓰니까 구정스럽계 댈 정도다.

〈1970년 4월 15일 수요일 날씨 맑음〉
"복숭아꽂 초개시 함"[89] 음력 3月 10日.
고구마 온상 할려고 집에 거친 거름을 과손까지 지개로 지서 올릴라니 보통 힘이 아니더라. 점두록 저 올리는데 그것도 힘이 더니까 짜구가 나더라. 거래서 일부 저 올릴 껏이 좀 있는데 그만두고 산에 올라가서 고구마 온상 할 것을 오래목어로 4개 배어 오는데 남들이 보는데 가지고 올려니 미안감이 들더라.
"복숭아꽂 첫섬 보인 날 복숭아꽂이 작년보다 너저며 가물어서 거런지는 몰라도 복숭아꽂이 일정하지 안는 것 같다."
개알 수 … 27개
수입 … 30개 330원

〈1970년 4월 16일 목요일 날씨 비〉
목매이던 비가 오늘로서 보리밭을 추기기 시작하는 비는 보리들의 바락을 시작하며

88) 13일부터 14일까지의 일기가 함께 기록된 지면 상단에 부기된 내용으로, 함께 표시된 해당 음력 날짜에 맞추어 14일 자 일기에 배치하였다.

89) 15일부터 16일까지의 일기가 함께 기록된 지면 상단에 부기된 내용으로, 함께 표시된 해당 음력 날짜에 맞추어 15일 자 일기에 배치하였다.

금시라다 열매을 매질 껏 갈치 싱싱한 감을 주고 있다.
보리들이 가물이 들어서 노라개 색이 변하여저고 있는데 금일 비가 안 노고 일주일 후만 앐더라면 보리들이 보리 노렀을 못할 껀대 이변 비가 보리 증가예 큰 햇택을 받다따고 본다.
"고구마 온상을 전부 알로 하여서 씨값씨만 뭍개 대면 온상작읍이 알로 댄다고 본다. 고구마씨을 18日경에는 씨값씨을 무들 예정이다."
"자두꽃 만발함"
개알 수 … 23개

〈1970년 4월 17일 금요일 날씨 비〉
어재 비가 좀 더 와쓰며 하더니 오늘로서 또 보슬비가 내리고 있쓰니 이재는 보리에 충분하계찌 생각에 한숨을 실 수 있꾸나. 이변 비가 사람에 따란 작물이라면 거름을 두세 번 한 것보다 햇택을 바다따고 본다.
"오전에는 봄채소을 씨뿌림을 하여쓰며 농촌에서 헌이[흔히] 위에 일할 사람이 있쓰서 작은 사람은 디만 따라다니며 일만 하계 대니까 바쁠 때는 일을 할라 해도 능숙하지 못해서 일을 할려면 예을 먹고 만다. 사람이라는 무선 일이던지 배우기는 배우야 대개따는 것을 너켜 보았다."
개알 수 … 26개
수입 … 50개 565원
지출 … (사료 20g 5표) 660

〈1970년 4월 18일 토요일 날씨 비 개임〉
자두꽃 만발함. 음력 3月 13日. "호박씨 뿌림"90)
비가 내리기 때문에 일도 못하고 집에서 휴식 일과로 보내고 마랐다.
집에서 있쓰며 조카 다른 아들보다 더 울고 고집이 세서 달개도 말을 안 덕고 해서 좀 때리고 했떠니 부친에깨 꾸중을 마이 덧고 말랐찌만 자신이 생각을 만이 하여서 조카에 대한 일에 대에서 신경을 안 쓸라고 해도 아이들이 고집을 부리는 것을 보면 그만 손이 돌라가고 만다. 손을 댄 뒤에는 내가 손을 대어꾸나 하고 후에을 하며 손을 안 댈라고 결심을 하여는대 손을 대는 것이 잘못이라는 것을 자신도 알지만 실천을 못하고 있쓰니 안타깝다. 그리고 이재는 손을 안 대고 아이들에깨 멀리 할 결심을 하였다.
개알 수 … 27개
수입 … 19개 … 209원
"홍자두꽃이 한참 만발하고 있따."
"호박씨 뿌림"

〈1970년 4월 19일 일요일 날씨 흐림〉
(고구마 씨 부림) 음력 3月 14日. (참외 씨 부림)91)
고구마 씨 뿌림을 하여는데 좀 너전 감이 있찌만 오늘로서 고구마 씨 부림을 하여는데 지장이 업쓸련지 몰개꾸나.
"닭들리 아무 이상 업시 식욕이 업쓸 때는 회충이 있쓰서 식욕이 업던 것이 아니냐 하고 생각해 보았다. 예냐하며 이변에 회충을

90) 17일부터 18일까지의 일기가 기록된 지면 상단에 부기된 내용으로, 함께 기록된 음력 날짜에 맞추어 18일 자 일기에 배치하였다.
91) 19일부터 20일까지의 일기가 기록된 지면 상단에 부기된 내용으로, 함께 기록된 음력 날짜에 맞추어 19일 자 일기에 배치하였다.

업쌔기 위에서 약을 복용하여떠니 요줌은 매우 잘 먹고 있쓰서 너켜 보왔다."
"회충약은 년 3번 정도 먹이냐 한다는 것을 잊지 마라야 한다는 것을 이야기하고 십다."
수입 … 40 … 440원
개알 수 … 23개

〈1970년 4월 20일 월요일 날씨 맑음〉

어머님이 식사을 만이 하세며 자신의 마음이 한결 과벼어지며 얼굴에 추거러진 인상을 안 주계 대며 어머님이 식사을 들 하시며[덜 하시면] 자신의 마음이 어울해지며[우울해지며] 하로 점두록 마음이 불켸하계 날을 보내고 있따. 요줌은 어머님이 안켸해저고 있쓰니 자신이 마음이 한결 과벼어지고 있따.
"참외 씨 부림을 하였다. 참외는 두엄이 만아냐 참외과 잘 대는데 참와 가는데 두엄도 재대로 너치 안코 씨 부림을 하였는데 참외과 재대로 댈련지는 몰갯다."
"요줌은 들던 기분이 있쓰서 무선 일을 하데래도 손에 잡피지을 안코 멍한이 서 있는 수가 한두 번이 아니고 있쓰니 자신으로서 어떠개 마음을 바로잡을 줄 몰갯꾸나."
개알 수 … 31개

〈1970년 4월 21일 화요일 날씨 흐림〉

올 캐[깨] 갈려고 이랑을 전부 만들어 놓고 오후에는 참캐 씨 부림을 하여쓰며 참캐 가는데 좀 일적 화지만 전부 갈고 말랐다.
사람이 황상 바파야 하는데 요줌은 별료 할 일도 업쓰며 서성대는 시간이 만아저고 있다.
"금년에 복숭아꽃이 더 큰 것더라. 작년에는 꽂송이가 적은 것더니 올해는 송이 큰 것더라."
수입 … 50개 … 550원
개알 수 … 25개

〈1970년 4월 22일 수요일 날씨 맑음〉

마늘밭에 인분을 주고 나잘이 일적에서 담일라고 구루마로 두 바리 실려쓰며 보리밭에 풀원 업는데 개버리[개보리]가 만아서 매고 있는데 내일 매면 다 맬 껏 같더라.
"사람이란 성공을 할려면 큰 타격을 바는 자만이 성공을 할 수 있따고 본다. 예야하며 인간이 살라간다면 난간이 만키 때문에 그 난간을 극복할려면 타격을 맡본 사람은 그 난간을 어려운 감 업시 넌켜버리니까 성공을 수라개 할 수 있따고 본다."
개알 수 … 34개 화고[하고].
수입 … 30개 … 330원

〈1970년 4월 23일 목요일 날씨 흐림〉

담을 올해는 작년 비해서 만이 있쓰며 만이 잇고 보니까 담이 보기가 헐신 나어며 담이 상화질을 안캐더라. 그리고 보리밭을 안전하계 계버리 뽑아버렷다.
"모친 약이 업쓰서 배신에 강약국에깨 가질로 가는데 아침 5시 45분에 같는데 배신내 냇카에 물이 만아서 다리가 터내려가서 신발 벗고 건너는대 물이 무름 위에까지 오는데 차거어서 중간까지 가니까 눈물이 나며 뒤비저갯더라. 개령 약사한데 가면서 물 건넌데 차거운 것은 이변 배신에 갈 때 비에며 더어서 발을 벗고 물에 당구는 정도 박에 안 댄다."
"이변에 모친 약 지로 가는 길이 아니고 다런 볼 릴로 간다면 뒤도라 올 끄시며 이 물을 안 건너면 죽는다 해도 못 갈개다."

지출 … 모친 약 5첩 … 850원
수입에 … 10개 (110원)
개알 수 … 32개

〈1970년 4월 24일 금요일 날씨 비〉

날씨 차거어며 보슬비 내리기 때문에 아무 일도 못하고 해서 모자리 새키을 꼬았다. 그리고 위우지에 지붕개량 한다고 형이 읽해 주고 연개을 땔감 할려고 미아카로 세 변 같다 노았다. 우리가 땔감이 모자라서 연개을 가지고 왔찌만 실치 땔라고 하며 땔 껏이 업다고 본다.
"요줌 양개읍을 하는 사람은 재미을 본 샘이 대며 양개읍을 만이 한 사람은 돈을 버런 샘이 댄다고 본다."
지출 … 사료 20kg 640원
수입 … 30개 330원
개알 수 … 25개

〈1970년 4월 25일 토요일 날씨 흐림〉

음력 3月 20日 (복숭아꽃 만발함)
금일은 자신의 생일이라 고기와 음식을 잘 해서 잘 먹어다. 그리고 오늘도 날씨가 좋지 못하고 해서 다린 일들은 못하고 방안에서 새키을 꼬았쓰며 오후에는 별료 할 일도 업고 해서 집에 사다리 할려고 산에 올라가서 맡당한 것이 있쓰며 배어 올라고 올라갈던 것이 산에 산나물 뜻는 사람들이 만아서 나무을 배어 오지는 못하고 내려올라고 더니 빈 몸으로 오는 것보다 나무을 해서 오는 것이 낮지 완나 하는 생각에 오래목이 죽어 있쓰서 그만 오래목 두 패기을 배어 왔다.
"복숭아꽃이 올해는 알맡개 피어쓰며 복숭들이 고울 껏이다."
수입 … 6개 … 66원
개알 수 … 23

〈1970년 4월 26일 일요일 날씨 맑음〉

아래채에 용바람[92] 할려고 봉산 개와공장에 노새 가질요 가려고 더는데 천호내 지붕개랑 할려고 집을 버키는데 안 갈 수가 업개 대어쓰며 손 만원 우리 집 개량할 때에 수고을 시킨대 대해서 특히 생각을 해서 아침 일적부터 가서 지붕 비키는[벗기는] 데 문지을 덥펴쓰며 하로 점두록 일을 잘 바주어다.
"아래마을에서 웃마을까지 일하로 와따면서 좋아들 하더라."
수입 … 10개 110원
개알 수 … 26개

〈1970년 4월 27일 월요일 날씨 맑음〉

소 먹일라고 풀을 덥고 숙을 한 망태을 떠더쓰며 오후에는 봄보리밭을 김을 매고 했쓰며 (한 단지에) 두리서 한나절을 꼭 매야 다 맬 것 같더라.
"우리 닭더리 매우 깻것한대 닭이 죽어니 자신이 생각해도 도머지 알 수가 어쓰며 죽은 닭을 잡아보니 창차에 거시과[거시(회

92) 용마람. 초가지붕이나 담을 덮는 이엉(일기에서는 '연개')을 길게 엮은 것을 가리키는 '용마름'의 방언형이다. 일기에서는 'ㅂ'과 'ㅁ'이 구분되지 않게 쓰여 있는 경우가 종종 발견된다. 연개를 세는 단위인 '마람', 즉 마름은 바르게 쓰면서도 '용마람'이라고 붙여 쓴 경우에는 이와 같은 실수가 자주 나타나며, 짐승을 세는 '마리'의 경우에도 바르게 쓴 것이 있는가 하면 '한 마리', '두 마리' 등을 띄어쓰기 없이 붙여 쓰는 경우에도 '바리'라고 적을 때가 많다.

충)가] 맷 마리 들러 있더라. 자신에 생각어로서는 해충 관개로 실패을 보는지을 알 수가 업꾸나."
수입 … 52개 … 572원
개알 수 … 28개

〈1970년 4월 28일 화요일 날씨 맑음〉

이우지에 지붕 개랑하는 데 일해주로 갈려고 하다 그만 개돌 보 한다기에 이우지에 지붕개량 하는 데는 가지 못하고 보 하는 데 가서 일을 해쓰며 오후에는 쌍구름에 도랑 쳐는데 읽을 무리로 시키서 일하는 사람들이 불만이 만았다.
"요줌은 어머님이 아푸다 말이 었던이 오늘로서 몸이 아푸다면서 저녁을 안 자시고 개알만 하나 자시고 말랐다. 자신이 생각하기는 몸은 새약한데다가 아들은 안 볼 수가 업고 어머님으로서는 맹랑한 일이 아니라 할 수 업다."
우리들은 아들을 몸이 안캐할 때까지 보지 말라고 노래을 하다십피 이야기하여도 어머님으로 마음대로 안 댄다고 말씀하는데 어머님으로서 그러깨 말씀하는데 자신으로서 안따갑기 작이 업다.
지출에 모친 사과 70원
건전지 담아[전구] 10원
센멘 살라고 선금 준 것이 1,000원
닭 회충약 100원 디디티 30원
계 1,210원
수입 … 8개 88원
개알 수 … 29개

〈1970년 4월 29일 수요일 날씨 맑음〉

아래채에 용바람을 할려고 개와공장에 가서 세멘이 대개 대여 노새와 세멘을 가지올라고 했던 것이 업는 바람에 가지오지 못하고 모래만 한 바리만 파왔쓰며 오후에는 보리밭이 독세가 만아서 두리서 매고 맜랐다.
"요줌은 마음이 들던 기분이라 무었을 해도 공상만 하계 대니 일을 해도 하니 업개 안 대고 있쓰며 작년만 해도 낮참도 모러고 일을 하여는데 금년 와서는 낮참도 시개 대며 자신이 생각에도 좀 일을 들 하고 있따는 것을 알고 있다."
"닭에 해충약을 투약하는대 회충이 재대로 나오지 안 와서 어재 사논 것을 금일로 투약을 했는데 나올련지 의문이구나."
수입 … 39개 429원
개알 수 … 25개

〈1970년 4월 30일 목요일 날씨 맑음〉

보 하는데 작년보다 보 하는 것이 작읍량이 만았다. 보 하는데 일하는 것도 본동 사람들이 한 데 뭉쳐서 일을 하니 작읍량이 만아서도 웃서며 일을 하니 시간 가는 줄도 모러고 일을 해쓰며 작읍량이 만아도 딘 줄을 모러고 일을 해쓰며 나중에는 술 6말 가지고 왔는데 술 못 먼는 사람들 위에서 빵을 가지오지 안코 술만 6말 가지고 왔쓰니 신경질이 나더라. 성질대로 했쓰며 술 못 먹는 사람들을 해왔리서 술을 모다서 땅바닥에 부어버리고 말랐쓰며 술 못 먹는 사람들을 좀 생각할 끄시며 우예서 일을 씨기는 사람들의 속을 곤칠 꺼인데 그러지도 못하고 반 잔 마시고 와버리다.
"어머님이 편하계 개실 때에 마음이 한결 과벼어지고 있떠니 또 개두[거동]을 못하고 있쓰서 자신의 마음을 무개 만들며 노력의 대까도 업시 이 세상에서 불상한 사람을 만들지 안나 금심이 대는구나."

수입 … 28개 … 308원
지출 … 사료 20kg … 640원
개알 수 … 31개

"월말 수입과 지출금액"

수입		잔액금 1,293원
개알 수 715개 … 7,865원 〃 28개 308원	8,173원	

(지출금액)

친구 시낭	200원
빵갑	100원
모친 약값	1,700원
손님 대집	140원
회충약	130원
친구 기념품값	100원
사료 20kg 5표	3,200원
모친 사과값	70원
건전지 담아	10원
세멘값	1,000원
닭 해충값	100원
뒤디리[디디티(D.D.T.)]	30원
지출 총금액	6,880원
월말 총 개알 수	792개

〈1970년 5월 1일 금요일 날씨 비〉

호미로 보리논을 김을 매고 지섬이 업는 논에는 캉이[괭이]로 골을 타며 보리들에 자라병이 들지 안캐 노력을 하고 있쓰며 논보리 바서는 당분간 비가 안 았쓰며 논보리는 풍년을 이률 수가 있는대 금일 비가 만이 오개 대며 보리농사는 숙년[흉년]을 만들지 안나 하고 염려도 대는구나.
"어재 바서는 어머님이 몸부림을 치고 있는 것을 볼 때에 어더개 하나 극정이 대더니 금일 바서는 음식을 하고 있는 것을 볼 때에 마음이 가벼어지는구나."
수입 … 16개 176원
개알 수 … 28개

〈1970년 5월 2일 토요일 날씨 비〉

비가 내리서 다른 일은 못하고 새키 꼬을라다 새키는 다음에 꼬을 수도 있다고 생각이 들기을 그만 비가 오는대도 불구하고 비을 마저며 산에 올라가서 사다리 할려고 소나무을 두 개 배어와서 남이 볼 까바 바비 치우고 해쓰며 그리고 어머님이 몸부림을 치고 있쓰서 배신에 강약국에을 우비을 빌려서 가니까 벌서 약을 짓는 사람이 잇길에 엽에 안저 있쓰니까 말하는 것이 배우지 못한 사람이라는 것을 누구라도 인식이 갈 정도 말을 하고 있는 것을 볼 때에 자신의 생각으로 사람이란 천상 배우야 대개따는 것을 절시리 너켜 보왔다.
외출 … 모친 약 500원
수입 … 22 … 242원
개알 수 … 27개

"보리에 더 비가 오개 대며 논보리에는 황병이 발생할 꺼수로 본다."

〈1970년 5월 3일 일요일 날씨 비〉

(중요함) 남들은 복숭아꽃 만발.
날씨도 흐리고 해서 다른 일들을 못하고 해서 친구가 모처름 고향에 와다는 소리을 덧고 차저가서 놀다가 안행[완행]으로 보내고 보리논에 도라보다가 모재리에 피가 만아서 한 판에 피을 뽑는데 홺으로 다 못 질 정도로 만더라.
"우리 지방으로 바서 비가 거만 와도 보리

에 만족할 뿐 아니라 모자리에도 만족할 정도로 왔는데 또 다시 비가 온다면 논보리는 황병이 더려서 숙년을 만들지 안나 하고 금심이 대는구나."
수입 … 30개 … 330원
개알 수 … 32개

〈1970년 5월 4일 월요일 날씨 흐림〉
땅콩 씨 부림 할려고 두엄 한 구루마 실려 놓은 것을 지개로 실어 올리서 땅콩 씨 부림 할려 하니 삼십 구등이 하는데도 오전 일과가 대더라. 그리고 형이 봉답 모재리 두럼 할려 해서 풀을 한 망태 일적 떠더 노았쓰며 다런 일들은 할 꺼이 업고 해서 모자리 하는 데 가서 좀 거들고 모이 줄 때도 대니고 해서 와버릿다.
"닭 모이을 주고 과수 둘려보려 가니까 누가 부러길에 가보니까 미물씨[메밀씨]가 잘 난 것이 다 먹고 업따기에 자신의 생각에 산 사람 새어 두고 저러깨 구진 말을 하는가 하고 자신이 매우 불캐하더라. 예냐하며 예초 미물씨 잘 나서 우리 달[닭]이 먹어따면 잘못시라고 하지만 예초부터 미물씨는 가물어에[가뭄에] 콩 나더시 낮는 것을 그기다 우예 논두름이 터저서 물이 논에 가득해서 다 녹아빠전 것을 우리 달이 다 먹어다니 자신의 속으로 불깨하며 신경질 나더라."
개알 수 … 26개
수입 … 20개 … 220원

〈1970년 5월 5일 화요일 날씨 흐림〉
모재리을 하로 가서 두리 하니까 좀 일적 하여서 영한이가 개우 일곱 쌀 먹은 것이 뽑밭을 어른 둘이 가도 밭을 찾는 것에 힘이 더는데 영한이가 밭을 찾는다기에 저것이 설마 밭을 알리고 의문이 생기더라. 그래서 영한이가 밭을 알며 보통 아이가 아니라는 것을 알 끄시며 하는 생각에 영한이을 대리고 밭을 차저보라 하니 밭을 못 차기에 그 전에는 밭을 어떠개 차자지 하고 무러니 그때는 차저따고 말을 하길에 그때는 차저따며 이변에는 에 못 차는냐고 무러니 웃고 말더라.
개알 수 … 26개
수입 … 22개 … 242원
지출에 … 밀지울 15대 … 170원

〈1970년 5월 6일 수요일 날씨 비〉
인간이 태어나서 돈을 벌라고 눈 터며[뜨면] 돈을 벌 극정이 대니 나 자신 생각에는 남들원 돈 벌 극정은 나보다 십분의 일 정도도 안 해쓰리라고 생각하고 있다.
나 자신도 작년에는 내가 돈원 알라찌만 이러개 잠만 자고 나며 극정이 대지는 안아쓰며 금년 들어와쓰는 이러깨 돈 벌기가 정신적으로 고통이 댈 줄은 몰랐다.
요사이는 남들은 밥을 먹고 사는데 자신은 희망마저 일캐 댈 정도로 마음을 잡지 못하고 이거나 하며 날까 저거나 하며 날까 두길이 대는데 어너 것을 거러야지 자신이 고생 아너며[안 하며] 형제관에 머리을 살릴 수 있는지 미결로 나나[나날]을 보내고 있다.
수입 … 22 … 242원
개알 수 … 30개
지출 … 과수 약 티디티 10말 값 170원

〈1970년 5월 7일 목요일 날씨 흐림〉
과수에 2차 약 살포. 음력 4月 3日 93)
"과수에 2차 약 살포하는 데(디디티 약) 16말용 더러쓰며[들었으며] (금액 370원)"

향군소집일이라서 아포면사모소에서 인원 점호한다기에 면에서 기다리고 있쓰니 중대장이 나와서 소집장과 학인을 하더라. 그래서 자신도 훌련카드을 내밀고 학인을 하고 난 뒤에 도자을 찍어 주더라고. 그리고 학인을 한 사람은 지서에 대기하라고 이야기하더라. 그래서 총 두 종[정]식 주면서 수입하라고 하길에 나는 총 지급을 안 바고 탄 곳에서 실건 놀고 있쓰니까 집팝하라고 하더라. 그래서 열 중에 더러가서 있쓰니까 지서장이 이변에 총 수입 안 안 사람은 갑포부대 동원훌련 하계 대면 두 달 관 교육을 패 주고 총 수입을 안 엔 사람 그때 가서 두 달 관 개속 바꾸로 할 태니가 그리 알라면서 공갈인지 진정인지 큰 소리로 두고 보라고 하면서 안 엔 사람은 인지라도 총 수입을 해서 이름을 적두록 하라고 말하니까 총 수입 안 엔 사람은 나가서 총 수입을 할려고 더는데 자신은 저가 다 공갈이지 하고 집우로 아버리고 말랐다."

"이것이 진담이 대개 대며 자신은 큰 손에가 대고 만원데[마는데] 어떠개 댈련지 궁금하구나."

개알 수 … 26개

지출 … 사료 20g 640원

〈1970년 5월 8일 금요일 날씨 맑음〉

올해는 관손[과수원]에 약 살표하는데 (디디티약) 16말용 더려가더라. 자신에 생각에는 다른 약 살포하는 것보다 효력이 좋어며 값싸다고 본다.

요줌은 마을이 들떤대다 어머님이 식욕이 자꾸만 줄어너니 극정이 크개 대는구나. 나날이 어머님의 안색이 언떤고 관찰하는데 요줌은 식욕이라고 업따고 본다.

자신은 일하고 집에 더려쓰며 어머님 모섭을 볼라고 문 쪽으로 향하고 있쓰며 어머님이 마당에 다니고 있쓰며 자신의 마음 그 기쁨을 누구에 비하리. 그리고 어머님이 누어개시며 옴몸 맥이 풀이며 좋은 인상이라고 눈 탁고 바라볼 수 업쓰며 저녁상을 들러도 숟갈이 힘이 업쓰지며 밥을 재대로 안 먹을 때가 만아진다.

개알 수 … 32개

수입 … 31개 341원

지출 … 디디티약 200원

〈1970년 5월 9일 토요일 날씨 맑음〉

소 풀 뜻는대 풀이 만와서 월마 더 안 떠더도 두 망태가 댈 껏 갈다서 닭더리 먹이도 재대로 안 먹고 해서 동내 아들이 풀 터들라고 망태을 미고 나가서 개구리 50마리 잡아 주며 풀 한 망태 주갰다고 하니까 잡아줄라고 하더라. 그래서 풀을 주고 다시 뜻들라고 준비하고 있는데 개구리 50마리라고 하면서 잡았 았더라. 개구리을 담아놓고 풀을 덨는데 열두시까지 꼭 덨어쓰며 자신의 생각에는 개구리 50십 마리 잡은 시간이나 풀 덨는 시간이나 그의 같들 줄 알라는대 개구리 잡은 시간은 단 30분도 안 걸리고 있다. 만약에 다음에 한 번 더 한다면 100마리에 풀 한 망태 줄 개산하여야개꾸나.

"이번 개구리가 닭에개는 용키 잘 먹이따고 생각한다."

---

93) 5일부터 6일까지의 일기가 기록된 지면 상단에 음력 날짜와 함께 부기된 내용으로, 해당 음력 날짜에 맞추어 7일 자 일기에 배치하였다.

개알 수 … 26개
수입 … 20개 … 220원

〈1970년 5월 10일 일요일 날씨 비〉
불필요한 비가 내리서 아무 일도 못하고 방에서 어머님의 병에 대에서 곰곰이 생각하니 눈물만 말 업시 흙으내리는구나. 어머님이 병에 전다며 우리 형제관 슬피 세월을 보내야 하느냐 생각하니 가슴만 슬리구나. 우리들의 가슴이 슬리고 숨이 답답한대 병에 시달린 어머님 마음은 어떠개너냐. 자식을 오 형제가 대는 놈을 한 놈도 출세을 하는 것도 못 보시고 병에 전다는 것을 생각할 때에 이가 갈릴 끄시며 이 새상을 욕할 줄도 모러고 있다.
"이 세상에 하나님이 계신다며 어머님 병에 대해 쓸라린 가슴을 지고 한시라도 단 일분이라도 병을 곤칠라고 발부등을 쳐고 완관 힘을 쓰는 자식을 바스라도 병이 악하대지는 안을 끄시다."
개알 수 … 29개
수입 … 10개 … 110원

〈1970년 5월 11일 월요일 날씨 맑음〉
어머님이 배신에 강약국 약을 복용하여도 효과도 못 보고 음식이도 줄어더려서 별다른 약국도 없쓰서 아침에 또 다시 계령 약사한대 간다고 내를 건너는데 물이 눅둑다리[넓적다리]까지 올라와서 옷을 일부 배리서 약국에깨 가니까 물이 만원데 어떠개 와는냐고 감작 놀라더라. 그래서 어머님 병 정세을 하니까 사람을 바야지 약을 지켸따고 하며서 약을 지어오지 못하고 약사의 말이 냇물이 줄어들며 한번 올 꺼이니 극정 마라고 하더라.
"금일 위우지 지붕개량 하는데 그 사람 바서는 일을 안 에 주도 무방하지만 남들을 바서 일 좀 거드려 주야갰다고 생각이 들기을 하로두록 일해 주어찌만 기분 상깨한 감원 업더라."
개알 수 … 28개
수입 … 20개 … 220원

〈1970년 5월 12일 화요일 날씨 개임〉
집안에 한 번 시기을 하였따고 인사을 하여도 대답도 업고 도라스고만 만원대 도라서면서 인사을 안을라 해도 남 때문에 할 수 업시 인사을 하고 있지만 몟 달이 흙으도[흘러도] 변함이 업시 인사을 안 바다서 아버지에깨 요줌 자나부지 인사하느냐 물어보니까 인사 아안다고[안 한다고] 말씀하더라. 그 말씀을 덧고 자신의 혼차 가만이 생각해 보았다. 어너 누가 잘못 했키로 형제간에 말을 안 안다니 계심하기 짝이 업더라. 자기는 돈 있따고 도도하는지는 몰라도 아직까지 저에깨 시달림을 안 바들 끄시며 저가 돈 있쓰며 대대로 가지고 있찌는 못할 꺼이다. 언잰가는 한번 볼 수 있깨지. 권순덕이가 살라있는 한 도도한가 두고 볼 꺼이다.
개알 수 … 26개
수입 … 30개 … 330원

〈1970년 5월 13일 수요일 날씨 맑음〉
음력 4月 9日
"양대 파종함"94)
향군소집일이라서 갈려고 더니 유격장 만던다면서 삽이나 강이[괭이]나 아무 것이나 가지고 가라고 해서 중대장이 말하기을 유격장을 만더니 버드나무을 가지고 가라 하여서 자신은 나무을 매지 안코 좀 더 가서 철조망을 가지고 가니 유격장 만들 장송에 같다 놓고 친구들과 이야기하느라고 작읍이란 손도 대보지 안코 집우로 도라오는데 마을친구들과 집에 오는대 배가 고파서 올수가 업쓰서 우리 빵이라도 한 개식 먹고 가자고 하니까 다들 좋다고 하면서 드려가자고 하여서 개인당 20원씩 먹어니까 거름걸키가 헐신 낮더라.
"금일 양대 파종하여다."
개알 수 … 24개
(금일 지출에) … 모친 약 5첩 650원
수입 … 19 … 290원
(금일 지출) … 20원
(지출) 20g … 640원

〈1970년 5월 14일 목요일 날씨 맑음〉
아래최에 용바람 할려고 기와공장에 가니까 노새과 빼 난 지가 얼마 안 댄다고 다음에 가지가라고 하여서 또 수 부릴가 생각에 가지가다 캐진다 해도 개완어니 가지고 가야갯따면서 구루마 실려서 오는데 노새는 모가 만이 캐지더라. 오면서 생각에 성급이 굴지 안코 천천이 가지고 왔쓰며 캐지지는 안을 껀대 승겁이 굴다 손에가 만았다.
녹두 파종할려고 이랑을 만더는대 피곤해서 이랑 골래서[골에서] 안저서 한참동안 졸랐다. 요사이는 나도 몰래 이러개 피곤하니 자신도 었던 영문인지 모러개 피곤해지는구나.
"용바람 할려고 공장에서 노새 … 80장 바닥기와 15장 가지고 왔다."
개알 수 … 31개
수입 … 15개 … 165원

〈1970년 5월 15일 금요일 날씨 맑음〉
마을에서 이사한다기에 이시짐을 날라다 주어다. 날라주고 음식은 꼭 찰밥을 하는데 무선 영문인지 몰갯다.
"모자리에 물을 댈라고 들래을 한번 나가보니 논 가는 사람이 만으며 올 모재리는 모가 벌서 크더라. 모재리에 물은 만아서 대지지 안고 올 모판에 피을 뽑고 나니 저늑때가 대어서 소죽을 끄릴라고 집에 들어오니 이미 소죽은 끄리 나더라."
"이재는 어머님이 식욕이 업는 것을 보니 일바시기가 힘이 들개시며 못 일바시지 안는냐 하는 생각이 한두 번이 들 때가 있꾸나."
개알 수 … 27개
수입 … 35개 … 385원

〈1970년 5월 16일 토요일 날씨 맑음〉
예비군 총기소집일이라서 여들시 동차 편으로 몸을 실고서 지서까지 가니까 벌서 앞에온 사람들은 지서 주임에게 주이을 덧고 이더라. 거래서 자신도 그 열에 더려가서 이쓰니까 주이상앙을 하는 것을 덧고 개인당 총기 15종식 하는데 형식적인 걸에 불가하다십피 하고 말랐다.
그리고 집에 올려니 햇빛이 바시는 거리을 거닐면서 올려니 힘이 들 것 같다서 친{구}들은 줄을 먹고 있는데 앞에 올려니 미안감이 더려서 술안주로 가자 20원짜리을 사주고 합승을 탈라고 합승 있는 데 와서 몸을 실려서 한참 있쓰니 친구들도 합승을 탈라

94) 13일부터 14일까지의 일기가 기록된 지면 상단에 부기되어 있는 내용으로, 해당 음력 날짜에 맞추어 13일 자 일기에 배치하였다.

고 헐적하면서 막 뛰어오더라.
"마을에서 지붕개랑 하는데 집주인 아들 바서는 안 가도 무방하지만 모친이 좋아서 하로 정때 가서 일을 바주어다."
개알 수 … 29개
수입 … 29개 … 319원

〈1970년 5월 17일 일요일 날씨 맑음〉
지붕 계랑하고 난 두에 일부 안벽이 떨러저 있는 것을 오늘로서 형과 둘리서 안벽을 바루고 했는데 오후 새시까지 안벽을 부쳐다.
"이변에는 어머님이 놀 수가 업개 댈 껏 같더니 할마시들이 쌀을 거두로 가서 주고 나서 어머님이 놀 수가 있다는 것이 꿈 같이 여겨지는구나."
"농사를 짓고 있는 사람들은 자신이 생각해 볼 때에 사람들이 좀 어물렀따고 본다."
개알 수 … 30개
수입 … 29개 … 220원

〈1970년 5월 18일 월요일 날씨 흐림〉
과수 밑에 잡초가 무성해서 재거하는 데 힘이 더려다. 아직도 안전하게 잡초을 재거할려며 이삼 일은 더 걸일 끄시다.
"어머님이 요즘 해복대는 것 같더며 아퍼다 소리을 안 나나까 자신이 밥 먹는 것이 살료 가는 것더라."
"우리가 삶매 보람을 차절라고 마음에 있따며 과수 사이에 매실나무을 가식을 하여야지 돈을 벌 수 있따고 보며 땅평 노렸을 할 수 있따고 본다."
개알 수 … 26개
수입 … 28개 … 308원

〈1970년 5월 19일 화요일 날씨 흐림〉
"모재리 물 퍼로 가니 피가 만아서 뽑어 보니까 생각보다 시간이 더 글리더라. 그리고 풀을 한참 뗏고 있는데 아이들이 개구리 잡길에 멋 할려고 잡는냐고 무려니까 꾸어 먹을락 잡는다기에 나무을 줄 태니 몸둥이는 달라고 하니까 준다고 하더라. 발을 빼어서서 불래 꿋는데 다 꾸는 것을 처음 먹어니 맞이 닭고기 갈 것더라. 몸둥이 팬 것과 적은 개구리을 합패 보니 조류래 반 정도 대는 것을 2분의 1은 난비에 끄리어서 닭을 주어더니 닭이 잘 먹더라. 남은 것은 내일 아침에 줄 예정이다."
수입 … 70개 … 770원
개알 수 … 20개
지출에 … 20원 빵값

〈1970년 5월 20일 수요일 날씨 맑음〉
향군 동은훌련[동원훈련] 있따고 세벽 3시까지 면사모소까지 도착하라고 해서 밤잠도 제대로 자지 못하고 어더운 거리을 거려서 면사모소에 들어쓰니까 머저 온 사람은 꾸벅 졸고 있쓰며 사람들의 눈더리 다 죽어가는 사람 모양 눈의 광채라고는 차저 볼래야 볼 수 업는 눈들을 가지고 있는 것을 볼 때에 자신의 생각으로 하로 더 하는 일이 있더래도 주간을 이용해서 교육을 하여야 댄다는 것을 너켜쓰며 그것보다 새벽 3시까지 도착하라고 했놓고 아침 7시야 출발하면서 새시까지 오라고 했놓고 아침 일곱시까지 출발을 안 시키는 것을 생각할 때에 한편으로 욕도 하고 십더라.
수입 … 10개 … 110원
개알 수 … 28개
지출에 … 20원 빵값

〈1970년 5월 21일 목요일 날씨 흐림〉

여기서 교육 바더로 갈 때에는 교육장이 이려깨도 미미한 교육장이란 것을 미차 몰랐다. 침상 하나 업고 막사도 재대로 안 대서 천막을 만들어서 일개 소대을 수용하개 하며 그그까지는 좋으나 흙바닥에서 (가마니) 끄적을 하나을 까라서 잠을 자라고 하니 주번사관 얼굴 모섭이 한 번 더 보이더라.

"술 먹고 희두런 막대기라도 있따며 미리 피{하}는 것이 좋타. 자신은 그 친구가 나을 때릴 수 있깨는냐 하는 생각에."

수입 … 15개 … 165원

개알 수 … 29개

〈1970년 5월 22일 금요일 날씨[95]〉

어머님이 그간 병이 더하지나 하고 생각할 때에 가슴만 답답하고 한 시간이 지루한 감이 잠시라도 터날 때가 없꾸나.

생각에 금일 저녁에는 몸이 아빠서 (방)에서 딍굴지을 안나 걱정이 대며 자신이 어딘지 모러개 친구들과 캐알한 날을 보내지을 못했다.

개알 수 … 26개

수입 … 9개 … 99원

지출에 … 90원(친구들 술안주값)

〈1970년 5월 23일 토요일 날씨 맑음〉

향군교육에 그 지루한 3박 삼일이란 날을 오전교육으로 다 바는구나 생각할 때에 한 시간이 지루하고 대지울타리 갈던 막사에서 향군교육소집이란 교육을 바고 태소식을 한니 자신의 기분이 어딘지 모러계 기뻐더라.

그리고 면소{재}지로 오는데 자동차에서 개니 욕을 하는 것을 볼 때에 자신의 생각으로 입에서 자신도 모러개 욕이 나오는지을 모갯더라. 개니 지나가는 사람마다 욕을 하는 것을 볼 때에 한국의 법이 업따면 모조리 죽이고 십더라. 참다못해 욕 좀 하지 마라고 말을 했더니 한 번 채다보고 그래도 개속 욕을 하고 오더라.

개알 수 … 30개

수입 … 15개 … 165원

지출에
- 친구들 술 바던 것이 100원
- 집에 고기 사옴. 돼지고기값 240원 (가자 50원)

〈1970년 5월 24일 일요일 날씨 맑음〉

마루 지하실이 물어안저서 재수리 하는데 아까시와 나무을 배어서 만들고 철근이 25매다 들어갔스며 혼차 만더는데 하로 저물개 하여다.

"사 일관[사 일간] 과수나무을 안 바따고 금일 과수나무을 한 바키 도라보니 과실이 사일 만에 날랄 만하계 과실더리 크더라. 그리고 나무잎더리 싱싱하계 바람에 희날이고 있는 것을 볼 때에 산 위에서 바람을 가슴에 안계 주는 기분보다 좋더라."

지출에 … (정미소)(현미 딍기)

개알 수 … 29개

수입 … 9개 99원

〈1970년 5월 25일 월요일 날씨 비〉

친구 지붕 개랑하는데 일해 주로 가서 비을 마저며 끝까지 일 잘 바주어다.

요줌 남에 일을 잘 바준다고 이름이 있따며

95) 날씨라고 적어 두긴 했으나 당일 날씨가 어떠했는지는 적지 않았다.

집에 일할 수 없쓸 정도로 남에 일이 생기고 있따.
어머님으로 바서 효과을 보고 있따. 아푸로도 개속 약을 보용하계 대며 안켸댈련지는 몰라 상당이 몸이 좋아지는 편이다.
"그리고 과실이 속굴 때가 너전 감이 있쓰나 아침에 이려나서 쏙는대 한 사람이 15다서[열다섯] 표기 쏙개더라."
개알 수 … 24개
수입 … 20개 … 220원
지출에 … 모친 약 640원

〈1970년 5월 26일 화요일 날씨 비〉

(음력 4月 22日) (금일로서 복숭 1단개 쏙았다.)[96]
들거름이 적고 미차 못해서 앞푸로 할 시간도 업고 해서 지붕개랑 할려고 꺡토을 골목에 내버려 두어서 들거름 할려고 우마차로 오전내 실려다.
그리고 복숭을 쏙았쓰며 참외밭을 한참 매고 있는데 동내 아이들이 풀 떠더로 나오길려 내가 풀을 터더 줄 태니 개구리 좀 잡을란가 무려터니 잡을라고 하여서 참외밭을 대강 매고 풀을 한 망대 터더 주어쓰며 개구리는 약 40십마리 정도 대더라.
"그리고 자나부지애깨 지나가는 것을 보고도 인사도 안 해따. 남들은 자신이 인사 안 아고 지나가며 욕을 할련지는 몰라도 속을 본다며 자신은 잘못이 업따고 보며 사람이 한 번 싸음을 하여따고 해서 육 개월 동안 인사을 하여도 한 번도 인사을 밨는 적이 었쓰며 자신의 판단으로 비골한 인간으로 판단대어서 금일로서 인사도 안 아고 그냥 지나가고 말랐다."
개알 수 … 26개
수입 … 29개 … 309원
지출에 … 과수약 … 990원

〈1970년 5월 27일 수요일 날씨 맑음〉

(과수에 약 살포. 제2회) (약 15통)
친구 집붕 개량하는데 오전 일만 바줄라 하다 남보다 좀 달라서 우리 일도 만치만 우리 일 재쳐놓코 하로 점두록 일 잘 바주{었}쓰며 대우도 남보다 잘 바다.
어머님이 이제 식사 만이 하고 집안일도 좀 거들고 있쓰니 자신이 어딘지 힘이 생긴다.
"아푸론 농촌에 날이 갈수록 농민생활이 더 굼주리개 댈 끄시다. 예나하며 우선 바서 지붕개량 하는데 품싹이 작년 바서 한 깐에 400원 바던 것이 올래 와서 한 깐에 1000원 달라고 하는 것을 볼 때에 농촌 곡까는 작년이나 올해나 별다름이 업시 차도을 보이지만 딴 물자나 품싹이나 농약이나 배로 상성하니 어찌 농촌사람들이 어찌 배부러개 먹고 살 수가 있깨는가. 생각해 볼 점이 있따고 본다."
"과손에 제2회 약 살포함."
개알 수 … 23개
수입 … 15개 … 165원

〈1970년 5월 28일 목요일 날씨 맑음〉

예비군을 희초[97]하는데 여론을 들어보니

96) 25일부터 26일까지의 일기가 기록되어 있는 지면 상단에 음력 날짜와 함께 부기된 내용이다. 과실을 솎았다는 내용은 25일 자 일기에 나오지만, 해당년도의 음력 날짜에 맞추어 26일 자 일기에 배치하였다.
97) 음식을 차려 나누어 먹는 것을 가리켜 '회치한다'고 표현한다. 사천 지역에서는 과거 단오가 되면 일손을 잠시 멈추고 마을 사람들끼리 모여 놀러 나가 음식을 나누어 먹기도 했는데, 이를 가리켜 '단오회치

개인당 돈 금액이 만이 돌라올 꺼 갈다서 안 놀라고 생각했는데 형과 어머님이 놀라고 하여서 놀기는 잘 노라따만 돈이 개인당 만이 도라와서 나중에 돈을 벌라고 놀개 대며 힘이 들 꺼이다.
"술 못한 사람들은 모임에 참석할려면 손에가 만따. 예냐하며 술을 못한 사람은 술 하는 사람의 3분의 1도 못하니 손에가 만다."
금일 지출 … (432원 희초함)
구입 … 45개 … 495원
개알 수 … 21개

〈1970년 5월 29일 금요일 날씨 맑음〉
감자 웃거름을 인분을 우마차로 실려내서 한 벌식 먹이다.
감자는 웃거름이 인분이 졸련지는 몰라도 한 벌식 먹이고 나니 마음이 캐알하더라.
"참외에 인분이 남아서 한 번 더 푹 먹이고 말랐다. 인분을 주어 나서니까 비가 한 번 오면 참외농사을 질 수 있따고 보는데 가물어서 신똥한 감이 업고 만다."
개알 수 … 23개
수입 … 6개 … 66원

〈1970년 5월 30일 토요일 날씨 맑음〉
(음력 4月 26日) (올모, 모내기 함) (너전감)[98]
올모내기 오늘로서 한 단지 모내기을 하여다. 모내기을 하여도 모가 어린 감이 있더라. 모가 자라는 데 지장이 업쓸련지 몰라도 모내기을 하고서 논자리을 내리어 보니까 보기가 낮더라.
"어머님이 희갑까지 살지 못한다며 자식에 대해 앞을 가리어 선다 해도 가언이 아니다. 자식에 앞을 열려준다며 아직까지 살라 개시야 한다."
개알 수 … 40개 … 440원
지출 … 사료 20g … 140원

〈1970년 5월 31일 일요일 날씨 비〉
성용인내 올 모을 막 심고 있는데 비가 내릴라고 서산에서는 비가 무더 나오고 있길에 이변 모는 다 심고 나거던 비가 와쓰며 하는 생각이 간절하더니 맡침 다 심을 때까지 참아서 모내기는 캐알하계 끝냈다.
"그리고 집에 더러올 때에 비가 내리더라. 비가 개속 비가 내리서 좀 휴식을 할려 하다 남들이 모종할려고 우장을 해서 들로 나가기에 자신도 모종삽을 가지고 가지 모종을 하는데 모종을 할 때에는 옷을 바리지 안는 것 갈더니 일단 모종을 끝내고 집에 올려 하니 추어서 견뒤기가 힘이 들더라."
"아직은 비가 불필요한대 비가 와서 보리들이 힘을 쓰지 못하고 비에 쓰려지고 있쓰며 비가 계속 오개 대며 보리에 큰 지장이 있따고 본다."
"들래서 읽을 하고 난 뒤에 집에 들어오며 참바람이 불고 있따. 집에 참바람이 불지 않캐 할려며 어머님이 병한에 안캐대어야지 참바람을 방지할 수 있는데 어머님이 병

하러 간다'라고 했다(http://sisa.sacheon.go.kr). 일기에 빈번히 나오고 있는 '희초'라는 용어 역시 사람들이 모여 음식을 나누어 먹으며 노는 상황과 관련되어 있는 것으로 볼 때 바로 이 회치를 가리키는 것이 아닌가 생각된다.

98) 29일부터 30일까지의 일기가 기록되어 있는 지면 상단에 적힌 내용으로, 함께 적혀 있는 음력 날짜에 맞추어 30일 자 일기에 배치하였다.

환에 심음한다면 자신으로서는 참바람을 방치할 수 업따. 악의 참바람을 막을 수는 업는지요.”
개알 수 … 30개
수입 … 26개 … 286원

70年 (1月 월말 지출과 수입 잔액금)
월말 총 지출금액 … 9,590원
월말 수입금 … 14,993원
월말 잔액금 … 5,403원
69年 개알 수 966개
70〃 〃 810개

70年(2月 월말 지출과 수입과 잔액금)
월말 지출금액 … 8,794원
수입금 … 6,396원
월말 개알 수 727개

70年(3月 월말 지출과 수입 잔액금)
3月 개알 수 740개

68年(4月 3日 날 과수 비료거름 줌)
비료량 … (요소 … 2표) (가리 3푸대)
68年 제일 마지막 눈 오는 날이 4月 16日
음력 2月 30日
68年 첫눈 내리던 날이 1月 5日
4月 개알 수 … 792개
5月 개알 수 … 826개

(월말 수입과 지출 금액)
수입과 지출 금액 … 748개
총금액 8,228원

지출

모친 약	500원
밀지울	170원
티디티(과수약)	170원
〃 (〃)	370원
사료 20g	640원
티디티	200원
모친 약	650원
빵값	20원
사료	640원
빵값	20원 20원
출구 술대집	190원
어머니 물고기값	260원
과자	50원
딩기(닭싸움)	170원
모친 약	640원
과수약	990원
사료	640원

(총금액 6,320원)

(잔액금)

월말 잔액금	1,908원
월말 총 개알 수	826개

〈1970년 6월 1일 월요일 낡씨 맑음〉
어머님이 배을 오골시 지고 방을 해멸 때에 자신의 보기가 참 외들더라. 병이 무선 병이기에 약발도 안 덕고 병만 악하대니 자신어로 어떠개 할 줄을 몰 것더라.
자신의 생각으로 모던 것을 이저버리기 위애서 어딘지 뛰쳐나갈 마음이 간절하구나.
“남들도 부모님을 이러신다면 자신의 마음과 갈치 쏙을 썩이며 살라가는지 알 수가 업꾸나. 어머님이 이러깨 고생을 하고 개시는 것을 볼 때여 고생 안 아고 죽는 사람들은 천복이 아니라 할 수가 없꾸나.”
개알 수 … 27개

수입 … 26개 … 286원

〈1970년 6월 2일 화요일 낡씨 맑음〉

상길이 지붕 개량하는 데 일 좀 거들어 주로 갈더니 술 못 먹는 사람들은 대집도 재대로 바지 못하고 마랐다. 이변에 너켜는대 술 못하는 집에 가야만 대집을 바들 수 있쓰며 술 못하는 심정을 알라준다. 그리고 딸기을 시장에 가지고 갈려고 부친과 둘리서 따는데 저물두록 따야만 2관 정도 따개더라.

"앞푸론 딸기을 시장에 선을 보일야면 전심을 다해서 노력을 할 꺼시며 특이 비료거름을 만이 하야 하계더라."

개알 수 … 23개

"현재로 바서 보리에는 풍년을 본 샘이 대는대 앞푸로 어떠개 댈련지 영문을 몰개꾸나."

〈1970년 6월 3일 수요일 낡씨 흐림〉

고추밭에 두더지가 고추을 띠저서 재대 씨 깞씨을 재대로 못 가꾸개더라.

그래서 금일 해장에는 두더지을 잡개따고 가만이 기다리니까 해필 건딜지 안코 있쓰서 잡지 못하고 마라지만 언잰가는 잡고 말갯다.

그리고 과수밭에 잡초가 만아서 재거하는데 힘이 들더라.

앞푸로 이틀은 하야지 안전하게 제거할 껏 같더라.

"삶매 보람을 차절라고 밤낮 극정인데 어머니이 개두을 못하고 음식을 제대로 못하고 있쓰니 극정이 머라 말할 수 없꾸나."

수입 … 33개 … 363원

개알 수 … 32개

지출에 (노트) … 20원

〈1970년 6월 4일 목요일 낡씨 개임〉

어머님이 요즘은 식사도 제대로 하지 않코 배만 아푸다면서 음식은 요구하는 것도 업쓰며 우리들은 무선 음식이라도 생각이 이쓰며 이야기하라고 하니까 배가 아펴서 댕기지을 안는다면서 이야기도 하지 한떠라. 그래서 어머님이 식사을 안 나니까 자신이 어떠개 하야지 좋을찌 몰갯쓰며 의사을 불려로 갈려 하며 가지 마라고 말류하는 것에 가지 못하고 말지만 자신이 의사을 불려로 가는 것이 정당한대 의사 평에 더 몸을 개롭깨 하개 댈 껐이 아니냐 하는 생각에 가지 못하고 있따. 현제 어머님으로 바서는 곤치지 못할 병이라고 자신도 이재야 추산이 대는구나.

우리들이 어떠개 얼마나 못난 인간이기에 어머님이 모진 병에 걸리쓰며 쓸라린 가슴을 운켜지야지만 하는냐 생각할 때 자신의 앞에써는 무어시던 황복을 할 끄시다. 오늘 저녁식사는 어머님이 어떠개 하는지을 엽에서 바라보고 이쓰서 어머님이 식사을 만이는 아나지만 저의 생각 정도로 하는 것을 보고 올라오니 마음이 한결 가벼어지는구나.

(개알 수 … 24)

수입 … 20개 … 220원

〈1970년 6월 5일 금요일 낡씨 맑음〉

요즘은 무선 일을 하여도 일하는 도중에는 능 이련[넋 잃은] 사람 모양 우둑크니 서는 수가 허다 하여 이런 상태로 오래 간다며 생리적으로 지장이 만아지지 않나 하는 생각이 더는구나.

어머님이 개속 배가 아펴다면서 이야기을 하더라. 그 이야기을 더려니 자신에 희망마저 허리개[흐리게] 만더는구나. 그러고 그

전에 어머님이 곤치야갰따는 힘이 용소섬쳐더니 요사이는 쓸픈 마음만 더는구나.
"어머님이 몸보림을 치고 있쓰서 염봉 의사을 만날라고 풀을 터더면서 연봉 의사가 오는 것을 볼라고 도로변에 기다리고 있쓰다. 의사가 어머님 병에 대에서 이야기하는 것을 들러니 마음의 여유가 만아지는구나."
개알 수 … 27개
수입 … 15개 … 165원
지출 … (모친 약) … 500원
지출 … 사료 20g … 640원

〈1970년 6월 6일 토요일 낡씨 맑음〉
(망종) (음력 5. 3.)[99]
정희 형님내 집에 가서 집을 다시 짓는데 일좀 해 해주로 가서 한참 일을 하는데 밑태서 일하는 사람들이 일을 하는데 좀 더럽개 하면서 원성을 높이지만 자신이 하고 나서 아무러깨나 하던지 자신의 일이 아니라서 간개도 업는 것을 그만 실래을 하여따고 본다. 그리고 어머님이 희망 업따고 말을 하지만 자신은 어머님이 올라민을 내리고 있는 것을 볼 때에 금세라도 효과을 볼 꺼 같더며 자신의 기분이 용기을 가질 꺼 같더라.
어머님을 이변에 효과을 못 보개 대며 어머님의 삶매 보람이 업시 살라지지만 자식들이 이려깨 두 손 모와 빌고 있는데 어찌 모 일바시개나[못 일어나시겠나] 하는 생각이 용소섬쳐고 있따. 자신은 어머님을 일바신다고 다짐을 한다.
개알 … 36개

〈1970년 6월 7일 일요일 낡씨 흐림〉
남들의 이야기을 더려며 형제가 만원 사람은 부모가 극정이 만아진다고 맑을 하는 사람이 90%센터가 댄다고 느켜다. 할머니들에깨 무러보는 것보다 혹 자리을 같치 하게 대며 이야기들을 하는데 그 이야기을 들러보며 저이들이 느켜야 하는 것은 형제간에 우정 있씨 지내냐 댄다는 것을 절시 너켜며 부모보다 사랑의 손길이 더 힘 있깨 바쳐야 한다는 것을 절시리 너켜다.
"앞푸로 육일 정대[정도]가 대며 보리을 밸 정도가 댈 뜻하하다."
개알 수 … 25개
수입 … 48개 … 528원

〈1970년 6월 8일 월요일 낡씨 흐림〉
(음력 5.5.) (단오절)
"올해는 단오절이 이러개 징아고 여우 있는 나날을 보내고 있는 해는 없따고 본다."
우리들이 자리올 때는 단오절 하며 모 신기 때문에 한 번도 놀지 못하고 모내기에 땀을 흙이고 있쓰는데 올해는 모내기도 안 아고 단오에 만족하계 놀 수 있쓰며 동내에는 정월가 별다름 없씨 떡 냄새가 골목에 풍기고 있따.
"어머님이 그러개 몸부림을 치고 있떠니 신약을 대니까 효과을 보고 있따. 자신의 생각에는 사람이 크개 아뻔 사람이라며 신약을 대야 한다고 젊시리 너켜다. 진작 못 땐 것이 유감이구나."
"센멘으로 굴떡을 여덜개 빼고 남어지는 아래채에 터력을 센멘으로 수리을 하니까 집이 더 보이고 마음이 캐알하구나."

99) 5일부터 6일까지의 일기가 기록되어 있는 지면 상단에 부기된 내용으로, 해당 음력 날짜에 맞추어 6일자 일기에 배치하였다.

개알 수 … 32개
수입 … 20개 … 220원

〈1970년 6월 9일 화요일 낡씨 비〉

"고추모정을 하고 참외 거름 주고 모종거름을 전부 주어쓰며 이재 모정은 일부 끝낮다고 본다."
"부모 사랑보다 형제의 사랑이 더 중아다고 너켜다. 자신이 비도 오고 해서 방에서 형제의 손길이 따뜻하계 버더나가야 띨 탠대 하고 곰곰이 생각하니 눈물이 앞을 가리어 지는구나."
"우리 형제는 마음이냐 다 좋지만 형제가 만아서 따뜻한 손길의 힘을 주어 삶아가려며 노력이 필요하다고 생각하고 있따."
개알 수 … 24개
수입 … 15개 … 105원

〈1970년 6월 10일 수요일 낡씨 비〉

어머님이 몸이 개러운대 형수는 모내기 하로 간다고 조카을 어머님에 매키고 가기 때문에 몸이 개러어도 할 수 업시 보개 대는데 자신이 별로 할 일도 업고 해서 조카을 오후 2시까지 바주어쓰며 농천에서 모내기을 안 아고 어머님에 피로을 떨어주기 이예서 아기만 보구로 할려 해도 농촌에서 마음의 뜻과 잘 안 대고 있꾸나.
"성용인내 올 모 심을라고 오늘로서 안전하계 장만해 놓아서며 오늘로서 양 집에 오신기는 내일로 안전하계 끝나는 샘이 댄다."
"자신이 감안이 생각해 볼 때에 자신원 농사을 지어서는 안 대는대 농사일만 하고 있쓰니 자신이 미래의 꿈을 생각하는지 몰개꾸나."
개알 수 … 29개
수입 … 59개 … 649원
지출 … (사료 20g) … 640원

〈1970년 6월 11일 목요일 낡씨 맑음〉

성용인내 오신기을 끝내는대 사람이 삶매 여유가 있쓰니까 잘 하더라. 업쓰며 마음에는 뻔 에도 생활에 여유가 업따면 마음만 졸러어 올 껀 사실이며 마음은 하고 십뻔 마음이 간절하나 못 해주는 심정이 얼마나 아푸갰나.
"사람은 돈 업시는 남에깨 인사을 덧기는 힘 더는 일이다."
개알 수 … 24개
수입 … 20개 … 220원

"인간의 시절이 이러깨도 파을[빠를] 줄원 미차 몰라꾸나."

〈1970년 6월 12일 금요일 낡씨 맑음〉

수일 내로 보리을 수학을 하계 대기 때문에 피을 한 번식 전부 주어 두어따.
너저도 양일간에 전부 낮을 가지고 보리밭 투로 갈 꼈이다.
겨을 정미소에 (내 가마) 가지고 가서 정미한 결과 (아홉 말) 정도 나와다.
저의 생각에는 정미한 것이 좀 적개 나오더라. 예야하며 벼가 좀 신찬치만 그러깨 적개 나올 줄원 몰랐다.
개알 수 … 26개
수입 … 19개 … 209원

"인간은 황상 여유을 가지고 살라라."

〈1970년 6월 13일 토요일 낡씨 흐림〉

밭보리 초개시 시작했따. 우리 마을에도 두 번째의 시작했다고 안다.

보리을 밸라고 시작하니 좀 푸리기는 하지만 앞푸로 일을 바서 시작해찌만 좀 일적한 감이다.
"우리 마을에 산에 나무을 자랑할 만하게 우거졌선는데 금년 들어와서 나무들이 멸망하다십피 하고 있쓰니 산들이 헐벗고 있는 것을 보니 자신의 마음이 어딘지 모러개 서운한 감이 더는구나."
"언잰가는 사람도 저 나무와 같이 멸망할 때가 있쓸련지 의심수럽꾸나."
개알 수 … 24개
수입 … 15 … 165원

〈1970년 6월 14일 일요일 낡씨 비〉

논보리을 비가 오는데도 무럽쓰고 형과 둘리서 비고 해쓰며 동생은 우마차로 실례냇다.
예 비을 마저며 비야 하는냐 할 때에 십구일 날 모내기 할려고 놉을 어더 낳키 때문에 비을 마저가며 보리을 비야 제 날짜에 심을 수가 있다.
금일 모내기 할려고 놉만 안 {얻}어따면 벌서 내일로 미루고 말랐쓸 낀대 날짜가 있키 때문 옻을 바리고 추어서 우들우들 떨면서 그 보리을 전부 비고 마랐다.
"불필요한 비가 하로도 맑은 날을 보이지 안코 비만 내리고 있쓰니 사람이 우얼하게[우울하게] 날을 보내고 있쓰며 보리에 큰 해가 대지 안나 극정이 대는구나."
개알 수 … 26개
수입 … 15 … 55원

"낡씨 고루지 못한 것을 보니 올해는 보리수학을 할려며 진땀을 패고 말 꺼이다."

〈1970년 6월 15일 월요일 낡씨 비〉

보리논에 모내기 할려고 비을 마저가며 논갈리을 하여쓰며 이재와 비가 만이 와도 크개 손해 볼 껏은 업따고 본다.
"우리 형제관에 행동을 볼 때에 과연 자신이 결심한 것과 갔치 따뜻한 손길을 잡고 살려갈련지 의문 대는구나. 전부가 자신의 마음과 같치 결심한 형제관이라며 따뜻한 손길을 잡고 살라간다고 누구 앞에도 결심하리라고 말한다. 자신은 예 형제관에 따뜻한 마음가짐을 가지고 살라야 한다는 것을 아버지 형제관에 살라가는 것을 보니 인간이라며 그럿개 살라가지는 안너리라고 너켜보왔키 때문에 우리 {형}제관에는 비골형제가 안 댈라고 노력을 하지만 앞푸로 어떠개 살려갈련지 미정이구나."
"어머님이 저녁식사 할려고 짐치거럿[김치그릇]에 밥을 한 {그}릇을 지빈 밥으로 잡수는 것을 보니 자신의 배가 던던한 감이 들더라."
개알 수 … 25개
수입 … 15개 … 165원
지출 … (20kg 사료) … 640원

〈1970년 6월 16일 화요일 낡씨 비〉

성용인내 밭보리 배어주고 점심식사 하는데 개가 짓서싸서 밥을 던저주고 해찌만 그 개과 밥 먹을 때만 안 짓지만 밥만 먹고 나며 또 짓고 하니 자신의 마음이 우얼해지더라. 사람이 이러개 일을 안 나며 못 사는가 하고 생각이 들더라.
"남들은 과실을 시장에 과지고 가서 돈을 만이 바다따고 하면서 이야기을 하길에 우리도 과실이 푸린 감이 있찌만 일월도 과실을 한 상자 따노와는데 어떠개 댈련지 알 수가 업꾸나."

"오늘 고추 골을 강이로 타면서 생각해 본 결과 농사을 짓 봐야 남는 것은 골병 박에 남찌 안는데 일을 하며 무었하나 하고 실정까지 나더라."
개알 수 … 28개
수입 … 25 … 275원

"농촌생활, 재일 허무하다고 본다."

〈1970년 6월 17일 수요일 낡씨 비〉
일월도 복숭을 한 개짝을 자전차에 실고서 태평상희[태평상회]을 가지고 가니까 벌서 복숭이 샛 개짝이 선을 보이고 있더라. 우리 복숭원 상품은 안 대어도 중품은 대더라. 작년 비에 상품값이 좀 허런 감이 있쓰며 올해는 복숭이 좀 헐치 안나 보고 있다.
"우리 가일만 팔리지 않코 있쓰며 해과 저도 팔고 오지만 대청상회에 전부가 팔라지 않나서 자신이 생각해 본 결과 과실도 만치 않코 한 개짝으로 점두록 있캐 대며 과실값보다 손에과 만타는 결과가 나와서 그만 열두시 대는 것을 보고 대청상희 주인에깨 (호리돌약) 살 돈만 차용해서 약만 사들고 집으로 내리오고 말랐다."
개알 수 … 20개
수입 … 41개 … 451원
(일월도 1개짝) … 570원
지출 … (호리돌약 350원 빵값 30원) 390원

〈1970년 6월 18일 목요일 낡씨 비〉
비가 만이 와서 도로에는 흙투성이로 대어 있쓰서 자전차로 일월도 한 짝을 가지고 올라가는데 숨이 막힐 정도 힘이 들어쓰며 비가 올 때는 과실을 가지고 안 가야 댈 껏을 너켜다. 예냐하며 안 그래도 상인들이 핑개을 댈라고 더는데 비가 오니까 오직 핑개을 대어서 살려고 들지을 안는다.
"이재는 어머님이 식욕이 있스 보이는데 따뜻하개 해더려지 못한 것 같다서 금일 돈도 있코 해서 어머님의 식욕에 마절련지 모려지만 고기 종류을 만이 싸와다."
개알 수 … 27개
수입 … 20개 … 220원
지출 … 쇠고기 100원, 명태 260원
미역 130원, 꽁치 100원
계 590원
수입 … 일월도 한 짝 … 550원

"인간원 언재나 바빠야 삶기 수라다고 볼 수 있다."

〈1970년 6월 19일 금요일 낡씨 비〉
"보리논에 처음 신기을 함(음력 5月 16日) 보리논을 우리 마을에서도 우리가 보리논에는 제일적 신기을 하여쓰며 보리논을 신기 하니까 마음이 던든하다.
"이제 비오는 것을 실적날[싫증날] 정도 날이 개속 허린 날씨로 비만 오니 욕까지 나올 지경이다. 비오는 것도 하로 이틀 정도지 수일 두고 비가 오니 보리을 배어 노어둔 사람은 전부가 싹이 나오고 있는 것을 볼 때에 신경질이 나오며 이 보리을 어떠개 하나 크개 극정이 대고 있꾸나. 앞푸로 수일 내로 맑은 낡씨을 보여 주야지 맑은 날씨가 없따며 누구 업시 보리 싹을 내고 말 껏이다.
개알 수 … 23개
수입 … 30개 … 330원

〈1970년 6월 20일 토요일 낡씨 흐림〉

하로도 패어노치 안코 비만 오다 금일은 해과 구름 사이로 비쳐주니까 자신의 마음이 맑은 날씨을 처음 맡보는 것더라. 앞푸로 매칠만 더 맑은 날씨을 보여주며 보리타작을 할 끄수로 내다본다.
"비가 하도 내리서 보리을 전부 싹을 낼 껏 같다. 물 펀 논문은 보리을 안 비고 그냥 둔 것을 남들은 전부 비고 있는데 우리 것만 안 비고 낯둘라니 마음이 조급해서 그만 우리도 비고 했찌만 들뜬 마음을 가지고 보리을 비니까 지루한 감 말할 수 업더라."
개알 수 … 28개
수입[100)]

"사람이 이중마음을 가지고 작읍을 하니까 허공을 보는 것이 절반이라고 해도 가연[과언]이 아니다."

〈1970년 6월 21일 일요일 낡씨 맑음〉
(보리 수학을 처음 함)
동생이 공부할 시간이 업따고 해서 바쁜 일손을 멋추고 자신이 해장에 사료 사려 가는데 고속도로 가니까 늙고[넓고] 길이 좋아편이 사료 사려 가는데 수라개 단여와다.
"보리논에 보리을 우마차로 실려 내는데 농노가 질탕이며 길 보수을 멧 년간 안에키 때문에 논바닥보다 깊기 때문에 우마차에 한 짐을 실어도 소가 힘들어서 헐덕거리는 것을 자신이 볼 때에 너무 무리라는 것을 너켜 볼 수 있쓰며 자신이 이 마을에 살면서도 (신내이) (인간들) 농노을 보수 한 번 안 아고 농사 지 첨을라고[처먹으려고] 눈칼이 발가치 하고 욕을 했다."
"어머님이 요전에는 해복을 하는 것더니 오늘 바서는 몸이 말할 수 업시 개롭원 것더라. 어머님이 아들 바서 좀 더 살라야 하는데 해복을 불가능하다고 말씀을 하시는 것을 볼 때 한심하며 선운하기 짝이 업꾸나."
개알 수 … 23개
지출 … (사료 kg 20) … 640원

〈1970년 6월 22일 월요일 낡씨 맑음〉
중앙관상대는 곳 장마는 진다고 말들 하며 해서 보리을 팔리 서들어서 나무가지에 매달라 노라고 방송국에서는 말을 하길에 자신도 보리타작을 할려고 하니 마음이 성급하계 대더라. 논보리을 팔리 할려고 서로 파려다고 형과 말시기도 한 적이 있따. 그리고 보리타작을 일부 하고 나니 마음이 가벼어지는구나.
"사람이 말주번이 만아야 장사을 할 수 있다고 너켜다. 예냐하며 장사가 술에 취해서 거들거리며 쬬구 사라고 하길에 별요 살 욕심은 업는대 장사가 노가리을 까고 있는 것을 가만이 들어니 매우 허런 샘이 댄 것 같다서 쬬구 20마리에 150원 주고 싸와서 장만할려고 더니 고기상에서 냄새가 이루어 말을 할 수 업더라."
("사람이 이래 두고 생각하니 인간이 이래 두고 말을 하는가.")
개알 수 … 23개
수입 … 22개 … 242원
지출 … 농약 엠오 3병 1110원
쬬구 130원
(수입 일월도 수학) 1작 … 600원

100) 수입 내역은 적혀 있지 않다.

<1970년 6월 23일 화요일 낡씨 맑음>

봄보리을 형과 둘리서 거두는데 600평을 거두는대 힘이 들어쓰며 오후에는 형원 논에 풀약을 쳐고 있는데 거지가 지나가길에 자신이 불어니까 실실 웃서며 더려오길에 자신의 생각에 정신이상자가 아니냐 하고 있는데 말하는 것이 정신이 나간 사람이라는 것을 학인하였다. 그 학인 끝나니까 갑작이 정신이 나가서 사람을 해롭개 하지나 안나 급이 나며 별다른 행동을 하지나 안나 동태을 잘 살펴보니 일원 잘 하지는 못해도 그대로 낮질을 하더라. 마침 보리을 다발때 들어와서 밥만 한 그릇 주고 말랐다.

개알 수 … 21개

수입 … 25개 … 275원

(일월도 수학) 1작 … 350원

<1970년 6월 24일 수요일 낡씨 맑음>

보리논 모내기을 할려고 소로 갈라서 4마저기 갈고 나니까 일적 한 감이 있쓰며 봄보리을 농로에 우선 이동한 한 다음 모로 모내기을 할 만반에 준부[준비]을 하였다.

"들에서 들려오며 어머님의 얼굴을 먼저 보개 댄다. 본 결과 웃는 얼굴을 보이며 피로을 풀 수 있쓰며 만약에 어머님이 안색이 업쓰며 자신원 밥상에 안절 의욕이 업쓰진다."

개알 수 … 24개

수입 … 9개 … 100원

일월도 수학 1짝 … 420원

<1970년 6월 25일 목요일 낡씨 흐림>

(유교[육이오] 20돌 행사 댐)

"보들은 오늘로서 모내기 함"

내일 모내기 할려고 논 장만하는데 저의 생각에는 다 못할 것 같더니 사람이 휴식도 업시 일만 하니까 소는 말할 수 업시 디다고 보지만 모내기는 할 수 있두록 만들어 노왔쓰니 마음이 노이는구나.

내일 모내기을 하계 대며 봉답 말고는 모내기을 다 하계 댐 샘이 대는구나.

"어머님의 말씀이 좀 더 살라야 하는데 살지는 못하계따는 말씀에 자신은 무선 말을 할 줄을 몰개꾸나."

개알 수 … 22게

수입 … 20개 … 220원

"요줌은 개알이 허무{하}개 생산이 대는구나."

<1970년 6월 26일 금요일 낡씨 맑음>

보들은 모내기을 금일로서 다 한 샘이다. 우리 모내기 하면서 노래들을 잘 부려길에 모친 병이 안계대어서 노래을 부려는 강경을 보았쓰며 얼마나 좋개나 하고서 모내기 다 할 때까지 사람이 무었을 있전 사람 모양 멍하계 우리 모을 다 심고 마랐다.

"하로 점두록 들래서 일을 하고서 어머님이 어떤가 하고 방안을 들려다 보니 좀 더한 기색이 보이서 보리타작을 할 껏이 마당어로 하나 있는데 일할 의욕도 업더라."

개알 수 … 22개

지출에 … (사료 20g) … 640원

"자식의 설픔을 누가 알리까."

"우리 어머님은 지독씰이 불상한 어머님이다."

<1970년 6월 27일 토요일 낡씨 맑음>

난생 처음 후치로 콩씨을 넜는데 처음 하니 마음이 그러깨도 바푼지 소 볼라지 후치 볼라지 하니까 이랑원 재대로 안 대고 하니까 사람 힘은 잘하는 사람 배나 힘이 더 들며 논 갈리하는 것보다 배는 더 뒤더라.
개알 수 … 13

〈1970년 6월 28일 일요일 낡씨 흐림〉

골래 밀을 비고 있는데 어머님 병에 신음하는 것을 생각할 때에 손에 일이 걸리지을 안너며 어머님의 몸이 매말라는 것을 보니 한숨만 나며 사람이 올마나 아파야 죽는냐 생각까지 들더라.
"그리고 올라면[101]을 (싸 왔는데) 의사가 예배 본다고 안 온다기에 본동에서 가노원으로 일했던 아을 불려와서 내리고 있는데 처음에는 급이 나더니 주사 다루는 것을 보니 마음이 노이더라."
개알 수 … 28개

〈1970년 6월 29일 월요일 낡씨 비〉

복숭을 우마차로 한 구름마을 실고서 아침 8시에 출발하니까 약 3시간이나 걸리더라. 우마차로 실고 가는데 발에 무좀 태문에 발을 끌다십피 해서 김천까지 도착하여다. 내리올 적에는 우마차에 타고 올라고 미리 앞에는 개착을 실지 안코 뒤만 실려쓰며 그리고 어머님이 이재 해복을 못할 태니 (석관)을 사가지고 말씀을 할 때에는 아무려치 안터니 석관집에 들려쎠니 마음이 서운한 감을 검치 못하계 데 이재는 이 새상을 저버리고 마는구나 생각할 때 인생이 이러개도 허무하계 죽어가는냐.
개알 수 … 17개
지출에 … (석관) 4,500원
부친과 둘리 200원
계 (4,700원)
수입 … 수학 중 복숭 7개짝 3,500원을
복숭 1착 300원 물자두 300원
계 4,100
건전지약(한 쌍) 90원(라듸오)

〈1970년 6월 30일 화요일 낡씨 비〉

고구마 심는데 혼차서 순을 잘루고 이랑을 만들며 일을 할려 하니 오전에는 일도 을마 못하계더라. 오후에도 고구마 심을라 하다 낡씨가 맑아서 골 밀을 비고 했찌만 내일 회장에 비야 모두 끝날 껏 같다.
"오늘은 삼춘을 정면으로 지나가면서 인사을 안 아고 그냥 지나가기는 좀 어색한 감은 있쓰나 삼춘 행시 바서는 맙땅하다고 생각하고 있따."
개알 수 … 25개

"인간은 언재나 마음을 넒리 가지야 하며 사과할 줄 알라야 맑개 살 수 있따고 본다."

〈1970년 7월 1일 수요일 낡씨 흐림〉

어제 저녁 잘 자고 있는데 순석이가 밤 11시경에 과손집에까지 뛰어 올라와서 나을 캐우 길에 대답원 얼련 했노고 순석이 하는 말이 종수이와 둘리서 팔리 내려오라는 말에 그만 다리에 힘이 업고 몸이 뜰리서 이려서지 못하계더라. 기여희 인간새상을 불상하계 도라가는구나 생각할 때에 항시마 내리막길을 어떠개 갈는지을 못 할계더라.
"요줌은 어머님이 아푸다고 알라싸서 개알

101) 1970년 1월 4일 자 일기를 보면 '모라민 500cc'를 투약했다는 기록이 나온다. 다른 곳에서는 '올라민'이라고도 표기되어 있는데, 여기서의 '올라면' 역시 같은 주사약을 가리키고 있는 것으로 보인다.

수입금을 전부 물키도 실터라. 크개 병에 심놈[신음] 안 알 때는 물키도 전에 어머님이 먼저 말씀하며 오늘은 재일 만이 들어와따면서 웃는 거 얼굴 이재는 볼 수가 업꾸나."
개알 수 … 16개
물자두 수학 2개짝 중복숭 반 개짝 … 600원

"사람보다 더 모진 동물은 업따고 본다."

〈1970년 7월 2일 목요일 낡씨 맑음〉
금일로서 봉답 모내기는 알료했쓰며 금년 모냇기는 다 했따고 본다.
그리고 봉답 모냇기 할 사람이 업쓰서 봉산 눈님 마을에서 어더 와서 5명과 우리 모꾼이 3명과 8명 모냇기을 잘 하였다. 타 동내 못꾼을 대리다 하니 뒤는 깨껏하나 돈은 본동사람 보다 삼분재 일은 더 더려간다고 바야 한다. 예냐하며 본동사람은 대집을 거현대로 하여도 무방하지만 타 동내 사람을 대리고 오니 조심이 여관 아니더라.
"자나부지가 그려깨도 도도한가. 오늘 눈님이 자나부지에깨 인사을 해도 안 밖고 그냥 지나갈려고 하다 억찌로 인사답을 하고 지나가더라고 우들에깨 이야기하더라. 우리들의 자신이 생각해 볼 때 돈 있쓰며 쪼가 나는가 하고 쓴우섬만 웃고 마랐다."
중복숭 수학 14개짝 … 7140원
개알 … 18개
수입 … 30개 … 330원

〈1970년 7월 3일 금요일 낡씨 비〉
성용인내 봉답 논에도 오늘로서 안전하계 모냇기을 하였다.
성용인내 모내기 할려고 해장에 논에을 나가보니 어쩌구니가 업더라.
오후에 모내기 할 논에 밀도 재대로 비지 않코 있는데 모내기을 할 수가 있깨나 하고 극정이 크개 대더라. 그래도 사람의 힘이 들어려서 그려치 모내기을 할 수 있도록 하는데 힘이 만이 더려다.
"일할 때는 신경질이 나더니 일을 안전하계 했노고 나서고 보니 마음이 개운하더라. 그리고 오늘 힘이 만이 들려서 모내기을 하였찌 그려치 안너며[아니면] 모내기을 중단했쓸 끄라며 매우 좋은 인상을 주며 따뜻한 대우을 바다따."
개알 수 … 24개 (복숭 중) 1작 … 640원

〈1970년 7월 4일 토요일 낡씨 비〉
과실이 만이 익어서 남에 소로 택에 실려줄려고 하는 것을 이변 비 태문에 따지 못하고 우리 소로 갈 껏 박에 따지 못했따. 비만 오지 안는다며 내일이라도 두 구루마 실두록 딸 껏이다.
"요줌 달더리 정상적인 사료 섭치을 안고 개알 수도 상당이 떨려저고 있키 때문에 극정 크가며 앞푸로 실패가 업쓰야 자신의 노력 밑천을 만들 끄시다."
"어머님이 병에 신음할 때에 자신이 가끔 우섬이 날 때가 있꾸나. 그 우섬이 의이가 업쓰시 웃섬도 쓴웃섬이 대는 것구나."
개알 수 … 24개
(물자두 수학) 12개짝 … 4,310원

"절머서 고생은 남 주는 것이 아니다."

〈1970년 7월 5일 일요일 낡씨 비〉
과실이 물려서 할 수 업시 우마차로 냇물이 만아서 가지을 못하고 추력으로 갈려고 중복숭을(60십 5섯 개작을 따놓고 추력을 맡출라니 냇물이 만다면서 전부가 안 갈려고 해서 분주희 뒤내다니다 동양하물에 가니까 60개짝에 3,000원 줄라고 해서 2,500원 주개따고 하니까 그래서는 안 가겠따는 것을 사정을 하니까 2,500원을 주대 과실을 한 개착을 돌라고 해서 주개따고 하니까 그럼 보증금으로 단 500원이라도 돌라고 해서 그름돈은 업써니까 대신 주민등록을 주개따고 하니까 좋다고 하면서 받더라. 그래서 내 마음이 말할 수 업시 좋더라. 생물이라서 차가 안 온다며 반 정도는 손에가 댈 땐대 온다기에 을마나 기분이 좋깨다.
개알 수 … 16개
중복숭 … 65짝 … 2,700원
지출 복숭 택에 … 2,500원

〈1970년 7월 6일 월요일 낡씨 비〉

중복숭 60짝을 담아살리 하는대 집안사람을 불려서 담아사리 하니까 개짝 수는 만아도 11시경에는 끝날 수가 있쓰따. 그리고 어제 큰 추력이 온다기에 해장 4시경에 동내 아들을 불려서 담아을 따는대 일부 따고 극정이 대어서 자전차로 용신촌 냇까을 가보니까 차는 온 기쌕이 업쓰서 동양하물 사모소에 가니까 20분 전에 가따기에 옥산으로 도라가꾸나 생각에 자전차로 내 심껏 발바서 가니까 옥산에 공굴한다고 도로을 절단을 해 나서 삽우로 다미아서 갈려고 하는데 사람이 나와서 만약 이 길을 건너가다 다리가 지장이 있따면 당신내들이 물리야 한다니까 운전수가 안 갈려고 하는 것을 또 사정해서 신촌냇물로 가보자고 사정하니까 가봅시다 하기에 마음이 좀 노이더라.
신촌냇까에 오니까 자신의 생각도 여기가 갯나 하는 생각이 드는데 운전수가 냇까을 한번 건너보라고 하길에 더 가보니까 넉뚝다리까지 채니까 못 간다고 말을 하는데 정신이 하나도 업더라. 그래도 대리고 갈 욕심으로 소낙이을 전부 머저며 신촌 고모님에깨 이야기하여서 고속도로 당형이 가개대어서 비는 마저찌만 실려 보내고 말랐다.
개알 수 … 27개 수입 …102)

〈1970년 7월 7일 화요일 낡씨 비〉

(경부고속도로 개통식 함)(음력 6月 4日)
어재 추력으로 할 때에 상자가 모자라서 남의 상자을 빌려떠니 내일이라도 날씨가 좋어며 딸라고 이야기을 하길에 남의 상자을 잘 빌려 스고 자기내들 딸라고 할 때에 못따개 대며 월마나 욕을 하계나 하는 생각에 비가 오는 것도 무렵스고 12시경에 집에서 출발해서 개짝을 가질요 같다.
가면서 만약에 상자가 색이 업따면 어떠개 하나 극정이 대더니 다영이 (색이) 만이 있쓰서 미안감이 업씨 같다 줄 수 있쓰따.
개알 수 … 22개
물자두 … 2개짝
중복숭 … 7짝
합계 2,500원
지출 … 찐빵 30원 어머님 (돼지 간) 100원
계 130원

〈1970년 7월 8일 수요일 낡씨 비〉

요즘은 일이 손에 안 걸리고 잡생각만 주마

102) 이 날의 계란 수와 수입에 관한 내용은 날짜 바로 아래 적혀 있다. 그러나 이 날 일기가 기록되어 있는 지면 상태로 볼 때 지면 여백이 부족하여 이렇게 적은 것으로 보아 다른 날의 일기와 같이 내용을 하단에 배치하였다. 수입 내역은 적혀 있지 않다.

등과 같치 떠오려고 있따.
고추밭에 김을 매면서 비가 내리고 몸도 좀 춥고 해서 그만 집우로 오고 마랐다.
그리고 형수가 장에 같따 오더니 서모사가 상회 나와따면서 이야기을 하길에 우리도 과실이 푸린감은 있쓰나 두 상자 다서 시장에 가지고 갈려고 집에 같다 노았다.
개알 수 … 22개
수입 … 31개 … 341원

〈1970년 7월 9일 목요일 낡씨 비〉
어재 동생의 말을 덧고 대천상회을 밋고 거리해 왔는데 그러깨 잡다니 갱장이 불캐하여서 마지막 말을 하고 말라고 마음 멋고 같더니 그래도 막말은 못하개더라. 한 번 더 눈 거쓸리는 일 이따면 앞면[안면]을 바꾸고 말 애정이다.
"어머님이 먼저보다 좀 나원 기색이 있쓰며 자신의 생각으로는 해복이 대지 안나 마음까지 들고 있다."
개알 수 … 23개
수입(서모사) … 2개짝 … 1,130원
지출 … 식사 70원, 참외 20원
수박 50원, 명태 210원
멸치 70원, 사료 640원
개 1,060원

"사람이 미들수록 좋심이 만아야 한다고 본다."
복숭 수학 개 498,408원

〈1970년 7월 10일 금요일 낡씨 비〉
고추이랑에 잡초가 만아서 오전이야 다 맬라고 예정한 것이 다 못 매고 말랐다.
오후에 과실을 안 때개 대며 고추밭은 오늘로서는 안전하계 맬 수가 있는데 과실 때문에 내일로 미루고 말랐다.
"어머님은 무선 약을 보약해도 덧지 않코 아무리 좋은 약을 복용해도 아무 효과도 업고 해서 부친이 대신동에 노인이 (예핀[아편]을) 아는 사람 만이 판다고 이야기하면서 가 보인다면서 가더니 약을 만이 안 준다면서 300원치박에 안 준다면서 가지고 와서 어머님을 복용하더니 좀 나은 편이라서 또 사료 갈려고 하더라."
개알 수 …103)
수입 … 26개 … 286원
총 개짝 수 113개

〈1970년 7월 11일 토요일 낡씨 비〉
복숭도 이재는 돈을 만이 받지는 못하계더라. 예냐하며 사과가 한참 나고 있쓰니까 복숭도 한물이 대고 말개꾸나.
복숭을 우마차로 상회을 같따 주고 오면서 하도 고단하길에 우마차 위에서 졸다 끝내는 좀 자고 있따가 길이 험안 대서 우마차가 헌들리서 감참 깨고 말랐다.
"요줌 낡씨가 맑은 날씨을 보안 지가 건 일년이 댄 적하다."
흐린 날씨 때문에 놀을 본 적이 업따고 보며 금일은 구름 사위로 약관 본 달이 어떠개도 좋은지 바라볼라고 거름을 머추고 볼라 하니 구름 사위로 더려가서는 다시는 나오지 안아서 그만 집우로 오고 마랐다.
개알 수 … 18개
수입 … (중복숭 수학) … 14개짝 … 4,700원

103) 계란 수는 적혀 있지 않다.

〈1970년 7월 12일 일요일 낡씨 비〉
콩밭을 다 맬라고 아침 일적부터 나와서 김을 매는데 부친 하는 말씀이 고추거름 줄 때부터 먼저 하자고 해서 고추밭에 잡초을 지개로 저 내는데 그진 오전 일과을 다 집어멋고 말랐다.
오후에는 과실 딸 끄만 업따면 밭을 안전하계 맬 수 있는대 과실 때문에 또 다시 내일로 미루고 마랐다.
개알 수 … 19개

"요줌은 공상이 만아서 머리가 피로할 정도다."

〈1970년 7월 13일 월요일 낡씨 비〉
과실일 한 구루마 실고서 비울 마저면서 시장에 가지고 가면서 생각한 결과 비을 온통 마저가면서 가지고 가도 생산자들은 애만 먹지 실지 택에도 안 대는 것을 거지고 가며 멋 하계나 하는 생각까지 들더라.
"어머님이 어저 저녁에 (두 시경에) 헛소리을 할 때에 어머님의 눈동자만이 묵묵희 바라보개더라. 어머님의 허소리을 할 때에는 자신의 머리에는 전기가 통환 뜻이 깜짝깜짝 놀래개떠라."
개알 수 … 20개
중복숭 … 13개짝 … 270원
지출 … (빵값) … 50원

〈1970년 7월 14일 화요일 낡씨 흐림〉
보리논에 이화명충을 죽이기 위에서 호리돌을 약 30씨씨을 살포했는데 효과을 볼련지 몰개꾸나. 그리고 중복숭을 아직까지 안 딸라고 했던 것이 부친이 나중에 돈을 더 바도 더 받는 것이 아니라면서 따라고 해서 할 수 업쓰서 중복숭만 14개작을 수학을 했다.
"부모님들은 조카을 때린다고 말들을 하지만 자신의 생각한 것이 조카도 유별난 아이들이라고 말들을 하고 싶다."
개알 수 … 18개

"일이 잘 한다고 일을 했찌만 언재라도 일을 하고 나며 서뚤다고 본다."

〈1970년 7월 15일 수요일 낡씨 맑음〉
중복숭을 상희을 가지고 가니까 상희 인보들이 과실은 못 파라먹을 끄다고 말을 해서 잡고서 말을 무려니 서울상인들이 백 상자 위상을 사가지고 개인 판매한다고 해서 과실을 못 파라먹게 대개꾸나 하는 생각이 들더니 예정대로 땍[택]에 남짓하계 형이 바다 가더라. 자신이 생각해 볼 때에 흙이라도 한 구루마 실고 가며 그 정도야 못 바깨나 하는 생각까지 들더라.
"어머님이 요사이는 크개 아푸다고 말을 안해서 자신이 마음은 좋으나 어머님이 이러쓰지 못하계 댄다는 것을 생각할 때 자신은 슬펴지기만 하는구나."
개알 수 … 16개
수입 … (중복숭 14개) … 2,000원
지출 … (선매키리[손톱깎이]) … 110원

〈1970년 7월 16일 목요일 낡씨 비〉
이재 이모님이 오시서 좀 시다 가라 하니까 집이 답답하다면서 갈려고 해서 감자와 복숭을 좀 지개로 저서 대신역까지 갈따 주고 술 한 병과 열차표을 뻔너 주고 집우로 돌랐다. 그리고 오후에 복숭을 딸려고 예정한 것이 비 때문에 다지 못하고 말랐다.

"자신의 생전에 비가 실 사이 없이 만이 오는 해는 처음이다. 이재 비 하면 놀래따고 해도 과연이 아니다."
개알 수 … 17개
지출 … (술 한 병과 이모님 차표 값) 150원

〈1970년 7월 17일 금요일 낢씨 비〉
장마에 지개 껀을 축축이 젓저 있쓰서 자신이 한소리을 할려다 꾹 참고 지개을 비 암맛개 던지고 있따 나중에는 구루마 설 때가 있쓰서 구루마 낼라고 더는대 지개미 껀을 보니까 비에 졌저서 무었을 절라 하며 미껀이 쳐절 껏 같따서 형 보고 미껀 한 번 따지 안는 사람이 너무 무관심 한다고 말을 하니까 형이 그만 지개을 지고서 때리 부서길에 그 당시는 살이 벌벌 떨리더라. 만대로 하지는 못하고 달려더려서 싸올 수도 업고 싱경질만 곤더서고 마랐다.
"자신이 어머님 병에 시달리는 모친을 바서 불란을 이려키지는 안아야 할 땐대 그것도 모려고 큰 불란을 이려키서 무어라 말할 수가 업꾸나."
개알 수 … 20개

〈1970년 7월 18일 토요일 낢씨 비〉
향군소집일이라서 비가 만이 내리서 안 갈려고 마음은 먹고 있는데 친구들은 동차 편으로 갈려고 멱어로 간다고 하길에 자신도 그만 안 가며 나중에는 오라갈라이 하며 기찬어까바 차시간이 업는 것을 비을 마저며 대신역까지 구보로 달려서 가니까 개우 타개더라.
"서모사 딸려고 상자을 세 계 갈따 놓고 다땃고 과수밭을 한 바키 돌라 보니까 중복숭이 수두룩하계 늙쳐 있쓰서 소로 한 번 더 갈려고 소을 세시 정도야 몰고 와서 시작하니까 조금 너전 편이 대더라."
개알 수 … 17개
수입 … (서모사 2개짝) 1,200원
계 60,450원

〈1970년 7월 19일 일요일 낢씨 흐림〉
신촌냇까에 물이 만아서 옥산으로 둘려서 가는데 길원 조의나 우리 도로로 가는 것보다 배 정도 대며 두 번 갈 곳이 아니라고 생각했쓰며 자신이 마음대로 한다며 허런 복숭을 썩꾸기 십지 도라서 가지는 안캐더라. 예냐하며 소로 가보았찌만 탁해서 몰고 갈수가 업더라.
"오늘원 소을 수라개 하여 들라다 도로 힘이 더 들개 만더라다. 예냐하며 말란 땅으로 몰고 갈려다 도랑에 미크려저서 빠저서 큰 힘이 들개 하였다."
개알 수 … 20개
지출 … 찐빵 40원
사료 5g 640원
수입 … (중복숭 9개짝) (서모사 3개짝)
서모사 1,500원, 중복숭 1,500원
계 3,000원

〈1970년 7월 20일 월요일 낢씨 맑음〉
홍자두을 통학차로 두 개짝을 가지고 가는데 해필 김천 장날이라서 실고 가는데 학생이 거들려 주도 진땀이 나두록 예을 먹으쓰며 학생들이 나의 자두 개짝 때문 만대로 더러오지는 못하고 열차 발판에 뒤고 매달리서 가는데 매달린 학생을 안우로 더러오개 할려고 무지한 예을 쓰찌만 결과는 헛수고가 대어찌만 사고 업시 김천역까지 무사이 도착하니 안심이 대며 마음이 노이더라.

"어머님이 요즘은 식사을 만이 하는 것을 볼 때에 자신의 마음이 머라 할 수가 업꾸나."
개알 수 … 17
수입 … (홍자두 2개짝) … 1,370원
지출 … 국수 20원, (하드) 10원
계 30원

〈1970년 7월 21일 화요일 낡씨 맑음〉
"중복숭 마지막 수학함"
과실을 어재 딸 때는 비가 부설 내린 뒤라 저녁이라도 비가 내리며 어떠개 하나 극정이 대더니 당영이 말은 날씨을 뵤여서 땍에 실련 사람 보기도 낮고 과실 매매하기도 좋개 대어서 기분이 상깨하더라.
"그리고 자신이 생각해 볼 때에 과실이 허을 때만 시장에 가는 것 같키도 한 것 같더라."
"어머님이 요즘은 어머님이 하로 하로 차도 있쓰서 일을 해도 자미가 있쓰며 떤 구름을 들보개 대고 있따."
개알 수 … 21개
수입 … 중복숭 21개짝, 홍자두 1개짝
서모사 5개짝, 계 27개짝
개 8,000원
지출 … 대성냥 2돼 40원, 하드 4개 20원
개 60원

〈1970년 7월 22일 수요일 낡씨 맑음〉
우마차로 밀을 실련대 밀 싹이 만이 나서 낮수로 배어도 한참 배어도 다 못 밸 정도가 대며 한 때 뭉쳐서 손으로 틸라 해도 못 티고 발로 발바서 양손으로 힘껏 당기야 떠려절 수가 있쓰다. 자신이 생각하기는 밀을 싹을 만이 낮 해는 업따고 본다.
"녹은 밀을 딸곡기로 타작을 하는데 두리서 생탐을 빼고 마랐다."
"무선 일을 하여도 이중마음을 가지고 일을 하니까 일예 재미가 업스며 실정만 나고 있쿠나."
개알 수 … 20개

〈1970년 7월 23일 목요일 낡씨 맑음〉
밀 추진 것을 탁작을 하는데 크개 힘이 들려쓰며 무었보다 밀 추진 것은 타작을 못하계더라. 그리고 밀 싹낸 것을 말고 다 한 셈이 대는구나.
"올해는 밀 수학이 적개 난다고 동내어른들의 말씀을 들럴 때는 우리 밀은 그려치 안케지 하는 생각이 들더니 실지 해보니 아주 적개 수학이 대더라."
"막상 자신의 길을 차저 갈려니 여관 큰 힘이 들고 있쓰며 극정이 앞쓰고 있꾸나."
개알 수 … 17개

〈1970년 7월 24일 금요일 낡씨 맑음〉
향군소집일이라서 아포에 지서 가니까 향군 중대장이 맷 마듸 이야기하더{니} 먼저 불참석한 사람만 이번에 교육하고 남어지는 돌려보내개따고 이야기하길에 기분이 상캐하더라.
"향군소집이라서 나가 보니까 남들은 다 가고 혼차서 가는데 향군복이 업쓰서 군복을 입고 가는데 군복이 추리해서 자꾸만 내리다 보이며 자신이 사치라고 모려고 살려왔는데 오늘은 어띤지 모려고 마음이 우울해지더라."
"인간이 남보다 옷이 추리하계 대며 마음의 할기을 필 수 업따고 절시리 너켜다."
개알 수 … 20개
사료 20kg … 640원

〈1970년 7월 25일 토요일 낡씨 맑음〉
요줌은 날씨가 무더어서 김천시장에을 일적 가따 올라고 아침 내시 반찜에 우마차로 출발해서 가는데 남에 소는 팔리 가는데 우리 소는 너리계 가서 따라갈려고 소을 때리도 팔리 안 가서 그만 표기하고 내때로 천천이 같쓰따.
'그리고 콩밭을 미차 손을 안 대서 김을 맬라며 여관 힘이 아니계더라.'
농업을 할려며 황소을 먹이야 던던한 감이 있따고 본다.
개알 수 … 19개
지출 … (보리집 모자 40원) 찐빵 값 50원
(계 90원)
수입 … (홍자두) 12개짝 4,500원

〈1970년 7월 26일 일요일 낡씨 맑음〉
성용인내 밀보리 오늘로서 안전하계 마치고 말랐쓰며 밀 타작을 하는대 오후에 한 시간만 참어며 다 할 수 있눈대 하는 도중에 비가 와서 밀 타작을 중단해다 비가 그치는 것을 보고 다시 풍구질을 하는데 힘이 들렸다.
"밀 타작을 마치고 집에 와서 보니까 어머님이 조카에깨 말을 하는데 수라개 말을 안 아고 곡간까지 곤더새우서 말을 하길에 병더련 사람이 속이 저련대 어떠깨 병이 낮깨 더냐고 말을 했다."
어머님은 우리에 부모지만 성질은 급해서 어너 누구보다 다려다고 말을 하고 십다.
개알 수 … 21개

"인간은 언재나 마음이 누구려지야 살라가는 데 유리하리라."

〈1970년 7월 27일 월요일 낡씨 비〉
홍자두을 가지고 갈려고 자두 다마사리을 안 아고 과손집에 올라와서 잠을 자고 하여찌만 자두을 시장에 가지고 갈려고 아침 세시에 이려나서 집에 내리갈려고 하니까 순철이라도 내려같쓸 껀대 (이재) 동생이라서 혹 일적 내려가개 대며 놀래까바 일적 가지 못하고 시간을 마차서 갈려 하다 그만 너캐까지 잠을 자고 마랐다. 집에 내려가니 이미 형이 우마차을 몰고가서 자전차로 막 갈려고 하는데 집에서 자전차도 형이 타계 대며 더 뒤다고 말을 하면서 통학차로 가라고 해서 그만 통학차로 갈려고 마음을 먹어다.
개알 수 … 19
(홍자두 수학 수입) … 12개짝 3,510원
지출 … 열차비 30원
(객키[아이스크림]) 10원
계 40원

〈1970년 7월 28일 화요일 낡씨 비〉
홍자두 타는 대 공이 만이 들어서 탄 과실보다 힘이 만이 들어서 일하기가 영 납푸다고 절시리 너켜다.
"보 논에 물이 모자라서 보을 하는데 양심을 지킬 줄 아는 사람은 보 일도 재 일과 다름이 업시 일을 해주는데 일 안 아는 사람은 반일도 안 아고 마랐다."
"훌륭한 사람은 대중들이 일할 때에 포가 난다."
개알 수 … 17개

〈1970년 7월 29일 수요일 낡씨 맑음〉
홍자두가 장년 비에 올해는 어찐 영문인지 모려개 헐갑씨로 팔리곤 하니까 집에도 과실에 자미가 업스 보이며 자신도 시장에을 맬 시장에 가지만 명랑한 감이 업시 지내고 있따. 그래서 이번에는 상희을 인기[옮겨] 보와떤이 농업[농협] 공판장에을 갈더니 대우가 좋더라. 그리고 시세가 조아서 그련지는 몰라도 홍자두에서 가격을 처음 만이 받다따.

"아푸론 농업 공판장에 갈 예정이다."

'사람이 마음에 들지 안을 때는 여려 곳을 인기 보는 것도 낯푸지는 안는다고 본다.'

개알 수 … 18개

수입 … (홍자두 12개짝) 6,620원

지출 … (형수 약) 80원, 빵값 20원
　　계 100원

〈1970년 7월 30일 목요일 낡씨 맑음〉

과수에 백도에는 과실 쪽지에 파리똥이 만이 키여 있쓰서 넔[늦게 되는] 종에만 약을 살표하는 (떠물약과) (디디티을) 혼잡해서 살표하였쓰며 참깨에도 벌에가 만아서 약을 과손보다 2작 정도 적개 해서 살표하여는데 약해가 업쓸란지 궁금하구나.

홍자두 … (3개짝) … 900원

개알 수 … 24개

"과수에 떠물약과 쌀충제와 포함해서 (4말)을 살표하였다."

〈1970년 7월 31일 금요일 낡씨 흐림〉

홍자두을 우마차에 실고 농업 공판장에 올라가니까 소가 힘이 더니 홍자두 가격이 업는 물건이라는 것을 생각하니 일부 짜정도 나더라.

짜정을 내면서 시간을 지내니까 공판장 입구에 들려쓰니 내가 처음 들려오는 감이 들더니 공판장 안을 들려다 보니 과실이 하나도 업는 것을 자신이 목격할 때에 그 기분머라 할 수 업시 좋더니 나중에냐 형이 와서 말을 하는 것을 볼 때에 자신의 마음 노이더니 자신의 생각대로 바다 왔더라.

개알 수 … 25개

수입(홍자두) … 12개짝 백도 1개짝 6,090원

(지출) … 빵값 30원, 사료 20g 640원
　　계 670원

〈1970년 8월 1일 토요일 낡씨 흐림〉

과실을 부친과 동생의 셋시 과실을 따는데 힘이 들어쓰며 과실을 따는 힘 바서는 홍자두 한 개짝에 1,000원 정도는 하여야지 노임문제도 해결이 댈 땐대 자두가격이 허무하다고 본다.

"향군들이 고속도로 비행기 할주로에 보초을 선다고 하더니 금일 저녁이야 자신이 보초을 서계 대어는데 하로 저녁 보초인원 6명인대 초번초가 두라서 12시까찌 서고 남어지 시간원 전부가 자리에 누어서 시간을 보내고 했찌만 자신이 생각해 볼 때에 보초도 단 일분도 보초 인무을 안 보고 있는데 밤새두록 모기한때 물리두록 만들고 있는 정부가 한심하다."

개알 수 … 25개

지출 … (술) 50원

"인간이 생활힘이 있쓰야 한다."

〈1970년 8월 2일 일요일 낡씨 비〉

우마차을 시장에서 집우로 내리오고 있는데 비가 막 내리고 있는데 바로 내 뒤을 우마차을 몰고 오면서 비을 전부 마저면서 오길에 형 우산이 있는 것을 비을 마저서 쓰라고 하니까 이재 다 왔따고 하면서 안 쓸라고 하는데 쓰라면서 사정을 해서 우산을 쓰계 하였다.
"자신이 곅지에 나가야 할 시간이 시급한데 모친을 보니 중한자로 개시는데 어찌나 살갯따고 나갈 수 있쓰며 어머님이 글력을 어더서 골목을 다니개 대며 객지에 나갈 예정이다."
개알 수 … 24개
수입 … (홍자두 12개짝) 5,400원
지출 … 철사 20, 빵값 60원 … 60원

〈1970년 8월 3일 월요일 낡씨 흐림〉
가을배추 갈려고 김을 매고 인분을 주고 하였다.
인분을 이랑 위에다 주고 나니까 자신의 생각에 배추을 갈며 잘껏상[잘 클 성] 십펴더라.
"우리마을 친구가 객지에서 장사을 하는대 이야기을 더려니 마음이 가벼어지며 힘이 생기더라."
개알 수 … 19개
"막상 일을 할려며 급이 앞써는대 앞쓰는 급을 업쌔야 성공일이 파려다고 본다."

〈1970년 8월 4일 화요일 낡씨 비〉
가을배추 갈 때에 안전하계 김을 매고 홍자두을 모두 따는데 생각보다 생산이 만이 나더라. 딴 물건도 홍자두만끔 만이 생산땐다며 단 과일 심을라고 예을 안 쓸 껏이다.
"돈 안 댄다 말원 해도 홍자두을 마지막 따내고 나니까 어딘지 모려개 미련이 남는구나."
"매일 장에 가다십피 장에 가면서 집에서는 (무좀)약을 사야갯따고 결심을 하여도 막상 돈을 내고 살려 해도 돈이 아까어서 사지 못한 것이 (복숭) (자두)을 다 따낼 동안 못 사고 만은구나."

개알 … 20개
지출 … (사료 20kg) 8月 5日 날 1표 640원

〈1970년 8월 5일 수요일 낡씨 비〉
(홍자두 마지막 수학함)
"홍자두을 시장에 마지막 우마차로 실고 같쓰따. 과실을 우리 소로 다 실려내지 못하고 반더시 낙오달 줄 아라는데 다영이 낙오업시 끝까지 실려 날라서 소에깨 머라 감사의 말을 올릴지 몰개꾸나."
"과연 소 심이 어마어마하다는 것을 절시리 너켜다. 매말란 우리 소가 그 만원 상자 수을 전부 실려 올리는 것을 볼 때에 황소는 산을 떨련다 해도 가연이 아니다."
"금년 들려 오종병 하는 것을 볼 때에 급이 날 정도다. 오종이라고 하는 모패기는 전부가 노랐깨 물털고 있쓰니 금년에는 (신나락도) 못 차절 사람이 만따고 본다."
개알 수 … 24
수입 … (우마차 택에 석유 1말) 30원
홍자두 수학 10개, (복숭) 2개
(개 12쌍자) 계 6,190원

〈1970년 8월 6일 목요일 낡씨 비〉
들에 아무도 업는 들판을 형과 둘리서 나무논에 피 뽑버로 나가니까 어색하기 짝이 업더라. 아무도 업는 들판이지만 우리 논에 피 주로 간다며 힘이라도 있슬 낀대 남에 논에 가니까 우리들이 이래 살라야 하나 인생따랑[인생타령]도 대는구나.
"자신이 생각해도 우리 형제관들이 남들보다 부모의 정이 가깝다고 생각한다."
"가연 돈이 좋키는 조원값따고 생각대는구나. 돈 있는 정미소 일이라며 일할 사람이

마등으로 와서 낮참을 무렀쓰고 일들을 하는 것을 볼 때에 가연 돈이 제일이구나."
개알 수 … 19개

〈1970년 8월 7일 금요일 낡씨 비〉
비 때문에 아무 일도 못하고 방안에서 아푸로 객지에서 무선 일을 하며 돈을 벌 수가 있나 하고 공상을 하다 소멕이도 저물더록 떠더따. 막상 사회의 물질을 생각해 볼 때에 거미줄과 언킨 새상을 박차고 이려나는 힘이 얼마나 강한가 어서 힘력을 개누어 보고 십꾸나.
"남들도 객지생할을 아무련 일도 업시 살라가는데 어찌 나라고 객지생할을 못할소야."
개알 수 … 21개

〈1970년 8월 8일 토요일 낡씨 맑음〉
어재 비로 말미아마 벼에 큰 지장이 만따고 보며 올해로 바서 비가 과장 비가 만이 왔스며 굼논에는 안전하계 헛농사을 지어찌 안나 하는 생각이 더며 어런들의 말을 더려바도 역시 헛농사라고 말들을 한다.
"사람은 누구나 고비가 있따고 보며 고비을 무사이 넌구는 사람만이 편하계 살 수가 있따고 본다."
계알 … 24개

〈1970년 8월 9일 일요일 낡씨 흐림〉
참깨거름을 주고 김을 매다 어머님이 아뻐다고 말씀을 하는데 자신이 어찌 김을 맬 수가 있나 하는 생각에 모던 일을 거만두고 집우로 와서 자선차로 작동한약방을 들리떠니 마침 선생이 있스서 이야기을 하니까 그려다며 가보개따고 하더니 우리 저녁 먹어니까 집우로 왔더라. 그래서 모친을 보여니까 병 정세는 이암이 70푸로가 아니냐 할 때에 자신의 머리에는 무었을 생각도 못하고 선상의 입만 쳐다보고 있쓰따. 그려고 어머님의 엄식을 먹는 것을 볼 때에 위암이 대개 대며 역추을 할 땐대 역추라고 볼 수 업쓰니 한번 약을 쓰보자고 말을 하더라.
개알 수 … 19

〈1970년 8월 10일 월요일 낡씨 맑음〉
김천시장에 갈려고 봉산약방에 일적 시작해서 같더니 약사의 말씀을 덧다 너무 너저서 김천을 가지 못하고 집에서 오전 일과을 공쳐고 말랐다.
그리고 오후에는 (무우) 갈려고 이랑을 말들고 지에 오니까 저녁 9시가 대더라.
"어머님을 약을 보용식키며 반더시 쑈꼬[쇼크]을 보고 있는 것을 보며 약을 안 질라 해도 보모가 아빠서 몸부림을 쳐고 있는데 어찌 약을 안 댈 수가 있나 하는 생각에 약을 지어서 오며 반더시 손에을 보고 있따. 손에을 안 보일라 해도 자식의 도리로 어쩔 수 업꾸나."
개알 수 … 20개
지출 … 모친 약 900원

〈1970년 8월 11일 화요일 낡씨 비〉
닭 사료 때문에 김천 사료집에을 같더니 돈 할용하는 것을 볼 때에 가연 상업하는 사람이 다리다는 것을 절시리 너켜다.
농촌사람이란 돈을 벌벌할 정도로 놀고 말껀대 상업하는 사람들이 다러다는 것을 너켜다.
개알 수 … 15개
지출 … (사가링) (소다) 120원
애기명태 120원, 친구 술 20원

(석유 5돼) 175원, (무좀약) 130
(배추씨) 50원, (사료 kg) 640원
(부체) 30원
계 1,285원

"무우씨을 일부 너어다."

〈1970년 8월 12일 수요일 낡씨 맑음〉

성용인내 배추씨와 무우씨을 전부 너어 주었쓰며 배수로을 전부 쳐 주었떠{니} 좋아하더라. 그리고 어머님이 물고기 말을 하길에 오후 3시 40분경에 나가서 고기을 잡지는 못하고 물띠만 내고 말랐다.
개알 수 … 22개
지출 … 고기 잡는 데 친구 4명(술 2돼)
개인당 25원

"이재 고기 잡으로 갈려며 좀 일적 가야지 너깨 가니까 마음이 조급해서 고기을 잡을 수가 업더라."

〈1970년 8월 13일 목요일 낡씨 맑음〉

음력 7月 12日 (이화명충) (이화기 살충제 살표함)
골 두룸에 풀을 덧더니 바지개로 한 짐 대더라. 그리고 보들에 (이화명충 이화기) 살충제을 살표하는데 혼차서 (6마지기) 살표하는데 힘이 들며 좀 너전감이 들며 약 살표할 때는 사람이 힘이 들더래도 오전에 살표해서 낮참에 효력을 보계 만들려야 하계 더라.
"남들도 부모가 몸부림을 칠 때에 자식의 가슴이 답답하고 앞이 캄캄하계 대는가. 이 새상에 살 의욕이 업쓰저는구나."
계알 … 16개

〈1970년 8월 14일 금요일 낡씨 비〉

향군소집일이라서 대신학교에서 교육 밭는 다기에 대신으로 바더로 갈더니 대신 아들이 경운기로 아포에 가서 총기을 수령해왔서 교육을 잘 바다서며 교육을 대신서 밭개 댄 것은 대신 소대장 노력으로 대어따면서 오후에는 대신 일이동과 동신, 봉산 일이동 표함해서 한 띰 만들어서 경기을 하자면서 우리 소대장에깨 이야기을 하더니 그 예기도 좋다면서 하자고 하더니 자신을 (선수) 나가라고 근화길을[권하기에] 못한다면서 안 나갈라 하니 자꾸만 말을 해서 어절 수 업시 나가더니 성리도 못하고 다리만 삐건하계 만들러서 내일 일에 지장이 만을 껏 같다.
"동신과 봉산동 향군들은 축구시합에 졏는 간계로 개인당 지출이 20원 날 끄시다."
개알 수 … 21개
지출 … 시합 20원

〈1970년 8월 15일 토요일 낡씨 말음〉

(광복절 25홰 땐 날)
청년단에서 매년 8月 15日날 돼지 돌부리을 하계 대는대 금일은 자신은 청년해원이 아니라서 형한태 가라고 했떠니 형은 속이 안 좋다면서 자꾸만 나을 가라고 이야기을 해서 어쩰 수 업시 가기는 같찌만 자신이 형도 있는대 자신이 고기 돌부리 할라고 더니 마음이 편한 감이 업쓰며 돌부리을 해도 개인당 나누어 준다면 고기을 먹지 않코 집우로 가지고 오갰는대 거려치도 안아서 고기는 잘 먹어다만 미안감이 있떠라.
개알 수 … 19
지출 … (무지파) 150원 모친약 180
부친약 430원

(집에 고기값) 150원
계 910원

"금일 돌부리 한 것이 지출이 개인당 을마 날란지 몰갯꾸나."

〈1970년 8월 16일 일요일 낡씨 흐림〉
밀 씻는데 일손이 모자라서 자신이 일을 한참 거들고 있는데 큰집 형수가 거들어 주어서 좀 수라개 밀 두 가마 수라개 일을 하고 마라다.
그리고 과수 밑때에 풀이 만아서 그 풀을 떳더니 겨울에 소 먹인다고 과수밭에 전부 말를 예정이다.
"자신이 만약에 교론[결혼]을 하계 댄다면 남들은 돈을 만이 쓰는 것이 좋다고 하지만 자신은 현 생각으로 돈 한푼 안 쓰고 조용한 절관을 차저가서 조용희 행사을 치루고 말갯다."
"무선 일이던지 남을 생각 마라."
"남 앞 보지 말고 내 앞을 보고 살자."
개알 수 … 20개
지출 … (고기 돌부리) 개인당 380원

〈1970년 8월 17일 월요일 낡씨 비〉
넛복숭을 한 개짝을 자전차로 상회을 가지고 한참 가는데 성주에 예비군 동원훌련 때에 신경을 상하계 하고서는 만날라고 예을 쓰도 한 번 못 보계더니 오늘로서 만나계 대어서 팰라고 주먹질을 막 할려고 더니까 한 번 용서을 해달라고 사정을 하는데 참아 때릴 수가 업더라. 그래서 속원 끌치만 그만 참고 말랐다.
개알 수 … 17개
대천상회 … 개짝 지불 51개짝,
늦복숭 … 수학, 한 개짝 240원
지출 … 사료 20kg 640원 고기, 모 100원
계 740원

〈1970년 8월 18일 화요일 낡씨 비〉
동내 우물에 도랑물이 더려가서 황톡물이 대어서 동민과 엤려시 우물을 다 쳐고 우리 집 앞에 돌때리가 막희서 부친과 위웃 어른과 셋시서 돌때리을 안전하계 노어면서 큰 힘이 더려쓰며 앞푸로 도랑이 한 번 더 미계 대며 돌대리을 3분제 2로 줄일 예정이다.
"어머님이 이제는 계두[거동]을 못하며 사람이 우리 보기에도 힘이 업쓰 보이며 식욕도 줄어더니 자신의 속은 어떠계 하나는냐 생각에 갑갑하기 짝이 업쓰며 이재는 약도 복용도 못하고 있쓰니 인간새상에서 병을 못 곤친다는 것이 한심하기 짝이 업꾸나."
계얀 수 … 21개

〈1970년 8월 19일 수요일 낡씨 흐림〉
시금치을 갈려고 이랑을 만들어서 씨값씨을 전부 너어다.
그리고 속[소] 먹이는대 우리 소도 살이 좀 처는 것 갈다서 자신의 기분이 좋으며 어딘지 모려개 좋은 풀만 먹일라고 예을 쓰계더라.
※ 이재는 아침저녁에는 참바람이 일고 새벽에는 이불을 차개 대는 것을 불 때어 가을의 발도듬이 대는구나.

"사람의 노력이라며 어이 안 댈 수가 있깨나."

〈1970년 8월 20일 목요일 낡씨 맑음〉
호차로 복숭아 두 개짝을 가지고 갈려 할 때에 도로는 비가 와서 길이 패이고 길이 낮푸기 때문에 힘이 들 줄 알라는대 십상 길을 나서 보니 힘이 크개 들지는 않는대 가는 도중에 자전차 짐실리 다리가 부러지서 곤치니이라고 힘이 들려다.

짐실리 다리가 몇 백 원 할 줄 알랐는대 자전차점에서 가격이 을마냐고 무려니까 30원 한다고 해서 백삼십 원 하는냐야고 무려니 그저 (삼십 원) 한다 해서 가라돌라고 하고서 자신의 속으로 이려깨 값싼 대가 별또로 이따고 느켜다.

개알 수 … 대천상회에 개짝(조카 지불) 4개
수입 … 넛복숭 2개짝 500원
수박자두(반 개짝) 300원
계 800원
지출 … 발래비누 100원, 돼지고기 100원
빵 40원, 자전차 짐시리 다리 30원
지출 계 270원

〈1970년 8월 21일 금요일 낡씨 흐림〉

중앙강상대에서 때에 따라 한두 차래가 비가 온다고 하더니 비가 올라고 낡씨가 좀 허린 날씨을 보이는데 밀을 씰라고 하길에 오늘 비 온다고 하는데 어떠깨 밀을 씰라고 더는가 하고 물어니 오늘 비 완 온다면서 일을 시작하자고 하길에 동생과 형수 삼명이 밀 새 가마 씻는데 오전 일과을 꼭 보내고 말랐다.

"소을 먹이는데 아들과 어울리서 소을 먹이보니까 우리 소 먹일 때와 질적 반대가 대는 뜻하더라. 예냐하며 조금한 아들이 말을 하는 것을 볼 때에 성숙한 말들을 하고 놀더라."

※ 어머님이 청마루에 걸쳐 안저서 하늘에 비행기을 바라보면서 사람이 한 번 태여나서 저 비행기도 한 번 타보지 못하고 죽어야 하는냐 말씀할 때에 저의 가슴원 뭉끌하면서 어떤 생각이 옛날 사람은 전부가 비행기을 못 타보고 다들 죽어지 어디 비행기 타본 사람이 있는가 말을 하고 말랐다.

개알 수 … 19
수입 … (복숭) 10원

〈1970년 8월 22일 토요일 낡씨 비〉

과수 밑태 풀을 떳더서 겨울에 소 먹일라고 만이 덧더서 말율 예정이며 만이 말류고 있쓰며 비 때문에 말류지 못하고 차곡차곡 재놓고 있찌만 언잰가 빛이 나계 대며 만이 말라서 겨울에는 우리 소도 한번 살찌우고 말갯다.

오후에는 비가 계속 오기 때문에 다른 일도 못하고 해서 책을 보니까 눈은 책 글자을 보지만 머리의 생각은 자신이 사회에 나가서 무선 장사을 하여야지 삶매 보람을 가지고 살라갈 껏인가 복잡하계 머리에 떠오려고 있꾸나.

계알 … 20개

"금년에 비 오는 디 이재는 질릿다."

※ 경부고속도로 계통식을 올리고 (만 이 개월에) (한진뻐서) 추풍령에서 사고. 25명 사망 25명 중경상을 입고 (제일 큰 참사을 당하고 말랐다.)

〈1970년 8월 23일 일요일 낡씨 비〉

(음력 7月 22日 처서)

비 때문에 이재 진절리 날 정도이며 특희 배어 논 풀을 못 말라서 제일 극정이다. 비가 오기 때문에 일도 못하고 해서 산에 풀을 전부 지개로 다 저냇다.

그리고 내일 사료 사려 가로 가기 때문에 빈차로 갈 수도 업고 해서 좋치는 못한 가실이지만 한 개짝을 수학을 했다.

"금일이 쳐서인대 자신의 개핵은 해결 안 대고 자꾸만 날짜만 흙려가고 있쓰니 가슴만 답답하구나."

개알 수 … 17개

〈1970년 8월 24일 월요일 낡씨 비〉

어제 저녁에 잠을 한참 자고 있는데 신음하는 것이 어머님의 말씀인 것 같다서 자리에서 벌떡 이러나서 방우{로} 뛰어 더려가는데 문이 열려 있는 줄 알고 사정 업시 더려 같는데 문이 닷쳐 있쓰서 이마에 멍이 들두록 더러박고도 아픈지도 모려고 어머님을 몸을 헌들려서 깨우니까 물에 빠전 소리을 하면서 일려나더라. 바로 그때가 약 밤 1시가 대어떠군. 그길요 잠원 안 오고 곰곰이 생각한 것이 자신이 과손집에 안 잔다며 어머님의 엽에 자면서 잠자리 시중을 들 땐대 양개읍 하기 때문에 시중을 못 드리고 있쓰서 동생에깨 시중을 더리두록 하여라고 부탁만 하고 과손집에 올라고 말랐찌만 황상 극정이 대는구나.

넛복숭 … 1개짝 (240원 수입)

지출 … (영화 갈람에) 20원
　　　모친 약 180원
　　　(자전차 보관로) 10원
　　　사료 20kg 649원
　　　계 850원

〈1970년 8월 25일 화요일 낡씨 비〉

마구간에 거름이 오래 대어서 악치가 풍기서 대청소을 하고 어머님이 물고기을 잘 잡수기 때문에 잡아줄라고 친구 일 명과 그리을 가지고 갈더니 믈이 만아서 고기들이 거물에 걸치지을 안더라.

고기가 업쓰서 그런지 고기라고는 걸치지 안코 송사리만 그치나 그물이 적어서 거런지 우리들이 잡을 줄 몰라서 거련지 무선 영문도 모루고 일적 집어치우고 소만 먹이고 말랐다.

"고속도로변에서 소을 먹이고 있는데 자가용 택시가 즐비하계 다니는 것을 볼 때에 아이들이 우서며 지나갈 때에 저런 것들은 부모을 잘 만나서 호광을 하고 있꾸나."

계알 수 … 20개

〈1970년 8월 26일 수요일 낡씨 맑음〉

최소에 일부 김을 매고 채소에 벌래가 만아서 (살충제) 리바이짓더을 살표하여는대 채소에 지장이 업쓸련지 몰개꾸나.

그리고 넛복숭을 (아홉 개짝)을 수학하였다.

"어머님이 이재는 의식을 일코 있꾸나. 형제관들이 공을 디리고 있쓰서도 모던 것이 숲부로 도라가고 마는구나."

개알 수 … 17개

수입 … 150원(넛복숭)

※ 살충제 (리라이짓트) 체소에는 살표하계 대며 잎사기가 마루기 때문에 손에가 만더라.

〈1970년 8월 27일 목요일 낡씨 맑음〉

못처름 우마차에 복숭을 실고 가니 마음이 던던하더라. 예냐하며 소가 살이 좀 쩌고 소가 김천 장안 아본 적도 약 한 달이 대니까 소에도 무리가 안 대니 사람이 마음이 한결 가벼어지며 소에 끔심이 업더라.

그리고 김천 입구에 들려쓰니까 상점 보는

아주머님이 복숭을 사자고 하길에 사라고 하니까 200백 원 주개따고 하길에 그러면 안 팔갯따고 하니까 250원 주개따고 해서 과실원 주고 돈원 나중 바다가갯따고 하고서 과실을 상회 같따주고 오면서 돈을 달라고 하니 맛있었니 업니 하면서 돈원 50십원 까개따고 하여서 기분이 낫빠서 사람이 거저 까가달라 하며 까가주갯는대 맛이 있니 업니 해서 하가 나서 가지고 가개따고 하면서 실고서는 다른 상점에 단 백 원을 바다도 주갯따고 하면서 가지고 와서 단 상점에서 200원을 밧고 말랐다.
개알 수 … 22개 수입 200원
지출 … (센멘 2표) 630원
사료 640, (소금 5돼) 200원
지출 계 1470원

〈1970년 8월 28일 금요일 낡씨 비〉
어재 복숭을 못 팔고 왔서 금일 아침에 자전차로 올라가니 할머니가 봉숭 6개짝을 가지고 오러막에 힘이 들어 보여서 뒤에서 미려주니 방가어 하더라. 그리고 상회에 가보니까 복숭이 거대로 공팡이만 일고 있더라. 그래서 주인에깨 어떠개 할려고 하느냐고 무려니까 미안하다면서 어떠깨 쳐치해 보라고 해서 저음에는 어떠개 하나 망슬 타다가 자전차에 한 개짝을 가지고 상점어로 가서 한 상자에 100원식을 달라 하니 서로 살라 하더라. 그래서 맷 상자을 팔고 했다. 남어지도 팔려고 자전차을 대어 더니까 공판장에서 인보들리이 자기을 달려고 해서 할 수 업시 돈 백 원을 손애 보고 준 셈이 댄다.
개알 수 … 19개
수입 … 넛복숭 8개 750원
지출 … 오징어 100원, 온도개 150원
(쬬구[조기]) 150원
담배 파구다 100
계 500원

〈1970년 8월 29일 토요일 낡씨 비〉
(음력) 7月 28日 (부친 생신임)
금일언 부친 생신이라서 음식을 깨끗하계 음식을 만들려서 온가족이 한자리에서 명랑한 기분으로 하로을 잘 보내고 했찌만 어머님이 병에 안 개시계 대며 무었시던지 따뜻하계 할 꺼시며 더 명랑한 날을 보내개 댈 껀대 병에 시달리고 있는 것이 유감으로 생각하는 바이다.
개알 수 … 17개

"매년 오늘원 우리 형제관들리 따뜻하계 하로을 지날 끄시며 미래에 대에서 힘찬 기백을 가지고 살구 십꾸나."

〈1970년 8월 30일 일요일 낡씨 비〉
태풍 불어온다고 방송국에서 말들을 하니까 우리 벼는 남다런 씨라서 남들은 절시을 할려고 마음도 안 먹고 있는데 우리 벼는 전부가 절씨을 다 하였는데 이변 태풍이 불계 대 우리 벼만 큰 손에을 보지 않나 하고 극정이 크구나.
"이변에 절시리 너켜어 본 것은 남들과 갈치 나가야 한다는 것을 너켜어 보았따. 예냐하며 남다른 씨을 구에서 농사을 지어니까 벼을 수학할 때까지 극정이 대는 것이 보통이 아니라는 것을 절시리 넛켜다."
※ 어머님 때문에 자신은 머리을 썩이야 하는 줄은 남들은 모럴 껏이다.

계알 수 … 17개

〈1970년 8월 31일 월요일 낡씨 비〉
태풍이 다연희 인천어로 도라가서 이 지방은 태풍이 불지 않아기 때문에 벼 이삭이 꾸꺼하계 하늘을 지을 떳하계 싱싱하계 버뒤고 있는 것을 볼 때에 기분이 상캐하더라.
그리고 날도 흐리고 부슬비가 내리기 때문에 다른 일들은 못하기 때문에 방구들을 들시어서[들쑤셔서] 구세을 시비는대[후비는데] 힘이 들어다. 자신의 생각이 구들비가 저러개 구들비가 적키 때문에 부억이 잘 민다는 것을 너켜 보았다.
"팔월이란 달이 설거머니 살라지는구나."
"금년도 벼농사는 별로 풍년을 주지는 않캐따고 내다보이고 있꾸나."

〈월말지출〉 … 3,720원
월말 총 수입 … 14,430원

〈1970년 9월 1일 화요일 낡씨 맑음〉
어머님이 요줌은 자신의 생각으로 바도 급이 날 정도로 의식을 일고 있다.
어머님의 병이 곤칠 병이라면 완 관심을 쓸껀대 병이 모진 병이라서 자식들의 간장만 상화개 하고 나나을 보내고 있꾸나.
"소 먹이로 가서 아이들이 깨꾸리을 잡아서 자신도 한번 나도 먹어볼까 생각이 들려서 엽에 가서 불에 꿋는 것을 보니까 먹고 십펴서 하나 먹어 보니 고기 맛 참 맡있더라. 그래서 자신이 개구리을 잡아서 좀 꾸어 먹다."

〈1970년 9월 2일 수요일 낡씨 비〉
비가 내리서 아무 일도 못하고 과손막에서 오전 일과을 보내며 공상으로 정오을 맞지했다.
오후에는 풀과 소을 먹일라고 갈라 하다 낡이 흐리고 해서 소만 몰고 산으로 같더니 산중특에 소을 놓고 한참만 안 보개 대며 알래로 내리와서 콩밭어로 내리와 콩잎을 먹고 했서 신경질이 나서 소을 때릴라고 가며 이미 소는 도망을 가곤 해서 신경질만 곤더새우고 말라쓰며 오늘은 소 보는 대 진땀을 내고 말랐다.
"어머님이 식사을 장정 밥숫가락어로 두 숫갈을 잘 못하고 있는 것을 볼 때에 이 세상에 더 불상한 분이 있깨나 하는 생각이 들고 있구나."
계알 수 … 19개

"인간은 얼마나 머리 쓰야 돈을 버는지을 몰개꾸나."

〈1970년 9월 3일 목요일 낡씨 비〉
날도 흐리고 해서 마른 차흙을 구할 수가 업쓰서 벽돌 두 개을 뿌셔서 방 시세을 안전하게 만들어 노왔다.
"어머님이 이제 식욕을 조금식 더하시며 이려나서 안저있는 시간이 만아저쓰며 이야기도 잘 하시고 있길에 자신은 이재 마음을 노을 수가 있깨 대어다. 어머님이 식욕을 일코 몸부림을 치고 개실 때와 어머님이 일려나서 안저서 이야기할 때와 자신의 극정 차이점은 하늘과 땅 사이라고 해도 가연이 아니다."
개알 수 … 14개

〈1970년 9월 4일 금요일 낡씨 맑음〉
빨간 고추을 정오가 헐씬 넘두록 고추을 따고 와서 보니 소 점심을 아무도 안 주고 일킬에 싱경질을 내부리고 말랐쓰며 신경질을 내부리치만 아무도 바다 줄 사람이 업쓰서스 자신만 속만 석이고 말랐다.
“어머님 저녁식사을 만이 하길에 자신의 마음이 후련하더라.”
개알 수 … 19개
※ 우리 마을 산에는 오래목은 죽어찌만 산에 풀은 작년보다 배나 만더라. 그리고 잡초만 에도 우리 마을 땔감원 충분하계 다 갈 끗어로 본다.

〈1970년 9월 5일 토요일 낡씨 비〉
친구 돈 벌로 거는데 술 한 잔식 나누고 가면서 김천서 기달릴 때니가 꼭 오라고 하여서 친구 삼명이 있는데 대구 친구가 오개 대며 통학차로 가개따고 하고서 돈이 업는 자신은 극정이 대더라. 예냐하며 만약에 김천을 가개 대며 칠팔백 원 가지야 갈 땐대 매우 조마조마하더라. 드형이 대{구} 친구가 완 올라와서 모면을 면에다.
개알 수 … 17
※ 닭들이 한우리라고 하여도 개알이 삼분일 안 나오고 있꾸나.

〈1970년 9월 6일 일요일 낡씨 비〉
금일은 벽에 센멘을 바려고 터력에 벽까지 발라서 보니까 자신이 보기도 매우 상캐하더라.
그리고 산어로 소 먹이라로 가던이 봉산친구가 오늘날까지 술로 세월을 보내고 이재와 (계론)을 하고 보니 우리 친구 중에 내가 제일 못살면 어떠개 하나 하고 극정이 댄다는 말래 자신이 그 말을 잘 덧고 보니 자신이 삶매 보람을 찾기로 마음을 더욱 강하계 구더저더라.

개알 수 … 12
※ 금년에 와서는 마을사람들이 주택을 특별이 치리[치레]을 하고 있꾸나.

〈1970년 9월 7일 월요일 낡씨 흐림〉
순기 편지가 순석에깨 편지가 와더라. 그래서 그 편지을 지저 바더니 그 편지 내용이 순철을 잘 돌보라는 말래 자신의 생각에 벌로 잘라서 군대 입대한 것으로 바더니 복잡한 군태둘리에서도 동생극정까지 하여 주니 형제간으로서 방갑꾸나. 우리 형제관도 어머님만 중한자로 안 깨신다며 우리 가정이 넉넉한 살림은 아니지만 떳뜻하계 웃서며 살라갈 꺼인대 어머님이 병한에 신음하고 계시니 우리 오 형제가 침람을 한 아람 안고 나날을 보내며 살라가고 있쓰니 무었시 불버할 꺼이 있깨너냐.
개알 수 … 15개

“너이들을 잇찌는 안캐따.”
〈자신이〉

〈1970년 9월 8일 화요일 낡씨 흐림〉
배추에 인분을 주고 오면서 새복을 할려고 흑을 파서 우마차에 실고서 오는데 농로가 허매에서 소가 큰 힘이 들어쓰며 사람이 길이 그러깨 허만 길이라며 죽일라 해도 그 길은 못 나올 꺼시다.
그리고 배추와 무우에서 벌래가 만아서 (살충제)을 약 30cc을 살표해던이 채소에 해가 업쓸련지 못갯다.
개알 수 …104)

---

104) 계란 수는 적혀 있지 않다.

"금년 바서 일적 모내기을 한 사람은 벼가 하나도 풍년을 본 사람은 업따고 보며 정부에서도 올해 모내기을 일적 하라고 발강 하더니 올해는 우리 마을 바서는 큰 손에을 본 샘이 대는구나."

〈1970년 9월 9일 수요일 낡씨 비〉

집 세벽도 만 삼념에 처음 하니 힘이 만이 더는구나. 세벽칠을 하니까 단 집 갈더라. 집수리도 안 아계 대며 하기 실치만 집수리을 하기 벗렸 더리며 자꾸만 집이 허술안 대가 만어며 사람 욕심이 만치계 대더라.
"이제 비오는 데 진저리가 나는구나. 한 달 쳐고 맷칠도 해가 안 보이니 사람이 어찌 살 수가 있깨쓰며 어떠개 농작물이 만대로 잘알 수가 있깨나."
개알 수 … 17개

※ 과손에 살충제을 한번 살표하여야 하는데 일기 고루지 못하고 있키 때문 살표도 못하고 있키 때문 녀년에 과손 수학은 손에가 만치 안나 보고 있따.

〈1970년 9월 10일 목요일 낡씨 비〉

자신이 객지에 나가서 어떠개 생할을 어디서 할까 하는 생각에 지도을 펴놓고 시간이 흐려는지도 모려계 지도을 살펴보왔다.
그리고 어머님이 식욕이 업쓰서 어머님에깨 무엇을 자시고 십픈 것이 업는냐고 무려보니 물고기가 재일 자시고 십따는 말씀에 낚시을 가지고 형과 둘리서 잡는데 어머님 혼차서 하로 먹어며 적당하계더라.
자신의 생각에 물이 적따며 물을 펴서 고기을 만이 잡을 마음 간절하나 물 천지을 이루고 있는데 어떠계 잡을 수가 업꾸나.
개알 수 … 13개
※ 인간이 한 가지 뜻을 가지그든 그 뜻을 이루기 위에서는 잡생각을 가지지을 말라.

"친구을 가질라 하거던 두 사람을 가지지 말고 딱 한 사람을 가지라."

〈1970년 9월 11일 금요일 낡씨 비〉

어머님이 이재 못 산다고 양석을 장만하라는 말씀에 자신은 멍하니 하늘만 쳐다보며 눈물만이 내리더라. 눈물을 안 흙리이야 애을 쓰도 말업시 내리고 있는 것을 어머님을 안 보이야고 고개을 돌리고 말랐찌만 한심하기 짝이 없꾸나.
※ 그리고 아들과 콩사리[콩서리]을 하는데 콩이 풀리서[푸르러서] 맡은 좋더라. 그래도 콩이 만아도 실찌 콩알 먹얼라 하며 입에 더려가는 것은 양이 아주 적더라.
개알수 …105)

※ 인간은 누구나 세 변화을 좋아하는 것이 인간의 욕심이더라.

〈1970년 9월 12일 토요일 낡씨 비〉

어머님이 이재는 김이 기우려젓따면서 눈물을 흙리는 것을 볼 때에 자신이 개니 거런 소리을 한다면서 이야기을 하고서도 자

105) 계란 수는 적혀 있지 않다. 이후로도 이렇게 당일 생산된 계란 수를 적으려고 '개알 수'라고 적어놓기는 했지만 실제 수는 적지 않은 경우가 여러 날 이어진다. 얼마쯤 지나고 나면 사료비도 안 나오고 있다며 닭을 처분한 내용이 나오는데, 아마도 이 시기 생산되는 계란 수가 없었거나, 있다 해도 그 수가 적어서 기록할 의욕을 잃었던 것이 아닐까도 생각된다.

신의 눈에도 눈물이 자꾸만 흙려내리서 어머님에깨 눈물을 안 보일라고 방을 잠시 나와서 눈물 땃고 더려가서는 어머님의 얼굴만 말업시 바라보고 있쓰따.
그리고 부친도 마음이 안 대뗜 것인지 자식이 어뒤 가너냐고 물어도 말업시 가던이 저녁에서 약을 지어왔더라.
개알 수 … 13개
지출 … (표도[포도]) 어머님 30원
(사료 20kg) 640원
계 670원

※ 부모님의 힘이 자식에는 얼마나 밑거름이 크다는 것을 이재야 뼈저리개 너켜다.

〈1970년 9월 13일 일요일 낡씨 흐림〉
풀나무을 할려고 우리 산에 풀을 일부 깍고 자신의 생각에 명절인대 이발료가 너무나 비싸서 집에서 할려고 동생에깨 면도칼을 사오라고 하니까 머리가 길다면서 이발관에 가서 하라고 자신의 생각도 돈이 압까찌만 이발료까지 아키개 대며 절먼 사람이 너무나 노랭이가 안 대갯나 하는 생각에 다른 곳에 아키 쓰고 이변 명절에는 돈을 주고 이발 한번 해보자 하는 생각에 말끔하계 이발을 하였다.
개알 수 …
지출에 … (이발료) (조카와 두리) 150원

※ 인간은 돈을 일적 알라야 한다.

〈1970년 9월 14일 워료일 낡씨 비〉
금일이 향군소집일인대 내일이 팔월 한가이이라고 이십일로 미루고 말랐다.
우리들은 이왕 옷을 입고 대신역까지 나와쓰며 오늘 교육을 바다쓰며 하는 생각이 간절하구나. 그리고 내일이 한가이라 돼지고기을 살려고 돼지을 다 잡을 때까지 기다린대도 불구하고 고기을 어지 못했다. 자신만이 고기을 못 어더쓰며 몰갯는대 그의 반정도가 고기을 어지 못했다.
개알 수 …
※ 내일이 한가리라고 소 먹일라고 풀을 두 망태나 떳더쓰며 추석에는 휴식할려 마음먹고 풀을 떳더다.

"올해는 추석이라도 바푸지 안코 한가한 날을 보내개꾸나."

〈1970년 9월 15일 화요일 낡씨 비〉
(음력 8月 15日 추석명절)
추석이라고 한가하계 보내지는 못했다. 예냐하며 비 때문에 어쩔 수가 업계 대어다. 그리고 성모에도 다니지 못하고 어울한 날을 보내고 있쓰따.
"옛날에는 추석이라 하며 농천에는 큰 명절이라고 첫는데 요즘은 추석 해도 어물도 잘 안 아고 고기만 차리놓코 재사을 지내는 사람이 만아지고 있쓰며 머지안아 농촌에도 명절기분을 차자볼 수가 없지 안나 하는 생각이 더는구나."
개알 수 …

"친구들과 자리을 갈치 하여도 술 한 잔 뜻떳하계 나누지 못하계꾸나. 예냐하며 황경[환경]의 집배을 바더니까."

〈1970년 9월 16일 수요일 낡씨 개임〉
예삼촌이 오시서 어머님예 매말란 것을 보고 눈물이 나서 못 있깨따면서 곳 갈려고 하는 것을 볼 때에 자신의 마음이 무라 말할 수 업시 안 대더라. 예삼춘도 못처름 저의 집에 오시서 엔간아며 하로 쉬어서 갈려고 들 땐대 안전자리에서 갈려고 할 때에 마음이 얼마나 아푸길에 막 갈려고 덜갯나 하는 생각 머라 말할 수 업꾸나.

※ 요줌은 닭 사료비도 안 나오고 있는데 페계도 자신 떳대로 안 대어서 못 실킬 형편 대고 보니 마음만 불란하구나.

"인간 생을 굴개 짤개 사는 것이 마음이 편하다고 본다. 예냐하며 인간이 밑태의 꽁디까지 생각하니까 극정산태미에 덥피서 살기가 불안해서 그 교통이 만따고 본다."

〈1970년 9월 17일 목요일 낡씨 비〉

소만 먹일라 하다 집에 풀도 업고 해서 점심 먹고 바로 소와 풀망태을 가지고 바로 나와서 풀은 일적 한 망태 떠드 놋고 소을 먹이는대 비는 내리고 해서 다름 일은 못하기 때문 심심하고 해서 라듸오가 휴대용은 아니라서 가지고 다니기는 불편하지만 그런대로 라듸오을 가지고 하로 점두록 소을 먹이며 절급개 보내고 하로 일과을 지내고 있쓰따.

"어머님이 처음 병에 신음할 때에 자신은 질급할 정도로 마음을 잡을 수가 업더니 이재 보니 자신의 마음이 부모의 감심이 희해저가는 것 같꾸나. 예냐하며 부모님이 그원 일 년을 두고 병에 신음하는 부모라서 그련지 날이 갈수록 자신의 마음이 희해저는 마음을 바로잡을 결심을 하여야갯따는 것을 절시리 너켜다.

개알 수 … 13

"요줌은 콩잎이 물더러가는 것을 볼 때에 재비도 수일 내로 더려갈 꺼을 생각하니 어딘지 모려계 허전한 감이 별서 더는구나."

〈1970년 9월 18일 금요일 낡씨 맑음〉

수일간이나 비 때문에 맑은 하늘을 볼 수가 업더니 오늘로서 맑은 낡씨을 보여서 머리에 모자을 안 쓰고 일들을 하니까 골이 아푸더라. 너무나 맑은 빛살 때문에 일도 재대로 안 댈 정도로 내리째이고 있쓰니까 자신의 생전에 빛을 보는 기분이 더는구나. 그리고 복숭나무을 쬬개는대 힘이 들려서 조금 난겨놋고 휴식을 하였다. 힘이 크개 안 들려서며 복숭나무을 전부 쬬개서 안전하계 만들려 노와쓸 껀대 시지도 안코 나무을 쬬개니까 상당이 필요해서 그만 일적 휴식을 하고 말랐다.

개알 수 …

"사람이 몸을 너무나 크개 생각하계 대며 무선 일들도 능률이 올라가지 안는다고 너켜 보았다."

〈1970년 9월 19일 토요일 낡씨 맑음〉

"자신의 생각으로 오늘날까지 형수가 부모에 오늘날까지 언재나 그 마음 병던 어머님의 병간호도 일 년을 두고도 조금도 변색이 업는 형수에깨 감사을 더리고 십꾸나. 그 따뜻한 마음을 가진 사람도 자신은 업따고 보며 성격이 여성으로 잠단 대가 업쓰서 처음에는 마음에 들지 않떠니 오늘날까지 따뜻한 손길 바서는 머리가 수거려지는구나."

"들판에 물이 줄지을 안아서 동민들이 전부가 나와서 도랑을 쳐고 풀을 제거하고 우리 논을 한 박기 도라보니 논에 피가 만아서 일부 낮수로 끈고 우리 논 자리에는 풀이 만아서 전부 재거했찌만 자신의 생각에 평소 일을 소어리 한 것이 이재 와서 포가 난다는 것을 이재야 너킬 수가 있꾸나 했다."
개알 수 …
지출에 … (20kg 사료) 640원

〈1970년 9월 20일 일요일 낽씨 맑음〉

오늘이 향군소집일인대 마음 갈려고 대지만 눈에 상쳐 때문에 눈물이 줄줄 헐려서 안 갈려고 평기치고는[팽개치고는] 가만이 생각하니 집에 있쓰서 아무 일도 못하고 간만이 있쓸 바이야 향군소집일에 참석해서 한자로 빠절 작정으로 자전차로 지소까지 가니까 아직까지 총 분배하고 있더라.
그래서 자신은 총 지급을 안 바들라고 하니까 총원 바다야 한다고 해서 총 지급을 바고 사격장에 가니까 표적판이 걸려있고 총알 지급 주길에 자신은 눈이 오련짝이 아니라며 총알을 가지고 사격을 할 껀대 그만 한자로 빠저서 향군교육을 바깨대어따.
"인간이 지시가 안 들어야 일에 지장 업시 할 수가 있는데 몸이 자꾸만 소소하계 몸이 개러어니까 일만 너저만 가는구나."

〈1970년 9월 21일 월요일 낽씨 비〉

비가 와서 아무 일도 못하고 집에서 시간을 보내고 있쓰니까 어머님의 말씀이 너무 돈 벌라고 예쓰지 마라 하시며 사람이 너무나 극정을 하계 대며 금심이 생긴다면서 예을 쓰지 마고 사람이 사라가는 대로 가라면서 당부하더라. 자신도 그 말씀을 더려니까 너무나 돈에 머리을 쓴다고 생각하였다.
그리고 어재 (김천장날에) 소을 팔고 소을 싸완는대 자신이 소을 모라보니 소가 너무 적은 것을 싸와서 마음에 들지 안어며 무었을 보고 소을 싸왔는냐고 자신의 혼차서 투땔하기도 했다.
"오늘원 발동기로 고기을 잡아볼까 하는 생각에 친구 일 명과 현장에 가보니까 물이 만아서 아직은 잡기가 힘이 들 끄시며 만약에 잡기 대며 양일간은 물을 펴야 잡개 댈 껏 갈더라. 그래서 다음어로 미루고 마라찌만 수일 내로 잡아버일 끄라고 예상하고 있따."
개알 수

〈1970년 9월 22일 화요일 낽씨 흐림〉

"개속 비가 와서 배추가 전부 녹아서 다시 야기배추을 다시 씨뿌림을 하였는데 배추 시기로 바서는 너무나 너저서 배추 행세을 할련지는 몰개꾸나. 그리고 면에서 논에 피을 뽑어라고 면장과 직언이 와서 뽑어라고 법석대어서 할 수 업시 피을 뽑을라고 우리 논어로 나와서 피을 주어보니 이미 피을 뽑을 때가 늦저따고 본다. 예냐하며 피가 건들리며 살살 흙려서 마음대로 피을 만칠 수가 업더라."
"남들은 부모님에깨 어찌 너이들은 부모님에깨 그리 잘한다는 말래 저위들은 그때마다 머리가 수거려진다. 남에깨 친찬을 바들때마다 부모님에 말 한 마디도 좋심이 대는구나."
지출에 … (부친 낽씨값) 30원

〈1970년 9월 23일 수요일 낽씨 맑음〉

(오종나락 치련 음력 8月 23日)
오종벼을 칠련을 할려고 오종벼을 비는대 병충에 때문에 다 망아서 헌심 풀리는 힘어로 오종치련을 하였다. 나 자신이 알기로는 벼가 이려깨 몰강하계 망하기는 이변이 처음이라고 넘켜다. 오종벼 600평 논에 반 곡석 정도 밖에 못 먹깨따고 부친 말씀이다.
"어머님은 못 사신다고 말씀을 하지만 자신이 보기에는 먼저보다 얼굴 색갈이 나저고 있는데 어머님이 자꾸만 말씀하니 자신이 우월하여지는구나."
개알 수 … 12개

〈1970년 9월 24일 목요일 날씨 흐림〉
아까시와을 형과 둘리서 하는데 얼마 못 하계더라. 그리고 하로 점두록 할 예정이였는데 그만 집에 내리가니까 먼저 장에 사왔는데 암소을 내서 풀을 안 먹고 뱅뱅 돌기만 해서 소을 몰고 봉산어로 교배을 부칠라고 돈 400원을 가지고 좋은 황소가 있쓰며 돈을 주고 교배을 부칠 예정어로 갇더니 소가 오런 소가 업더라. 그래서 방천뚝에 매인 황소가 좀 적원대 주인이 업쓰서 가만이 푸려서 주인 몰래 교배을 부치고 두 번째 부칠라 하는데 주인 올라오고 해서 그만 주인에깨 미안하다면서 사과을 하였떠니 아무 말 안떠라. 자신은 한 번이라서 만음이 상캐하지을 않코 있는데 소가 더 못 전지고 해서 저녁노을 지고 있는데 노인이 소을 먹이고 있길에 교배을 한번 부치자고 하니까 안 댄다고 해서 돈 백 원을 주고 소만 몰고서 황소 있는 데 같따 대니까 황소가 좀 신찬은 편이지만 교배을 두 번 무사하계 잘 부치다.
"교배는 잘 부치고 했찌만 다음에 또 암소을 안 낼 줄원 몰갯꾸나."
개알 수 …
지출에 … (소 교배값) 100원, (흑티) 90원
계 190원

〈1970년 9월 25일 금요일 날씨 비〉
어재 저녁에 형과 둘리서 과손막에 잘라 하는데 순석이가 올라와서 어머님이 더 하다면서 팔리 오라고 해서 형은 적시 내리가고 나 혼차 막에서 있쓸라다 부모가 죽니 사니 하는 이판에 닭은 전부 가지고 간다 하더래도 자신이 어찌 있쓸가 있나 하는 생각에 어두원 밤길을 (라듸오)만 가지고 길을 가늘 수 업는 어두원 밤길을 살피서 집에 내리까니까 집안 식구가 돌라완자서 침묵만 지키며 어머님의 동태만 바라보고 있쓰며 식구들을 보니 다 죽은 사람 같더라. 자신도 약 1시간 동안 어머님에깨 눈길을 두고 있쓰니까 이재야 어머님 얼굴색이 좀 나저는 것 같다서 어머님에깨 이재 배가 내리가는 것 같다니까 그때서 이제 좀 들 하다면서 과손에 올라가지 말고 어더운데 집에서 자라고 하는데 어찌 막에는 닭이 있는데 통 비울 수가 있나 생각에 또 혼차서 어두은 길을 살피며 올랐왔다.
개알 수 … 16개

〈1970년 9월 26일 토요일 날씨 맑음〉
아까시와을 혼차서 하는니까 줄지는 안코 까시에깨 찔리고 하며 신경질만 곤도새우는 때가 한두 번이 아니구나. 앞푸로 하로는 꼭빡 하여야 전부 할 껏 같더라.
그리고 치련 할려고 벼을 너려노원 것을 부친과 두리서 것고 있는대 우리 마을 사람이 우마차 발통이 돌지을 안는다면서 아주머니가 와서 벼을 내가 것덜 때니 한번 가보기라도 하라고 사정을 해서 현장에을 가보니 짐은 전부 내리놓고 나을 기다리고 있떠라. 그래서 발통을 빼어 보니 배아링이 망가저서 어찌할 수가 없쓰서 우선 짐을 실고 집에까지 가두록 마차주기는 했찌만 배아링 고장이 아니라며 안전하계 마차주어쓰며 하는 마음 간절하지만 그려치 아너서 미안하더라. 자신의 속어로 미안한 감이 있는데 아주머니가 갠이 일도 못하계 해서 미안하다면서 술과 빵을 건내서 할 수 업시 빵만 한 계 지어서 잘 먹어다.
지출에 … (사료 20kg) 640원
개알 수 … 11개

"어머님 때문에 식사 때만 대며 한숨이 자신도 모려개 절료 나는구나. 예냐하며 어머님이 식사을 안 아시고 이마에 줄륨살 보이니까 자신도 모려개 한숨만 시고 만은구나."

〈1970년 9월 27일 일요일 낡씨 흐림〉
어재 저녁에 꿈이 어머님이 이재 죽는다고 몸부림을 쳐고 있쿄 동내사람들은 엄식을 장만하고 자신은 막 울고 있는데 성당의 종소리에 잠을 깨어 보니 꿈이였더라.
그 꿈을 막 깨고 나서 보니 예비당의 4시 종이 막 울리고 있쓰며 자신이 과손막에서는 예비당의 종소리을 처음 들려쓰며 그 꿈이라도 참 이상해서 세벽 일적 닭 모이을 주고 집우로 숨 가푸개 내리어 가보니 집 대문을 더려쓰니 조용해서 불캐한 기분어로 방문을 막 열고 보니 어머님이 안저 있더라. 그 모섭을 보니 자신의 생각과 다련 기분 머라 말할 수 업씨 기뻐더라.
개알 수 …

"인간이 마음어로는 속속 깊이 생각하여도 해결이 안 대며 마음어로 해결대는 것이 이 세상에 멧 가지나 댈련가. 자신의 생각어로는 하늘이 돕는 자는 돕는다고 옛말을 하지만 자신은 이 새상에는 돕는 자는 업따고 넋켜다. 예냐하며 자신이 모친한태나 여려 가지을 뼈저리개 속을 썩기도 한 거지도 해결이 안 대는 것을 바서 인간의 새상에서 해결대는 것이 업따고 본다."

〈1970년 9월 28일 월요일 낡씨 비〉
우리 아까시와는 안전하계 다 한 셈이 댄다. 그리고 참깨을 둘리서 해도 얼마 하지을 못하계쓰며 참깨을 할 때는 좀 일적 하여야지 일하기가 좀 수라지 안전하계 익어서 할려니 깨가 버려지서 깨가 땅에 흐려니까 일하기가 여관 큰 힘이 들지 안더라.
"자신이 일하면서 곰곰이 생각해보니 절머서 객지에 나가서 육체적으로는 그 고통은 말할 수 업찌만 돈원 여기서보다 만이 벌 수 있따고 멧 번이나 넛켜보았다."
"올해는 고구마 농사는 숭년이라도 큰 숭년이라고 본다."

※ 실찌 우리 고구마도 한 포기에 하나 정도박에 달리지 안더라.
개알 수 …

〈1970년 9월 29일 화요일 낡씨 비〉
오{종}나락을 혼차서 비는데 줄지 안코 지루하고 해필 오늘로서 낡씨가 엔일인지 추어서 몸을 안전하계 잡을 수가 없쓰며 코물이 흐려더라. 그래서 저녁노을 지기 전에 일손을 멎추고 말라지만 낡씨가 갑작이 추어서 봉답 논에는 나락이 만이 죽을 껏 같더며 올 농사는 큰 숙년이 아니할 수 업다.
"그리고 꿈에 물고기을 잡을라고 꼭 자신이 마음 단단이 먹고 맺칠마끔 물이 얼마 줄어나 하고 자주 가보고 한 것이 허사가 대고 마랐꾸나. 예냐하며 어제 아까사와만 아니라며 자신이 고기을 잡아쓸 껀대 일손이 부족한 땃수로 남에깨 놏친 것이 서운하구나."

〈1970년 9월 30일 수요일 낡씨 맑음〉

오종나락을 밥을 내다 먹어며 형과 둘리서 안전하계 벼어다.

나락이 생각보다 못하지만 안전하계 벼을 비어 놓고 보니 어딘가 모려계 상캐한 마음을 가질 수가 있더라.

그리고 벼을 정오가 헐신 넘둑록 일을 해도 밥을 가지고 오지을 안내서 집에서는 어머님이 몸부림을 치고 개시는가 하고 마음이 이재 불안해서 벼을 더 이상 비지을 못하계 더라. 그래서 낮을 놓고 집에 더러갈려고 더는데 밥이 방천에 막 가지고 나오는 것을 보니 이재 마음이 노이더라.

"둘래서 일을 하고 집에 들려오니 집에서는 전기가설을 한참 하더라. 정공들이 일을 하는 것은 나물을 때 업시 잘하며 가술을 다 해노이 정기는 언재 들려올련지는 모려지만 마음이 든든하더라."

(월말지출) 1,780원

〈1970년 10월 1일 목요일 낡씨 맑음〉

시월 {일} 일에 국군날을 기에서 대신국민학교에 운동에 한다고 소대장이 향군소대 대황한다고 열두시까지 꼭 나와달라고 해서 할 수 업시 형과 둘라서 오종나락을 한 단지 지계로 저내는데 마음이 바빠바다. 에냐하며 형은 지개로 저내는대 자신이 향군 경기선수로 나간다고 일적 갈려고 할 수도 업고 해서 열두 씨까지 꼭박 저내고 하니까 다 할 수 있쓰서며 바빠서 손발도 집에서 씻고 밥도 먹은 동 만 동 하고서 대신학교까지 가니 아직 경기을 안 내서 마음이 노이더라.

그리고 경기선수가 아니라서 거런지 경기가 시작댈 때까지 마음이 뜰리더라.

그래도 막상 경기가 시작대니 뜰지을 안너며 숨만 갑푸며 경기의 성리[승리]는 (이등)로 성리을 거두로 말랐다. 자신의 생각돼로 마저들려가 별로 불캐하진 안떠라.

"향군소대 대황에 이 등한 상품이 빨래비누 40원짜리 한 장식 돌라오더라."

〈1970년 10월 2일 금요일 낡씨 맑음〉

올해는 오종나락 한 사람은 전부가 허무하다는 것을 알지만 우리 나락을 탈곡해보니 이쳐름 허무하기는 자신은 처음이며 육십 노인도 이쳐름 허무한 적은 업따고 말들을 하고 있따. 그리고 한 단지 600평에 둘리서 탈곡해 보니 오후 2시경에 다 하계더라.

"오종나락을 탈곡하니 너무나 허무하기에 탈곡희 끝날 때까{지} 허무하다는 말을 개속 하계더라."

개알 수 …

지출 … (전부 담아) 10원

〈1970년 10월 3일 토요일 낡씨 흐림〉

성용인내 오종을 형과 둘리서 벼을 비어서 탈곡을 할려니 도저희 못다 할 줄 알라는데 그래도 열심이 한 간개로 그런지 저물두록 하니까 다 하계더라.

"오늘 벼 탈곡한 것은 억지 일이라고 아니 할 수 업다. 예냐하며 휴식도 업시 일을 해쓰며 나중에 코애 냄새가 나며 그것도 부족이 대어서 목까지 말려더라. 그래도 할 수 업시 나무 일이라서 다 하여야지 하고 생각하니 이재는 사람이 죽어야 할 생각도 들더라. 사람이 일에 얼마나 고대서 절먼 넘이 그런 생각이 들갯나을 생각을 해볼 점이 있따고 본다."

※ 우리 오종보다 더 허무하더라. 우리들이 벼을 빌라 하니 서급펀대 주인원 얼마나 배가 아푸갯나 하고 생각을 해볼 때에 말도 못할 지경으로 올해 오종들이 허무하다고 다들 알 껏이다.

개알 수 …

지출 … (전구담아 2개) 20원

〈1970년 10월 4일 일요일 낡씨 맑음〉

오늘은 어머님이 자꾸만 아푸다고만 신음하는 것을 볼 때에 자신도 모려개 신경질나더라.

그리고 형과 콩을 뽑을 예정으로 밭대 나가던이 콩들이 볓에 티기서 뽑을 수가 업쓰서 내일 오전으로 미루고 참깨푸리을 안전하계 매조리고 말랐다.

※ 인간이 일만 한다고 삶매 보람을 찼는다고 볼 수는 업깨지.

※ 사람이 일만 한다고 산다고 볼 수는 업따.

〈1970년 10월 5일 월요일 낡씨 맑음〉

가을보리을 갈려고 두엄을 우마차로 실려냇는대 소가 약해서 얼마 실려내지는 못했찌만 수일 내로 다 낼 수가 있깨더라.

그리고 콩을 거더어들리서 콩타작을 일적하고 어머님이 고기을 좋아하기 때문에 형과 둘리서 물고기을 잡아 올라고 예정한 것이 콩타작을 해보니 생각보다 더디며 콩을 탈곡하는 대만 해도 저물두록 하계터라. 그리서 고기을 잡우로 가지을 못하고 말랐다.

〈1970년 10월 6일 화요일 낡씨 맑음〉

오늘도 역시 우마차로 두엄을 점두록 실려낼라고 예정한 것이 예정돼로 못하고 콩타작을 했찌만 콩타작을 해보니 자신의 생각보다 만이 생산대고 보니 마음이 허뭇하더라.

"콩타작을 혼차 하고 형은 어재 고기을 잡을라고 했던 것이 가지 못하고 오늘은 가야하지 않깨나 하면서 형원 고기을 잡우로 가고 자신은 혼차서 콩타작을 일적 마치서 상캐하계 힌콩타작을 안전하계 맡치고 만 샘이 대는구나."

※ "올해는 작물더리 빛을 본 시간이 적어서 생산량이 적을 줄 {알}랐는대 콩타작을 해보니 읽기불순어로는 생산량에는 하등에 간개가 없지 안나 생각까지 들기도 하구나."

개알 수 …

〈1970년 10월 7일 수요일 낡씨 맑음〉

어머님이 조금 해복을 해서 자꾸만 일을 할려고 더는 것을 볼 때에 자신의 이마에 우얼한 감이 업쓰니 주름살이 펴저는 것 같다. 언재나 우얼한 감이 업는 날을 개속 대기을 두 손 모아 빌고 십꾸나.

"남들은 어머님에깨 너무나 공손이 바치서 매일 아푸다면서 말들을 하는데 그 말을 들럴 때마다 자신이 얼굴이 뿔거지는 날이 한두 번이 아니며 그 말을 들을 때마다 무었신가 책임이 무거어지는구나."

※ 요즘은 닭 사료비도 미달대고 있쓰니 자신의 머리로는 어떠깨 할 주망을 몰개꾸나. (예냐)하면 자신이 (객지) 첫 발을 뒤덜 때에 페계로 처분해서 상사 밑천을 마련하야 할 탠대 아직 어머님을 바서 거을 쳐지가 안 대고 보니 머리만 무거

어지는구나.

〈1970년 10월 8일 목요일 낡씨 비〉

보리 갈려고 두엄을 내고 오후에는 땔감을 할려고 우마차에 실러 놓고 무우을 나물 할려고 쏙쿠로 가서 일절 쏙아서 지계로 지고 오는데 너무나 힘이 들려서 좋치 안는 무우는 버릴라 하다 소 줄라고 무거운 것도 불구하고 저고 오다 너무나 무거어서 할 수 업시 좋지 안는 것은 전부 버리고 조원 것만은 지개로 지고 왔다.

"쓸 때 업는 욕심은 인간의 성을 말루는 데만 쓰일 뿐이다."

〈1970년 10월 9일 금요일 낡씨 맑음〉

낡씨 고루지 못하고 비가 올라고 해서 낡씨가 흐리고 있길에 고구마을 수학할려고 동생과 둘리서 고구마을 캐는데 힘이 들러다. 그리고 고구마만 캐쓰서 집에 올라 하다 다들 보리씨을 푸리고 있길에 마음이 갑파서 해가 졌는대도 불구하고 두엄을 우마차로 실려 너니까 너무나 저물더라.

"어머님이 자꾸만 새약해저니 옛날에 밥을 못 먹고 풀푸리로 살라따는 말씀이 이쓸 때에는 가만이 들러보니 정말 그러깨 사라왔는가 하는 생각이 들며 요세 사람이 풀푸리, 콩잎어로 살기로 댄다며 한 사람도 업쓸 꺼라고 생각한다."

개알 수 … 9개

〈1970년 10월 10일 토요일 낡씨 맑음〉

오늘로서 보리씨을 파종할 때에 두엄을 안전하계 내고 했찌만 올해 우리 마을에는 보리 파종시기가 넎서들지 안나 하는 생각이며 수일 내로 벼 수학을 할려고 들 끄시며 자신도 곳 벼 수학을 할 예정이다.

"그리고 남들은 고구마 수학을 적따고 말들을 해도 여서 들러떠니 자신이 고구마 수학을 해보니 정말 어무할{허무할} 정도로 수학이 적더라."

※ 모친 병문안 와서 옛날에 살라왔는 이야기을 하는데 정말 뼈 아푸기 살랐왔따는 생각이 인식대며 예놈들이 얼마나 모질개 해서 조상들이 죽을 예을 먹개 해는가 생각할 때 자신도 모러개 힘이 불껀 불껀 쎠이는구나.

〈1970년 10월 11일 일요일 낡씨 비〉

질경콩을 오늘로서 탈곡하고 올해는 콩타작을 다 한 샘이 대며 내년이야 콩을 만치개 대는구나 할 때에 아시움이 검치 못하계꾸나.

그리고 동생과 둘리서 보리 파종할 때을 갱이로 고루고 동생원 두엄을 고루고 했찌만 얼마 하지는 못하계더라.

"어저 저녁에서 할머니 재사을 지내고 오늘 아침에 동내 할머니들 초청해서 잘 나누어 먹어다. 자신원 어재 어머님이 개두을 못하고 있는 것을 볼 때에 오늘도 개두을 못하고 계시계 대며 어떠깨 하나 크개 극정이 대더니 어머님이 일러나시서 음식을 손수 나어줄 때에 자신은 마음이 노이더라. 예냐하며 어머님이 누어 계시며 동내 할머니들이 얼마나 극정을 하계 대며 어머님이 쓸픈 마음이 들까바 마음이 불안하더니 다행이 이러나서 인사까지 할 수가 있쓰서니 을마나 좇지 몰개꾸나."

〈1970년 10월 12일 월요일 낡씨 비〉

친구 모친 해갑잔치을 하는데 일 좀 바줄라

고 집에 가서 한참 일을 보고 있는데 부친이 차는다고 해서 나가보니 부친 말씀이 어머님이 더 아푸다 하니 연봉의사을 불러오라는 말씀에 그만 자전차로 연봉의사을 차저니까 맞친 집에 계시더라. 그래서 어머님 병의 이야기을 하니까 해복이 불가능하다는 말래 자신은 온몸에 힘이 하나도 업떠라. 그래도 의사에깨 조금이라도 불캐한 얼굴을 안늘라고 침착을 차절라고 힘이 들려쓰며 의사 말이 우리들의 형제들이 부모님에깨 성이가 대단하다면서 요새 사람이 부모에깨 잘 하는 사람이 업따면서 친찬을 하더라.

"오늘 친구 집에 해갑잔치 하는 대서 배상한 접씨을 주길에 어머님이 병에 시달리서 해갑잔치의 음식이 어떠게 하며 을마나 잘하나 하고 쓸쓸한 방에서 을마나 생각이 대갯나 하는 생각에 어머님에깨 안주접씨을 구경을 씨킬라고 어머님에깨 같다 더리떠니 에 먹지 안코 가지고 왔는냐고 하더라."

지출 … (모친 약) 900원
(친구) 모친 해갑에 100원
계 1,000원

〈1970년 10월 13일 화요일 낡씨 맑음〉

금일은 보리 파종할려고 두엄을 전부 갈고 일부 인분을 주고 하니까 좀 일적에서 봉답 벼을 비는데 이식은 좋어나 포기가 벌지을 안아서 수학량이 적지 안나 내다보고 있는데 예관상으로는 이삭이 좋아서 생각 이상 날련지 의문이구나.

그리고 공부하는 동생이 밤낮을 가리지 않코 공부을 하는데 이중머리을 쓰야 할 동생이 얼마나 고통이 댄다는 것을 자신은 알고 있찌만 어쩔 수 업는 일이다. 예냐하며 밤에는 어머님이 신음하며 공부하다가도 빠피 올라서 어머님 더 하는냐고 물어며 이재 좀 들하다 하며 그때사 또 내리가서 공부을 또 하니 그 공부가 정상으로 대는지는 몰개꾸나.

※ 연봉의사의 말로는 희복이 불가능하다면서 앞푸로 치로을 바라지 마라고 이야기을 하길에 이재는 머려저고 마는구나 할 때에 앞이 깜깜하더라. 그래도 집에 사람은 희복을 시킨다고 올라먼을 1,100원 주고 사와서 주사을 하는데 급이 나더라. 예냐하며 의사의 말을 저 혼차 들러키 때문에 집안식구는 영향이 업쓰서 더 시음하는 줄 알고 좋은 약을 대고 있는데 의사의 말을 안을라 하다 부친에깨만 알리고 말랐다.

〈1970년 10월 14일 수요일 낡씨 맑음〉

오전에는 봉답 벼을 비고 오후에는 넉둘 벼을 비는데 형과 둘리서 비는데 약 한 마지기 정도 벼을 벼쓰까 정도박에 일을 하지 못해쓰며 처음이라서 좀 일적 집에 들러왔떠니 남들은 저물개 하는대 우리만 일적 집에 오니 남들 보기에 미안감이 이떠라. 그래서 내일은 오늘 못했던 일을 다 할 예정이다. 그리고 집에 막 들려오니 향군 종소리가 들리서 무선 종이냐고 물어니 향군야관교육이라고 하면서 대신학교까지 일곱씨까지 꼭 오라고 해서 출석을 하니까 교육은 아나고 점호로 끝낫다.

"요줌은 저녁에 어머님 곁태서 잠을 자개 대며 밤어로는 시음소리에 깜작깜짝 놀랠 지경이다. 그래도 자식어로서 시음소리만 들려며 부축을 하고 시중을 들개 대며 밤어로 잠을 못 자는 수 허다하다."

〈1970년 10월 15일 목요일 낡씨 맑음〉
어재 일을 못한 것로 오늘은 저물두록 벼을 비는데 힘이 들려다.
요사이는 벼을 비면서도 머리의 생각은 어떠깨 하며 돈을 벌며 어떠깨 하며 팔리 출세을 하겠나 하는 생각박에 들지 안는구나. 자신이 일을 하면서는 잡생각을 안을라 해도 언잰가 또 생각을 하고 있쓰며 잡생각 업시 벼을 비개 대며 잘 빌 탠대 공상 때문에 작읍율은 적개 대는 것은 사실이다.
"인간이 만족하계 살개 대며 공상이 업는지는 몰라도 자신은 눈 떠며 공상으로 보내는 시간이 만아진다."

〈1970년 10월 16일 금요일 낡씨 맑음〉
벼을 비는데 남들은 일하는 것을 보니 수래비며 일도 만이 하는 것 같더라. 우리는 일에 능률도 업쓰며 몸이 어떠깨나 아파서 일을 만이 할 수가 업더라. 남들 비에서 일을 못하는가 벼가 잘 대서 일에 능률이 업는지는 몰개꾸나.
"동생이 일반하사 교육을 다 밭고 일주일 동안 휴가을 와서 집에 있는 동안 휴식도 못하고 어머님 극정으로 일주일을 보내고 오늘 통학차로 올라가는 것을 보니 저것이 오늘 가면 어머님 얼굴을 다시 한 번 볼 수가 있쓸까 생각하니 눈물이 어리더라."
지출에 … 사료 20kg … 640원

〈1970년 10월 17일 토요일 낡씨 맑음〉
남들 비에서 벼을 비는데 못해서 거런지 오래 비계더라.
그리고 벼을 수일 내로 다 수학할 껏수로 내다보인다.
※ 인간이 살라가는 방식도 참 여려 가지고 보니 자신은 어떤 방식으로 살라갈까 아직 갈피을 잡지 못하고 있찌만 언잰가 자신도 빌빌할 수가 있깨나.

〈1970년 10월 18일 일요일 낡씨 맑음〉
우리 벼는 봉답 말고 전부 다 비쓰며 너저도 삼 일 후에는 안전하계 수학을 할 수가 있따고 본다.
그리고 순석이가 금일 은행 시험 쳐로 대구로 내려같는데 경상북도에 23명이라고 하니 공부로 출세한다는 것은 하늘에 별 따기라고 아니할 수 업꾸나.
그래도 순석이는 공부을 만이 했쓸 픈 아니라 누구보다 거나니까 이변 시험에 떨버내지 안나 내다보고 있는데 어떠개 댈련지 발표날을 기다리 바야개꾸나.
"어머님이 이삼 일 전에는 시간이 급파더니 이재는 얼굴색이 본색으로 도라오고 있꾸나. 어머님도 아들 키우는데 치마껀을 졸라가며 공부 씨낀 자식을 한 놈이라도 출세을 하는 것을 바야 할 땐대 현시채로 바서는 예돌따."
개알 수 … 12개

〈1970년 10월 19일 낡씨 비〉
(모친 생신임.) (음력 9月 20日)
성용인내 봉답 벼 비는데 비방울이 틀러저서 만약에 비가 만이 오계 대며 농로가 조치 못해서 우리 소 거편[같은] 것은 나락을 실래낼라 하며 뻑 힘이 들 끄수로 본다.
"그리고 올해는 우리가 가을이 넛지는 안은 편이며 올 가을은 현재로 바서는 좀 수라개 하지 완나 내다보고 있따."
※ 오늘이 모친 생신인대 배가 와파서 고기도 못 사오개 하고 해서 고기국도 못하

고 두부국어로 잘 먹어찌만 모친 생산답개 맡있는 음식도 못하고 금일 해을 넘기는구나.

"어릴 때에 알차개 먹어야 크쓰도 힘을 쓸 수가 있찌만 크서 어런이 대어서 잘 먹어야 힘에는 보람이 업따고 본다."

〈1970년 10월 20일 낡씨 맑음〉

우리도 벼 수학을 내일 오전에는 끝을 보개 대어쓰며 내일 오후부터는 보리 파종할 계핵이며 밭가리을 세우며 본격적으로 보리 파종에 들려갈 예정이다.

"벼 수학이 끝날 때까지 어머님에 대에서 해결을 못 바도 나의 계핵대로 할 예정이며 이때까지 집에 사정을 바서 해결을 못 보고 있끼 때문에 자신의 뜻대로 안 대고 있키 때문에 자신의 계핵성만 태보대고 있따."

※ 사람이 남에깨 친찬 바키는 힘이 들러도 남에깨 욕 먹기는 참 쉬운 일이다.

"인간이 외로나 내로나 마음을 고로 쓰기가 아주 힘더는 일이다."

〈1970년 10월 21일 낡씨 맑음〉

형과 둘리서 논보리 갈려고 도구을 안전하계 만들려 놓고 밭가리을 세우는데 힘이 들어도 보리 갈 때만 다 세우니 마음이 노이더라.

그리고 보리 파종을 할려고 들지만 논에는 보리 파종하기가 큰 힘이 들개떠라. 예냐하며 아무 논 업시 사람이 발바도 자욱이 포가 나니까 소로 일하기는 골란하지 안나 내다보고 있따.

"이변에 순석이가 은행시험을 치루는대 23명 뽑는데 약 300백 명이 시험을 치루로 와따는 말을 듯고 자신의 속으로 하늘에 별을 따지 은행에 합격은 바랄 수가 업깨따고 본다."

※ 요사이는 닭이 뜰가리을 안전하계 하고 개알 수도 사료값이 대두록 생산대니 일부 마음이 노이는구나.

〈1970년 10월 22일 목요일 낡씨 맑음〉

논보리 갈려고 두엄을 소로 못 너고 사람이 지계로 형과 둘리서 180짐을 저는대 등때기에 멍이 들고 일부 살이 버끄지두록 일을 하는대 나중에는 누가 때리죽인다고 해도 못할 정도로 고대기 하로 일과을 맡치다.

그리고 어제 저녁에 할아버지 기지사날인대 자나부지가 아버지을 보기 실따고 지사에 술잔만 쳐노고 엄뺑 가버리고 말더란이 정말 하늘이 무섭지도 안는 모양{인}지 한 배 한 피줄을 타고 나와서 형제관에 말도 안 나며 보기 실러서 시사날도 한자리에서 안 지내고 술잔만 쳐노고 가다니 돈 있는 놈은 재사을 안 지내도 대며 돈 있쓰며 그래깨까지 도도해저는가. 암만 그래도 너이들에깨는 저지 않을 끄시며 너이들이 돈 있쓰며 수천 년이나 가지고 있쓸 줄 아나. 지랄 했싸도 얼마 남지 않아다. 두고 바라.

※ 개쌔기보다 못한 놈을 내 눈어로 톡바로 볼 끄시다. 두고 바라.

〈1970년 10월 23일 금요일 낡씨 비〉

형과 둘리서 소로 보리논 한 단지 이랑을 일적 만들고 물 삔 논에 와서 두엄을 조금 실렸다. 그리고 어제부터 어머님이 아주 힘이 업쓰 보이며 우리가 보와도 이재 어떠개 하나 할 정도로 힘이 업쓰 보이는구나. 이재 사람은 김은 기우려젓쓰니까 원이나 업개 할려고 눈님이 점도에깨 비손이나 한다면서 금일 와서 내일이 날짜로 고해서 내일 저녁에는 비손을 할 모이다.

※ 어머님은 기어이 불상한 사람이 대고 마는냐. 원잰가 불생하계 떠난다 해도 이름만이 이 새상에 영혼이 살라남두록 할끄시다. 두고 바라.

〈1970년 10월 24일 토요일 낡씨 비〉

논보리 갈려고 이랑을 한참 만들고 있는데 비방울 한두 개식 떨러지길에 비가 만이 오기 전에 보리씨을 뿌리서 안전하계 만들러 놀라고 일을 형과 둘리서 실 참도 업시 팔리 하니까 삼 분에 일을 씨갑씨을 무더니 비가 만이 오더라. 그래서 집에 올라 하다 비료거름을 이랑에 헌치나서 어쩔 수 업시 그 비을 마저며 보리씨을 뭇는데 한참 일하고 보니 늙번 들판에 그 만은 사람이 한 사람도 업시 집에 들려가고 업더라. 그래도 그 비을 전부 마저며 일을 끝매조짐을 하고 집에 들려오니 길이 어더어서 잘 올 수가 업개대더라.

"어머님이 저러깨 새약한대 점도할마씨[106]가 낮깨 한다고 징을 울리는 것을 보고 과손막에 올라오고 마랐다."

지출 … 사료 20㎏ 60십 원
오름세 700원

〈1970년 10월 25일 일요일 낡씨 비〉

금일은 보리 파종할려고 예정한 것이 비가 너무나 만이 와서 보리 파종도 못하고 집에서 하로 일과을 보내고 말랐다.

※ 점도할마씨가 와서 비손한다고 눈님이 저녁 저물개 집에 와서 점도할마씨의 일에 주선도 하고 오늘에 와서 어머님이 저러깨 먹지도 안아서 어떠개 하나 하고 눈물마저 글성그리니까 자신도 마음이 안대떠라.

※ 가을비가 여름비와 다름업시 소낙비로 하로을 개속 내리서 이삼일은 휴식담개로 들려가지 와나 보고 있다.[107]

〈1970년 10월 26일 월요일 낡씨 맑음〉

어재 비가 너무나 만이 와서 보리 파종할려고 이랑을 만들러 놓은 것에 물이 가득 단겨 있쓰며 발가리에 물이 가득이 단겨 있쓰서 그 물을 빼내는데 여간 힘이 안 더려다. 예냐하며 평소 때와 낡씨가 더워며 물논에서 물 빼는 것이 좋다고 하지만 이것은 갑짝이 추은 날씨라 코에서는 물이 흐려며 발은 처어서 깨진 것 갈더랴.

그리고 봉답에 밀 갈려고 두엄을 내는데 땅이 추지서 두엄도 마음 놋고 너을 수가 업쓰며 앞뚝어로 일부만 너고 낡씨가 추어서 내일에는 (서리) 올 껏 갈다서 고추나무을 일부 뽑아서 집우로 가지고 왔다.

"이재 어머님이 우중하구나. 음식이라고 넘어가면 하나도 업시 올리니 어떠깨 할 수가 업꾸나. 아직까지 부친을 바서 좀 더 사라야 하며 대소변을 바다내도 내년 홰갑 때까지라도 살라야 할 땐대 음식이라고 잡수지을 안어니 자신은 숫갈도 올깨 잡울 수도 업깨 헌심만 풀리고 있꾸나."

---

106) 점쟁이, 또는 무당을 가리키는 것으로 보인다.

107) 원문에서는 이 문장이 오른쪽에서부터 세로쓰기로 기록되어 있다.

〈1970년 10월 27일 화요일 낡씨 맑음〉

음력 9月 28日 처음 (무설리 옴)

어머님의 죽음옷을 만들고 있는 것을 보니 아무 생각도 업쓰며 무이미하계 하늘만 바라볼 뿐이지 무어라고 말도 못하계더라. 우리도 정신이 나간 사람 모양 얼뜰한대 어머님의 마음은 얼마나 가슴이 찌저저두록 아풀 끄시며 인간세상에서 종말을 보는구나 할 때 얼마나 서글펴며 자식들의 앞패서 표현을 못해서 그러치 마음속어로는 썩는다 해도 가연이 아닐 끄시다.

"오늘로서 봉답 보리 파종할 때에 두엄을 전부 냇고 일부 이랑도 만들러 노았다. 그리고 금년 처음 무서리가 (와서) 해장 일하는데 추어서 몸부림을 쳐고 말랐다."

〈1970년 10월 28일 수요일 낡씨 맑음〉

봉답 보리 파종도 내일 해장에 나가서 일을 하며 안전하계 끝을 볼 껏 같다.

봉답에 보리 파종을 하는대 을래 성격이 일을 하면서 휴식을 잘 안는 성격이라서 점두록 일을 하는대 저녁 무름에는 소고리에 흙도 한 거석 담아서 보리을 떱펄 힘이 업더라.

※ 그리고 형과 둘리서 일을 하계 대며 일화는 도중에 자신은 이려깨 하며 일에 능률이 더 날 상싶펴서 이려깨 하자면 안 알라 하고 형의 주장만 마니 세우고 있따. 사람이 어른이라고 아들 말 안 듯는 것이 아니라 안만 명색은 어른이라 하지만 아들 말을 들려며 그 말을 분석을 하여서 올치 안어며 올치 안따는 것을 해명해주고 그 말이 올따면 그 말을 따라야 한 그러치 안코 주장이라고 버티고 있깨 때며 언잰간 파딴이 대고 마는 것이 더 마늘 끄수로 자신은 본다.

〈1970년 10월 29일 목요일 낡씨 맑음〉

보리 파종할려고 들래을 나가 보니 참바람이 몰라쳐서 아무 일도 못하계쓰며 손이 실러어 일을 할 수가 업쓰서 차번 손을 품 안에 녔따 다시 작읍을 하고 했찌만 오후에는 몸에 땀기 있는 뜻한 것떠며 몸이 훈운하더라.

"남들이 어머님 병문안 오는대 그저 한번 뛰다 보는대도 연간 힘어로 오는 것이 아인대 고급가자까지 싸가지고 오는 것을 보니 자신이 미안감이 들며 자신도 저 원내[은혜]을 알라야 할 껀대 하고 생각을 하니 어띤지 모러개 책임이 무거어지는구나."

〈1970년 10월 30일 금요일 낡씨 맑음〉

오늘로서 보리 파종은 끝이 낫쓰며 보리 파종하는대 일 녀{년} 쳐고 재일 고대개 보리 파종을 한 셈이 대는구나.

※ 순기 편지가 올 때 대어는대 편지가 오지을 않는구나. 어머님이 음식이라고는 아무것도 안 하고 있는데 만약에 시급하여 편지을 해서 오두록 하여야 할 땐대 편지가 오지 않으니 어떠개 열락도 못할 껏이니 마음이 조급하구나.

※ 농촌에서 일을 고대개 해도 흙문지을 뜰고 집에 들러올 때에 기분어로 농촌생할을 한다며 어뒤 도시 살려고 마음이나 가지갯나.

〈1970년 10월 31일 토요일 낡씨 맑음〉

성용인내 봉답 밀 파종할려고 밀씨와 비료을 가지로 가니까 성용이 모친 하는 말이 거럼 내가지고 갈라쓰며 하길에 자신은 오늘 계핵을 세우서 일을 할려고 예정하고 있는데 이재 와서 거름을 내서 파종을 할려고 더니 남들은 타작을 전부 하고 있는데 거름을 내서 파종을 할려고 해서 그만 화가 나더라. 옛초부터 거름을 내서 간다고 하며 해장에 안 놀고 다 실러쓸 낀대 이재 와서 거름을 낼라고 하니 어치 순통이 암 막키개노.
"주소가 업쓰서 극정이 대더니 오늘로서 순기 편지가 왔더라. 그 편지 내용은 집에 안부와 어머님의 병환문제더라."

〈월말지출〉 2,370원

〈1970년 11월 1일 일요일 낡씨 비〉
오늘로서 벼 탈곡에 본격적으로 더렸같다. 벼 탈곡을 해보니 생각보다 수라더라. 벼 탈곡하는데 낡씨만 좋으며 너저도 이변 주안으로 안전하계 매조질 수가 있는데 낡씨가 비가 올라고 흘리고 있쓰니 벼 탈곡을 해도 마음이 불안전하더라.
"이간[인간] 세상에서 하로 일과을 만족하계 보내는 사람이 얼마나 댈련가."

〈1970년 11월 2일 월요일 낡씨 맑음〉
사람이 우마차로 실려 올리도 죽개따고 야단을 치는데 약 사 년 전만 해도 지개로 세복닭[새벽닭]이 울 때 나가서 저올리도 아침까지 두 짐 저며 만이 젓는데 요세는 등짐 지는 사람이 한 사람도 업쓰며 지금 생각하니 그 전에는 어떠개 벼 탈곡을 했는가 꿈 갈꾸나. 요세는 우마차로 한 단지 엿섯바리 실어며 다 실개 대며 지계로 등짐은 안 저도 못하계따는 소리을 하고 있따.
"농촌에도 머지않나 농사을 자기 손수 지을수도 업쓰며 기계로 농사을 지어서 일부 주고 농민들은 공장에 나가서 밥버리을 하두록 만들기 쉬을 꺼라고 예상하고 있따."
지출에 … (사료 20kg에 700원)

〈1970년 11월 3일 화요일 낡씨 맑음〉
남산 고모가 와서 집안끼리 말도 안 아고 지내며 남이 욕한다고 하며서 이야기을 하더라.
그 이야기는 올치만 우리들이 인사을 팔 개월 해도 인사 한 번 바다준 적이 업쓰며 막상 우리들이 잘못해서 인사답을 안 바도 아버지에깨만이라도 이야기을 한다며 우리도 인사을 바들 때까지 할 용이가 있찌만 저돈 있따고 유세을 형에깨도 말도 안 아고 지낸다니 어찌 우리도 밥을 먹고 사는 인간인대 저에깨 인사 바더라고 사정하며 그렇지는 못하계쓰며 앞푸로 돈 있는 유세을 어뒤까지 부리는지 이 몸이 두고 볼 끄시다.
※ 사람이라며 마음씨을 바로 가지라.

〈1970년 11월 4일 수요일 낡씨 비〉
우리 벼 탈곡은 봉답 말고 전부 했쓰며 탈곡한 벼가 생각보다 너무나 허무하더라. 그리고 우리 벼 탈곡을 전부 했노고 성용인내 벼 탈곡을 해 줄라고 하다 들판에 벼가 만이 있따며 그래 해도 대지만 들판에 벼가 가끔 있키 때문에 그래 해서는 안 댄다고 형이 말을 해서 우리 벼 탈곡을 중단하고 성용내 벼 탈곡을 오후부터 시작하였따.
"우리 마을 사람들의 말을 뜻고 실지 자신이 눈어로 보고 했찌만 벼가 눈에 더는 벼라고는 하나도 없쓰며 어떤 사람은 우마차에 잔떡 한 구루마에 벼 한 가마니 박에 생산이 안 땐다고 말을 하는 것을 볼 때에 우리들이 가슴이 아플 정도가 대는대 실찌 당한 사람은 얼마나 속이 아푸갰나."

〈1970년 11월 5일 목요일 낡씨 맑음〉
우리들의 자신들이 생각을 해도 밥이라고

입배 안 댔는지도 일주일이 대따고 보는데 어머님이 거래도 별 다름 업시 지나는 것을 보니 사람의 생명이 길고도 잚따는 것을 너켜볼 수가 있꾸나.

※ 순석이가 이번 은행에 시험을 합격을 바라떠니 불행하계도 떨러지고 말라찌만 가이 서원하다고는 생각지는 않는다. 예냐하며 어머님이 병한어로 있키 때문에 신경을 어머님에깨 쓰키 때문이라고 생각하기 때문에 불행이라고 생각지는 안는다.

〈1970년 11월 6일 금요일 낡씨 비〉

성용인내 벼 탈곡 오늘로 끝을 보고 우리 벼 탈곡도 내일 오전에는 끝을 보계 댈 끄다. 올해는 벼 탈곡을 지루하지 안캐 끝을 보계 대는 것 같다.

※ 나 자신원 나무 농사는 마지막이 대며 앞푸로 나무 농사을 공 지어 먹어라고 한다 해도 안을 작정이다.

〈1970년 11월 7일 토요일 낡씨 맑음〉

이재 벼 탈곡을 안전이 맡치고 뿍티미 타작을 기계로 하는대 일하는 것이 신서럽개 일을 하더라. 만약에 사람이 푹띠미을 타작을 하계 대며 하로는 잡아야 할 땐대 기계로 시작하니까 (두 시간 반 정도 대니까) 끝을 보계 대더라.

"올해는 벼 탈곡을 하고 나{니}까 어딘지 모러계 노곤하며 일을 하기가 실러며 일에 의욕은 하나도 업더라."

〈1970년 11월 8일 일요일 낡씨 맑음〉

오늘은 푹디미 타작한 것을 곡상에깨 달리는대 (알속 491근이 대더라).

자신의 생각으로 푹띠미 타작해도 약 두 가마니 잡아더니 생각 이상 나와서 기쁘며 공크것더라.

그리고 닭더리 살란율이 업쓰서 패개 예정으로 배신에 장에 구경을 갇더니 닭 패개는 업쓰며 백닭은 팔라 먹키가 힘이 덜개따는 것을 너켜쓰며 상인들의 상술의 동태을 살피보니 어떨 때는 웃섭개도 보이며 사람을 얼가서 팔고는 하더라.

※ 오늘 배신에 장에서 절리시 너켜는대 촌사람은 황상 속어며 엽패서 보니 딱할 정도로 예돌번 것이 농촌사람이더라. 그리고 쏙는 것이 농촌사람이더라.

〈1970년 11월 9일 월요일 낡씨 맑음〉

금일은 향군병기 소집일이라서 아포지서까지 가니까 우리 마을 사람뿐이더라.

그래서 오늘은 우리 마을 사람만 하는 줄 알고 병기 수입을 하고 있쓰니까 딴 마을 사람들이 들어오고 있떠라. 그래서 예군일이라는 것은 질서가 업따는 것을 얼래부터 알라찌만 이래깨 무질서라는 것 몰랐다.

그리고 병기 수입을 다 하고 올라고 더는대 일부 도보로 온 사람들이 술 먹고 가자고 하는데 자신은 자전차로 와키 때문에 좀 팔리 간다며 정심시간이 좀 너절 정도라서 그만 뿌리치고 집우로 오고 마랐다.

※ 병기 수입을 다 하고 나며 더 하라고 하고 병기 수입하는데 어떠금 깨끄랍떤지 병기 수입을 다 하고 병기 총구멍에 모래을 한 거석 너어서 병기검렬간에깨 글리서 골탕을 먹개 할려고 들다 그만 참고 마랐다.

〈1970년 11월 10일 화요일 낡씨 비〉

오늘은 김천장에 닭을 가지고 가서 패개을 시킬 예정이였던 것이 일기불순의로 닭을 가지고 가지 못하고 하로 일과을 무이미하계 하로 일과을 보내고 말랐다.

"부친은 자신이 나가서 장사을 할려고 하니까 부친 말씀이 언재라도 장사을 할려고 돈을 달라고 하며 주개따고 말씀을 하면서 이변 개울은 집에서 쉬고 날이 해동하거든 시작을 하라면서 당부하며 남들은 겨울이 대며 차저들어오는데 너는 이 엄등슬라예 어떠 할려고 나갈라고 더너냐 하면서 머라 하더라."

"오늘 닭을 본 동사람에께 패개로 (내 마리을) 팔고 나니까 마음이 허전하구나."

〈1970년 11월 11일 수요일 낡씨 맑음〉

살란률이 적으서 닭을 패개 시킬라고 구미장에을 9바리을 가지고 가서 막 팔라고 더는데 상인이 날라부터서 내 달을 살려고 을마야고 자꾸 물키에 320원 달라고 하니까 상인들 값 다 달라고 하는냐고 하면서 말들을 해서 그러며 좋다 하고서 300백 원 달라고 하니까 우리가 그래 주며 어더먹는 것이 없따면서 290원에 하자고 해서 자신이 생각해 보니 한 바리식 팔라서 더 밭는다 해도 전부 다 팔개 대며 그러께 돈을 다 바지 못할 껏 같다서 290원을 밭고 주고 말랐다. 돈을 다 밭고 나니까 술 한 잔 바다 돌라고 해서 다음에 바다 주개따고 하면서 푸리처고 올라고 하니 두리 꼭 끄러안고 해서 할 수 업시 술 30원을 주고 바다 주고 말랐다.

수입 … 26,00원

지출에 … 엿 10원, 시장료 90

계 100원

〈1970년 11월 12일 목요일 낡씨 맑음〉

오늘은 무우를 다 수학함.

순석이 은행에 떨러지고 공부도 재대로 안아고 있는 것을 보니 젓것도 순기 모양으로 출세 못하고 빈정대고 다니며 어떠깨 하나 크개 극정이 대더니 다영이 학교 다님이 추첨으로 동양고무신 상희에 서무계로 가라고 해서 가개 대어따고 말을 해서 안도숨을 쉬개 대어따. 우선 그런 자리에 가개 대니까 형으로서 을마나 기쁜지 말로 표현을 할 수가 업꾸나.

※ 구미 장꾼에께 닭 18마리 5,000원 박고 팔고 마랐다. 자신이 빽빽하계 흥정한다며 좀 바들 수가 있깨는대 그만 자기들도 좀 남아야지 하는 생각에 주고 말랐다. 그름 닭 패개 점부가 9,000원이 대고 있꾸나.

〈1970년 11월 13일 금요일 낡씨 비〉

금일은 무우를 일부 땅 속에 묵고 닭 개사에 물건을 주선해서 집우로 가지고 내리오는데 마음이 매우 서운하더라. 그래도 닭이 있쓸 때에는 쓸쓸한 감은 업는대 닭이 없코 빈집우로 있는 것을 생각하니 마음이 얼마나 쓸쓸한 감이 맑할 수가 업꾸나.

"어머님이 요줌은 더 몸부림을 쳐고 있는 것을 볼 때에 이재는 하로라도 아품이 업시 하로라도 산다며 을마 좋깨나 하는 생각까지 들고 있쓰며 부모가 아파서 몸부림을 쳐고 있는 것을 자식의 마음으로는 볼 수가 업꾸나."

〈1970년 11월 14일 토요일 낡씨 흐림〉

내년 봄에 과수나무 접을 부쳐볼라고 대신 친구에께 양앵두나무을 좀 어더로 갈더니 맡침 먼저 부탁해따고 나 오두록 과수전지을 안 아고 내뚜따고 하면서 말을 하면서 이야기을 하길에 빵갑더라. 그래서 과수밭에 가니까 나무들이 무상하계 잘라서 원꼴은 못 대고 있찌만 나무들이 다들 좋더라. 그래서 다음에 기술짜을 대개따고 말을 해서 그름 좋다 자신은 여우 있씨 전지을 해서 가지고 갈 태니 다음에 전지을 하라고 하고 여우 있씨 전지을 해도 자신이 접 부칠 나무는 충분하더라. 나무을 가지고 올라고 막 오는데 술 한 잔 하자고 하면서 술집어로 더러가면서 술을 사는데 상당이 미안하더라. 예냐하며 자신이 나무을 가지고 가며 내가 술을 바다야 하는데 돈 가지고 간 것이 한 개도 업쓰서 바다주지 못하고 술을 어더먹어니 상당이 미안하더라. 그리고 양앵두나무 우을 과손에 갈무리을 했노았는데 잘 댈란지 극정이 대는구나.

※ 어머님이 음식이라고 안 아시고 물고기을 말을 해서 낡씨 고루지 못하고 있는데 형과 둘리서 뚜리을 가지고 가는대 남들은 고기가 얼마나 먹고 십펴서 추원대 고기을 자우로 갈까 생각을 할 줄 모러지만 우리들은 거것이 아니다. 음식이라고 안 아고 있는 어머님에깨 물고기 국물이라도 먹개 할려고 두 술잔이라도 잡어로 갇던이 남들은 수십 번 자번 곳이라서 업슬 줄 아라던니 생각이상 고기들이 엄청나개 만이 있쓰서 뚜리로 하나 잡았다.

〈1970년 11월 15일 일요일 낡씨 맑음〉

금일은 들까지 흙일 할려고 예정한 것이 낡씨가 추어어서 과손에 마늘 노을 때에 두엄을 내고 인분을 주고 했쓰며 수일 내로 씨을 뿌릴 예정이다.

※ 순석이 동양고무신 서사 일을 보계 대는 것 같다. 예냐하며 오늘 통학차로 올라가서 내리오지 않코 일을 하고 있길에 내리오지 완코 있는 것을 볼 때에 자기의 마음과 협죽하길에 내리오지 완코 일을 보지 그러치 안코 마음이 뜰린다며 바로 내리오고 말 껀대 부터서 일을 하계 대어서 이재는 극정을 안에도 대개 대어따.

〈1970년 11월 16일 월요일 낡씨 맑음〉

금일은 들까지 흑일 하는데 형과 두리서 처음 하니 힘이 들며 지루하더라.

그리고 순석이가 동양고무신상희 서사로 가서 일화로 하던이 서사가 아니라 판매원밖에 못한다면서 안 갈려고 하더라. 예냐하며 판매원 서사 임무을 다 한다 해도 저녁에 공부할 시간만 있따며 일을 하계는데 순석이가 공부라고 한 개도 못한다면서 선생에깨 이야기을 해서 내일부터 안 갈려고 하는데 어떠깨 할 주망을 몰개꾸나.

※ 이재는 어머님이 아래배 부어서 만대로 안지도 못하고 눗지도 못하고 있쓰니 자꾸만 한숨 나며 한자 생각은 배가 이려깨 아푼대 의사을 안 부러고 있나 생각을 할 줄 모러지만 의사의 말을 더려며 치료는 바라지 마라고 하는데 내일은 한번 가서 효과 업쓰도 좋으니 한번 아달라고 할 예정이다.

〈1970년 11월 17일 화요일 낡씨 맑음〉

금일 쌀방아을 찟는데 자신의 잘못으로 기분이 나뿌게 현미을 다 할 때까지 기분이 나파서 말도 안 아고 하로 일과을 보내고 말랐다.
예냐하며 말도 안 아는 자건집에서 현미을 해서 저장이 대어 있는 줄도 모려고 바잤이[방아 찧는 사람]가 우선 나락을 부어노라는 말에 나락을 부꼬 나락이 저장한 똥[통]으로 드러가개 해서 바[방아] 일꾼이 더려가개 해서는 안 댄다고 하면서 이거 껄낮꾸나[큰일 났구나] 하는대 아차 하더라. 차라리 남들을 나락을 주어쓰며 뼈아푸지는 않깨는데 말도 안 아는 놈에깨 단쌀냇기을 한 개라도 준 것이 하로 점두록 뼈아푸더라.
"어머님이 몸부림을 쳐고 있쓰서 의사의 말에 치료가 안 댄다고 하는데도 불구하고 부모가 아푸다고 몸부림을 쳐고 있는 것을 볼 수가 업쓰서 연봉의사에깨 가니까 대구 갈따면서 오늘 온다고 하길에 오늘 오시계 대며 신내이[시내이] 좀 부내 달라고 사모님에깨 부탁만 하고 집우로 오고 말랐다."

〈1970년 11월 18일 수요일 낡씨 흐림〉

연봉의사의에깨 가니까 마침 있쓰서 모친 정세을 이야기을 하니까 치료을 해주기을 실러하더라. 그래서 사정을 해서 대리오고 했찌만 주사 주기을 실러하더라. 자신은 의사의 행동을 바서는 알지만 그래도 자식의 도리로 잠시라도 아픈 정세[증세]을 업쌔 주기 위에서 의사가 주사 주길을 실러하는 것을 사정사정해서 대리고 와서 병환 치료을 하고 있다.

※ 어머님이 밥이라고 잡수지을 안코 누어 있는 것을 보고 우리만 밥을 먹을라고 하니 숫갈이 잘 들리지을 안더라.

지출에 … (모친 병 치료에) … 650원

〈1970년 11월 19일 목요일 낡씨 맑음〉

과손막에 지붕 위는데 힘이 만이 더렸다. 예냐하며 연개 마람이 적어서 온전에 연개을 역끄서 오후 한 시경에 연개을 운반해서 지붕을 부친과 형 삼 명이 위는데 일을 안전하계 맡치니까 좀 어덥더라.
그리고 모친 병문안 와서 이야기하는데 속아푼 대는 호박 무건 것을 소주 만들러서 먹으며 재일 좋다는 말에 우리 마을에는 호박이 업고 송무이 이모내 집에 무건 호박이 있따는 말래 순석이가 오늘 가서 호박을 가지고 와서 소주을 거루고 있는데 내일 오후에는 약으로 보욕할 수 있깨 댈 껏이다.

〈1970년 11월 20일 금요일 낡씨 맑음〉

금일은 들까지 흑일 할려고 어더 나떠니 바빠서 못하계따고 해서 다음에 한번 해 달라고 하고 우리 소만 하는데 일적 서들어서 하로 실러 넜는데 약 50십 구루마 실러 너니 해가 막 저더라.

※ 우마차로 흑일 하면서 공상을 안을라고 예을 쓰도 자꾸만 무었을 하며 살메 보람을 차절 수가 있쓰며 어떠개 하며 잘 살 수가 있나 하는 생각 박에 들지 안더라.

〈1970년 11월 21일 토요일 낡씨 맑음〉

이모님이 일부로 어머님 병문 와서 오전 일과을 보내고 이모님이 자식들이 이모부님에깨 도라가실 때까지 효자노렸을 한다는 말씀을 뜻고 보니 그는 아들의 뽄을 떠야 대개따는 것을 너켤 정도가 대는구나.

※ 올해 배추농사을 바리서 짐장 담을 배추가 적으서 과손에 삼동추을 전부 배어 와서 짐장을 담을 예정이다.

지출 … 이모님 차비(100원) (노트 30원)
계 130원

〈1970년 11월 22일 일요일 낡씨 맑음〉

흑일 하는대 구루마을 하나 어더서 둘로 하는데 생각보다 만이 하였다. 자신의 생각에 거리가 머러서 개핵대로 작읍률이 적을 줄 알라는데 소가 팔리 다니서 일하기가 생각보다 수라며 아주 만이 한 샘이 대는구나.

"순철이가 일로일이라서 일하는데 부친이 거더라고 말을 해서 내일 시험 본다기에 일을 하며 대갯나 하고 일은 그만두고 공부나 하라고 하면서 들래을 나오니까 오전에만 그더려 줄라고 해서 오전에만 잘 딜고 시키다."

※ 어머님 때문 보통일이 아니다. 예냐하며 조석이라고 입배 안 대고 있쓰니까 보통 고통이 아니다.

〈1970년 11월 23일 월요일 낡씨 맑음〉

오늘은 흑일 할려고 들래을 우마차을 몰고 가니까 남들이 추어서 일하계너냐고 말을 하는 사람이 만어며 자신이 소을 몰고 가면서도 날씨가 추어서 일도 못하고 집에 들어오지 완나 생각이 들더니 막상 들래서 일을 하니까 훈운하더라. 흑일도 내일만 하계 대며 다 하계 대며 소일은 다 하지 완나 보고 있다.

① 자신은 상업 ② 축산산업) 자신의 평생 이 두 길을 가지고 삶매 보람을 찼갰다.

〈1970년 11월 24일 화요일 낡씨 맑음〉

오늘로서 들까지 흙일을 안전하계 매조지고 말랐다.

흙일을 하면서 내 어떠개 살 끄시며 어떤 길로 가야 하나 하고 공상으로 하로 해을 보내고 말랐다.

"형이 순석이깨 말을 잘 못해서 순석이가 말을 마구 해서 가만이 생각하니 우리 형제간은 아버지 형제관보다 더 하지 않나 생각에 자신이 방마치을 들고 말을 벌대로 하며 때일야고 동생들을 전부 불려 안치고 우리 형제관들이 만으니까 마음을 쪼개 먹어며 살 수가 업따 하고 우리 마을 바도 형제들을 보며 앙마보다 더하계 살라오는 것을 바도 우리 {형}제관은 비골한 형제가 대지 말자고 눈물로서 이야기을 하여쓰며 우리 형제들이 눈물을 전부 헐리고 했찌만 그 눈물이 뼈속까지 반성을 했는지는 못갰꾸나."

〈1970년 11월 25일 수요일 낡씨 비〉

용배내 집 이주며 어머님이 밥이라고 입배 대지을 안코 있는 것을 보고 일하로 가서 마음이 불란해서 실 참이 있쓰며 어머님에깨 아 볼라고 예을 쓰는데 놉을 해서 지붕을 이는데 실 참도 업시 오전 일과을 맡치고 직시 집에 와보니 생각했는 것보단은 편하계 계시더라. 그래서 인사만 하고 큰집에 올라가니 지붕에 올라가서 일을 시작하고 있더라. 그래서 낮만 들고 지붕어로 빨리 올라가서 일을 하는데 엄두도 안 나더라. 예냐하며 지붕이 반 정도는 썩으니 다 파내니까 지붕을 이래도 잘 일수가 있깨나 하고 생각까지 들더라.

"그리고 내년에 부친과 희갑할 사람은 희갑 준비한다고 돼지을 산다고 말들을 하고 있는 것을 볼 때에 우리는 어머님 병에만 시달리고 있쓰니 부친 희갑 준비는 생각도 못하고 있쓰니 희갑 준비한다는 사람을 보기도 실더라. 예냐하며 자식어로 태어나서 남들은 희갑 준비을 하고 있는데 우리는 준비라고 하지을 않코 있스니 머리을 들 수가 업개 미안감이 들더라."

〈1970년 11월 26일 목요일 낡씨 비〉

어머님의 맥밥이 띠지을 안아서 동생을 불러서 어머님의 얼굴을 바라볼 수가 있깨 했노고 어머님의 맥밥이 안 띠나 하고 한 번 더 떨리는 손어로 어머님의 손목 만지고 어머님 얼굴만 바라보고 있쓸 뿐이다.

"오늘은 비도 오고 해서 아무 일도 못하고 친구가 집에 와서 자신이 현시대에 무었을 하며 살매 보람을 가질까 하고 극정이 대서 친구에깨 현 사회에서 무선 길로 가면 돈 벌 수가 있깨나 하고 이야기도 해보왔지만 신통한 말 업시 화로 일과을 보내고 말랐쓰며 모래 수득세을 댈라고 새끼 따래을 사로 같더니 새기 따래가 마음에 들지는 안더라. 예냐하며 새끼가 적으며 매상희고 하기는 가늘더라. 그래도 한 타래에 90원 하는데 두 타래에 180원 주고 사왔다."

금일 지출에 … 180원

〈1970년 11월 27일 금요일 낡씨 맑음〉

내일 매상 댈라고 형과 둘리서 가만이을 쳐는데 힘도 덜뿐 아니라 솜씨가 업쓰서 거런지 하로 점두록 내 잎 정도 밖에 쳐지 못하계더라.

오늘은 가만이 쳐면서 우연이 자나부지 생각이 떠오러더라. 분을 참을 수 업시 열이 오러며 그 세끼들 하고 생각이 십싸리 살라지지을 안더라. 자신은 때에 따라서 생각을 안 가질라 했도 자신도 모러개 머리에 터오려면 십사리 죽지을 안는구나.

그리고 향군 종소리가 나서 가보니 소대장이 제대 날짜을 알리달라고 하며 오늘은 마을에 대에서 합이을 바야 한다면서 좀 기다리라고 하여서 친구들과 이야기을 하고 놀면서도 어머님이 혹시나 더해서 몸부림을 쳐고 있지나 안나 생각에 집우로 와서 어머님 동태을 쌀펴보고 또 향군회이 하는데 가니까 이미 열시가 대어서 예비군도 다 참석 안 아고 있키 때문 결과도 보지 못하고 해산하고 말랐다.

"부모의 힘이 을마나 크다는 것을 절시리 제삼 너꼈다."

〈1970년 11월 28일 토요일 낡씨 맑음〉

쿵[꿩] 잡을라고 해장에 닷섯 시경에 나가서 논에 약을 분배하고 우리 과손막에서 쿵이 내리오두록 기다리고 있는데 마작동 아들인가 자신이 약 분배한 곳어로 비알비알 도라다니서 오늘은 쿵을 다 잡아꾸나 하고 생각하니 화과 나더라. 그래서 이왕 못 잡을 바이야 숨어 안저서 불 수만 있나 생각에 누군과 나 볼라고 아들한태 가니까 마작동어로 내려가더라. 그래서 누군과 알지 못화고 쿵도 내리오지 안코 해서 약을 전부 해수해서 집으로 내리와다.

그리고 오늘 매상 대는데 우리가 제일 농사을 잘 지었는 것을 풍구질을 했노코 저울가지로 동내을 다녀바도 우리 나락 같던 것은 차저 볼래야 차저 볼 수가 업더라. 그래서 오늘 매상 대며 일등할 껏으로 생각했던 이 건조가 안 댓따면서 이 등을 주고 말더란다.

"어머님이 병에 신음하는 것을 볼 때에 낮보다 밤이 더 하며 낮재는 급이 안 나는데 밤만 대며 어머님이 죽어며 어떠깨 하코 극정대어서 밤에는 잠도 선잠을 자고 만다."

〈1970년 11월 29일 일요일 낡씨 맑음〉

어머님이 음식이라고는 입배을 안 대어서 물명태 알배기국 국물이라도 좀 잡수실란가 해서 계령을 해장에 가서 살려고 상점에 무려 보니 요세는 생물은 가따 놓지을 안는다고 해서 추번대 옛선 것이 허사로 도라가고 말라쓰며 형이 김천 볼일로 오후에 물명태을 싸 와더라.
그리고 순기가 처음 일주일 휴가 와서 갈 때는 어머님의 얼굴을 이재는 못 보지 할 때에 눈물이 나더니 부산으로 물건 수령하로 가다가 왔따기에 반가운 마음 말할 수 업쓰며 한 번 더 어머님 얼굴을 보개 대어서 기쁜 마음 검할 길 업꾸나.
그리고 쿵 잡을라고 약 분배한 것을 한번 도라보니 약이 업는 데가 만아서 이재는 쿵을 잡는가 했던이 주이의 산을 해매어 보와도 한 마리도 찻지 못하계더라. 자신의 속으로 안만 해매어 바도 업쓸 때에 쥐들이 먹어서 업는 것일까 생각까지 들더라.
오늘은 어머님이 쓸펴서 목매어 울길에 자신이 에 라는고[왜 이러는고] 하면서 달래도 개속 울길에 자신도 그만 눈물이 줄줄 흙러 내리서 그만 자신도 한참 울고 말랐다.

〈1970년 11월 30일 월요일 낡씨 맑음〉
매상 댈라고 가마니을 쳐는데 어재보다 쳐기가 힘이 덜더라. 예냐하며 집이 말라서 부셔지고 해서 가마니을 내 개 쳐는데 하로 해가 저물두록 쳐곤 했다.
"인간이 극정을 하계 대며 한이 업따. 예냐하며 극정이 끝이 업고 삶매 보람만 희박혜저고 있끼 때문에 하로하로 생할만 착실하계 생할을 한다며 삶매 보람을 가질 수가 있쓰며 희망을 가지계 댈 꺼이다."
※ 사람이 극정 이끄던 거리을 해매며 글식을 하고 다니는 사람을 감상해 보아라. 극정은 업쓸 끄시며 동정심만 살라남을 끄시다.

총지출 … 1,760원
총수입 … 2,600원

〈1970년 12월 1일 화요일 낡씨 눈〉
금년 처음 첬눈이 내리다. 첬눈이 내리는 줄도 모려계 밤에 와서 내리는 촛감을 가지지 못하고 첬는을 마지하계 대어다.
그리고 가만이을 쳐는데 낡씨가 흐리고 비가 올라고 해서 가마니을 중단하고 잿관에 재을 전부 쳐서 봄보리 갈려고 봄보리 두엄에 같따 노왔다.
"눈님이 어머님 병문을 어재 와서 시어서 오늘은 갈려고 어머님에깨 인사을 하니까 눈님은 쓸펴서 눈물을 흙리는데 자신도 자꾸만 슬펴서 눈물이 나올라고 해서 그만 방을 나오고 말랐다. 방을 나와서 한참 있쓰니까 눈님이 눈물을 흘리면서 방을 나오며 막 갈려고 해서 인사도 못하고 집에 있쓰다. 예냐하며 눈님을 간다고 인사을 할려며 눈물이 쏘다저 나올 껏 같다서 눈물을 억재할려고 인사도 못하고 말랐다."
지출에 … (손 허만 대 쓰는 약) 구레새랭 [글리세린] 한 병 … 20원

〈1970년 12월 2일 수요일 낡씨 눈〉
오늘로서 가마니을 전부 쳐고 말랐다. 가마니을 오래 쳐니까 힘은 들어도 철수록 일이 능숙해저고 있꾸나.
이제 낡씨가 겨울 날씨을 보인 뜻이 쌀쌀하고 눈바람이 희날이며 거리에 사람들이 오골씨서[오그리고, 또는 움츠리고] 거리을 행단하고 있는 것을 볼 때 겨울 안전하계 안으다 준 것이 틀림이 업따고 본다.
우리들이 병간오에 시달이서 낮지로도 잠

이 와서 눈이 깜키고 있쓰며 몸이 피곤해서 아무것도 할 의욕도 업쓰며 자신들이 어러깨 시달리고 있는데 병에 시달리는 어머님은 얼마나 뼈가 아푸며 이 새상에 무었시 불버끄실까 한 가지 한 가지을 생각하며 뼈가 사무쳐두록 아품 마음 검할 수가 업쓸끄시다.

〈1970년 12월 3일 목요일 낡씨 흐림〉
금일은 낡씨도 흐리고 아무 일도 못하고 남들과 오전 일과을 보내고 오후에는 변소채집 위는데 연개가 넷 마람을 가지고 일라고 시작해 보니 연개가 한 마람 부족대더라. 부족대는 연개을 형과 둘리서 역쓰서 지붕을 안전하계 위낳다.
그리고 유선방송을 오늘낡까지 잘 덧고 수공을 오늘로서 마지막 수공을 주어쓰며 유선방송 주인에깨 안 뜻깨따고 이야기을 하여쓰며 당분관 매일 소리가 나다 아무 소리가 나지 완너며 예로가 댈련지는 몰라도 우선 수공 주는 것을 바서는 잘 틴 샘이 대는구나.
오늘은 식구들이 한자리 모이서 부친 희갑 문재가 나와서 부친 말씀이 땡기서 하지 말고 칠월 그대로 하자고 하며 만약에 띵기서 희갑을 하계 대며 잘하여야 할 참이니 어머님이 이러깨 있는데 잘 하계 대며 골란을 바깨 땐다면서 부친이 칠월에 하자고 말씀을 하길에 우리들은 고생이 댄다고 하지만 아직은 앞피 있쓰니 잘 하자고 하며 아버지는 한 번인대 잘 하자고 해도 응답을 안 아시며 아버지도 어머님이 병에만 시음하고 있쓰니 아무 일도 하고 십지 않으며 무선 일에도 생각도 업씨 낡을 보내는 것 같다.

〈1970년 12월 4일 금요일 낡씨 맑음〉
봉답 농리[농지] 정리하는데 보들 도로을 업쌔고 돌리서 멀개 할려고 더려니 자신이 월래 도로을 단축시키도 멋할 침인대 자기내들의 사욕을 차려서 형식적인 도로을 내고 원도로을 업쌜라고 들길에 추진이원에깨 자신이 멀개하지 말고 원도로을 살리서 하여야 한다니까 한지의원 축에서 논이 재대로 떨려저지 안는다면서 이야기을 하지만 대을 살리고 소가 죽어야 한다고 말을 하니까 절먼 사람들원 거러깨 하여야 한다고 말을 하지만 어른들이 말을 안 들려준다고 하면서 이야기을 하더라.
어머님이 아푸다고 말을 해서 다리을 주물러 주는데 자신이 주물면서 생각해도 어머님이 이려깨 매말란 것인가 생각할 때에 깜짝 놀랠 지경이다. 사람이 얼마나 삶이 파저며 뼈만 남는가 생각하니 한심수럽끼 짝이 업꾸나.
그리고 어머님 때문에 놀로라고 안 가는데 오늘은 친구에깨 놀려을 가서 별로 할 일도 업꼬 해서 현 사회에서 어떤 상업로 가야하나 토론으로 시간을 보내고 말랐다.

〈1970년 12월 5일 토요일 낡씨 맑음〉
사료값 외상한 것을 줄라고 김천장에 가서 이상[외상]한 것을 값는데 생각보다 적더라. 자신의 생각한 것은 약 1,800원 댈 끄라고 옛정한 것이 예정보다 적으서 장에 흥정을 마음 놋고 할 수가 있쓰따.
오늘도 별료 할 일도 업고 공상으로 오후의 읽과을 보내고 말라찌만 공상도 자신의 삶매 보람을 가지고 살 수 있는냐 하고 공상으로 시간을 보내고 말랐다.
※ 사람의 생명이 을마나 무섭따는 것을 병

에 오래 신음해 본 사람 아니라며 생명이 을마나 길다는 것을 모을 꺼시다.

금일 지출 … 사료값 400원
물명태 260원
나무 전지 강철 20원
자신의 옷 1,000원
부친 모자 150원
계 1,830원

〈1970년 12월 6일 일요일 낡씨 맑음〉

오늘은 낡씨과 해복대어서 마구관을 쳐고 있는데 이모님이 어머님 병문안 아서 이틀 동안 휴식을 하고 오늘로서 가시며 어머님이 저러깨 누어 있쓰서 어떠개 하나 하고 눈물을 흙리면 우름소리을 크개 내면서 울길에 자신이 어머님이 병안에 누어있는데 이모님이 울면 어머님은 더 속이 아푸개 대니 이모님이 울개 대며 안 댄다고 하면서 말류하였다. 말류하면서도 자신의 눈에는 눈물이 흙리고 했쓰며 자신은 더 속이 아푸고 있꾸나. 그리고 동생이 일주일 동안 휴과을 와서 마음 놋고 놀지도 못하고 있쓰고 친구들은 매일동안 술만 마시고 밤이며 노래로 밤을 새우고 있는데 순기가 어머님이 병환에 있쓰니 친구들과 술 마시고 놀 힘도 업는 모양이다. 예냐하며 남들의 부모는 다 잘 있쓰니까 술 마시고 도라다니도 욕할 사람이 업따고 보며 순기로 바서는 어머님이 병에만 신음하고 있쓰니까 어뒤 술 마실 힘이 있쓰며 어떠깨 머리을 들고 다닐 수가 있나 생각이 더련는지 몰라도 일주일 동안 마음 놋고 한번 놀지 못하고 어머님 밑태서만 일주일을 보내고 오늘 가는데 뒤모섭을 보니 눈물이 가리서 볼 수가 업쓰며 잘 가자는 말도 재대로 못하개더라.

"그리고 봉산에서 시낭한다고 청첩이 왔는데 일부로 자신을 바서 청첩을 하는 것을 바서는 자신 꼭 가서 축하을 하여야 하는데 자신의 속으로 어머님이 병에 죽니 사니 하는 이판에 청첩 왔따고 집을 비우고 갈 수가 있나 생각이 대며 마음이 허락지을 안아서 참석을 못하고 말랐다."

〈1970년 12월 7일 월요일 낡씨 흐림〉

매상을 우리로서는 마지막 대고 해쓰며 매상도 어럽개 이등을 맡고 말라다. 우리 나락으로서 일등 한 가마 업시 매상의 마지막으로 보냇기 때문에 허전한 감이 있꾸나. 그리고 처음으로 풀나무을 하로 가니까 어뒤로 갈까 어뒤에 가며 한 짐을 할 수가 있나 마음을 성급계 하던이 막상 어뒤에나 지개을 니라놓고 시작하니 생각보다 수래개 한 짐 하계더라.

어머님이 이재는 음식이라고는 안전하계 공복을 지내서 자신은 때마다 명태국물이라도 마쉬라고 하며 어머님이 거절할 때마다 신경질이 나며 어떠깨 하여야 밥을 먹개 하나 생각해 보며 한심할 때가 한두 번이 아니며 병 쳐고 제일 더런 병이라고 욕도 해볼 때가 한두 번이 아니라고 생각한다. 그리고 남들이 어머님 병문 와서 뼈만 왕상하계 남원 어머님을 보고 눈물을 흙리고 있는 것을 볼 때는 자신도 눈물이 흙일야 해서 방을 나오는 때가 한두 번이 아니다. 남들이 보고 눈물로 아품을 표시하고 있는데 우리들의 형제는 그 뼈아품을 누과 알 리가 있나.

〈1970년 12월 8일 화요일 낡씨 맑음〉

순기가 일주일 동안 휴가을 와서 집에서 나가지 완코 집에 있길에 부모과 병환에 있쓰서 놀지 않코 있는 것을 보고 마음을 바로 가지는 줄 알라떠니 이재 와서 보니 집에는 돈 필요 업타고 차비만 달라고 한다면서 아버지에깨 1,400원만 가지고 갈따고 말을 하더라. 그래서 그 돈만 가지고 같는 줄 알랐더니 이재 와서 육촌형님내 집에서 돈 3,000원을 빌려서 같따고 육춘아주머니가 돈을 돌려달라고 하여서 집에서는 무선 영문을 모러고 있길에 자세하계 말을 해달라고 하니까 순기가 군에 가면서 집에서 돈을 주는데 적으서 3,000원을 달라고 해서 가지고 같따고 말을 하더라.

그래서 자신원 화가 나더라. 예냐하며 집에서 돈이 필요가 업따고 하고서는 남에 집에서 돈을 빌려 가니 자신이 생각해 볼 태에 돈원 돈대로 써면서 집에 인심은 다 내며 임심을 내도 나이가 적으며 몰갯는데 나이는 만이 먹은 놈이 마음먹는 것을 바서는 빌려먹을 행세을 하고 있스며 자신은 생각에 쬬달리는 살림사리을 보태임 대라고 일전 한 품을 아껴서 쓸라니 남들에깨는 노랭이 소리을 들을 지경인대 저들은 돈 쓸 때로 다 쓰며 다니고 있쓰며 집안 임심을 내고 다니고 있는 것을 볼 때에 자신도 이재는 생할 할 돈을 가지고 돈 벌 개산을 하여야갰따는 것을 너켜다. 예냐하며 동생들의 돈 쓰는 질을 보니 나중에는 돈 한 푼 안 쓰고 헐벗고 말개꾸나.

"이재 와서 생각하니 돈을 아켜서 모다 노어며 돈 쓸 놈은 따로 있따고 본다."

〈1970년 12월 9일 수요일 낡씨 맑음〉

보리밭에 인분을 주고 오는데 논쿵이 만이 내리와서 가만이 생각한 결과 저 쿵을 만이 잡을 수가 인나 곰곰이 생각한 결과 농약을 전액으로 보리쌀 불과서 내일 아침에 논 자리에 전부 푸리 놀 예정으로 보리쌀을 불과 논 것을 보고 형이 전부 변소에 너어서 처음에는 싱경질이 나더니 이재 와서 생각해 본 결과 자신이 이 험한 장난을 했따고 절시리 너켜쓰며 앞푸로는 고기을 안 먹더래도 이 험한 장난을 안을 결심이다.

그리고 친구의 집에서 싸이나로 쿵을 잡을라고 콩에다 너어서 내일 같다 놀 예정이며 앞푸로 살라갈 수 있는 생각도 했스며 여러 사업을 놋고 공상도 하고 계산도 했보왔다. 남들원 자신만 보며 어머님이 좀 어떠나 하고 보는 사람마다 말을 할 때마(다) 좀 낮따고 말은 하지만 실지는 남찌는 안코 악하대니 속만 아품 마음 머라 말할 수가 업꾸나.

〈1970년 12월 10일 목요일 낡씨 눈〉

첯눈은 아니지만 아침에 일러나니까 천지가 가루 헌치 논 모양 마음이 상켜해저며 어제 쿵약을 너어둔 약을 가지고 눈을 마저면서 친구 일 명과 둘리서 가니까 마음이 자신도 모려개 상켜저며 논에 눈이 싸인 것을 비로다 쓸고 약을 두 개씩 분배하고는 멀리서는 쿵 내려오는가 망을 보고 있는데 마음으로는 곳 내려올 뜻을 올 뜻하며 내리오지 안는 그 심정 약을 노와본 사람은 알지만 약을 안 맡친 사람은 모을 꺼이다. 그래서 쿵도 내려오지 않코 해서 아침을 먹고나 보자고 하고 둘리서 빠른 속도로 식사을 하고 올라가서 망을 볼 때에 내려오지 안을 때에 신경질이 나서 집우로 올라고 더는데 쿵이 약 분해 둔 곳에 한 마리가 보이더니 두 마리 셋 마리 하고 보일 때는 춤을 안 쳐서 그럿치 그 기분 말로 다 할 수가 업쓸 정도다.

그 쿵들이 한참 다니더니 산으로 날라버리

더라. 그래서 약 분한 곳에 와보니 약이 하날 박에 먹고 가지 완아더라. 그 한 알 먹은 놈을 차절라다 만약에 찻계 대며 다른 쿵들이 다 날라버일까바 찿처보지 안코 만이 잡을 욕심으로 집우로 왔다. 오후에 다시 나 가니까 빈 자리로 있스서 그만 산을 해매서 쿵을 차는데 수라개 쿵을 차저서 줏는 기분 말할 수 업시 기쁘더라. 그 쿵이 생각보다 고기가 만아서 두리가 실껀 먹어다.

※ 내일도 쿵을 잡을라고 약을 너을라다 모친이 병에만 시념맘[신음만] 하고 있는데 쿵만 잡는다고 다닐 수가 업쓰서 친구는 한 번 더 놋차고 말을 하는데 다음으로 밀루고 거절하고 말랐다.

〈1970년 12월 11일 금요일 낡씨 맑음〉

땅이 질어서 아무 일도 못하고 하로 일을 보내셔며 아무 일도 못하고 바람 좀 실 겸 과손에 올라갈려고 집을 막 나오니까 봉산 친구 와서 나에깨 볼 일이 이따면서 과손에 가자고 해서 자신도 과손에 갈 예정이라서 그름며 가자고 하면서 대리고 가니까 다름이 아니라 부랑기 구경 겸 부화에 대에서 이야기을 들을라고 와따고 하더라.

그래서 부화 대에서 자세한 설명을 해주고 부화 대에서 시정할 점을 이야기하고 좋은 점을 이야기하니까 부화기을 구경하더니 잘 연구했따면서 친찬을 잘 하더라.

친구 집에 놀러같따 한참 노는데 친구 일명이 와서 이야기한다는 소리가 제일 처음 쳐자 앞패서 선을 보개 댄 동기와 반 이야기을 하는데 우서을 지경이다. 예냐하며 친구과 여자 앞피라고 한 번 서보지 안는 인간이 말도 못하고 가만이 있따 말 두 마디만 하고 말라따는 말에 자신이 너켠 점은 선보는 것도 경음이 있쓰야 챙피을 면할 수가 있따고 본다.

친구들은 선보러 다닌다고 말을 하고 다니지만 자신은 나이는 만치만 아직까지 선 보는 데 대에서 생각도 못했다. 예냐하며 어머님이 아빠서 신음하기 때문 한 번도 장가에 대에서 생각해 본 점 업쓰며 돈에만 신경을 쓰고 있쓸 뿐이다.

〈1970년 12월 12일 토요일 낡씨 비〉

어머님에 대에서 어재 밤에는 온 식구가 다 놀랐다. 예냐하며 입배서 피 비서럼한 것을 입부로 코로 막 흙러나오며 머리을 숙이며 우리 식구들도 일부는 죽어따고 말을 했쓰며 밤을 새두록 부쪽을 하면서 보니 이제는 죽는구나 생각이 들며 사람이 이러깨까지 고생을 할 수가 있나 들더라.

그리고 어머님에깨 병문안 오는 것도 이재는 탁 질색이다. 예냐하며 어머님 매말란 얼굴을 남에깨 보여주지 십지는 안어며 어머님에 병문안 오는 사람이 미울 지경이다. 우리들도 어머님이 이처름 고생을 하고 계시는 것을 볼 때에 앞푸로 살지는 못할 바에야 고생을 적개 하시고 운명하시는 것이 어머님에깨 조어리라고 생각까지 들고 있꾸나.

자식들도 아에 이 새상에서 공기을 못 마실 빠에야 운명하시야지 어머님이 병에 신음만 하고 계시는 것을 두 눈어로 못 볼 {지}경이니 어머님은 을마나 고생이 크며 막상 어머님이 운명하시며 우리들은 앞을 보고 사라갈 수가 있나 생각해 볼 때에 앞피 캄캄하며 예 우리에깨 이 뼈절린 아품을 주고 운명을 하시야 하시야 하나 생각할 때에 승이 나며 유감이 댄다.

자신은 동생들에게 공부하라고 매일 이야

기 하지만 동생들은 공부가 머리에 안 더러가는 것을 너켜다. 예냐하며 라듸오에서 방송이 흙어나오는 것에 놀라서 갑짝수럽개 소리을 하면서 일어나는 것을 볼 때 전 신경이 어머님에깨만 있는데 어찌 공부가 머리에 들러갈 수가 있깨나 생각이 대어서 이재는 공부 소리을 안을 작정이다.

〈1970년 12월 13일 일요일 낡씨 맑음〉

※ 어머님 별세 음력 11月 15日

어머님이 더 하신대 말씀이 오늘 저녁을 못 넌군다는 말씀에 눈시울이 떠거어지며 이재는 못 사는갑다 생각할 때에 앞이 캄캄하더라. 그리고 어머님이 9시경에는 아주 우중하더니 열 시경에는 아주 더 하시서 눈님을 대리옷까 무러 보니 아무 말씀도 안 하시며 해서 이재는 운명길에 더는값다 하고 남을 씨키서 눈님을 대리오라고 하고서는 어머님 얼굴만 바라보고만 있쓰니 눈님이 팔리 와야 할 땐대 하고서는 마음만 초초해 저기만 하더니 어머님이 채온이 줄어들 때에는 자신의 마음이 중풍 걸린 사람 모양 원행을 이루지 못하고 있쓸 때는 이미 운명했따고 온 가족이 운명했따고 헌들며 울고 몸부림을 쳐고 하니까 어머님이 채온이 생기더니 숨이 좀 생기더니 아주 채온이 앙승하며 숨을 끄개 시계 대더라. 그때사 눈님이 막 더러오며 어머님이라고 부러니까 고개만 헌들더니 한참 있따가 11시 10분에 별세하더라. 어머님이 별세을 하니까 우름도 나지 안더라.

〈1970년 12월 14일 월요일 낡씨 맑음〉

어머님 곁에서 어리벙벙하계 하로 해을 보내고 말랐다.

※ 남들은 낡씨가 여름 모양 어찌 따뜻하다면서 인사을 만이 하여서 안 하기보다는 좋더라.

〈1970년 12월 15일 화요일 낡씨[108]〉

남들이 특별이 생각해서 우리 일을 잘 바주고 한 사람도 노는 사람 업시 마음 먹고 일 바줄 때에 감사한 마음 검할 길 업더라. 자신도 남에 일 바 주로 가면 잘 바주고 하지만 이러깨까지 마음먹고 바주는 것을 볼 때에 참 놀랐다. 예냐하며 남에 일할 때에 보며 일 좀 해라 사정사정하여도 골짜개 더러가서 술 담배만 하고 있는대 우리 일할 때는 그는 사람 몰라 해도 못 볼 정도로 마음먹고 해주는 {데} 대에서 감사을 더리는 바이다.

〈1970년 12월 16일 수요일 낡씨〉

어머님의 신채라도 방에 있쓸 때는 평소와 크개 별다름 업더니 방이 빈방일 대 허전한 마음 말할 수 업쓰며 방에 들어올 때마다 감짝감짝 놀라갯더라. 예냐하며 언재라도 방에 들어오며 어머님은 누어계시는데 사람이 업는 것을 볼 때는 놀라고 말며 어머님이 병환에 계실 때는 부친에깨 별료 감심이 업씨 보냇는대 어머님이 안 계시고 빈방이 대고 보니 아버지가 불상하여 보이며 볼수록 불상한 마음 검할 {길} 업쓰며 밤중이라도 올라보며 동생과 아버지가 잠을 자고 있는 것을 볼 때에 눈물이 나더라.

---

108) 15일과 16일의 일기에는 '낡씨'라고 써서 날씨 적을 자리를 만들어 두긴 했지만 실제 날씨는 적혀 있지 않다.

어머님 살라계실 때는 어머님이 중하다는 것은 알라찌만 이처름 자식에깨 거름이 크다는 것을 너켜 보지 못했찌만 어머님이 안개시니 살고 십펀 마음이 업시 나나낡을 보내개 대는구나.

〈1970년 12월 17일 목요일 낡씨 (갈방비)〉

오늘까지 여름과 별다름 업시 땀방울이 이마에 매치며 온몸에는 땀어로 날을 보내개 대어서 어머님 안장은 설랄이지만 안전하계 안장을 하여서 더 기쁜 마음 검할 길 업쓰며 미속한 대는 우리 오 형제가 지개로 안전하계 하고 꽃나무까지 심어서 꺼리킴 업시 안전무결하계 하여 노왔다.

그리고 우리 형제관들까지 빛이 오륙만 원 절 줄 아라는데 생각보다 남들이 부이을 만이 하여서 놀랐다. 그래서 빛이라고는 貳만 원이 대개 대더라.

남들이 실 참 업시 일을 잘 바주고 어른 아들 업시 생각보다 잘 바주니 자신이 책임이 더 무거어지는 것 같다. 예냐하며 앞푸로는 자신도 전에보다 더 착실이 바주야 대갯따는 것을 절시리 너켜다.

〈1970년 12월 18일 금요일 낡씨 흐림〉

오늘은 조카가 말을 잘 안 듯고 해서 때일라고 때린 것이 아니라 슬적 건던 것이 마구 울고 있쓰니 형이 하는 소리가 너는 예 영숙이을 잘 때리나 하길에 신경질이 벌끅 나더라. 예냐하며 형은 나을 얼마나 밑길에 그는 소리을 하계나 생각하니 정말 서운하더라. 자신은 손버릿이 나빠서 잘 때린다고 하지만 형이 그런 소리을 할 때에 서운하더라.

자신이 조카을 미우서 때린 적은 한 번도 업쓰며 혹 때리고 난 뒤도 잘못했꾸나 생각할 때가 한두 번이 아닌대 이재 와서 그 소리을 덧고 보니 조카들과 장난한 것이 잘못이 대는구나 생각했쓰며 앞푸론 형에깨 조카을 안 때일 끄시며 그떠도 안 볼 때니 알라서 하라고 불켸한 말을 하였다.

※ 오늘 어머님 산소을 보니 예부에서 보나 어뒤서나 바도 양지 바러며 아담하계 보이니 마음이 상캐하더라. 그리고 어뒨지 모러개 부모님을 안장을 하고 나니 어뒨지 모러개 던던하더라.

〈1970년 12월 19일 토요일 낡씨 흐림〉

내년 가을보리 갈려고 흙거름을 형과 둘리서 우마차로 실러 너어쓰며 올해 바서는 흙거름은 얼마라도 할 수가 있깨더라. 예냐하며 있때까지 추위가 업쓰며 작년 바서는 올해는 추위라고 업끼 때문에 무었시라도 할 수 있따고 본다.

어머님 산소에 밤 2시 30분에 산소을 가볼라고 집을 나서니 산소에 갈 때까지는 마음이 서먹서먹하더니 산소에 막 더러쓰니 마음이 훈운하더라.

오늘은 부친이 희갑을 말씀을 하길에 처음에는 무선 말을 할 수가 업더라. 우리 집 바서는 희갑 문제을 두고 생각해볼 때에 빛을 만이 절 끗을 생각하니 자신이 어떠개 하여도 돈을 버라야 대개따는 것을 절시리 너켜다.

※ 무선 일이던지 장담을 말라야 한다는 것을 오늘로서 너켜다.

〈1970년 12월 20일 일요일 낡씨 맑음〉

어머님의 반지로 부친 시계을 사는대 반지 판 돈이 모자라서 집에 돈으로 보태서 시계을 싸서 집에 가지고 왔는데 시계을 보니까 자신의 보기에는 좋아 보이며 동생의 말래는 희충시계는 세 계박에 업따고 말을 하면서 아라비와 수짜가 맑아서 싸와따고 이야기을 하는데 좋아서 자신이 시계을 가지는 것 같치 마음이 상캐하더라.
오늘도 부모의 설픔이 아니라며 풀나무을 한 짐 해도 할 껏인대 설펌이 너무나 크개 대어키 때문에 그만 하로 일과을 무이미하계 하로 일과을 보내고 말랐다.

〈1970년 12월 21일 월요일 낡씨 흐림〉
상복을 입은 지도 얼마 안 대고 해서 놀로 안 가고 집에서만 나낡을 보내고 있는데 친구가 와서 봉산냇에 다리 기공식한다고 한다면서 가자고 하길에 안 갈려고 해도 자꾸만 가자고 해서 할 수 업시 기공식 하는 데 갈더니 말로는 돼지 잡고 잘 한다는 말이 번지던이 실지 보니 돼지도 업고 각 동내 술 두 말박에 주진 안더라. 그래서 술이고 머고 집우로 와버리고 말랐다.
※ 어머님이 자식을 삶찌울라고 치마껸을 졸라가며 삵던 생각을 하며 하로고 한 달이고 우려도 시운치 안깨쓰며 어머님은 우리에깨 삶을 깍다십피 살라왔는데 우리들은 어머님에깨 무었을 따뜻하계 하여 더려는가 생각해 보니 무었시라고 말을 할 수가 업꾸나.
※ 남들이 어머님 산소가 좋다는 맑을 들을 때마다 자신의 가슴은 기운에 넘친 거름을 거을 수가 있꾸나.

금일 지출 … (펜촉) 5개 10원

〈1970년 12월 22일 화요일 낡씨 눈〉
오늘은 낡씨도 좋지 안코 해서 집에서 무이미한 시간을 보내고 답답한 시간을 보내다 어머님 산소가 보고파서 저녁이 짓더오는 대도 불구하고 어머님 산소로 발길을 돌리서 어머님 산소에서 저녁이 안전하계 짓터서 길이 멀리는 볼 수가 업쓸 때에 집우로 내리오고 말랐다.
그리고 집에서는 서랄[설날]을 지내고 나가라고 말을 화지만 자신은 고생이 대더라도 화로라도 일적 나가야 자신에깨 도음이 대리라고 생각하고 있는데 집을 바서는 직시 돈을 내개 대며 빛이 크고 나중에 돈을 내개 대며 실과 돈[과실을 판 돈]을 내기 때문 크개 빛이라고 생각이 대지는 안는대 어떤 길을 택할까 극정이 크개 대며 어떠개 할 주망을 몰갯꾸나.
※ 친구 계론식 화는대 … 기념품값(말진이) 200원 지출

〈1970년 12월 23일 수요일 낡씨 맑음〉
요줌은 자신이 이중마음을 가지고 일을 할려고 더니 일이라고는 손끝도 놀리기 실어며 자신의 생각에도 이러깨 일이 하기 실어서 앞푸로는 어떠깨 할까 극정까지 대는구나.
요사이는 무선 일을 하여도 무이미한 시간을 보내고 있쓰며 이래도 사람이 산다고 하는가 생각까지 들 때가 한두 번이 아니며 자신의 마음 같따서는 멀리 떠나서 사회에 맑은 공기을 마음껏 마시고 오며 마음이 후련할 껏 같다.

〈1970년 12월 24일 목요일 낡씨 맑음〉
오늘 친구 계론식 하는데 후배로 남들은 예안 같는가 물어보는 사람도 있떠라만 자신은 후배로 가고 십펀 마음도 업쓰며 자신이 친구 계론식 하는데 불버도 해보지 않코 남들은 이래하나 저래하나 하등에 생각도 업시 무이

미한 낡을 보내며 자신이 이것을 하여야 한다는 것을 너켜보지도 완고 해마 보내고 있따. 우리 마을을 바서는 재대로 일을 마음먹고 동내일을 바주는 사람이 업따고 보며 동내 일에 불공편이 만아도 말 한 마듸 하는 사람 업쓰니 절먼 사람어로 바서는 아따까운 일이 한두 가지가 아니다. 만약에 자신이 생활이 부유해서 끝까지 동내 살개 댄다면 동내 불공평을 업쓸 자신은 있는데 자신이 언잰가는 갯지로 나갈 몸이 대니 여관 불평 있쓰도 아무 말 안고 지내오고 있따만 자신이 생각해볼 때에 우선 욕 먼는다고 바른 소리을 안 아고 뒤로만 말을 하는 사람을 보개 대며 큰 잘못이라고 생각한다.

〈1970년 12월 25일 금요일 낡씨 맑음〉

크리스마스가 올해 와서는 희미해저 가는 것 같다. 예냐하며 작년에는 크리스마스라고 우리 마을에서도 노래로 밤을 지세우고 하더니 올해는 조용이 보내는 것을 보니 이상하계 생각할 정도다. 예냐하며 사람이 약아서 거런지 크리스마스가 실더래저서 거런지 알 수가 업꾸나.

그리고 요즘은 형은 매일 풀나무을 매일 한두 짐식 하고 있는데 자신은 매일 무정세월로 보내고 있쓰니 형 보기가 미안할 정도다. 예냐하며 자신도 형과 두리서 나무을 해도 하여야 하는데 매일 놀고 있는 심정을 잘못이라고 알지만 막상 내가 그러 갈 앞을 생각하니 일이 손에 걸리지을 안어며 형제일 돌볼라 해도 일이 잡피지을 안더라.

어머님이 생각나서 하로 매일 산소에 두 번을 꼭 산소에 도라보며 보리에 인분을 주고 오면서도 어머님 산소에 들리서 오개 대며 하로라도 어머님 산소을 들리지 안으며 마음이 찐에서 안 갈 수가 업개 댄다.

〈1970년 12월 26일 토요일 낡씨 맑음〉

어머님이 별세하던 날이 향군훈련낡인대 그때는 우리 집 형편 바서 연기한 것이 오늘에 예비군 교육을 바계 대어는대 오늘 훈련은 구보로 약 30분경하고 병기 수입로 하로의 일과을 마치고 말랐다.

그리고 친구 시냉[신행]한다고 친구가 와서 자신의 속으로 상주가 그런 대 가서 대갯나 하는 생각에 있는대 자꾸만 가자고 해서 저녁 먹고 갈려고 하니까 자꾸만 가자고 하여서 할 수 업시 같떠니 일부 친구들이 놀고 있쓰서 자신은 상주 입장에 놀지는 못하고 뒤에서만 있쓰니 거러지 말고 좀 놀자고 하며 너머나 쓸펴만 할 수가 있나 하면서 노라고 하길에 자신의 생각에 슬펴만 할 수가 업쓰서 나중에는 자신도 친구 풍물 처는대 같치 놀고는 했찌만 정말 마음 기쁘서 놀지는 안에쓰며 어뛰진 모려개 자신의 속은 슬편 마음으로 하로 일과을 보내고 말랐다.

금일 지출 (차비 합승) 50원 (본동 어른차비) 30원) 80원

〈1970년 12월 27일 일요일 낡씨 맑음〉

금일은 해장에 인분을 저고 가는 시간이 너저서 어머님 산소을 가지 안코 집우로 올라고 예정한 것이 어머님 산소을 그냥 지나올라고 더니 발길이 돌라오지 안으서 아침을 좀 너깨 먹지 {하고} 어머님 산소을 들리서 오는데 생각보다 너무 늦지는 안더라.

그리고 낡씨도 맑고 따뜻한 낡이기 때문에 과수나무 전지로 해을 보내고 전에 와보니 동생이 놀려 다니고 집에 있찌을 안코 해서 만약에 동생이 들어오개 대며 책이고 머고

집어치우라고 마음을 단단이 먹으는대 막상 보니까 승질돼로 못해서 꾸지름만 하고 말라쓰며 동생은 자신의 속 십분에 일도 몰라준다. 예냐하며 자신은 눈 떠며 공부하라는 말을 몰라주고 놀기을 좋아해서 요줌은 공부시간보다 노는 시간이 만아서 예과 떠저서 공부을 하지 마라고 하면서 공부방에다 라듸오을 가지고 자신이 크개 볼{륨}을 올리서 덧고 있쓰니까 동생도 잘못을 너켰는지는 몰라도 큰방으로 올라가고 말더라.

※ 전기을 안 쓰고 호령불로 살라올 때에 너켜 보지는 못해는대 이변에 우리 마을에서도 전기가 가정에 들어오고 있코 우리 집에는 개랑기가 고장인진 선이 잘못 대서 거런지 전기가 완 올 때 마음이 조급해서 우리 개랑기 선을 일부 떳더서 집적 방우로 더러가는 선으로 연결을 시켜도 불이 오지을 안아서 위우지 선을 만저보고 학인을 해바도 알 수가 업쓰서 안따까운 마음으로 전공을 기다리는 수박에 업따고 생각했다.

※ 동생이 제일 기중한 시간인대 기중한 시간을 모러고 들떤 마음을 가지고 시간을 보내고 있쓰니 형으로는 심적이 을마나 고대다는 것을 누가 알라주나.

〈1970년 12월 28일 월요일 낡씨 맑음〉

매일 아침이며 인분을 밭에 주기 위에서 일적 일어나서 인분을 펄라고 들고 있는데 아침 밥상을 차리고 있쓰서 오늘은 어짠 일로 밥을 일적 했너냐고 물어니 오늘은 초하로가 아니냐 하더라. 그래서 집안 청소을 하고 골목까지 안전하계 청소을 하고서 어머님 밴소을 보고 말랐다.

혹 놀로을 가개 대며 친구들과 잡생각 업시 놀다 도중에는 어머님 병환이 더 하지나 안나 하고 착각을 할 때가 한두 번이 아니다. 자신이 놀다 어머님을 와보고 다시 놀로 가던 날이 시와에 돌고 있는데 어머님이 돌라갈따니 꿈만 갈꾸나.

"순기가 군 태둘리에서는 봉급을 바다들지 못하는 줄 알라떠니 집이 답답한 줄 알고 아켜 쓰고 졸역하계 쓰서 돈을 2,000원을 부친대 대에서 감사한 마음을 검할 길 업꾸나. 예냐하며 자신이 군대생할 때에 봉급을 차저 볼라고 3년을 지나와도 군대봉급을 차저본 적이 업는데 동생은 하사라고 하지만 그대로 돈이 필요할 껀대 돈을 부쳐서니 그 마음이 을마나 절단성이 강하기에 돈을 부쳐깨나 할 때에 더욱 감사한 마음을 가지개 대는구나."

〈1970년 12월 29일 화요일 낡씨 맑음〉

과수나무 전지하니 친구들이 와서 전지하는 도중에 휴식을 치하면서 들어니 요줌은 장사을 한다고 해도 별료 할 일이 업다면서 이야기하는 말이 자기 갈따면 옺감장사을 하는 것이 좋을 끄라고 하면서 말을 하면서 자신도 꼭 나갈라며 이야기하는 장사을 재일 끄라고 말들 하더라. 그리고 한 가지 말을 하는데 기가 번적 열일 정도로 터이더라. 예냐하며 자동차을 탈라며 계속 한 차로 다니며 물건을 티가 올 때도 한 차로 다니계 대며 언잰가는 침일해저며 물건 실년대도 좋을 뿐 아니라 요금도 적개 가지고도 다닐 수 있따는 말을 더려니 자신의 생각에도 너켜 보지 못한 맑이기 때문에 친구로부터 거 말을 들어쓸 때 감사한 마음 머라 할 수 업떠라.

"오늘 친구 입장으로 난처하계 몟 시간을

보내고 말랐다. 예냐하며 상주 입장으로 주점에서 서승대기가 동내어른 보기에 머리가 수거러저더라. 예냐하며 친구가 와서 술 대집하는 데 몰려들어서 상당이 면완하며 나중에는 친구고 머고 가던지 마든지 집어치고 집우로 올 마음이 번하더라. 그래도 친구라고 거라지는 못하고 술 한 잔식 시켜서 보내고 말랐다."

〈1970년 12월 30일 수요일 낢씨 맑음〉

일이 손에 걸리지을 안아서 이때까지 빈정대고 형은 매일 나무을 두 짐식 하고 있는데 자신은 매일 빈정대고 놀기가 미안에서 오늘은 형에깨 좀 쉬라고 하고 자신이 나무을 한 짐 하는데 집에서 공상하는 것보다는 나무 하는 것이 자신의 육체로 바서도 률이 할 껏 같다. 예냐하며 나무을 할 때는 모던 잡념을 버리고 나무만 만이 할려고 날뛰니까 육체적으로도 편하다고 넛켸다.

※ 금일 자영이 김천 볼 일 보고 왔다면서 집에 들이고 빈소에 포도주을 두고 갈려고 해서 술 한 잔만 나누고 가면서 말씀하길에 자세하계 듯고 있쓰니까 우리 집에는 한쪽 부모과 돌라같쓰니 자나부지는 더 좋아서 속으로는 춤을 철 태니 처남들이 그것을 알고 형제관들키리 정이 있깨 지내고 좀 더 이을 물고 노력하라고 당부을 하며 가시길에 자신 속으로 살라가야 대갯따는 것을 알고는 있찌만 자영까지 우리들에깨 당부을 하는 것을 볼 때에 형제관은 우정을 안 버리고 살라가야 갯따는 것을 더 용소섬쳐고 있꾸나.

〈1970년 12월 31일 목요일 낢씨 맑음〉

금년에는 환 가지 뜻을 이루지 못하고 70년도을 말 업시 보내는 아쉬음을 누구에깨 말하리까. 세해을 보고 말을까 아무 누구에깨 말을 난길 수도 업시 해을 마지하는 이 마음 머라고 말을 할 수가 업꾸나.
금년을 뜻을 위루지 못한 일들을 71년도 뜻을 위루며 성공의 칯발을 발블 수 있는 인간이 대어 볼 결심이다.
그리고 올해는 봄날과 다름업시 따뜻하며 나무꾼들 위마에는 언재나 땀을 말률 선환 바람 업시 따스환 날만 계속 대니까 노인들 할 껏 업시 올해는 추위가 업는 모양이지 하고 재각이 말들을 하고 있쓰며 자신의 생각도 여름에는 비 때문에 못 살 지경이더니 겨울에는 가물어서 보리밭에 해을 줄라고 눈비가 하나도 안 오고 계속 맑은 낢씨만 보여주니까 자신도 눈이 한번 와빠쓰며 하는 생각이 간절하구나.

※ 금년에 허망한 날을 보내고 신년을 마지하계 대는데 신년에는 허망한 인간이 안 대기을 신예깨 빌며 알찬 인간이 대어 주소 하고 한 번 더 손 모아 비나이다.

〈월말 총지출비〉

항목	수량	금액
구래새랭	1병	20원
사료값	1표	400원
물명태 · 모친	2마리	260원
나무 전지 강철		20원
자신의 옷값		1,000원
부친 모자값		150원
펜촉값	5개	10원
기년품값(말진)		200원
차비 합승값	50원	80원
본동 어른 치비[차비]	30원	
총지출		2,180원
1970年 총지출		55,234원
〃 총수입		78,802원

▌1971년▐

〈1971년 1월 1일 금요일 낡씨 맑음〉

보리밭에 인분을 주고 어머님 산소에 들일 때마다 새들이 때을 지어서 소리을 하고 있는 것을 볼 때에 자신도 어뒨지 모러개 마음이 캐알하더라.

그리고 남들은 1月 1日이라고 논다고 하는데 자신은 낡이 너무 따뜻해서 풀나무을 하로 가서 생각보다 수라개 한 짐 하고 집우로 왔따.

놀로을 안 갈려고 화다 마음이 내키서 놀로을 같더니 한참 놀고 있는데 형 또래가 와서 종구 댕기풀리한다면서 와서 술 한 잔 하라고 하여서 술 먹으로 같니 남들보다 술국을 잘 꺼리서 마음끝 먹고 잘 먹으다.

① 신년에는 미전함이 업시 찰실하계 생할을 하며 앞을 볼 수 있는 인간이 대어볼 결심이다.

〈1971년 1월 2일 토요일 낡씨 맑음〉

금일은 정미을 하는대 가마니 수는 9가마니을 현미로 빼는데 자신의 생각으로는 쌀이 2십 너 말은 너머 껏으로 생각을 했는데 생각보다 좀 적개 나서 마음이 어울하더라.

올해는 송아지값이 얼등하계 비싸며 송아지로 명색 있따며 삼만 원이 넘는다기에 우연이 송아지을 한번 먹이어 볼까 하는 생각이 부적 너러나더라.

앞푸로 살라갈은 세 가지로 삶매 보람을 차절 작정이다.

췿재 길은 보따리장사로 갈 끄시며 만약에 이 길로 가는데 있쓰서 밥값이 적자 날 때까지 할 끄시며 개속 적자로 운영이 댄다면 곡상으로 발을 온기서 삶매 보람을 차저 볼 끄시며 만약애 이 두 가지가 실패로 간다면 산중으로 들어가서 부모에깨 물어바던 재물이라도 팔라서-소로-삶매 보람을 꼭 처갈 끄시며 위 이상 세 가지 더는 죽는 한이 있더라도 안을 결심이다. (서명)[109]

〈1971년 1월 3일 일요일 낡씨 맑음〉

어제 저녁에는 잠을 자고 있는데 대문소리가 나서 누구냐고 물어니까 형수 소리가 나서 대문을 열려 줄라고 가니까 사람은 업코 대문이 열려 있쓰서 아차 하더라. 예냐하며 형이 들어오지 안아꾸나 하고 생각하니까 삵이 뜰리더라. 예냐하며 우리들의 위치가 어너 정도 있는지도 모러고 도박을 하여 밤 1시경에도 들어오지 안는 것을 볼 때에 사람자식이라고 볼 수가 있깨나 하고 동생과 둘리서 동내을 해매어쓰 겨우 차저 보니까 방에는 돈이 자리에 놀고 있쓰서 형은 앞패 가라고 하고 집을 빌려준 주인이 있낄에 화가 벌꺽 나서 주인 머리틀을 지며 이 새키 이러쓰라고 하니까 벌떡 이러쓰며 생기가

109) 1971년도 일기에서 저자는 가끔 일기 본문을 적고 난 후 한자 '權'을 포함하는 서명을 적어 넣고 있다. 그러나 이렇게 적은 서명의 글자 전체를 알아보기 힘들므로 본 출판본에서는 이러한 서명이 나타날 때는 '(서명)'으로 기입하였다. 간혹 서명 옆에 월, 일을 사선으로 구분한 날짜를 병기한 경우도 있는데, 이런 경우에는 '(서명) 날짜' 형식으로 기입하였다.

업는 것을 무러쓰고 막 때일라고 더는데 형 또래가 말리며 너 형을 바서 때린다며 큰 오산이다. 예냐하며 너 형은 화토을 암 마치쓰며[안 만졌으며] 대라안전 것뿐이니까 이랄 필요가 업따면서 말리며 이야기을 하는 거슬 푸리치고 좀 주인을 바야갯따면서 가니까 너 형을 바서 니가 거란다며 큰 오산이고 만약에 우리 동내을 바서 거란다며 말리지 않캐따면서 이야기을 하면서 말리길에 어절 수 업시 참고 말라쓰며 집에 와서 형 이야기을 덥고 보니 노름은 안 엣는 것이 학정이 대어서 잘못을 너켜쓰며 형 또래가 말리지 안에서며 큰 실수을 할 뿐에다. 예냐하며 상주 입장으로 남을 때리고 소란을 피아쓰며 큰 실수을 저절 뿐 에는데 형 또래 때문 큰 모면을 면에다.

그리고 어제 저녁 집주인에깨 사과인사을 하고 잘못을 용서해 달라고 사정을 하고 말랐다.

오늘 낡씨 따뜻해서 들에 보리논을 한 박키 돌라보니 작년보다 보리씨가 아주 잘라쓰며 올 보리농사는 잘 지나따고 바도 가연이 아니다. 그리고 과수나무 전지할려고 나무에 칼을 대어보니 칼이 나무을 먹지을 안애서 그만 어머님 산소만 돌라보고 말랐다.

지출 … (종구 계론식 기념대) 100원

<1971년 1월 4일 월요일 눈>

봄낡 갈던 따뜻한 날이 어뒤로 가버리고 갑작이 영화로 내리가서 사람을 못 살개 만들며 방에서 움직이지을 못할 정도라 아무 일도 못하고 방에서만 하로 일과을 보내고 일부 지도로 시관을 보내고 말랐다.

"인간이 남에 힘을 빌리지 말고 내 힘으로 한번 사라보자는 희망을 가지고 인내을 길러바라."

"삶매 보람을 가질라거던 남보다 한 시간만 노력을 더 하계 대며 성공은 오리라고 밑고 있따."

<1970년 1월 5일 화요일 낡씨 맑음>

일기불순어로 아무 일도 못하고 집에서 무이미한 시간을 보내고 저녁에는 친구들이 모여서 자각기 앞푸로 살 극정하는데 다들 극정을 한 아람식 안코 있쓰며 극정이 떠날 이 업시 시간을 보내고 있따는 것을 자신이 알고 있쓰니 자신의 극정이 들 대는 것 같다.

※ 세월이 파러다 하지만 인간의 마음 낡는 것보다는 들 팔을 것이다.

<1971년 1월 6일 수요일 낡씨 맑음>

※ 앞푸론 술빵치기을 하여도 술빵치기 하는 아들 비에서 돈을 내고 절때 손을 안 대어야갯더라. 예냐하며 남들은 별다른 인상을 안 주지만 자신이 생각해볼 때에 돈 만이 하고 등신이 대는 놀이는 화토박에 업따고 너켜다.

일기가 좋지 않아서 친구들과 어울리서 노는데 화토로 술빵치기을 하는데 안 알 수도 업고 해서 할 수 업시 화토을 하는데 자신이 만이 글머저서 얼래 소질은 업따고 하여도 만이 걸머지고 나니까 불캐하더라. 예냐하며 돈 만이 하고 등신 대고 가만이 생각하니 남들보다 예 만이 글머전나 하고 생각해볼 때 불캐한 마음 말할 수 업더라.

그리고 친구들 모양으로 술을 만이 하고 하며 본전을 술로 하지만 술이라고는 입배 대도 못하고 안주만 먹고 돈은 재일 마니 하계 대니까 뼈아품 마음 머라 할 수 업쓰며 주인이 자신 보기 미안하다면서 빵을 두 개 주며 술을 적으나 먹을 줄 알며 이 빵을 건아지 않캐따면서 이야기을 하면서 주길에 자신이 거절하면서 암 먹깨따고 하고 정말 그 빵을 내놋깨 대며 앞푸로는 안 오개따면서 이야기을 해도 자꾸 주며 친구들까지 먹으라고 하여서 할 수 업시 친구들과 노나 먹어따.
금일 지출 … 270원 술빵치기값

〈1971년 1월 7일 목요일 낡씨 흐림〉
금일은 낡씨는 흐리지만 낡씨가 표건해서 동생과 둘리서 고기을 잡는데 생각보다 고기가 갱장이 잘더라. 그리고 고기을 잡는데 불편하고 어름등어리을 캐어서 잡을라니 힘이 여관 아니며 에초 개산한 것 반 정도만 잡고 말랐다.
그리고 어머님이 살라개실 때는 친구들과 어울리서 놀라도 급이 안 나더니 이재는 급이 나더라. 예냐하며 술빵치기을 해서 부채가 있쓰서 돈을 달라고 하기가 만만하고 미안감이 업는데 이재 와 어머님이 안 계시니 돈을 마음 놋고 달라고 할 때가 업쓰며 돈을 만들기 위에서 남들과 같치 곡석을 펴낸다 곡상에깨 가지고 간다 하는데 자신은 죽는 한이 있더래도 곡석을 펴낸다 곡상에 간다 하는 것은 죽어도 하기가 실고 하니까 친구들과 노는 것이 실어저며 저녁으로도 놀로 안 가고 집에서 날을 보내고 만다.

〈1971년 1월 8일 금요일 낡씨 눈〉
금년 들어 제일이 만이 눈이 와쓰며 눈이 못쳐름 만이 내리고 있쓰니 마음이 들뜬 기분이 댄다. 그리고 보리밭에 가물까바 극정이 대더니 다행이 눈이 싸여서 해갈을 면할 끄시며 끄시며 올 보리농사을 잘 지을 끄수로 내다보고 있따.
그리고 집에서 있쓰니까 해도 지업코 해서 어머님 산소에 동생과 둘리 가서 눈을 한참 쳐고 어머님 산소에서 놀다가 해가 절머리 집우로 내리오고 말랐다.
※ 인간의 피가 힘이 대는 것이 아니라 돈이 힘이 댄다고 자신은 너켜다.

〈1971년 1월 9일 토요일 낡씨 맑음〉
삶매 보람을 가지기 위에서 공상으로 하로 일과을 보내고 말랐다.
그리고 천호 댕기풀리 하는데 이때까지 다녀 바지만 잘하는 것은 못 바다. 자신의 생각도 돈을 버는 사람이 다르다는 것 너켤 정도로 만이 차려서 마음껏 먹어서며 배불어 못 먹을 정도더라.
요줌은 낡씨가 일을 못하계 만들어 노와찌만 매일 빈정대니까 정신적인 예로가 만아서 일 좀 하계 만들어 주어쓰며 하는 생각 간절할 정도다.

〈1971년 1월 10일 일요일 낡씨 맑음〉
오늘은 놀기도 지업더라. 그래서 과손에 전지을 하로 가서 함참 하니까 발이 실어서 집우로 올라다 참아서 하로 일과을 보내고 말랐다.
사람이 매일 노는 사람은 몰라도 안 놀던 사람은 놀라니까 시간이 지루하고 해가 지어서 놀 수가 업더라.
금일 지출에 … (천호 기념품값) 100원

〈1971년 1월 11일 월요일 낡씨 맑음〉
옛초에는 토기 잡을라고 친구 사 명이 봉화산으로 갈려고 같는대 가다 보니 일로 가자

절로 가자 서로가 엇갈리는 생각 때문에 봉화산은 못 가고 연봉어로 천동어로 할 일 업시 도라다닐 때에 다 큰 놈이 동민들 보기에 미안한 감만 들며 얼굴만 붉거지며 어색하기만 하는대도 친구들은 자꾸만 돌라다니자며 용전으로 발길을 돌릿다.

용전을 가며 술 먹자고 하면서 주머니에 돈을 터러 보자면서 돈을 내는데 10원 20원 150원 나와서 술 먹자고 하면서 가자길에 자신은 돈 가진 것이 업서서 가지 마자고 하면서 술집우로 가는 것을 부들고 팔리 목적지로 가자고만 해도 술집에로 가는 것을 말리지 못하고 술을 먹고 말라서며 용무도 업시 연봉·용전·천동·초곡·대신로 한박키 도는대 배만 골코 말랐다.

그리고 한 달 전부터 음력 보름에는 어머님 산소에 가서 둥건 달을 정면으로 터는 것을 바라볼라고 닭력에 12月 15日에 꼭 갈려고 싸인까지 하였는데 저녁 무름부터 낡씨가 흐리저서 닭을 못 보개 댈 때에 허전하고 무었을 있전 것만 같치 하로을 보내기 대어 쓰며 다음 보름에는 어머님 산소로부터 둥건 달 떠는 강경을 보고 말 태다.

〈내지〉110)

경북 금릉군 아포면 대신동 三구111)

권순덕

말로만 하지 말고 실천을 하자.

〈1971년 1월 12일 화요일 낡씨 맑음〉

낙락 한 가마 달리고 과수 전지하로 갈려고 더는데 친구가 와서 놀자고 하여서 그만 전지하로도 못 가고 하로을 노는데 저녁도 모러고 노는데 동생이 대리로 와서 그만 놀던 것을 치우고 집에 오니 저녁을 먹고 있떠라. 그래서 집에서는 별다런 기색이 업찌만 자신은 갠이 미안감이 들더라. 예냐하며 하로 점두록 놀면서 저녁도 짓때 와 먹지 않고 너췌 와서 먹을라고 더니 미안한 감이 들더라.

그리고 어재 어머님의 산소에 가서 밝은 보름달을 볼라고 보름 전부터 예정한 것이 낡씨가 구름이 찌어서 볼 수가 업쓰서 가지 못하고 오늘 저녁 먹고 보름닭은 아니지만 닭을 보갯따고 어머님 산소에 가서 한참 기다리도 터오러지 않고 너깨야 밝은 닭이 어린 아들 순박곡질하면서 얼굴 내밀더시 밝은 닭이 터오러는 것을 어머님 산소로부터 정면으로 빛을 내는 것을 볼 때에 재일 기쁘더라.

금일 지출 … 안약 100원

〈1971년 1월 13일 수요일 낡씨 눈〉

아침에 예정하기는 나무 전지하로 갈려고 더려는데 갋짝이 낡씨가 차바저며 눈발이 휘날리고 있킬에 가지 못하고 말라서며 눈발이 휘날리니 동생들과 집안 청소을 하고 나서 눈발의 큰 것마는 동생과 바더면서 서로가 만이라도 바들 약속이라도 한 뜻이 서로 만이만 바들라고 빠피 날뛰어 다니다.

※ 그리고 어재 어머님 사진을 학대한 것이 흐리고 원 얼굴이 아니라서 어울한 마음 검할 수 업더라. 예냐하며 어머님어로서

110) 아래 내용은 교체한 새 일기장의 내지에 기록되어 있는 내용이다.

111) 주소와 이름이 일기장 내지의 중앙에 오른쪽에서부터 세로쓰기로 기록되어 있다.

마지막 사진이고 우리들은 평생 두고 사진만으로도 만족을 너켜야 하며 품안으로 돌일 꼇을 은[원] 얼굴이 아니고 흐리기 때문에 그 분을 참을 수가 업쓰며 돈이라도 적개 주어쓰면 모러지만 최고로 주어서 만든 것이 원 얼굴이 아니라서 점두록 어울한 날을 보내고 말랐다.
그리고 동내 아주머니가 와서 어머님 빈소을 보더니 할마씨가 에 이래 있쓸까 하며 눈물을 먹어면서 복이까지 끄라면서 슬펴만 하고 있쓰니 자신도 보기에 참 안 대더라.

〈1971년 1월 14일 목요일 낡씨 맑음〉
가을보리밭에 인분을 주고 오면서 생각에 올해도 설 명절 안에 다 줄 수가 업깨꾸나 생각을 해볼 때에 언재 설 명절 안내 줄 수가 있쓸까.
※ 그리고 과수 전지을 함참 하고 있쓰니까 친구가 올라와서 그만 나무 전지한 것을 그낭 두고 산 등산 겸에서 토기사양[토끼사냥]을 가서 토기을 보고도 잡지 못하고 집우로 오는데 우리 마을 할마씨가 나무을 만이 해서 가지오는데 힘이 들어 보이서 자신이 바다서 집에까지 같따 주고 말랐다.

〈1971년 1월 15일 금요일 낡씨 맑음〉
요줌은 자신이 객지로 나갈 마음을 가지서 거런지는 몰라도 낡씨가 조금만 차버저면 놀갯고 놀라도 마음이 여사로 여겨저고 있따. 자신이 가만이 생각해 보며 장년에는 단 일분도 놀기가 앞값더니 걸래 와서는 일이라고 손에 걸리지도 않을 뿐 화기도 실어서 할 수가 업깨 대는구나.
그래도 객지에 나가서는 일 초도 안 놀고 돈을 버러 볼 작정이다.
지출 … 노트값 30원

〈1971년 1월 16일 토요일 낡씨 맑음〉
대문 원틀 할려고 친구들과 산에 등산 겸에서 올라가서 토기 목매만 놓고 집우로 오면서 소나무 두 개을 배어 왔다.
※ 그리고 눈님이 오늘 와서 단 몟 시간 있는데 지업따고[지겹다고] 말을 하더라. 자신이 생각해 볼 때는 어머님이 살라개실 때는 몣칠식 놀고도 갈라고 하며 가기가 실어서 집에서 주저주저하다 하로 밤을 더 시어서 가개 대는대 이재 와서는 어머님이 안 계시니 단 몟 시간을 집업따고 하면서 놀지도 않고 갈라고 더니 어머님 힘이 을마나 크다는 것을 너킬 수가 있쓰며 우리들이 사는 것이 을마나 쓸쓸한가 한번 생각을 해볼 점 있다.

"슬펴지 안다. 슬폄이 크며 클수록 마음가짐을 최상의로 살라가자."

〈1971년 1월 17일 일요일 낡씨 맑음〉
과수 전지을 좀 하고 친구와 토기 목매 놓은 곳에 등산 겸에서 하로 일과을 보내고 마라쓰며 그리고 친구내 집에 놀로 가니까 형 또래와 친구들이 술빵치기을 하자 해서 자신의 말이 모이며 술 먹자는 말이니 무선 영문인지을 몰개꾸나.
그래서 화토을 집어 버릴일야고 누것끄야고[누구 것이냐고] 무러니까 장사하는 사람 태옥이 끄라고 해서 버리지는 못하고 먼저 부체 있는 것도 못 주서 미안한대 자꾸만 먹개 하며 어떠깨 하나 하고 자신은 못하계

다 하니까 자꾸 하자 하더라. 그래서 화토는 안 쳐고 중을 따지서 돈을 하개따고 하면서 셋이 하라고 하니까 안 아고 있쓰며 나을 하자고 해서 나 때문에 술빵치기도 못 하개따면서 집우로 와버리는데 상당이 욕을 할 줄 안다. 예냐하며 대장군 남자가 돈 멧 백 원을 가지고 밴절하개 논다고 욕을 할 줄은 알지만 집안형편 바서는 할 수가 업따.

예냐하며 남들 모양 부모 모러개 배뒤기을 해서 마음끝 먹고 술빵치기을 해서 마구 노라나며 밴질하다는 말을 안 뜻찌만 배뒤기을 안을라라고 마음을 먹고 있쓰니 어절 수가 업시 밴질하다는 말을 덧개 대는 것이 아직까지는 우울하지는 안따.

"자신이 돈을 벌고 내 손으로 돈을 만치며 밴질하지는 안깼다. 그리고 내 손으로 돈을 만치기 전에는 밴절하{다}는 말을 들을 예정이다." (서명)1/17

〈1971년 1월 18일 월요일 낡씨 맑음〉

※ 풀나무 두 짐 하고 하고 마랐다.

풀나무 화로 갈러고 하니까 영한이가 따라 갈러고 해서 대리고 같던이 혼차서 나무하기보다는 좀 낮더라. 예냐하며 엽패서 무선 말이고 지엽지[지겹지] 않캐 말을 하니까 지읍지 않깨 나무을 한 짐 하고 말랐다.

"요줌 낡씨과 봄을 재축하더시 했빛이 따거을 정도로 내리 째이고 있쓰니까 봄이라고 착각을 할 정도이다. 그리고 우리 후대에 가며 겨울도 업쓸 껏이다. 예냐하며 우리들 자랄 때만 에도 겨울에는 차바서 마음대로 놀 수가 업쓴는대 이재 와서 겨울 본다면 겨울을 쳐도 얼름 하나 재대로 얼지 않코 있쓰니 어찌 후대는 얼름을 얼기을 바랄 수가 있나."

〈1970년 1월 19일 화요일 낡씨 흐림〉

친구와 사회에 나가서 장사을 해볼라고 공상으로 오전 일과을 보내고 오후에는 풀나무을 한 짐 하고 맑라다.

오늘은 봄비라도 곳 쏘다절 껏 괏더며 비는 오지 안고 있는데 수일 내로 봄비가 올 끝만 같다. 예냐하며 낡씨가 여름 모양 따겁개만 하고 있쓰니 비는 올리라고 생각을 하고 있따.

양지 바란 대는 개구리들이 하품을 하면서 일러나며 올 겨울잠은 예 이러깨 잛벌까[짧을까] 원망이라도 할 껏 같다. 예냐하며 사람도 추위 한 번 업시 음등설랄을 보내개 대니까 어뒨지 모러개 마음이 허전하기만 하다.

〈1971년 1월 20일 수요일 낡씨 비〉

봄을 재축하는 비가 만이 와서 아무 일도 못하고 집에서 공상으로 하로 일과을 보내고 말랐다.

"비과 만이 내리고 있쓰니까 어머님 산소에 물 더러가까 바 극정 크구나."

"겨울에 비가 내리고 있는 것은 더문 일이며 대환이 내일인대 대한 기분이라고는 차저볼래야 볼 수가 업는 대환을 마지하개꾸나."

〈1971년 1월 21일 목요일 낡씨 비〉

어재 저녁부터 비가 개속 내리서 어머님 산소가 극정이 대어서 금일 잔재리에 어머님 산소에 가본다고 올라가는데 길이 질탕이 대어서 어머님 산소에도 질탕이 대어서 발자국에 부터서 일어날 줄 알랐는데 막 산에 들어쓰니 말고 깨끗했 보이고 보승보승해 보이서 발로 뒤더바도 운동장에 문지 안 나개 비가 온 것 모양 질지을 안아서 마음이 상캐하더라.
요줌은 하로 해가 지업따. 예냐하며 동정이라고 차저볼래야 차저볼 수 업는 인간세상에서 발을 내뒤들 예정에 있쓰니까 자신이 고생이 대더래도 화로 팔리 고생을 하고 사회에 씨번물[쓴물]을 마음껏 먹어볼 예정이며 사회에 씨번물을 박차고 일어쓸 꺼을 생각하니 요줌은 해가 지루해서 신경질이 날 지경이다.
"그리고 생각지도 않는 예상값을 동생이 값파따니 놀랐다. 예냐하며 형이 동생 부쳐을 값파야 할 탠대 동생이 형의 부체을 갑파따니 미안감이 대더라."

〈1971년 1월 22일 금요일 낡씨 눈〉
아침에 일어나니까 눈이 와있더라. 오래서 어머님 산소에 눈 썰로 갈 예정으로 있는데 형이 갈려고 준비을 하고 있쓰서 자신은 그만 안 가고 말랐다.
그리고 대문 원틀 만더니라고 하로 일과을 보내고 말랐다.
"용희 댕기풀리 하는데 술 먹으로 오라 해서 같던니 생각보다 잘 주며 고기만으로 한 접{시}식을 주어서 만이 먹고 왔다."

〈1971년 1월 23일 토요일 낡씨 맑음〉
동생들은 콩을 갈라서 두부 할려고 가고 업고 해서 자신이 떡을 쓸고 하로 해을 보내고 말라쓰며.
"요줌은 놀라도 육체적인 고통이 크다. 예냐하며 잠자리에서 일어나며 일어나기가 실을 뿐 아니라 온 뼈마뒤가 지리지리하계 대는 것을 볼 때에 사람이 놀라도 육체적으로 유리할 점이 업는 값따 하고 너킬 수가 있따."
"집에서 단순하계 생각을 해서 농촌에서 일하기보다는 안 낮깨나 얼마 밥 굴깨나 하고 생각들을 하지만 막상 나가서 일 대로 안 대고 개산이 틀리계 대며 어떠깨 하나 뿌리까지 생각을 해볼 때에 가슴이 담담할 때가 한두 번이 아니다."
금일 지출에 … (용희 기념품값) 100원

〈1971년 1월 24일 일요일 낡씨 흐림〉
매일 인분을 해장에 한 짐식 빠점 업시 보리밭에 인분을 주고 어머님 산소에 꼭 해장에 어머님 산소에 들리계 대는데 요줌은 인분이 업키 때문에 어머님 산소을 해장에 못 들리고 나지로 어머님 산소을 들리개 대는구나.
※ 한 가지 뜻을 가지거던 남에 말을 덧지 말고 한 가지 길을 걸어가라.

〈1971년 1월 25일 월요일 낡씨 눈〉
일기불순으로 아무 일도 못하고 집에서 지루한 시간을 보내고 말랐다.
"부친이 어머님이 살라개실 때보다 성화을 내는 것을 볼 때에 더 급이 나며 어떠개 하며 성화을 안 내두록 할까 하고 신경이 전력을 다하여도 잡을 수가 업꾸나."
지출에 … 해충약 50원

〈1971년 1월 26일 화요일 낡씨 눈〉
금일은 부친 말씀이 집에서 놀라고 하여서 우리 형제관키리 화토노리을 하다 친구들이 놀로 와서 우리 집에서는 생각보다 술을 안 먹{어}서 적다고 생각한 것이 반도 더 남깨 대어서 내일까지 먹을 수가 있캐 대어다.
금일 지출에 … 술 1말 술빵치{기}값
380원 110원
계 490원

〈1971년 1월 27일 수요일 낡씨 눈〉
음력 1月 1日 〈설 명절〉
"평소 때는 매일 다녀바도 눈물을 흙린 적 업는데 금일 아침에는 어머님 산소을 가는 대 눈물이 앞을 가리어서 길을 마음대로 갈 수가 업더라. 그리고 우리들은 상주라고 조상에깨 승배는 안고 참석만 하고 말랐다."

〈1971년 1월 28일 목요일 낡씨 맑음〉
어머님 빈소 손님 대집할려고 안주 접시을 동생과 둘리서 만이 만드려 노왔더니 생각보다 손님이 적더라. 우리 잘랄 때만도 길거리에 두루막이 손님들이 길이 비잡을 정도 댄대 요줌은 새배 손님이 줄어쓸 뿐 아니라 동내에서 새배 손님이 업깨 패단식키고는 꼭 차저볼 사람만 다니고 있키 때문에 사람이 업개 대었다.
"그리고 육촌형이 농사일 하는 것보다는 콩지름 공장에 일하로 안 갈래 하고 물더라. 그래시 자신의 생각은 단 십 원이라도 장사을 하여서 벌 욕심 때문에 우선 공장에 가서 일을 하계 대며 좀 수랄란가 몰라도 나중에 생각하니 골란한 문재가 댈 껏 같다서 않 가개따고 말을 하고 말랐다."
※ 쵳 거름은 빈손으로 거러야만 성공의 길을 단축시킬 수가 있따고 본다.

〈1971년 1월 29일 금요일 낡씨 눈〉
여태까지 어머님이 꿈에는 안 보이더니 어재 저녁에는 자신 꿈에 보이더라. 그 꿈을 이야기하자만 마당에 밀을 한마당 늙으논 것에 발작욱이 있쓰서 예 해필이며 밀을 발바너냐고 한 참 먹 까고 방에 더러가니까 어머님이 장에 같따 왔따면서 석유을 조금 한 캉통에다 백 원 주었따고 하길에 만이 주어따고 하면서 말을 한참 하고 있는데 깨어보니 꿈이더라. 어머님이 돌라가시고는 꿈에라도 본 일원 어재과 처음이 대는구나.
※ 그리고 친구들과 고속도로 가서 사진을 찍는데 고속뻐스는 천부 찍어쓰며 자신의 난생 재일 만이 찍은 샘이 대는구나.

수입에 … 부친에깨 200 눈님에깨 100
계 300원

〈1971년 1월 30일 토요일 낡씨 맑음〉
친구들과 놀다 우연이 계령에 점 보로 가자고 하여서 크개 갈 마음은 업는데 친구 하나가 작년에 바는데 아주 잘 안다고 말을 하여서 자신원 겍지에 나갈 몸이니 어떠한가 하고 점 보로 난생 처음 가는 샘이다. 친구 삼명이 계령을 가서 점도[112]에깨 이야기을 하니까 이재는 점을 안 안다다기에 친구 눈님 집에 가서 술 한 대 어더먹고 오면서 술 한 돼 먹고 가자고 하여서 돼지고기찌기을 만더려서 술 한 대 반을 먹고 집우로 도라와다.
"그리고 도라다니다 어머님 산소을 못 가바서 저녁을 먹고 너켸야 어머님 산소을 돌리고 왔따."
지출에 … 술 한 대 반과 고기값 100원

112) 앞서 1970년 10월 24일 자의 '점도할마씨'와 마찬가지로 점치는 사람을 일컫는 말로 보인다.

〈1971년 1월 31일 일요일 낡씨 눈〉

정초라도 놀 때도 업고 해 지루한 날을 보내기가 힘이 들어서 잡지책에 돈 버러따는 기사을 보니까 어뒨지 모러개 힘이 생기더라.

"그리고 자신이 맥목적으로 객지 나갈 마음을 가지니까 앞피 캄캄하여 앞이 가리더라."

금일 지출에 … 동생 입발에 (앞푼 대) 200원

월말 지출에 … 계 870원

〈1971년 2월 1일 월요일 낡씨 맑음〉

친구들이 집에서 놀개 대며 공상박에 업따면서 바람 좀 실 겸 신촌으로 놀로 가자고 하여서 자신은 안 가개따고 하니까 대리고 갈려고 예을 쓰고 있는데 자신이 끝까지 안 갈러고 더니 서료과 갈리니까 미안감이 들더라.

우리 집 형편 바서는 자신이 객지에 나가더래도 돈을 안 가지고 발을 뒤디계 대며 집안 형편이 좀 낮깨는데 자신이 생할을 할려고 더니 한수로울 때가 한두 번이 아니다.

〈1971년 2월 2일 화요일 낡씨 눈〉

지루한 하로 해을 보내고 말라서며 자신은 어떠개 대던지 순석은 살도로 선생에깨 다니는 것을 바도 팔리 해길리 대어쓰며 하는 생각밖에 업따.

"우리들의 가정이 우얼하지만 언잰가는 명랑하고 호아론 생할을 할 껏을 자신은 학신한다."

〈1971년 2월 3일 수요일 낡씨 눈〉

요줌은 하로 일과가 어머님 산소 다{니}는 것이 일과가 대는구나.

"단 한 푼을 벌래도 상업을 하야 대개따는 것을 너켜다."

〈1971년 2월 4일 목요일 낡씨 흐림〉

오늘은 심심해서 봉산 친구에깨 놀러가서 전축을 한참 덧고 놀고 있쓰니까 코마[꼬마] 쳐녀들이 문을 건들고 도망가고 하더니 계속 대푸리 하던이 친구가 나가서 놀자고 하니까 처음에 않 더러오던이 나중에 들어오는데 보니까 둘째 동생 정도박에 안 대더라. 그래에서 우시 놀도 못하고 무{의}미하계 시간을 보내고 말랐다.

"집에서는 부친 말씀이 객지에 나가더래도 날이 안친이 해동하거던 나가보라고 말씀하며 자신이 삶매 보람을 안 가지고 삶매 보람에 위탈대까바 큰 극정인데 자신의 결심은 죽는 한이 있더래도 개핵성 업는 행동은 안 알 껏을 한 번 더 결심한다."

〈1971년 2월 5일 금요일 낡시 흐림〉

장 구경 갈려다 장 보로 가개 대어다. 장을 가는대 찹쌀을 실고 가는데 참바람이 모질개 부려서 힘이 들어쓰며 찹살 파는데 져음부터 대가 풀어서 기분이 나푸더라. 장을 다 보두록 찐화계 대더라.

그리고 돈도 얼마 않 대지만 돈을 쓸라고 더니 우시 쓸 끄도 업쓰며 물건 싸고 돈을 맡차 보며 돈을 잊전 모양으로 멍청할 때가 한두 번이 아니다.

금일 {지}출에 … 화이타이비누, 얼로비누[얼굴비누], 내이 두 벌 화이, 미역, 김, 짐, 희발유, 예기명태, 자반.

원금 1,300원
금{일} 지출 계 1,210원) 잔액금 90원

〈1971년 2월 6일 토요일 낡씨 흐림〉
이재 봄이 문특에 들어쏫다는 너킴을 주고 있꾸나. 예냐하며 과손에 자도나무들이 싱싱하계 물이 오러고 있는 느킴 주고 있더라. "금일은 자신이 무이미하계 시간을 보내며 친구 집에서 점심식을 잘 먹어다."

〈1971년 2월 7일 일요일 낡씨 맑음〉
요세는 무이미한 시간을 보내니까 공상만 생기고 사람 마음만 마러더기 살만 줄어더는 기분이 던다. 그리고 동생이 첮 휴가을 와서 오늘 기대[귀대] 날짜라서 25일 놀고 가는데 어뒨지 모러개 서운하더라.
그리고 어머님 산소을 처음에 해장에 매일 다니고 해는데 이재 와서 저녁을 먹고 어머님 산소을 들리고 있는데 자신이 생각에도 마음이 누거러지고 있는 것을 너킬 수가 있쓰며 누구려지는 마음을 결단성 있깨 시간을 지키서 어머님 산소을 들일 작정이다.

〈1971년 2월 8일 월요일 낡씨 눈〉
요줌은 일기불순으로 친구들과 매일 휴식으로 날을 보내고 만다.
날짜로 바서는 봄이라는 낡짜가 문특에서 있따고 해도 가연이 아닌대 요줌 낡씨는 봄을 무시하고 낡씨가 매습개 모진 바람만 일고 있쓸 뿐 봄빛을 주지 않코 우울한 날만 계속대고 있따.
※ 그리고 동생 순석이 취직문재 때문에 전신경을 순석에깨만 집중이 대고 있쓰며 이변에야 안 대갰나 하고 어지을 하계 대는구나.

〈1971년 2월 9일 화요일 낡씨 눈〉
요줌은 공상하면서도 생각을 해볼 때에 자신은 꼭 돈 벌 껏 같다.
※ 이변 낡씨만 풀리개 대며 객지로 나갈 예정이다.

"자신이 어떠한 일이 있더라도 부친 희갑 전에는 어떠한 수볍을 쓰더래도 계론 대상자을 주얼[구할] 예정이다. (서명) 2/9

〈1971년 2월 10일 수요일 낡씨 맑음〉
금일 장 구경 갈려고 친구와 셋씨서 용산촌 못까지 올라가니 오더바이가 불이 나서 혼자 껀다고 날뛰고 있길에 200백 마다 전방에서 셋씨 자전차을 발는대 자신이 재일 먼저 가서 모래로 불을 끄는대 한참 만에 불은 안전하계 다 끄고는 오드바이을 보니까 고무로 댄 것은 전부 다 타고 쌔로 댄 것만은 앙상하계 남아있더라.
그리고 김천에을 가서 장 볼 일 전부 보고 친구 형 집에서 점심식을 잘 먹고 자전차는 파출소에 막키고는 김천극장에 가니까 (쌍태양을) 상연하더라. 셋시서 300원을 주고 괄람을 하고 술집을 한두 건대 둘리고 집에 오니 날은 어듭더라. 그래서 밥도 안 먹고 어머님 산소을 갈려고 바삐 올라가니 이미 보름달은 산 위에 조금 올라왔더라. 그 달을 보니 아차 하더라. 예나하며 밝은 보름달을 볼라고 이변에 꼭 보리라고 결심했는대 이변에도 정면으로 올로오는 것을 못 보고 닭이 떤 것만이 바키 때문에 어뒨지 모러계 머리가 수거러진다. 예냐하면 자식이 부모에깨 한 번 마음먹은 것을 못하고 있키 때문에 머리가 수겨지는구나.
금일 지출 … (생강) (톱) (설탕) (접씨) (술값) {()영화갈람}
계 500원

〈1971년 2월 11일 목요일 낡씨 흐림〉

이재는 동생 순석이 극정은 안 애도 대는구나. 예냐하며 이변에 선생 추첨으로 극동유지 회사에 15日에 너줄라고 말을 했다니 이재는 극정을 안 에도 댈 껏 같다.

그리고 오늘 오후 4시경에 비 온다기에 땔캄이 업쓰서 우마차로 동생과 둘리서 한 구루마 실어 나따.

〈1971년 2월 12일 금요일 낡씨 눈〉

눈도 오고 해서 집에서 있쓰니까 동내 서기가 와서 나을 부르더라. 그래서 나가보니 동사모서 좀 오라고 하더라. 그래서 동장에깨 가니까 닭 예방 좀 마을 전부 해달라고 하더라. 그래서 자신이 약을 싸서 예방하는 것보다 동내서 약을 싸주며 수고해 더리개따고 하니까 수일 내로 약을 싸서 예방을 하 태니까 좀 수고 좀 해달라고 하여서 해주개따고 약속을 하고 집우로 오고 말랐다.

그리고 어머님 산소에 눈이 싸이서 눈을 비로 전부 쓸러내루고 산소에서 좀 놀다 오고 마라쓰며 동내에 과수밭에 한두 건대 들리서 구경으로 하로 일과을 보내고 말랐다.

순석이가 농리[농지정리] 직후에 칭랑[측량]하는 데 평수 뛰는데 배운 사람이 있쓰야 한다면서 순석을 대리고 가 매일 두 시간씩을 좀 해달라고 해서 자기 공부는 안코 남에 일만 하니 자신에 일래 지장이 업쓸런지 몰개꾸나.

〈1971년 2월 13일 토요일 낡씨 맑음〉

자신이 객지로 나갈라고 더니 부친 말씀이 말리지는 않캐따고 말씀을 하면서 자신을 나가지 말고 집에서 있쓰라고만 하더라. 그래서 자신은 집에 있쓰며 더 골치가 댄다고 하면서 나갈려고 말을 했노았다.

집에서 부친의 말씀을 덧고 보니 어딘지 모러개 심각하계 생각을 해볼 점이 있따고 너켜서 가만이 생각을 생각을 해볼 때에 아무도 업는 대전을 가는 것보다 인천에 가서 친구에깨 의지을 해서 생할하는 것이 낮지 않나 하고 생각이 대어서 대전원 포기을 하고 인천 친구 집에 가서 신세을 저야갰따는 결론이 나서 인천으로 가기로 학정이 대어서 내일 친구에깨 편지을 하고 수일 내로 갈 예정에 있따.

금일 지출 … 술빵치기값 100원

〈1971년 2월 14일 일요일 낡씨 눈 · 비〉

부설비가 내리서 아무 일도 못하고 집에서 놀다 재옥에깨 인천 갈라고 편지을 뛰어 놋았는데 해답이 어떠개 올련지 매우 궁금하다.

그리고 어머님 산소에 간다고 가니까 황시마에서 아 우는 소리가 나서 우리 아들인가 하고 발리 올라가니 낮선 아가 울고 있더라. 그래서 너 어뒤 인나 하고 물어니 연봉 있따고 말을 하면서 두리 왔는데 하나 업따고 말을 하면서 을마나 우러떤지 눈이 부어떠라. 그래서 자신이 연봉고개까지 댈다주며 가갰나 하니까 가개따고 하여서 댈다줄라고 한참 가고 있는데 뒤에서 이름을 부러면서 오길에 예 아이를 혼차 두고 다니나 하고 꾸중을 주고 딸려 보내고 집우로 오고 마랐다.

금일 지출에 … 우포값 10원

〈1971년 2월 15일 월요일 낡씨 맑음〉

형과 둘리서 마구을 대청소하고 하로 일과을 보낸 샘이 댄다.

“그리고 이재 와서 순석이 선생에깨 속원

샘이 댄다. 예냐하면 순석이 스승이라고 매일 다녀서 부탁도 하고 술을 바다서 가지고 간다 무지한 노력을 했는데도 불구하고 쌔[혀] 새로 돈 먹인 놈만 너어주고 돈을 않쓴 놈은 뒤로 돌리고 있는 것을 볼 때에 이 인간세상에는 돈이 더럽개 만던다는 것을 생각을 할 때에 사람의 인간성도 돈한대는 죽는다는 것을 너켜다."

"사람이 잘 사는 것은 몰라도 안 쓰고 야물개 새할을 하는 사람은 남에깨 아쉬어하지는 않는다."

〈1971년 2월 16일 화요일 낡씨 비〉

순석이을 오늘로서 객지생할을 하로 가는 뒤모섭을 보니 한편으로는 후련하고 한편으로는 서운하기 짝이 업다. 예냐하며 재각기 밥버리을 할려고 객지로 나가는 모섭을 보니 서운하기 거짓시 업따. 우리 형제들이 돈을 만이 있스서 한태서 서로가 성기고 악킬 줄 아는 형재가 대며 좋을 껀대 서로가 해여저서 서운한 마음 검할 길 업꾸나.

이재는 봄이 문특에 왔꾸나. 지금 이 시간에도 봄비가 여름에 소낙이 오더시 소리가 요란하계 양철지붕을 울리고 있쓰니 봄이라고 해도 가연이 아니다.

그리고 저녁을 먹고 나니 친구가 봉산 놀로 가자 해서 놀려간다고 가는데 난대업는 택시가 오던이 오늘 덕개[득계] 해갑잔치집이 어댄야고 물킬에 길을 갈치 주었던니 바푸지 않너며 같치 가서 알리 달라고 해서 택시에 몸을 실고 득깨지[득계까지] 알리 주고 다시 봉산으로 놀로 오는데 우리는 힘이 더 더렸다.

〈1971년 2월 17일 수요일 낡씨 흐림〉

〈일기불순으로 휴식을 함.〉

요줌은 어머님 산소에 다니는 것 패개[빼게] 대며 하로 일과는 밥 먹는 것박에 업따.

"저녁을 먹고 방에 있쓰니까 종말이 순철이가 희망담배을 싸와서 빈소에 같다 놓키에 하도 이상해서 누가 씨키던나 물어니까 아무도 않 시킨다면서 빈소에 담배과 업쓰서 사와따고 말을 하면서 놓고 나가더라. 자신의 생각에 벌로 보고 다니는 줄 알아더니 속속이 생각을 하고 다니는대 대예서 놀랐다."

〈1971년 2월 18일 목요일 낡씨 맑음〉

금일은 과수 전지을 하고 전지을 전부 할려면 삼 일 정도 하계 대며 복숭원 전부 할 껏 같더라.

친구들과 한 자리에 안저 놀라도 삶매 보람을 가질라고 극정 크며 어떠개 하며 돈을 버려볼까 공상이 크더라.

"이재 정말 산 능선을 보니 꽃망울이 터저 나올 것만 같치 산천이 푸리저고 있구나."

〈1971년 2월 19일 금요일 낡씨 흐림〉

오늘 아버지 동갑 해갑한다고 야단을 쳐고 있는데 우리들은 해갑도 땅기서 하지 못하고 남들은 하는 것을 볼 때에 어뒨지 모려고나 불캐해저더라.

그리고 과수 전지을 하고 집에 내려와서 점심식사을 할려고 들고 있는대 자형이 해갑 잔치 같따 온다면서 집에 와서 이야기을 하는데 집에서 싸와따는[싸웠다는] 말을 하더라. 이재는 정말 진저리 날 정도다. 예냐하며 절머서부터 오늘날까지 눈님이 고생한 것과 부모에깨 천대 받고 살라온 것을 생각을 하니 이가 갈리며 인간이 을마나 복이 업는 사람이라서 눈님 하나을 인간다운 곳에 못 치우고 인관 탈만 쓰고 살라가는 놈들에깨 치았다는 것이 이 갈린다.

〈1971년 2월 20일 토요일 낡씨 맑음〉

부친 보약할려고 김천장에서 암닭과 인삼을 싸는데 좀 비싼 감이 들더라. 그리고 과수나무에 기개루을 철라고 금년농약사에 가니까 약이 아직까지 들어오지 않아따고 말을 하며 수일 내로 온다고 다음에 와달라고 말을 하더라.

그리고 친구에깨 편지가 와서 반값개 보니까 친구 집에 부탁을 한 것을 알리고 돌라 다니니까 밤 7시 반이 대며 그때사 친구가 놀로 오라고 해서 나갈려고 더는대 문특 어머님 산소을 장에 가니라고 못 들리꾸나 하는 생각에 캄짝하더라. 그래서 거길로 어머님 산소을 가는대 어덥더라.

금일 지출에 … 닭 600원, 인삼 400원,
물감 60원, 김 200원,
신기 50원, 성냥 20
총지출액 1,330원

〈1971년 2월 21일 일요일 낡씨 비〉

비가 너무나 만이 와서 어머님 산소을 안 갈러고 들다 오늘날까지 눈이 오나 비바람이 불러도 하로도 빠짐 업시 다니고 했는데 오늘 소낙비 온다고 않 가서 대갰나 하는 생각에 저녁을 먹고 비을 마저며 어머님 산소에 다네왔다.

금일에 친구 집에서 책을 보는대 책 내용이 순전희 상술에 대에서 있떠라. 그래서 내용을 일어보니 정말 이러깨 하며 돈을 벌 수가 있깨꾸나 생각이 들어서 정말 이 책을 잘 바따고 생각하며 자신에 대해서는 천금을 주어도 못 볼 책을 바따고 생각하며 앞푸로도 거른 책이 종종 있따면 상술에도 어렵지는 않캐더라.

〈1971년 2월 22일 월요일 낡씨 비〉

오늘은 눈님 집에 놀로 가서 이야기을 들어니 시어른 하는 행동이 세 살 먹은 아들보다 못하며 우리 마음 갈다서는 손은 못 대어도 몸으로도 실실 돌려서 골탕을 먹일 끄라고 생각이 들더라.

그리고 눈님 집에 놀다 너무 너깨 와서 어머님 산소을 못 가바서 머리가 수거러진다. 그래도 날씨만 맑으며 12시라도 어머님 산소을 들일 낀대 비는 오고 길은 어더어서 엽패 가는 사람을 때리고 도망을 쳐도 모을 정도라서 못 가서 머라고 말을 할 수가 업꾸나.

금일 지출에 … 눈님 집에 가면서 (과자)
50원

〈1971년 2월 23일 화요일 낡씨 비〉

눈님이 일 년 신수 보로 가자고 하는데 따라 같던니 자신이 였때까지 점쟁이들 이처름 잘 본다는 것을 몰랐다. 에냐하며 우리들의 행동을 눈으로 보고 이야기하는 것처름 잘 알더라.

그리고 자신의 관상을 받는데 32세 의상대며[이상 되면] 기반을 잡어며 세월 가는 것이 원통하다는 말씀을 하며 자식들이 출세을 한다 하더라.

그리고 우리 식구가 신수 보는데 나쁜 사람이 업쓰며 다들 좋아하며서 마음이 매우 기쁘더라.

금{일} 지출에 … 동내이 한 벌 60원 봄잔바 1,600원 점 보는 데 200원 차비 60원

지출 총금액 2,460원

〈1971년 2월 24일 수요일 낡씨 맑음〉

동내에서 닭 예방주사을 나달라고 하여서 돌라다니면서 오전 내 주사을 한 것이 80 수 정도가 돼며 내일 해장에 나주야만 다 놀 껏 같더라.

그리고 동내 닭 주사 주면서 자근집에서는 내 생전에 안 갈려고 마음을 먹고 있쓴는대 닭 주사 때문에 할 수 업키 때문에 같다. 에냐 우리가 약을 싸서 주사을 하계 대며 안 갈 끈대 동내에서 약을 싸서 해키 때문 할 수 업시 같따.

그리고 동내 친구 형 또래가 병아리 키울라고 싸와따면서 집에 가자고 하여서 따라가 보니 병아리가 방에 거대로 있는데 서거푸기 작이 업떠라. 예냐하며 자신이 병아리 키울 때는 안전무결하계 해서 병아리을 키와쓴는데 와보라고 해서 같던니 정말 이래도 병아리을 키울 수가 있는가 의심이 대며 미전한 것을 안전하계 손수 만들어 주고 집에 왔따.

〈1971년 2월 25일 목요일 낡씨 맑음〉

자신이 객지생할을 할려고 마음을 먹고 막상 나갈 날이 내일이고 보니 가슴이 담담하다. 예냐하며 나가서 무었을 할가 어떠개 하여서 밥을 먹고 지낼 수가 있쓸까 생각을 하니 잠이 오지을 않는구나.

자신이 막상 생각해 볼 때에 이른 마음이 들더라. 나가는 자신은 고생이 대고 하더래도 부친만이 편하야 할 탠대 극정을 하니 눈물이 나는구나.

금일 지출에 … (과방) 450원

〈1971년 2월 26일 금요일 낡씨 맑음〉

이재는 매일 다니는 어머님 산소을 몸어로는 못 다니고 정신적으로는 매일 다니갰다. 오늘 마지막으로 산소을 다녀오니 말할 수 업시 마음이 쓰라리구나.

그리고 자전차을 인천까지 부치는데 240원 주고 부쳐다.

금일 지출에 … (자전차비) 240원

〈1971년 2월 27일 토요일 낡씨 맑음〉

이재는 객지생할로 더러가는구나 하고 생각을 할 때에 머리가 등 빈 모양 아무 생각 업시 집을 나서니 형수, 친우들이 뒤을 따라오는대 눈물이 나서 뒤을 돌라볼 수가 업떠라.

막상 열차을 타고 상경해 본들 아무 할 짓이 업쓰며 집에 도로 내려 갈 일이 절료 나며 곰곰이 생각을 해보니 눈물박에 않 나는구나.

금일 지출 … (종수이) 500원 열차비 660원 뻐스비 110원
총 금액 1,270원

〈1971년 2월 28일 일요일 낡씨 비〉

자신에 개핵과 180도 틀리고 보니 방에서 공상하다 시내을 돌라디니다 별 수을 다 해도 만대로 안 대고 하니 가슴만 터저나는 것이 아푸구나.

그리고 상기 모친이 자신에 너무나 따뜻하계 대해 주니 미안한 감이 더는구나.

그리고 자전차 차저로 가는대 동인천역에서 차절라고 수하물에 물어보니 하인천역에 차저라 해서 차비도 배가 더 들어쓰며 오늘은 자전차가 않 아따면서 내일 오라고 하여서 차비만 쓰고 말랐다.

금일 지출에 (우표)값 10원, 뻐스비 60원
총금액 70원

2月 28日 현재
월말 총지출 총금액 7,690원

〈1971년 3월 1일 월요일 낡씨 비〉
하인천에 친구와 둘리서 자전차을 차갰따고 가보니 자전차는 오지 않아고 둘리서 시내을 일재{리}을 찻깨따고 도보로 돌라다니고 보니 다리만 버근버근하개 발거름만 무급개 만들고 보니 후른한 감도 업고 시내의 거리에 재각이 파른 거름으로 해매고 있는 것을 보니 여사로 안 보이며 친구 따라 부두에 구경을 하니 한편으로는 마음이 후련하고 한편으로는 부두에서 먹고 살개따고 지개로 모래짐을 젓고 있는 것을 볼 때에 자신은 어된지 모려개 가슴이 뭉클하며 머리가 등 빈 것 갈치 아무 생각을 못하계더라.
예냐하며 자신원 저 모래 저는 사람 모양 일을 해야 댄다는 것을 생각하니 한숨 수울 때가 한두 번 아니다.
금일 지출 … 뻐스비 50원

〈1971년 3월 2일 화요일 낡씨 비〉
자전차을 차절라고 예정한 것이 비가 만이 와서 자전차도 차저로 가지 못하고 골방에서 짜정나는 시간을 보내고 있쓰며 이재는 미안한 감이 있쓰서 자신이 머라고 말할 수 업시 미안하며 자신이 계니 눈치가 비는구나.
그리고 날만 좋으며 상기 모친에깨 신세을 안 저야 할 땐대 일은 마음대로 않 대고 하니 마음은 어쩔 수가 업꾸나.
이재는 공상으로 시간을 보낸들 해결 안 대고 이재는 실지로 몸으로 노동해서 돈을 버려야 하계따는 것을 절시 너꼈다.

〈1971년 3월 3일 수요일 낡씨 맑음〉
고향에서 상경하고 나서 숨 막희는 생할을 하다 오늘로서 숨 막희는 심정을 억재할 수가 있꾸나. 예냐하며 내일부터 생할을 할 수가 있키 때문에 이재는 모든 잡념을 버리고 장사에만 열중할 껏을 한 번 더 결심하며 이 새상에도 나쁜 사람도 만치만 오늘 오전에 우연희 을부장사을 만나서 이야기을 하니 월부장사의 말이 차근차근이 말을 하는데 따뜻하계 동정을 밭고 보니 인정의 눈물이 말라따고 헌이 말을 하지만 그 가운대 따뜻한 사람이 있쓰따니 매우 기쁘구나.
"그리고 이재는 원불을 끄쓰니까 내일은 서울에 있는 순석이예깨 가 볼 예정이다."
금일 지출에 … 자천차 찰는 대 40
차비 50원, 월부장사에깨
말부치{기} 위에서 100원
총금액 190원

〈1971년 3월 4일 목요일 낡씨 맑음〉
자신이 이곳에서 눈물이 나두록 서러운대 서울에 있는 동생 순석이가 월마나 서럽개 날을 보내는가 극정이 대어서 한번 만나보고 오후에는 소사에 갈려고 예정하고 동생을 만나보니까 눈물이 나서 동생을 바라볼 수가 업더라. 그래서 길거리예서 말을 할 수가 업쓰서 술집우로 대리고 더러가니 술 반 대을 바다서 먹지도 않는 술잔을 두고 이야기을 하면서 너 돈이 얼마나 피로하는냐고 물어니까 2,000원 달라고 하여서 돈이라고 있쓰며 벌로 쓰기가 쉬운있까 아껴 쓰두록 하고 내 돈 12,000원을 줄 태니 집우로 부쳐 주든지 알라서 하라고 하고 인천으로 내리올라고 도라쓰니 눈물이 나더라. 그리고 내려와서 소사을 갈려고 더는대 친구가 와서 내 집에서 살림을 하는대 밥이라도 한 때 먹고 가야지 마음이 좋다면서 이야기을 하길에 어쩔 수 업씨 따라가서 대집을 잘 받고 시간이 너무나 너저서 소사에 갈려고 약속을 하고 못 가서 미안하계 짝이 업다.

금일 지출에 … 차비 175원, 차비 57원
빵값 100, 만두값 30원
술값 40원, 순석이 60원
총지출 430원

〈1971년 3월 5일 금요일 낡씨 맑음〉

난생처음 월부장사을 할려고 대리미을 걸머지고 남을 따라다니는대 남 보기가 부끄러어서 머리가 수거러지며 대리미 사라고 말이 완 나묘며 자신이 이러깨 해야 먹고 사는냐 생각을 해볼 때에 정말 한심수럽더라.

금일 지출에 … 뻐스비 105원 호떡값 30원
총지출에 135원 주인에깨
(차비) 100원 탐.

〈1971년 3월 6일 토요일 낡씨 맑음〉

처음 다리미 월부장사을 가지고 남에 집에 들리면서 다림이 시리고 소리가 잘 니지을 않으며 어떠개 생각하니 눈물 날 때가 한두번이 아니구나.

그리고 월부장사을 할려고 들고 보니 월부장사을 사 년식을 한 사람도 밥값이 적자을 보고 있는 것을 생각하니 자신도 그만 하기가 실어저며 아버지가 을마나 고댈까 하고 생각을 하니 한심서럽키만 하구나.

금일 지출 … 60원
다리미 수입 … 150원

〈1971년 3월 7일 일요일 낡씨 맑음〉

대리점 주인에깨 자신은 개산이 않 마저스서 그만둘라고 이야기을 하고 생각을 하니 주인 하는 말이 한번 해보라고 말을 하더라. 그래서 자신이 생각을 해보기에 일 년 두고 일을 해바야 밥값밖에 못하계더라. 그래서 이왕 밥값만 할 바예야 부친을 고생시킬 필요가 있나 하고 생각을 해볼 때에 내려 갈 마음이 들며 한편으로 친구들이 모래감시을 우선해서 인천 물적을 알라서 하계 대며 낮지 않나 이런 건유을 더려니 어떠개 할 주망을 몰개쓰며 막상 모래 감시을 한다 해도 하로 24시간을 지킬 수가 있나 이런 생각이 더려서 할 수도 업쓰며 오늘도 어떠깨 할 주망도 모러고 또 판결도 내지 못하고 잠을 자개 대는구나.

금일지출 (밥값이) 250원, 차비 70원) 320원

〈1971년 3월 8일 월요일 낡씨 맑음〉

이변이 일이 묘하계 시킨 모양 얄궅깨 도라가고 있꾸나. 처음 나올 때는 밥버리가 대든 안 대든 일 년을 두고 해볼라고 더렸는대 어뛴지 모러개 아버지가 고생댄다는 너킴을 가지개 대니 하로가 객지생할이 공상으로 변하고 사람이 한평생 살라가는대 이쓰라린 가슴을 지야만 행복을 가질 수가 있나 생각을 해볼 때에 한심서러우며 앞푸로 자신의 생각을 해보니 영통수라고는 손톱만끔도 업꾸나.

그리고 자신의 생각에 고속뻐스을 타개 대며 헌들이는 것이 전연 업는 줄 알라떠니 생각보다 만이 흔들리며 아주 조용한 너킴을 가질 수가 업떠꾸나.

금일지출 … 뻐쓰비 친구 일동 215원

택시비 110원 한일고속비값
830원 한일고속주차장에서
컴파리에깨 10원 동정함
김천 대구 600원 약 50원
빵값 20원
총금액 1815원

〈1971년 3월 9일 화요일 낡씨 맑음〉

자신이 집에 내려와서 생각을 해보니 에 집에 내려왔던가 후에가 대며 이재는 한 번 더 나가면 안 들어올 끄시며 밥값만 대개 대며 꾸준이 참아서 영광을 가질 예정이며 집에 내려와서 마을에 놀로 다닐라고 해도 남 보기가 부꺼러어서 나가지 못하계쓰며 머리가 수거러져서 다닐 수가 업더라.
“한 번 더 객지생할을 한 번 더 하고 농사을 지을 예정이다.”

〈1971년 3월 10일 수요일 낡씨 맑음〉

오늘 동내을 다녀보니까 동민들이 나을 쳐다보는 것 같치 보이며 자신은 어딘지 모러개 머리가 수거러며 남들을 쳐다볼 수가 업꾸나.
이재는 이왕 집에 들어쓰서니까 올 농사는 착실이 지어주고 가을을 하고 나며 한 번 더 객지생할을 해볼 작정이다.

〈1971년 3월 11일 목요일 낡씨 맑음〉

과수 전지한 것을 일부 지개로 저 내리고 해쓰며 친구 집에서 놀고 있쓰니까 춤 배우자고 하여서 한참 춤연섭을 하고 했찌만 이재 넒은 놈들이 춤을 배울라고 더니 어쌕하기 짝이 업꾸나.
“사람이 한번 일을 할라거든 속을 볼 수 있는 인간이 대어라.”
“사람이 돈에 쬬달이거든 마음을 바로 가지라.”

〈1971년 3월 12일 금요일 낡씨 눈〉

금일은 자전차 찿는대 보관로고 40원부터서 자전차 차는대 40원을 지출이 나고 말랐다.
자신이 요줌은 일을 부지런희 일을 하여야 하는데 일도 재대로 않아고 놀기 좋아서 친구들과 휴식으로 하로 일과을 보내고 춤으로 시간을 보내고 있따.
낡씨는 눈발이 희날리고는 있찌만 봄이라는 느킴을 가질 수가 있떠시 돼지에는 안전하계 어름이 녹아서 밭들이 파저서 일을 재대로 못하고 있따.
금일지출에 (자전차 운검에) 40원
우표 10원
계 50원

〈1971년 3월 13일 토요일 낡씨 눈〉

금일 날씨는 부지런한 사람은 일하기 좋고 기란[게으른] 사람 놀기 좋을 정도로 날씨가 불순을 이루고 있따.
사람이 삵라가면서 언잰가 건택적이 날 적이 꼭 한 번은 있따.
“인간은 착한 일만 하계 대며 생할도 윤택해전다.”

〈1971년 3월 14일 일요일 낡씨 맑음〉

일기불순으로 화로 일과을 휴식으로 시간을 보내고 말라쓰며 자신은 요줌 너무나 휴식시간을 만코 무{의}미한 시간을 보내고 있쓰서 않대갰따는 것을 너켜다.
자신은 어떠개 생각을 해보니 한 가지 일에 적극성이 업찌 안나 하고 이른 생각을 할 때가 있따.
"사람이 이별을 하계 대며 머러저는 것이 사실이구나. 예냐하며 어머님의 거리운 얼굴 모섭이 자신의 평생 변환이 업따고 생각을 했는데 지금 와서 생각해 보니 어머님의 그리운 모섭이 머르서는 것이 사실이라고 하여도 가연이 아니구나.
그리고 내일부터 일을 적극적으로 일을 해볼 작정이다."

〈1971년 3월 15일 월요일 낡씨 맑음〉
오늘은 과수 전지한 것을 전부 손으로 무득이로 다 모다 노와쓰며 내일 지계로 저 내리개만 하며 일과가 끝나계 댄다.
"과연 쳐녀들은 남자들과 질적으로 다려다는 것을 넚켜다. 예냐하며 춤구경 할려고 더러와서 노는대 동내 할마씨들이 문을 열라고 더니 지구멍이라도 있쓰며 드어갈 뜻이 날뛰는 것을 보니 여자들이 인간세상에 살라가는 데 힘이 더 들지 완나 하고 생각도 더는구나."
※ 남이 나을 속인다 생각지 마라.
예냐하며 머리가 피로하다.

〈1971년 3월 16일 화요일 낡시 눈〉
때 아닌 눈 때문에 일도 못하고 친구들과 하로 일과 보내고 말라스며 앞푸로 낡씨가 말아야지 보리풍년을 만들 치민대 (눈 · 비)가 자주 와서 보리에 해 클 꺳 같다.
"그리고 소금값을 뒤집 형님 줄라고 갈던니 형님은 업고 파지 저어머니가 있쓰서 돈을 680원을 주고 한자리에 있쓰던 사람이라고는 인식이박에 업쓰며 한참 말을 하고 있쓰니 손천교 저어머니가 방에 들어오더라."
금일지출 … 680원

〈1971년 3월 17일 수요일 낡씨 흐림〉
오늘은 형과 둘리서 과수 거름할 끄을 실어로 우마차로 가서 거름 9포을 실고 나서 쓰리을 살려고 대신 복수에깨 가격을 물어보니까 2,100원 달라고 하여서 좀 깍자고 형이 말을 해도 어너리는 일전도 않 에줄라고 하여서 할 수 업시 다 주고 말랐다.
"그리고 우마차로 축사을 청소하는대 생각보다 량이 적더라."
"형수는 속이 넓다. 예냐하며 조카들이 매일 울고 매일 업버야지 안 우니 어떠깨 달래며 어떠개 키울라고 더는지는 몰라도 자신 생각 갈따서는 안 키우개따는 생각이 한두 번이 아니다. 그리고 자신도 이세가 나며 거래캐 댈란지는 몰라도 거러깨 키우지는 않개다."

〈1971년 3월 18일 목요일 낡씨 맑음〉
매일 어울한 날만 개속대더니 오늘은 따뜻한 낡을 보이며 봄 기분 안전희 봄이란 기분을 주고 있쓰며 과수 전지한 것을 지개로 전부 내루는데 끝을 냇다.
"순철이 내일 생일라고 두부 사는데 80원 들어따.
그리고 내일은 과수 밑대 풀을 재거하며 나부에 거름을 줄 개산이나."
금일지출 … (순철) (생일) 두부 80원

〈1971년 3월 19일 금요일 낡씨 맑음〉
고추 갈 때에 두엄을 내고 이랑을 안전하계 만들어 노았다.
"순석이가 변동이 있쓰서 방을 어더야 자신이 서울 가서 생할을 할 껀대 아직까지 변동이 업쓰니 극정이 무라 말을 수 업꾸나."

〈1971년 3월 20일 토요일 낡씨 맑음〉

고추 갈 때에 인분을 주고 과수에 두엄을 주고서 하로 일과을 보내고 말랐다.
자신원 객지의 말을 하지만 어떠개 하여야지 남과 같치 생할하며 살라갈까 하고 생각을 하니 가슴이 담담하구나.
"이재 정말 오동나무 가지에는 꽃망울이 터절 떠시 버러져고 있는 것을 보니 봄봄이구나 하고 너켜진다."
금일지출에 … (술값) 50원

〈1971년 3월 21일 일요일 낡씨 맑음〉

금일은 눈님 집에 일 해달라고 하여서 갈려고 예정하고 형이 갈러고 하여서 자신은 공동우물 곤치는 데 일하로 가서 이야기을 들어보니까 세면을 정부에서 무상으로 각 동내별로 주어서 하수도와 우물을 수리하라고 준다고 하며 우리 마을에는 세멘이 90표에 배당을 밭고 우리 우물에는 적기 잡아도 20표는 들 끄시며 이변 우물 곤치는 대는 사람의 열성이 업쓰서 백푸로는 안수 못할 꺼 같꾸나.
"사람이 배우고 못 배우고는 차별 업시 살라간다는 것을 넝켜다. 예냐하며 배운 사람이 공동일에 머리을 쓰는 것을 볼 때에 자신은 이러깨 너켜다. 사람의 인격은 배움에만 있따고 생각지 않나며 인격은 선천적으로 쓰고 나야 인격자가 댄다고도 생각해본다."

〈1971년 3월 22일 월요일 낡씨 맑음〉

어머님 산소 앞배 장미나무 이식씨켜 논 것이 있때까지 죽어는 줄 알고 있쓰는데 오늘 자세이 보니까 장미나무는 살라서 눈 터저고 있는 것을 보니 반가운 마음 머라 말을 할 수 업더라.
"그리고 부친과 둘리서 보리밭을 안전하계 김을 매고 내일은 비료을 줄 수가 있깨 만들어 노았다."
"노랑나비을 처음 보니 마음이 어딘지 모러개 상케저더라."

〈1971년 3월 23일 화요일 낡씨 맑음〉

"순석이가 뜻대로 안 대고 있는 것을 보니 자신은 서울에서 생할하기가 불가능해저고 있꾸나. 예냐하며 자신원 뜻대로 안 대어 내리와서 일을 하고 있찌만 동생 순석이나마 서울서 생할을 하여야지 머지완나 자신이 올라가서 생할을 할 껀대 순석이가 이변에 말을 하는 것을 보니 신통치을 않는구나."
"그리고 봄보리 갈러고 우마차을 가지고 점두록 실어 너어는대 옂섯 바리박에 못 실어쓰며 앞푸로 이틀 정도 실어 너어야 다 실을 수가 있따고 본다."

※ 자나부지에깨 인사을 않을라고 하다 정면으로 만나는 바람에 인사을 하여따만 처음에는 사 매다 밖에 있쓰서 인사을 안 에코 두 번째는 삼 매다 박에 있쓰서 인사을 안 에고 서 번째는 정면으로 만낮기 때문에 할 수 업시 인사을 하고 말랐다.

〈1971년 3월 24일 수요일 낡씨 비〉

봄보리 갈려고 두엄을 내년대 큰집 소와 두 마리가 실어내니까 두엄이 잘 주려틀며 오전에 그진 다 실어냈다.
"사람이 살라갈 것을 생각을 하니 막막하며 어째 살라가야 밥을 먹고 살 수가 있나 생각을 하며 잠이 않 오고 사람이 바람이 부는 대로 살라갈러니 허무하기 짝이 업따."

그리고 부친이 지침을 만이 하여서 식욕을 잘 다루며 지침에 효과을 볼 수가 업깨나 하고 마을에서 돼지을 잡는다고 하여서 갇던니 맡침 고기가 있더라. 그래서 고기을 한 건을 가지고 왔는데 돈원 월마 댈련지는 못갯다.

이변에 박 대통령이 법을 개정을 해서 삼선에 나와서 대통령을 한 번 더 하고 차기에는 원태한다고 말을 했쓰니까 정말 말대로 다음에 원태을 한다면 이 나라 기둥이고 영웅이라고 찬양을 하지만 그리치 안코 반대로 뒤을 위을라고 놀개 대며 원잰가 피눈물 흙리개 대지 않나 보고 있따.

〈1971년 3월 25일 목요일 낢씨 흐림〉

봄보리을 안전하계 씨부림을 전부 하고 봄보리 씨부림이 작년보다 좀 일적 하며 작년보다 적당하다고 본다.

"친구 부인이 현재로 바서는 첩을 어더서 살림을 한다면서 내일 인천을 올라가서 결정을 지을 끄라며 인천 주소을 알려달라고 하여서 좀 차마 보라고 하면서 친구의 실정을 하나에서 열까지을 자세하겨 알여주며 머지않아서 도라쓸 끄라면서 이왕 차는[참는] 바에 더 참아보고 실천을 해보라고 하니까 마음이 수거러저더라.

〈1971년 3월 26일 금요일 낢씨 비〉

일기불순어로 아무 일도 못하고 집에서 하로 일과을 보내고 말랐다.

그리고 정부에서 쥐잡기운동 한다고 쥐 잡을라고 둔 것을 달이 먹고 닭 두 바리 있는 것을 싹 죽이고 말라서 신경질 나는 하로을 보내고 말랐다. 이변에 닭 씨 말란 것도 사람이 여사로 생각하고 책임감 업는 일을 하여서 닭을 다 죽이고 말랐다.

오늘 서울에 올라가서 밥 먹고 지낼 수 있는 구멍을 떨버 보개따고 올랐같는데 뜰버낼 수가 있쓸까 의문이 대며 부친 말씀은 거르깨 생할을 하고 지내다 웃질도 못 가고 공부만 다 있저뿔고 말 태니 집에서 공부을 하다 공무원시험이 있깨 대며 쳐보는 것이 잘 한다는 아버지의 말씀이 좋개따고 생각이 대며 자신의 생각도 제일 좋다고 본다.

금일 지출에 … 과정용 담배(15각) 150원
총금액 150원

〈1971년 3월 27일 토요일 낢씨 맑음〉

과수나무에 두엄을 주는데 점두록 26포기박에 줄 수박에 업더라.

그리고 동내 전채에 소 예방주사 주길에 우리 소도 예방주사 맡치고 말랐다.

요세는 마음의 안정을 쉬킬라고 들어도 마음의 안정이 안 대고 마음만 분산해저고 있꾸나.

금일지출에 … 편지지 10원

〈1971년 3월 28일 일요일 낢씨 비〉

과수 밑태 두엄을 주는데 앞푸로 이틀은 잡아야 안전무결이 할 수 있깨다.

사신의 앞을 바서는 이르세 무뭍고 있쓰서는 안 대는데 무었 보고 이러개 일을 하면서 지나고 있는 줄을 몰갯꾸나.

남들의 말을 더러보며 돈 버르따는 이야기을 들어볼 때에 십고 수라던대 자신은 예러깨[왜 이렇게] 객핵의 백 분에 일도 않 맡고 있쓰니 어리벙벙하기만 하구나.

〈1971년 3월 29일 월요일 낢씨 흐림〉

친구 모친 홰값잔치 하는데 일 바주로 같쓰다.

자신이 생각을 할 때에 저는 사람은 영감 할마씨가 살라서 해값을 하는데 우리 어머님은 예 운명을 했쓸까 하니 마음이 우울하기 착이 업꾸나.
"우리들은 복이 업쓰서 어머님에깨 따뜻한 정을 못 나나찌만 우리 형제들에깨만이라도 화목하계 정을 나누야지 어머님에 따뜻한 정을 표현하는 것과 다름이 업는데 자신은 출세하기 전에는 형제들에깨 얹갈림이 있쓸란지는 몰라도 자신이 성공만 하기만 하며 남들이 본바들 수 있는 인간이 댈 끄다. 두고 바라." (서명) 3/29.
지출에 … 친구 모친 해갑잔치 하는 데
　　　　고모신 120원

〈1971년 3월 30일 화요일 낡씨 맑음〉

과수 거름을 내일 오전에만 주게 대며 안전하게 줄 수가 있깨 대어따.
인간 평창[팽창]을 보니 전쟁은 머지 완나서 날 껏 같다며 또 인구을 바서는 전쟁이 나서 사람이 줄어야 남원 사람은 살 수가 있찌 이대로 살라가면 돈 있는 사람은 잘 먹고 잘 지내지만 돈 업는 사람은 평생 돈 한번 못 벌고 살라갈 껏이 틀림이 업따.

〈1971년 3월 31일 수요일 낡씨 흐림〉

과수 거름을 오늘로서 비료거름을 안전 주어쓰며 비료거름은 좀 너전 감이 있쓰나 안전이 일을 마치고 보니 마음이 편하구나.
사람이 언재나 너거럽개 마음을 가지라.
무선 일이던지 선하계 대한다고 안 대는 일이 업따.
과수 비료거름 … 요소 3포 가리 1포
　　　　용인 4포
　　　　합계 8포

월말수입 150원
월말지출에 … 총 3,250원

〈내지 2〉[113)]

	(생년월일)
순철	2月 23日
순덕	3月 20日
순석	5月 25日

〈내지 3〉

경북 금릉군 아포면 대신 三구 589번지
權 純 德

〈내지 4〉

1月 말에 총지출에	870원
2月 말에 총지출에	7,690원
3月에 수입금액	150원
3月 말에 총지출에	3,250원

〈1971년 4월 1일 목요일 낡씨 흐림〉

보리밭을 형과 둘리서 매는데 을마 매도 못하계더라. 예냐하며 보리논이 잔뒤 모양 각배기서[꽉 박혀서] 있더라.
그리고 순석이가 방을 어개 대며 올라가서 장사을 해볼라고 예정한 것이 절벽이 대고 마는구나. 예냐하며 순석이마저 몿 살개따면서 내리오고 말라서니 나예 희망은 하로 아침에 문어지고 말며 동민들이 을마나 욕을 하계나. 나 자신도 못 있깨따고 내려왔찌 순석이도 내려오고 말라서니 욕을 할 끈

113) 이하 내용은 새로 교체된 일기장의 내지에 적혀 있는 내용이다.

사실이다.
요즘은 일을 하다가도 자신이 뭋었을 해서 삵매 보람을 가지고 살라갈까 생각을 하며 갠이 멍해저기만 해서 일이 중단대고 만다.
우리 가정에 돼지고기값 … (290원 지출)

〈1971년 4월 2일 금요일 낡씨 흐림〉

양앵두나무 접부칠라다 날씨가 흐리고 비올 껏 같다서 접은 못 부치고 보리논에 김매는 것으로 하로 일과을 보내고 말랐다.

〈1971년 4월 3일 토요일 낡씨 맑음〉

제2희 예비군 창설기념식이다. 이변 창설기념식에 선물원 작년보다 배가 더 대더라. 식을 오전에 마치고 오후에는 들에 김매로 갈려고 하는데 친구 와서 오늘은 예비군 노는 날인데 하로 놀자고 하면서 예비군 술 나온 것을 먹고 놀자고 하여서 하로을 술로 예비군 전원이 잘 놀고 말랐다.
자신원 친구들과 놀라도 아무 힘이 업따. 예냐하며 앞푸로 살라갈 껏을 생각하니 자신도 물러계 힘이 업는 행동을 하고 말개꾸나.

〈1971년 4월 4일 일요일 낡씨 맑음〉

※ 가족 전부가 곤배로 흙등이을 쳐는 것으로 하로 일과을 보내고 말랐다.

"작년에 대신 친구에깨 접순을 어더 온 것이 썩지나 완와나 하고 극정이 대더니 오늘 빠보니 싱싱하계 접순이 있는 것을 볼 때에 마음이 캐알하더라."

〈1971년 4월 5일 월요일 낡씨 비〉

양앵두 접을 87포기 부쳐서 노았는데 비과 와서 실패가 업쓸란지 몰개꾸나. 올해에 접목이 잘 살계 대며 내년에는 과수 전부을 양앵두로 대치시킬 예정에 있따.

〈1971년 4월 6일 화요일 낡씨 맑음〉

"고구마 온상을 만들어쓰며 온상도 작년보다 좀 너전 감이 있꾸나."

〈1971년 4월 7일 수요일 낡씨 맑음〉

"자신이 꼭 객지밥을 먹을라고 더니 이재는 급이 나는구나. 예냐하며 이변에는 나가개 대며 집에 들어오지도 못하고 한 번 더 돈을 대달라고 말도 못할 뿐 아니라 이변에는 생에 자우가 대는 것이라고 생각하니 급이 나는구나."

〈1971년 4월 8일 목요일 낡씨 비〉

보리밭을 내일만 매개 대며 보리논은 전부 맬 껏 같더며 앞푸로 수일 내로 보리밭 김매기는 누구 할 껏 업시 끝날 껏 같꾸나.
"사람이 이처름 삵매 신경을 쓰야 하며 이처름 고통을 당하야 하는지는 자신원 모을 지경이다."
지출에 … 어머님 (빈소)에 과자 50원

〈1971년 4월 9일 금요일 낡씨〉

"보리논 김매는데 모질세 바람이 불고 해서 일도 제도로 못했쓸 뿐 아니라 때 아닌 참 바람 때문에 일을 할 수가 업쓰서 일적 하로 일과을 마치고 말랐다."

〈1971년 4월 10일 토요일 낡씨 맑음〉

"보리논 김매기는 오늘로서 안전이 일을 마치곤 해찌만 또 수일 내로 김매기 일에 더러가야만 댈 껏 같다."
"사람이 지상에서 저일[제일] 낟따고 말을

하지만 동물을 놓고 자신이 생각해 볼 때에 말 못하는 (저 재비)들이 약속이나 한 것처름 해년 봄만 대며 차저오는 것을 볼 때에 사람은 만약에 말 못하는 동물이 대어따면 저 제비처름 머리가 영리하지는 않을 꺼으로 본다."

〈1971년 4월 11일 일요일 낡씨 맑음〉
"호박거름을 우마차로 실어내쓰며 참외거름은 안전하계 하여쓰며 앞푸로 하로만 더 하계 대며 전부가 끝날 꺼 같다."
"보틀 보리논에 바서는 날씨가 잘하지만 봉답에는 너무 가물에서 자리지 못하고 잎이 골고 있꾸나."

〈1971년 4월 12일 월요일 낡씨 흐림〉
"세상이 이러깨 도라가야만 하는냐. 예냐. 부친 형제관이라면서 어머님이 죽년냐 사는냐 하고 병에 신음할 때에 한 번 와보지도 안는 삼춘 아들 시낭날이라고 내일 가서 일을 해야 하는냐 하고 생각을 해볼 때에 마음은 가서 일하고 십지는 않따."
"사람이 갈치 살고 있는 동민을 바서 마음의 겉투로나 바주야 하계 쓰며 실지 마음의 겉투로도 부친과 형이 가서 일을 하고 있키 태문에 할 수 업는 입장으로 내일은 가야 대개따는 것을 생각함."
"사람이 눈을 캄을 때까지 말 한 마듸 안는 사람 삼춘에깨 우리들은 가서 일을 바주고 쓴우섬을 하며 살라가는 것이 사람의 도리가 대는가 나 자신으로는 생각지 못하계꾸나."

(서명) 4/12

〈1971년 4월 13일 화요일 낡씨 흐림〉
"사람이 돈한태는 저는 것인가."
"돈을 벌러라. 어둬 아이코바서 살갰나."

〈1971년 4월 14일 수요일 낡씨 비〉
"양앵두 접부친 것이 우선 보기에는 퍽 신찬어며 만약에 원목이 양앵두와 접착하는 것이 아니라며 이변에 실패가 만타. 예냐하며 양앵두을 안 부치고 올복숭을 부쳐쓰며 못 살리도 70%로는 살릴 탠대 이변 일이 실패가 대지 완나 하고 극정이 대는구나."
"참외거름을 오늘로서 안전하계 만들어 노와쓰며 이재는 씨갑씨만 너개 대며 참외일은 끝을 보는 것이다."
오늘로 복숭꼿이 한두 개씩 보이고 있쓰며 수일 내로 자두꽂과 복숭꽂은 만발할 끄수로 본다.

〈1971년 4월 15일 목요일 낡씨 맑음〉
음력 3月 20日생 〈자신의 29年 돌 생일〉
"참외 씨부림을 안전하계 하고 말았다."
"자신은 아직 일을 하고 있찌만 마음은 무었을 해볼까 하는 생각이 터나지을 안는구나."
"우리 산 바위 돌 싸위에 도래 씨을 뱅 도라가며 씨을 만이 뿌리 노았쓰며 그 도래을 맺십 년 키아서 보신약을 할 생각으로 씨뿌림하여 노았는대 어떠깨 댈련지 몰갰다."

(서명) 4/15

〈1971년 4월 16일 금요일 낡씨 흐림〉
봄보리 김매면서 생각을 하기에는 자신이 이때까지 기반도 못 잡고 보리밭 내는 놈이 언재 돈을 버러서 남과 갈치 살 수가 있깨나 생각을 해볼 때에 한숨만 나계 대는구나.
"박정희 대통령과 김대중 후보와 득표 차위는 만이 차이는 않 날 꺼으로 내다본다."

〈1971년 4월 17일 토요일 낡씨 비〉
"자신은 순기에깨 돈이 대리라고 백푸로는 안 미더찌만 반 정도는 대리라고 생각을 하면서 시간을 보내고 있는데 금일 편지를 받고 보니 안전이 절망이 대고 마는구나. 그리고 보니 이재는 바라볼 때는 업고 집에서는 돈을 구할 수가 업고 일은 답답정이 들고 보리밭 매고 가면서 이재는 어짜며 좋깨나 하고 공상으로 논자리까지 닽개 대더라."
"이재는 봄도 중특에 넘어쓰따는 것을 인식이 대더라. 예냐하며 물논에는 개구리들이 때을 지어서 우름을 더려 뛰더라."

〈1971년 4월 18일 일요일 낡씨 맑음〉
형과 둘리서 가을보리에 김매는데 우리 들보리과 제일 모질더라. 예냐하며 가을 씨뿌림을 할 때에 거름이 적은 관개라고 너킬 수가 있쓰따.
"사람이 어릴 때에 못때따고 남들이 사람 안 댄다고 욕을 하던 사람이 이재 와서 어젓한 신사가 대어서 다니는 것을 보니 어뛰 한 번 더 보개꾸나."
※ 사람은 우선 천하다고 욕하지 말라.

〈1971년 4월 19일 월요일 낡씨 맑음〉
"이재는 보리밭 김매기는 오늘로 안전이 김매기 일은 안전이 맡치따고 본다."
※ 들판에 홀로 안저 허공만 쳐다보니 눈물만 흐리제서 이 눈물 누굴 위에 흙일까. 님 거리어 흙리오니 누가 아리.
(서명) 4/19

〈1971년 4월 20일 화요일 낡씨 맑음〉
복판 논에 형과 둘리서 우마차로 흙을 실어 너어 보니 생곽보다 적개 실개쓰며 한 단지 실어 너을라며 삼사일 실어야지 끝을 볼 껏 같다.
"요줌은 무선 일을 하던지 않지도 말도 하기 실어며 형과 일을 하여도 말하기가 실어저더라."

〈1971년 4월 21일 수요일 낡씨 맑음〉
"오늘은 여름 날씨와 다름이 업씨 더어서 일을 할 수가 업쓸 정도로 더어서 일도 재대로 하지 못하고 말랐다."
※ 복판 논에 흙을 한 불 깔라고 들며 육일은 잡아야 안전이 할 수가 있깨더라.

"우리 마을 아들이 마음먹고 일을 하는 아들이 업따는 것을 늣겻다. 예냐하며 하나하나 일을 하는 것을 보며 일은 하기 실고 객지에 나가서 생할을 해보자는 생각박에 업는 것 같다."

〈1971년 4월 22일 목요일 낡씨 맑음〉
"고속도로변에서 일을 하니까 일을 재대로 못하계더라. 예냐하며 농촌사람들은 구슬 같은 탐방울을 흘리면서 일을 하고 있는데 고속도로 뻐스들은 여행객을 실어서 줄비하계 있쓰니 어뒤 일할 마음이 업쓰며 농촌과 도시 차는 너무나 크다고 본다."
농촌사람은 여행을 할려며 맺 년을 두고 마음을 먹고 해야 갈 동 말 동 하는 판인대 도시사람은 하로 아침 일정{도}박에 안 대니 어뒤 농촌에 살고 십따는 사람이 있깨나.
※ 자식들 공부 시킬라며 도시에 살고 자식들 배만 불리야개꺼던 농촌에 살라라.

〈1971년 4월 23일 금요일 낡씨 흐림〉
비가 너무나 완 아서 밀보리들이 점부가 가

물이 들어서 자라지는 못하고 땅속으로 자라는 모양 원형 그대로 입만 있쓸 뿐이다. 올 보리농사는 수일 내로 비가 만이 오개 대며 풍년을 줄란지는 몰라도 수일 내로 비가 완 오개 대며 숭년이 대개 댈 꺼다.

〈1971년 4월 24일 토요일 낡씨 흐림〉
큰집에 지붕개량 할려고 지붕 연개을 비키로 같던이 생각보다 사람이 만아서 일을 수라개 연개 마람을 치을 수가 있쓰따.
그래도 〈용만이〉가 남에 집 개랑해 주로 다닌 집만 다 오개 대며 집 마당이 적으서 다 쓰지을 못할 껀대 삼 분의 일도 안 아서 쓰니 사람이 공을 알고 있는지는 몰갰꾸나.
"인간원 공사을 안전이 구별을 할 수가 있쓰야 한다."

〈1971년 4월 25일 일요일 낡씨 흐림〉
큰집에 지붕개량은 일적 끝매조짐 보고 너깨야 들거름을 할려고 골로 나가서 좀 하고 더 할라 하다 자신이 마음먹고 이 일을 하고 있쓰며 좀 저물두록 하계는데 자신이 이 일을 않을 끄라는 마음을 먹고 있쓰니 하기가 그만 실터라. 그래서 집우로 와버리고 말랐다.

※ 자신의 생각에 자너무니을 보니 우리들 바라 이는[이런] 식으로 전에는 큰집에 일을 해도 전부 안 오더니 이재는 자나부지 자내매 일꾼 할 껏 업시 일을 거든다고 야단을 하며 또 큰너무니 병환에 사과 콜콜란 것을 3개 가지고 오면서 야단을 쳐는 것을 보니 눈 두 개로 못 볼 지경이며 자신의 속으로는 너위들 속을 한번 보고 낯을 들고 다니라는 비우섬박에 업다.

〈1971년 4월 26일 월요일 낡씨 맑음〉
"조카들이 오후 1시 반이 대두록 둘리다 집에 점심 먹으로 오지을 안아서 집안 식구들이 한참동안 법석대어다."
날이 너무 가물고 있꾸나. 어너 누구 업시 수일 내로 비가 완 오개 대며 보리들은 보리 행세을 전부과 못할 탠대 이거 보통일이 아니구나.

〈시. 홀노인〉
개구리 우름소리 깃전을 울리는데
저 우름 이 한밤이 다 새두록 처랑도 하다만
홀노인 한 새상의 주름살에 비하리.

〈1971년 4월 27일 화요일 낡씨 맑음〉
"대통령 7대 선출 선거하는데 자신은 일적 할려고 7시 15분경에 기포소에 가니까 벌서 사람이 만이 모이서 열을 지어서 자기의 순서을 바라고 있떠라. 자신도 한참 만에 투표을 하고 집에 오니 일적 오어서 일을 할려고 하여도 얼마던지 하계는데 남들은 휴일이라고 노는데 참아 오전부터 들에 일하로는 못 가개쓰며 그만 오전에 놀고 오후부터 우마차로 흑일 하로 나같쓰따."
"금일은 사람이 이래 싸라도 산다고 할 수 있나. 외출을 할려고 하여도 옻 하나 업쓰니 움직일 수 업는 불상한 놈이 대니 모던 것이 실어지는구나."
금일지출 … 라듸오약 90원

〈1971년 4월 28일 수요일 낡씨 비〉
보리에깨 숭년이 절까바 극정이 크던이 오늘로 해갈을 면아두록 단비과 내리서 보리들에깨 정국으로 쳐개 대며 수학이 어마어마할 껐수로 본다.

"이번 제7대 대통령 후보 선출에 박정희 대통령과 김대중 후보와 계표 차이는 얼마 안 날 줄 알랐는데 어마어마한 차위과 나와서 놀랐다."

〈1971년 4월 29일 목요일 낡씨 흐림〉
오늘로서 복판 논에 흑일을 전부 한 샘이 댄다.
"오변에 비가 대지을 촉촉이 적싸키 때문 씨갑시가 잘 날 껏 같다서 잔씨값씨 (들깨) (강냉이) 팟 녹뒤 할 껏 업{이} 전부 씨뿌림을 하고 말랐다."
〈하나 실천도 못하고 공상으로만 시간을 보내고 나중에는 어떠깨 할려고 더는지을 나 자신도 모을 지경이다.〉

〈1971년 4월 30일 금요일 낡씨 맑음〉
"참깨 씨부림을 하고 땅콩을 참외 구등이와 같치 해서 씨을 너어쓰며 앞{으}로는 잔 씨값이 업개 댈 껏이다."
"오늘은 보 하는 데 도랑을 처고 나중에 간간[감관] 선출하는데 두 사람이 나와는데 한 사람은 술만 먹어며 말씨도 안 쓰계 부질 업는 말만 한다면서 말도 잘 하지 안는 사람을 간간으로 내새우고 말랐다."
"사람이라는 말을 한 마뒤 하여서 말씨가 쓰야 할 껏이며 말을 해서 말씨가 안 쓸 바예야 말을 안는 것이 성인라라고 너켜다."
월말 총지출 … 총 430원

〈1971년 5월 1일 토요일 낡씨 맑음〉
넉들보 하는데 어런들은 말을 잘 듯는데 아들이 간간을 도로 일을 부릴 끝 같이 말들 하며 어른들에깨 말들을 너무나 벌로 하더라.
그리고 공등일은 어른들보다 절먼 아들이 감독을 해야 일 능률도 있찌 어{른}들이 감독을 해서는 농담시간박에 대지 않개더라.
자신이 객지 나갈러고 할 때에는 돈이 안 대고 할 때는 돈 때문에 잠만 자고 나며 극정이더니 돈이 탁 댄다고 말을 하니 한편으로 극정이 대고 있꾸나.

〈1971년 5월 2일 일요일 낡씨 흐림〉
구미와 외관[왜관] 중관에 어대던지 살 길이 업나 하고 자전차로 가 보와떠니 벙창하계 공장이 시슬이 대고 하지만 자신이 하고저 하는 (소곡상원) 신통치을 않더라. 그래도 혹 살 길이 업나 하고 다녀본들 배만 쫄쫄 골마따.
오늘이 사월 초파일인대 요기서 아포까지는 일하는 사람이 더로 보이곤 하든이 아포 밑투론 사람들이 일하는 사람이 압쓰며 전부 구경 간다고 도로에 줄비하계 길이 이싯더라.
〈정말 사람 살기가 이러깨 힘이 더너야.〉

〈1971년 5월 3일 월요일 낡씨 비〉
비도 오고 해서 친구들과 낙시때을 지고 원치구름에 가서 낙시을 놓는데 친구 둘원 낙시대가 길어서 복판에 노어니까 고기가 잘 나오는데 자신원 낙시데을 집에서 가시고 가서 노아 보니 짤바서 가예박에 못 노니 고기가 잡피지을 않어니까 신경질박에 나지 않더라. 그래서 하로 잡을라고 (셋시가) 건빵을 엿쓰[여섯] 개로 점심 대용을 할려고 가지고 가서 낙시가 대지을 안아서 오후 1시경에 건빵만 먹고 집우로 와버리고 말랐다.
※ 비오는 장미비가 와니냐 하고 극정이 대는구나. 예냐하며 여때껏 가물든 보리들

이 갑짝이 비가 만이 오개 대며 보리들 이 황병이 들기 때문 만원 비는 농촌어 로서는 큰 해가 대는데 하늘을 보니 극 정이 대는구나.
금일지출 … (건빵 2개) (20원)

〈1971년 5월 4일 화요일 낡씨 맑음〉
오전에는 날도 허리고 해서 친구들과 시간을 보내고 오후에는 과손에 송충이을 잡는데 너무나 만아서 등골작이 오삭오삭하계 너켜지며 그것도 여러 번 대니까 징거럽더라.
"이변에 부친에깨 한 번 더 객지로 나갈라고 이야기을 할려고 마음을 멫 번이고 가지도 입이 떠러지지을 안아서 이야기을 못하계더라."

〈1971년 5월 5일 수요일 낡씨 맑음〉
자형 집에 소을 몰고 가서 자형 일에 좀 도와주어쓰며 그 전에는 대농을 하다 이재 와서 소까지 업고 남에 소로 부리개 대니 힘이 겡장이 더러 보이더라.
오늘 부친이 장형에깨 소만 몰고 갈려고 이야기을 하니까 소을 몰고 가면원 보가래 머그리을 가지고 가야할 꺼이 아닌냐 하고 꾸중을 주어서 그만 소 먹인 집에 그는 것 업쓰까바 그 글 가지고 가요 하고선 소만 핑 몰고 나와버렸따. 그리고 나와서 가만이 생각을 해보니 잘못을 했버리꾸나 하고 잘못을 너킬 수가 있쓰따.

〈1971년 5월 6일 목요일 낡시 비〉
오늘로서 보 도랑원 안전하계 쳐고 보물을 너어서 모자리 하는데 극정이 업계 만들어 너어다.
"요서 헌이[흔히] 말로 객지에 나가면 안 대나 하지만 정말 말대로 쉬운 일이 아니며 이처름 어러운 것이 객지에 발을 뒤뒤서 삵매 보람을 차절라는 것 위에는 아무겄도 업따고 본다."

〈1971년 5월 7일 금요일 낡씨 맑음〉
과손에 살충제 살표할려고 자형 집에 가서 발로 약 쳐는 것을 빌려와서 과손에 약을 살표해 보니 푼무기보다 일이 반 정도박에 안 대며 우리들이 뿐무기로 약 살표하며 두리가 교대로 점두록 살표해도 바삐 날뛰야 안전하계 쳐는데 발로 쳐는 것로 쳐개 대니 오전에 일을 안전하계 할 수가 있더라.
"내일이 어머님날인데 우리들원 어머님이 안 계시고 보니 방송국에서 5月 8日원 어머임날이라는 것을 여러 번 드을 때마다 좋은 인상은 대지을 안는구나."

〈1971년 5월 8일 토요일 낡씨 맑음〉
"과수밭에 김매고 말라쓰며 김을 매면서도 객지 생각이 나며 일이 중단이 대곤 한다. 일이 중단대면 휴식시간이 만아저고 만다."
"사람이 극도에 도달할 때는 마음이 크개 안 가질라 해도 자연이 마음이 크지는구나."

〈1971년 5월 9일 일요일〉
보리고랑에 풀이 만아서 풀끈 달라들까바 부친과 둘리서 고랑을 갱이로 줄줄 그리 노와다.
※ 이재야 객지생할에 고생댈 끄을 생각하니 자신이 월마나 등신질만 했따는 것을 너킬 수가 있쓰따.

〈1971년 5월 10일 월요일 낡씨 맑음〉
오신기 모자리 둑을 매고 도랑에 물이 적으

서 물 펴는데 힘이 들어다.
그리고 자신이 객지에 나가바야 대개따고 부친에께 말을 할려 해도 부친의 건강이 좋지 못한 사람이라서 극정을 할까바 이야기할 시간은 만으나 건강에 지장이 있쓸까 입이 떨어지지을 안아서 말을 못하계더라.

〈1971년 5월 11일 화요일 낡씨 맑음〉

※ 봉산 눈님 집에 집을 팔로 대신 가마니 공장에 집을 640단 가지고 가서 집 한 단에 3.50전을 쳐서 자신이 개산 대니까 직공 하는 말이 자신예깨 월마나 오는냐고 물어서 갈치 주지 않고 직공에깨 월마 대는냐고 물어니까 자꾸만 자신위 땅바닥에 개산대어 낮는 것을 보던니 원금을 치라 주더라. 그래서 돈을 바다서 나오면서 개산을 대어 보니까 200원이 틀리더라. 그래서 도로 직공에깨 가서 개산이 틀리지 않아는냐고 물어니 직공 하는 말이 그때사 개산이 틀릿던가요 하더라. 그래서 자신이 인상을 쓰며 사람이 개산을 틀리며 틀릿따고 하며 올깨 돈을 지불했주야지 절먼 사람이 인간성이 어애 그런가 하고 사람이 몿 쓴다고 말을 하니까 저는 개산을 대다 말랐따고 이야기하면서 실수을 했따고 사과을 하더라.

金陵郡 牙浦面 大新洞 三區
權純德114)

〈1971년 5월 12일 수요일 낡씨 비〉

집에 일하며 시간이 지업지 않는데 돈 벌로 가서 일을 하니까 하로 해가 정말 시간이 지루하기 짝이 업쓰며 시간일은 지업어서 못하계더라.

※ 순석이는 이변에는 꼭 돈을 십치일에 부쳐줄라고 인지라도 나가서 방을 어더며 댈 껏이 아닌야고 말을 하지만 자신의 생각에는 사람이 실수을 하고 십원 사람은 백에 한 사람도 업따고 이야기하며 돈이 자신의 손에 들어오계 대면 그때부터 할동을 할 계핵이다.

지출에 … 〈노트〉 20원

〈1971년 5월 13일 목요일 낡씨 흐림, 비〉

"사람이 재미로 살라간다는 것을 절시리 너킬 수가 있쓰따. 예냐하며 자신원 일이 손에 안 걸리며 나 자신이 생각해도 너무나 기래전다는[게을러진다는] 것을 알 수 있쓰며 때예 따라서는 이래 일을 했따가는 아무것도 못하계따 하고 생각을 할 때는 잠시간 동안 일을 해도 그 후에는 역시 일이 손에 걸리지을 안너며 사람이 이래 살다가는 사람 바리갰따는 너킴마저 들 때가 한두 번이 아니다."

〈1971년 5월 14일 금요일 낡씨 맑음〉

보리논 모자리에 두름을 안전이 하고 물까지 대어 나쓰며 손질을 해서 씬나락을 쳐개 대며 안전하계 대는 것이다.
"원둑길을 혼차 그니니 아까씨와 꽂향기가 코을 놀라개 하니 자신도 모러개 가든 길

114) 이상 두 줄은 5월 11일 자와 12일 자 일기 사이의 빈 지면 왼쪽 하단에 오른쪽에서부터 세로쓰기로 기록되어 있다.

을 머추고 향기만이라도 마음껏 마쉬고 가노라."

〈1971년 5월 15일 토요일 낡씨 맑음〉

"모재리는 수일 내로 안전하계 끝을 보개 댈 끄시며 앞푸로 들거름을 좀 하계 대며 보리 수학할 때까지 한가한 시간을 보내개 댈 끄시다. 그리고 대신서 양앵두 접목을 복숭나무에 접을 부쳐 보니까 원목과 물질이 맡지 안아서 거런지 안전이 실패로 도라같쓰며 내년에는 올복숭을 접 한번 부쳐볼 예정이다."

〈1971년 5월 16일 일요일 낡씨 맑음〉

부친에깨 자신원 한 번 더 객지에 나가볼 예정이라고 말을 할려고 부친이 일하는데 집적 차저가서 말을 할려고 입을 널라고 하다 다른 말을 하고 말랐다. 예냐하며 자신이 말을 하면 극정을 해서 해가 댈까바 말을 못하고 마는구나.

"이변에는 객지에 나가면 집에 더러올 수도 업는 문제. 죽어나 사나 객지에서 삶매 보람을 안고 살라야 한다는 것을 생각을 하니 마음이 틍 빈 모양 마음가짐을 바로 할 수가 업꾸나."

〈1971년 5월 17일 월요일 낡씨 맑음〉

부친한데 객지에 나가갰따는 말은 않아고 아무도 모러개 혼차서 나쓸라고 결심을 했는데 가만이 생각을 하니 오히러 혼차서 나가개 대면 더 극정을 시키지 않나 하는 생각에 입이 떨어지지 않는 입을 부친에깨 말을 하고 말랐다.

그리고 부친 말씀이 〈모신기나〉 하고 복숭이라도 팔라서 돈을 가지고 가라는 맑씀을 하더라면 그때 가면 또 앞을 가로막는 물채과 나오개 대니 이때나 그때나 객지생할에 매일 맡찬가지다.

"부친이 자식에깨 예착심 크다 하지만 자식이 공상하는 심정은 모을시며[모르시며] 한경에 지배 받고 몸부림에 비하리까."

〈1971년 5월 18일 화요일 낡씨 흐림, 비〉

순석이가 오늘은 꼭 대며 이변에는 약속을 어기지는 안는다고 개핵이나 잘 새우라고 하던 말이 하로 아침에 문어지고 말며 이재는 언재 돈을 벌 수가 있깨나 하고 공상 뿐이며 이재는 살라보자는 힘마저 업꾸나.

자신이 앞을 보고 살라 볼라고 마음을 단단이 먹고 하로하로 생할을 착실이 할려고 해도 마음이 흐리저는구나.

"인간이 삶매 보람을 가지고 살라가는 사람은 보통 복이 아니라고 생각하며 행운아라고 본다."

〈1971년 5월 19일 수요일 낡씨 흐림〉

요줌 날씨가 비가 올 껏 하며 비가 오지 않는 것을 볼 때에 낡씨가 보통이 아니다.

예냐하며 낡씨는 참외, 수박 오이 할 껏 업시 가물어서 땅 위에 쑈사나지을 않키 때문에 예타는 마음이야 말할 수 업꾸나.

우마차로 들거름을 안전이 해쓰며 앞푸론 들거름을 할려거든 보리들이 해동할 때에 우마차가 만대로 다니도 피해가 업쓸 때에 거름을 장만해야지 만이 할 수 있쓰며 보리에 감심이 업시 일을 할 수가 있따고 본다.

"사람이 자신에깨 이미 잘못을 저절어 노았쓸 때는 신경질이 나고 욕슬이 나지만 그때는 선하개 대하여야 한다. 예냐하면 욕슬을 해바야 피해는 당한 것시고 욕을 해바야 나 자신만 추집계 대니까 참아야 한다."

〈1971년 5월 20일 목요일 낡씨 맑음〉

"나 자신의 길은 눈앞에 있따고 생각했는데 이제 정말 아득한 철리길이 댄 것 같꾸나."

봉산 눈님 집에 과수에 약 살표한다고 좀 와달라고 해서 약 쳐는 데 거들어 주고 집에 와서 눈님 이야기을 더러니 그만 화가 나더라. 예냐하며 나 자신원 생각하기는 사돈택하고 사장어른이 업쓰서 화목하계 생할을 하는 줄 알고 조금한 일이라도 있따면 소을 몰고 가서 일을 거들어 주고 했든이 이재 와서 눈님의 말씀을 덥고 보니 정말 개심하더라.

나는 거래도 〈자영만큼은〉 욕슬을 안 아고 살림사리을 않 쳐는 줄 알라든이 사장어른과 맡찬가지라고 눈님이 말씀을 해서 사람이 누구을 보고 사는데 살림사리을 쳐며 사람이 잘못이 있쓰며 잘못한다고 충고도 하고 서로가 업쓸수록 아켜 줄 수 있는 사람이 대어야지 하고 한소리을 하고는 앞푸로 날을 일해 달라고 이야기도 하지 말라고 하고선 점심도 않 먹고 소만 몰고 집에 올라고 더니 〈자형이〉 말리서 집에 오지는 못하고 점심을 먹고 놀다 집에 왔다.

〈1971년 5월 21일 금요일 낡시 맑음〉

담이 문어저서 일부 싸고 다음에 한 번 싸개 대면 안전이 담 싸는 대는 안전이 할 수 있따고 본다.

낡씨가 고루지 못해서 보리는 거낭 말라버일 껏 같다. 예냐하며 낡씨 가문 바람에 밭버리[밭보리]는 벌보리가 삼분지 일이 댄다고 본다. 그리고 바람어로 보리들이 겻마루개 만들 껏 갔꾸나.

"돈 있는 놈에깨는(정희형) 잘못이 있쓰서 말을 바른 소리을 하계 대면 사람을 않 볼라고 예민[외면]을 하고 피하는 기색이 있쓰니 업는 놈은 어뒤 살개쓰며 있는 놈은 거러깨 하는 것이 예이인가. 어뒤 두 눈 떠고 볼 수가 있깨나."

〈1971년 5월 22일 토요일 낡씨 맑음〉

"오늘 보 하는데 냇물이 적어서 넓번 냇까을 전부 막아서 보물을 만들어도 아래들에는 물이 적을 정도가 대며 수일 내로 비가 완 온다면 보 하는 데 보통일이 아니며 특희 밭곡석을 바서 비가 좀 와야 할 탠대 극정이 크구나."

※ 사람은 나이가 많타고 해도 공동일에서 휴식시간 지키라.

"인자한 어른이라도 남들이 욕을 하지는 않캐지 하고 밑지 말라."

〈1971년 5월 23일 일요일 낡씨 흐림〉

고추밭에 두더지가 매일 들석그리서 이 가물에 고추나무들이 골라서 죽는 것이 절반대는 것을 보고 참을 길 업쓰서 두더지을 잡깨따고 해장으로 4일 동안 계속 다녀 바도 허땅을 하고 오늘로서 두더지을 잡아서 물예 당가서 죽이고 말라다.

그리고 형이 공사판에 돈 벌로 갈려고 하다 아포서 (공화당) (백남억) 유세가 있따면서 위원 축에서 자꾸만 가자고 한다고 해서 공사판에는 내 갈 태니 갈따 오라고 하고서는 공사판에 일을 하는데 사람이 적으서 좀 편하계 일을 안수했따.

〈1971년 5월 24일 월요일 낡씨 비〉

목 마러개 바라든 비가 이재야 해갈이 면하두록 대지을 축축이 적사키 때문에 보리에 해갈을 면할 수 있따.

"올해는 과실이 크는 것이 눈에 튀어나기 잘라고 있쓰서 과손에만 가기 대며 한참식 과실을 보고 마음의 속으로 요세는 과실이 잘란다고 말을 하계 대는구나."

"사람이 삶매 보람을 가질라고 노력을 할려고 발부등 쳐바야 한경과 현 사회에서 바다주지을 않으니 정신의 타격을 받는 몸은 신도 몰을 껏시다."

〈1971년 5월 25일 화요일 낡씨 맑음〉

제8대 국회 선거일라서 점심식사을 하고서 튜표소에 가니까 다행이 사람이 업쓰서 가던 길로 기포을 하고 집에 와 놀라고 예정한 것이 놀 사람도 업고 심심하기 짝이 업쓰서 들로 나가 피 뽑는 것으로 하로 일과을 보내고 말랐다.

"어머님 산소에는 형제들이 풀이 안 날 정도로 다녀도 어머님 무듬은 변함이 업꾸나."

〈1971년 5월 26일 수요일 낡씨 비〉

"마구관을 우마차로 쳐는데 손십계 일을 마쳐쓰며 담을 싸다 둔 담을 오늘로서 안전하계 마치고 말랐다."

오늘까지 바서는 보리농사는 풍년을 했따고 보는데 작꾸만 비가 오니 보리농사에 해을 줄라고 불피료한 비가 올려고 흐린 낡씨만 하고 있쓰니 사람의 실속도 어울해저는구나.

"이변에 국회선거가 신민당 〈조필오〉예깨 넘어가지나 안나 하고 풍문이 돌라서 넘어갈 줄 알랐는데 자기의 국심은 있따. 예냐하면 백남억은 정국유세만 다니찌만 앞도적으로 당선대는 것을 때에 돈예깨는 저는 것이라는 것을 녀킬 수가 있쓰따."

〈1971년 5월 27일 목요일 낡씨 맑음〉

"고추모종이 모자래서 남에 모정을 과지고 와서 모종을 하는데 생각보다 더뒤며 힘이 들더라. 그리고 모종이 바로 골라서 물을 주고 했는데 잘 살란지을 몰개꾸나."

"요줌은 자신이 객지 생각에 지취서 거런지는 몰라도 일하는 데 짜정이 들 나며 일하는 도중에 멍청하계 섯있는 때가 자신도 모러계 줄어더는 것 같꾸나."

〈1971년 5월 28일 금요일 낡씨 맑음〉

"시금치씨와 무우씨을 뽑고 질경콩을 갈려고 이랑을 만들어서 부친과 둘리서 갈고 나서 딸기밭 매는 것으로 하로 일과을 보내고 말랐다."

※ 요줌은 삶매 극정은 좀 들한 것 같던대 사람이 일을 하나 놀라도 잠이 와서 죽을 지경이다.

〈1971년 5월 29일 토요일 낡씨 맑음〉

"참외씨 뿌린 것이 풀 속에 들어 있쓰서 풀을 재거하고 참외 포기을 차저 바도 몟 포기 업쓰며 남원 참외도 신통치을 안더라."

※ 산천초목도 부푸른 오월아. 이 심정 개러운 줄 알거든 〈참뜻만〉 난기고 모두 가지고 가다오.

"내 마음 우울하거든 남에 심정 우울한 줄 알라다오."

※ 공상원 종점이 업따.

〈1971년 5월 30일 일요일 낡씨 맑음〉

옛날 어른들의 말씀과 같이 윤달 더런 해는 보리풍년이라고 말들을 하더시 올해 논보리들 더 바라바야 볼 수 업깨 보리풍년이라고 보며 자신 알기는 봄보리는 처음 잘 댓따고 본다.

그리고 봄보리 도구에 풀이 만아서 풀끈이 달라더러서 보리에 해가 댈까바 전부 손으로 김을 매고 말랐다.

"우리 농사는 형이 농사을 지어도 지을 수가 있쓰니 자신은 포도밭에 일을 하두록 달라는 청을 밭고 보니 자신은 마음이 더 개러어저는구나. 자신이 남에 집에 가서 일을 하야 정말 살 수가 있는가 생각을 했 볼 때에 멍하니 하늘만 처다보고 시간만 보내개 대는구나."

※ 자신은 모내기을 전부 끝을 보는 날에는 자신의 갈 곳을 학정지을 끄시며 이 몸이 가루가 대는 한이 있더래도 바로 설 수가 있는 인간이 대갰따.

〈1971년 5월 31일 월요일 낡씨 맑음〉

"자신이 이 시간에도 상업을 해서 돈과 싸와야 해도 멋 할 참인데 산에 올라가서 죽원 나무와 싸우고 있쓰니 의이 가슴이 답답하지 않깨나."

"친구 일 명원 자기 쳐와 위원[이혼]을 할려고 해서 자신이 보기에는 한 가지에서 열까지가 너보다 다 좋은데 예 말라고 하며 그 사람에 낮번 점이 무었시며 하고 물어니 사람을 보기 대며 일거일동이 보기가 실원데 어떠깨 생할을 하며 살 수가 있깨나 하며나 자신에깨 쳐에 대한 말을 하지 말라고 해서 이제는 참아 말할 수가 업꾸나."

"월말 총지출"

〈지출에 … 40원〉

〈1971년 6월 1일 화요일 낡씨 흐림〉

"골래 들거름을 지계로 오전 내 한 것이 얼마 대지을 않으며 앞푸로 한 번 더 끝을 볼 껏 같꾸나." 그리고 소 먹이며 송충이목을 지계 한 짐 하고 말랐다.

"친구 쳐과 옛통 터전다면서 자신에 하소연을 하지만 이재는 할 수가 업깨 대어다. 예냐하며 친구는 벌서 터난 몸이 대고 보니 어뒤 한번 말을 부쳐 볼 때는 업고 친구 쳐말 한 마뒤 덥고 보니 정말 불상한 마음이 앞쓰는구나."

※ 인간이라며 계론을 하계 대며 가정을 지키고 사는 줄 알랐떠니 친구 가정을 보니 정말 만이 생각할 점이 한두 가지가 아니꾸나.

〈1971년 6월 2일 수요일 낡씨 흐림〉

"골래 흘거름은 안전 하고 고추거름을 초기 한 셈이 댄다."

"그리고 오늘은 소을 먹이며 나무 할 극정이 대던이 실지 나무을 해보니 또 한 짐 하계더라. 그래서 너킨 점은 사람이 상업을 해도 지지감 장사할 껏은 따로 있꾸나 하고 생각도 대는구나."

"친구과 딸기 달라고 하여서 주개따면서 가자고 하니까 본동 쳐녀들리 와 〈사 명이〉 저녁에 가서 타 먹는데 낡은 어덥고 딸기는 밤이라서 잘 보이지는 않고 하니 자신이 더 미안감이 들더라."

〈1971년 6월 3일 목요일 낡씨 비〉

"채소밭에 삼동추을 일부 뽑고 고추 모정을

하고 남어지 일부 다 할려고 예정한 것이 다 하지 못하고 다음에 한 번 더 모종을 하야지 다 할 껏 같꾸나."
"이변에 비가 보리에는 해가 만을련지는 몰라도 과수에는 이변 비가 목마른 대지에 축축이 적싸 주더시 나무예도 생명을 건저따고 말을 해도 과연이 아니다."
"오나락이 이재야 논에는 푸러개 만들고 있쓰며 농부의 손길은 한결 바푸개 재축을 하고 있꾸나. 머지완아 보리와 모내기에 들어갈 껏을 생각을 하니 등골짝이 오삭하여저는구나."

〈1971년 6월 4일 금요일 낡씨 맑음〉
"가지 모종을 형수와 둘리서 안전희 하고 나서 과수 밑에 잡초 재거하는 것으로 하로 일과을 보내고 말랐다."
올해는 복숭아가 작년 비에서 더 바뻘 껏 같꾸나. 예냐하며 올 모신기 할 때에 한참 복숭이 날 껏 같더며 작년 비예서 매우 바풀 껏 같다.
※ 어재 비가 조금만 더 왔쓰며 밭작물이 만족할 탠대 비가 너무나 적으서 모정하기가 불{편}하며 물을 안 주고는 할 수가 업꾸나.

〈1971년 6월 5일 토요일 낡씨 비〉
"요줌은 비가 만이 올 뜻하며 오지 않코 비방울만 조금 내리고 바람만 모라쳐니 비 왔는 것이 표과 업고 박싹 마러고 있쓰니 작물들이 어찌 가물이 들지 않캐나."
"과수에 잡초 재그하고 나무들이 잘 모[못] 자라는 나무들은 비료거름을 돌라다니면서 일부 하고 말랐다."

〈1971년 6월 6일 일요일 낡씨 맑음〉
"과수에 〈메다위독서〉약과 충제을 혼합해서 살포하고 송충이목[115] 나무하는 것으로 하로 일과을 보내고 말랐다."
요줌은 보리 배는 것이 더로 비며 앞푸로 삼사일 지내개 대며 반 수과 보리 비기을 할 꺼다.
※ 모내기만 하기 대며 자신의 갈 곳이 있쓰야 할 참인대 나 자신의 생각에 돈 가지고는 객지로 나{가}기가 불가능으로 보이고 있는데 앞푸로 어떠개 변경이 댈런지 몰개꾸나.

〈1971년 6월 7일 월요일 낡씨 맑음〉
냇물이 벌서 바닥이 나고 넉둘에 물은 적으서 보을 하는데 물만 조금 막어 너코 보을 맡치고 마랐다.
청도복숭이 한 나무과 있쓰서 봉지을 쉬우는데 우리는 못하계더라. 예냐하며 봉지 쉬우기가 시간이 만이 들며 우선 답답해서 할 수과 업쓰며 성질 급한 사람은 단 한 시간도 못하계더라.
"올해 낡씨과 좋은 낡씨을 보여주지 못하계더라. 예냐하며 여때꺼 비가 정상으로 온 적이 업쓰며 비방이라도 한 바을 오개 대며 낡씨 우악시럽계 만들고 하는 것을 볼 때에는 풍년을 주지는 않캐꾸나."

〈1971년 6월 8일 화요일 낡씨 맑음〉
"호박에 인분을 주고 과수에 잡초 재거하고 말랐다."

115) 송충목, 즉 송충이의 해를 입어 죽은 나무를 가리키는 것으로 보인다.

"사람 사는 것이 무었시기에 신경을 쓰가며 살라야지 하는냐 하고 생각이 들며 남들은 신경을 안 쓰고 살라가는 것 같던대 나 자신은 이쳐름 고달펴계 살라가야 대는지을 몰갰꾸나."

〈1971년 6월 9일 수요일 낡씨 비〈방울〉〉

호박에 인분은 한 번 더 주어야지 안전이 줄 껏 같더며 과수에 잡초도 한 나잘만 하계 대며 과실 수학할 때까지는 잡초 극정은 않 에도 댈 껏 같다.

※ 올해는 농사일이 고루지 못하구나. 예냐 하며 보리들이 골루지 못하고 보리가 벌 보리 저는 곳은 벌서 타작에 들어쓰고 있쓰며 보리과 정상으로 익는 데는 아직 풀인감이 들고 있따.

"녹음의 계절 육월도 초순에 들어쓰고 있는 이때에 나 자신은 무었 하나 남김업시 육월의 시간을 보내개 대는 이 심정 누가 알이."

〈1971년 6월 10일 목요일 낡씨 비〉

"보리타작 할 준비한다고 흙거름을 우마차로 실어내고 과수에 잡초을 오늘로서 안전이 재그했다."

"올해는 비가 올 뜻하며 비가 만이 오지 않는 것을 볼 때에 올해는 봉답에는 못 먹지 안나 하고 극정이 대는구나."

"과손에 과실 바서는 비가 허쪽 하두록 와야 과실 풍년을 만들 참인대 비가 조금 조금씩 내리개 때문에 사람의 간장만 타계 댄다."

〈1971년 6월 11일 금요일 낡씨 비〉

"이재 비 과수에 충분한 비가 와서 과실 가뭄에는 극정을 안 에도 댈 껏 같다. 그리고 자신이 갈피을 못 잡아서 일을 마음먹고 일을 않에는데 앞푸로는 객지에 나갈 때까지 열심이 일을 해주고 나갈 꺼우로 결심했다."

※ 이변에 친구는 객지에서 돈 벌로 나간다고 자전차까지 싸서 장사한다고 영주로 같는데 돈 20,000원을 열월[열흘] 만에 돈 까먹고 집에서 이야기을 하는 것을 볼 때에 객지생할이 그러깨까지 힘이 더는가 하고 생각이 들며 자신은 크개 힘안 더리도 댈 껏 같더며 한편으로는 극정이 대는구나.

〈1971년 6월 12일 토요일 낡씨 맑음〉

우리는 처음 보리 비기에 들어같쓰며 그래도 우리 보리는 잘 댄 보리인데 낮쑤로 빼어 보니 형편 업쓰며 남들 보리가 조금 신찬다 십펴 보이는 것은 보리가 아주 업쓸 끄로 본다.

※ 사람이라는 동물을 생각을 해볼 때에 농촌에 살라도 지개 등에 않 대고도 밥 먹고 살고 지개을 예인처름 업고 다녀도 밥 먹고 사니 이 두 사람을 두고 생각을 해볼 때에 당신들은 어떠개 풀라 할 끄신가.

(서명)

〈1971년 6월 13일 일요닐 낡씨 흐림〉

"밭보리는 오늘로서 끝을 보고 콩씨, 참깨을 씨 부림을 안전이 하고 하로 일과을 보내고 말랐다."

"사마귀 빼는 약을 동생이 싸와서 약을 바러는 중인데 빠절란지는 몰라도 진작 못한 것이 후예과 대는구나."

〈1971년 6월 14일 월요일 낡씨 비〉

"이재는 불피료한 비 때문에 보리단을 마음대로 만칠 수가 업쓰며 앞푸로 멫칠 개속 지정그리며 밭보리는 싹이 날 끄수로 본다."
※ 오전에 비을 마저며 고구마 이랑을 전부 만들어서 고구마씨을 심고 말랐다.

"금년 장마는 다른 때보다 일적 오는 것 같더라. 예냐하며 장마 하며 넛모신기 할 때에 오개 대는데 올해는 위상하구나."

〈1971년 6월 15일 화요일 낡씨 흐림〉

"복판에 모내기 할려고 논 훌기쓰며 보리에 비가 마저서 말루기 위에서 한 번식 뒤비낮는데 낡씨 상태을 보니 또 비가 올 껏 같더며 올해 보리도 작년 모양 골골구로 싹을 내지 않나 염려가 대는구나."
"앞푸로 골치크리가 있따. 예냐하며 자신의 성격은 너무나 칼칼예서 형이 무선 소리을 불켜 하개 하며 그것을 참지 못하고 말 한 마뒤 한 마뒤 따지기 때문에 원성이 높파지기 때문에 언잰가 서로가 불깨한 일을 보고 말 껏을 생각하니 자신이 하로 빨리 객지에 나가야 대갯는데 마음데로 안 대고 있쓰니 보통일이 아니다."
과실 춯선 보임 … (올복숭 2개짝)
계 1,300원

〈1971년 6월 16일 수요일 낡씨 흐림〉

"논보리을 오늘로서 초개시 했쓰며 보리가 생각도 더 잘 대어서 마음이 캐알하며 앞푸로 삼사 일 더 비야 가을 논보리는 전부 빌 껏 같더며 낡씨만 잘 하게 대며 멧칠 걸리지 않깨더라."
"자신의 성격이 나빠서 거른지 형수가 눈에 엔길라 하며 눈에 거슬리고 해서 마음 낮부개 안 먹을라고 무지하계 노력하는데 사람 보기 실어며 눈에 들두록 하기는 정말 어렵꾸나."

〈1971년 6월 17일 목요일 낡씨 흐림〉

"밭보리을 우마차로 실어서 탈곡기로 수학을 하는데 힘이 무진장 들며 사람이 탐으로 모욕을 해가며 살라야 밥을 먹고 살 수가 있따고 보는가 정말 한심하기 짝이 업꾸나."
"사람이 꿈만이라도 편하계 사라바야 할 땐대 꿈에도 편하기가 어렵꾸나."

〈1971년 6월 18일 금요일 낡씨 흐림〉

"밭보리을 안전하계 타작을 하니 허무하기 짝이 업더라. 예냐하며 남들은 벌보리 젗따고 말을 해도 우리 보리는 벌보리 춯는 것이 별로 업더니 타작을 해보니 작년 반도 못 때개 셋 가마박에 나지 않아서며 남들 보리는 벌보리 젖다 십펀 것은 허무하기 짝이 업쓸 껏우로 본다."
"순기가 군대 침대 부쳐 준다더니 아무 소식이 업쓰서 극정이 대는구나. 예냐. 일이 잘 못 대어서 글리서 욕을 보고 있찌나 않나 하고 극정대는 마음이야 말을 할 수 업꾸나."
〈올복숭〉 … 2개 1,220원

〈1971년 6월 19일 토요일 낡씨 흐림〉

부친이 과실을 두 개짝 따는데 아직 색도 않 나고 아주 적은 것까지 따가지고 았킬래 왜 이런 것을 따쓰며 할 일이 업쓰서 과실을 적은 것도 다 훌터리 하고 한 마뒤 한 것이 잘못이 대어 부친 하는 말씀이 못 비운[배운] 것은 할 수 업꾸나 하고 것때부터 꾸중을 주는데 어머님 살라개실 때는 여관 꾸중을 더러도 그러깨 쓸지을 않든데 어머님이 안 개시고 그 꾸중을 더을 떼 쓸버서 꾸중을 들을 수도 업고 그만 이 새상에 살고 십지을 않더라.
올복숭 -2- 700원

〈1971년 6월 20일 일요일 낡씨 흐림〉
"오늘로서 우리 논에 모내기을 첫발을 뒤디개 대어서며 우리 모내기 한 것이 좀 너전 감이 더는구나."
※ 나 자신에깨는 아무 것도 필요 업쓰며 내 앞에는 손을 잡을 사람도 업쓰며 자신은 내 몸등위 위에는 아무 것도 업쓰며 이 새상을 살라가는 데로 살다 가버리는 것밖에는 업따.

〈1971년 6월 21일 월요일 낡씨 맑음〉
오늘로서 가을보리는 안전히 함 샘이 대며 남은 것은 봄보리밖에 업쓰며 앞푸로 삼사일이며 봄보리도 타작은 끝을 보지 않나 내다보고 있따.
집에서 돈이 잘 안 대고 하며 상희 돈을 내서도 상업을 한번 하고 말 참이다. 외야하며 자신이 집에 있쓰바야 흰 백지가 댈 끄시며 만약에 객지의서 성공을 하든 말든 똑같던 위치에 있쓰니까 사람의 한평생 좀 수라개 살라보자는 욕망박에다.

〈1971년 6월 22일 화요일 낡씨 맑음〉
"올해 보리는 비기는 안전이 하여쓰며 밀서말 닷 돼 정도만 비개 대며 올 밀보리는 끝을 보는 셈이 댄다."
※ 봄보리가 내가 농사 진 후로는 처음 잘 대따고 보며 형과 둘리서 비는데 하로 점두록 비어쓰며 봄보리로서는 까지낀 대어다.

〈내지〉[116]
경북 금릉군 아포면 대신동 三구
권순덕 用

〈1971년 6월 23일 수요일 낡씨 흐림〉
"가을보리논 모내기 할려고 갈라서 일부 물을 너어 노았는데 밤이라서 잘 더러갈련지는 몰개꾸나."
"이상하계 들래서 일을 하고 집에 들어오며 저만침 가는 사람이 어머님 거름거리 같떠며 그때는 발거름을 몇출 때가 한두 번이 아니다."
지출에 … 〈노트〉 20원

〈1971년 6월 24일 목요일 낡씨 (비방울)〉
"들까지에 일곱 마지기는 전부 쟁기로 점부 갈라서며 앞푸로 삼사일만 맑은 낡씨을 보여준다면 밀보리단을 안전이 할 수가 있깨는데 만약에 신기 비가 온다면 들까지 일곱 마지기에 모내기하기가 힘이나 들지 않깨나 하고 염려가 대는구나."
"그리고 순기가 침대 부쳐 줄라고 하더니 침대도 오지 않코 편지도 안 아서 극정이 대더니 이재야 침대가 오고 하니 마음이 노이는구나."

〈1971년 6월 25일 금요일 낡씨 흐림〉
오늘로서 가을보리 봄보리 할 껏 업시 타작을 안전이 하여쓰며 올해는 보리단에 비 한

---
116) 이상 〈내지〉의 주소와 이름은 이전의 일기장을 다 쓰고 교체된 새 일기장 내지에 기록되어 있다.

번 않 마추고 타작을 다 할 수가 있쓰따. "우리 농사만 지어도 힘이 이쳐름 더는데 그 전에는 남에 농사을 어떠깨 지어내쓸까 하는 생각이 들며 가만이 생각을 하며 꿈만 같꾸나."

〈1971년 6월 26일 토요일 낡씨 비〉

"보 하는데 사람이 넘어 적기 나와서 일이 잘 안 대고 하니까 나온 사람들이 요줌 제일 바풀 때라 글전[117]을 매기야지 다음이라도 일하기가 수라계 대지 이변에 그냥 두며 앞푸로는 한 사람도 나올 사람 업쓰니 글전 貳백 원식 풀어서 술 먹자고 하니까 관간도 할 수 업시 응애 주며 이변에 술 못 먹는 사람들도 마음에 헙쭉하두록 빵을 잘 먹으다."

"내일 오전에 모내기 할 때에 형은 논 장만하고 자신은 모판에 피을 뽑는데 피보다 〈반동 사이가〉 한판을 뽑기 대며 주먹으로는 다 가지고 나올 수가 업두록 만이 있는 모판에는 올해가 처음이다.

중복숭 -2- 1,220원

〈1971년 6월 27일 일요일 낡씨 비〉

"들까지 가을보리논에 모내기을 하는데 생각보다 좀 일적 하더라. 예냐하며 가을보리논과 밭달이까지 심키 때문에 사람이 돌기 때문에 만이 너절 줄 알라떠니 가이 너지는 않더라. 그리고 모내기 하는 사람들이 노래을 부러면서 자신에깨도 하라고 심신부탁을 하는데 불어볼라 하다 참고 말랐다."

봄보리논 장만하는데 득개 박희대가 작년 모패기에 더 더러오며 모 패기을 뽑을라고 말을 해서 형이 있코 형이 말을 해서 엽에 가만이 있쓸라 있는데 말을 이러쿵저러쿵 해서 참을 길 업고 해서 이런 말 저런 말 하더 사람이 어뒤 위웃 농사을 지면서 사람이 어뒤 거러며 지알 마라고 하니까 막대 더러서 거만 떠밀면서 당신 것던 사람한태는 않 싸오갯따면서 밀고 말랐다.

※ 나 자신이 성격을 침착하계 할려고 무지하계 노력을 하는데 마음에 거슬리는 말을 덧개 대며 직시 했부치는 성격을 버릴라고 해도 잘 않대는구나.

〈1971년 6월 28일 월요일 낡씨 비〉

우리 들까지에 모내기 않 애서 봉답신기 비옵까바 급이 나며 마음이 조마조마 하더니 이재는 들까지에는 모내기가 끝이 나고 봉답밖에 남지 않으니 마음이 후런하다.

"이제는 집에 일은 끝이 남 샘이 대고 자신에 일만 남어 있쓰며 앞푸로 개핵에 어근남이 업두록 개시할 예정이다."

※ 그 전에는 과실을 따며 급이 나더니 이제는 급이 않 나는구나. 예냐하며 그 전에 과실을 따계 대며 택에 실을 사람 업는가 또 치다녀야 하며 몸부림을 쳐야 개우 과실을 실어찌만 이재는 교통이 좋으니까 과손에서 도로변에만 나오며 수라개 실고 갈 수가 있쓰며 운님 헐치 필리하기 말을 할 수가 있꾸나.

〈1971년 6월 29일 화요일 낡씨 비〉

"살가리 하는 집에 모내기 하려 가서 아주

117) 보 부역에 참여하지 않는 사람에게 매기는 벌금을 의미하는 것으로 보인다. 일기에서는 '골전', '골돈' 등의 명칭으로 여러 차례 언급되고 있다.

머님들이 노래을 부려라고 하여서 어절 수 업시 부러는데 틀리서 노래가 재대로 안 대며 노래을 하고 나서 한 번 더 잘 불려보고 십펀 마음 고등쳐지만 그만 참고 말랐다."

"자두금이 좋아서 비가 오는데도 불구하고 동생들과 물자두 9상자을 따는데 좀 저물더라. 그리고 자두가지에 수도 업시 열매가 달리서 나무 쳐로 끅끄서[끌고서] 어머님 빈소에 글러 노니 마음이 한결 가벼어지는 것 갔꾸나."

중복숭 -15개- 물자두 2개 표함 7,000원
지출에 … 과실 운님에 232원

〈1971년 6월 30일 수요일 낡씨 비〉

내일 봉답에 모내기 할려고 논 장만하고 피을 뽑는데 자신이 농사 직코는 처음 만이 있따고 본다.

※ 이재는 비가 필요가 업는데 하로도 파점 업시 비고 오니 우선 집이 추예서 비가 멀정나는구나. 그리고 작년 비에서 장마가 갱장이 팔리 오는 것 같꾸나.

물자두 … 〈8상자〉 5,080원
월말 총수입 … 15,450원
〃 총지출 … 252원

〈1971년 7월 1일 목요일 낡씨 비〉

"오늘로서 모내기는 안전이 맡침 샘이 대는구나. 모내기 한참 할 때는 팔리 하고 치아쓰며 하는 생각 절로 나더니 이재는 모내기을 더 해바쓰며 하는 생각 절로 나는구나."

"인간이 흙문지가 좋아하는 사람은 업찌만 농촌 대자연 속에서 얼굴 검개 꺼스리서 일하는 것을 부러어하는 사람은 있따만 자신의 생각에는 농촌에 사는 사람 만이 불상하다고 본다."

수입 물자두 -2- 1,000원
중복숭 -9- 3,700원

〈1971년 7월 2일 금요일 낡씨 비〉

"과손에서 중복숭을 차로 실어낼라고 절먼 아들 둘 놉을 해서 중복숭 약 70십 개짝을 따는데 저물두록 따스며 5명이 하로 점두록 해도 칠십 개짝박에 따지 못하개더라."

※ 그리고 오늘 여시[118] 반에 순석이가 차을 몰고 올라고 약속을 했키 때문 온다고 형과 집안 식구 전부가 차 온다고 저녁 열시까지 기다리고 자신은 혹시 용신촌 내까까지 와서 발통이 빠저서 못 오지나 안나 해서 자전차로 용신내까지 가 보니 차도 업고 고요한 밤에 물소리만 창공을 따고 분산하계 만들고 마는구나.

중복숭 -12- 물자두 -2- 계 8,000원

〈1971년 7월 3일 토요일 낡씨 비〉

"어제 올라 하고 하든 차는 업쓰며 오늘 차을 다시 부러개따고 아침 셋 시경에 집에서 출발해 같는대 아침 너깨까지 차는 오지 않코 비만 내리고 있킬에 이변에 가실은 전부 쓰꾸고 말갰따는 생각을 하니 힘이 하나도 업쓰며 신경만 예민했저는구나."

언재든지 과실을 따며 사람의 힘은 말할 수 업시 많이 들며 과실을 한 번식 저 내울라고 하며 예는 말할 수 업쓰며 앞푸로 과실을 딸라고 들며 과손으로 도로 내기는 힘은

118) '여'와 '시' 사이에 무엇인가 글자를 쓰려다 만 흔적만 있어 정확한 시간은 알 수가 없다.

들지만 우마차 길을 만들어야지 사람이 땀을 안 흙리고 일을 할 수가 있찌 그러치 않아며 사람의 속은 얼마나 크개 따격을 받는 줄을 모려고 있따.
중복숭 -66- 물자두 -4-
계 70개짝에 21,700원

〈1971년 7월 4일 일요일 낡씨 맑음〉
"들에 모 패기 곤치고 나서 소가 송아지을 곳 노을 껏 같다서 마구관을 대청소을 하고 말랐다."
"이재는 들뜬 마음을 정리하며 삶매 길을 개척해가야 대개꾸나."
중복숭 … 9개 4,000원
금일지출 … 모자 70원

〈1971년 7월 5일 월요일 낡씨 맑음〉
"보 하는데 힘이 만이 들어따. 예냐하며 밤잠을 재대로 못 자서 거런지는 몰라도 몸이 곤 에서 무선 일을 하기가 실어저더라."
※ 자신도 무선 말을 해도 성급이 아 나고 말을 할 때마다 생각을 하니까 자신의 속으로도 말하는 것이 좀 나저는 감이 더는구나.

중복숭 -7- 물자두 -4- 계 11개 5,470원

〈1971년 7월 6일 화요일 낡씨 비〉
〈송아지 출생일자〉
복판 논에 이화명충에 약 살포하고 형은 들까지 가서 재초재을 철라고 같쓰다.
그리고 자신은 정심시간이 대어서 집우로 와서 점심식사을 하고 오후 3시가 대어도 형이 들어오지을 안아서 혹시 건강도 좋지 못한 사람이 아빠서 오지을 못하고 안저 있나 하고 극정이 대어서 들에을 나가 보니 이재 물 대어따면서 약을 쳐고 있더라. 그래서 집에 들어와서 밀 타작을 할려고 전부 내어서 막 하고 있는데 갑짝이 소낙이가 와서 밀단 바삭 말란 밀에 비을 맡차서 타작을 못하게 하고 말랐다.
※ 그리고 계론했는 사람들의 말을 들어 보니 계론 전에 무선 일을 하기가 수라지 계론을 하고 보며 무선 일이든지 뜻대로 안 댄다는 말이 90% 대는대 자신도 시급이 결정을 지어야 할 땐다 아직 학정이 안 대고 보니 예료가 크구나.

중복숭 … 9개 3,170원

〈1971년 7월 7일 수요일 낡씨 흐림〉
"봉답 밀 타작을 하는데 여간 힘이 들지 않더라. 예냐하며 어재 비을 않 마쓰며 타작하기 일도 업쓸 껀대 어재 비을 맡차서 힘들기로 말할 수 업꾸나."
※ 앞푸로 내일만 힘들계 대며 힘 더는 일은 다 했쓰며 자신의 삶매 길을 차저서 거러갈 예정이다.

중복숭 10개 3,740원

〈1971년 7월 8일 목요일 낡씨 맑음〉
"콩밭 김매는데 높을 해서 매는데 자신이 생각해도 딱할 정도가 대는구나. 예냐하며 이재 널언 사람이 벌어먹고 살갰따고 오유월 보닥빛에 120원 벌개따고 땀을 흙리는 것을 볼 때에 돈이 무었시길에 사람을 울개 하고 웃개 하고 땅 먹개도 만더니 돈이 무선 요물인가."

〈1971년 7월 9일 금요일 낡씨 흐림〉

"오늘로서 밀 타작을 안전이 한 셈이 대며 밀 타작할 때 바서는 밀도 월마 못 먹개따고 생각을 했는데 밀을 풍구로 지어서 가만이예 담아 보니 생각한 량보다 만이 생산이 대더라."

"과일을 순석이가 가지고 같는데 서울에는 장마라서 천과일이 팔리지을 않아서 그만 집우로 와버릿다. 장년에는 장마철에 과일을 따냇어도 과실이 않 팔리고 할 때는 업쓴는데 올해 와서는 무선 과일이든지 마음에 들두록 가격도 않 맡줄 픈만 아니라 초장부터 과실 시세가 희먹고 있더라."

중복숭 … 〈생산〉 10상자 1,410원

〈1971년 7월 10일 토요일 낡씨 흐림〉

"미물을 이재 할려고 우마차을 몰고 가서 거둘라고 보니 충실한 미물은 전부 뜰어지고 좀 신찬은 것만 남아 있스서 미물 수학이 적을 끄수로 본다."

※ 요줌 서울에는 장마라고 천과[청과]을 일절 않 먹고 있키 때문에 김천에는 천과일이 널어저는 것이 과일이라고 하니 정말 어저구니가 업꾸나.

중복숭 … 〈4개〉 집에서 〈판매〉
-2- 개짝 230원

〈1971년 7월 11일 일요일 낡씨 비〉

"콩밭을 오늘 형과 형수 셋시 안전하계 김을 매쓰며 비을 마저면서 참깨 모종을 처음 시작할 때의 생각보다 참깨 모종이 무지하계 들어가며 모종하는 시간이 말할 수 업시 걸리더라."

※ 그리고 삼십 오세 대는 중년이 자신 보기에는 품 들로 온 사람 같던대 대문에 서성대며 밥 한 술 달라는 말이 어색해 보이며 자신의 보기에는 불상하기 짝이 업쓰 보이며 자신도 객지에 나가며 자신도 저 중년처름 불상하계 보일 껏신가 생각을 하니 등골짝이 오삭해저는구나.

〈1971년 7월 12일 월요일 낡씨 비〉

오늘 서모사 첫 수학함.

금일 과실을 따면서 생각을 하여도 엿때까지 과실을 따 바찌만 올해 모양 이처름 허무할 때까 업쓴는데 올해는 앤 일인지 과실 상자에 운님도 안 대고 있쓰니 과실을 따도 재미가 업꾸나.

"그리고 마을에서 상업을 할려고 군복장사을 할려고 하여서 자신도 과치 해볼라고 줄쳐을 알라고 무려 보려 같던니 아직 자기도 학실이 알라보지 못했따면서 수일 내로 알려줄라고 말을 하더라."

중복숭 -5- 1,400원 서모사 -4- 3,200
계 4,600원

〈금일 … 7개 교한〉〈2개 지불함.〉

〈1971년 7월 13일 화요일 낡씨 맑음〉

"과실금이 업쓰니까 과실을 따도 별료 재미을 못 너키고 있스며 과실에 사랑한 감이 업더라."

※ 오늘 천과상회을 가니까 쳐녀가 장사을 하는데 차뛰기 물건을 싸고 있는 것을 볼 때에 우리는 아직 오런 직업 업씨 시간을 보{내}는 인생들이 불상할 지경이다.

〈감오상희〉 1상자 900 2상자 1,400

중복숭 -6- 서모사 3개 계 3,479원

금{일} 지출에 부친 기침약 〈부롱키〉 250원
모기장 貳 마 40원
찐빵 80원 자비 60원
운님에 270원 개짝 운님 80원
〈개짝 3개 인수〉 계 830원

〈1971년 7월 14일 수요일 낡씨 맑음〉

"오늘로서 중복숭을 마지막 수학함.
중복숭을 따면서 생각해도 혼차 얼마 딸 수가 업쓸 껏 같다서 작동국민학생이 모새모욕 하로 와서 복숭 좀 따달라고 하니 서로 따줄라고 하더라. 그래서 아들 육 명과 우리 식구 하니까 팔리 딸 수가 있쓰따."
"동생원 자신이 객지생할을 할려고 하니 계론해서 객지생할을 하라고 이야기하지만 만약에 계론이 올해 안 대개 대며 자신은 객지생할에 대예서는 말할 수 업시 뒤떨러지개 대며 객지생할을 못하계 댈 줄도 모러댄다."
〈형이 〈대천상희〉 30짝 인수〉
중복숭 … 11개 서모사 3개 560원
홍자두 1개
계 15개 900원
수입 4,890원

〈1971년 7월 15일 목요일 낡씨 비〉

"중복숭과 서모사을 상희에 가지고 갇던이 이재는 정말 아이곱더라. 예냐하며 상인들이 안 사고 과실금만 나추고 배만 내밀고 있쓰니 자신들 보기에는 얄미깨 보이더라."
"자신도 무선 장사을 하며 돈을 벌 수가 있깨나 하는 생각에 시장을 안빡이 돌라보니 손님을 서로가 만이 끌개따고 고래고래 가음을 쳐는 것을 한참 보니 가면 자신도 상사을 하개 대며 고래고래 가음을 철 수가 있깨나 하고 극정이 대는구나."
중복숭 … 〈7개〉 1,400원
서모사 3개짝 2,840원
대천상희에 빛 2,000원
금일지출 … 모기장 180원
〈조카 고무신〉 60원
국수 50원 합승비 85원

〈1971년 7월 16일 금요일 낡씨 맑음〉

"사린범을 못 잡아서 예비군까지 동원을 시키니 경찰은 무었을 하는지을 몰개꾸나. 사린범을 잡깨따고 아포예비군이 약 40명 정도 추력에 몸을 실어 현지 향학산에 도착하니 일부 예비군원 철수을 하고 현역들만 수색작읍을 하고 있쓰며 아포예{비}군은 가든직시 내려오고 말랐다."
"고추거름을 하고 고랑을 만들어 북을 주고 말랐다."
서모사 2개 1,000원, 홍자두 2개 3,200원
개짝 4개
7月 16日 현제 총 과실 수 230개짝

〈1971년 7월 17일 토요일 낡씨 비〉

"채소 해 먹을라고 부친과 둘리서 이랑을 만들어서 씨갑씨을 뿌리 낮는데 잘 날란지는 몰라도 비가 온 후라서 잘 날 껏수로 보는데 어떠개 댈련지을 몰개꾸나."
"요번 갑포부대 훌련만 받개 대며 집에 돈이 안 댄다 해도 집에 자전차만 몰고 나갈 작정이다."

중복숭 …	184짝에	상자당	298	68원
물자두	22 〃	〃	512	16원
서모사	15 〃	〃	631	20원
올 복숭	6 〃	〃	536	4원

〈1971년 7월 18일 일요일 낡씨 맑음〉
"고구마에 김을 매고 일적에서 참깨가 달라서 좀 속아다.
그리고 농장물은 적기보다 좀 일적 파종을 하는 것이 좋다고 생각을 하며 올해 우리가 남보다 콩씨을 일적 갈라떠니 아주 좋은 것을 보니 무선 작물이라도 일적 가는 것이 조을 끄수로 본다."
홍자두 … 4개 3,600원

〈1971년 7월 19일 월요일 낡씨 흐림〉
"참깨에 거름을 주고 비료과 남아서 고추거름을 주어쓰며 과실 따는 데 별료 자미도 너켜보지 못하고 과실 수학원 거진 다 대어가는구나."
"먼재 군복 재생한다는 공장을 잘 안다는 사람과 군복장사 할려고 마음먹고 있쓴는데 이변에 물어보니 현금이 반이 들어가야 물건을 가지고 올 수 있따는 말을 들어니 돈이 업는 자신이라서 돈 때문에 불가능으로 돌라가는 껏 같꾸나."
※ 업는 놈은 무선 일을 할 수가 업꾸나.

홍자두 … 5개 4,000원

〈1971년 7월 20일 화요일 낡씨 비〉
"우리 마을 한 사람은 과실을 서울로 부쳐서 거리을 해보니 김천 시세보다 훍신 낮따는 말을 해서 우리도 홍자두 셋 개짝을 포장해서 안행편로 운님 450원 주고 부쳐 노왔는데 김천 시세보다 잘 나올련지을 몰갰꾸나."
"자신이 언잰가는 객지로 도라쓸 때는 눈물을 흙리야 할 참인데 이왕 눈물을 흙리더래도 하로 빨리 흙리고 말라야개꾸나."
지출에 … 홍자두 셋 개짝 운님에 450원
수입 … 〈홍자두〉 7-1-개짝 400원

〈1971년 7월 21일 수요일 낡씨 비〉
"어머님 산소에 잡초과 너무나 무성해서 풀을 안전이 배어서 손질을 안전이 하고 나니 보기가 한결 나 보이더라."
※ 예날에 피복장사 한 사람에깨 피복장사가 수입이 대는가 물어보니 재고가 만이 남아서 장사과 안 댄다고 이야기하더라.

〈1971년 7월 22일 목요일 낡씨 비〉
"금년에는 논 풀약을 쳐고도 다시 손질을 하개 대니까 내년부터 손질을 할려고 이야기하는 것을 보니 앞푸로 농부생할이 옛날 하던 그대로 도라갈 껏 같더며 자신이 생각해볼 때도 재초재을 사용해서 거련지 벼가 하나도 좋다 십번 벼들이 업쓰며 병충해가 심에서 농사도 못 지어 먹을 정도가 대고 있꾸나."
"인간이 주저주저하는 시간이 만으며 만을수록 객지생할이 태보 대어간다."
서울 홍자두 4개
홍자두 5개 2,300원

〈1971년 7월 23일 금요일 낡씨 비〉
"참깨에 마지막 비료을 하여쓰며 참깨에깨는 수학 전에는 손질이 끝난 샘이 대는구나."
"장마 쳐는 것을 볼 때에 급이 나는구나. 예냐하며 아무리 장마라 해도 빛 한번 날 때가 업쓴니 정말 급이 나는구나."
〈칠성이 개짝〉
홍자두 〈6개짝〉 3,750원

〈1971년 7월 24일 토요일 낡씨 맑음〉

〈중복〉

"오늘은 홍자두 네 개짝을 가지고 가니 장이 댈라고 그른지 바로 상인 살라고 해서 수이 판매을 한 것이 생각보다 만이 밭아다. 그리고 골논 밑태 다래이예 끌피가 만아서 형과 둘리서 일적 매고 말랐다."

※ 순철이 때문에 골머리가 아푸구나. 예냐하며 시간만 있쓰며 공부하라는 말을 노래로 하다십피 하여도 공부는 않코 이번 성적카드을 성적이 너무 나빠서 찌저 업쌔따는 말을 뜻고 형이 공부하라는 말을 십 분재 일이라도 더러준다면 성적카드을 안 찌저내도 댈 낀대 하고 생각을 하니 화가 벌꺽 나더라. 그 분한을 못 참고 순철이을 때리고 말라쓰며 앞푸로 마음을 달리 않 먹어며 혼을 내줄 태다.

지출에 … 세멘 수대 100원
부론키약 250원
홍자두 운님 120원 차비 35원
수입 … 홍자두 -4- 2,560원
(개짝 4개 입코)
〈2,000원 지불〉

〈1971년 7월 25일 일요일 낡씨 비〉

"굼도랑에 돌 시바 하는데 지방부담이 2십2만 원이 대어서 지방부담에 작자가 부역을 하는데 자신도 부역하는데 삼춘과 일부 어른들이 돌로면[도로면]을 한 지대 앞패노나 한 지대 뒤 노나 물 빠저는 양은 같따면서 도랑을 솔굴라 하더라. 자신원 이야기만 뜻고 있쓰니까 삼춘이 빡빡 씨우며 양이 같따고 하여서 그만 전사 일에 미우서 어째서 양이 같따고 말하는냐고 따지어쓰며 원성 높피어서 말을 하니까 절먼 사람들원 양이 틀린다고 말들을 하여서 마음이 후련하더라. 예냐하며 남들이 거른 이야기을 하며 이야기만 뜻고 있쓸 참인데 원수보다 더한 삼춘에깨 이야기을 후련하계 말을 한 대 대에서 마음이 홀값하더라.

{(}〈황이에깨〉 개짝 10개 인수함.〉

〈1971년 7월 26일 월요일 낡씨 비〉

"비 때문에 과실을 삼일 간 따지을 못해서 홍자두가 벌어지며 너무 익어서 홍시가 대어서 비 그치는 틈을 타서 과실을 딸라고 상자을 준비해서 좀 따니까 비가 또 쏘다저더라. 그래서 하늘만 바라보다 시간을 다 보내고 말랐다."

※ 인간세상에서는 마음의 뜻과 같치 안 바다 준다고는 하지만 이쳐름 뜻을 몰라주고 있쓰니 마음이 상화지을 않깨나. ※

〈1971년 7월 27일 화요일 낡씨 비〉

"오늘로서 과수에 과실을 전부 수학하고 과실에 마지막 손질을 하니 손에 힘이 하나도 업쓰며 사람이 능[넋] 일은 사람 모양 멍하니 손질에 끝을 보았쓰며 내일 시장에 가지고 가서 판매만 하계 대며 과실은 끝이 나는 것이다."

"올해 과수에 대예서 생각한 금액이 들 나오며 너무나 허무하기 끝이 나니까 섭섭하기 짝이 업꾸나."

홍자두 10개 복숭 -1- 계 6,080원

〈1971년 7월 28일 수요일 낡씨 맑음〉

"물 뺀 논에 물이 안 빠저서 도랑 쳐로 나오라는 말을 듯고 소을 몰고 도랑 쳐로 가니 벌서 도랑을 일부 다 쳐고 있더라."

※ 예비군 훌련을 팔리 바다야 객지생할에 전 신경을 쓰서 생각을 해서 개핵을 만들 낀대 예비군 훌련을 밭는다 소리가 업쓰니 자신에깨 더 고민이 대고 있꾸나.

※ 소을 먹일라고 들래을 나가보니 형과 손짓을 해가면서 이야기을 하고 있쓰며 자신에깨는 말을 너무 미지 업시 자주 지키는 것을 제일 질색인데 말을 너무나 만이 해서 보기도 실원데 자주 지키서 말을 안 아고 있는데 정지밥 하면서 짜들아 짓키고 있더라. 그래서 그만 하가 나더라. 그만 분한을 참지 못하고 못할 욕슬을 하고 말랐다.

※ { 이번 욕술원 잘못이라고 뉘우치고 있따.

〈1971년 7월 29일 목요일〉

"어제 형수에깨 잘못을 사과하면서 상당이 었짠원 표정으로 대하더라. 형수는 불캐하계 대할라고 궁심을 먹는가는 몰라도 자신은 그래도 남에깨 않 파저는 형수을 가질라고 욕심을 부리다 이른 불상사과 일으낯는데 나에깨 꿍하계 대한다면 자신도 그러깨 대할 뿐박에 업따."

"앞푸론 형의 대우을 우대할 끄시며 형제의 우정을 오늘로부터 분명이 구번을 지을 작정이다."

(서명) 7/29

〈1971년 7월 30일 금요일 낡씨 비〉

"미물 갈라고 잡초을 제거하고 내일이며 미물을 갈 수가 있쓸 껏이다."

※ 앞푸로 자신이 인간에깨 저버림을 않 받고 살 극정은 대지만 산에 소 먹이로 가개 대며 아이들이 바둑을 가지고 왔서 놀기 때문에 바둑으로 시간을 잡념 업시 보내고 있쓰니 마음이 좀 징하계 대는구나.

〈1971년 7월 31일 토요일 낡씨 맑음〉

"미물씨을 부친과 이랑을 지어서 씨값씨 안전이 뿌림을 하고 말랐다."

"앞푸론 과손에 양앵두을 가식을 하든지 무었신든지 신품종을 선택해서 과식을 하여야지 돈 골란 않 바고 살라갈 땐대 올 가슬에는 어떠개 할 예정인가 분관을 못하계꾸나."

월말수입 ············총금액 ········91,043원
월말지출에 ········총금액 ··········2,180원

〈1971년 8월 1일 일요일 낡씨 맑음〉

"복판 논에 피을 형과 둘리서 뽑는데 정말 더어서 힘이 들어다. 예냐하며 낮 온도는 36도 대는 날에 피을 뽑는데 그저 땀이 줄줄 흐러더라."

"종수이가 공부 않 안다고 말을 하고 때에 따라서 매을 대고 하니까 오늘은 친구들과 축구 시합하로 같따과 집에 들어오면 꾸중이라도 들을까바 정심도 먹어로 들어오지도 않코 저녁도 먹으로 들어오지을 않아서 저녁을 먹고 순석이가 대리로 가서 종수이을 대리고 않더라. 성질대로 했쓰며 꾸중을 했쓰며 대개는대 어낙 종수이가 몸이 약까고 급이 너무나 만아서 꾸중을 자주 하계 대며 빠리지 않나 극정이 대어서 달개고 말랐다."

〈1971년 8월 2일 월요일 낡씨 맑음〉

"눈님 집에 수채와 담 지대 나달라고 하여서 오늘 가보니 엄두도 않 나더라. 그래도 내가 할 일이라서 하야갰따는 힘으로 작읍

을 시작하니까 일 좀 해달라고 이야기한 사람들이 와서 여릇이 일을 하니까 일이 주러들며 날이 더울 때가 와니며 손시울 땐대 복드위라서 일하는 데 힘이 만이 들어다."
"내일보다 자형 집에 일을 하니까 힘이 너무 만이 들어서 일을 못하개더라. 예냐하며 자형과 단둘라서 일을 하계 대며 마음적으로나 육체적으로나 피로가 들 할 참인대 예릇이[여럿이] 높[놉]을 해서 일을 하기 때문에 육체적인 노동도 노동이기야 말 한 마뒤 한 마뒤가 신경을 쓰서 움직이야 대니까 여관 고통이 아니더라."

〈1971년 8월 3일 화요일 낢씨 흐림〉

"굼 도랑에 독우로 축 싸는데 일 시키는데 원만하계 하지 않코 해서 그만 오후에는 가지 않고 다른 일을 하고 말랐다."
"개울에 소 먹일 풀을 장만할려고 과수 밑태 잡초을 뜨더서 말루고 있쓰며 장년보다 풀이 만을 끄수로 본다."

〈1971년 8월 4일 수요일 낢씨 비〉

"굼 도랑 철라고 나서는데 비가 만이 쏘다저서 가지 못하고 집에서 하로 일과을 보내고 말랐다."
"부친이 어머님 살라개실 때는 꼭 집에서 낮참을 쉬시고 하던니 요줌은 어머님이 안개시고 보니 낮참이고 조금이라도 시간이 있쓰시며 동사 가서 휴식을 취하는 것을 볼 때에 벗이 얼마나 중화다는 것을 알 수가 있쓰며 자식으로서 부친의 발거름을 하나에서 열까지을 볼 때에 자식으로서 가슴 아풀 때가 한두 번이 아니구나."

〈1971년 8월 5일 목요일 낢씨 비〉

"비가 계속 내리고 있쓰서 다른 일은 못하고 해서 낙씨 노로 나가던니 〈가모치가〉 농로 복판에 있떠라. 그래서 죽억 것인가 하고 주을라고 더니 움직이고 있쓰서 가지고 가든 물건을 뒤로 두고 고기을 잡는데 어낙크서 급이 나더라. 그리고 형과 둘리서 낙시질을 하는데 생각보다 낙시가 안 대고 있쓰서 자신은 한 시경에 집우로 들어오고 형혼차 종일 낙시질 한 것이 고기는 월마 대지 않더라."

※ 작년에 비 만이 온다고 불평을 하고 했는데 올해는 작년 배가 왔찌 십푸구나.

〈1971년 8월 6일 금요일 낢씨 흐림〉

"딸기밭 김을 매고 다시 이랑을 만들어서 다시 이식을 시키는데 힘이 들며 모종을 남을 안 주고 우리만 한다면 이백 평은 할 껏 같더라."

※ 직업 변경하는 것이 정말 이처름 힘이 더는 줄 밑차 몰라쓰며 객지생할이 었던 것인지 팔리 맡을 바야 할 탠대 그것도 마음대로 안 대고 있쓰니 예통 터저는구나.

용만에 개짝 … 9 … 1 객짝 지불 8개[119)]

〈내지 1〉[120)]

"경북 금릉군 아포면 대신동 三구 권순덕 用"

---

119) 일기장을 다 쓰고 남은 마지막 지면 하단에 적어 둔 내용이다.
120) 새로 교체된 일기장의 내지에 기록된 내용이다.

〈내지 2〉
"알차계 삶의 보람을 가지보자"

〈1971년 8월 7일 토요일 낡씨 맑음〉
"콩씨을 일적 가는 바람에 콩이 너무 무성하계 잘라서 이변에 다 쓰러저서 든불[덤불]을 낟수로 전부 잘랐는대 또 다시 든불이 날란지 몰갰꾸나."
※ 겨울에 소 먹일 풀을 내일만 뜻개 대며 과수 밑태는 전부 끝이 날 끄로 본다.
지출에 … 〈노트〉 20원

〈1971년 8월 8일 일요일 낡씨 맑음〉
"딸기밭을 소로 갈라서 딸기을 추리내고 이랑을 전부 만들어서 딸기을 심어 낮는데 실패 업시 잘 살란지 몰갰쓰며 딸기 심을 때는 조금 남아서 딸기 사는 율을 보고 심을 예정이다."
큰골에 소 먹이로 가개 대며 질이 번벅이 대어서 소 먹이로 가개 대며 누구라도 발이 파저서 신발이 흑투성이 대어서 불껴한 감을 가지개 대고 해서 금일은 자신이 큰골에 소 먹이로 오는 아들이 삼십 명이 넘는 아이들이 빠저고 해서 생각한 것에 한 사람 앞에 돌 한 개씨만 가지고 가서 돌다리을 놋개 대며 하로에 삼십 명 넘는 사람이 불켜한 감을 안 가지고 다닐 수 있따는 생각에 내려오는 사람마다 돌을 주어서 빠저는 곳에 다리을 노라고 이야기을 하니 말을 잘 더려 우선에는 다닐 수가 있는데 안전하계 다리가 않 대어서 내일부터는 자신이 매일 한 개식을 가지고 왔서 다리을 놋개 대며 아들도 체면상 따라 할 껏으로 보며 내일부터 실천에 온기보갰다.

〈1971년 8월 9일 월요일 낡씨 비〉
"일부 딸{기} 모종을 하고 남들이 딸기 모종을 달라는 사람을 나누어주고 하였다."
그리고 면예서 벼 도열병 예방대책을 하기 위에서 (까스까민 유재약을) 무상으로 뿐무기 가지고 나는 사람 한예서 〈까스까민 유재약〉 두 병식을 주길에 들까지 논에 전부 살표하니 좀 너전 감이 있더라."
"어머님이 이상하계 꿈에 보이는 것이 병환에 시달리고 있쓸 때의 모섭이 싱싱하계 살라나는 것이 이상하구나."
"목동들이 나무 그늘에서 시노라니 어미 소는 풀 열심이 떳고 있는데 어미 소 송아지가 음매라는 소리을 하니 먹는 것을 중단하고 송아지의 머리부터 꽁뒤까지 혀로 할타주는 것을 볼 때에 말 못하는 소도 자식을 사랑하는 것을 볼 때에 사람도 자식에깨 따뜻한 사랑을 배푸는 사람은 가연 몟 명이나 댈련지 송구서럽꾸나."

〈1971년 8월 10일 화요일 낡씨 비〉
"보 도랑에 지방부담 부역을 하여쓰며 부역을 하면서 아들이 어른예깨 말들을 벌로 하고 농땡이을 시도 때도 업시 계속 쳐길에 자신이 너이들 농땡이을 그러개 쳐며 부모 욕만 쳐개 대니까 그러지 말고 일을 착실하고 조금이라도 불만이 있쓸 때에 전부가 한 마음어로 농땡이을 쳐야만 일을 시정해 가면서 일을 하계 대며 절먼 사람으로서 맡땅이 철마나다고[칠 만하다고] 인정을 하계 대며 욕도 않 먹고 절먼 사람 대우을 밭개 대는데 예 내 밥 먹고 욕먹을 필요가 업짜나 하고 이야기을 하니까 잠시 중단하든이 나중에는 매일반이며 아들벌로 날뛰는데 예돌터라."

〈1971년 8월 11일 수요일 낡씨 흐림〉

“오전에는 향군소집일이라고 말을 해서 향군복을 갈라입고 아포로 일부는 나쓰고 있쓰는데 아포지서에서 연기했따고 열락이 왔서 전부 했산하고 모두가 오전일과 어중관하계 시간이 대어서 다른 일은 못하고 보 도랑에 부역 가서 오전 일과을 보내고 말랐다.”

“우리 소과 암소을 냇는[암내 난] 것 같다서 소 교배을 부쳐볼라고 봉산 소 먹이는 데 가서 숙소에깨 교배을 부쳐볼라고 대어보니까 암소을 냇 것이 이니라고[아니라고] 인정이 가개 대더라.

〈1971년 8월 12일 목요일 낡씨 맑음〉

“보 도랑에 부역을 하면서 어른들의 말을 더려 볼 때에 인간이 수집고 말로만 무선 일을 다 하고 마는 사람이 있는데 그 엽패서 숭을 보는 것을 볼 때에 아들도 보기에 미안할 정도로 숭을 보는데도 수집 업시 노는 것을 볼 때에 인간도 자신도 모러개 등신질을 하계 대며 보통일이 아니갯더라.”

“배우지 않는 어른이 유식하계 말을 할라고 하다 월도당도 않는 말이 나왔서 아들에깨 챙피을 당하는 것을 볼 때에 사람이 안 배우고는 유식한 사람이 대기는 어렵따고 인식이 대더라.”

넛복숭 … 〈1개짝〉 용만내에깨 지불

〈1971년 8월 13일 금요일 낡씨 맑음〉

〈말복〉

“친구들과 복땜 할려고 과손에 가보니까 봉산 친구가 업쓰서 그만 복땜도 못하고 도라오고 말랐쓰며 놀면서 친구들의 말을 더어볼 때에 대도시에는 고등학생들이 돈 벌라고 몸부림을 천다는 것을 더러볼 때에 농촌에서는 고등학생 하며 갱이자루도 잡기가 실어서 빈동대기만 하고 밤어로는 여자들만 대리고 다니면서 돈 낭비만 하고 도라다니니 어찌 농촌이 발전할 수가 있쓰며 한심수룹기 짝이 업꾸나.”

〈1971년 8월 14일 토요일 낡씨 비〉

배추씨 갈라고 형과 둘리서 이랑을 지어서 배추씨 부림을 하고 말라쓰며 낡씨과 부슬비가 내리기 때문에 올해 배추씨는 잘 나리라고 밑고 있따.

올해에 벼 우선 바서는 풍작이 대는대 나중에 절시을 잘하계 대며 대풍작이 댈 껏수로 본다.

〈1971년 8월 15일 일요일 낡씨 맑음〉

큰집 형님이 별세해서 일 바주로 가서 하로 일과을 보내고 말라쓰며 등골이 형제관에 싸음을 하는 것을 볼 때에 처음 내막은 모러나 이미 한 핏줄이 운명해서 신채을 두고 싸음을 하는 것을 볼 때에 손님을 두고 오락가락 싸음하는 것을 보니 사람행세 하는 놈이 한 사람도 업따. 사람이 어찌 형이 별세했는데 술에 취하두록 마쉬고 있쓰쓰며 어찌 남을 바서 어뒤 큰소리가 나는가 생각을 할 때에 사람이라는 교육을 앞벌 두지 말고 과정교육을 앞벨 두고 배왔야 하계꾸나 넛킴마저 더는구나.

〈1971년 8월 16일 월요일 낡씨 비〉

“술자석에서 형 또래가 현재 동민 인구가 600명 넘는다는 사람과 500명 요짜 좋짜라 사람과 700원 냇기을 해서 닭 사먹자는 이야기에 셋시서 가가호에 다니면서 인구조사을 한 결과 511명이 대며 자신원 생각하기는 만으리라고 생각했는데 생각보다 적으서 정말 촌 인구는 말할 수 업시 줄으따는 것을 너킬 수 있쓰며 금일 남 득택에 잘 먹으다."

"사람이 너무나 점잔개 놀개 대며 어리석개 보기 때문에 사람이 때에 따라서 강화개 놀라야 대갰따는 것을 술 취한 사람과 싸우는 것을 보고 절시리 넛켜다."

〈1971년 8월 17일 화요일 낡씨 흐림〉

"방에 불이 안 들어가서 형과 둘리서 굴둘을 희비는데 구세과 가마니로 한 가마 이상은 너멀 끗이며 구들 구멍이라고 조금한 틈도 업시 미어 있더라."

※ 친구 집에서 놀로 가서 사과을 배불리 먹어쓰며 친구와 집에 올라고 더니 자고 가라고 봉산 친구의 형수가 자꾸만 말리고 하여서 할 수 업시 밤을 쌔우고 해장 일적 두리서 집우로 오는데 남이 보까바 자신의 마음이 미안했저드라.

〈1971년 8월 18일 수요일 낡씨 비〉

"뜻대로 사람이 안 댈 때는 직읍을 백팔십도로 변경도 해바야 삶매 보람을 차절 수가 있따고도 본다."

"봅물이 적으서 우리 마을 사람만 동원이 대어서 보을 하는데 힘이 들어쓰며 처음 시작할 때는 한나잘에 끝을 못 볼 줄 알라는데 실지 해보니 생각보다 일이 적더라. 그리고 보는 끝낯따면서 술 먹자며 술도가로 가서 술 한 말과 건빵 15개을 가지고 왔서 술 못하는 사람 환에 건빵을 자신이 한 개식 돌리고 자신원 건빵을 집에 가지고 왔서 조카들과 나누어 먹고 말랐다."

〈1971년 8월 19일 목요일 낡씨 비〉

"비가 넘어나 계속 왔서 아무 일도 못하여쓰며 소 풀 먹이는 것으로 하로 일과을 보내고 말라쓰다."

"형수가 감기 때문에 골이 아푸다고 하여서 부친에깨 돈을 타서 대신 약방에 약을 150원 주고 감기약을 싸왔는데 효과가 었틀란지 몰개꾸나."

"자신이 객지에 나가지 않코 산다면 청년단한 사람이 대어서 동내 낱뻔 버릇을 바로 잡고 선후배을 가리개 만들 마음은 용솟섬 첫나 머지 안아서 객지로 나갈 몸이 대고 보니 참고 그 날을 살라가고 있따."

금일지출에 … 〈성냥 1갑〉 25원, 〈형수 약〉 150원 } 175원

〈1971년 8월 20일 금요일 낡씨 비〉

비 때문에 무선 일도 못하고 하로 일과을 무{의}미하계 보내고 마랐다.

※ 남북한 가족 차기 운동이라면서 판문점에 자담을 하고 있찌만 이북사람도 이남사람 모양 성실하계 가족을 차저 주계따는 마음이 이따면 머지않아서 통일이 대지만 그러치 않코 요 기회에 이용을 해 보자는 욕심으로 수작을 부리는 것 같치 의심이 대며 큰 홀란이 오지 않나 극정이 대는구나.

〈1971년 8월 21일 토요일 낡씨 흐림〉

"미물밭에 김을 매고 소 먹이는 것으로 하로 일과을 보내고 마라쓰며 내일부터는 아이들이 만이 가는 데 가야만 힘이 들 들 것까타서 만이 가는 데로 가야갰꾸나."

"순석이 내일 검찰직 시험 보로 서울로 올라같는데 급이 나는구나. 애냐하며 60명

모집에 14,000명이 원서을 냇따니 230대 일이 대니 촌에서야 정말 하늘에 별 따기보다 힘이 더 들 껏 같다서 매우 극정이 대는구나."

〈1971년 8월 22일 일요일 낡씨 비〉

"당파 갈라고 이랑을 만들어서 인분을 한 벌 주고 말랐다."

"요줌은 계속 비오는 것을 볼 때에 벼 결실할 때에 일기상태가 좋지 못해서 수학랑이 크계 접지 않나 염려가 대는구나."

※ 금일 순석이가 시험을 잘 밭는지 매우 궁금하며 사람이 국가곡무원 하기가 농촌에 땅 파기보다 힘이 더지 않나 생각까지 대는구나.

〈1971년 8월 23일 월요일 낡씨 비〉

"비에 이재는 진절이가 나는구나. 예냐하며 콩예 트물약을 철라고 삼 일간이나 날씨가 개이개 대며 〈매다이독서〉약을 살포할려고 생각을 해도 매일 비 때문에 약도 못 쳐고 마음 조리어 온다."

"우리 마을에 장사하는 아주머니가 자기의 장사하는 것과 수입 보는 것을 이야기하는 것을 들어 볼 때에 장사 수입이 밥갔 지발대고 보니 객지생할예도 급이 나며 장사의 실속도 피참하기 짝이 업꾸나."

〈1971년 8월 24일 화요일 낡씨 흐림〉

"콩입에 약 살포하는 해는 올해가 나 알기는 처음이 대며 밭곡석도 이재는 약을 먹을라고 더니 농촌에서는 농사일이 더 카다라져며 수학량은 적은데 약값이니 비료값이니 하며 농촌에서는 남는 것은 탕밖에 남지 않캐구나."

"나 자신은 백 번을 두고 생각을 해바도 직읍을 백팔십도 돌리야 나의 삶매 보람이라 할까 참뜻의 희망을 가지고 살라갈 껏 같더라."

〈1971년 8월 25일 수요일 낡씨 맑음〉

어머님 산소에 잔뒤씨 뿌일라고 잔뒤씨을 손을 훌터서 모두고 있쓰니 소 먹이로 온 아들이 훌터 주어서 잠쉬 만이 훌터서 말라서며 사람이 자기 위취을 알라서 상·하예계도 귀에 거슬리는 말을 상과하여야 대개 따는 것을 절시리 너켜다. 예냐하며 금일 소 먹이며 아들에깨 말을 마구 하고 소 않몰고 오면 죽인다는 말을 마구 하든이 나중에는 소가 업따고 말을 하더라. 그리고 나중에 알고 보니 너무나 미워서 않 몰고 왔따고 하며 저 꼭때기에 있따고 하는대 등불을 가지고 중틍에 찻고 있는 것을 보니 찻기가 힘이 들지나 안나 내다보고 있따.

〈1971년 8월 26일 목요일 낡씨 맑음〉

"처음에는 일기가 좋치을 않아서 이화명충 이화기약 살표하로 안 갈라고 한참 재다 너꺼야 약 쳐로 갈던니 큰집 논과 우리 논에 약 쳐는데 사람이 닷섯시나 들어서 약을 쳐도 일적 환 감이 업시 하로 일과을 맡치쓰며 약을 쳐는데 사람이 수라개 약을 쳐지만 사람 닷섯가 뿐무기로 약을 쳐개 대며 배는 쳤지 않을까 생각도 들더라."

"사람 욕심 말도 못하계더라. 분무기로 약을 철 때는 작키형으로 약 쳐는 것이 불떠니 작키분무기로 약을 쳐는데 동력기로 약 쳐는 것을 보니 이재는 동력기로 약 쳐는 것이 부럽더라."

〈1971년 8월 27일 금요일 낡씨 흐림〉

"눈님 집에 약 철 사람이 업쓰서 자신이 가서 약을 쳐는데 아들까지 나와서 천다고 해도 사명박에 안 대니 약 쳐는데 사람이 적으서 힘이 들어쓰며 어제 점두록 약을 살표하고 오늘도 점두록 약 철라고 더니 급이 나더니 약을 안전이 쳐고 나니 마음이 생각보다 것든하더라."

"눈님 집에 자형과 자형 동생의 오고가는 말 대화을 보니까 정이라고 손톱만큼도 업쓰며 말 한 마뒤가 오고가는 것을 들어볼 때에 어색하기 짝이 업스며 예초에 형재관이 부니기을 만들어쓰며 부모까지 들어서 우정을 거러깨 만들기는 했찌만 우리가 들어볼 때에 미안해서 자석을 같치 할 수가 업더라."

※ 눈님이 어머님 빈소에 같따 노라면서 (사다아) 2병과 (과자)을 주어서 안 가지고 올라고 막 나오니까 사정을 하면 가지가라고 하여서 할 수 업시 가지고 아서 빈소에 두어다.

〈1971년 8월 28일 토요일 낡씨 흐림〉

"고추밭에 김을 전부 매고 비료거름을 한 벌식 했쓰며 고추들이 장년 모양 싱싱하지을 않고 고추나무들이 뻐 신찬아 보이더라."

"어재 저녁에 꿈에 경품끈 타는 꿈을 꾸어서 헛부 삼아 금복주 소주을 사왔서 병마개을 따보니 헛탕이더라."

지출에 … 금복주 1병 80원

〈1971년 8월 29일 일요일 낡씨 흐림〉

"방구들 희빈 대 시세을 하여쓰며 해년 구들을 희벌라니 여관 힘이 아니며 앞푸론 구들을 놋태 구름에 돌 놋터서 굴을 만들어서 엽패서 장때로 희비개 대며 막창이 나두록 구들을 나나야지 방 시새하는 대 힘도 적개 들며 벽지, 장판값도 적기 들 껏으로 내다 본다."

"풀은 있는 것이고 하여서 이황 소 먹이면서 나무을 할려고 지개을 가지고 갈던니 나무가 업쓰서 지개 가지고 온 것이 후예가 대며 앞푸론 완 가지고 와야지 생각이 들어도 나무을 억찌로라도 한 짐 하고 보니 마음이 상캐해저는구나."

〈1971년 8월 30일 월요일 낡씨 비〉

"들거름을 전부 띠비고 나니 장년 비에서 거름이 더 댈 껏 같더라. 예냐하며 비가 만니 와서 거름이 뿍 썩으더라. 그리고 소을 먹이며 나무을 한 짐식 할려고 하니 힘이 매우 더는구나."

※ 어머님 상소에는 매일 다녀보아도 예 말이 업는가 예 무정하계 침묵만 지키는가 예 자식이라 한 마뒤 못하는 산소을 바라보니 마음만 서렵꾸나.

〈1971년 8월 31일 화요일 낡씨 비〉

"순석이와 둘리서 고기을 잡는데 생각보다 만이 잡았쓰며 우리 논 복판 벼는 벌서 절시을 안전희 하여더라.

그리고 올해는 벼 절시할 때에 날씨가 추어서 벼예 지장이 만치 않을까 극정이 대는구나. 예냐하며 저녁으로 는닌구만 입고 놀로 들 가개 대며 추어서 오골씨는 정도가 대니 벼에 피해가 대지 않나 내다보고 있따."

"동내 아주머니는 자신이 너무나 돈을 않쓰고 하니까 절먼 사람이 곤대라고 말을 하지만 자신은 내 손으로 돈을 안 벌개 대며 일전 한 푼 안 쓸 작정이다."

월말지출에 … 총금액 275원

〈1971년 9월 1일 수요일 낡씨 흐림〉
“예비군, 갑포부대 기동훌련 받는다고 구미, 고아송림, 훌련을 한다고 오늘로서 전부 출발했는데 엣닐인지[웬일인지] 자신은 영장이 않 나와서 훌련에는 빠저찌만 나중에 객지생할 할 때에 지장이 업쓸란지 궁금하구나.”
“혼자 사는 사람들의 말을 들어 볼 때에 가슴 앞풀 때가 한두 번이 아니며 자신도 앞푸로 부친에깨 좀 더 공손이 대홰야 대개따는 것을 절시리 너켜다.”

〈1971년 9월 2일 목요일 낡씨 맑음〉
“고추을 부친과 여럿시 고추 수학을 하는데 작년에 고추나무과 무성하계 잘랐는데 올해는 고추 수학을 처음 할 때부터 싱싱하지을 않너며 고추량은 작년 비에서 반 정도밖에 안 대개더라.”
“오늘 나무을 하는데 힘이 무진장으로 들어다. 예냐하며 나무과 업쓰서 아무도 안 다니는 산꼭때기까지 올라가서 나무을 해서 저고 내려오는대 풀은 한 질식 대지 길은 업지 저고 내려오는데 생예을 먹어다.”

〈1971년 9월 3일 금요일 낡씨 흐림〉
“올해는 마지막 보을 하고 말라쓰며 보에서 술을 내는대 술 못하는 사람은 술 대신 간빵도 업고 술만 주어서 관관에깨 술 못하는 사람은 빵을 안 주는냐고 물어니까 오늘은 빵은 업고 술만 준다고 말을 해서 자신은 술 못하는 사람은 술 먹는 사람 입만 쳐다보라고 빵을 안 주녀냐고 무려니까 술 좀 먹으라고 이야기하더라. 그 말이 공등일에 공평하지 않는 말이라서 술 못하는 사람의 대표로 뽄때을 보일라 하다 나의 위에는 부친이 있키 때문에 부친 욕을 먹개 대까바 그릇댄 일을 매습개 잡지 못하고 꾹 참고 집우로 오고 마랐다.”
“산에 소 먹이로 가개 대며 아들이 소을 몰고 해서 아들 보기에 이재는 미안하며 앞푸로는 시간이 이따며 자신이 몰고 오며 아들예깨도 고마은 일 대까로 말로, 행동으로도 보답할 예정이다.”

〈1971년 9월 4일 토요일 낡씨 비〉
“부친 회갑 문제가 나와서 형제간에 이야기을 하는데 자신이 생각을 해도 너무나 허무하구나. 자식 댄 돌리로서 남과 같치 회갑을 못하고 동내 술 말 주는 것으로 부친 회갑을 마지해야 대는가 생각할 때에 머리가 아푸며 자신 생전에는 글일 꼇이 아닌가 보며 가슴이 매어지는구나.”
“예 어머님이 부친 회갑도 못 사시고 부친을 풀이 업개 만든 것이 원망이 대는구나.”

〈1971년 9월 5일 일요일 낡씨 맑음〉
“친구가 봉산 친구 과손에 사과 어더먹으로 가자고 해서 먼저 번에 한 번 가서 사과을 잘 어더먹어따면서 안 갈라고 이야기을 하니까 가도 개안타면서 가자고 사정을 해서 어쩔 수 업시 가서 잘 먹으찌만 과손이 친구 과손이 아니고 친구 형의 과손이기 때문에 자신이 미안감이 들며 앞푸론 미안에서 안 갈 예정이다.”
“남들은 천고마비 개절이라고 좋아할련지는 몰라도 자신에깨는 천고마비 개절이라도 좋은지을 모러고 무이미하계 생할을 있쓸 뿐이다.”

〈1971년 9월 6일 월요일 낡씨 맑음〉

자신은 부친 해갑만 지나개 대며 우선 순석이가 집에 있쓰니 나가개 대어도 순석이가 조금 그들어 들리며 아버지가 좀 낮키 때문에 자신은 업쓰도 별료 표가 않 나기 때문에 객지생할을 해도 극정이 안 대갰다 십푸더니 순석이가 먼저 서울에서 오라는 대가 있쓰서 집에 돈만 대개 대며 내일이라도 올라갈려고 하니 자신은 닭 쫏든 개가 대고 마는 격이구나. 그리고 자신은 가만니 생각을 했볼 때에 백 분에 일도 안 마저가니 기가 막키고 마는구나.

"친구와 둘리서 물고기을 잡는데 처음에는 불과 대엿 마리박에 업쓰서 다음에 다시 잡을라고 들어도 힘이 업키 때문에 잡을 생각이라고 손틉만큼도 업쓰며 올라고 들다 한참 쉰 후에 한 번만 펀 후에 고기가 업개 대며 집우로 가자고 하고 한 번 더 쉬작한 것이 생각보다 고기가 만더라."

〈1971년 9월 7일 화요일 낡씨 맑음〉

"예비군 교육이라서 아포지서 가니까 중대장 하는 말이 기회교육이라면서 하로 여들시간 교육을 바다야 하는데 오전에 병기에 명찰 다는 것으로 교육을 맡칠 태니 명찰을 잘 다라돌라고 이야기을 하여서 정성끝 달라주고 오전교육으로 하로 일과을 보낸 것이 대는구나."

"올해 참깨씨을 일적 뿌리서 참깨 모종이 남 먼저 좋아서 금년에는 참깨농사을 잘 짓는가 했던니 금일 수학을 하는데 허무하기 짝이 업꾸나. 예냐하며 〈깨가〉 병이 들어서 거른지 달라서 거른지 허무하기 짝이 업쓰서 수학하기도 실어지더라."

금일지출에 … 합승비값 25원

〈1971년 9월 8일 수요일 낡씨 맑음〉

"순석이가 서울서 오라고 하여서 열시 보급으로 상경했는데 나와 부친과 둘리서 고추을 따면서 부친 말씀이 어른 해값[회갑] 대며 차저오는데 도로 나가니 서운하다고 말씀하는 것을 들어니 자신의 눈물이 매치는 것을 억지로 참고 말라찌만 가슴 아풀 때가 예 이러깨 만아지나."

"친구들이 술 먹으로 가자고 하는데 돈 업따고 안 갈라고 하니 자꾸만 가자고 하여 고기 한 건 값은 가지고 간다면서 가자고 하여서 어찌 할 수 업시 봉산술집우로 밤 열 {시}경에 가니까 술, 고기, 전부가 업따고 하여서 먹지 못하고 집우로 와버리고 말라서 마음이 깨온하다. 예냐하며 친구들의 고기안주을 먹고 나서 친구을 볼 때마다 미안하계 생각을 하는 것보다 완 먹고 돌라온 것이 나 자신 바서는 잘 댓다고 본다."

〈1971년 9월 9일 목요일 낡씨 맑음〉

"형과 둘리서 아까시와을 두리 하니까 내일 오전에는 묵지는 못했도 안전하계 쳐 누피기는 할 껏 같더며 작년보다 단수가 적을 끝 갈꾸나."

"집에 아까시와 단을 땔감 할려고 가지고 올라고 나무을 지개 진구니까 영구리가 나왔서 부친 약이나 할까 하고 잡을 때는 힘이 낮는데 부친이 먹는 질이 따로 있따면서 안 잡술라고 해서 그만 힘이 업스며 영구리가 보기에 급이 나서 만칠 수가 업쓰며 내버일 마음이 절로 나더라. 그래도 막상 버일라고 더니 아깝더라. 그래서 자형이 허리가 아푸다는 말을 듯고 자전차로 자형에깨 가지고 가니 좋타면서 사담그릇에 단구는 것을 보고 집우로 왔버리다."

〈1971년 9월 10일 금요일 낡씨 비〉

"순석이가 이변에는 객지생활에 더러같는 줄 알라터니 노동일을 말했다는데 이변지는[이번에는] 영한이 〈이모〉 잘못 알고 편지을 했따고 하며 순석이가 내려왔는 것을 보고 신경질이 나더라. 예야하며 예 학실이 모르고 왔따 같따 하는 데 힘만 들개 하며 돈을 쓰계 만더는가 생각을 할 때 원망을 하고 십꾸나."

"올해는 추석 아래 콩타작을 안전이 할 것으로 내다본다."

〈1971년 9월 11일 토요일 낡씨 맑음〉

마음에 갈피을 잡지 못하계꾸나. 예냐하며 자신은 나가야 대갯따는 생각박에 업는데 동생 순석이는 이변에 가을 했노끄든 장가나 들거든 객지생할 하라면 자꾸만 말리며 자신 생각의 뜻은 이 시간부터 객지에 나가면 자신만 착실이 하계 대며 장가 들 수도 있쓸 끄수로 보며 장가 더는 데도 돈 안 더리고 갈 수도 있는 문제도 댈 꺼으로 생각을 하니 빨리 서들어야 대개따는 생각이 대며 한편으로 곰곰이 생각을 해보니 장가도 못 들고 1년 2년이고 세월만 보내개 대며 오희려 역효과 나지 완나 이런 생각을 하니 멍한 시간만 보낼 때 만아저는구나.

〈오늘로서 아까시와 나무는 낯우로 쳐고 이제 냇키로 묶키만 하계 대며 아까시와 일손은 전부가 끝이 나는구나.〉

지출에 … (술값 50원 연필값 10원) 계 60원

〈1971년 9월 12일 일요일 낡씨 맑음〉

'부친 회갑날이 교육이라서 연기할려고 중대{장}님에깨 차저같든이 유예신고을 해서 연기하라고 하여서 집우로 도라오고 말랐다.'

지출에 … (부친담배) 파구다 50
　　　　　신탄진 60원
　　　　　계 70원[121)]

〈1971년 9월 13일 월요일 낡씨 흐림〉

'오늘로서 아까시와 나무는 안전하계 끝을 보았쓰며 작년보다 좀 만아 보이더라.'

'부친 회갑의 날이 가까이 다가오니 가슴이 담담해저는구나. 남들은 부친 회갑 하며 조아할 탠대 우리는 예 부친 회갑을 쓸쓸이 하여야 대나 외 우울하계 지내야 하며 이제는 부친 보기가 미안하며 머리가 수거러지는 이 심정 너가 아리.'

"이제 제법 밤에는 바람이 쌀쌀해서 온돌방을 차계 대니 이제 가을이 댄 것인가. 산천에는 가을단풍이 한 잎 두 잎 물더러가고 있꾸나."

〈1971년 9월 14일 화요일 낡시 맑음〉

'돌 저는 돈버리을 하로 나같든이 오전에는 거런대로 화기가 편하든이 오후에는 돌을 들어서 지개에 진구는대 힘이 무진장으로 들며 나무그늘에서 안저서 우리들의 돌짐수만 파악하는 사람을 바라보니 짜정박에 업쓰며 에 사람이 등분을 가지고 살라야 하는냐 하고 생각을 할 때에 가슴만 벅차서 숨만 감파지는구나.'

'순기 동생이 부친 회갑 때에 못 온다는 말을 들을 때는 서운하기 짝이 업더니 순기 오늘로 대문을 들어쓸 때에 자신이 이처름 힘이 나는데 부친은 월마나 마음속으로 깃

121) 지출내역에 적힌 대로라면 합계 금액은 110원이 맞다.

뻘까.'

〈1971년 9월 15일 수요일 낡씨 맑음〉

'돌 저는데 예초에 개악[계약]해서 오늘까지 저는데 오늘은 객핵보다 아주 일적 끝이 낫키 때문에 십장 하는 말이 예초에 줄라는 금액을 다 안 주고 좀 빼라고 말을 해서 우리 사 명은 예초 줄라는 돈을 다 달라고 하다 만약에 끝까지 돈을 다 안 줄라고 한다면 앞푸로 돈을 안 번는 한이 잇더래도 한소리 할려고 꼭 마음을 먹고 있는데 나중에는 생각하더니 다 줄라고 말을 해 서로가 웃는 얼굴로 하로 일과을 보내고 말랐다.'

'부친 회갑을 멀리 두고 극정을 하는 것보다 막상 오늘 장 본 것이 얼마 안 대어서 남들 보기에 부끄럽찌만 돼지와 장끄리을 바서 집에 갈따 노어니 어뒨지 모러개 좀 가벼어지는구나.'

(돌 저는 데, 형 오전 내가 2일)

〈1971년 9월 16일 목요일 낡씨 흐림〉

'우리 형제 바서는 어뒨가 모러개 힘이 생기는데 부친 회갑잔치을 남과 갈치 못해 가슴 아파 언재 이저리까.'

※ 한 형제로 태어나서 돈이 있스며 형예깨도 쬬가 나는가. 자나부지는 부친이 내일 회갑인 줄 알면서도 와보지 않너며 어찌 사람으로서 형의 회갑인 줄 알면서 이르타 말 한 마뒤 업는가 생각을 했볼 때 조상이 한심서럽꾸나. 예냐하며 조상은 오른 씨을 두어따고 영혼이 잠더러쓰니 어찌 조상을 원망 안 아리까.

〈1971년 9월 17일 금요일 낡씨 맑음〉

'회갑을 남과 갈치 못해서 재가 대어서 얼굴을 바로 들지 못할 지경이지만 남들이 참 잘 먹으따고 인사을 모두 하여서 한도의 숨을 신 셈이 대는구나.'

'자나부지가 오늘 아침에서 집우로 오는 모섭을 보니 불캐하기 짝이 업더라. 예냐하며 옷도 입번 거대로 양발 하나 안 신고 그대로 올라오는 모섭을 보니 누구을 욕을 철라고 더는가 생각이 대며 자신의 마음 불캐하계 짝이 업는 것을 짬아서 그즉으로 인사도 하고 술도 한 잔 거내고 했찌만 인간이 돈이 있쓰며 유세을 형제간에깨도 부리는 것이 인간의 본능인가.'

※ 동내 엔부[엠프]을 부친 회갑 문제로 제일 먼저 사용하였다.

〈1971년 9월 18일 토요일 낡씨 흐림〉

'동생과 둘리서 어망으로 큰골 못쌔서 고기을 잡을라고 그물을 쳐고 둘리서 흁터바도 고기가 잘라서 안 걸리는지 고기가 업쓰서 거른지 알 수가 업쓰며 금일 저녁을 세어서 고기가 안 글린다면 큰골 못쌔는 어망을 안 철 예정이다.'

'동생과 눈님의 말을 더러보니 자신이 객지에 나가서는 안 대갯따는 생각이 들며 한편으로 생각을 하며 홀몸 때가 낮지 않나 이른 생각도 대며 앞푸로 올해 안으로 장가을 가개 대며 눈님과 동생 말이 맏준대 만약에 장가을 못 가개 대며 시간낭비가 무지하계 대고 만다.'

〈1971년 9월 19일 일요일 낡씨 맑음〉

'낡씨 변동이 심하며 너무나 추어서 벼에는 큰 지장이 업나 염려가 대며 추어서 사람이 전질 수가 업는 것을 보니 서리가 와서 밭 장물은 못 먹개 만더는 것이 아닌가 하고

염려가 대는구나.'
"어머님 산소에 가개 대며 멍하니 하늘만 쳐다보다 안저보다 별 수을 다 했도 침목밖에 업꾸나."

〈1971년 9월 20일 월요일 낡시 흐림〉
"부친 회갑 때문에 유예신고을 내서 연기희서 금일 교육을 받는데 교육은 별그 아닌대 현역에깨 시간을 패아키서 교육을 바드니 지루한 감이 들며 오후에는 간첩색출교육이라면서 위장간첩을 내서 산에 올려 보내고 예비군 전원이 올라가서 잡으라면서 교관이 이야기을 해서 자신원 산 밑태서 잠을 한 잠 자고 나니까 예비군들이 모여서 빨리 오라는 말을 해서 내려가 보니 산에서 잠잣는 사람을 별또로 잡아 났더라. 자신도 그 대열 속에 한 사람이 대어쓰며 산에서 잠 잦는 사람의 전부가 25명 정도 대며 농땡이 첫는 대까로 벌을 바다야 댄다면서 나전포복을 씨키는데 팔꼬 머리가 버꺼저두록 했쓰며 잠 오든 눈이 발딱 깨더라."
금일지출에 (차비) 50원 국수값 40원
계 90원

〈1971년 9월 21일 화요일 낡씨 비〉
'아침에 비가 내려서 오늘 교육은 안저서 교육을 바들 줄 알라더니 부술비가 내려는데 각계전투교육을 받는데 옷이 꾸꾸바기 때문에 마음이 캐알하지을 아너며 교육 받는 데 힘이 들어따.'
'교육 받는데 점심시간이 적으서 정식을 씨키서 먹을 시간이 업쓰서 그만 정심 대용으로 빵을 80원치 빵으로 정심을 때우고 말랐다.'
금일지출에 … (빵값 80원) (차비 50원)
계 130원

〈1971년 9월 22일 수요일 낡씨 흐림〉
'올해 콩씨을 일적 뿌리서 콩 수학을 만이 할 줄 알랐는데 수학을 해보니 허무하기 생산대더라. 그리고 골래벼 흁길라고 칠계이 든불을 지개로 그두어 왔다.'
'올해 작물더리 수학량이 적은 것을 보니 벼도 우선 바서는 풍작으로 보이도 실지 딸곡을 하계 대며 생산량이 적을 끄수로 본다. 예냐하며 장마가 너무나 오래 개속 왔키 때문에 벼도 충실이 잘라지 못했키 때문이라고 내다본다.'

〈1971년 9월 23일 목요일 낡씨 비〉
"이번 비가 벼에는 불필료한 비가 대지만 채소에는 비가 필요한 비가 대어찌만 이번에 비는 벼에 얼마만큼이나 피해가 만은가 상상도 못할 껏이다."
"비가 하로 동안 계속 내려서 아무 일도 못하고 휴식을 하여쓰며 형 친구와 술 한 잔 나누며 하로 일과을 보내고 말랐다."

〈1971년 9월 24일 금요일 낡씨 비〉
'벼가 이번 비에 거진 다 쓰려졌든데 벼알에 지장이 만치 안나 하고 극정이 대며 날씨가 변득서릅깨 변화고 있는 것을 볼 때에 이후라도 벼 풍작에 만이 접지 않을까 염려가 대는구나.'
'여태껏 소 돌림병이라고 몰랐는데 우리 마을 소들이 열병 한다고 소쭉을 않 먹고 있는 것을 보니 극정이 대며 정부에서도 농촌발전이니 농촌계뭉이니 하여 말로만 하지 말고 소 열병 한 지가 언잰대 예방하계따고 말 한 마듸 업쓰니 어찌 농촌사람들이 잘

살 수가 있깨나.'
금일지출에 … (술값, 빵값) 70원

〈1971년 9월 25일 토요일 낡시 비〉
"일기불순으로 오전에는 휴식을 하여쓰며 오후에는 못 공사하는 데 돈 벌로 나갇던니 정말 돈 벌기 힘들더라. 땀방울 흙리면서 버른 든[돈] 가볍치 있깨 쓰노라."
'땀 흙리면서 나무 집 고방살리 한 놈이 서 알만 대개 대며 도박으로 빈틀터리가 대는 것을 볼 때에 사람의 감정이 업는 놈이라고 너켜본다.'
(못 일) (오후만 함.)

〈1971년 9월 26일 일요일 낡씨 맑음〉
"영한이가 목에서 망아리가 있따면서 배신 내 한의원에깨 가보라는 말씀에 (조카을) 자전차에 실고서 가 보았떠니 약국 하는 말이 예 일적 약을 못 쓴는냐고 하면서 약을 팔리 쓰라는 말에 무선 병인가요 하니까 목에 종 {이}다는 병이라면서 속희 약을 쓰두록 하라는 말에 사람이 억찌로는 못 사는구나. 예냐며 겨우 지탱할려고 하는데 난대업는 병이 도다나는 것을 볼 때에 사람이 억지로 못 싸는구나 하고 너켜따."
'못 공사하는데 별료 고댄 줄 모러고 하로 일과을 무사워 보내고 말랐다.'
못 공사에 (형이 오전) (자신이) (오후)

〈1971년 9월 27일 월요일 낡씨 비〉
'공사 일 하는데 처음에는 힘이 들어서 못 하계더니 요줌에는 일하기가 좀 수란 기분이 대는 것 같더라.'
"형제관에 휴식시간이 대며 바둑으로 시간을 보내는데 늙어서도 절거운 오락시간을 가질 수도 있씁까 하고 노파심이 대는구나."
공사 일 〈자신이 종일〉

〈1971년 9월 28일 화요일 낡씨 맑음〉
〈옛날 사람들의 풍속을 보개 대며 시십살이는 살라갈수록 태산이라더니 공사 일도 할수록 더 고대개 일을 시키고 있쓰며 사람이 일 시키는데 명수가 나서 조금도 휴식시간을 업깨 일을 시키고 있쓰서 아들이 불평으로 하로 일과을 끝을 내고 말랐다.〉
공사 일에 … (자신이 종일 함.)

〈1971년 9월 29일 수요일 낡씨 맑음〉
"못 공사 하는데 자신이 (이십 매다에) 6,000원에 하청을 바다서 동생과 둘리서 우마차로 헐을 오전동안만 실고 말랐다."
"대신학교 운동화는데 예비군 리래이 경기하는데 소대장이 한번 경기 좀 했달라고 하여서 소대 대황 할려고 하는데 소대대왕을 하고 십번 마음을 가진 사람이 있쓰서 한번 경기을 해달라고 하고 자신원 간신이 파저고 말랐다."
"그리고 운동회 하는 데 올해는 사람들이 적으며 예관상으로 운동회가 씁씁회 보이더라."
공사 (동{생}과 둘리서) 우마차로 오전만 함.

〈1971년 9월 30일 목요일 낡씨 비〉
공사 하청 바든 것을 동생과 둘리서 하고 오후에는 형과 셋시가 일을 하니까 일 능률이 잘 오러며 내일 오전에 셋시가 하계 대며 다 하지 않나 내다보고 있따.
"그리고 이변 공사과 일이 너무 만타고 터십[트집]을 잡으니까 10매다에 천 원 더 준다고 하면서 일이나 해보라고 하더라."

공사 (동생과) (자신원) 점두록 함.
(형원) 오후만 함.

월말지출에 … 445원 (서명) 9/30

〈1971년 10월 1일 금요일 낡씨 흐림〉

"어재 일할 때는 일 능률만 잘 오런 것 같더니 오늘은 정말 힘이 들어서 못하계쓰며 예 내가 돈내기을 뛰어떤고 하며 돈 냄새가 나더라. 그리고 이번에 공사 뛴 것이 잘못 뛰어서며 돈내기을 뛸 때는 심중이 생각해서 일을 시작을 하여야지 잘못 시작하다과는 큰 코 다치계더라."

"앞푸론 돈내기라는 것은 말도 안 부칠 예정이다."

※ 이번에 돈 냇기 뛴 것은 한 사람이 6일 함 샘이 댄다. (6일에 4,000원)

{ 형은 날일로 오후만 함.
(자신원) 우마차로 자갈을 오후만 실음.

〈1971년 10월 2일 토요일 낡씨 맑음〉

"금일은 못 공사한 것 노임 준다고 해서 아무 일도 못하고 엄벙든벙하고 하로 일과을 보내고 말랐다."

금일지출에 … (형, 동생, 조카)
이발료 440원
(돼지고기값) 430원

수입원 … 6,000원

〈1971년 10월 3일 일요일 낡씨 흐림〉

"추석 한가이라도 조상 성모 다니는 사람들의 모섭이 작년보다 좀 들 한 감이 들며 앞푸로 한가위 모섭이 씩으만 가는 기분이 대며 세월이 갈수록 한가위가 할발해저지는 안을 껏수로 본다."

"우리 형제들이 어머님 성묘에 가서 화단 변경과 장미나무을 어떠깨 키우야 대개따는 이야기로 시간 가는 줄을 몰랐다."

〈1971년 10월 4일 월요일 낡씨 맑음〉

"친구 둘과 어망을 가지고 천동못에 고기 잡으로 같더니 동민들 하는 말이 낚시는 노왔도 어망로는 못 잡는다는 말을 해서 동장에깨 차저가서 이야기을 하니까 못 잡는다는 말은 안더라. 그래서 어망을 쳘라고 더니까 못 감독이라면서 못 잡는다고 말을 해서 사정 이야기을 하니까 그래도 말을 안더려며 한번 싸울 수도 업고 해서 할 수 업시 돌라오고 말랐다."

"말은 언재나 조리 있깨 차근차근이 이야기하여야 한다."

금일지출에 … (조카 건빵값) 10원

〈1971년 10월 5일 화요일 낡씨 맑음〉

순석이와 밭때리로 고기을 잡으로 나가터니 전력이 적으서 고기가 잡피지을 안더라. 그래서 고기 잡는 일을 순석이깨 미루고 집에 와서 질경콩 타작을 했는데 조금 들 하고 하로 일과을 보내고 말랐다.

"들래는 벼을 배어서 방천으로 늘고 있는 사람들이 만아저고 있쓰며 이제는 머지 안나 벼 비기에 들어갈 껏 같더라."

※ 무전기 〈빠때리로〉 〈라듸오약〉 대용으로 사용함

(형이 못 공사) (종일 함.)

〈1971년 10월 6일 수요일 낡씨 맑음〉

"금년 콩타작은 오늘로서 순석이와 둘리서 안전이 끝을 보았쓰며 자신은 앞푸로 콩타작이 업쓸 껏으로 보며 만약에 콩타작을 하계 대며 삶매 보람도 업시 살라갈 껏니 내 앞길에는 콩타작 업타고 명세한다."
"사람이 한 번 죽는 것은 매일반인대 농촌에서 흙문지을 마쉬며 죽년 것보다 도시의 문지을 마쉬가며 살라보자."
형 못 공사 … (종일)

〈1971년 10월 7일 목요일 낡씨 맑음〉

(서명) 10/7

동복이 업쓰서 수봉만 마추는데 4,500백원 달라고 하는 것을 500원 업쌔고 4,000원으로 마추는데 색갈이 좋은 편이 아니라서 마음이 썩 좋치을 안더라.
금일지출에 … 순석이 책값 500원
수봉 마춤에 선금이 500원
잡비 값 320원
계 1,320원
형, 못 공사 종일 함.

〈1971년 10월 7일 금요일 낡씨 맑음〉

"가을보리 갈려고 두엄을 우마차로 실어내고 친구 지붕 개랑하는 데 일 좀 거들어주는 것으로 하로 일과을 보내고 말랐다."
"순기과 오늘 기대 날짜라고 가는데 부친이 집에도 답답히다면서 돈 1,500원을 주어 보내는 것을 보니 돈이 적따면서 부친에깨 돈을 더 주라고 이야기하여도 더 주지 않코 그만 보내고 말랐는데 자신이 군대생할을 해바서 돈이 적은 줄 분명이 알면서도 돈을 더 못 준 것이 가슴 아푸구나."
(공사) (종일 함.)122)

〈1971년 10월 8일 토요일 낡씨 맑음〉

"동내 방목 때문에 친구의 지붕 개랑하는데 끝까지 그들어 주지 못하고 동내 방목 하는데 일하로 가니까 나 자신도 한태 힙쓸리서 놀라찌만 너무나 일을 안 알라고 들어서 미안감이 들더라."
"어머님이 살라계시개 대며 종말이 운동회하는 것을 손 꼬바서 갈려고 들 껀대 오늘 부친 말슴이 누가 가계나 하고 돈을 주면서 정심시간이 대그든 국 국물이라도 사먹으라면서 돈을 주는 것을 보고 자신이 그 돈을 종수이가 쓰는 것이나 아버지가 가시서 돈 쓰는 것은 매일 맡찬가지며 남들은 자식이 학교을 안 다녀도 구경을 갈라고 더는데 아버지는 자식이 있는데 에 안 갈라고 하시이까 또 언제 구경하시며 있때 안 다녀며 구경 못하신다고 하면서 이야기하니까 가실라고 준비을 하며 댄기오시서 구경을 잘했따니 마음이 좋더라."

〈1971년 10월 9일 일요일 낡씨 맑음〉

큰집에 용바람 할려고 거들어 달라고 순석이을 말을 하더라. 그래서 순석이가 일 하로 가개 대며 오늘 공부을 못하고 내일도 못할 껏이 아니냐 하고 염려가 대어서 자신이 일하로 같쓰며 오후 3시경에 작읍을 안전이 끝을 보았다.
"그리고 고추 대공을 전부 뽑아버리고 내일은 두엄을 골라 늘 예정이다."

〈1971년 10월 10일 월요일 낡씨 비〉

보리 갈 때에 두엄을 우마차로 실어내고 있는데 짐도 안 저본 사람이 지개로 저다 나려귀에[나르기에] 우마차로 한 발이 실어다

---

122) 이 내용은 지면 오른쪽 하단에 적어 두었다.

주어쓰며 오늘은 갑짝이 날씨가 변예서 사람들의 얼굴이 본색을 가지고 일하는 사람이 한 사람도 업쓰며 자신원 너무나 추어서 잔바을 내 입고 우마로 두엄을 실어냇다. 그리고 올해에 고구마순을 일적 내어서 남먼저 밭태 위식을 해서 금년 고구마 농사는 만이 할 줄 알랐는데 작년 비예 별다름이 업시 수학을 한 샘이 대는구나.
금일지출에 〈수봉 찾는 데〉 … 3,500원

〈1971년 10월 12일 화요일 낡씨 맑음〉
〈첮설리가 옴〉
"가을보리 갈 때에 두엄을 내일만 내개 대면 밭태는 안전희 끝을 볼 껏 같다."
"사람이란 언재나 남예깨 호감을 삼깨끔 노력을 해야 한다."
"오늘로서 첫서리가 왔쓰며 전방에는 영화 9도라니 여기도 머지않나 영화로 내려갈 껏수로 본다."

〈1971년 10월 13일 수요일 낡씨 맑음〉
"오늘로서 밭에 두엄을 전부 내고 두엄을 먼저 밭태에 전부 깔고 난 후에 이랑을 지어낳는데 보리씨에 지장이 업쓸란지 몰개꾸나."
요세 아들이 자기내들 생할수준 바서 벌로 노라나더라.

〈1971년 10월 14일 목요일 낡씨 맑음〉
"〈용현〉인내 가을보리 두엄 내달라고 이야기을 하여서 우마차로 실어주고 내일 오전만 실어주개 대며 안전이 실어줄 껏 같다. 그리고 형과 둘이서 가을보리 갈 때에 인분을 주는 것으로 하로 일과을 보내고 말랐다."
"나 자신이 생각을 해도 한심하기 그지 업꾸나. 예냐하며 내가 무엇을 어더먹깨따고 농촌생할 하는가 할 때에 너무나 예통 터저 말이 완 나오는구나."

〈1971년 10월 15일 금요일 낡씨 맑음〉
형과 둘이서 벼을 처음 복판에부터 시작하여쓰며 벼시 퍼서 싱싱하계 쓰있든 벼가 뛴내기 서리 한 번 마자따고 집뿍뛰미 모양 후지분하계 대어 있는 것을 보니 나중에 비는 것은 피해가 만을 껏수로 본다.
"순철이 아이큐 좋따고 출세을 시키볼라고 따라다니면서 공부하라고 말한 것이 전부과 허사로 대어버리쓰니 개심하기 짝이 업꾸나. 예냐하며 어머님이 안 개시기 때문에 여관 잘못이 있쓰도 말로만 타이루고 공부하라 소리을 노래삼아 한 것을 모러고 못땐 친구들과 어울이서 학교는 안 가고 도중에서 놀라따니 형우로서 소름이 기치는구나. 그것도 모러고 공부만 하는 줄 알라는데 학교 선생을 나 자신보다 더 원망을 하고 십따. 보호자도 크개 관심이 업쓰서 15일나 결석을 했도 몰라따고 하지만 선생이 학생 신본으로서 연속결석을 하계 대면 보호자에계 열락을 하계 대면 짓때 짓때에 조치을 하지만 어낙 큰일을 저지러나서 마음으로는 곳 죽이마 하는 생각은 대나 영흔히 사람을 바리까바 때리지는 못하고 말로서 타이루고 있는데 이것이 마음을 바로 잡을 수 있나 하고 극정이 대서 일을 만음대로 못하계꾸나."
금일지출에 … 〈산토닌〉 약 50원

〈1971년 10월 16일 토요일 낡씨 맑음〉
"형과 둘리서 복판 논 서 마지기을 하로 반을 비니까 해과 조금박에 남지 않더라."

※ 잠 잘라고 자리에 있노라니까 바개수로 물 붓는 소리가 요란해서 보니까 순철이가 아직껏 마음을 바로 안 가진다면서 순석이가 찻물로 순철이 머리부터 부고 만 있쓰서 순석이을 말리고 순철이을 방으로 대리고 와서 이야기을 하니까 이재 말하는 것이 20일 동안 마나가개[만화가게]에서 시간을 보내따는 말을 들을 때에 어쪄구니가 업더라. 예냐하며 마나가개 주인은 자식을 안 키우는가 생각을 해볼 때예 한심하기 짝이 업더라. 예냐하며 학생의 본분으로서 20십 일 동안 시간을 보내개 내또서니 그냥 이만 갈리는구나. 그리고 나의 생각대로 했쓰면 마나가개 주인을 영창에 가두든지 그러찌 않너며 주묵으로 때리서 양심이 바로 바키두록 했쓰며 마음이 시운하게는데 그러깨 못해서 살만 떨리는구나.

"순철이을 어떠개 하면 바로 잡을 수가 있나 하고 극정을 하다 잠 한 짐 못 자고 밤을 새우고 말랐다. 이 일을 부친에깨 알리개 대면 건강에 좋찌 못한 부친이라서 쑈크을 크개 받깨쓰서 알리지는 못하고 나 혼차 바로 잡을라니 너무나 큰일이라서 어떠개 하면 좋을란지 갈피을 잡을 수가 업꾸나."

〈1971년 10월 17일 일요일 낡씨 맑음〉

"형과, 동생, 삼 명이 벼을 비니까 서 마지기 벼는 더 비계더라. 그리고 앞푸로 이 일만 비계 대면 안전하계 벼 작읍은 안전이 마칠 꺼수로 본다."

"순철이을 하나에서 열까지을 관찰해볼 때에 모든 것이 의심이 대면 앞푸로 공부을 할 개핵을 새우고 있는가 하고 극정이 터나지을 안는구나."

〈1971년 10월 18일 월요일 낡씨 비〉

"들카지 벼을 비는데 반은 아주 잘 대어고 반은 좀 신찬아서 벼을 비는데 자미가 업쓰며 일에 의욕이 들하더라."

"순철이가 우선 바서는 공부을 정식이로 하는 것 같든데 속마음은 어떠계 먹고 있는지 궁금하구나."

"자신이 흙문지을 덥펴쓰고 허득이고 있지만 언잰가 나도 돈 벌 때가 있따고 학정한다."

〈1971년 10월 19일 화요일 낡씨 맑음〉

"첫서리가 너무 팔리 만이 와서 보리논 벼는 피해가 만너며 벼가 무릇 댄 논은 피해가 어마어마하계 숭년을 본 샘이 대며 올해 바서는 올대는 벼씨을 선댁해야 대갯따는 늣김마저 더는구나."

"자신의 생각으로서는 금일까지 안전하계 벼 작읍은 끝을 볼 꺼 같다고 예정했는데 실지 벼 쓸어전 것을 우리 형제관들이 일을 해보니 생각보다 시간이 더 글리계 대어서 내일 오전에 벼을 비야 끝을 볼 꺼 같다."

"황금이 물결치는 들판에도 힌 빛으로 물더리고 있쓰며 저 황금의 돼지는 내년 이만때가 대어야 황금의 대지의 풍경을 바라볼 수가 있따는 것을 생각을 할 때 섭섭한 감이 대는구나."

〈1971년 10월 20일 수요일 낡씨 맑음〉

"형과 둘리서 벼을 오전에 일적 벼고 오후에는 형과 둘리서 밭보리을 갈고 논보리 갈려고 도구을 봉답에는 전부 쳐고 말랐다."

"이 세상에 삶의 만족을 가지고 삶라가는

사람은 업는가. 외 자신은 만족감이 업는가."

〈1971년 10월 21일 목요일 낡씨 맑음〉

"순석이와 둘리서 밭가리을 세우는대 형수까지 그들어는대도 열두 마지기 정도박에 못 세개더라. 그리고 내일부터는 가을보리논에 두엄을 우마차로 실어널 작정이다."

"형과 말다뜸을 자주 하는 것도 일 능률을 만니 올릴 욕심으로 일어나는데 말 추라벌이 일고 나면 서로과 마음이 서먹서먹하기만 하기 때문에 앞푸로는 말 추라벌이 업두록 결심하며 일 능률에는 멀리하고 정만는 살리두록 노력하계따."

지출에 … 영한이 시험 백 점 마자서 앞푸로 잘 하라고 돈 10원을 주어따. 10원

〈1971년 10월 22일 금요일 낡씨 비〉

"때 아닌 가을비가 내리고 있쓰서 아무 일도 못하고 휴식을 하고 말랐다."

"아무 일도 못해서 고기을 잡을라고 동무을 만들라고 도라다니 바도 갈 사람이 업쓰서 방에 둥굴다 들래을 한 번 도라보니 별료 비았는 표는 업더라."

금일지출 … 펜촉 20원

〈1971년 10월 23일 토요일 낡씨 맑음〉

"가을보리논에 형과 둘리서 우마차로 두엄을 실어 너어 보니까 생각보다 만이 할 수가 있쓰며 내일도 이랑을 안 짓고 두엄을 실어 넛깨 대면 내일 오전에는 두엄 작읍을 안전희 맡칠 수가 있따."

"농부들이 제일 기분이 상캐할 때는 일을 고대개 하고 집에 들어와서 온수로 새멘을 하고 땀방울을 안전희 재그하고 저녁식사 전의 그 기뿐으로 산다고 말을 해도 가연이 아니다."

〈1971년 10월 24일 일요일 낡씨 맑음〉

"우리 논 가을보리 갈 때에는 안전니 두엄을 내고 들까지는 이랑을 전부 지어났따."

(서명) 10/24

우리 형제들이 안 풀리고 집에서 발이 묵켜 있찌만 내년에는 묵켜 있든 발이 모두 풀일 끄수로 자신원 예원한다.

"마음이 답답할 때에 탈선하기 쉬운니 침착하계 마음가짐을 바로 가지고 힘을 주어서 밀어보라. 삶의 보람이 있쓰리라."

〈1971년 10월 25일 월요일 낡씨 맑음〉

"들까지 보리논에 형과 순석이 셋시가 서마지기에 두엄을 까는데 지루하고 힘이 너무나 들어서 지루한 감이 터나지을 안더라."

"우리 마을로서는 벼 비기는 안전이 끝을 본 샘이 댄다."

〈1971년 10월 26일 화요일 낡씨 맑음〉

※ 용현인내 가을보리 갈 때을 용현내 형님과 안전이 실어놋고 나니 오후 5시경이 대어서 우리 가을보리 씨뿌림을 하고 있는 것을 두엄 좀 갈라주고 집에 오니 저녁때가 대더라.

"집에서 저녁을 먹을라다 용현내 집에서 기다린다고 가라고 하여서 저녁을 먹으로 가니까 저녁상을 차려놋치을 안코 자기내들

까지 밥을 먹고 있는 것을 보니 옛날 어른들의 말씀같치 사람 마음을 켜꺼 바야 안다고 하든니 정말 사람의 속 다려고 그즉 다른 것을 절시리 너켜 보았다."

※ 자신에깨는 요론 일들이 있쓰야 인간의 참뜻을 가지고 살라갈 수 있따고 본다.

〈1971년 10월 27일 수요일 낡씨 맑음〉

"봉답 논에까지 두엄을 우마차로 실어서 끝을 보고 이랑을 일부 지어 낯는데 내일이면 가을 씨부림을 안전이 한 샘이 댄다."

"순철이가 이재야 정상수업을 하고 있따는 것을 인식이 대며 앞푸론 크개 극정을 안 애도 제 길로 걸어갈 꺼수론 본다."

〈1971년 10월 28일 목요일 낡씨 맑음〉

"오늘로서 가을 씨갑씨을 안전이 한 샘이 댄다."

순석이을 타작하는데 옷을 헌옷 안 입고 한다고 좀 머라캐든니 순석이가 점두록 말도 안코 댕하계 지나더라. 그래도 자신은 오늘날까지 사람 만들갯따고 시간 뜸만 있쓰며 공부하라고 사정을 하며 둘리 할 일이 있쓰도 혼차서 일을 했쓰며 전 신경을 다 쓰서 노럭을 했는데 금일 좀 머라 캐는대 말도 안 아고 어색하며 자신이 생각해도 나이가 적으서 그른 행동을 치한다면 별 문잰대 이것 저것 알 놈이 어색한 행동을 치하는 것을 볼 때에 나 자신으로서 서운하기 짝이 업꾸나.

"옛 어른들의 말을 들어면 형제관도 다 피로가 업따든니 금일 생각을 했볼 때에 다 피로가 업따는 느킴마저 더는구나."

(서명) 10/28

〈내지〉[123]

경북 금릉군 아포면 대신동 三구 589번지

권순덕 用

〈1971년 10월 29일 금요일 낡씨 맑음〉

"금일부터 수학을 본격적으로 하고 있쓰며 금년 농사을 잘 지어서 그런지 벼알이 잘 불더라."

"순석이가 오늘도 뛰하계 말도 안 아고 잇킬에 자신의 속으로는 오늘날까지 바보질만 한 것이 어굴하기 짝이 업꾸나. 예냐하며 자신은 오늘날까지 내가 못 살라도 동생들만큼은 살리보갯따고 뼈에 사모치두록 결심을 하고 있는데 그것도 모르고 나에깨 불캐한 행동을 해서 어굴한 마음을 참다 참다 못해서 나는 아직까지 너에깨 그러깨는 대한 적이 업쓰며 앞푸론 똑 그대로 대해줄 태니 두고 바라 하고 이야기을 하니 순석이 말하는 것을 들어보니 그처름 감정을 삼을 만한 일이 안 대면 자신의 어굴한 마음이 풀리더라."

금일 저녁이 … 할머니 재사날이다.

9月 11日 음력.

〈1971년 10월 30일 토요일 낡씨 맑음〉

"어재 개속 타작했따고 형과 교대을 해서 오늘은 자신이 우마차로 벼 실어다 노았다."

※ 오늘날까지는 서로 살개 하며 자신에 일에는 채하로[최하로] 할려고 마음을 먹고 살랐는데 살라갈수록 말 추라벌이 자주 일어나는 것을 볼 때에 자신이 마음 먹고 살라온 것이 큰 오산이다. 예냐하면 이대로 계속 가개 대면 초라한 모습

123) 새로 교체된 일기장의 내지에 적힌 내용이다.

을 당하계 댈 태니 앞푸론 남에깨 짜다 는 말을 안 들 끄시며 부모가 계신 한 더 럽깨 안 놀 끄시다.

지출에 … 노트 20원
곡상에깨 달린 벼 … 149근 136근 계 285근
(서명) 10/30

〈1971년 10월 31일 일요일 낡씨 맑음〉

"가을 날씨가 너무나 따뜻해서 탈곡하기가 좋지 않꾸나. 그리고 들까지 일곱 마지기는 내일 우마차로 한 발이만 하계 대면 들까지에는 벼 탈곡은 끝이 나는구나."
"부친 얼굴을 보니 너무나 매말라서 외간상 보기에는 오래 못 사시계쓰니 정말 극정이 터나지을 안는구나. 예냐하면 아직까지 동생들도 만코 한대 부친마자 오래 안 사시며 강변에 셨는 갈때처름 헌들리고 마지나 안나 하고 마음이 노이지을 안는구나."

〈월말지출에〉
이발료 440 돼지고기값 430원, 조카 건빵값 10원, 순석이 책값 500원, 수봉 맏춘 대 4,000원, 잡비 320원, 해충약값 50원 영한이 공부 잘한다고 10원, 폔촉 20원, 노트값 20원 … 지출 총금액 5,800원

〈월말 수입〉
총금액 6,000원

〈1971년 11월 1일 월요일 날씨 맑음〉

"벼 탈곡을 해보니 생각에 만이 나더라. 처음 벼 절시할 때에 바서는 벼 만이 수학하기는 어렵깨따고 인정한 것이 자신이 벼농사 짓고는 생산량이 제일 만너리라고 본다."
"벌서 수학의 계절도 저물어가고 있꾸나."
"수학의 계절을 영혼이 잡지 못하고 보내야만 대는 심정이 아쉽다."

〈1971년 11월 2일 화요일 날씨 맑음〉

"용현내 벼 형이 실어주기 때문에 우리 벼는 탈곡을 못하고 배추에 가물이 들어서 물을 한 벌식 주고 말랐다.
"순철이가 정상으로 공부을 하는 줄 알고 마음을 노았더니 오늘날까지 우리들을 속이고 학교을 나가다 안 나가다 했따니 정말 죽이고 십펀 마음 용소섬쳐나 가출할까바 때리지는 못하고 속이 바치서 엇짤 주망을 몰개쓰며 선생이 오라고 한다 해서 순석이가 올라가 보니 신내 아들과 어울리서 논다면서 이야기을 하길에 선격을 바서 잘 다라[다뤄] 달라고 하며 자리까지 변경했따니 환 번 더 속아보자."

〈1971년 11월 3일 수요일 날씨 맑음〉

"벼 탈곡은 내일 오전만 하계 대면 금년 벼 탈곡은 끝을 본 샘이 댄다."
"농촌에는 일손이 모자란다고 아우성을 쳐지만 앞푸론 농촌에도 전기가 들어오기 때문에 보리, 벼 탈곡을 전기모타로 할 끄시며 앞푸론 농촌에도 일손이 만니는 필요 업타고 본다."

〈1971년 11월 4일 목요일 날씨 맑음〉

"오늘로서 벼 탈곡을 안전이 맡치고 말랐찌만 엔 닐일지 벼 탈곡하기에 지루하며 억지로 한 샘이 대며 문지을 덥펴쓰는 짐에 밤이 깊펴도 북뛰미 타작을 할려고 마음을 먹고 있는데 경운기 타작기개 있는 사람이 해줄라고 하여서 밤이 너저서 11시가 대어서 일하기에 어색한 감은 있쓰나 2시에 일을

맡치니 끝을 본 샘이 댄다."
"금년 벼 탈곡은 작년 비해서 좀 일적 한 감이 대는구나."

〈1971년 11월 5일 금요일 날씨 ·비〉

(서명) 7/11
벼곡상 950斤

"용현에 벼 탈곡을 해달라고 하여서 형과 둘리서 벼 탈곡을 하로 가니까 벌서 집안 아들이 일 거들어 주로 왔있쓰서 여릇이 일을 하니까 일하기가 수라더라."
"순철이가 었든 길로 갈려고 마음을 먹고 있너냐고 다잡고 물어니까 순철이 하는 말이 공부을 해바야 비리비리하계박에 못 산다면서 순철이는 라듸오방이나 소소한 부속을 맡치고 머리을 쓰는 데 가야만 한 번 살고 못 살며 하바라로 산다 해도 이른 겨통[계통]으로 나가야 대개따고 말을 하더라. 그래서 자신이 말을 하길을 고등학교을 나왔서 교육대학이라도 나야만 살 수가 있쓰니 한 번 더 일생이 자우대는 것니까 생각해 보라고 부탁을 했는데 순철이가 개속 공부을 멀리하면 어떠개 하나 하고 가슴이 담담하구나."

〈1971년 11월 6일 토요일 날씨 비〉

집에서는 순철이가 공부만 착실이 하는 줄 알고 부친이 공낙금을 주어 보내따기에 혹시 돈을 가지고 가출이나 않 냇나 하고 극정이 대어서 마중을 나가보니 다른 학생은 다 오는데 순철이만 안 오더라. 그래서 예감이 틀잎꾸나 하는 생각이 일부 더더니 안만 기다리도 않 오고 해서 8시 차로 올란가 하고 집에 왔서 동생에깨 들어 보니 학생편으로 삼 년 후에 만나자는 편지가 왔따는 말에 엇짤 주망을 모러개 뛰어다니다 아직까지 김천에 있찌 하는 생각에 형과 순석이는 김천으로 차주로 가고 자신원 김천파출소로 전화을 해서 가출을 못하두록 대신파견대서 전화을 해도 통화가 안 대서 집우로 걸키지 않는 그름으로 오고 말랐다. 이재 와서 부친을 알리고 보니 머라고 말할 민목이 업쓰며 이러깨 댈 줄 10분의 1라도 생각을 했따면 부친에깨 알일 껏인대 사람 만들라고 무지한 노력을 해도 다 허사로 도라가고 말랐찌만 앞푸로 낮번 인간이 안 대기을 신에깨 두 손 모와 비노라.

(서명) 7/11

"동생 편지을 보니 말업시 눈물이 끝이 업시 줄줄 흐러기만 하구나."

〈1971년 11월 7일 일요일 날씨 맑음〉

음력 9月 20日(모친 생신)
"순철이가 혹시 김천바닥에 있찌나 않나 하고 형과 순석과 셋시가 김천바닥을 싸싸시 뒤지 바도 순철의 모섭이 낮타나지을 않는구나. 그래도 순철이가 길거리에 나왔 있쓸까 하고 오든 거름을 고장[곧장] 멋추기만 하였지 순철의 모섭 영 보지 못하고 돌라와서 생각을 하니 끔비아리 같든 놈이 어뒤서 움추리고 있쓸까 하는 생각에 마음이 노이지을 안는구나."
"금일이 어머님 생신인대 형제들이 한태 모여서 아침식사을 않코 순철이 차저보갰따고 다 나가버리서 어머님 생신을 안정댄 마음으로 마지 못 하고 하로 해을 보내고 말라서 허전한 감이 있따."
지출에 어머님 생신 (돼지고기) 450원
두부 50원 자전차 무시고무 10원
계 510원

〈1971년 11월 8일 월요일 날씨 맑음〉
"일부 사람들이 순철이가 그러깨 가출할 줄 몰랐따면서 극정을 하는데 동민들은 어머님이 안 개시니 자미가 업쓰서 저러깨 빛끄라전다고 말을 낼 태니 정말 아이는 바리는 것이 안니가 극정이 끄다."
"아버지에깨 사고 난 뒤야 알리고 보니 부친 말씀은 너위들이 아위을 바리따고 꾸중을 주고 있쓰니 자신은 어짤 주망을 몰개쓰며 한편으로는 이 자리에 순철이가 있따면 때리죽이고 씨쁜 마음이 들더라."

〈1971년 11월 9일 화요일 날씨 비〉
"마구관에 거름을 우마차로 실어내고 대청소을 {하}였따."
"순철이가 오늘 내리와서 순석이가 집에 대리고 왔는데 돈 8,600원을 순철이 혼차 닷쓰따면 그저 웃고 말갯는데 친구 하나와 둘리가 돈을 약 이 일에 닷 쓰따니 그만 신경질이 나더라. 예냐하며 나이가 그 정도에는 생각을 할 수 있는 놈이 돈을 두리가 쓰따니 어찌 주먹이 가만이 있쓸 수가 있나 해서 좀 때리니 구슬 같든 눈물을 흙리는 것을 보니 어머님을 생각을 하면서 우는 것 같타서 때리든 손을 중단하고 말로만 하고 말랐다."

〈1971년 11월 10일 수요일 날씨 맑음〉
"가을보리논에 재을 우마차로 한 구루마 실고 들어오며 무우을 한 발이 실고 들왔다."
"금일 할부지 재사라서 아침식사을 할려고 큰집에 가니까 자나부지와 자내매가 밥 먹으라고 갱장이 건내더라. 자신의 속으로 실지 마음에서 우르나는 것일까 하고 의심이 가두록 친절하더라."

〈1971년 11월 11일 목요일 날씨 흐림〉
"형은 봄보리 갈려고 갈갈이 쳐고 자신은 날씨변동으로 무우가 얼까바 뽑아서 우마차로 실어 오두룩 만들어 놓고 집우로 오고 말랐다."
"면서기 월 봉급의 찬는 금액이 17,000원 바더며 집에 가지고 오는 것이 약 만 원 정도 댄다고 이야기을 들을 때에 한 달에 무선 짓을 해도 만 칠천 원 못 벌갯나 하는 생각이 들더라."

〈1971년 11월 12일 금요일 날씨 맑음〉
"과손막에 지붕 일라고 연개을 형과 둘리서 연개을 역끄서 잇보니 생각에는 14마람 가지고 잇개 대며 충분하리라고 생각했는데 실지 일을 해보니 적으며 맡깨 일라고 들면 16마람은 잇쓰야 대개더라. 그리고 한 마람에 자래갯단 25단 가지고 역끄 보니 두 단식이 계속 모자리기 때문에 내년에는 한 마람에 두 단식을 추과했서 27단으로 연개을 역끄면 정학하계 마자 돌라갈 껏이다."

〈1971년 11월 13일 토요일 날씨 맑음〉
"오늘로서 무우을 수학했는데 나 알기로는 처음 만나 한 샘으로 생각이 대며 무우을 마당에 손질을 해서 늘어놓은 것을 보니 엄청나더라."
〈무우가 우마로 일곱 구루마가 대더라.〉
"금년으로서는 수학할 껏은 배추박에 업쓰며 배차도 우마차로 실어며 두 구루마박에 안 댈 껏으로 보며 금년 소도 잘 부리먹어다."

〈1971년 11월 14일 일요일 날씨 맑음〉
"무우을 갈무리하고 나서 밭에 봉나무을 캐내고 포도나무을 이식을 할려고 안전이 장만했 나쓰며 내일은 포도나무을 캐 온기며 안전이 끝이 난다."

〈1971년 11월 15일 월요일 날씨 맑음〉

"향군소집일잇라서 아포지서 도착하니까 순경 하는 말이 유선이 떨어젓따면서 통신병으로 제대한 사람 있쓰며 전선을 이수면 끝이 난다고 나와달라고 하니까 대신 있는 아들이 나가 서니까 한 사람 더 나와달라고 하여서 자신이 총 지급을 반납하고 나가서 유선 하나만 곤치고 한 나잘 휴식을 했쓰며 중대장 지시말만 듯고 집우로 돌라오고 말랐다."

금일지출에 … 합승비값 25원

〈1971년 11월 16일 화요일 날씨 맑음〉

"무선 일을 할려고 하여도 나 자신이 안정댄 일이 아니라서 일에 따분하기만 하며 언재 일에 따분한 감을 일소하고 일에 의욕을 가지고 살라갈 꺼인가."

곡상에깨 … 153, 136, 135. 계 424근

가정에 … 금일까찌 했곡석 현미 한 것 14말

〈1971년 11월 17일 수요일 날씨 맑음〉

"변소채에 형과 둘리서 연개 닷섯 마람어로 집을 위 보니 우리 발로 한 발이 부족 대어서 역끄서 안전이 끝을 보고 말랐다."

"농촌에는 겨울이 오개 대면 빈정대기만 하는데 그기에다 매일 지출만 내기 대니 나중에는 따분한 생할을 하계 대니 농촌에 고질을 잡아줄 사람은 업는가."

〈1971년 11월 18일 목요일 날씨 맑음〉

"매상 댈 가마니 철라고 새키 꼬아서며 오후에는 봄날과 다름업시 따스하여서 우마차을 몰고 가서 복판 논에 흙을 너어 보니 하로 정때에 너어바야 열두 바리밖에 실지 못하계더라."

"요줌은 부친이 인삼과 끌을 복용한 뒤에는 기침을 아주 들 하며 우리들 보기에도 흙신 건강해 보이서 우리들의 마음이 편하구나."

〈1971년 11월 19일 금요일 날씨 맑음〉

"순철이가 어재 학교에서 저와 놀든 학생이 때일라고 하여서 두 시간 하고 도망 왔따니 학교 당국에서도 이른 질 나쁜 학생 때문에 공부을 착실이 한 놈도 불란했서 못할 지경이니 학교 당국에서 학생들의 생활에는 감심이 하나도 업따고 보며 자신이 생각에도 예통 터저더라."

(서명)

"형수과 저그나 샌서[센스]가 있쓰서 알라서 논다면 부모 같치 따뜻하계 대해 줄 탠대 너무나 절먼 사람어로서 수집 업씨 지킬라고 해서 그 전에 자신이 말이 만너며 실수한다고 하며 이야기했는데도 별 다름 업키 때문 말을 만이 할 때는 말답도 안코 남에깨 만니 지킬 때는 대답도 안코 인상까지 돌리고 했도 시정을 못하는 것을 보니 남에깨 속기박에 못하계더라. 예냐하며 신경이 그처름 무뒤니 어찌 약빠러개 놀 수가 있나. 만약에 조금이라도 시정을 하며 대호강바들 댄대 어찌 시정 못할까 극정이 대며 그른 대로 선길라고 들래서는 백 번을 마음 먹어도 집에 오면 허사가 댄다."

〈1971년 11월 20일 토요일 날씨 맑음〉

"매상 댈 가만니을 형과 둘리서 쳐고 나서는 과손길을 낼라고 작짜예깨 손수 다니면서 길을 내야 우리들이 농사을 수라개 일을 할 수 있는 것이 아닌야고 말을 하니까 한 번 했보자고 하길래 그름며 하로 빨리 하는 것이 좃지 안씀이까 하고 금일 시작을 하자고 하면서 일을 시작을 해본 결과 생각보다 일이 만더라."

〈1971년 11월 21일 일요일 날씨 맑음〉

큰골 길은 봇뚝에는 그진 길이 다 대가며 앞푸로 이틀 정도 하계 대며 길은 안전이 댈 껏 같다.

그리고 오늘 길 내는데 작자들이 일부만 나와서 일을 하여서 일하는 사람들의 보기에 미안감이 들어서 우리 개인 돈을 내더라도 빵 좀 먹고 하자고 하니까 다들 좋다 해서 건빵을 열깨을 씨키서 잘 먹어다.

일하는 데 오 명이 (건빵) 10개

작자에 전원에깨 풀개 대며 10원식 도라올란지 몰갯꾸나.

〈1971년 11월 22일 월요일 날씨 비〉

"큰골 농로는 앞푸로 하로만 하계 대면 안전하계 끝을 볼 껏 같다. 그리고 농로을 처음 시작할 때보다 길을 내고 보니 남들이 친찬을 할 정도로 길이 참아더라."

"오늘날까지 봄날과 갈치 따뜻하더니 금일 저녁부터 비바람이 모라쳐는 것을 보니 내일부터는 봄격적인 계울 날씨가 대지 안나 내다보고 있따."

〈1971년 11월 23일 화요일 날씨 비〉

음력 10. 6.

(서명) 11/27

"못골로 과실나무 살려고 가서 무려 보니 생각보다 전부과 만이 올랐더라. 사과나무와 매실, 배, 포암해서 백 주을 사와서 보식을 하는데 다 못하고 내일 오전에 하계 대며 보식을 삼 분에 2는 할 껏 같다."

"과수을 보식을 하면서도 별로 자미을 몰갯더라. 예냐하며 우리 마을을 바서도 반수가 넘두록 과실나무을 심는 판인데 전국을 보며 과실 심는 수가 어어마어마할 껏을 보니 별료 큰 재미을 못 볼 껏 같든 감이 더는구나."

사과 40주, 부사 포기당 130원, 매실 40, 주 청매실 80, 배 20주 만상길 포기당 70원 계 9,800원

〈개산 차고로〉 … 240원을 수입을 받다.

〈1971년 11월 24일 수요일 날씨 맑음〉

"과수 보식을 오전에 끝을 보고 말랐찌만 나무을 심을라고 구등을 파는데 구등이 흙이 하야계 문지가 나는 것을 보니 심어바야 실패가 만찌 안나 내다보고 있는데 앞푸로 이삼 일 안너로 비가 않 오계 대며 못물을 저다 물을 주야 실패가 업따고 볼 수 있는데 너무나 가물어서 극정이 크다."

"배추 수학을 한참 하고 있는데 아주머니가 배추 한 포기을 달라고 이야기을 하더라. 그래서 자신이 무엇 하신 분인야고 물어니까 건빵과, 성냥장사 한다기에 하로 수입이 월마나 대는냐고 물어니까 하로 평균 250원 댄다고 말을 하더라. 그래서 자신이 그것보다 생선이 낮지 안는냐고 무러니까 밑천이 업쓰서 이른 장사 한다고 말을 하더라."

〈1971년 11월 25일 목요일 날씨 맑음〉

사과나무 심원 대에 동생과 둘리서 물을 주는데 점두록 주어쓰며 물을 주고 나니 마음이 든든하드라.

"눈님도 고질이구나. 예냐하며 그 만는 살림을 영감 술타령으로 그진 다 부쓰고 이재

와서는 땅까지 논가서 화리로 파라서 자형 동생을 다 주고 이재 와서 몸만 가지고 들어와서 내년에 회갑을 할려고 더는대도 눈님원 아들 학교 싯킬라고 비단 돈을 댄기서 돼지을 먹이서 80근까지 나간다니 정말 놀랐다. 예냐하면 그 모진 풍파 밑태서 아들 공부 씨킬라고 일 년 전부터 돼지을 먹이따니 그 열성을 친찬하고 십꾸나."

〈1971년 11월 26일 금요일 날씨 흐림〉

"순에교육이라서 뻐스에 몸을 실고 아포지서에 가니까 일부 총 지급을 받고 있더라. 그래서 자신도 총 지급을 받다서 교육을 받는데 너무나 지나치계 포복을 갈치고 있쓰서 자신원 포복만이 조교 눈을 피했서 빠저고 말랐쓰며 포복을 만니 한 사람원 전부과 팔곱치가 다 까저고 말랐다."

금일지출에 … 점심값 (우동) 70원
합승값 25원
계 95원

〈1971년 11월 27일 토요일 날씨 맑음〉

"어재부터 금일까지 현역 순애교육은 전부 맡치고 금년 교육은 안전이 끝이 난 샘이 댄다."

"사람이 무선 일을 하는데 앞일을 어떠깨 댈 꺼이다 하고 애척을 해서 일을 하지 말자. 사람이 예척을 해서 공백시간을 만들지 말고 공백시간을 낭비하지 말고 계속 하계 대면 그때가 더 효과가 클 꺼이다."

금일지출에 … 영한이 백점 마준 대 10원
곡상에깨 273근

〈1971년 11월 28일 일요일 날씨 맑음〉

"내년 들거름 할려고 들에 우마차을 몰고 가니까 날씨가 변득서롭계 바람이 모질계 부려서 거름도 제대로 안 대고 해서 일적 작읍 중지하고 마랐다."

"금일 친구에깨 놀로 같서 한참 놀다가 이왕 놀로 왔쓰니까 눈님 집에 들리고 집에 올까 하고 눈님 집에 가니까 문이 반쪽은 다 날라가서 바람이 그대로 들어오고 있더라. 그래서 저 문이 예 저른야고 무르니까 영감이 그랬따고 말을 하면서 징조할부지 재사날에 재사상 전부 쳐부수고 죽년다고 야단을 쳤따는 말을 들어 볼 때에 인간인가 하며 그래도 부모라고 때가 대어서 오면 대집을 할려고 예을 쓴다니 정말 놀랍더라."

〈1971년 11월 29일 월요일 날씨 맑음〉

친구 결혼하는데 후배로 가자고 하여서 신발이 업쓰서 이왕 살 꺼이니까 이때에 싸신어야 대개따는 생각에 김천을 올라가서 신발을 싸는데 생각보다 기생화도 만이 달라고 하더라.

친구 기념품을 싸는데 돈도 적을 뿐 아니라 힘이 무진장으로 들더라. 예냐하면 내 물건이면 아무 것이나 싸도 별문제지만 돈에 맡차서 물품을 살라고 더니 무진장으로 힘이 더는지을 밑차 몰랐다.

금일지출 … 신발 1,900원, 차비 135원
양발 200원, 미싱 기름 70원
장갑 50원, 소변값 5원
계 285원

〈김사호〉 기념품대 채경 500원
서댕[스테인리스] 주전자 500원
액자 100원
계 1,100원

〈1971년 11월 30일 화요일 날씨 맑음〉

"친구 계혼축하식 하로 가서 친구들의 술자석에 대집이 부족하다면서 술상을 마구 쳐는 것을 보니 살림이 업는 집 딸들은 후배꾼의 술대집에 진땀을 빼개쓰며 이변 후배인원이 16명이 대니 손님 대집하너리라고 진땀을 흙리쓸 껏이다."
"우선 보기에 친구들원 장가을 잘 들고 신부도 좋든데 나 자신은 어떠한 사람이 댈련지 궁금하며 나 자신도 친구들 모양 좋은 사람을 만나서 살라바야 할 욕심밖에 업꾸나."
금일지출에 … 합승비값 40원

〈월말지출〉
지출 계 13,970원

〈1971년 12월 1일 수요일 날씨 맑음〉
"난생 처음 선 보러 큰집 형수와 둘리서 같든이 처음 나슬 때는 어뒨가 모러개 틀리는 감이 들더니 막상 상면해서 막 바로 볼 때는 틀리는 감은 업쓰저고 이야기도 만대로 할 수가 있깨 대더라. 그리고 선을 만이 안 보고 앤만하면 할려고 들렸는데 여자의 몸이 너무나 약해서 자신의 마음에 사오십 푸로박에 들지 안아서 극정이 대는구나. 예냐하면 처음 계시가 좋지 않으니 어찌 조을리가 있나."
금일지출에 … 50원(이발료)

〈1971년 12월 2일 목요일 날씨 비〉
"금일 공판이라서 우리 형제관이 벼알을 재풍구질을 했쓰서 공판에 검사을 하는데 일등이 한 가마 이 등이 엿섯 가마나 대며 모두 7가마을 매상을 한 샘이 대며 눈님과 형수들은 어재 선본 대을 보고 와서는 남에깨 쓰킬 만아다면서 하라고 이야기을 하는데 자신의 생각은 몸이 약했서 말이 십싸리 뜰어지지을 안어면 한편으로 생각을 할 때에는 나이가 너무나 만아서 시급한 것을 보니 아무 것이나 하야 대갯꼬 하니 골머리가 무급고 있꾸나."
"모목 심은 데에 습기가 업쓰서 비 좀 왔쓰면 하는 생각 간절하든이 이재야 길거리에 문지 안 날 지경으로 온 것만에도 마음의 한 구석에 비을 바라는 심정이 했소가 대는구나."
금일 공판에 … 665근

〈1971년 12월 3일 금요일 날씨 맑음〉
"이재 와서 계혼문재을 두고 이야기을 했볼 때에 피눈물 나는구나. 예냐하면 나 자신이 못나서 그릇따고 생각을 하지만 예 배우지 못{한} 자식을 29세까지 무이미하게 시간을 보내개 만들고 막빠지에 선을 보계 대니 마음이 오십 푸로박에 마음에 안 더는 사람을 두고 생각을 했볼 때에 이 한 사람 뛰에도 사람이 있따면 별문제가 대지만 뛰에는 업따고 보며 두 달 후는 삼십 세가 대니 배우지 못한 놈이 나이가 만너며 딸 줄 사람 업쓸 끄시며 이 문제을 두고 생각을 할 때는 가슴이 매어지두록 아푸며 아무한태나 화푸리을 하여야지 마음이 풀일 껏 같꾸나."
"마을에 예수 밑는 사람 집에 놀로 가니 목사와 집사과 와서 자신에계 예수 밑더라고 설교을 하고 창송과을 부러고 하는 것을 볼 때에 예수을 밑더서 손에[손해] 가지는 안캐따는 너킴을 가지쓰며 자신도 창송과을 같이 부러기도 했따."

〈1971년 12월 4일 토요일 날씨 맑음〉
"들까지 보리논에 내년 거름 할려고 우마차

로 실어 보니 얼마 못 실개더라. 그리고 두엄을 안전이 할려면 내일 오전에는 끝을 볼껏 같다."
"혼사의 두 글자을 놋고 볼 때에 이처름 골머리을 알라야 댄다는 것을 밑차 몰랐쓰며 혼사일보다 더 까다론은 것은 업따고 본다."
〈정미소〉 현미 한 것이 … 20말

〈1971년 12월 5일 일요일 날씨 비〉
"들까지에 거름은 오전으로 안전이 맡치쓰며 앞푸론 복판 논에 흑닐 좀 하여야 대갯다."
"어머님 재사에 쓸라고 배추을 개사 안에 약 이십 포기을 두고 풀로 바람을 막아낫는데 실패가 업쓸란지 몰갯꾸나."

〈1971년 12월 6일 월요일 날씨 흐림. 눈〉
"일기불순으로 복판 논에 흑일은 못하고 과손에 우마차 길 내는 것으로 하로 일과을 보내고 말랐다."
"순철이가 학교을 착실이 다닐라고 마음을 먹고 학교을 나가개 대면 갇치 놀 놈이 몽둥이을 가지고 순철을 차저 해매고 있키 때문에 순철이 급이 나서 학교을 피해 다니고 있쓰며 떼로는 학교도 못 나가고 있따니 맹랑하기 짝이 업꾸나. 예냐하면 조직이 있쓰서 원재고 뜸만 있쓰면 예을 먹일 태니 번번이 따라다닐 수도 업고 첫발을 잘못 뛰뒤서 신세을 좋지따고 해도 가연이 아니다."
금일지출에 … 노트 40원

〈1971년 12월 7일 화요일 날씨 맑음〉
"매상 댈 가마니가 업쓰서 가마니을 살라고 동내 다니바도 업따고 하며 불이야 해서 형과 둘리서 가마니을 세 계[개] 쳐고 말랐다."
"금년에는 방송국에서 날씨가 변득서럽따고 말을 하든이 정말 따스하다 갑짝이 정신을 못 차리계 만더니 사람에는 얼마나 해렵개 만드는지을 몰개꾸나."

〈1971년 12월 8일 수요일 날씨 맑음〉
"순철이가 김천 아들 때문에 학교을 못 나가고 초곡산에서 놀도[놀다] 집우로 온다는 것을 금일 아라서 자신이 때리고 했찌만 이재는 때리도 말을 안 듯고 하니 엇짤 수가 업꾸나. 우리 형제들이 학교 시킬라고 밥 먹더시 이야기을 해도 말 안 듯고 도중에서 노니 학교 시킬 필요도 업쓰며 앞푸론 자기 멋대로 놀두록 할 작정이다."
"머리 좋은 놈을 친구 잘못 만나서 안전이 바린다는 것을 꿈에도 생각지 못했다."
곡상에깨 … 128근

〈1971년 12월 9일 목요일 날씨 맑음〉
"우리 벼알이 너머나 좋아서 일 등을 마저볼라고 풍구로 짤짤 부쳐서 공판에 가지고 가보니 이 등박에 안 주더라. 자신원 먼저 공판 때에 일 등 한 가마니가 있쓰서 일 등 맡절라고 손질을 깨 한 것이 어울할 정도다."
금일 매상 … 〈2가만니〉 … 8,514원
비료 쬬로 … 〈1가만니〉

〈1971년 12월 10일 금요일 날씨 맑음〉
"마구관의 거름이 너머나 만이 쳐서 우마차로 실어내고 복판 논에 객토 일을 하여쓰며 땅이 만이 얼어서 실키가 시간이 걸리기 때문에 얼마 못하고 하로 일과을 보내고 말랐다."
"정부에서는 비상사태 선포을 하고 있찌만 말로만 이협을 주고 있찌만 한국은 이북보다 일본이 먼저 손을 쓸 끄수로 본다."

〈1971년 12월 11일 토요일 날씨 눈, 비〉
"일기분순어로 아무 일도 못하고 말랐쓰며 날씨변동이 값짝이 대니 사람들은 감기에 맥을 못 철 지경이다."
"친구 약혼식에 술을 잘 먹으다."

〈1971년 12월 12일 일요일 날씨 맑음〉
"형은 객토사업 하는 데 돈 벌로 같는데 자신은 아무 일도 안코 집에서 빈동대다 하로 일과을 보내고 있쓰서 형 보기에 자신이 미안하더라."
금일지출에 … 형 물신 200원 부친 약 300원 이재 이모 합승비 200원 합계 700원

"말로만 말고 실천을 해야 참댄 인간이다."

〈내지〉[124)]
경북 금릉군 아포면 대신동 三구 589번지
權純德 用

〈1971년 12월 13일 월요일 날씨 맑음〉
"마늘 노원 것이 적으서 마늘을 더 노왔쓰며 그리고 풀나무을 금년 들어 처음 할려고 더니 나무 있는 대을 차저 해매는 데 시간이 좀 걸있따."
"앞푸론 어떠한 일이 있떠라도 하로 한 짐식은 할 예정이다."
지출 … 장갑 40원

〈1971년 12월 14일 화요일 날씨 비, 눈〉
"일기불순으로 하로 일과을 공백어로 만들어찌만 나 자신이 날씨 관개로 놀지만 형은 녁둘굼에 객토사업 하는 데 돈 벌로 같는데 나 자신은 일기 간개로 놀지만 형 보기에 미안감이 들어서 하로 일과을 공백으로 지내도 마음만큼은 일하는 사람보다 힘이 더 드는구나."
"순석이가 순철이 졸업시험 보개 할려고 이모진 바람을 안고 순철이을 대리고 자전차로 학교을 같따 오는 모섭을 보니 이른 일은 순철이가 김천 아들과 안 얼리고 학교만 같따면 우에 일로 순석이가 예을 안 먹어도 댄다는 것을 생각을 할 때에 순철이을 때리 죽이고 십뻔 나음 절로 나더라."

〈1971년 12월 15일 수요일 날씨 맑음〉
"순철이가 못때쓰서 그른지 그렀치 안너며 아무 생각을 못했서 그른지 분관을 못하계 더라. 예냐하며 어재 순석이가 학교까지 대리고 다녀왔는데 그것을 모르고 공부는 안 아고 저녁에 놀다 나무[남의] 집에서 자고 집에 아직 먹으로 들어오지 않코 있킬에 집안 식구는 순철이 찾는다고 한참 법석을 이루고 말랐쓰며 자신의 속으로 이것이 도망이나 안 같나 하고 극정이 대더라."
"집에서는 순철이 때문에 쑈과 버러지고 말랐다."

〈1971년 12월 16일 목요일 날씨 맑음〉
"마늘 노원 대에 두엄으로 한 벌식 덥고 풀나무 한 짐 한 것으로 하로 일과을 보내고 마랐다."
"결혼핸 사람의 말을 더러 보며 정말 결혼

124) 교체된 새 일기장의 내지에 기록된 내용이다.

은 잘 생각해서 하야 댄다는 것을 너킬 수가 있쓰며 생전에 한 번인대 여사로 생각했쓰는 안 대개꾸나."

〈1971년 12월 17일 금요일 날씨 맑음〉

"금일 공판이라서 비류와 교안할려고 두 가만니을 대고 비료을 실어 올라고 비료괘에깨 이야기하니까 금일은 농업에서 사람이 안 나와서 우마차을 몰고 간 것이 허사로 돌라오고 말랐다."

"집에서 놀라도 별료 재미도 업고 무이미한 시간을 만니 보낼 때가 만아서 봉산 눈{님}내 집에 가보니 눈님은 얼굴색이 좋지을 안더라. 그래서 명랑한 기분이 못 대어서 자신원 침목만 지키고 있쓰니까 눈님이 싸온 이야기을 하더라. 그 이야기을 들어볼 때에 예 눈님은 한 번도 따뜻한 사랑을 바지 못하고 매일 어울한 날만 보내야 하는냐 하고 생각을 할 때에 하가 나더라."

〈1971년 12월 18일 토요일 날씨 흐림〉

"풀나무 하는데 산 아래에서 나무을 오래 하는 것보다 산 위에 올라가서 나무과 만원대서 일적 해서 저고 오는 데는 힘이 들어도 산 위서 나무을 하는 것이 좀 편하다는 것을 너켜다."

"벌서 금년도 절무러 가니 어뒨지 모러계 허전함이 대며 자신으로 바서 가연 칠십일 년도에 무었을 했든가 생각을 하니 멍하기만 하며 달력을 한 번 더 볼 뿐이구나."

〈1971년 12월 19일 일요일 날씨 맑음〉

"친구의 댕기풀이 말이 나서 술 먹자 하고 있는데 봉산 친구의 말이 타 동내 도라다니면서 닭을 만이 잡아먹어따는 말을 해서 재옥인내 닭이 만니 있쓰니 잡아올 수 있나 하니까 달집만 갈치 주며 최김지고 잡아오개따고 하길에 집은 내가 갈치줄 태니 잡아보라고 하고 골목에서 있쓰니까 닭을 잡아오는 것을 보니까 한편으로 재옥이 보기에 미안하고 한편으로는 좋으며 막상 물을 끄리서 잡을라고 드니 재옥이 보기에 미안하기 짝이 업쓰며 이변 일이 묘하계 댄다. 예냐하며 자신이 큰 실수을 함 샘이 대며 앞푸론 이른 장난을 안키로 결심했따."

〈1971년 12월 20일 월요일 날씨 맑음〉

"들거름 할려고 봇도랑을 쳐올리서 보리논뚝에 쳐올리 나쓰며 앞푸로 한나잘만 하계대며 보 도랑을 전부 철 수 있쓸 끄수로 본다."

"자신의 생각쳐름 가울 전에 나가서 행상을 했더라면 71년이란 세월을 초라하계 보내지는 안을 끈대 이재 와서 생각을 하니 나 자신이 이쳐름 못난 인간이여뜬가 생각이 들며 금년을 자신이 생각한 것대로 달성을 못하계 대며 영혼희 버림바들 몸이 댈 줄도 모른다."

〈1971년 12월 21일 화요일 날씨 맑음〉

형은 봉산에 잔치에 가고 대리로 자신이 객토사읍을 하로 같든이 집에서 생각을 하기보다 실지 일을 해보니 수라더라.

"이재 이모와 딸 가진 사람과 둘이 선보로 왔는데 자신의 보기에는 신통지 않는 감이 들더라."

지출에 … (이모와 손님에깨) 200원

〈1971년 12월 22일 수요일 날씨 맑음〉

"거름짜리 두엄을 과손에 실어내고 대신통

운에 비료 차저로 동생과 둘리서 가니 창고장이 업따고 해서 헛탕을 하고 집우로 돌라오고 말랐다."
어재 저녁에 친구 육 명이 돼지고기 닷 근을 먹는데 다 못 다 먹어서 금일 나재까지 먹어써니 어재 돌부리는 티을 냄 샘이 댄다."

〈1971년 12월 23일 목요일 날씨 맑음〉
〈우마차로 재을 실어내고 풀나무 한 짐 한 것으로 하로 일과을 보내고 말랐다.〉
〈교홰 밑는 집에 놀로을 가니까 예수을 밑더 보라고 당부을 하더라.〉
"자신이 미듬에는 상업을 하는 사람이라면 큰 도엄이 댈 줄 안다".

〈1971년 12월 24일 금요일 날씨 맑음〉
"양비 교환한 것을 오늘로서 대신공판에서 차저쓰며 양비쬬로 두 가마니 한 것에 비료과 요소 12표 요인 5표 가리가 1표 총표수가 18표가 대며 올해로 바서는 양비교환을 한 만아다."
"친구 육 명이 한참 놀고 있는데 본동에 쳐녀가 노코소리가 나서 문을 열어 보니 축하함이다 하고 문 우로 더러미는데 편지봉투을 더러밀고서는 삼십 분 후에 오개씀이다 하고는 살라지기을 봉투을 보니 (껌 한 객식 너서) (축 성탄) (행운을 빈다는) 잘막한 말을 하여더라. 자신은 생각을 하기을 행운을 빈다는 그 구절보다 그 착한 마음에 놀라서쓰며 자신이 돈이 업쓰서 빌리서 돈 십원을 주어찌만 그 당시 돈이 호주머니에 있쓰따면 다 줄 용이가 생기더라."
금일지출에 10원

〈1971년 12월 25일 토요일 날씨 비〉
"객토사읍 하는 데 돈 벌로 가서 일을 했보니 별료 뒨지을 몰개꾸나. 객토사읍 하는 데 돈을 벌어도 한두 구루마 적개 하계 대면 사람 수라개 지날 수가 있는데 욕심에 더 할라고 빨리 다니는데 사람이 최는 줄 모러고 더 할려고만 더니 자신의 생각으로서는 욕심이 아니라 바보라고 생각한다. 예냐하면 어떠한 사람은 하로을 하고서는 고대서 일을 못하계따고 하고 휴식을 치하는 것을 볼 때에 빨리 다니서 만이 할려고 더는 것보다 좀 적개 고종적으로 일에 연장하는 것이 현명한 방법이라고 던다."

〈1971년 12월 26일 일요일 날씨 눈〉
"동내 문구비 그두는데 자신이 저울질을 하면서 동장님 껏을 자신이 다는데 저울이 아주 올가두록 달라 주쓰며 우리 동내로 바서 나락을 부친 사람이 불과 멧 명박에 안 데더라."
〈앞푸로 자신의 생각에 십 분에 일도 안 맡개 대며 훌 버서던지고 객지에서 고생을 하더라도 나갈 결심이다.〉

〈1971년 12월 27일 월요일 날씨 맑음〉
"순석이예깨 그처름 공부하라고 사정사정하여도 요줌은 공부과 머리에 안 더려간다면서 공부을 안 아고 놀료만 다니고 있쓰서 금일은 부예과 나더라. 부예을 참지 못하고 하로 점두록 인분을 우마차로 보리밭에 주고 어머님 재사 때 쓸라고 우마차로 장작을 두 구루마 실어 낫는데 적지 않을란가 몰개꾸나."
금일지출 (술값) 50원
돼지고기값 160원 〉 210원

〈1971년 12월 28일 화요일 날씨 맑음〉

"어머님 재사날에 쓸 형정을 하고 빠전 물건을 살려고 김천을 가서 싸는데 물건을 그진 다 하고 마지막 물건을 하는데 한 가지는 못러고 딴 것만 장키을 패고 있킬래 이것도 장키을 빼달라고 하여서 전부 가격을 빼개 대어다."

〈자신의 삶매 극정을 하니까 어리벙벙하기만 하는구나.〉

금일지출에 … 설탕 60원 60원 두 봉에 120원 양발 60원 자전차 수리비 70원 마재기 100원 닭갈 80개 800원 〈노트〉 {〈}펜돼〉 100원 성냥 60원 계 1,310원

〈1971년 12워 29일 수요일 날씨 맑음〉

〈어머님 재사 때 쓸라고 두부 이십닷섯 모 사는 데 620원 주고 싸쓰며 어머님 재사 때 쓸라고 돼지을 200근짜리 말을 하니까 근에 130원 달라고 하는데 나는 120 줄라고 하니 이야기도 마라고 하더라. 자신도 생각에 어머님 재사 때 쓸 돼지만 아니면 120원에 할 수가 있캐는데 그럿치 안아서 돌라는 금으로 주기로 하고 내일 아침에 가지고 오기로 약속을 하고 말랐다.〉

"어재 전보과 주소불명으로 뒤도라 와서 어머님 재사 때에 순기가 못 오지 안나 하고 극정을 했는데 순기가 저녁 내 시경에 집에 들어오니 반갑더라."

〈1971년 12월 30일 수요일 날씨 맑음〉

어머님 재사 준비에 분주한 하로 시간을 보내며 작년 이때에도 봄날처름 따섯하던이 오늘도 살갈이 따스울 정도가 대니 이내 마음 말할 수 업시 기뻐며 일 바주는 사람들에깨도 들 미안한 감이 대는구나.

금일지출에 … 창길이 〈기념대값〉 600원

〈1971년 12월 31일 목요일 날씨 맑음〉

〈어머님 재사라고 오신 분마다 낢씨가 좋아서 일을 반 들어따고들 말씀을 하며 다들 봄날이라고 말씀을 하시는 것을 들을 때에 상주로서는 가슴 깊이깊이 기쁜 마음이 섬어더는구나.〉

〈칠일 년이라는 해을 영혼이 넘기개 대며 어머님 빈소도 영영 돌라오지 안는 해을 갈치 보내는 이내 심 답답하며 눈물이 절로 나는구나.〉

12月

〈월말 총지출 … 2,370원〉

1971년도 총수입 … 9,725원

〃 총지출 … 47,472원

▌1972년▐

〈내지 1〉
〈1月 1日에서 6月 30日까지〉

〈내지 2〉
경북 금릉군 아포면 대신동 三구 589번지
權純德

〈1972년 1월 1일 토요일 음력 11.15일〉
낡씨 맑음
〈어재에 그쳐름 다스한 날씨을 보이던니 값짝이 매스원 바람이 부는 것을 볼 때에 어머님 살라개실 때에 내가 안 추어야지 자식들이 고생이 안 대는데 안 데는데 하고 대푸리하든이 소원대로 대어꾸나 하고 너킴마자 더는구나.〉
〈어머님 산소에서 우리 오 형제가 한 번식 절을 올리고 재일 나중에 종말의 절하는 뒤 모섭을 보니 눈물이 더 쏬다저서 어머님의 무듬이 바로 안 보이더라.〉

〈1972년 1월 2일 일요일 낡씨 맑음〉
〈친구 결혼축하식 하로 노곡 골작에 들어가니 우리 사는 것과 골짝에 사는 것을 볼 때에 차이점이라는 것은 말할 수 업쓰며 신부 자택도 우리들이 예관우로[외관으로] 볼 때에 부유하지는 못한대 비예서는 대집을 잘 바다따.〉
〈때에 따라서 곤조을 부릴라고 몸이 들석 들석 하면서도 마음의 심정이 허락지 안아서 참을 때가 한두 번이 아니구나.〉
〈지출〉 이발료값 … 70원

〈1972년 1월 3일 월요일 낡씨 맑음〉
〈무이미하계 하로 일과을 보내고 저녁에 친구들과 자석을 같치 해서 객지생할에 대한 이야기 때문에 시간 가는 줄 몰라쓰며 육체의 뜻은 무이미한 하로 해가 대어찌만 정신적으로는 보람 있씨 하로 해을 보냄 샘이 댄다.〉

〈1972년 1월 4일 화요일 낡씨 비〉
〈일기불순어로 아무 일노 못하고 하로 일과 값버치 있깨 보내지 못하고 하로 해을 넘기개 대어따.
그리고 하로 점두록 골방에서 하로 해과 다가두록 공상을 해본들 짜임세 있는 삶매 보람을 생각 못하고 허망한 시간박에 보내지 못했다.〉

〈1972년 1월 5일 수요일 낡씨 흐림〉
〈날씨도 별료 좋지 안아서 휴식을 할려다 형은 들래 나가서 돈 번다고 하고 힛는데 자신은 집에서 놀라고 더니 집에 사람 보기에 미안에서 나무지계을 가지고 산에 올라간들 나무을 한 짐 해야 한다는 욕망도 업시 나무을 해서 하로 일과을 보내개 대어다.〉
〈공상이 앞을 막아 사람이 기래적이만 하는구나.〉

〈1972년 1월 6일 목요일 낡씨 흐림〉
〈날씨도 별로 좋지 안아서 김천장에 가서 별료 물건을 한 것도 업는데 4,000원이라는 돈이 들어가는 것을 볼 때에 신혼생할에

도 적기는 들어간다고 하지만 적기 벌어서는 신혼생할의 비용도 잘 안대개꾸나.〉
금일지출에 … 〈가족 피복〉 2,850원
벽지와 안장지 500원
물맹태 100원 개루삼 · 용각산 720원 방값 20원
영화 갈람 · 김천극장 100원

〈1972년 1월 7일 금요일 낡씨 맑음〉
〈어재 벽지와 안장지을 싸온기 모자라서 순석이가 김천을 가서 사와서 두리가 종일 발라서 끝을 냇다.〉
〈방을 종일 수리한 것을 볼 때에 말할 수 업시 좋으며 목수가 건축을 안전희 했노고 자기 눈으로 집을 바라보는 재미로 목수을 한다더니 나 자신도 벽지와 완장을 했노코 바라볼 때에 마음 깨알하더라.〉

〈1972년 1월 8일 토요일 낡씨 맑음〉
〈객토일 하는데 형이 불편하다고 하여서 자신이 나같든이 철주가 매우 불편한 인상을 주어서 인보들도 불공편하계 대희 주어쓰며 나중에는 간단한 추라벌로 하로 일과을 보내고 마랐다.〉
〈금년 날씨는 내가 알기론 이쳐름 따뜻한 날이 개속 대는 해는 처음이며 땅들이 녹는 것을 볼 때에 봄이라고 해도 가연이 아니며 앞푸로 개속 이러깨 나간다면 보리에는 평소 때보다 이십일이란 시간은 더 빠르지 안나 내다보고 있따.〉

〈1972년 1월 9일 일요일 낡씨 맑음〉
〈객토사업 하는데 연속 일을 해보니 사람이 중노동을 해서는 돈을 못 벌개따는 인식이 가며 중노동을 해서 돈을 벌어따고 해도 그 돈이 오런 돈이 아닐 끄라고 생각을 한다.〉
〈객토일 하는데 오래 단이따가는 술 배우개쓰며 자신이 술 먹는 것을 종일 따지며 한 돼 가랑 먹을 끄시며 오래 개속 대며 술 배울 가능이 만아저는구나.〉

〈1971년 1월 10일 월요일 낡씨 비〉
〈금일은 객토사업 하는 사람들키리 돼지 돌부리 한다면서 실 참도 업시 일을 하는데 일이 넘어 뒤서 차정[짜증]박에 안 나며 한편어로 나보다 나이가 만은 사람도 일을 해내는데 나로서는 왜 일을 못하계나 하고 이을 물고 구루마을 미니 좀 나저더라.〉
〈그리고 객토일을 삼 일 한 노임이 1,900원 대더라.〉
수입 1,900원
〈곡상에깨 -133斤-〉

〈1972년 1월 11일 화요일 낡씨 비〉
객토일 할려고 구루마 기름을 쳐고 흙을 두 구루마 실어니 비가 내리더라. 비가 내리니까 일이 안 댄다면서 작읍을 중지하자고 하니까 철주가 이왕 나온 짐에 고속도로 접도 구역을 너무 파쓰니까 예부에서 보기에 너무나 보기 실지 안캐 해주며 날일품어로 쳐줄 태니까 화자고 해서 일부 들어간 사람도 있찌만 안 픈이라도 더 벌개따는 욕심어로 오전 일을 하고 오후 일을 할려고 더는대 형이 나와서 일을 할려고 하며 들어가라고 해서 할 수 업시 집에 들어오니 순석이가 집에 업더라. 그래서 식구들에깨 무려니 아무도 모런다고 말을 하며 나 자신이 그쳐름 공부을 하라고 당부을 했도 말을 안 들어니 이변에 몽둥이로 좀 때일라고 마음을 먹고 있는대 마침 들어오더라. 몽둥이로 엉덩이

을 때리주니 매우 아푼 인상이더라.

〈1972년 1월 12일 수요일 낡씨 비〉
〈일기불순어로 별료 일도 못하고 과수 전지을 멧 포기 한 것어로 하로 일과을 보내고 말라서며 금년 해로 바서 이때가 대며 눈보라가 휘날일 땐대 추위라고 차저 볼래야 볼 수 업쓰며 때 아닌 가랑비로 돼지만 녹이고 있쓰며 봄날보다 더 나무들이 싱싱해 보이는구나.〉

〈1972년 1월 13일 목요일 날씨 맑음〉
〈과수 전지을 일부 하고 오래목 둥치기을 한 짐 하고 말라다.〉
"나 자신원 계론 문제보다 삶의 보람을 가지고 살 수가 있쓸까가 더 문제가 대며 서로가 모진 바람을 물리치고 바로설 수가 있는 사람이 대어야 생의 꿈이 댈 수 있따."

〈1972년 1월 14일 금요일 날씨 맑음〉
〈순철이가 오늘로서 성의중학을 간신이 졸업을 했찌만 미어 쭉깨더라. 예냐하면 예당초부터 공부을 못하고 이른 불상사을 저질어쓰며 마음이 들하계는데 그릇찌 안코 머리도 좋어며 공부도 저 반에서 장학생을 다투는 놈이 친구을 잘못 사기는 바람에 중학가정에서 맡치고 진학을 못하고 놀리서 내년에 진학을 시킬라고 더니 이것이 실천이 대어서 내년이라도 공부을 할려고 들면 별문재가 업개는데 영혼이 공부을 멀리한다면 순철이는 영혼이 버림밭는 몸이 대고 말끝을 생각을 하니 졸업장도 보기 실터라.〉
금일지출에 … 펜촉 10원

〈1972년 1월 15일 토요일 낡씨 눈〉
"과수 전지한 것어로 하로 일과을 보내고 말라쓰며 보리들이 이때까지 따뜻해서 생기가 도는 것 같든니 금일부터 본격적으로 추어절 모양인대 보리에 해가 업쓸란지 몰개꾸나."

〈1972년 1월 16일 일요일 낡씨 흐림 음력 12. 1日〉
"금일인 부곡 2동에 선 보로 중신회비 따라 같든이 쳐녀가 어재 저녁에 나가서 안 들어왔따고 이야기을 하길에 자신의 속어로 화가 나더라. 왜야하면 쳐녀가 배우자가 있따면 왜당초 이야기을 했더라면 가지을 안을 끈대 여자가 무식했도 유만부득이지 사람이 그른 수가 있나."
금일지출 … (이발료) 70원
합승비값 180원
계 250원

〈1972년 1월 17일 월요일 낡씨 맑음〉
"객토일 하는데 형은 매일 다니고 있는데 나 자신은 과수 전지하는 것어로 하로 일과을 보낼 때가 만어저고 하니까 내 자신이 형 보기에 미안에서 집에 일하기가 정신고통이 대어서 금일은 내가 객토일 하로 나같든니 먼저 때 일할 때보다 일이 수라더라."

〈1972년 1월 18일 화요일 낡씨 맑음〉
"객토일 하는데 술 먹는 사람들의 심리가 좋지 안더라. 에냐하면 술 못하는 사람들에깨 하로 빵 두 개꼴로 주면서 술 한 잔식 한다고 빵은 앞푸로 가지고 오지 마라고 이야기을 하는 것을 볼 때에 욕심이 넘어나 마너며 술 만니 먹는 사람 쳐고 마음을 고로 쓰는 사람 적어며 그리고 술만 가지고 오라는 말을 바다서 이야기을 할려고 하다 나보다 수상이라서 이야기 못하고 말라찌만 술 몬하는 사람에깨도 개인당 술 도라오는 값 버치만 준다면 술 먹어라고 사정을 해도 술 먹을라고 들지 안을 꺳수로 본다."

〈1972년 1월 19일 수요일 낡씨 비〉
〈과서 전지하면서 곰곰이 생각을 해보니 이쳐름 결혼하기가 힘이 들며 나 자신이 이쳐름 못난 인간이엿는가 하고 생각을 하니 일하든 손이 맥이 풀리고 말더라.〉
금일지출에 … (친구들가) 〈빵값〉 70원
〈곡상에〉 278斤

〈1972년 1월 20일 목요일 낡씨 비〉
〈일기불순으로 하로 휴식을 하여쓰면 돈이 도대쳬 무었시기에 사람을 우울하계 만더는가. 왜 사람이 삼등인생어로 태어낮는가.〉
〈금년에는 추위라고 업쓸란지 내일이 대한이인대 낡씨 따뜻하기만 하니 금년 해는 어찌 대는 영문인지을 몰개꾸나.〉
금일지출 … 〈술값〉 40원

〈1972년 1월 21일 금요일 낡씨 눈〉
〈금일 대한〉
〈어재 그쳐름 따스한 날씨을 보이더니 갑짝서리 눈보라가 휘날이니 사람이 추위을 감당할 수가 업꾸나.〉

〈1972년 1월 22일 토요일 낡씨 맑음〉
〈친구들과 거물로 봉산못에 고기 잡어로 가니까 일부 사람들이 들래 나와서 일을 하고 있는 것을 보니 이래 돌라다니서 안 대는데 하고 너킴마저 더는데 집에 와서 부친에깨 구살이을 먹어니 마음이 좋지 안더라.〉
〈요좀은 들래 나가서 일을 꼭 하여야 댄다는 의욕도 업쓰저며 일을 해도 내가 이 일을 해서 무었하나 하고 생각박에 들지 않는다.〉

〈1972년 1월 23일 일요일 낡씨 비〉
〈봄보리 두엄 장만할려고 마구관가 제관을 대청소하고 두엄을 도로변에 실어다 노았다.〉 때 아닌 비가 여름 모양 줄줄 쏘다저고 있쓰니 일부 사람들의 말이 해동비가 온다고 말을 하고 있쓰니 금년 해는 큰 변동이 이러날 끄수로 본다.
금일지출에 … 큰골 길 내는 데 〈술값〉 30원

〈1972년 1월 24일 월요일 낡씨 비〉
"낡씨도 보슬비가 내리고 해서 어망어로 봉산 번사에 가서 고기을 잡는데 겨울이라서 그른지 고기가 글리지을 안더라. 그래서 올라 하다 이왕 안 짐에 더 기다리자 하고 좀 있쓰니까 고기가 좀 글리더라. 그리고 봉산 친구가 객지에 돈 버는 놈들이 삼 명이나 집에 와서 놀고 있는 것을 보니 객지에서 돈 벌기가 그쳐름 힘이 들며 밥을 못 먹어서 집에 내려왔는가 하고 생각을 해볼 때에 객지에 나가기도 급이 나는구나."

〈1972년 1월 25일 화요일 낡씨 비〉
〈자신이 농사을 지어도 나중에 짓는 한이 이더라도 나이가 만아저기 전에 상업으로 들어가서 실재 해바야 상업의 질리을 알 끄시며 자신이 상업으로 삶매 바람을 가지고 살라갈 껏인가 그릇치 안너며 농업밖에 업따는 결론박에 업쓸란지 이 두 갈래 길을 하로 빨리 결정을 지어야 앞을 보고 살라갈 수 있따.〉

〈1972년 1월 26일 수요일 낡씨 맑음〉
"낡씨도 변득서롭고 해서 아무 일도 못하고 친구들과 술빵치기로 하로 일과을 보내고 마랐다.
그리고 자신도 이변 간주만 지나면 형을 시계 하고 자신이 일을 해서 돈을 버는 데로 모다서 객지에 나갈 때에 장사밑천어로 만들갯따."
"내 주먹어로 내 힘어로 모진 바람 물리쳐 고 삶매 길을 차져보자."
금일지출에 … 〈빵값〉 20원

〈1972년 1월 27일 목요일 낡씨 맑음〉
〈과수 전지한 것어로 하로 일과을 보내고 마랐다.〉
〈요줌은 마음을 캐알하계 지낼라고 먹고 있쓰도 그것이 잘 안 대며 우얼해저기만 하는구나.〉

〈1972년 1월 28일 금요일 낡씨 맑음〉
〈풀나무을 한 짐 할려고 산에 올라가니 아직 나무과 추지며 나무하기가 아주 힘이 들더라.〉

〈1972년 1월 29일 토요일 낡씨 눈〉
〈금년 들어 오늘이 제일 눈이 만이 온 샘이 대며 금년 들어 눈이 만이 온 적이 업쓰서 그른지 눈이 좀 더 내려왔쓰며 하는 생각이 간절하구나.〉

〈1972년 1월 30일 일요일 낡씨 맑음〉
〈재사집에 신부름 해주로 가서 자신 알기로는 제일 만이 어더먹어쓰며 돼지고기을 다 못 먹두록 고기가 남아돌라같쓰며 고기도 만어니까 천대을 받는구나.〉

〈1972년 1월 31일 월요일 낡씨 비〉
음력 12. 16日
〈금일부터 철구루마 일을 할려고 마음을 단단이 먹어는데 때 아닌 비가 종일 내려서 아무 일도 못하고 말랐다.〉
〈자신이 마음먹고 있는 계핵은 백 분 일도 않 맡고 따분한 시간만 지속대고 있쓰며 이제는 자신의 힘어로 돈을 벌어서 이러서보갯다.〉 (서명)

〈월말 총지출〉		〈월말 총수입〉
이발료	70원	
과정 지출	4,070원	
빵갑 · 영화	120원	
폔촉	10원	
이발료	70원	수입 1,900원
합승비값	180원	
빵값	70원	
술값	40원	
큰골 농료 냇는 데	30원	
빵값	20원	
〈월말 총지출〉	5,310원	

〈1972년 2월 1일 화요일 낡씨 맑음〉
음력 12. 17日
〈오늘부터 객토일하로 본격적으로 나갈라고 마음을 먹고 있는데 어제 비 온 간개로 일을 못하고 하로 일과을 보내고 말랐다.〉
〈금일지출에 … 70원〉 술값, 빵값

〈1972년 2월 2일 수요일 낡씨 흐림〉
"객토일 하는데 오늘부터 나가서 일을 하니 땅이 질어서 철구루마가 나가지을 안너며 일하는 데 일기가 좋은 간개로 철까지가 땅속으로 기어들어가기 때문에 일하기가 힘이 만이 든다."

"이재야 순석이가 군예 임시직원으로 쓰줄 라고 더는 사람이 있는지 정식으로 채용해 줄란지 궁금하구나."

〈1972년 2월 3일 목요일 낡씨 맑음〉

〈오전에는 철주가 안 나와서 일도 못하고 휴식을 했스며 오후에 일을 하는 데는 오전에 못한 일을 보충을 할려고 실 참도 업시 일을 해보니 아주 고대더라.〉

〈1972년 2월 4일 금요일 낡씨 눈, 비〉

〈21구루마〉

〈일기불순어로 아무 일도 못하고 휴식어로 하로 일과을 보내고 말랐다.〉

"이제는 금년 해 개핵도 다 허물어저버리고 마라쓰며 신해년 뜻에 어건남이 업스야 할 탠대 신해년도 뜻을 이루지 못한다면 자신은 영영 패패자가 대고 말 껏이 아닌가."

금일지출에 … 상국이 계론기념대 600원

〈1972년 2월 5일 토요일 낡시 비〉

입춘 … 〈입춘대결의 봄〉

〈남들이 눈님이 몸이 펜찬아서 약 먹는다는 말을 떳고 극정이 대어서 봉산 눈{님}내 집에 가보니 자신의 생각보다 들하며 이재는 별료 아푼 기색도 업시 일을 하는 것을 볼 때에 마음이 노이더라.〉

〈1972년 2월 6일 일요일 낡씨 눈, 비〉

"일기분순만 아니 대며 객토사업을 만니 했쓸 껀대 눈비가 개속 대는 바람에 아무 일도 못하고 휴식만 개속하계 대는구나."

"금년 일기는 정말 개구장이 아이들 용심부리는 모양 봄비 모양 줄줄 내리니 골목은 질어서 장아 업시는 다닐 수가 업고 보니 사람들이 낡씨 욕을 하계 댄다."

〈1972년 2월 7일 월요일 낡씨 비〉

"과서 전지한 것으로 하로 일과을 보내고 마라쓰며 친구 계론기념품 사로 김천 가자고 하는데 자신의 주머니 사정이 안 대고 자신이 무이미한 상태에 노이고 보니 기념품 살 용기도 업더라."

〈1972년 2월 8일 화요일 낡씨 맑음〉

"친구 계론식 하는데 우인이로 따라가서 대집은 말할 수 업시 잘 바다는데 마지막에 와서 차비 떠더 올라고 이야기을 하니가 우리들이 요구한 것에 대에서 삼 분에 일도 안 줄라고 해서 옥식각신하다 기분에 어것나서 돈도 일전 한 푼 안 밭고 집우로 돌라오고 마라찌만 자신이 생각을 해볼 때에 부유한 집에서 돈 한 푼 안 주고 우인들을 돌리보낸다는 것은 어뒤다 말을 부칠 수가 업더라."

지출에 … 이발료 70원

〈1972년 2월 9일 수요일 낡씨 흐림〉

"순철이 때문에 우리 집도 고질이다. 예나하며 공부할 놈이 집에 노는 아들과 과치 놀기나 하고 단배을 피우고 놀라니 나 자신 원 어떠개 선도을 해야 바른 길로 갈란지 갈피을 잡지 못하계쓰며 오늘날까지 달개받다 때리받다 별이별 수단을 다 부리바도 효과가 업쓰며 이재는 인간이 더러키도 풀리는구나 하고 욕이 나오며 이재는 너 나양대로[나름대로] 놀라보라는 마음도 들어가는구나."

〈1972년 2월 10일 목요일 낡씨 맑음〉

"친구 시냉하는데 일 바주로 갇든니 사람들이 바빠서 그른지 인사성이 업더라. 예냐하면 자신이 일 바주로 여러 번 다녀바찌만 이처름 인사성 업는 데는 처음 보았따.
그리고 친구들의 계론을 삼 명 같찌만 신부을 대리고 왔서 친구들에깨 뜻떳하계 인사시키는 놈 못 바쓰며 그래도 계론 전에는 다들 큰소리 하고 뜻떳하계 논다는 놈들이 전부가 신부을 대리고 가서는 무선 핀계을 대더래도 인사고 머고 싹 딱아버리는 것을 볼 때에 여자라는 동물이 어떤 것이기에 사내새키들이 변화는가 아직 분간을 못하계 더라."
〈정미소 · 현미〉 쌀 19말
〃 2말

〈1972년 2월 11일 금요일 낡씨 비〉
〈객지에 나간 사람들이 하나하나 고향으로 차저더는 사람을 볼 때에 대도시가 먹고 살기는 좋을 줄 아는데 못 살고 도라오는 모섭을 볼 때에 나 자신도 심각하계 생각을 해서 이 몸을 돌리갰따.〉
이재는 산중특을 바라보니 봄이라는 너킴마저 더는 기분이 데는구나. 예냐하면 저 나무들이 금빛 모양 아름다키만 하기 때문에.

〈1972년 2월 12일 토요일 낡씨 비〉
객토일 하는 데서 하로 일과을 보내고 마랐다.
〈자신은 결혼을 하계 대면 양가에 비용 더는 것을 전부 모다서 투자을 하든지 그릇치 안너며 저축을 하든지 자신의 삶매 보람이 대두록 쓰계다.〉
"투지와 인내만 이따면 살라갈 수 있따."
곡상에깨 146斤

〈1972년 2월 13일 일요일 낡씨 눈, 비〉
"봉산친구들과 천동 못에 어망 가지고 고기 잡어로 가서 고기는 잡도 못하고 천동 친구 피만 기치고 돌라오고 말랐다."
"나보다 두 살이나 적은 친우과 결혼한다고 댕기풀이 한다고 술 먹어로 오라고 하여서 가서 잘 먹어찌만 나 자신원 절급지을 안더라. 예냐하면 나보다 나이가 적은 아들이 결혼을 하고 있는데 나 자신 얼마나 못난 인간이기에 무이미한 상태로 있는가 생각을 할 때에 우울하기만 하는구나."

〈1972년 2월 14일 월요일 낡씨 맑음〉
"오늘로서 〈시물아홉 살이라는〉 해는 마지막이 대며 자신이 이십구 년 동안 한 가지 뜻을 이루지 못하고 해을 넌기는 것이 유감서럽꾸나."
〈금일지출〉 … 〈이발로〉 120원

〈1972년 2월 15일 화요일 낡씨 맑음〉
음력 1月 1日 〈설〉
순석이가 갑짝이 냉장[맹장]이 글리서 집안을 소란하계 만들고 말랐다. 예냐하며 세벽부터 몸부림을 치는 것을 보고 차을 부을라고 해도 통행금지 시간이지 어떠깨 할 수가 업쓰서 세벽 세시부터 주막에 나가사 내려왔따 올라가는 택시을 잡았서 순석이을 실고 올라갈려고 주막에 있쓰니까 내 시 반경 내려가는 택시을 잡지 못하고 두 번재 내려가는 택시을 도로 복판에서 세우니 운전수가 욕을 하더라. 그래서 자신위 말하기을 겁판 한자가 있쓰니 올라갈 때에 부탁하자고 하니 실어줄라고 말을 하는데 반갑더라. 순석이을 대리고 김외과의 문을 녹코할 때 약 일곱 시가 대며 들어가서 급한 한자가 있쓰니 바달라고 이야기하니까 원장도 업고 감시원만 이따는 말을 들을 때에 어떠개 할 주망도 모러개쓰며 이글 어떠개 하나 하고 있따 또 택시을 불려서 신생병원 문을 노코하니 설시로 같따는 말을 들을 때는 왜 했필 〈설날〉 병이 글일 꼈이 무었시냐 하고 원망이 대더라. 이변에는 도렵병원원 국가 병원니 그기에는 근무을 할 꼈이 아니냐 하고 택시로 도렵병원으로 달리고 보니 그기에는 한자을 바다주더라. 그때는 사람이 힘이 생기더라. 도렵병원에서 진찰을 해본 결과 냉장이란 판정이 대며 수설실에 12시에 들어가서 3시에 수설실을 나와서 이번실에 낫왓는 것을 볼 때에 생각보다 사람의 생기가 잇는 것을 보니 마음이 좋더라.
금일지출에 택시비 700원 합승비 135원 〈정심값 우등〉 50원 계 885원
〈금년 설원 안전이 공백이 대고 말라꾸나. 예냐하면 우리 집 재에는 우리 식구 중 순철이밖에 쉬지 못했쓰니 영반대로 쉬고 말랐꾸나.〉

〈1972년 2월 16일 수요일 낡씨 눈, 비〉
형수과 순석이 쌀 같따 주로 오전 8시 같는 시람이 오후 6시경에 집에 오더라. 처음에 사람이 매우 궁금하다고 일적 오리라고 생각했든 것이 너깨까지 오지을 언너니 간재찡이 나며 자신의 속으로 욕이 나며 나중의 말을 들어니 형수 나람대로 마음이 바빠는 것 같더라.

〈1972년 2월 17일 목요일 낡씨 맑음〉
"순석이 병문안 가서 감짝 놀랐다. 왜야하면 처음 수술하고 나서는 얼굴 축이 안 낯더니 오늘 보니 말을 할 수 업시 예비첫더라. 그리고 순석의 수술효과 어떠냐고 물어니 마음이 상캐하다면서 매우 좋아하길에 자신도 좋은 기분으로 집에 부친과 둘리 돌라오고 말랐다."
〈금일{지}출에〉 … 〈백도쥬스〉 90원
열차비값 60원
과정에 고기값 200원
합승비값 90원
계 490원

〈1972년 2월 18일 금요일 낡씨 맑음〉
"친구들 멧 명 대는데 다들 쳐과[처가] 가고 업쓰서 놀 때가 업쓰서 돌라다니다 하로 해을 넌기쓰며 자신이 갈 때도 업고 가는 곳마다 쳐과 같다는 말을 들을 때에 따분하기 짝이 업더라."

〈1972년 2월 19일 토요일 낡씨 맑음〉
〈친구 쳐과 가는데 놀로 따라가서 부모 몰래 쳐녀와 단둘리서 섬을 밭는데 인물은 하나도 업쓰도 쳐녀 키가 매력척이며 눈 시선이 키한투로 가더라.〉
금일지출 태춘 아들 껌 사 먹어라고 〈30원〉

〈1972년 2월 20일 일요일 낡씨 맑음〉
"순석이 병문 가서 점두록 하로 해을 보내고 말라쓰며 김천극정에 영화 푸로 좋따는 말을 뜻고 가서 갈람을 하는데 자신이 이때까지 영화갈람을 했찌만 영화 쳐고 재미란 차저 볼래야 볼 수 업쓰며 국민학교 아들 마화 보는 식이더라."
〈금일지출에〉 … 〈영화갈람〉
〈대협객〉 110원
〈범춘〉 〈기념값〉 500원

〈1972년 2월 21일 월요일 낢씨 맑음〉
〈객토일 하는 데 나가서 일을 하는데 별료 자미을 모러개 하로 일과을 보내고 말랐다.〉
"순석이가 병원에서 무사하계 태원한 대 대에서 의사 성생님에깨 감사을 더리는 바이며 한자가 좋은 얼굴로 태원한 대 대에서 자신은 기쁘구나."

〈1972년 2월 22일 화요일 낢씨 맑음〉
"금일은 과수 전지 할려고 밭태 나가서 전지을 할려니 힘이 안 나며 마음은 할려고 예을 쓰본들 손이 말을 안 뜻고 해서 집부로 내려와서 보니 친구들도 쳐과 가고 아직 오지을 안아서 놀 아들도 업고 하니 따분한 시간만 지속대는구나."
"사람이란 남 할 때는 하여야 하고 남이 잠잘 때는 자야 한다는 것을 절시리 너켜다."
(서명) 2/22

〈1972년 2월 23일 수요일 낢씨 맑음〉
"오늘로서 순석이 병은 안전이 끝이 난 샘이 대는구나. 예냐하면 병원에 가서 실밥을 빼쓰며 의사 성생님의 말씀을 더려니 약을 먹일 필요도 업고 병에 대예서 극정을 할 필요가 업따는 말을 더려니 마음의 안정이 대는구나."
〈금일지출〉 … 〈열차비값〉 60원 〈택시값〉 100원 병원의사의 담배갑으로 300원 부친약값 부롱키 270원 약 페래시링[페니실린] 100원 합승비 90원 설탕 120원 … 계 1,040원

〈1972년 2월 24일 목요일 낢씨 맑음〉
"형이 객토일 하는데 너머나 고대바까빠[고될까봐] 자신이 교대해서 일을 해보니 금일은 지업지을 안더라. 왜야하며 다들 기름을 모비류와 페유을 배왑해서 기름을 쳐서 일을 하니 아주 수라개 일을 하계더라."
"인간이 서러울 때가 따로 있꾸나. 자신의 일을 생각을 해볼 때에 서료과 꼬리을 물고 넘실그리며 저 아득한 수평선에 입싸기 한 입쳐름 갈 바을 모러고 자신원 목적지을 갈려고 하여도 주위에서 말을 뜻지 왔너며 이 상태로 지속댄다면 수평선에서 돌풍을 만난 배쳐름 휘우적 크일 꺼이 아닌가 하고 생각을 할 때는 손에 힘을 주어 잡을 수가 있캐는가. 아… 서럽꾸나."

〈1972년 2월 25일 금요일 낢시 흐림〉
"자신에 일도 머리과 뒤숭숭한대 순철이 학교 다닐 때에 농띠 철 때에 돈 쓴 것이 이재야 삐저나니 사람 직일 노렸시다."
"순철이 때문에 예돌버며 한편으로 불상하기 짝이 업는데 행동 하나하나 바서 매을 대고 때리고 하지만 자기 자신이 알라서 착실이 논다면 일거일동이 앞까개 여길킨대 예돌바 쭉깨다."

〈1972년 2월 26일 토요일 낢씨 눈, 비〉
"친구들 그진 다들 결혼을 다 하고 있는데 자신만이 못하고 있쓰니 내가 군대생할을 할 때에 내 밑태 군무하든 놈이 자기 동생을 줄라고 무진장으로 예월 쓰는데 자신원 아직 여자도 필요 업고 돈을 버려야지 여자예깨 눈을 떠지 그전에는 여자가 필요 업따고 그절하고 하고 했찌만 이재는 골방에서 결혼 문재을 두고 공상을 할 때에 왜 동생을 줄라고 할 때에 그절했뜬가 하고 원망이 대며 그때의 일들이 주마등쳐름 눈예 선하

구나."
〈올해는 돼지금이 허러서 그른지 날만 구지며 돼지을 잡는 판이니 우리 마을에는 돼지가 업쓰서 못 잡을 형편이구나.〈〉〉
〈나락 100斤 갑 가지며 돼지 40斤 살 수가 있쓰니 돼지금이리고는 [돼지금이라고는] 업따고 해도 가연이 아니다.〉

〈1972년 2월 27일 일요일 낡씨 눈〉
〈요줌은 기온이 내려가고 있쓰서 사람들이 추어서 견뒤기가 힘이 들 정도로 날씨가 변득서러어지는구나.〉
〈앞푸론 어너 누구에깨나 말을 하는데 한 마뒤 한 마뒤 딱딱 뛰어서 말을 하두록 노력할 끄시며 남이 들어도 말 하나 잘한다는 말을 뜻두록 노력하계따.〉
곡상여깨 240斤 〈달림〉

〈1972년 2월 28일 화요일 낡씨 흐림〉
〈친구들은 결혼을 해서 놀료도 안 나오지 자신이 친구집에 놀라고 갈려고 해도 미안에서 가지는 못하지 그릇따고 골방에서 딩글 수도 업지 나가바야 놀 때가 업쓰서 도라다니다 그만 집우로 와버리는 심정 맡보지 않코는 모을 꺼이다.〉

〈1972년 2월 29일 수요일 낡씨 흐림〉
"집에 있쓰도 놀 때도 업고 해서 나보다 셋 살 이상 대는 사람과 김천아카데미에 영화 갈람을 가서 구경을 하니까 영화가 잘 댓더라. 그리고 앞푸론 구경을 가개 대면 혼차 갈 예정이다. 외야하면 남들과 가개 대면 술값이 만이 들어서 안 대개더라."
금일지출 … (영화갈람) (술값) (차비)
계 350원

2월
〈월말 총지출〉

① 부친 부롱키약	270원
② 페래시링	100원
③ 합승비값	90원
④ 설탕값	120원
⑤ 술값, 빵값	70원
⑥ 기념품값	600원
⑦ 이발료값	190원
⑧ 택시값	700원
⑨ 점심값	50원
⑩ 백도쥬스	90원
⑪ 열차값	60원
⑫ 과정에 고기값	200원
⑬ 합승비	90원
⑭ 껌값	30원
⑮ 영화갈람	110원
⑯ 기념대	500원
⑰ 열치비	60원
⑱ 택시값	100원
⑲ 의사 담배값	300원
⑳ (술값) (영화갈람) (차비)	350원
2月 월말 총지출 금액	₩3,855

〈내지3〉
※ 인간은 하늘을 볼라면 남을 보지 마라.
"남을 보계 대면 앞을 갈 수 업다."

〈1972년 3월 1일 수요일 낡씨 눈〉
벌서 삼월이며 이 날씨과 안전이 해동하계 대면 자신에 갈 길이 어대이면 너저도 삼월 말에는 결정을 지울 작정이며 하로 팔이 개핵을 세우야 금년에는 한 가지 뜻을 이루지 그러지 안코는 무이미한 해과 대지 않나 염려쓰럽꾸나.

〈삼월이란 계절 아~ 아 산매아리에 꼬리 꼬리 이어 쳐고 십뻔 마음 용소섬쳐도 메아리길이 전파을 타지 않어니 어지하리까.〉

〈1972년 3월 2일 목요일 낡씨 맑음〉
"땔감 할려고 아까시와을 너대 짐 저 내라 쓰며 농촌에서 하는 일이라서 해년 아까시와을 하지만 땔감 쳐고 제알 낫번 나무라고 할 수 있다."
공상을 하다가도 세월이 해결하계지 하고 극정을 안 알라고 들어도 극정이 머리에서 버서나지을 안는구나.

〈1972년 3월 3일 금요일 낡씨 눈〉
마을어른 회갑잔치 하는 데 심부름을 해달라고 하여서 가서 일 바주는데 정말 잘하며 우리 마을의 잔치을 보면 서료과 시사서[시새워서] 음식을 만이 하는 수과 만아저는구나.
〈인간은 못나도 돈이 만너까 좋아 비며 사람은 그냥 올라버리고 만너구나.〉
제옥이 기념대 〈지출〉 ₩600원

〈1972년 3월 4일 토요일 낡씨 흐림〉
"객토일을 하면서 생각을 할 때에 농촌사람이 제일 불상하다고 너켜다. 외야하면 농촌에서는 여관 잘 살라도 흑을 파야 하고 흑문지 안 먹고는 못 사니 제일 불상하다고 너켜다."
"이재 정말 봄이라고 인정이 대는구나. 사람들이 갱이 매고 들로 다니는 것을 볼 때에는 이제 구들신세는 다 면하고 따스한 봄빛을 받더며 살라갈 꺼을 생각하니 몸이 노곤해저는 감이 있꾸나."

〈1972년 3월 5일 일요일 낡씨 흐림〉
"과수 전지하고 봄보리 두엄 장만한 것으로 하로 일과을 보내고 마랐다."
"순석이가 군예 들어가면 김천서 방을 어더서 자신원 장사을 해 볼라고 원근이 마음을 가진는데 다 혀사료 돌아가고 말랐꾸나. 왜냐하면 정부시책 간개로 채용을 아난다니 다 숲우로 돌라가고 말랐꾸나."

〈1972년 3월 6일 월요일 낡씨 맑음〉
"초곡 친구 우인어로 따라가서 대집은 생할 관계로 못 바다지만 사람들이 인사성은 있더라. 그리고 자신이 볼 때에 신부가 생활에 쬬달림을 바다서 그른지 실랑보다 맷 십배 인물이 난대 결혼이 성립대는 것을 볼 때 돈이 제일인가 하고 인식이 대는구나."
금일지출 … 이발료 (50원)

〈1972년 3월 7일 화요일 낡씨 맑음〉
"과수 전지로 하로 일과을 보내고 말랐다."
"자신이 돈을 못 벌개 대면 형제간에 우정이 업쓸란지도 모런다. 예냐하면 나 자신은 형제관이라도 시간 여유을 주지 않코 막 조지는 성격이라서 형제관들에깨 아주 좋은 편이 아니라서 자신이 돈을 벌어서 형제들 키리 이 좋은 세상에 보람 있씨 살고 십펀 마음 터나지을 안는구나."

〈1972년 3월 8일 수요일 낡씨 비〉
"친구 신냉날이라서 신부름 해주로 가서 일을 잘 바주고 친구들과 여릇이 노는데 자신은 마음이 캐알하지도 안너며 놀고 십펀 마음 손톱만큼도 업쓰서 나오니 친구들이 놀자고 손을 잡고 끄뒤리더라. 그래서 엽패 쏫다 집부로 와버리고 말랐다."
"결혼 극정 살 극정 뒤번번이 대니 어머님

이 생각이 나며 이 일을 어떠개 하나 하고 생각을 하니 눈물밖에 멧칠 뿐이구나."

〈1972년 3월 9일 목요일 낡씨 흐림〉

"순석이와 이야기해볼 때에 나 자신은 집에서 결혼을 해야 살기가 수라다고 말을 하는 것을 볼 때에 올타고 인정은 대지만 절멀 때에 하고 십펀 일들은 전부 해 바쓰며 하는 생각이 머리을 떠나지 안더니 어떠깨 하여야 좋을찌을 머리가 터지두록 쓰바야 현명한 길을 찾지 못했다."

〈과수 전지하는데 오늘로서 복숭나무는 전부 한 셈이 댄다.〉

〈1972년 3월 10일 금요일 낡씨 맑음〉

"과수 전지하는데 힘이 들어서 순철이가 사다리 부들고 전지을 하는데 힘이 만이 들더라."

"이제 봄은 봄이구나. 보리에깨 비료거름을 주는 것을 볼 때에 나 자신도 힘이 생기는 기분이 더는구나."

〈1972년 3월 11일 토요일 낡씨 맑음〉

"과수 전지는 내일만 하계 대면 안전이 끝을 보는 셈이다."

"결혼문제 크지만 여자을 대리고 와서 행복하계 살 수가 있는냐가 더 극정이다."

금일지출 … 친구와 술값 140원

〈1972년 3월 12일 일요일 낡씨 비〉

친구들은 짝을 지어서 대구에 구경 간다고 나가는데 자신은 우마차을 몰고 봄보리 거름을 낼라고 더니 따분하기 짝이 업쓰며 거름을 한참 실어며 생각을 했보니 친구들 이 시간에 한참 자미계 놀갰지 하고 생각을 하니 더 험심이 풀리며 점두록 어울한 기분으로 하로 일과을 보내고 말랐다.

〈나의 이세한데는 이처름 따분한 인상을 난기지 안을 끄시며 남에깨 풀이 죽지는 안깨 만들 끄수로 결심한다.〉

(서명) 3/12日

〈1972년 3월 13일 월요일 낡씨 맑음〉

"나예깨는 아무 것도 필요 업따." (서명) 3/13日

"옛 어른들의 말 한 마듸 한 마듸가 틀림이 업꾸나. 나 자신은 그래도 서로가 살라보자고 결심한 놈인데 버림을 밭는 인간이 대니 서럽꾸나."

곡상에깨 143斤

〈1972년 3월 14일 화요일 낡씨 흐림〉

객토일 하는데 고정으로 하는 사람이 아니고 처음 나온 사람과 갇치 하다 날일로 버러먹는 사람의 다리을 접치개 해서 보통일이 아니다. 예냐하면 농사짓는 사람이면 이삼일 대면 풀리지만 고속도로 노가다 따라다니든 사람이라서 억찌을 쓰계 대면 보통일이 아니다. 그 일 때문에 재미도 업코 점두록 마음이 상화는데 집에서는 부친 말씀이 잘 바다따는 말씀을 할 때에 나 자신원 부모라도 개심하더라. 나 자신은 한 푼이라도 벌개따고 일을 하다 불쌍사을 낸 것이고 나 자신이 부찰로 일이 일어난 것이면 일이 별문젠대 처음 나온 사람이 앞펄을 안 보고 했키 때문에 일어난 것을 그른 말씀을 할 때는 무선 일이든지 중하계 여기지을 안캐다.

〈치로비 값〉 파스, 옥도정키 70원 (서명)

〈1972년 3월 15일 수요일 낡씨 흐림〉

"오늘로서 봄보리을 안전이 갈고 가을보리 논에 소로 골을 안전이 쓰고 일부 끌고 말랐다."
"순철이가 이재 일을 만이 하고 농촌에 일하는 심정을 어너 정도 알고 있는 것 같더며 머리가 정상으로 도라가는 것 같더라."

〈1972년 3월 16일 목요일 낢씨 눈, 비〉
"자두나무 전지가 시급해서 다른 일은 다 재쳐놓고 순석이와 둘리 전지을 하는데 비바람이 불면서 오길래 그만 추어서 다 못하고 하로 일과을 보내고 말랐다."

〈1972년 3월 17일 금요일 낢씨 맑음〉
"과수 전지는 오늘로서 끝을 보고 두엄과 비료거름만 주계 대면 과수에는 끝을 보는 셈이 댄다."

〈1972년 3월 18일 토요일 낢씨 맑음〉
"눈님 집에 지랫대 픈무기을 빌리고 가니 눈님과 두우하고 못할 욕까지 하고 싸왔따고 말을 해서 두우을 불려서 무선 곡해로 오늘까지 사람대우 한 번 안 해주고 할 말, 못할 말만 하면서 싸오는 위우을 알고 십펴며 도대체 무선 곡해야고 물어니 잘못했따고 말을 하더라."
"철일 하다 하로 일수로 버려 먹는 사람을 다치계 해서 나 자신이 미안해서 약과 빵을 가지고 문안을 가니 아주 아픈 기색을 하더라."
금일지출에 약, 빵값 120

〈1972년 3월 19일 일요일 낢씨 비〉
"과수에 두엄을 주는데 비방울이 여름 모양 줄줄 내리고 있스서 일을 중단하고 마랐다."
요즘 정부에서 새마을운동이 하는 말은 우리나라 실적으로 바서 일적다고 본다. 예냐하면 정부에서는 공한기라고 일부 공장에서는 운영이 안 대니 하고 공장 문을 닷는데 허다 하는데 우리 생각에는 세마을운동 자금어로 공장에 투자을 했주어서 실업자가 안 나개 할 탠대 실업자는 도시에서 물미더시 쏘다저는데 세마을운동이 무었시며 먹을 꺼은 업쓰도 주택만 번더다면 살 수가 있는지을 알 수가 업꾸나.

〈1972년 3월 20일 월요일 낢씨 흐림〉
"과수에 두엄은 안전이 너었쓰며 앞푸로 비묘거름과 약만 살포하기 대며 과수일은 안전이 끝이 난 샘이 댄다."
"친구들은 결혼을 해서 이야기을 주고받는 간경을 보니 자신의 마음이 더 따분하며 일에 자미가 업더라."

〈1972년 3월 21일 화요일 낢씨 맑음〉
"과수에 비료거름까지 안전이 하고 이재 황소득만 하계 대며 과수에는 그진 끝이 난 샘이 댄다."
"친구 댕기풀이을 잘 먹어다. 그리고 남들의 형수들은 자신이 본 견지에서 잘하며 동생들에깨도 부모쳐름 하는데 나 자신원 형수가 미어저기만 하며 자신의 속으로는 따뜻하계 대해 주야갯따고 몟 천 번을 마음을 가지도 허사가 대며 얄미어저기만 하는구나."
〈과손 비료량〉 … 요소 4표 가리 1포 용성 5표 계 10표

〈1972년 3월 22일 수요일 낢씨 흐림〉
과손에 황소득 하너라고 형제관들이 왜을 먹어다.

왜 자신이 어재까지만 에도 잠이 안 오두록 따분하지는 안더니 금일은 따분왜서 말하기도 실어저더라.
금일 곡상왜깨 140斤, 137斤 계 277斤

〈1972년 3월 23일 목요일 낡씨 비〉
동원훌련 연습 소집한다고 아침 아홉 시까지 아포지서에 오라고 해서 좀 일적 같든니 현역담당이 와나서[안 와서] 기다리다 오지 않어니 일부 갈려고 하는 사람도 일부 있쓰며 담당 현역이 11시 안행열차로 오더라. 그래서 자신의 생각으로는 현역한 사람의 사유로 수십 사람이 오전내 기다리계 한 것이 유감이 대며 욕이 날 정도가 대더라.
금일지출 … (합승값 35원) 흑티 100원
계 135원

〈1972년 3월 24일 금요일 낡씨 흐림〉
"눈님 과손에 약 살표하로 가니 눈님의 말씀이 과정불란이 자주 난다는 말씀을 들어니 앞푸로 어떠개 살라갈까 하고 극정을 하니 눈물이 글성그리더라."
"무선 일이든지 시작을 하여야 끝을 보더시 처음에만 힘이 들며 수라개 일을 할 수 있는데 처음이 이쳐름 신경이 쓰일 줄 밑차 몰랐다."

〈1972년 3월 25일 토요일 낡씨 맑음〉
"보리논을 갱이로 김을 매는데 너무나 추지서 맬 수가 업더라. 그래서 김매던 것을 치우고 순기가 접부치는 데 좀 그들다 하로 일과을 보내고 말랐다."
"요줌 자신이 생각을 해볼 때에 형과 형수의 행동이 만이 달라 보인다. 왜냐하면 동생들이 하나도 안 풀리고 하니까 신경질이 날련지는 몰랐도 나 보기에 어색한 점이 한두 가지가 아니꾸나."

〈1972년 3월 26일 일요일 낡씨 맑음〉
"고구마 온상에 두엄을 너어서 안전하계 온상 준비는 다 대어쓰며 고구마마 심어며 대는 것이다."
"자두나무가 하로하로 달라저는 것이 머지 않나 꽃을 구경하계더라."
순기가 오늘까지 나무 젓붙친 것이 칠팔십주 대는가 몰갯다.

〈1972년 3월 27일 월요일 낡씨 맑음〉
"감자 갈 때에 두엄과 이랑을 만들어쓰며 고추 갈 때에도 이랑을 만들어 노왔서 씨값 씨만 뿌리계 대면 끝이 난다."

〈1972년 3월 28일 화요일 낡씨 맑음〉
"밀밭 김매면서 곰곰이 생각을 해볼 때에 따분하기 짝이 업쓰며 한편으로는 객지에 나가서 장사을 하계 대면 살 껏 갔고 한편으로는 살라가기가 매우 힘이 들 껏 같고 나 자신의 심정을 바로 세울 수가 업꾸나."

〈1972년 3월 29일 수요일 낡씨 비〉
"봄비가 너무나 만이 내리서 논보리들에 해가 만을 껏수로 보며 앞푸로 맷칠만 더 오계 대며 보리에 황병이 걸리지 않나 내다보고 있따."
"우리 집에서 머리가 재일 좋은 순철이을 공부을 못 시키고 집에서 놀리개 대니 극정이 이루어 말할 수가 업꾸나."

〈1972년 3월 30일 목요일 낡씨 비〉
"봄비가 만이 내려서 교통이 투절대는 것을 볼 때에 봄비도 급이 나는구나."

"우리 친구 중에서 자신 혼차 말고 결혼을 하계 대니 놀 때도 업쓸 뿐 아니라 숨 막희는 시간이 만으며 때료는 답답정을 일소할려고 발거름을 돌리계 대며 목적을 이루지 못하고 뒤도라오는 심정을 누가 알며 때로는 전쟁이나 터저버리며 똑 재일이갯따 하고 입속말로 허니[흔히] 하고 있따."

〈1972년 3월 31일 금요일 낢씨 눈〉

"때 아니 눈보라가 휘날리고 있는 것을 볼 때에 한겨울보다 더 추어니 어떠개 노동을 할 수가 업쓰서 하로 점두록 휴식을 하고 마랐다."

"요줌 골방에서 공상 때문에 실식을 할 정도라 때때로는 건강을 했질까바 극정도 하지만 다 허사가 대고 건강만 줄고 있따."

③

〈월말 총지출〉

기념대 ················600		
이발료 ··················50		
술값 ····················140		
옥도정기 ··············70	"월말 총지출금액" 1,115원	
빵값 ····················120		
합승비값 ··············35		
흑띠[허리띠] ······100		

〈1972년 4월 1일 토요일 낢씨 맑음〉

예비군 창설 사 주년을 마지했쓰며 금년 과수에 올해는 나무들은 피해가 어마어마하계 클 꺼이다. 왜냐하면 눈보라가 휘날이찌 낢씨는 영화로 내려가서 과수업자는 얼굴에 주름이 더 전다고 해도 과연이 아닐 끄시다.

※ 사람이 극정 업시 일 년만 산다고 해도 서려어 하지는 안깨다.

금일지출 … (친구와) 술값 100원

〈1972년 4월 2일 일요일 낢씨 맑음〉

"가을보리논에 도구물 따는데 이랑에는 발이 빠저서 다닐 수가 업는 형편이 대니 보리에 했가 안 댈란지 몰갯꾸나."

"어재 눈바람이 모라쳐서 자두 꽃맹아리가 왜간어로 보기에 시들어 지장이 마너리라고 보는데 어찌 댈 줄을 몰개꾸나."

〈1972년 4월 3일 월요일 낢씨 비〉

"부친이 우선에는 감기로 누어개시는데 감기가 뜰어저면 일어나시야 우리가 살라가기가 수란데 부친이 누어개시계 대면 우리는 영영 빛을 못 보계 댈 껏을 생각을 하니 밥맡시고 극정이 태산 같다."

〈1972년 4월 4일 화요일 낢씨 맑음〉

"어머님 산소에 일할려고 냇방천에 짠띠을 우마차로 두 차 실어다 노았쓰며 그 짠뒤가 적지나 안을란지 몰개꾸나."

"금년 보리밭은 어너 누구 업씨 김매기을 못해서 독쌔가 보리 고랑에 보리와 같치 더러썻는 것을 보니 엄두도 안 나며 보리 생산랑은 만이 감수댈 끄수로 본다."

〈1972년 4월 5일 수요일 낢씨 맑음〉

"어머님 산소에 일을 우리 가족과 같치 일을 했스며 처음 시작을 할 때는 일이 얼마 안 댄다고 보았던니 일을 시작했서 들어보니 생각 위에 만아저더라. 그리고 어머님 산소에 일을 맡치고 보니 아주 잘 때쓰며 외부에서 보기에 아주 좋더라."

〈1972년 4월 6일 목요일 낢씨 맑음〉

"객지에서 못 살고 고향으로 뒤도라 온 사람의 말을 들어보니 가슴이 담담하며 돈 쓰기는 시어도 돈 벌기는 하늘에 별 따기보다 더 어렵따는 인식이 대며 사람 살기 힘더는구나."

〈1972년 4월 7일 금요일 낡씨 비〉
"고구마 온상일은 오늘로서 안전이 맡친 샘이 댄다."
과손에 풀 재거하면서 앞을 생각을 하니 허전하기만 하고 자꾸만 일이 중단대고 멍하니 허공만 바라보는 시간이 일하는 시간보다 만아저는구나."
금일지출 … (상기) 기념대 600원

〈1972년 4월 8일 토요일 낡씨 비〉
"형수와 멀어저니까 조카한태예도 사위가 좋아저지을 안는데 앞푸론 아들에깨 손은 안 댈 끄시며 아이들예깨는 적극 기예 줄 꼈을 오늘부터 결심한다."
"삼춘하고 싸운 후로 처음 삼춘 방에서 친구와 삼춘 여릇이 태래비 구경을 했쓰며 나 혼자 같더며 구경을 안 알 낀대 친구들과 한 방에 있따 다 들가는데 나 혼자 올라니 사춘동생 보기에 안 대쓰서 한자리에서 구경을 하고 돌랐왔다."

〈1972년 4월 9일 일요일 낡씨 비〉
"직사사에 친구 결혼식 하는데 우인어로 따라가서 대집은 그른 대로 잘 바다쓰며 나 자신은 직지사 마을보다 산골의 물이 제일 불더라[부럽더라]."
〈금일지출〉 … 열차비 60원 직지사 입장값 40원 우동값 70원, 합승값 50원 열차비 30원, 이발값 100원 계 350원
금일수입 … 500원
〈곡상에께〉 137斤

〈1972년 4월 10일 월요일 낡씨 맑음〉
"부친이 우선에는 감기로 알코 있찌만 부친의 체중 줄고 잇는 것을 볼 때에 급이 나며 한심하기 짝이 업꾸나."
지출에 (친구들과 술값()} 100원

〈1972년 4월 11일 화요일 낡씨 비〉
"순기가 부친 전축이 오늘로서 집에 도착했쓰며 전축을 집배 같따놓고 들어니 신기하기 이루어 말할 수 업쓰며 농촌에 어찌 전기가 들어왔서 전축을 들어러니 새상원 조을 때꾸나."

〈1972년 4월 12일 수요일 낡씨 맑음〉
"대신국민학교에 우마차로 부역을 오전내까지 하고 오후에는 널들 보리논에 김매는 것우로 하로 일과을 보내고 말랐다."

〈1972년 4월 13일 목요일 낡씨 맑음〉
"가을보리논에는 오늘로서 김매기을 안전이 한 샘이 대며 봄보리논에 김매기만 하면 다 하계 댄다."
"오늘로서 자두꽃이 한 잎 두 입 피기 시작하며 이삼 일 후에는 만발할 끄수로 본다."

〈1972년 4월 14일 금요일 낡씨 비〉
"마을 절먼 놈이 마녀라 등살에 못 이기서 지약을 먹고 몸부림일 쳐는 것을 볼 때에 전 바보라고 생각한다. 왜야하면 마녀라가 그쳐름 보기가 실어서 약을 먹을 정도가 대며 이혼을 하든가 그러치 안너며 따로 살든

가 두 길을 어너 한 쪽으로 택한다며 불미서로운 일이 안 날 끄시며 자신은 여자보다 남자에께 더 욕을 하고 십다."

"봄비가 귀전을 때리며 그침 업시 내리는 것을 볼 때에 자신의 예감이 보리 이싹이 페설머리에는[팰 무렵에는] 비가 모자라서 이싹들이 허엿깨 대지 안을까 염려스렵꾸나.

〈1972년 4월 19일 수요일 낡씨 비〉

"불필요한 비 때문에 보리농사에 해가 너무나 만어며 비 때문에 보리농사에는 감수가 크개 날 끄수로 본다."

〈1972년 4월 20일 목요일 낡씨 비〉

"일기불순어로 아무 일도 못하고 하로 일과을 보내고 말랐다."

"초곡 중신하는 사람이 쳐자가 있따고 해서 친구와 둘리서 가보앗든니 쳐녀가 열여덜 쌀 먹어따고 이야기을 하길에 아예 성립 안 댄다고 말도 하지마라고 이야기을 하고 말랐다."

〈1972년 4월 21일 금요일 낡씨 맑음〉

"금일은 대구로 선 보로 같든니 부친도 업고 모친은 있따 해야 재과하고 쳐자는 삼춘밑태서 자라서 섬을 보계 대어따는 이야기을 들을 때에 사람원 이 세상에서는 더 예렵개 자란 사람은 업따고 보며 여자가 유교[육이오] 때에 월남을 해서 이래 산다니 불상한 감이 들더라."

〈금일지출〉 … 열차비 760원 택시비 180원 차값 600 넥타이 120원 계 1660원

〈1972년 4월 22일 토요일 낡씨 맑음〉

"어제 선 본 쳐자을 두고 생각을 해볼 때에 자신 바서는 상업을 오래 했따니 좀 유리한 점이 있따고는 하지만 이복서 월남을 했서 몸둥아리박에 업는 것을 생각을 하니 서먹서먹한 감이 들며 어떠개 했쓰며 하는 생각 때문에 골머리만 아푸계 하고 하로 했가 저물어버리는구나."

〈1972년 4월 23일 일요일 낡씨 맑음〉

"다른 일은 별로 할 일도 업고 해서 땔감 할려고 산에 나무을 하로 가서 곰곰이 생각한 껏태 대구 처녀에깨 80푸로 할려고 부친에깨 알리고 있는데 두 군데예서 선을 보자고 하니 마음이 달라저는구나."

금일 현미 한 것이 … (16발 대더라.)

곡상에깨 … (140斤)

〈1972년 4월 24일 월요일 낡씨 맑음〉

개들 보 하는데 곰작끄리기가 실어며 일하기가 금일 같더며 아무 일도 못할 끄시며 남들 보기에 어색하기 이루어 말할 수 업시 노라쓰며 나 자신원 일을 할려 해도 감기몸살이라서 그른지 뼈마뒤가 슈시며 힘이라고는 조금도 업쓰며 하로 일과을 보내리라고 고통이 만아다.

금일지출 … 감기몸살약 200원

〈1972년 4월 25일 화요일 낡씨 비〉

"김천 쳐녀가 28살 먹원 쳐녀가 있따고 섬보로 가자고 했서 같든니 28살이 아니고 29살이라고 말을 해서 자신의 예감이 돈낭비만 하고 마라꾸나 하고 예감이 들며 자신의 마음에 업쓰서 쳐녀는 보지 않코 쳐녀부친만 보고 말랐쓰며 부친이 다음 장날 알려 줄라고 이야기을 하는데 중매장이예깨 알려 줄 필요도 업따고 말을 하고 마랐다."

〈금일지출〉 … 열차비 60원, 과자 100원 택시비 100원 부억 아궁이 280원 물양철 200원 바깻수 200원
계 1,040원

〈1972년 4월 26일 수요일 낡씨 맑음〉

자신은 오늘날까지 감기라고는 모러고 살라았는데 이번 홍콩감기니 하면서 사람들이 만이 하고 있는 것을 볼 때는 여사로 알라는데 감기을 집적 해보니 정말 급이 나며 밥을 못 먹두록 감기을 알코 보니 감기병도 급나는 병이라는 것을 이재야 알랐다.
지출에 … 감기약 60원

〈1972년 4월 27일 목요일 낡씨 맑음〉

"대구에 쳐녀 있따고 말만 안 예든들 나 갈 길을 같쓸 끈데 선보고 았따 같다 하는 시간에 자신의 마음을 허리게 만들고 마라꾸나." 어두로 갈 바을 몰라 골머리을 알코 있는 이 몸에깨 어대로 가야 댄다는 꿈이라도 꾸어며 얼마 조어리까.
곡상에깨 153斤

〈1972년 4월 28일 금요일 낡씨 비〉

"철구루마을 가지고 일을 하는데 흙이 업쓰서 물래서 건저다십피 해 실어 노며 이 흙두부 모양 물래 가다마리125)가 대어서 뜰어저지는 안너며 사람이 생땀을 몃개 대며 나 자신원 일을 하면서도 악이 도치더라. 왜냐하면 나는 이러깨 골탕을 안 먹고 못사나 인생이 이렬 바예냐 마지막 단이 좋지 않캐나 이른 악까지 도치더라."

〈1972년 4월 29일 토요일 낡씨 맑음〉

"오늘은 철일을 다 하고 집배 들어오는데 거름이 떠려저지을 안너며 들래서 잠이라도 잘 쓰며 하는 생각 절료 나며 사람이 이래 살라서 무었하게나 하는 생각밖에 업더라."

〈1972년 4월 30일 일요일 낡씨 비〉

"울콩 김매기을 하고 과손에 잡초을 재거하다 비 오는 바람에 별료 갑어치 있는 일과을 보내지 못하고 말랐다."

(4月)

"월말 총지출금액"

친구와 술값	100
기념대	600
열치비[열차비]	90
직지사	40
우등값	70
합승값	50
이발값	100
친구와 술값	100
기념대	600
사진대	100
친구 술값	300
열차비	760
택시비	180
차값	600
낵타이	120
감기약	200
열차비	60
과자	100
택시비	100
부억 아궁이	280
물양철	200
바갯수	200
감기약	60

계 5,010원

"월말 수입금액" 계 500원

125) '덩어리'를 의미하는 일본어 'かたまり'를 사용하고 있는 것으로 보인다.

〈1972년 5월 1일 월요일 낡씨 비〉
“금년에는 복숭이 꽂은 만이 피가지고 과실이 안 대고 다 락화대고 만니 복숭은 일기불순어로 숭년이 대고 말개꾸나.”
“요줌은 나 자신도 모러개 일이라고는 하기가 실어며 사람이 왜 갑짝이 기래저서 못쓸 단개가 대어따고 해도 가연이 아니다.”
지출 … 순석이 감기약 140원

〈1972년 5월 2일 화요일 낡씨 맑음〉
“철일을 당초 개핵보다 만이 한 것으로 고기점에서 싸와서 잘 먹고 하로 일과을 지루하지 않깨 보내고 말랐다.”
“순순이 자란 놈에깨 뿌리도 업는 쳐녀가 걸리서 골머리을 아푸계 만들며 왜 인생이 곤하게만 만더는가.”

〈1972년 5월 3일 수요일 낡씨 맑음〉
“대구 쳐녀가 마음에 있쓴는데 남을 시키서 알라보니 순진한 사람이 아니라는 것을 들어도 어뒨가 모러계 미련이 남는구나.”

〈1972년 5월 4일 목요일 낡씨 비〉
“보리에 불필요한 비 때문에 보리에 해가 마너며 이변 비에 밭보리는 전부 씨리하계 누어서 보리 감수는 말할 수 업씨 마너리라고 본다.”
금일지출에 … 〈친구와 술값〉 110원

〈1972년 5월 5일 금요일 낡씨 맑음〉
초곡 중매 할마씨가 우래실 쳐녀가 있따고 해서 둘리 가보니 사람은 좋은데 교인이라서 우리에깨는 힘이 들지 않나 이른 감이 드는구나. 왜냐하면 나 자신으로 바서는 두리가 한 몸이 대어서 삶매 길을 개척해야 댈 몸인데 교인이라서 일주일 쳐고 삼일은 휴식을 해야 할 사람과 결혼을 한다면 삶매 길이라는 그만침 너저지지 않을까 내다보고 있는데 어떠개 도라갈련지을 몰개꾸나.
금일지출 … 이발비 100원

〈1972년 5월 6일 토요일 낡씨 맑음〉
“과손에 송충이가 만아서 약을 살포하고 있는데 대구 쳐녀 부모과 왔따고 해서 집배 와보니 상점 아주머니와 둘리 왔는데 부모 대는 사람을 보니 못때키 짝이 업씨 보이더라.”

〈1972년 5월 7일 일요일 낡씨 맑음〉
“과손에 〈일회〉 약 살포는 오늘로서 안전이 끝을 보왔쓰면 일회 약 살포하는데 22말이나 들며 앞푸론 30말이 들어야 푹 철 수가 있따고 본다.”
“무선 일이든지 세부적으로 쏙쏙이 파고들지 마라. 실망이 만어저기 시우리.”

〈1972년 5월 8일 월요일 낡씨 비〉
때 아닌 비가 내려서 보리농사에 막때한 손에가 대며 날씨가 변득서럽개 노는 것을 보니 보리농사는 피롱대어따고 바도 가연이 아니다.

〈1972년 5월 9일 화요일 낡씨 맑음〉
“복판 논에 모재리을 오늘로서 안전이 하고 내일은 씬나락을 쳐개 대면 모판일은 끝이 난다.”
“나 자신은 계론문제가 까다라개만 대고 있쓰니 골머리만 무그어지는구나.”

〈1972년 5월 10일 수요일 낡씨 맑음〉
“막상 결혼을 할려고 사주을 하고 보니 자

신이 섬 볼 때에 잘못 바찌 하고 의심서러운 감이 들며 속지나 안나 하고 의심이 더는구나."

금일지출에 〈중매장이〉 …100원
　　지출에 〈감기약〉　　　90원) 190원

〈1972년 5월 11일 목요일 낡씨 맑음〉

"오늘로서 봉답 모재리 말고 모판일은 전부가 끝이 난 샘이 댄다."

〈1972년 5월 12일 금요일 낡씨 맑음〉

"사주을 보내기 전에는 아들이 눈내 걸리면 말도 마구 하고 때리기도 했찌만 이재는 때리도 못하고 말도 벌로 못하개더라."

"이 장계간다는 글짜가 뭇엇시기에 자신의 행동이 하나에서 열까지가 백팔십도로 변경이 대니 장가라는 글짜가 어떤 조화을 가지고 있는지을 알 수가 업꾸나."

〈1972년 5월 13일 토요일 낡씨 비〉

"막상 여자을 대리고 오개 대면 남과 같치 살 극정을 하니까 잠이 와 노며 머리가 뒤번벅이 대며 등짐을 한 짐 저고 있는 너킴이 대며 이 복잡한 심정을 일소하고 삶의 보람을 가지고 살라보리라."

〈1972년 5월 14일 일요일 낡씨 비〉

여자 축예서 예식을 교회에서 올리기 때문에 교회을 안 나가개 대면 예식이 너저만 가니까 미더라고 해서 금일부터 교회을 갈라니 서먹서먹하기 짝이 업쓰며 막상 교회문을 더러쓰니 별료 마음이 옹절하지는 안너며 목사 설교을 들어니 손에 갈 꺼은 업따고 생각도 했쓰며 한편으로는 신살림은 교회을 나가 바야 살림만 줄개 대며 삶매길이 너저만 간다고 너켜다.

지출에 … 〈염불돈〉 50원

〈1972년 5월 15일 월요일 낡씨 맑음〉

"과손에 이랑을 만들어 양대을 갈라쓰며 복숭나무에 과실이 업쓰서 큰 극정이다."

〈1972년 5월 16일 화요일 낡씨 비〉

"바라지 않는 비 때문에 보리농사에 큰 지장이 만너며 금년은 시절은 좋지 안을 끄수로 본다."

"인간은 이 땅에 태어나면 굴머죽지을 아너니 희망을 일지 마라."

〈1972년 5월 17일 수요일 낡씨 맑음〉

"예비군훌련에 참가해서 명단만 학인하고 나머지 시간은 동신 예{비}군 중 노장파 소장파 두 파로 노나서 축구시합을 하는데 노장파가 축구는 저고 시름은 노장파가 성리을 해서 노장파 소장파 서로과 지출을 같치하고 말랐다."

〈금일지출에〉 … 70원

오늘 정도는 여자 축에서 무선 열락을 할 줄 아랐는데 아무 소식이 업쓰서 자신이 중매장이깨 왜 사람이 뒤미가 업는 모양 무선 결과 업는냐고 무러니까 목사과 대신목사에깨 학인을 해서 날이 나기 때문에 그릇따고 말을 하더라. 그래서 자신이 교회에 법칙을 어기서 할려고 더는 사람이 어리석기 짝이 업따고 본다.

〈1972년 5월 18일 목요일 낡씨 맑음〉

"봉산 눈{님}내 집에 약 살표해 달라고 해서 약 살표을 하는데 과실은 우리 복숭 달리더시 가끔 한 개식 달리있쓸 뿐 입싸기만 무성하계 도다나고 있더라."
지출에 … 중매장이 합승비 100원

〈1972년 5월 19이 금요일 낡씨 비〉
"일기불순어로 아무 일도 못하고 내일 약혼식을 할려고 더니 마음만 벌렁한 기분으로 하로 일과을 보내고 말랐다."
곡상에깨 … 398斤 〈달림〉

〈1972년 5월 20일 토요일 낡씨 흐림〉
〈음 4月 8日〉〈약혼식 함〉
금일 약혼식을 하기 전에 목사 앞패서 교을 미들 수 있나 업나을 서약 바들 때에 〈여자가〉 결혼을 해쓰도 예수을 믿들 수가 업따면 이 자리에서도 약혼식을 할 수가 업따는 말쬬로 이야기을 들을 때에 기분이 막 상해서 종위고 무어시고 다 잡아 찢고 이곳 아니면 장가갈 때가 업나 하고 도라쓸라다 한번 더 여자의 교향을 두고 보자 하고 참고 마라쓰며 그 말 한 뒤가 약혼식을 다 하고 패물 교한할 때까지 마음이 상화며 하로 일과가 그진 끝날 무름이야 기분전환 대더라.
〈금일지출〉 … 열차비 120원 우표 60원
중매 담배 택시비 150원
여자 시계 8,000원 여자 빽 2,500원 예자 패물 10,000원 여자 집에 고기 780원
정심식대 2,600원 신부가족 택시 600원
지출금액 24,810원

〈1972년 5월 21일 일요일 낡씨 흐림〉
혼수 떠로 가는데 옷감을 잘 아는 사람을 대리고 가서 혼수에는 속지는 안는 감이 더는데 자신의 생각보다 조금 더 더려가더라.
금일지출 … 17,500원 관숨매[통조림][126],
술값 510원
계 35,510원[127]

〈1972년 5월 22일 월요일 낡씨 맑음〉
금일 옺 가공하로 가서 일을 다 보고 일적으서 직지사에 여자와 둘리서 놀로 가서 절그운 시간을 보내고 집배 내려오면서 미듬을 가질라면 성경책을 사라고 책점으로 끌고 더려가는 것을 억찌로 비명[변명] 대너니라고 짐땀 빼고 마랐다.
금일지출에 … 〈결혼비용〉 21,500원

〈1972년 5월 23일 화요일 낡씨 맑음〉
"어머님이 살라 개신다면 혼수을 순석이와 둘리서 가지고 가는 모섭을 보며 기쁨을 감추지을 못할 껀대 사람이 죽어지며 천 가지의 일들이 백지화가 대는 갑지. 그러치 않코야 어찌 바능이 업쓰리까."
자신과 결혼할 사람 집에 세 번이나 가바찌만 갈 때마다 무이미한 시간으로 하로 일과을 넌기고 말라찌만 이변에는 쳐제 댈 사람과 곳 신부 댈 사람과 셋시가 찬송가을 들고 노래 배울 시간이 제일 절그어며 웃는 시간이 만은 하로 해을 보내고 마랐다.

〈1972년 5월 24일 수요일 낡씨 흐림〉
"모판에 물이 업쓰서 도라다니면서 다 대고

126) 일본어의 '간즈메(かんづめ)', 즉 통조림을 의미한다.
127) 이 지출금액 총계는 아래 22일 자에 지출한 금액을 포함한 금액으로 보인다. 일기 원문에서는 본 내용이 21일 자와 22일 자 일기 사이에 기록되어 있다.

저녁에는 친구들이 자신의 결혼문제 때문에 이야기할려고 저녁에 만나자고 하는데 교회에 나가기 때문에 안 대갯따고 이야기하고 목사 설교로 하로 해을 조용이 보내고 말랐다."

〈1972년 5월 25일 목요일 날씨 비〉

"요줌은 나 자신이 생각을 해바도 말은 정신은 업쓰며 어리벙벙한 시간만 보내고 말개쓰며 맑은 정신을 가지고 하로 일과을 착실이 생할을 할려고 예을 쓴들 머리가 안 들어니 무이미한 시간만 지속대는구나."

그리고 잠을 자다 약혼시계에 검이 가서 아직 결혼도 안 아고 시계에 험을 내고 보니 미안해서 견될 수가 업쓰서 수증유리을 갈라 녓는대 500원 주고 원형으로 만들어따.

〈지출〉 시계값 500원

〈1972년 5월 26일 금요일 날씨 비〉

오늘 두리 만나계 대면 신선한 남산공원에 올라가서 하로 해을 절급게 보내볼까 하고 예정원 했는데 용전교회에서 기념품을 한다고 가바야 대개따고 이야기을 하는데 나 자신 사욕으로 그절할 수도 업고 해서 자신의 예정원 숲우로 돌리고 보니 서운한 감이 들더라. 예냐하면 내일만 대개 대면 자신의 쳐과 대니 기분이 달라절 겻은 사실이며 나 자신의 욕심으로 바서는 결혼 전에 두리서 살짝살짝 만나는 기분이야 행동으로는 표현을 다 못하며 영혼이 살짝살짝 만나는 기분으로 산다면 지상천지 누구을 불버하리까.

금일지출 … 화장지, 기름, 치솔, 넌닝구,
채소, 못, 합승비
계 850원

〈1972년 5월 27일 토요일 날씨 비〉

"용전교회에서 목사 주례로 예식을 올림."

어머님이라고 조용이 불려바도 왜 말이 업쓰요.

불효자식이 결혼식을 올리는 날이요. 어머님 기쁘하세요. 내 그리고 어머님에깨 못다한 사랑을 나 자신의 몸과 한 몸이 댈 사람에깨 사랑을 다할 겻을 이 자리에서 결심을 하며 쳐자식이 자신에깨 어너 한계까지 사랑을 배풀란지는 모러나 자신은 이 떳을 가지고 사라갈 겻을 한 번 더 결심하계씀이다.

지출 … 우인 택시비값 900원

〈1972년 5월 28일 일요일 날씨 맑음〉

신온부부로 교회 문을 들어쓸 때는 서먹한 감은 더나 둘리서 나란이 오솔길을 거러서 올 때에 그 기분 이루어 말할 수 업쓰며 자신의 평생 이른 캐감을 가지고 살라간다면 슬펴하지 안으리.

그리고 민족관 쳐재들이 생각지도 안는 선물을 바들 때에 감사하며 나 자신이 그 감사한 성위 대까을 주지 못한 대 대예서 미안하기 짝이 업쓰며 그 성심 위찌 안으리라.

금이지출 … 〈예배돈〉 100원

〈1972년 5월 29일 월요일 날씨 비〉

자신이 쳐자식을 대리고 집배 간들 따뜻하계 바다줄 사람은 이 세상에 살지 않으니 자신의 심정이 빼 아파 죽계는데 쳐재들이 저 언니 시집간다고 마구 우러재키는데 자신의 우울한 심정을 참니라고 고통을 당하고 마랐다.

금일지출 … 쳐재들 양발 사라고 600원
향수값 500원
계 1,100원

〈1972년 5월 30일 화요일 낡씨 맑음〉
쳐자식과 어머님 산소에 인사 들리로 가니 그저 함심하기만 하구나. 예냐하면 왜 일년 반 동안만 살라따면 불효자식 장가가는 것도 보았쓸 끄며 쳐자식이 물건을 만니 가지고 온 것도 볼 끄시며 그저 만향 조아만 할 탠대 왜 운명의 장난일까. 아~ 아 한심하구나.

〈1972년 5월 31일 수요일 낡씨 맑음〉
"농 널라니 방이 적으서 좀 키우는데 형제관들이 종일 해서 농이 들어가기 만들어 노왔키는 하는데 사람이 만대로 잘 수가 업쓰서 언잰가는 방을 학창해서 사용을 하여야 불편을 모러고 살 끄로 본다."
앞푸로 자신은 미듬이 업찌 쳐자식은 신자지 서로과 추라벌이라도 이러나며 〈태춘〉 마너라 모양 미듬을 가지고 악착 같치 노누개 대면 어떠개 하나 하고 극정이 제일 대는구나.

5月
"월말 총지출금액"

순석이 감기약	140원
친구와 술값	110원
이발비	110원
중매장이	100원
감기약	90원
염불돈	50원
중매 합승비	170원
결혼비용	24,810원
〃	35,510원
〃	21,500원
	500원
	850원
우인 택시비	900원
염불돈	100원
결혼비용	110원

"월말 총지출 총금액"
계 85,110원

〈1972년 6월 1일 목요일 낡씨 맑음〉
"우마차로 들거름을 하여쓰며 옛날사람은 등짐어로 거름을 어찌 했쓰며 옛날사람과 현 사회와 비교한다면 하늘과 땅이라고 해도 과연이 아니다."
"자신원 이제 한 가지 극정은 들어쓰며 결혼 전에는 살 극정 결혼 극정 뒤번벅이 대며 이제는 극정은 들어쓰며 두 길을 한 길로 만들어 노왔쓰며 머지안나 종점을 차절 수가 있따고 본다."

〈1972년 6월 2일 금요일 낡씨 맑음〉
"친구 집배 지붕개랑 하는데 일 좀 할려고 같든니 술 못하는 사람에깨는 어뒨가 모러개 만족한 감이 업쓰며 아주 촌집도 함석으로 지붕개랑을 하니 아주 좋아 보이더라."

〈1972년 6월 3일 토요일 낡씨 흐림
쳐과집에도 자주 가계 대니 지루한 감이 일소대고 쳐재의 노래소리을 들을 때에 이 밤이 다 가두록 들어도 지루하지는 않어며 그 아름다운 음향의 길이가 밤공기을 떨고 영혼희 들려주도 실지는 않으리라.
지출 … 합승비값 60원

〈1972년 6월 4일 일요일 낡씨 맑음〉
교희가 신선한 곳이라고 마음어로도 들면서도 한편으론 목사의 설교을 들을 때에 돈을 만니 내야 댄다는 설교빡에 들리지 안너며 십일죠 금액이니 감사금이{니} 특별금액니 하면서 재각기 따툼을 가지고 만니 봉사하지나 않나 생각이 들더라.
그리고 집에서는 낡씨가 너무나 데어서 쳐와 쳐제와 사 명이 산거늘에 온기종기 모여 안저서 절그운 노래자랑어로 시간가는 줄 모러개 하로 일과을 보내고 말랐다.
지출 … 예배금액 100원

〈1972년 6월 5일 월요일 낡씨 맑음〉
때 아닌 장가을 가니 제알 않대따고 생각을 한다. 왜냐하면 낡씨 덥지, 밤이 짜루지 하니까 놀 수가 업쓰니 장가 같든냐고 새실랑이란 기분을 가질 수가 업쓰며 장가란 두 글자을 가질라면 겨울에 가야 새실상이란 본문을 가질 수가 있따고 너켜다. 그리고 결혼 전에는 극정이 태산 같든니 결혼을 하고 보니 어된가 모려계 가슴이 든든한 감이 들며 마음의 안정을 가질 수 있께 든든하구나.
금일지출 … 합승비값 80원 사진대 5,200원 쳐형 집에 〈가자〉 270원

〈1972년 6월 6일 화요일 낡씨 흐림〉
여름에는 손어로 갈래야 갈 수도 업쓸 뿐 아니라 실지 손노럿을 해보니 힘이 들러서 못하계쓰며 마음속의 갑갑정이 들어서 못하계더라.
그리고 쳐와 둘리서 집을 나와 뻐쓰을 탈라고 기다리고 있는데 쳐제들이 눈물을 쓸계우는 것을 볼 때에 나 자신도 눈물이 나는 것을 어찌로 참아서 쳐제들을 돌려보냇는데 힘이 들어쓰며 쳐제들이 우는 것을 볼 때에 나 자신원 최김이 더 대며 어깨에 한 짐 저고 있는데 한 짐 더 지주고 있는 감이 더는구나.
금일지출 … 110원

〈1972년 6월 7일 수요일 낡씨 비〉
"금일은 보리 껀을라고 들래까지 나갈는데 비가 내리서 아무 일도 못하고 저녁노을 질 무름에야 낡씨가 들어서 강냉이 모종을 일부 하고 하로 해을 보내고 마랐다."
금일지출 … 〈건전지약〉 100원

〈1972년 6월 8일 목요일 낡씨 맑음〉
"들까지 보리논에 보리을 수학하는데 우리 형제 셋시가 종일 수학을 하니 다 하계쓰며 보리가 바람에 다 꺽키서 힘이 만니 들더라."
〈금일지출〉 … 〈쳐과에〉 200원

〈1972년 6월 9일 금요일 낡씨 맑음〉
"밭보리을 보니 처음에는 처음에는 일기불순어로 수학이 감수댈 줄 알랐는데 이번에 수학을 해보니 아주 잘 대스며 금년에 밭보리 만원 사람은 이퉈 농사 짓어따고 해도 가년이 아니다."
"결혼이란 두 글자가 어마어마한 물채라고 해도 가연이 아니다. 왜냐하면 나 자신이 결혼 전에는 나는 못 살라도 형제들은 살리야 댄다고 결심한 놈이 나 자신도 모러계 내가 살라야 댄다는 욕심이 움터고 있쓰니 결혼이란 글자가 내 마음을 헌들개 하는 것을 보니 보이지 안는 바줄로 내 몸을 조우고 있는 것이 아닐까."
금일지출 … 모자 70원

〈1972년 6월 10일 토요일 낡씨 맑음〉
"논보리 잘 댄 서 마지기에 집단어로 묵는데 삼십 단어로 지발 묵깨떠라."

〈1972년 6월 11일 일요일 낡씨 비〉
"보리 수학도 이삼 일만 좋어며 수학은 그 진 끝이 날 껏 같든데 날씨 변득서러어서 수학도 못하고 휴식을 하고 말랐다."
"정말 요줌은 캐알한 시간을 보내고 있따."

〈1972년 6월 12일 월요일 낡씨 비〉
"삶매 보람을 가질 수 있는 꿈이 눈 앞패 다가오고 있따고 해도 가연이 아니며 자신의 꿈이 털린다고 해도 얼마 안 틀 껏이며 자신도 삶매 길이 늘리리라."

〈1972년 6월 13일 화요일 낡씨 맑음〉
"금일은 콩 씨부림을 하여쓰며 우리 마을에서 제일 먼저 하여쓰며 남들은 보리도 다 꺼치 안코 있는데 우리는 씨부림을 해서 너무나 일적한 씨부림이 아닌가 염려가 대는구나."
"순석이와 작읍을 하면서 돈 버는 이야기가 나와서 순석이와 십 년간 누가 돈을 만니 버나 하고 내기을 하고 말랐다."
※ 돈 버는 휴효기간 1982년까지

(서명) 6/13

〈1972년 6월 14일 수요일 낡씨 맑음〉
"내 자신도 결혼을 한 후 한 번박에 대신교회을 보내지 못한 데 대희서 미안감을 가지고 있는데 금일은 대신목사 부인이 대리오라고 교회 다니는 사람과 같치 와 쳐을 찻더라. 자신도 보내기가 실어서 못 보낸 것이 아니라 농촌실정이 바풀 때라서 그른 것인데 목사부인이 안 나와서 왔따는 말을 들을 때는 하가 나며 교회고 머고 보내지 말까 하는 생각이 복바치더라."
"들까지 가을보리 수학은 오늘로서 끝을 보았다."

〈1972년 6월 15일 목요일 낡씨 비〉
"가을보리는 오늘로서 안전이 수학을 하고 마랐다."
"자신이 생각을 해도 마느라와 장난이 너무나 힘아다고[험하다고] 너겨다. 왜냐하면 마느라만 보계 대며 장난을 하계 대고 신소리로 시간을 보내개 대니 나중에는 자신이 진정으로 한 마뒤 해도 농담어로 는기지 안나 하고 염려가 대며 앞푸론 가급적 신소리는 안키로 하계다."

〈1972년 6월 16일 금요일 낡씨 맑음〉
"들판에도 멧칠 나가지 안아더니 벌서 황색으로 변하고 있는 것을 볼 때에 세월도 파려기도 하구나. 아 세월아 너는 무선 힘을 같칫키에 빠르기도 하구나."
"사람이 한 세상 살면서 가족키리 년간 두 번식 야희에 놀이을 할 수 있는 삶매 보람을 가지야 한 세상 살랐따고 떳뜻하계 말을 하리라."

〈1972년 6월 17일 토요일 낡씨 맑음〉
"나 자신은 무엇을 덧뜻하계 먹고 살계따고 농촌문지을 먹어며 왜 농촌을 벗서나지는 못하고 허득이는 이 심정을 누가 알라주리까."

〈1972년 6월 18일 일요일 낡씨 맑음〉
"올해가 복판 논에 모내기가 제일 너전 감을 가지고 끝이 낫다."
쳐자식이 울 집에 온 후로 한 번밖에 교희에 나간 적이 업쓰서 이번 주일은 꼭 갈 줄 알라쓰며 들래서 우마차로 보리을 실고 오면서 시간을 보니 교희의 예배시간이 10분이 지낫더라. 그래서 자신의 생각으로 남편이 들래서 오지도 않는 것을 보고 교회에 같쓸 끄시다 아니 분명이 같다 아니 예수도 좋지만 남편이 들래서 오지도 않는 것을 보고 교회에 갈 수가 있나 이른 희갈림이 머리을 복잡하계 대는 것을 생각을 할 때에 자신은 만약에 안내가 들래 가서 때가 대두록 오지 않는다면 찻주로 나올 끝이며 극정이 대어서 안절부절 할 형편인대 우리 마너라는 남편이고 좇지고 예비당이나 가자 하고 같지 하고 집을 더러쓰니 일한다고 날뒤는 것을 보니 반갑더라.

〈1972년 6월 19일 월요일 낡씨 흐림〉

"금년 보리농사는 오늘로서 안전이 끝을 보와쓰며 수학량은 중류박에 안 대며 우리 보리농사가 농지정리 전에는 보리농사을 대랑으로 지어따고 해도 가연이 아닌대 토지계랑을 한 후는 보리농사을 잘 지어본 적이 업꾸나."

〈1972년 6월 20일 화요일 낡씨 흐림〉

"삼십대의 〈마너라〉 열 번 부려는 것보다 〈사십대〉의 머너라라고 한 번 부려는 것이 더 갑진 것인대 미래의 꿈이 정상으로 도라갈련지 그러치 아너며 싸워서가 말지 안을란지 극정이 위루어 말할 수 업꾸나."

〈1972년 6월 21일 수요일 낡씨 흐림〉

"마너라 교희에 나가는 것이 한편으로는 실련 감이 더나 한편으로는 일손이 바빠서 못가개 대니 자신의 마음이 뒤며 예과 쉬서 이루어 말을 할 수 업쓰며 자신의 생각으로는 남편 예을 씰 필요 업시 미듬을 포기했푸리고 내 뒤을 딸련다면 하늘에서 준 배필이라고 저는 인정한다." (서명)

〈날씨 변득서럽개 노는 것을 보니 아무래도 밀 수학을 하기 전에 장마가 들지 하는 생각이 떠나지을 안는구나.〉

〈1972년 6월 22일 목요일 낡씨 개임〉

들까지에 모내기 할려고 논 장만하고 있는데 날씨가 너무나 변득서럽개 굴던지 밀단에 소낙비가 내려까바 모 심는 데는 가지 못하고 우마차로 골래 밀을 오후 내 실려다 집배 다 같따 노어니까 날씨가 차춤 회복대는 것을 볼 때에 결과적으로 이번 일은 잘하지는 못했다. 왜냐하면 비 온다고 추진 밀단을 집배다 다들 같따 노았서 탈곡하는데 힘이 무진장 〈만니〉 들 껬수로 본다.

〈1972년 6월 23일 금요일 낡씨 맑음〉

"어재 미리 비 온다고 추진 밀을 실려 뒤리서 오늘 탈곡하는 데 힘이 이루어 말할 수 업시 들어다."

"자신이 생각한 일은 누가 머라 해도 끝까지만 밀고 간다면 영광을 볼 수 있따고 학신한다."

〈1972년 6월 24일 토요일 낡씨 흐림〉

"밀을 수학해 보니 작년 비예 수학량이 아주 적어며 작년보다 함 섬 정도는 적기 생산대어따고 본다."

"자신이 할려고 더는 직업이 한편으로는 수입을 볼 껏 같고 한편으로는 단기간만 수입 보계쓰니 알송달송 문제끄리가 대는구나."

〈1972년 6월 25일 일요일 낡씨 비〉

"오늘로서 밀 수학을 안전니 끝을 보았쓰며 금년 들어 밀 수학을 할례야 할 수 업는 시기가 지나버리고 말랐다."

"이 세상에서 공기로 숨을 쉬고 살라간다는 동물이라면 숨을 쉬고 있는 동안에 만족을 요구하는 것이 본능이라고 했도 가워 털린 말은 아닐 껏이며 동물이 죽어서 만족을 요구한다는 것은 예수 하나밖에 업따고 인정한다."

〈1972년 6월 26일 월요일 낢씨 비〉
"고구마 심을라고 이랑을 만들어서 심어 보니까 작년보다 고구마 순이 적더라."
"금일 순철이가 형수에깨 말 한 {마}뒤 잘못해서 마줄 짓을 했찌만 순석이가 순철을 때리는 것을 못 때리깨 한 뒤에 순철이가 개속 우는 것을 볼 때에 가슴이 아푸며 저것이 종말이로 자라서 어머님도 안 개시고 재일 불상한 놈이라는 것을 생각을 하니 눈물이 쏘다저 눈시울을 떠급계 만들어 가슴 아푼 일과을 보내고 말랐다."

〈1972년 6월 27일 화요일 낢씨 맑음〉
"봉답 논에 신기 할려고 쟁기로 가는데 힘이 말할 수 업시 들며 큰 일은 형이 하고 적은 일만 하다 큰 일을 해서 그른지는 몰라도 해절 무름에는 힘이 한 개도 업쓰서 팽기치고 말 일이 하나지만 성질대로 다 못하고 하로 일과을 보내고 말랐다."
지출에 … 〈잉크〉 50원

〈1972년 6월 28일 수요일 낢씨 맑음〉
"대통령 종류을 처음 시장에 가지고 가보니 생각보다 을뜽아개 시세가 좋아서 기분이 좋더라."
"과실이 일기불순어로 숭년이라고 보는데 천과시장에 가면 과실은 대풍년인 모양 시장 안에 줄비하계 늘어저 재각이 빛을 낼려고 다툼을 하더시 줄비하계 널어져 있는 모양 포장하더라."

〈1972년 6월 29일 목요일 낢씨 맑음〉
"자신이 할려고 더는 직읍을 막상 살려고 더니 이것 해서 돈을 벌 수 있깨나 하고 갈팡질팡하며 한편으로는 포기해버리까 하고 생각이 더는데 순석이가 군대 가기 전까지는 순석이가 국수 빼는 데 채김을 질라고 더니 어뒨가 모러개 힘이 생기는데 만약에 순석이가 업고 국수 빼는 것을 〈마너라가〉 하계 댄다면 보통일이 아니라고 생각을 한다. 왜냐하면 자신도 객지을 한번 나가 바야지 농촌생할 해도 하지 그러치 않코는 농촌생할을 않 알 결심을 가지고 있는데 만약에 순석이도 업고 자신도 업깨 대면 마너라 혼자 하계 댄다면 따분하계 여기지 않을까 두렵꾸나.
지출 … 국수털[국수틀] 金 20,500원

〈1972년 6월 30일 금요일 낢씨 비〉
"봉답 논에 신기 할려고 논 장만하면서 과실 딸 극정을 하니 마음이 조급하든니 막상 과실을 여릇시 따니까 생각보다 시우며 생각에 일을 만니 함 셈이며 사람이 목적을 달성할려며 마음이 일치대며 모든 일들이 수랄 뿐 아니라 뜻쓸 이루는 데는 오직 이 길밖에 업따고 너켜다."

⑥月

〈월말 총지출 금액〉
합승비값 ……………………… 250원
예배금액 ……………………… 100원
사진대 ……………………… 5,200원
처형 집배 ……………………… 270원

건전지약 ··························· 100원
쳐과집배 과자 ···················· 200원
모자 ·· 70원
잉크 ·· 50원
국수틀 ·························· 20,500원
계 26,740

〈내지4〉

경북 금릉군 아포면 대신동 三구 589번지
권순덕 用

〈1972년 7월 1일 토요일 낡씨 맑음〉

"오늘로서 봉답 논에 모내기는 안전이 끝을 보았쓰며 작년 비에서 하로가 너전 감이 대며 그리고 금년 과일이 숭년이라서 과일금이 비싼지 그릇치 아너며 돈이 폭동이 대어서 만이 밭는지는 몰라도 작년 비에서 배는 더 밭고 있따고 본다."

※ 인간들과 삶의 극정을 하지 말자. 시간이 흙으며 때가 오개 대니라."

〈1972년 7월 2일 일요일 낡씨 맑음〉

"자신에 일과는 끝낮따고 해도 과연이 아닌대 이재는 자신의 삶매 길을 개척할 때가 아쓰며 시급희 결단을 내률 때가 대어따고 본다."

"우리 중복숭이 남들 비에서 갱장이 팔리나오고 있는데 그 위우가 수량이 적으서 그른지 그릇치 안너며 비료 간개로 수학이 파르고 있는지을 알 수가 업꾸나."

지출에 … 〈안약〉 120원 〈노트〉 80원
계 200원

〈1972년 7월 3일 월요일 낡씨 비〉

"일기불순어로 하로 일과을 휴업어로 보내고 마랐다."

"이변 비가 천수답에는 조금 적은 비가 대고 마랐쓰며 이변 비에 조금만 더 비가 왔쓰며 천수답도 수리답 모지안깨 벼농사을 지을 수가 있쓸 땐대 비가 적으서 천수답을 가지고 있는 사람들은 극정이 좀 대개꾸나."

"결혼 글자가 어마어마하계 무계을 가진 것이로구나. 예냐하면 삶래 극정을 안을라고 멧 번 결심을 해도 눈 터며 극정이 대니 이 심정을 누가 알라 주리까."

〈1972년 7월 4일 화요일 낡씨 흐림〉

"과손에 물자두와 중복숭을 다 수학을 하고 나니 허전하기로 위루어 말할 수가 업꾸나."

"마너라 절 돈과 친우들의 기념품값 그둔 돈과 합판 돈으로 〈국수털〉을 사온 것을 알고 동내 아주머니들은 잘 댈 끄라는 말을 들어니 어뒨가 모러개 뜬듣한 감이 들더라."

※ 사람이 삶매 길을 발불 때에는 주위을 생각지 말고 주위을 보지 말라.

〈1972년 7월 5일 수요일 낡씨 비〉

"봉담논 두룸에 팟씨 넣는 것으로 금일 일과을 보내고 마랐다."

"자신이 결훈할 때는 마음 속어로 우러나는 말로는 안 예치만 마너라가 자신예깨 아서는 교회을 못 나가개 대니 일부 미안한 감은 들지만 막상 교회을 가개 대면 밤으로도 혼자 갈 때가 만을 끄시며 평생을 두고 밤, 낮으로 가야 댄다는 것을 생각을 해볼 때에 교회을 그만 두어쓰면 하는 생각이 들며 교희을 밤에 다니는 것은 업쓰며 별문제지만 저녁에 혼자 다닐 꼇을 생각을 하니 못 나가개 하는 것이 정답일 끄수로 본다. 그리고 금일 순이가 혼자 교회을 나가는 것을

볼 때에 어색한 감이 드는구나."

〈1972년 7월 6일 목요일 낡씨 흐림〉

"과일 수학한다고 밭태 김을 안 매고 오늘까지 두어뜬 밭을 동생들과 김을 매는데 점두록 을마 매지을 못하계더라."

지출예 … 〈마너라〉 친정 가는 데 180원

※ 중앙강산대에서는 장마라고 매일 말을 하지만 이곳에는 비가 한번 재대로 안 오고 천수답에 신기 할 수 있두록 하야 농민들이 발을 버치고 잘 수가 있찌 그러치 안너며 마음이 불안한 감을 버릴 수가 업쓸 껏이다.

〈1972년 7월 7일 금요일 낡씨 흐림〉

"어재 마너라 친정 가는데 자신이 과일을 가지고 우래실 동내까지 가가지고 쳐과집에는 들리지 않코 집부로 와버리쓰니 쳐과집에서는 어떠개 생각을 할 끄시며 부모들은 욕을 할 끄시며 자신도 그춤 가서 들리지 않고 그냥 온 것이 잘못시며 자신은 별료 용끈 업시 쳐과에 가개 대면 힘들개 한다고 안 간 것이 큰 잘못을 저질고 마라꾸나."

"우리 콩은 남 먼너 씨부림을 해서 아주 조어며 아시 김매기는 오늘로서 안전이 하고 내일줌 골을 쓰서 북만 주계 대면 반 일 했따고 해도 가연 아니다."

〈1972년 7월 8일 토요일 낡씨 비〉

"밭골을 지어서 동생들과 안전하계 김매기을 하여쓰며 앞푸로 한두 번만 매개 대면 콩도 수학기에 들어갈 껏 같다."

"쳐자식이 업쓸 때는 이것도 저것도 모르고 살라왔는데 마너라가 있따 업쓰니 무이미한 시간이 흙으는 것처름 이상하계 돌라가는구나."

※ 사읍을 할려그든 자신의 마음의 길이 헌들리지 안을련지 제금사[재검사]을 해보고 택해보라.

〈1972년 7월 9일 일요일 낡씨 비〉

"깨 모종을 동생들과 같치 다 하고 콩씨과 드물어서 깨 모종을 대치하는 것으로 하로 일과을 조용이 보내고 마랐다."

"우리 마너라 금일 세벽부터 교희 간다고 안절부절하계치. 왜냐하면 우리 집에서는 교희을 못 가키 때문에 자기 집에서는 어느 누구예깨도 타치을 안 바키 때문에 찬송가만 들고 실바람이 나서 비 오는 촉감도 모르고 내 할개을 펴고 갈 껏이 아닌가. 〈왜야고〉 발곱치도 땅 지면에 닷지 않고 코노래 부르면서 갈 껏을 생각을 하니 나 자신이 우섬이 나는구나."

〈1972년 7월 10일 월요일 낡씨 비〉

"비가 진절이 나계 내리기 때문에 아무 일도 못하고 바둑우로 금일 일과을 보내고 마랐다."

"이변 비에 쳐과집에는 물 좀 잡아는지 금금예서 가볼 마음은 변하지만 잘 안 대는 것이 인간의 생할인가바. 쳐과집에도 이변 비로 신기을 못 한다면 벼료 바서는 너저만 가는데 신기을 하는지 극정이 크구나."

※ 자신원 큰 변화 있는 생할을 할 의욕인대 왜 이다지도 변화 업는 생할만 지속대는가.

아 … 이 시간 아까와 이절 수 업쓰리라.

〈1972년 7월 11일 화요일 낡씨 비〉[128]

※ 끈질긴 비 때문에 오전내 골방서 공상을 해본들 별 현명한 일 못 보고 골치만 무급계 만들어 바둑으로 일소해버리고 하로 일과을 보내고 마랐다.

〈1972년 7월 12일 수요일 낡씨 비, 맑음〉
"쳐과 올 때가 대어는데도 오지 않코 있는 것을 보니 형수 보기에 개니 미안에저며 친정에 갈 때는 오 일 잡아서 금일은 올 줄 알랐는대 오지 않는구나. 막상 집배 와도 할 일들은 업찌만 시과에 인사을 바서도 와야 대는데 시집살리 하로라도 적기 할려고 오지 안나바."
"부친 때문에 극정이 이루어 말할 수 업꾸나. 왜야하면 자식을 바서라도 아직 오래 살라개 시야 대는데 자꾸만 건강이 캐운찬타니 이그 정말 가슴이 담담하계 만더는구나."

〈1972년 7월 13일 목요일 낡씨 맑음〉
"감자 수학을 하는데 생각보다 감자가 상한 것이 업고 깨끗하고 감자들이 주먹만 하계 굴거며 소출도 만더라."
그리고 들판에 벼들을 보니 통일벼씨 말고는 벼도 아닌 것 같더며 내년에는 들판 전부가 통일벼씨로 들어갈 꺼 간다. 왜냐하면 통일벼씨는 병충해 업고 다들 깨끗하며 아주 좋은 것을 바서도 내년에 전부가 통일벼씨로 종자을 갈 꺼 같다."
"우리 밥쟁이 무할량으로 놀 작정인대 자신은 금일은 꼭 올 줄 알랐는데 금일도 안 오고 있는 것을 보니 자신이 너무나 존경을 해주어서 급 업시 노는지 그럿치 안너며 특별한 용껀 때문에 못 오고 있는지을 분관을 못하계꾸나."

(서명)

〈1972년 7월 14일 금요일 낡씨 맑음〉
"금일로서 서모사 수학은 끝을 보았쓰며 처음 서모사을 볼 때에 수학이라고는 생각지도 안아야 대갯따고 생각을 한 것이 생각위에 만이 수학을 함 샘이구나."

〈1972년 7월 15일 토요일 낡씨 맑음〉
"이변 장마 바람에 교통이 투들 대어서 뻐스가 안 다니고 있쓰서 우마차로 아홉 개짝을 실고서 김천상회까지 가지고 가서 내고 와버리치만 교통비가 만이 더는 한이 있더라도 뻐스가 농장물을 운송하는 것을 볼 때에 우리 같든 사람은 윌마나 큰 도엄이 댄다는 것을 이재야 절시리 너켜다."
금일지출에 … 쳐제에깨 200원
술값 친구 술값 80원
계 280원

〈1972년 7월 16일 일요일 낡씨 맑음〉
"금년에는 초봄에 일기불순어로 홍자두가 전국어로 바서도 큰 숭년이라고 해도 가연이 아닌대 홍자두가 시장에 처음 추라하면서부터 값어치가 업쓰저는 위유을 몰개꾸나."

〈1972년 7월 17일 월요일 낡씨 맑음〉
"콩 골을 쓰서 자신들이 북을 주고 김매기에 들어가서 일을 해보니 아주 수라며 콩 수학을 할 때까지 김매기는 안 에도 대지 안나 하고 내다보고 있따."
"우리 마너라 교회에 가지 마라고 진담을

128) 이하의 내용은 오른쪽에서부터 세로쓰기로 기록되어 있다.

농담 비썻하계 안 갈 끄라고 이야기을 해보니까 가야 한다고 발부등을 쳐면서 말을 하는 것을 볼 때에 교회을 못 나가개 할려면 왜로가 이만저만 댈 꼇이 아니며 보통일이 아니라고 생각을 하고 있따."

〈1972년 7월 18일 화요일 낢씨 맑음〉

"굼 도랑에 풀 재거할려고 동민 전원이 나와서 일을 하는데 일 능률이 업쓸 뿐 아니라 자신들의 일처름 하계 대면 수라개 할 꺼대 공동일이라고 너무들 하더라."

"우리 마너라와 매일 저녁마다 교회 문제로 진담 반 농담 반 혼합댄 말을 하고 지날 때에 서로가 좋은 인상이 안 대고 있는 것을 볼 때에 자신원 어울하며 아직 내 쳐는 나의 심정을 속 깊이는 모러고 있따."

〈1972년 7월 19일 수요일 낢씨 맑음〉

"자신에 할 일을 예비군 순예교육만 밭고 난다면 결정을 지우갰는데 예비군 순예교육이 아직 열락도 업쓸 뿐 아니라 〈미정〉에 노여 있쓰서 자신에 할 일들이 흐리저기만 하고 있구나."

"사람이 죽어라는 법은 업따고 본다. 예냐하면 예부에서 보기는 초라하기 짝이 업는 인생들도 남들과 갈치 살고 있쓰니까."

〈1972년 7월 20일 목요일 낢씨 맑음〉

"농촌을 버서나서 무선 일을 한다 해도 농촌문지을 먹어며 일을 하는 것보다는 멧 갑절 나리라고 자신은 학신한다."

"현 사회가 무지무지하계 급이 나는구나. 왜냐하면 사회에 국가공무원을 한다 해도 겨우 생할 유지밖에 할 수가 업쓰니 이가 삶라가는 데는 투지와 인내박에 업따고 저는 너켜다."

영한이 육성해비값과 총정리값 … 630원 140원 계 770원

〈1972년 7월 21일 금요일 낢씨 맑음〉

"봉답 논에 이화명충약 살표하고 들까지 밭태 체소 갈려고 잡초을 전부 재거하여쓰며 앞푸로 이랑을 만더려 씨값씨만 푸리계 대면 가을 재소는 갈 수가 있다."

"요줌은 작읍을 하는 시간과 휴식을 하는 시간과 따지계 대면 일하는 시간이 아주 적다고 해도 가연이 아니다."

〈1972년 7월 22일 토요일 낢씨 맑음〉

"아직 나 자신원 갈피을 못 잡고 하로하로 생할을 할려고 더니 맡당이 자신이 하여야 댄다는 일들도 자꾸만 미루고 있키 때문에 내 생할은 자신도 모르게 태보가 대는구나."

※ 인간은 후예을 하는 자는 그만큼 바보가 댄다.

〈1972년 7월 23일 일요일 낢씨 맑음〉

"자신원 이재야 교회 다니는 사람의 심적을 절시리 너켜다. 왜야하면 교인들은 미더면서 가정생할을 착실이 한다고 말을 하지만 다들 그짓시다. 자신이 보고 넛켜쓸 때에 모든 일과는 형식적인 것에 불과하며 〈매주〉 주일 지키는 대만 신경을 쓰며 교인 쳐고 요일 모러고 살라 사라가는 사람 업는데 어이 모든 일들을 착실이 하며 살라갈 수 있쓰리까."

※ 우리 마너라 우선에는 모든 일들을 착실이 하며 자신에깨도 잘들 하는데 이 결실이 알맹이가 든 인간이 대어주기을 빌개노라."

(서명) 7/23

〈1972년 7월 24일 월요일 낡씨 비〉

"일할 시간 안 지킨다고 동생들에깨 말을 마구로 하면서 혼을 냇든니 동생들이 아주 들 존 안색을 하는 것을 볼 때에 자신은 너무나 동생들에깨 마구을 하는 모양인대 앞푸론 말 마듸을 선하계 할 껏을 오늘부터 결위한다."

"우리 마너라는 마너라가 아니라 자신의 노리개깜이며 장난깜이며 자신에 친구 모양 만나면 장난을 치고 십번 마음 용소섬쳐고 십번 심정이 터나지을 안는구나."

〈1972년 7월 25일 화요일 낡씨 비〉

"일기불순어로 하로 일과을 무이미하계 보내고 마라다."

"자신이 집배 있쓸 동안이나마 열심이 일을 해야 대갯다. 왜냐하면 자신이 하고 십번 일들이 뜻대로 안 대고 있쓰서 무선 일들도 손에 안 글리고 해서 무이미한 시간을 만니 보내고 지내왔는데 앞푸론 하로하로 생할을 착실이 실행해야 대개따는 것을 너켜다."

〈1972년 7월 26일 수요일 낡씨 비〉 〈태풍〉

"자신이 생각을 해도 고약하다고 밑고 있따. 왜냐히먼 자신이 동생들을 갱장이 아키면서 동생들의 행동이 조금만 틀리계 대면 손길이 올라가니 이그 손버릇이 낮빠서 보통일이 아니구나."

"금일 태풍 때문에 우리 자두가 그진 다 떨어저다십피 해서 속 아푼 마음 금할 길 업쓰며 그 놈의 태풍이 하로만 너깨 불어왔쓰도 자두 수학을 안전이 할 수가 있는데 그 놈 태풍 때문에 불캐한 하로가 대고 마랐다."

〈1972년 7월 27일 목요일 낡씨 비〉

"자신원 형제관키리 우정을 안 버리고 삶라 볼 결심이다."

"인간은 보람을 이저서는 안 대며 인간의 뜻을 남기고 살라저야 이 땅에도 남음이 있따."

(서명) 7/27日

〈1972년 7월 28일 금요일 낡씨 맑음〉

"금일 국수털래 쌀을 눌리 보니 무진장으로 힘이 만이 들어서 국수 밸라면 힘이 들어서 못할 껏 같더며 국수털 사온 것이 미래 바서는 잘 쌋다고 보지만 우선에 바서 국수을 뺄라고 더니 힘이 들어서 못하계쓰며 여관 큰 일이 아니라고 생각하며 금년 바서는 큰 손에가 대고 말 껏 같다."

"자신의 계산을 무진장으로 야물개 대어서 실천을 하는데도 계산이 틀리계 도라가니 이그 정말 기신 탐복할 일이다."

〈1972년 7월 29일 토요일 낡씨 맑음〉

"금일로서 홍자두 수학을 안전이 한 샘이 대며 금년에는 과일이 끝낮쓰며 금년 과일을 마지막 보내는 심정 시원섭섭하계 보내고 마는구나."

〈1972년 7월 30일 일요일 낡씨 맑음〉

"정말 돈 벌기 힘더는구나. 자신은 국수 빼는 데는 여사로 여기떠니 이재 와서 일을 해보니 돈 냄새가 날 정도로 힘이 들며 자신보다 주위 사람들이 구슬땀을 흛리는 것을 보니 더 미안하기 짝이 업꾸나."

"사람이 중노동을 해서는 돈을 벌어바야 알찬 돈이 아니라고 생각을 한다. 왜냐하면 건강이 필요하니까."

"돈은 정신적 교통을 더리서 돈을 버러야 알맹이 있는 돈이라 말하고 십다."

범식이 40斤 24kg 40〃[斤] 200

〈1972년 7월 31일 월요일 낡씨 비〉
"돈 한 푼 벌라니 땀방울로 모욕을 하다싶피 하여야 돈을 버는데 친구들과 어울리면 여사로 돈 낭비 할 때가 만은 것을 보며 아직 돈 질리는 속 깊이 모러고 있따 해도 가위 버서나는 말은 아니라고 본다."
세준에 50斤 31kg 50〃 250원

(7月)

〈월말 총지출 금액〉

안약	120원	계 480원
노트	80원	
친구 술값	80원	
쳐제깨에	200원	

〈1972년 8월 1일 화요일 낡씨 맑음〉
"남을 밑고 사읍을 하지 말라. 형제관키리도 미더서 일한 것이 추라벌이 이러나는데 어찌 남을 밑고 사읍을 할 수가 있캐는가."
"사람이 절머서 고생하여 돈을 버러야 댄다고는 하지만 정말 돈 벌기 이루어 말할 수 업꾸나."
"고추나무들이 가물어서 고추들이 락화대는 것을 보니 수일 내로 비가 시급한대 수일 내로 비가 안 온다면 밭곡석은 실패가 만치 안나 내다보고 있다."
제옥 → 100원 15kg 25 … 125원 운악이 … 17kg 27.2부 … 135원

〈1972년 8월 2일 수요일 낡씨 비〉
"인간이 살려면 주위의 인간이 업쓰며 살지 못하나."
"사람이 속으며 사는 것이 인간의 본능이며 사람의 속대로 못하는 것이 인간의 본능인가바."

〈1972년 8월 3일 목요일 낡씨 비〉
"육춘 형님 기지사 지내는데 우리 지반 형제들과 마지막 마지막 잔을 올릴 때에 나 자신도 일 년 전에 이 서름이 있쓰따는 심정을 생각을 할 때에 서러운 마음 검할 길 업꾸나."
"사람이 억찌로 편하계 대어도 좋다는 옛날 사람의 풍섭이 있찌만 사람이 마음적으로 편하계 대어야지 인간의 짐미을 차절 수가 있찌 억찌로 편한 인간은 사람의 본심을 차절 길 업노라."

〈1972년 8월 4일 금요일 낡씨 비〉
"무이미한 시간만 지속대며 쳐자식과 마음적으로 따뜻하계 살라볼 결심을 했는 놈인대 요줌 교회에 문제로 마음을 상하계 하며 앞푸론 교회문제로 타지[터치]을 안 알 끄시며 나 자신원 자신은 대로 따뜻한 생할만 할 의욕이며 나 혼자만 만족하계 살라가는 것이 간편하계 댈 끗이다."
※ 자신도 어리석기 짝이 업는 놈이구나. 여자는 도라서면 남인대 왜 여자을 따뜻하계 바치서 살려고 더는지을 알 수가 업꾸나.

〈1972년 8월 5일 토요일 낡씨 맑음〉
"돈 만은 재벌도 돈을 모얼 때는 자신처름 구슬땀을 흙리면서 버러쓸까. 아니야. 수라개 버러깨지."
"인간이 직업 변경하기가 이쳐름 힘이 더는지 나 자신도 지쳐서 쓰러질 정도가 대노라."

종화 〈36kg, 57.6 285원{〉}

〈1972년 8월 6일 일요일 낡씨 흐림〉

“교인 집에 놀로 가니 남편이 아들을 대리고 있는 것을 보니 처랑해 보이더라. 왜냐하면 여자가 남편에개 아들을 막기고 교회 간다고 가고 업쓰니 자신이 보기에도 허전해 보이며 자신도 쳐자식이 교인이지만 그래 살고 십지는 십 분에 일도 업다.”

“들판에는 곡석들이 물결치는 간경을 보니 어된가 모러개 마음이 캐알하며 오곡시절도 때는 다 대어꾸나.”

49.6 … 245원

경희 31kg 칠성이 26kg 41.6 … 205원

〈1972년 8월 7일 월요일 낡씨 흐림〉

“이제 제법 국수 빼는 데 이숙하며 자신이 바도 잘 나오며 국수을 내걸어 나도 부끄럽지 안캐 이숙햇젓다.”

41.6 … 205원

인구 26kg 상내기 25kg 40斤 … 200원

〈1972년 8월 8일 화요일 낡씨 비〉

“요줌은 국수 빼는 일과만 지나개 대며 하로 일과을 갈치 보내고 만다.”

“사람이 어떠개 삶매 보람을 가지고 삶라갈 껏신가. 어떠개 해야만 남보다 따뜻한 사랑을 가지고 살라볼 끄신가 극정이 이루어 말할 수 업꾸나.”

금일지출에 … 예비군 명찰 30원 재앙군인
가입금 50원
계 80원

학수 17kg 27.2 … 135원 원덕이 20kg 32斤 … 160원 송구 31kg 49.6 … 240원

〈1972년 8월 9일 수요일 낡씨 비〉

“일기불순어로 아무 일도 못하고 무이미한 일과을 보내고 말랐다.”

“사람은 자신의 분수에 맡개 놀라야 인간의 뜻을 차줄 수 있따고 본다.”

성부이 31.5백kg 49.6 … 245.4전

〈현재 299kg〉

〈1972년 8월 10일 목요일 낡씨 흐림〉

“자신에 일에 약한 여자의 몸어로 그들어 줄라고 예을 쓰는 마음 너무나 감사해서 일을 시키지을 못하계더라.”

“사람이 정을 버리면 살지 못한다.”

〈1972년 8월 11일 금요일 낡씨 흐림〉

“요줌 날씨 변득서럽개 노라서 벼에 지장이 만치 않을까 내다보고 있따. 왜냐하면 아침 저녁으로 찬바람이 불고 사람이 추어서 오골라들 정도가 대니 벼들에 해가 만을 끝이다.”

“매물 갈 때에 잡초 재거하는데 힘이 매우 들며 오늘로서 잡초 재거는 안전이 하여쓰며 앞푸론 씨값씨만 푸리개 대면 끝이 남샘이 댄다.”

〈1972년 8월 12일 토요일 낡씨 비〉

“매물씨을 오늘로서 씨부림을 하였는데 매물씨 씨부림이 너전 감이 있는데 어떠개 댈런지을 몰개꾸나.”

“농촌에서도 사개절 다 일을 할 수가 있쓰며 농촌도 잘 살 수 있쓸 땐대 농촌에는 자신이 생각을 하여도 노는 시간이 너무 만아서 잘 살지 못하나바.”

〈1972년 8월 13일 일요일 낡씨 흐림〉

“어머님 산소에 잡풀이 만아서 전부 재그하

고 과수 밑태 풀을 배어 태비 할려고 동생들과 같치 하로 일과을 보내고 말랐다."
"여자일수록 교향이 있쓰야 과정생할이 따뜻하리라."

〈1972년 8월 14일 월요일 낡씨 흐림〉
"들거름을 할려고 더니 할 때도 업쓸 뿐 아니라 사람이 더어서 못하계쓰며 우리 마을 쳐고 흙그름 할 때가 업쓰서 앞푸로 논도 피답을 만들지 안나 하고 염려가 대는구나."

〈1972년 8월 15일 화요일 낡씨 흐림〉
"자신은 청년회원도 아니라서 형 대신에 임시총회 하는 데 참석을 했던니 청년회 부해장을 하라고 하는데 자신은 능력도 업고 해서 못하계따고 멧 번을 그절해도 홰원 전원이 해보라고 그내서 어쩔 수 업시 부해장을 직책을 맡깨 대서 이 직책을 책임 있깨 운영을 할련지 염려서럽꾸나."
금일지출 … 〈청년회에 돌부리에〉 250원

〈1972년 8월 16일 수요일 낡씨 비〉
"들거름을 우마차로 일하는 일과로 하로 해을 보내고 말랐다."
※ 이그 시간 여유가 만으니까 공상시간도 아주 만아저서 건강에도 시달림을 바들 정도다.

〈1972년 8월 17일 목요일 낡씨 비〉
"남들도 나처름 돈 벌 욕{심}이 터나지을 않을 참이며 밥을 먹고 사는 사람이라면 돈을 벌라고 발부등을 쳐는 것을 물리쳐고 사라가야 대개따는 것을 생각을 하니 머리가 빠재저는 것 갈치 머리가 잉해절 때가 한두 번이 아니구가."
"금일 청년회원들이 마을 앞배 정자나무 밑태 노리터을 보수작읍을 하는데 생각 위에 만이 나와서 일을 하는 것을 볼 때에 자신으로 기쁘며 나이가 만은 사람들이 빠짐업시 나와서 효조을 하는 것을 볼 때에 감사한 마음 검할 길 업더라."

〈1972년 8월 18일 금요일 낡씨 비〉
"예비군 순예교육이라서 아포교육장에 현역들이 와서 교육을 갈치는데 작년도 현역들보다 수라개 갈치며 사병들도 아주 좋아서 이변 교육은 아주 수라개 밭고 마랐다."
※ 인간은 예무가 말따고 속까지는 말지 안다.
※ 인간은 속이 말가야 참댄 인간이다.

〈1972년 8월 19일 토요일 낡씨 비〉
"오늘로서 예비군 순예교육은 맡치쓰며 우기 간개로 교육을 오전에만 하고 말랐다."
"무우 씨값씨가 나지을 안아서 극정이 대더니 이재야 충분이 비가 내리고 해서 씨값씨을 갈개 대면 아주 잘 나리라고 생각을 한다."
금일지출 … 〈합승비값〉 35원

〈1972년 8월 20일 일요일 낡씨 비〉
"당파 갈 때는 이랑을 만들어 씨을 안전이 뿌리쓰며 금년 당파는 오늘로서 끝을 보았다."
"올해는 콩입에 떠물이 업더라. 왜 그런지 낡씨가 추원 간개로 업는지 이상하계 업쓰서 콩이 깨껏해서 잘 대리라고 생각을 하는데 어떠개 댈란지 몰갯꾸나."

〈1972년 8월 21일 월요일 낡씨 흐림〉

"우리 마을 향군과 사예치[4H]와 축구시합으로 술 한 말 냇기을 하는데 자신이 향군 대표로 나가서 죽두록 뛰어 다니고 저고 말랐서 향군들 전원이 삼십 원식을 내어서 〈사예치〉 아들에깨 술을 내고 말랐다."
"우선 바서 우리 벼가 깨끗한데 혹 나중에 병이라도 친입할까바 미리 예방을 한다고 금일 봉답 논에 약 살표했쓰며 수일 내로 이화명충약을 살표해야 벼예 약 살표는 전부 끝나개 댄다."
금일지출에 … 30원

〈1972년 8월 22일 화요일 낡씨 맑음〉
"예비군훌련 때문에 여간 고질이 아니구나. 이변에 순예교육만 밭고 나면 객지에 나갈 수가 있깨지 하고 단단이 밑고 있는데 또 구월 6日 날에 순예교육 이 차가 있따니 자신원 객지에 나가지 말라라는 팔짠지 예 장해물이 만원지 알 수가 업꾸나."
"사엣치 발쪽하는데 찬조금을 달라고 이야기을 하는데 청년회 부회장으로 찬조을 안 알 수도 업고 해서 200원 찬조을 하고 말랐다."
금일지출에 … 〈사엣치예깨〉 200원

〈1972년 8월 23일 수요일 낡씨 맑음〉
"금년 벼농사는 우선 바서 잘 지어따고 바도 가연이 아닌대 뒤 낡씨가 어떠개 댈련지는 몰라도 풍작이 댈 끄수로 보고 있다."

〈1972년 8월 24일 목요일 낡씨 흐림〉
"자신원 어느 길로 글어야 삶매 뜻을 차절수가 있쓸까 하고 극정 때문에 들래 나가도 일도 안 대고 이른 상태로 일 년만 지속댄다면 아… 안전이 바보가 댈 정도로 생각하고 있따."

〈1972년 8월 25일 금요일 낡씨 비〉
"벼가 한잠 올라오고 있는데 이번 비가 곱계 오지 않코 우악서럽개만 내리고고 있쓰니 이번 비에 벼들이 피해가 만을 끄수로 본다."
"가을 채소가 대다수가 씨가 고로 서지 않코 가물에 콩 나더서 쓰있쓰니 가꾸기 힘이 들며 세 모종을 한 것이 충실이 자라지 못하고 있쓰서 수학량은 아주 적을 끄수로 본다."

〈"1972년 8월 26일 토요일 낡씨 비〉
"사엣치 발촉한다고 동민들예깨 선서식을 올리고 그창하계 지냉하는대 앞푸로 운영이 잘대어 갈련지 어심서러우며 운영이 안 댄다면 더 욕을 철끄선 사실이다."

〈1972년 8월 27일 일요일 낡씨 비〉
"우리 마너라 매일 피곤하다면서 이야기을 하는 것을 볼 때에 극정이 대더라. 왜냐하면 하나밖에 업는 마느라가 할기 있깨 놀지 않코 곤난 얼굴을 볼 때에 저 싱싱한 몸이 매일 곤하계 보이니 무선 간계가 있는지을 알 수가 업쓰며 매일 극정이 댄다."

〈1972년 8월 28일 월요일 낡씨 흐림〉
"무우 씨가 잘 나지을 안아서 금일로 무우 씨을 다시 심고 했는대 잘 날란지는 몰라도 앞푸론 무우 씨을 갈 때는 비료을 하지 말고 씨값씨가 선 뒤에 하던지 그러치 안너며 씨 뿌리기 삼 일 전에 비료질을 하여야 씨값씨가 잘 서리라고 생각을 하고 있다."

〈1972년 8월 29일 화요일 낡씨 비〉

“아낙내들이 모내기 한다고 법석대는 낡이 어재 같던대 산마루에서 내리다본 들판 푼경원 금빛 모양 호화스럽개 늠실그린 벼들 모섭을 지웁지 않캐 바라보고 십더라.
금일지출에 … 약 200원

〈1972년 8월 30일 수요일 낡씨 비〉

“일기불순으로 무이미한 하로 일과을 보내고 마랐다.”
금일지출에 … 마이신약 200원

〈1972년 8월 31일 목요일 낡씨 비〉

이그 보통일이 아니구나. 왜냐하면 자신이 생각을 해바도 삶의 힘이 점점 희박해저가고 이따는 너킴이 더니 보통일이 아니구나.

⑧月

“월말 총지출 금액”

예비군 명찰값	30원	계 995원
제앙군인 가입금	50원	
청년회 돌부리	250원	
합승값	65원	
찬조금액	200원	
약값	400원	

〈1972년 9월 1일 금요일 낡씨 비〉

“요줌은 낡씨가 고루지 못하고 비가 조금식 내리며 개속 흐리기만 하는데 이그 벼에 큰 해가 오지 안나 하고 염려가 대며 고추에는 현재 큰 해을 보고 있따.”
“자신이 휴식을 하면서도 지반 식구들에깨들 미안했저는 감이 있는 것을 볼 때에 그만침 자신의 선격을 바리따고 해도 가연이 아니다.”

〈1972년 9월 2일 토요일 낡씨 맑음〉

“위우지에 우물 파는데 우마차로 자갈을 한 바리 실러주는 것으로 하로 일과을 보내고 마랐다.”
“자신이 일을 열심이 할려고 마음을 단단이 가지고 일에 열줌을 해도 자신도 모러개 삶의 극정으로 들어가며 자신이 생각을 했볼 때에 이처름 삶의 극정을 안 아고 바람이 부는 대로 사라가도 먹고 살 수가 있따고 보는데도 삶의 극정 때문에 일이 안 대니 보통일이 아니다.”
지출에 … 〈우마차에 바람값〉 170원

〈1972년 9월 3일 일요일 낡씨 맑음〉

“금년 벼에는 목도열병 예방을 오늘로서 안전이 맡쳐쓰며 벼에는 약 살표 작업은 안전이 손을 나왔따고 할 수 있따.”
“우리 마너라 건강에 아무런 이상이 업따면서 매일매일 곤하다고 하는 것을 볼 때에 자신은 마음이 머라 말할 수 업씨 뛰고 있꾸나.”

〈1972년 9월 4일 월요일 낡씨 비〉

“들래 오곡을 바서도 매일 맑은 낡씨만 보이도 벼알이 충실하지 못한 알이 만을 끈대 요줌은 매일 비가 오고 흐린 날씨만 보이기 때문에 오곡들이 충실이 자라지을 못하계 따고 본다.”
“무선 일에도 흥미을 가지고 일을 못하계쓰며 이 상태로 오래 간다면 여사 일이 아니라고 본다.”

〈1972년 9월 5일 화요일 낡씨 맑음〉

“우리 우물은 식수가 안 대어서 공동우물을 식수을 할려고 골목을 절단시키서 일을 해

보니 생각 위에 힘이 들며 한 집 두 집 가지고 일을 했더라면 일도 안공 못하고 예만 먹고 말 뿐예다."
"우물을 땐기는데 힘이 들 뿐 아니라 보는 사람들마다 마너라 편하계 할려고 큰일을 한다고 인사을 보는 사람마다 해서 숙쓰럽더라."
지출에 … 〈약〉 460원

〈1972년 9월 6일 수요일 낡씨 흐림〉
"금년 예비군 순예교육은 오늘과 내일만 발개 대면 교육이란 글짜는 끝을 보며 마지막 일과가 댈 껏이다."
지출에 … 〈껌〉 20원

〈1972년 9월 7일 목요일 낡씨 맑음〉
"오늘로서 순예교육은 전부 끝이 낮다."

〈1972년 9월 8일 금요일 낡씨 맑음〉
김천도리병원에 가서 검사을 해본 결과 아무런 병도 업따고 해서 피검사을 할려고 피을 뽑아 놓고 검정을 못하고 월요일낡 가개 대면 검정결과가 나온다고 하는데 자신원 하로도 불안한대 삼일이나 기다리야 대니 극정이 이루어 말할 수가 업꾸나.
금일지출에 … 〈진찰비 값〉 700원
〈함석값〉 500
계 1,200원

〈1972년 9월 9일 토요일 낡씨 맑음〉
"밤을 자고 나니까 만니 부어서 극정이 대어 월요일날 오라고 하는 것을 금일 올라가서 피검사한 것을 본 결과 아무 이상이 업따고 해도 마음이 캐알하지 않코 욕을 보지 않을까 극정이 대는구나."
지출에 … 〈합승비값〉 90원
〈덱스타연고〉 150원
계 240원

〈1972년 9월 10일 일요일 낡씨 맑음〉
"결혼할 때에 교인한태 장가간다고 하니까 교인 아닌 사람이 교인예깨 가개 대면 의사가 잘 안 맡는다고 잘 생각을 해서 하라고 이야기들 하든니 이재야 그 이야기가 꼬리을 물고 이러쓰는구나. 이 꼬리가 수그러지 않코 이러선다면 자신의 성격은 180도로 변하고 말 끄시다."
(서명) 9/10月

〈1972년 9월 11일 월요일 낡씨 맑음〉
"우물에 세멘 할려고 아포까지 세멘 사료 가서 셋 표에 1140원 주고 사왔서 우물에 수리을 하는데 세멘이 한 포 반 모래가 우마차로 두 차을 가지고 우물을 안전이 수리하고 중관 새암에서 빠이프로 탠기는데는 힘이야 들어찌만 이재야 물을 먹을 수 있따는 것이 이 그 더 기쁨을 줄 수가 있깨는가."
지출에 … 〈센멘 셋 포에〉 1,140원

〈1972년 9월 12일 화요일 낡씨 맑음〉
"우리 마너라 새근새근 잠잘 때에 가슴을 어루어 씨다더멀 때에 그 채온도 따뜻하지만 자신의 마음도 따뜻하며 앞푸로 이그 더 따뜻하계 살라갈 마음 용소섬쳐는구나."
"인간은 먼저 돈보다 따뜻한 채온이 더 필요하며 따스한 사랑의 손길 업씨는 살 수가 업따고 본다."

〈1972년 9월 13일 수요일 낡씨 비〉
"나 자신원 삶매 극정 업시 살 수 있따고

자신을 가지면서도 살의 한 구석은 어떠개 살라갈까 하고 극정이 대는구나."
"세월 이다지도 빠르까. 자신이 콩씨가 더 물어서 콩 머더린 적이 어재 같든데 벌서 콩잎언 노라깨 물더리고 수학기에 들고 있쓰니 한 것 업시 세월은 말업시 흙으버리는 것이 아쉽꾸나."

〈1972년 9월 14일 목요일 낡씨 비〉
"시금치 갈 때에 인분을 한 불 주어쓰며 씨 값씨만 뿌림을 하계 대면 끝이 난 샘이 댄다."
"대도시에 상업하는 사람은 몰라도 소도시에 상업하는 사람들은 사업이 안 댈 끄수로 본다. 예냐하면 마을를 도라다니면서 행상하는 사람도 만을 뿐 아니라 협동조합은 우마차을 몰고 다니면서 상업을 하고 있는 것을 볼 때에 도시에 배기서 장사을 하고 있는 사람은 앞푸로 상업이 안 댈 끄수로 자신원 보고 있따."

〈1972년 9월 15일 금요일 낡씨 맑음〉
"동생과 콩입이 누러개 물더러 소 먹이 할려고 따버리고 말랐다."
"사람은 부지런한 사람 따로 업따고 본다. 예냐하면 한경에 맡지 안너며 자연적 일손을 놋개 대니 결과적으로 부지른한 사람 업따고 자신은 너켰다."

〈1972년 9월 16일 토요일 낡씨 흐림〉
"정부에서는 적십자회담이 열을 올리지만 상대방에서는 적십자 본능을 버리고 어뒨가 모러개 얼맨 소리만 하고 있는 것을 볼 때에 통일이니 머니 해도 우리 대에는 통일이 불가능으로 보며 우리 후대는 통일이 댈련지 알 수가 업꾸나."
"무이미한 시간을 보내는 것을 매우 아깝개 여기면서도 실행을 못하고 있쓰니 가슴만 벅차개 만더는구나."

〈1972년 9월 17일 일요일 낡씨 비〉
"자신에깨 말도 업시 교희에 나가는 것을 볼 때에 장가 잘못 갈다는 결론이 나오는구나. 예냐하면 아직까지 부모도 계시고 다들 개시는데도 미안한 감 업씨 말도 업씨 가는 것을 볼 때에 만약 자신이 탈태한다면 만가지 일들 재쳐놋고 갈 껏이 아닌가. 왜 나라는 인간원 남 못할 짓 안 했는데 왜 검원 구름에 힙싸개 하는가 따분하구나. 하로만 넛깨 말을 했따면 대구 쳐녀와 결혼을 했쓸 껏이 아닌가. 대구 쳐녀와 결혼을 했따면 평생 골치을 안 예도 살라갈 껏이 아닌가."
"때 놓친 인간 망치로 골통 마전 것 같치 멍하기만 대어 버리는구나."

(서명) 9/17日

〈1972년 9월 18일 월요일 낡씨 맑음〉
"어재 저녁에는 마너라 말도 더러보지 안코 화을 낸 것이 잘못이 대어꾸나. 예냐하면 교희을 다녀와서 말을 하는 것을 들을 때에 어쩔 수 업시 같따고 이야기을 할 때에 자신이 성급이 화을 낸 것이 잘못이라 너켜쓰며 앞푸론 이른 불상사가 업두록 노력하계 따."

〈1972년 9월 19일 화요일 낡씨 비〉
"가을보리 갈 두엄을 우마차로 실어내는 것으로 하로 일과을 보내고 마랐다."
지출에 … 〈쳐제와〉 과자 100원

〈1972년 9월 20일 수요일〉
"어떤 길로 가야 좋을찌 결정을 지울 수가 업쎠니 골치만 무급계 만들어지는구나."
"우선 바서는 마너라 속이 쫍지는 안는데 세월이 흘그며 성격 차위점이 있쓸란지는 몰라도 우선 살라가는 데는 평하지 안나 하고 내다보고 있따."
수입 … 국수털로 번 돈이 7,000원

〈1972년 9월 21일 목요일 낡씨 맑음〉
"자신은 추석낡에 성배할 준비도 않코 뒤바라지 하는 데 하로 일과 지나가고 말랐쓰며 요줌은 아이들도 명절이라고 분주하계 낢뛰는 놈도 업쓰며 추석을 조용이 는길 너킴이 더는구나."
지출에 … 〈이발료〉 100원

〈1972년 9월 22일 금요일 낡씨 비〉
"금일이 추석 한가위인데 때 아닌 비 때문에 수학도 감수댈 뿐만 아니라 사람예깨도 불켸한 감이 떠나지을 안는구나."
"우리 집안에서는 비을 마저면서 성묘에 다녀왔따."

〈1972년 9월 23일 토요일 낡씨 흐림〉
"금일 쳐과 간다고 단둘리서 걸어갈 때에 행복감이 들며 만원뻐스에 몸을 실어서 그처름 시달림을 바다가면서도 지루한 감 업씨 쳐과까지 무시이 도착하였다."
지출에 … 이발료 50 술 130원
과자 100원 합승비값 70원
계 350원

〈1972년 9월 24일 일요일 낡씨 맑음〉
"쳐과에 쳐제들과 놀면서 고기는 마음끝 먹을 수가 있쓴는데 급이 나서 먹지 못하니까 그 섭섭한 마음 격껴보지 못하고는 모을 껏이다."
"그리고 금일 저녁에는 집배 올라고 인사까지 드리고 올라고 더는데 온 집안 식구끼리 전부가 가지 마라고 말리는 바람에 집배 가지 못하고 쳐제들과 금일 저녁을 보내고 말랐다."

〈1972년 9월 25일 월요일 낡씨 비〉
"쳐과에서 잘 놀고 오는데 쳐제들이 도로변에까지 나와서 인사까지 하는 것을 볼 때에 자신 속으로는 만족감을 가지며 앞푸론 더 가깝개 지내두록 노력하계따."
"요줌은 낡씨 변득서르며 벼 이삭이 만이 말라죽는 것을 볼 때에 금년 농사가 까다러며 큰 숭년이 아닌가 내다보고 있따."
지출 … 펜촉 10원
계 10원

〈1972년 9월 26일 화요일 낡씨 맑음〉
"콩을 해장에 전부 뽑아버리고 나니까 마을래 산소 축대 싸는데 일 좀 그들어 달라고 하길에 일을 하면서도 생각에 사람이 살라가면서 남이 보라 뜻이 대는지 그러치 안너며 죽원 영혼이 정말 좋은지 의심서르며 이 뜻을 볼 때에 조상을 너무나 성기도 안 대며 너머나 천대해도 좋치 안타고 보며 사람이 분수에 맡깨 존경을 하는 것이 제일 좋다고 생각을 하고 있다."
"금일은 마너라가 안 올 줄 분명이 알면서도 마너라가 방에 업쓰니 허전한 감이 들며 방 온도가 찬 기운이 더는 기분이 대는구나."

〈1972년 9월 27일 수요일 낡씨 흐림〉
"힌콩 타작은 오늘로서 끝을 보았쓰며 콩 낮깨비는 적으도 콩알이 굴그서 수학량이 작년과 별다름 업씨 생산이 같이 대더라."
지출에 … 〈쳐재와 갈치 노는 데〉 100원

〈1972년 9월 28일 목요일 낡씨 비〉
"아까시와을 하는데 작년 비에서 적개쓰며 금년 바서 우수가 자자는데 어째서 만이 자라지을 못해는지을 알 수가 업꾸나."
"아까시와을 하면서 생각을 해도 집배는 일할 사람이 있쓰니까 단 한 푼이라도 벌로 나가야지 하는 생각이 머리에 떠나지을 안치만 한편으로 한 푼도 못 빌며 집배 사람 보기에 미안감만 들지 않나 하고 뒤번벅이 대어서 일도 제대로 안 대더라."

〈1972년 9월 29일 금요일 낡씨 맑음〉
"동생과 둘리서 아까시와 하는 것으로 금일과을 보내고 말랐다."
"여자들이란 남자들과는 천지차이구나. 왜냐하면 옻을 날 보고는 안 싸찌만 꼬마 쳐제가 언니을 바서 자신의 티쌰쓰을 사준 것이지만 마음먹는 것이 놀랍꾸나."
금일지출에 … 〈푸라소론 연고약〉 100원

〈1972년 9월 30일 토요일〉
"구 월의 시절도 오늘로서 접어저는구나. 구 월의 일들도 들추본다면 무었시라고 말할 수 업는 시간을 보내고 마랐다."
"형과 둘리서 아까시와을 하는데 너저도 삼일 인내로 안전하계 끝을 볼 예정이다."

⑨月

"월말 총지출 금액"

우마차 바람값	170원	
약값	460원	
껌값	20원	
진찰값	700원	
함석값	500원	
합승값	160원	
덱스타 연고	150원	계 3,900원
세멘 셋 포값	1,140원	
처제와 과자값	400원	
이발료값	150원	
술값	140원	
펜촉값	10원	
푸타소론 언고약값	100원	

(월말 총수입)
수입 … 7,000원

〈내지5〉
金陵郡 牙浦面 大新洞 三區
權純德

〈내지6〉
경북 금릉군 아포면 대신 三구 589번지
권순덕 用

〈1972년 10월 1일 일요일 낡씨 흐림〉
"아까시와을 형과 둘리서 지개로 모다서 개는데 반 정도 개니까 해도 서산에 저물어버리고 힘이 업쓰서 형예깨 그만 하고 집배 가자고 하니까 낡씨 흐리다면서 다 하고 가자고 하길에 어떠깨 할 수도 업고 해서 아까시와을 개는데에 몸부림을 쳐서 다 개고 나니까 아까시와 빗까리가 아장창하고 넘어저는데 욕이 절로 나오며 그만 집배 아버리고 말랐다."

〈1972년 10월 2일 월요일 낡씨 맑음〉

"오늘로서 아까시와을 안전이 일손을 맡치고 말랐다."

"현 사회는 정말 살기 좋은 새상이다. 왜냐하면 농촌에도 전기불이 번쩍이고 서울에서 일어나는 일들을 농촌에서도 직각찍각 알 수 있는 이 새상을 보지 못하고 죽어간 사람들이 불상하며 득우나 우리 어머님이 예돌바서 속 깊이 생각을 하지 못하계꾸나."

지출에 … 〈쳐 감기약, 노트〉 250원

〈1972년 10월 3일 화요일 낡씨 비〉

〈쳐 생일 일자〉 (서명) 10/3日 음력 8月 26日

"금일이 쳐 생일이며 자신예계 와서 쳣 생일을 마지하계 댄 대 대에서 매우 기쁘며 자신에 생각 갈타서는 좋은 음식을 하여쓰며 하는 생각 용소섬쳐나 가족이 있고 부친이 계시니 어떠개 할 수도 업쓸 뿐 아니라 자신의로서는 만족하계 못한 대 대예서 미안감이 더는구나."

"때 아닌 비가 내리서 사람의 성격을 불캐하셰 만들어 비리는구나."

〈1972년 10월 4일 수요일 낡씨 비〉

"자신도 모러개 지나간 일기책을 보고 십펴서 한 장 한 장 너겨 볼 때에 어머님 죽어간 서러움이 복바쳐 눈물이 그저 흐러기만 하며 쳐자식 있는데도 눈물 쏘다저서 미안감이 들어도 어쩔 수 업시 한참 흙이리고 말라쓰며 그만 일기책을 끝까지 보지 못하고 덥고 말랐다."

〈1972년 10월 5일 목요일 낡씨 맑음〉

"가을보리 갈려고 두엄을 내고 점심을 먹고 있쓰니까 고속도로에 생선차가 뒤비처따면서 일하로 가자고 이야기을 해서 동생과 둘리 가니까 차는 가버리고 고등어 개짝만 고속도로 주변에 재머대로 늘어저 있쓰며 고기 같지도 안더라. 그 고기을 한쪽으로 모다서 다른 차에 실어 주는데 힘은 들어찌만 차을 보내고 나니 마음이 캐알한대 나중에 노임을 주는데에 일한 대 비에서 노임이 적으며 여릇이 고기을 감추지 안아더라면서 노임 적으서 매우 서운할 뿐예따."

금일수입 … 노임 500원

〈1972년 10월 6일 금요일 낡씨 맑음〉

"우리 집부로 바서 가을 할 사람이 있고 해서 집을 버스낡까 하고 개산을 대어바도 쳐자식이 글일 뿐 아니라 순석이가 갑짝이 시험이 있따면 공부을 하지 못하니까 자신 때메 큰 타격을 바들까 극정이며 객지생할이란 이러깨 힘이 더는 것일까. 아… 정말 죽을 지경이다."

〈1972년 10월 7일 토요일 낡씨 맑음〉

"하로하로 생할하는 것을 저녁 자리에 누어서 생각을 해볼 때에 숨 갑풀 때가 한두 번이 아니며 자신이 이르깨 살라왔따는 것을 이세들예깨 말할 수 있쓸까 하고 염려가 대며 인간 살기가 이처름 힘이 더는 줄을 밑차 몰랐꾸나."

〈1972년 10월 8일 일요일 낡씨 맑음〉

가을보리 갈 밭거름을 오늘로서 안전이 냄 샘이 대며 앞푸로 논에 그름만 내개 대며 두엄음 전부 냄 샘이 댄다.

"요줌은 자신에 선격이 나파전다고 생각이 더는구나. 예냐하면 모든 일그일동이 좋은 일이 업고 그저 무이미하계 시간을 보내고 있따."

〈1972년 10월 9일 월요일 낡씨 개임〉
"요줌 자신에 선격이 변하고 있는 것이 이상하구나. 예냐하면 무선 일이든지 수라개 대지 안어며 무선 말이든지 여사로 넌길 말이라도 신경이 곤더세어저며 화가 발깍발칵 세어저서 자신이 생각을 해도 여사일이 아니며 쳐까지 숭을 보고 있는 편이니 자신이 생각을 해도 왜 자신이 불결한 길로 말려더는지 영문을 알 수가 업꾸나."

〈1972년 10월 10일 화요일 낡씨 비〉
"가을판에 가마니 쳘라고 들어서 처음 시작을 할 때는 우울하든니 시작을 해서 가마니을 쳐내고 나니까 우울한 감 업시 가마니을 쳐개더라."

〈1972년 10월 11일 수요일 낡씨 맑음〉
"가을보리 갈 때에 우마차로 인분을 실려내서 일부 주고 말랐다."
"자신의 쳐과 크개 노동도 화지 않는데도 일래 대에 만이 하지나 않을까 하고 염려가 대며 마너라 일하는 것이 앞까개 여겨저며 황상 염러가 대는구나."

〈1972년 10월 12일 목요일 낡씨 맑음〉
"어떠한 노력을 하드래도 자신의 이세예깨는 삶의 극정을 시키지 않깨다."

(서명)

〈1972년 10월 13일 금요일 낡씨 흐림〉
"금일부터 벼 비기에 들어같는데 여릇이 비니가 일도 수알 뿐 아니라 모든 것이 좋으나 살림이 적으서 극정이 대는구나."
"삶림 따라 식구도 있쓰야지 살림은 적은데 식구가 만아도 안 댈 뿐 아니라 식구가 적은데 삶림이 만아도 좋은 일이 못 댄다."
"사람이란 식구도 만코 살림도 만이 가지야 복이 만은 사람이지 이 중에 한 가지라도 적은 것이 있따면 그 사람은 불행한 사람이다."

〈1972년 10월 14일 토요일 낡씨 맑음〉
"어머님 산소에 짠뒤가 일부 가물이 들어서 말라죽는 것을 보고 물지개로 저서 한 불 주어는데 살라날란지는 몰라도 보기 실어 얼굴에 주름이 잡피는구나."
"가을채소가 가물이 들어서 한 불 주고 말랐는데 앞푸로 비가 오지 안는다면 가을채소에 수학량이 적을 끄수로 보고 있따."

〈1972년 10월 15일 일요일 낡씨 비〉
"벼을 한참 비고 있는데 때 아닌 비가 쏴다저서 벼도 비지 못하고 집부로 들어오고 말랐찌만 이번 비가 가을채소에는 아주 좋은 비가 대어따."
"정말 사람 바로 바로 만들기 힘이 더는구나. 예냐하면 순철이가 작년부터 오늘날까지 예을 미고 해서 순철이을 좀 때리고 했던니 부친이 그 놈은 죽이야 댄다고 하면서 때리는 것을 볼 때에 순철이가 잘못은 했찌만 부친이 때리는 것을 볼 때에 자신의 마음이 안 대쓰며 예초에 말을 안 에쓰며 이른 블상사가 안 나쓸 껏을 개니 인간 만들어 본다고 때리고 한 것이 도리어 잘못이 대고 말랐다."
"앞푸론 어떠한 행동을 한다 해도 챈견을

하지 안키로 이 시간부터 명세한다."

〈1972년 10월 16일 월요일 낡씨 흐림〉

"벼을 한참 비면서 생각을 해도 벼가 너무나 푸리서 비기가 앞깝꾸나. 예냐하면 몟칠만 드 두개 대면 안전하게 잇개 댈 꺼이 아닌가 하고 생각은 있찌만 남들이 전부 비고 있쓰니까 어쩔 수 업시 비고 있찌만 손에가 만이 댈 껏수로 보고 있따."

"인간은 무니무니 해도 삶라가는 자미가 있쓰야 삶의 너킴을 알 수 있따고 보고 있따."

〈1972년 10월 17일 화요일 낡씨 흐림〉

"벼을 비면서 생각을 하여도 왜 농사을 더 만이 못할까 하는 욕심은 사람이란 동물이라면 욕심이 다들 같깨찌만 오늘 자신은 왜 농사가 적은가 하고 원망이 절료 대며 화까찌 치숏을 정도자 대더라."

"금년 벼농사는 통일벼씨 한 사람은 병충으로 70~80푸로가 농사을 피롱했따고 해도 가연이 아닌대 통일벼씨는 볼수록 불버며 내년이 팔리 와서 통일벼씨을 심어바서며 하는 생각밖에 업꾸나."

〈1972년 10월 18일 수요일 낡씨 흐림〉

"보리논벼 빌라고 더니 너무나 푸리서 비지않코 가을보리 갈 때에 우리 형제 셋시가 등짐으로 저 골라 녓는데 힘이 들 뿐 아니라 지개로 무선 일을 해도 수라지 안너며 앞푸론 지개는 업쓰저지 안나 내다보고 있따."

〈1972년 10월 19일 목요일 낡씨 흐림〉

"내일 오전에만 비개 대면 벼는 봉답 말고 다 비계 대며 작년 비예 수학기가 갱장이 파르지 안나 내다보고 있따."

"앞푸로 십 일만 좋은 날씨을 보인다면 들까지 논보리는 다 갈지 안나 내다보고 있따."

"앞푸론 벼농사을 질 때는 벼 이삭이 나오기 전보다 벼가 절시을 한 후에 약 살표을 심중이 다라야 풍작을 지을 수 있따고 금년 벼 바서 절시리 느켜따."

(서명) 10/19日

〈1972년 10월 20일 금요일 낡씨 비〉

"쳐와 오늘날까지 걸어오면서 서로가 아키고 사랑하면서 지내와는데 앞푸로도 변함 업는 사랑을 가질 끄시며 영혼이 이 길로 간다면 더 바랄 길이 읍노라."

"들까지 가을보리 갈 때는 두엄을 안전이 골라 노았쓰며 이랑까지 만들어 노와서 씨값씨만 부리개 대면 다 끝이 난 샘이 댄다."

지출에 … (해 기념품값) 630원

〈1972년 10월 21일 토요일 낡씨 비〉

"때 아닌 비가 내리서 아무 일도 못하고 말랐쓰며 금년 가을에는 비 때문에 수학하는데 큰 힘이 들며 사람의 마음을 우울하게 만드는 가을이 대개꾸나."

"하로하로 만족을 가지고 살라간다면 삶의 뜻이 반드시 오리라."

〈1972년 10월 22일 일요일 낡씨 맑음〉

"봉답 벼을 비는데 너무나 푸리서 하로라도 너깨 빌라고 넉둘 보리논에 우마차로 들거름을 실러두는 것으로 금 일과을 맡치따."

"갑짝이 모진 바람이 모라쳐며 기온이 내려가서 사람이 힘을 못쓰계쓰며 바람을 만이 받깨 대니 골이 아푸더라."

〈1972년 10월 23일 월요일 낡씨 맑음〉
보리 갈 때에 이랑을 만들어 노어면서 생각을 해볼 때에 자신이 이그 해서 돈을 벌 수 있캐나 생각을 할 때에 숨 막히는 해수가 만아저며 이때에 바서는 자신이 살든 못 살든 감에 하로 팔이 탈태을 해버리쓰며 하는 생각밖에 업꾸나.

〈1972년 10월 24일 화요일 낡씨 흐림〉
"금일로서 금년 벼는 안전이 끝을 내고 말랐쓰며 이제 벼 탈곡만 하계 대면 금년 벼 작읍은 일손을 머추개 댄다."
"김천 연초조합에 노동일로 할 수 있따고 말하는 사람이 있는데 자신이 생각해서 기숙사만 있따고 하면 자신이 갈 예정인데 기숙사도 업꼬 하니 겨울이라도 개산이 맡지 않을 껏 같다서 그만 못 가개따고 말을 하니까 순석이가 우선에는 농동일을 하지만 나중에 공무원을 차용할 때 바서 유리하지 않캐나 하는 생각으로 갈라고 말을 하는데 가서 일을 할 수 있쓰까 극정이다."
지출에 … 까스명수 30원 껌 20원
계 50원

〈1972년 10월 25일 수요일 낡씨 흐림〉
"우리 마을에서 강농을 하는 사람이 팔십 노인을 대리고 발가리을 세우는 것을 보니 남이라도 욕이 나오더라. 왜야하면 살림이 있는 놈이라서 품을 하로만 대개 대면 팔십 노인을 안 시키도 할 수 있는 문제을 가지고 노인을 대리고 하는 것을 볼 때에 욕을 하고 십더라."
"들까지에 보리을 가는데 힘이 말할 수 업씨 만이 들어따. 왜냐하면 흙거름이 적으서 힘이 들어는데 앞푸로는 흙그름이 만아야 사람이 수라다는 것을 너켜다."
금년 흙그름이 … 171. 한 짐이 적으서 내년에는 250짐이 있쓰야 사람이 수라개 할 수 있따고 너켜다.

(서명) 10/25日

〈1972년 10월 26일 목요일 낡씨 흐림〉
"친구 시냉하는데 가을판이라서 안 갈려고 해도 친구 보기에 미안하계꼬 가을에 일끄리 바서는 일을 해야 하는데 어쩔 수 업씨 가서 점두록 일을 바주는 것으로 하로 일과을 보내고 마랐다."
"금일 심부름 하는데 아주머니들이 자신가 쳐와 달마따고 다들 인사을 하며 어떤 사람은 쌍동이라고 이야기하는 사람이 만으며 자신이 생각을 해볼 때에 달마따고는 생각지는 안는데 남들이 달마따고 하니까 내가 달마는가 하고 생각이 들 때가 있꾸나."

〈1972년 10월 27일 금요일 낡씨 맑음〉
"봉답에 밀씨 갈려고 이랑을 만들어서 일부 씨갑씨을 푸리 놓고 봄까지 헌치서 가을 씨갑씨을 갈 준비가 안전하계 만들어 노왔쓰며 봉답 씨값씨도 내일만 너캐 대면 가을 씨갑씨는 끝을 본다."

〈1972년 10월 28일 토요일 낡씨 맑음〉
"오늘로서 가을보리 씨갑씨는 전부 끝이 난 샘이다."
"정부에서 장래하는 통일벼씨가 업는 사람에깨는 썩 대어따고 본다. 왜냐 밥맡은 이런 벼보다 적다 하지만 우선 생산량이 배나 수학이 대고 있쓰니 업는 사람으로서는 정부에서 장래을 안 예도 통일을 심어야 잘 살 수가 있따고 자신은 너켜다."

〈1972년 10월 29일 일요일 낡씨 비〉
"금년에 벼 탈곡하는데 이상하개 문지가 만니 나서 벼 탈곡하는데 아주 나푸더라."
"금일 벼 탈곡하는데 쳐과 그더는데 문지가 만아서 코수염에 문지가 무더서 보야개 대어 있는 것을 보니 한편으로 우섭고 한편으로는 자신의 쳐는 안내 일만 시키고 십펴며 안내 일 말고는 시키고 십지는 않다."

〈1972년 10월 30일 월요일 낡씨 개임〉
"어재 비 온 관개로 아무 일도 못하고 무이미한 시간을 보내고 마랐다."
"하로 일과을 다 보내고 잠자리에 들어가면서 우리 여보을 품에 안아서 여보 노래을 들을 때에 마음이 재일 캐알하며 앞푸론 하로의 피로를 풀 때는 쳐의 품에서 음악을 집적 감상하는 것이 제일 만족이라고 너켜다."

〈1972년 10월 31일 화요일 낡씨 맑음〉
"자신예 성격이 갈갈예서 형제간키리 추라벌이 가끔 일어나지만 형제관키리 우정은 안 버리고 살 예정이다."
"자신에 성격이 너무나 갈갈예서 극정이 대지만 앞푸로 시정을 할 끄시며 자신예깨 돈만 있따면 정은 버리지는 안캐다."

⑩月

"월말 총지출 금액"

쳐 감{기}약, 노트	250원	계 930원
친구 기념품값	630원	
까스명수, 껌	50원	

"월말 수입 금액"
〈노임〉 … 500원

〈1972년 11월 1일 수요일 낡씨 맑음〉
"금년에 벼 탈곡은 전기 모타과 물결을 쳐는 바람에 모타 업시 벼 탈곡을 할려고 더니 힘이 업쓰서 못하게쓰며 내년에는 빗을 내는 한이 있더래도 모타을 싸야 대개따고 절시리 너켜다."

〈1972년 11월 2일 목요일 낡씨 비〉
"부친 때문에 여관일이 아니구나. 예냐하면 건강이 좋지을 아너며 편찬타고 말들을 하며 자신이 볼 때도 말라서 있는 것을 보니 한심서러울 때가 한두 번이 아니며 자신원 이미 결혼을 한 놈이지만 동생들은 배우기야 했찌만 미혼으로 있는 것을 볼 때에 부친예깨 더 극정이 대며 마약에 우리 형제을 갈 바을 정햇주지 못하고 끝이 난다면 우리 형제는 보잘 껏 업는 놈들이 대고 말 껏이 아닌가 하고 생각을 할 때에 아찔아찔 할 때가 한두 번이 아니니 어이 불안감이 떠나갰나."

〈1972년 11월 3일 금요일 낡씨 비〉
"때 아닌 비 때문에 가을일도 못하고 친구들과 고기 잡어로 봉산어로 가서 고기을 잡는데 고기는 크지만 만니는 잡지는 못하고 친구 시관집부로 가서 장만하면서 자신의 생각이 심살림 시관집은 이른 것이구나 하고 새밀이 보개더라. 왜냐하면 부억이라고 솥 하나 숫푼 둘 그릇 서너 개을 사과 개짝 안내 노여 있는 것을 볼 때에 자신도 시관을 난다면 나 자신도 이른 현상을 이룰 껏이 아닌가 하고 생각을 할 때예 여사일이 아니며 자신이 이러고 다닐 때가 아니며 더욱 더 야물개 해서 돈을 버러야 대개따는 결심이 생기며 이 일을 어떠개 처리해야 무사이 진행이 대어갈까 극정이 대더라."

〈1972년 11월 4일 토요일 낡씨 맑음〉
"어재 비 온 간개로 벼 탈곡도 못하고 무이미하계 하로 일과을 보낼라고 해도 답답하고 해서 어른들이 고기 잡어로 가는데 따라가서 고기을 잡는데 고기는 별로 잡지는 못하고 물만 튀을 내고 말랐다."

〈1972년 11월 5일 일요일 낡씨 흐림〉
"벼 탈곡하기에는 땅이 너무 질어서 하지 못하고 하로 일과을 무이미하게 보내고 마랐다."
"우리 형수가 가만이 보게 대며 속이 넑번 사람이라고 본다. 앞푸론 어떠깨 변할련지는 몰라도 우전에는 형수 갈떤 분도 자신원 업따고 본다."

〈1972년 11월 6일 월요일 낡씨 비〉
"가을 날씨가 왜 변득서럽개 비만 내리는 물을 몰개꾸나."
"비 때문에 무이미한 시간을 보내고 마랐다."

〈1972년 11월 7일 화요일 낡씨 맑음〉
"마당이 질어서 탈곡도 못하고 하로 일과을 보내고 마랐다. 무이미하계 하로 일과을 보내는 날에는 어떠개 하며 우리 가정이 살라갈 꺼인가 극정이 태산 같꾸나."
지출에 … (담 파스) (45원)

〈1972년 11월 8일 수요일 낡씨 맑음〉
"오늘로서 넉둘 벼는 안전이 탈곡을 하여쓰며 이제 봉답만 탈곡을 하계 대면 금년 벼는 안전이 끝을 본다."
"아직은 나의 쳐예깨 낮번 성격은 차저보지 못햇쓰며 우선 자신어로 바서 좋은 사람이라고 생각을 하고 있따."

(서명)

〈1972년 11월 9일 목요일 낡씨 흐림, 비〉
"봉답 벼 탈곡하는데 벼단이 물래서 바로 건진 모양 축축해서 탈곡을 하는데 여때까지 한 탈곡보다 금일 한 탈곡이 어렵더라. 그리고 너깨사 비만 안 아더라면 봉답 벼 탈곡은 다 할 끄시며 금년 벼 탈곡은 끝을 보개 댈 껀대 이번 비 때문에 다 하지 못하고 마랐꾸나."
"금년 가을은 여름장마 모양 별다름 업씨 내리고 있쓰니 어위 사람 힘으로 수학하는데 힘이 안 들소야."

〈1972년 11월 10일 금요일 낡씨 비〉
"금일 비 온 것으로 탈곡도 못하고 무이미한 하로 해을 보내고 마랐다."
"앞푸론 나라가 얼마나 발전을 해서 실업자을 업쌜란지는 몰라도 이 세상 살라가는데 힘만 들 뿐 아니라 눈 초점만 돌리는 일이 있쓰도 살지 못하는 세상이 대지 완나 하고 극정이 대는구나."

〈1972년 11월 11일 토요일 낡씨 맑음〉
"비 온 후로 탈곡도 못하고 하로 일과을 보내고 마랐다."
"가을이 빨라서 그른지 일기드리 가을 일기을 보이지 않코 여름과 별다름 업씨 비가 가끔 내리고 있는 것을 볼 때에 가을 수학이 빨라서 그른지 그러치 아너며 가을 낡씨가 변득서럽개 만들어서 그른지 알 수가 업꾸나."

지출에 … (친구와 술값) 60원

〈1972년 11월 12일 일요인 낡씨 맑음〉

"오늘로서 봉답 벼 탈곡은 안전이 했쓰며 금년 벼 수학은 오늘로서 손을 놋깨 대어다."

"금년 농사는 잘 지어서 두지[뒤주]에 깍깍 차며 작년보다 잘 지어따고 본다."

〈1972년 11월 13일 월요일 낡씨 흐림〉

우리 추수는 다 대어꼬 쳐과집에 쳐남 혼자서 가을일이 넛지 안나 하고 가보았든니 쳐제과 내일 약혼식을 하개 대어따고 말을 하면서 집안 식구들이 다들 실어하며 부친은 문경에서 골짝골짝 들어가서 살라야 한다면서 딸을 안 줄 마음이 있는데 쳐제마 좋다고 하니 부모는 어떠개 할 수도 업따고 하면서 갱장이 실어 하더라. 자신도 쳐제과 골짝으로 시집을 간다고 하니 마음이 좋치을 아너며 자신이 오빠 정도가 댄다면 약혼을 그절하개는데 내 위치가 그러치도 안코 보니 그저 골짝으로 한다니 마음만 안 대쓸 뿐이다.

〈쳐과집〉

지출에…〈합승비값〉40원 과자 100원 술 150원

계 290원

〈1972년 11월 14일 화요일 낡씨 비〉

"쳐과집에 가을추수 해주로 가서 추수도 못하고 말랐쓰며 쳐과집배서는 약혼식을 한다고 김천을 다 올라가고 나 혼자 쳐과집배 있쓰니 심심하기 짝이 업쓰서 김천극장 구경이나 하고 옷까 하는 생각으로 올라같든니 쳐형 집에 쳐제가 있따고 해서 쳐제나 볼라고 같든니 별로 시간도 업꼬 쳐제와 말도 했보지 않코 말랐쓰며 자신은 극장구경도 하지 못하고 〈태래비만〉 보고 내리오고 말랐다."

지출에 … 〈합승비값〉 40원

〈쳐형 집배〉 과자 200원

계 240원

〈1972년 11월 15일 수요일 낡씨 비〉

"비 때문에 하로 일과가 무이미하계 대고 마랐다."

"사람이란 때로 도라다녀냐 인생이 길이 빨리 널리지 안나 이른 생각도 해보았다."

"사람이란 쵯째 방역이 있쓰야 호감을 어들수가 있따."

〈1972년 11월 16일 목요일 낡씨 비〉

"금년 가을은 엔닐인지 비 때문에 가을 너전 사람들은 벼알을 촉이 날 정도가 대니 탈곡이 너전 사람들은 극정이 이루어 말할 수 업깨꾸나."

〈1972년 11월 17일 금요일 낡씨 비〉

"일기불순어로 아무 일도 못하고 친구 시냉하는데 친구들이 과자고 해서 봉산에 가면서 자신이 이러고 다닐 때가 아닌데 하고 생각을 하니 별료 기분이 좋치 안깨 친구집까지 도달하계 대어따. 집배서는 부위을 삼백 원 할려고 마음을 먹고 가기는 같는데 친구가 우리에깨 대하는 것이 친구로서 버서나는 행동을 해서 그만 貳백 원만 하고 마랐다."

지출 … 친구 시냉하는 데 부위 200원

〈1972년 11월 18일 토요일 낡씨 맑음〉

"금일은 갑짝이 기온이 내려가 영화 일 도

로 내려가니까 사람이 운신이 업쓰서 할동을 못하게쓰며 금년 들어 첫 어름이 두껍께 어러쓰며 들판에는 채소들이 조금식 어러서 입파리더리 힘이 업쓰 보이는데 앞푸로 더 얼개 대면 손예가 댈련지는 몰라도 앞푸로 날씨만 홰복대면 별로 일기변동으로 손예는 보지 않을 끝 같다."

"집배 있쓰야 별료 용무도 업고 해서 순석예께 올라가서 겨울 동안만 장사을 해볼까 하고 생각을 하고 있는데 순석이 하는 말이 그 마을에 중학생이 공부을 하고 같치 자고 있따니 자신에 생각한 것은 문제가 달라저고 있꾸나."

〈1972년 11월 19일 일요일 낡씨 흐림〉

"형이 집안에 연속 삼 일이란 시간 동안 탈곡을 하여서 곤한 기색으로 보이며 형이 자신에께 세 집배 탈곡 좀 해주라고 하는데 자신이 그만 안 갈라고 이야기했따. 형은 생각에 연속 남에 일을 해서 좀 가라고 이야기하는데 안 간다고 욕을 할련지는 몰라도 자신은 왜 형이 곤한 줄을 몰갯나 알지만 부모님 형제의 건성들이 좋치 안는 인상들이라서 안 갈라고 이야기한 것이다."

"금일 아버지가 화을 자신에께 내며 여러 소리로 역정을 내서 자신이 그만 참지 못하고 말을 뒤받고 말랐쓰며 한참 자신의 성격이 폭빨할 때는 부모라는 생각마저 일캐더라. 그리고 앞푸론 부모님이 역정을 내개 대면 자신은 밭같공기로 소아시키고 말 예정이다."

〈1972년 11월 20일 월요일 낡씨 비〉

"배나무에서 두엄을 주고 있는데 갑짝이 비가 내리고 해서 그만 일 치우고 집부로 오고 마라쓰며 금년에는 벼단이 건조한 것이 업고 땔감 때문에 더 극정이 댈 정{도}로 비가 오고 있쓰며 남 빗까리에는 온수 모양 김이 솟아나며 동민 다들 벼단을 썩꾸고 있따고 해도 가연이 아니다."

〈1972년 11월 21일 화요일 낡씨 눈〉

"찻눈이라도 제법 만이 내리더라. 지붕 위에는 화야개께 싸여있는 것을 보니 정말 반값더라."

"이제는 태래비 구경을 안 갈 예정이다. 왜냐하면 마너라는 혼자서 비단 하고 있는데 나 자신은 태래비로 시간을 보내고 말랐찌만 이제는 〈마너라{}〉와 같치 시간을 보낼 예정이다."

"금일이 박정희 대통령 개헌법을 국민예께 찬성이냐 불찬이냐 하고 국민주권 행사을 하는 날이며 자신도 추위을 무렵쓰고 행사을 치루고 았따."

〈1972년 11월 22일 수요일 낡씨 흐림〉

"금년 무우 배추는 안전이 얼으서 못쓰지나 안나 극정이다. 처음 낡씨 바서는 추위라고 업쓸 꺼 같든니 갑짝이 한파가 미러다치는 바람에 채소농사을 짓는 사람들은 다들 얼구고 마라쓰며 이번 추위는 중앙강산대서 몰랐키 때문에 얼가따고 해도 가연이 아니다. 왜냐하면 중앙강산대에서는 연말이 대어야 추위가 오개따고 말을 해서 농민들도 무우을 서들어서 뽑지 안아따고 본다."

"자신이 생각을 할 때에 그전에는 일기왜보을 덧지 않코 일을 했따고 보는데 현재 와서는 일기왜보로 집중해서 농사을 짓는다고 해도 가연이 아닌대 중앙강산대 〈미쓰로〉 피해가 얼마나 마는지 개산도 못 댈 정도가 대지 안나 보고 있따."

〈1972년 11월 23일 목요일 낡씨 눈〉
"일기도 변득서릅개 눈바람이 휘날리고 해서 동생이 부친 잠바 맡춘 것도 있코 해서 겸사로 자신이 잠바을 살 겸 김천시장에 가서 물건을 사는데 너무나 비싸서 물건을 만대로 만저볼 수가 업더라."
"낡씨가 어낙 변득서릅고 해서 무우가 더 얼까바 이랑을 만들어서 무더 나와는데 어떠개 댈련지 몰개쓰며 뽑지 않코 그냥 둔 것이 좋은지 어떠개 한 것이 좋은지을 몰개꾸나."
지출에 … 〈부친 잠바〉 2,000원
잠바 2,000원
형 독꼬리[129] 1,000
〈기 그릇〉 100원
전지가위 30원, 합승값 80원
생강 30원, 반창고 50원
돼지고기 200원
計 5,490원

〈1972년 11월 24일 금요일 낡씨 눈〉
"일기 변득서러어 무우 때문에 극정이 일루어 말할 수가 업꾸나. 무우 배추을 수학을 히고 난 뒤에 변득서럽개 논다면 별문제깻는데 하로도 맑은 낡씨가 업쓰니 금년 김취는 싱싱한 것을 맡보기는 털릿따고 내다보고 있따."
금일지출에 … 친구와 술값 100원

〈1972년 11월 25일 토요일 낡씨 맑음〉
"일기불순으로 아무 일도 못하계 대어서 나무 한 짐 하는 것으로 금 일과을 보내개 대어다."
"자신원 그만 객지 나가는 것을 안전이 포기했따. 왜냐하면 자신이 이제 와서 객지에 발을 뒤더서 상업을 해야 별로 이득도 못 볼 껏 같더며 자신이 곰곰이 생각을 해도 우리 마을에 고물상 허가을 내서 사업하는 것보다 못할 끗 같다서 이제는 객지에 나가는 것을 포기하고 우리 마을에서 착실리 살려 보리라."

〈1972년 11월 26일 일요일 낡씨 흐림, 비〉
"금일 배추 수학하는데 배추과 잘 대어더라. 배추에 비료거름을 좀 더 했더라면 아주 잘 지을 수가 이쓸 땐대 비료거름이 좀 적어서 잘 지원 배추는 아니지만 그대로 잘 지어다."
지출에 … 〈장갑〉 50원

〈1972년 11월 27일 월요일 낡씨 눈〉
"요줌 부친의 건강이 좋지 안다고 이야기하는 것을 들얼 때에 극정이 이루어 말할 수 업쓰며 한약방에 약을 복용하여라고 했도 복용을 아 나시며 한 가지에서 열래 열까지가 극징이 대는구나."
"올해는 벼집이 추지서 연개을 못 여끌 정도며 낡씨가 너무나 변득서럽개 대어서 무었을 해야 잘 하는지을 분관을 차일 수가 업두록 만더니 자신이 알기록 처음이라고 생각을 한다."

---

129) 일본어 'とっくり'에서 나온 말로, 목이 긴 겨울용 셔츠를 가리키는 말로 사용된다. 일기에는 '독꼬로'(1981.1.17.)라는 말로도 언급되어 있다.

〈1972년 11월 28일 화요일 낡씨 눈〉

"우선 바서는 무우가 얼른 표과 별로 나지을 안는 것 갈더라. 왜냐하면 우리 무우는 처음에 한 번 얼런 뒤에는 전부 뽑아서 이랑을 지어서 무더노와서 그른지는 몰라도 아주 못쓰계따는 생각은 업더라."

"자신이 결혼을 한 뒤에는 별다름 업시 부부간에 서로가 아켜 가면서 살라가니 이그더 따뜻한 감이 이루어 말할 수가 업꾸나."

〈1972년 11월 29일 수요일 낡씨 흐림〉

"금년에 무우, 배추는 안전이 수학을 하여 쓰며 수학한 무우가 우마차로 6섯 바리가 대며 배추는 두 바리 좀 더 대{더}라."

"가을수학이란 글자는 안전이 끝이 낮쓰며 이제는 시값씨가 무력무력 자라서 열매가 잇그야 수학을 할 끄시 아닌가 생각을 할 때에 아득하기만 하며 저 씨값씨가 땅 지면에 조금식 촉만 내다보고 있는 곡식을 보니 저것이 열매가 달일까 하고 의심서러으며 이제 가을월 마지했스며 하는 욕망밖에 업꾸나."

〈1972년 11월 30일 목요일 낡씨 눈〉

"김장 준비한다고 김천시장에 가서 마늘시장을 한 바키 돌라보니 금년에는 수해가 만원대도 마늘이 어둬서 만니 나와서 산터미처름 싸여 있는 것을 보니 저것을 누가 다 먹을까 하고 생각이 들며 마늘이 수해 때문에 비쌀 줄 알라더니 그러치도 않캐 값이 싸드라."

"금일지출" … 마늘 680원, 치약 100
물감 70원, 쬬기 300원
명태 200원, 고무신 120원
영한 장갑 120원,
장독 1,450원, 적채 70원
담 파서 40원,
김장장갑 100원
생각 160원
計 3,910원

⑪月

"월말 총지출 금액"

담 파스	45원
술값	60원
합승값	120원
과자와 술	250원
합승값	40원
과자	200원
부친 잠바	2,000원
잠바	2,000원
형 독꼬리	1,000원
기그릇	100원
수푸링	30원
생강	30원
반창고	50원
돼지고기	200원
친구와 술값	100원
장값	50원
집배 가용값	3,910원
計	10,385원

〈1972년 12월 1일 금요일 낡씨 맑음〉

"봉산 눈님이 금년 채소농사을 못했따고 해서 자신이 우마차로 배추와 무우을 한 구라 실러다 주었다."

"부친 때문에 여관일이 아니다. 요줌은 음식량이 줄러저는 것 갈더며 얼굴 모섭도 좋지을 아너며 우리들 보기에도 피로해 보이며 앞푸로 못 사신다고 해도 삼 년은 살라개시야 대는데 음식량이 줄련 것을 보니 밥맡이 업쓰저더라."

〈1972년 12월 2일 토요일 낡씨 맑음〉

"우래실에 쳐 큰집 조카 시냉날이라고 쳐과 집을 들리서 잔치에 참석하고 쳐과집배서 노는데 이번 쳐제과 五日날 결혼식이라고 해서 댕기풀이 달라고 예을 먹이쓰며 쳐제 있때 못 때리며 못 때리개 대니 마음껏 때리고 댕기풀이로 통닭 한 마리 정도는 먹어야 댄다면서 마구 때리니까 잡아준다고 하며 닭 잡을라고 집을 해매니 닭이 업더라. 왜 닭이 업너냐고 물러니까 장모가 우리 닭은 닭장을 나오게 대며 개 때문에 집배 못 있따고 하면서 저녁에 잡부라고 이야기하는데 저녁까지 있또 못하고 와버리고 말랐다."

지출에 … 〈합승비값〉 30원 부위 500
이발비값 100원
計 630원

〈1972년 12월 3일 일요일 낡씨 맑음〉

"해년 마늘농사과 씨값씨값도 못하고 해년 마늘을 시장에서 사써 먹고 있쓰서 금년 마늘농사는 잘 지어보게따는 욕심으로 물 편 논에다 마늘을 노았는데 잘 지월련지는 몰라도 정성껏 갈라노앗다."

"자신의 쳐과 집배 업따는 것을 알고 있쓰니 집에 들어오기가 실려저더라. 왜냐하면 마느라가 집배 있쓸 때는 친우들과 놀면서도 그만 집배 쳐한태 같쓰며 하는 생각 때문 놀기가 지루한 감이 있떠니 금일 쳐가 친정을 가고 나니 집배 팔리 가자는 욕망이 업쓰저더라."

〈1972년 12월 4일 월요일 낡씨 맑음〉

"과손에 지붕을 연개로 일라고 형과 둘리서 오전내 역꺼다."

자신의 쳐과 우선 바서는 교희에 생각을 하지 않꼬 조용이 가정을 착실이 살라가는데 쳐의 꿈은 언잰가 교희에 간다는 꿈을 가지고 살라가는 것이 아닐까. 자신원 교희의 자채는 나뿌지 않치만 부부가 다들 밑꼬 있쓰며 삶매의 뜻을 안고 살라간다고 하지만 그러치 않꼬 쳐만 시낭을 가진다면 반더시 남편을 멀개 대는 것이 사실이다. 나 자신원 요 문제로 적극 반대을 하고 있따.

〈1972년 12월 5일 화요일 낡씨 맑음〉

"금일이 쳐제의 결혼식을 올리는 낡이라서 예식에 참석을 하기 위에서 용전교희에 가니까 이미 식이 진행 중이라서 들어가지 않코 밭깠태서 기다리면서 자신에 생각에 자신이 육 개월 전에 이곳에서 예식을 올리쓰며 나 자신으로 바서는 어뒨가 모러개 미안감이 들며 한편으로는 남자로서는 보통이지 하고 주저주저 할 필요가 있나 하는 생각으로 교희 문을 들러쓰니 이미 예식이 끝이 나고 가족사진을 한참 찍고 이는 중이엿더라."

"이변 동서의 고장의 풍섭을 따러기 위에서 신부, 실랑은 시집으로 대리고 가기 때문 본집에서는 한가하기 짝이 업쓰며 신부 실랑 업는 바람에 자신은 아주 대집을 잘 바디쓰며 자신의 결혼 때예보다 고기는 더 만이 먹고 아주 캐알한 하로 생활을 보내고 마랐다."

〈금일지출〉 … 합승비값 30원

〈1972년 12월 6일 수요일 낡씨 맑음〉

※ 오늘 일적 올려고 더니 쳐형들이 오후에 같치 가자고 해서 일적 오지 못하고 하로 해을 다 보내고 마랐다.

"자신원 쳐과집예만 가개 대면 장모 할마씨

만 보개 대면 농담을 하고 십고 그저 놀고 십펴서 가만니 있쓸 수 업쓰저더라."
지출에 … 부위 1,500원 합승비값 30원
計 1,530원

〈1972년 12월 7일 목요일 낡씨 비〉

"형과 둘리서 과손막에 집 일라고 연개을 역끄서 오후에는 형과 동생 셋시가 지붕을 위는데 시간이 만이 걸리며 장년에는 벼단을 24을 해도 조금식 짤바서 두 단을 추과해서 위따고 인정하는데 금년에는 이상하계 벼단이 추지서 그른지는 몰라도 22두 단식만 했서 여끈 것이 빈 텀 업시 맡고 있는 것을 보니 정학한 수짜을 알 수가 업꾸나."
"금년예 연개 수가 19마람 들어가니 아주 톡톡하더라."

〈1972년 12월 8일 금요일 낡씨 맑음〉

"낡씨가 너무나 따뜻해서 집배서 서성대기에도 미안하고 해서 풀나무로 하로 일과을 보내고 마랐다."
"과정을 위루는 데는 쳐자식이 업씨는 한 가지도 이룰 수가 업따고 너켜쓰며 자신 쳐과 불과 멧칠 업쓰따고 부부생할을 한 번도 해본 적이 업쓰따는 껏 같꾸나."

〈1972년 12월 9일 토요일 낡씨 맑음〉

"신살림 하는 사람의 말을 들어보니 일 년에 생할비 들어가는 것을 들을 때에 거짓말 같치 들더라. 왜냐하면 자신이 우선 지출 내는 것을 바도 신살림은 멧 천 원 들어갈 끄로 생각을 하는데 남들 이야기을 들어니 자신도 그쳐름 들어가개 대며 어떠게 하나 극정이 대는구나."
"앞푸론 쳐자식을 친정예 보내지 않깨다. 예냐하면 자신 혼차 긴긴밤을 홀로 잘라니 잠이 잘 안 들 뿐 아니라 하로밤이 지루하구나."

〈1972년 12월 10일 일요일 낡씨 눈, 맑음〉

"일기불순으로 휴식을 오전 내에 해보니 산에 가서 나무하는 시간보다 더 지루하고 답답해서 나무지개을 가지고 나무 하는 것으로 금 일과을 보내고 마랐다."
"우리 마너라 내일 오지 않 오면 꾸중을 주야 대갯다. 왜냐하면 첫 그냥이 머니 해도 형수가 어린니을 업고 접두록 일을 하는 것을 볼 때에 미안감이 들며 어서 왔쓰며 하는 생각박에 업꾸나."

〈1972년 12월 11일 월요일 낡씨 비〉

일기불순으로 아무 일도 못하고 금일과을 지루하게 보내고 마랐다.
그리고 금일은 쳐과 올 줄 알라는데 오지 않는구나. 안 오는 것은 좋은데 한 발자욱 한 발자욱 미번 행동으로 들어갈려고 더는데 계속 이르깨 나가면 좋치 안는 현상이 대고 말 껏이다.
"금년에는 비 때문에 매상 대기가 연관 힘이 아니며 심지어 건조을 못했서 상인예깨 등 위예로 내고 있쓰니 어찌 농촌사람이 수랄 수가 있깨나. 상인들은 사들리서 적키마자도 貳등을 보고 있쓸 껏이 아닌가. 이른 현상을 볼 때는 농촌사람은 다들 죽어도 맏땅하다고도 생각을 할 때가 만다."

〈1972년 12월 12일 화요일 낡씨 눈〉

"금일 쳐 올 줄 알고 무척 기다린는데 오지 안으니 화가 나는데 언재 올라고 이야기을 하라니까 일적 온다고 말하든니 이러깨 오래 있쓸라고 이야기 안 예든가바. 왜초부터 이른 꿍심으로 이야기한 것이라면 한 번 더 다시 바야 대갰는데."
"갑짝이 한파 미려다쳐서 아기는 부억에 안 들어갈려고 개속 울지 볼 사람은 업찌 자신이 보는데 힘이 들 뿐 아니라 이때 바서는 쳐고 머고 다 때리치아서며 하는 생각박에 어더라."

〈1972년 12월 13일 수요일 낡씨 눈, 맑음〉
"일기불순어로 아무 일도 못하고 지루한 하로 시간을 보내고 마랐다."
"쳐자식이 업쓰서 자루한 시간을 보내다 금일 쳐과 문을 들어쓰니 방갑기만 허더라. 쳐과 오지 않코 지루한 시간을 보낼 때 바서는 꾸중을 단단이 주야 대개따고 생각한 것은 어뒤로 사라저버리고 기쁨만 용소섬쳐더라."

〈1972년 12월 14일 목요일 낡씨 맑음〉
"하로 일과는 풀나무 하는 것으로 하로 일과을 보내고 마랐다."
"내일이 대위원 투표하는 날이라서 서로가 술 먹일라고 사람을 소리 한다 술통이 도라다닌다 이른 현상을 볼 때는 상부에서는 머가 이띠니 술을 주개 대면 대위원에 출마가 상실대니 쳐벌한다는 말만 하지 한 개도 말리지을 못하는 것을 볼 때는 정말 한심서롭다."

〈1972년 12월 15일 금요일 낡씨 맑음〉
"금일이 통일주채위원 선출하는 투표일이라서 주권 행사할려고 대신학교로 가니까 술 줄라고 주막에 기다리고 있쓰며 아직 한국으로 바서 주권 행사을 할려면 술을 먹으야 행사을 취루는 줄 알고 위원으로 출마하는 사람도 먹이야 대는 줄을 알고 있쓰니 피장파장 갈다고는 하지만 아직 국민들이 미계인으로 버스나지 못하고 있따고 생각을 해도 무리는 아니라고 생각을 한다."

〈1972년 12월 16일 토요일 낡씨 흐림〉
"과수 전지을 해보니 작년보다 꽃눈이 만이 왔더라. 이 꽃눈이 일기만 잘한다면 작년보다 배는 수학할 껏수로 보고 있다."
"사람이 어떠개 하면 돈을 벌 수가 있깨나 하고 극정이 떠나지을 안는구나."

〈1972년 12월 17일 일요일 낡씨 비〉
"우리 마을도 새마을사업으로 마을 앞푸로 농로을 내는데 부담이 너무나 만타고 쪽바로 내지 않코 원길 따라 구버서 내는 것을 볼 때에 좋은 길이 못 때고 있따. 이왕 새마을사읍을 할 때에 우리 후세을 보더래도 완고하게 쪽바로 냇쓰며 하는 생각박에 업꾸나."
"대는 대로 살라갈려고 해도 돈이 무엇시기에 대는 대로 살라갈려고 하든 마음은 잠시간에 일소대버리고 사람이란 돈 있쓰야 사람 행동을 하지 돈 업쓰며 인간에 저버린 폐물이 대고 마니 돈을 버려야 한다는 뼈아푼 심정이 떠나지을 안는구나."

〈1972년 12월 18일 월요일 낡씨 맑음〉
"금일은 장인 생신인대 쳐자식을 보내야 대는데 쳐는 어머님 제사 준비한다고 보내지 못하고 자신이 갈려고 마음을 먹고 있따가 일기가 변득서러어 갈려고 준비한 것을 그만 표기하고 말라찌만 자신의 심정은 어뛴가 모러개 미안하며 앞푸로 탈태을 하게 대면 참석에 빠지지 않깨다."

"금일은 한 것도 업씨 어머님 재사 준비한다고 금 일과을 보내고 마랐다."

〈1972년 12월 19일 화요일 낡씨 맑음〉
〈음력〉 11月 14日
"금일 저녁이 어머님 재사날이다. 어머님 재사날을 마지했도 별료 좋은 줄도 몰갯고 그 허전하기만 하는구나."

〈1972년 12월 20일 수요일 낡씨 맑음〉
"동내 어른들을 초청해서 어머님 기지사 지내따고 음식이 적으나마 성위끝 대집을 하고 나니 자신의 마음 캐알하더라."

〈1972년 12월 21일 목요일 낡씨 맑음〉
"요줌는 과수 전지와 풀나무 하는 것으로 하로 일과을 보내고 있다."
"인관 세상에서는 제 아무리 인정이 만타고 해도 돈 업쓰며 인정이 죽어저며 과정이 제 아무리 따뜻하게 살라간다고 해도 과정이 빈곤하며 따뜻한 우정도 빈곤하게 마른이며 인간이 살려면 돈이다."

〈1972년 12월 22일 금요일 낡씨 흐림〉
※ 오늘날까지 공상으로 또 어떠개 해야 쳐와 따뜻하계 살라갈까 여로 모로 머리가 무그깨만 살라왔찌만 이재는 지치따고 해도 가연이 아니며 이재는 탈태만 빨리 시키주며 공상 따위 쓸모업는 잡생각을 할 여유 업씨 노력을 할 생각밖에 업꾸나.

〈1972년 12월 23일 토요일 낡씨 비〉
"금년 일기는 어떠개 도라가는 줄을 몰개꾸나. 왜냐. 겨울날씨에 종일 비가 쏘다 안저나 비소리을 들어니 여름에 모내기 생각이 날 정도니 정말 일기란 어느 누구도 알 수 업쓰며 사람의 인생관도 일기쳐름 변모가 마늘 꺼이 아닌가."
"금년을 마지할 때에 하로 생할을 알차계 살라갈 끝과 만드시 뜻을 난기고 금년을 보내개따는 결심을 했는데 자신 뜻을 이루지 못했따고 바도 무리는 아니개찌. 꼭 한 가지 뜻이라면 쳐자식을 만나서 사랑을 아끼지 않코 백 년을 하로 해쳐름 살라가리라고 결심한 것박에 업따고 보고 있따."

〈1972년 12월 24일 일요일 낡씨 개임〉
"성탄절 이부라도 그전처름 요란하게 놀지을 아너며 조용이 보내는 성탄절 이부라고 해도 가연이 아니다."
"비 온 후라서 아무 일도 못하고 미안함 감을 가지고 하로 시간을 보내고 마랐다."

〈1972년 12월 25일 월요일 낡씨 흐림〉
"삶매 극정을 할 때에 자신의 쳐과 사람이 살라가개 대 그대로 살라갈 수가 있따고 하면서 극정을 하지 마라고 이야기할 때에 자신으로 제일 마음이 던던하며 따뜻한 감이 이루어 말할 수가 업꾸나."

〈1972년 12월 26일 화요일 낡씨 흐림〉
"부친 때문에 여관일이 아니다. 예냐하면 주위에 보기에 병한자 같치 보이고 약을 보용해도 해복이 안 댈 뿐 아니라 식량이 줄어저가니 여사일이 아니며 우리 집 가정으로 바서 할 일들은 창창한데 이 뜻을 이루지 못한다면 우리 가정은 조용이 살라간다는 것이 힘들 꺼이 아닌가 항상 염려가 뒤따리는구나."
금일지출 … 〈부위〉 300원

금일 중매자의 차남 시냉날이라고 잔취에 참석을 해보니 놀라개더라. 왜냐하면 생할이 피참해서 그저 오는 사람만 대집을 하는 줄 알라더니 변또에 전부 고기라고 해도 가연이 아니다. 요즘 잔취을 본다면 생할이 부유한 사람보다 업는 사람들이 아주 잘하고 있따.

〈1972년 12월 27일 수요일 낡씨 흐림〉

"겨울 날씨가 우울하게 대니까 자신도 무선 일의 의욕도 업씨 시간만 보내개 댄다. 이 시간을 값지게 보낼라고 가진 예을 다 쓰도 농촌에서는 업쩔 수 업는 시간이 대어버리고 마는데 농촌에도 겨울만 값진 시간만 보낸다면 도시 모찌않게 살라갈 끄라고 보는데 요런 공백기간이 재일 아쉽다."

〈1972년 12월 28일 목요일 낡씨 눈〉

"우리 마을에 한갑잔치 한다고 부친은 약을 복용한다고 자신한태 가라고 이야기을 해서 자신이 참석을 하니 한자리에 육 명이 대며 조금 있쓰니까 배상이 들어오더라. 자신이 혼자 있쓰며 별료 미안감 업씨 배상을 부친에깨 갈따 보이갰는데 육 명에 한자리에 음식을 갈치 하는데 이 배상을 부친에깨 보이기는 보이야게는데 주위애 사람이 어떠깨 생각을 할까 욕을 하지 않을까 어떠깨 할 바을 정할 수가 힘이 들더라. 갈치 배상을 먹는 것도 좋치만 부친이 편찬은 위취에 노여 있쓰니 보이야 댄다는 결정이 대어서 이 변또는 부친에깨 보이야개따고 하면서 내려노니까 자내 잘 한다면서 서로가 배상을 내노면서 먹어라고 할 때에 자신은 미안감 때문에 어찌할 바을 몰갰쓰며 자신의 배상은 먹지 않코 다른 배상을 먹을 수가 있나 하고 먹지는 않아찌만 그 자석을 나올 때까지 미안하기 짝이 업더라.

가지고 온 배상은 부친은 잡수시지 않코 집안식구가 노나 먹고 마랐다.

금일지출 … 〈부위〉 300원

〈1972년 12월 29일 금요일 낡씨 눈〉

"일기불순으로 아무 일도 못하고 집배서 무이미한 하로 시간을 보내고 마랐다."

금일지출 … 형 약 150원

〈1972년 12월 30일 토요일 낡씨 맑음〉

"금일 대신에서 파보한다고 부친이 가보라고 이야기을 해서 가보았든니 이미 희이는 끝이 나고 술밖에 업더라. 술을 먹을라고 더니 우리 마을 사람들이 술안주 하라고 고기 두 점을 주더라. 자신도 좀 일적 와더라면 돼지고기을 먹을 수가 있쓸 탠대 너캐 가서 나무 고기로 술 두 잔 먹고 집부로 와버리고 마랐다."

금일지출에 … 형 약 100원 껌 20원
計 120원

〈1972년 12월 31일 일요일 낡씨 흐림〉

"부친이 차도가 회복이 대고 식량도 만이 하시녀 동사보소에 놀로에 다니는 것을 볼 때에 자신이 힘이 생기며 화먹세계에서 등불을 어던 것처름 기쁨을 검치 못하계꾸나."

금일지출에 … 노트 100원

1月 "총지출금액"

이발료값 70원, 과지출에 4,070원 빵값, 영화 120원, 펜촉 10원, 이발료값 180원 합승비값 180원, 빵값 70원, 술값 40원 농료 내는 데 30원, 빵값 20원

월말 수입금 計 1,900원
월말 총지출 금액 計 5,310원

2月 "총지출 금액"
부친 부롱키약 270원, 페래시링 100원
합승비값 90원, 설탕값 120원
술값, 빵값 120, 기념품값 600원
이발료값 190원, 택시값, 점심값 50원
백도쥬스 190원, 열차값 60원
과정에 고기값 200원,
합승비값, 껌값 120원, 영화갈람 110원
기념대값 500원, 열차비 60원
택시값 100원, 의사 담배값 300원
술값, 영화갈람, 차비 350원
월말 총지출 금액 計 3,855원

3月 "월말 총지출금액"
기념대 600원, 이발료 50, 술값 140
옥도정기 70, 빵값 120원, 합승비값 35원
흑띠 100원
월말 총지출 금액 計 1,115원

4月 "월말 총지출금액"
친구와 술값 100원, 기념대 600원
열차비 90원, 직지사 40원, 우등값 70원
합승값 50원, 이발값 100원
친구와 술값 100원, 기념대 600원
사진대 100원, 친구와 술값 300원
열차비 760원, 택시비 180원, 차값 600원
낵타이 120원, 감기약 200원,
열차비 60원, 과자 100원, 택시비 100원
부억 아궁이 280원,
물양철, 바개수, 감기약 1,000원
4月 월말 총지출 금액 計 5,010원
월말 수입 금액 計 500원

5月 "월말 지출금액"
순석이 감기약 140원, 친구와 술값 110원
이발비 100원, 중매장이 100원
감기약 90원, 염불돈 50원,
중매 합승비 170원, 결혼비용 83,170원
우인 택시비 900원, 염불돈 100원
결혼비용 110원
총지출 금액 計 85,110원

6月 "월말 지출금액"
합승비값 250원, 예배금액 100원
사진대 5,200원, 쳐형 집배 270원
건{전}지약 100원, 쳐과집에 과자 200원
모자 70원, 잉크 50원, 국수털 20,500원
총지출 금액 計 26,740원

7月 "월말 지출금액"
안약 120원, 노트 80원, 친구와 술값 80원
쳐제예 200원
총지출 금액 計 480원

8月 "월말 지출금액"
예비군 명찰값 30원, 제앙군인 가입금 50원
청년회 돌부리 250원, 합승비값 65원
찬조금액 200원, 약값 410원
총지출 금액 計 995원

9月 "월말 지출금액"
우마차 바람값 170원, 약값 460원
껌값 20원, 진찰값 700원, 함석값 500원
합승값 160원, 덱스타연고 150원
세멘 셋 포값 1,140원, 쳐제와 과자값 300원
이발료값 150원, 술값 130원, 펜촉값 10원
연고약값 100원
월말 총지출 금액 計 3,900원

수입금액 計 7,000원

10月 "월말 지출금액"
쳐 감기약 250원, 친구 기념품값 600원
껌값 50원
計 900원

11月 "월말 지출금액"
담파스 45원, 생강 30원, 반창고 50원
술값 120원, 과자 술 250, 합승비 40원
과자 200원, 부친 잠바 2,000원
잠바 2,000원, 형 독꼬리 1,000원
기그릇 100원, 수푸링 30원,
돼지고기 200원, 친구와 술값 100원
장값 50원, 집배 가용 3,910원
計 10,385원

12月 "월말 지출금액"
합승값 30원, 부위 500원, 이발료 100원
합승값 30원, 부위 1,500원, 합승값 30원
부위 300원, 부위 300원, 형 약 150원
형 약 100원, 껌 20원, 노트 100원
計 3,160원

〈1972년 총지출 시황[사항]〉
計 146,210원

〈1972년 총수입 사황〉
計 9,400원

"경북 금릉군 아포면 대신동 三구 589번지"
권순덕 用

▌1973년▐

〈내지 1〉
〈생일, 일수〉
三月 二十日 음력
八月 二六日 〃
三月 一八日, 四月 二十日 ㊍
七月 七日 음력
五月 十五日

〈내지 2〉
73年
"생할일기"
경북 금릉군 아포면 대신동 三구 권순덕 用

〈1973년 1월 1일 월요일 낡씨 눈〉
청년단 금일 정기총회을 여는데 돼지 70斤가 술 두 말을 먹어쓰며 그 회위예서 자신이 회장으로 선출이 대어는데 극정이 말할 수 업시 만꾸나. 왜냐하면 우리 마을로 바서 제일 낮번 행동을 하는 사람들이 청년회원들이기 때문에 위[이] 회원을 일수지 못하고 죽어간다면 자신예깨 욕위 다 올 뿐만 아니라 동민들예깨도 욕을 할 껏은 사실이며 자신원 멸망에 허득이는 청년위원을 세어볼 욕심이 용소섬쳐는데 회원과 감부 축에서 열성을 보여줄까 하고 그 예로뿐이다.

〈1973년 1월 2일 화요일 낡씨 눈〉
친구 우인으로 따라가면서도 생각을 할 때에 이변에는 여러 곳에서 따라오기 때문에 재미는 업따고 생각까지는 해찌만 상상 위예로 대집이 미납푸더라. 우인은 만이 따라와서 십팔 명이나 와따고는 했찌만 우인 대집이라고는 조금도 밭찌 못하고 마랐쓰며 금일은 자신이 생각을 해도 너무하며 친구 입장만 아니며 행패을 부리서 속푸리을 했쓰마 하는 생각은 나지만 어쩔 수 업씨 참고 마랐다.
지출에 … 〈이발비 100원 마스크 60원〉
計 160원

〈1973년 1월 3일 수요일 낡씨 흐림〉
"자신의 생각을 할 때는 식구도 만춰 일할 껏은 업찌 하니까 자신원 더 탈태을 시키주어쓰며 하는 생각밖에 업꾸나."
금일 일과는 과손막에 용바람 떤 것박에 어쓰며 무이미한 시간으로 하로 일과을 보내고 마랐다.
지출에 … (나이롱뻥에) 도박 120원

〈1973년 1월 4일 목요일 낡씨 눈〉
"친구 시냉하는 데 신부름하는데 점두록 일도 잘 바주고 음식도 잘 먹어쓰며 하로 일과을 잘 보냇다."

〈1973년 1월 5일 금요일 낡씨 맑음〉
"낡씨도 따뜻하고 해서 밀린 재을 가을보리 논에 헌치고 마라쓰며 가을보리을 볼 때에 금년 비가 너무나 만이 와서 보리논이 질어서 보리가 힘을 못 쓸 정도로 추지고 있쓰니 보리에 피해가 업쓸란지는 몰개꾸나."
"본 청년회을 부치는데 회원들이 이삼 명 말고 다들 참석을 해서 회장으로서 마음 기뼘을 가지고 본회을 맡치다."

〈1973년 1월 6일 토요일 낡씨 눈〉

"대신 회갑과 시냉날이 겹쳐서 일을 하계 대는데 부친이 안 가실라면서 자신예깨 가라고 말씀하더라. 자신의 생각으로는 부친이 댕기서 왔쓰며 하는 생각박에 업더라. 왜냐. 자신이 가개 대면 한 자석에서 배상을 바다서 다른 사람들은 먹고 있는데 자신 혼자마 배상을 가지고 와서 부친을 보여서 〈이러깨 합뛰다〉라고 이야기을 하야 대니 한 자석에서 보기가 안대쓰서 안 가쓰며 하는 생각이 더는데 부친이 가라고 해서 어쩔 수 업시 잔취에 참석을 하니 한 자리에 자신 혼자 차지하계 대니 배상을 가지고 오는데 별료 미안감 업시 배상을 부친예깨 가따 보이계 대어다."

〈1973년 1월 7일 일요일 낡씨 눈, 비〉

"친구 집에 잔취에 가바야 대지만 친구 동생들도 만아서 신부름할 사람 만타고 가지 안코 집배 있쓰니까 동생들이 대리로 와서 어쩔 수 업시 점두록 일을 바주개 대어쓰며 장년 잔차 철 때는 인사할 줄도 모러고 심부름하는 사람들은 점심도 잘 먹지 못하고 마랐는데 금년 잔취에는 음식을 만이 먹을 수가 있쓰서 작년 모양 서운하지는 안어며 만족한 하로 일과을 보내개 대어다."

"금년 들에 눈이 제일 만이 왔서 식전 눈길을 밝개 했쓰며 금년 들어 눈 구경 몾 할 줄 알랐는데 금년들에 처음 만이 오니 기분이 아주 좋더라."

〈1973년 1월 8일 월요일 낡씨 흐림〉

새마을교육이라면서 아포면에 가자고 해서 동장과 4명이 새마을교육에 좋은 의견이 이쓰리라고 같든니 사람도 참석을 하지 않코 불과 20명 정도 안치 놓고 인사 정도로 끝을 보개 대어서 참석자들예깨 실망을 주어쓰리라 생각을 한다.

"요줌은 청년회원 일 때문에 시간이 업쓰서 그른지는 몰라도 삶매 극정을 할 여유도 업시 하로 시간이 가버리고 마는구나."

〈1973년 1월 9일 화요일 낡씨 흐림〉

새마을교육이라고 아포 가라고 이야기하는데 가지 않아다. 왜냐하면 새마을사업에 영농기술 강위도 좋치만 우선 앞서는 것이 교통비가 문재다. 봉사정신도 좋치만 자신이 지출을 내서는 가지 못하계다. 동내에서 교통비료 100원식만 준다면 몸수고는 할 수가 있따. 요세는 일기 간개상 집배서도 휴식을 하고 있쓰니 갈 수가 있따고 보지만 교통비 해결이 안 댄다면 어너 누가 이야기했도 갈 수가 업다.

〈1973년 1월 10일 수요일 낡씨 맑음〉

영한이 개한태 물리서 김천에 개침 놓는 데 대리고 같든니 침 놓는 것이 별그 아니더라. 자신이 생각을 할 때에 개한태 물린 것은 직시에 피만 빼고 나면 대지 안나 하고 너킴마저 들더라.

요줌은 산에는 눈이 싸위서 나무도 할 수 업고 무이미한 시간을 보낼라니 낡씨는 따뜻해서 봄을 마지하는 너킴이 더는 이때에 하로 생할을 보내기도 지급어저는구나.

금일지출 … 합승비값 170원
쪼기값 300원 침값 100원
빵값 20원 영한 신값 400원
計 990원

〈1973년 1월 11일 목요일 낡씨 맑음〉
순기가 오늘로서 재대을 하였쓰며 어머님이 계시계 대며 월마나 조아하리까만 어머님이 안 개시고 보니 별료 따뜻한 감이 업쓰저며 나 자신으로 바서도 재대해서 방가운 마음보다 이 사회에 나가서 밥을 먹을 수가 있쓸까 하고 극정이 대니 재대의 반가운 마음은 뒤로 가버리고 마는구나.
금일지출 … 〈빠류〉 15원

〈1973년 1월 12일 금요일 낡씨 말음〉
집에서 놀기는 너무나 따뜻한 날씨여키에 산에는 눈이 싸인 그대로 녹지 않코 이키 때문에 나무 하기는 불편하지만 둥치기 할려고 산에 올라가 보니 나무 하는 사람이라고는 나 자신박에 업고 보니 허전하기 이루어 말할 수 업꾸나. 사람이 나 자신보다 불행한 사람은 수도 업깨찌만 남이 하지 안는 일을 할려니 우울하기만 하는구나.

〈1973년 1월 13일 토요일 낡씨 흐림〉
친구들과 둥치기 나무 한 것으로 금일과을 보내쓰며 아이들이 쓰키을 타는데 우리 친구 삼 명이 빌리서 타는데 자신이 재일 잘 타개더라. 자신이 타본 결과 세 번만 탄다면 아주 잘 타지 하고 생각이 들며 쓰키을 타보니 오락에는 아주 좋은 것으로 너켜쓰며 자신도 쓰키을 가져바쓰며 하는 생각이 들더라.
"동생과 동전치기 하다 육십 원이나 일코 마랐다."
금일지출에 … 60원

〈1973년 1월 14일 일요일 낡씨 흐림〉
자신이 사업을 할려고 하는 장소가 해결이 대지 아너며 자신의 예료과 클 뿐 아니라 일 년이란 기간이 더 길어질 껏이 아닌가 생각을 할 때에 잠이 잘 오지을 안는구나. 예냐하면 부친에깨 시간 나개따고 부친에깨 어떠개 할려고 하는지 무러볼 수도 업는 문제고 부친은 자신보다 극정을 배로 하계찌만 예관으로 볼 때는 극정이 자신보다 들하는 느킴이 들며 우리 마을 위춰로 본다면 자신 생각한 장소가 해결이 안 대며 어쩔 수 업시 일 념이 넘어가지 안나 하고 내다보고 있쓰니 나 자신으로서 재일 무그운 문제가 대고 있따.
지출에 … 사탕 50원

〈1973년 1월 15일 월요일 낡씨 맑음〉
나무 둥치기 할려고 아무도 올라가지 안는 산꼭때까지 올라가서 나무을 할려고 해매바도 둥치기 나무는 업쓰서 하지 못하고 오러내리는 힘만 들어쓸 뿐 나무는 하지 못하고 평지에서 한 짐을 하고 마랐다.
"요줌은 산에 올라가서 나무을 한 짐식 매일 해도 신통치 안코 휴식을 취해도 신통치 아너니 자신이 무었을 해야 신통하게 하로 생할을 할 껏인가 생각조차도 할 수가 업꾸나."

〈1973년 1월 16일 화요일 낡씨 비〉
"가을보리논에 재을 헌치는데 너무나 질어서 헌치기가 매우 힘이 들더라. 그리고 보리논에 습기가 너무나 만아서 보리에 해가 업쓸련지는 몰라도 우선에는 영 바리따고 [버렸다고] 생각이 더는구나."
"금년 일기는 엔일인지는 몰라도 하로만 말은 날씨만 보이며 그 뛰는 짖찌버린 날씨로 변화고 있쓰니 사람도 우울해저는구나."

〈1973년 1월 17일 수요일 낡씨 비〉
봄비 모양 점두록 내리기 때문에 아무 일도 못하고 마라찌만 금년 보리농사 때문에 극정이다. 왜냐하면 이 날씨가 겨울도 모르고 비만 내리기 때문에 보리에는 큰 피해가 있쓸 껏으로 내다본다.
"쳐와 사랑이 너무나 깊따는 것은 남예깨 자랑이지만 사람이 무선 일을 해도 적극적인 일이 변할 때는 물래그품쳐름[물거품처럼] 변하는데 자신의 사랑이 너무나 깊펴며 서로가 사람어로서는 사랑을 더 할 수 업따고 자신은 말하고 십따만 사랑이 너{무} 깊어 좀 염려구나."

〈1973년 1월 18일 목요일 낡씨 비〉
"쳐과집에 집안 조카 시냉날인대 비가 내리서 가지 못하고 마음만 안타값더니 비가 오후에 끝치더라. 그래서 쳐과집에 줄 시판을 들고 잔취에 참석을 해보니 일기가 변득서러서 그른지는 몰라도 손님이라고 업쓰며 집만 허술에 보이더라."
금일지출에 … 합승비값 30원 부이값 500원
計 530원

〈1973년 1월 19일 금요일 낡씨 흐림〉
친구 결혼서물 살려고 친구 삼 명이 김천을 올라가니 섬물을 싸는데 신부도 나와서 개리서 사는데 우인들의 인사댈 마난 물건은 하지 완고 속살림 댈 기념만 하게 대어다. 그리고 물건 금액에서 깍근 돈으로 친구 삼 명과 신부, 실랑 댈 사람과 같치 잘 노라쓰며 음식도 만족하게 먹고 하로 일과을 뜻 깊개 잘 보냇다.

〈1973년 1월 20일 토요일 낡씨 말음〉
친구 결혼하는데 우인 대표로 따라가니 신부 우인이 5명 친구 우인이 오 명 도합 10명이 노는데 신부 우인을 사위 사이 두고 돌려가면서 노래을 부려는데 처음 잘 노라쓰며 자신이 우인으로 여러 번 따라가 바찌만 금일쳐름 잘 노란 적은 업쓰며 자신이 머리털 나고는 신부 우인가 한자리에서 노래로서 시간을 보낸 적은 업쓰며 정말 잘 노라따. 그리고 신부 우인들과 한참 놀고 있는데 그 마을 절먼 아들이 시비을 걸어서 싸움을 할려고 찌그뒤을 어코 있는 것을 우리 우인들은 갈찌 안을라고 가만이 보고만 있스니까 저 패들키리 싸음을 하는데 보지 못하게더라. 자신이 그것을 볼 때에 아주 못 배운 놈들이라고 인식이 대더라.
금일지출에 … 고속뻐스비 40원
금일수입 … 300원

〈1973년 1월 21일 일요일 낡씨 맑음〉
"보리논에 물이나 들어가지 않나 하고 들을 한 박이 도라보는데 보리논 도구에는 어너 누구 업시 물이 차 있쓰며 보리논이 수근한 대는 보리들이 시죽해 보이며 보리들이 싱싱하지을 안어며 금년 보리농사는 감수가 크개 날 껏수로 본다."

〈1973년 1월 22일 월요일 낡씨 비〉
"이재는 심부름하로 가지 않으야 대갰다. 왜냐하면 심부름을 하다 보면 손님이 세 시경 대면 업쓰서 놀다 보면 아들을 찾개 댄다. 그때에 한 번 잘못하게 대며 심부름하는 사람들을 평을 낮뿌게 하니 심부름으로 인사 떠기는 힘더는 일이기 때문에 앞푸론 심부름하로 다니지 않캐다."
"자신이란 인간은 왜 불행하게만 대는가.

어머님 사랑도 못 바다보고 부친마저 건강을 일꼬 있스니 나라는 인간은 불상한 존재구나. 이 불상한 존재을 잡아줄 사람은 업는가 해쳐 보고 십꾸나."
금일지출에 … 설탕 50원

〈1973년 1월 23일 화요일 낡씨 비〉
"과수 전지하는 것으로 금일 일과 보내고 마랐다."
"부친이 건강을 일꼬 있는 것을 볼 때에 가슴이 담담하며 부모의 사랑이란는 차저 볼래야 볼 수 업쓰며 나라는 인간은 부모덕도 한번 바다보지 못하고 말 끝 같꾸나."
금일지출 … 부친 약 310원

〈1973년 1월 24일 수요일 낡씨 비〉
"부친이 병환에 계시니 과정[가정]이 우울할 뿐 아니라 자신의 심정은 원덕에서 늙전 기분이며 좋은 것이 업시 하로 일과을 보내고 있다."

〈1973년 1월 25일 목요일 낡씨 비〉
"친척에 잔치라서 비가 오는데 우장을 들고 득깨[득계]에 잔취에 참석을 해보니 본집에는 아주머니들만 방우로 각 차 잇스며 자신은 엽집에서 배상을 어더서 먹을라고 더는데 엽 자석에서도 막 배상을 발고 있더라. 그래서 서로가 한자리로 모다서 같치 술잔을 들고 했쓰며 그러자 자기 이야기을 들러보라면서 이야기을 죽 하는데 고생도 만니 한 분이며 이재는 밥 먹기는 극정 업따면서 이야기을 하면서 농촌에서도 돈 벌 수 있따면서 자신에깨 야물개 하라고 당부하며 초면에 이른 조은 말을 해주는데 대에서 자신의 속으로 감사한 마음을 가지쓰며 나중에 알고 보니 우리보다 四 年 선배더라.
금일지출에 … 부위 50원

〈1973년 1월 26일 금요일 낡씨 눈, 비〉
"큰집에 용주 결혼식 하는데 음식 장만하는데 동내 아주머니들이 예을 먹으다. 예냐하면 비가 오는 바람에 창고 안예서 적을 꿋는데 연기 때문에 점두록 예을 먹으다. 여자들은 예을 먹으지만 남자들은 수란 일과을 보내고 마랐다."

〈1973년 1월 27일 토요일 낡씨 맑음〉
"어재 비오는 것 바서는 용주 시냉날도 비오면 어떠개 하나 극정이 대더니 금일은 아주 말은 날씨을 보이서 일 쳐는 데는 안성맡춤이다. 그리고 큰집배도 생각보다 손님이 적으서 음식이 남아돌라가고 풍족하게 쓰서 깨온안 잔취가 대어따고 본다."

〈1973년 1월 28일 일요일 낡씨 맑음〉
"과수 전지을 혼자 해보니 얼마 하지도 못하게꼬 나무들은 벌서 봄을 만난 것쳐름 나무 쫄가리들이 새파라게 변화고 있는 것을 보니 전지하기가 십급해서 순기와 둘리서 나무 전지하는 것으로 금일 일과을 보내고 마랐다."

〈1973년 1월 29일 월요일 낡씨 눈, 맑음〉
"부친의 건강이 해복이 대니 머라고 말할 수 업시 기쁘며 자신이 어더운 거리에서 빛을 본 것쳐름 가슴이 할짝 펴저는구나."
금년 일기 변득서러어 사람의 건강을 상화게 할 뿐 아니라 작물에도 큰 피해가 만을 꺼으로 보고 있따.

〈1973년 1월 30일 화요일 낡씨 맑음〉
어재예 부친이 골목을 다니시고 아주 깨알한 기색을 보이더니 밤 사위에 몸 편찬에서 형이 김천 김예까에 대리고 가서 진찰해본 결과 신경 고혈압이라고 말을 한다 하더라. 자신은 처음 올라갈 때에는 큰 병이 대지 안나 극정이 대더니 진찰결과 그러타니 마음이 노이더라.
그리고 부친이 자주 아푸다고 하니까 무선 일을 해도 재미도 업고 하고 십편 일들이 업스며 하로 일과가 무이미한 시간만 흐르고 있따.

〈1973년 1월 31일 수요일 낡씨 맑음〉
"삶매 극정이 대니 부모한태 감심이 들해저는 것은 사실이다. 부모가 댈라면 자식예깨 삶매 극정이 대지 않캐 해주어야 효성의 길을 열려주는 일이다. 자식이 재아무리 효성이 직억한 자식이라도 삶매 극정이 댄다면 효성이 멀러전다 해도 과연이 아니라고 본다."
자신원 일에 별료 자미는 업따 해도 하로 일과 중 휴식시간도 별료 업시 일을 하는데 주위에서 같치 일을 할려고 들지을 아는니 일을 해도 아주 재미가 업쓰며 금일은 혼자시 매일 나무을 할려니 신경이 곤더서며 모든 것을 다 버리고 잠이나 몣칠이고 푹 자버리쓰며 성화가 풀릴 껏 같꾸나.

(1월)
"월말 총지출금액"
이발비 100원, 마스크 60원, 도박에 120원
합승비값 170원, 쬬기값 300원
영한이 신값 400원, 침값 100원
빵값 20원, 빠루값 75원, 동전치기값 60원
합승비값 30원, 부위값 500원
고속비값 40원, 설탕값 50언
부친 약값 310원, 부위값 500원
지출금액 計 2,835원

월말수입금액 計 300원

〈1973년 2월 1일 목요일 낡씨 흐림〉
"어재 생각 갈다서는 일도 하지 안코 멧칠이고 휴식을 취해쓰마 하는 생각밖에 업더니 금일 더러오고 보니 성화는 어뒤로 살라저고 자신위 참고 일을 하게 대며 모든 것이 편하게 돌라갈 끄로 생각을 하고 금일도 풀나무 한 짐 하는 것으로 금일 일과을 보내고 마랐다."
"장난으로 말버릇 낯빠저니 장난할 때에 고운 말 사용하자."

〈1973년 2월 2일 금요일 낡씨 맑음〉
"고속도로 주변에 아까시와 빗가리가 보이는 데는 안 보이는 대로 업세라고 말을 해서 형과 둘리서 반 정도만 취우고 반원 원대로 두어는데 안 마따날란지 못갰꾸나.
그리고 금일이 구뭄이라 자신이 노는 자석에서 생각을 해볼 때에 자신들이 자랄 때에는 자루을 가지고 다니면서 금일 놀 돈을 장만하너라고 법석인대 요줌 아들은 그른 이들이 업쓰며 노는 수준도 크개 변하고 있꾸나."
금일지출에 … (친구와 술값) 300원

〈1972년 2월 3일 토요일 낡씨 비〉
"명절에 이려개 비만 내리고 있쓰니 명절 기분도 나지 안코 마음만 서는한 감만 더는구나.

그리고 나 자신 알기론 설 명절에 이러캐 봄비 모양 비만 내리기는 처음이 아닌가 생각이 더는구나."
"재사 때만 대면 간소하게 하여야지 하고 생각은 열려 차래 해바찌 어른들 때문에 섭적 변경을 못하고 있따. 자신이 생각을 해볼 때에 재사 어물 쳐고는 먹음직한 것은 업고 가격만 비싸니까 농촌부담이 클 뿐 아니라 순전이 돈만 낭비하는 것이며 차라리 어물을 할 바예야 돼지고{기}로 사용하는 것이 아주 좋으리라 생각한다."

〈1973년 2월 4일 일요일 낡씨 흐림〉
"부친이 마구관 앞배 혼자 않자 있는 것을 보니 자신 보기애 쳐량해 보이며 그만 우울해저더라. 우울한 심정을 전환할려고 전축판을 돌리도 기분이 십사리 풀리지을 아너며 그 중에 〈쳐와〉 형수는 세집에 점심 논아먹는다고 둘리다 오후 내 오지을 아너며 이때에 혼자라도 와서 부친 밑태 있쓰며 을마나 조을까 생각을 하니 더 우울해저며 참을 수가 업쓰서 저녁하로 온 쳐와 한바탁 싸오고 마랐쓰며 자신의 성질대로 했쓰며 힘끝 때리쓰며 마음이 후련하게는데 차마 힘끝 때리지는 못하고 참너라고 힘이 만이 들어다."

〈1973년 2월 5일 월요일 낡씨 비〉
"집배서 쳐과 갈라고 만원뻐스에 몸을 실려서 시달림을 받고 오면서는 다른 너킴 업시 왔써 뻐스예 내려서 쳐과집배 오는데 영 오기가 실려며 쳐와 이야기을 하면서도 무선 말이든 실감이 업꼬 무이미하개 집배 도달하게 대어쓰며 막상 집배 도달해서 휴식을 치할 때는 올 때 기분과 다른 일과가 대어쓰며 자미 있는 하로 일과을 보내개 대어따."

금일지출에 … 과자 100원 합승비값 60원
술값 150원 이발비값 100원
計 410원

〈1973년 2월 6일 화요일 낡씨 맑음〉
"자신이 생각을 해볼 때에 우래실로 장가오는 사람들은 복이라고 하여도 무리는 아니라고 생각을 하고 있따. 왜냐하면 화토노리을 하여도 상점이 업쓰서 돈 낭비도 안 대고 갇 장개온 사람에깨는 아주 안성맏춤이다. 그른대 전국 쳐고 마을이 적든 크든 상점이 업는 데는 업쓸 땐대 이곳 우래실은 마을이 적따고는 하지만 상점 하나 정도는 농촌 부업원 대리라고 생각을 하고 있는데 상점이 업는 마을이라니 우선 이상하게 생각이 대는구나."

〈1973년 2월 7일 수요일 낡씨 맑음〉
"쳐과집배 있쓸 때에 집 극정이 대며 혹 부친이 더 편찬치나 안나 극정이 대어 집배 와보니 동사에 한 번도 가지 안는 사람이 동사에 가시따니 마음 기뻐며 이러캐 회복이 대어쓸 줄 아라따면 쳐과집배서 더 놀다 왔쓰며 하는 생각 아쉬어진다."
"친구집배 놀려가서 이야기을 들어보니 친구 마너라는 한 사람도 친정에 가지 않코 비단을 하고 있는데 자신의 쳐마니 친정에 갇따니 좋치 안는 예감이 머리에 떠오러며 친구 마너라 비단을 4,500원자리을 하고 있는 것을 보니 세과 나며 우연이 마너라가 미어저는 감이 더는데."

〈1973년 2월 8일 목요일 낡씨 맑음〉

"면사모소예서 고속도로 주변에는 객토사업 하라고 당부하는 바람에 어쩔 수 업시 우마차로 두엄을 내고 했찌만 자신들이 서수로 일을 해야 대는데 정부에서 힘을 쓰서 가가호에 방문하면서 객토사업 하라고 당부하니 할 수 업시 우마차을 몰고 나오는 사람들이 만치만 농촌의 현 위춰을 바서는 이번 일은 아주 잘하는 일들이라고 자신은 생각을 하고 있따."
"우리나라의 실정을 바서는 술집에서 술을 먹고 지정부리는 놈들은 한 놈도 빠짐 업시 잡아서 구루을 살리개 하고 적극 즉극 쳐치을 하개 대면 좀 잘 살 수가 있따고 본다."

〈1973년 2월 9일 금요일 낡씨 맑음〉
"우리 마을 객토사읍 문제로 동장님이 자신에깨 청년회원 좀 동원해 달라고 말을 하지만 날씨가 너무나 추어서 우마차을 몰고 다니기가 불편할 뿐 아니라 못할 껏 같다서 청년회원들예깨 말을 안에쓸 뿐 아니라 이야기을 한다 해도 넙적 동원을 해주지을 않을 껏 같더며 객토사업에 왜로가 만을 껏 같다."
지출에 … (술빵취기에) 〈라면값〉 80원

〈1973년 2월 10일 토요일 낡씨 흐림〉
"과수 전지한 것으로 금일과을 보내고 마랐쓰며 금년 과수 전지을 해보니 죽원 가지들이 만아서 수학하는 데 지장이 만을 껏수로 보고 있따."
"쳐하고는 약속을 못하게꾸나. 왜냐. 자신원 약속을 지키기 힘이 들게 해서 행동을 어떠개 취하나 하고 약속을 했던니 자신이 오라는 날짜에 오지 않코 자기가 올라는 날짜에 올라고 금일 오지 않나바. 앞푸로 약속을 어길 때는 욕을 보일 예정이다."
지출에 … 〈형제관키리 동전치기에〉 30원

〈1973년 2월 11일 일요일 낡씨 맑음〉
"오늘로서 복숭나무는 전지 일은 끝을 본샘이 댄다. 앞푸로 이삼 일만 하게 대면 자두나무 전지도 끝을 보게 댈 껏이다."
"집배 들어서면 쳐과 집배 있쓰야 마음 상캐하지 업쓰니 방에 들어서기가 어스선하구나."
금일지출에 … 천자{문} 책값 100원
친구와 술값 170원
計 270원

〈1973년 2월 12일 월요일 낡씨 맑음〉
"친구들과 말 떠두로 가서 세암마다 들어다 보았도 말도 업쓰서 쳐과집에 쳐제가 안나하고 궁금해서 쳐과집에을 가보니 쳐제도 오지 안아쓰며 마너라가 시집에 올라고 차반 보따리을 싸나떠라. 그 보따리을 보니 한편으로는 좋으나 이왕 왔는 짐에 쳐제가 왔터라면 아주 좋아쓸 껀대 업쓰서 허전한 몸어로 마너라와 집에 오고 마랐다."

〈1973년 2월 13일 화요일 낡씨 맑음〉
"복숭나무 전지한 것을 일부 주어 모두고 풀나무 한 짐 하 것으로 금일과을 보내고 마랐다."
"설 명절이 매년 지내오는 과정이 물러저는 너킴을 가지고 살라왔는데 금년에는 백팔십도 변화는 설이 대고 있쓰며 그 전으로 바서는 보름이 지나야 일을 하고 나무을 하는데 금년에는 너나 업시 들로 산으로 해매고 있꾸나."

〈1973년 2월 14일 수요일 낢씨 맑음〉
"쳐과 친정 다니올 때에 호닌신고 할려고 호적초본 한 통을 뛰어와서 할려고 면에 가보니 장남은 대어도 차남은 안 댄다면서 호적초본을 두 통 대어야 할 수 있따고 해서 자신이 쳐과집배 가서 다시 초본을 뛰어 았는 것으로 금일과을 보내고 마랐다."

〈1973년 2월 15일 목요일 낢씨 맑음〉
"오늘로서 호닌신고을 면사모소애 하계 대어쓰며 이제 법적으로나 머로 보나 정식으로 나의 쳐과 대어따고 보며 일그일동을 감심을 가지고 삶매 길을 차저야 한다."
"그리고 순기 내일 선채[130] 날이라 집에서 떡을 못하고 아포 떡방에서 떡을 하는데 아주 잘해주며 아주 자미 있는 사읍이라고 너킴이 들며 자신도 팔리 이 사업을 한번 해바쓰며 하는 생각이 벗적 들더라."
지출에 … (눈님이 일 년 신수 보로 간다기에 자신도 보라고) 100원
합승비값 70원, 떡값 240원
計 410원

〈1973년 2월 16일 금요일 낢씨 흐림〉
"넉둘 보리논에 재을 한 벌 헌치고 풀나무 한 짐 한 것으로 금일 일과을 보내고 마라찌만 이제 봄은 봄이구나. 왜냐. 산에 나무하려 가도 잠이 먼저 오며 나무보다 따뜻한 풀밭태 잠이나 힘껏 자바서며 하는 생각 절로 나는구나."
"우리 집사람과 결혼한 지가 〈구 계월이나〉 지나두록 변함이 업쓰며 조금한 음식이라도 두어따 나누어 먹는 그 정성 이세가 다 자라두록 그 정성 변함이 업키을 바라고 있따."
"순기 금일 선체[선채] 날이라 조카들이 선체을 가지고 같따."

〈1973년 2월 17일 토요일 낢씨 비〉
"이재 봄이라서 그른지는 몰라도 어른 대지 녹이기 조을 만하개 비개 내리고 있꾸나. 금일 비만 오지 안아더라면 어린 아들은 대보름 기분을 내쓸 껀대 비가 오는 바람에 조용한 보름을 넌기개 대어쓰며 이재 앞푸로 낮재는 모다서 놀 수도 업고 보닥빛태 일할 생각을 하니 담담하기만 하는구나."
"우리 집사람과 우연희 공장 말이 나왔서 말 마둬 하다 우리 집사람이 공장생할 한 것을 생각을 하니 쳐자식이 실러저며 영 기분이 우울하며 우울한 기분을 참지 못하고 우리 집사람에깨 폭발하고 마랐다."

〈1973년 2월 18일 일요일 낢씨 흐림〉
"새마을사업 할려고 농로 길을 낼려고 줄자로 새마을지도자와 재는 것으로 하로 일과을 보내고 마랐다."
우리 집사람이 등치는 크지만 마음만원 아주 적은 사람이라고 너켜쓰며 사람은 선한 사람이라고 생각을 하고 있다.

〈1973년 2월 19일 월요일 낢씨 비〉
"일기불순으로 일하기가 불편하지만 일할려고 마음만 먹어며 할 수과 있찌만 어전지 일을 할려고 들어도 마음이 넙적 흐락이 대지을 안으며 이그 사람만 기래저며 형제들

---

130) 전통혼례에서, 혼례를 치르기 전 신랑 집에서 신부 집으로 보내는 채단(采緞), 즉 붉은색과 푸른색의 비단을 일컫는 말이다.

이 만아서 그른지는 몰랐도 서로가 미루는 영향이 만아서 일예 채김이 업는 일과가 대고 마는구나."

"무선 일예 채김이 업시 일을 하는 것을 볼 때에는 서로과 따로 살라야 채임감을 가지고 살개끔 분과을 시키주어야 대는데 아버지는 어떠개 마음가짐을 가지는가 알 수가 업꾸나."

〈1973년 2월 20일 화요일 낡{씨} 맑음〉

"형수 오빠과 이번에 국회원에 출마을 해서 형수과 나의 쳐 집안으로 한 바귀 돌라오라 해서 쳐제와 각 집반으로 도는데 선둘 쳐형 집배 가니까 자식들이 아주 굴건 아들이 이남 이녀과 자라고 있는 것을 보니 재일 불더라."

금일지출에 … 교통비값, 술값, 과자값,
計 900원

〈1973년 2월 21일 수요일 낡씨 맑음〉

"우리 집사람 전입신고 할려고 자신에 주민 득록증을 가지고 면사모소에 가서 접수는 안전하게 했놓코 왔쓰며 이제 집사람이 집적 가서 지장만 찍어면 모든 일과가 끝이 나버리고 만다."

"날씨도 따뜻하고 헤서 과수 전지한 섯을 일부 주어서 한쪽으로 모두는 것으로 금 일과을 넌기고 말랐다."

금일지출에 … (전입신고 하는 데) 230원

〈1973년 2월 22일 목요일 낡씨 비〉

"비 오는 바람에 무선 일도 못하고 무이미한 일과을 보내다 과수을 한 밖이 돌라보니 이재 봄을 만난 것쳐름 과지마다 새파라캐 변해가고 있는 것을 보니 이번 비가 봄을 가지고 온 너킴이 더는구나."

〈1973년 2월 23일 금요일 낡씨 맑음〉

"도로 주변에 흙거름 있는 것을 업쌔라고 해서 채소밭에 감자 거름 할려고 우마차로 실려 내는 것으로 금 일과을 보내고 마랐다."

"우리 집사람예깨 어머님의 사랑을 못다 한 사랑을 쳐자식에깨 다 할려고 쳇날밤부터 결심을 했는데 엔 일인지 자꾸만 씩어저는구나."

〈1973년 2월 24일 토요일 낡씨 맑음〉

"따뜻한 날씨는 어디로 사라저버리고 영화의 추위만 미러다치서 금일은 추어서 무선 일을 할래야 새찬 바람 때문에 할 수가 업쓰서 아무 일도 못하고 휴식시간으로 하로 일과을 보내고 마랐다."

"국회원 선거가 삼 일이란 시간은 남아 있따지만 지나온 시간은 조용하게 한 발 한 발 다가쓰는구나. 자신이 생각을 해볼 때에 놀랐다. 왜냐하면 선거 하면 돈 푸리는 선거라도 생각을 했는데 이번 선거야말로 조용이 보내는 것을 볼 때에 한국 사람도 선진 국민들과 다름이 업시 선거을 할 수 있따는 것을 생각을 할 때에 한국도 이미 후진국이 아니라고 생각이 더는구나."

〈1973년 2월 25일 일요일 낡씨 개임〉

"도로변에 흙거름을 취우라는 말을 덧고 흙거름을 취울 때가 업쓰서 고추 거름을 할려고 우마차로 안전하게 실어 내어 끝을 보개 대어따."

"무선 일이던지 일예 의욕을 가지두록 해주어쓰며 하는 생각 간절하구나."

〈1972년 2월 26일 월요일 낡씨 맑음〉
"과수 전지을 일부 하고 날씨가 너무나 따뜻해서 보리밭을 갱이로 매고 있는데 조카가 동생들예깨 아버지 약 사오라고 내려오라고 해서 자신원 감짝 놀라서 집부로 와서 부친 방에 들어와 보니 평소 때와 다 같타서 안도의 숨을 쉬고 마랐다. 자신이 올 때는 부친이 갑짝이 무선 병이라도 일어나서 몸부림을 치고 있는가 하고 생각을 할 때에 우울하든니 막상 집배 와서 보니 마음을 진정시킬 수가 있꾸나."

〈1973년 2월 27일 화요일 낡씨 흐림〉
"오늘로서 제9대 국회원선거을 오늘로서 주권 행사을 치라쓰며 너저도 내일 오전이며 당선의 결말이 날 꺼 같더며 〈칠 명 중〉 오 명원 닭 쬬든 개가 댈 터니 허전한 감 말할 수 업쓸 꺼 같꾸나."
{()지출에} … 쳐제 합승비 100원
라듸오 약값 100원

"자신이 생각을 해볼 때에 정말 박정희 대통령이 정말 훌륭한 사람이라고 생각을 한다. 〈왜냐.〉 일반 가정에도 바로 잡지을 못해서 주정 부리는 놈은 언재나 부리고 있는 실정인대 키도 아주 적은 사람이 일개 국민을 한 사람 일하더시 쳐리을 해나가니 정말 놀랄 지경이다. 그리고 이변 국회원 선거에 술 한 잔 업씨 만더는 것을 보니 정말 놀랐따."

〈1973년 2월 28일 수요일 낡씨 맑음〉
"외갑집에 친척에 잔치라서 형은 동생 약혼식이라 잔치에 참석을 못하고 자신이 가개 대어쓰며 나 알기로서는 외갑집 동내을 처음이며 잔치집을 들으서니 아무도 몰라서 〈시내이서〉 왔따고 말을 하니 그때서 다들 알며 인사을 하더라. 대집을 잘 바코 있쓰니 이모님이 들어오시더라. 그때는 어머님 보는 것처름 반가운 마음 금치 못하개쓰며 이모님들이 가끔 어머님이 업쓰니 안 대따는 말을 할 때에 눈물이 쏘다질라고 해서 한참 예을 먹으다. 그리고 이모님이 안저서 밤을 새우는 날이 대더래도 하로밤을 자고 가라고 하는데 이 밤을 새우개 대면 자신의 눈예는 떠그운 눈물을 흙리개 댈 꺼 같다서 모든 것을 뿌리치고 오고야 말랐다."
"금일 순기가 약혼식이라 나와 동차을 같치 몸을 실려 김천역에서 동생은 내려서 가는데 뒤모섭을 보니 그저 마음만 벙벙하게 바라볼 뿐이며 멍하게 뒤모섭이 살라질 때까지 지키보고만 있쓰따."
지출에 … 교통비 145원 부위 500원
이발비 50원

(2月)

"월말 총지출금액"
친구와 술값 300원, 과자값 100원
합승비값 60원, 술값 150원
이발비값 100원, 술빵치기 80원
형제키리 동전치기 30원, 천자책값 100원
친구와 술값 170원, 눈님 신수에 100원
합승비값 70원, 떡값 240원
교통비값, 술값, 과자 900원,
전입신고에 230원, 쳐제 합승비 100원
라듸오 약값 100원, 교통비 145원
이발비 50원, 부위 500원
計 3,025원

〈1973년 3월 1일 목요일 낡씨 맑음〉
"과수에 인분 주는 것으로 금 일과을 보내

개 대었따."

"자신에 삶매 길이 반더시 눈 앞배 있따고 생각을 했는데 그릇치도 안코 멀리나 있찌 안나 하고 너킴마저 더는구나. 왜냐 자신은 결혼만 하게 대면 시관을 나올 줄 알랐는데 우리집 가정으로서 생각지도 안뜬 일더리 티어나오니 자신에 시관 문제는 멀리 가지 안나 하고 생각을 할 때에 무선 일더리 개월이만[게을리만] 하게 대는구나."

〈1973년 3월 2일 금요일 낢씨 맑음〉

"무선 일예 재미가 업고 무이미한 일과가 대어서 오전에는 아무 일도 하기가 실고 해서 휴식을 취하고 마라쓰며 오후에도 휴식을 할려다 휴식을 해바야 별로 마음의 기분을 너킬 수도 업쓰며 건강에도 좋지 않을 껏 같다서 너캐나마 두엄을 과목에 주는 일가로 하로 해을 보내개 대어따."

〈1973년 3월 3일 토요일 낢씨 맑음〉

"순철이와 둘리서 자두나무 전지을 하는데 너전 감이 만꾸나. 자두나무에 물이 오러기 전에 전지을 할려고 마음을 먹고 있쓰는데 긴 사다리가 업쓰니 어쩔 수 업시 너저저며 나무 전지을 지때에 전지을 할려고 마음을 먹고 있따면 사다리 한 개식은 사야지 대개 따고 절시리 너켜다."

〈1973년 3월 4일 일요일 낢씨 비〉

"자두나무 전지을 오늘로서 안전하게 하여쓰며 금년 과수 전지는 끝을 냇따."

"삶매 극정 때문에 무선 일을 해도 재미가 업쓸 뿐 아니라 휴식시간이 만아 일예 능률이 업쓰서 집안일에 월마나 지양 대는 줄 몰개꾸나."

〈1973년 3월 5일 월요일 낢씨 흐림〉

"일기가 변득서러어서 하로 일과을 휴식을 취하고 마랐다."

"무선 일이든지 인간의 자미로 인생의 길을 거러간다고 해도 그짓시 업따고 자신원 말하고 십따."

〈1973년 3월 6일 화요일 낢씨 맑음〉

"과수에 두엄을 너어며 생각을 할 때에 자신은 언재 돈을 벌어서 이세들에깨 삶매 극정 업시 살두록 해줄 껏인가 생각을 하니 자신의 가슴에는 밥 솟태 밥이 끌터시 내 가슴에 고등을 쳐고 있꾸나. 이 고등 쳐는 가슴을 억재할려고 자신의 손발이 다 딸투는 한이 있더라도 자식한태는 삶의 극정 업시 살두록 할 껏을 맷 번이고 주먹을 지고 다짐을 해도 가슴의 고등은 십사리 사거러 저지 안는구나."

〈1973년 3월 7일 수요일 낢씨 맑음〉

"과수에 두엄을 주는 것으로 금일과을 보내고 마랐다. 그리고 시관집 개약을 할려고 더니 어리병벙하기만 하며 어떠개 해야지 삶매 보람이 있쓸까 하고 극정이 이루어 말할 수 업쓰며 자신이 하고 십번[싶은] 터는 주막에 있는데 우리 집 과정을 바서는 집을 지어서 시관을 난다는 것이 어러울 껏 같다서 헌 집을 개약할려고 형이 같는데 잘하는 일인지 그릇치 아너며 못하는 일인가 무이미한 시간을 보내고 있꾸나."

〈1973년 3월 8일 목요일 낢씨 맑음〉

"정수 집을 五萬 원에 계약했따니 한편으로는 동립댄 가정을 꾸릴 수가 있따는 것이 좋으나 오늘날까지 부모 밑태서 시킨 대로 모든 일들을 해나오다 자신이 일그일동을 머리을 쓰서 해나가야 대니 어떠개 할까 하고 극정 박에 업쓰니 어떠개 해서 쳐자식을 따뜻하개 해서 살까 하니 그저 가슴만 답답하구나."
"과수에 두엄 주는 작업은 오늘로서 맡치다."

〈1973년 3월 9일 금요일 낡씨 비〉
"집사람과 잠자리에 들어가면 임신 중에 있는 배을 어루어만저 보며 임신 초기에는 아러배만 조금 부러더니 이제 만성기에 들어쓰니 배 전체가 부러며 밤마다 어루어만지면서 속에 들어있는 것이 남자까, 지저발까 하고 알송달송한 문제을 가지고 웃쓸 때가 만꾸나."
"가을보리에 비료거름을 주고 홋치로 골을 쓰서 끌어 노았는데 이변 비가 아주 잘 오는구나. 이변 비가 보리 헙쭉하두록 온다면 비료거름 한 번 더 한 것보다 낮지 않나 하고 생각을 한다."

〈1973년 3월 10일 토요일 낡씨 맑음〉
"밀논에 이랑을쓰서 깔키로 한 벌 끌어쓰며 금년에는 (경희)내 집 농사을 하게 대어서 두 집 일을 동생과 둘리서 끄는데 힘이 들어따."
정수 집을 계약할 때는 어리벙벙한 감이 있떠니 이제는 아무 생각도 업쓰며 자신이 정수 집부로 간다는 너킴은 좋큼도 업꾸나.
지출에 … 술값치기에 100원

〈1973년 3월 11일 일요일 낡씨 맑음〉
"우리 마을에 새마을사업 하는데 우마차로 흙이 점두록 실련 일과로 보내고 마랐찌만 공동일에 공편하게는 안 댄다고는 하지만 현재 우리 마을에 농로 학장하는 데는 너무나 불공편해서 착실이 할려고 더는 사람마자 일예 의욕이 업깨끔 하고 있는 형편에 노이고 있따."

〈1973년 3월 12일 월요일 낡씨 맑음〉
"순기 결혼식을 김천 이화예식장에서 식을 올리는데 식장에 손님이 만원이 대어서 식장을 후눈하게 만들어 준 데 대외서 감사을 더리며 주례사의 말씀을 들을 때에 어뛴가 모러개 눈시울이 떠그운 너킴이 들며 어머님이 오늘까지만 살라 개시다 죽어 갈따면 자신원 쓸펴하지 않으리라고 생각을 한다."

〈1973년 3월 13일 화요일 낡씨 맑음〉
"금일 정수가 대신 연봄이 집부로 이사을 하는데 자전차로 짐을 일부 날라다 주고 정수 집을 한 밖이 돌라보니 내가 이 집에 살려고 돈을 주고 싸뜬가 하고 후예가 대며 이사짐 날려다 주는데 아무 힘이 업쓰저더라."
금일지출에 … 펜대 20일

〈1973년 3월 14일 수요일 낡씨 맑음〉
"집 삿는데 부억이 지저분하게 노여 있는 것을 재그하고 바닥도 손질을 해서 대강 했노았찌만 수리을 할려고 더니 엄두도 안 나며 그만 일손이 머추고 말더라.
그리고 형과 둘리서 들까지 보리논에 골을 쓰서 깔키로 끄는데 하로 정때에 저물두록 하개더라."

〈1973년 3월 15일 목요일 낡씨 비〉
"어재 보리 도구을 치우지 못하고 금일 비

오는데 안전하게 끌어올리고 말랐다.
그리고 집 수리할려고 찰흙을 실고 있는데 동장이 새마을사업을 하두록 우마차을 몰고 나오라고 사정을 하는데 우리 일만 할려 해도 미안해서 새마을사업 하는 데 몰고 가서 일럴 하는 것으로 금일과을 보내고 마랐다."

〈1973년 3월 16일 금요일 낡씨 비〉

※ 정정수에깨 금일 한 시경에 집값 50,000만 원 지불하여씀.

"과수에 비료거름을 주는데 작년보다 좀 일적한 감이 들며 비료량은 전채의 표수로 본다면 좀 적은 결과가 댄다.
그리고 요줌은 부친이 식량이 아주 만어저며 밥을 만이 잡수시니까 자신이 고기밥을 먹는 것쳐름 마음이 캐알하며 말할 수 업시 기쁨이 넘치는구나."
금년 비료량 … (요소 5표 용인 4표)
計 9표
금일지출에 … 껌값 20원

〈1973년 3월 17일 토요일 낡씨 맑음〉

"물 픈 논에 갱위로 한 벌 매서 곤배로 한 벌 뒤을 쳐서 끌어 노니 지섬이 금새라도 죽는 것 갇치 뿔리가 하얏게 하늘로 시나보고 있는 것을 보니 마음이 다 깨온하더라."

〈1973년 3월 18일 일요일 낡씨 맑음〉

"시관집에 형과 둘리서 구둘을 놋는데 구둘비가 적고 적으서 짜정까지 나며 신살림은 아무라도 초라하게 나야 하는가 하고 생각을 할 때에 그저 막막하구나."
"무엇을 어떠개 해서 집사람과 따뜻하게 살라갈까 극정을 해볼 때에 이 길로 갈까 저 길로 갈까 갈피을 못 잡고 재자리에서 서성대는 일과가 대고 있따."

〈1973년 3월 19일 월요일 낡씨 맑음〉

"과수에 황소독을 하는데 형과 동생 샛시가 약 살표을 하는데 푼무기가 조아서 그른지는 몰라도 작년보다 좀 수라며 약 살표하는 시간도 단축하계더라."
"금년 약 살표량 參 말
약 배압량 十五 말"

〈1973년 3월 20일 화요일 낡씨 (비) (가랑비)〉

"살림 날 살림사리을 살라고 우마차에 벼두 가마을 실고 김천에 가서 물건을 사는데 형이 사주는 데로 우마차에 실어서 가지고 내려왔다. 자신은 살림 나는데 이그 해달라 저그 달라 하기가 실려며 자신의 현 생각으로는 내버려 하지 하는 생각밖에 업따."
금일지출에 … 빵값 20원

〈1973년 3월 21일 수요일 낡씨 맑음〉

"시관집배 청문을 안전하계 갈라 넛는데 왜 이래 힘이 더는지을 알 수가 업쓰며 자신원 조금한 시간 여유도 업시 일을 하는데 일핸 표시는 업는 것 같더며 하로 일과는 뒤서 못 견뒤계더라."
금일지출에 … 명숙이 15원

〈1973년 3월 22일 목요일 낡씨 맑음〉

"옛날 사람들의 말을 들을 때에 집 짓기는 밥 짓기라더니 헌 집 수리할려니 하로 종일 해도 일핸 표시는 한 계도 업고 일은 뒤서 허리을 못 필 정도니 집수리는 한 반 해도 두 번은 못할 껏이라고 자신원 너겨다."

〈1973년 3월 23일 금요일 낡씨 맑음〉

“우마차로 봉답 들거름을 하는데 아주 수라며 그전에는 봉답 들거름을 할려며 지개로 하는데 힘도 만이 들 뿐 아니라 들거름을 너께 하니 밀 보리 불류깝바 조심이 댈 뿐 아니라 더어서 땀으로 옷을 다 바리개 대며 그때 바서는 들거름을 할려며 초봄에 할려고 결심을 했도 일적 못하고 마라찌만 금년에 일적 해서 수라개 했쓸 뿐 아니라 아주 깨온하개 흙거름을 했다.”

〈1973년 3월 24일 토요일 낡씨 맑음〉

“동내 할마씨들이 안전이 새 집을 만들어서 시관을 나오라고 이야기들을 하지만 자신은 크개 수리하고 십지도 않너며 오히려 돈 들까바 극정이 댄다. 자신의 현재 마음은 내가 돈을 벌어서 하지 하는 생각을 하는데 남들은 안 댄다고 생각을 할련지는 몰라도 자신은 을마든지 할 수 있따고 생각을 한다.”

〈1973년 3월 25일 일요일 낡씨 맑음〉

“창길내 몸체 뜻는데 바람은 말을 할 수도 업시 만이 불지 흙문지가 눈에 들어가서 일을 만대로 할 수가 업쓰서 일하는 사람들이 예을 만이 먹어다.”

“돈 있는 사람들이 돈을 가지고 일하는 데는 쫍다고 본다. 왜냐. 대인간개 하나에서 열까지가 뺀더랍개 일을 하고 있따.”

〈1973년 3월 26일 월요일 낡씨 맑음〉

“시관집에 새복 흙이 적으서 다시 실련대 바빠다. 그리고 자신이 할러고 더는 사업을 남이 할까바 마음이 말할 수 업시 뒤구나.”

“비가 너무나 안 아서 극정이 대는구나. 왜냐하면 보리들이 비만 알맡개 내리따면 아주 조을 꺼대 비가 안 아끼 때문에 보리들이 땅바닥에서 자라지을 못하며 자라지 못한 보리에깨 비 좀 았스며 하는 생각 간절하구나.”

〈1973년 3월 27일 화요일 낡씨 흐림〉

“시관집에 시새을 안전이 하고 세멘을 하고 나니 집이 어울리며 정수 살 때와는 아주 달라젔따고 자신도 생각을 한다.”

“자신은 밥만 먹으며 시관집이라고 수리할려고 매일 올라가지만 내가 살라야 댄다 하고 너킴도 업쓰며 그저 무이미하다.”

지출 … 전구담아 40원

〈1973년 3월 28일 수요일 낡씨 흐림〉

“시관집배 도배하다 예비군 비상명령 내린다고 한 시부터 전원이 대기하여라는 바람에 예비군 전원이 하로 일과을 무이미하게 넌기고 마라다.”

“금일과 같든 훌련은 시간도 무이미하게 보낼 뿐 아니라 예비군 전원이 지출 내는 돈이 어마어마한 수짜가 댈 태니 큰 손예라고 본다.”

지출에 … 명숙이 건빵 10원

〈1973년 3월 29일 목요일 낡씨 비〉

“이재 시관집에는 세멘을 안전이 하고 이재는 방에 벽지만 부치게 대면 시관을 나가서 살면 댄다고 본다.”

“그저 시관을 나간다고 생각을 한다면 그저 보통인대 곰곰이 생각을 해서 시관 문제을 두고 나눈다면 담담하구나.”

〈1973년 3월 30일 금요일 낡씨 맑음〉

“동장님이 군에 간다고 면사모소에 동장회

좀 가달라고 해서 참석을 해보니 농사 짓키는 힘이 들 껏 같꾸나. 왜냐하면 면사모소에서 농사짓는 대 총집중을 해서 각 동장님예깨 갈치고 있쓰니 일반민원 농사에 왜로가 있더래도 정부에서 하라 하는 대로만 하게 대면 농사에 손예가 가지 안캐꾸나."
지출에 … 합승비 60원

〈1973년 3월 31일 토요일 낡씨 맑음〉
"개들 보 하는데 사람도 저글 뿐 아니라 자신이 생각을 해볼 때에 정말 힘이 들 껏으로 본다. 왜냐하면 옛날부터 일도 안 알 뿐 아니라 시간마저 안 지키며 아무 누구 업시 공동일이라면 그저 시간만 보낼 작정을 하고 있쓰니 한심할 정도다. 한국 사람도 요론 풍섭만 업따면 잘 살 수가 있따고 본다."
"삶의 극정을 버리고 하늘에 힌 비들기 한쌍처름 창공을 날고 십번 심정 감출 수 업꾸나."

③月
"월말 총지출금액"
술값 100원, 펜대 20원, 껌값 20
빵값 20원, 명숙이 빵값 25원
저구담아 40원, 합승비값 60원
計 285원

〈1973년 4월 1일 일요일 낡씨 맑음〉
보리논 김매는데 힘이 만이 들더라. 왜냐하면 김매기을 안 아다 하니까 그른지는 몰라도 오금재이가 아빠서 일을 할 수가 업더라.
"우리 집사람은 자신의 예감이 아들이지 하고 마음가짐을 가지는데 어떠개 돌라갈련지는 몰라도 나 자신은 아들이라고 말하고 십따."

〈1973년 4월 2일 월요일 낡씨 맑음〉
"금일로서 분과을 해서 나오니 가슴이 담담하구나. 어재만 에도 별료 크개 너켜보지 못했는데 금일은 그저 벙벙한 하로 해을 보내고 마라쓰며 그리고 금일 아침에는 시관난다는 것을 생각을 할 때에 서운하기 짝이 업쓰며 그만 분과 하지 말고 계속 살라쓰며 하는 생각이 들더라."
금일지출에 과자 … 100원

〈1973년 4월 3일 화요일 낡씨 흐림〉
감자 갈라고 형과 둘리서 이랑을 전부 지어나와쓰며 수일 내로 비만 온다면 씨부림만 하게 대면 밭태 일은 끝이 남 샘이 댄다.
"금년에는 양살구꽃이 작년 비에서 일적 만발이 대어따고 본다. 그리고 자두꽃도 한잎 두 잎 피고 있쓰며 우리 과손에도 머지 안아 만발할 껏수로 본다."

〈1973년 4월 4일 수요일 낡씨 맑음〉
"독구내 지붕개랑 하는데 일 좀 하는데 지반이 만아서 그른지는 몰라도 일도 잘하며 별료 휴식시간도 업시 일을 만이 했따."
"모든 것이 돈 들어 실은 것 업고 보기 실은 것 업더라. 인간의 짤번 인생들이 존을 부러짓따 죽어가니 도대체 돈이란 것이 무엇시라 말인가."

〈1973년 4월 5일 목요일 낡씨 맑음〉
"국수 패는 다위 할려고 송판을 살라고 김천 재재소을 가보니 나무들이 흙빈 하더라. 그리고 송판이 작년 비에서 배 정도가 갑이 상선대어서 집 지을 사람은 여관 힘이 안

들 껏 갇꾸나."
"건축재로가 나 알기론 비싼 적이 업따고 보며 앞푸로 이러깨 계속 나간다면 건축업 짜들이 살라가기가 힘이 들지 안나 하고 내다보고 있다."
금일지출 … 합승비 45원 소겟트 80원
전기줄 120원 송판 700원
쳐과집에 병문안 과자 50원
백도쥬스(두 개) 185원
못 100원 計 1,280원

〈1973년 4월 6일 금요일 낡씨 맑음〉
"보예 물 막아 넛는데 나 자신부터 일하기가 실어며 일 시키기가 힘이 만이 들 꼣이며 쏙 잇는 사람은 광관을 할려고 했도 못할 지경이다. 왜냐하면 자신이 일기 간계로 일을 하기가 실은지는 몰라도 남을 시킬 수가 있쓸까 염려스럽따."

〈1973년 4월 7일 토요일 낡씨 비〉
"금일이 예비군날인대 자신원 예비군복이 업쓰서 김념행사에 참석도 못하고 보니 자신도 모러개 하가 나며 돈이 사람을 바보을 만들고 있꾸나 생각을 할 때에 마음은 더 개러저는구나."
그리고 금일은 국수 건조기을 만더는 일과로 하로 해을 보내개 대어따.

〈1973년 4월 8일 일요일 낡씨 비〉
"땔감 할려고 지붕 개랑하는데 일 좀 해주고 연개을 엇는데 못할 짓시다. 왜냐하면 연개 썩은 문지가 코로 더러가며 그저 따가으서 못 견딜 지경이며 다른 일은 무어시든지 다 해도 연개 비키는 일은 못하갯따고 절시리 너켜다.
그리고 과손예 자두꽂들이 만발하엿쓰며 복숭아꽂도 한 입 두 입 피기 시작하는 모섭을 바라보고 십꾸나."

〈1973년 4월 9일 월요일 낡씨 맑음〉
"가물이 얼마나 더나 하고 밭태 가보니 가물이 말할 수 업시 만이 들며 생흙이 들어가지 안는 밭태는 보리들이 수학의 반절이 감수대어따고 바도 가연이 아니며 보리들을 바서는 하로 바삐 비가 와야 보리 수학을 조금이라도 할 수 있따고 보는데 비가 오지 않는 하늘을 외타개 바라볼 뿐이다."

〈1973년 4월 10일 화요일 낡씨 맑음〉
"새마을사업에서 담벽 보수할려고 세멘 부록꾸을 동생과 둘리서 빼는데 힘이 들며 난생 처음 부록쿠을 빼는데 부록꾸가 한 개도 안 대며 허실하는대 더 힘이 업쓰서 못하개 쓰며 왜 내가 기술자을 안 주고 내가 할려고 더러떤가 하고 후예가 대며 신경질이 나는 것을 참아가면서 한 개 한 개 빼니 나중에는 잘 대며 저녁노을 질 때는 아주 잘 대며 부록꾸을 더 뺄 껏이 있쓰며 하는 욕심이 나더라."

〈1973년 4월 11일 수요일 낡씨 비〉
"이번 비야말로 사람을 살리는 비라고 자신원 생각을 한다. 예냐하면 이번 비 않 아따면 보리는 얼마나 감수가 대는 줄을 모을탠대 이번 비가 곱개 내리서 보리 수학하는데 큰 효까을 보리라고 생각을 하며 그리고 우리 집사람이 비단을 잘하지는 못하지만 한 줄라도 더 할려고 욕심을 가지는 것을 볼 때에 마음의 손길이 더 뻐쳐저며 조금한 시간의 여유 업시 비단을 하는 것을 볼 때에 자신이 적원 돈이라도 번다면 집사람을 비단을 시키지 않깨다."

〈1973년 4월 12일 목요일 낡씨 비〉
(음력 3月 10日)
"이때까지 가물이 들어서 울콩을 갈지 못하다 이번 비오는 바람에 울콩을 갈개 대어쓰며 하얀 대지에 비가 내리서 씨값씨 푸림을 하기외는 안성맞춤이며 씨갑씨만 늙쭈개 대면 근방이라도 싹이 돛다 날 껏 같든 기분이더라."
"금일이 장모 생신인대 자신은 가지 않고 쳐만 보내개 대어쓰며 부모 생신인데 쳐자식과 같치 나란이 가고 십픈 마음은 왜 업깨나마는 한경의 지배랄까 너무나 꽃나서 쓸까. 그럿치 안타. 남은 어떠개 생각을 할련지는 몰라도 나 자신원 한경의 지배라고 말하고 십따."
(돈 장래 五阡[五仟] 원을 차용함. 4月 12日.)

〈1973년 4월 13일 금요일 낡씨 맑음〉
금일은 참외씨 씨푸림을 하여쓰며 잔 씨값씨 넛는 일과로 하로 해을 보내개 대어다.
"때 아닌 서리가 지붕 위가 하야투록 내렸는데 만발한 과수꽃태 해가 업쓸란지는 몰개꾸나."

〈1973년 4월 14일 토요일 낡씨 비〉
집사람의 목거리을 팔아서 전기모타 살려고 금방예을 들어갈려니 집사람이 생각이 나며 미안에서 금방에을 늡적 들어가지을 못하게 쓰며 집사람과 사전에 합이가 대어서 목거리 팔라 전기모타 싸스 국수 팰라고 이야기가 대어찌만 나 자신이 미안한 감이 들어 참을 수가 업쓰며 이 목거리을 너저도 내년에는 해줄 결심을 가지고 있따. 그리고 쳐과 목거리에 조금한 감의 서운감을 가진다면 나 자신은 미안에서 고개을 몿 들 형편이 댈 땐대 나 자신 보기에는 평소 때와 별다름 업는데 대에서 미안한 감을 들 가지개 대어서 안도의 숨을 실 수가 잇깨 대어따.
금일지출 … 약솜 30원 철근
14자에 530원 조루 70원
유리 80원 열쇄 60원
計 770원
황금 한 돈 4,200원 서 돈 반 14,700원

〈1973년 4월 15일 일요일 낡씨 비〉
"모타 살라고 대구에 가서 상회을 한 박이 돌라보니 가격이라든지 모든 것이 동일하며 습적 마음에 더는 물건이 업쓰며 모타 성능도 잘 모러고 해서 조금 허런 물건을 싸서 집부로 가지고 왔따."
모타을 집배서 시름을 해보니 시은서렵개 잘 도라가서 마음이 캐알하더라.
금일지출에 … 모타 20500원 부래 300원
밸터 600원 나사 60원
열차비값 220원
택시비값 200원
껌 20원 전기선 1,300원
두껍이집 300원
計23,500원

〈1973년 4월 16일 월요일 낡씨 비〉
"이재 비는 작물에는 협쪽하두록 내리서 보리 수학을 할 때까지는 비가 오지 안아도 보리 수학을 충분이 할 수 있따고 보는데 이 비가 계속 내리개 대면 이때까지 가물 더러픈 보리들이리서 비가 만이 오기 대면 황병이 들지 안을까 극정이 대는구나."

"금일은 일기 관개로 들래 가서 일도 못하고 집배서 국수 뺄 준비하는 것으로 하로 일과을 보내고 마랐다."

〈1973년 4월 17일 화요일 낡씨 맑음〉

"이재 본격적인 통일벼씨 보원절충모판 한다고 한참 손길이 바뿌며 자신도 보은절충판을 한 단지만 할려고 대충 모판을 만들어 노았다.
그리고 낡씨가 변득서럽개 왜 겨울날씨 모양 추어서 일을 할 수가 업쓰며 한대에 있키가 실투록 추어니 일기변동원 알 수가 업꾸나."

금일지출에 … 합승비값 90원
전기선 400원
집배 고무신 460원
모타 낮또 20원 計 970원

〈1973년 4월 18일 수요일 낡씨 맑음〉

"모타을 사서는 처음 개시해 보니 해전이 너무 빠을 뿐 아니라 힘이 적으서 국수을 마음대로 못 패개 대어서 마음만 상하며 모타을 마락[마력] 수을 높필라고 들어도 돈이 업쓰서 못할 형편이며 모든 것을 생각할 때에 성질만 나고 이왕 돈은 더는 것이고 해전수나 적개 해서 돌리보고 치우든지 할라고 부래을 적은 것으로 바까서 돌리보니까 아쉬운 대로 할 수가 있깨 대어서 마음 캐알하더라."

지출에 … (부래) 500원 (김천 남종상회)
(비누루끈) 100원
計 600원

〈1973년 4월 19일 목요일 낡씨 맑음〉

"보온 절충 모자리을 복판 논에 씨갑씨을 푸리서 비누루까지 덥펴서 해노아 보니 아주 잘 대어쓰며 동장과 우리 마을 담당직은이 보더니 재일 잘 대어따고 인사도 하며 자신이 바도 벼씨가 잘 알 껏 같더며 시설을 하는 데 힘은 들어찌만 보람을 너킬 수가 있쓰따."
"그리고 우리 집사람이 옥동자을 나얼 탠대 하고 재일 궁금하며 역시 보인[본인]도 옥동자을 바라고 있깨찌만 나로 바서는 옥동자 외 필료과 업따고 보며 이그 가슴만 조이개 만들고 있꾸나."

지출에 … 전구담아 45원 도로크 5원
計 50

〈1973년 4월 20일 금요일 낡씨 맑음〉

"딸자식 출생일 4月 20日 음력 3月 18日 세벽 5시 30분 출산. 출산일수 268일."
"생각지도 않아든 딸을 나노니 정말 희마리가 업쓰며 그만 죽이고 십픈 생각이 들며 그만 둘리 다 보기 실어며 방에만 들어오니 부예가 나며 이처름 희마리가 업깨 만들 바예야 배 속에서 노동을 하고 있는 배을 만지고 있쓸 때가 제일 절그어며 배외서 태어나지 안아따며 집사람과 마음이 상하는 시간이 안 댈 끈대 식짜른 딸이라서 점두록 우얼하개 만더는구나."

지출에 … 미역 1700원 열차비 60원
포대기 500원
計 2260원

〈1973년 4월 21일 토요일 낡씨 맑음〉

"잔 씨값씨을 씨부림을 하여쓰며 잔 씨을 바서는 별로 비가 너전 감은 업지만 보리씨을 바서는 아주 너저며 보리는 이미 감수을 다 시키따고 본다."

"딸자식이라 어울하든니 딸자식이라도 크면 예쁘개따고들 하니 들 미어저는 감이 더는구나."

〈1973년 4월 22일 일요일 낡씨 맑음〉
정부에서 새마을사업 하라고 해서 금일은 담을 문아서 부록구 담을 쌀라고 밑 지대을 형제관키리 일부분만 나노았다.
"자신의 성격이 낮빠서 그른지는 몰라도 저녁 야식을 줄라고 들 때에 별료 기분을 못 너킨다. 왜냐하면 아들이라면 밤새두록이라도 야식을 하여서 준다 해도 고달프다고는 하지 않캐는데 딸자식이라 그만 그릇따."

〈1973년 4월 23일 월요일 낡씨 비〉
"비가 올라고 더니 너무나 자주 비가 내리며 이러다 한발로 보리 피해을 보이더니 이제는 비로 보리 피해을 보일라고 비가 내리는 줄을 몰개꾸나."
"그리고 골목에 다니는 아들이 추한 골로 다니는 모셥을 보니 여사로 안 보이는구나. 왜냐. 자식들을 길러서 남보다 맑깨 따뜻하게 길려야 부모 마음이 안정이 대지 그릇치 못한다면 부모 마음의 가슴이 얼마나 아푸갯나 하고 생각을 해볼 때에 골묵에 아들이 여사로 안 보이는구나."

〈1973년 4월 24일 화요일 낡씨 개임〉
"들판에는 누 논 업시 물이 가득 차 있쓰며 이재는 농부의 발길을 바푸개 날뛰야 할 때가 대어따고 본다."
그리고 오신기 할 두름 한다고 분주하개 날뛰어 다니도 얼마 하지 못하고 금일 일과을 보내고 마랐다.
※ 내일부터는 일손을 좀 더 바푸개 움직일 작정이다. (서명)

〈1973년 4월 25일 수요이 낡씨 맑음〉
"우리 마을에 지붕 개랑하는 데 일 좀 해주로 가서 점두록 일을 하는데 아주 생각 위에 만이 일을 하였다."
요줌은 절먼 사람들이 일을 하는 것을 볼 때에 아주 잘하며 지붕 개랑할 때의 일은 바서는 절먼 사람에깨 친찬을 해주어야 댄다고 자신원 너켜 보았다.

〈1973년 4월 26일 목요일 낡씨 비, 흐림〉
"요줌은 나무 집 개랑하는 데 일하려나 다니고 마을 부역이나 다니며 맡치 마절 정도가 대니 혼자 손에는 집배 일 할 여가가 업쓸 정도로 공일을 만이 하고 있따."
"사람의 노력을 더리서 표 업는 일이 업꾸나. 다 쓸어저가는 집들도 손질을 하고 나니 새 집과 별다름 업시 새뜻한 맡을 보이니 사람의 손길이란 움직이는 만큼 표과 나니 사람이란 휴식이 업따는 자랑을 하여야 대개꾸나."

〈1973년 4월 27일 금요일 낡씨 맑음〉
"조금한 물건을 소중이 다룰 수 있는 사람만이 생의 보람을 먼저 가질 수 있따고 본다."
"우리 집사람이 겨우 칠 일이 지난는데 국수 팰라고 가지고 오는 것을 안 팰 수 업고 해서 집사람이 국수 반죽을 하는데 미안감이 들며 나중에 나이가 만아서 아푸다고 하며 어떠개 하나 하고 극정이 대며 정말 미안한 하로 일과을 보내고 마랐다."

〈1973년 4월 28일 토요일 낡씨 맑음〉
"집사람이 아주 낮번 사람은 아니라고 생각

은 대는데 가끔 미어서 인상을 찟벌릴 때가 있는데 요런 시간을 업샐라고 노력을 해도 가끔 이른 때가 있쓰서 극정이다."

〈1973년 4워 29일 일요일 낡씨 맑음〉

"물런 가루로 국수을 패는데 힘자가리가 업쓰서 국수도 대지 않코 온 집안 식구 수대로 달라더려서 손질을 해도 국수가 대지 안으며 술술 쳐저는데 힘도 업쓸 뿐 아니라 우리 물건 갈타면 때리치우고 말 일이 한이지만 남에 물건을 잘 못해준 대 대예서 미안하개 짝이 업쓰며 그만 기구까지 때리부수고 말라쓰며 하는 생각이 들지만 성격을 부일 수도 업고 참아가면서 종일 해을 다 보내는데 힘이 말할 수도 업시 왜로가 만타."

금일수입 … 345원

〈1973년 4월 30일 월요일 낡씨 맑음〉

"정부에서 근장하는 통일벼씨 보온절충모판 하라고 밤낮 주야로 야단을 쳐더니 절충모판 한 사람들은 전부가 씨가 잘 안 쓰서 재자리나 심을 수가 있쓸란지 극정이다."

한발에 고생하든 보리들이 이재야 보리 이싹들이 치들고 한참 올라쓰고 있는데 우리 보리들은 이싹들이 아주 적은 편이 아니고 그른 대로 앞 날씨만 잘 한다면 보리농사에 큰 피해가 업쓸 껏수로 보고 있따.

지출에 … 라뒤오약 100원

4月

"월말 총지출금액"

모타 20,500원, 부래 300원, 밸터 600원나사 60원, 열치비값 220원, 택시값 200원
껌값 20원, 전기줄값 1,300원,
두껍이집 300원, 합승비값 90원,
전기선값 400원, 집배 고모신 460원,
모타 낮도 20원, 부래 500원,
비누루끈 100원, 전구담아 45원,
도록크 5원, 미역값 1,700원, 열차비 60원
아기 포대기 500원, 과자 100원
합승비 45원, 소겟트 80원, 전기줄값 120원
송판값 700원, 처과 병문안에 235원
약솜 30원, 철근값 530원, 조루값 70원
유리 80원, 라되오약값 100원
計 29,480원

"월말 수입금액"
計 345원

〈1973년 5월 1일 화요일 낡씨 비〉

들까지 논이 고로잔에서[고르지 않아서] 형과 둘리서 우마차로 파 골라쓰며 그리고 오신기 모재리 할려고 마음을 먹고 있쓴는데 새찬 비바람 때문에 휴식을 하여쓰며 이러깨 비바람이 불개 대면 보리농사에 피해가 가지 안을까 염려쓰럽꾸나.

〈1973년 5월 2일 수요일 낡씨 맑음〉

음력 3月 30日

"새찬 비비람 때문에 보리들이 일부 쓰러저 있는데 보리 수학에는 지장이 업쓸란지 몰개꾸나. 그리고 오신기 할 모판 뚝을 매고 울콩이 더물개 나서 머더리는 일과로 금일 해을 보내개 대어따."

"통일벼씨 보원절충모판에 정부에서 하라고 해서 모래을 쳐더니 씨갑씨가 고로 쓰지을 안아쓰며 모판에다 씨갑씨만 푸리고 그대로 두고 모래을 안 처고 비누루을 씨운 사람들은 아주 잘 났더라. 앞푸론 절충모판을 한다면 모래을 쳐지 안코 하야 대갯따."

〈1973년 5월 3일 목요일 낡씨 흐림〉

음력 4. 1.

"아기을 출산을 할 때는 영 기분이 나지을 않더니 요줌원 밥만 먹고 나면 아기을 한 번 보고 가야 일래 지루한 감 업시 할 수가 있쓰며 아기을 볼 때마다 왜 발리 자라지 않을까 하고 입속말로 중을그릴 때가 만아 저는구나."

"금일은 경희내 오신기 논갈리 하는 것으로 하로 일과을 보내고 마랐다."

〈1973년 5월 4일 금요일 낡씨 개임〉

"들판에 우소들이 재각기 물장구을 시계나 치는 지름이 하는 것쳐름 철석철석 저녁노을에 리듬을 치는 것처름 사람이 힘 독꾸는구나."

"우리 집사람 아기 다루는 것을 가만이 보며 정말 잘 다루며 이새들은 잘 기룰 꼇으로 내다보고 있따."

〈1973년 5월 5일 토요일 낡씨 맑음〉

"과수에 약 살표하는데 동생들과 열여덜 말 살표하니 조금 적어며 금년에는 봉숭이 자신이 알기론 처음 만이 달려쓰며 과실을 쏙지 안으며 열매 노릇을 하지 못할 꼇 갈더며 쏙 쿨라고 더니 엄두가 나머 보통일이 아니다."

"금년 과일을 보니 풍작이 댈 끗 같더며 과실 시세만 좋다면 작년보다 헐신 수입을 만이 볼 꼇 같꾸나."

〈1973년 5월 6일 일요일 낡씨 맑음〉

"과실이 너무나 만이 달리서 동생과 둘리서 복숭을 락화시키는 작업으로 금일 일과을 보내고 마랐다."

〈1973년 5월 7일 월요일 낡씨 비〉

"일기불순으로 아무 일도 못하고 무이미한 하로 일과가 대고 마랐다."

"부모 노릇하기가 정말 힘에 겨어저며 우리들 잘알 때도 저러깨 자라든가 하고 생각이 들며 나 자신은 부모 예을 먹이지 않코 곱개 곱개 자라쓸 끄라고 생각을 한다."

〈1973년 5월 8일 화요일 낡씨 맑음〉

"과실이 너무나 만이 달린 것도 보통일이 아니다. 왜냐하면 동생들과 셋시가 락화작업을 해도 얼마 하지는 못하고 과실은 잘 자라지 점두록 한다 해도 얼마 하지는 못하고 마음만 조급하여저는구나."

〈1973년 5월 9일 수요일〉

"탈태을 해서 처음 내 손으로 돈을 만이 지니 정말 반갑더라. 오늘날까지 부모가 주는 돈으로 지출을 내며 살라왔찌만 이제는 나도 적은 돈이지만 내 손으로 벌 수가 있따는 것과 내 손으로 돈을 지는 캐감은 해보지 않코는 너낄 수가 업쓸 꼇이다."

"우리 집사람을 남과 같치 대열래 시와 줄 수 있쓸까 하고 극정이며 절머서 에 먹이는 한이 이떠라도 늙어서는 편하게 살개끔 해주어야 댄다는 것을 생각을 할 때는 발짝욱 움직임마다 미안감이 더는구나."

금일수입 … 565원 국수값

〈1973년 5월 10일 목요일 낡씨 맑음〉

"오늘로서 모재리는 안전이 하여쓰며 벼씨만 쳐면 모재리 작업은 끝이 난 샘이 댄다."

〈1973년 5월 11일 금요일 낡씨 맑음〉

"복판에 통일벼씨 절충모판에 피 뽑는 일과

로 금일 해을 보내고 마랐다."

〈1973년 5월 12일 토요일 낡씨 흐림〉

"울콩이 씨값씨가 고로 쓰지을 안아서 울콩 씨을 제부림을 했든 것이 그것도 씨가 쓰지 을 안아서 금년 울콩 농사는 만이 하기에는 틀릿따고 생각을 한다."
감자 김 매기을 하는데 아주 씨가 잘 쓰서 며 넉들 들래서는 우리 씨값씨가 재일 잘 낫따고 생각을 하며 김매는 데도 지루한 감 업씨 하로 일과을 잘 보냇따.

〈1973년 5월 13일 일요일 낡씨 맑음〉

"양대 김매기로 금일 해을 보내쓰며 금년 보리농사는 평년작보다 잘 지어따고 보는 데 앞푸로 무선 변화을 가지고 올란지는 몰 라도 우선 바서는 잘 지어따고 본다."
"삶의 기반이 어너 정도 잡핀다면 삶의 극 정이 안 댈란지는 몰라도 삶의 극정 때문에 골머리가 아푸구나."

〈1973년 5월 14일 월요일 낡씨 맑음〉

지출에 … (전기세값) 計 310원
"순철이 때문에 골치 아파 죽을 지경이다. 왜냐하면 작년에 노란 감이 이쓰서 공부을 열심이 할 줄 알랐는데 부친 하는 말씀이 요세는 밤에 언제 들어와서 자는 줄을 알 수가 업따고 해서 그만 화가 낫서 밥 먹다 장을 숫푼으로 얼굴래다 떠 헌치고 좀 때릴 라고 들다 동생들이 형이 그라면 어떠개 하 는냐고 하면서 말리는 바람에 때리지는 못 했찌만 화대로 해쓰며 실끈 때리바쓰며 속 이라도 후련할 끈대 그만 참고 마라쓰며 이 재 와서 생각을 할 때에 아주 잘못했따고 너켜다. 왜냐. 엣날 사람들의 말을 들을 때 에 개도 밥 먹을 때는 안 때린다고 하는데 하물며 동생을 그랫쓰니 잘못을 했찌만 원 목적을 따진다면 동생을 잘 대로고 한 것이 너무나 지낮치따고 본다."

〈1973년 5월 15일 화요일 낡씨 비〉

"이번 비는 필료 업따고 보는데 기온 내리 가면서 비가 오는 것을 볼 때에 보리 수학 량만 접을라고 비가 오는 것이 아닐까 하고 염려가 대는구나."
"농민들로 바서는 만족이라고는 업깨꾸나. 왜냐. 모든 변화가 농민들의 마음과 바란서 가 맡지 안너니 어뒤 농민이 만족을 가지고 사라가개나."

〈1973년 5월 16일 수요일 낡씨 비〉

"김천 처형 딸 결혼식이라서 갈려고 부친에 깨 이야기을 하니까 비가 이러깨 만이 오는 데 가면 어떠개 하게나 하고 말씀을 하더 라. 자신이 갈려고 우장을 들고 나서면 결 혼식에 참석을 할 수가 있찌만 서로가 편하 는 것이 좋지 안나 하고 결혼식에 가지 않 코 집배서 휴식을 하고 마랐다."
이번 비가 보리가 좋다는 보리들은 다들 셨 려저고 모진 보리들은 그대로 셨있구나. 그 리고 이번 비에 보리 피해을 만이 보이따고 생각을 한다.
지출에 … (뇌신약) 20원

〈1973년 5월 17일 목요일 낡씨 비〉

"과수에 복숭이 너무나 만이 달리서 이차 과실을 락화작읍을 시작하고 있쓰며 락화 작업을 하고 있는 복숭이 살구보다 큰 것을 쏙고 있는데 너무 너저 큰 손에을 보고 있 따고 자신은 보고 있따."

"사람이 시간 여유과 만크든 조금한 일끄리을 만들두록 노력을 할 끄시며 시간 여유이따고 자랑 마라."

〈1973년 5월 18일 금요일 낡씨 흐림〉

"오늘로서 과수 복숭 락화작업은 금일로서 손질을 안전하게 한 샘이 대는데 아직 달려있는 복숭원 자신이 볼 때에 만원 편인데 나중에 손길이 가지 안아도 댈련지 몰개꾸나."

〈1973년 5월 19일 토요일 낡씨 흐림〉

"어머님 살라 개실 때에 왜을 먹이서 그른지는 몰라도 어머님 산소에 올라오면 잡풀을 뽑는 형을 보면 보통 성심으로는 그러깨 못한다고 본다. 왜냐하면 올 적마다 산소에 잡풀을 한 밖이 뽑고 무선 일들을 시작을 하니 보통 성이가 아니라고 생각을 {한}다."

〈1973년 5월 20일 일요일 낡씨 맑음〉

"봉산 눈{님}내 집배 부억에 부트마 세멘 한다고 해달라고 해서 자신이 가서 부억에 세멘과 틀력과 전부 세멘으로 안전하게 해주고 왔따. 금일 자형 집배 과정에 대에서 너켜 보았는데 자형은 동장 한다고 분주하게 돌라다니지만 과정을 악착 깥치 삶의 의욕도 업는 것 같고 눈님만 중관에서 집 싯는데 전부 빛수로 한 것 모든 것을 가지고 살라갈라니 눈님만 속이 타개더라."

〈1973년 5월 21일 월요일 날씨 맑음〉

"자신이 알기론 근살미을 내 손 잡아서 하기는 처음이며 점두록 아홉 마지기을 하니 처음이라서 그른지는 몰라도 팔다리가 언신도 못할 정도로 피곤하며 정말 농사는 힘드는 일이며 엔만하면 농사을 짓지 않아야 할 탠대 하고 염려가 크개 대는구나."

〈1973년 5월 22일 화요일 날씨 맑음〉

"과수에 약 살표하는 초봄보다 잎파리가 만이 낮따고 약 살표량이 만이 들어가는구나. 초봄보다 약 살표하는데 매쳐지도 안아는데 약이 두 말이나 더 들어가며 앞푸로는 약 살표을 안 에도 댈련지 몰개꾸나."

〈1973년 5월 23일 수요일 날씨 맑음〉

"금년에는 과실이 만이 달리서 나무에 지장이 이쓸까 하고 비료거름을 배합비료 한 표와 가리 한 표 요소 한 표 조금 못 대개 하엿는데 낡씨가 너무나 좋아서 비료 소암[효험]도 나지 안을 끝 {같}더며 수일 내로 비가 오지 안는다면 비료거름은 허사가 대지 않나 하고 내다보고 있따."

〈1973년 5월 24일 목요일 날씨 맑음〉

"복판 논에 절충모판 한 통일벼을 여덜래날 심을라고 논 훌기는 것으로 금일 일과을 보낸 샘이 대며 주관으로 정기가 않 아서 국수을 빼지 않타 금일 오후부터 전기가 왔서 국수 빼는 작업을 너깨부터 시작을 해서 다 말류지을 못해서 국수 다위에 그대로 밤을 새우개 대는데 밤 사위에 국수의 변화가 업쓸란지 알 수가 업꾸나."

금일 수입 … 국수값 490원

〈1973년 5월 25일 금요일 날씨 흐림〉

"복숭나무에 과실이 너무나 만아서 락화작업을 동생들과 다시 하고 있는데 이번이 마지막이 댈련지 알 수가 업따."

통일벼씨 절충모판을 일적 한 사람은 모내기을 하고 있는데 너무나 일적에서 패기 수가 만이 늙어서 손에가 대지 않을까 염려가 대는구나.

〈1973년 5월 26일 토요일 날씨 흐림〉

"모타로 보리 타작할려고 암이로 할려고 김천 아래장터에서 하는데 생각보다 돈이 만이 들며 암이을 집배 가지고 와서 마추어 보니 잘 암 마자서 힘이 들 껏 같다."

금일지출에 … 부래 800원 탈곡기 3,000원
나사 40원 부친 약 180원
우등값 80원 파스 30원
쳐제예깨 200원 길리 200원
計 4,530원

금일수입 … 국수값 675원

〈1973년 5월 27일 일요일 날씨 맑음〉

"작년 오늘이 결혼식을 올린 날이며 달 밝은 밤에 쳐와 보리 익은 냄새 풍기는 동산에 안저서 오선도선 이야기하든 날이 작년 이 날에 놀든 달밤이 눈에 삼삼하며 한 번 더 그 날이 있따면 하는 생각 절로 나는구나.

그리고 집사람이 일 년이란 시간이 흙러는 동안 변함 업시 살라오는 것을 볼 때에 아주 선한 사람이라고 자신원 생각을 하며 앞푸로 더 선화개 대화며 살라갈 예정이다."

금일수입 … 545원

〈1973년 5월 28일 월요일 날씨 비〉

"이번 비가 밭작물에깨 아주 잘 았스며 비가 곱개 내리서 보리에깨도 피해 업시 비가 와키 때문에 정말 조원 비가 대어따고 보며 가지 참외 강냉이 이식에 손길이 바빠서며 이번 비가 모종비라고 해도 가연이 아니다."

"작년 오늘은 쳐제와 쳐와 셋시서 바위에 글쳐안저서 돌라가면서 노래로 시간을 보낸 날이며 정말 좋은 날이이어는데 그 날의 노래소리가 기에 쟁쟁하개 살라있스며 절그운 그 시간이 있따면 더 멋있깨 놀 수 있따고 생각이 더는구나."

〈1973년 5월 29일 화요일 날씨 맑음〉

"쳐의 부친이 매우 우중한 모양이다. 왜냐하면 큰집카들이 잰영감[장인영감]이 이독이라면[위독하다며] 한번 댄기가라고 해 쳐가 같는데 별세나 안 엔는지 궁금하기 짝이 업꾸나."

"(장인어른 별세한 날) 음력 4月 27日"

〈1973년 5월 30일 수요일 날씨 맑음〉

"보원절충모판 한 통일벼씨을 처음 모내기을 하여쓰며 모내기을 하며서도 잰영감이 별세했찌 하는 예감이 들며 그저 허전한 감이 더는대 형수가 부구 았따는 말을 할 때에 하짜 하더라. 왜냐하면 김천 갈 때에 한번 더 가볼라고 마음을 먹다 들리보지 않코 집부로 바로 았는 것이 원망이 대더라. 그리고 부구을 밭고 쳐가 갈려고 합승에 몸 실어서 가는데 왜 이래 지루한 시간이 대며 별세한 장인어른에깨 절을 하는데 눈물이 앞뻘 가루어 쓸쓸한 하로 해을 보내고고 마랐다."

지출에 … 합승비 30원

〈1973년 5월 31일 목요일 날씨 맑음〉

"장인어른 장래식에 눈물이 나는 것을 억재할려고 노력을 했쓰며 딸 닷섯시가 쓸펌을 못 참아 우름을 터떠리는데 자신이 억재하는 눈물도 참찌 못하고 흙으나오더라."

⑤

"월말 총지출금액"

전기세값 310원, 노신[뇌신]약 20원
부래 8,00원, 부친 약 180원
탈곡기 아미 3,000원, 나시 40원
우등값 80원, 파스 30원
쳐제에깨 200원, 길리 200원
합승비 30원
計 4,910원

"월말 총수입금액"
計 2,170원

〈1973년 6월 1일 금요일〉

"금일은 무이미하게 하로 일과을 보내는데 지루하기 짝이 업더라. 왜냐하면 집배서는 모내기할 준비한다고 빠푸기 짝이 업쓸 땔 탠대 무이미한 하로 해을 보내개 댄 자신원 육체적인 고통을 하로 내 너켜다."

〈1973년 6월 2일 토요일 날씨 흐림, 비〉

장인어른 사모[삼우(三虞)] 날을 지내고 바로 올라고 하다 동서들이 다 같치 출발하자고 해서 지루한 시간을 보내쓰며 그리고 집안사람과 동서들이 장인어른 산소을 안전이 손질을 하고 쳐와 집우로 돌라오는데 장모님의 모섭이 쳐랑해 보이며 자신이 생각을 그러깨 해서 그른지는 몰라도 징모님을 두고 터나올라니 서운하고 발길이 떨어저지을 안더라.
금일지출에 … 부위 2,000원
집에 과자 100원
사이다 30
計 2,130원

〈1973년 6월 3일 일요일 날씨 맑음〉

"일반 통일모판을 금일 모내기 하는데 모가 삼분제 일은 남더라. 그리고 절충모판 한 것보다 모가 아주 깨끗한 모로 들까지 모내기을 하였는데 결과가 어떠개 댈련지 몰개꾸나."
"우리 마을 들로 바서는 수일 내로 이식을 끝맡칠 {것} 같꾸나."

〈1973년 6월 4일 월요일 날씨 맑음〉

"경희내는 통일벼씨 모판 한 것은 오늘로서 안전하개 끝이 난 샘이 댄다.
그리고 내일부터는 보리 배기에 들어갈 예정에 있따."

〈1973년 6월 5일 화요일 날씨 흐림〉

경희내 보리을 배는데 힘이 만이 들며 자신이 생각을 해볼 때에 일 년이라는 시간이 흙으두록 농사을 짓어 준다 해도 돈 액수로 천다면 불과 오만 원밖에 안 대는 것을 벌개따고 밭까지 열너 마지기란 농사을 지어 주야 댄다는 것을 생각할 때에 긴 한숨이 나는구나. 왜냐 적으나 자본이 돌라가서 특수농장물을 한 마지기만 잘한다면 오만 원 벌 수가 있쓸 것수로 보는데 이것이 자본문재로 잘 안 대는 심정 금일 따분한 하로 일과을 보내개 대어따.

〈1973년 6월 6일 수요일 날씨 비〉

"보리 배기에 열중하고 있는데 때 아닌 비가 내리서 보리 배기 작업을 중단하고 휴식을 하개 대어쓰며 요줌은 통일벼을 하기 때문에 사람들이 헐신 수라고 있따. 왜냐하면 그전에는 오신기 모내기을 하면서 보리 배기을 하면서 보리타작까지 겹쳐서 일을 하기 때문에 소 사람이 짓치게 대는데 요줌은 그전에 비아며 그저 먹기며 정말 수란 편이다. 왜야하면 요세는 통일벼을 하기 때메 오신기는 안전하게 심어 놓고 보리 수학에 들어가기 때문에 일더리 수란 편이 댄다."

〈1973년 6월 7일 목요일 날씨 비〉

들까지 보리논에 통일벼 모내기 할려고 비 오는 것도 무러쓰고 보리을 배는데 얼마 하지 못하고 내일 오전에 비야 다 빌 꺼 가꾸나.

그리고 내년에는 특수작물을 해야 잘 살 수가 있깨따고 생각을 하면서 보리 배기에 작읍을 하면서도 조급한 마음이 터나지을 안는구나.

지출에 … 약 50원 과자 100원

計 150원

〈1973년 6월 8일 금요일 날씨 흐림〉

"들까지 보리논에 모내기 할려고 논갈이 하는데 힘이 만이 들며 흙등으리가 물이 들어가면 잘 풀릴란지 몰개꾸나.

그리고 장모님이 우리 시관 나오고 처음 오시서 하로 밤을 세우시고 금일 가신는데 우리 손으로 대집을 하지 않코 큰집에서 대집을 하여서 미안감이 더는구나."

올복숭 1상자

〈1973년 6월 9일 토요일 날씨 흐림〉

"보리논에 모내기 할 논에 물이 밑차 들어가지을 안아서 안타값더니 너캐야 물이 들어와서 지발 장만했쓰며 너무나 값짜기 장만했는 곳이라 모심기가 힘이 들지 안을까 염려쓰럽꾸나."

"논 장만하면서 가만이 생각을 해보니 자전차점과 탁구장을 겸에서 사업을 한다면 아주 잘 댈 꺼수로 생각을 한다. 왜냐하면 두 가지 사업 다 학생들이 사용을 하는 것이라 유효하리라고 생각을 하며 가을만 맡친다면 자신이 할 예정이다."

〈1973년 6월 10일 일요일 날씨 개임〉

"모타로 보리타작을 처음 해보니 안성맞춤이더라. 왜냐하면 발동기는 소리가 나서 분산하게 하지만 모타는 소리 하나 업시 타작을 만대로 할 수가 있쓰니 별로 돈도 만이 들지 안는 물건이며 전기 들어오는 농가에는 한 대식은 필요가 있따고 본다."

수입 … 국수값 200원

〈1973년 6월 11일 월요일 날씨 흐림〉

"사람이 매상에 대고 보리타작을 하는 것을 볼 때에 답답하며 우리 모타로 좀 했주어쓰며 하는 생각이 드는구나."

"앞푸로 보리타작은 하로 서 마지기만 하게 대며 보리타작은 다 하게 댄다고 본다."

〈1973년 6월 12일 화요일 날씨 흐림〉

"금일로 보리타작을 끝을 본 샘이 대는구나. 보리타작을 손으로 할 때는 정말 보리타작을 한 달식 했는 너킴이 더는데 금년에는 모타로 보리타작을 해서 그른지는 몰라도 몸에 필료라고는 하나도 업쓰며 좀 더 해바쓰며 하는 생각 절료 나는구나."

〈1973년 6월 13일 수요일 날씨 흐림, 비〉

"보리타작 한다고 과손에 올라가지 못했든니 금일 올라가서 올 복숭을 보니까 색이 넘어나 만이 낮쓰며 시장에 선을 보이기는 너무 너전 편이라서 동생과 둘리서 따는데 아주 적은 것 말고는 다 따보니까 다섯 상자박에 안 대더라."

올복숭 5상자 올복숭 6月 13日 이전에 2상자

〈1973년 6월 14일 목요일 날씨 흐림〉
땅을 파서 돈 번다 더는 사람은 어리석은 사람이라고 생각을 한다. 왜냐하면 돈 번다고 날뛰바야 얼굴에 구슬땀방울값도 안 대며 나 자신도 어리석은 사람의 한 사람으로 들어간다고 해도 가연이 아니다. 왜냐. 시방 이 시간에는 땅을 파고 있쓰니까.
아 정말 땅 파면 배부려고 등 터시다는 옛말은 있찌만 나 자신은 정말 못하개더라.

〈1973년 6월 15일 금요일 날씨 비〉
"부친이 식욕이 줄어더는 모섭을 볼 때에 나 자신이 우울해저는구나. 왜냐하면 한쪽 부모라도 오래 살라 개시야 대는대 부친마저 대변이 안 나오고 있쓰니 한심서럽꾸나."
"금일로 양 집에 논은 봉답 말고 전부 훌기 낮쓰며 모내기만 하개 대면 끝이 난다."

〈1973년 6월 16일 토요일 날씨 비〉
"부친이 대변이 나오지을 안아서 김천 김외과에 가서 진찰해본 결과 기관지가 약해서 그러타고 이야기하는데 집배서 부친의 모섭을 볼 때외 갱장이 우중해보이며 정말 급이 날 정도다. 어애든 진단결과가 기관지가 약해서 그러타고 나왔쓰니 마음의 안정이 대며 마음의 여유을 가질 수 있따는 것이 매우 기쁘다."
지출에 … 합승비 170원, 진찰값 300원
엣스래이 1,500원,
우등값 160원 열쇠,
장석 200원 이세, 는닝구 200원,
부친 약 1,340원
計 3,920원

〈1973년 6월 17일 일요일 날씨 맑음〉
"딸자식이라도 정말 기여어서 종일이라도 엽패 있코 싶펴며 소리 업는 웃섬을 볼 때에 하로의 피로해복제보다 더 시원서럽꾸나."
부친 변비약 … 150원

〈1973년 6월 18일 월요일 날씨 맑음〉
"그전에부터 농촌 일손 그들기 작읍을 중고등학생들이 주인 업는 논이라도 마구 비고 해찌만 나 알기론 골논까지 와서 밀을 마구쳐 누피 나서 일손 그더는 것이 아니라 도리 일그리을 만들어 노앖쓰며 수학 면에서도 아주 손에가 만을 꺼수로 보고 있쓰며 자신이 생각을 해볼 때에 학생들을 대리고 다니지 말고 학생 임무을 안수할 수 있두록 노력을 해주어쓰며 하는 너킴이 대는구나."
올 복숭 … 상회 4개 대신 1개

〈1973년 6월 19일 화요일 날씨 흐림〉
"금일부터 밀 수학을 처음 개시했스며 밀을 수학할려고 더는 것보다 벼을 좀 더 수학을 하는 것이 낮지 안나 하고 생각이 더는구나. 왜냐하면 우리로 바서 채고 상답에 밀을 갈고 있쓰며 왜관으로 잘 대따 십펴도 실지 훑터서 보면 아주 생산량이 적을 뿐 아니라 갑버치가 업는 물건이라 갈지 말고 벼을 좀 더 생산하는 것이 낮찌 안나 내다 보고 있따."

〈1973년 6월 20일 수요일 날씨 흐림〉
"비가 너무나 안 아서 큰일이다. 왜냐하면 밭태 씨부림을 못하고 있키 때문에 비가 시급하며 우선 과실에 비가 와야지 락화가 안 대지 만약 수일 내로 비가 오지 안는다면 과실이 떨어질 뿐 아니라 품질 모든 것이 시원찬을 뿐 아니라 과실이 숙년으로 들어 갈 끄로 보고 있따."
부친 약 … 675원

〈1973년 6월 21일 목요일 날씨 흐림, 비〉
"비방울이 서서이 내리기 시작하길에 바라든 비라서 기분이 아주 좋더니 그만 비가 내리지 안킬에 힘이 업더라. 왜냐하면 우리 복숭들이 골고 있키 때문에 비가 한번 온다면 모든 것이 해결이 댈 뿐 아니라 우리 비라고 해도 가연이 아닐 정도로 우리에깨는 비가 시급한 형편이다."

〈1973년 6월 22일 금요일 날씨 흐림〉
"중복숭을 첮수학을 하는데 담아가 아주 적으서 품질이 좋지 안으며 과일이 재대로 익지 않코 과일이 가물이 들어서 억지로 익키 때문에 과일 맡도 업쓸 뿐 아니라 시장에 같따 내자 마 죽어라 왜만 먹고 돈도 못한는 것이 아닌가 염려가 대는구나."

〈1973년 6월 23일 토요일 날씨 맑음〉
"낮참에 과손에 올라가보니 나무잎들이 가물이 들어서 배들배들 골고 있는 것을 볼 때에 왜 비가 이처름 아놀까 하고 욕이 나오며 정말 날씨도 너무한 편이다."
"정말 농사로 나무 일을 해서 돈 벌라고 더니 힘이 들 뿐 아니라 돈 번다고 날뛰바야 돈 버는 것이 아니라 자신원 돈을 쓰고 있따고 생각을 하고 있따. 왜냐. 기중한 시간을 무이미한 곳에 낭비을 해버리고 있키 때문에."
중복숭 … 10상자 출고

〈1973년 6월 24일 일요일 날씨 흐림〉
"금년 밀농사는 왜관으로 볼 때는 별료 잘 대지 안아는데 탈곡을 해보니 수학량은 아주 만더라. 금년 밀농사는 자신 알기론 처음 만이 했스며 밀 가만이 수가 (7가마나) 대더라."
"비가 재일 시급한대 비는 올라고 꿈도 않꾸는 모양 밤하늘에는 별빛만 반짝이고 있는 모섭을 볼 때에 어갈리에 모내기 못하고 있는 사람보다 우리가 비가 시급한대 비가 오지 안으니 애만 타는구나."

〈1973년 6월 25일 월요일 날씨 흐림〉
"정말 낡씨 이상하다. 왜냐하면 금세라도 소낙비가 쏘다절 껏 같더면서도 비 한 빠울 내리지 안꼬 저녁이며 서서이 개인 날씨가 대어버리고 만이 어찌 사람의 마음이 왜가 안 쓰일 수가 있나. 정말 자신에 욕심대로 대지 안는구나."
"오늘로서 밀, 보리 수학은 안전이 끝을 본 샘이 댄다."

〈1973년 6월 26일 화요일 날씨 비〉
목 매이개 바라든 비가 이재야 해갈을 면할 정도로 비가 내리서 이 대지에서 숨을 쉬고 있는 사람이라면 다들 조아하리라고 자신원 생각을 하고 있따.
"자신원 어떠한 일이 있더라도 내년에는 남에 농사을 안 알 결심이며 특수장물에 눈을 떠볼 결심이다."
중복숭 19개, 물자두 4계 計 23개
지출에 … 딸자식에깨 약 250원

〈1973년 6월 27일 수요일 날씨 비〉
"이번 비가 밭작물 씨부림을 하는데 비가

약하더라. 그른 대로 밭 씨값씨는 안전하게 씨부림을 하였따."
"이번에 좋은 비가 대어따고는 하지만 어카리에 모내기 하두록 오지 안아서 사람의 마음을 아주 캐알하게 하지 못하고 마랐따."

〈1973년 6월 28일 목요일 날씨 비〉

"봉답 논에 큰골 몿물로 모내기 할려고 논장만하는 데 금 일과을 보내고 마랐따."
"부친 때매 극정이다. 왜냐하면 우리 과정의 형편을 바서도 좀 더 살라 개시야 하는데 요줌 바서는 부친의 얼굴이 형편이 업쓰며 식사을 통 안 아는 것을 볼 때에 한심하며 복도 업따고 자신원 말하고 십따."
물자두 … 10상자

〈1973년 6월 29일 금요일 날씨 비〉

"부친 때문에 극정이 이루어 말할 수가 업꾸나. (식량이) 안전희 줄어 있쓰며 자신이 바도 중한자 모양 힘이라는 하나도 업쓰 보이며 부친은 나을 바서라도 멧 년은 살라 개시야 대는데 부친의 모섭을 볼 때마다 기빽이 업쓰저는구나."

〈1973년 6월 30일 토요일 날씨 비, 개임〉

"골래 봉답에 모내기을 하였는데 좀 너진 감이 더는데 어떠개 댈란지 알 수가 업쓰며 이번에 아주 천봉답 말고는 모내기을 다 할 수 있쓸 끗수로 보고 있따."
"이번 가을에는 자신이 할려는 사업을 할려고 마음을 단단이 가지고 보니 하로하로 가는 것이 지루에서 못 전지개쓰며 금년 해가 하로 빨리 가버리쓰며 하는 생각밖에 업꾸나."
중복숭 … 11상자

㊅月

"월말 총지출금액"
부이 2,000원, 집배 과자 100원
사이다 30원, 약 50원, 과자 100원
합승비 170원, 진찰값 300원,
엣쓰래이 1,500원, 우등값 160원
열쇄 장석 200원, 딸자식 는닝구 200원
부친 약 1,340원, 부친 변비약 150원
부친 약 675원, 딸자식 250원
計 7,175원

"월말 수입금액"
計 200원

〈1973년 7월 1일 일요일 날씨 흐림〉

"중복숭을 수학하는데 놉을 두리 해서 점두록 따는데 80개짝 정도박에 따지을 못하게 더라. 그리고 이번 가무는 바람에 과실은 적따고는 하지만 잘 지어따고 생각을 한다. 왜냐. 한참 가물 때는 과실이 머고 남찌도 안캐따고 생각한 것이 비가 오니까 삶이 다시 부터서 별료 보기가 실어 보이지 않는 과일이 대어서 자신은 잘 지어따고 생각을 하고 있따."

〈1973년 7월 2일 월요일 날씨 비〉

"우리 집사람이 여자 일로 바서는 만이 한편이다. 어너 누구 업시 우리 식구는 고대다고는 하지만 집사람이 재일 고대지 안나하고 염려가 대며 자신이 더 할 수 있는 일이라면 좀 더 하고 중노동이 대지 않캐 해주어쓰며 하는 생각 버쩍 들고 있꾸나."
중복숭 … 수학 … 84개짝
"형님이 서래트 융자금이라면서 20,000원을 주는데 이 융자금으로 유효하게 쓸 수 있쓸까 염려서럽꾸나."

〈1973년 7월 3일 화요일 날씨 개임〉

"오늘로서 봉답 모내기는 안전이 맡치쓰며 봉답 모내기가 별료 너전 감은 업따고 생각을 하며 뒤에 날씨만 잘한다면 풍작을 할 수 있따고 생각을 한다."

중복숭 … 18상자

〈1973년 7월 4일 수요일 날씨 흐림〉

"집사람과 둘리 있쓸 때에는 욕으로 말을 할 때가 만아저며 자신이 좋은 말보다 실감이 더 있는 것 갈치 너켜저며 웃쓸 때가 만타고 생각이 대며 자신이 그릇깨 생각을 해서 그른지는 몰라도 좋은 말로 두리 안저 있는 것은 별료 재미을 너켜보지 못했따."

"앞푸론 욕은 삼가하며 좋은 말로 전한해야 대개따고 너켜져는구나."

중복숭 13상자.

〈1973년 7월 5일 목요일 날씨 맑음〉

"과실금이 너무 허러서 수학을 못하고 보리논에 이화명충약 살표하는 것으로 금 일과을 보냄 샘이 대는구나."

"앞푸로는 과수 가지고 있는 사람은 머지않아 지지금 과실은 먹고 나가지 안나 하고 너킴마저 더는구나. 왜냐하면 머선 과일이라도 금액이 좋은 것이 업꼬 무엇시던지 돈댈 과목이 업따고 생각이 대니 어찌 과일을 남이 먹어줄 껏인가."

금일 중복숭 12개 대연상회

수입 … 560원

〈1973년 7월 6일 금요일〉

"천봉답에 모내기 할려고 이랑을 만들어 노았는 것이 백색을 만들어 노앗쓰며 천봉답을 가지고 있는 사람은 자신이 비가 완 아서 복숭이 배들배들 고는 모섭을 볼 때의 심정을 안타깝개 여기는 것보다 더 속이 탈판이니 낡씨가 너무하는 편이 대며 자신이 생각을 해도 농촌사람만이 간장을 태우는 것 너킴까지 너켜지는구나."

금일수입 … 370원

〈1973년 7월 7일 토요일 날씨 맑음〉

"모타 살 때에 돈이 모자라서 五阡 원 빗낸 것을 갚지 못해서 어된가 모러개 찐한 감이 살라절 때가 업떠니 금일로 그 돈을 안전이 청산을 하고 나니 무거운 짐을 벗서 논 기분이구나."

큰집 크너무이가 고생을 오래 하시다 오늘로서 세상을 터나시니 한편으로는 서운하지만 방 안에서 고생을 그처름 오래 하시는 것을 볼 때는 죽음길도 크개 원통하지는 안알 끄수로 본다.

중복숭 … 30개짝

개짝 인수 38개

〈1973년 7월 8일 일요일 날씨 맑음〉

"부친 모욕을 씨키는데 때가 만을 뿐 아니라 살이 업쓸 뿐 아니라 뼈만 앙상하개 매말라 있는 것을 볼 때에 한심한 마음이 들더라. 어머님은 이앙 오래 못 살라찌만 부친마저 이러캐 대어 있는 것을 볼 때에 선한 감이 살라저지을 안는구나."

중복숭 21개 서모사 1상자 자유상회

計 22상자

〈1973년 7월 9일 월요일 날씨 맑음〉

"큰어머니 마지막 가는 길이라도 자신은 설

프지 안더라. 왜냐. 절멸 때에 삶라온 과정을 어머님에깨 들어서 그른지는 몰라도 남들 모양 별다름 업씨 장래식을 맡치고 마랐따."

〈1973년 7월 10일 화요일 날씨 말음〉

"통일벼 논에 재초제 탁크을 사용한 것이 재초제가 하나도 잡풀은 재그도 안 대고 무성하게 만더는 논바닥을 형과 김매는데 힘이 덜어따."

중복숭 19상자 서모사 3상자
計 23개

〈1973년 7월 11일 수요일 날씨 흐림〉

"금년 과일을 바서는 락화작읍에 총집중을 해야 상품가취도 있찌 그릇치 안어면 상품가치도 업쓸 뿐 아니라 팔료가 대지 않을 끄수로 본다. 왜냐하면 적은 과실은 지 바닥에서만 소모대고 큰 과일만이 대도시에서 알라주니 과수업짜들이 한 번 더 세심한 관심을 가지고 노력을 하여야 대개따고 생각을 하고 있따."

중복숭 … 서모사 … 중복 … 計 12개

〈1973년 7월 12일 목요일 날씨 흐림〉

"처과에서 강아지을 어더 와서 재법 자라서 우리 식구들만 보기만 하면 꼬리을 헌들면서 달라부든 강아지가 병인지 약을 먹어서 그른지는 몰라도 몸살을 쳐는 것을 보고 마이신약을 먹이도 효과도 업씨 죽어가더라. 그 강아지가 시장에서 사와서 죽어따면 들압까깨는데 처과에서 어더온 강아지을 죽이 낫쎠니 정말 미안하기 짝이 업꾸나."

중복숭 10개 … 약.
지출에 … 마이신약 40원 전구담아 20원
計 60원

〈1973년 7월 13일 금요일 날씨 맑음〉

〈초복〉

"비가 모자라서 농촌에는 정말 극정이다. 왜냐하면 천봉답은 하야개 말라가고 심지어는 모내기 한 논마저 말라가고 있는 형편이니 비가 시급하다."

작물에 비가 이쳐름 모자라개 대는 해는 자신이 알기론 처음이다고 생각을 한다.

홍자두 … 6개 서모사 4개 計 10개

〈1973년 7월 14일 토요일 날씨 흐림〉

"처과에 복숭 좀 갈따 주라고 해서 복숭과 홍자두을 한 상자 가지고 같든니 어뒨가 모러개 허전한 감이 들며 집배 안저 있쓰도 들래 같따 염감이 들어오는 모양 기분이 이상해저라. 그리고 염감 산소에 가보니 잡풀이 만아서 한 불 뽑아주고 집부로 와버리고 마랐따."

홍자두 2상자 복숭 4상자 서모사 3상자
計 9개

수입 300원

〈1973년 7월 15일 일요일 날씨 맑음〉

"과실 때문에 밭태 김매기을 못해서 씨값씨보다 지섬이 크며 온 밭태 지섬 때문에 볼수가 업쓰며 사람들이 얼마나 욕을 했쓸란지 모런다. 왜냐. 씨부림을 하고 나서는 한 번도 가보지 못했키 때문에 주인이 업는 밭처름 보이개 하고 마랐다."

"비 때문에 모든 작물이 자라지을 못하고 골고 있쓰며 작물뿐 아니라 벼 심은 봉답 때문에 비가 시급하다. 나 역시 비가 오기을 간곡히 바라는 바이다."

수입 … 300원

〈1973년 7월 16일 월요일 낡씨 흐림〉
"집사람이 몸에 탐때기는 온몸에 나 잇는 것을 볼 때에 미안감이 들며 나참으로 국수을 빼니까 집사람은 더 탐때기가 성한는 것을 볼 때에 재서러어며 앞푸론 댈 수 있는 데로 낮참을 피해서 팰 예정이다."
"부친이 희복을 못하고 있는 것을 볼 때에 실감이 업꼬 무이미하게 대고 마는구나."
금일수입 … 국수 325원

〈1973년 7월 17일 화요일 날씨 맑음〉
"비가 너무나 안 아서 주위에 있는 동내는 기우재 지낸다고 야단을 쳐고 있는 형편이 안타갋키 짝이 업꾸나."
수입 … 국수 300원

〈1973년 7월 18일 수요일 날씨 비〉
그처름 바라든 비가 이재야 내리고 있찌만 비오는 모섭을 바라보니 영 마음에 들지을 안는구나. 왜냐하면 목 매이개 바라든 비기 때문에 대지을 안전이 적싸 주야 농민의 주름살이 펴저지 그러치 안코야 한숨소리 높파만 가리라고 생각을 한다.
수입 … 국수 570원

〈1973년 7월 19일 목요일 날씨 비〉
"비가 금세라도 쑈다질 터시 검은 구름이 모여들어 사람들을 무섭게 하든니 그저 길거리에 문지 안 날 정도로 오고 마랐쓰니 금년 농사는 큰 흉년이 댈 예감이 들어가는 구나."
"금년 과일은 오늘로서 수학을 안전이 맡치고 마랐다."

〈1973년 7월 20일 금요일 날씨 비〉
금일은 예비군 순예날이라 아포교장을 가니 조금 너전 감이 있더라. 그리고 교육을 받는데 우리 조에 농띠가 있쓰서 교육 받는데 힘이 만이 들어쓰며 여러 사람이 한 사람 때문에 욕을 본다는 것을 말을 할려고 이야기할려 해도 친구 입장으로 말도 못하고 금일 교육을 맡치고 마랐따.
지출에 … 계란 2개 술값 수박값 차비값 270원

〈1973년 7월 21일 토요일 날씨 맑음〉
"금년 일차 순회교육은 오늘로서 끝을 본 샘이 대며 금일 교육은 너무나 더어서 교육은 수라개 바다서 금일 일과을 보내개 대어쓰며 교관도 땀이 만아서 교육을 하는데 예료가 만아따고 생각한다."
"내 딸이라서 그른지는 몰라도 운다 운다 하면서도 실어저지을 안너며 도라서면 보고 십펀 딸자식이며 앞푸로 자라면서 순예저야 집사람이 수랄 탠대 순예저지을 안캐 대며 집사람이 여관 뒤지 안을 땐대 딸자식이 너머나 보치서 큰일이구나."
지출에 … 화더[하드(아이스크림)] 30원

〈1973년 7월 22일 일요일 날씨 맑음〉
"남들 이야기지만 가슴 아픈 일들이다. 왜냐하면 목 매이개 바라든 비가 오지 안아서 모내기는 못하고 끌간다고[콩 심는다고][131] 야단들 쳐고 있는 것을 볼 때에 하늘을 원망도

131) '끌'은 '끌갈다', '끌붙이다', '끌밭매다' 등의 형태로 쓰여 '콩'을 뜻하는 방언이다. 다만 '끌'이 단독으로 쓰이지는 않는다.

하고 십꾸나."
"노력하는 자에깨 못 이긴다 하지만 하늘의 변화와 발도듬이 마자야 삶의 질리을 차절 수가 있따고 생각이 더는구나."
수입에 … 330원

〈1973년 7월 23일 월요일 날씨 맑음〉
"남들은 끌 갈 준비한다고 땀을 흙리고 있는 모섭을 보니 이 놈 날이 너무하다고 생각이 대며 한 해의 시절이 좋찌 않캐 대며 사람의 건강뿐 아니라 마음의 상쳐과 얼마만큼 오래 아물란지 모런다."
"자신이 너무나 성급하다고 생각을 한다. 왜냐하면 공상을 해도 갑짝이 돈 만이 버는 공상빡에 안 아니 자신도 모러개 건강이 줄어더는 기분이고 욕심을 쓸 때 업씨 만이 내는 것을 버릴라고 들어도 십사리 잘 안 대는구나."

〈1973년 7월 24일 화요일 날씨 맑음〉
"봉답 논에 김매기을 하는데 아무 자미도 업더라. 왜냐하면 비가 안 아서 타도라가는 실정이니 어찌 재미을 가지고 일을 하게는가. 앞푸로 오 일만 더 맑은 낡씨로 간다면 봉답 논들은 큰 피해을 가질 끄시며 생산량 반절은 감수가 댄다고 해도 무리는 안 댈 끄시다."

〈1973년 7월 25일 수요일 날씨 맑음〉
"국수 빼는데 돈은 얼마 대지는 안지만 지출 내는 사람이 업고 한 푼이라도 벌개 대며 모이니까 재미가 있꾸나."
수입 … 국수 … 515원

〈1973년 7월 26일 목요일 날씨 맑음〉
"비을 바라다 비가 오지 않으니까 동내 할머니들이 무지[무제][132] 지낸다고 깽가리을 쳐면서 봉오지산까지 다니오는 것을 보며 얼마나 애가 타며 하늘이 사람이라면 비을 내려주어쓸 껏이 아닌가 정말 너머도 하는구나."
수입 … 국수 … 860원

〈1973년 7월 27일 금요일 날씨 비〉
"예타게 바라든 비가 이재야 힘 업시 내리고 있찌만 뒤을 따라서 비가 오지 안는다면 봉답에는 먹지 못하고 말 끝이 아닌가 하고 생각을 해보니 손에 힘이 업꾸나."
"비가 안 아서 양수기로 돈을 버러 볼라고 쳐과집에 양수기을 빌리로 가서 자신의 용무을 장관[잠깐] 보고 집부로 올라고 더니 장모님은 금세 왔따 갈려고 하니 좋은 표정이 아니더라."
지출에 … 쳐과에 과자 160원 합승비 60원
計 220원
수입 … 국수 430

〈1973년 7월 28일 토요일 날씨 맑음〉
"쳐과에 양수기을 빌{리}로 갈려고 이야기하로 갈 때는 돈 벌 욕심으로 갈쓰찌만 막상 양수기을 가지갈려고 우마차을 가지고 쳐과 동내에 들어갈려고 하니 어된가 모러

132) 무제(舞祭). 무우제[舞雩祭], 즉 기우제를 일컫는 다른 표현이다. 무우제는 다른 말로 '우제(雩祭)'라고는 쓸 수 있지만, 무제는 잘못된 표현이다. 그렇지만 세간에서는 무우제, 우제보다는 무제라는 명칭을 더 많이 사용했던 것으로 보인다. 여기에서의 '무지'는 무제, 즉 무우제의 방언형으로 볼 수 있으며, 이는 이 지역에서도 기우제를 무제라고 불렀을 가능성을 내포한다.

개 쭈걸시럽더라. 그리고 양수기을 가지고 물을 프보니 별료 돈도 못 벌개꼬 에만 죽두록 먹깨떠라. 앞푸론 이른 일들은 안 알끄시며 이번 일을 한 것이 휴예가 댄다."
지출에 밀집모자 60원

〈1973년 7월 29일 일요일 날씨 흐림〉
"금일 국수 빼는데 전기가 정전대는 바람에 손수 기개을 돌리는데 힘이 만이 들 뿐 아니라 작년에는 어떠개 해서 손수 돌리가면서 돈을 버려뜬가 하고 생각이 들며 금년에는 죽어며 죽어찌 뫃 돌릴 {것} 같더며 돈 냄사 나더라."
금일수입 … 국수 395원

〈1973년 7월 30일 월요일 날씨 비〉
"한발에 몸살 쳐는 보람이 이깨따고 생각한 것이 비가 적으서 유감서럽다. 이번 비가 온 것 만치 더 왔쓰며 안전 해갈을 면할 수가 있는데 비가 적으서 유감서러운 하로 해가 대어따."
"금일 이차 순해교육을 받는데 교관이 아주 신경질 있는 교관처름 차겁기 짝이 업더라. 사람이 원칙으로 교육을 한다고 예비군을 다루는지는 몰라도 일반인이 있는데도 군대쳐름 기압을 주고 하는 것을 볼 때에 자신이 생각을 해볼 때는 무리로 다루는 것 같치 생각이 댄다."

지출에	합승비 160원	計 220원
	교육에 분실에 60원	

〈1973년 7월 31일 화요일 날씨 맑음〉
"이차 순회교육을 오늘로서 안전이 맡치쓰며 앞푸로 五 年 동안은 예비군 교육을 바더야 댈 판이니 생각만 해도 급이 나는구나. 왜냐하면 별료 교육도 교육 끝잔은[같잖은] 교육을 하면서 사람을 탱빛태 안치놓고 숨도 답답해서 못 실 정도가 대니 어찌 교육이 급이 안 나갰는가."
지출에 … 합승비값 60원

㉆

"월말 총지출금액"
마이신약 40원, 전구담아 20원
개란 · 수박값 270원, 하더 30원
과자 160원, 밀집모자 60원, 합승비 160원
교육분실 60원, 합승비값 60원
計 860원

"월말 총수입금액"
"국수값" 4,265원

〈1973년 8월 1일 수요일 날씨 비〉
"비가 올 뜻하면서 비가 오지 않코 갈방비로 머추고 마니 농민들의 간장을 태우기 알맡전 낢씨만 개속대는구나."
"오늘로서 가을무우 씨부림을 하여쓰며 이번 비가 씨부림을 하기는 알마전 비가 대어쓰며 가을무우 갈기는 좀 일적은 감이 더는구나."
금일수입 국수값 340원

〈1973년 8월 2일 목요일 날씨 비, 개임〉
"이번 비가 밭작물에는 안전 해갈을 면할 수가 있찌만 논에는 아직 해갈을 면할 수가 업쓰며 이왕 온 김에 앞푸로 100미리는 더 아야 벼에도 해갈을 면할 껏수로 보고 있는데 비가 더 올란지 몰개쓰며 봉답 벼 바서는 자신이 생각을 할 때는 비료거름을 조금 했쓰마 하는 생각이 더는데 집배서는 뫃 먹개 댄다고 비료그름을 안 알라고 더는데 어떠개 하는 것이 잘 하는지 알 수가 업꾸나."

〈1973년 8월 3일 금요일 날씨 비〉

"이번 비로 벼에도 충분한 비가 대어쓰며 봉답 논에 끌 갈란 논도 물을 잡아서 모내기을 하고 있는데 너머나 너저서 벼알이나 들란지 몰개꾸나. 지금 끌 가란 것을 재그하고 모내기을 하지만 이모가 달리지 안코 미발이 대개 대면 두 가지 다 못 먹개 대면 더 숭년이 크개 대는 것이 아닐까 하고 염려도 대지만 모 페기 수을 만이 해서 심는 것이 끌보다 낮지 안을까 하고 내다보고 있는데 어떠개 대는가 두고 세밀리 관찰해 보{겠}다."

〈1973년 8월 4일 토요일 날씨 흐림〉

"봉답 논에 김매기을 하는데 물이 출령출령하게 들어 있쓰니 이 물이 어뒤서 나왔는가 하고 생각을 해볼 때에 마음이 허무하더라[흐뭇하더라]. 그리고 김매기을 하는데 지루하지 않코 벼 포기가 금새라도 벼알이 주렁주렁 달릴 것처름 싱싱하개 보이기만 하는구나."

〈1973년 8월 5일 일요일 날씨 맑음〉

"자신이 할려고 더는 사업을 허가을 내줄라고 하는 사람이 이따고 하니 반갑더라. 허가 문재에 돈이 얼마나 들어갈지는 몰라도 허가만 난다면 살기가 수라지 안나 내다보고 있따."

"우리 딸래미 때문에 집사람이 생예을 먹깨쓰며 잠시라도 시간이 나면 딸래미을 바다서 본다 해도 짤번 시간이고 긴 시간을 집사람이 보면서 일을 해야 댄다는 것을 생각을 하니 자신이 일을 적개 하고 팔리 집부로 가서 딸래미을 바야지 하는 생각박에 업꾸나."

〈1973년 8월 6일 월요일 날씨 맑음〉

고물상 허과을 낼라고 돈 30,000원을 가지고 뻐스에 몸을 실어니 이 허과 문제가 잘 대나 그러치 안어면 돈 낭비만 대지 안나 하는 마음에서 가슴이 두건그리더라. 이 허가 문제을 순석이예깨 들어니 수라개 대지 십푼대 어떠개 댈련지는 몰라도 큰일은 크개 해바야지 하고 순석예깨 參만 원을 전하라고 하면서 집배 오고 마랐다.

금일지출 … 허과 문제로 30,000원
조카 옻 550원 합승비 80원
計 36,030원

수입에 … 국수 230원

〈1973년 8월 7일 화요일 날씨 맑음〉

"집사람이 딸자식은 빨지 일은 남보다 만이 하는 셈이지 그러니까 얼굴이 축이 나는 것 갈다서 보신은 못 시킬망정 영향갈치 있는 개럍[계란]이라도 사다 줄라고 마음을 멧 번이고 가저 바도 잘 안 대는구나. 이것이 생각대로 더 안 대는 것이 안전 탈태가 대지 않코 있키 때문에 더 실천이 안 댄다고 보고 있따."

금일수입 … 국수 … 775원

〈1973년 8월 8일 수요일 날씨 맑음〉

"금일은 고물상 허가 내는데 서류 일체을 준비을 해서 주어는데 앞푸로 더 서류가 들어갈련지는 몰라도 허가 문제는 손매점 대어따고 내다보고 있따."

"절먼 사람들이 죽어가는 것을 볼 때에 우

울하게 살라갈 끗이 아니라 둥굴둥굴하게 삵라야 대개따는 너킴도 더는구나."
지출에 … 합승비 90원 과정에 쬬기 200원
고물상허가 인지대 130원
달갈 150원 사진대 200원
합승비 45원 計 815원
"고물상 허가 문제로" … 5,000원 차용함

〈1973년 8월 9일 목요일 날씨 맑음〉
"경희내 봉답 논에 김매기을 하는데 형과 둘리서 해보니 지루할 뿐 아니라 더어서 못 하게쓰며 그 논들이 우리 논이라면 수라개 해날갈 끈데 남에 논이라서 더 일이 안 대며 마음만 뒤저는구나."
금일수입에 국수값 260원

〈1973년 8월 10일 금요일 날씨 맑음〉
"금년 농사는 안전이 숭년을 만들라고 더는 지는 몰라도 봉답 논에는 벌서 비가 필요한대 비는 올라고 꿈도 안 끈는 모양 말음 낢씨만 보이고 있는 낢씨가 원망서럽꾸나."
수입에 … 국수 340원

〈1973년 8월 11일 토요일 날씨 맑음〉
"고물상 문제가 궁금해서 하로 일과가 지루한 해가 대는구나."
"여러 사람을 상대을 해보니 성격도 여러 질이며 무이미한 사람 한이 업고 약빠른 사람 한이 업꾸나. 사람이 한 세상 태어낮쓰며 한 번 정도는 대중을 상대해야 댄다고 너켜 보았따."
수입에 … 국수값 340원

〈1973년 8월 12일 일요일 날씨 맑음〉
"말복"
"요즘은 농민들도 한가한 때지만 봉답 벼을 보개 대면 얼굴에 주름이 생기는 너킴이 더는구나."
"우리 마을 전채로 통일벼는 풍년이라고 내다보는데 일반벼는 풍작이 못 대는 편이며 알푸론 일반벼는 못 하개따고 보고 있따."

〈1973년 8월 13일 월요일 날씨 맑음〉
"금일 예비군훌련이라고 해서 아포교육장에을 가보니 교육이 아니라 병기 수입과 작업을 하더라. 그래서 자신은 참석을 하지 않코 나무그늘에서 쉬어따 나중에 호명을 하길래 호명만 하고 집부로 았찌만 그만이 생각을 해볼 때에 교육도 아니고 작업도 아니라고 생각을 하며 단지 아포 상점에 돈 낭비 하라고 모집했따고 인식이 댈 정도로 시지분하게 하고 마라따."
지출에 … 합승비 60원 달갈 80 빙수 100원
計 240원

〈1973년 8월 14일 화요일 날씨 맑음〉
"허과에 사용할려고 명암판 사진 찍은 것이 안 나와서 다시 찍어로 김천까지 갈려고 더니 세삼서러어며 허가에 사용할 껏만 아니라면 미루고 말 끈대 허가가 바뿌기 때문에 다시 찍어따."
지출에 … 합승비 90십 원 살충제
지온넥스 3병 390원
計 480원
수입에 … 국수값 510원

〈1973년 8월 15일 수요일 날씨 흐림〉
"청년회원의 정기총회을 열기 위에서 대지고기을 대신에서 싸와서 돌부리 정도로 회가 끝나고 마라따."

"앞푸로 청년회라는 것이 침목이라고 하지만 자금 문제로 살라가는 데 힘이 만이 들껏수로 보고 있따."
지출에 … 돌부리값 300원 집배 고기 200원
친구와 술값 120원
計 620원

〈1973년 8월 16일 목요일 날씨 맑음〉
"봉답 벼논에 김매기을 형과 둘리서 하는데 벼 표기을 보니까 성화가 나더라. 왜냐하면 벼가 처음 김매기을 할 때는 우시참아든 벼가 이제 보니 병이 들어서 점부 주저안전 것을 보니 자신이 농사을 짓어도 이래는 {못} 짓깨따는 생각이 들며 우울한 김매기가 대어따."
수입 … 국수 340원

〈1973년 8월 17일 금요일 날씨 비〉
〈딸자식 이름〉 권 혜 지
(권세 권) (지혜 혜) (알 지)
"부친 때문에 보통일이 아니구나. 왜냐하면 어재 새벽에 한쪽 수족이 힘이 업따고 해서 어머님 살라 개실 때에 잘 보든 한약사을 대리고 와서 침을 맏치고 약을 보용하니까 좀 낮따고는 하는데 별료 신통치 아너며 정말 ~~중풍~~으로 누어 개시계 대면 집원은 말이 아니다."

〈1973년 8월 18일 토요일 날씨 맑음〉
"부친 병한 때문에 큰일이다. 왜냐하면 자신이 본 견지에서 병환이 회복이 잘 안 댈껏 같더며 고생을 할 껏 같더니 정말 극정이 말할 수 업쓰며 왜 우리 부모들은 고생을 하면서 돌라가시야 대나 하고 생각을 하니 그저 원망서럽꾸나."

〈1973년 8월 19일 일요일 날씨 맑음〉
"과진 예을 쓰도 부친의 해복은 불가능할껏 같고 우리 집이 이러깨 시들어가야 하나 생각을 할 때에 눈에 초점만 생기는구나."

〈1973년 8월 20일 월요일 날씨 맑음〉
"부친 병환예 대에 생각만 해도 따분하기만 하고 들래 가도 아무 일도 안 대고 우리 형제들이 삶라갈 극정이 대어 어떠개 하로 해가 지나관는 줄을 몰개꾸나."

〈1973년 8월 21일 화요일 날씨 맑음〉
"부친의 매말란 어굴이 보기가 실어서 방에 들어가기가 실어저며 한 가지 병도 아니고 여러 가지 병이 왜 들어는가 생각을 할 때에 가슴 아프며 생각을 할수록 뼈만 아푸구나."
올해에 밭작물은 큰 숭년을 만들어꾸나. 비가 오지 안아서 콩이 골 푼 아니라 깨도 멧쏭오리 달리도 안에서 끝메점을 하고 있쓰니 어이 숭년이 안 댈 수가 있나.

〈1973년 8월 22일 수요일 날씨 맑음〉
"부친 병환 때문에 극정이 태산 갈꾸나."
수입 … 국수값 290원

〈1973년 8월 23일 목요일 날씨 흐림〉
"온 식구들이 부친 때문에 우울하며 부란한 일과가 대는구나."

〈1973년 8월 24일 금요일 날씨 흐림〉
"자식 댄 도리로서 부친 병 때문에 숨을 못 쉬서 헐떡그리는 모섭을 보니 눈 떠고는 못 보개더라. 왜 저런 병이 들어서 부친을 개로깨 하나 하고 원망이라도 해바스며 마음이라도 신할란지 몰개꾸나."

〈1973년 8월 25일 토요일 날씨 맑음〉
"부친이 그처름 삶개따고 몸부림쳐는 것을 볼 때에 자식으로 보기가 힘겨어며 우리 형제가 병관오을 해보지만 이재 죽어야지 하고 한 마듸 안 아시는 아버지 못 삶리지 하는 생각이 쓰쳐 갈 때에 눈물밖에 어꾸나."
지출에 부친약 담 삭는 약 200원

〈1973년 8월 26일 일요일 날씨 맑음〉
〈별세하는 시간이 오후 11시 20분 별세〉
"금일이 부친 생신인대도 안꾸도 못하고 아버지는 날짜조차 모러신 부친의 생신을 마지할 때에 사람의 삶라가는 가정이 허무하구나 생각을 할 때에 뼈 아푸구나. 병환 중이라도 금일만은 날짜을 알고 개쉬며 얼마나 조어리만 차도라고는 조금 숨쉬기가 조금밖에 어쓰며 그저 어울한 하로 해가 대갯따고 생각한 것이 떡밖의 일이 대고 마는구나.
부친이 다시 숨을 모라쉬는 것을 볼 때에 아차 쉬프며 이재 죽는구나 하고 생각을 할 때에 눈물밖에 업쓰며 종말이가 아버지라고 부러실 때에 온 가족이 함성을 터떠리고 말라쓰며 왜 생산날 도라가쉬며 어머님 죽는 시간까지 똑같든 것을 볼 때에 이상하다. 동민들도 천상배필이라고 말을 하고 자석들이 생각을 할 때에 생신날 도라가쉬는 것을 볼 때에 그저 머리가 뜰뜰할 뿐이다."

〈1973년 8월 27일 월요일 날씨 흐림〉
"그처름 살라보개따고 몸부림치쉬는 것을 못 살리고 도라가쉬게 했따는 것이 뼈만 아푸며 종말이리을 생각을 할 때에 부친 별세보다 더 눈물이 나는구나."

〈1973년 8월 28일 화요일 날씨 흐림〉
"동민들이 생각 위에 만이 나와서 열심이 일을 하여준 대 대외서 감사을 더리며 부친 안장을 잘 해준 대 대예서 마음이 후눈한 감이 터나지을 안더라."

〈1973년 8월 29일 수요일 날씨 비, 개임〉
"어머님 별세한 후는 어머님 방에만 들어가며 어머님 개신다는 착각을 번번이 하는데 아버지 별세하고는 아버지 방에 들어가도 착각 한 번 안 아개쓰며 그저 허전한 하로 하로 해을 보내고 마랐다."
수입 … 국수값 370원

〈1973년 8월 30일 목요일 날씨 맑음〉
"아버지 산소가 어재 들 대어서 집안사람과 우리 형재들이 가서 안전이 산소 일을 하고 내려왔쓰며 아버지 방을 더나들어도 그저 이저버린 것쳐름 정신이 맑지을 않코 그저 하로 시간만 보내고 만다."

〈1973년 8월 31일 금요일 날씨 맑음〉
"정부에서 태비[퇴비]을 안 아개 대면 비료 할당량을 적개 준다면서 태비하라고 매일 하라는 바람에 억지로라도 화개 대며 자신도 좀 하여쓰며 정부에서 어떠개 시책을 할련지는 몰라도 비료을 만대로 농민들이 구입을 못하게 대며 생산량이 반다시 자신은 적개 생산한다고 생각한다."
우리 재롱동이 만대로 업치며 그 재롱동이 점두록 본다 해도 지업지을 안으리라.
우리 재롱동이 몸무개 〈9kg〉

㊇月

"월말 총지출금액"
합승비 90원, 지온넥스 3병 390원

돌부리값 30원, 지배고기값 200원
친구와 술값 120원, 담 삭꾸는 약 200원
고물상 허가 30,000원, 조카 옷 550원
합승비 80원, 쬬기 200원, 고물상 허가 인지대 130, 달갈 150원, 사진대 200원
합승비 45원, 합승비 60원, 달갈 80원
빙수 100원
計 388,875원

"월말 수입금액"
국수값 4,305원

"고물상 문제 五阡 원 차용함 八月 八日"

〈1973년 9월 1일 토요일 날씨 비〉
"비가 너무나 안 아서 봉답 논 벼들이 가물이 들어서 배배 골고 있는 형편이니 낡씨가 너무하며 비가 온다 해도 갈방비만 내리고 만니 벼들이 타도라갈 판이며 밭작물을 바도 올캐 자라는 것이 업쓰며 금년 농사는 큰 흉년이라고 본다."
지출에 폔촉 10원

〈1973년 9월 2일 일요일 날씨 비〉
"비가 온다 해도 도로에 문지 안 날 정도로 박에 안 오니 어이 농사을 지을 수가 있쓰리까."
"금일은 들거름 하는 것으로 하로 일과을 보내고 마랐다."

〈1973년 9월 3일 월요일 날씨 맑음〉
"콩씨을 일적 갈라는 사람의 콩씨는 별로 가물으름을 받지 않코 콩씨가 충실하며 나중에 씨부림을 하여는 사람들은 콩이 가물이 들어서 억찌로 콩잎더리 누러캐 물더러 가고 있꾸나."
"앞푸론 집사람에깨 고운 말을 사용하여야 대개따고 생각이 댄다. 왜냐하면 단두리 있쓸 때예 욕으로 웃쓸 때가 만아서 여사 욕을 하게 대며 이것이 오래 지속대개 대면 하나의 버릇시 땔까바 앞푸론 고운 소리 고운 말을 사용하여 대갯따고 너켜다."

〈1973년 9월 4일 화요일 날씨 맑음〉
"봉답 논에 물기가 만아서 살충재을 우리 형제관키리 살표했쓰며 약을 살표하면서 벼 이삭을 바라바도 저 아알더리 충실이 댈까 하고 극정도 대는구나."
지출에 … 산토닌약 120원

〈1973년 9월 5일 수요일 날씨 맑음〉
말복머리에 모내기 한 사람들은 모내기 한 품싹도 안 나지 시펴며 옛날 사람들의 말을 들어보면 말복에 모내기을 해도 끌 갈기보다 낮따고 하는데 자신이 생각을 해볼 때에 금년 모내기 한 사람을 볼 때에 끌보다 낮따고는 볼 수 업따고 너켜저는구나.
"조상 성묘에 벌추을 하는데 꼭 하여야 댄다는 생각도 업시 무이미하게 성묘에 벌추을 안전이 하였따."
지출에 … 쳐 옻 900원

〈1973년 9월 6일 목요일 날씨 맑음〉
"고물상 허가 문제을 접수는 시키나쓰며 이 허가 한 달 후에 나온다면 집 문제가 크구나. 아직 집은 도로학창 문제로 결정도 업쓰며 나무 집을 이용하여야 대는데 이 문제가 해결이 댈란지 몰개꾸나."
"형과 둘리서 방 따는 것으로 금일 일과을 보내고 마랐다."

〈1973년 9월 7일 금요일 날씨 맑음〉

"항금이 물결치는 들판을 돌라다 보니 어뒨가 모러개 배가 부른 감이 들며 지루한 감이 업쓰며 마음 캐알하구나."

"우리 형제키리 집배 세복하는 것으로 하로 일과을 보내고 마랐다."

금일수입 … 국수값 220원

〈1973년 9월 8일 토요일 날씨 흐림〉

"들거름 하는 것으로 금일과을 보내고 마랐다."

나의 마음의 속은 구십오 푸로는 우리 재롱동이예깨 있는 것을 볼 때에 부모라는 글자는 을마나 큰 것이란 것을 말로는 할 수 업따고 본다.

〈1973년 9월 9일 일요일 날씨 비〉

"목 마려개 바라랄 때는 비가 오지 않더니 때 아닌 비가 내려서 봉답 벼 무려개 잘란 것은 비예 씨려저서 수학량에 지장이 만으리라고 내다보고 있따."

"일기불순으로 하로 일과 무의미하게 보내고 마랐다."

〈1973년 9월 10일 월요일 날씨 비〉

"일기불순으로 아무 일도 못하고 우리 재롱동이와 하로 일과을 보내고 마랐다."

"우리 마을에서 친선깸음[친선게임]으로 청년회 주최로 윷놀리을 할려고 더는데 허과업시 시작하다 자신만 욕을 보개 대지 않나 하고 염려도 대는구나."

금일지출에 … 이발비 100원

〈1973년 9월 11일 화요일 날씨 맑음〉

"청년회에서 척사대회을 할려고 각 유지 대는 분들에깨 찬조을 얻들라고 돌라다니는데 나 자신 마음 가지고는 사람을 잡고 찬조 좀 하십시요 하고 손을 내밀기가 어색하며 자신 개니 치사서릅개 생각이 들며 동민들에깨 예초 안 알리쓰며 표기하고 십픈 마음이 더는데 회장 책임으로 할려니 왜료가 말할 수 업꾸나."

〈1973년 9월 12일 수요일 날씨 맑음〉

"금일 척사대회을 하는 데 압장서스 일을 해보니 정말 고달프며 대중을 상대해 추진해갈라니 별이별 사람이 다 있꾸나. 사람은 누구나 대중을 상대해서 일을 해바야 인간의 질을 알 수 있따고 너켜다."

쳐 친정 가는 데 … 과자 130원 한타 80원

計 210원

〈1973년 9월 13일 목요일〉

"본 청년회에서 척사대회에 한편 불꼐한 일들도 있찌만 캐알하계 윷노리을 맡친 대 대예서 감사한 마음이 들며 어른들이 끝까지 놀라준 대 대예 더욱 더 감사하다고 너켜다."

"사람은 앞면을 보고 속마음까지 안다고 하지만 사람은 속 다려고 그죽 다르다는 것을 윷놀이 현장에서 너켜쓰며 속이 널지 못한 사람은 서로가 부디칠 때에 표을 내는구나."

〈1973년 9월 14일 금요일 날씨 맑음〉

어재 너무나 시달림을 바서서 그른지는 몰라도 금일은 어쩐지 피로하며 정말 일을 할 수가 업쓰서 하로의 피료을 풀고 마랐다.

우리 청년회에서 지출을 절락한다고 해도 생각 위에 지출이 만이 낯쓰며 양 상점에 지출금액이 九阡 원을 냇더라.

금일은 쳐과에 갈려고 예정을 했는데 너무나

피료해서 자신의 인사을 못하게 대어쓰며 우리 재롱동이을 (이뜰) 안 받따고 보고 싶펴며 재롱동이 웃는 모섭 눈에 삼삼하구나.

〈1973년 9월 15일 토요일 날씨 맑음〉

"아까시와을 자신이 하는데 작년보다 아주 적개더라. 왜냐하면 작년에는 싱싱한 나무들이 각 차 있는데 올해는 엉성한 나무가 아주 적더라."

"정부에서 피살이 작읍이라고 면 직은과 군 직원들이 들예 나와서 피살이 하고 있는 작읍을 보고 있쓰며 정부에서 피살이 작읍은 강재로 시키도 농민들이 맏당이 할 일이라고 생각을 하고 있찌만 이번에는 피살이 시키지 않코 벼가 무렀대 무덕무덕 있는 것을 높번 사람이 보개 대면 농사을 알더리[알뜰히] 안 짓는다고 인정을 하기 때문에 보기 안 댓따고 동민 전원을 대리고 나와서 무득 벼을 업새는대 큰 피해을 받쓰며 통일벼씨는 큰 손을 보개 대어쓰며 정부에서도 전국적으로 이 작읍에 뜰어저는 벼만 에도 얼마나 손에가 나는데 높번 사람의 보기 안 대따고 보기 좋키 할려고 전국적으로 손예을 가개 하는 것은 자신은 잘못이라고 생각을 하고 있따."

〈1973년 9월 16일 일요일 날씨 맑음〉

"형과 둘리서 아까시와 하는 것으로 하로 일과을 보내개 대어쓰며 이번에 윷놀리 하고 남원 돈을 뛰어냇서 주체자와 멧 명이 모여 완자서 돼지고기로 돌부리을 해서 잘 먹어따."

"우리 재롱동이 이재 조금만치 길 줄 알개찌. 한 자욱 기고서 꽁꽁 알치나 안늘까 보고파. 손 쫄쫄 빠는 모섭 더욱 더 보고파라."

〈1973년 9월 17일 월요일〉

"들래서 너깨 들어오면서 우리 집사람이 오늘은 와깨지 하고 마음가짐을 가지고 집배 들어쓰니 쳐는 오지 안아떠라. 자신은 꼭 바라는데 집배 어쓰니 저니 기분이 상하며 집사람이 친정만 가개 대면 바라든 날짜에 오지 않는데 앞푸로 바라든 날짜에 오두록 할 끄시며 그 대까을 지불했 주겟다."

"형과 둘리서 아까시와는 다 한 샘이 대며 앞푸로 묵끄서 재개 대며 안전이 하게 댄다."

〈1973년 9월 18일 화요일 날씨 맑음〉

"형과 둘리서 아까시와 작읍을 다 할려고 예정한 것이 다 못하고 내일만 하게 대면 안전이 할 껏 같다."

지출에 … 처제 과자 100원

〈1973년 9월 19일 수요일 날씨 흐림, 비〉

"우리 아까시와는 오늘로서 안전이 작읍을 안전이 끝을 냇쓰며 아까시와가 작년보다 할 때는 아주 적개 댈 줄 알라든이 안전이 재 놓고 보니 작년만침 댈 껏 같꾸나."

"경희는내 봉답 피살이 하는 것으로 하로 일과을 보내고 마랐다."

지출에 … 차 멀미약 30원

〈1973년 9월 20일 목요일 날씨 흐림, 비〉

"금일은 할 일도 맡당치 한코 해서 과수 밑태 풀나무 하는 것으로 하로 일과 보내고 마라따."

"자신이 볼 때는 통일벼씨 빌 때 꼭 대어따고 보는데 아무도 작업을 할려고 마음먹지을 아너니 이상하게 생각이 더는구나."

〈1973년 9월 21일 금요일 날씨 흐림〉

"경희내 콩이 다 익어서 콩 수학하는 것으로 하로 일과을 보내고 마랐다."
"사람이 자기 인사 다 할 줄 아는 사람이 가연 멧 명이 댈까 의문서럽따."
"통일벼가 작년보다 헐씬 키가 아주 크더라."

〈1973년 9월 22일 토요일 날씨 비〉
"보리갈이 준비할려고 길 보수하는 것으로 하로 일과을 보내쓰며 금년 콩농사는 작년 비예서 반 정도도 수학량이 안 달 껏수로 보고 있따."
"금년 벼 수학하기가 힘이 들 껏 같다. 왜냐하면 때 너전 비가 내리고 있쓰서 벼 수학하기가 매우 힘이 들개따고 내다보고 있따."
"집사람의 생일이 자신한태 와서 두 번째로 생일을 마지하게 대어쓰며 두 번 다 자신의 손으로 하지 못하고 마랐쓰며 셋 번째는 자신의 손의로 할 수 있따고 생각을 하며 푸짐하게는 못해도 성위을 표현할 수 있따고 본다."

〈1973년 9월 23일 일요일 날씨 개임〉
"일기불순으로 아무 일도 못하고 하로 해을 보내고 마랐다."
"금년 채소가 좋은 사람이 업쓰며 우리 채소가 너무나 형편이 업쓰서 김장이나 할 수가 있쓸란지 몰개꾸나."

〈1973년 9월 24일 월요일 날씨 맑음〉
"경희내 콩 타작을 해보니 정말 형편 업더라. 왜냐하면 수학량이 작년 반 정도밖에 나지 안더라."
"올해 낡씨 보니 벼 매상 대기에 매우 힘이 들 껏 같다. 왜냐하면 보리논들도 몰이 들어있는 것을 보니 벼을 마른 논에서 비기가 어릅깨꾸나."

〈1973년 9월 25일 화요일 날씨 맑음〉
"우리 콩 타작을 해보니 정말 허무하더라. 왜냐 작년 반도 안 대면 콩을 사 먹어야 댈 판이니 곡석 잘 댄 것과 못 댄 것의 생산대는 량이 천지차위구나."
"시금치을 추석 아래 갈라든니 씨가 쓰지을 안아서 다시 갈랐는데 잘 쓸란지 알 수가 업꾸나."
"고물상 허가가 아직 날 때는 못 때따고는 하지만 올캐 접수가 대어는지 궁금하기 짝이 업꾸나."

〈1973년 9월 26일 수요일 날씨 비, 개임〉
"금일은 도로부역 하는 데 우마차로 하로 일과을 보내고 마랐다."
"갑짝이 날씨가 추어저니 사람이 힘을 몾 쓰개쓰며 무쓰리가 왔는지 가을기분이 안전이 나는구나."

〈1973년 9월 27일 목요일 날씨 맑음〉
"동 대황 배구대회가 대신학교에서 하는데 자신이 책임자로 선수들을 대리고 가는데 우리 선수가 이 등이야 하지 않깨나 하고 생각을 가지고 갔는데 실찌 깸을 시작해보니 우리 선수는 숙달이 안 대어서 개인풀래이가 대는 것위 실력이 부진하며 선수도 아닌 자신이 보고 있는데 힘이 들어서 못 보개더랴."
"단채경기에서 개인 기분을 살릴 기분이 백분지 일이라도 있따면 경기을 표기하는 것이 현명한 사람이라고 자신원 생각을 한다."

〈1973년 9월 28일 금요일 날씨 맑음〉

“옛날 사람들의 말을 들어 볼 때에 가부는 어대가 틀리도 뜰린다더니 일 시키는데 아주 다려개 시키며 어뒨가 모러개 그머질 욕심박에 업따고 생각이 들 정도가 대는구나.”

“우리 마을에도 재법 통일벼 배기에 들어가는 사람들이 만으며 우리도 곳 벼 배기에 들어가야 대개꾸나.”

금일수입 … 국수값 220원

〈1973년 9월 29일 토요일 날씨 비〉

“통일벼을 처음 시작해 보니 생각보다 못하며 금년 통일벼가 못 대어꾸나 하는 벼는 아주 수학량이 떨려저리라고 생각을 하고 있따.”

“금년 벼 수학하자마 생예을 먹지 싶펴구나. 왜냐. 초개시에 비가 와서 일도 못하고 집부로 드러왔쓰니 가을일을 수라개 할 수가 있쓰리까.”

“혜지 눈에 피빨이 만이 쓰서 극정이며 눈꼽이 자꾸만 만이 찌고 있쓰서 극정이 말할 수가 업꾸나.”

수입에 … 220원

지출에 … 조카 소풍 가는 값 … 80원

〈1973년 9월 30일 일요일 날씨 맑음〉

“형과 둘리서 송아지 팔로 김천장에 같든니 생각보다 좀 헐터라. 우리가 남의 돈을 만이 안 쓰따면 송아지을 가을이나 다 하고 나서 판다면 만오천은 더 바더리라고 생각을 하는데 남의 돈 갚키 때문에 할 수 업시 팔고 마랐따.”

우리 송아지값이 60,500원

금일 우시장에서 엿장수가 야바우을 하는데 옆패서 볼 때는 하는 쪽쪽 다 알개든니 집적 돈을 놋고 하여 보니 맡지 안더라. 세번이나 하여 바도 실패하고 마라쓰며 집배 왔쓰 생각을 하여 보니 손 유도리 하는 데 속꼬 마라따고 생각이 더는구나.

지출에 … 혜지 안약 80원 반창고 20원
야바우 80원, 점심국수 50원
개알 50원
計 280원

㊈月

월말 총지출금액

펜촉 10원, 산도닌약 120원, 처 옷 900원 이발비 100원, 처 친정 가는 데 한타, 과자 210원, 처제 과제 100원, 처제 멀미약 30원, 조카 소풍 가는 데 80원, 혜지 안약 80원, 반창고 20원, 야바우 80원, 점심국수 50원, 개알값 50원

計 1,830원

“월말 총수입금액”

국수값 … 660원

〈1973년 10월 1일 월요일 날씨 맑음〉

“우리 형제 넷시가 한 단지을 배어 보니 다 못 비게더라. 남들은 잘 빈다고 하는데 우리들이 낮질을 못해서 그른지는 몰라도 다 못 비게더라.”

“돈 벌원 사람을 두고 간만이 생각을 해볼 때에 무었시 달라도 다러며 돈 번 사람일수록 적은 수입도 중화개 생각한다고 너켜다.”

〈1973년 10월 2일 화요일 날씨 흐림〉

“우리 마을에도 삼 일 후에는 통일벼는 안전하게 빌 껏으로 내다보고 있쓰며 현 부자는 엣날 부자와 달라서 벼을 비는 데 품꾼

을 대어서 일을 하기 때문에 가을일이 좀 빠르개 대는 감이 더는구나."
"자신원 무선 일을 해도 이곳에서 돈 벌 수가 업쓸까 이곳보다 좀 나원 것이 업나 하는 공상 때문에 일예 지장이 업는지는 몰개꾸나."

〈1973년 10월 3일 수요일 날씨 비〉
"비오는 바람에 오전 일과는 무이미하게 보내고 오후 일과는 발가리 세울 준비할려고 도구 쳐는 일과로 금일 해을 보내고 마랐다."
"인관의 성격은 주위의 한경에 딸라간다고 해도 가연이 아니다."

〈1973년 10월 4일 목요일 날씨 비〉
"때 아닌 비 때문에 통일벼 건조을 못 시키서 매상 대기에 에로가 만을 껏 같더며 우리도 내일만 말은 낡씨을 보여 준다면 통일벼는 안전하게 끈을 껏 같꾸나."
"집사람을 가만이 두고 보며 집사람의 머리는 영리한 편으로 들어간다고 생각을 하며 이세들도 집사람 따라가개찌 하는 생각이 대며 든든한 감이 대는구나."

〈1973년 10월 5일 금요일 날씨 비〉
겨울을 재축하는 빈지 몰라도 점두록 비가 내리서 아무 일도 못하고 무이미하게 하로 일과 대어버리고 마랐다.
"우리 재롱동이 재법 기어다니며 머지 안아서 만대로 안절 수가 있쓸 껏으로 내다보고 있다."
"노력은 건강의 양식이다."
지출에 … 혜숙이 달래는 데 10원

〈1973년 10월 6일 토요일 날씨 비〉
"금년에 통일벼 만이 한 사람은 생에을 먹깨꾸나. 왜냐하면 장마 모양 비가 내리고 있쓰서 벼 이삭이 대다수 촉이 나고 있스서 매상도 대지 못하고 왜로가 만으리라고 내다보고 있따."
"일기 변득서러어 벼도 못 비고 발태 두엄 내는 것으로 하로 해을 보내개 대어따."

〈1973년 10월 7일 일요일 날씨 비〉
"일기불순으로 아무 일도 못하고 친구 사명이 모여서 토기 한 마리로 돌부리 겸에서 잡아먹는데 잘 먹으다."
"여름장마 모양 줄줄 쏘다저고 있는 모섭 자신 알기는 처음 같다. 일기 변득서럽키 때문에 사람이 벼 수학하는 데 배 힘이나 들지만 매상 대는데 색이 변하여는데 하면서 안 바다주까바 재일 극정이다."
지출에 … (치솔값) 40원

〈1973년 10월 8일 월요일 날씨 맑음〉
"오늘로서 통일벼을 안전이 배고 이제 일반벼만 남아쓰며 이제 가을은 칠십 푸로는 했따고 해도 가연이 아니다."

〈1973년 10월 9일 화요일 날씨 맑음〉
"경희내 빠저는 논에 발가리 세우는데 힘이 들 뿐 아니라 한 다래이가 더 있따면 못할 지경으로 왜로가 대며 나 자신원 월래 일을 했는 사람이기 때문에 별료 문제가 안 대지만 동생들 둘원 고등학교까지 나와서 남왜 일을 하는 것을 볼 때에 가슴 아푸며 남들도 욕을 할련지는 모러지만 나 자신 보기에도 어색하기 짝이 업꾸나."

〈1973년 10월 10일 수요일 날씨 맑음〉

"우리 재롱이 출생신고을 할려고 보니 책장에 (이름) 풀이한 것을 보니 한자 핵수가 맏지 안아서 (밝을현 자) (두루주 자로) 한자만이 변경을 해서 금일 동생이 출생신고을 하였따."

"벼 배기에는 넉둘원 다 비고 봉답 벼만 남아 있쓰며 금년에는 봉답부터 가을 씨갋씨을 먼저 할 껏 같꾸나. 왜냐하면 늑둘원 오신기 모양 발이 빠저며 보리논들이 물이 초벌 이따고 해도 가연이 아니며 금년에는 보리 파종을 할 수가 있깨나 하는 염려도 대는구나."

"우리 재롱동이 볼수록 보고 십퍼며 볼수록 아름다와 보이더라."

〈1973년 10월 11일 목요일 날씨 맑음〉

"가을보리 갈려고 두엄을 우마차로 실어 너어쓰며 고구마을 수학하는데 가물어서 을마 수학을 못 하게더라."

"고물상 허가 문제을 궁금해서 순석이 김천 가는 편으로 알라보라고 했든니 아직 무지안[무기한] 연기라고 하여서 허가을 못 내고 돈만 낭비해버리고 만원 것이 아닌가 하고 염려가 살라저지을 안는구나."

지출에 … 우리 혜지 출생신고 하는 데 200원

〈1973년 10월 12일 금요일 날씨 비〉

"가을비가 여름과 다름업시 비가 내리고 있쓰서 아무 일도 못하고 무이미한 일과을 보내고 마라쓰며 가을하늘이 맑지 못하고 있는 것을 볼 때에 여관 큰일이 아니다."

"낡씨가 이르다가는 보리논에는 보리도 못가는 것이 아니가 하고 염려가 크구나."

〈1973년 10월 13일 토요일 날씨 비〉

벼 작읍에 큰일이다. 왜냐하면 여름장마 모양 비가 내리고 있는 것을 볼 때에 벼 싹 냇까바 극정이 대며 금년 가을 같치 외 먹이는 해는 업쓰야 대개따.

"일기 간개로 무이미한 시간으로 보내고 마랐다."133)

〈1973년 10월 14일 일요일 날씨 맑음〉

"오늘이 큰어머니 백 일 재사날이라 아무일도 못하고 큰집에서 재사 지내는 것으로 금일 일과을 보내고 마랐다."

"일 년 전만 에도 재사 하면 남에 눈을 바서라도 돼지을 잡고 야단법석을 부리는데 금년 들어 정부에도 간소하개 하라고 강력하게 하지 하니까 생할이 부유하지 못한 사람들은 아주 (체저[최저])로 하고 있쓰며 정부에서 말을 안 했도 우리 실정을 바서는 자발적으로 간소하게 하여야 댄다고 보고 있따."

〈1973년 10월 15일 월요일 날씨 맑음〉

"오늘로서 경희내 벼는 안전이 (비쓰며) 내일만 비개 대며 안전 벼 작읍은 끝이 나개 댄다."

"금년 들어 찿설리가 내리쓰며 찿서리 처고 갱장이 만이 내리쓰며 갑작이 추어니까 떨리는 손 때문에 해장 일을 못하게더라."

"남들은 보는 사람마다 일꾼이 좋아서 일도 만이 할 뿐 아니라 수라갯따고 이야기들을 하고 있찌만 꼬리도 보이지 안는 들판에서

133) 이 문장은 지면 하단에 오른쪽에서부터 세로쓰기로 기록되어 있다.

혼자 벼을 빌라고 들어쓰는 사람보다 자신의 정신적인 고통을 더 당아고 있는 줄은 남들은 몰을 꺼이다. 이 고통을 언잰가는 풀리갯찌만 아직까지 동생들이 착실이 고등학교을 나온 놈들이 일을 하고 있쓰니 어니 고통이 업쓰리까."

〈1973년 10월 16일 화요일 날씨 맑음〉

"가을보리 갈려고 두엄을 한 벌 피는 것으로 하로 해을 보내고 마랐다."

"금년 벼 벼기는 안전이 끝메점을 하고 마랐다. 올해 봉답 벼는 정말 형편 업쓰며 봉답 만원 사람은 허무하기 짝이 업쓸 껏 같다."

지출에 … 전기세값 400원

〈1973년 10월 17일 수요일 날씨 맑음〉

"동생들과 벼 발가리 세우는 것으로 하로 일과을 보내개 대어다."

"혜지 때문에 여사일이 아니다. 왜냐하면 혜지가 울개 대면 악착 같치 울며 달랠라고 들며 여관 힘이 안 들며 집사람이 혜지 때문에 시달이 만아서 미안감이 십살리 살라저지을 안는구나."

〈1973년 10월 18일 목요일 날씨 맑음〉

"보리 갈려고 이랑 만더는 것으로 해을 보내개 대어따."

"고물상 허가 문제가 궁금해서 순석이 김천 가는 편으로 알라보라고 했든니 그 사정으로 아직 안 대고 조금 있쓰며 댈 끄라고 하더라만 시간이 오래 가니 궁금하기 짝이 업꾸나."

〈1973년 10월 19일 금요일 날씨 맑음〉

"경희내 밭보리 갈라고 이랑을 만더는데 밭치 크서 형과 둘리서 하는데 짓업더라. 일을 시지 않코 해도 줄어들지을 안는 것 같더며 하로 해을 보내는데 지루하기 짝이 업쓰며 금년 해가 팔리 지내가서 남에 일을 안예야지 하는 생각박에 업더라."

〈1973년 10월 20일 토요일 날씨 흐림〉

"봉답 논에 가을 씨갑씨을 너얼라고 우마차로 실어 녓는데 힘이 만이 들 뿐 아니라 논에 물키가 만아서 소 발이 빠저기 때문에 소가 힘이 만이 들어따."

〈1973년 10월 21일 일요일 날씨 흐리, 비〉

"우마차로 봉답 논에 두엄 실어 녓는 것으로 하로 일과을 보내고 마랏다."

"세벽에 일어나개 대면 우리 재롱동이와 노는 시간이 절그어며 재롱동이을 두고 아침 일과부터 시작할려니 뒤가 도라 보이며 재롱동이와 노는 시간이 좀 더 길어쓰며 하는 생각이 아시운 마음으로 하로 일과가 시작댄다."

〈1973년 10월 22일 월요일 날씨 맑음〉

"우리 형제키리 등짐으로 〈너 말 닷 돼지기을〉 보리 갈려고 흙거름을 지개로 골라 녓는데 힘이 만이 들 뿐 아니라 사람이 이러깨 힘을 안 더리고는 살지 못하나 하고 우울한 감이 더는구나."

"이제 제법 바람결에 낙엽이 우수수 떨어저며 바람 따라 휘날리며 하나의 목적을 가지고 가는 것 같치 분산해서 가고 있꾸나."

〈1973년 10월 23일 화요일 날씨 맑음〉

"봉답 논에 밀 파종은 오늘로서 안전이 하여쓰며 가을 추수을 일적 하는 사람들은 일부 시작을 하고 있는데 우리는 아직 삼 일은 더 있쓰야 댈 껏 같다."

〈1973년 10월 24일 수요일 날씨 흐림, 비〉
"들까지 보리논에 보리 파종하는데 땅이 추지서 보리 가는 데 힘이 만이 들어쓰며 사명이 한 단지을 갈고 나니 해가 서산에 넘어가더라."

〈1973년 10월 25일 목요일 날씨 맑음〉
오늘로서 가을보리는 안전이 갈라쓰며 내일부터는 벼 탈곡에 들어갈 예정이다.
"올해는 어잔 영문인지는 몰라도 휴식시간을 자신이 유덕 더 차저니까 동생들이 하는 말이 그 전에는 밥도 안 먹고 휴식도 모러고 일만 하든 사람이 올해는 휴식밖에 모런다고 말을 하고 있쓰며 나 자신이 생각을 해도 휴식을 만이 찻고 있따."

〈1973년 10월 26일 금요일 날씨 맑음〉
"처음 벼 탈곡을 해보니 시은서럽개 대더라. 왜냐하며 작년예만 해도 벼 탈곡을 할 때에 발로 빨바서 하는데 구슬 갈턴 땀빵울을 흙리면서 했는데 모타로 하니 시원하게 대며 땀방울 하나 흙리지 안코 벼 탈곡을 하니 신스럽더라."
"모타로 벼 탈곡하기에는 주부들이 하기에 안성마춤이며 농촌에 일손 모자래는 가정으로 바서 모타가 안성마춤이라고 자신원 생각을 하고 있따."

〈1973년 10월 27일 토요일 날씨 비〉
"벼 탈곡을 하는데 비가 내리서 한 발이 정도을 못하고 벼 탈곡을 중단하고 마라쓰며 이번 비로 (이 일)은 못하지 하고 내다보고 있다."

〈1973년 10월 28일 일요일〉
"가을비가 너머나 만이 와서 아무 일도 못하고 구둘막 신세로 하로 해을 보내쓰며 이번 비가 만이 와키 때문에 발가리예 물이 들어가서 낡씨가 맑은 날씨을 보인다 해도 바로 하지는 못하게따는 결론이 대고 말개꾸나."
"이번 비가 그치게 대면 본격적인 가을하늘을 보이지 안나 내다보고 있쓰며 농민들도 가을하늘을 보고 십따는 욕망밖에 업따고 보고 있따."

〈1973년 10월 29일 월요일 날씨 맑음〉
"낡씨는 말은 낡씨을 보이고 있찌만 벼 알이 추진 간개로 탈곡은 못하고 아주 징한 하로 해을 보내고 마랐따."
"금일은 우리 집부로 바서 아무 일도 할래야 할 일이 업키 때문에 억찌로 휴식시간으로 보내고 있찌만 남들도 할 일이 업쓰서 휴식하는 사람이 한두 사람이 아닐 끄시며 농촌사람도 억찌 휴식시간만 업따면 도시사람 모찌않캐 잘 살 수가 있슬 탠다 공간휴식시간 때문에 농촌사람이 불상하다고 해도 가연이 아니다."

〈1973년 10월 30일 화요일 날씨 맑음〉
"벼 알이 추진 간개로 오전에는 아무 일도 못했서 동생과 둘리서 개간하는데 약 六십 평 정도 대며 오전 일과을 다 보내고 마랐따."
"통일벼알은 추진 간개로 탈곡을 못하고 탈곡을 해바야 매상 대기에 그 건조불량으로 불짜 마절 껏 같다서 일반나락을 먼저 탈곡에 덜러갈따."
"올해는 집단이 추지서 전부가 썩지 안나 하고 내다보고 있쓰며 땔감이 적은 사람들은 극정이 대갯꾸나. 왜냐하면 정부에서는 산에 못 올라가계 하며 정부에서 살림래 적극 신경을 쓰고 있키 때문에 땔감 적은 사람들은 극정이 말할 수가 업깨꾸나."

〈1973년 10월 31일 수요일 날씨 흐림〉
"벼 탈곡하는데 너무나 추지서 힘이 만이 들어쓰며 일반벼고 통일벼고 모든 것이 추지서 벼 탈곡에 외로가 만타."
"고물상 허가 문제가 접수헨 날로 본다면 두 달이 다 대어가는데 아직 아무 말도 업쓰며 조용하기만 하니 궁금하기 짝이 업꾸나."
"아직 자신한태는 아무 기반도 못 잡은 나예깨 시간이 너무나 빠르며 시월의 해가 넘어가니 가슴이 조급해저는 것 같꾸나."

(10月)

"월말 총지출금액"
혜숙이 달래는 데 10원, 치솔값 40원
혜지 출생신고값 200원, 전기세값 400원
計 650원

"월말 총수입금액"[134)]

〈1973년 11월 1일 목요일 날씨 맑음〉
"형은 문사이 고부모님 제사에 가너라고 자신이 우마차로 벼을 실련대 벼단이 추지서 얼마 실지도 못하게쓰며 우선 도로가 고루잔아서 더 못 실을 형편의 도로가 대어서 남에 동내 사람이 보게 대며 숭을 볼 형편이 대고 있다."

〈1973년 11월 2일 금요일 날씨 비〉
"오늘로서 통일벼는 큰집에는 다 한 셈이대며 앞푸론 낡씨가 맑은 날씨만 보이게 대며 십게 다 할 수가 있게따고 보고 있따."

〈1973년 11월 3일 토요일〉
"경희내 통일벼 한 단지을 우리 형제키리 탈곡을 하는데 십계 하여쓰며 수학량도 만이 생산대는 감이 더는 것 같꾸나."
"앞푸론 남왜 농사는 안 질 끄시며 남왜 농사가 수입 중에 제일 적은 것이라고 너켜쓰며 정말 못난 사람이라고 생각이 대는구나."

〈1973년 11월 4일 일요일〉
"이재는 배 탈곡을 삼 일만 하게 대면 안전이 맡칠 것 같다."
"정부에서 장래한 것 통일벼을 다 안 바다주게 대면 통일벼을 만이 한 사람은 극정이 대개쓰며 상인들도 통일벼을 좋아한다면 별문제지만 그릇치도 안아서 통일벼을 만이 한 사람어로 바서 손에 갈따고 바도 무리는 아니라고 생각이 더는구나."

〈1973년 11월 5일 월요일 날씨 흐림〉
"자신이 탈태해서 처음 벼 탈곡을 하니 생산이 만이 대는지 그릇치 안너며 적개 대는지 그릇깨 치밀한 감도 업시 하로 일과을 보내개 대어따."
"자신이 한 단지 수학으로 자신이 생할을

---

134) 금액은 적혀 있지 않다.

할 수가 있쓸까 하고 극정이 대는구나."

〈1973년 11월 6일 화요일 날씨 맑음〉
"벼알을 탈곡해서 두지에 쳐어 노니 마음이 든든한 감이 더는구나."
"남들은 술도 안 먹지 단배 안 피우지 하토 안 쳐지 돈을 모을 끄라고 이야기는 하지만 우리 가정이 넉넉한 살림이 아니라서 적개 가지고 살림을 가지고 나와서 쳐자식가 남과 가치 살 수가 있쓸까 하고 극정이 말할 수 업꾸나."
지출에 … 탈곡하는 데 술값 120원

〈1973년 11월 7일 수요일 날씨 맑음〉
"금일은 예비군 순예교육인 줄 알고 불이야 불이야 해서 아포지서까지 가니까 순예교육이 아니고 중대장 책임 화에 교육이더라. 왜초에 중대장 교육이라면 바뻔 철래 벼 탈곡이나 할 껀대 교육장까지 왔따는 것이 휴예가 좀 대며 무이미한 교육일과로 하로 해을 보내개 대어따."
금일지출에 … 합승비값 65원 술값 180원

〈1973년 11월 8일 목요일 날씨 비〉
"경희내 일은 점부 끝이 난 샘이 대며 이번에 뿍티미 타작을 하는데 지루하게 짝이 업쓰며 겨우 일손을 맡치고 마랐다."
"이번 비가 무우에 손에을 보일라고 때 아닌 비가 오고 있는 것이 아닌가 염러가 대는구나."
"인격의 양식을 어들라면 피로 업는 말은 하지 말라."
지출에 … 영숙이 20원

〈1973년 11월 9일 금요일 날씨 개임〉
어재 비온 바람에 아무 일도 못하고 공상 일과로 하로 해을 보내개 대어다.
"자신이 너무나 무리한 말을 하는 것을 시정을 할려고 무지한 노력을 하는데 잘 듯지을 안는구나."135)

〈1973년 11월 10일 토요일 날씨 흐림〉
"본동에서 고방살리 하는 사람이 벼 탈곡을 대리로 좀 해달라고 부탁해서 어쩔 수 업시 대리로 벼 탈곡을 하는데 힘이 만이 들러찌만 좀 일적 하로 일과을 맡칫다."
"모진 바람이 모라쳐는 것을 볼 때에 겨울이 무러익은 너킴이 더는구나. 그리고 무우을 뽑지 안앗는 사람들은 이번 밤에 얼지 안나 내다보고 있따."

〈1973년 11월 11일 일요일 날씨 흐림〉
"일기예보예 내일 영화로 온도가 내려간다고 말을 해서 배추와 무우을 전부 우마차로 뽑고 마랐다."
"우리 재롱이 넘어나 울러서 집사람이 생왜을 먹는 것을 볼 때에 미안감이 들며 나 자신도 한참 울 때는 그 보들보들한 얼굴에 손이 올라가며 저러깨 아짝갈치 우는 아들도 더물지 하는 생각마저 더는구나."

〈1973년 11월 12일 월요일 날씨 맑음〉
"집배서 무우 갈무리 하는 것으로 하로 해을 보내개 대어따."
"두 거름이 한 발자욱부터 발바서 그리 갈판이니 이그 좀 극정이 대는구나."
지출에 … 반창고 100원

---

135) 이 문장은 오른쪽에서부터 세로쓰기로 다섯줄에 나누어 기록되어 있다.

〈1973년 11월 13일 화요일 날씨 맑음〉

고추나 갈라 볼라고 개관을 일부 하고 둔 것을 다 할려고 예정한 것이 다 하지는 못 하고 하로 일과을 보내개 대어다.

금년부터는 업는 사람들은 땔감 문재가 어럽개 대개따고 본다. 왜냐하면 끌나무을 일절 못하개 하니 업는 사람으로서는 연탄도 못 땔 것이며 농촌에서 나무도 못한다. 이래깨 대면 업는 사람은 어떠개 가야 살 수가 있쓸까. 정부에서는 어떠개 생각한 것인지 몰개꾸나.

지출에 … 영한이 300원

〈1973년 11월 14일 수요일 날씨 맑음〉

"겨울살이 땔감 할려고 산에 올라가서 쫄가리 나무을 하는데 힘은 들러쓰도 나무을 한 짐 해서 볼 때에 마 캐알하면 이 나무로 불을 땔 때는 사람이 마음이 더 쉬원할 껬수로 보고 있따."

〈1973년 11월 15일 목요일 날씨 맑음〉

겨울살이 댈감 채치하는 것으로 하로 일과을 보내쓰며 땔감 해결을 할려면 적은 산이라도 있쓰야 손십개 겨울살이 땔감을 수라개 할 수 있깨따고 생각이 대는구나.

지출에 … 깔키 180원 전기세 290원
計 470원

〈1973년 11월 16일 금요일 날씨 비〉

"산도 업는 사람이라서 이 산 저 산 다니면서 땔감을 할려니 여간 힘이 안 들며 첫재 마음이 뒤서 못 하계쓰서 산 있는 사람예계 가서 나무을 채치해서 반 논와서 할 수 업는냐고 물어니까 나무을 하라고 해서 금일 해 보니 마음도 편와며 나무도 좀 만이 할 끝 같다."

〈1973년 11월 17일 토요일 날씨 비, 눈〉

"일기불순으로 아무 일도 못하고 그저 무이미한 일과가 대버리고 마랐다."

'금년 들어 춫눈이 내려쓰며 첫눈이 쌀래기라서 그른지는 몰라도 마음이 쉬은치 안코 얼굴이 짓뿌린 너킴이 대는구나.'

〈1973년 11월 18일 일요일 날씨 맑음〉

"겨울에 땔감을 할려고 나무 채치하는 것으로 하로 일과을 보내개 대어다."

지출에 … 혜지 감기약 100원
혜숙이 건빵 10원
計 110원

〈1973년 11월 19일 월요일 날씨 눈〉

음력 형 생일 10月 25日

'눈바람이 모라쳐서 아무 일도 못하고 하로 일과을 다 보내고 마라쓰며 우리는 어재 날짜로 김장을 안전이 한 것이 이재 보니 아주 잘했따고 보고 있다. 왜냐하면 이 추운대 김장한다고 배추을 만치고 있는 것을 보니 서급펴기 짝이 업꾸나.'

"금일이 형 생일이라고 라면을 싸서 국수와 혼합해서 쌀마 먹을라고 四 봉지을 싸와서 돈 업따고 하는 사람이 라면을 멋할려고 싸쓰며 하는 말 마뒤가 오고 가다 추라벌이 대개 대어서 라면봉지을 다 푸쑤게 대어쓰며 자신이 형 생일날 추라벌을 하는 것은 나 자신이 잘못시지만 형수을 가만이 보계 대면 돈을 좀 벌로 쓰는 감이 든다. 이른 면에서 역정을 냇찌만 통떠러서 본다면 금일 큰소리을 한 것이 나 자신이 잘못이라고 생각을 하고 있다."

〈1973년 11월 20일 화요일 날씨 비〉
"통일벼 매상할려고 벼을 방에다 두고 장작 불을 때어서 말린 것이 적으서 한 가마니에 반절식 담아 둔 것이 수분이 만아서 큰일이 대고 마라찌 하는 생각이 들며 내일 대신 공판에 수분 간개로 못 대개 댄다면 이그 정말 큰 실수가 대고 마는구나."
"자신이 처음 벼 수학한 것을 정미하여 보니 아주 쌀이 만이 나더라. 두 가마니에 〈현미 한 쌀이 6말이 대더라.〉"
〈곡상에깨〉 〈2가마니에〉 267斤 11,050원
통일벼 1斤에 43원

〈1973년 11월 21일 수요일 날씨 맑음〉
"오늘까지 매상을 대어 왔찌만 등을 잘 못 마저도 〈이등〉은 해년 하는데 금년에는 등위예을 마져쎠며 우리 마을 전채가 전부 등위예을 마져따고 하니 정부에서 작년 모양 등을 주지 않코 수매을 하고 있는 것이 아닌가 하고 생각마져 더는구나."
〈매상가마니〉 〈21가마〉
"혜지 감기에 용더 나전 약을 사용해서 그른지는 몰라도 감기가 낮지 않코 개속 그러며 숨소리가 그치러저고 있쓰서 용드 높픈 것을 보용시키는데 차도 있쓸란지 궁금하며 감기가 그처름 급나는 것인지 몰랐다. 앞푸론 혜지 감기라면 시급하게 댈 예정이다."
〈감기 어린이 코데신 시렆약〉 … 지출 250원

〈1973년 11월 22일 목요일 날씨 맑음〉
"결혼한 후로 처음 집사람의 손수 밥 지어주는 밥을 두리 먹어보니 큰집에서 여럿시 먹을 때보다 별다름 너킴은 못 너키도 단두리 안저서 먹으니까 좀 따뜻한 너킴이 들더라."
"땔감 채치하는 것으로 하로 일과을 보내고 마랐다."
〈지출에 … 비누 100원〉

〈1973년 11월 23일 금요일 날씨 맑음〉
"오늘로서 땔감 채치는 안전이 하여쓰며 이재 단을 묶어서 가지고 오면 땔감 문제는 끝이 난 샘이 댄다."
"김천 고물상 문제가 궁금하며 시원하게 안 대면 안 댄다고 하면 생돈이 들어가는 한이 있더라도 허가을 낼 땐대 곳곳 댄다 하면서 시간을 끄니 답답하기 짝이 업꾸나."

〈1973년 11월 24일 토요일〉
"땔감 채치한 것을 단어로 묵크 보니 한 사람이 九십 단밖에 못 묵깨쓰며 내일 점두록 일을 하게 대면 다 묵깨더라."

〈1973년 11월 25일 일요일 날씨 맑음〉
"땔감 채치한 것은 오늘로서 안전이 묵끄쓰며 내일은 운반만 하게 대면 땔감 채치 일은 끝나는 셈이다."
지출에 … 혜지 옻 600원 빨래판 150원
미원 70원
計 820원

〈1973년 11월 26일 월요일 날씨 맑음〉
"땔감 채치한 것은 반 정도는 안전이 운반이 대어 있쓰며 내일만 운반하기 대면 안전이 끝이 나게 댄다."
"우리 재롱이 잠자는 모섭 얼마든지 보다 지치면 그만 깨어서 뽀보, 뽀보 하고 십번 마음 그치지 안는구나."

〈1973년 11월 27일 화요일 날씨 맑음〉
"땔감 채치한 것은 안전이 끝이 낮쓰며 단을 전부 노눈니까 백삼십 단이 대며 빛까리로 개어 두니 아주 만으며 처음부터 잘 했따는 너킴이 들더라."
"분과해서 처음 집배 풀나무을 한 짐 해서 같따 두니 좀 푸짐한 감이 더는구나."

〈1973년 11월 28일 수요일 날씨 맑음〉
"땔감 채치 기관이 이 달 삼십 일까지라고 해서 마음이 조급한 마음이 들더니 한 달이라는 기관이 더 연장댓따고 말들을 하고 있쓰니 조급한 마음이 풀리는 감이 들며 설마 이재 한 달이라는 시간이 더 있쓰며 땔감 문재는 했결 안 시키겟나 하고 마음이 푸군하구나."
"그전에는 이모님을 보며 어머님을 생각하게 대며 쓸쁜 마음이 들더니 이제는 이모님을 바도 그리 쓸쁜 마음도 업쓰며 사람이란 시간이 흙으며 멀러저는 것이 본능인가. 그처름 사랑하든 어머님도 시간이 흙으니까 한 발자국 멀러저는 것이 인간의 본능인가. 이것이 정상의 길인가."

〈1973년 11월 29일 목요일 날씨 흐림〉
"땔감 할려고 풀나무 하는 것으로 하로 일과을 보내고 마랐다."
"김천 자전차 조합장에깨 부탁한 것이 잘 안 대는가 궁금해서 답답하기 짝이 업쓰며 한편 생각하기는 때리치우고 생돈이 들어가는 한이 있따라도 내 손으로 단이면서 허과을 내어 볼까 하는 생각이 용소섬쳐고 있꾸나."

〈1973년 11월 30일 금요일 날씨 흐림〉
"집부로 지붕 일라고 준비한다고 손수 집닷 단을 까보니 새키 발 수가 칠십 발밖에 안 대며 우리 집배 들어가는 발 수가 약 300발은 넘어 들러갈 껏 같다."
지출에 … (하이타이값) 170원

(11月)

〈월말 총지출금액〉
벼 탈곡하는 데 술값 120원, 합승비값 65원, 술값 180원, 영숙이 320원, 반창고 100원, 깔키 180원, 전기세값 290원, 혜지 감기약 350원, 혜숙이 건빵 10원, 비누 100원, 빨래판 150원, 미원 70원, 하이타이 170원
計 2,105원

〈월말 총수입금액〉
벼, 곡상, 267斤 … 11,050원
현미 한 쌀, 6솨, 말

〈1973년 12월 1일 토요일 날씨 맑음〉
"지봉 일 시키[새끼]을 꼬다 땔감을 내일만 하개 대면 동내 자채에서 산림을 막는다고 해서 땔감을 한 짐 더 할려고 산에 올라가서 청숍갑[청솔가지]을 한 짐 하는 것으로 하로 일과을 보내고 마라다."
"금년도 저물어 가는 이때에 한 가지 뜻을 이루지 못하고 나면 한 달이 뜻을 이루고 세해을 마지하여야 대는데 극정이 대는구나."

〈1973년 12월 2일 일요일 날씨 흐림〉
"고물상 허과 낼라고 돈 五阡 원을 차용한 것을 금일 갑는데 利子가 넉 달래 600원이 대며 원금과 이자을 五阡六百을 갑는데 차용증서을 업쌔따고 하면서 바찌을 못해서 찐한 감이 들며 통캐한 기분이 업꾸나. 자

신은 영수증이라도 바다쓰며 하는 생각이 있는데 자기는 이때까지 돈을 쓰도 증서는 업시 시용으로 그리 했따고 하는데 자꾸만 해달라고 할 수도 업꼬 그만 마라찌만 춘효도 개산원 발따고 해찌만 원칙을 버스나서 할려고 더는 습성이 아주 나푸구나."

지출에 … 고물상 허가 문제로 〈순석〉 500원
〃 돈 장래 쓴 것이 5,600원
計 6,100원
지출 計 1,100원

〈1973년 12월 3일 월요일 날씨 흐림〉

"일기불순으로 아무 일도 못하고 하로 일과을 보내고 마랐다."

"고물상 문제 때문에 큰일이다. 재대로 안대서 못하게따고 이야기하면 궁금하지는 안치 이러타 저럿타 말도 업시 시간만 지연시키고 있쓰니 나로서는 극정이 만꾸나."

지출 … 합승비값 80원
(혜지 소아마비 예방접종)

〈1973년 12월 4일 화요일 날씨 맑음〉

고물상 허과 문제가 궁금해서 순석이를 보내 보았든니 서류도 다시 하여야 하고 돈도 더 더러야 댄다고 이야기을 한디고 헤서 이그 돈만 들고 허과는 못 내는 것이 아닌가 하고 염려가 댈 뿐 아니라 신경질이 나더라. 왜야하면 돈이 들계 대면 좀 빨리 이야기을 했쓰며 별 다른 문제가 댈련지는 모러는데 달이 지나두록 짬짬하던니 이재 와서 이야기하는 것을 볼 때에 좋은 사람이라고 평화구 십찌는 않꾸나. 이왕 일을 저절러 나왔쓰니 한 번 더 돈을 주어서 기다리보고 처음과 동일한 일과가 대면 자신도 방향을 바꾸개따.

지출에 … 설탕 30원

〈1973년 12월 5일 수요일 날씨 흐림〉

"고물상 허과 문제가 잘 안 댄다면서 돈이 필료하다고 해서 돈을 곡상에깨 〈만 원을〉 가지고서 주어 보고 나중에는 안 줄 끄시며 한 번 더 요구하면 포기하고 말 예정이다."

지출에 … 허가 문제 10,000원
〃 서류 문제 1,180원
〃 후두염약 320원
計 11,500원

〈1973년 12월 6일 목요일 날씨 맑음〉

"집부로 지붕 일 새키 준비하는 것으로 하로 일과을 보낸 샘이 대며 자신으로 바서는 매우 아까운 시간들인데 갑진 시간을 보내지 못하고 무이미한 시간을 보낸 대 대외서 매우 유감서르운 일과들이다."

곡상에깨 벼 달린 것이 〈두 가마니〉 140斤
149斤
計 289斤 … 1斤에 43원 12,000원
수입 計 12,000원

〈1973년 12월 7일 금요일 날씨 맑음〉

"지붕 새키 꼬는 것으로 하로 해을 보내고 마랐다."

"우리 재롱동이을 볼 때에 육중한 몸으로 속성으로 자란다고 보며 재법 기대어서는 마음대로 쓰며 재롱을 부리는 모섭이 예쁘저며 하로 일과가 재롱동이 시선으로 하로 해을 보낸다고 해도 가연이 아니다."

〈1973년 12월 8일 토요일 날씨 맑음〉

"금일이 어머님 제사라서 준비에 분주한 하로 일과을 보내고 마랐다."

"어머님 돌라가시는 날도 아주 맑고 따뜻하고 잔잔한 해을 보이더니 금일도 갑짝이 학 푸러저는 것을 볼 때에 안 추원 날도 따로 있찌 안나 하고 생각마저 들 정도다."
금일지출에 … 양은 수대 2개 260원
비누각 70원
計 330원

〈1973년 12월 9일 일요일 날씨 맑음〉
한 가족이 정말 만터라. 한방에 모다 노니까 딸자식이 만아서 그른지는 몰라도 분주하기 짝이 업쓰며 시장터는 내일 아침이라고 해도 가연이 아니며 딸 다섯이 다 잘라서 한자리에 모이개 대며 아늘은 볼래야 볼수 업쓸 끄고 딸만 만원을 이라서 분주하게 댈 끄시 아닌가. 그 관경을 빨리 바쓰며 하는 생각이 성급해저는구나.
지출에 … 크림값 500원

〈1973년 12월 10일 월요일 날씨 맑음〉
"집 일라고 연개 엮는 것으로 일과을 보냇찌만 금년에 봉답 농사을 바리는 바람에 연개 역끌 집이 모자라개쓰며 집붕을 안전이 일라고 들며 집단을 일부 싸야지 댈 껏 갈다."
"우리 재롱동이 때문에 여관한 일이 아니구나. 왜야하면 자신이 바도 너무나 보채며 눈만 떠며 등에서 놀라고 더니 집사람이 생왜을 먹고 있는 것을 볼 때 미안한 감이 들때가 한두 번이 아니다."
〈1973년 12월 11일 화요일 날씨 맑음〉
"오늘로서 일반벼단은 전부 연개을 엮끄따. 대충 집을 일라고 들며 연개도 별료 적지 안을 껏 갈더며 집을 산다고 해도 용바람 엮을 집만 사게 대며 댈 껏수로 보고 있따."
"수입에 … (남 대리 탈곡했준 것) 1,000원"

〈1973년 12월 12일 수요일 날씨 흐림〉
〈연개로 지붕 인 날〉
〈집을 잘 일라고 들며 집 천 단은 가지고 있쓰야 댄다고 본다. 그리고 새키 300발과.〉
"연개가 모자라서 아래채는 그낭 둘 줄 알라던니 다행이 자래가며 아주 잘 인 집은 아니지만 그른 대로 연개로 둘러 준 것으로 일과가 끝이 난 샘이 대며 여개 수는 몸채가 18마람 아래채가 7곱 마람 들어가쓰며 안전하계 잘 일라고 들게 대며 30마람은 들어야지 잘 일 수 있따고 내다보고 있따."

연개 집단	700단	計 784단. 금액으로 본다면 3,920원.
용바람 집단	60단	
새키 집단	24단	

지출에 … 새키 부족으로 한 타래값 200원
두부값 130원
計 330원

〈1973년 12월 13일 목요일 날씨 맑음〉
"우리 집은 안전하게 손매점이 끝이 낫쓰며 경희내 집만 연개로 돌려주며 끝이 나게 대며 남들도 남에 일은 하기가 실깨찌만 나 자신은 남에 일하기가 얼굴에 주름이 절 정도로 하기가 실어저는구나."
〈여자들은 다들 이세 키우개 대며 왜로가 말할 수가 업깨지만 집사람이 〈혜지〉한터 시달림을 받는 것을 볼 때에 혜지 키우는 일 왜는 아무 일도 안 씨키야지 하는 너킴이 들어가며 앞푸로 감심을 가질 껏이다.{}〉
지출에 … 〈비누 3개〉 100원

〈1973년 12월 14일 금요일 날씨 맑음〉
"경희내 일도 끝난 샘이 대며 지붕 일 극정이 대더니 오늘로서 안전하게 매듭지어 주고 금년 농사는 오늘로 다 한 샘이 댄다."
"사람이 돈만 알개 대며 건강을 일키 쉬운이 항상 돈에 신경이 쓰이그든 건강도 미리 염두해 두어라."

〈1973년 12월 15일 토요이 날씨 맑음〉
"큰집배서 개앙씨기[갱시기][136]에 국수 너어 먹을라고 국수 빼는데 국수뜰도 고장이라고 하지만 국수 아주 나푸며 남외 끄라고 하면 물어줄 정도로 국수가 안 대더라."

〈1973년 12월 16일 일요일 날씨 맑음〉
"집사람의 비단만 바푸지 않타면 오후에는 나무을 한 짐 할려고 예정한 것이 비단 기한 업따고 애을 쓰고 있는 것이라 비단 좀 만이 하라고 우리 재롱동이 보는 것으로 하로 일과을 보내고 마랐다."

〈1973년 12월 17일 월요일 날씨 맑음〉
"요줌은 무이미하계 하로의 과정이 지나가며 악착깥치 할려고 계획을 잡아도 자꾸만 연기만 대는 과정으로 끝을 내는구니."
"고물 문제로 순석이을 보내보았든니 못 만나서 그냥 돌아았따니 보통일일 아니구나."
금일수입 … (경희내 일{한} 것) 1,000원

〈1973년 12월 18일 화요일 날씨 눈, 비〉
"철로 바서 한참 눈이 내릴 땐대 겨울날씨 아닌 포건한 낡씨로 (비)가 대고 마는구나. 내 마음 갈다서는 한박눈이 내리서 천지을 하야깨 덥펴서 내 마음을 이끌어 바써며 하는 생각이 더는구나."
"계획성 있는 일들을 못하고 그저 해만 보내고 있꾸나."
지출에 … (전기세값) 275원

〈1973년 12월 19일 수요일 날씨 맑음〉
"마을에서 산내 나무는 하지 말라고 해서 밭떠마 돌라다니면서 아까시와 둥치기 하는 것으로 금일 일과을 보내고 마랐다."
"김천 고물상 문제는 사람도 잘못 만나고 돈만 소비시키고 있쓰니 문제가 보통일이 아니구나."
지출에 … (고물상 문제로) 400원
(전구담아) 50원
(목아지 약) 660원
計 1,110원

〈1973년 12월 20일 목요일 날씨 맑음〉
"풀나무을 했쓰마 하는 생각이 대는데 마을에서 못하구로 하는 바람에 아까시와 쫄가리 하는 것으로 금일 일과을 보낸 셈이다."
"기상대에서는 올겨울에는 춥다고 하지만 계속대는 맑은 낡씨만 보이는 것을 보면 작년 추위보다 좀 추월란가는 몰라도 금년도 별료 추원 낡씨는 안으리라고 내다보고 있다."

〈1973년 12월 21일 금요일 날씨 눈〉
"변득서른 날씨 때문에 아무 일도 못하고 그냥 보내고 마랐다."
지출에 … (고물상 문제로) 500원

---
136) 제철에 나는 채소와 찬밥을 넣어 끓인 경상도식 국밥이다.

〈1973년 12월 22일 토요일 날씨 맑음〉
"하로의 과정이 변함 업는 일과로 대어버리며 자신의 심정 같다서는 뜻이고 갑진 일과을 보닐 욕심 하니 업쓰나 경제라든지 모든 것이 허락지 안아 무이비한 일과가 낸다고 내다보았도 가연이 아니라고 생각하고 있다."

〈1973년 12월 23일 일요일 날씨 눈〉
"일기불순으로 하로 해을 휴식시간으로 보내고 마라쓰며"
"무선 영문인지 몰라도 눈이나 담푹 쑈다저 눈길을 거러바쓰며 하는 생각이 더는구나."

〈1973년 12월 24일 월요일 날씨 맑음〉
"김천 고물상 문제로 순석이을 보내보니 이재는 접수대어따고 말을 하면서 1月 13日경에는 허과가 날 끄라고 이야기한다기에 여때까지 헛수고만 하다가 이재야 그 말을 들어니 재일 방갑더라."

〈1973년 12월 25일 화요일 날씨 맑음〉
금일로 경희내 일은 안전하게 끝이 난 샘이 댄다. 일부는 매상 댈라고 벼을 풍구질해서 안전하게 손질을 해서 두어쓰며 자신은 인분을 보리예다 한 벌 주는 것으로 일은 끝이 난 샘이 대는구나.
지출에 … (가옥세) 190원

〈1973년 12월 26일 수요일 날씨 맑음〉
"김천 고물상 허과 1月 13日경 난다기에 이 해가 지나가서 팔리 다가왔쓰며 하는 생각 간절하구나."
"아까시와 나무하는 것으로 하로 일과을 보내고 마랐다."

〈1973년 12월 27일 목요일 날씨 흐림〉
"요줌은 역전 일과 대며 친우들이 싸온 돼지고기로 저이 집배서 잘 먹으다."
'자신의 심정으로는 매일 고기을 못 먹을망성 가끔이라도 고기을 싸왔서 집사람과 같치 따뜻하게 먹고 십픈 심정 말할 수 업쓰나 아직 경제가 허락지 안아서 실천을 못하고 있는 형편이지만 이 경제을 언잰가는 파개씨키고 따뜻하게 먹을 때가 있따고 말하고 십다.'

〈1973년 12월 28일 금요일 날씨 눈〉
"올해 들어 눈 온 것 중에 제일 만이 왔쓰며 힌 눈이 지붕 위을 하야깨 만들어 있는 것을 볼 때에 자신이 등산에 올라서 마을을 내리다 보는 것처름 마음 상캐구나. 이 눈이 더 만이 내리쓰며 하는 아쉬운 너킴도 더는구나."

〈1973년 12월 29일 토요일 날씨 맑음〉
"일기불순으로 아무 일도 못하고 휴식으로 하로 해을 보내고 마랐다."
"사람이란 사욕이 재일 피로 살라가는 것이 인간의 본능인가."
지출에 … 혜지 옻 1,510원

〈1973년 12월 30일 일요일 날씨 맑음〉
"금년에는 우리 집안이 양력 과세 한다고 해서 인분을 개관한 곳에 헌치는 것으로 하로 해을 보내고 마랐다."
"양력 과세라 말이 도시보다 농촌이 더 강력하게 지시을 하는 것 같꾸나."

〈1973년 12월 31일 월요일 날씨 맑음〉
"한 해을 갑지개 보내지 못하고 무이미한

한 해라고 해도 무리는 아니개찌. 74年도는 삶의 발판을 만들어서 광이 나는 해가 대어야 대며 나로 바서 무게 있는 해가 꼭 대야 댄다."

⑫月

〈월말 지출금액〉
고물상 문제로 500원, 장래 이자 600원
합승비값 80원, 설탕값 30원, 고물상 문제로 10,000원, 고물상 서류 1,180원, 목 후두염 약 320원, 양은수대값(2개) 260원, 비누각값 70원, 크림값 500원, 세키 부족값 200원, 두부값 130원, 비누 100원, 전기세값 270원, 고물상 문제로 400원, 전구담아 50원, 목아지 약 660원, 고물상 문제로 500원, 가옥세 190원, 혜지 옷값 1,510원
計 18,055원

"월말 수입금액"
벼 … 곡상에깨 달린 것 12,000
벼 … 탈곡한 품값 1,000, 노임값 1,000원
計 12,200원

"년말 총지출 금액"

	〈수입〉	〈지출값〉
1月 금액	300원	2,835원
2月 금액		3,025원
3月 금액		285원
4月 금액	345원	29,480원
5月 금액	2,710원	4910원
6月 금액	200원	7,175원
7月 금액	4,265원	860원
8月 금액	4,305원	38,875원
9月 금액	660원	1,830원
10月 금액		650원
11月 금액	11,050원	2,105원
12月 금액	12200원	18,055원

수입 計 36,135원
지출 計 110,085원

〈년말 총수입금액〉[137)]

137) 금액은 기록되어 있지 않다.

▌1974년▐

〈내지1〉
人生의 지름길
돌아온 발자취
成功
金陵郡 牙浦面 大新洞 五八九

〈내지2〉
"경북 금릉군 아포면 대신 三구 589번지"
권순덕 用

〈1974년 1월 1일 화요일 낡씨 맑음〉
"오늘날까지 음력 과세을 지내다 금년 들어 양력 과세을 지내니 설 기분도 찾지 못하고 그저 무이미하게 양력 과세을 치루고 마랐다."
"금일이 본 청년회 정기총홰을 하는 날인대 양력 과세을 하기 때문에 정기총회을 하지 못하고 마랐다."

〈1974년 1월 2일 수요일 낡씨 맑음〉
"금년에는 청년회장 안 알라고 꼭 마음을 먹어는데 회원들이 갈라주지 안키 때문에 금년 한 해을 더 하기 대어다.
그리고 청년회에서 돼지을 잡개 데면 고기 갑원 청년기금으로 2000원 충당해서 개인 돈을 좀 들어 주어쓰며 이 방침은 출석률을 올리기 위에서 취한 것이다."
(청년회원 기금) (현곡이) 395斤

〈1974년 1월 3일 목요일 낡씨 맑음〉
"양력 가세로 설을 쉬따고 그런지는 몰라도 일을 할려고 더니 남 보기에 어석해저는 것 같다서 일이 너저만 가는구나."
지출에 … 집사람이 친정 가는 데 600원

〈1974년 1월 4일 금요일 낡씨 맑음〉
"휴식하기도 심심하고 해서 아까시와 둔구리 하는 것으로 하로 일과을 보내고 마랐다. 그리고 혜지가 업쓰니 집이 조용하며 웃슬 일이 업꾸나."
지출에 … (소아마비 접종) 300원
(디피티) 200원
計 500원

〈1974년 1월 5일 토요일 낡씨 맑음〉
"집사람이 친정에서 통달을 가지고 와서 잘 먹어쓰며 위뒤[유두]에 집사람이 옻이나 안 오를까 하고 극정이 좀 대는구나."

〈1974년 1월 6일 일요일 낡씨 맑음〉
"우리 마을로 바서는 절먼 세대가 동장이 땐 적은 금년이 처음이며 자신이 바서 우리 마을 어른들도 마을 일에 절먼 사람이 하여야 대개따는 인식을 가지쓰며 동내 어른도 계심이 대어따고 보고 있다."
"풀나무 하는 것으로 금일 일과을 보냇다."
지출에 … 비누 100원

〈1974년 1월 7일 월요일 낡씨 맑음〉
"농촌진흥청에서 벼 다수학 농가 만들라고 진흥청장이 교육을 갈치는데 잘 더러쓰며 농촌교육이라면 빠짐업시 바다야 대개따는 인식이 들며 정부에서도 농가 개몽을 할려고 들며 경비도 무진장으로 들 끝 갈꾸나. 금일 만 에도 〈식권〉 발행댄 것만 에도 1,000원 의상 경비가 낱쓸 껏으로 보고 있다."

〈1974년 1월 8일 화요일 낡씨 맑음〉

"새마을교육은 오늘로서 끝이 낮쓰며 교육을 밭다타는 이수증을 돌리주며 우리가 생각을 할 때에 좀 우섭꾸나. 왜냐하면 교육이라고 불과 몟 시간 갈치고 이수증을 발부해 주는 것을 볼 때에 불필요한 낭비을 하고 있꾸나 하는 너킴이 더는구나."

"고물상 문제가 궁금해서 순석이을 김천 가보라고 하여든니 아직 서류가 보류대어 있쓰며 이달 30日까지 기다리 달라고 한다기기에 또 히마리가 업쓰저며 저것이 자꾸만 연기만 하고 있는 것을 볼 때에 그저 무이미하게 말란가 하고 어심정[의심증]이 들고 있쓰며 후예가 좀 대고 있꾸나."

지출 … 고물상 문제 500원

〈1974년 1월 9일 수요일 낡씨 맑음〉

"정부예 깔키나무는 못하구로 하여도 땔감이 해결이 못 대어서 할 수 업쓰서 낙엽을 껄러서 한 짐 하고 마라쓰며 앞푸로도 시간이 나는 데로 좀 해야지 땔감 해결이 대지 안나 하고 내다보고 있다."

"사람이 변동 있는 일을 만이 하는 사람만이 삵[삶]의 뜻을 먼저 차절 수가 있따고 자신은 생각을 하고 있다."

〈1974년 1월 10일 목요일 낡씨 맑음〉

"벌서 보리밭태 김매기 하는 사람들이 만으며 그전에는 보며 음력설을 쉬야만 김매기 작읍을 할려고 한두 사람 너러나는데 금년에 일기변화가 크개 업고 맑은 낡씨 때문에 그른지 그릇치 아너며 사람들이 생산을 좀 더 만이 내보자 하는 욕심으로 서더는지 알 수가 업꾸나."

"농촌에도 머지안아서 겨울에도 놀지 않코 재각키 부업이라든지 어떠한 일이라도 일 손을 잡아서 겨울에 놀지 않코 살아갈 껏이 아닌가 내다보고 있다."

〈1974년 1월 11일 금요일 낡씨 맑음〉

"금년에는 작년보다 더 가물란가. 이때껏 눈 한번 재대로 오지 안너며 보리를 바서는 비라도 한번 왔쓰며 하는 생각 아쉬어저는구나. 보리농사을 잘 지을라면 겨울에 가물이 업시 재대로 발육을 해야지 풍년이 댈 수 있지 그릇치 안코는 어렵개 대지 안나 하고 내다보고 있다."

지출에 … 청년회 돌부리값 200원

〈1974년 1월 12일 토요일 낡씨 맑음〉

"우리 재롱동이가 그전에 비와며 아주 수나며 재롱부리는 것이 더욱 더 기어업며[귀여우며] 재롱부릴 때마다 안아주고 십픈 충동이 이러나며 그전보다 만이 안아주고 있따."

"사람이란 이세 사랑 업시는 인관 세상을 살라가는 데 그저 남이 산이까 산다고 하지 인생의 가정[과정]은 무가 안일까."

〈1974년 1월 13일 일요일 낡씨 맑음〉

"정부에서 땔감을 못하구로 하니까 마을에서 노는 사람이 한정도 업꾸나. 왜야하면 그전 모양 풀나무을 만대로 하구로 두면 마을에서 노는 사람이 업쓸 탠대 나무을 못하니까 시간 여유가 만아서 상점으로 단위면서 낭비을 하고 있는 것을 볼 때에 정국 농가는 전부가 이른 현상을 위루고 있쓸 판이니 그 낭비을 계산한다면 수도 업쓸 껏로 보고 있다."
지출에 … 혜지 감기약 코데송시렙 210원

〈1974년 1월 14일 월요일 낡씨 맑음〉
"하로의 휴식을 보내 바도 만족한 감이 업쓰며 무선 일들을 해도 만족한 기분이 업쓰며 나 자신이 생각을 해도 무얼 때문에 만족을 치하지 못하고 시간을 보내는가 이유을 모러고 있쓰니 이그 보통이 아니구나."
"지출에 … 매상 댈 새키 한 타래 150원"

〈1974년 1월 15일 화요일 낡씨 맑음〉
"농촌에서 여자들의 홀치기 부업은 주부들예껜 안성맡춤이라고 생각을 하며 남자들도 적당한 벌이라도 있따면 농촌한경도 좋아절 뿐 아니라 생할이 부여해저라고 생각을 하고 있다."
"국민들을 편등하게 살계 할려면 부여한 사람에깨는 세금이라든지 배율로 하고 업는 사람일수록 면제해 주며 얼마 안 가서 평등하게 살라가리라고 생각을 하는데 이 방침으로 정치을 할려고 들며 보통 대찬 사람으로는 밀어나가지 못할 껏로 보며 이 정치가 계속 밀 수만 있따면 나라는 발전할 수가 있따고 자신원 생각을 하고 있다."

〈1974년 1월 16일 수요일 낡씨 맑음〉
"통일벼 매상 대는데 벼 회치가 무더서 등도 잘 안 날 끄라고 생각한 것이 삼등이라도 낮쓰니 다행이라고 생각한다. 그리고 통일벼 매상 댈라고 들며 초기보다 후반기가 등이 잘 란다고 생각이 대며 앞푸론 후반기에 수매을 할 예정이다."
지출에 … 전기세값 415원
금일 매상한 가마니 10가마니 970斤

〈1974년 1월 17일 목요일 낡씨 맑음〉
금일은 동내 방목하는 것으로 하로 일과을 보내고 마랐다.
지출에 … 펜촉 2개 10원

〈1974년 1월 18일 금요일 낡씨 맑음〉
"산예는 못 올라가라고 해서 밭뚝에 다니면서 풀나무을 할라고 하니 힘이 만이 들며 나무도 얼마 하지 못하면서 마음은 말할 수 업시 고대고 있꾸나."
지출에 … 과자 30원 미원 50원
計 80원

〈1974년 1월 19일 토요일 낡씨 맑음〉
"보리에 비가 모자라서 여관일이 아니다. 보리에 어너 정도 수기가 있쓰야 성장할 수 있쓸 탠대 가을하고 난 뒤부터는 비 한번 재대로 안 오고 눈마저 안 오니 보리들이 재대로 잘랄까 염려쓰려오며 겨울예 가문 해가 저류[절후(節侯)]도 별로 좋지 안더라."

〈1974년 1월 20일 일요일 낡씨 흐림〉
"낙엽을 끄러서는[긁어서는] 못 하구로 하는데 자신은 할려니 좀 미안한 감이 들며 혹 관에 알면 풀나무 좀 하고 벌금 하는 것이 아닌가 극정도 대더라."

〈1974년 1월 21일 월요일 낡씨 눈〉
"처음 눈이 내리면서 시작을 할 때에는 아주 신찬개 내리서 눈 오는 것도 달갑지 안더니 밤사위에 눈 온 것이 (27센치나) 왔있는 것을 보니 그 기분 맑더라. 그리고 면 도로에 재쓸작업 하는 것으로 하로 일과을 보내고 마라다."
지출에 … (쥐약 새 잡을라고) 30원
(쌀띠밥값) 100원
計 130원

〈1974년 1월 22일 화요일 낡씨 맑음〉
"눈이 만이 온 간개로 아무 일도 못하고 휴식 일과로 보내고 마랐다."
"우리 재롱동이 감기 때문에 극정이 이류어 말할 수가 업꾸나. 왜야하면 자신은 감기약만 낫깨지 하고 대신약방에서 약만 싸 먹이던니 효과도 업고 목예서 소리만 점점 만이 나는 것 같더며 구정만 아니면 병원예을 다리고 가서 약을 보용해 바서면 하는 생각밖에 어쓰며 자신이 혜지에깨 너머나 무능하게 다라따는[다루었다는] 느킴이 들며 앞푸론 혜지예깨는 소을리 다류지 안을 끄시며 감기라고 약방만 밑고 아들 다라따가는 큰 실수을 하지 안나 하는 너킴마저 들며 재롱동이일수록 병원 접촉을 해야 대개따는 느킴을 가졋다."
지출 … 혜지 감기약 200원 이발비값 100원
친구와 술값 150원 計 450원
수입에 … 1月 26日 매상 댄 것
計 59000원

〈1974년 1워 23일 수요일 낡씨 맑음〉
"양력 과세한 사람들은 이중과세가 대어버리는구나. 왜야하면 음력 과세한 사람의 음식이 노늠이 대니까 음식을 이중{으}로 하게 대는구나. 그꼣뿐 아니라 아이들도 이중{으}로 낭비을 하게 대는구나. 왜야하면 막연회을 두 번을 마지하고 있쓰니 그 낭비도 만은이라 생각을 하고 있다."

지출에 … (순기 작미값) 200원

〈1974년 1월 24일 목요일 낡씨 맑음〉
"요줌은 무일과로 하로 해을 마지하는구나."
"고물상 문제로 순석이을 보내 보았더니 출장가고 업더라고 이야기하는데 힘마리가 업더라. 요번에는 무선 좋은 소리가 있쓸탠대 하고 기대가 크쓴는데 힘을 죽이고 마라꾸나."
지출에 … 고물상 문제로 500원

〈1974년 1월 25일 금요일 낡씨 맑음〉
"혜지가 목아지에서 소리가 나서 무선 영문인지 감기약을 복용해도 낮지 안코 여전이 소리가 끝치지 안아 이재춘소아과에 가보았던니 모세기관지염이라면서 3일분에 2,100원 달라고 하더라."
지출에 … 합승비값 30원 빨래줄 160원
조카 저금통장값 100원
쳐과집에 돼지고기값 700원
쳐과에 과자 100원
혜지 약값 2,100원
計 3,190원

〈1974년 1월 26일 토요일 낡씨 맑음〉
"눈 때문에 무선 일도 못하지만 이재는 휴식하기도 지루하며 빨리 눈이 녹아서 김매기라도 해쓰며 하는 생각이 절로 나는구나."
"쳐과집에 방이 찹든데 혜지에깨 감기나 더하게 하지나 안나 극정이 대는구나."
수입 … (매상 댄 것 남어지값) 3,460원
지출에 … 친구와 술값 50원
(조카 저금통장값) 15원
計 65원

〈1974년 1월 27일 일요일〉

"아무 일도 못하고 도라다니바야 만족한 감도 업고 해서 어름판에서 서키[스키] 배우는 것으로 하로 일과을 보낸 샘이 댄다."

지출에 … (쳐과 선[쓴] 것) 합승값 30원
큰집배 과자 150원
計 180원

〈1974년 1월 28일 월요일 낡씨 맑음〉

"이재춘소아까외는 돈이 너무 만타고 남들도 이야기하길에 약방에서 약을 짓어니까 돈원 적개 달라고는 하는데 약이 소암[효험]이 있쓸란지는 몰개쓰며 어른 아푼 것보다 아이들 아푸니 정말 말할 수 업시 정신 교통이 대며 극정이 이루어 말할 수가 업끄나."

지출에 … 혜지 약 800원 차비 90원
멸치 200원
計 1,090원

〈1974년 1월 29일 화요일 낡씨 맑음〉

"요줌원 무이미한 일과로 시간을 보내고 있는 판인데 혜지가 낫지 안코 있쓰니 하로 일과들이 벙벙하게만 지나가고 마는구나."

지출에 … 적십자비값 100원
살림조합비값 270원
計 370원

〈1974년 1월 30일 수요일 낡씨 맑음〉

"고물상 문제로 생각만 해도 골이 아풀 지경이구나. 왜야하면 금일도 순석이을 김천 보내 보니 2月 10日경에 올라 보라고 하니 이그 자꾸만 연기만 하고 있쓰니 무선 영문인지을 몰개꾸나."

지출에 … 혜지 약 1,000원
고물상 문제로 500원
計 1,500원

〈1974년 1월 31일 목요일 낡씨 맑음〉

음력 1月 9日

"아직 눈 때문에 아무 일도 못하고 휴식으로 일과을 보내고 있쓰며 이 눈만 다들 녹아따면 들판에는 김매기 한다고 한창일 땐대 눈 바람에 잘들 놀고 있다."

"요줌 가만이 생각해 보면 삼십 년간 동안 마너라 업시 무선 재미로 살라든가 생각이 대며 쳐가 있쓰며 정신 교통은 대더라도 결혼은 빨리 하여야 댄다는 것을 인식이 대며 머리 하나하나 써나가는 것이 질적으로 뜰린다고 너키다."

(1月)

"월말 총지출금액"

친정 가는 데 600원, 혜지 접종 소아마비 300원, 디피티 200원, 비누 100원, 고물상 경비 500원, 청년회 돌부리값 200원, 혜지 감기약 210원, 새키값 150원, 전기세값 415원, 펜촉 10원, 혜지 과자 30원, 미원 50원, 쥐약 새 잡을라고 30원, 쌀티밥값 100원, 혜지 감기약 200원 이발비값 100원, 친구와 술값 150원, 순기 작미값 200원, 고물상 문제 경비 500원, 합승비 30원 빨래줄 160원, 조카 저금통장값 100원, 쳐과 고기값 700원, 쳐과에 과자 100원, 혜지 감기약 2,100원, 술값 50원, 조카 저금통장값 15원, 합승비값 30원, 큰집배 과자 150원, 혜지 감기약 800원, 차비 90원, 멸치값 200원, 적십자해비 100원, 살림조합비값 270원, 혜지 약 1,000원, 고물상 경비 500원

計 10,440원

"월말 수입금액"
수매한 값 … 計 52,910원

〈1974년 2월 1일 금요일 낡씨 맑음〉
"고물상 허과가 나면 물건가 갈치 할려고 마음먹고 이따가 못하는 바람에 부억 찬정이 엄청나개 올라서 손예가 만이 난 샘이 대는구나. 왜야하면 가을개 부억 찬장을 쌰더라면 천오백 원 수입을 볼 땐대 금일 찬장을 쌰니 아주 빗산 값으로 쌰따고 보고 있다."
지출에 … (부억 창장값) 6,800원
(꽁치값) 200원
計 7,000원

〈1974년 2월 2일 토요일 낡씨 맑음〉
"농촌에는 자신이 생각을 해도 한가한 시간이 마너며 이 한가한 시간을 해결할려니 돈이 앞쓰며 돈 돈 하다 아까운 시간을 다 버리는 사람들이 수도 업쓸 끄시며 업는 사람이 앞을 볼 때에 아지랑이빢에 안 보일 꼇이 아닌가."
지출에 … 전구담아 40원

〈1974년 2월 3일 일요일 낡씨 맑음〉
"돈이란 물건은 만이 만칠수록 사람의 마음을 크개 만더며 업는 사람이 채후예는 돈예 급이 업고 마는구나."
"또 무일과로 하로 빛을 넌구고 마는구나."

〈1974년 2월 4일 월요일 낡씨 흐림〉
"금일은 우연이 토기사양[토끼사냥]을 하다 하로 일과을 보낸 샘이 대며 사람은 눈밭태만대로 다니지도 못하게는데 산짐승이라서 그른지는 몰라도 잘 다니며 따라다니다 다니다 사람이 짓치서 몿 잡고 마랐다."
금일지출에 … 혜지 디피띠 접종 200원
김 100원, 차비값 90원, 예비군 수봉 700원, 혜지 엿 20원, 미원 80원, 비누 90원 (쓰매키리) 100원
計 1,450원

〈내지3〉[138)]
金陵郡 牙浦面 大新洞 三區
權純德

〈1974년 2월 5일 화요일 낡씨 눈〉
"일과들이 너무나 무이미해서 오리 잡을라고 낙수을 해서 냇까에 노아두니 들오리들이 딴 곳에는 만이 안저도 자신이 낙수밥을 둔 곳에는 오지을 안아서 허탕하는 일과을 보내고 마랐다."
"아직 보리논에는 작읍을 할려고 들며 2月 중순에나 일을 할 수 있찌 그전에는 눈 때문에 아무 작읍도 못할 꼇수로 내다보고 있다."

〈1974년 2월 6일 수요일 낡씨 흐림, 눈〉
"들오리 잡을라고 하다 오리도 잡지 못하고 무이미한 하로 일과가 대고 마라쓰며 김천 일만 대어따고 해서 하로 일과들이 이르깨 값업시 보내지는 안을 땐대 예로가 만원 일가가 대과 있구나."
지출에 … 동생들과 동전치{기}값 80원
과자 산도값 40원
計 120원

138) 교체된 새 일기장의 내지에 적힌 내용이다.

〈1974년 2월 7일 목요일 날씨 흐리{고}, 눈〉
정말 일기는 고루잔꾸나. 왜냐하면 이 눈들이 고루 왔쓰면 보리 성장에 지장이 업시 잘랄 끄시며 이재 와서 눈이 만이 왔부치서 보리 성장에 해가 댈 끗 같더며 좀 섭한 논에는 보리들이 삭을 정도가 대어 있쓰니 골고로 손에을 볼 껏 같꾸나.“

〈1974년 2월 8일 금요일 날씨 눈〉
“정부에서 금년부터 비료 배급재도로 한다니 농민들은 큰 손에을 볼 껏이 아니야 하고 내다보고 있다. 왜야하면 비료거름을 만약 실수을 하게 대면 하내농사는 그만침 수학량이 떨어절 껏이 아닌가 내다보며 이 재도는 정부에서 비료량이 적으서 치한 것인가는 몰라도 이 재도는 반더시 농민들의 수학량은 적을 껏로 내다보고 있다.”
지출에 … (예비군 훌련화) 500원

〈1974년 2월 9일 토요일 날씨 개임〉
“금일은 예비군 기해교육이라고 해서 교육장까지 같든니 교육도 업고 면장 지서장 세해인사말로 교육일과을 맡인 셈이다.”
“금년에는 눈 때문에 지업두록 놀고 있꾸나. 이 눈만 업더라면 보리 김매기 작읍을 한창 하고 일과들이 바뿌기만 할 탠대 눈 때문에 잘들 놀고 있다.”
지출에 … 합승비값 50원

〈1974년 2월 10일 일요일 날씨 눈〉
“새마을사업으로 세멘 나온 것을 우마차로 동내 실어오는 것으로 하로 일과을 보내개 대었다.”
〈동내 새마을사업용 세멘 포수〉 500포
지출에 … 찬기름 짜는 값 100원

〈1974년 2월 11일 월요일 날씨 맑음〉
“고물상 허가 문제로 10日경에 올라 보라고 해서 순석이을 두 번이나 보내 바도 출장 갇다고 하면서 못 만나고 내리왔쓰며 정말 그 문재로 골치 아파 죽을 지경이다.”
지출에 … 혜지 감기약 (박트림 시렆) 300원

〈1974년 2월 12일 화요일 날씨 눈〉
“고물상 허가문제는 성질대로 했쓰마 때리치왔쓰며 하는 생각이 절로 나며 오늘날까지 댄다 댄다 하면서 안 대고 있쓰니까 육체적으로도 고통이 말할 수 업다.”
지출에 … 고물상 문제로 400원

〈1974년 2월 13일 수요일 날씨 맑음〉
“감기로 구둘막 신세을 점두록 지고 나니 온몸이 안 {아}푼 대가 업쓰며 감기로 구둘만 신세을 진 적은 자신 알기론 처음 같더며 정말 감기로도 욕보게더라.”
“우리 재롱동이 발자국을 한 자욱씩 내띠디는 모섭 기업키만 하며 돌 안에는 재법 거름마을 할 수 있깨따고 내다보고 있다.”
지출에 … (감기약 코티푸로 시렆) 400원

〈1974년 2월 14일 목요일 날씨 개임〉
“오늘도 구둘막 신세로 하로 해을 보내고 마라쓰며 이재는 감기 키미도 좀 낮고 하니 내일부터는 운동 좀 하여야갯꾸나.”
“보리들이 때로 바서 한참 성장기라고 해도 가연이 아닌대 눈등어리와 함깨 어러부터서 성장에 해가 대지 안을까 하고 내다보며 이것이 너깨사 흙탕이 대어 보리에 습기가 만앗 손에을 보일 껏 같더며 금년 보리농사는 골고로 감수댈 껏으로 내다보고 있다.”

지출에 … 혜지 과자 40원
(소다, 사카링) 30원
計 70원

〈1974년 2월 15일 금요일 낡씨 눈〉

"때 아닌 눈빨만 내리며 이재는 맑은 낡씨만 보이야 댈 판인대 그러치도 안코 한겨울쳐름 한박눈만 나리고 있쓰니 아무리 생각해도 보리 풍작은 못할 껏 같꾸나."

〈1974년 2월 16일 토요일 낡씨 맑음〉

"인분을 고추 갈 때예 주는 것가 정미소에 벼 현미 하는 것으로 하로 일과을 보내고 마라다."
"쌀방아을 찌어 보니 두 가마니에 현미량 5말 六돼가 대면 먼저보다 적기 담아서 그른지는 몰라도 조금 적드라."
(현미 한 것) 두 가마니 … 현미량 5말 6돼
지출에 … 전기세값 420원

〈1974년 2월 17일 일요일 낡씨 맑음〉

"용란 결혼식을 간소하게 하니 간단하기 이류어 말할 수 업꾸나. 예식장에서 예식만 올리고 집배서는 그저 집안만 모여서 정심한 때 먹는 것으로 나버리쎠니 이재는 헛돈 낭비는 한 푼도 안 쓸 시대가 왔따고 해도 가연이 아니다."
"어러부뜬 눈들이 삼월이 와야 녹지 않깨나 하는 생각이 들더니 맑은 낡씨 삼 일만 따뜻한 낡씨가 대니 들판의 눈들이 누가 먼저 물로 변하나 다뚬이나 하는 덧이 수십 분만에 물로 변해버리고 말며 이 말은 날씨가 좀 더 개속 댄다면 들판에도 사람들이 분주하게 날띨 껏으로 보고 있다."

〈1974년 2월 18일 월요일 낡씨 맑음〉

따스한 낡씨가 대어서 들판에나 가보자 하는 욕심으로 보리논을 한 박키 돌라보니 머지안아 김매기 작읍을 할 껏 같더며 보리잎들이 새파라깨 물드러 있는 모섭을 보니 예착한 마음이 들며 저 보리들이 눈 속에 얼러부터 있쓸 때는 보리 행세을 하게나 하는 생각이 들더니 이재 보니 보리들의 싱싱한 모섭을 보니 마음이 더 허무하더라[흐뭇하더라].

〈1974년 2월 19일 화요일 낡씨 비〉

"이재 봄은 봄인가바. 보슬비가 종일 소리도 업시 내리고 있는 비을 보니 안전 봄 너킴이 더는구나."
"비 때문에 아무 일도 못하고 그저 하로 일과을 보내고 마랐다."
지출에 … 혜지 과자 50원

〈1974년 2월 20일 수요일 낡씨 맑음〉

"원잰가는 감기 병으로 인명의 피해을 크개 가저올 껏 같더며 인종의 큰 피해 업시 수평으로 살라갈 수가 업따고 내다보고 있다."
지출에 … 동전쳐기값 100원

〈1974년 2월 21일 목요일 낡씨 맑음〉

"김천 일이 잘 대면 삶의 극정을 해결할 수가 있찌만 만약에 잘 안 댄다면 삶의 극정이 무거어저개는데 이 일 때문에 마음대로 대지는 않코 이거 정말 밥맡이 업는 형편이며 건강이 축이 날 지경이다."
지출에 … (지서장 전별금) 50원

〈1974년 2월 22일 금요일 낡씨 비〉

"우리 마을에도 새마을창고 짓는다고 동민

전원이 나와 부역을 하는 것으로 하로 일과을 보냇쓰며 새마을창고을 지을라고 더니 엄두 안 나며 경비가 말할 수 업시 날 껏으로 내다보고 있다."

〈1974년 2월 23일 토요일 낡씨 흐림〉
"일기 변득서러어 감기 때문에 사람들이 맥을 못 쓰며 이번 감기는 글리따 하면 자리예 누어야 하며 감기약 업씨는 일어나지을 못하고 있쓰니 이번 감기는 급이 나는구나."
지출에 … 쳐 감기약 300원

〈1974년 2월 24일 일요일 낡씨 흐림〉
"집 식구들이 감기로 몸부림처는 것을 볼 때에 밥맡이 업쓰며 약으로도 잘 뜻지 안꼬 꼭 예을 먹이는 것을 볼 때에 앞푸론 생각차가 감기에 특효란 것을 전문의사가 신문보더 핸 적이 있는데 내년에는 생강차로 감기을 예방해 볼 작정밖에 업꾸나."

〈1974년 2월 25일 월요일 낡씨 맑음〉
"요줌 혜지가 감기 때문에 밤낮 주야로 저 엄마을 예 먹이는 것을 볼 때에 우리도 저래 자라뜬가 하고 마음이 들 때가 있쓰며 한참 예 먹이는 것을 볼 때는 내 자식이라도 때리죽이고 십픈 마음이 들 때가 있꾸나."

〈1974년 2월 26일 화요일 낡씨 맑음〉
"혜지 감기로 보채는데 땀뜻게더라. 함참 보챌 때는 내 자식이라도 때리죽이고 십픈 욕망 솟쓸 때 한두 번이 아니며 나 자신원 아주 크개 고통을 안 당아고 있찌만 쳐자식은 밤낮으로 예을 먹이곤 하니까 혜지을 안코 따라우니까 혜지는 울지 않코 저 엄마 얼굴을 만지더라면서 이야기을 들을 때 한편으로는 웃섭고 어이가 업더라."
지출에 … 혜지 감기약 200원

〈1974년 2월 27일 수요일 낡씨 눈, 맑음〉
"하로 일과을 무이미하게 보내고 마랐다."
"고물상 허가가 이달 말에 날 끄라고 이야기했는데 정말 날란지 궁금하구나. 왜냐하면 오늘날까지 속아와서 미더저지을 안어며 한편으로 나개찌 하고 미더저는 마음 말할 수 업쓰며 한 번 연기대는 자신의 속은 백팔십도 변한다고 해도 가연이 아니다."

〈1974년 2월 28일 목요일 낡씨 맑음〉
음력 2月 7日
"날씨 따뜻하고 해서 풀나무 하는 것으로 하로 일과을 보내고 마랐다."
"김천 문제가 말경에 난다고 해서 순석이을 보내 보았든니 사람을 못 만나따고 하면서 그냥 오고 마랐는데 내일 다시 보내바야대갯쓰며 이번에는 무선 수을 쓰더라도 빨리 내는 방됴을 쓰야갯다."

㉁

"월말 총지출금액"
부억 창장값 6,800원, 꽁치값 200원, 전구 담아값 40원, 혜지 디피티 접종값 200원, 김, 차비값 200원, 예비군 수봉값 200원, 혜지 엿 20원, 미원 80원, 비누 100원, 쓰매키리 100원, 동생들과 동천치{기}값 80원, 혜지 과자 40원, 예비군 훌련화 500원, 합승비 50원, 찬기름 짜는 값 100원, 혜지 감기약 300원, 고물상 문제 400원, 감기약 400원, 혜지 과자 40원, 소다 사카링 30원 전기세값 420원, 혜지 과자 50원, 동전치기값 100원, 지서장 전벌금 50원, 쳐 감기

약 300원, 혜지 감기약 200원
計 11,500원

벼 현미 한 쌀 … 5말 6돼

〈1974년 3월 1일 금요일 낡씨 맑음〉

"고물상 문제가 이재야 해결이 대어따. 자신이 알기론 고물상 문제가 해결대고 월요일 날 허가증이 나온다는 말을 들을 때에 그것보다 더 반가운 것은 못 너켜 보았다."

〈1974년 3월 2일 토요일 낡씨 맑음〉

"다른 일도 못하고 물고기 잡우로 친구들과 같서 생각 위에 만이 잡아서 해[회]을 해서 잘 먹으쓰며 하로 일과을 보내고 마랐다."
"고물상 허과가 월요일 난다는데 하로 해가 왜 이래 안 가는가 하고 지업깨만 너켜저며 불과 이일밖에 안 대는 짤번 시간이 왜이래 안 가는가 하고 답답하기만 하구나."

〈1974년 3월 3일 일요일 낡씨 비〉

"새마을창고 짓는 데 부역하는 것으로 하로 일과을 보내고 마랐다."
"가을보리에 논보리는 섭패[습해]가 만아서 보리농사에 큰 피해가 아주 마늘 꺼로 볼며 금년쳐름 추위가 오래가는 해가 잘 업쓸 꺼로 보고 있쓰며 산허리에는 눈등으리가 다 녹지 안코 봄빛한태는 녹지 않을 꺼이다 하는 표정을 지우는 것처름 산허리에는 하야깨 있꾸나."

〈1974년 3월 4일 월요일 낡씨 맑음〉

"금일은 지장만 찍어면 고물상 허가가 나며 자전차점을 할 수 있따고 보았든니 그릇치도 안코 지문검정을 해야 허가가 난다니 또 생각가 틀리며 한 달이란 기간이 흙으야 대니 답답한 시간을 보내개 대으꾸나."
지출에 … (보완과에) 4,500원
점심에 400원, 순석이 500원
국스털 1600원, 차비 260원
혜지 접종 500원, 김 300원
하이타이 250원, (쳐 신) 250원
計 8,400원

〈1974년 3월 5일 화요일 낡씨 비〉

봄이란 표시을 하너라고 보술비가 대지을 촉촉하게 만들고 있는가. 이번 봄비는 보리들에깨는 손에을 보이는 비가 대리라고 생각을 한다. 외냐. 아직 습해가 만아서 김매기도 몾하는 형편에 봄비가 와부치쓰니 보리 습해는 말할 꺼도 업쓰리라고 생각을 하고 있다.

〈1974년 3월 6일 수요일 낡씨 비〉

"비가 안 아도 너무 습파다고 하는데 종일 동안 봄비가 왔쓰니 보리의 습페는 말할 수 업깨쓰며 이제 농업도 일기 변득이 심해서 농사짓는 데 여관 힘이 안 들 꺼수로 내다 보고 있다."
지출에 … 술값 가부시키[추렴]값 80원

〈1974년 3월 7일 목요일 낡씨 비〉

"이 시국에 밤낮 주야로 일을 하여도 살동말동 하는 판국에 매일 휴식밖에 업쓰니 어찌 살개쓰며 자신은 휴식시간 만은 것이 재일 불만이다."

〈1974년 3월 8일 금요일 낡씨 맑음〉

"큰집배 과수나무 전지을 들 해서 자신과 동생과 같치 나무 전지하는 것으로 하로 일과을 보내쓰며 앞푸로 삼일 정도는 해야 안전하게 전지을 할 껏으로 내다보고 있다."
지출에 … 솔, 쓔세미 30원 조카 과자 20원
計 50원

〈1974년 3월 9일 토요일 낡씨 비〉
"봄비 쳐고 너무나 만이 내리서 보리에 제일 큰 피{해}을 줄 껏 갈더며 봄보리 파종할 때도 꼭 대었는데 불필요한 봄비 때문에 아무 것도 못하고 휴식만 길어저고 있쓰며 이번 비만 아니며 과수 전지하는 것으로 금일 과을 보낼 끈대 비 때문에 놀고 마랐꾸나."
지출에 … (한 쌍) 건전지약 150원
혜지 과자 50원
計 200원

〈1974년 3월 10일 일요일 낡씨 맑음〉
"큰집배 과수 전지하는 것으로 하로 일과을 보내고 마랐다."
"보리에 비료거름 한참 주고 있는데 일기변하로 아침으로는 땅이 조금식 을고 있는데 비료거름에 지장이 업쓸란지 몰개꾸나."

〈1974년 3월 11일 월요일 낡씨 눈〉
"칠사년도 순회교육 전반기을 금일 밭는데 일기변화로 무진장으로 틀어쓰며[떨었으며] 교관 말하는 것이 들리도 안너며 시간 가는 것이 지루하기 짝이 업더라. 그리고 금년 한겨울에 이만침 뜰지 않아는데 이번 교육은 점두록 소름 기친 얼굴로 교육일과을 보내고 마랐다."
지출에 … 합승비 50원

〈1974년 3월 12일 화요일 낡씨 눈, 바람〉
"교육에 춥따고 단둘리는 어재보다 아주 단단하게 하여는데 춥기는 어재와 갈더며 교육 밭는데 수라게 바다서 견뒤기가 아주 난 교육을 밭고 마라쓰며 금일 교육은 (병장이) 새마을교육을 四시시간 하고 교관이 사주 경계 료령에 대한 교육을 四시시간을 하무로 전반기 교육을 다 하게 대었다."
"이번 순회교육 전방기는 일기가 악스러서 양일관 교육에 아주 교통스러운 교육이 대고 마랐다."
지출에 … 합승비 100원

〈1974년 3월 13일 수요일 낡씨 맑음〉
풀나무 할려고 예정한 것이 객지 친우 놀로 오는 바람에 풀나무 하로 가지 못하고 술자석으로 하로 해을 보내고 마랐다.
지출에 … 전구담아 30촉 70원

〈1974년 3월 14일 목요일 낡씨 맑음〉
(음력 2月 21日)
(보리에 비료거름 줌)
(땅이 조금식 얼고 있는 땅에 비료거름 줌)
올해 논보리들이 한 군태도 좋은 데 업쓰며 남예 끄도 논보리는 다들 시죽하며 좋다 십픈 대가 업더라. 그리고 오늘로서 논보리에 비료거름을 형과 둘리서 헌치는데 비료거름이 아까운 곳도 있더라.
지출에 … 혜지 과자 20원

〈1974년 3월 15일 금요일 낡씨 흐림〉
"별료 할 일도 업고 논에 두엄 내는 것으로 오전 일과을 보내쓰며 개관지[개간지]에 고추 갈라고 준비하는 것으로 하로 일과을 보내고 마랐다."
지출에 … 비료값, 소금값 1,300원
수입 … 비단 1,600원

〈1974년 3월 16일 토요일 낡씨 흐림, 비〉
"울콩 갈 때에 두엄과 한 벌 갈라서 두어쓰며 이제 콩만 가지고 가서 갈개 대면 끝이 난다."
"장인어른이 언잰가 사람이 삵라가는데 나보다 못한 사람을 보고 살라야지 마음이 편하다는 말씀을 하더라만 나 자신은 이 몸이 부쓰저는 한이 있더라도 위을 보고 살고 십다."
"금년에는 미역이 작년 이때에 비와며[비하면] 반절이나 허르며 저근나[적으나마] 돈이 있따면 사두어따 장사을 해바쓰며 하는 생각이 더는구나."
(작년에 미역 대형이 阡[仟] 원식 하든 미역이 요줌은 400원만 주면 살 수가 있쓰니 싼 이유을 알 수가 업꾸나.{})
지출에 … (미역 3개) 150원

〈1974년 3월 17일 일요일 낡씨 맑음〉
"마을 단이로 버드나무 삼목 萬 주식 심으라는 정부 지시로 우리 마을은 버드나무 심는 작읍으로 금일을 보내개 대어다."

〈1974년 3월 18일 월요일 낡씨 맑음〉
"두엄을 고출 갈 때에 등짐으로 저 내쓰며 인분은 큰집에 고추 갈 때에 우마차로 실어 내는 것으로 하로 일과을 보내개 대어다."
지출에 … 전기세값 445원 혜지 과자 30원
計 475원

〈1974년 3월 19일 화요일 낡씨 맑음〉
"새마을사업으로 공동빨래터 미화작읍을 하는데 부역으로 나와서 시작을 해보니 생각보다 세멘 소모량이 배나 더러가게쓰며 사람의 계산이 일부 틀릴 수가 있지만 이번 계산은 대어보지도 안코 벌로 작업을 시작한 결과가 대어따고 자신은 내다보고 있다."

〈1974년 3월 20일 수요일 낡씨 맑음〉
"복판 논에 우마차로 두엄 실려내는 것으로 일과의 해을 넌기고 마랐다."
"요줌 혜지가 집사람을 넘머나 왜을 먹이고 있꾸나. 한참 혜지한태 시달림을 밖고 있는 것을 볼 때에 저 시달림을 논아서 할 수가 있따면 얼마나 조으리만 그러깨 할 수가 업쓰니 마음만 성급해저는구나. 그리고 아이들이 다들 그러며 키울라고 마음도 내지도 못할 지경이며 여자들은 잘 먹으야 대개따는 너킴이 더는구나."
지출에 … 김값 220원

〈1974년 3월 21일 목요일 낡씨 비, 눈〉
"금일이 (민진이) 돌이라서 집사람과 민진이 옷이라도 한 벌 사주자고 이야기을 나누다 감소하게 하자 하는 의견으로 부주로 500원을 하고 마라따만 저건아 돈이 있쓰며 잘해주어쓰며 하는 생각 십사리 살라저지을 안는구나."
"일기 변득서러서 고추 두엄을 내다 휴식을 하고 마랐지만 일기가 너무나 변득서러 사람들이 생왜을 먹깨구나. 왜냐하면 바람 안불며 (비 오지) 이른 현상으로 일기변화가 대어가니 사람의 건강에도 해가 만을 껏으로 보고 있다."
지출에 … 혜지 과자 20원
민진이 돌 500원
計 520원

〈1974년 3월 22일 금요일 낡씨 맑음〉
"이번 날씨가 겨울날처름 새찬 바람으로 아

무 일도 못하고 마랐다."
고물상 문제는 이 주 안으로 지문검정이 나온다더니 이때까지 아무 소식도 업쓰니 답답하기 짝이 업꾸나.
지출에 … (혜지 과자값) 40원

〈1974년 3월 23일 토요일 낡씨 맑음〉
"새마을창고 질라고 모래을 우마차로 실려논 것이 못 걸로사업[근로사업] 장소에 두어서 모래을 치야 주야만 사업을 하기 때문에 동민이 나와서 부역으로 모래을 다시 인기는데 노동이 만이 들 뿐 아니라 한 번 생각을 못하는 바람에 경비가 만이 들개대는구나."
지출에 … 합승비값 120원 미원 90원
計 210원

〈1974년 3월 24일 일요일 낡씨 맑음〉
"보리논에 김매기을 하는데 일기가 습한 때문에 그른지는 몰라도 지섬이 아주 만아서 김매기가 힘이 들며 우선 바서는 보리도 댈 껏 같치 보이지도 안더라."
"엣날 사람들은 그 만은 아들을 어떠깨 다 키우는지 놀라우며 옛날 어머니와 현재의 어머니가 뜰리서 그른지는 몰라도 우리는 겨우 딸 하나을 보채는데 못 이겨 하루에 수십 번 업쌔고 십픈 마음이더니 아무리 생각을 해도 옛날 어머니와 현재의 어머니는 뜰리는가바."

〈1974년 3월 25일 월요일 낡씨 맑음〉
"김매기을 하는데 땅이 보슬보슬한 감이 있쓰서 보리논 김매기는 안성맏춤인대 일기 상태가 고루지을 않으니 김매기을 하면서도 이그 다시 김매기을 하게 하지 하는 생각이 들며 다시 매게 댈까바 극정이 대는구나."
"혜지가 너무나 보채서 남양분유을 사용하니까 밤잠자리에는 아주 편게 자며 돈이 저건아 있따면 분유을 개속 대어서 잠자리을 편하게 할 수 있쓸 탠대 분유값이 넘어나 비싸서 개속 대기가 어렵따고 보고 있다."
지출에 … 남양분유값 550원
첫병[젖병] 100원 설탕 130원
計 780원

〈1974년 3월 26일 화요일 낡씨 맑음〉
"국수털 빗시 업쓰서 김천에는 멧 번 다니바도 업고 해서 금일은 빗 사로 대구행 동차에 몸을 실고 보니 정말 열차손님 만더라. 그전에는 보며 자석이 남아돌라가는데 유로파동으로 뻐스비가 크개 인상대는 바람에 열차손님이 배로 너러낫따고 해도 가연이 아니다. 그리고 빗을 사와서 보니 빗치 잘 맡지 안아서 국수가 재대로 안 나올 끝 {같}터며 이그 보통일이 아니구나."
지출에 … 국수 빛 700원 껌 20원
열차비값 260원
計 980원

〈1974년 3월 27일 수요일 낡씨 맑음〉
"새 빛을 갈라서 시범으로 우리 국수을 빼보니 깨껏이 나오지을 안어며 남의 국수는 빼줄 수가 업따고 생각을 하고 있따. 처음 국수털을 살 때에 이러깨 뒤돈이 들어가는 줄 알라따면 국수털을 살라고 마음도 안 먹어슬 껏이며 처음 국수털을 할 때는 밑천이 들어가지을 안코 오래두록 사용하는 줄 알라더니 그러치 않코 국수을 잘 빼라고 들며 일 년에 한 개식을 갈라야 잘 나올 태니 국수털 산 것이 큰 오산이 대고 마라꾸나."
"비가 올 뜻하면서 오지 않는 것을 보니 뽀들[보들139)] 보리농사는 좀 대리라고 생각을 한다."

〈1974년 3월 28일 목요일 낡씨 맑음〉
"국수가 맑개 나오지는 안치만 벽돌 뒤딘다고 빼 달라고 해서 허마게 나와도 빼 주고 마랐다. 그리고 새마을창고 짓는다고 부역을 하는데 경비가 만이 나는 한이 이더라도 창고을 안전하게 업자들에깨 내주어야 일을 안전하게 할 수 있따고 보고 있따. 왜냐하면 부역을 나와서 부룩꾸을 찍어내 보니 일이 하기 실을 때는 세멘 배압이 아주 억망으로 하기 때문에 부록구들이 재대로 나오지 안키 때문에 집 수명이 아주 짤바절끄수로 보고 있다."
수입 … 240원

〈1974년 3월 29일 금요일 낡씨 맑음〉
(음력 3月 7日)
(황 四말, 물+六말 과수에 사표함)
"과수나무에 황 속독[소독]을 동생과 가치 하는데 오전에 낡씨가 잔잔해서 속독을 알더리 잘 하여는데 오후에는 새찬 바람 때문에 올깨 하지도 못하고 약 소모도 만이 시키따고 생각을 한다."
"고물상 지문검정이 나올 때가 꼭 대어따고 보는데 아직 나오지 안꼬 조용하니 궁금하기 짝이 업꾸나."

〈1974년 3월 30일 토요일 낡씨 흐림, 비〉
"새마을창고 짓는 데 부역을 하는데 불만이 만더라. 그리고 부역이 소 업는 사람들만 부룩구 빼는 데만 사용을 해서 매일 부역을 하다시피 하니까 불만이 더 있는 것 같더라."
"이번 비가 시작한 짐에 좀 와쓰며 하는 생각 간절하더니 그저 풀잎에 이슬 메칠 정도로 껏치고 마라쓰니 보리에깨 비가 더 완온 것이 불만스럽꾸나."
지출에 … 형 담배값 100원

〈1974년 3월 31일 일요일 낡씨 비〉
음력 3月 8日
"자신이 할 일도 별료 업고 해서 돈 버는 걸로사업 대리로 나가서 하로 일당을 벌개 대어쓰며 일기가 고루지 못하고 도중에 비가 소낙비쳐름 한참 오길에 일도 다 못하고 중간에서 작업이 중지댈까바 극정이 좀 데니 돈 버는 일이라서 끝까지 하고 마랐다."
(종화 대리 함)
'보리에깨는 아직 비가 아주 모자라고 있다.'
지출에 … 띠밥값 50원 사가링 30원
計 80원

"월말 총지출금액"
보안과에 4,500원, 점심에 400원, 순석이 500원, 국수틀 수리비값 1,600원, 열차비 260원, 혜지 접종 500원, 김값 300원, 하이타이 250원, 쳐 신 250원, 술값 80원, 쓔세미 30원, 조카 과자 20원, 건전지 한 쌍 150원, 혜지 과자 50원, 합승비 50원, 합승비 100원, 전구담아 30촉 70원, 혜지 과자 20원, 비료값, 소금값 1,300원, 미역 3개 150원, 전기세값 445원, 혜지 과자 30원, 김값

139) 보 주변에 있는 들을 가리켜 부르는 이름이다.

220원, 혜지 과자 20원, 민진이 돌 500원, 합승비 120원, 미원 90원, 혜지 과자 40원, 남양분유값 550원, 췻병 100원, 설탕값 130원 국수 빛 700원, 껌 20원, 열차비 260원, 형 담배값 100원, 띠밥값 50원, 사가링 30원, 총지출금액 14,035원
"수입금액에" 비단값 2800 국수 240원
計 3040원

〈1974년 4월 1일 월요일 낡씨 흐림〉
"내일이 장모 생신날이라서 쳐을 친정에 보낼라고 대신고기집배을 가니 고기라고는 하나도 업쓰서 아포까지 가서 돼지고기 (두 斤)을 사고 (조기 大) 한 마리을 사서 친정에을 보내고 마랐다. 자신이 삶의 기반만 잡아따고 해도 할마씨 먹음직한 것을 품짐하게 해서 친정을 보낼 낀대 삶의 극정 때문에 만이 하지 못한 대 대에서 재서렵꾸나."
"세멘 한 표로 세수할 때와 더럭을 한 벌 바른 것으로 하로 일과을 보내고 마랐다."
지출에 … 돼지고기 900원, 쬬기 300원
세멘 한 포 550원, 합승비 150원, 혜지 이발비 100원
計 2,000원

〈1974년 4월 2일 화요일 낡씨 맑음, 바람〉
"걸로사업을 하면서 생각을 할 때에 답답하기 짝이 업더라. 생의 밑바닥에서 생의 고도로 이끄러 올려 살라갈 꺼을 생각을 하니 까마닥한 것 같고 정말 힘 업쓰서 아무 일도 못하게더라."
(작동, 김학대, 대리 함)
〈한 단지 모팡용 비료 밑천값 339원〉
지출에 … 모판용 비료값 339원

〈1974년 4월 3일 수요일 낡씨 맑음〉
음력 3月 11日
〈복판 논에 씬나락을 오늘로서 물래 단굼〉
"봉리 형님 벽돌 빼달라고 해서 점두록 벽돌 두리가 빼내는데 힘도 만이 들지만 일그리 바서 일을 만이 한 셈이다."
〈 {()〈벼씨 6돼〉 시장에 시까로)
{()(일반 840원) 한 단지의 밑천 경비) 〉
지출에 … 합승비 90원 쳐과에 과자 200원
計 290원
수입 … (쳐제 돈) 10,000

〈1974년 4월 4일 목요일 낡씨 맑음〉
"보리논 김매기 하로 갈려고 예정했는데 걸로사업 하는데 사람이 들 나와따고 하면서 나오라고 해서 돈 버는 것으로 하로 일과을 보내고 마랐다."
(작동, 김학대)
수입에 … (노임) 740원

〈1974년 4월 5일 금요일 낡씨 맑음〉
"보리밭 김매기을 하는데 김매기는 좋은데 보리들이 좋치을 안아서 보리에깨 예착한 마음도 들지 안더라. 그리고 모재리 골주장만하라고 담당직원이 동내 옘퓨을 통예서 매일 이야기하는 것을 안 알 수도 업고 해서 부리야 부리야 하니리고 오늘 힘이 만이 들어다."
지출에 … 통 900원 쬬기 150원
명태 130원 멸치 100원
감자 250
計 1,530원

〈1974년 4월 6일 토요일 낡씨 맑음〉
오늘이 예비군 창설기념일이라서 식을 올

리고 대통령 하사품이라고 (과자) 한 봉이 라고 어들 줄 알라더니 금년부터 행사 기념 품은 일절 업쌔따면서 아무 것 주지 않코 행사도 하지 않코 무이미하게 기념일날을 보내게 대어쓰며 한편으로는 낭비을 업쌔 기 위에서 잘했따고는 생각이 들지만 또 한 편으로는 아무 것도 업고 그저 같따 오니까 허전하기 짝이 업더라.

한 단지 모재리 새키값 집 5단 … 35원

지출에 … 친구와 술값 160원

〈1974년 4월 7일 일요일 낡씨 비〉

이번 비야말로 밭보리에깨는 아주 잘 았쓰며 보리한태도 풍부한 비가 대어쓰며 이번 비가 아니며 하로 하로 갈수록 보리 감수는 말할 수 업쓸 땐대 이번 비가 보리을 살린 샘이 대는구나.

그리고 비오는 바람에 아무 일도 못하고 모판용 새키 꼬는 것으로 하로 일과을 보내개 대어따.

〈모판용 새키 집 4단. 가격을 천다면 28원.〉

〈1974년 4월 8일 월요일 낡씨 맑음〉

금일은 동생들과 과수에 비료거름을 주었쓰며 정부에서 비료거름을 계속 이른 상대로 배정한다면 과수업자들은 비료거름이 적을 뿐 아니라 비료거름을 특히 적기에 비료거름을 못해서도 못 했먹을 지경이 대고 말지 않을까 염려서러으며 농민들을 살리게 할려면 비료 배정이 빨라야 하고 비료거름이 풍부해야 한다고 자신은 생각을 하고 있다.

지출에 … 고물상 문제로 담배값 1,000
혜지 돌에 돼지고기 600
경비 200
計 1,800

〈1974년 4월 9일 화요일 낡씨 맑음〉

"정부에서 공동모판을 장래하고 농촌지도소와 면사모소 직은이 나와서 공동모판 하라고 못 살게 하니까 동민들이 어짤 수 업시 전부가 공동모판을 다 했찌만 자신이 생각을 해볼 때에는 통일모가 연예서 수송을 하기 때문에 자신은 장점보다 단점이 만을 것으로 보고 있는데 지도소에서 이유 업시 하려니까 자신도 한 단지 했찌만 왜부에서 보기 좋게 할려고 고속도로 주위에 할려고 예을 쓰지 말고 구석, 구석이 보원모판을 하는가 하고 신경을 더 쓰주어쓰며 하는 생각이 더 대는구나.

그리고 금일이 혜지 돌인대 아무 것도 엄식이라고는 한 가지도 않했는데 혜지 왜할머니가 반지, 반 돈짜리와 모든 것을 만이 했서 가지고 았는데 혜지 돌이라고 한 가지도 준비도 업시 혜지 할머니을 마지하게 대어서 미안하기 짝이 업더라."

수입 … 혜지 돌값 950원

〈1974년 4월 9일 수요일 낡씨 맑음〉

"형과 둘리서 통일벼 모판 준비한다고 하로 일과을 보내고 마랐다."

지출에 … 전구닦아 5촉 40원

〈1974년 4월 10일 목요일 낡씨 맑음〉

"오늘로서 보원모판 골주을 안전이 손질을 했두어쓰며 이재 골주을 꼽아서 비누류을 체게 대면 모판일은 끝이 나는 셈이 댄다. 그리고 감자와 울콩을 전부 씨뿌림을 하고 마랐다."

지출에 … 혜지 할머니 합승비 40원
〃 〃 차 멀미약 100원
計 140원

〈1974년 4월 11일 금요일 낡씨 흐림〉

"경희내 모판에 비누류 씨는 것으로 하로 일과을 보내쓰며 모판을 四자 반을 하기 때문에 모판에 피사리하기가 아주 안 대키로 보고 있다."

지출에 … 혜지 과자 20원

〈1974년 4월 12일 토요일 낡씨 비〉

"우리 형제 둘이 들까지 六 마지기 모판을 안전이 해서 비누류까지 씨어서 안전이 손질을 다 하니 12시 30분이 대더라. 이 모판을 생각보다 아죽 일적 맡친 셈이 대더라."

〈1974년 4월 13일 일요일 낡씨 맑음〉

"동생들과 복판에 보원모판을 안전이 하여쓰며 남들은 모판에 모래을 조금씩 쳐가지고 하엿는데 자신은 모래도 쳐지 안코 그냥 해버리고 마랐는데 어떠개 댈란지 알 수가 업꾸나."

지출에 … (동생들 술값) 80원

〈1974년 4월 14일 월요일 낡씨 맑음〉

"복판 논에 두엄 까는 거와 보리논에 김매기 작읍으로 하로 일과을 보내고 마랐다."

"자두꽃이 만발해서 사람의 시선을 이끌고 있쓰며 저 꽃들이 시들지 안코 언재나 향기을 픈이 준다면 사람은 늙지 안으리라."

〈1974년 4월 16일 화요일 낡씨 맑음〉

"큰집배 보리밭태 김매기을 하는데 개버리[개보리]가 하도 만아서 김매기가 더뒤며 김매기로 하로 일과을 보내고 마랐다."

지출에 … 비누 100원
〈순석이 개 홍역값〉 1,200원
고물상 문재로 300원
計 1,600원

〈1974년 4월 17일 수요일 낡씨 맑음〉

"고물상 문제로 자신이 보안까에 가서 집적 해결을 볼라고 이야기을 하니까 보안까에서는 수라개 이야기을 하며 현 사회에서 돈이 들어간다고 이야기을 하여서 처음 부탁한 사람의 돈 준 것을 30,000원[3,000] 차저서 고물상 허가 죠로 보안까에 30,000원 지불하여쓰며 이번 허가는 10日 안우로 허가 난다고 이야기을 하는데 이제는 나개찌하는 생각이 반 마음이 들고 있는데 나는 그날까지 한 번 더 기다리 보자."

지출에 … 열차비 30원 합승비값 170원
국수 깔 3,500원
보안과에 3,000원 설탕 140원
펜촉 30원 전기요금값 445원
計 7,315원

〈1974년 4월 18일 목요일 낡씨 맑음〉

"금일은 위우지에 지붕 개조하는 데 일 좀 그들어 주는 일과로 하로 해을 보내개 대어쓰며 집을 안전이 개조을 하면서 한 구석에 있쓰서 집이 보이지을 안는 것 같다."

지출에 … 허과 문제로 차비 120원
천연두 접종에 차비 140원
計 260원

〈1974년 4월 19일 금요일 낡씨 맑음〉

"국수털 깔을 사가지고 국수을 처음 빼보니 아주 잘 나오며 국수가 대어 나오는 것이 신기하며 사람이 무선 일을 해도 결과가 국수 대는 것처름 댄다면 늙지 않으리라."

"보원모판 한 것이 모씨가 잘 안 쓰까바 극정

이 좀 대더니 우선에는 씨가 아주 잘 나서 신기한 기뿐으로 금일 해을 보내개 대어다."

〈1974년 4월 20일 토요일 낡씨 비〉
"친구 집 부친 제사라서 점두록 심부름 해주는 것으로 하로 일과가 저물고 마랐다."
지출에 … 비료값 570원

〈1974년 4월 21일 일요일 낡씨 비〉
보물[보들] 보리논에는 비가 자주 와서 보리들이 황병이 들어서 누르게 물들고 있는 것을 보니 올해는 보리농사을 잘 짓끼는 어룹따고 보고 있다.
지출에 … 집사람 치솔값 60원

〈1974년 4월 22일 월요일 낡씨 흐림〉
"고물상 허과가 나면 집이라도 짓을라고 벽돌을 형제관키리 빼다 오후 한때 비 온다고 해서 빼지 안코 휴식을 했던니 비는 오지 않코 바람만 일고 있는데 휴식 일과로 해을 넌기개 대어서 아까운 시간을 보냇따고 생각을 하고 있다."
지출에 … (조카 과자) 30원
수입 … 1,640원 걸로사읍비

〈1974년 4월 23일 화요일 낡씨 맑음〉
"고물상 허과가 나면 집을 짓을 벽돌을 오늘로서 안전이 다 패서면 벽돌 작읍은 안전이 끝이 낮다. 그리고 벽돌 빼고 있는데 신원조예 낮따고 해서 와 보니 아포지서에서 나왔더라. 그래서 술로 대집을 하고 잘 바달라고 3,000원 주고 마랐다."
지출에 … 맥주값 1,140원 벽돌 빼는데
과자 100원 신원조예 3,000원
計 4,240원

수입에 … 국수값 200원

〈1974년 4월 24일 수요일 낡씨 비〉
"골래[골에] 들거름 하는 것으로 하로 일과을 보내쓰며 금일만 비가 안 아따면 벽돌에 비 안 맡추고 안전무결하계 다 치울 탠대 비가 와서 덥지도 안아쓰며 벽돌 일에 하로 한 것은 허사가 대지 안을까 하고 염려가 크구나."

〈1974년 4월 25일 목요일 낡씨 흐림〉
"새마을창고 짓는 데 부역을 했쓰며 어재 비 올 때 바서는 벽돌을 하나도 못 쓸 줄 알랐는데 금일 벽돌 시우로 가니 벽돌에는 별로 피해을 보지 안아쓰며 앞푸로 비만 오지 안는다면 안전하게 손질을 할 수가 있따고 보고 있다."

〈1974년 4월 26일 금요일 낡씨 흐림〉
"일기가 변득서러어 형과 둘리서 벽돌을 안전이 이동을 시키는데 힘이 무진장으로 힘이 들어쓰며 해필 고비에 벽돌을 빼서 일도 만을 뿐 아니라 우예일 개속하고 있구나."
지출에 … 혜지 과자 40원

〈1974년 4월 27일 토요일 낡씨 맑음〉
"고물상 문제로 경찰서에 가보니 아직 허가는 나지 안아서며 수일 내로 댄다면서 이야기을 하길에 그만 내리오고 마랐다. 그리고 먼저는 현장조예 나왔쓰며 이번에는 신원조예 나왔따고 하면서 아포지서에서 나왔서 조예을 했같는데 이재는 끝이 난 것인가 몰개꾸나."
지출에 … 열차비 60원, 술값 80원
計 140원

〈1974년 4월 28일 일요일 낡씨 비〉
순석이와 과수 밑태 풀 재거하는 것으로 일과을 보내쓰며 피로 업는 비가 자주 와서 논보리들은 아주 쓰리만 나고 밭보리들은 우선 바서 이 년 농사을 짓어 낯따고 해도 가연이 아니다.
"그리고 그 만뜬 (젖시) 아주 한 방울도 안 나고 있쓰니 겨우 돌 지난 것을 마음껏 젖도 먹이지 못하는가 하고 생각을 할수록 아치라우며 임신을 빨리 시키는 것도 한참 자라고 있는 아이예깨는 영향이 을마나 크개 따는 것을 상상도 못할 지경으로 해가 대지 안나 내다보고 있다."
"개다리 한쪽을 싸서 형과 동생 셋이 먹어니까 잘 먹깨더라."
지출에 … 대수꾸리 180원
개 · 다리 800원
計 980원

〈1974년 4월 29일 월요일 낡씨 흐림〉
"친구가 교통사고로 영창생할을 하고 있는 친구에깨 면외 가는 것으로 하로 일과을 보내쓰며 면왜을 하는데 막상 면왜장에 탁 만나니까 할 말도 업고 그저 얼굴만 보는 것으로 면왜가 끝이 낮쓰며 면왜가 무이미하기 그지 업꾸나."
지출에 … (시간이 업쓰서 택시값) 260원
(봄 잠바) 2,000원 (재왕군인[재향군인] 가입금) 100
計 2,360원

〈1974년 4월 30일 화요일 낡씨 흐림〉
음력 4月 9日
"오늘로서 벽돌 손질에는 안전이 끝을 냇쓰며 벽돌 손질에 왜로가 아주 만원 일과을 보냇다."
"금년에는 어떠한 일이 있쓰도 남왜 일은 안을라고 결심을 했는데 금년에 또 경희내 일을 하게 대어쓰며 금일 경희내 들거름을 하여쓰며 들거름을 하면서 사람이 이러깨 안 살며 못 사나 하고 성화가 나더라."
지출에 … 콩기름 200원 미원 90원
計 290원

(월말 총지출금액)
計 24,284원

"월말 총수입금액"
計 13,530원

〈1974년 5월 1일 수요일 낡씨 맑음〉
"이번 비에 물고기가 만이 올라왔는 줄 알고 동생과 둘이 고기 잡어로 같든니 고기도 잡도 못하고 예만 먹고 마랐다."
김천 보안과에서 허과는 수일 내로 난다고 이야기하든니 아직까지 아무 소식이 업쓰니 이거 어떠개 돌라가는 영문지 알 수가 업꾸나.
지출에 … 혜지 과자 10원

〈1974년 5월 2일 목요일 낡씨 맑음〉
"복판 논을 한 벌 갈라업는데 별료 휴식시간도 만이 하지도 안아는데 종일 걸리며 휴식을 만이 했더라면 저물두록 한 단지을 갈개더라."
고물상 허과가 내일도 아무 소식이 업쓰며 보안까에 한 번 더 차저가바야 대개쓰며 왜 일이 순수하게 대지 않코 까다려어저고 있는가 영문을 몰개꾸나.
지출에 … (사까링) 20원

〈1974년 5월 3일 금요일 낡씨 맑음〉

"모판에 비누류 벗킴"

"김천경찰서예서 허가 낫따고 통지서가 왔더라. 그 통지서을 바꼬도 이것이 정말 낫는가 하고 의심이 들 정도며 허가에 너머나 예을 먹으키 때문에 허가가 낫따고 해도 마음이 그저 벙벙하기만 하는구나."

"보원모판에 비누류을 금일 버키라고 담당 직원이 이야기을 하길에 비누류을 일적 벗키고 마랐는데 요줌 일기로 바서는 냉해가 오카바 극정이 대며 벗키지 않코 있는 것이 잘 하는지 알 수가 업꾸나."

지출에 … (동생 소풍가는 데) 200원
조카 소풍가는 데 100원
計 300원

〈1974년 5월 4일 토요일 낡씨 맑음〉

"오늘로서 고물상 허가을 김천경찰서에 차저았다. 이 허가증을 손에 들고 보니 이제 사업을 해도 대니까 마음이 던던한 감이 더는구나."

지출에 … 열차비 30원 고물상협혜 가입비 5,000원 면허세 400원 혜지 모자 250원 혜지 신 350원 모자 250원 꽁치 200원 합승비값 60원
計 6,540원

수입 … 국수값 320원 노임 800
計 1,120원

〈1974년 5월 5일 일요일 낡씨 맑음〉

"통일벼씨 모판에 올해는 유득서리 피가 만이 낫서 피을 뽑는데 힘이 만이 들어쓰며 이 피을 다 못 뽑지 하는 생각까지 들더라."

"허가가 나니 연장 살 돈이 업쓰서 일을 못하고 있쓰니 이 심정 다 타며 이 큰 동내에 돈이 업쓰서 쩔쩔매고 있는 판이니 이그 보통일이 아니며 통일벼 농사을 짓고는 더 돈이 기한 판인가. 그 전예 바서는 돈이 평등하게 돈이 있는 것 같든데 통일벼을 하니까 수매을 다 해서 돈을 일적 쓰버리서 그른지 돈을 만저보고 줄라고 해도 돈이 업쓰니 어떠게 해서 돈이 기한지 알 수가 업꾸나."

지출에 … 혜지 과자 40원

〈1974년 5월 6일 월요일 낡씨 맑음〉

"오늘로서 새마을창고 짓는 데 마지막 부역으로 하로 일과을 보내고 마랐다."

"내가 살매 주위가 있코 내가 못 살며 주위도 업따."

〈1974년 5월 7일 화요일 낡씨 흐림〉

"공구 살 돈 구화로 김천으로 선둘 동서 집부로 종일 튀어다니 바도 돈 한 푼 못 구하게쓰며 허가 대면 바로 일 시작할 줄 알라든니 돈이 업쓰서 일 못하게꾸나."

지출에 … 열차비값 30원 현자 모자 교한에 150원 뻐스비값 2인 120원 선둘 동서 집에 140원
計 440원

〈1974년 5월 8일 수요일 낡씨 비〉

(모판용 비료량) 1돼 반

"모판에 오늘로서 웃거름을 한 대 반 정{도}로 하여쓰며 이번 비가 오기는 잘 오는데 곱깨만 온다면 수학 면으로 바서도 아주 좋은 비가 대며 이 비가 만약에 어새개[억세게] 온다면 안 오는 것만 못하리라."

지출에 … (전구담아 5촉) 40원

〈1974년 5월 9일 목요일 낡씨 흐림〉

"동생과 둘리서 큰집배 참외 모종을 온상에서 이식시키는 일을 해쓰며 참외도 밭태 시값씨을 뿌리서 하지 말고 힘이 들더래도 봉지을 만들어서 온상을 하게 대며 씨값씨도 잘 쓸 뿐 아니라 씨값씨 새우는 데는 극정을 안 외도 댈 꺼 같더며 참외농사을 지을라면 온상재배을 하여야 대개따고 생각을 하고 있다."

〈1974년 5월 10일 금요일 낡씨 맑음〉
(쌀 현미 한 것 五말 五돼)
(모판에 피 뽑는 작업을 하는 것으로 하로 일과을 보내개 대어다.)
"선둘 동세한때 오늘까지 돈이 댈련지 기다리 보라고 하였는데 돈이 댈련지 궁금하구나."

〈1974년 5월 11일 토요일 낡씨 맑음〉
사방사업으로 돈 버러서 예비군 중대본부 짓는다고 우리 마을 예비군이 동촌 뒤산에 사방을 하는데 책임자도 업고 십장도 업쓰서 비료와 씨값씨만 그저 낭비을 하고 마랐다. 우리 마을 예비군이 비료 낭비만 해버린 것이 상당이 만원데 이포[아포] 이 개 중대가 비료 낭비을 전부 시킨다면 어마어마한 수자가 댈 끄시며 정부에서 일하는 것이 요론 면에서는 너무나 계핵성 업개 일을 하고 있따는 생각을 하고 있다.

〈1974년 5월 12일 일요일 낡씨 맑음〉
"논보리 골래 지섬이 넘어 만아서 꼴꾼이 들어가서 보리까지 했치까바 갱이로 매는 자급으로 하로 일과을 보냇다."
"나 자신원 돈을 구할 수 업쓰니 나 자신이 할려고 더는 사업이 명랑해저가는구나."

〈1974년 5월 13일 월요일 낡씨 흐림〉
"보원절충 모판에 피가 만아서 피 뽑는 일과로 하로 해을 보내고 마랐다."
"나락 장래[장리(長利)]을 쓸라고 생각을 하니 기관도 얼마 대지 않코 가을 시세가 오러개 대면 돈 장래 쓰는 것보다 배을 물개 대기 때문에 돈 장래을 쓸라고 하니까 힘이 만이 들 뿐 아니라 못 구할 형편에 노여 있꾸나."
(벼, 일반벼는 가을 시세가 斤당 85원 내지 90원 내다보고 있다.)

〈1974년 5월 14일 화요일 낡씨 비〉
금일 비 오는 것을 보니 보리가 한 개도 업시 다들 쓰러 누필 줄 알라든니 보리들이 넘어나 싱싱해서 그른지는 몰라도 별로 쓰러저지도 안코 넘넘한 모섭으로 쓰 있꾸나.
지출에 … 혜지 과자 40원
전기담아 60촉 70원
計 110원

〈1974년 5월 15일 수요일 낡씨 맑음〉
봉답 모재리 하는 것으로 일과을 보내쓰며 자신원 대신역에 다니는 사람이 돈 장래을 준다기에 어뒨가 모러개 반 마음이라도 가진는데 이재는 아주 절망을 주고 있꾸나. 자신이 밑든 곳이 냉장고 살라고 못 준다고 하니 이재는 손해가 가는 한이 있쓰도 장래 박에 업꾸나.
지출에 … 전기세 580원

〈1974년 5월 16일 목요일 낡씨 맑음〉
"고추 김매기에 시간을 보내쓰며 금일 쳐과 친정에 아버지 지사날이 내일이라서 갈는데 친정에서 돈을 좀 돌리서 오개 대면 자신의 형편이 좀 피개는데 친정에도 돈이 업쓰서 못 돌리개 대면 나락 장내로 들어가야지 할 수 업다."
지출에 … 합승비 40원 과자 160원
計 200원

〈1974년 5월 17일 금요일 낡씨 흐림〉
"금일 장인어른 날지사라서 가 보았든니 우리는 미듬이 업는 사람이라서 그른지는 몰라도 날지사왜 처남은 들래 다니는 것을 보니 남왜[남의] 사위지만 서운한 감이 들더라. 왜냐하면 아무리 교인이라 하지만 부모가 별세하고 첮 지사왜 자식의 도리로서 어이 서운한 감이 업쓸까. 정말 교인이라 사람은 다들 그른가 그 어인[원인]을 알고 십프며 주위의 사람들도 그 뜻을 멀리들 하는 것 같더며 딸자식들은 처남을 헐펏는 하로의 일과가 대버리꾸나."
지출에 … 합승비값 40원

〈1974년 5월 18일 토요일 낡씨 비〉
"장인어른 삼오[삼우(三虞)] 날인데 부친 상복을 입은 간개로 장인 산소에 가지도 안코 삼오을 보내개 대어쓰며 부친 상복을 벗개 대면 산소을 차저가서 인사을 드릴 예정이다."
지출에 … 합승비값 40원

〈1974년 5월 19일 일요일 낡씨 비〉
"복판 보원모판에 비료거름이 적을 껏 같다서 금일 비료거름을 1돼 반을 더 하였다."
"복판 논에 건살미 놏는 것으로 하로 일과가 대어쓰며 감자와 울콩 웃그름을 하여는데 비가 넘어나 만이 와서 거름 소암[효험]이 적개 나지나 않을까 염려가 대는구나."
"필료 업는 비가 자꾸만 내리고 있쓰서 보리들은 실타고 고개을 수기다 참지 못하고 땅에 딱 누코 말더라. 정말 이 비가 보리수학만 감수을 시키고 있꾸나."
지출에 … 혜지 · 설탕 · 150원

〈1974년 5월 20일 월요일 낡씨 비, 개임〉
이번 비가 정말 만이 왔쓰며 보리들예깨 아주 나쁜 비가 대어쓰며 우선에 바서는 보리들이 풍작이라고 보고 있는데 나먼 시일이 보리들예깨 좋은 날씨가 댄다면 풍작이라고 해도 가연 아니다.
〈선둘 동서한태서 (돈 장래 年 四부로) 20,000원〉
지출에 … 합승비 40원 사이다 50원
사탕 150원
計 240원

〈1974년 5월 21일 화요일 낡씨 맑음〉
보온모판에 피 뽑는 것으로 하로 일과을 보냇다. 오늘날까지 피와 반동사이 그러깨 만은 모판은 안 바쓰며 점두록 뽑아야 겨우 한 판을 뽑개 대니 피 뽑기도 급이 날 정{도}다.

〈1974년 5월 22일 수요일 낡씨 개임〉
"복판에 모재리는 피살리을 약 80푸로는 뽑아따고 생각을 한다."
처과 임신 중이라서 젖이 한 방울도 나지 않는 젖을 매일 빨며 예을 먹고 있는 혜지가 왜돌버며 자식을 키울라면 터울을 더물개 두어야 부모가 수라고 크는 아이도 건강을 재대로 가지고 자라개따고 생각을 한다.

〈1974년 5월 23일 목요일 낡씨 맑음〉

(복판 모재리 약 25cc 살표함)
"고동모판[공동모판]에 약 살표하두록 기다리따가 모판에 약 시기 노칠 껏 같다서 그만 보온모판에 금일 물 한 말래 (약 25cc)로 약 살표하고 마랐다."

〈1974년 5월 24일 금요일 낢씨 맑음〉
"금일은 온 식구가 복숭 락화 작읍을 해쓰며 과실을 보니 락화 작읍은 만이 너전 감이 들며 금년에는 열매가 적으서 락화 작읍은 좀 수라구나."
지출에 … 마당비 70원
개량 모줄 (한 조에) 130원
計 200원

〈1974년 5월 25일 토요일 낢씨 비〉
"들판에 물이 업쓰서 보꾼이 다들 나가서 물 막아 너쓰며 오늘로서 과실 락화 작업은 끝을 냇다."
(순기가 말해서 돈 장래 年 參부로 一金 五萬 원을 씀)

〈1974년 5월 26일 일요일〉
금일은 부속품과 기구 사는 데 그진 일과을 보내쓰며 그리고 우리 형제관키리 과수에 약 살표하는 것으로 하로 일과을 보내고 마랐다.
지출에 … 물건값 12,480원, 기구값 11,080원 합승비값 120원
자급복값 1500원
計 25,180원
수입 … 국수값 150원

〈1974년 5월 27일 월요일 낢씨 맑음〉
"상점 볼 때을 대강 수리을 하여쓰며 내일은 차력[찰흙]으로 밑바닥을 한 벌 발라서 다위만 만들며 자급을 할 수가 있깨 만들어 노았다."
지출에 … 합승비값 120원 못 100원 알라지 150원 술값 80원 하더 40원 송판값 1,310원 집세값 1,500원 구리서[윤활유(grease)] 200원 혜지과자 100원
計 3600원

〈1974년 5월 28일 화요일 낢씨 맑음〉
상점 볼 때에 송판으로 다위 만더는 것으로 하로 일과을 보내며 이 사업이 잘 대갯는가 하고 물련 사람이 있쓸 때는 자신이 더 극정이 대는구나. 왜냐하면 나 자신도 별료 장사는 안 댈 줄 알면서 시작을 하고 있찌만 일 년예 10,000만 원 바야 나 자신이 살라가는 데 수라지 그러치 안너면 왜료가 만을 껏이다.

〈1974년 5월 29일 수요일 낢씨 흐림〉
"모내기 할려고 복판 논에 논 훌기는 것으로 하로 해을 보내쓰며 한 단지을 오전에 다 훌기갯더라."
"상점은 우리 모내기을 하고 난 뒤에 시작을 하여야갯다."

〈1974년 5월 30일 목요일 낢씨 맑음〉
"과수 밑태 잡초 제거하는 데 하로 일과을 보내고 마랐다."
"앞푸론 상인들이 농약 치급하는 사람들은 장사가 댈 수도 업쓸 뿐 아니라 문을 다다야 댈 껏 같꾸나. 왜냐하면 작년만 해도 농약 지급하는 것이 상인들 뒤만 딸터니 금년에는 아주 서들어서 마을마다 배달해 주고

있쓰며 외상까지 지급을 해주고 있쓰니 어찌 상인들이 장사과 댈 수가 있나."

〈1974년 5월 31일 금요일 낡씨 맑음〉

모내기 할려고 모판에 피살리을 대강 손질을 매덥짓고 이왕 하면 반농사는 짓어따고 해도 가연이 아니다.

"혜지 때문에 큰일이다. 왜냐하면 젓시 업쓰서 보채기만 하고 젓을 못 잇저서 가슴을 파고들며 목이 쉬도록 우는 것을 볼 때에 생각을 할수록 아치려어저는구나.

⑤

"월말 총지출금액"

計 37,730원

"월말 수입금액"

計 1,270원

〈1974년 6월 1일 토요일 낡씨 맑음〉

"내일 모내기 할려고 동쓰리[동써레]만 노와 두어쓰며 금년에는 아무 업시 모판에 모가 다들 좋으며 모 색갈이 일반 모양 컴깨 키가 작년보다 아주 큰 편이다."

지출에 … 비누값 150원 자물통 350원
세멘수대 200원 순기 · 신값 150원 공가미니 빌린 것 · 신청 950원
計 1,800원

〈1974년 6월 2일 일요일 낡씨 맑음〉

복판 논 통일벼 밑그름량 (요소 6돼) (복합 36kg로) 염아가리 4kg로

"오늘로서 복판 논에 모내기을 하여쓰며 모내기을 하는데 모가 아주 좋아서 심는 데도 좋을 뿐 아니라 모가 금세라도 잘라가는 인상은 주더라."

지출에 … 모내기에 건빵 170원
술 두 돼 160원 혜지 과자 10원
형 담배 100
計 440원

〈1974년 6월 3일 월요일 낡씨 맑음〉

"금일은 고물상 간판을 내달고 장사을 할려고 준비는 안전이 하여쓰며 만약 장사가 대지 않코 시간낭비만 하는 것이 아닌가 하고 극정이 이류어 말할 수가 업꾸나. 그리고 장사을 할려고 더니 어색하기 짝이 업는 감이 더는구나."

〈1974년 6월 4일 화요일 낡씨 비〉

"경희내 내일 모내기 하는 데 모판에 피살리을 하는 일과로 하로 해을 보냇다."

"금일 국수을 빼는 데 힘이 만이 들어쓰며 국수가 잘 안 대고 예을 먹일 때는 기계을 업쌔고 십픈 심정이 용소섬쳐며 신경질이 나며 말로 표현을 다 못하고 참으니 속만 상할 때가 있꾸나."

수입 … 국수값 330원

〈1974년 6월 5일 수요일 낡씨 비〉

"큰집배 들까지논 모내기 할 준비을 하는 것으로 하로 일과을 보내고 마랐다."

"금년에는 통일모가 대다수 모가 죽살고 있는 것이 기후 관개인지 그룻치 아너며 일적에서 그른지 모판 간개로 그른지 알 수가 업시 그진 다 죽살고 있는 판이다."

"인간의 표부가 크야 대는돼 갈수록 표부가 적으저고 있쓰니 인간의 본능인가."

〈1974년 6월 6일 목요일 낡씨 맑음〉

(복판 논에 제초제 살표함)

금일은 들까지 모내기 하는 것으로 하로 일과을 보냇쓰며 그리고 복판 논에 재초제을 마세트을 사용했는데 잘 들을란지 알 수가 업꾸나.

지출에 … (전구담아 30촉) 70원
혜지 빵 10원
計 80원

〈1974년 6월 7일 금요일 낡씨 맑음〉

"물건 널 개착[궤짝]을 만들라고 송판 사료 같든니 송판 맷 장 대도 안는데 값쓸 너머나 만이 돌라고 하는 것 같더며 어뒨가 모러개 개산착오가 아닌가 하고 생각마저 들더라.

그리고 자신이 할려고 하는 것이 개산착오가 아닌가 하고 생각이 대며 자신이 생각을 한 것보다 백팔십도로 틀리개 돌라가니 이그 시간낭비만 해버리고 마는 것이 아닌가 하고 염려가 대며 나 자신으로 바서는 큰 투자을 한 샘인다. 정상으로 대지 않고 비정상으로 간다면 나의 발자욱은 끝이 업는 것이 아닌가 하고 염려가 댄다."

"작년에 자두에 탄자병이 만이 와서 자두 수학이 아주 적으서 큰 손에을 보았서 올해는 탄자병 약을 살표했는데 금년에는 탄자병이 업쓰절란지 알 수가 업꾸나."

지출에 … 합승비값 120원 빵값 60원 송판값 80원 지름[기름] 처는 것 50원 장석 170원
計 1,230원

〈1974년 6월 8일 토요일 낡씨 맑음〉

"이재 생각을 하니 장사도 안 땔 껏 같더며 개니 시작을 했 것 같더며 탄 사업이 돈버리가 댈 것이 업는가 하고 머리 방향이 달라저 가고 있꾸나."

〈1974년 6월 9일 일요일 낡씨 맑음〉

"금일은 장사을 처음으로 물건을 팔랐다. 금일 그치만 장사가 댄다면 극정 업시 장사을 하게꾸나."

〈갈라 넌 것이 효구 500원 다야(〉〉

수입에 … 효구 500원 다야 1,000원
計 1,500원 320

〈1974년 6월 10일 월요일 낡씨 비〉

"들까지 보리논에 통일벼 심을라고 금일 푸린 보리을 한참 비고 있는데 비가 한참 내리서 못하고 마랐다."

"개관했는[개간한] 데 고추 모종을 안전이 했쓰며 모종비가 푹 았쓰마 하는 생각이 대며 고추 면적은 얼마 대지 안치만 우리 마을에서는 나보다 고추농사을 잘 지어노원 사람은 업쓰며 나중예는 어떠개 댈련지는 몰라도 고추나무가 너무 좋다."

〈1974년 6월 11일 화요일 낡씨 맑음〉

"들까지 보리가 형편업시 대어서 낮수로 빌 껏이 업쓰서 금년 보리 매상가격이 어떠게 댈련지 모러지만 금년 보리 바서는 비료거름값도 안 댈 껏 같더면 앞푸론 보리을 갈지 안으야지 하는 생각까지 들더라."

지출에 … 전기약값 200원

〈1974년 6월 12일 수요일 낡씨 맑음〉

"정부에서 쌀 삼천만 돌파작전 시안 작업한다면서 예비군을 동원해서 고속도로 주변의 보리논에 보리을 비는데 얼마 비지도 못

하고 그저 군수가 지나가면서 보라고 고속도로에서 보이는 데만 하라고 날뛰는 것을 볼 때에 댓 살줌 대는 아들 숨박꼭질 하는 식에 불과하며 상부에서 그러깨 하라고 지시하지는 안했쓸 껏이며 말단공무원이 군수한태라도 잘 보이서 진급이라도 해볼까 하는 생각밖에 업는 것 {같}더며 금일 예비군이 동원이 대어서 보리 빈 것이 300평 정도박에 못했쓰니 사람 25명이 그것박에 못했쓰니 아까운 시간을 을마나 낭비을 했쓰며 남이 죽든 말든 진급이라도 할 꿍심으로 일을 하고 있는 것 같다."

수입에 … 비단돈 1,400원

〈1974년 6월 13일 목요일 낡씨 맑음〉

"들까지 보리논에 모내기을 오늘로서 하여쓰며 그전에는 보리가 잘 대는데 요줌은 보리껌[보리가격]이 흘타고 아무도 갈지 않코 주위로 물갈이을 하기 때문에 우리 보리답도 잘 대지 안코 땅만 진갈리을 만들고 마는구나."

〈1974년 6월 14일 금요일 낡씨 맑음〉

금일은 경희내 보리 비는 것으로 하로 일과을 보내고 마랐다.

"장사을 할려고 해도 요줌은 너무나 바빠서 장사한다고 있쓸란이 형님 보기 미안하게 고 안 아고 보리 비기와 모심는 데 일 좀 그들어 주고만 있쓰니 나 자신이 손에만 나고 있꾸나."

지출에 … 혜지 빵값 10원

〈1974년 6월 15일 토요일 낡씨 맑음〉

"물 픈 논에 모내기을 오늘로서 하여쓰며 이제는 봉답 서 마지기만 하게 대며 금년 모내기가 끝이 댄다."

"금년 보리도 내일만 하게 대면 보리도 다 비게 댄다."

지출에 … (모 품값) 2,400원
(제초제값) 1,000원
計 3400원

〈1974년 6월 16일 일요일 낡씨 맑음〉

"점두록 국수 패어 보니 예 먹이는 것도 업는데 얼마 하지 못하게더라."

수입에 … 국수값 102kg 1,020원

지출에 … 명숙이 이발비 하라고 100원
혜지 빵 20원
計 120원

〈1974년 6월 17일 월요일 낡씨 비〉

"비가 와서 아무 일도 못하고 물건가 연장사로 대구까지 가서 연장을 장만했쓰며 물건값이 너무나 비싸서 아무것도 못하게더라."

"이번 비가 이일만 너케 와따면 우리 보리타작을 안전이 손매점을 할 낀대 그만 비가 와서 보리단을 비예 젓계 했다."

지출에 … 열차비값 270원, 전기 보러방 22,000원, 과자 50원, 다야, 호구 1,300원, 신주봉 330원, 붕산가루 200원, 날 3개 1,200원, 밸트 줄 800원, 혜지 50원 합승비값 60원
計 17,560원

〈1974년 6월 18일 화요일 낡씨 맑음〉

"복판 논에 웃거름을 하는데 배합비료와 요소을 혼합해서 한 포 하고 좀 더 했다."

"그리고 살충제을 한 벌 살표해쓰며 깨 씨

을 가는데 비가 좀 적은 편이라서 씨값씨가 재대로 날란지 알 수가 업꾸나."
지출에 … 혜지 과자 10원 전기요금 560원
計 570원

〈1974년 6월 19일 수요일 낡씨 맑음〉
"아래깨 전기 보러방을 사가 와서 실험한다고 기리을 곱바서 구멍을 떨버 보니까 기리 곱는 데가 도망을 가며 보러방 역할을 못해서 이 물건을 속은 것이 아닌가 하고 보러방을 가지고 바꿀라고 갇든니 고장이 아니고 사용을 할 줄 몰라서 그른 것을 모러고 대구까지 갇다 오는 데 경비만 만이 내고 마랐다."
지출에 … 열차비값 130원, 혜지 감기약 300원, 대구 달성공원 입장권 값 50원, 열쇠값 500원, 김천까지 직행요금값 330원, 장기알 60원, 설탕 70원
計 1,380원

〈1974년 6월 20일 목요일 낡씨 비〉
"금일만 비가 안 아따면 금년 보리타작은 안전이 하는데 비 때문에 손매점을 못하고 마랐다."

〈197년 6월 21일 금요일 낡씨 흐림〉
"장사을 해보니 만이 바꼬 십픈 마음이 들고 있쓰며 지름장사가 적은나 돈을 번다고 하며 자미있는 사업이 댄다고 말하고 십꾸나."
수입 … 쟁기 빚 1개 350원 80

〈1974년 6월 22일 토요일 낡씨 개임〉
"경희내 콩 씨을 안전이 갈라쓰며 금년 콩씨는 안전이 손매점이 끝이 낫다."
자신위 하는 장사가 한편으로는 장사가 댈 뜻도 하고 한편으로는 시간낭비가 대지 않을까 하고 알송달송한 문제가 대고 있다. 그리고 집배서 일이 바빠서 날뛰는 것을 보고는 자신의 마음으로서는 전터에 나가서 일을 하고 있쓸 수가 업쓰서 집배서만 일을 하고 있쓰니 마음만 타고 있다.
지출에 … 성냥 50원 명태 100원
비누 200원
計 350원

〈1974년 6월 23일 일요일 낡씨 맑음〉
"봉답 논에 밀을 우리 형제들이 서 마지기을 안전 비는데 점두록 걸리며 밀이 쓰러저지 않아따면 일적 빌 수가 있쓸 탠대 쓰러저서 힘이 만이 더는 일과가 끝이 낫다."
지출에 … 혜지 과자 50원
수입에 … (다야[타이어]), 주부 1,500원, 280

〈1974년 6월 24일 월요일 낡씨 흐림〉
경희내 밀을 비는데 힘이 들 뿐 아니라 일을 해도 자신이 장사를 하여야 대는데 하고 극정박에 안 대며 무선 일을 해도 자신에깨 따란 일 왜는 엄벙던벙 하는 일과밖에 안 대는구나.
지출에 … 다야 주부 2,350원

〈1974년 6월 25일 화요일 낡씨 맑음〉
"경희내 밀은 안전이 비고 이제는 양 집배 밀 탈곡만 하면 안전이 손매점 하는구나. 그리고 이때것 고물상 허가 내서 한 번도 하지 못하고 집세만 물개쓰며 그리고 형 채면만 보다 한 번도 못하고 세금 물개쓰며

봉답 모내기만 하게 대면 못 버는 한이 있더라도 상점 문을 열려두겠다."
지추에 … 대소고리[대(大) 소쿠리] 120원

〈1974년 6월 26일 수요일 낡씨 맑음〉
"오늘로서 봉답 모내기을 하는데 모가 너무나 어리서 모가 만이 모자랄 줄 알라든니 모가 조금 남더라."
"그전에는 봉답 모내기을 하게 대면 중복숭이 한참 나는데 금년에는 모내기가 아주 일적으서 그른지는 몰라도 줌복숭은 이재 지색갈이 나고 있는 것을 보면 봉답 모 일적은 감이 더는구나."

〈1974년 6월 27일 목요일 낡씨 흐림〉
경희내 봉답 모내기 할려고 두름을 쳐 바러는데 너무나 뒤서 허리가 접치며 농촌사람이 이러깨 농사을 짓어서 겨울에 가만이 안저서 낭비을 해버리고 만이 농민들이 재일 불상한 사람이다.
"이번 달은 집세도 벌지 못한 달이며 이른 상태로 오래 간다면 자신의 떳에 어것나니 내 뜻에 어것나지 안깨 노력하게다."
지출에 … 집세값 1,500원

〈1974년 6월 28일 금요일 낡씨 맑음〉
"금년 농사는 반 정도는 짓어따고 해도 가연이 아니다. 왜냐하면 금년 모내기는 안전이 끝이 낮키 때문에 반은 짓어따고 보고 있다."
"상업이란 보통으로 생각하다가는 큰 오산이다. 왜냐하면 자신이 장사을 할려고 전터의 문을 열러서 일을 해보니 정말 힘이 들뿐 아니라 신경을 만이 쓰야 대개쓰며 보통사람은 상업을 할려고 생각지도 못할 지경이다."

〈1974년 6월 29일 토요일 낡씨 맑음〉
"큰집배 과수나무에 중복숭을 놉을 해서 따는데 생각보다 만이 따스며 금년 과실이 비싸서 재미가 나며 별료 육채적인 교통 들대는 것 너킴이 더는구나."

〈1974년 6월 30일 일요일 낡씨 맑음〉
"금일은 전터에 문을 열려서 점두록 일끄리가 들어오며 종일 일끄리로 하로 해을 잘 보내쓰며 금일 바서는 장사가 잘 댈 껏 갈더며 기분 좋은 일과가 대어다."
지출에 … 노트 400원 시부상 다야 1,550원, 안성댄 안장 900원 60원
計 2,910원
수입에 … 니다이[짐받이] 다리 150원

⑥月
"월말 총지출금액"
計 44,070원

"월말 총수입금액"
計 6,210원

人生敎訓
사람은 생각하는 갈대다
라 말을 어느 위인이 말씀을 하였다.
우리들이 생각하는 갈대
라면은 정말 생각을 많이
하여 우리의 삶의 길을
찾아야지만 하지 않을까
생각한다.
일순간의 생에 변동이 없이
뿌리 깊은 나무를 닮아
보자.

〈내지4〉140)
경북 금릉군 아포면 대신동 三구
권순덕

〈1974년 7월 1일 월요일 낡씨 흐림 비〉
요줌 같더면 장사가 잘 대면 계속 요러캐만 나간다면 장사도 할 마나며 월마 안 가서 기반을 잡을 수가 있씈 끄수로 내다보고 있다.
수입에 … 물건값 4,000원

〈1974년 7월 2일 화요일 낡씨 비〉
"큰집배 과실을 안전이 안 따서 자신이 상점에서 일을 하면서도 과일 따는데 미안함이 들어 자신의 일, 영 재로로 내고 있다."
수입 …… 1,800원
지출에 … 4,500원

〈1974년 7월 3일 수요일 낡씨 비〉
큰집배 과실을 그진 딴 뒤에 비가 와서 안도의 숨을 실 수가 있쓰서며 그전 모양 과실금도 업고 장마가 일적 와서 생예을 먹으며 재미도 업고 할 땐대 금년에는 과실금도 좋고 장마을 쳐기 전에 그진 출라[출하]을 해서 작년보다 삼분의 일은 더 할 {것} 같더며 금년 같더며 복숭 장사을 할 껏 같다.
지출에 … 141)
수입 … 물건값 500원

〈1974년 7월 4일 목요일 낡씨 비〉
"비 때문에 아무 일도 못하고 마라쓰며 이번 장마가 곱개는 오지만 비 오는 량이 아주 만아서 급이 날 정도로 비가 오고 있꾸나."
우선 바서는 복판 나락이 좋은 편인데 나중에는 어떠게 도라갈련지는 몰라도 우선 잘 짓어따고 보고 있다.

〈1974년 7월 5일 금요일 낡씨 흐림〉
"마을에 방천이 터저서 일 좀 그들어 주로 가서 일을 했찌만 가만이 논 곳이 아주 허술래 보이며 비 한 번 더 오면 방천이 또 갈리 나갈 꺼 같더며 방천을 안전이 할려고 들며 돈이 만이 들 껏 같더며 줄 잡아도 땅 삼분 일원 들어갈 껏으로 보고 있다."
수입에 … 물건값 1,100원

〈1974년 7월 6일 토요일 낡씨 비〉
"큰집배 과실 실려내는데 비가 너무나 만이 내리서 힘이 만이 들어쓰며 해년 장마 고비에 아달리가 대어서 생예을 먹으며 생예을 먹는 한이 있더라도 과실가격이 좋다면 또 별문제지만 천과가[청과가]는 생예을 먹으서 출라을 하면 하락시세가 대어서 사람이 골땅을 먹이곤 한다."
수입 …… 다야 주부값 900원
지출에 … 혜지 과자 40원

〈1974년 7월 7일 일요일 낡씨 흐림〉
"장마가 너무나 오래 대어서 감자을 캐서 쌀마 먹을라고 봇밭태 나가 보았든니 비가 너무나 만이 와서 감자밭치 점부가 물이라서 더 갈 수가 업쓰서 그만 캐지 못하고 마랐다."

〈1974년 7월 8일 월요일 낡씨 비〉

140) 새 일기장의 내지에 적힌 내용이다.
141) 원문에는 내용을 적었다가 지운 흔적이 있다. 지워진 내용이 '물건값 다야 안장' 등으로 되어 있는 것으로 보아 수입 항목에 적을 내용을 잘못 기재했다가 지운 것으로 보인다.

"감자밭태 물이 서쳐가서 감자가 대다수가 뒤비저 있스며 어떤 감자는 썩는 것도 있더라. 그리고 우리 마을 감자는 씨감자가 못 댈 꺼로 내다보고 있다. 왜냐하면 물구뒤[물구덩이] 하로식 잔겨 있쓰키 때문에 갈무리는 안 댈 꺼로 내다보고 있다."

수입에 … 다야 주부값 1,000원 빵구값 60원
計 1,060원

〈1974년 7월 9일 화요일 낡씨 비〉

"풀밭태는 장마 시작하고는 이때까지 물리 실려 있쓰서 피해가 아주 만을 꺼로 보며 계속 비가 온다면 풀밭태는 실패가 대지 안을까 하고 염려가 대며 만약 실패가 댄다면 면적이 크서 우리 마을에는 손에가 말할 수가 업다."

수입에 … 400원

지출에 … 고무신 300 미풍 400원
푼무기 바킹 300원
計 1,000원

〈1974년 7월 10일 수요일 낡씨 비〉

"학생들에깨 장사하기가 아주 까끄랏개쓰며 학생들이 일반보다 장사하기가 수라다고 생각을 했는데 그러치 안코 일반에깨는 장사하기가 수라고 학생들깨는 아주 심더는구나."

지출에 … 비누 100원 사카링 30원
計 130원

〈1974년 7월 11일 목요일 낡씨 맑음〉

"오늘날까지 오후에는 상점을 안 보고 큰집 배 과실 타는 데만 그들어 주어는데 이제는 내 욕심을 부리야 대개쓰며 앞푸론 한가하더래도 상점을 점두록 너려 볼 결심이다."

수입에 … 배달[페달] 고무 100원

〈1974년 7월 12일 금요일 낡씨 흐림〉

"복판 논에 중거름을 하는데 요소만 18kg 정도로 중거름을 했쓰며 비료량이 좀 적지 안나 하는 생각이 들고 있다."

"정말 상업이 이처름 힘이 더는 줄 몰랐쓰며 자본 업는 사람들은 상업을 할려고 생각을 마라야갯다. 왜냐하면 물건을 구비하게 갇추 나야 장사가 좀 댈까 하니 돈 업는 사람이 어찌 물건을 갇출 수가 있나. 이래 대고 보니 돈 업는 사람은 하늘에 별 따기보다 더 힘이 들깨꾸나."

〈1974년 7월 13일 토요일 낡씨 비〉

"마원[많은] 돈을 더리서 상점을 차리 놓고 장사가 안 대서 들로 다니개 대니 자신의 심정 말할 수 업시 아푸며 어떠개 하면 장사가 댈가 하고 신경박에 안 쓰저는구나."

지출에 … 댄푸라 기름 200원

〈1974년 7월 14일 일요일 낡씨 비〉

"금년 장마는 별다루구나. 왜냐하면 오늘날까지 장마 천다고 해도 지업따고 생각지는 안아따고 생각을 하는데 금년 장마는 진저리가 날 정도며 장세라도[잠시라도] 빛을 보여따가 흐리저고 하면 별문잰대 계속 흐린 날씨만 계속대니 사람도 이재는 채는데 하물며 식물성들리 정상으로 자라갈 수가 있깨는가."

"자신의 상업이 정말 상상밖에 대고 보니 희마리가 업쓸 뿐 아니라 문을 열려서 일을 해보자 하는 의욕마저 업쓰저가는구나. 왜냐하면 문을 열려서 있쓰 바야 손님이 업쓰니 문을 열고 십쁜 마음이 있깨는가."

〈1974년 7월 15일 월요일 낡씨 흐림〉
"장사가 적은나 대면 상점에서 일을 할 땐대 장사가 안 대서 복판 논에 도사리 지섬 뽑는 것으로 하로 일과을 보내고 마랐다. 그리고 요줌 갈다면 상점을 때리치아쓰며 하는 생각이 들 때가 있꾸나."
지출에 … 전기세값 490원

〈1974년 7월 16일 화요일 낡씨 비〉
"요줌 같더면 집세도 못 벌개쓰며 장사할려고 마음먹은 것이 잘못이며 자신도 마원 돈원 벌개따고 시작을 했 것은 아닌대 너머나 생각 위에가 대니 정말 공상일가가 대고 마는구나."
수입 … 물건값 2,300원

〈1974년 7월 17일 수요일 낡씨 비, 개임〉
"일그리에 수입이 만든 적든 관개 업시 일그리만 들어오면 마음도 상캐할 뿐 아니라 하로 일가을 갑 이깨 보낸 너킴이 더는구나."
"금년에는 장마가 길어서 벼예 일조시간도 적지 시푼데 벌나락이라고 생각은 하지만 통일벼 한 단지에 안전이 패선 것이 다섯 이삭이 절시을 해서 있는데 자신이 생각을 해볼 때에 지도소에서 일조시간이 적으며 패쓰지 못하고 잎파리 속예서 꼬끄러저 있따고 말을 하는데 지금 절시을 하고 있는 나락은 일조시간은 별로 업따고 해도 가연이 아닌데 패서 있는 것을 볼 때에 일조시간도 별문제가 아니라고 생각까지도 더는구나."
지출에 … 물건 하는 데 1,000원

〈1974년 7월 18일 목요일 낡씨 비〉
"재발 비 좀 안 아쓰며 하는 생각밖에 업다. 왜냐하면 맑은 날씨만 보이개 대면 통일벼 논에 약 살표할려고 마음가짐을 단단이 먹고 있는데 비 때문에 약 살포도 못하고 너저만 가니 더 속이 타는구나."
수입에 … 물건값 450원

〈1974년 7월 19일 금요일 낡씨 비〉
"일기변득으로 벼에 약 살표 못해서 농사피롱하는 것이 아닌가 하고 극정이 제일 대며 맑은 날씨에 약 살포할려다 적기을 다 놓치는 것이 아닌가 하고 간제증이 나는 하로 일과가 대는구나."
수입 … 안장 카바 100원
지출에 … (참기름 짜는 값) 200원

〈1974년 7월 20일 토요일 낡씨 맑음〉
"작키 푼무기로 약 살표을 하는데 논들이 말란 논이라서 약 살표하기가 힘이 만이 들며 일 능률도 혼자 쳐는 것보다 아주 못했서 그만 치우고 내일은 혼자 쳐는 푼무기로 약 살포할려고 일손을 미루고 마랐다."
수입 … 카바, 수리비값 300원

〈1974년 7월 21일 일요일 낡씨 비〉
"금일 큰집배 들까지와 복판 논 상기 큰집에는 일절 약 살표하는데 통 세 게로 지지금 약 살표하니 만이 쳐계쓰며 점두록 쳐계대면 한정 업시 쳐계더라. 그런데 약을 다 쳐고 나니까 보슬비가 내리고 있쓰서 약 소암이나 제데로 날란지 몰개꾸나."
수입에 … 호구값 500원 주부값 450원
살값 70원
計 1,120원

〈1974년 7월 22일 월요일 낡씨 개임〉
"상점에 너머나 버리가 안 대서 극정이 말

할 수 업쓰며 남왜 속도 모러고 잘 시작해 따고는 하지만 계산이 이러개 차이점이 만캐 잡아보지는 못해쓰며 계산을 잡게 대며 별료 차이점이 업시 대어가는데 이번의 계산은 하늘과 땅 사위라고 해도 가연이 아니구나."

〈1974년 7월 23일 화요일 낡씨 맑음〉

"오래 만에 맑은 날씨을 보이니 저마다 해을 첫음 보는 너킴이라면서 인사을 하며 금년 내 동안 비 완 아도 댄다면서 비가 안 오두록 예쓰는 것이 사람의 심정이다."

수입 … 국수값 230원

지출에 … 혜지 카스명수 30원 혜지 산또 35원 넌링구 200원 명태 250원 장모 모시 250원
計 765원

〈1974년 7월 24일 수요일 낡씨 맑음〉

"금일은 일그리가 점두록 일을 해서 기분도 좋을 뿐 아니라 만족한 하로 일과을 보내고 마랐다."

수입 … 부렛키 촛도 130원
부레키 고무 130원 살 160원
計 420원

〈1974년 7월 25일 목요일 낡씨 맑음〉

"장사가 이러캐 안 댈 줄 알라따면 방향을 돌일 껏인데 이제는 돌리도 못하고 장사을 할려고 더니 머리만 점점 더 무그어저는구나."

수입 … 호구 담아 살리 150원
살 150원 수리비 60원
計 360원

지출에 … 치약 130원 담매내기 150원
멸치 100
計 380원

〈1974년 7월 26일 금요일 낡씨 비〉

"장마가 다 가고 맑은 낡씨만 보일 줄 알라더니 또 비가 장마 모양 만이도 안 오고 장마모양 서쓰이 내리고 있쓰니 사람의 주름살만 찌프리게 하는구나."

지출에 … 비누 150원 라면 35원
혜지 과자 10
計 195원

수입 … 품무기 100원

〈1974년 7월 27일 토요일 낡씨 흐림〉

마을에서 우리 나락이 좋다면서 이차로 다수확에 신고하라고 해서 폐말[푯말]을 논자리에다 새어 두어쓰며 금일 일차심사 나온다고 논자리에 포장을 잘해야 댄다고 담담직원이 말을 하는데 자신도 내가 할 일은 안전이 했찌만 주위에 두름 지섬이 그대로 있쓰서 심사을 하기 전에 다 할려고 마음을 먹고 있쓴는데 했필 오늘 오전부터 도랑 쳐는 보을 하기 때문 풀 재그을 못해서 일차심사에도 불자 맡지나 안아나 하고 염려도 대는구나.

〈1974년 7월 28일 일요일 낡씨 비〉

장마가 지냇같다고 중앙강산대에서 말을 하고 있는데 금일 비 내리고 있는 것을 볼 때는 여름에 모내기 하라고 비가 오는 것 같치 소낙이로 그치지도 안코 오고 있는 것을 볼 때 급이 다 {나}는구나.

요줌은 혜지가 젖을 못 잇저서 내 울고 살만 줄고 있는 것을 볼 때에 자기 동생이 태어나도 젖을 차저며 울고 보채개 대며 키울

수 있쓸까 염려도 대고 있꾸나.
지출에 … 혜지 약 500원
혜지 원기소 500원
計 1,000

〈1974년 7월 29일 월요일 낢씨 비〉

불피로한 비가 필요할 때만 온다면 맷 해 농사을 잘 지을 수가 있쓸 탠대 필요 업시 소낙이로 내리니까 사람들만 고달프게 하고만 있다. 그리고 이러개 비만 내리는 해는 아무레도 수학이 적다고 내다보고 있다.
지출에 … 친구들과 술값 100
집세값 1,000
計 1,100

〈1974년 7월 30일 화요일 낢씨 비〉

"정말 비 만이 온다. 중앙강산대에서는 이번 주부터는 본격적인 더위라고 말들을 하든니 더위가 아니라 본격적인 소낙이만 내리고 있꾸나."
"비가 와서 아무 일도 못하고 휴식으로 하로 일과을 보내고 마랏다.
그리고 상점도 장사가 안 대고 하니까 상점의 문도 열기도 실어며 평소 때도 한가하지만 방학이라 더 한가하니 상점을 보기가 실어저는구나."

〈1974년 7월 31일 수요일 낢씨 비〉

"자신원 너무나 한가해서 골머리가 더 무급꾸나. 왜냐하면 절멀 때에 시간이 바빠서 눈코 뜰 세 업쓰도 나{이}가 만캐 대면 시간 여유가 만을 땐대 절머서 시간이 한가하면 나가 만아서 시간이 지루하게 대는 것이 사실이다."
지출에 … 합승비값 40원 과자 100원
사이다 120원
計 260원

㉆

"월말 총지출금액"
計 15,240원

"월말 수입금액"
計 11,260원

〈1974년 8월 1일 목요일 낢씨 비〉

"상점에 점두록 너러 볼라고 생각을 해도 오전에 있쓰 보면 별로 일그리도 업고 아들과 바둑어로 오전 일과을 보낼 때가 만아서 그만 오후에는 무이미한 일과가 대어버리고 만다."
"그리고 처가 자신의 돈 빛 쓴 것을 갑필라고 4,000원 가지고 았더라. 이 돈은 조심대는 돈이며 이 돈원 안 쓸라고 생각을 했는데 자신에 살림 바서는 빛이 너무 만키 때문에 처가 친정에 가서 돈 가지고 올라고 하는 것을 말리지 안아쓰며 이 돈은 자신이 잘 살개 대며 이 돈원 꼭 갑퍼리라."
수입 … 380원

〈1974년 8월 2일 금요일 낢씨 맑음〉

"이때까지 장마 바람에 국수을 못 패서 맑은 날씨을 보이키 때문에 오늘로서 국수을 만이 패다."
수입에 … 물건값 1,100원 국수값 670원
計 1,770원

〈1974년 8월 3일 토요일 낢씨 맑음〉

(시싹 거름으로 중가석 2kg 가리 4kg 요소 4대)

요즘 갈더며 밥 먹는 것이 살료 갈 정{도}구나. 왜냐하며 국수값이 작년 비왜서 배가 비싸기 때문에 그른지 요즘 국수 패는 사람이 좀 너러나는 것 갈꾸나.

수입에 … 물건값 60원 국수값 350원
計 410원

〈1974년 8월 4일 일요일 낡씨 맑음〉

(대신 돈 50,000 청산함)

돈 장래 쓴 것이 나 자신에 비왜서 만아서 머리가 무급든니 오늘로서 대신 돈 50,000원 갑깨 대어서 상캐한 기분이 대며 이재는 선둘 돈 20,000원 값개 대며 안전이 빗 청산은 하는 샘이 댄다.

지출에 … 이자돈 3,500원

수입에 … 국수값 600원

(큰집에서) 돈 가지고 온 것이 10,000원

〈1974년 8월 5일 월요일 낡씨 맑음〉

"상점에 물건이 업쓰서 물건 하로 갈든니 장날 쳐고 별로 사람들도 업쓰서 한가한 장날 갈치 보이더라. 그리고 앞 도래에 부역을 하는 한이 있더라도 도로면이 발라서 합승을 타더래도 헌들리지 안코 김천을 갈 수가 있따면 재일 좋게더라."

수입 … 국수값 280원 물건값 30원
計 310원

지출에 … 합승비 120원 물건값 4,1250원
비누가 180원 혜지 과자 70원
멸치 100
計 4,620원

〈1974년 8월 6일 화요일 낡씨 비〉

"바시냇이 나락논에 노루 있따면서 잡부로 갈든니 벌서 노루 잡을라고 사람들이 만이 나와있더라. 일부는 나락논에서 웃치니까 새키노루가 한 바리 나오는데 적은 아들 때문에 못 잡고 마랐다.

그리고 포수들이 정부방침으로 짐승을 못 잡게 대며 바시냇이 들은 짐승 때문에 아무 곡석도 못할 껏으로 보며 그 억신 통일벼도 발바 삐대 노안 것을 보니 머지안아 피답으로 내다보고 있다."

수입에 … 국수돈 370원 물건값 600원
計 970원

〈1974년 8월 7일 수요일 낡씨 맑음〉

"상업이 적은나 댄다면 살매 극정은 들 대지만 상업이 재대로 안 대니까 신경을 만이 쓰저는구나."

수입에 … 물건값 1,180원 국수값 120원
計 1,300원

〈1974년 8월 8일 목요일 낡씨 맑음〉

통일벼 문고병 약을 살표하여야 대는데 울려 미고 처는 푼무기가 업쓰서 하로 하로 미루다 이때까지 잘 지어노은 벼농사 병 때문에 감수시키는 것이 아닌가 염려도 대는구나.

수입에 … 반도 라이닝값 160원

지출에 … 혜지 과자 20원

〈1974년 8월 9일 금요일 낡씨 맑음〉

"동장이 재건청년회 조직한다면서 아포지서에 가라고 해서 어짤 수 업시 지서까지 가보니 종용해서 제건청년회 한다더니 어떠게 대너야고 무러니까 다시 공문이 내리와야 댄다고 해서 그만 돌라오고 마랐다."

수입에 … 물건값 2,830원 국수값 220원
計 3050원

지출에 … 아라지 400원 혜지 과자 20원
計 420원

〈1974년 8월 10일 토요일 낡씨 맑음〉

"요줌은 국수 패는 일과가 하로 일과 대어 버리고 마는구나."

"그리고 고추 작물 바서는 비가 좀 와쓰며 하는 생각 간절하구나."

지출에 … 혜지 과자 … 60원

수입에 … 물건값 330원 국수값 350원
計 680원

〈1974년 8월 11일 일요일 낡씨 맑음〉

김천에 물건 하로 갈려고 생각했는데 일그리가 어중간에서 김천도 가지 못하고 하로 일과가 대고 마라따.

남들은 통일벼 문고병 약을 살표하는데 자신은 문고병 약을 아직 살표하지 안코 있는데 벼 수학에 지장이 업쓸란지 알 수가 업꾸나.

지출에 … 혜지 과자 10원

수입에 … 국수값 230원 물건값 410원
計 640원

〈1974년 8월 12일 월요일 낡씨 비〉

"새마을창고 바닥 콩크리트 하는데 전 동민이 다 나와서 부역으로 하는데 자신원 부역을 하다 너머나 사람이 만아서 그만 부역을 치우고 김천으로 물건 하로 가고 마랐다."

지출에 … 멸치 100원 물건값 2,500원
수도 물박찌기[물바가지] 970원
화더[하드] 20원 혜지 신 110원
열차비 30원 합승비 60원 혜지
과자 20원
計 3,910원[142]

〈1974년 8월 13일 화요일 낡씨 비〉

"요줌 같더며 일과가 매우 분주하며 돈이 벌리든 말든 사람이 바프니까 잡생각도 업쓸 뿐 아니라 하로생할이 절급꾸나."

수입에 … 국수값 910원 물건값 1,050원
計 1,960원

지출에 … 혜지 과자 40원 이화명충약 삼감마 두 봉에 820원
計 860원

〈1974년 8월 14일 수요일 낡씨 맑음〉

"요줌원 돈도 크게 벌지 못하지만 몸마는 경장이 바푸구나."

수입에 … 물건값 900원 국수값 620원
計 1,520원

지출에 … 영한이 20원 비누 100원
計 120원

〈1974년 8월 15일 목요일 낡씨 맑음〉

"금일은 본 청년 정기총회날인데 회원도 멧명 참석도 화지 않코 간부직에 있는 사람들만 참석을 해서 회도 지냉도 하지 않코 돼지고기만 소비시키고 마랐다."

그리고 자신이 청년회장을 물러서고 유능한 사람을 물리 줄라고 해도 바들 사람도 업고 입장 난치하게 대어 있다. 자신의 사욕을 바서 무족끈 물러쓴다면 자신한태 욕이 돌라올 껏 같고 깨끗하게 물리 줄라니 후개자가 업쓰니 청년회라는 것이 태보가 대고 있다.

---

142) 바른 계산은 3,810원이다.

수입에 … 물건값 160원
지출에 … 전기세값 490원 혜지 과자 30원

〈1974년 8월 16일 금요일 낡씨 맑음〉
무우 배추 갈 때는 꼭 대어따고 보고 있는데 날씨가 너무나 갈물어서 채소을 갈라바야 씨값씨만 내버리지 하는 생각에 갈지 않코 하늘만 바라보았는데 날씨가 어떠깨 돌라갈련지는 몰라도 속은 다 타고 있다.
수입에 … 국수값 600원
지출에 … 혜지 과자 10원

〈1974년 8월 17일 토요일 낡씨 맑음〉
"무우 배추 갈려고 밭을 갈라 보니 너머나 비가 안 아서 문지가 뽈속뽈속 쑈다저며 시기로 바서는 무우 배추 갈 때가 꼭 대어는데 비가 오지을 안아서 씨갑씨을 갈지 못하니까 금년 무우는 좋지 안을 끄라는 개산이 나온다."
수입에 … 수리비 50원 국수값 120원
計 170원

〈1974년 8월 18일 일요일 낡씨 맑음〉
"우선 바서는 벼 풍작이라고 해도 가연이 아니며 자신이 논자리에서 바도 수학을 하게 대며 막 쑈다저지 하는 너킴이 더는구나."
그리고 큰집배 변소채가 그친 안성대어서 이재는 내장하게 대며 변소을 사용할 수가 있쓰며 자신원 국{수} 빼고 자전차점 때문에 일도 별료 거들어주지도 못했쓰며 동생들원 변소채 짓는 데 힘이 갱장이 만이 들어다.
수입에 … 물건값 120원 국수값 860원
計 980원
지출 … 돼지고기값 700원

〈1974년 8월 19일 월요일 낡씨 맑음〉
"이화명충 2화기약을 오늘로서 삼감마 약을 살표하여쓰며 우선 바서는 작년보다 수학을 삼분제 일은 더 생산을 할 껏 같꾸나."
"아무리 공산주의라고 하지만 일게 대통령한태 총질을 하며 나라가 운이 있니라고 대통령은 불발이 대어서 모면을 면해찌만 대통령부인 육영숙[육영수] 여사가 총탄에 쓰려저개 대어쓰니 국민들이 치을 뜰 뿐 아니라 총질을 한 사람보다 지령을 내리서 시킨 사람이 더 나뿌며 어찌 사람의 타을 쓰고 몰지각한 행동을 하고 있는가. 정말 아까운 사람 죽어버리따."
〈8月 15日〉 광복절 시작장에 낙독하는데 난사해서 대통령은 다행이 모면을 했쓰며 육영숙 {여}사가 실탄에 맡게 대어 죽어쓰며 금일은 국립묘지에 안장하게 대어다.
수입에 … (자전차 수리 물건값) 660원
지출에 … 소고기값 565원 술값 100원
計 675원

〈1974년 8월 20일 화요일 낡씨 맑음〉
〈현미 한 쌀〉 … 3말
"정말 채소 못 갈라서 보통일이 아니구나. 왜냐하면 작년 이맘때는 채소가 좋아서 만대로 해먹으는데 금년에는 아직 씨뿌림도 못하고 있쓰니 금년 채소는 숭년이라고 해도 가연이 아니라고 내다보고 있다."
수입에 … (수리비값) 60원
지출에 … 혜지 과자 10원 치솔값 70원
計 80원

〈1974년 8월 21일 수요일 낡씨 맑음〉
"금일은 순희교육을 받는데 교관이 처음 인사부터 아주 급나게 하든이 교육시간에도 예비군을 꼼짝 못하게 말을 해서 교관이 무서어서 금년 순희교육은 욕 좀 보게든이 교육시간이 흐르니까 교관이 그러을 수 업시 좋은 사람이며 정말 교관자격이 있따고 생각을 했다."

수입에 … 150원

지출에 … 혜지 원기소 400원 혜지 신 100원 술값 100원 혜지 과자 10원
計 600원

〈197년 8월 22일 목요일 낡씨 맑음〉

"금일로서 순희교육을 다 바다쓰며 교육이 예비군교육이 아니라 대학생 학과 가목 갇든 너킴으로 교육을 바다쓰며 오늘날까지 군복무서부터 오늘날까지 교육을 바다왔찌만 금일 교육을 갈치는 교관보다는 잘 가리키는 사람은 아직 보지 못했따고 생각을 한다."

수입 … 40원

지출에 … 100원

〈1974년 8월 23일 금요일 낡씨 비〉

"정말 바라든 비가 이제야 내리고 있쓰니 기쁜 마음 검치 못하게꾸나. 이번 비가 완아따면 채소도 못 갈 뿐 아니라 고추농사는 안전이 피롱으로 들어갈 껀대 이 비가 안전이 해결이 대어쓰며 나 자신으로 바서 채소을 못 갈라서 극정이 대더니 이재야 채소을 갈 수가 있쓰니 마음을 노을 수가 있꾸나."

수입에 … 물건값 110원 국수값 510원
計 620원

지출에 … 술값 240원

〈1974년 8월 24일 토요일 낡씨 비〉

이번에는 아들 노치 하는 생각 간절하든이 역 또 딸을 낫쓰니 희마리가 업쓸 뿐 아니라 살기가 실을 정도며 울고 십픈 심정이며 다 업쌔버리고 십픈 마음이 들며 재수가 업는 놈이라고 해도 가연이 아니며 처와도 말도 하기가 실은 하로가 지나가고 마랐다. 나 자신이 인지 딸 하나라도 더 생기개 대며 못 살지 하는 서운한 마음빡에 업다.

지출에 … 합승비 110원 비누루장판 2,200원 미역 700원
무우씨 250원
計 3260

〈1974년 8월 25일 일요일 낡씨 맑음〉

방 수리하는 것으로 하로 일과가 대버리쓰며 무우 씨을 금일 씨푸림을 하였는데 너무나 너저서 무우농사을 잘 지을란지 알 수가 업꾸나.

지출에 … 소겟트 100원 문 종이 100원 술값 100원
計 300원

수입 … 국수값 230원 물건값 50원
計 280원

〈1974년 8월 26일 월요일 낡씨 맑음〉

집사람이 몸 푸러서 장모가 오셔서 혜지을 바주기 때문에 나 자신이 왜로가 들 대는데 만약에 장모가 가시게 대면 혜지 때문에 연간한 일이 아니다. 왜냐. 저마이[제 엄마]만 보며 젓 먹을라고 들어가면서 울고 하니 안울리두록 할려니 꿈만 같꾸나.

수입에 … 물건값 1320원

지출에 … 합승비 120원 미러치[멸치] 100원 죠기 450원 비누 100원 물건값 2,100원
計 2,850원

〈1974년 8월 27일 화요일 낡씨 맑음〉
혜지가 밤으로 대리고 자는데 보채서 여관 고통이 아니구나. 왜냐하면 혜지 동생 때문에 젖을 못 팔리서 밤으로 오는데 정말 힘이 들며 자식이라도 실을 때가 한두 번이 아니며 좀 보채다 잘 지내며 몰라도 개속 젖 먹을라고 들개 대며 힘에 버그어서 못 키우지 하는 생각도 들더라.
수입 …… 물건값 270원
지출에 … 혜지 과자 20원

〈1974년 8월 28일 수요일 낡씨 비〉
우선 바서는 풍작을 했따고 해도 가연이 아닌대 때 아닌 비가 내리고 있쓰서 벼뿐 아니라 밭곡석도 만이 접을 껏수로 보고 있다.
수입에 … 물건값 500원

〈1974년 8월 29일 목요일 낡씨 비〉
"시방은 장모가 와서 아들 뒤바라지을 하여서 육체적인 교통이 들 오지만 장모가 가개대면 아들 키우{기}가 힘이 들 뿐 아니라 자식에 손길이 다가지을 안을 껏 같다서 극정이 이루어 말할 수가 업꾸나."
수입에 … 물건값 100원
지출에 … 물건값 2,220원 합승비 120원
計 2,340원

〈1974년 8월 30일 금요일 낡씨 비〉
"무우, 배추씨가 잘 서지을 안아는데 씨가 고류 서지 못한 것이 비료거름 관개지 알 수가 업쓰며 다시 씨을 머들릴라고 하면 씨 갑씨도 만이 들어갈 껏 같꾸나."
"금년 농사는 아직 바서는 자신 일기론 처음 잘 대었따고 생각을 하는데 앞푸론 어떠개 약처리을 할 껏이 어떠개 해야 실패가 업고 잘 지어갈 껏인가 극정이 크다."
지출에 … (혜지 홍역 약) 800원
난방사쓰 500원
計 1,300원
수입에 … 물건값 280원

〈1974년 8월 31일 토요일 낡씨 맑음〉
"혜지가 홍역만 안 아고 평소 때와 {같이} 재롱을 부린다면 한참 달, 달 하고 잘 놀 탠대 홍역을 하고 있키 때면에 놀지 않코 밥마저 예면하고 있는 것을 볼 때에 나 자신도 힘이 업쓰저는 너킴이며 재미가 업꾸나."

8月
"월말 총지출금액"
計 26,515원

월말 수입금액
計 19,846원

〈1974년 9월 1일 일요일 낡씨 비〉
"금일이 7月 보름.
아버지 빈소 보는 것도 마지막이구나. 사람이 한 번 가면 죽어가는 것은 공식이지만 남들은 쟁쟁 모섭우로 살라개시는데 왜 우리 아버지는 일적 도라가시쓸까 가슴이 답답꾸나."
작년 이마음때는 채소가 아주 좋아서 마음대로 해먹으쓰며 무우는 뿌리까지 해먹으는데 금년에는 이재 촉이 터저나고 있는데 가면 채소 구실을 하고 있쓸까 염려가 대는구나.
수입 … 물건값 2,600원

〈1974년 9월 2일 월요일 낡씨 비〉

"이 날씨가 너무하구나. 왜냐하면 봉답 논에는 한참 벼 이삭이 나오고 있는데 때 아닌 비가 내리고 있쓰니까 수학량이 만이 감수대지 않을까 염려가 대는구나."
"이재는 무우을 갈 때는 씨값씨을 뿌리기 멧칠 전에 비료거름을 전부 해서 씨값씨을 갈라야지 고로 나게쓰며 그리고 적기에 갈려고 기다리지 말고 좀 일적다 할 때는 무우을 갈라지 무우농사을 잘 지을 수가 있따고 생각을 한다."
수입 … 공전 200원

〈1974년 9월 3일 화요일 낡씨 맑음〉

"아직 한국으로 바서는 수사계통에 공무원 일체 부정으로 들어가는 사람이 업씨 아큐가 좋은 사람이 들어가야 범재 사실도 잘 알 뿐 아니라 안전하게 살 수가 있찌 않을까 하고 생각도 하며 자신이 만약 이 일을 맡타서 한다면 돈이고 머고 일체 업쌔고 지능지수만 높다면 채용하게다."
수입 …… 물건값 200원
지출에 … 비누 40원 골주 할 나무 100원
計 140원

〈1974년 9월 4일 수요일 낡씨 맑음〉

"배추밭태 머더린 배추씨가 낫는가 하고 가보았든이 아직 나지 안코 그대로 있쓰며 배추밭치 헌안[훤한] 대가 만아서 김매기도 하기 실어며 짜증박에 안 나며 내년에는 채소가 일적아다 하다시피 갈 작정이다."

〈1974년 9월 5일 목요일 낡씨 맑음〉

혜지가 오래 동안 밥을 안 먹고 보채기만 하고 있는 것을 보니 극정이 이류어 말할 수가 업꾸나.
그리고 두 형제관이 딸더리 왜 그리 헌난지[흔한지] 알 수가 업꾸나. 현 시대로 바서 아들이 마차서 나야 가족이 단추하게 대지 그러치 안코 딸더리 먼저 나면 가족계힉이 숲푸로 도라가고 만다.
수입에 … 물건값 1,500원 수리비 200원
물건값 100원
計 1,800원

〈1974년 9월 6일 금요일 낡씨 맑음〉

"혜지 홍역으로 너무나 보채서 김천소아과에 진찰을 해보니 몸 안에서 열을 들 푼어내서 보챈다고 말을 한다는데 이것이 십개 풀리며 다행인데 잘 풀리지 안코 보채기만 하며 보통일이 아니며 혜지 외할머니가 만약 일적 집배 가면 집사람은 밥도 재{대}로 못할 형편이니 보통일이 아니구나."
수입 …… 수리비 200원 물건값 200원
計 400원
지출에 … 혜지 홍역 치료비값 1,000원

〈1974년 9월 7일 토요일 낡씨 맑음〉

"우리 마을 새마을창고 준공식 한다고 돼지을 잡고 그창하게 하여서 손님도 만으며 자신도 고기라도 먹을라고 예정은 하였는데 자전차 곤칠 사람이 만아서 고기도 먹으로 가지 못하고 하로 일과을 보내게 대어는데 너깨서 고기 목아지을 가지고서 잘 먹으다."
수입 …… 물건값 790원
지출에 … 얼기미값 450원 비누 100원
칼치 50 혜지 과자 20원 전기약
150원 홍역 예방약값 1,080원
計 1,830원

〈1974년 9월 8일 일요일 낡씨 맑음〉

"혜지 하나일 때는 집사람과 따뜻한 잠자리을 가질 수 있떠니 이제는 재롱동이가 하나 더 대니 집사람과 포건한 잠을 잘 수가 업쓰며 아들 때문에 잠도 푹 잘 수 업는 밤도 만아저는구나."
수입 …… 국수값 540원 수리비 100원
計 640원
지출에 … 혜지 빵값 10원

〈1974년 9월 9일 월요일 낡씨 맑음〉
"요줌은 국수 펠 사람은 만치만 집사람이 아직 몸이 여물지 않코 있키 때문에 국수 펠라고 가지고 오는 것이 오히려 급이 나는구나."
"장모가 와서 구안 하니라고 수고 만아는데 금일 집이 답답따고 집배 댕기서 올라고 가신는데 아무 것도 했주지 못해서 미안한 감이 살라저지을 안는구나."
수입에 … 물건값 270원 국수값 570원
計 840원
지출에 … 장모 가시는 데 과자 200원
합승비 100원
計 300원

〈1974년 9월 10일 화요일 낡씨 맑음〉
자신이 일하는 것을 보며 별료 무리하게 일하는 편원 아닌대 자신이 생각을 할 때에 경장이 고댄 너킴이 들며 사람이 개두[거동]을 못하는 것 같더며 잠이나 시킨[실컷] 자 바서며 하는 생각이 절로 나는구나.
수입에 … 국수값 390원 물건값 50원
計 440원
지출에 … 명숙이 20원

〈1974년 9월 11일 수요일 낡씨 맑음〉
무우 배추에 비료거름을 할려고 김매기을 안전이 하고 비료거름을 생각보다 아주 만이 하였는데 어린 무우, 배추에 지장이 업씨 잘 랄란지 알 수가 업쓰며 거름질이 아주 만아서 무우 배추가 망아지나 않을까 염려쓰렵다.
수입에 … 물건값 550원

〈1974년 9월 12일 목요일 낡씨 맑음〉
"아버지 재사날이 내일인대 우리 형제들이 적으나 직장을 잡아서며 아버지 재날을 허무하게 하지는 않을 땐대 아버지 재사을 뜻떳이 하지 못하는 나 자신이 부끄럽꾸나."
수입에 … 국수 220원 수리비 260원
計 480원
지출에 … 혜지 과자 20원 20원
計 40원

〈1974년 9월 13일 금요일 낡씨 맑음〉
"아버지 제사을 집안까지만 모여서 간소하게 재사을 끝을 보았찌만 자식 댄 도리로서 가슴 아픈 하로가 대어다."

〈1974년 9월 14일 토요일 낡씨 비〉
"때 아닌 비가 어세계 시작을 해서 봉답농사 잘 지어놓고 이제야 비바람에 다 쓰러저는 것이 아닐까 극정을 했든니 다행이 비가 시작을 하다 그만 말은 날씨가 대어 이그 더 큰 다행이 아니다."

〈1974년 9월 15일 일요일 낡씨 맑음〉
"오늘까지 장모 부측을 받다 이제는 안전이 가버리쓰니 혜지 볼 일이 큰일이며 오늘붜 집사람이 아이 둘 돌볼라면 여관일이 아니며 키울 일이 꿈 같다."

〈선대자금 8가마니〉[143)]
수입금액 32,000원

지출에 … 장모 가시는 데 사과 200원 과자 200 합승비 50원 멀리악[멀미약] 40원 처 약 100원 혜지 과자 10원
計 600원
수입에 … 다야 1,100원 항가 신부 300원 쟁 600원 수리 180원
計 2,180원

〈1974년 9월 16일 월요일 낡씨 맑음〉
"선둘 동서한태서 돈 이만 원 장래로 빌린 돈을 오늘로서 안전이 가파서 한결 가벼운 너킴이 대며 자신도 75年만 넘어쓰며 남왜깨 돈을 빌려줄 수가 있따고 생각을 하며 자람[사람]이 한 번 나며 목적을 달성해야만 이 세상에 살라따고 하지 그럿치 안코 어찌 살라따고 하겠는가."
지출에 … 동세[동서] 집 가는 데 술, 과자 300원 원금이 20,000원 이자가 3,200원
計 23,500원

〈1974년 9월 17일 화요일 낡씨 맑음〉
배추는 그런대로 배추 행세을 할 껏 같든데 무우농사는 아주 재로다. 왜냐하면 비료시기을 놓치서 무우농사을 피롱한 것 같더며 내년에는 참작해서 농사을 짓어야 대개쓰며 무우도 이량을 짓찌 말고 농사을 짓어며 가물을 면할 수가 있따고 생각을 하는데 내년에는 이랑 업씨 한번 지어보자 하는 너킴이 던다.
수입에 … 물건값 710원
지출에 … 혜지 과자 10원 전기세값 610원
計 620원

〈1974년 9월 18일 수요일 낡씨 맑음〉
"봉답 논에 벼 보니 만이 죽은 것은 아주 허무하게 죽어쓰며 그 중에 너깨 모내기한 논은 아주 더 죽은 것 같더며 봉답농사 만은 사람원 금년 농사가 피룡대어따고 해도 가연이 아니다."
수입에 … 쟁값 600원

〈1974년 9월 19일 목요일 낡씨 맑음〉
"도로부역을 하는데 우마차가 만아서 부역하기가 술라며 우마차에 한 대에 두 바라식만 하게 대면 앞 도로에 모래 한 벌식은 깔개 대니 우리 마을에도 우마차가 만원 것을 보며 가연 살기 좋은가바."
수입에 … 물건값 960원
지출에 … 물건값 2,180원
합승비값 120원
計 2,300원

〈1974년 9월 20일 금요일 낡씨 맑음〉
"무우 배추 바서는 비가 시급하다. 왜냐하면 무우 배추가 가물이 들어서 자라지을 못하고 노랏깨 물만 들어가니 어찌 무우농사을 잘 짓을 수가 있깨는가. 벼 수학에 지장이 있는 한이 있더래도 비 좀 았쓰며 하는 생각 간절하구나."

143) 선대자금 8가마니와, 그 수입금액에 관한 내용은 원문의 지면 중간에 적혀 있으며, 당일 일기의 다른 내용과 구분하기 위하여 내용 전체를 선으로 둘러쳐 놓았다.

지출에 … 혜지 과자 20원 비누값 100원
술값 80원
計 200원

〈1974년 9월 21일 토요일 낡씨 맑음〉

우리 채소 바서는 시가 급파대[급한데] 비가 완 아서 채소농사는 안전 실패로 도라가는 것이 아닌가 하고 극정이 이루어 말할 수가 업쓰며 밭태 곡석도 재대로 익어가는 것이 아니고 가물어서 억찌로 익꼬 이꾸나.

수입 …… 한가 신부값 300원 안장 650원 수설막키 80원 반도 라이닝 150원 쌀 200원 다야 주부 1860원 조립배달 200원
計 3,440원

지출에 … 혜지 과자 10원

〈1974년 9월 22일 일요일 낡씨 맑음〉

자신한태는 비가 시급한대 비는 올라고 꿈도 안 꾼는 모양 하늘은 구름 한 점 업고 있쓰니 어찌 마음이 안 탈 쏘냐.

수입에 … 수리비 120원

〈1974년 9월 23일 월요일 낡씨 맑음〉

고바우라사가 신계업했따면서 마을마다 지도자 대는 사람 만이 선전하기 위하여 봉사한다면서 모직으로 아주 헐깨 했준다고 해서 한번 보까 했든니 가입비로 돈 천 원을 달라고 하면서 영수증을 하더라. 자신원 선전하기 위해서 가입증을 주어서 보고 하는 것이 아니고 가입만 하기 대면 1,000원이더니 말 한 마뒤에 속아따고 보고 있쓰며 앞푸론 요론 피아라 가지고곤 한 번 더 쏙찌을 안을 껏이다.

지출에 … 가입금 1,000원

수입에 … 1,090원

〈1974년 9월 24일 화요일 낡씨 맑음〉

"큰집배 과손에 개사에 스레트 일라고 지봉 손질에 바파스며 지붕을 흐러 보니 할 일도 무진장으로 만으며 실찌 평구대을 형제들 키리 글어 보니 아주 더뒤며 목수들에깨 돈을 주어도 싸다고 생각까지 들더라."

수입에 … 물건값 450원 국수값 70원
計 520원

지출에 … 혜지 과자 40원

〈1974년 9월 25일 수요일 낡씨 맑음〉

"큰집배 개사 지붕개량을 금일로 안전하게 손질이 대어쓰며 안전이 손질을 하고 나니 정말 미듬서으며 돈이 들어가니 가연 좋키는 좋꾸나."

수입에 물건값 210원 국수값 720원
計 930원

지출에 물건값 100원 명숙이 이발비 100원 혜지 과자 20
計 220원

〈1974년 9월 26일 목요일 낡씨 맑음〉

"헌 삐대[뼈대]에 새 부속으로 안전하게 자전차을 꾸미서 파라 보까 하는 생각으로 그리쳐[거래처]에 갇든니 그리쳐에서 개산이 맡지 안는다고 하지 마라고 해서 물건을 하지는 안예찌만 자신의 생각으로는 나 자신의 일당은 대리라고 생각을 하는데 생각 좀 더 해바야 대겟다."

지출에 합승비 240원 물건값 6,670원 시마지 500원 우물 피스톤 1,180원 콩기름 180원 벽지 120원
計 8,890원

수입에 … 80원

〈1974년 9월 27일 금요일 낡씨 맑음〉

"동래 방목하는데 오전에는 어절 수 업시 아카시와을 해주어쓰며 오후에는 점방에 일끄리 때문에 방목에 하려도 못 가고 마랐다."

금년 쳐소 보니 정말 한심할 정도. 왜냐하면 비가 완 아서 채소들이 잘라지을 못하고 있는 것을 보니 금년 김장은 좋은 것 먹키는 다 뜰리따고 생각한다.

수입에 … 물건값 740원

지출에 … 명숙이 10원 혜지 과자 10원

計 20원

〈1974년 9월 28일 토요일 낡씨 맑음〉

"돈이 만으며 물건을 만이 뛰어 와서 장사을 하게 대면 자신도 수라갯쓰며 일도 더 댈 껐인데 돈이 만이 업따 보니 경비도 만이 소모대고 있꾸나."

지출에 … 합승비값 120원 물건값 2,500원 과실 · 배값 100원 혜지 과자 20원

計 2,740원

수입에 … 주부 다야 1400원 수리비 250원 수리비 230원 물바가지 40원 비달[페달] 수리 100원

計 2,020원

〈1974년 9월 29일 일요일 낡씨 맑음〉

"요줌은 자신에 만족할 정(도)로 장사가 대며 남들도 잘 댄다고 하니 만족한 마음 이루어 말할 수가 업꾸나."

수입에 … 물건값 2,400원

지출에 … 이발비 100원 집세값 1,500원

〈1974년 9월 30일 월요일 낡씨 비〉

"팔을 한가위는 중앙간상대에서 밝은 달을 볼 수가 있따고 예고하든니 달 보마카이 비가 내리고 있꾸나. 이 비가 나락에는 말할 수 업시 피해가 크다고 하지만 채소예는 정말 좋은 비다. 이 비가 십일만 빨리 왔따면 채소도 풍년을 약속할 줄 모르는데 이제야 왔서 크게 배차[배추] 형세는 못할 꼈으로 내다보고 있다."

"나 자신도 조금 변해따고 해도 가연이 아니구나. 그전에는 한가위을 지내며 그저 놀고 십픈 마음 말할 수 업는데 이제는 나위가 들어서 그른지는 몰라도 한가위에 노는 것이 시간이 지루하며 빨리 일을 해야지 하는 생각이 드는 것을 보니 나 자신도 만이 늙어는가바."

㊈月

"월말 총지출금액"

計 44,980원

"월말 총수입금액"

計 56,700원

〈1974년 10월 1일 화요일 낡씨 비〉

일기가 왜 변덕서러운지 알 수가 업꾸나. 가을 날씨로 바서는 비가 한 번 오면 금세라도 말은 날씨을 보이야 대는데 그르치 않코 허나며[흔하며] 비가 내리는 것을 볼 때에 장마 모양 사람들을 생왜을 먹일 껏 같꾸나. 이 비가 지급게 이른 비가 댈 바예야 채소 숭년을 보는 것이 아주 좋은 것이 댈 뿐예는데 이 비가 그치지 않코 장마을 천다면 적은 것 먹고 큰 것을 버리는 격이 댄다.

지출에 … 혜지 과자 20원

〈1974년 10월 2일 수요일 낡씨 비〉

"날씨 지정그리는 것을 보니 보통일이 아니구나. 왜냐하면 가을 날씨가 비만 지정그리니 수학하기가 여관 심이 아니개꾸나."

"혜지가 그쳐름 젗을 빨더니 동생 나고는 젗을 빨라고 들치을 안는 것을 보니 동생이 나개 대면 안만 어리도 자연적 머러저는가. 자신이 생각을 할 대는 지 동생이 나도 저르깨 빨개 대면 하나는 못 키우지 하는 생각 머리에 떠나지을 안터니 지 동생이 나니 자연적 젗이 머러저는 것을 보니 이상하며 생각할수록 이상하더라."

수입에 … 물건값 2,690원

〈1974년 10월 3일 목요일 낡씨 맑음〉

"이번 비에 배추는 아주 달라젔쓰며 무우는 무시 행세을 못 할란가 몰라도 배차는 배차 행세을 할 수 있따고 생각을 하며 금일 채소에 비료거름을 하는데 채소에 비료거름도 만이 더러가는구나."

수입에 … 물건값 4,650원

지출에 … 돼지고기값 400원
혜지 과자 20원
計 420원

〈1974년 10월 4일 금요일 낡씨 맑음〉

대신국민학교예 운동회 가는데 구경 잘하고 잘 놀고 하여는데 마지막 길목에서 싸움하는 사람을 말류해서 대리고 오는데 자신이 아는 사람인데 상대방이 눈 빨라고 눈을 보고 슈시는 것을 보고 사람이 어이 더러깨 독종인가 하고 급이 슬슬 (나)며 난생 처음 독카개 싸우는 것을 보았쓰며 아는 사람인데도 불구하고 그만 집부로 오고 마랐지만 오면서 말류하지 못하고 온 것이 미안해저는 너킴이며 나중에 그 사람을 볼 때 어떠개 보나 생각할 때에 미안점 말할 수가 업꾸나.

지출에 … 친구와 술값 300원
혜지 노리개 100원
計 400원

〈1974년 10월 5일 토요일 낡씨 맑음〉

"돈이 적으니까 경비가 아주 많이 나는구나. 돈이 만아떠라면 적은 물건 하로 안 갈끄며 경비도 안 날 낀대 돈이 적키 때문에 손에을 만이 보개 대는구나."

지출에 … 합승비 120원 물건값 2,000원
혜지 원기소 450원 구루마 신부 잡는 것 300원 수도 물박가지 125원
計 2,995원

수입에 … 수도 피스톤 250원 고무 50원
호구 수리 700원 라이닝 150원
배달 신부값 150원
計 1,250원

〈1974년 10월 6일 일요일 낡씨 맑음〉

"상점에 연장이 안전하게 갈추지 못했서 큰일은 못할 형편이 일할 껏을 보고도 못하니 예료가 만꾸나."

지출에 … 혜지 과자 10원

수입에 … 물건값 1,300원

〈1974년 10월 7일 월요일 낡씨 비〉

"자신이 생각할 때에 벼 이삭이 푸리다고 생각을 하는데 마을에도 일부 벼 비기에 들어갈쓰며 수일 내로 전부가 시작을 할 껏수로 보고 있다."

수입에 … 물건값 500원

지출에 … 보리 밑거름값 940원 물건값 1,700원 가위 300원 서매키리 값 80원 합승비 120원 혜지 과자 10원 물밍태[물명태] 150원
計 3,220원

〈1974년 10월 8일 화요일 낡씨 흐림〉

"군 체육대회 하는데 정말 만이 가더라. 구경 가는 사람이 앞 도로 오전 내 각 차서 올라가며 농소운동장에 아포면 사람만이라도 돌라서지 못할 정도 댈 껏 같더며 그전에 바서는 우리 마을로 바도 〈유지급〉 멫 사람이 같따 오고 하는데 금년에는 무선 영문지 알 수가 업시 동내사람 그동했따고 해도 가연이 아니다."

수입 … 물건값 560원

〈1974년 10월 9일 수요일 낡씨 맑음〉

"벼 비기에 들어감"

남들은 벼 벼기에 들어가는데 아직 우리는 밭태 두엄을 한 벌 깔고 이랑을 전부 만들어 노코 벼 벼기에 들어갈라고 하니 마음이 어뒨가 모르게 바뿌구나. 그래서 도구나 철라고 가보니 도구물도 나갈 껬이 업고 해서 벼을 조금 비고 들어오고 마랐다.

수입에 … (물건값) 880원

지출에 … 혜지 과자 10원

〈1974년 10월 10일 목요일 낡씨 맑음〉

〈현미 한 쌀 1.5돼〉

〈한 단지 5,000원〉

"우리도 벼 비기에 들어같다. 금년 벼 비기에는 좀 일적은 감이 들며 그전에는 여자들은 밥 가지고 나와서 벼 한 단식 그들고 마는데 이재는 여자들이 오명식 짝을 짓어 돈을 벌라고 들며 여자들이 벼을 비도 오명이며 한 단지을 일적 빈다니 여자 버리가 아주 큰 샘이 댄다. 그리고 머지완아 여자들이 남자 일로 이전댈 껏 같꾸나."

수입에 … 물건값 330원

지출에 … 고기값 100원 사카루, 소다 60원 형 담배 200원
計 360원

〈1974년 10월 11일 금요일 낡씨 맑음〉

복판 벼을 오늘로서 안전이 비찌만 남들 비에서 오래 빈 셈이 댄다. 그리고 통일벼가 처음에는 매칼이을 못했서 집부로 했는데 올해는 통일벼 지[짚] 매칼이로 하는 사람이 절반은 대며 통일벼도 자기 몸이 하 내 하 내 가면서 아주 변하는 것을 보니 처음보다 수학량이 떠려절 껏 같다.

수입에 … 호구값 500원

지출에 … 멜치값 100원 칼치값 100원
計 200원

〈1974년 10월 12일 토요일 낡씨 맑음〉

"경희내 서양바실에 나락도 별료 잘 대지도 않에는데 우리 형제 사명이 점두록 비는 것을 보며 우리 형제들이 낮질을 못하는가바. 술 먹는 사람은 삼명이 한 단지식 빈다고 하는 것을 보니 술 먹는 사람과 술 안 먹는 사람들과는 일예 차이점이 있따는 것을 이제야 알 수가 있다."

지출에 … 조카 소풍가는 데 100원
스레트 융자금 5,000원
計 5,100원

〈1974년 10월 13일 일요일 낡씨 맑음〉

남들보다 벼 비는 것이 줄지을 안아서 형제

사명이 똑갈치 논아서 벼어 보니 그진 갈치 비는데 시합을 하지 안으며 벼을 천천이 비는가바. 남들 비예서 아주 못 비고 있더라.
수입에 … 20원

〈1974년 10월 14일 월요일 낡씨 맑음〉
〈복판 발가리 쉬움〉
금일은 벼 벼기 하는데 잘 줄더라. 어재 시합을 해서 그른지는 몰라도 아주 잘 주러며 우리도 금일 갈치마 하게 대면 남들보다 적개는 안 비지 쉬뿌더라.
그리고 중앙강산대에서 내일 비 온다고 해서 복판 논에 발가리 쉬우는데 아주 저물두록 일을 해서 다 쉬우고 마랐다.
수입 … 120원

〈1974년 10월 15일 화요일 낡씨 흐림〉
"오늘로서 들까지 논은 안전이 비쓰며 이재 물 픈 논에만 비계 대며 넉둘[넉들]은 안전이 빈 샘이 대며 금년에는 통일벼을 만이 해서 가을 수학이 좀 일적 아리라고 생각을 하고 있다."
"적녁을 먹고 잠자리에 들어갈려고 있는데 삼촌이 부른다고 말을 하길려 내려가 보았든니 다름이 아니고 집 앞패 밭을 니가 부치라고 말씀하더라. 나 자신이 시관을 나오면서 밭도 업고 논 한 단지박깨 타고 나온 그밖에 업쓰서 초라하게 바든지 큰집 형수가 부치든 밭을 나을 부치라고 하니 정말 고맙더라."
수입에 … 60원 50원 計 110원
지출에 … 전기세값 610원

〈1974년 10월 16일 수요일 낡씨 맑음〉
늑둘[넉들]은 오늘로서 벼 비기와 발가리 일을 안전이 맡치서며 이재는 봉답만 손질을 하게 대며 끝이 난 샘이 댄다.
수입에 … 물건값 1,520원
지출에 … 전구담아 60원 혜지 과자 20원
計 80원

〈1974년 10월 17일 목요일 낡씨 맑음〉
봉답 벼 배기을 하는데 아주 잘 대어쓰며 너무 일적에서 그른지는 몰라도 좀 뿌린[푸른] 감이 들며 일적에서 손애 좀 보지 안나 하고 염려도 대는구나.
수입에 … 물건값 2,200원
지출에 … 비누값 180원

〈1974년 10월 18일 금요일 낡씨 비〉
"이번 비가 불필요할 뿐 아니라 가을 씨값씨 뿌림을 하는 데 큰 지장을 줄 뿐 아니라 추수하는 데 연장을 만이 시키개쓰며 논보리는 추지서 못 갈지 하는 생각도 더는구나."
지출에 … 혜지 과자 10원

〈1974년 10월 19일 토요일 낡씨 맑음〉
"삼춘이 준 밭태 보리 갈라고 이랑 만더는 것으로 하로 일과을 보냇다.
밭을 갈라 보니 밭살이 아주 좋으며 적으나 두엄이 들어가면 아주 곡석이 잘 댈 껏 같다."
지출에 … 형 밭가는 대 빵 200원
스레트 융자금 남어지 2,460원
計 2,660원

〈1974년 10월 20일 일요일 낡씨 맑음〉
〈보리 씨값씨 파종함〉
들까지 보리 갈라고 이랑을 만드러 나쓰며 금년에는 흙거름을 안 아고 그냥 문때서 씨값시을 늙 작정이다.
그리고 건내밭태 안전이 이랑을 만들어서 씨갑씨을 헌치서 손매짐을 다 하여쓰며 우선 바서는 밭살도 좋코 해서 곡석이 잘 대리라고 생각을 하는데 어떠게 댈란지 알 수가 업꾸나.
지출에 … 10원

〈1974년 10월 21일 월요일 낡씨 흐림〉
"가을 날씨가 맑아야 추수하기가 편하고 일적 대지 이르께 낡씨가 흐리저 가지고 사람만 골탕 먹일라고 이레깨 흐리저는 것이 아닐까."
그리고 벼 벼기는 경희내 봉답밖에 남지 안아서며 앞푸로 열흙만 맑은 날씨가 댄다면 가을은 맡칠 수가 있따고 보는데 낡씨 때문에 극정이다.

〈1974년 10월 22일 화요일 낡씨 흐림〉
물 픈 논에 이랑을 만들어 보리씨을 갈라쓰며 우리 형제 사명이 도구에 뒤까지 쳐서 두엄까지 우마차로 실어 너어 안전이 보리씨을 가는 작읍을 맡치는데 종일에 좀 일적하게 일과가을 맡치고 마랐다.

〈1974년 10월 23일 수요일 낡씨 맑음〉
들까지 보리논에 보리을 가는데 그전에는 흙그름을 전부 지계로 저 부서 보리을 가는데 금년에는 힘이 든다고 그냥 문때서 가는데 우선 보기에는 보리가 잘 날 껏 갈더며 자신 생각으로는 금년이 보리을 재일 잘 갈라따고 생각이 더는구나.
그리고 봉답에 밀만 갈개 대며 가을일은 그진 다 했따고 생각이 대며 이삼일 후며 탈곡에 들어갈 끄라고 생각을 하고 있다.

〈1974년 10월 24일 목요일 낡씨 맑음〉
오늘로서 보리, 밀, 전부 파종에 끝을 냇쓰며 내일은 경희내 밀만 갈라주면 벼 탈곡에 들어가는데 내일로 안전이 할 수가 있쓸란지 알 수가 업꾸나.

〈1974년 10월 25일 금요일 낡씨 맑음〉
금년 씨갑씨 파종은 끝을 냇쓰며 금년 가을 파종은 수란 너킴이 들며 가을 추수도 작년에 비와며 아주 빨리 돼지 안나 하고 내다보고 있다.
수입에 … 물건값 800원

〈1974년 10월 26일 토요일 낡씨 맑음〉
복판 통일벼 탈곡을 하는데 생각보다 벼알이 충실지 못하며 작년보다 생산량이 적지나 안을까 극정이다.
지출에 … 두부 100원

〈1974년 10월 27일 일요일 낡씨 맑음〉
벼 탈곡을 안전이 해서 풍구질을 해보니 정말 헛농사 만이 지어꾸나 하는 인식이 들며 우리 나락이 이러깨 만이 죽어떤가 하고 의심이 들 정{도}로 쭉쨍이 나락이 한 단지에 (두 섬음) 대개쓰며 작년보다 생산량이 아주 적따고 생각이 더는구나.
그리고 앞푸로 통일벼 생산대는 것을 보니 통일벼도 머러절 끄시며 정부에서도 하로 빨리 만이 생산대는 종자용을 선정을 해야 대겟다.
지출에 … 형 단배 100원 술값 90원
고기값 250원
計 440원

〈1974년 10월 28일 월요일 낡씨 맑음〉

옛말이 비들기는 언재나 마음이 콩밭태 있따고 말들을 하든니 자신이 무선 일을 해도 상점에만 마음이 가며 공상을 해도 어떠개 하며 장사가 잘 대나 요론 구절로 나날을 보내고 있는 형편이다.

〈1974년 10월 29일 화요일 낡씨 비〉

오늘은 경희내 봉답 논 말고는 안전이 추수을 하여쓰며 경희내 통일벼는 빌 때는 좀 신찬은 너킴이 들더니 안전이 탈곡을 하여서 보니 신찬은 너킴도 업고 벼알이 아주 좋은 너킴이 들며 매상 대며 아주 등이 잘 날 껏 같더라.

〈1974년 10월 30일 수요일 낡씨 개임〉

{〈}〈현미 한 쌀이〉 6말에 조금 부족하더라.〉

금일부터 큰집 벼 탈곡에 들어같는데 날씨가 변득서러어 사람 마음을 바푸게 하고 있꾸나. 낡씨는 변득서러운 날이 대더라도 비만 오지 안는다면 매상 대는 데 극정 업시 탈곡을 하게는데 낡씨 변득서러어 마음이 곱 뒤구나.

〈1974년 10월 31일 목요일 낡씨 맑음〉

금년 해는 벼 탈곡을 일적 한 사람보다 너켸 한 사람이 아주 잘하는구나. 왜냐. 바람이 태풍 모양 불고 있쓰니까 벼알은 잘 말라서 매상 대는 데 건조에는 극정 업시 댈 껏 같다.

(10月)

월말 총수입금액
計 16,825원

월말 총지출금액
計17,430원

〈정미 말 수〉
計 7말 5돼

〈1974년 11월 1일 금요일 낡씨 맑음〉

안전 겨울날씨가 댄 것쳐름 추어서 원신을 못할 정도라 무우 배추가 동해을 입을까 염려도 대는구나.

지출에 … 장갑 60원

〈1974년 11월 2일 토요일 낡씨 맑음〉

업는 사람은 통일벼 농사을 지어야 대갯다. 왜냐하면 수학량이 아주 만아서 일반벼 농사 지을 때보다 고급생활은 할 수 있따고 생각을 한다.

그리고 큰집배 내가 알기론 금년 해쳐름 각두지예 깍 차서 너을 수가 업쓰서 청[마루] 구석에 나락을 무지 논 해는 올해가 처음이며 정말 통일벼 만이 생산대는구나.

〈1974년 11월 3일 일요일 낡씨 맑음〉

오늘로서 큰집배 벼 탈곡을 안전이 하였쓰며 이제는 상점 문을 계속 열 수 있깨쓰며 장사가 대든 안 대든 매일 열려 볼 결심이다.

수입에 … 수리비 180원

지출에 … 혜지 과자 30원

〈1974년 11월 4일 월요일 낡씨 맑음〉

"오늘로서 양 집배 전부 탈곡을 알로하고[완료하고] 김천 물건 하로 같든니 대리점에서 물건 판매하는 것을 보니 자신보다 더 흙계하는 너킴이 들며 자신도 학생들의 말을 더러보며 너머 흙켸 한다고 말을 하는데 자신이 대리점에 판매하는 것을 볼 때에 도매, 소매, 구분이 업는 너킴이 들며 이문을 아주 밖하게 바야 대갯따는 인식이 들더라."

수입 …… 물건값 1,200원

지출에 … 합승비값 120원 생기날 빛 500원 물건값 4,000원 고무장값 250원
計 4,870원

〈1974년 11월 5일 화요일 낡씨 맑음〉

오래 만에 상점 문을 점두록 열려서 일을 하여다.

고물장사가 적으나 댄다면 돈을 빨리 벌 수 있캐따고 생각을 한다.

수입에 … 물건값 100원 200원
計 300원

지출에 … 혜지 과자 20원 비누값 130원 초값 30원
計 180원

〈1974년 11월 6일 수요일 낡씨 맑음〉

"안집배 벼 탈곡하는데 나 자신 바푸다고 안 예줄 수가 업쓰서 금일은 그들어 주어쓰며 마당이 적으서 노동이 만아도 만원포도고 재각기 바푸기만 하더라."

수입에 … 물건값 1,150원, 950원 50원
計 2,250원

〈1974년 11월 7일 목요일 낡씨 맑음〉

금년에는 배추농사는 재대로 지어찌만 다들 무우농사는 좋은 사람들이 업쓰며 무우배추도 수일 내로 수학을 다 할 꺼으로 내다보고 있다.

그리고 본동 사람이 헌 자전차을 가지고 와서 싸라고 했서 앞면에[안면에, 즉 아는 처지에] 어절 수가 업쓰서며 돈이 급파다고 하면서 이천 원만 달라고 해서 이천 원을 주고 쌰는데 소내가 안 갈란지 알 수가 업꾸나.

수입에 … 물건값 800원

지출에 … 자전차값 2,000원

〈1974년 11월 8일 금요일 낡씨 흐림〉

지붕 일라고 연계 역는 것으로 하로 일과을 보냇다. 대다수가 지붕계량을 다 하였는데 자신은 지붕계량을 못하고 연계로 집을 일라니 힘이 만이 들 뿐 아니라 정말 못하겟더라.

수입에 … 물건값 2,210원

지출에 … 집세값 1,500원 헤지 옻 400원 혜지 과자 20원
計 1,920원

〈1974년 11월 9일 토요일 낡씨 흐림〉

무우 수학을 하는데 자신은 상점에서 바빠서 가지 못하고 동생이 우마차로 한 구루마 가지고 오는데 정말 행편 업더라. 금년에는 일기변득으로 그러치만 앞푸론 무우농사을 잘 지어야 대겟다.

수입 …… 물건값 590원

지출에 … 혜지 과자 10원

〈1974년 11월 10일 일요일 낡씨 맑음〉

"정부에 정말 돈이 만원가바. 치료사업[취로사업] 하는 데 가지고 단이는 것을 보며 소고리에 한 소고리식 4번만 왔따 가면 820원식을 주니 정부에 돈이 무한정 있는가. 이 일은 정부에서 업는 사람을 바 주는 의미로 치하는 것이지만 치료 대상자도 좀 생각을 해서 일을 하게 대면 별문제가 대는

데 그러치 안으니 각도가 좀 달라저야 안 아겟나 하고 생각도 더는구나."

수입에 … 물건값 3,660원

지출에 … 합승비 120원 모자 300원 물건값 1800원 멸치 100원 고무줄 50원

計 2,370원

〈1974년 11월 11일 월요일 낡씨 흐림〉

"보리파종을 했는 것이 낡씨가 가뭄 바람에 보리 촉이 나지 못하고 보리 고대로 있는 것을 보니 비가 시급하구나."

수입에 … 물건값 590원

지출에 … 감기약 250원 술값 210원

計 460원

〈1974년 11월 12일 화요일 낡씨 맑음〉

일기가 불순해서 사람들예깨 은신을 못하구로 하며 감기가 들어서 생왜을 먹고 있쓰며 감기가 들어서 연개도 못 역고 마음이 답답정이 들어 못엇을 할 주망을 몰겟꾸나.

수입 … 물건값 1,020원

〈1974년 11월 13일 수요일 낡씨 맑음〉

"요줌 같더며 장사가 재대로 대며 요대로마 대며 밥은 먹을 수가 있따고 생각을 하며 돈이 더러오는 일은 고대지 안코 시간이 지루하지을 안는다."

〈곡상에깨 달린 것〉 통일벼 139斤 1근에 67원 일반벼 29斤 1근에 77원

수입 …… 計 11,440원

수입에 … 물건값 800원

지출에 … 장값 80원

쳐 친구에 차비값 100원

計 180원

〈1974년 11월 14일 목요일 낡씨 맑음〉

우리 보리 좀 나두록 보슬비라도 왔쓰며 하는 생각 관절한데 하늘에 구름 한 점 업는 하늘을 보니 예마 타며 보리 파종한 지가 불가 한 달 남짓한데 보리 수학을 접고 들어가니 생각할수록 너무하구나.

수입에 … 900원

지출에 … 혜지 활명수 40원 혜지 과자 10원 비누 100원

計 150원

〈1974년 11월 15일 금요일 낡씨 맑음〉

"김장단지을 살려고 김천장을 가니 정말 사람이 수도 업더라. 이 사람들이 돈 슬라고 이러깨 온 것이 사실이 아니갰나. 자신의 생각으로 상업을 할려고 하며 시내에서 하야 대갯따는 인식이 들며 의이 촌 상업이 어찌 배가 고푸지 안 깻는가."

수입에 … 물건값 1,860원

지출에 … 김장단지 1,900원

물건값 5,650원 반창고값 100원 혜지 내위 600원 아기 내위 500원 기름 180원 마늘 3접에 1,000원 김장소금 1,300원 장갑 80원 혜지 과자 10원

計 11,310원

〈1974년 11월 16일 토요일 낡씨 비〉

비방울이 떨러저서 이제는 보리 싹이 나겟꾸나 하고 좋아 했든니 그만 비도 오지 안코 맑은 날씨가 대니 그만 헌심이 풀리는구나. 보리에 비을 안 줄라면 눈이라도 푹 아서 돼지을 적사 준다면 마음이 캐알하겟냇는데 이래도 저래도 안 대니 정말 답답하구나.

수입에 … 물건값 1,350원

〈1974년 11월 17일 일요일 낡씨 비〉

보리에 알마전 비가 대어쓰며 특희 보리가 나지 못{한} 곳은 이번 비에 싹들이 도다날 껏 갈더며 만약에 얼러부게 대며 큰 손에가 날란지 몰라도 이번 비로 보리농사을 지어 놓아따고 해도 가연이 아니다.

수입 …… 60원

지출에 … 전기요금 560원 혜지 과자 50원
計 610원

〈1974년 11월 18일 월요일 낡씨 맑음〉

금일은 배추 수학을 했는데 배추 꼴이 형편 업쓰며 배추에 비료거름 들어같는 것을 보개 대며 배추 면적 바서는 아주 만이 비료거름을 했따고 생각을 하는데 배추가 재대로 안 대는 것을 보게 대며 비료거름 같지 고는 무선 작물이든지 풍년을 볼 수 업따고 절시리 너켜쓰며 앞푸로는 배추농사을 지을라고 들게 대며 흙거름을 하여야 댄다고 생각을 한다.

수입에 … 물건값 2,600원

지출에 … 물건값 3,200원 혜지 과자 20원
술값 190원
計 3,410원

〈1974년 11월 19일 화요일 낡씨 맑음〉

상업을 해보니 정말 별사람이 다 있꾸나. 자신도 말할 수 업시 후한 놈인대 손님이 기잔깨 노니 그만 신경질이 나며 손님에깨 대들게 대며 상업의 본위을 일깨 대고 있다. 앞푸론 요론 사람이 한 번 더 있캐 대며 웃섬으로 보내볼 작정이다.

수입 …… 물건값 900원

지출에 … 물건값 3,020원 합승비값 120원 혜지 과자 20원
計 3,160원

〈1974년 11월 20일 수요일 낡씨 맑음〉

"돈도 크게 벌지도 못하며 이거 할란래 저그 할라내 말할 수 업씨 마음이 바푸구나."
그리고 쳐과에서 쳐남이 아포 가면서 콩과 고구마을 가지고 와서 마음은 고마우나 나 자신이 어띤가 모러게 숙겨저며 이른 것이 업두록 하로 빨리 발판을 뒤더셔야 대는데 아직 시간이 좀 더 흙으랴 댈 빤이니 좀 예로가 대고 있꾸나.

수입에 … 50원

지출에 … 혜지 과자 30원
고추 빠우는데 30원
計 60원

〈1974년 11월 21일 목요일 낡씨 눈, 비〉

일기는 변득서럽고 집은 위지도 않코 있쓰서 극정이 대며 해년 집부로 집을 위개 대며 만 자는 들어야 집을 일 수가 있캐 대니 해년 개산을 한다면 자신의로 바서는 큰 심이 들개꾸나.

수입 …… 물건값 1,400원

지출에 … 혜지 과자 30원 190원
計 210원

〈1974년 11월 22일 금요일 낡씨 맑음〉

금일은 김장을 하는데 배추가 아주 나푸니까 남들이 김장 담우라고 배추을 같다 주며 인사을 하는데 아푸론 배추농사을 더 신경을 쓰서 지어야 대갯다.
그리고 형과 둘리서 바시냇이와 황시마에 과실나무을 심는데 모목이 아주 좋아서 본밭태서 멧 해 자란 나무 같더라.

수입에 … 물건값 2,080원

지출에 … 혜지 과자 10원
혜지 감기약 350원
計 360원

〈1974년 11월 23일 토요일 낡씨 눈〉

“보리밭 바서는 눈이라도 만이 오면 해갈이라도 면예서 좋다고 하지만 때 아닌 눈이 만이 오니 안전 겨울맡이 나며 자신의 할 일을 생각을 하니 마음만은 조급하구나.”
수입에 … 물건값 1,250원
지출에 … 혜지 과자 40원

〈1974년 11월 24일 일요일 낡씨 맑음〉

“상업하는 사람이 실수가 업쓰야 대는데 금일은 제석 사람에깨 자전차 수리을 안전이 한 것이 고장이 나서 끌고 간다는 말을 들을 때에 아 큰 실수을 했꾸나 하고 상점 문을 다둘 때까지 미안 너킴이 들더라. 앞푸론 이른 실수가 업쓰야 대며 더욱 더 새밀한 감심을 가지고 일래 임아야 대것다.”
수입에 … 물건값 1,170원
지출에 … 혜지 과자 10원

〈1974년 11월 25일 월요일 낡씨 맑음〉

상점에서 연개 역끌라고 일적 오게 대며 큰집에서는 새키뜰이 고장이 나서 몸부림을 쳐는 것을 보고 올라올 수도 업고 해서 본다고 보며 종일 글리고 말라 버리니 연개는 자꾸만 너저만 가는구나. 그리고 새키뜰을 새그 사개 대면 새키가 재대 나오는 줄 알라뜬이 그리치도 안코 매일 고장이 나서 새키가 대지 안으니 신경질만 나더라.
수입 …… 60원
지출에 … 비누값 200원

〈1974년 11월 26일 화요일 낡씨 맑음〉

연개을 엮는데 나재만 엮끄 보니 얼마 엮찌 못하고 해서 금일은 달이 유난이도 밝고 해서 연개을 달밤에 엮끄 보자 하고 한참 엮꼬 있쓰니 친구들이 와서 연개을 엮끄서 자신에 일을 들어쓰며 앞푸로는 달밤을 만이 이용 좀 해야 대갯다 하는 너킴마저 드는구나.

〈1974년 11월 27일 수요일 낡씨 맑음〉

재각기 삶매 몸부림 쳐는 것을 보니 급이 날 정도다. 왜냐하면 아직 분과도 안에서 부모 몰래 나락을 프내서 곡상에깨 달리는 것을 보니 인간의 삶매 경장이란 칼보다 더 무섭다는 것을 생각을 할 수가 있쓰다.
수입에 … 60원
지출에 … 혜지 과자 10원

〈1974년 11월 28일 목요일 낡씨 맑음〉

큰집배 매살 댈 준비한다고 하로 일과을 보내쓰며 큰집배 나락의 색갈은 좋은 편이 안대지만 모타로 두 번이나 부치서 다른 나락보다는 아주 깨껏한 편인대 등이 어떠개 날란지 알 수가 업쓰며 현미량은 아주 만을 껏으로 보는데 등 차이도 있쓰야지 하는 생각을 가지고 있다.
수입에 … 물건값 250원

〈1974년 11월 29일 금요일 낡씨 맑음〉

우리 마을에 창고에서 매상 금사[검사]을 하는데 자신이 볼 때에 기분으로 하며 검사원 하로의 기분으로 등의 차이점이 생기는 감이 더는구나.
그리고 큰집 나락이 쭉중이 나락이 업시 부치서 이등은 나리라고 생각을 했는데 점부 삼등이며 이등은 수득세 할려고 주위에서 이등 달라고 말을 했키 때문에 이등 4가마니을 어든 셈이 대며 내가 볼 때는 이등은 충분하리라고 생각을 했는데 자신의 생각 위에로 등을 맡고 마랐다.
수입에 … 60원
지출에 … 고기값 160원 혜지 과자 10원
計 180원

〈1974년 11월 30일 토요일 낡씨 맑음〉
오늘로서 연개는 안전하게 엮끄 노아서 연개 수가 좀 적은 감이 들며 집을 잘 일라고 들어도 집단이 여우치 안아서 마음에 들두록 위지 못하게더라.
수입에 … 물건값 210원
지출에 … 혜지 과자 20원

(11月)

"월말 총수입금액"
計 39,316원

"월말 총지출금액"
計 31,800원

"현미량"

〈1974년 12월 1일 일요일 낡씨 맑음〉
지붕에 연개 수가 몸채 21마람 아래채 7마람 計 28마람
"금일은 지붕을 연개로 위는데 형과 동생 셋시 위는데 좀 일적으며 작년보다 두 마람이 더 더려 같쓰며 앞푸론 지붕개량을 안 알래야 안 알 수가 업꾸나. 왜냐하며 벼단이 20원식을 하니 이런 말이 들이니 어찌 지붕개량을 안꼬 집부로 집을 일 수가 있쓸까. 벼집 들어가는 돈으로 지붕개량을 하여야지 하는 생각밖에 업꾸나."
지출에 … 형 담배값 100원 두부 200원
計 300원

〈1974년 12월 2일 월요일 낡씨 비〉
겨울비가 봄날 해동비 모양 포근하고 비가 아주 만이 내리고 있꾸나. 금일 비가 오니 자신의 마음이 재일 쉬운하구나. 왜냐. 어재 집을 싹 이고 일손을 맡치고 비가 오니 마음이 재일 캐운하구나.
지출에 … 혜지 과자 30원

〈1974년 12월 3일 화요일 낡씨 흐림〉
아무 상업이라도 겨울에는 불경기지만 자신이 일하는 것은 아주 공휴일이 대며 상업의 재미가 머러저는 너킴이 들며 어떠개 하며 돈을 잘 벌 수가 있쓸까 하는 생각밖 업다.
수입은 … 50원
지출에 … 집세값 1,500원

〈1974년 12월 4일 수요일 낡씨 흐림〉
자전차 사업은 겨울에는 영 재미가 업따고 하든니 정말 재미가 업쓰며 이른 상태로 간다면 왜로가 이만저만 대갯꾸나.
지출에 … 물건값 1,170원 혜지 과자 330원 멸치 100원 합승비 120원 꽁치값 200원
計 1,920원

〈1974년 12월 5일 목요일 낡씨 맑음〉
겨울삶이 땔감 할려고 소나무 엿가지을 한 짐 하는 것으로 일과을 보내쓰며 금년에는 솟갑단[마른 솔잎가지]을 마이 할 개핵이다.
수입 …… 물건갑 1,200원
지출에 … 혜지 보신약 140원

혜지 원기소 450원
計 590원

〈1974년 12월 6일 금요일 낢씨 맑음〉
큰집배 매상을 대는데 풍구 뒤로 나온 것을 반절을 너어서 공판장에 가가서 금사을 하다 검사원에깨 발각이 대어서 주위에 사람에깨 챙피을 보았다. 다행이도 매상 대로 온 사람이 아주 적으서 쟁피을 들 당했쓰며 만약에 초장 모양 사람이 대만은[대만원]이여더라며 큰 쨍피을 할 킨대 사람이 적으서 모면을 했쓰며 남들도 반절식 한 것을 가지고 매상을 잘 대는데 우리는 하로의 일수로 욕을 본 샘이 대며 앞푸론 이런 일은 안아야 대갰따고 생각이 들며 사람이 맑지 안으며 어뒤서나 힘을 못 쓰는 법이다.
수입에 … 100원

〈1974년 12월 7일 토요일 낢씨 맑음〉
"주인집 위우지에 우물 파는데 좀 그들어 줄라고 해도 어야지 바빠서 종일 그들어 주지 못하고 뜸뜸이 그들어 주어찌만 하로 종일 못해주고 해서 미안감을 말할 수 업꾸나."
수입에 … 물건값 560원
지출에 … 초값 30원 형 생일이라고 담배값 200원
計 230원

〈1974년 12월 8일 일요일 낢씨 맑음〉
"경희내 집배서 우리 세금 줄라고 오라고 해서 가니까 통일벼을 줄라고 해서 우리 통일벼을 경희내 대신 곡상에깨 달리고 나중 매상 댈 때에 경희내 나락으로 할려고 알속 825斤을 했다. 등이나 잘 날란지 몰개꾸나."
수입에 … 210원

〈1974년 12월 9일 월요일 낢씨 맑음〉
"상업이 댈 때는 사람 바풀 정도로 대고 한가할 때는 종일 놀다시피 노는데 나 자신은 황상 눈코 뜰 세 업시 바빠스며 하는 생각박에 업다."
수입에 … 물건값 2,320원

〈1974년 12월 10일 화요일 낢씨 맑음〉
집배 닭이 업쓰서 물건 할 겸 닭을 살려고 닭장예을 가서 닭을 보니까 생각보다 아주 비싸서 안 살라고 재다 할 수 업시 닭을 싸찌만 정말 비싸드라.
수입에 …
지출에 … 물건값 3,990원 닭값 두 마리에 1,400원 깔키 230원 장값 100원 새키 부속 100원
計 5,825원

〈1974년 12월 11일 수요일 낢씨 맑음〉
"아무 상업도 불경기라고 하지만 정말 장사 안 대서 극정이 이류어 말할 수가 업꾸나."
"우선 바서는 보리 씨값씨가 재대 낫쓰며 먼저 가물어서 씨가 잘 안 쓰떠니 이재는 씨값씨가 재대로 나서 씨갑씨 극정은 안 내노 낼 겻 같다."
수입에 … 50원

〈1974년 12월 12일 목요일 낢씨 맑음〉
"산소용접기을 살라고 김천 대륙상회을 갈든니 산소병 한 개 보증금으로 45,000원을 글어야 댄다고 하니 산소기 하나 장만할려고 들며 보통 심이 아니며 앞푸론 더 돈 업는 사람들은 더 못살 껏 같꾸나. 왜냐하면 머을 할려고 들며 십자가 넘깨 들어가니 어찌 돈 업는 사람이 뒤다볼 수가 업키 때문에 돈 업

는 사람이 더 못살 껏은 사실이다."
수입에 … 160원
지출에 … 합승비 120원

〈1974년 12월 13일 금요일 낡씨 흐림〉

자본 업씨는 돈 벌기가 힘이 만이 더는구나. 기본금이 업키 때문 물건을 재대로 못 갈다 놋키 때문에 업는 물건이 만아서 못 파는 물건이 만으니 어찌 업는 사람이 돈을 벌 수가 있캐는가.
수입 …… 400원
지출에 … 비료대값 940원

〈1974년 12월 14일 토요일 낡씨 눈〉

국민학생들이 쓸매 칼 같타 노어라고 볼 때마다 이야기을 했쓰 금일은 일부로 칼 할려고 싸가지고 왔는데 을마나 사용이 댈련지 알 수가 업꾸나.
수입에 … 물건값 900원
지출에 … 털신 600원 슬매 칼 700원 합승비 120원
計 1,420원

〈1974년 12월 15일 일요일 낡씨 맑음〉

금년 한 해도 불과 십오일밖에 남찌 안아는데 저축금액 업시 한 내을 너기개쓰며 금년도 알맹이 업는 한 해을 너기개 댄 심정 정말 가슴 아푸구나.
수{입}에 … 물건값 750원

〈1974년 12월 16일 월요일 낡씨 맑음〉

형과 둘리서 매상 주비한다고[준비한다고] 하로 해을 보낸 샘이 대며 작년에는 매상을 10가마니 했는데 금년에는 열닷섯 가마 할려고 안전이 준비을 했노았는데 금년 양석이 부족이라도 안 댈란지 몰개꾸나.
지출에 … 형 담배 100원

〈1974년 12월 17일 화요일 낡씨 눈〉144)

"앞푸로 처 대집을 안 알 껏이며 꼴도 보기 실타."
"사람이 한 번 살지 두 번 살갰나."145)
에당초 약속한 사람 대구로 결혼을 했쓰마 잘하는데 하로 상관에 자신의 마음이 변화여 그만 포기하고 일료[이리로] 한 것이 이재 와서 생각을 하니 잘못한 것이라고 생각이 대며 처음에 마음먹은 것으로 행동을 취해야 대는데 자신도 쥬때가 업쓰서 고민이 이루어 말할 수가 업꾸나.
금일료 용접기을 장만했쓰며 상업 대는 것으로 바서는 너무나 가도한 밑천을 더리고 있꾸나.
지출에 … 합승비값 180원
용접기 61,900원
計 62,080원

〈1974년 12월 18일 수요일 낡씨 눈〉

경희내 나락으로 매상을 대서 등이 잘 나 수입을 만이 보게 대어쓰며 이 만원 돈을 저축을 못하고 물건 하는 데 다 더려가서 서운한 점은 있꾸나.
수입에 … (15가마에) 3등 열 가마
2등이 5가마
計 112,000원

144) 이 날의 일기는 부인에 대하여 무슨 일인가로 화가 나 기록한 탓인지 글씨체가 평소와는 달리 크고 거칠며, 지면도 몹시 어수선한 감이 있다.
145) 이 내용은 지면의 왼쪽 여백에 세로쓰기로 적어놓았다.

수입에 … 물건값 800원
지출에 … 전기요금값 560원
혜지 과자 20원
計 580원
〈큰집배 빛 쓴 것〉 5,000원

〈1974년 12월 19일 목요일 낡씨 맑음〉

"용접기을 처음 시작을 했보니 깨스 소모만 만이 시키고 잘 안 대며 오늘 같치 소모을 만이 시키서 일을 한다면 적자가 댈 껏으로 생각을 한다."

수입에 … 용접 50원
지출에 … 혜지 과자 20원

〈1974년 12월 20일 금요일 낡씨 맑음〉

이재는 상점 안이 허술래 보이지 않코 어어느 정도 상점이 어울리는 감이 더는구나.

지출에 … 용접기 운님 200원 용접용 안경 500원 합승비 60원 열차비 30원 물건값 6,660원
計 7,450원

〈1974년 12월 21일 토요일〉

"이재는 보리 해갈을 안전이 해소시킨 샘이 대는구나. 이번 눈이 보리에깨는 큰 도엄이 대어따고 보고 있다,"

〈이발료〉 30斤
〈모판용 도지〉 27斤 計 57斤
수입에 … 물건값 1,200원
지출에 … 비누값 100원 혜지 과자 20원
計 120원

〈1974년 12월 22일 일요일 낡씨 맑음〉

새마을사업에 돈벌이 나갈라고 생각을 해 보았찌만 잘 안 대는구나. 왜냐하면 새마을 사업 돈버리가 자신에 상점 밑[몇] 배나 벌 수가 있찌만 상점 문을 안전이 닫고 돈 벌로 간다면 자신의 손님이 대신으로 갈 껏이며 내 손님을 빼키개 대며 대신 복수가 지방민에깨 안전이 인심을 일코 있키 때문에 자신이 요 기해에 손님을 어들라고 드니 우선 돈버리가 나도 가지 못한 형편이다.

수입에 물건값, 자전차값 12,950
지출에 … 비누 260원 혜지 과자 20원
計 280원

〈1974년 12월 23일 월요일 낡씨 맑음〉

"쌀 정미을 하는데 먼저보다 쌀량이 아주 적개 낮더라."

〈쌀 {정}미한 것이 計 8말〉
수입에 … 물건값 4560원
지출에 … 명숙이 20원
(큰집배서 돈 쓴 것) 5,000원을 갚파서면 자신한태는 빗씨라고 한 품도 업다.
지출 계 … 5,020원

〈1974년 12월 24일 화요일 낡씨 맑음〉

"정말 돈 갑어치가 너무나 업다. 물건을 하나 할려고 들며 돈을 손에 뿌두하두록 지고 있쓰야 물건 한 개을 살 수가 있쓰니 너무나 돈 가치가 업다."

수입 …… 물건값 100원
지출에 … 합승비 120원 까바이트값 관에 700원 멸치 100원 기죽개[기저귀] 한 필에 1,700원 탠푸라 기름병 200원 노트 한 근에 400원 우물 바가지, 보도 430원 실 100원
計 9,650원

〈1974년 12월 25일 수요일 낡씨 맑음〉
"요줌 아들은 별료 크리스마스 기분을 전예 모양 내지 안는 것 같더며 요란하게 보내지 안는 것을 보니 허래허식 낭비는 서쓰이 물러가는 감이 더는구나."
수입에 … 250원

〈1974년 12월 26일 목요일 낡씨 맑음〉
"해년 어머님 제사날만 대며 포근한 날씨가 대며 오늘은 봄 날씨보다 더 따쓰하구나. 어머님 재사날이 대니 어머님 모습이 삼삼하여 허전한 감이 더는구나."
수입에 … 500원
지출에 … 혜지 과자 10원

〈1974년 12월 27일 금요일 날씨 흐림〉
앞 공사에 · 오후만.
어머님 재사 준비에 분주한 하로 해을 보내고 마랐다.
그리고 봉산 눈님이 어머님 재사에는 꼭 참석을 하는데 올해는 왜 참석을 안 에쓸까 혹 항경의 지배 때문에 못 았쓸까 긍금하기 그지 업꾸나.
지출에 (어머님 재사 고기에) 2斤 800원

〈1974년 12월 28일 토요일 날씨 흐림〉
금일은 대신서 파보한다고 대신회관에서 회이을 하고 술과 고기 먹는 것으로 파보 일과 끝이 나고 마라쓰며 곳 집부 왔쓰며 무선 일을 해도 할 수가 있쓴는데 그만 친구들과 술집부로 어울리서 하로 일과을 보내고 마랐다.
지출에 … (친구와 술값) 200원

〈1974년 12월 29일 일요일 날씨 흐리, 비〉
본동에서 사다리 했달라고 해서 큰집 사다리와 두 불을 하는데 상상내 올라쓰며 물자가 너무 비싸서 상업계통은 돈버리가 잘 댈 꺼으로 내다보고 있다.
수입 …50원
지출에 혜지 과자 20원 크림값 600원
시계 수리값 쳐와 두 게 1,500원
計 2,120원

〈1974년 12월 30일 월요일 낡씨 맑음〉
용접기 구찌을 중고품을 사가지고 큰 손에을 보고 있꾸나. 왜냐하면 불과 멧칠밖에 사용 안에는데 못 쓰게 대어서 또 새그을 삿쓰니 중고 사서 신품 배가 들어가고 있쓰니 돈 빛을 쓰는 한이 있더라도 신품을 싸야 대갯따는 인식을 가짓다.
수입에 … 물건값 400원
지출 …… 혜지 신 250원 용접기 구찌
2,500원 멸치 200원 카바이트
관에 700원 합승비, 열차비 90원
計 3,740원

〈1974년 12월 31일 화요일 낡씨 맑음〉
금년 한 해을 아무 일도 알차개 해보지 못하고 한 해을 넌기개 대니 허전하며 새해는 꼭 알찬 일만 해볼 결심이며 74年 한 해을 조용이 넘기는구나.
수입 …… 물건값 700원
지출에 … 혜지 과자 10원

(12月)

"월말 총수입금액"
計 140,260원

"월말 지출금액"

計 105,055원

"연말수입금액"

計 371,167원

"연말지출금액"

計 383,965원

"연말 적자금액"

計 12,798원

저자

이정덕 전북대학교 인문대학 고고문화인류학과 교수

소순열 전북대학교 농업생명과학대학 농업경제학과 교수

남춘호 전북대학교 사회과학대학 사회학과 교수

문만용 KAIST 한국과학문명사연구소 연구교수

안승택 서울대학교 규장각연구소 HK연구교수

송기동 김천문화원 사무국장

진양명숙 전북대학교 고고문화인류학과 BK21Plus사업단 연구원

이성호 전북대학교 SSK개인기록연구팀 전임연구원

농민 권순덕의 삶과 기록 『아포일기』 1

지 은 이 이정덕 · 소순열 · 남춘호 · 문만용 · 안승택 · 송기동 · 진양명숙 · 이성호
펴 낸 이 서거석
펴 낸 곳 전북대학교 출판문화원

초판 1쇄 인쇄 | 2014년 6월 27일
초판 1쇄 발행 | 2014년 6월 30일

등록번호 제465-2012-000021호
주　　소 전라북도 전주시 완산구 어진길 32(풍남동2가)
전　　화 (063) 219-5321~2
팩　　스 (063) 219-5323

ISBN 978-89-98534-22-6 **값** 38,000**원**
ISBN 978-89-98534-21-9(세트) 94810

이 도서의 국립중앙도서관 출판예정도서목록(CIP)은 서지정보유통지원시스템 홈페이지(http://seoji.nl.go.kr)와 국가자료공동목록시스템 (http://www.nl.go.kr/kolisnet)에서 이용하실 수 있습니다.(CIP제어번호: CIP2014019089)